CLARISSE
HARLOVE

CLARISSE HARLOVE

PAR RICHARDSON

TRADUIT SUR L'ÉDITION ORIGINALE

PAR L'ABBÉ PRÉVOST

PRÉCÉDÉ DE

L'ÉLOGE DE RICHARDSON

PAR DIDEROT.

> — Humanos mores nôsse volenti
> Sufficit una domus.
>
> On ferait en deux lignes l'analyse de *Clarisse Harlove*. Pourquoi? C'est que le sujet est d'une simplicité admirable. Un libertin par système veut séduire une fille sage par principe et par caractère, voilà tout le roman. Et c'est un des plus volumineux que l'on connaisse. Quelle imagination n'a-t-il pas fallu pour remplir ce canevas, et pour rester toujours dans la même position, sans cesser d'être intéressant ! Clarisse Harlove me paraît une vérité démontrée jusqu'à l'évidence ; les romans nouveaux, au contraire, ressemblent à des MENSONGES que l'on tourne de mille manières sans jamais pouvoir parvenir à leur donner un air de vraisemblance. FIÉVÉE.

TOME PREMIER.

PARIS,
BOULÉ, ÉDITEUR, RUE COQ-HÉRON, 3.

1846

ÉLOGE
DE
RICHARDSON
PAR DIDEROT.

Par un roman on a entendu jusqu'à ce jour un tissu d'événemens chimériques et frivoles, dont la lecture était dangereuse pour le goût et pour les mœurs. Je voudrais bien qu'on trouvât un autre nom pour les ouvrages de Richardson, qui élèvent l'esprit, qui touchent l'âme, qui respirent partout l'amour du bien, et qu'on appelle aussi des romans.

Tout ce que Montaigne, Charon, la Rochefoucault et Nicole ont mis en maximes, Richardson l'a mis en action. Mais un homme d'esprit qui lit avec réflexion les ouvrages de Richardson, refait la plupart des sentences des moralistes, et avec toutes ces sentences il ne referait pas une page de Richardson.

Une maxime est une règle abstraite et générale de conduite, dont on nous laisse l'application à faire. Elle n'imprime par elle-même aucune image sensible dans notre esprit, mais celui qui agit, on le voit, on se met à sa place ou à ses côtés; on se passionne pour ou contre lui; on s'unit à son rôle, s'il est vertueux; on s'en écarte avec indignation, s'il est injuste et vicieux. Qui est-ce que le caractère d'un Lovelace, d'un Tomlinson, n'a pas fait frémir? Qui est-ce qui n'a pas été frappé d'horreur du ton pathétique et vrai, de l'air de candeur et de dignité, de l'art profond avec lequel celui-ci joue toutes les vertus? Qui est-ce qui ne s'est pas dit, au fond de son cœur, qu'il faudrait fuir de la société et se réfugier au fond des forêts, s'il y avait un certain nombre d'hommes d'une pareille dissimulation?

† O Richardson! on prend, malgré qu'on en ait, un rôle dans tes ouvrages, on se mêle à la conversation; on approuve, on blâme, on admire, on s'irrite, on s'indigne. Combien de fois ne me suis-je pas surpris, comme il est arrivé à des enfans qu'on avait menés aux spectacles pour la première fois, criant: *Ne le croyez pas, il vous trompe... si vous allez là, vous êtes perdu!* Mon âme était tenue dans une agitation perpétuelle. Combien j'étais bon! Combien j'étais juste! Que j'étais satisfait de moi! J'étais, au sortir de la lecture, ce qu'est un homme à la fin d'une journée qu'il a employée à faire le bien.

J'avais parcouru dans l'intervalle de quelques heures un grand nombre de situations que la vie la plus longue offre à peine dans sa durée. J'avais entendu les vrais discours des passions; j'avais vu les ressorts de l'intérêt et de l'amour-propre jouer de cent façons diverses; j'étais devenu spectateur d'une multitude d'incidens; je sentais que j'avais acquis de l'expérience.

Cet auteur ne fait point couler le sang le long des lambris; il ne vous égare point dans des forêts; il ne vous transporte point dans des contrées éloignées; il ne vous expose pas à être dévoré par des sauvages; il ne se renferme point dans des lieux clandestins de débauche; il ne se perd jamais dans les régions de la féerie. Le monde où nous vivons est le lieu de la scène; le fond de son drame est vrai; ses personnages ont toute la réalité possible; ses caractères sont pris du milieu de la société; ses incidens sont dans les mœurs de toutes les nations policées; les passions qu'il peint sont telles que je les éprouve en moi; ce sont les mêmes objets qui les émeuvent, elles ont l'énergie que je leur connais; les traverses et les afflictions de ses personnages sont de la nature de celles qui me menacent sans cesse; il me montre le cours général des choses qui m'environnent. Sans cet art, mon âme se pliant avec peine à des biais chimériques, l'illusion ne serait que momentanée, et l'impression faible et passagère.

Qu'est-ce que la vertu? C'est, sous quelque face qu'on la considère, un sacrifice de soi-même. Le sacrifice que l'on fait de soi-même en idée est une disposition préconçue à s'immoler en réalité.

Richardson sème dans les cœurs des germes de vertus qui y restent d'abord oisifs et tranquilles: ils y sont secrètement jusqu'à ce qu'il se présente une occasion qui les remue et les fasse éclore. Alors il se développe; on se sent porter au bien avec une impétuosité qu'on ne se connaissait pas. On éprouve à l'aspect de l'injustice une révolte qu'on ne saurait s'exprimer à soi-même. C'est qu'on a fréquenté Richardson; c'est qu'on a conversé avec l'homme de bien, dans des momens où l'âme désintéressée était ouverte à la vérité.

Je me souviens encore de la première fois que les ouvrages de Richardson tombèrent entre mes mains: j'étais à la campagne. Combien cette lecture m'affecta délicieusement! A chaque instant je voyais mon bonheur abréger d'une page. Bientôt j'éprouvai la même sensation qu'éprouveraient des hommes d'un commerce excellent qui auraient vécu ensemble pendant long-temps, et qui seraient sur le point de se séparer. A la fin, il me sembla tout à coup que j'étais resté seul.

Cet auteur vous ramène sans cesse aux objets importans de la vie. Plus on le lit, plus on se plaît à le lire.

C'est lui qui porte le flambeau au fond de la caverne, c'est lui qui apprend à discerner les motifs subtils et déshonnêtes qui se cachent et se dérobent sous d'autres motifs qui sont honnêtes, et qui se hâtent de se montrer les premiers. Il souffle sur le fantôme sublime qui se présente à l'entrée de la caverne, et le More hideux qu'il masquait s'aperçoit.

C'est lui qui sait faire parler les passions, tantôt avec cette violence qu'elles ont lorsqu'elles ne peuvent plus se contraindre, tantôt avec ce ton artificieux et modéré qu'elles affectent en d'autres occasions.

C'est lui qui fait tenir aux hommes de tous les états, de toutes les conditions, dans toutes la variété des circonstances de la vie, des discours qu'on reconnaît. S'il est au fond de l'âme du personnage qu'il introduit un sentiment secret, écoutez bien, vous entendrez un ton dissonnant qui le décèlera. C'est que Richardson a reconnu que le mensonge ne pouvait jamais ressembler parfaitement à la vérité; parce qu'il est la vérité et qu'il est le mensonge.

S'il importe aux hommes d'être persuadés qu'indépendamment de toute considération ultérieure à cette vie, nous n'avons rien de mieux à faire pour être heureux que d'être vertueux, quel service Richardson n'a-t-il pas rendu à l'espèce humaine? Il n'a point démontré cette vérité, mais il l'a fait sentir; à chaque ligne il fait préférer le sort de la vertu opprimée au sort du vice triomphant. Qui est-ce qui voudrait être Lovelace avec tous ses avantages? Qui est-ce qui ne voudrait pas être Clarisse, malgré toutes ses infortunes?

Souvent j'ai dit en le lisant : « Je donnerais volontiers ma vie pour ressembler à celle-ci ; j'aimerais mieux être mort que d'être celui-là. »

Si je sais, malgré les intérêts qui peuvent troubler mon jugement, distribuer mon mépris et mon estime selon la juste mesure de l'impartialité, c'est à Richardson que je le dois. Mes amis, relisez-le, et vous n'exagérerez plus de petites qualités qui vous sont utiles ; vous ne déprimerez plus de grands talens qui vous croisent ou qui vous humilient.

Hommes, venez apprendre de lui à vous réconcilier avec les maux de la vie ; venez, nous pleurerons ensemble sur les personnages malheureux de ses fictions, et nous dirons, si le sort nous accable : « Du moins les honnêtes gens pleureront aussi sur nous. » Si Richardson s'est proposé d'intéresser, c'est pour les malheureux. Dans son ouvrage, comme dans ce monde, les hommes sont partagés en deux classes : ceux qui jouissent et ceux qui souffrent. C'est toujours à ceux-ci qu'il m'associe, et sans que je m'en aperçoive, le sentiment de la commisération s'exerce et se fortifie.

Il m'a laissé une mélancolie qui me plaît et qui dure ; quelquefois on s'en aperçoit, et l'on me demande : — Qu'avez-vous ? vous n'êtes pas dans votre état naturel ? que vous est-il arrivé ? On m'interroge sur ma santé, sur ma fortune, sur mes parens, sur mes amis. O mes amis ! *Paméla*, *Clarisse* et *Grandisson* sont trois grands drames. Arraché à cette lecture par des occupations sérieuses, j'éprouvais un dégoût invincible ; je laissais là le devoir, et je reprenais le livre de Richardson. Gardez-vous bien d'ouvrir ces ouvrages enchanteurs lorsque vous aurez quelques devoirs à remplir. Qui est-ce qui a lu les ouvrages de Richardson sans désirer de connaître cet homme, de l'avoir pour frère ou pour ami ? Qui est-ce qui ne lui a pas souhaité toutes sortes de bénédictions ?

O Richardson, Richardson, homme unique à mes yeux ! tu seras ma lecture dans tous les temps. Forcé par des besoins pressans, si mon ami tombe dans l'indigence, si la médiocrité de ma fortune ne suffit pas pour donner à mes enfans les soins nécessaires à leur éducation, je vendrai mes livres, mais tu me resteras ; tu me resteras sur le même rayon avec Moïse, Homère, Euripide et Sophocle, et je vous lirai tour à tour.

Plus on a l'âme belle, plus on a le goût exquis et pur, plus on connaît la nature, plus on aime la vérité, plus on estime les ouvrages de Richardson.

J'ai entendu reprocher à mon auteur ses détails, qu'on appelait des longueurs : combien ces reproches m'ont impatienté !

Malheur à l'homme de génie qui franchit les barrières que l'usage et le temps ont prescrites aux productions des arts, et qui foule aux pieds le protocole et ses formules ! Il se passera de longues années après sa mort avant que la justice qu'il mérite lui soit rendue.

Cependant soyons équitables. Chez un peuple entraîné par mille distractions, où le jour n'a pas assez de ses vingt-quatre heures pour les amusemens dont il s'est accoutumé de les remplir, les livres de Richardson doivent paraître longs. C'est par la même raison que ce peuple n'a déjà plus d'opéra, et qu'incessamment on ne jouera sur ses autres théâtres que des scènes détachées de comédie et de tragédie.

Mes chers concitoyens, si les romans de Richardson vous paraissent longs, que ne les abrégez-vous ? Soyez conséquens. Vous n'allez guère à une tragédie que pour en voir le dernier acte : sautez tout de suite aux vingt dernières pages de *Clarisse*.

Les détails de Richardson déplaisent et doivent déplaire à un homme frivole et dissipé ; mais ce n'est pas pour cet homme-là qu'il écrivait, c'est pour l'homme tranquille et solitaire, qui a connu la vanité du bruit et des amusemens du monde, et qui aime à habiter l'ombre d'une retraite, et à s'attendrir utilement dans le silence.

Vous accusez Richardson de longueurs ! Vous avez donc oublié combien il en coûte de peines, de soins, de mouvemens, pour faire réussir la moindre entreprise, terminer un procès, conclure un mariage, amener une réconciliation ? Pensez de ces détails ce qu'il vous plaira ; mais ils sont intéressans pour moi, s'ils sont vrais, s'ils font sortir les passions, s'ils montrent les caractères.

Ils sont communs, dites-vous, c'est ce qu'on voit tous les jours. Vous vous trompez : c'est ce qui se passe tous les jours sous vos yeux, et que vous ne voyez jamais. Prenez-y garde : vous faites le procès aux plus grands poètes sous le nom de Richardson. Vous avez vu cent fois le coucher du soleil et le lever des étoiles ; vous avez entendu la campagne retentir du chant éclatant des oiseaux ; mais qui de vous a senti que c'était le bruit du jour qui rendait le silence de la nuit plus touchant ? Eh bien ! il en est pour vous des phénomènes moraux ainsi que des phénomènes physiques : les éclats des passions ont souvent frappé vos oreilles ; mais vous êtes bien loin de connaître ce qu'il y a de secret dans leurs accens et dans leurs expressions. Il n'y en a aucune qui n'ait sa physionomie ; toutes ces physionomies se succèdent sur un visage sans qu'il cesse d'être le même, et l'art du grand poète et du grand peintre est de vous montrer une circonstance fugitive qui vous avait échappé.

Peintres, poètes, gens de goût, gens de bien, lisez Richardson, lisez-le sans cesse.

Sachez que c'est à cette multitude de petites choses que tient l'illusion ; il y a bien de la difficulté à les imaginer, il y en a bien plus encore à les rendre. Le geste est quelquefois aussi sublime que le mot, et puis ce sont toutes ces vérités de détail qui préparent l'âme aux impressions fortes des grands événemens. Lorsque votre impatience aura été suspendue par ces délais momentanés qui lui servaient de digues, avec quelle impétuosité ne se répandra-t-elle pas au moment où il plaira au poète de les rompre ! C'est alors qu'affaissés de douleur ou transportés de joie, vous n'aurez plus la force de retenir vos larmes prêtes à couler, et de vous dire à vous-mêmes : *Mais peut-être que cela n'est pas vrai.* Cette pensée a été éloignée de vous peu à peu, et elle est si loin qu'elle ne se présentera pas.

Une idée qui m'est venue quelquefois en rêvant aux ouvrages de Richardson, c'est que j'avais acheté un vieux château ; qu'en visitant un jour ses appartemens, j'avais aperçu dans un angle une armoire qu'on n'avait pas ouverte depuis long temps, et que l'ayant enfoncée, j'y avais trouvé pêle-mêle les lettres de Clarisse et de Paméla. Après en avoir lu quelques unes, avec quel empressement ne les aurais-je pas rangées par ordre de dates ! Quel chagrin n'aurais-je pas ressenti, s'il y avait eu quelque lacune entre elles ! Croit-on que j'eusse souffert qu'une main téméraire, j'ai presque dit sacrilège, en eût supprimé une ligne ?

Vous qui n'avez lu les ouvrages de Richard on que dans votre élégante traduction française, et qui croyez les connaître, vous vous trompez.

Vous ne connaissez pas Lovelace, vous ne connaissez pas Clémentine, vous ne connaissez pas l'infortunée Clarisse, vous ne connaissez pas miss Howe, sa chère et tendre miss Howe, puisque vous ne l'avez point vue échevelée et étendue sur le cercueil de son amie, se tordant les bras, levant ses yeux noyés de larmes vers le ciel, remplissant la demeure des Harlove de ses cris aigus, et chargeant d'imprécations toute cette famille cruelle ; vous ignorez l'effet de ces circonstances, que votre petit goût supprimerait, puisque vous n'avez pas entendu le son lugubre des cloches de la paroisse, porté par le vent sur la demeure des Harlove, et réveillant dans ces âmes de pierre le remords assoupi ; puisque vous n'avez pas vu le tressaillement qu'ils éprouvèrent au bruit des roues du char qui portait le cadavre de leur victime. Ce fut alors que le silence morne qui régnait au milieu d'eux fut rompu par les sanglots du père et de la mère ; ce fut alors que le vrai supplice de ces méchantes âmes commença, et que les serpens se remuèrent au fond de leurs cœurs et les déchirèrent. Heureux ceux qui purent pleurer !

J'ai remarqué que dans une société où la lecture de Richardson se faisait en commun ou séparément, la conversation en devenait plus intéressante et plus vive.

J'ai entendu, à l'occasion de cette lecture, les points les plus importans de la morale et du goût discutés et approfondis.

J'ai entendu discuter sur la conduite de ses personnages, comme sur des événemens réels; louer, blâmer Paméla, Clarisse, Grandisson, comme des personnages vivans qu'on aurait connus et auxquels on aurait pris le plus grand intérêt.

Quelqu'un d'étranger à la lecture qui avait amené la conversation, se serait imaginé, à la vérité et à la chaleur de l'entretien, qu'il s'agissait d'un voisin, d'un parent, d'un ami, d'un frère, d'une sœur.

Le dirai-je?... J'ai vu de la diversité des jugemens naître des haines secrètes, des mépris cachés, en un mot, les mêmes divisions entre des personnes unies, que s'il eût été question de l'affaire la plus sérieuse. Alors je comparais l'ouvrage de Richardson à un livre plus sacré encore, à un Évangile apporté sur la terre pour séparer l'époux de l'épouse, le père du fils, la fille de la mère, le frère de la sœur; et son travail rentrait ainsi, dans la condition des êtres les plus parfaits de la nature. Tous sortis d'une main toute-puissante et d'une intelligence infiniment sage, il n'y en a aucun qui ne pèche par quelque endroit. Un bien présent peut être dans l'avenir la source d'un grand mal; un mal, la source d'un grand bien.

Mais qu'importe, si, grâce à cet auteur, j'ai plus aimé mes semblables, plus aimé mes devoirs; si je n'ai eu pour les méchans que de la pitié, si j'ai conçu plus de commisération pour les malheureux, plus de vénération pour les bons, plus de circonspection dans l'usage des choses présentes, plus d'indifférence sur les choses futures, plus de mépris pour la vie, et plus d'amour pour la vertu, le seul bien que nous puissions demander au ciel, et le seul qu'il puisse nous accorder, sans nous châtier de nos demandes indiscrètes.

Je connais la maison des Harlove comme la mienne; la demeure de mon père ne m'est pas plus familière que celle de Grandisson. Je me suis fait une image des personnages que l'auteur a mis en scène; leurs physionomies sont là : je les reconnais dans les rues, dans les places publiques, dans les maisons; elles m'inspirent du penchant ou de l'aversion. Un des avantages de son travail, c'est qu'ayant embrassé un champ immense, il subsiste sans cesse sous mes yeux quelque portion de son tableau. Il est rare que j'aie trouvé six personnes rassemblées, sans leur attacher quelques uns de ses noms. Il m'adresse aux honnêtes gens, et m'écarte des méchans; il m'a appris à les reconnaître à des signes prompts et délicats. Il me guide quelquefois sans que je m'en aperçoive.

Les ouvrages de Richardson plairont plus ou moins à tout homme, dans tous les temps et dans tous les lieux; mais le nombre des lecteurs qui en sentiront tout le prix ne sera jamais grand : il faut un goût trop sévère; et puis la variété des événemens y est telle, les rapports y sont si multipliés, la conduite en est si compliquée, il y a tant de choses préparées, tant d'autres sauvées, tant de personnages, tant de caractères. A peine ai-je parcouru quelques pages de Clarisse, que j'en compte déjà quinze ou seize; bientôt le nombre se double. Il y en a jusqu'à quarante dans *Grandisson*; mais ce qui confond d'étonnement, c'est que chacun a ses idées, ses expressions, son ton, et que ces idées, ces expressions, ce ton, varient selon les circonstances, les intérêts, les passions, comme on voit sur un même visage les physionomies diverses des passions se succéder. Un homme qui a du goût ne prendra point une lettre de madame Norton pour la lettre d'une des tantes de Clarisse, la lettre d'une tante pour celle d'une autre tante ou de madame Howe, ni un billet de madame Howe pour un billet de madame Harlove ; quoiqu'il arrive que ces personnages soient dans la même position, dans les mêmes sentimens, relativement au même objet. Dans ce livre immortel, comme dans la nature au printemps, on ne trouve point deux feuilles qui soient d'un même vert. Quelle immense variété de nuances ! S'il est difficile à celui qui lit de les saisir, combien n'a-t-il pas été difficile à l'auteur de les trouver et de les peindre !

O Richardson ! j'oserai dire que l'histoire la plus vraie est pleine de mensonges, et que ton roman est plein de vérités. L'histoire peint quelques individus, tu peins l'espèce humaine : l'histoire attribue à quelques individus ce qu'ils n'ont dit ni fait ; tout ce que tu attribues à l'homme, il l'a dit et fait : l'histoire n'embrasse qu'une portion de la durée, qu'un point de la surface du globe ; tu as embrassé tous les lieux et tous les temps. Le cœur humain qui a été, est et sera toujours le même, est le modèle d'après lequel tu copies. Si l'on appliquait au meilleur historien une critique sévère, y en a-t-il aucun qui la soutînt comme toi ? Sous ce point de vue, j'oserai dire que souvent l'histoire est un mauvais roman, et que le roman, comme tu l'as fait, est une bonne histoire. O peintre de la nature ! c'est toi qui ne mens jamais.

Je ne me lasserai point d'admirer la prodigieuse étendue de tête qu'il t'a fallu pour conduire des drames de trente à quarante personnages, qui tous conservent si rigoureusement les caractères que tu leur as donnés ; l'étonnante connaissance des lois, des coutumes, des usages, des mœurs, du cœur humain, de la vie : l'inépuisable fonds de morale, d'expériences, d'observations qu'ils te supposent.

L'intérêt et le charme de l'ouvrage dérobent l'art de Richardson à ceux qui sont le plus faits pour l'apercevoir. Plusieurs fois j'ai commencé la lecture de *Clarisse* pour me former, autant de fois j'ai oublié mon projet à la vingtième page ; j'ai seulement été frappé, comme tous les lecteurs ordinaires, du génie qu'il y a à avoir imaginé une jeune fille remplie de sagesse et de prudence, qui ne fait pas une seule démarche qui ne soit fausse, sans qu'on puisse l'accuser, parce qu'elle a des parens inhumains, et un homme abominable pour amant ; à avoir donné à cette jeune prude l'amie la plus vive et la plus folle, qui ne dit et ne fait rien que de raisonnable, sans que la vraisemblance en soit blessée ; à celle-ci un honnête homme pour amant, mais un honnête homme empesé et ridicule que sa maîtresse désole, malgré l'agrément et la protection d'une mère qui l'appuie ; à avoir combiné dans ce Lovelace les qualités les plus rares et les vices les plus odieux, la bassesse avec la générosité, la profondeur et la frivolité, la violence et le sang-froid, le bon sens et la folie ; à en avoir fait un scélérat qu'on hait, qu'on aime, qu'on admire, qu'on méprise, qui vous étonne, sous quelque forme qu'il se présente, et qui ne garde pas un instant la même ; et cette foule de personnages subalternes, comme ils sont caractérisés, combien il y en a ! et ce Belford avec ses compagnons, et madame Howe et son Hickman, et madame Norton, et les Harlove père, mère, frère, sœur, oncles et tante, et toutes les créatures qui peuplent le lieu de débauches ! Quels contrastes d'intérêts et d'humeurs ! Comme tous agissent et parlent ! Comment une jeune fille, seule contre tant d'ennemis réunis, n'aurait-elle pas succombé ! Et encore quelle est la chute !

Ne reconnaît-on pas sur un fond tout divers la même variété de caractères, la même force d'événemens et de conduite dans *Grandisson* ?

Paméla est un ouvrage plus simple, moins étendu, moins intrigué ; mais y a-t-il moins de génie ? Or, ces trois ouvrages, dont un seul suffirait pour immortaliser, un seul homme les a faits.

Depuis qu'ils me sont connus, ils ont été ma pierre de touche ; ceux à qui ils déplaisent sont jugés pour moi. Je n'en ai jamais parlé à un homme que j'estimasse, sans trembler que son jugement ne se rapportât pas au mien. Je n'ai jamais rencontré personne qui partageât mon enthousiasme, que je n'aie été tenté de le serrer entre mes bras et de l'embrasser.

Richardson n'est plus! Quelle perte pour les lettres et pour l'humanité! Cette perte m'a touché comme s'il eût été mon frère. Je le portais en mon cœur sans l'avoir vu, sans le connaître que par ses ouvrages.

Je n'ai jamais rencontré un de ses compatriotes, un des miens qui eût voyagé en Angleterre, sans lui demander : — Avez-vous vu le poète Richardson? ensuite : — Avez-vous vu le philosophe Hume?

Un jour, une femme d'un goût et d'une sensibilité peu commune, fortement préoccupée de l'histoire de Grandisson qu'elle venait de lire, dit à un de ses amis qui partait pour Londres : — Je vous prie de voir de ma part miss Émilie, M. Belford, et surtout miss Howe, si elle vit encore.

Une autre fois, une femme de ma connaissance, qui s'était engagée dans un commerce de lettres qu'elle croyait innocent, effrayée du sort de Clarisse, rompit ce commerce tout au commencement de la lecture de cet ouvrage.

Est-ce que deux amies ne se sont pas brouillées, sans qu'aucun des moyens que j'ai employés pour les rapprocher m'ait réussi, parce que l'une méprisait l'histoire de Clarisse, devant laquelle l'autre était prosternée?

J'écrivis à celle-ci, et voici quelques endroits de sa réponse :

« *La piété de Clarisse l'impatiente!* Eh quoi! veut-elle donc qu'une fille de dix-huit ans, élevée par des parens vertueux et chrétiens, timide, malheureuse sur la terre, n'ayant guère d'espérance de voir améliorer son sort que dans une autre vie, soit sans religion et sans foi? Ce sentiment est si grand, si doux, si touchant en elle ; ses idées de religion sont si saines et si pures ; ce sentiment donne à son caractère une nuance si pathétique! Non, non, vous ne me persuaderez jamais que cette façon de penser soit d'une âme bien née... »

« *Elle rit, quand elle voit cette enfant désespérée de la malédiction de son père!* Elle rit, et c'est une mère. Je vous dis que cette femme ne peut jamais être mon amie : je rougis qu'elle l'ait été. Vous verrez que la malédiction d'un père respecté, une malédiction qui semble s'être déjà accomplie en plusieurs points importans, ne doit pas être une chose terrible pour un enfant de ce caractère : et qui sait si Dieu ne ratifiera dans l'éternité la sentence prononcée par son père? »

« *Elle trouve extraordinaire que cette lecture m'arrache des larmes!* Et ce qui m'étonne toujours, moi, quand j'en suis aux derniers instans de cette innocente, c'est que les pierres, les murs, les carreaux insensibles et froids sur lesquels je marche ne s'émeuvent pas et ne joignent pas leur plainte à la mienne. Alors tout s'obscurcit autour de moi, mon âme se remplit de ténèbres, et il me semble que la nature se voile d'un crêpe épais. »

« *A son avis, l'esprit de Clarisse consiste à faire des phrases ; et lorsqu'elle en a pu faire quelques unes, la voilà consolée.* C'est, je vous l'avoue, une grande malédiction que de sentir et penser ainsi ; mais si grande, que j'aimerais mieux tout à l'heure que ma fille mourût entre mes bras, que de l'en savoir frappée. Ma fille!... Oui, j'y ai pensé, et je ne m'en dédis pas. »

« Travaillez à présent, hommes merveilleux, travaillez, consumez-vous ; voyez la fin de votre carrière à l'âge où les autres commencent la leur, afin qu'on porte de vos chefs-d'œuvre des jugemens pareils. Nature, prépare pendant des siècles un homme tel que Richardson ; pour le douer, épuise-toi ; sois ingrate envers tes autres enfans : ce ne sera que pour un petit nombre d'âmes comme la mienne que tu l'auras fait naître ; et la larme qui tombera de mes yeux sera l'unique récompense de ses veilles. »

Et par postscript elle ajoute : « Vous me demandez l'enterrement et le testament de Clarisse, et je vous les envoie ; mais je ne vous pardonnerais de ma vie d'en avoir fait part à cette femme. Je me rétracte : lisez-lui vous-même ces deux morceaux, et ne manquez pas de m'apprendre que ses ris ont accompagné Clarisse jusque dans sa dernière demeure, afin que mon aversion pour elle soit parfaite. »

Il y a, comme on voit, dans les choses de goût, ainsi que dans les choses religieuses, une espèce d'intolérance que je blâme ; mais dont je ne me garantirais que par un effort de raison.

J'étais avec un ami, lorsqu'on me remit l'enterrement et le testament de Clarisse, deux morceaux que le traducteur français a supprimés, sans qu'on sache trop pourquoi (1). Cet ami est un des hommes les plus sensibles que je connaisse, et un des plus ardens fanatiques de Richardson : peu s'en faut qu'il ne le soit autant que moi. Le voilà qui s'empare des cahiers, qui se retire dans un coin et qui lit. Je l'examinais : d'abord je vois couler des pleurs, bientôt il s'interrompt, il sanglote ; tout à coup il se lève, il marche sans savoir où il va, il pousse des cris comme un homme désolé, et il adresse les reproches les plus amers à toute la famille des Harlove.

Je m'étais proposé de noter les beaux endroits des trois poèmes de Richardson ; mais le moyen ? il y en a tant !

Je me rappelle seulement que la cent vingt-huitième lettre, qui est de madame Hervey à sa nièce, est un chef-d'œuvre, sans apprêt, sans art apparent, avec une vérité qui ne se conçoit pas, elle ôte à Clarisse toute espérance de réconciliation avec ses parens, seconde les vues de son ravisseur, la livre à sa méchanceté, la détermine au voyage de Londres, à entendre des propositions de mariage, etc. Je ne sais ce qu'elle ne produit pas : elle accuse la famille, en l'excusant ; elle démontre la nécessité de la fuite de Clarisse, en la blâmant. C'est un des endroits entre beaucoup d'autres, où je me suis écrié : *divin Richardson !* Mais pour éprouver ce transport, il faut commencer l'ouvrage, et lire jusqu'à cet endroit.

J'ai crayonné dans mon exemplaire la cent vingt-quatrième lettre, qui est de Lovelace à son complice Léman, comme un morceau charmant : c'est là qu'on voit toute la folie, toute la gaîté, toute la ruse, tout l'esprit de ce personnage. On ne sait si l'on doit aimer ou détester ce démon. Comme il séduit ce pauvre domestique ! *C'est le bon, c'est l'honnête Léman.* Comme il lui peint la récompense qui l'attend ! *Tu seras monsieur l'hôte de l'Ours blanc ; on appellera ta femme madame l'hôtesse.* Et puis en finissant : *Je suis votre ami Lovelace.* Lovelace ne s'arrête point à de petites formalités, quand il s'agit de réussir : tous ceux qui concourent à ses vues sont ses amis.

Il n'y avait qu'un grand maître qui pût songer à associer à Lovelace cette troupe d'hommes perdus d'honneur et de débauches, ces viles créatures qui l'irritent par des railleries et l'enhardissent au crime. Si Bleford s'élève seul contre son scélérat ami, combien il lui est inférieur ! Qu'il fallait de génie pour introduire et pour garder quelque équilibre entre tant d'intérêts opposés !

Et croit-on que ce soit sans dessein que l'auteur a supposé à son héros cette impétuosité de caractère, cette chaleur d'imagination, cette frayeur du mariage, ce goût effréné de l'intrigue et de la liberté, cette vanité démesurée, tant de qualités et de vices !

Poètes, apprenez de Richardson à donner des confidens aux méchans, afin de diminuer l'horreur de leurs forfaits, en la partageant ; et, par la raison opposée, à n'en point donner aux honnêtes gens, afin de leur laisser tout le mérite de leur bonté.

Avec quel art ce Lovelace se dégrade et se relève ! Voyez la lettre cent soixante-quinzième. Ce sont les sentimens d'un cannibale, c'est le cri

(1) On les trouvera dans cette nouvelle édition.

d'une bête féroce. Quatre lignes de postscript le transforment tout à coup en un homme de bien, ou peu s'en faut.

Grandisson et *Paméla* sont aussi deux beaux ouvrages, mais je leur préfère *Clarisse*. Ici l'auteur ne fait pas un pas qui ne soit de génie.

Cependant on ne voit point arriver à la porte du lord le vieux père de Paméla qui a marché toute la nuit; on ne l'entend point s'adresser aux valets de la maison, sans éprouver les plus violentes secousses.

Tout l'épisode de Clémentine, dans *Grandisson*, est de la plus grande beauté.

Et quel est le moment où Clémentine et Clarisse deviennent deux créatures sublimes? Le moment où l'une a perdu l'honneur, et l'autre la raison!

Je ne me rappelle point sans frissonner l'entrée de Clémentine dans la chambre de sa mère, pâle, les yeux égarés, le bras ceint d'une bande, le sang coulant le long de son bras et dégouttant du bout de ses doigts, et son discours : *Maman, voyez, c'est le vôtre*. Cela déchire l'âme.

Mais pourquoi cette Clémentine est-elle si intéressante dans sa folie? C'est que, n'étant plus maîtresse des pensées de son esprit ni des mouvements de son cœur, s'il se passait en elle quelque chose honteuse, elle lui échapperait. Mais elle ne dit pas un mot qui ne montre de la candeur et de l'innocence, et son état ne permet pas de douter de ce qu'elle dit.

On m'a rapporté que Richardson avait passé plusieurs années dans la société, presque sans parler.

Il n'a pas eu toute la réputation qu'il méritait. Quelle passion que l'envie! C'est la plus cruelle des Euménides; elle suit l'homme de mérite jusqu'au bord de la tombe; là elle disparaît, et la justice des siècles s'assied à sa place.

O Richardson! si tu n'as joui, de ton vivant, de toute la réputation que tu méritais, combien tu seras grand chez nos neveux, lorsqu'ils te verront à la distance d'où nous voyons Homère! Alors qui est-ce qui osera arracher une ligne de ton sublime ouvrage? Tu as eu plus d'admirateurs encore parmi nous que dans la patrie, et je m'en réjouis. Siècles, hâtez-vous de couler et d'amener avec vous les honneurs dus à Richardson! J'en atteste tous ceux qui m'écoutent : je n'ai point attendu l'exemple des autres pour te rendre hommage; dès aujourd'hui j'étais incliné au pied de la statue; je t'adorais, cherchant au fond de mon âme des expressions qui répondissent à l'étendue de l'admiration que je te portais, et je n'en trouvais point. Vous qui parcourez ces lignes que j'ai tracées sans liaison, sans dessein et sans ordre, à mesure qu'elles m'étaient inspirées dans le tumulte de mon cœur, si vous avez reçu du ciel une âme plus sensible que la mienne, effacez-les. Le génie de Richardson a étouffé ce que j'en avais. Ses fantômes errent sans cesse dans mon imagination; si je veux écrire, j'entends la plainte de Clémentine; l'ombre de Clarisse m'apparaît, je vois marcher Grandisson, Lovelace me trouble, et la plume s'échappe de mes doigts. Et vous, spectres plus doux, Émilie, Charlotte, Paméla, chère miss Howe, tandis que je converse avec vous, les années du travail et de la moisson des lauriers se passent, et je m'avance vers le dernier terme sans rien tenter qui puisse me recommander aux temps à venir.

NOTICE HISTORIQUE

sur

RICHARDSON.

SAMUEL RICHARDSON est né en 1689. Elevé dans les écoles vulgaires, il ne prit qu'une très légère teinture des langues savantes, telle à peu près qu'on l'exige pour la profession d'imprimeur, qu'il exerça avec distinction pendant une longue suite d'années. Il dut peu à la culture et aux arts; mais son âme, comme celle de Shakspeare, fut enrichie par la nature même et par ses propres observations. Comme lui, il reçut le génie, et le rare talent d'opposer, de conduire et de faire agir ensemble une foule de personnages divers, sans que chacun d'eux perde jamais la couleur et le trait du caractère qui le distingue. La plus grande difficulté n'est pas d'en imaginer de romanesques : le grand mérite, c'est de les saisir dans la société, et de les peindre au naturel. Son odieux et intéressant Lovelace n'est pas tout entier de sa création. Il trouva le fond de ce caractère dans un duc de Wharton, esprit ingénieux et pervers, qui fomenta des troubles dans Londres en 1723, et fit imprimer plusieurs de ces feuilles périodiques qui excitent tantôt la liberté, tantôt la licence anglaise. Il fut très lié avec ce duc, qui le favorisa beaucoup dans sa profession. L'esprit et la reconnaissance furent le lien qui unit quelque temps l'homme de bien et le méchant; mais jamais il ne mêla son âme avec la sienne. Tout à fait opposés de caractère et de principes, tant en mœurs qu'en politique, son cœur ne pompa rien du venin de sa société; et son jugement, aussi ferme qu'éclairé, refusa constamment ses presses aux libelles et aux ouvrages qui pouvaient compromettre sa sûreté et flétrir son caractère de bon et paisible citoyen. La première édition du *Journal de la Chambre des Communes* lui fournit une occupation plus sûre et plus honnête. En 1760, il acquit la moitié du privilége d'imprimeur du Parlement. « Mais c'était bien dommage, disait milady Montaigu, qu'il imprimât d'autres ouvrages que les siens. »

Il fut marié deux fois. De sa première femme, il eut cinq garçons et une fille, et de la seconde, cinq filles et un garçon; tous les enfans du premier lit sont morts jeunes. Il restait trois filles du second en 1783 : Marie, femme d'un chirurgien accrédité de Bath, Marthe, qui a épousé M. Edouard Bridgen, esquire; et Anne, qui ne s'est point mariée. Il serait bien choquant que le peintre de Grandisson n'eût pas été bon époux et bon père. Il fut l'un et l'autre; et, dans sa petite sphère, il n'était jamais si heureux que lorsqu'il faisait le bonheur des autres : son cœur et sa main étaient toujours ouverts aux malheureux. Aussi sa maison de campagne, qu'il eut d'abord au nord de Londres, près de Hammer Smith, et ensuite à Parsons-Green, était ordinairement remplie de ses amis des deux sexes. Il y passait régulièrement depuis le samedi jusqu'au lundi, et y faisait souvent d'autres séjours.

Il débuta dans la république des lettres par sa *Paméla*, le plus faible de ses trois ouvrages, mais qu'il n'avait pas mis trois mois à composer. Jamais roman ne fut plus universellement lu : on en recommandait la lecture, même en chaire.

On prétendit que M. Aaron Hill, autre habile imprimeur, l'avait aidé dans cette composition. Son confrère déclara qu'il n'avait eu aucune part dans cette école de vertu. « Richardson, dit-il, en est le seul auteur, et il est peu de mortels qui l'aient égalé dans la vigueur de ses talens naturels. Il paraît s'avancer comme une mer calme d'été qui, s'enflant sur son immesurable profondeur, soulève jusqu'aux cieux les masses les plus énormes, et paraît n'avoir elle-même aucun sentiment de leur poids. Dans tout ce qu'il dit ou ce qu'il fait, il est toujours près de la nature : il n'a qu'un seul défaut, à un excès qui n'est pas naturel : c'est la modestie. »

Grandisson et *Clarisse* complétèrent sa gloire. *Clarisse* surtout est regardée comme son chef-d'œuvre. Le docteur Jonhson, dans sa préface sur les poésies de Rowe, observe que le caractère de Lothario paraît avoir servi de fond au Lovelace de Richardson, qui l'a étendu et développé, mais en surpassant de beaucoup son original dans le but et l'effet moral de sa fiction. Lothario, avec une gaîté d'esprit et d'humeur qu'on ne peut haïr et une bravoure qu'on ne peut mépriser, conserve trop de l'intérêt du spectateur. Richardson seul a eu le pouvoir de nous forcer à joindre l'estime à l'exécration, de faire dominer un ressentiment vertueux sur la bienveillance qu'excitent naturellement l'esprit et le talent, la politesse et le courage. Lui seul a eu le secret d'anéantir le héros dans le scélérat. Un des grands mérites de ce sublime écrivain est de n'avoir travaillé que pour la vertu, et d'avoir enseigné aux passions à ne s'émouvoir que pour elle. Il a souvent été comparé à Rousseau, et Rousseau était un de ses admirateurs déclarés. Dans sa lettre à d'Alembert, il dit, en parlant des romans anglais : « Ils sont comme les hommes de cette nation, ou sublimes, ou méprisables. Jamais on n'a écrit en aucune langue un roman égal à *Clarisse*, ou même qui en approche. » Cette estime n'était pas réciproque. Richardson fut si dégoûté de quelques scènes et de tout le résultat de la *Nouvelle Héloïse*, qu'il a chargé son exemplaire de cet ouvrage, à mesure qu'il le lisait, de critiques et de notes sévères. Il pensait que cet écrivain enseignait trop aux passions à s'émouvoir au commandement du vice.

Cette censure secrète de Richardson pourrait être jugée trop rigoureuse, ou trop sentir le flegme anglican. Ce n'est pas que bien des lecteurs rigides ne trouvent les conséquences des principes de Rousseau moralement vicieuses ; que d'autres, quoique plus indulgens, ne regardent ses systèmes comme trop raffinés pour pouvoir être mis en exécution dans aucun siècle, tant que le globe ne sera pas peuplé de philosophes. Mais il n'en est pas moins vrai que des portions de ses idées et de ses vues se pratiquent journellement avec avantage pour la société, que ses écrits inspirent la vertu au sein même du vice, et que s'il excite les passions, toujours il les épure. Et de quel bien l'homme n'abuse-t-il pas ? Ne trouve-t-on pas des lecteurs honnêtes et éclairés qui présument que la lecture de *Clarisse* pourrait servir à former plus de singes de Lovelace que d'imitatrices de son héroïne ? Une pareille opinion ferait gémir l'ombre du vertueux Richardson !

Clarisse excita tant d'intérêt parmi ses compatriotes, qu'on assure que, comme il la donnait au public par parties, on tremblait de plus en plus pour son sort en avançant vers le dénouement, et qu'on vit alors dans les papiers périodiques de Londres plusieurs lettres, où l'on conjurait l'auteur de faire tout pour qu'elle ne mourût pas. Sa mémoire du moins ne mourra point. Elle est pleurée, regrettée dans le souvenir du lecteur sensible, avec un sentiment aussi vif, aussi profond, que si elle eût réellement existé. Son histoire et la réputation de sa vertu ont passé les mers ; elles vivent dans toutes les langues de l'Europe, et y reçoivent un tribut inépuisable d'attendrissement et d'admiration. C'est l'héroïsme dans toute sa dignité, tempérée par une douce résignation à la Providence, une humilité profonde et religieuse sous la main de Dieu, avec les mœurs pures et innocence d'un ange. — Voici l'inscription que fit pour cette production un membre du collége de Cambrige : « C'est l'ouvrage de la nature : elle en écrivait chaque page, et la donnait à imprimer à Richardson. »

Son génie, uni à la bonté, reçut les hommages de ses contemporains. Madame Sheridan lui dédia ses *Mémoires de miss Bidulph*. Le docteur Young lui adressa ses *Conjectures sur la composition originale*. Son poème de la *Résignation* s'imprimait chez lui au temps de sa mort. Le poète rendit à sa mémoire ce témoignage de son estime et de son affection : « Toucher les cordes secrètes des passions, fut ton talent particulier. Ton heureux génie sut lire bien avant dans le cœur des belles. La nature, avare pour les autres de ses dons extraordinaires, te fit présent, à ta naissance, de la clé du cœur humain. »

Il paya pour son génie et sa profonde sensibilité un long et cruel tribut. Plusieurs malheurs et des chagrins domestiques réalisèrent, en quelque sorte, dans sa personne, les feintes infortunes tracées dans ses écrits. Ces secousses, jointes à la fatigue de ses travaux littéraires, dérangèrent tellement ses nerfs, naturellement faibles, de leur assiette, que, plusieurs années avant sa mort, sa main était tremblante, sa tête sujette à des vertiges, au point qu'il eût tombé, s'il ne s'était pas appuyé sur la canne qu'il portait ordinairement sous son habit. « N'espérez-vous donc, lui écrivait un ami au sujet de la melancolie où il était tombé en 1748 par le chagrin d'une perte chère et cruelle, n'espérez-vous donc aucune fin à cette persécution de vos nerfs? Mais je suis moins étonné que vos nerfs aient été forcés de contracter l'agitation et le trouble de vos esprits, que je ne le suis que vous ayez des esprits capables de soutenir le poids de tant de fardeaux divers; et que vous portiez une âme si expansive dans l'étroite prison d'un corps si frêle. » Cette longue paralysie se termina à la fin, par sa mort, arrivée le 4 juillet 1761, à l'âge de soixante-douze ans. Il fut enterré, suivant ses dernières volontés, près de sa première femme, dans l'église de Saint-Bride.

Voilà tout ce qu'on a recueilli jusqu'ici sur la vie de cet homme de bien, de ce génie vraiment original. On a dit qu'étant très susceptible et très facile à s'affecter, il conduisait ses ouvriers de son imprimerie par lettres, n'osant les réprimander de vive voix ni s'exposer à des impatiences qui agitaient encore plus ses nerfs tremblants. Mais, quoique le fait soit vrai, on a jugé que s'il préférait d'écrire au lieu de parler, c'était par une autre raison; c'était par bienséance et pour éviter les altercations, et aussi d'aller dans son imprimerie. D'ailleurs, son premier survivant était sourd.

Outre ses trois grands ouvrages, il a publié une édition des *Fables d'Ésope*, avec des réflexions; et une suite de lettres entre lui et plusieurs personnes. Il a eu part au *Magasin chrétien* du docteur James Maucler, de 1748, et dans les additions de la sixième édition du *Voyage de Foë dans la Grande Bretagne*. On a imprimé, après sa mort, six lettres originales de lui sur le duel. Le numéro 97 du second volume du *Rambler* (*Le Rôdeur*) est aussi de Richardson. — Il était lui-même, disent ses compatriotes, le Grandisson dont il a tracé le portrait.

CLARISSE
HARLOVE

PAR RICHARDSON.

LETTRE PREMIÈRE.

MISS ANNE HOWE, A MISS CLARISSE HARLOVE.

10 janvier.

Vous ne doutez pas, ma très chère amie, que je ne prenne un extrême intérêt aux troubles qui viennent de s'élever dans votre famille. Je sais combien vous devez vous trouver blessée de devenir le sujet des discours publics. Cependant il est impossible que, dans une aventure si éclatante, tout ce qui concerne une jeune personne que ses qualités distinguées ont rendue comme l'objet du soin public, n'excite pas la curiosité et l'attention de tout le monde : je brûle d'en apprendre les circonstances de vous-même, et celles de la conduite qu'on a tenue avec vous, à l'occasion d'un accident que vous n'avez pu empêcher, et dans lequel, autant que j'ai pu m'en éclaircir, c'est l'agresseur qui se trouve maltraité.

M. Diggs, que j'ai fait appeler, à la première nouvelle de ce fâcheux événement, pour m'informer de l'état de votre frère, par le seul intérêt que je prends à ce qui vous touche, m'a dit qu'il n'y avait rien à craindre de la blessure, s'il ne survenait aucun danger de la fièvre, qui semblait augmenter par le trouble de ses esprits. M. Wyerley prit hier le thé avec nous ; et, quoique fort éloigné, comme on le suppose aisément, de prendre parti pour M. Lovelace, lui et M. Symmes blâment votre famille du traitement qu'elle lui a fait, lorsqu'il est allé en personne s'informer de la santé de votre frère et marquer le chagrin qu'il ressent de ce qui s'est passé. Ils disent que M. Lovelace n'a pu éviter de tirer l'épée, et que, soit défaut d'habileté, soit excès de violence, votre frère s'est livré du premier coup. On assure même que M. Lovelace lui a dit, en s'efforçant de se retirer : « Prenez garde à vous, monsieur Harlove, votre emportement vous met hors de défense, vous me donnez trop d'avantage. En faveur de votre sœur, j'en passerai par où vous voudrez, si... » Mais ce discours ne l'ayant rendu que plus furieux, il s'est précipité si témérairement, que son adversaire, après lui avoir fait une légère blessure au bras, lui a pris son épée.

Votre frère s'est fait des ennemis par son humeur impérieuse et par un fond de fierté qui ne peut souffrir qu'on lui conteste rien. Ceux qui ne sont pas bien disposés pour lui racontent qu'à la vue de son sang, qui coulait assez abondamment de sa blessure, la chaleur de sa passion s'est beaucoup refroidie, et que, son adversaire s'étant empressé de le secourir jusqu'à l'arrivée du chirurgien, il a reçu ces généreux soins avec une patience qui devait le faire croire très éloigné de regarder comme une insulte la visite que M. Lovelace a voulu lui rendre pour s'informer de sa santé.

Laissons raisonner le public; mais tout le monde vous plaint. Une conduite si solide et si uniforme! tant d'envie, comme on vous l'a toujours entendu dire, de *glisser* jusqu'à la fin de vos jours sans être observée, et je puis ajouter, sans désirer même qu'on remarque vos vœux secrets pour le bien! *plutôt utile que brillante*, suivant votre devise, que je trouve si juste. Cependant, livrée aujourd'hui malgré vous, comme il est aisé de le voir, aux discours et aux réflexions, et blâmée dans votre famille pour les fautes d'autrui, quels tourmens de tous côtés pour une vertu telle que la vôtre! Après tout, il faut convenir que cette épreuve n'est que proportionnée à votre prudence.

Comme la crainte de tous vos amis est qu'un démêlé aussi violent, dans lequel il semble que les deux familles sont à présent engagées, ne produise quelque scène encore plus fâcheuse, je dois vous prier de me mettre en état, par l'autorité de votre propre témoignage, de vous rendre justice dans l'occasion. Ma mère, et toutes autant que nous sommes, nous ne nous entretenons, comme le reste du monde, que de vous et des suites qu'on peut craindre du ressentiment d'un homme aussi vil que M. Lovelace, qui se plaint ouvertement d'avoir été traité par vos oncles avec la dernière indignité. Ma mère soutient que vous ne pouvez plus avec décence ni le voir, ni entretenir de correspondance avec lui. Elle s'est laissé préoccuper l'esprit par votre oncle Antonin, qui nous accorde quelquefois, comme vous savez, l'honneur de sa visite, et qui lui a représenté, en cette occasion, quel crime ce serait pour une sœur d'encourager un homme qui ne peut plus (c'est son expression) *aller à gué* jusqu'à elle qu'au travers du sang de son frère.

Hâtez-vous donc, ma chère amie, de m'écrire toutes les circonstances de votre histoire, depuis que M. Lovelace s'est introduit dans votre famille. Étendez-vous particulièrement sur ce qui s'est passé entre votre sœur et lui. On en fait des récits différens, jusqu'à supposer que la sœur cadette, par la force du moins de son mérite, a dérobé le cœur d'un amant à son aînée; et je vous demande en grâce de vous expliquer assez nettement pour satisfaire ceux qui ne sont pas aussi bien informés que moi du fond de votre conduite. S'il arrivait quelque nouveau malheur, par la violence des esprits à qui vous avez affaire, une exposition naïve de tout ce qui l'aura précédé sera votre justification.

Voyez à quoi vous oblige la supériorité que vous avez sur toutes les personnes de votre sexe. De toutes les femmes qui vous connaissent ou qui ont entendu parler de vous, il n'y en a pas une qui ne vous croie responsable de votre conduite à son tribunal, sur des points si délicats et si intéressans. En un mot, tout le monde a les yeux attachés sur vous, et semble vous demander un exemple. Plût au ciel que vous eussiez la liberté de suivre vos principes! Alors, j'ose le dire, tout prendrait un cours naturel et n'aurait pas d'autre terme que l'honneur. Mais je redoute vos directeurs et vos directrices. Votre mère, avec des qualités admirables pour conduire, est condamnée à suivre elle-même la conduite d'autrui; votre sœur, votre frère, vous pousseront certainement hors du chemin qui vous est propre.

Mais je touche un article sur lequel vous ne me permettez pas de m'étendre. Pardon, je n'ajoute rien. Cependant, pourquoi vous demander pardon, lorsque vos intérêts sont les miens? lorsque j'attache mon honneur au vôtre, lorsque je vous aime comme une femme n'en aima jamais une autre; et lorsqu'agréant cet intérêt et cette tendresse, vous m'avez placée, depuis un temps qu'on peut nommer long pour des personnes de notre âge, au premier rang de vos amies?

ANNE HOWE.

P. S. Vous me feriez plaisir de m'envoyer une copie du préambule de votre grand-père, aux articles du testament qu'il a fait en votre faveur, et de permettre que je la communique à ma tante Harman. Elle me prie instamment de lui en procurer la lecture. Cependant, elle est si charmée de votre caractère, que sans vous connaître personnellement, elle approuve la disposition de votre grand-père, avant que de connaître les raisons de cette préférence.

LETTRE II.

MISS CLARISSE HARLOVE, A MISS HOWE.

Au château d'Harlove, 13 janvier.

Que vous m'embarrassez, très chère amie, par l'excès de votre politesse! Je ne saurais douter de votre sincérité; mais prenez garde aussi de me donner lieu, par votre obligeante partialité, de me défier un peu de votre jugement. Vous ne faites pas attention que j'ai pris de vous quantité de choses admirables, et que j'ai l'air de les faire passer à vos yeux pour des biens qui me sont propres, car dans tout ce que vous faites, dans tout ce que vous dites, et jusque dans vos regards, où votre âme est si bien peinte, vous donnez des leçons sans le savoir à une personne qui a pour vous autant de tendresse et d'admiration que vous m'en connaissez. Ainsi, ma chère, soyez désormais un peu moins prodigue de louanges, de peur qu'après l'aveu que je viens de faire, on ne vous soupçonne de prendre un plaisir secret à vous louer vous-même, en voulant qu'on ne vous croie occupée que de l'éloge d'autrui.

Il est vrai que la tranquillité de notre famille a souffert beaucoup d'altération, pour ne pas dire que tout y est comme en tumulte, depuis le malheureux événement auquel l'amitié vous rend si sensible. J'en ai porté tout le blâme. Ceux qui me veulent du mal n'avaient qu'à laisser mon cœur à lui-même. J'aurais été trop touchée de ce fatal accident, si j'avais été épargnée avec justice par tout autre que moi; car soit par un coupable sentiment d'impatience, qui peut venir de ce qu'ayant toujours été traitée avec beaucoup d'indulgence, je ne suis point endurcie aux reproches; soit par le regret d'entendre censurer à mon occasion des personnes dont mon devoir est de prendre la défense, j'ai souhaité plus d'une fois qu'il eût plu au ciel de me retirer à lui dans ma dernière maladie, lorsque je jouissais de l'amitié et de la bonne opinion de tout le monde; mais plus souvent encore de n'avoir pas reçu de mon grand-père une distinction qui, suivant les apparences, m'a fait perdre l'affection de mon frère et de ma sœur, ou du moins qui, ayant excité leur jalousie et des craintes pour d'autres faveurs de mes deux oncles, fait disparaître quelquefois leur tendresse.

La fièvre ayant quitté heureusement mon frère, et la blessure étant en bon état, quoiqu'il n'ait pas encore risqué de sortir, je veux vous faire la petite histoire que vous désirez, avec toute l'exactitude que vous m'avez recommandée. Mais puisse le ciel nous préserver de tout nouvel événement qui vous obligeât de la produire dans les vues pour lesquelles votre bonté vous fait craindre qu'elle ne devienne nécessaire!

Ce fut en conséquence de quelques explications entre milord M... et mon oncle Antonin que, du consentement de mon père et de ma mère, M. Lovelace rendit sa première visite à ma sœur Arabelle. Mon frère était alors en Écosse, occupé à visiter la belle terre qui lui a été laissée par sa généreuse marraine, avec une autre dans le Yorkshire, qui n'est pas moins considérable. J'étais, de mon côté, à ma *ménagerie* (1) pour donner quelques ordres dans cette terre que mon grand-père m'a léguée, et dont on me laisse une fois l'an l'inspection, quoique j'aie remis tous mes droits entre les mains de mon père.

Ma sœur m'y rendit visite le lendemain du jour qu'on lui avait amené M. Lovelace. Elle me parut extrêmement contente de lui. Elle me vanta sa naissance, la fortune dont il jouissait déjà, qui était de deux mille livres sterling de rente en biens clairs, comme milord M... en avait assuré mon oncle, la riche succession de ce seigneur, dont il était héritier présomptif, et ses grandes espérances du côté de Lady Sara Sadleir et de lady Betty Lawrance, qui ne souhaitaient pas moins que son oncle de le voir marié, parce qu'il est le dernier de leur ligne. « Un si bel homme! Oh! sa chère Clary! (2) (Car, dans l'abondance de sa bonne humeur, elle était prête alors à m'aimer.) Il n'était que trop bel homme pour elle. Que n'était-elle aussi aimable que quelqu'un de sa connaissance? Elle aurait pu espérer de conserver son affection : car elle avait entendu dire qu'il était dissipé, fort dissipé; qu'il était léger, qu'il aimait les intrigues. Mais il était jeune. Il était homme d'esprit : il reconnaîtrait ses erreurs, pourvu qu'elle eût seulement la patience de supporter ses faiblesses, si les faiblesses n'étaient pas guéries par le mariage. » Après cette excursion, elle me proposa de voir ce charmant homme; c'est le nom qu'elle lui donna. Elle retomba dans ses réflexions sur la crainte de n'être pas assez belle pour lui. Elle ajouta qu'il était bien fâcheux qu'un homme eût, de ce côté-là, tant d'avantage sur sa femme. Mais s'approchant alors d'une glace, elle commença bientôt à se complimenter elle-même, à trouver « qu'elle était assez bien; que quantité de

(1) *Dairyhouse* signifie *laiterie*; le grand-père de Clarisse, pour l'attirer chez lui, lorsqu'on voulait bien se priver d'elle ailleurs, lui avait laissé la liberté de faire dans sa terre une ménagerie de son goût. Elle y avait réuni toutes les commodités possibles, avec une élégante simplicité, et la terre en avait pris le nom de *Dairyhouse*, par le désir même du grand-père, quoiqu'on la nommât avant *The Grove*, c'est-à-dire le *bosquet*.

(2) Diminutif de Clarisse, petit nom de tendresse.

femmes, qu'on estimait passables, lui étaient fort inférieures. On avait toujours jugé sa figure agréable. Elle voulait bien m'apprendre que l'agrément, n'ayant pas tant à perdre que la beauté, était ordinairement plus durable; et se tournant encore vers le miroir : certainement ses traits n'étaient pas irréguliers, ses yeux n'étaient pas mal. » Je me souviens, en effet, que dans cette occasion ils avaient quelque chose de plus brillant qu'à l'ordinaire. Enfin, elle ne se trouva aucun défaut, « quoiqu'elle ne fût pas sûre, ajouta-t-elle, d'avoir rien d'extrêmement engageant. Qu'en dites-vous, Clary? »

Pardon, ma chère. Il ne m'est jamais arrivé de révéler ces petites misères, jamais, pas même à vous; et je ne parlerais pas aujourd'hui si librement d'une sœur, si je ne savais, comme vous le verrez bientôt, qu'elle se fait un mérite auprès de mon frère de désavouer qu'elle ait jamais eu du goût pour M. Lovelace. Et puis vous aimez le détail dans les descriptions, et vous ne voulez pas que je passe sur l'air et la manière dont les choses sont prononcées, parce que vous êtes persuadée, avec raison, que ces accompagnemens expriment souvent plus que les paroles.

Je la félicitai de ses espérances. Elle reçut mes complimens avec un grand retour de complaisance sur elle-même. La seconde visite de M. Lovelace parut faire sur elle encore plus d'impression. Cependant, il n'eut pas d'explication particulière avec elle, quoiqu'on n'eût pas manqué de lui en ménager l'occasion. Ce fut un sujet d'étonnement, d'autant plus qu'en l'introduisant dans notre famille, mon oncle avait déclaré que ses visites étaient pour ma sœur. Mais comme les femmes qui sont contentes d'elles-mêmes excusent facilement une négligence dans ceux dont elles veulent obtenir l'estime, ma sœur trouva une raison fort à l'avantage de M. Lovelace, pour expliquer son silence : c'était pure timidité. De la timidité, ma chère, dans M. Lovelace! Assurément, tout vif et tout enjoué qu'il est, il n'a pas l'air impudent ; mais je m'imagine qu'il s'est passé beaucoup, beaucoup d'années, depuis qu'il était timide.

Cependant ma sœur s'attacha fort à cette idée. « Réellement, disait-elle, M. Lovelace ne méritait pas la mauvaise réputation qu'on lui faisait du côté des femmes. C'était un homme modeste. Elle avait cru s'apercevoir qu'il avait voulu s'expliquer. Mais une ou deux fois, lorsqu'il avait paru prêt d'ouvrir la bouche, il avait été retenu par une si agréable confusion! il lui avait témoigné un si profond respect! C'était, à son avis, la plus parfaite marque de considération. Elle aimait extrêmement qu'en galanterie un homme fût toujours respectueux pour sa maîtresse. » Je crois, ma chère, que nous pensons toutes de même, et avec raison ; puisque, si j'en dois juger par ce que j'ai vu dans plusieurs familles, le respect ne diminue que trop après le mariage. Ma sœur promit à ma tante Hervey d'user de moins de réserve la première fois que M. Lovelace se présenterait devant elle. « Elle n'était point de ces femmes qui se font un amusement de l'embarras d'autrui. Elle ne comprenait pas quel plaisir on peut prendre à chagriner une personne qui mérite d'être bien traitée, surtout lorsqu'on est sûre de son estime. » Je souhaite qu'elle n'eût point en vue quelqu'un que j'aime tendrement. Cependant sa censure ne serait-elle pas injuste? Je la crois telle; n'est-il pas vrai, ma chère? A l'exception, peut-être, de quelques mots un peu durs (1).

(1) Cette allusion paraîtrait obscure, si l'on n'était averti d'avance qu'elle regarde conduite de miss Howe à l'égard d'un jeune homme qui la recherchait en mariage.

Dans la troisième visite, Bella (1) se conduisit par ce principe si plein de raison et d'humanité, de sorte que, sur le récit qu'elle en fit elle-même, M. Lovelace devait s'être expliqué. Mais sa *timidité* fut encore la même ; il n'eut pas la force de surmonter un respect si peu de saison. Ainsi cette visite n'eut pas d'autre succès que les premières.

Ma sœur ne dissimula plus son mécontentement. Elle compara le caractère général de M. Lovelace avec la conduite particulière qu'il tenait avec elle ; et, n'ayant jamais fait d'autre épreuve de galanterie, elle avoua qu'un amant si bizarre lui causait beaucoup d'embarras. « Quelles étaient ses vues ? Ne lui avait-il pas été présenté comme un homme qui prétendait à sa main ? Ce ne pouvait être timidité, à présent qu'elle y pensait ; puisqu'en supposant que le courage lui manquât pour s'ouvrir à elle-même, il aurait pu s'expliquer avec son oncle ; non que d'ailleurs elle s'en souciât beaucoup ; mais n'était-il pas juste qu'une femme apprît les intentions d'un homme de sa propre bouche, lorsqu'il pensait à l'épouser ? Pour ne rien déguiser, elle commençait à croire qu'il cherchait moins à cultiver son estime que celle de sa mère. A la vérité, tout le monde admirait avec raison la conversation de sa mère ; mais si M. Lovelace croyait avancer ses affaires par cette voie, il était dans l'erreur ; et, pour son propre avantage, il devait donner des raisons d'en bien user avec lui, s'il parvenait à faire approuver ses prétentions. Sa conduite, elle ne faisait pas difficulté de le dire, lui paraissait d'autant plus extraordinaire qu'il continuait ses visites en marquant une passion extrême de cultiver l'amitié de toute la famille ; et que, si elle pouvait prendre sur elle de se joindre à l'opinion que tout le monde avait de lui, il ne pouvait douter qu'elle n'eût assez d'esprit pour l'entendre à demi-mot, puisqu'il avait remarqué quantité d'assez bonnes choses qui étaient sorties de sa bouche, et qu'il avait paru les entendre avec admiration. Elle était obligée de le dire, les réserves coûtaient beaucoup à un caractère aussi libre et aussi ouvert que le sien. Cependant elle était bien aise d'assurer ma tante (à qui tout ce discours était adressé) qu'elle n'oublierait jamais ce qu'elle devait à son sexe et à elle-même, M. Lovelace fût-il aussi exempt de reproche par sa morale que par sa figure, et devînt-il beaucoup plus pressant dans ses soins. »

Je n'étais pas de son conseil. J'étais encore absente. La résolution fut prise entre elle et ma tante que, s'il n'arrivait rien dans la première visite qui parût lui promettre une explication, elle prendrait un air froid et composé. Mais il me semble que ma sœur n'avait pas bien considéré le fond des choses. Ce n'était pas cette méthode, comme l'expérience l'a fait voir, qu'il fallait employer avec un homme de la pénétration de M. Lovelace, sur des points de pure omission, ni même avec tout autre homme ; car si l'amour n'a pas jeté des racines assez profondes pour en faire naître la déclaration, surtout lorsque l'occasion en est offerte, il ne faut pas s'attendre que le chagrin et le ressentiment puissent servir à l'avancer. D'ailleurs, ma chère sœur n'a pas naturellement la meilleure humeur du monde : c'est une vérité que je m'efforcerais inutilement de cacher, surtout à vous. Il y a donc beaucoup d'apparence qu'en voulant paraître un peu plus difficile qu'à l'ordinaire, elle ne se montra pas fort à son avantage.

J'ignore comment cette conversation fut ménagée. On serait tenté de

(1) Petit nom diminutif d'Arabella.

croire, par l'événement, que M. Lovelace fut assez généreux, non seulement pour saisir l'occasion qu'on lui offrait, mais encore pour l'augmenter. Cependant il jugea aussi qu'il était à propos de toucher la question ; mais ce ne fut, dit-elle à ma tante, qu'après l'avoir jetée par divers degrés dans un tel excès de mauvaise humeur, qu'il lui fut impossible de se remettre sur-le-champ. Il reprit son discours en homme qui attend une réponse décisive, sans lui laisser le temps de revenir à elle-même, e sans faire aucun effort pour l'adoucir ; de sorte qu'elle se vit dans la nécessité de persister dans son refus. Cependant elle lui donna quelques raisons de croire qu'elle ne désapprouvait pas sa recherche, et qu'elle n'était dégoûtée que de la forme, en se plaignant qu'il adressât ses soins à sa mère plus qu'à elle-même, comme s'il eût été sûr de son consentement dans toutes les circonstances. J'avoue qu'un tel refus pouvait être pris pour un encouragement ; et tout le reste de sa réponse fut dans le même goût : « Peu d'inclination pour un changement d'état, souverainement heureuse comme elle était ! pouvait-elle être jamais plus heureuse ? » Et d'autres négatives, que je crois pouvoir nommer un consentement, sans faire tomber néanmoins mes réflexions sur ma sœur ; car, dans ces circonstances, que peut dire une jeune fille, lorsqu'elle a lieu de craindre qu'un consentement trop prompt ne l'expose au mépris d'un sexe qui n'estime le bonheur qu'il obtient qu'à proportion des difficultés qu'il lui coûte ? La réponse de miss Bidulph à quelques vers d'un homme qui reprochait à notre sexe d'aimer le déguisement, n'est pas trop mauvaise, quoique vous la puissiez trouver un peu libre de la part d'une femme :

« Sexe peu généreux ! de prendre droit de notre facilité pour nous mépriser, et de nous accabler de reproches si nous paraissons trop sévères. Voulez-vous nous encourager à vous faire lire dans notre cœur? Jetez le masque vous-mêmes, et soyez sincères. Vous parlez de coquetterie : c'est votre fausseté qui force notre sexe à la dissimulation. »

Je suis obligée de quitter ici la plume ; mais je compte la reprendre bientôt.

LETTRE III.

MISS CLARISSE HARLOVE, A MISS HOWE.

13 et 14 janvier.

Telle fut la réponse de ma sœur, et M. Lovelace eut la liberté de l'interpréter comme il le jugeait à propos. Ce fut avec les apparences d'un vif regret qu'il prit le parti de se rendre à des raisons si fortes. Je suis bien trompée, ma chère, si cet homme n'est un franc hypocrite. « Tant de résolution dans une jeune personne ! une fermeté si noble ! Il fallait donc renoncer à l'espérance de faire changer des sentimens qu'elle n'avait adoptés qu'après une mûre délibération ? Il soupira, nous a dit ma sœur, en prenant congé d'elle. Il soupira profondément. Il se saisit de sa main. Il y attacha ses lèvres avec une ardeur ! Il se retira d'un air si respectueux ! Elle l'avait encore devant les yeux ; toute piquée qu'elle était, il s'en fallut peu qu'elle ne fût sensible à la pitié. » Bonne preuve de ses intentions, que cette pitié, puisque dans ce moment il y avait peu d'apparence qu'il vînt lui renouveler ses offres. Après avoir quitté Bella, il passa dans l'appartement de ma mère pour lui rendre compte de sa mauvaise fortune; mais dans des termes si respectueux pour ma sœur et pour toute la famille, et, s'il faut en croire les apparences, avec tant de chagrin de perdre l'espoir de notre alliance, qu'il laissa dans l'esprit de tout le monde des impressions en sa faveur, et l'idée que cette affaire ne manquerait pas de se renouer. Je crois vous avoir dit que mon frère était alors en Écosse. M. Lovelace reprit le chemin de Londres, où il passa quinze jours entiers. Il y rencontra mon oncle Antonin, auquel il se plaignit fort amèrement de la malheureuse résolution que sa nièce avait formée de ne pas changer d'état. On reconnut bien alors que c'était une affaire tout à fait rompue.

Ma sœur ne se manqua point à elle-même dans cette occasion. Elle se fit une vertu de la nécessité, et l'amant fugitif parut devenir un tout autre homme à ses yeux : « Un personnage rempli de vanité, qui connaissait trop ses propres avantages ; bien différens néanmoins de l'idée qu'elle en avait conçue. Froid et chaud par caprice et par accès. Un amoureux intermittent comme la fièvre. Combien ne préférait-elle pas un caractère solide, un homme de vertu, un homme de bonnes mœurs? Sa sœur Clary pouvait regarder comme une entreprise digne d'elle, d'engager un homme de cette espèce. Elle était patiente. Elle avait le talent de la persuasion pour le ramener de ses mauvaises habitudes; mais pour elle il ne lui fallait pas un mari sur le cœur duquel elle ne pourrait pas compter un moment. Elle n'en aurait pas voulu pour tout l'or du monde, et c'était dans la joie de son cœur, qu'elle s'applaudissait de l'avoir rejeté. »

Lorsque M. Lovelace fut revenu à la campagne, il lui prit envie de rendre visite à mon père et à ma mère, dans l'espérance, leur dit-il, que, malgré le malheur qu'il avait eu de manquer une alliance qu'il avait ardemment désirée, il obtiendrait l'amitié d'une famille pour laquelle il conserverait toujours du respect. Malheureusement, si je puis le dire, j'étais au logis et présente à son arrivée. On observa que son attention fut toujours fixée sur moi.

Aussitôt qu'il fut parti, ma sœur, qui n'avait pas été la dernière à faire cette remarque, déclara, par une sorte de bravade, que si ses inclinations se tournaient vers moi, elle le favoriserait volontiers. Ma tante Hervey se trouvait avec nous. Elle eut la bonté de dire que nous ferions le plus beau couple d'Angleterre, si ma sœur n'y mettait pas d'opposition. Un non assurément, accompagné d'un mouvement dédaigneux, fut la réponse de ma sœur. Il aurait été bien étrange qu'après un refus mûrement délibéré, il lui fût resté des prétentions. Ma mère déclara que son unique sujet de dégoût, pour une alliance avec l'une ou l'autre de ses deux filles, était le reproche qu'il y avait à faire à ses mœurs. Mon oncle Jules Harlove répondit avec bonté que sa fille Clary, c'est le nom qu'il a pris plaisir à me donner depuis mon enfance, serait plus propre que toute autre femme à le réformer. Mon oncle Antonin donna hautement son approbation ; mais en la soumettant, comme ma tante, aux résolutions de ma sœur. Alors elle affecta de répéter les marques de son mépris. Elle protesta, que fût-il le seul de son sexe en Angleterre, elle ne voudrait pas de lui, et qu'elle était prête à résigner par écrit toutes ses prétentions, si miss Clary s'était laissé éblouir par son clinquant, et si tout le monde approuvait les vues qu'il avait sur elle.

Mon père, après avoir gardé long-temps le silence, étant pressé par mon oncle Antonin d'expliquer son sentiment, apprit à l'assemblée que dès les premières visites de M. Lovelace, il avait reçu une lettre de son fils James, qu'il n'avait montrée qu'à ma mère, parce que le traité pour ma sœur était déjà rompu ; que, dans cette lettre, son fils témoignait beaucoup d'éloignement pour une alliance avec M. Lovelace, à cause de ses mauvaises mœurs ; qu'à la vérité il n'ignorait pas qu'ils étaient mal ensemble depuis long-temps ; que voulant prévenir toute occasion de mésintelligence et d'animosité dans sa famille, il suspendrait la déclaration de ses sentimens, jusqu'à l'arrivée de mon frère, pour se donner le temps d'entendre toutes ses objections ; qu'il était d'autant plus porté à cette condescendance pour son fils, qu'en général le caractère de M. Lovelace n'était pas trop bien établi ; qu'il avait appris, et qu'il supposait tout le monde informé que c'était un homme sans conduite, et s'était fort endetté dans ses voyages : et dans le fond, lui plut-il d'ajouter, il a tout l'air d'un dissipateur.

J'ai su toutes ces circonstances, en partie de ma tante Hervey, en partie de ma sœur : car on m'avait dit de me retirer lorsqu'on était entré en matière. A mon retour, mon oncle Antonin me demanda si j'aurais du goût pour M. Lovelace. Tout le monde, ajouta-t-il, s'était aperçu que j'avais fait sa conquête. Je répondis à cette question : Point du tout. M. Lovelace paraît avoir trop bonne opinion de sa personne et de ses qualités, pour être jamais capable de beaucoup d'attention pour sa femme. Ma sœur témoigna particulièrement qu'elle était satisfaite de ma réponse : elle la trouva juste, et loua fort mon jugement, apparemment parce qu'il s'accordait avec le sien. Mais, dès le jour suivant, on vit arriver milord M... au château d'Harlove. J'étais alors absente. Il fit sa demande dans les formes, en déclarant que l'ambition de sa famille était de s'allier avec la nôtre, et qu'il se flattait que la réponse de la cadette serait plus favorable à son parent que celle de l'aînée. En un mot, les visites de M. Lovelace furent admises, comme celles d'un homme qui n'avait pas mérité que notre famille manquât de considération pour lui. Mais, à l'égard de ses vues sur moi, mon père remit à se déterminer après l'arrivée de son fils ; et, pour le reste, on s'en reposa sur ma discrétion. Mes objections contre lui étaient toujours les mêmes. Le temps nous rendit plus familiers ; mais je ne voulus jamais entendre de lui que des discours généraux, et je ne lui donnai aucune occasion de m'en retenir en particulier.

Il supporta cette conduite avec plus de résignation qu'on n'en devait attendre de son caractère naturel, qui passe pour vif et ardent ; ce qui lui vient sans doute de n'avoir jamais été contrarié dès l'enfance : cas trop ordinaire dans les grandes familles où il n'y a qu'un seul fils. Sa mère n'a jamais eu d'autres enfans que lui. Mais sa patience, comme je vous l'ai déjà dit, ne m'empêchait pas de remarquer que, dans la bonne opinion qu'il a de lui-même, il ne doutait pas que son mérite ne le fit parvenir insensiblement à m'engager : « Et s'il y parvenait une fois, dit-il un jour à ma tante Hervey, il se promettait que l'impression serait durable dans un caractère aussi solide que le mien. » Pendant ce temps-là, ma sœur expliquait sa modération dans un autre sens, qui aurait peut-être eu plus de force de la part d'un esprit moins prévenu. « C'était un homme qui n'avait point de passion pour le mariage, et qui était capable de s'attacher à trente maîtresses. Ce délai convenait également à son humeur volage et au rôle d'indifférence que je jouais parfaitement.» Ce fut son obligeante expression.

Quelque motif qu'il pût avoir pour ne pas se lasser d'une patience si opposée à son naturel, et dans une occasion où l'on supposait qu'au moins du côté de la fortune, l'objet de ses recherches devait exciter sa plus vive attention, il est certain qu'il évita quantité de mortifications; car pendant que mon père suspendait son approbation jusqu'à l'arrivée de mon frère, il reçut de tout le monde les civilités qui sont dues à sa naissance; et quoique de temps en temps il nous vînt des rapports qui n'étaient pas à l'honneur de sa morale, nous ne pouvions l'interroger là-dessus sans lui donner plus d'avantage que la prudence ne le permettait dans la situation où il était avec nous, puisqu'il y avait beaucoup plus d'apparence que sa recherche serait refusée, qu'il n'y en avait qu'elle pût être acceptée. Il se trouva ainsi presque le maître du ton qu'il voulut prendre dans notre famille. Comme on ne remarquait rien dans sa conduite qui ne fût extrêmement respectueux, et qu'on n'avait à se plaindre d'aucune importunité violente, on parut prendre beaucoup de goût aux agrémens de sa conversation. Pour moi, je le considérais sur le pied de nos compagnies ordinaires; et lorsque je le voyais entrer ou sortir, je ne croyais pas avoir plus de part à ses visites que le reste de la famille.

Cependant cette indifférence de ma part servit à lui procurer un fort grand avantage. Elle devint comme le fondement de cette correspondance par lettres qui suivit bientôt, et dans laquelle je ne serais pas entrée avec tant de complaisance, si elle n'eût été commencée lorsque les animosités éclatèrent. Il faut vous en apprendre l'occasion. Mon oncle Hervey est tuteur d'un jeune homme de qualité, qu'il se propose de faire partir, dans un an ou deux, pour entreprendre ce qu'on appelle *le grand tour*. M. Lovelace lui paraissant capable de donner beaucoup de lumières sur tout ce qui mérite les observations d'un jeune voyageur, il le pria de lui faire, par écrit, une description des cours et des pays qu'il avait visités, avec des remarques sur ce qu'il avait vu de plus curieux. Il consentit, à condition que je me chargerais de la direction et de l'arrangement de ce qu'il nommait les sujets. On avait entendu vanter sa manière d'écrire. On se figura que ses relations pourraient être un amusement agréable pendant les soirées d'hiver, et que devant être lues en pleine assemblée, avant que d'être livrées au jeune voyageur, elles ne lui donneraient aucune occasion de s'adresser particulièrement à moi. Je ne fis pas scrupule d'écrire, pour lui proposer quelquefois des doutes, ou pour lui demander des éclaircissemens qui tournaient à l'instruction commune; j'en fis peut-être d'autant moins, que j'aime à me servir de ma plume, et ceux qui sont dans ce goût, comme vous savez, se plaisent beaucoup à l'exercer. Ainsi, avec le consentement de tout le monde, et sur les instances de mon oncle Hervey, je me persuadai que de faire seule la scrupuleuse, c'eût été une affectation particulière, dont un homme vain pouvait tirer avantage, et sur laquelle ma sœur n'aurait pas manqué de faire des réflexions.

Vous avez vu quelques unes de ces lettres, qui ne vous ont pas déplu, et nous avons cru reconnaître, vous et moi, que M. Lovelace était un observateur au dessus du commun. Ma sœur convint elle-même qu'il avait quelque talent pour écrire et qu'il n'entendait pas mal les descriptions. Mon père, qui a voyagé dans sa jeunesse, avoua que ces observations étaient curieuses, et qu'elles marquaient beaucoup de lecture, de jugement et de goût.

Telle fut l'origine d'une sorte de correspondance qui s'établit entre lui et moi, avec l'approbation générale, tandis qu'on ne cessait pas d'admirer, et qu'on prenait plaisir à voir sa *patiente vénération* pour moi; c'est ainsi que tout le monde la nommait. Cependant on ne doutait pas qu'il ne se rendît bientôt plus importun, parce que ses visites devenaient plus fréquentes, et qu'il ne déguisât point à ma tante Hervey qu'il avait une vive passion pour moi, accompagnée, lui dit-il, d'une crainte qu'il n'avait jamais connue, à laquelle il attribuait ce qu'il nommait sa soumission apparente aux volontés de mon père, et la distance où je le tenais de moi. Au fond, ma chère, c'est peut-être sa méthode ordinaire avec notre sexe; car n'a-t-il pas eu d'abord les mêmes respects pour ma sœur? En même temps, mon père, qui s'attendait à se voir importuner, tenait prêts tous les rapports qu'on lui avait faits à son désavantage, pour lui en faire autant d'objections contre ses vues. Je vous assure que ce dessein s'accordait avec mes désirs. Pouvais-je penser autrement? Et celle qui avait rejeté M. Wyerley, parce que ses opinions étaient trop libres, n'aurait-elle pas été inexcusable de recevoir les soins d'un autre dont la pratique l'était encore plus?

Mais je dois avouer que, dans les lettres qu'il m'écrivait sur le sujet général, il en renferma plusieurs fois une particulière, où il me déclarait les sentimens passionnés de son estime, en se plaignant de ma réserve avec assez de chaleur. Je ne lui marquais pas que j'y eusse fait la moindre attention. Ne lui ayant jamais écrit que sur des matières communes, je crus devoir passer sur ce qu'il m'écrivait de particulier, comme si je ne m'en étais point aperçue; d'autant plus que les applaudissemens qu'on donnait à ses lettres ne me laissaient plus la liberté de rompre notre correspondance, sans en découvrir la véritable raison. D'ailleurs, au travers de ses respectueuses assiduités, il était aisé de remarquer, quand son caractère aurait été moins connu, qu'il était naturellement hautain et violent; j'avais assez vu de cet esprit intraitable dans mon frère, pour ne pas l'aimer beaucoup dans un homme qui espérait m'appartenir encore de plus près.

Je fis un petit essai de cette humeur, dans l'occasion même dont je parle. Après avoir joint, pour la troisième fois, une lettre particulière à la lettre générale, il me demanda, dans la première visite, si je ne l'avais pas reçue. Je lui dis que je ne ferais jamais de réponse aux lettres de cette nature, et que j'avais attendu l'occasion qu'il m'offrait, pour l'en assurer. Je le priai de ne m'en plus écrire, et je l'assurai que s'il le faisait encore, je lui renverrais les deux lettres, et qu'il n'aurait plus une ligne de moi.

Vous ne sauriez vous imaginer l'air d'arrogance qui se peignit dans ses yeux, comme si c'eût été lui manquer que de n'être pas plus sensible à ses soins, ni ce qu'il lui en coûta, lorsqu'il se fut un peu remis, pour faire succéder un air plus doux à cet air hautain. Mais je ne lui fis pas connaître que je m'étais aperçue de l'un ni de l'autre. Il me sembla que le meilleur parti était de le convaincre par la froideur et l'indifférence avec laquelle j'arrêtais des espérances trop promptes, sans affecter néanmoins d'orgueil ni de vanité, qu'il n'était pas assez considérable à mes yeux pour me faire trouver facilement un sujet d'offense dans son air et dans ses discours, ou, ce qui revient au même, que je ne me souciais pas assez de lui pour m'embarrasser de lui faire connaître mes sentimens par des apparences de chagrin ou de joie. Il avait été assez rusé pour me donner, comme sans dessein, une instruction qui m'avait appris à me tenir sur mes gardes. Un jour, en conversation, il avait dit que lorsqu'un homme ne pouvait engager une femme à lui avouer qu'elle avait du goût pour lui, il avait une autre voie, plus sûre peut-être, et plus utile à ses vues, qui était de la mettre en colère contre lui.

Je suis interrompue par des raisons pressantes. Mais je reprendrai le même sujet à la première occasion.

Clarisse Harlove.

LETTRE IV.

MISS CLARISSE HARLOVE, A MISS HOWE.

15 janvier.

Voilà, ma chère, où j'en étais avec M. Lovelace, lorsque mon frère arriva d'Ecosse.

Aussitôt qu'on lui eut parlé de visites de M. Lovelace, il déclara nettement, et sans explication, qu'il les désapprouvait. En général, il trouvait de grands sujets de reproches dans son caractère. Mais bientôt, mesurant moins ses expressions, il prit la liberté de dire, en propres termes, qu'il avait peine à comprendre que ses oncles eussent été capables de proposer un homme de cette sorte pour l'une ou l'autre de ses sœurs; et se tournant en même temps vers mon père, il le remercia d'avoir évité de conclure jusqu'à son retour, mais du ton, à mon avis, d'un supérieur qui loue un inférieur d'avoir rempli son devoir pendant son absence. Il justifia son aversion invétérée par l'opinion publique et par la connaissance qu'il avait acquise de son caractère au collége. Il déclara qu'il l'avait toujours haï, qu'il le haïrait toujours, et qu'il ne le reconnaîtrait jamais pour son frère, ni moi pour sa sœur, si je l'épousais.

Voici l'origine que j'ai entendu donner à cette antipathie de collége. M. Lovelace s'est toujours fait remarquer par sa vivacité et son courage, et ne se distinguait pas moins, à ce qu'il semble, par la rapidité surprenante de ses progrès dans toutes les parties de la littérature. Aux heures de l'étude, il n'y avait pas de diligence égale à la sienne. Il paraît qu'on avait généralement cette idée de lui à l'Université, et qu'elle lui avait fait un grand nombre d'amis entre les plus habiles de ses compagnons, tandis que ceux qui ne l'aimaient pas le redoutaient à cause de sa vivacité, qui le disposait trop facilement à les offenser, et du courage avec lequel il soutenait l'offense après l'avoir donnée. Il se faisait par là autant de partisans qu'il lui plaisait parmi ceux qui n'étaient pas les plus estimés pour leur conduite: caractère, à tout prendre, qui n'est pas fort aimable.

Mais celui de mon frère n'était pas plus heureux. Sa hauteur naturelle ne pouvait supporter une supériorité si visible. On n'est pas éloigné de la haine pour ceux qu'on craint plus qu'on ne les aime. Comme il avait moins d'empire que l'autre sur ses passions, il s'exposait plus souvent à ses railleries, qui étaient peut-être indécentes, de sorte qu'ils ne se rencontraient jamais sans se quereller; et tout le monde, soit par crainte ou par amitié, prenant le parti de son adversaire, il essuya quantité de mortifications pendant le temps qu'ils passèrent au même collége. Ainsi on ne doit pas trouver surprenant qu'un jeune homme dont on ne vante pas la douceur ait repris une ancienne antipathie qui a jeté des racines si profondes.

Il trouva ma sœur qui n'attendait que l'occasion, prête à se joindre à lui dans ses ressentiments contre l'homme qu'elle haïssait. Elle désavoua hautement avoir jamais eu la moindre estime pour M. Lovelace, « jamais aucun goût pour lui. Son bien doit être fort chargé. Livré au plaisir comme il l'était, il était impossible qu'il ne fût pas abîmé de dettes. Aussi n'avait-il pas de maison, ni même d'équipage. Personne ne lui disputait de la vanité. La raison par conséquent était aisée à deviner. » Là-dessus elle se vanta sans ménagement de l'avoir refusé, et mon frère lui en fit un sujet d'éloges. Ils se joignirent dans toutes les occasions pour le rabaisser, et souvent ils cherchaient à les faire naître. Leur animosité ramenait là toutes les conversations, si elles n'avaient pas commencé par un sujet si familier.

Je ne m'embarrassais pas beaucoup de la justifier, lorsque je n'étais pas mêlée dans leurs réflexions. Je leur dis que je ne faisais pas assez de cas de lui pour causer le moindre différend dans la famille à son occasion : et comme on supposait qu'il n'avait donné que trop de sujet à la mauvaise opinion qu'on avait de lui, je jugeais qu'il devait porter la peine de ses propres fautes. Quelquefois, à la vérité, lorsque leur chaleur paraissait les emporter au delà des bornes de la vraisemblance, je me suis crue obligée par la justice de dire un mot en sa faveur; mais on me reprochait une prévention dont je ne voulais pas convenir, de sorte que si je ne pouvais pas faire changer de sujet à la conversation, je me retirais à mon clavecin ou dans mon cabinet.

Leurs manières pour lui, quoique très froides, et même désobligeantes lorsqu'ils ne pouvaient éviter de le voir, n'avaient rien encore d'absolument injurieux. Ils se flattaient d'engager mon père à lui défendre les visites. Mais comme il n'y avait rien dans sa conduite qui pût justifier ce traitement à l'égard d'un homme de sa naissance et de sa fortune, leurs espérances furent trompées. Alors ils s'adressèrent à moi. Je leur demandai quelle était mon autorité pour une démarche de cette nature, dans la maison de mon père, surtout lorsque ma conduite tenait M. Lovelace si éloigné de moi qu'il ne paraissait pas que j'eusse plus de part à ses visites que le reste de la famille, à l'exception d'eux ? Pour se venger, ils me dirent que c'était un idée concerté entre lui et moi, et que nous nous entendions mieux tous deux que nous ne voulions qu'on le crût. A la fin, ils s'abandonnèrent tellement à leur passion que tout d'un coup, au lieu de se retirer, comme ils y étaient accoutumés, lorsqu'ils le voyaient paraître, ils se jetèrent comme dans son chemin, avec le dessein formé de l'insulter.

Vous vous imaginez bien que M. Lovelace le prit très mal. Cependant il se contenta de m'en faire des plaintes, en termes fort vifs, à la vérité, et en me faisant entendre que, sans la considération qu'il avait pour moi, le procédé de mon frère n'était pas supportable. Je fus très fâchée du mérite que cet incident lui faisait auprès de moi dans ses propres idées, d'autant plus qu'il avait reçu quelques affronts trop ouverts pour être excusés. Cependant je lui dis que, dans quelques fautes que mon frère pût tomber, j'étais déterminée à ne point rompre avec lui, si je pouvais l'éviter; et que, puisqu'ils ne pouvaient se voir tranquillement l'un et l'autre, je serais bien aise qu'il ne se jetât point au devant de mon frère, parce que j'étais sûre que mon frère ne s'empresserait pas de le chercher. Il parut fort piqué de cette réponse. La sienne fut « qu'il devait souffrir des outrages, puisque c'était ma volonté. On l'avait accusé lui-même de violence dans son caractère ; mais il espérait faire connaître, dans cette occasion, qu'il savait prendre sur ses passions un ascendant dont peu de jeunes gens auraient été capables avec un si juste sujet de ressentiment, et il ne doutait pas qu'une personne aussi généreuse et aussi pénétrante que moi n'attribuât cette modération à ses véritables motifs. »

Il n'y avait pas long-temps que mon frère, avec l'approbation de mes oncles, avait employé un ancien intendant de milord M...., renvoyé par son maître, et qui avait eu quelque part à l'administration des affaires de M. Lovelace, qui l'avait remercié aussi de ses services, pour s'informer de ses dettes, de ses sociétés, de ses amours, et de tout ce qui appartenait à sa conduite. Ma tante Hervey me communiqua secrètement les lumières qu'on avait tirées par cette voie. « L'intendant reconnaissait que c'était un généreux maître; qu'il n'épargnait rien pour l'amélioration de ses terres; qu'il ne s'en rapportait pas aux soins d'autrui pour ses affaires, et qu'il y était fort entendu ; que pendant ses voyages il avait fait beaucoup de dépenses et contracté des dettes considérables; mais que, depuis son retour, il s'était réduit à une somme annuelle, et qu'il avait réformé son train, pour éviter d'avoir obligation à son oncle et à ses tantes, qui lui auraient donné tout l'argent dont il aurait eu besoin; mais qu'il n'aimait pas à les voir entrer dans sa conduite, et qu'ayant souvent des querelles avec eux, il les traitait si librement qu'il s'en faisait redouter; que cependant ses terres n'avaient jamais été engagées, comme mon frère croyait l'avoir appris; que son crédit s'était toujours soutenu, et qu'à présent même il n'était pas loin d'être quitte, s'il ne l'était déjà, avec tous ses créanciers.

» A l'égard des femmes on ne l'épargnait pas. C'était un homme étrange. Si les fermiers avaient des filles un peu jolies, ils se gardaient bien de les laisser paraître à ses yeux. On ne croyait pas qu'il eût de maîtresses entretenues. La nouveauté était tout pour lui ; c'est l'expression de l'intendant. On doutait que toutes les persécutions de son oncle et de ses tantes pussent le faire penser au mariage. Jamais on ne l'avait vu pris de vin. Mais il entendait merveilleusement l'intrigue, et on le trouvait toujours la plume à la main. Depuis son retour, il avait mené à Londres une vie fort déréglée. Il avait six ou sept compagnons aussi méchans que lui, qu'il amenait quelquefois dans ses terres : et le pays se réjouissait toujours quand il les voyait partir. Quoique passionné, on avouait qu'il avait l'humeur agréable : il recevait de bonne grâce une plaisanterie, il voulait qu'on prît bien les siennes ; il ne s'épargnait pas lui-même dans l'occasion : enfin, c'était, suivant le récit de l'intendant, l'homme le plus libre qu'il eût jamais connu. »

Ce caractère venait d'un ennemi ; car, suivant l'observation de ma tante, chaque mot que cet homme disait à son avantage était accompagné d'un *il faut convenir; on ne peut pas lui refuser cette justice, etc.*, pendant que tout le reste était prononcé avec plénitude de cœur. Ce caractère néanmoins, quoique assez mauvais, ne répondant point assez aux intentions de ceux qui l'avaient demandé, parce qu'ils l'auraient souhaité beaucoup pire, mon frère et ma sœur craignirent plus que jamais que la recherche de M. Lovelace ne fût encouragée, puisque la plus fâcheuse partie de leurs informations était connue ou supposée, lorsqu'il avait été présenté d'abord à ma sœur. Mais, par rapport à moi, je dois observer que, malgré le mérite qu'il voulait se faire à mes yeux de sa patience à supporter les mauvais traitemens de mon frère, je ne lui devais aucun compliment pour le porter à se réconcilier. Non qu'à mon avis il lui eût servi beaucoup de faire cette espèce de cour à mon frère ou à ma sœur; mais on aurait pu attendre de sa politesse et même de ses prétentions, comme vous en conviendrez, qu'il eût marqué de la disposition à faire quelque tentative dans cette vue. Au lieu de ce sentiment, il ne témoigna qu'un profond mépris pour l'un et pour l'autre, surtout pour mon frère, avec un soin affecté d'aggraver le sujet de ses plaintes. De mon côté, lui insinuer qu'il devait changer quelque chose à cette conduite, c'eût été lui donner un avantage dont il se serait prévalu, et que j'aurais été bien fâchée de lui avoir accordé sur moi. Mais je ne doutai pas que ne se voyant soutenu de personne, son orgueil n'en souffrît bientôt, et qu'il ne prît le parti de discontinuer lui-même ses visites, ou de se rendre à Londres, qui avait été son séjour ordinaire avant qu'il se fût lié avec notre famille; et, dans ce dernier cas, il n'avait aucune raison d'espérer que je voulusse recevoir ses lettres, et bien moins y répondre, lorsque l'occasion de ce commerce serait tout à fait supprimée.

Mais l'antipathie de mon frère ne me permit point d'attendre ces événemens. Après divers excès, auxquels M. Lovelace n'opposa que le mépris avec un air de hauteur qui pouvait passer pour une attaque, mon frère s'emporta un jour jusqu'à lui boucher l'entrée de la porte, comme s'il eût voulu s'opposer à son passage; en l'entendant parler de moi au portier, il lui demanda ce qu'il avait à démêler avec sa sœur. L'autre, d'un air de défi, comme mon frère l'a raconté, lui dit qu'il n'y avait pas de question à laquelle il ne fût prêt de répondre, mais qu'il priait M. James Harlove, qui s'était donné depuis peu d'assez grands airs, de se souvenir qu'il n'était plus au collège. Heureusement le bon docteur Levin, qui m'honore souvent de ce qu'il appelle une visite de conversation, et qui sortait à ce moment de mon parloir, se trouva près de la porte. N'ayant que trop entendu leurs discours, il se mit entre eux, dans le temps qu'ils portaient tous deux la main sur leurs épées. M. Lovelace, à qui il apprit où j'étais, passa violemment devant mon frère, qu'il avait laissé, me dit-il, dans l'état d'un sanglier échauffé, que la chasse a mis hors d'haleine.

Cet incident nous alarma tous. Mon père insinua honnêtement à M. Lovelace, et par l'ordre de mon père, je lui dis beaucoup plus ouvertement, que pour la tranquillité de notre famille on souhaitait qu'il discontinuât ses visites. Mais M. Lovelace n'est pas un homme à qui l'on fasse abandonner si facilement ses desseins, surtout ceux dans lesquels il prétend que son cœur est engagé. N'ayant pas reçu de défense absolue, il ne changea rien à ses assiduités ordinaires. Je conçus parfaitement que refuser ses visites, que j'évitai néanmoins aussi souvent qu'il me fut possible, c'était les pousser tous deux à quelque action désespérée, puisque l'un ne passait qu'à ma considération sur une offense que l'autre lui avait causée si volontairement. Ainsi le téméraire emportement de mon frère me jeta dans une obligation dont ma plus forte envie aurait été de me garantir.

Les propositions qu'on fit pour moi, dans l'intervalle, de M. Symmes et de M. Mullins, qui furent présentés tous deux successivement par mon frère, lui firent garder pendant quelque temps un peu plus de mesure. Comme on ne me supposait pas beaucoup de penchant pour M. Lovelace, il se flatta de faire entrer mon père et mes oncles dans les intérêts de l'un ou de l'autre de ces deux concurrens. Mais lorsqu'il eut reconnu que j'avais assez de crédit pour me délivrer d'eux, comme j'avais eu, avant son voyage d'Écosse et les visites de M. Lovelace, celui de faire remercier M. Wyerley, il ne connut plus de bornes capables de l'arrêter. Il commença par me reprocher une préoccupation supposée, qu'il traita comme s'il eût été question de quelque sentiment criminel. Ensuite il insulta personnellement M. Lovelace. Le hasard les avait fait rencontrer tous deux chez M. Édouard Symmes, frère de l'autre Symmes qui m'avait été proposé ; et le bon docteur Levin n'y étant pas pour les arrêter, leur rencontre eut le fâcheux effet que vous n'ignorez pas ; mon frère fut désarmé, comme vous l'avez su. Il fut apporté au logis ; et nous ayant donné lieu de croire que sa blessure était plus dangereuse qu'elle ne l'était réellement, surtout lorsque la fièvre fut survenue, chacun jeta des flammes, et tout le mal retomba sur moi.

Pendant trois jours entiers, M. Lovelace envoya demander, matin et soir, des nouvelles de la santé de mon frère. Ses messagers furent mal reçus, et ne remportèrent même que des réponses choquantes : ce qui ne l'empêcha pas, le quatrième jour, de venir prendre les mêmes informations en personne. Mes deux oncles, qui se trouvaient au château, le reçurent encore moins civilement. Il fallut employer la force pour arrêter mon père, qui voulait sortir sur lui l'épée à la main, quoiqu'il eût alors un accès de goutte.

Je tombai évanouie au bruit de tant de violence et lorsque j'eus entendu la voix de M. Lovelace, qui jurait de ne pas se retirer sans m'avoir vue, ou sans avoir obligé mes oncles de lui faire des réparations pour l'indigne traitement qu'il avait reçu de leur part. On les avait séparés, en fermant soigneusement une porte. Ma mère était dans une explication fort vive avec mon père. Ma sœur, après avoir adressé quelques injures piquantes à M. Lovelace, vint m'insulter, aussitôt qu'on m'eut rappelé à la connaissance. Mais lorsqu'il eut appris l'état où j'étais, il partit, en faisant vœu de se venger.

Il s'était fait aimer de tous nos domestiques. Sa bonté pour eux, et l'agrément de son humeur, qui lui faisait toujours adresser à chacun quelque plaisanterie convenable à leur caractère, les avait mis tous dans ses intérêts. Il n'y en eut pas un qui ne blâmât sourdement dans cette occasion la conduite de tous les acteurs, excepté la sienne. Ils firent une peinture si favorable de sa modération et de la noblesse de ses procédés jusqu'à l'extrémité de l'offense, que ce récit, joint à mes craintes pour les conséquences d'une si fâcheuse aventure, me fit consentir à recevoir une lettre qu'il m'envoya la nuit suivante. Comme elle était écrite dans les termes les plus respectueux, avec l'offre de soumettre ses intérêts à ma décision, et de se gouverner entièrement par ma volonté, les mêmes raisons me portèrent, quelques jours après, à lui faire réponse.

C'est à cette fatale nécessité qu'il faut attribuer le renouvellement de notre correspondance, si je puis lui donner ce nom. Cependant je n'écrivis qu'après avoir su du frère M. Symmes, qu'il avait été forcé de tirer l'épée par les dernières insultes, et que sur le refus qu'il en avait fait à ma considération, mon frère s'était oublié jusqu'à le menacer plusieurs fois de le frapper au visage ; et par toutes les informations que j'avais pu recueillir, je n'avais pas moins vérifié qu'il avait été maltraité par mes oncles avec plus de violence que je ne l'ai rapporté. Mon père et mes oncles furent informés des mêmes circonstances. Mais ils s'étaient trop avancés, en se rendant parties dans la querelle, pour se rétracter ou pardonner. Je reçus défense d'entretenir la moindre correspondance avec lui, et de me trouver un moment dans sa compagnie.

Cependant je puis vous faire un aveu, mais en confidence, parce que ma mère m'a recommandé le secret. En me témoignant ses craintes sur les suites de l'indigne traitement qu'on a fait à M. Lovelace, elle m'a dit qu'elle laissait à ma prudence de prévenir, par les moyens les plus propres, le malheur qui menace une des parties.

Je suis obligée de finir. Mais je crois en avoir dit assez, pour satisfaire pleinement à ce que vous avez souhaité de moi. Il ne convient point à un enfant de justifier son caractère et ses actions aux dépens de ce qu'il révère le plus. Cependant, comme je suis bien sûre que les événemens qui ne peuvent manquer de venir à la suite seront intéressans pour une amie telle que vous, qui d'ailleurs n'en communiquera pas plus qu'il ne convient, je continuerai de vous écrire suivant les occasions, avec le détail des circonstances que nous aimons toutes deux dans nos lettres. Je vous l'ai dit souvent : il n'y a point de plaisir qui égale pour moi celui de converser avec vous, par lettres du moins, quand je ne le puis de bouche.

Je dois vous avouer aussi que je suis extrêmement affligée d'être devenue le sujet des discours publics, jusqu'au point que vous me le dites, et que tout le monde m'en assure. Vos obligeans, vos sages égards pour ma réputation, et l'occasion que vous m'avez donnée de vous raconter mon histoire, avant les nouveaux malheurs qui peuvent arriver, et dont je prie le ciel de nous garantir, sont des attentions si dignes de la tendre et ardente amie que j'ai toujours trouvée dans ma chère miss Howe, qu'elles me lient à vous par de nouvelles obligations.

Clarisse Harlove.

Copie du préambule aux articles du testament fait en faveur de miss Clarisse Harlove, qu'elle envoie dans la lettre précédente.

« Comme les biens dont j'ai fait mention, et que j'ai décrits ci-dessus, sont des biens que j'ai acquis moi-même ; comme mes trois fils ont été extraordinairement heureux, et qu'ils se trouvent fort riches : l'aîné, par les avantages imprévus qu'il tire de ses nouvelles mines ; le second, par ceux qui lui sont tombés, sans s'y être attendu, après la mort de plusieurs parens de sa présente femme, sortie, des deux côtés, de très honorables familles, au delà des biens considérables qu'elle lui a apportés en mariage ; mon fils Antonin, par son trafic des Indes orientales, et par ses heureux voyages ; en outre, comme mon petit-fils James sera suffisamment pourvu par l'affection que sa marraine Lovell a pour lui, sachant d'elle-même qu'elle lui laisse par acte de donation et par testament ses terres d'Écosse et d'Angleterre (car il n'y a jamais eu, de quoi Dieu soit béni ! une famille plus heureuse dans toutes ses branches) ; comme mon second fils James est disposé à traiter favorablement mon petit-fils, et aussi ma petite-fille Arabelle, pour laquelle je ne prétends aucunement manquer d'égards, n'ayant aucune raison pour cela, car c'est une enfant respectueux et qui promet beaucoup ; comme mes fils Jules et Antonin ne témoignent pas d'inclination pour le mariage, de sorte que mon fils James est le seul qui ait des enfans ou qui ait l'apparence d'en avoir : par toutes ces raisons, et parce que ma bien-aimée petite-fille miss Clarisse Harlove a été depuis son enfance une incomparable jeune créature dans son respect pour moi, et qu'elle a été admirée de toutes les personnes qui l'ont connue, comme une enfant d'un mérite extraordinaire, je dois prendre plaisir à la considérer comme mon propre enfant particulier, et cela, sans donner d'offense, et dans l'espérance qu'on n'en prendra aucune, puisque mon fils James peut répandre ses faveurs à proportion, et en plus grande proportion, sur ma petite-fille Arabelle et mon petit-fils James : ces raisons, dis-je, sont celles qui me portent à disposer des biens ci-dessus décrits, en faveur de cette précieuse enfant, qui a fait les délices de ma vieillesse, et qui, par son aimable soumission, et par ses soins tendres et obligeans, a contribué, comme je le crois véritablement, à la prolongation de ma vie.

» Ainsi, c'est ma volonté expresse et mon commandement, et j'enjoins à mes trois fils, Jules, James et Antonin, et à mon petit-fils James, et à ma petite-fille Arabelle, autant qu'ils respectent ma bénédiction et ma mémoire, et qu'ils souhaitent que leurs dernières volontés et leurs désirs soient exécutés par leurs survivans, qu'aucun d'eux n'attaque et ne conteste les legs et dispositions suivantes en faveur de madite petite-fille Clarisse, quand elles ne seraient pas conformes à la loi ou à quelque formalité de la loi, et qu'ils ne souffrent pas qu'elles soient attaquées ou contestées par qui que ce soit, sous quelque prétexte que ce puisse être.

» Et dans cette confiance, etc. »

LETTRE V.

MISS CLARISSE HARLOVE, A MISS HOWE.

20 janvier.

Je n'ai pas eu jusque aujourd'hui la liberté de continuer mon dessein. Mes nuits et mes matinées n'ont point été à moi. Ma mère s'est trouvée fort mal, et n'a pas voulu d'autres soins que les miens. Je n'ai pas quitté le bord de son lit, car elle l'a gardé depuis ma dernière lettre ; et pendant deux nuits, j'ai eu l'honneur de le partager avec elle.

Sa maladie était une violente colique. Les contentions de ces esprits fiers et mâles, la crainte de quelque désastre qui peut arriver de l'animosité qui ne fait qu'augmenter ici contre M. Lovelace, et de son caractère intrépide et vindicatif, qui n'est que trop connu, sont des choses qu'elle ne peut supporter. Et puis les fondemens qui lui paraissaient jetés avec trop de vraisemblance pour des jalousies et des aigreurs, dans une famille jusqu'à présent si heureuse et si unie, affligent excessivement une âme douce et sensible, qui a toujours sacrifié à la paix sa propre satisfaction. Mon frère et ma sœur, qui étaient rarement d'accord, paraissaient tellement unis, et sont si souvent ensemble (*caballent* est le terme qui a échappé à ma mère, comme sans y penser), qu'elle tremble pour les conséquences. Ses tendres alarmes tombent peut-être sur moi, parce qu'elle remarque à tout moment qu'ils me regardent avec plus de froideur et de réserve. Cependant, si elle voulait prendre sur elle-même d'employer cette autorité que lui donne la supériorité de ses talens, toutes ces semences de divisions domestiques pourraient être étouffées dans leur naissance, surtout étant aussi sûre qu'elle peut l'être d'une soumission convenable de ma part, non seulement parce qu'ils sont mes aînés, mais encore pour l'amour d'une si tendre et si excellente mère. Car, si je ne puis vous dire, ma chère, ce que je ne dirais pas à toute autre au monde, je suis persuadée que si elle avait été d'un caractère à vouloir souffrir moins, elle n'aurait pas été exposée à la dixième partie de ses peines. Ce n'est pas faire l'éloge, me direz-vous, de la générosité de ceux qui sont capables de faire tourner à son propre tourment, tant de bonté et de condescendance.

En vérité, je suis quelquefois tentée de croire qu'il est en notre pouvoir de nous faire accorder ce que nous désirons, et respecter, autant qu'il nous plaît, en prenant seulement des manières brusques pour déclarer nos volontés. On en est quitte pour être moins aimé, voilà le pis aller, et si l'on se trouve en état d'obliger ceux à qui l'on peut avoir à faire, on ne s'apercevra pas même qu'ils nous refusent ce sentiment. Nos flatteurs ne nous reprocheront rien moins que nos fautes.

S'il n'y avait pas de vérité dans cette observation, est-il possible que mon frère et ma sœur pussent rendre jusqu'à leurs torts et leurs emportemens d'une si grande importance pour toute la famille? « Comment cela serait-il pris par mon fils, par mon neveu? Que dira-t-il là-dessus? Il faut savoir ce qu'il en pense. » Ce sont des réflexions qui précèdent chaque démarche de ses supérieurs, dont les volontés devraient être une règle pour les siennes. Il peut fort bien se croire en droit d'attendre cette déférence de tout le monde, lorsque mon père, qui est d'ailleurs si absolu, veut bien s'y assujétir constamment, surtout depuis que la bonté de sa marraine a mis dans l'indépendance un esprit qui n'a jamais trop connu la soumission. Mais où ces réflexions peuvent-elles me conduire? Je sais que, de toute notre famille, vous n'aimez que ma mère et moi; et, supérieure comme vous l'êtes, vous me le faites sentir plus souvent que je ne le souhaiterais. Dois-je donc augmenter vos dégoûts pour ceux en faveur desquels je voudrais vous voir mieux disposée, particulièrement pour mon père? car s'il ne peut souffrir la moindre contradiction, il est excusable. Il n'est pas naturellement de mauvaise humeur, et lorsqu'il n'est pas dans la torture de ses accès de goutte, on reconnaît aisément dans son air, dans ses manières et dans son entretien l'homme de naissance et d'éducation.

Notre sexe, peut-être, doit s'attendre à souffrir, si j'ose le dire, un peu de rudesse de la part d'un mari, à qui on laisse voir, comme un amant, la préférence qu'on lui donne dans son cœur sur tous les autres hommes. Qu'on fasse passer tant qu'on voudra la générosité pour une vertu d'homme. Mais dans le fond, ma chère, j'ai observé jusque aujourd'hui qu'une fois sur dix, on n'en trouve pas dans ce sexe autant que dans le nôtre. A l'égard de mon père, son humeur naturelle a été un peu altérée par sa cruelle maladie, dont les atteintes ont commencé à la fleur de son âge avec une violence capable de faire perdre à la plus active de toutes les âmes, telle qu'était la sienne, tout exercice de ses facultés, et cela, suivant les apparences, pour le reste de sa vie. Une si triste situation a comme resserré dans lui-même la vivacité de ses esprits, et leur a fait tourner leur pointe contre son propre repos, sans compter qu'une prospérité extraordinaire ne fait qu'ajouter à son impatience ; car ceux, je m'imagine, qui ont le plus de ces biens terrestres en partage, doivent regretter qu'il y en ait quelqu'un qui leur manque.

Mais, mon frère, quelle excuse peut-on donner pour son humeur brusque et hautaine ? Je suis fâchée d'avoir sujet de le dire, mais c'est réellement, ma chère, un jeune homme de mauvais naturel. Il traite quelquefois ma mère... En vérité, il n'est pas respectueux. La fortune ne lui laissant rien à désirer, il a le vice de l'âge mêlé avec l'ambition de la jeunesse, et il ne jouit de rien que de sa fierté, j'allais dire aussi de son mauvais cœur. Encore une fois, ma chère, je fortifie votre dégoût pour quelques personnes de notre famille. Je me souviens d'un temps, chère amie, où il a peut-être dépendu de vous de le former à votre gré. Que n'êtes-vous devenue ma belle-sœur ? C'eût été alors que dans une sœur j'aurais trouvé une véritable amie. Mais il n'est pas étonnant qu'il n'ait plus de tendresse pour vous, qui preniez plaisir de le piquer au vif ; et cela, trouvez bon que je le dise, avec un dédain trop assorti à sa hauteur ; passion qui n'aurait pas manqué d'une chaleur digne de son objet, et qui l'en aurait peut-être rendu digne lui-même.

Mais finissons sur cet article. J'exécuterai mon dessein dans ma première lettre, que je me propose d'écrire immédiatement après le déjeûner. Je remets celle-ci au messager que vous avez envoyé demander des nouvelles de notre santé, avec une inquiétude de mon silence, qui est un témoignage ordinaire de votre amitié.

Clarisse Harlove.

LETTRE VI.

MISS CLARISSE HARLOVE, A MISS HOWE.

20 janvier.

Revenons à l'histoire de ce qui se passe ici. La guérison de mon frère étant fort avancée, quoique vous puissiez compter que ses ressentimens sont plutôt échauffés que refroidis par sa petite disgrâce, mes amis (du moins mon père et mes oncles, si mon frère et ma sœur ne veulent pas être du nombre) commencent à croire que j'ai été traitée durement. Ma mère a eu la bonté de me le dire depuis que ma dernière lettre est partie.

Cependant je les crois tous persuadés que je reçois des lettres de M. Lovelace. Mais comme ils ont appris que milord M... est plus porté à soutenir son neveu qu'à le blâmer, ils le redoutent si fort, que loin de me faire de question là-dessus, ils paraissent fermer les yeux sur le seul moyen d'adoucir un esprit violent, qu'ils ont si vivement irrité ; car il insiste sur une satisfaction de la part de mes oncles ; et ne manquant point d'adresse, il regarde peut-être cette méthode comme la plus sûre pour se rétablir avec quelque avantage dans notre famille. Ma tante Hervey a déjà proposé à ma mère s'il ne serait pas convenable d'engager mon frère à faire un tour dans ses terres de l'Yorkshire, où il avait dessein d'aller auparavant, et à s'y arrêter jusqu'à la fin de ces troubles.

Mais rien ne paraît si éloigné de son intention. Il commence à faire entendre qu'il ne sera jamais tranquille ou satisfait s'il ne me voit mariée ; et jugeant que M. Symmes ni M. Mullins ne seront pas acceptés, il a renouvellé la proposition de M. Wyerley, en faveur, dit-il, de la passion extrême que cet homme a pour moi. J'ai paru peu sensible à ce compliment. Mais, hier seulement, il parla d'un autre, qui s'est adressé à lui par une lettre, et qui fait des offres très considérables. C'est M. Solmes, le riche Solmes, comme vous savez qu'on l'appelle. Cependant ce beau nom ne s'est attiré l'attention de personne.

S'il voit qu'aucun de ses plans de mariage ne réussisse, il pense, m'a-t-on dit, à me proposer de le suivre en Écosse, sous prétexte, comme j'entends, d'y établir dans sa maison le même ordre qui est ici dans la nôtre. Mais le dessein de ma mère est de s'y opposer, pour son propre intérêt ; parce qu'ayant la bonté de me croire utile à la soulager un peu des soins domestiques, dans lesquels vous savez que ma sœur n'entre pas, elle dit que tout lui retomberait sur les bras dans mon absence. Si d'autres raisons n'empêchaient de s'y opposer, je le ferais moi-même ; car je ne suis pas tentée, je vous assure, de devenir la femme de charge de mon frère ; et je suis persuadée que si je consentais à ce voyage, il me traiterait moins comme sa sœur que comme sa servante ; d'autant moins bien, peut-être, que je suis sa sœur. Et si M. Lovelace allait se mettre dans la fantaisie de me suivre, le mal deviendrait encore pire.

Mais j'ai prié ma chère mère, qui appréhende beaucoup les visites de M. Lovelace, surtout à la veille du départ de mon frère, qui commence à se trouver assez bien pour être bientôt en état de partir, de me procurer la permission d'aller passer chez vous une quinzaine de jours. Croyez-vous, ma chère, que votre mère le trouve bon ?

Je n'ose pas demander, dans ces circonstances, la liberté d'aller à ma *ménagerie*. Je craindrais qu'on ne me soupçonnât d'aspirer à l'indépendance à laquelle je suis autorisée par le testament de mon grand-père, et ce désir ne manquerait pas d'être expliqué comme une marque de faveur pour l'homme qu'on honore à présent d'une si grande aversion. Au fond, si je pouvais être aussi tranquille et aussi heureuse ici que je l'ai toujours été, je défierais et cet homme et tout son sexe, et je ne regretterais jamais d'avoir abandonné la disposition de ma fortune entre les mains de mon père.

Ma mère vient de me causer beaucoup de joie en m'apprenant que ma demande est accordée. Tout le monde l'approuve, à l'exception de mon frère ; mais on lui a déclaré qu'il ne doit pas s'attendre à donner toujours la loi. On m'a fait avertir de descendre dans la grande salle, où mes deux oncles et ma tante Hervey se trouvent actuellement, pour y recevoir ma permission dans les formes. Vous savez, ma chère, qu'il règne un grand ton de cérémonie parmi nous. Mais jamais famille ne fut plus unie dans ses différentes branches. Nos oncles nous regardent comme leurs propres enfans. Ils déclarent que c'est en notre faveur qu'ils vivent dans le célibat ; de sorte qu'ils sont consultés sur tout ce qui peut nous toucher. Ainsi, dans un temps où ils apprennent que M. Lovelace est déterminé à nous rendre une visite, qu'il appelle d'amitié, mais qui ne finira pas, je crains, dans de si bons termes, il n'est pas surprenant qu'on prenne leur avis sur la permission que j'ai demandée d'aller passer quelques jours chez vous.

Il faut vous rendre compte de ce qui vient de se passer dans l'assemblée. Je prévois que vous n'en aurez pas plus d'amitié pour mon frère; mais je suis fâchée moi-même contre lui, et je ne puis m'en empêcher. D'ailleurs, il est à propos que vous sachiez les conditions qu'on impose, et les motifs par lesquels on s'est déterminé à me satisfaire.

— Clary, m'a dit ma mère en me voyant paraître, on a pris en considération la demande que vous faites d'aller passer quelques jours chez miss Howe. Elle vous est accordée.

— Contre mon avis, je vous proteste, a dit mon frère en l'interrompant d'un ton brusque.

— Mon fils! c'est le seul mot qu'a dit mon père, et il a froncé le sourcil. Cet ordre muet a fait peu d'impression. Mon frère a le bras en écharpe. Il a souvent la petite ruse d'y jeter les yeux lorsqu'on propose quelque ouverture qui peut tendre à une réconciliation avec M. Lovelace : — Qu'on empêche donc *cette petite fille* (je suis souvent *cette petite fille* pour lui) de voir un méprisable libertin.

Personne n'a ouvert la bouche.

— Entendez-vous, ma sœur Clarisse? prenant le silence de tout le monde pour une approbation, vous ne devez pas recevoir les visites du neveu de milord M...

Chacun a continué de garder le silence. Il m'a interrogée : — Entendez-vous dans ce sens, miss Clary, la permission qu'on vous accorde?

— Monsieur, lui ai-je répondu, je voudrais pouvoir entendre que vous êtes mon frère, et que vous voulussiez entendre vous-même que vous n'êtes que mon frère.

— O cœur, cœur trop prévenu! s'écria-t-il en levant les mains avec un sourire insultant.

Je me suis tournée vers mon père. — Monsieur, j'en appelle à votre justice. Si j'ai mérité ces réflexions, je demande de n'être pas épargnée. Mais si je ne suis pas responsable de la témérité...

— Qu'on finisse, a dit mon père, qu'on finisse de part et d'autre. Vous ne devez pas recevoir les visites de ce Lovelace, quoique... et vous, mon fils, vous ne devez laisser rien échapper au désavantage de votre sœur. C'est une digne enfant.

— Monsieur, je n'ajoute rien, a-t-il répliqué. Mais j'ai son honneur à cœur, comme celui de toute la famille!

— Et c'est de cela, monsieur, ai-je repris, que viennent des réflexions si peu fraternelles?...

— Fort bien, m'a-t-il dit; mais observez, s'il vous plaît, miss, que ce n'est pas moi, et que c'est votre père, qui vous dit que vous ne devez pas recevoir les visites de ce Lovelace.

— Mon neveu, lui a dit ma tante Hervey, permettez-moi de remarquer qu'on peut se fier à la prudence de ma nièce Clary.

— Je suis convaincue qu'on le peut, a continué ma mère.

— Mais ma tante, mais madame, a représenté ma sœur Arabelle, il me semble qu'il n'y a point de mal à informer ma sœur sous quelles conditions elle va chez miss Howe, puisque s'il a l'adresse de s'ouvrir l'entrée de cette maison...

— Vous pouvez compter, a interrompu mon oncle Jules, qu'il cherchera toutes sortes de moyens pour la voir.

— L'impudent ne les trouverait pas moins ici, a dit mon oncle Antonin, et il vaut mieux que ce soit là qu'ici.

— Le mieux, a repris mon père, est que ce ne soit nulle part; et se tournant vers moi :—Je vous ordonne, sous peine de me déplaire, de ne le pas voir du tout.

— Soyez sûr, monsieur, lui ai-je dit, que je ne le verrai pas dans aucune vue de l'encourager, et que je ne le verrai pas du tout, si je puis éviter de le voir avec décence.

— Vous savez, a dit ma mère, avec quelle indifférence elle l'a vu jusqu'à présent. On peut, comme l'a remarqué ma sœur Hervey, se fier hardiment à sa prudence.

— Avec quelle apparente indifférence... a murmuré mon frère d'un ton moqueur.

— Mon fils! a interrompu sévèrement mon père.

— Je n'ajoute pas un mot, a repris mon frère. Mais s'adressant à moi d'un air piquant, il m'a recommandé de ne pas oublier la défense.

Telle a été la fin de cette conférence.

Vous engagez-vous, ma chère, à ne pas souffrir que l'homme détesté approche de votre maison? Mais quelle contradiction n'y a-t-il pas à consentir que je parte, dans l'idée que c'est le seul moyen d'éviter ici ses visites? S'il vient, je vous charge du moins de ne me jamais laisser seule avec lui.

Comme je n'ai aucune raison de douter que mon arrivée ne soit agréable à votre mère, je vais mettre tout en ordre pour me procurer le plaisir de vous embrasser dans deux ou trois jours.

Clarisse Harlove.

LETTRE VII.

MISS CLARISSE HARLOVE, A MISS HOWE.

Au château d'Harlove, 20 février.

Je commence par des excuses, de ne vous avoir pas plus tôt écrit. Hélas! ma chère, il s'ouvre une triste perspective devant mes yeux. Tout succède au gré de mon frère et de ma sœur. Ils ont trouvé un nouvel amant pour moi. Quel amant! Cependant il est encouragé par tout le monde. Ne soyez plus surprise qu'on m'ait rappelée au logis avec tant de précipitation. On ne m'a donné qu'une heure; sans autre avis, comme vous savez, que celui qui m'est venu avec la voiture qui devait me ramener. Je n'en ignore plus la raison. C'était la crainte, indigne crainte! que si j'eusse pénétré les motifs qui me faisaient rappeler, je ne fusse entrée dans quelque complot avec M. Lovelace, parce qu'ils ne peuvent douter de mon dégoût pour celui qu'ils me proposent.

Ils pouvaient bien y compter; car sur qui vous imaginez-vous qu'est tombé leur choix? Ce n'est pas sur un autre que M. Solmes. L'auriez-vous cru? Ils sont tous déterminés, et ma mère avec les autres. Chère, et excellente mère! comment s'est-elle ainsi laissée séduire! elle, comme je l'ai su de bonne part, qui eut la bonté de dire, lorsque M. Solmes fut proposé la première fois, que quand il serait en possession de toutes les richesses des Indes, et qu'il me les offrirait avec sa main, elle ne le croirait pas digne de sa chère Clarisse.

L'accueil qu'on m'a fait après une absence de trois semaines, si différent de celui que j'étais accoutumée de recevoir après les moindres absences, ne m'a que trop convaincue que je dois payer cher le bonheur que j'ai goûté dans la compagnie et la conversation de ma chère amie, pendant cet agréable intervalle. Apprenez-en les circonstances.

Mon frère vint au devant de moi jusqu'à la porte, et me donna la main pour descendre du carrosse. Il me fit une profonde révérence. « Je vous prie, miss, faites-moi la grâce... » Je le crus dans un accès de bonne humeur, mais je reconnus ensuite que c'était un respect ironique. Il me conduisit ainsi avec des cérémonies affectées, tandis que, suivant le mouvement de mon cœur, je m'informais en chemin de la santé de tout le monde, comme si je n'eusse pas touché au moment de les voir tous : et nous entrâmes dans la grande salle, où je trouvai mon père, ma mère, mes deux oncles et ma sœur.

En entrant, je fus frappé de voir, sur le visage de mes plus chers parents, un air apprêté, auquel je n'ai jamais été accoutumée dans les mêmes occasions. Ils étaient tous assis : je courus vers mon père, et j'embrassai ses genoux. Je rendis les mêmes respects à ma mère. Ils me reçurent tous deux d'un air froid. Mon père ne me donna qu'une bénédiction à demi prononcée ; ma mère, à la vérité, me nomma sa chère enfant ; mais elle ne m'embrassa point avec l'ardeur ordinaire de sa tendresse.

Après avoir rendu mes devoirs à mes oncles, et fait mon compliment à ma sœur, qui m'écouta d'un air sérieux et contraint, je reçus ordre de m'asseoir. Je me sentais le cœur chargé, et je répondis que si je n'avais pas un accueil moins effrayant et moins extraordinaire à espérer, il me convenait mieux de demeurer debout. Mon embarras m'obligea de tourner le visage, et de tirer mon mouchoir.

Aussitôt mon frère, ou mon accusateur, prit la parole et me reprocha de n'avoir pas reçu moins de cinq ou six visites chez miss Howe, de la personne qu'ils avaient tous de si fortes raisons de haïr, ce fut son expression ; et cela malgré l'ordre que j'avais reçu de ne le pas voir. — Niez, me dit-il, si vous l'osez.

Je lui répondis que mon caractère ne m'avait jamais permis de nier la vérité, et que je n'étais pas disposée à commencer. Dans l'espace de mes trois semaines, j'avouai que j'avais vu plus de cinq ou six fois la personne dont il voulait parler. — De grâce, mon frère, lui dis-je, permettez que j'achève : car je le voyais prêt à s'emporter. Lorsqu'il est venu, il a toujours demandé madame Howe et sa fille. J'avais quelques raisons de croire, continuai-je, qu'elles auraient employé tous leurs efforts pour se dispenser de le recevoir ; mais elles m'ont apporté plus d'une fois pour excuse, que, n'ayant pas les mêmes raisons que mon père pour lui interdire l'entrée de leur maison, sa naissance et sa fortune les obligeaient à la civilité.

Vous voyez, ma chère, que j'aurais pu faire une autre apologie. Mon frère paraissait sur le point de lâcher la bride à sa passion ; mon père prenait la contenance qui annonce toujours un violent orage, mes oncles parlaient bas, d'un ton grondeur, et ma sœur levait les mains d'un air qui n'était pas propre à les adoucir, lorsque je demandai en grâce d'être entendue. Il faut écouter cette pauvre enfant, dit ma mère. C'est le terme que sa bonté lui fit employer.

« Je me flattais, leur dis-je, qu'il n'y avait rien à me reprocher. Il ne m'aurait pas convenu de prescrire à madame et à miss Howe de qui elles devaient recevoir des visites. Madame Howe se faisait un amusement du ton de plaisanterie qui régnait entre sa fille et lui. Je n'avais aucune raison de leur reprocher que les visites qu'elles recevaient de lui me fussent adressées; et c'est ce que j'aurais pu faire, si j'avais refusé de leur tenir compagnie, lorsqu'il était avec elle. Je ne l'avais jamais vu hors de leur présence; et je lui avais déclaré une fois, lorsqu'il m'avait demandé quelques momens d'entretien particulier, qu'à moins qu'il ne fût réconcilié avec ma famille, il ne devait pas s'attendre que je souffrisse ses visites, et bien moins que je consentisse à ce qu'il désirait.

» Je leur dis de plus que miss Howe entrant parfaitement dans mes intentions, ne m'avait jamais quittée un moment, tandis qu'il était chez elle; que lorsqu'il y venait, si je n'étais pas déjà dans la salle, je ne souffrais pas qu'on m'appelât pour lui; mais que j'aurais regardé comme une affectation dont il aurait cru pouvoir tirer quelque avantage, de me retirer lorsqu'il arrivait, ou de m'obstiner à ne pas paraître, lorsque sa visite durait long-temps. »

Mon frère m'écoutait avec une sorte d'impatience, à laquelle il était aisé de connaître qu'il voulait me trouver coupable, avec quelque force que je pusse me justifier. Les autres, autant que j'en puis juger par l'événement, auraient été satisfaits de mes explications, s'ils n'avaient pas eu besoin de m'intimider pour me vaincre sur d'autres points. Ce qu'il en faut conclure, c'est qu'ils ne s'attendaient point de ma part à une complaisance volontaire. C'était une confession tacite de ce qu'il y avait de révoltant dans la personne qu'ils avaient à me proposer. Je n'eus pas plus tôt cessé de parler, que, sans être retenu par la présence de mon père ni par ses regards, mon frère jura que pour lui jamais il ne voulait entendre parler de réconciliation avec ce libertin, et qu'il me renoncerait pour sa sœur, si j'encourageais les espérances d'un homme si odieux à toute la famille. « Un homme qui a failli être le meurtrier de mon frère! » interrompit ma sœur avec un visage tendu par la contrainte même qu'elle faisait à sa passion. La pauvre Bella, comme vous savez, a le visage potelé et un peu surnourri, si je puis employer cette expression. Je suis sûre que vous me pardonnerez plus facilement un langage si libre, que je ne me le pardonne à moi-même. Mais qui pourrait être assez reptile pour ne pas du moins se tourner lorsqu'il est foulé aux pieds?

Mon père, dont vous savez que la voix est terrible lorsqu'il est en colère, me dit avec une action et un ton d'une égale violence, qu'on m'avait traité avec trop d'indulgence, en me laissant la liberté de refuser ce parti et les autres, et que c'était à présent son tour à se faire obéir. — C'est la vérité, ajouta ma mère, et j'espère que vous ne trouverez point d'opposition à vos volontés de la part d'une enfant si favorisée. Pour faire connaître qu'ils étaient tous de même sentiment, mon oncle Jules dit qu'il était persuadé que sa nièce bien-aimée n'avait besoin que de savoir la volonté de son père pour s'y conformer; et mon oncle Antonin, dans son langage un peu plus rude : qu'il ne me croyait pas capable de leur donner raison d'appréhender que la faveur qui m'avait été accordée par mon grand-père ne me fît aspirer à l'indépendance; qu'au reste, si c'était mon idée, il voulait bien m'apprendre que le testament pouvait être cassé, et qu'il le serait.

Je demeurai dans un étonnement, tel que vous pouvez vous l'imaginer.

De quelle proposition, pensai-je en moi-même, ce traitement est-il le prélude? Serait-il question de M. Wyerley? Enfin, de qui va-t-on m'entretenir? Et comme les hautes comparaisons se présentent plutôt que les basses à l'esprit d'une jeune personne, lorsque son amour-propre y est intéressé: que ce soit qui l'on voudra, pensai-je encore, c'est faire l'amour comme les Anglais le firent pour l'héritière d'Écosse, au temps d'Édouard VI. Mais pouvais-je soupçonner qu'il fût question de Solmes?

« Je ne croyais pas, leur dis-je, avoir donné occasion à tant de rigueur. J'espérais de conserver toujours un juste sentiment de reconnaissance pour leurs faveurs, joint à celui de mon devoir en qualité de fille et de nièce. Mais j'étais si surprise, ajoutai-je, d'un accueil si extraordinaire et si imprévu, que j'espérais de la bonté de mon père et de ma mère la permission de me retirer, pour me remettre un peu de mon embarras. » Personne ne s'y opposant, je fis ma révérence et je sortis. Mon frère et ma sœur demeurèrent fort contens, je m'imagine, et ne manquèrent pas de se féliciter mutuellement d'avoir engagé les autres à commencer avec moi d'un ton si sévère.

Je montai dans ma chambre; et là, sans autre témoin que ma fidèle Hannah, je déplorai les apparences trop certaines de la nouvelle proposition à laquelle il était clair que je devais m'attendre. A peine m'étais-je un peu remise, qu'on me fit avertir de descendre pour le thé. Je fis demander par ma femme de chambre la liberté de m'en dispenser; mais sur un second ordre je descendis, en prenant le meilleur visage qu'il me fut possible, et j'eus à me purger d'une nouvelle accusation. Mon frère, tant la mauvaise volonté est subtile en inventions, fit entendre, par des expressions également claires et choquantes, qu'il attribuait le désir que j'avais eu de me dispenser de descendre, au chagrin d'avoir entendu parler librement d'une certaine personne pour laquelle il me supposait prévenue. — Il me serait aisé, lui dis-je, de vous faire une réponse digne de cette réflexion; mais je m'en garderai bien. Si je ne vous trouve pas les sentimens d'un frère, vous ne me trouverez pas ceux d'une sœur. — Le joli petit air de modération, dit tout bas ma sœur, en regardant mon frère, et levant la lèvre avec mépris. Lui, d'un air impérieux, me dit de mériter son affection, et que je serais toujours sûre de l'obtenir.

Lorsque nous fûmes assis, ma mère, avec cette grâce admirable que vous lui connaissez, s'étendit sur l'amitié qui doit régner entre un frère et des sœurs, et blâma doucement ma sœur et mon frère d'avoir conçu trop légèrement du chagrin à mon occasion. Elle ajouta, dans une vue que je crois un peu politique, qu'elle répondait de ma soumission aux volontés de mon père. — Alors, dit mon père, *tout irait à merveille.* L'expression de mon frère fût: — *Alors nous l'aimerions tous à la folie.* Ma sœur dit: — *Nous l'aimerions comme auparavant;* et mes oncles: — *Elle serait l'idole de notre cœur.* Mais, hélas! suis-je donc exposée à la perte de tant de biens?

Voilà, ma chère, la réception qu'on m'a faite à mon retour. M. Solmes parut avant la fin du déjeûner. Mon oncle Antonin me le présenta comme un de ses amis particuliers; mon oncle Jules, à peu près dans les mêmes termes: mon père me dit. — Sachez, Clarisse, que M. Solmes est mon ami. Comme il s'assit près de moi, ma mère le regarda beaucoup, et me regardait ensuite d'un air qui me semblait attendri. Mes yeux se tournaient aussi vers elle, pour implorer sa pitié; et si je lançais un coup d'œil sur lui, c'était avec un dégoût qui approchait beaucoup de l'effroi. Pendant ce temps-là, mon frère et ma sœur l'accablaient de civilités. Tant de caresses et d'attentions pour un homme de cette espèce! Mais je n'ajouterai aujourd'hui que mes humbles remerciemens à votre chère et respectable mère, à qui je marquerai, par une lettre particulière, la vive reconnaissance que je lui dois pour toutes ses bontés.

CLARISSE HARLOVE.

LETTRE VIII.

MISS CLARISSE HARLOVE, A MISS HOWE.

24 février.

L'affaire est poussée avec une furieuse chaleur. Ce Solmes, je crois, couche ici. Il ne cesse de leur faire sa cour, et sa faveur augmente à chaque moment. «Des termes si avantageux! Un si riche établissement!» On n'entend pas d'autre cri.

O ma chère amie! fasse le ciel que je n'aie pas sujet de déplorer la faute d'une famille aussi riche que la mienne! je puis vous le dire, avec d'autant moins de réserve que nous avons joint cent fois nos regrets, vous pour une mère, moi pour un père et des oncles, auxquels il n'y a point d'autre reproche à faire que leur excès d'estime pour ce fantôme de bien qu'on appelle richesse.

Jusqu'à présent, je suis comme livrée à mon frère, qui prétend avoir pour moi autant de tendresse que jamais. Vous pouvez compter que je me suis expliquée fort sincèrement avec lui. Mais il affecte de prendre un ton railleur, et de ne pouvoir se persuader qu'une fille aussi discrète que sa sœur Clary, soit jamais capable de désobliger tous ses amis.

En vérité, je tremble de mille choses que l'avenir présente à mon imagination, car il est évident pour moi qu'ils sont étrangement déterminés.

Mon père et ma mère évitent adroitement de me donner l'occasion de les entretenir en particulier. Ils ne me demandent pas mon approbation, parce qu'ils feignent apparemment de supposer que j'entre dans leurs vues. Cependant c'est auprès d'eux que j'espère de prévaloir, ou je n'ai cette espérance sur personne. Ils n'ont pas d'intérêt, comme mon frère et ma sœur, à forcer mes inclinations. Cette raison me rend moins empressée à leur parler. Je réserve toute ma force pour une audience que je veux obtenir de mon père, s'il a la bonté de m'entendre avec patience. Qu'il est difficile, ma chère, de n'être pas du sentiment de ceux à qui le devoir et l'inclination nous font souhaiter de ne pas déplaire!

J'ai déjà essuyé le choc de trois visites particulières de ce Solmes, outre ma part à ses visites générales, et je trouve qu'il est impossible que je puisse jamais le supporter. Il n'a qu'une portion de sens fort commune, sans aucune teinture de savoir. Il n'entend que la valeur des terres, la manière d'augmenter son revenu et tout ce qui appartient au ménage et à l'agriculture. Mais je suis devenue comme stupide. Ils ont commencé avec moi d'une manière si cruelle, que la force me manque pour prendre le parti de la résistance.

Avant mon retour, ils se sont efforcés de faire entrer dans leurs vues la bonne madame Norton, tant ils sont résolus de l'emporter; et son opinion n'ayant point été de leur goût, on lui a dit qu'elle ferait bien, dans ces circonstances, de supprimer ses visites. Cependant c'est la personne du monde, après ma mère, qui serait la plus propre à me persuader, si leurs projets étaient raisonnables, ou tels qu'elle pût les approuver.

Ma tante s'étant échappée à dire aussi qu'elle ne croyait pas que sa nièce pût jamais prendre du goût pour M. Solmes, on l'a obligée d'apprendre une autre leçon. J'attends demain une visite d'elle. Comme j'ai refusé d'entendre de la bouche de mon frère et de ma sœur les articles du noble établissement, elle est chargée de m'informer de ce détail, et de recevoir ma détermination; car on m'a dit que mon père n'a pas même la patience de supposer que je puisse former la moindre opposition à sa volonté.

En même temps, on m'a signifié que si je voulais faire plaisir à tout le monde, je n'irais pas à l'église dimanche prochain. On m'avait fait la même déclaration dimanche dernier, et je m'y conformai. On appréhende que M. Lovelace ne se trouve à l'église, dans le dessein de me ramener au logis.

Communiquez-moi, chère miss Howe, un peu de votre charmant esprit: jamais je n'en eus tant besoin.

Vous supposez bien que ce Solmes n'a pas raison de vanter ses progrès auprès de moi. Il n'a pas le sens de dire un mot qui convienne aux circonstances. C'est à eux qu'il fait la cour. Mon frère prétend me la faire pour lui, comme son procureur; et je refuse absolument d'écouter mon frère; mais, sous prétexte qu'un homme si bien reçu et si bien recommandé par toute ma famille a droit à mes civilités, on affecte d'attribuer ce refus à ma modestie; et lui, qui ne sent pas ses propres défauts, s'imagine que ma réserve et le soin que j'apporte à l'éviter ne peuvent venir d'une autre cause; car toutes ses attentions, comme je l'ai déjà dit, sont pour eux, et je n'ai pas l'occasion de dire non, à un homme qui ne demande rien. Ainsi, avec la supériorité affectée de son sexe, il semble moins embarrassé du succès que de la pitié pour la timidité d'une petite personne de mon âge.

25 février.

J'eus la conférence qu'on m'avait annoncée avec ma tante. Il a fallu entendre d'elle les propositions de l'homme et les motifs qui leur donnent tant de chaleur pour ses intérêts. C'est à contre-cœur que j'observe seulement combien il y a d'injustice de sa part à faire de telles offres, et de la part de ceux que je respecte, à les accepter. Je le hais plus qu'auparavant. On a déjà obtenu une terre considérable aux dépens des héritiers naturels, quoique fort éloignés, je parle de celle que la marraine de mon frère lui a laissée; et l'on se flatte à présent de l'espérance chimérique de s'en procurer d'autres, ou de voir du moins retourner la mienne à la famille. Cependant le monde, dans mes idées, n'est qu'une grande famille. Etait-ce autre chose dans l'origine? Qu'est-ce donc que cette avidité de rapporter tout aux siens dans un cercle si étroit, si ce n'est favoriser une parenté dont on se souvient, au préjudice d'une parenté oubliée?

Mais ici, sur le refus absolu que j'ai fait de lui à quelques conditions qu'il puisse se présenter, on m'a fait une déclaration qui me blesse jusqu'au cœur. Comment puis-je vous l'apprendre? Mais il le faut. C'est, ma chère, que d'un mois entier, ou jusqu'à nouvel ordre, je ne dois entretenir de correspondance avec personne hors de la maison. Mon frère, sur le rapport de ma tante, qu'elle a fait néanmoins, comme j'en suis bien informée, dans les termes les plus doux, et même en donnant des espérances éloignées, quoiqu'elle n'eût pas reçu de moi cette commission ; mon frère est venu m'apporter cette défense, d'un ton d'autorité. « Pas même avec miss Howe ? lui ai-je dit. — Pas même avec miss Howe, reprit-il d'un air moqueur ; car n'avez-vous pas avoué, miss, que Lovelace est traité en favori dans cette maison ? » — Voyez, ma chère amie ! — Et croyez-vous, mon frère, que ce soit-là le moyen... Il m'a interrompue malignement. — Vos idées se tournent-elles de ce côté-là ? je vous avertis qu'on interceptera vos lettres. Là-dessus il m'a quittée en courant.

Ma sœur est entrée un moment après. — A ce que j'entends, ma sœur Clary, voilà un beau chemin dans lequel vous vous engagez ; mais comme on suppose que ce n'est pas sans secours que vous vous endurcissez contre votre devoir, je suis chargée de vous dire qu'on vous saura bon gré d'éviter, pendant l'espace de huit ou quinze jours, de rendre ou de recevoir des visites.

— Quoi ! lui ai-je dit, cet ordre peut-il venir de ceux à qui je dois du respect ?...— Demandez-le ; demandez-le, mon enfant, dit-elle en faisant deux tours en rond du bout du doigt. J'ai rempli ma commission. Votre papa veut être obéi. Il est porté à croire que vous ne manquerez pas d'obéissance, et il voudrait prévenir ce qui pourrait vous exciter à la révolte. J'ai répondu à ma sœur que je connaissais mon devoir, et que j'espérais qu'on n'y attacherait pas des conditions impossibles. Elle m'a dit que j'étais une petite créature remplie de vanité et d'une folle opinion de moi-même, que, dans mes sages raisonnemens, je me croyais seule capable de juger du bien et du mal ; que, pour elle, il y avait long-temps qu'elle avait pénétré toutes ces spécieuses apparences, mais que j'allais montrer à tout le monde ce que j'étais dans le fond.

— Chère Bella ! lui ai-je dit, les mains et les yeux levés, pourquoi tous ces étranges propos ? Chère, chère Bella ! pourquoi... — Tous ces chère Bella, m'a-t-on répondu, n'ont aucun effet sur moi. Je vous déclare que je perce au travers de toutes vos *sorcelleries*. Ma chère ! c'est une expression bien terrible. Elle est sortie brusquement, en ajoutant dans sa furie : — Et tout le monde y percera bientôt aussi, j'ose le dire.

— Hélas ! me suis-je dit à moi-même, qu'elle sœur ai-je donc là ? Qu'ai-je fait pour mériter ce traitement ? Ensuite mes regrets sont tombés sur la bonté de mon grand-père, qui m'a distinguée avec trop de faveur.

25 février, au soir.

J'ignore ce que mon frère et ma sœur ont pu dire à mon désavantage ; mais je suis extrêmement mal dans l'esprit de mon père. On m'a fait avertir à l'heure du thé. Je suis descendue avec un visage ouvert, mais les circonstances m'on bientôt forcée d'en changer.

C'était une contenance si grave et si composée, dans chaque personne de la compagnie ! Ma mère avait les yeux fixés sur les vases de la table ; et lorsqu'elle les levait, c'était pesamment, comme si ses paupières eussent été chargées d'un poids, et sans les jeter de mon côté. Mon père était à demi assis dans son fauteuil, pour n'avoir pas la tête tournée vers moi, les mains l'une sur l'autre, et les doigts en mouvement, comme si sa colère s'était communiquée jusqu'au bout. Ma sœur était sur une chaise, avec l'air d'une personne qui enfle. Mon frère a paru me regarder avec mépris, après m'avoir mesurée des yeux, à mon arrivée, depuis la tête jusqu'aux pieds. Ma tante, qui était aussi de l'assemblée, a jeté sur moi quelques regards contraints, et s'est baissée froidement vers moi pour répondre à ma révérence. Ensuite, d'un coup d'œil adressé successivement à mon frère et à ma sœur, elle m'a semblé leur rendre compte de cette rigueur affectée. Bon Dieu! ma chère, pourquoi vouloir employer la voie de la crainte, plutôt que celle de la douceur, avec un esprit qui n'a pas été regardé jusqu'à présent comme incapable de persuasion et de *générosité?*

J'ai pris ma chaise. — Ferai-je le thé, madame? ai-je demandé à ma mère. Vous savez, ma chère, que j'ai toujours été dans l'usage de faire le thé. Un non, prononcé de la manière la plus courte, a été la seule réponse, et ma mère s'est mise elle-même à faire le thé. Betti, la femme de chambre de ma sœur, était là pour servir. Mon frère lui a dit de se retirer, et qu'il servirait l'eau lui-même. Je me sentais le cœur dans un désordre extrême, et l'on devait s'en apercevoir à l'embarras de mes mouvemens. Quelle sera donc la suite? disais-je en moi-même. Bientôt ma mère s'est levée, et prenant ma tante par la main : — Un mot, ma sœur; et, sous ce prétexte, elles sont sorties ensemble. Ma sœur s'est dérobée aussitôt. Mon frère a suivi son exemple. En un mot, je suis demeurée seule avec mon père.

Il a pris un regard si sévère, que le cœur m'a manqué autant de fois que j'ai voulu ouvrir la bouche pour lui parler. Je crois avoir oublié de vous dire que tout le monde avait gardé jusque alors un profond silence. A la fin, j'ai demandé à mon père s'il désirait encore une tasse de thé. Il m'a répondu, avec le même monosyllabe qui avait été la réponse de ma mère; et s'étant levé, il s'est mis à se promener dans la chambre. Je me suis levée aussi, dans l'intention de me jeter à ses pieds; mais j'étais trop consternée par la sévérité de son visage, pour hasarder ce témoignage des sentimens dont mon cœur était comme étouffé. Il s'est approché du dos d'une chaise, où sa goutte l'a forcé de s'appuyer; j'ai repris un peu plus de courage. Je me suis avancée vers lui, et je l'ai supplié de m'apprendre en quoi j'avais eu le malheur de l'offenser.

Il a détourné la tête, et d'une voix forte, il m'a dit : — Clarisse, Clarisse, apprenez que je veux être obéi.

— Dieu me préserve, monsieur, de manquer jamais à l'obéissance que je vous dois. Je ne me suis jamais opposée à vos volontés… — Ni moi, Clarisse, à vos fantaisies, a-t-il interrompu. Ne me mettez point dans le cas de ceux qui ont marqué trop d'indulgence à votre sexe, en me contredisant, pour prix de la mienne.

Vous savez, ma chère, que mon père, non plus que son fils, n'a pas une opinion trop favorable de notre sexe, quoiqu'il n'y ait pas sur la terre de femme plus complaisante que ma mère.

J'allais lui faire des protestations de respect… — Je ne veux point de protestations, je n'écoute point de paroles, je veux être obéi. Je n'ai point d'enfant, je n'en aurai point qui ne m'obéisse.

— Monsieur, vous n'avez jamais eu sujet, j'ose le dire…

— Ne me dites point ce que j'ai eu, mais ce que j'ai et ce que j'aurai.

— Monsieur, faites-moi la grâce de m'écouter. Je crains bien que mon frère et ma sœur...

— Gardez-vous, petite fille, de parler contre votre frère et votre sœur. Ils ont à cœur, comme ils le doivent, l'honneur de ma famille.

— Et j'espère, monsieur...

— N'espérez rien. Ne me parlez point d'espérances, mais de réalités. Je n'exige rien de vous que vous ne puissiez accomplir, et que votre devoir ne vous oblige d'accomplir.

— Eh bien! monsieur, je l'accomplirai. Mais j'espère néanmoins de votre bonté...

— Point de plaintes, point de *mais*, petite fille, point de retranchemens. Je veux être obéi, et de bonne grâce, ou je vous renonce pour ma fille.

Je me suis mise à pleurer; je me suis jetée à ses genoux. « Souffrez que je vous conjure, mon très cher et très honoré père, de ne me pas donner d'autre maître que vous et ma mère. Que je ne sois pas forcée d'obéir aux volontés de mon frère... » J'allais continuer, mais il est sorti. Il m'a laissée dans la posture où j'étais, en disant qu'il ne voulait pas m'entendre chercher, par subtilité et par adresse, à mettre des distinctions dans mon devoir, et répétant qu'il voulait être obéi. J'ai le cœur trop plein, si plein, ma chère, que je ne puis le décharger ici sans mettre mon devoir en danger. J'aime mieux quitter la plume... Cependant, j'ai peine... Mais absolument, je quitte la plume.

LETTRE IX.

MISS CLARISSE HARLOVE, A MISS HOWE.

26 février, au matin.

Ma tante, qui a passé ici la nuit, m'a fait une visite ce matin dès la pointe du jour. Elle m'a dit qu'on m'avait laissée hier exprès avec mon père, pour lui donner la liberté de me déclarer qu'il s'attend à l'obéissance; mais qu'il convenait de s'être emporté au delà de son dessein, en se rappelant quelque chose que mon frère lui avait dit à mon désavantage, et par son impatience à supposer seulement qu'un esprit aussi doux que je l'avais paru jusque aujourd'hui, entreprît de disputer ses volontés sur un point où ma complaisance devait être d'un si grand avantage pour toute la famille.

Je comprends, par quelques mots qui sont échappés à ma tante, qu'ils comptent entièrement sur la flexibilité de mon caractère. Mais ils pourraient bien se tromper; car, en m'examinant moi-même avec beaucoup de soin, je pense réellement que je tiens autant de la famille de mon père que de celle de ma mère.

Mon oncle Jules n'est pas d'avis, à ce qu'il semble, qu'on me pousse à l'extrémité. Mais son neveu, que je ne dois pas trop nommer mon frère, engage sa parole, que l'égard que j'ai pour ma réputation et pour mes principes m'amènera *rondement* au devoir; c'est son expression. Peut-être aurais-je raison de souhaiter qu'on ne m'eût point informée de cette circonstance.

Le conseil de ma tante est que je dois me soumettre, pour le présent, à la défense qu'on m'a signifiée, et recevoir les soins de M. Solmes. J'ai refusé absolument le dernier de ces deux points, au hasard, lui ai-je dit, de toutes les conséquences. A l'égard de la défense des visites, je suis résolue de m'y conformer; mais pour celle qui regarde notre correspondance, il n'y a que la menace d'intercepter nos lettres qui puisse me la faire observer. Ma tante est persuadée que cet ordre vient de mon père, sans que ma mère ait été consultée; et qu'il ne s'y est déterminé que par considération pour moi, dans la crainte, à ce qu'elle suppose, que je ne l'offense mortellement, poussée par les conseils d'autrui (c'est de vous sans doute, et de miss Lyod, qu'elle veut parler) plutôt que par ma propre inclination; car elle m'assure qu'elle parle encore de moi avec bonté, et même avec éloge.

Voilà de la tendresse! voilà de l'indulgence! Et cela pour empêcher une fille opiniâtre de se précipiter dans la révolte et de se perdre entièrement, comme ferait un bon prince pour des sujets mal affectionnés. Mais toutes ces sages mesures viennent de la prudence de mon jeune homme de frère. Un conseiller sans tête, et un frère sans cœur!

Que je pourrais être heureuse avec tout autre frère que M. James Harlove, et avec toute autre sœur que sa sœur? Ne vous étonnez pas, ma chère, que moi, qui vous reprochais ces sortes de libertés à l'égard de mes parens, je sois aujourd'hui plus rebelle que vous n'avez été désobligeante. Je ne puis supporter l'idée d'être privée du plus doux plaisir de ma vie; car c'est le nom que je donne à votre conversation, de bouche ou par lettres. Et qui pourrait soutenir d'ailleurs de se voir la dupe de tant de bas artifices, qui opèrent avec tant de hauteur et d'arrogance?

Mais vous sentez-vous capable, ma chère miss Howe, de condescendre à une correspondance secrète avec moi? Si vous le pouvez, je me suis avisée d'un moyen qui m'y paraît fort propre.

Vous devez vous souvenir de l'allée Verte (c'est ainsi que nous la nommons) qui règne le long du bûcher, et de la basse-cour où je nourris mes bantams, mes faisans, et mes paons: ce qui m'y conduit ordinairement deux fois le jour, parce que ces animaux me sont d'autant plus agréables que mon grand-père les a recommandés à mes soins; et cette raison me les a fait transporter ici depuis sa mort. L'allée est plus basse que le rez-de-chaussée du bûcher; et du côté de cet édifice, les ais sont pourris en plusieurs endroits jusqu'à deux ou trois pieds de terre. Hannah peut se rendre dans l'allée, et faire une marque de craie au dessus du lieu où l'on pourra placer une lettre ou un paquet, sous quelques pièces de bois. Il ne sera pas difficile de ménager un endroit propre à recevoir nos dépôts de part et d'autre.

Je viens moi-même de visiter le lieu, et je trouve qu'il répond à mes vues. Ainsi votre fidèle Robert peut, sans s'approcher du château, et feignant de passer seulement par l'allée Verte, qui conduit à deux ou trois métairies (sans livrée s'il vous plaît), prendre aisément mes lettres et laisser aussi facilement les vôtres. Cet endroit est d'autant plus commode, qu'il n'est guère fréquenté que de moi-même ou d'Hannah, par le motif que j'ai dit. C'est le magasin général du bois, car le bûcher d'usage ordinaire est plus proche de la maison. Comme on en a séparé un coin, pour servir de juchoir à mes oiseaux, Hannah ou moi ne manquerons jamais de prétexte pour y entrer. Essayez, ma chère, le succès d'une lettre par cette voie, et donnez-moi votre avis sur la fâcheuse situation où je me trouve, car je ne puis lui donner un meilleur nom. Marquez-moi quelle opinion vous avez de l'avenir, et ce que vous feriez si vous étiez dans le même cas.

Mais je vous avertis d'avance que votre sentiment ne doit pas être favorable à M. Solmes. Il est néanmoins très vraisemblable que sachant le pouvoir que vous avez sur moi, ils s'efforceront de faire entrer votre mère dans leurs intérêts, pour vous engager vous-même à le favoriser.

Cependant, sur une seconde réflexion, je souhaite que si vous penchez de son côté, vous m'écriviez naturellement tout ce que vous pensez. Déterminée comme je crois l'être, et comme je ne puis m'en empêcher, je voudrais du moins lire ou écouter avec patience ce qu'on peut dire pour le parti opposé. Mes attentions ne sont pas aussi engagées (non, elles ne le sont pas... Je ne sais pas moi-même si elles le sont,) en faveur d'un autre, que quelques uns de mes amis le supposent, et que vous-même, donnant l'essor à votre vivacité après ses dernières visites, vous avez affecté de le supposer. Si j'ai quelque préférence pour lui, il la doit moins à des considérations personnelles qu'au traitement qu'il a reçu et qu'il a souffert par rapport à moi.

J'écris quelques lignes de remerciement à votre mère, pour toutes ses bontés dans les heureux momens que j'ai passés chez vous. Que je crains de ne les voir jamais renaître! Elle voudra bien me pardonner de ne lui avoir pas écrit plus tôt.

Si le porteur était soupçonné, et qu'on allât jusqu'à l'examiner, il n'aurait qu'à montrer cette lettre, comme la seule dont il serait chargé. A combien d'inventions et d'artifices une injuste et inutile contrainte ne donne-t-elle pas occasion? J'aurais en horreur ces correspondances clandestines si je n'y étais pas forcée. Elles ont une si basse, une si pauvre apparence à mes propres yeux, que j'ai peine à m'imaginer que vous vouliez y prendre part.

Mais pourquoi se hâte-t-on, comme j'en ai fait aussi mes plaintes à ma tante, de me précipiter dans un état que je respecte, mais pour lequel j'ai peu de penchant? Pourquoi mon frère, qui est plus âgé que moi de tant d'années, et qui a tant d'impatience de me voir engagée, ne s'engage-t-il pas le premier? Pourquoi du moins ne pense-t-on pas à pourvoir ma sœur avant moi? Je finis par ces inutiles exclamations.

Clarisse Harlove.

LETTRE X.

MISS HOWE, A MISS CLARISSE HARLOVE.

27 février.

Quelle est la bizarrerie de certaines gens! Miss Clarisse Harlove sacrifiée en mariage à M. Roger Solmes! En vérité, je ne reviens pas de mon étonnement.

Mon avis, dites-vous, *ne doit pas être favorable à cet homme-là.* Me voilà convaincue à demi, ma chère, que vous tenez un peu de la famille qui a pu former l'idée d'un mariage si bien assorti; sans quoi il ne vous serait jamais entré dans l'esprit que je pusse vous parler en faveur de Solmes.

Demandez-moi son portrait. Vous savez que j'ai la main bonne pour tirer des ressemblances hideuses. Mais je veux être un peu sûre de mon fait auparavant ; car qui sait ce qui peut arriver, puisque l'affaire est en si bon train, et que vous n'avez pas le courage de vous opposer au torrent qui vous entraîne ?

Vous me priez de vous communiquer un peu de mon esprit. Parlez-vous sérieusement ? Mais je crains qu'il ne vous soit déjà fort inutile. Vous êtes la fille de votre mère, pensez-en ce qu'il vous plaît, et vous avez à combattre des esprits violens. Hélas ! ma chère, il fallait emprunter plus tôt un peu du mien ; plus tôt, c'est-à-dire, avant que vous eussiez abandonné la disposition de votre bien à ceux qui croyaient y avoir droit avant vous. Qu'importe que ce soit à votre père ? N'a-t-il pas deux autres enfans ? Et ne portent-ils pas plus que vous son empreinte et son image ? De grâce, ma chère, ne me demandez pas compte d'une question si libre, de peur que le désir d'une explication ne fût aussi libre que la question même.

A présent que je me suis un peu échappée, passez-moi un mot de plus dans le même goût. Je serai décente, je vous le promets. J'aurais cru que vous n'ignoriez pas que l'avarice et l'envie sont deux passions qu'il est impossible de satisfaire, l'une en donnant, l'autre en continuant d'exceller et de mériter de l'admiration. Huile au feu, qui produit, sur toute la face de la terre, des flammes dévorantes et insatiables.

Mais puisque vous me demandez mes avis, vous devez m'apprendre tout ce que vous savez ou tout ce que vous vous imaginez de leurs motifs. Si vous ne me défendez pas de faire des extraits de vos lettres, pour l'amusement de ma cousine, qui meurt d'envie d'être mieux informée de vos affaires dans sa petite île, on vous sera fort obligée de cette complaisance. Vous êtes si tendre, sur les intérêts de certaines personnes qui n'ont de tendresse que pour eux-mêmes, qu'il faut vous conjurer de parler librement. Souvenez-vous qu'une amitié telle que la nôtre n'admet aucune réserve. Vous pouvez vous fier à mon impartialité. Ce serait faire injure à votre jugement que d'en douter : car ne me demandez-vous pas mon avis ? et ne m'avez-vous pas appris vous-même que l'amitié ne doit jamais inspirer de prévention contre la justice ? Il est donc question de justifier vos amis, si vous le pouvez. Voyons s'il y a du bon sens dans leur choix, ou s'il peut être soutenu du moins avec quelque apparence de raison. A présent, quoique je connaisse beaucoup votre famille, je ne puis m'imaginer comment, tous autant qu'ils sont, votre mère en particulier et votre tante Hervey, peuvent se joindre avec le reste contre des jugemens portés ! A l'égard de quelques uns des autres, rien ne peut me surprendre de leur part dans tout ce qui concerne leur intérêt propre.

Vous me demandez pourquoi votre frère ne s'engage pas le premier dans les liens du mariage ? Je vous en apprendrai la raison. Son naturel emporté et son arrogance sont si connus que, malgré ses grandes acquisitions indépendantes, et ses espérances encore plus considérables, aucune des femmes auxquelles il pourrait aspirer n'est disposée à recevoir ses soins. Souffrez que je vous le dise, ma chère, ces acquisitions lui ont donné plus d'orgueil que de réputation. A mes yeux, c'est la plus insupportable créature que je connaisse. La manière dont vous me blâmez de l'avoir traité, il la méritait de la part d'une personne à laquelle il croyait plutôt faire une faveur qu'il n'espérait d'en recevoir. J'ai toujours pris plaisir à mortifier les orgueilleux et les insolens. Pourquoi vous imaginez-vous que je souffre Hickman? C'est parce qu'il est humble et qu'il sait se tenir à la distance qui convient.

Vous voulez savoir aussi pourquoi votre sœur aînée n'est pas pourvue la première? Je réponds : Parce qu'elle est faite pour épouser un homme fort riche, première raison; la seconde, parce qu'elle a une sœur cadette. Faites-moi la grâce de me dire, ma chère, où est l'homme fort riche qui voulût penser à cette sœur aînée, tandis que la cadette est à marier?

Apprenez de moi, mon enfant, que vous êtes trop riches pour être heureux. Chacun de vous, par les maximes fondamentales de votre famille, ne doit-il pas se marier pour devenir encore plus riche? Laissez-les s'agiter, gronder, se chagriner et accumuler, s'étonner de n'être pas heureux avec leurs richesses; croire que le mal vient de ce qu'ils n'en ont pas davantage, et continuer ainsi d'entasser, jusqu'à ce que la mort, qui entasse et qui accumule avec autant d'avidité qu'eux, vienne les moissonner pour grossir son magasin.

Ma chère, encore une fois, apprenez-moi ce que vous savez de leurs motifs, et je vous donnerai plus de lumières sur leurs fautes que je n'en puis recevoir de vous. Votre tante Hervey, dites-vous, ne vous les a pas cachés. Mais pourquoi faut-il que je vous le demande, lorsque vous me pressez de vous en dire mon avis?

Qu'ils veuillent s'opposer à notre correspondance, c'est un acte de sagesse qui ne me surprend point, et dont je suis fort éloignée de les blâmer. J'en conclus qu'ils connaissent leur folie; et s'ils la connaissent, est-il étrange qu'ils craignent de l'exposer au jugement d'autrui?

Je suis fort aise que vous ayez trouvé un moyen d'entretenir notre commerce. Je l'approuve beaucoup, et je l'approuverai encore plus si les premiers essais sont heureux; mais ne le fussent-ils pas, et ma lettre tombât-elle entre leurs mains, je n'en serais fâchée que par rapport à vous.

Nous avions entendu dire, avant que vous m'eussiez écrit, qu'il y avait eu quelque différend dans votre famille à votre arrivée, et que M. Solmes vous avait rendu une visite, avec quelque espérance de succès. Mais j'avais jugé que l'erreur tombait sur les personnes, et que ses prétentions étaient pour miss Arabelle. Au fond, si elle était d'aussi bon naturel que les joufflues le sont ordinairement, je l'aurais crue trop bonne de moitié pour lui. Voilà le mystère, pensais-je en moi-même; et l'on aura fait revenir ma chère amie pour aider à sa sœur dans les préparatifs de la noce. Qui sait, disais-je à ma mère, si cet homme-là, lorsqu'il aura supprimé sa perruque jaune à petites boucles, et son grand chapeau bordé, que je suppose avoir été du meilleur goût sous le règne du protecteur, ne fera pas une figure supportable à l'église, pendu au côté de miss Arabelle? La femme, suivant l'observation de ma mère, aura quelque chose de mieux que le mari dans les traits. Et quel meilleur choix pourrait-elle faire pour en tirer du lustre?

Je m'étais livrée à cette imagination, malgré les bruits publics, parce que je ne pouvais me persuader que les plus sottes gens d'Angleterre le fussent assez pour vous proposer un homme de cette trempe.

On nous avait dit aussi que vous ne receviez aucune visite. Je ne pouvais expliquer cette circonstance qu'en supposant que les préparatifs pour votre sœur ne devaient pas être publics, et qu'on voulait brusquer la cérémonie. Miss Loyd et miss Bidulph vinrent me demander ce que j'en savais, et pourquoi vous n'aviez pas paru à l'église le dimanche qui a suivi votre retour : « au grand chagrin, pour répéter leurs expressions, d'une centaine de vos admirateurs. » Sur ce point, il me fut aisé de juger que la raison était celle que vous me confirmez : c'est-à-dire, la crainte qu'on avait que Lovelace ne s'y trouvât, et qu'il n'entreprît de vous reconduire chez vous.

Ma mère est fort sensible aux témoignages de votre amitié.— Miss Clarisse Harlove, m'a-t-elle dit, après avoir lu votre lettre, est une jeune personne qui mérite l'admiration de tout le monde. Va-t-elle quelque part ? sa visite est une faveur. Sort-elle d'une maison ? elle n'y laisse que du regret. Et puis un mot de comparaison : ô ma Nancy (1) ! que n'avez-vous un peu de son obligeante douceur !

N'importe ; l'éloge vous regardait. J'en ai joui parce que vous êtes moi-même. D'ailleurs... vous dirai-je la vérité ? je me trouve aussi bien comme je suis ; ne fût-ce que si j'avais vingt frères James et vingt sœurs Arabelles, aucun d'eux, et tous ensemble, n'oseraient me traiter comme vous êtes traitée par les vôtres. Celui qui a la patience de souffrir beaucoup, s'apprête beaucoup à souffrir. C'est votre propre maxime, fondée sur le plus grand exemple qu'on en puisse donner, dans le sein même de votre famille, quoique vous en ayez tiré si peu de profit.

Le résultat, ma chère, c'est que je suis plus propre que vous pour ce bas monde, et que vous l'êtes plus que moi pour l'autre. Voilà la différence qui est entre nous. Mais, pour mon bonheur et pour celui de mille autres, puissiez-vous nous demeurer, bien, bien long-temps avant que de joindre une compagnie de votre espèce, et plus digne de vous !

J'ai communiqué à ma mère le récit que vous me faites de votre étrange réception. Je lui ai dit aussi quel horrible animal on veut vous donner, et le traitement qu'on emploie pour vous forcer de le prendre. Elle s'est mise uniquement à relever son indulgence pour ma conduite tyrannique (c'est le nom qu'elle lui donne, et comme vous savez, il faut laisser parler les mères) à l'égard de l'homme qu'elle me recommande avec tant de chaleur, et contre lequel, à l'entendre, il n'y a pas de juste objection. De là elle s'est étendue sur la complaisance que je lui dois pour tant de bonté. Ainsi je crois qu'il faut ne lui rien communiquer de plus, surtout parce que je sais qu'elle condamnerait notre correspondance, et la vôtre avec Lovelace, comme clandestine et contraire au devoir ; car *obéissance implicite* est son cri. D'ailleurs, elle ouvre assez volontiers l'oreille aux sermons de ce vieux garçon empesé, votre oncle Antonin ; et, pour donner un exemple à sa fille, elle ne prendrait pas aisément votre parti, quelque justice qu'il y eût dans votre cause. C'est pourtant une assez mauvaise politique ; car on refuse tout à ceux qui n'accordent rien. En d'autres termes, ceux qui demandent trop de choses à la fois n'en obtiennent aucune.

Mais pourriez-vous deviner, ma chère, ce que ce bon vieux prédicateur, votre oncle Antonin, se propose ici par ses fréquentes visites ? Je remarque tant de mystère et de sourires entre ma mère et lui ! Ce sont des louanges mutuelles de leur économie ! ce sont tant de petits propos ! *Et voilà ma méthode.— Et voilà ce que je fais toujours.— Et je suis bien aise, monsieur, d'avoir votre approbation.— Et votre attention s'étend à*

(1) Petit nom pour Anne.

tout, madame.—Hélas! monsieur, *rien ne serait bien fait si je ne le faisais moi-même.* Ce sont des éloges d'eux-mêmes! des exclamations sur les domestiques! Et des hélas continuels, et des regards, et des expressions si tendres. Quelquefois le ton de leur entretien s'abaisse jusqu'à ne pouvoir être entendu lorsque je viens les troubler. Je vous déclare, ma chère, que je n'approuve tout cela qu'à demi. Si je ne savais que l'usage de ces vieux garçons est de prendre autant de temps pour se résoudre au mariage qu'ils peuvent espérer raisonnablement d'en avoir à vivre, je ferais du vacarme sur ces visites, et je recommanderais M. Hickman à ma mère comme un homme qui lui convient beaucoup mieux. Ce qui lui manque du côté de l'âge est compensé par sa gravité. Et, si vous voulez ne pas me gronder, je vous dirai qu'il y a un air de minauderie entre eux, surtout lorsque cet homme s'est un peu émancipé avec moi, par le fond qu'il fait sur la faveur de ma mère, et que je le tiens en bride à cette occasion, qui me fait trouver beaucoup de ressemblance dans leur caractère. Alors, tombant comme dans l'admiration de mon arrogance et de ce qu'ils en ont tous deux à souffrir, ils se mettent à soupirer; et leur compassion paraît si vive l'un pour l'autre, que si la pitié est une préparation à l'amour, je ne suis pas fort en danger, tandis qu'ils y sont extrêmement sans le savoir.

A présent, ma chère, n'allez-vous pas tomber sur moi avec vos airs graves? Qu'y faire! Mais ce dernier trait a plus de rapport à vous que vous ne pensez. Prenez garde à ce qui se passe autour de vous! c'est une secousse que j'ai voulu vous donner, pour me faire un mérite de vous avoir avertie d'avance. Annibal, ai-je lu quelque part, attaquait toujours les Romains sur leurs propres terres.

Vous avez bien voulu me dire, et même *en vérité,* « que vos *attentions* (joli mot et bien expressif pour celui d'*affections*) ne sont pas aussi engagées pour une autre personne que quelques uns de vos amis le supposent. » Qu'était-il besoin, ma chère, de me donner à penser que le mois passé ou les deux derniers ont été un temps extrêmement favorable pour cette autre personne, en mettant la nièce dans le cas de lui avoir quelque obligation pour sa patience à l'égard des oncles?

Mais passons là-dessus. Aussi engagées! Combien donc, ma chère? suis-je en droit de demander. *Quelques uns de vos amis supposent qu'elles le sont beaucoup.* Vous avouez, ce me semble, qu'elles le sont un peu. Ne vous fâchez point. Vous ne risquez rien avec moi. Mais *ce peu,* pourquoi me l'avoir voulu déguiser? Je vous ai entendu dire qu'en affectant du secret on excite toujours de la curiosité.

Vous continuez néanmoins avec une espèce de rétractation, comme s'il vous était survenu quelque doute en y pensant; *vous-même, vous ne savez pas si elles le sont;* autant qu'on le suppose, voulez-vous dire. Quelle nécessité de me tenir ce langage, à moi! et d'y joindre même, *en vérité?* Mais vous en savez plus que vous ne dites, ou plutôt, je m'imagine, en effet, que vous ne le savez pas; car les commencemens d'amour sont l'ouvrage d'un *esprit subtil,* et se découvrent souvent aux yeux d'un spectateur, tandis que la personne *possédée* (ce mot me plaît assez) ignore elle-même quel démon l'agite.

Mais vous ajoutez que « si vous aviez effectivement quelque préférence pour lui, il la devrait moins à des considérations personnelles qu'au traitement qu'il a reçu et qu'il a souffert par rapport à vous. »

Rien de plus généreux. Je reconnais là du caractère. Mais, ô chère amie! comptez que vous êtes en danger. Que vous vous en aperceviez ou non, comptez que vous n'y êtes pas moins. C'est votre générosité naturelle et la grandeur de votre âme qui vous y jettent. Tous vos amis sont de mauvais politiques qui, en l'attaquant avec cette violence, combattent réellement pour lui; et j'engage ma vie que Lovelace, malgré toute sa vénération et ses assiduités, a vu plus loin que ces assiduités et cette vénération, *si bien calculées à votre méridien*, ne lui permettent de l'avouer. En un mot, il a vu que sa conduite opère plus efficacement pour lui qu'il ne pouvait le faire directement lui-même. Ne m'avez-vous pas dit autrefois que rien n'est si pénétrant que la vanité d'un amant, puisqu'elle lui fait voir souvent en sa faveur ce qui n'est point, et qu'elle manque rarement de lui faire découvrir ce qui est. Et qui accuse Lovelace de manquer de vanité?

Enfin, ma chère, c'est mon opinion, fondée sur l'air dégagé que j'aperçois dans ses manières et dans ses sentimens, qu'il a vu plus loin que moi, plus loin que vous ne vous imaginez qu'on ne puisse, et plus loin, je crois, que vous ne voyez vous-même; car vous n'auriez pas manqué de me le dire.

Déjà, dans la vue de contenir son ressentiment pour les indignités qu'il a reçues et qui se renouvellent tous les jours, vous vous êtes laissé engager dans une correspondance particulière. Je sais que, dans tout ce que vous lui avez écrit, il n'y a rien dont il puisse se vanter. Mais n'est-ce pas un grand point que de vous avoir fait consentir à recevoir ses lettres et à lui répondre? La condition que vous y avez attachée, que cette correspondance sera secrète, ne marque-t-elle pas qu'il y a un mystère entre vous et lui, dont vous ne souhaitez pas que le monde soit informé? Il est le maître de ce secret. Ce secret, en quelque sorte, c'est lui-même. Dans quelle intimité cette faveur n'établit-elle pas un amant? A quelle distance ne met-elle pas une famille?

Cependant, qui peut vous blâmer, dans la situation où sont les choses? Il est certain que votre condescendance a prévenu jusqu'à présent de grands malheurs. Les mêmes raisons doivent la faire durer aussi longtemps que sa cause. C'est un dessein pervers qui vous entraîne contre votre inclination. Mais, avec des vues si louables, l'habitude fera disparaître ce qui vous blesse, et donnera naissance au penchant. Ma chère, comme vous souhaitez, dans une occasion si critique, de vous conduire avec la prudence qui gouverne toutes vos actions, je vous conseille de ne pas craindre d'entrer dans un sévère examen des véritables motifs de votre générosité pour cet heureux homme.

En vous examinant bien, je vous le dis franchement, il se trouvera que c'est de l'amour. Ne vous évanouissez pas, ma chère; votre homme lui-même n'a-t-il pas assez de philosophie naturelle pour avoir déjà observé que l'amour pousse ses plus profondes racines dans les âmes les plus fermes? Au diantre la lenteur de sa pénétration! c'est une remarque qu'il faisait il y a six ou sept semaines.

J'ai eu, vous le savez, ma bonne part de la même teinture; et dans mes plus froides réflexions, je n'aurais pu dire comment, ni quand cette jaunisse avait commencé. Mais j'en aurais eu, comme l'on dit, par dessus les yeux et les oreilles, sans le secours de quelques uns de vos bons avis, que je vous rends aujourd'hui de bonne grâce. Cependant, l'homme qui m'avait fait tourner la tête n'était pas de la moitié si... si quoi? ma chère. Assurément Lovelace est un homme charmant; et s'il ne lui manquait pas... Mais je ne veux pas vous faire monter de la chaleur au visage en lisant cet endroit de ma lettre. Non, non, j'en serais bien fâchée. Cependant, ma chère, ne sentez-vous pas ici que le cœur vous bat? Si je devine juste, n'ayez pas honte de me l'avouer; c'est générosité, chère amie; voilà tout. Mais, comme disait l'augure romain : —César, gardez-vous des ides de mars.

Adieu, la plus chère de mes amies, et pardon. Hâtez-vous d'employer votre nouvel expédient, pour me dire que vous me pardonnez.

ANNE HOWE.

LETTRE XI.

MISS CLARISSE HARLOVE, A MISS HOWE.

Mercredi, 1er mars.

Vous me causez de l'embarras, et vous m'alarmez, ma très chère miss Howe, par la fin de votre lettre. A la première lecture, je n'avais pas cru, ai-je dit en moi-même, qu'il fût nécessaire de me tenir en garde contre la critique en écrivant à une si chère amie. Mais ensuite étant venue à me recueillir, n'y a-t-il rien de plus ici, me suis-je demandé, que les saillies ordinaires d'un esprit naturellement vif? Il faut assurément que je me sois rendue coupable de quelque inadvertance. Entrons un peu dans l'examen de moi-même, comme ma chère amie me le conseille.

J'y suis entrée, et je ne puis convenir d'aucune chaleur qui me soit montée au visage, ni de ce battement de cœur dont vous me parlez. Non, en vérité, je ne le puis. Cependant je conviens que les endroits de ma lettre sur lesquels vous vous exercez avec un mélange d'enjouement et de sévérité m'exposent naturellement à votre agréable raillerie; et je ne puis vous dire ce que j'avais dans l'esprit lorsqu'il a conduit si bizarrement ma plume.

Mais enfin, est-ce une expression trop libre, dans une personne qui n'a point de considération fort particulière pour aucun homme, de dire qu'il y a quelques hommes qui lui paraissent préférables à d'autres? Est-il blâmable de dire qu'on croit dignes de quelques préférence ceux qui, n'ayant pas été bien traités par les parens d'une personne, lui font le sacrifice de leurs ressentimens? Ne m'est-il pas permis, par exemple, de dire que M. Lovelace est un homme qui mérite d'être préféré à M. Solmes, et que je lui donne en effet cette préférence? Il me semble que cela peut se dire, sans qu'il y ait à conclure nécessairement qu'on ait de l'amour pour lui.

Il est certain que pour tout au monde je ne voudrais pas avoir pour lui ce qu'on appelle de l'amour; premièrement, parce que j'ai mauvaise opinion de ses mœurs, et que je regarde comme une faute à laquelle toute notre famille a eu part, excepté mon frère, de lui avoir permis de nous voir avec des espérances, qui étant néanmoins fort éloignées, n'autorisaient aucun de nous, comme je l'ai déjà observé, à lui demander compte de ce que nous apprenions de sa conduite. En second lieu, parce que je le crois un homme vain, et capable de se faire un triomphe, du moins en secret, de l'avantage qu'il aurait sur une personne dont il croirait avoir engagé le cœur. Troisièmement, parce que les assiduités et la vénération que vous lui attribuez paraissent accompagnées d'un air de hauteur, comme si le mérite de ses soins était un équivalent pour le cœur d'une femme. En un mot, dans les momens où il s'observe moins, sa conduite me paraît celle d'un homme qui se croit au dessus de la politesse même que sa naissance et son éducation (plutôt peut-être que son propre choix) l'obligent de marquer. En d'autres termes, je trouve que sa politesse est contrainte, et qu'avec les personnes les plus douces, et du commerce le plus aisé, il a toujours quelque chose en arrière, qu'il tient comme en réserve. Et puis, la bonté qu'on lui croit pour les domestiques d'autrui, et qui va jusqu'à la familiarité (quoiqu'elle ait un air de dignité, comme vous l'avez remarqué, et qu'elle sente l'homme de qualité), n'empêche pas qu'il ne soit sujet à s'emporter contre les siens. Un jurement ou une imprécation suit aussitôt. Leur terreur se manifeste assez dans leurs yeux; et j'ai cru voir plus d'une fois qu'ils se tenaient fort heureux que je fusse à portée de l'entendre. Les regards même du maître ne me confirmaient que trop dans cette opinion.

Non, ma chère, cet homme n'est pas *mon homme*. J'ai de grandes objections à faire contre lui. Non, mon cœur ne me bat point à son occasion. S'il me monte de la chaleur au visage, c'est d'indignation contre moi-même, pour avoir donné lieu à cette imputation. Il ne faut pas, ma très chère amie, transformer un sentiment commun de reconnaissance en amour. Je ne puis souffrir que vous en ayez cette idée : mais si j'étais jamais assez malheureuse pour m'apercevoir que ce fût de l'amour, je vous engage ma parole, c'est comme si je disais mon honneur, que je ne manquerai pas de vous en avertir.

Vous m'ordonnez de vous écrire promptement que votre agréable raillerie ne m'a point indisposée contre vous. Je me hâte de vous satisfaire, et je remets à ma première lettre le récit des motifs qui engagent mes amis à favoriser avec tant de chaleur les intérêts de M. Solmes. Soyez donc bien persuadée, ma chère, que je n'ai rien dans le cœur contre vous. Non, rien, rien absolument. Au contraire, je reconnais dans vos avis une tendresse d'affection qui excite mes plus vifs remerciemens. Et si vous observez dans ma conduite quelque faute assez considérable pour vous mettre dans le cas d'employer en ma faveur les palliations d'une amitié partiale, je vous recommande, comme je l'ai fait souvent, de ne pas faire difficulté de m'en informer : car il me semble que je voudrais me conduire d'une manière qui ne donnât aucune prise à la censure. A mon âge, et faible comme je suis, quel moyen de l'éviter, si ma fidèle amie ne tient pas le miroir devant mes yeux pour me faire découvrir mes imperfections?

Jugez-moi donc, ma chère, comme ferait une personne indifférente, qui saurait de moi tout ce que vous savez. D'abord, j'en pourrai ressentir un peu de peine; il me montera peut-être un peu *de chaleur au visage*, de me trouver moins digne de votre amitié que je ne le voudrais; mais soyez sûre que vos corrections obligeantes me feront faire des réflexions qui me rendront meilleure. Si elles ne produisent pas cet effet, vous aurez droit de me reprocher une faute inexcusable; une faute dont vous ne pourriez vous dispenser de m'accuser, sans cesser d'être autant mon amie que je suis la vôtre, puisque vous savez bien, ma chère, que je ne vous ai jamais épargnée dans les mêmes occasions.

Je finis ici, mais c'est dans le dessein de commencer bientôt une autre lettre.

Clarisse Harlove.

LETTRE XII.

MISS HOWE, A MISS CLARISSE HARLOVE.

Jeudi, 2 mars.

Il est donc certain que pour tout au monde vous ne voudriez pas avoir pour lui ce qu'on nomme de l'amour ? Votre servante, ma chère. Je ne voudrais pas non plus que vous en eussiez ; car je pense qu'avec tous les avantages du mérite personnel, de la fortune et de la naissance, il n'est pas digne de vous. Et cette opinion me vient autant des raisons que vous m'apportez, et que je confirme, que de ce que j'ai appris depuis quelques heures, par la bouche de madame Fortescue, qui, étant la favorite de lady Betti Lawrance, doit le connaître parfaitement. Mais, à tout hasard, je veux vous féliciter d'abord d'être la première de notre sexe, dont j'ai entendu parler, qui ait été capable de changer, à son gré, ce lion d'amour en un bichon de toilette.

Eh bien ! ma chère, si vous ne sentez pas de battemens de cœur et de chaleur au visage, il demeure certain que vous n'en sentez pas; et que vous n'avez pas d'amour pour lui, dites-vous; pourquoi ? bonne raison, parce que vous ne voudriez pas en avoir. Il n'y a rien à dire de plus. Seulement, ma chère, je tiendrai la vue ferme sur vous, et j'espère que vous l'y tiendrez vous-même ; car ce n'est pas bien raisonner que de conclure qu'on n'a point d'amour, parce qu'on ne voudrait pas en avoir. Avant que de quitter entièrement ce sujet, permettez que je vous dise un mot à l'oreille, ma charmante amie; ce sera seulement par voie de précaution, et par déférence pour l'observation générale, qu'un spectateur juge quelquefois mieux du jeu que ceux qui tiennent les dés. Ne se peut-il pas que vous ayez eu et que vous ayez affaire à des gens de si mauvaise humeur, à des têtes si bizarres, que vous n'ayez pas eu le temps de faire attention aux battemens de cœur; ou que si vous en avez senti quelques uns par intervalles, ayant deux objets auxquels ils pouvaient être appliqués, vous les ayez tournés, par méprise, du côté qu'il ne fallait pas ?

Mais, soit que vous ayez du penchant ou non pour ce Lovelace, je suis sûre que vous êtes impatiente de savoir ce que madame Fortescue m'a dit de lui. Je ne veux pas vous tenir plus long-temps en suspens.

Elle raconte cent histoires folâtres de son enfance et de sa première jeunesse ; car elle observe que n'ayant jamais été contredit, il a toujours été aussi malicieux qu'un singe. Mais je passerai sur ces petites misères, quoiqu'elles signifient quelque chose, pour m'arrêter à plusieurs points que vous n'ignorez pas tout à fait, et à d'autres que vous ignorez, et pour faire quelques observations sur son caractère.

Madame Fortescue avoue ce que tout le monde sait très bien : que notoirement, et même de son propre aveu, il est homme de plaisir. Cependant elle dit que, pour tout ce qu'il prend à cœur, ou qu'il se propose d'exécuter, c'est le plus industrieux et le plus persévérant de tous les mortels. Il ne donne, comme vous, que six heures des vingt-quatre au sommeil. Il fait ses délices chez lady Betti, ou d'écrire! Qu'il soit chez son oncle, ou chez lady Sara, il ne se retire jamais que pour prendre une plume. Elle sait d'un de ses compagnons, qui lui a confirmé ce goût pour l'écriture, que ses pensées coulent rapidement de sa plume ; et vous et moi, ma chère, nous avons observé qu'avec une fort belle main il ne laisse pas d'écrire très vite. Il doit avoir eu de bonne heure un génie fort docile, puisqu'un homme si passionné pour le plaisir et d'un esprit si actif n'aurait jamais pu s'assujétir au travail long et pénible sans lequel on n'acquiert pas ordinairement les qualités qu'il possède ; qualités assez rares pour les jeunes gens riches et de haute naissance, surtout parmi ceux qui, comme lui, n'ont jamais su ce que c'est que d'être contrariés.

Un jour qu'on le complimentait sur ses talens et sur une diligence qui paraît surprenante dans un homme de plaisirs, il eut la vanité de se comparer à Jules César, qui exécutait de grandes choses pendant le jour, et qui employait la nuit à les écrire. Il ajouta, qu'avec bien d'autres qualités qu'il se connaissait, il n'aurait eu besoin que de l'essor de César pour faire une figure éclatante dans son siècle.

Ce discours, à la vérité, était accompagné d'un air de plaisanterie ; car madame Fortescue observe, comme nous l'avons observé aussi, qu'il a l'art de reconnaître sa vanité avec tant d'agrément, qu'il s'élève en quelque sorte au dessus du mépris qui est dû à la présomption, et qu'en même temps il persuade à ceux qui l'entendent, qu'il mérite réellement les louanges qu'il se donne.

Mais, supposant qu'en effet il emploie une partie de ses heures de nuit à écrire, quelle peut être sa matière? S'il écrit ses propres actions, comme César, ce doit être sans doute un très méchant homme et d'un caractère très entreprenant, puisqu'on ne le soupçonne pas d'avoir l'esprit tourné au sérieux ; et quoique décent dans la conversation, je gagerais que ses écrits ne sont pas d'une nature à lui faire honneur, ni qui puisse servir à l'utilité d'autrui. Il faut qu'il le sente bien lui-même, car madame Fortescue assure que, dans le grand nombre de ses correspondances, il est aussi secret et aussi soigneux que s'il était question de haute trahison. Cependant il ne se mêle guère de politique, quoique personne ne connaisse mieux les intérêts des princes et l'état des cours étrangères.

Que vous et moi, ma chère, nous prenions beaucoup de plaisir à écrire, il n'y a rien de surprenant. Depuis que nous sommes capables de tenir une plume, nous avons fait notre amusement des correspondances épistolaires. Nos occupations sont domestiques et sédentaires, et nous pouvons jeter sur le papier cent choses innocentes, dont cette qualité même fait le prix à nos yeux, quoiqu'elles eussent peut-être aussi peu d'agrément que d'utilité pour autrui. Mais qu'un jeune homme de cette humeur, gai, vif, qui aime la chasse, les chevaux, les voyages, qui ne manque point une fête publique, et qui a mille goûts particuliers, puisse être assis quatre heures entières pour écrire, c'est ce qui doit causer de l'étonnement.

Madame Fortescue dit qu'il entend parfaitement la méthode des abréviations. Je vous demande en passant quel peut avoir été le motif d'un homme qui écrit aussi vite que lui pour apprendre l'art d'abréger?

Elle dit, et nous le savons aussi bien qu'elle, qu'il a la mémoire surprenante et l'imagination d'une vivacité extraordinaire.

Quels que soient ses autres vices, tout le monde rend témoignage, comme madame Fortescue, que c'est un homme sobre; et parmi toutes ses mauvaises qualités, le jeu, ce grand ennemi du bon emploi du temps et de la fortune, n'a jamais été son vice; de sorte qu'il doit avoir la tête aussi froide et la raison aussi nette que la fleur de l'âge et sa gaîté naturelle le permettent; et l'habitude qu'il a de se lever de bonne heure lui donne beaucoup de temps pour écrire, ou pour faire pis.

Madame Fortescue parle d'un de ses amis, avec lequel il est lié plus étroitement qu'avec tous les autres. Vous vous souvenez de ce que l'intendant congédié a dit de lui et de ses associés en général. Le portrait que cet homme a fait de lui me paraît assez juste. Madame Fortescue confirme ce qui regarde la frayeur où il tient toute sa famille. Elle croit aussi qu'il est quitte de toutes ses dettes, et qu'il n'en fera pas de nouvelles; par le même motif, apparemment, qui lui fait éviter d'avoir obligation à ses proches.

Quelqu'un qui serait porté à juger favorablement de lui, se persuaderait volontiers qu'un homme brave, un homme éclairé et diligent, ne saurait être naturellement un méchant homme. Mais s'il vaut mieux que ses ennemis ne le prétendent (il serait bien méchant en effet, s'il était pire), on ne peut le laver d'une faute inexcusable, qui est d'avoir trop d'indifférence pour sa réputation. Ce défaut ne peut venir, à mon avis, que de l'une ou de l'autre de ces deux raisons: ou de ce qu'il sent au fond du cœur qu'il mérite tout le mal qu'on dit de lui, ou de ce qu'il fait gloire de passer pour pire qu'il n'est; deux mauvais signes, et d'un augure effrayant; puisque le premier marque un caractère tout à fait abandonné, et que ce qu'on peut conclure naturellement de l'autre, c'est qu'un homme qui n'a pas honte de ce qu'on lui impute, ne fera pas scrupule de s'en rendre coupable dans l'occasion.

Enfin, sur tout ce que j'ai pu recueillir de madame Fortescue, M. Lovelace me paraît un homme rempli de défauts. Vous et moi, nous l'avons cru trop vif, trop inconsidéré, trop téméraire, trop incapable d'hypocrisie pour être profond. Vous voyez que dans ses démêlés avec votre frère, il n'a jamais voulu déguiser son caractère naturel, qui est assurément fort hautain. Lorsqu'il croit devoir du mépris, il le pousse à l'excès. Il n'a pas même la complaisance d'épargner vos oncles.

Mais fût-il profond, et le fût-il beaucoup, vous l'auriez bientôt pénétré, si vous étiez livrée à vous-même. Sa vanité vous servirait à le démêler. Jamais homme n'en eut plus que lui. Cependant, suivant l'observation de madame Fortescue, jamais on n'en tira parti plus heureusement. Elle est soutenue par un singulier mélange de vivacité et d'enjouement. La moitié de ce qui lui échappe à son avantage, lorsqu'il est dans ces accès d'amour-propre, rendrait tout autre homme insupportable.

Parler du loup est un vieux proverbe. L'agréable fripon m'a fait une visite et ne fait que sortir d'ici. Ce n'est qu'impatience et ressentiment de la conduite qu'on tient avec vous, et crainte aussi qu'on ne parvienne à surmonter vos résolutions.

Je lui ai dit, comme je le pense, qu'on ne vous fera jamais consentir à prendre un homme tel que Solmes; mais que l'affaire se terminera probablement par une composition, qui sera de renoncer à l'un et à l'autre.

Jamais homme, dit-il, avec une fortune et des alliances si considérables, n'a obtenu si peu de faveur d'une femme pour laquelle il ait tant souffert.

Je lui ai demandé, avec ma franchise ordinaire, à qui en est la faute, et je l'en ai fait juge lui-même. Il s'est plaint que votre frère et vos oncles ont des espions à gages, pour observer sa conduite et ses mœurs. Je lui ai répondu que cela était fâcheux pour lui, d'autant plus que de l'un et de l'autre côté je ne le croyais pas à l'épreuve des observations : il a souri, en me disant qu'il était mon serviteur, et qu'il convenait que l'occasion était trop belle pour miss Howe, qui ne l'avait jamais épargné. Dieu me pardonne, ma chère, je suis tentée de croire que ces petits cerveaux veulent employer la ruse contre lui. Ils feraient mieux de prendre garde qu'il ne les paie de leur propre monnaie. Ils ont le cœur plus propre que la tête à ce manége.

Je lui ai demandé s'il s'en estimait beaucoup davantage, d'avoir plus d'habileté qu'eux à ces belles opérations. Il a changé de discours, et le reste n'a été qu'une profusion des plus parfaits sentimens de respect et d'affection pour vous. L'objet en étant si digne, qui peut douter de la vérité de ces protestations ?

Adieu, ma chère, ma noble amie ; la généreuse conclusion de votre dernière lettre me donne pour vous plus de tendresse et d'admiration que je ne puis l'exprimer. Quoique j'aie commencé celle-ci par une raillerie impertinente, parce que je sais que vous avez toujours eu de l'indulgence pour mes folles saillies, il n'y a jamais eu de cœur qui ait senti plus vivement la chaleur d'une véritable amitié que celui de votre fidèle

ANNE HOWE.

LETTRE XIII.

MISS CLARISSE HARLOVE, A MISS HOWE.

Mercredi, 1er mars.

Je prends la plume pour vous expliquer les motifs qui engagent si ardemment mes amis dans les intérêts de M. Solmes.

Je n'éclaircirais pas bien cette matière, si je ne retournais un peu sur mes pas, au risque de vous répéter quelques circonstances dont je vous ai déjà informée. Regardez cette lettre, si vous voulez, comme une espèce de supplément à celles du 15 et du 20 janvier dernier. Dans ces deux lettres, dont j'ai conservé les extraits, je vous ai fait une peinture de la haine implacable de mon frère et de ma sœur pour M. Lovelace, et des moyens qu'ils avaient employés, de ceux du moins qui étaient venus à ma connaissance, pour le ruiner dans l'estime de mes autres amis. Je vous ai raconté, qu'après avoir pris à son égard des manières très froides, qui ne pouvaient passer néanmoins pour une offense directe, ils s'étaient portés tout d'un coup à la violence et à des insultes personnelles, qui avaient produit à la fin la malheureuse rencontre que vous savez, entre mon frère et lui.

Il faut vous dire, à présent, que dans la dernière conversation que j'ai eue avec ma tante, j'ai découvert que cet emportement soudain, de la part de mon frère et de ma sœur, avait une cause plus puissante qu'une ancienne antipathie de collége et qu'un amour méprisé. C'était la crainte que mes oncles ne pensassent à suivre en ma faveur l'exemple de mon grand-père ; crainte fondée, à ce qu'il semble, sur une conversation entre mes oncles, mon frère et ma sœur, que ma tante m'a communiquée en confidence, comme un argument capable de me faire accepter les grandes offres de M. Solmes, en me représentant que ma complaisance allait renverser les vues de mon frère et de ma sœur et m'établir pour jamais dans les bonnes grâces de mon père et de mes deux oncles.

Je vous rapporterai en gros cette confidence de ma tante, après une ou deux observations que je crois moins nécessaires pour vous, qui nous connaissez tous si parfaitement, que pour mettre de l'ordre et une suite raisonnable dans mon récit.

Je vous ai entretenue plus d'une fois du projet favori de quelques personnes de notre famille, qui est de former ce qu'on appelle une maison ; dessein qui n'a rien de révoltant d'aucun des deux côtés, particulièrement de celui de ma mère. Ce sont des idées qui naissent assez ordinairement dans les familles opulentes, auxquelles leurs richesses mêmes font sentir qu'il leur manque un rang et des titres.

Mes oncles avaient étendu cette vue à chacun des trois enfans de mon père, dans la persuasion, que renonçant eux-mêmes au mariage, nous pouvions être tous trois assez bien partagés, et mariés assez avantageusement pour faire, par nous-mêmes ou par notre postérité, une figure distinguée dans notre pays. D'un autre côté, mon frère, en qualité de fils unique, s'était imaginé que deux filles pouvaient être fort bien pourvues, chacune avec douze ou quinze mille livres sterling, et que tout le bien réel de la famille, c'est-à-dire, celui de mon grand-père, de mon père et de mes deux oncles, avec leurs acquisitions personnelles, et l'espérance qu'il avait du côté de sa marraine, pouvaient lui composer une fortune assez noble et lui donner assez de crédit pour l'élever à la dignité de pair. Il ne fallait pas moins pour satisfaire son ambition.

Avec cette idée de lui-même, il commença de bonne heure à se donner de grands airs. On lui entendait dire que son grand-père et ses oncles étaient ses intendans ; que jamais personne n'avait été dans une plus belle situation que la sienne ; que les filles ne sont qu'un embarras, un *attirail* dans une famille. Cette basse expression était si souvent dans sa bouche, et toujours prononcée avec tant de suffisance, que ma sœur, qui semble regarder aujourd'hui une sœur cadette comme un *embarras*, me proposait alors de nous liguer, pour notre commun intérêt, contre les vues *rapaces* de mon frère, c'est le nom qu'elle leur donnait : tandis que j'aimais mieux regarder des libertés de cette nature comme autant de plaisanteries passagères, que je voyais même avec plaisir dans un jeune homme qui n'était pas naturellement de bonne humeur, ou comme un faible qui ne méritait que de la raillerie.

Mais lorsque le testament de mon grand-père, dont j'ignorais les dispositions comme eux avant qu'il fût ouvert, eut coupé une branche des espérances de mon frère, il marqua beaucoup d'indisposition pour moi ; et personne au fond ne parut content. Quoique je fusse aimée de tout le monde, comme j'étais la dernière des trois enfans, père, oncles, frère, sœur, tous se crurent maltraités sur le point du droit et de l'autorité. Qui n'est pas jaloux de son autorité ? Mon père même ne put supporter de me voir établie dans une sorte d'indépendance ; car ils convenaient tous que telle était la force du testament par rapport au legs qui me regarde, et que j'étais même dispensée de rendre aucun compte.

Cependant, pour aller au devant de toutes les jalousies, j'abandonnai, comme vous savez, à la discrétion de mon père, non seulement la terre, mais encore une somme considérable qui m'était léguée : c'était la moitié de l'argent comptant que mon grand-père s'était trouvé à sa mort, et dont il laissa l'autre moitié à ma sœur. Je me bornai à la petite somme qu'on avait toujours eu la bonté de m'accorder pour mes menus plaisirs, sans désirer qu'elle fût augmentée, et je me flattai que cette conduite m'avait mise à couvert de l'envie; mais, comme elle fit croître pour moi l'amitié de mes oncles et la bonté de mon père, mon frère et ma sœur ne cessèrent pas de me rendre sourdement, dans l'occasion, toutes sortes de mauvais offices : et la cause en est claire aujourd'hui. A la vérité, j'y faisais peu d'attention, parce que je me reposais sur l'idée que mon devoir était rempli, et j'attribuais ces petits travers à la pétulance qu'on leur reproche à tous deux.

L'acquisition de mon frère ayant bientôt succédé, ce fut un changement de scène qui nous rendit tous fort heureux. Il alla prendre possession des biens qu'on lui laissait, et son absence, surtout pour une si bonne cause, augmenta notre bonheur. Elle fut suivie de la proposition de milord M... pour ma sœur; autre surcroît de félicité pour un temps. Je vous ai raconté dans quel excès de bonne humeur ma sœur fut pendant quelques jours.

Vous savez comment cette affaire s'évanouit. Vous savez ce qui vint à la place.

Mon frère arriva d'Ecosse, et la paix fut bientôt troublée. Bella, comme je me souviens de vous l'avoir fait observer, eut l'occasion de dire hautement qu'elle avait refusé M. Lovelace par mépris pour ses mœurs. Cette déclaration porta mon frère à s'unir avec elle dans une même cause. Ils se mirent tous deux à rabaisser M. Lovelace et même sa famille, qui ne mérite assurément que du respect; et leurs discours donnèrent naissance à la conversation où je vais vous conduire, entre mes oncles et eux. Je vais vous en expliquer les circonstances, après avoir remarqué qu'elle précéda la rencontre, et qu'elle suivit presque immédiatement les informations qu'on se procura sur les affaires de M. Lovelace, et qui furent moins désavantageuses que mon frère et ma sœur ne l'avaient espéré, ou qu'ils ne s'y étaient attendus.

Ils s'étaient emportés contre lui avec leur violence ordinaire, lorsque mon oncle Antonin, qui les avait écoutés patiemment, déclara : « qu'à son avis, ce jeune homme s'était comporté en galant homme, et sa nièce Clary avec prudence; et qu'on ne pouvait désirer, comme il l'avait dit souvent, une alliance plus honorable pour la famille, puisque M. Lovelace jouissait d'un fort bon patrimoine, en biens clairs et nets, suivant le témoignage même d'un ennemi; que d'ailleurs il ne paraissait pas qu'il fût aussi méchant qu'on l'avait représenté; qu'il y avait, à la vérité, de la dissipation à lui reprocher, mais qu'il était dans la vivacité de l'âge; que c'était un homme de sens, et qu'il fallait compter que sa nièce ne voudrait pas de lui, si elle n'avait de bonnes raisons de le croire déjà réformé, ou disposé à la réformation par son exemple. »

Ensuite (je parle d'après ma tante), pour donner une preuve de la générosité de son caractère, qui marquait assez, leur dit-il, qu'il n'était pas méchant par nature, et qu'il avait dans l'âme, eut-il la bonté d'ajouter, un fond de ressemblance avec moi, il leur raconta qu'un jour, lui ayant représenté lui-même, sur ce qu'il avait entendu de milord M... qu'il pouvait tirer de son bien trois ou quatre cents livres sterling de plus chaque année, la réponse avait été : « Que ses fermiers le payaient fort bien ; que dans sa famille c'était une maxime dont il ne s'écarterait jamais, de ne pas trop rançonner les anciens fermiers ou leurs descendans, et qu'il se faisait un plaisir de leur voir de l'embonpoint, des habits propres et l'air content. »

Il est vrai que moi-même je lui ai entendu raconter quelque chose d'approchant, et que je ne lui ai jamais vu le visage plus satisfait que dans cette occasion, excepté néanmoins dans celle qui avait amené le récit dont je parle, la voici. Un malheureux fermier vint demander à mon oncle Antonin quelque diminution en présence de M. Lovelace. Lorsqu'il fut sorti sans avoir rien obtenu, M. Lovelace plaida si bien sa cause que l'homme fut rappelé, et que sa demande lui fut accordée. M. Lovelace le suivit secrètement, et lui fit présent de deux guinées, comme un secours pressant, parce que cet homme avait déclaré, entre ses plaintes, qu'il ne possédait pas actuellement cinq shellings. A son retour, après avoir beaucoup loué mon oncle, il lui raconta, sans aucun air d'ostentation, qu'étant un jour dans ses terres, il avait remarqué à l'église un vieux fermier et sa femme en habits fort pauvres, et que leur ayant fait le lendemain diverses questions là-dessus, parce qu'il savait que leur marché était fort bon, il avait appris d'eux qu'ils avaient fait quelques entreprises qui leur avaient mal réussi, ce qui les avait mis tellement en arrière qu'ils n'auraient pas été en état de payer sa rente s'ils s'étaient donné des habits plus propres. Il leur avait demandé de combien de temps ils croyaient avoir besoin pour rétablir leurs affaires.—Peut-être deux ou trois ans, lui avait dit le fermier.—Eh bien, leur dit-il, je vous fais une diminution de cinq guinées par an, pendant l'espace de sept années, à condition que vous mettrez cette somme sur vous et sur votre femme, pour paraître le dimanche à l'église, comme il convient à mes fermiers : en même temps, prenez ce que je vous donne ici (portant la main à sa poche et tirant cinq guinées) pour vous mettre présentement en meilleur ordre, et que je vous voie dimanche prochain à l'église, la main l'un dans celle de l'autre, comme d'honnêtes et fidèles moitiés ; après quoi je vous retiens tous deux pour dîner le même jour avec moi. »

Quoique ce récit me plût beaucoup, parce que j'y trouvai assurément un témoignage de générosité et tout à la fois de prudence, puisque, suivant la remarque de mon oncle, la valeur annuelle de la ferme n'était pas diminuée ; cependant, ma chère, je ne sentis point de *battement de cœur*, ni de *chaleur* au visage. Non, en vérité, je n'en sentis point. Seulement, je ne pus m'empêcher de dire en moi-même : « Si le ciel me destinait cet homme, il ne s'opposerait point à des choses auxquelles je prends tant de plaisir. » Je dis aussi : « Quelle pitié qu'un tel homme ne soit pas universellement bon ! »

Pardonnez-moi cette digression.

Mon oncle ajouta, suivant le récit de ma tante, « qu'outre son patrimoine, il était l'héritier immédiat de plusieurs fortunes brillantes ; que pendant le traité pour sa nièce Arabelle, milord M... s'était expliqué sur ce que lui-même et ses deux demi-sœurs étaient résolus de faire en sa faveur pour le mettre en état de soutenir un titre qui devait s'éteindre à la mort de milord, mais qu'on espérait lui procurer, ou peut-être un plus considérable encore, qui était celui du père de ces deux dames, éteint depuis quelque temps, faute d'héritiers mâles ; que c'était dans cette vue qu'on désirait si ardemment de le voir marié ; que ne voyant point où M. Lovelace pourrait trouver mieux lui-même, il croyait véritablement qu'il y avait assez de fortune dans notre famille pour former trois maisons considérables ; que, pour lui, il ne faisait pas difficulté d'avouer qu'il souhaitait d'autant plus cette alliance qu'avec la naissance et les richesses de M. Lovelace, il y avait la plus grande apparence que sa nièce Clarisse se verrait un jour *pairesse* de la Grande-Bretagne, et que, dans une si belle espérance (voici, ma chère, le trait mortifiant), il ne croirait rien faire de mal à propos, s'il contribuait, par ses dispositions, au support de cette dignité. »

Il paraît que mon oncle Jules, loin de désapprouver son frère, déclara : « qu'il ne voyait qu'une objection contre l'alliance de M. Lovelace, qui était ses mœurs ; d'autant plus que mon père pouvait faire les avantages qu'il voudrait à miss Bella et à mon frère, et que mon frère était actuellement en possession d'un gros bien, par la donation et le testament de sa marraine Lovell ! »

Si j'avais eu plus tôt toutes ces lumières, j'aurais été moins surprise d'un grand nombre de circonstances qui me paraissaient inexplicables dans la conduite que mon frère et ma sœur ont tenue avec moi, et j'aurais été plus sur mes gardes, que je ne m'y suis crue obligée.

Vous pouvez vous figurer aisément quelle impression ces discours firent alors sur mon frère. Il ne fut pas content, comme vous vous en doutez bien, d'entendre *deux de ses intendans* qui lui tenaient ce langage.

Dès ses premières années, il a trouvé le secret de se faire craindre et comme respecter de toute la famille par la violence de son humeur. Mon père lui-même, long-temps avant que son acquisition eût encore augmenté son arrogance, s'y prêtait fort souvent, par indulgence pour un fils unique qu'il regardait comme le soutien de sa famille. Il ne doit pas être fort porté à se corriger d'un défaut qui lui a procuré tant de considération.

—Voyez, ma sœur, dit-il alors à Bella d'un ton passionné et sans faire attention à la présence de mes oncles, voyez où nous en sommes. Il ne nous reste qu'à prendre garde à nous. Cette petite sirène pourrait bien nous supplanter dans le cœur de nos oncles comme dans celui de notre grand père.

C'est depuis ce temps-là, comme je le vois clairement aujourd'hui, en rapprochant toutes les circonstances, que mon frère et ma sœur ont commencé à se conduire avec moi, tantôt comme avec une personne qu'ils trouvaient dans leur chemin, tantôt comme avec une créature à laquelle ils supposent de l'amour pour leur ennemi commun ; et qu'ils ont commencé à vivre ensemble comme n'ayant plus qu'un même intérêt, dans la résolution d'employer toutes leurs forces pour rompre le projet d'une alliance qui les obligerait vraisemblablement à resserrer leurs propres vues.

Mais comment pouvaient-ils se promettre d'y réussir, après la déclaration de mes deux oncles ?

Mon frère en a trouvé le moyen. Ma sœur, comme j'ai dit, ne vit plus que par ses yeux; cette union produisit bientôt de la mésintelligence dans le reste de la famille. M. Lovelace fut vu plus froidement de jour en jour. Comme il n'était pas homme à se rebuter de leurs grimaces, les affronts personnels succédèrent; ensuite les défis, qui aboutirent à la malheureuse rencontre. Cet événement acheva de tout rompre. Aujourd'hui, si je n'entre dans toutes leurs vues, on se propose de me contester l'héritage de mon grand-père; et moi, qui n'ai jamais pensé tirer le moindre avantage de l'indépendance où l'on m'a mise, « je dois être aussi dépendante de la volonté de mon père qu'une fille qui ne sait pas ce qui lui est bon. » C'est à présent le langage de la famille.

Mais si je me rends à leurs volontés, combien ne prétendent-ils pas que nous serons tous heureux! Que de présens, que de bijoux ne dois-je pas recevoir de chacun de mes amis? Et puis la fortune de M. Solmes est si considérable, et les offres si avantageuses, que j'aurai toujours le moyen de m'élever au dessus d'eux, quand les intentions de ceux qui veulent me favoriser demeureraient sans effet. Dans cette vue, on me trouve à présent un mérite et des qualités qui seront d'elles-mêmes un équivalent pour les grands avantages qu'il doit me faire, et qui mettront encore l'obligation de son côté, comme ils feront profession de m'en avoir beaucoup du leur. On m'assure que c'est la manière dont il pense lui-même; ce qui signifie qu'il doit être aussi abject à ses propres yeux qu'à ceux de mes chers parens. Ces charmantes vues une fois remplies, que de richesses, que de splendeur dans toute notre famille! Et moi, quels droits n'aurai-je pas sur leur reconnaissance! Et pour faire tant d'heureux à la fois, que m'en coûtera-t-il? Un seul acte de devoir, conforme à mon caractère et à mes principes, du moins si je suis cette fille respectueuse et cette généreuse sœur pour laquelle j'ai toujours voulu passer.

Voilà le côté brillant qu'on présente à mon père et à mes oncles, pour captiver leur esprit. Mais j'appréhende bien que le dessein de mon frère et de ma sœur ne soit de me perdre absolument auprès d'eux. S'ils avaient d'autres intentions, n'auraient-ils pas employé, lorsque je suis revenue de chez vous, tout autre moyen que celui de la crainte, pour me faire entrer dans leurs mesures? C'est une méthode qu'ils n'ont pas cessé de suivre depuis.

En même temps, l'ordre est donné à tous les domestiques de témoigner à M. Solmes le plus profond respect. Le *généreux* M. Solmes est un nom que la plupart commencent à lui donner. Mais ces ordres ne sont-ils pas un aveu tacite qu'on ne le croit pas propre à s'attirer du respect par lui-même? Dans toutes ses visites, il est non seulement caressé des maîtres, mais révéré comme une idole par tout ce qu'il y a de gens au service de la maison; et le *noble établissement* est un mot qui court de bouche en bouche, et qui se répète comme par échos.

Quelle honte! de trouver de la noblesse dans les offres d'un homme dont l'âme est assez basse pour avouer qu'il hait sa propre famille, et assez méchante pour former le dessein de ravir de justes espérances à tous ses proches, qui n'ont que trop besoin de son secours, dans la vue non seulement de mettre tous ses biens sur ma tête, mais, si je meurs sans enfans, et s'il n'en a pas d'un autre mariage, de l'abandonner à une famille qui en regorge déjà. Car telles sont en effet ses offres. Quand je n'aurais pas d'autres raisons de le mépriser, en faudrait-il davantage que cette cruelle injustice qu'il fait à sa famille? Un homme de rien! je ne crains pas de le dire; car il n'était pas né pour les immenses richesses qu'il possède : et croyez-vous que je ne fusse pas aussi coupable de les accepter qu'il l'est de me les offrir, si je pouvais gagner sur moi de les partager avec lui, ou si l'attente d'une réversion encore plus criminelle était capable d'influer sur mon choix? Soyez persuadée que ce n'est pas un médiocre sujet d'affliction pour moi, que mes amis aient pu trouver dans leurs principes de quoi justifier des offres de cette nature.

Mais c'est la seule méthode qu'on croie capable de rebuter M. Lovelace, et de répondre à toutes les vues qu'on a sur chacun de nous. On est persuadé que je ne tiendrai pas contre les avantages qui doivent revenir à ma famille de mon mariage avec M. Solmes, depuis qu'on a découvert à présent de la possibilité (qu'un esprit aussi avide que celui de mon frère change aisément en probabilité) à faire revenir la terre de mon grand-père, avec des biens plus considérables encore, du côté de cet homme-là. On insiste sur divers exemples de ces réversions dans des cas beaucoup plus éloignés; et ma sœur cite le vieux proverbe, *qu'il est toujours bon* d'avoir quelque rapport à une grosse succession : pendant que Solmes, souriant sans doute en lui-même de ses espérances, tout éloignées qu'elles sont, obtient toute leur assistance par de simples offres, et se promet de joindre à son propre bien celui qui m'attire tant d'envie; d'autant plus que par sa situation, entre deux de ses terres, il paraît valoir pour lui le double de ce qu'il vaudrait pour un autre. Comptez qu'à ses yeux ce motif a plus de force que le mérite d'une femme.

Il me semble, ma chère, que voilà les principales raisons qui engagent avec tant de chaleur mes parens dans ses intérêts. Permettez ici que je déploie encore une fois les principes de ma famille, qui donnent à toutes ces raisons une force à laquelle il me sera bien difficile de résister.

Mais de quelque manière que l'affaire puisse tourner entre Solmes et moi, il demeure vrai du moins que mon frère a réussi dans toutes ses vues; c'est-à-dire, premièrement, qu'il a déterminé mon père à faire sa propre cause de la sienne et à exiger mon consentement comme un acte de devoir.

Ma mère n'a jamais entrepris de s'opposer à la volonté de mon père, lorsqu'il a déclaré une fois ses résolutions.

Mes oncles, qui sont, vous me permettrez de le dire, de vieux garçons impérieux, absolus, enflés de leurs richesses, quoique d'ailleurs les plus honnêtes gens du monde, portent fort haut l'idée qu'ils ont des devoirs d'un enfant et de l'obéissance d'une femme. La facilité de ma mère les confirmés dans la seconde de ces deux idées, et sert à fortifier la première.

Ma tante Hervey, qui n'est pas des plus heureuses dans son mariage, qui a peut-être quelques petites obligations à la famille, s'est laissé gner, et n'aura pas la hardiesse d'ouvrir la bouche en ma faveur contre volonté déterminée de mon père et de mes oncles. Je regarde même son silence et celui de ma mère, sur un point si contraire à leur premier jugement, comme une preuve trop forte que mon père est absolument décidé.

Le traitement qu'on a fait à la digne madame Norton en est une confirmation fort triste. Connaissez-vous une femme dont la vertu mérite plus de considération? Ils lui rendent tous cette justice; mais comme il lui manque d'être riche, pour donner un juste poids à son opinion sur un point contre lequel elle s'est déclarée et qu'ils ont résolu d'emporter, on lui a interdit ici les visites, et même toute correspondance avec moi, comme j'en suis informée d'aujourd'hui.

Haine pour Lovelace, agrandissement de famille, et ce grand motif de l'autorité paternelle? Combien de forces réunies! lorsque chacune de ces considérations en particulier suffirait pour emporter la balance.

Mon frère et ma sœur triomphent. Ils m'ont abattue; c'est leur expression qu'Hannah dit avoir entendue. Ils ont raison de le dire (quoique je ne croie pas m'être jamais élevée trop insolemment), car mon frère peut à présent me forcer de suivre ses volontés, pour le malheur de ma vie, et me rendre ainsi l'instrument de sa vengeance contre M. Lovelace, ou me perdre dans l'esprit de toute ma famille, si je refuse d'obéir.

On s'étonnera que des courtisans emploient l'intrigue et les complots pour s'entre-détruire! lorsque dans le sein d'une maison particulière, trois personnes, et les seules qui puissent avoir quelque chose à démêler ensemble, et dont l'une se flatte d'être assez supérieure à toutes sortes de bassesses, ne peuvent pas vivre plus unies.

Ce qui me cause à présent le plus d'inquiétude, c'est la tranquillité de ma mère, qui me paraît fort en danger. Comment le mari d'une telle femme (qui est lui-même un excellent homme; mais cette qualité d'homme a de si étranges prérogatives!), comment peut-il être si absolu, si obstiné à l'égard d'une personne qui a jeté dans la famille des richesses dont ils connaissent tous si bien le prix que cette raison seule devrait leur inspirer plus de considération pour elle! Ils la respectent à la vérité; mais je suis fâchée de dire qu'elle achète ce respect par ses complaisances. Cependant un mérite aussi distingué que le sien devrait lui attirer de la vénération; et sa prudence mériterait que tout fût confié à son gouvernement.

Mais où s'égare ma plume? Comment une fille perverse ose-t-elle parler avec cette liberté de ceux à qui elle doit tant de respect, et pour lesquels elle n'en a pas moins qu'elle ne doit? Malheureuse situation que celle qui l'oblige d'exposer leurs défauts pour sa propre défense! Vous qui savez combien j'aime et je respecte ma mère, vous devez juger quel est mon tourment, de me trouver forcée de rejeter un système dans lequel elle s'est engagée. Cependant je le dois. M'y soumettre est une chose impossible, et si je ne veux m'exposer à voir croître les difficultés, il faut que je déclare promptement mon opposition, puisque je viens d'apprendre qu'aujourd'hui même on a consulté les avocats sur les articles. Auriez-vous jamais pu vous le persuader?

Si j'étais née d'une famille catholique-romaine, combien ne serais-je pas plus heureuse de n'avoir à craindre que la retraite perpétuelle d'un couvent, qui répondrait parfaitement à toutes leurs vues? Que je regrette aussi qu'une certaine personne ait été méprisée par une autre! Tout aurait été conclu avant que le retour de mon frère pût y apporter de l'opposition. J'aurais aujourd'hui une sœur que je n'ai plus, et deux frères, tous deux aspirant à ce qu'il y a de plus relevé, titrés tous deux peut-être; quoique je n'eusse jamais estimé, dans l'un et l'autre, que ce qui est plus noble et plus précieux que tous les titres.

Mais que l'amour-propre de mon frère est gouverné par des espérances éloignées! A quelle distance étend-il ses vues? Des vues qui peuvent être anéanties par le moindre accident, tel, par exemple, qu'une fièvre, dont il porte toujours la semence prête à germer dans un tempérament aussi impétueux que le sien, ou que le coup provoqué des armes d'un ennemi.

Cette lettre devient trop longue. Avec quelque liberté que je puisse m'expliquer sur la conduite de mes amis, je compte de votre part sur une interprétation favorable; et je ne suis pas moins sûre que vous ne communiquerez à personne les endroits où je paraîtrais dénoncer trop librement certains caractères, ce qui pourrait m'exposer au reproche d'oublier quelquefois le devoir ou la décence.

Clarisse Harlove.

LETTRE XIV.

MISS CLARISSE HARLOVE, A MISS HOWE.

Jeudi au soir, 2 mars.

En portant au lieu du dépôt ma lettre précédente, qui était commencée d'hier, mais que diverses interruptions ne m'ont permis d'achever qu'aujourd'hui, Hannah vient de trouver celle que vous m'avez écrite ce matin. Je vous rends grâces, ma chère, de cette diligence obligeante. Quelques lignes, que je me hâte de jeter sur le papier, arriveront peut-être assez tôt pour vous être portées avec les autres. Cependant elles ne contiendront que mes remerciemens et quelques réflexions sur le redoublement de mes craintes.

Il faut que je demande ou que je cherche l'occasion d'entretenir ma mère, pour l'engager à m'accorder sa médiation; car si je souffre plus long-temps qu'on donne le nom de timidité à mon antipathie, je suis en danger de me voir fixer le jour. Des sœurs ne devraient-elles pas avoir l'une pour l'autre des sentimens de sœur? Ne devraient-elles pas faire cause commune, dans une occasion de cette nature, et la regarder comme la cause de leur sexe? Cependant, on m'informe que la mienne, pour entrer dans les intentions de mon frère, et de concert sans doute avec lui, a proposé en pleine assemblée, avec une chaleur qui lui est particulière lorsqu'elle s'est mis quelque chose en tête, de me fixer absolument un jour, et de me déclarer que si je refuse de me soumettre, ma punition ne sera rien moins que la perte de mon bien et de l'affection de tous mes proches.

Elle n'a pas besoin d'être si officieuse. Le crédit de mon frère suffit sans le secours du sien, car il a trouvé le moyen de liguer contre moi toute la famille. A l'occasion apparemment de quelque nouvelle plainte, ou de quelque découverte qui concerne M. Lovelace (j'ignore à l'occasion de quoi), ils se sont engagés tous, ou doivent s'engager l'un à l'autre, par un écrit signé (hélas! ma chère, que vais-je devenir?), de l'emporter en faveur de M. Solmes, pour le soutien, disent-ils, de l'autorité de mon père, et contre Lovelace, en qualité de libertin et d'ennemi de la famille, c'est-à-dire aussi, ma chère, contre moi. Politique bien mal entendue, qui leur fait joindre dans un même intérêt deux personnes qu'ils veulent éloigner pour jamais l'une de l'autre.

Le témoignage de l'intendant n'a pas été trop à son avantage, et se trouve non seulement confirmé, mais aggravé même par le récit de madame Fortescue. Aujourd'hui mes amis ont acquis de nouvelles lumières, et d'une nature si odieuse (s'il en faut croire ce que la servante de ma sœur a dit à la mienne) qu'il demeure prouvé que c'est le plus méchant de tous les hommes. Mais que m'importe à moi qu'il soit bon ou méchant? Que le part y prendrais-je, si je n'étais pas tourmentée par ce Solmes? O ma chère! que je le hais du côté sous lequel il m'est proposé! Pendant ce temps-là, ils sont tous effrayés de M. Lovelace; et ce qu'il y a d'étrange, ils ne craignent point de l'irriter! Quel est mon embarras, de me trouver dans la nécessité de correspondre avec lui pour leur intérêt! Me préserve le ciel d'être poussée si loin par leur violence obstinée, que cette correspondance devienne jamais nécessaire pour le mien. Mais croyez-vous, ma chère, qu'ils ne puissent pas revenir de leur résolution? De ma part, c'est une chose impossible. Je commence à sentir que les esprits les plus doux sont les plus déterminés, lorsqu'ils se voient persécutés avec tant de cruauté et d'injustice : la raison, sans doute, c'est que n'ayant pas pris leur parti légèrement, leur délibération même les rend inébranlables. Lorsqu'on a l'évidence pour soi, on ne souffre pas sans impatience de se voir rappelé aux contentions et aux disputes.

Une interruption m'oblige de finir avec un peu de précipitation, et même avec une sorte d'effroi.

Clarisse Harlove.

LETTRE XV.

MISS HOWE, A MISS CLARISSE HARLOVE.

Vendredi, 3 mars.

Vos deux lettres me sont remises ensemble. Il est bien malheureux pour vous, ma chère, puisque vos amis veulent vous voir mariée, qu'un mérite tel que le vôtre soit recherché par une succession d'indignes sujets, qui n'ont que leur présomption pour excuse.

Voulez-vous savoir pourquoi ces présomptueux ne paraissent pas aussi indignes qu'ils le sont aux yeux de vos amis? C'est que vos amis ne sont pas aussi frappés de leurs défauts que d'autres le pourraient être; et pourquoi? Hasarderai-je de vous le dire? C'est qu'ils leur trouvent plus de ressemblance avec eux-mêmes. La modestie, après tout, peut y avoir aussi quelque part; car le moyen pour eux de se figurer que leur nièce ou leur sœur (je ne remonte pas plus haut, dans la crainte de vous déplaire) soit un ange? Mais où est l'homme à qui je suppose une juste défiance de lui-même, qui ose lever les yeux sur miss Clarisse Harlove avec quelques espérances, ou avec d'autres sentimens que le désir? Ainsi les téméraires et les présomptueux, qui ne s'aperçoivent point de leurs défauts, ont la hardiesse d'aspirer, tandis que le mérite modeste est trop respectueux pour ouvrir la bouche. De là les persécutions de vos Symmes, de vos Byrons, de vos Mullins, de vos Wyerleys et de vos Solmes, autant de misérables qui, après avoir examiné le reste de votre famille, n'ont pas dû désespérer de lui faire agréer leur alliance. Mais d'eux à vous, quelle insupportable présomption!

Cependant j'appréhende que toutes vos oppositions ne soient inutiles Vous serez sacrifiée à cet odieux personnage. Vous y consentirez vous-même. Je connais votre famille; elle ne résistera point à l'amorce qui lui est présentée. O ma chère, ma tendre amie! tant de charmantes qualités, un mérite si supérieur, seront donc ensevelis dans ce détestable mariage! Votre oncle répète à ma mère que vous devez être soumise à leur autorité. Autorité! N'est-ce pas un terme bien imposant dans la bouche d'un petit esprit, qui n'a d'autre avantage que d'être né trente ans plus tôt qu'un autre! Je parle de vos oncles ; car l'autorité paternelle doit être sacrée! Mais les pères mêmes ne devraient-ils pas mettre de la raison dans leur conduite?

Cependant, ne vous étonnez pas de la barbarie avec laquelle votre sœur en use dans cette affaire. J'ai une particularité curieuse à joindre aux motifs qui gouvernent votre frère, et qui éclaircira les dispositions de votre sœur. Ses yeux, comme vous l'avez avoué, furent éblouis d'abord de la figure et de la recherche de l'homme qu'elle prétend mépriser, et qui l'honore certainement d'un souverain mépris. Mais vous ne nous avez pas dit qu'elle en est encore amoureuse. Bell a quelque chose de bas, jusque dans son orgueil, et rien n'est si orgueilleux que Bell (1). Elle a fait confidence de son amour, du trouble qui la suit pendant le jour, qui l'empêche de dormir la nuit, et qui est pour elle un aiguillon de vengeance, à sa favorite Betty Barnes. S'abandonner à la langue d'une servante! Pauvre créature! Mais les petites âmes qui se ressemblent ne manquent point de se rencontrer et de se mêler comme les grandes. Cependant elle a recommandé le silence à cette fille ; et, par le moyen de la *circulation femelle* (comme Lovelace a eu l'impertinence de l'apler dans une autre occasion, pour jeter du ridicule sur notre sexe), Betty, qui a voulu se faire honneur d'avoir été digne d'un secret, ou qui a pris plaisir à s'emporter contre ce qu'elle nomme la perfidie de Lovelace, l'a dit à une de ses confidentes ; cette confidente l'a rapporté à la femme de chambre de miss Loyd, qui l'a dit à sa maîtresse. Miss Loyd me l'a dit, et moi, je vous l'apprends, pour en faire l'usage qu'il vous plaira. A présent, vous ne serez pas surprise de trouver dans miss Bella une implacable rivale plutôt qu'une sœur affectionnée ; et vous vous expliquerez à merveille les termes de *sorcellerie*, de *sirène*, et d'autres expressions qu'on a lâchées contre vous, aussi bien que l'empressement de fixer un jour pour vous sacrifier à Solmes, en un mot, toutes les duretés et les violences que vous avez essuyées. Quelle plus douce vengeance, et contre Lovelace et contre vous, que de faire marier sa rivale à l'homme que sa rivale hait, et de l'empêcher par là d'être à l'homme dont elle est amoureuse elle-même et qu'elle soupçonne sa rivale d'aimer! On a vu souvent employer le poison et le poignard dans les fureurs de la jalousie et de l'amour méprisé. Vous étonnerez-vous que les liens du sang soient sans force dans la même occasion, et qu'une sœur puisse oublier qu'elle est sœur?

C'est ce motif secret (d'autant plus puissant que l'orgueil y est trop intéressé pour l'avouer), joint à de vieux sentimens d'envie et à tous les autres motifs généraux que vous m'avez expliqués, qui, depuis que je les connais, me remplit d'appréhensions pour vous. Ajoutez qu'il est secondé par un frère qui a pris l'ascendant sur toute votre famille, et qui est engagé par ses deux passions dominantes, l'intérêt et la vengeance, à vous perdre dans l'esprit de tous vos proches ; qu'ils ont tous deux l'oreille de votre père et de vos oncles, qu'ils ne cessent pas de leur interpréter mal toutes vos actions et tous vos discours, et qu'ils ont dans la rencontre et dans les mœurs de M. Lovelace un champ continuel pour s'entendre. O ma chère! comment pourriez-vous résister à tant d'attaques réunies? Je suis sûre, hélas! trop sûre qu'ils terrasseront un caractère

(1) Diminutif de Bella, comme Bella d'Arabella.

aussi doux que le vôtre, peu accoutumé à la résistance, et je vous le dis tristement, vous serez madame Solmes.

Il vous sera aisé de deviner en même temps d'où est venu le bruit dont je vous ai touché quelque chose dans une de mes lettres; que la sœur cadette avait dérobé le cœur d'un amant à son aînée. C'est Betty qui a dit aussi que ni vous ni M. Lovelace, vous n'en aviez pas usé fort honnêtement avec sa maîtresse. N'êtes-vous pas bien cruelle, ma chère, d'avoir dérobé à la pauvre Bella le seul amant qu'elle ait jamais eu, et cela dans l'instant qu'elle s'applaudissait d'avoir eu l'occasion, non seulement de suivre le penchant d'un cœur si susceptible, mais encore de donner un exemple aux personnes renchéries de son sexe (entre lesquelles elle me faisait sans doute l'honneur de me mettre au premier rang) pour leur apprendre à gouverner un homme avec des rênes de soie !

Mais reprenons; il ne me reste aucun doute de leur persévérance en faveur de ce misérable Solmes, non plus que du fond qu'ils croient pouvoir faire sur la douceur de votre caractère, et sur les égards que vous aurez pour leur amitié et pour votre propre réputation. C'est à présent que je suis plus convaincue que jamais de la sagesse du conseil que je vous ai donné autrefois, de conserver tous vos droits sur la terre que votre grand-père vous a léguée. Si vous m'aviez écoutée, vous vous seriez assurée du moins une considération extérieure de la part de votre sœur et de votre frère, qui les aurait forcés de renfermer dans leur cœur l'envie et la mauvaise volonté qu'ils font éclater avec si peu de ménagement.

Il faut que je touche encore un peu cette corde. N'observez-vous pas combien le crédit de votre frère l'a emporté sur le vôtre, depuis qu'il possède une fortune considérable, et depuis que vous avez fait naître à quelques uns d'entre eux le désir de conserver la jouissance de votre terre, si vous ne vous soumettez pas à leurs volontés ? Je connais tout ce qu'il y a de louable dans vos motifs; et qui n'aurait pas cru que vous pouviez donner votre confiance à un père dont vous étiez si tendrement aimée ? Mais si vous aviez été dans la possession actuelle de cette terre; si vous y aviez fait votre demeure avec votre fidèle Norton, dont la compagnie aurait servi de protection à votre jeunesse, croyez-vous que votre frère ne vous eût pas ménagée davantage ? Je vous disais, il n'y a pas longtemps, que vos épreuves ne me paraissaient que proportionnées à votre prudence, cependant vous serez plus qu'une femme, si vous vous dégagez d'un côté des esprits violens et sordides qui vous assiégent, et, de l'autre, de l'autorité tyrannique qui vous en impose. A la vérité, vous pouvez finir tout d'un coup, et le public admirera votre aveugle soumission, si vous vous déterminez à devenir madame Solmes.

J'ai lu avec plaisir ce que vous me racontez de la bonté de M. Lovelace pour ses fermiers, et du petit présent qu'il fit à celui de votre oncle. Madame Fortescue lui accorde la qualité du meilleur de tous les maîtres. J'aurais pu vous le dire, si j'avais cru qu'il fût nécessaire de vous donner un peu d'estime pour lui. En un mot, il a des qualités qui peuvent rendre un homme supportable au dessous de cinquante ans ; mais, jusqu'à cet âge, je plains la pauvre femme à laquelle il pourra tomber en partage; je devrais dire les *femmes*, car il en tuera peut-être une douzaine avant ce temps-là. Ne nous écartons pas : croyez-vous que le fermier de votre oncle ne mérite pas bien des éloges, s'il est vrai, comme on le dit, que, dans la joie d'avoir reçu les deux guinées de M. Lovelace, il fit appeler aussitôt son maître, auquel il paya de cette somme une partie de sa dette ? Mais que doit-on penser du maître qui eut le courage de la prendre, quoiqu'il n'ignorât pas que son fermier manquait de tout, et qui ne fit pas difficulté de le dire aussitôt que M. Lovelace fut parti, en se contentant de louer l'honnêteté du fermier ? Si ce récit était certain, et que le maître n'appartînt pas de si près à ma chère amie, quel mépris n'aurais-je pas pour un misérable de cette espèce ? Mais on a peut-être grossi les circonstances. Tout le monde est mal disposé pour les avares; et ils ne méritent pas d'autres sentimens, parce qu'ils ne pensent qu'à la conservation de ce qu'ils préfèrent au bien de tout le monde.

J'attends votre première lettre avec une vive impatience. Ne vous lassez pas du détail. Je ne suis occupée que de vous et de ce qui a rapport à votre situation.

Anne Howe.

LETTRE XVI.

MISS CLARISSE HARLOVE, A MISS HOWE.

Vendredi, 3 mars.

O ma chère amie ! quel combat j'ai eu à soutenir ! Épreuve sur épreuve, conférence sur conférence. Mais connaissez-vous des lois ou des cérémonies qui puissent donner quelque droit à un homme sur un cœur qui le déteste ?

J'espère encore que ma mère obtiendra quelque chose en ma faveur. Mais je vous dois la peinture de mes peines. J'y ai déjà employé toute la nuit ; car j'ai tant de choses à vous écrire ! et je veux être aussi exacte que vous le désirez.

Dans ma dernière lettre, je vous ai prévenue sur mes craintes. Elles étaient fondées sur une conversation entre ma mère et ma tante, dont Hannah a trouvé le moyen d'entendre une partie. Il serait inutile de vous en raconter les circonstances, parce qu'elles se trouvent renfermées dans le compte que j'ai à vous rendre de différentes conversations que j'ai eues avec ma mère dans l'espace de quelques heures.

Je suis descendue ce matin à l'heure du déjeûner, le cœur assez oppressé de tout ce qu'Hannah m'avait rapporté hier après midi. J'espérais trouver l'occasion d'en parler à ma mère, dans l'espérance de lui inspirer un peu de pitié pour moi ; et mon dessein était de la joindre, lorsqu'elle passerait dans son appartement. Malheureusement cet odieux Solmes était assis entre elle et ma sœur, avec un air d'assurance qui m'a choquée dans ses regards ; vous savez, ma chère, que rien ne plaît de la part d'une personne qu'on n'aime point.

S'il était demeuré à sa place, tout se serait passé tranquillement ; mais cette épaisse créature s'est avisée de se lever, et de venir droit vers une chaise qui était près de celle qu'on avançait pour moi. Je me suis hâtée de l'éloigner, comme pour faire place à la mienne, et je me suis assise, peut-être un peu brusquement, parce que tout ce que j'avais appris me revenait à la tête. Rien n'a paru capable de l'arrêter. Cet homme est plein de confiance en lui-même. Il est hardi, il a le regard effronté. J'ai été surprise de lui voir pousser sa chaise si près de moi, en y établissant sa laide et pédante figure, qu'il touchait à mon panier. Tout ce que j'avais entendu se présentant, comme j'ai dit, à mon imagination, ce procédé m'a tellement piquée, que je me suis allée placer sur une autre chaise; j'avoue que je n'ai pas pris assez d'empire sur moi-même. C'était donner trop d'avantage à mon frère et à ma sœur. Aussi n'ont-ils pas manqué de le prendre. Mais c'est une faute qui n'a pas été volontaire, je n'ai pu faire autrement ; en vérité, je ne savais ce que je faisais.

Je me suis aperçue que mon père était extrêmement irrité. Lorsqu'il est en colère, il n'y a personne qui le fasse lire plus aisément sur son visage. — Clarisse ! m'a-t-il dit, d'une voix forte, sans ajouter un seul mot. — Monsieur... ai-je répondu, en lui faisant une profonde révérence ; je tremblais. Mon premier mouvement a été d'approcher ma chaise plus près de celle du misérable, et je me suis assise. Je me sentais le visage tout en feu.

— Faites le thé, chère fille, m'a dit mon excellente mère; asseyez-vous près de moi, mon amour, et faites le thé.

Je suis allée prendre bien volontiers la chaise que cet homme avait quittée, et l'office auquel la bonté de ma mère m'employait a bientôt servi à me remettre. Pendant le cours du déjeûner, j'ai fait civilement deux ou trois questions à M. Solmes, dans la seule vue d'apaiser mon père. — Les esprits fiers peuvent quelquefois fléchir, m'a dit tout bas ma sœur, en tournant la tête sur l'épaule avec un air de triomphe et de mépris ; mais j'ai feint de ne l'avoir pas entendue.

Ma mère était la bonté même. Je lui ai demandé une fois si le thé lui plaisait, elle m'a répondu doucement, en me donnant encore le nom de sa chère fille, que tout ce que je faisais lui plaisait beaucoup. Cet encouragement me rendait fière ; je me flattais même qu'il n'était plus question de rien entre mon père et moi, car il m'a parlé aussi deux ou trois fois avec bonté. Je m'arrête à des petits incidens, ma chère, mais ils conduisent à de plus grands, comme vous allez l'entendre.

Avant la fin du déjeûner, mon père est sorti avec ma mère, en lui disant qu'il avait quelque chose à lui communiquer. Ma sœur et ma tante, qui étaient avec nous, sont disparues immédiatement.

Mon frère, après s'être donné quelques airs d'insulte que j'ai fort bien compris, mais dont M. Solmes n'avait aucun avantage à tirer, m'a dit, en quittant aussi sa chaise : — Ma sœur, j'ai une rareté à vous faire voir, je vais la chercher. Et sortant il a fermé la porte après lui.

J'ai commencé à voir où tous ces préparatifs devaient aboutir. Je me suis levée. L'homme, cherchant à prononcer quelques paroles, s'est levé aussi, et s'est mis à remuer ses jambes cagneuses pour s'avancer vers moi. En vérité, ma chère, tout m'est odieux dans sa personne. — Je vais épargner à mon frère, lui ai-je dit, la peine de m'apporter sa rareté, votre servante, monsieur. Il a crié deux ou trois fois : — Mademoiselle... mademoiselle... et son air était celui d'un homme égaré. Mais je suis sortie, pour chercher mon frère, comme vous jugez, et pour voir ce qu'il avait à me montrer. A la vérité, je l'avais vu passer dans le jardin avec ma sœur, quoique le temps fût assez mauvais; preuve qu'il avait laissé sa rareté avec moi, et qu'il n'en avait pas d'autre à me faire voir.

A peine étais-je montée à mon propre appartement, où je méditais d'envoyer Hannah demander une audience à ma mère, avec d'autant plus de confiance que sa bonté relevait beaucoup mon courage, que Chorey, sa femme de chambre, est venue m'apporter de sa part l'ordre de me rendre dans son cabinet. Hannah m'a dit en même temps que mon père ne faisait que d'en sortir, avec un visage irrité ; alors j'ai commencé à craindre l'audience autant que je l'avais souhaitée.

Cependant je suis descendue : mais ne me méfiant que trop du sujet qui me faisait appeler, je ne me suis approchée qu'en tremblant et le cœur dans une palpitation visible.

Ma mère s'est aperçue de mon désordre ; elle a tenu les bras ouverts en s'asseyant.

— Venez, chère fille, venez m'embrasser, m'a-t-elle dit avec un tendre sourire. Pourquoi ma chère enfant paraît-elle si agitée ? Cette douce préparation, jointe à la bonté qu'elle m'avait marquée auparavant, a confirmé mes craintes ; ma mère voulait adoucir l'amertume de ses déclarations.

— O ma chère mère ! C'est tout ce que j'ai eu la force de lui dire, et j'ai jeté les bras autour de son cou, en cachant mon visage dans son sein.

— Ma fille ! ma fille, retenez, m'a-t-elle dit, le charme que vous avez pour m'attendrir : autrement je n'ose m'expliquer avec vous. Mes larmes ruisselaient sur son sein, et je me sentais le cou mouillé des siennes. Quelle tendresse n'a-t-elle pas mis dans ses expressions ! — Levez le visage, ma précieuse enfant, mon aimable Clarisse ! O chère fille, fille de mon cœur, levez ce visage qui aura toujours tant de charmes pour mes yeux. D'où viennent ces sanglots ? Un devoir redouté cause-t-il tant d'émotion, qu'avant que je puisse parler... Mais je suis bien aise, mon amour, que vous puissiez deviner ce que j'ai à vous dire, vous m'épargnez la peine de vous faire une ouverture dont je ne me suis pas chargée sans beaucoup de répugnance.

Ensuite s'étant levée, elle a tiré une chaise près de la sienne, et m'y a fait asseoir ; abîmée comme j'étais dans mes larmes et dans la crainte de ce que j'allais entendre, autant que dans les sentimens de reconnaissance que je devais à cette bonté maternelle, mes soupirs étaient mon seul langage. Elle a poussé sa chaise encore plus près de la mienne ; elle a passé les bras autour de mon cou, et serrant mon visage contre le sien : — Laissez-moi parler, chère fille, puisque vous voulez garder le silence ; écoutez-moi !

— Vous savez, ma fille, ce que j'ai la patience d'endurer tous les jours pour le bien de la paix. Votre père est un homme rempli de bonté, qui n'a que de bonnes intentions ; mais il ne veut pas être contredit. J'ai cru voir quelquefois de la compassion pour moi, lorsque je suis obligée de lui céder sur tout. Ce faible ne lui fait pas une meilleure réputation, et la mienne en augmente ; mais si je pouvais l'empêcher, je ne voudrais pas d'un avantage qui nous coûte si cher à tous deux. Vous êtes une fille respectueuse, sage, prudente (elle a bien voulu m'attribuer toutes ces qualités pour m'encourager sans doute à les acquérir) ; vous ne voudriez pas, j'en suis sûre, augmenter mes embarras ; vous ne voudriez pas troubler de plein gré cette paix que votre mère a tant de peine à conserver ; l'obéissance vaut mieux que les sacrifices. O chère Clary ! répandez la joie dans mon cœur, en me disant que mes craintes ont été trop loin. Je vois combien le vôtre est touché ; je vois ses perplexités ; je vois qu'il s'y passe de rudes combats, a-t-elle ajouté en retirant le bras et se levant pour m'empêcher de voir combien elle était touchée elle-même. Je veux vous laisser un moment ; ne me répondez pas (car j'essayais d'ouvrir la bouche, et je n'avais pas plus tôt été libre que je m'étais jetée à genoux, les bras levés et les mains étendues). Je ne suis pas préparée à vos plaintes irrésistibles (c'est le mot qu'elle a bien voulu employer) ; je vous donne le temps de vous recueillir, et je vous recommande de ne pas rendre inutile cette effusion d'une tendresse vraiment maternelle.

Elle est passée aussitôt dans une autre chambre en essuyant ses larmes. J'étais noyée dans les miennes, et les douloureux mouvemens de mon cœur répondaient à tout ce qu'elle m'avait fait pressentir.

Elle est revenue après avoir repris plus de fermeté. J'étais encore à genoux, le visage collé sur la chaise où elle avait été assise. — Regardez-moi, chère Clarisse, je me flatte de ne pas vous trouver de l'humeur. — Non, ma très chère et très honorée mère, non... Je me suis levée pour continuer, et j'ai plié un genou devant elle. Mais elle m'a relevée aussitôt, en m'interrompant : — Il n'est pas question de cette posture, il faut obéir ; c'est le cœur et non pas les genoux qu'il faut fléchir : l'affaire est absolument décidée, préparez-vous par conséquent à recevoir la visite de votre père, comme il doit souhaiter qu'elle soit reçue ; songez que d'un seul quart d'heure dépendent le repos de ma vie, la satisfaction de toute une famille, et votre propre sûreté de la part d'un homme violent. Enfin, je vous ordonne, autant que vous respectez ma bénédiction, de penser à devenir madame Solmes.

C'était m'enfoncer le poignard au fond du cœur ; je suis tombée sans connaissance, et lorsque je suis revenue à moi, je me suis trouvée dans les bras de nos femmes, mes lacets coupés et mon linge infecté d'odeurs fortes ; ma mère s'était retirée. Il est certain que si j'avais été traitée avec moins de douceur, et si l'odieux nom avait été épargné à mes oreilles, ou présenté du moins avec un peu plus de préparation et de réserve, j'aurais pu soutenir ce son horrible avec moins d'émotion. Mais entendre de la bouche d'une mère si chère et si respectée que je dois penser à devenir madame Solmes ou renoncer à sa bénédiction, quel moyen d'y résister ?

Chorey est venue avec un autre message qu'elle m'a déclaré de l'air grave que vous lui connaissez : — Votre maman, miss, est fort inquiète de l'accident qui vous est arrivé ; elle vous attend dans une heure, et elle m'ordonne de vous dire qu'elle attend tout de votre soumission. Je n'ai fait aucune réponse ; qu'aurais-je pu dire ? Et, m'appuyant sur le bras d'Hannah, je suis remontée à mon appartement. Là, vous pouvez vous imaginer comment la plus grande partie de l'heure a été employée.

Dans l'intervalle, ma mère est montée chez moi : — Je prends plaisir, a-t-elle eu la bonté de dire en entrant, à venir dans cet appartement. Point d'émotion, Clary, point d'inquiétude ; ne suis-je pas votre mère ? une mère tendre et indulgente. Ne m'affligez point en vous affligeant vous-même ; ne cherchez point à me causer du chagrin, lorsque je voudrais ne vous procurer que du plaisir. Venez, ma chère ; voulez-vous passer dans votre cabinet de livres ?

Elle m'a prise par la main, et m'a fait asseoir auprès d'elle. Après s'être informée de ma santé, elle s'est mise à me parler comme dans la supposition que j'avais fait usage du temps qu'elle m'avait laissé pour surmonter toutes mes objections. Elle m'a dit que, pour épargner ma modestie naturelle, mon père et elle s'étaient chargés de tout ce qui regardait les arrangemens : — Écoutez-moi, a-t-elle interrompu, lorsque j'allais ouvrir la bouche, et je vous laisserai la liberté de parler; vous n'ignorez pas quel est l'objet des visites de M. Solmes?

— O madame!...

— Écoutez-moi, et vous parlerez; il n'a pas toutes les qualités que je lui souhaiterais; mais c'est un homme de probité, qui n'a aucun vice...

— Aucun vice, madame!

— Ma fille, écoutez-moi. Vous ne vous êtes pas mal conduite à son égard. Nous avons vu avec plaisir...

— O madame! ne m'est-il pas permis à présent de parler?

— Clarisse, j'aurai fini dans un instant. Une jeune fille aussi vertueuse que vous ne saurait aimer assurément un libertin. Vous aimez trop votre frère, pour souhaiter d'épouser un homme qui a manqué de lui donner la mort, qui a menacé vos oncles et qui défie toute la famille. Après vous avoir laissé cinq ou six fois la liberté de choisir, on est bien aise, aujourd'hui, de vous garantir d'un homme si méprisable. Répondez-moi, j'ai droit de vous faire cette question. Préférez-vous cet homme à tous les autres? Mais à Dieu ne plaise! car vous nous rendriez tous misérables. Cependant dites-moi si vos affections lui sont engagées.

J'ai compris quelles seraient les conséquences de ma réponse, si je disais qu'elles ne l'étaient pas.

— Vous hésitez, vous ne me répondez pas, vous n'osez me répondre. Et se levant : — Non, je ne vous regarderai jamais d'un œil de faveur.

— O madame! madame! ne m'ôtez pas la vie par le changement de votre cœur. Je n'hésiterais pas un moment, si je ne redoutais ce qu'on ne manquera pas d'inférer de ma réponse. Mais quelque usage qu'on en puisse faire, la menace de vous déplaire me force de parler. Je vous proteste que je ne connais pas mon propre cœur, s'il n'est absolument libre. Eh! de grâce, ma très chère mère, qu'il me soit permis de vous demander en quoi ma conduite a mérité quelque reproche, lorsqu'on me veut forcer au mariage, comme une créature sans jugement, pour me garantir... hélas! de quoi? Je vous conjure, madame, de prendre ma réputation sous votre garde. Ne souffrez pas que votre fille soit précipitée dans un état qu'elle ne désire avec aucun homme du monde, et cela, parce qu'on suppose qu'autrement elle se marierait elle-même au déshonneur de toute la famille.

— Eh bien! Clary (sans faire attention à la force de ma demande), s'il est vrai que votre cœur soit libre...

— O ma chère mère! Ne consultez en ma faveur que la générosité ordinaire du vôtre; n'insistez pas sur une conclusion dont la crainte m'a fait hésiter.

— Je ne veux pas être interrompue, Clary. Vous avez vu, dans la conduite que j'ai tenue à cette occasion, toute la tendresse d'une mère; vous avez dû observer que je me suis chargée avec quelque répugnance de la commission que j'exécute, parce que l'homme qu'on vous donne n'a pas tout ce que je lui souhaiterais, et parce que je sais que vous portez trop haut vos idées de perfection dans un homme.

— Chère madame! pardonnez-moi de vous interrompre. Est-il donc à craindre que je me rende coupable de quelque imprudence en faveur de l'homme dont vous parlez?

— Encore interrompue. Est-ce à vous de me faire des questions et des raisonnemens? Vous savez avec qui cette hardiesse vous réussirait mal. Sur quoi est-elle donc fondée avec moi, fille peu généreuse, si ce n'est sur l'opinion que vous avez de mon excessive indulgence?

— Hélas! que puis-je dire? que puis-je faire? quelle est ma triste cause, si l'on m'interdit jusqu'au raisonnement?

— Encore! Clarisse.

— Très chère madame, je vous demande pardon à genoux. J'ai toujours mis mon plaisir et ma gloire à vous obéir. Mais jetez les yeux sur cet homme-là; voyez combien toute sa personne est désagréable.

— Clary, Clary! Je vois à présent quel est celui dont la personne vous occupe l'imagination. M. Solmes n'est désagréable que par comparaison avec un autre; désagréable, parce que la personne d'un autre a plus d'agrément.

— Mais, madame, ses manières ne le sont-elles pas aussi? Sa personne n'est-elle pas le vrai miroir de son âme? Cet autre ne m'est et ne me sera jamais rien. Délivrez-moi seulement de celui-ci, auquel mon cœur répugne de lui-même.

— Vous voulez donc imposer des conditions à votre père? Croyez-vous qu'il le souffre? Ne vous ai-je pas dit qu'il y va de mon repos? Que ne fais-je pas en votre faveur? Cette commission même, dont je ne me suis chargée que parce que j'ai craint que vous ne fussiez pas aisément persuadée par un autre, n'est-elle pas une rude commission pour moi? Et ne ferez-vous rien pour votre mère? N'avez-vous pas refusé tous ceux qui vous ont été offerts? Si vous ne voulez pas nous faire deviner d'où vient votre résistance, rendez-vous. Car il faut vous rendre ou laisser croire que vous bravez toute votre famille.

Là-dessus elle s'est levée comme dans le dessein de sortir. Mais s'arrêtant à la porte de ma chambre, elle s'est tournée vers moi : — Je me garderai bien de dire dans quelle disposition je vous ai laissée. Faites vos réflexions; c'est une affaire résolue. Si vous faites cas de la bénédiction de votre père et de la mienne, et de la satisfaction de toute la famille, prenez le parti d'obéir. Je vous laisse à vous-même pendant quelques momens. Je reviendrai. Faites que je vous trouve telle que je le désire; et si votre cœur est libre, qu'il soit gouverné par le devoir.

Une demi-heure après, ma mère est revenue. Elle m'a trouvée noyée dans mes larmes. Elle m'a pris par la main. — Mon rôle, m'a-t-elle dit, est toujours de reconnaître mes torts. Je m'imagine que je me suis exposée mal à propos à vos résistances, par la méthode que j'ai employée. Je m'y suis prise d'abord comme si je m'étais attendue à un refus, et je me le suis attiré par mon indulgence.

— Ah! ma chère mère, ne le dites et ne le pensez pas.

— Si c'était moi, a-t-elle continué, qui eusse donné occasion à ce débat; s'il était en mon pouvoir de vous dispenser de la soumission qu'on demande, vous savez trop ce que vous pourriez obtenir de moi.

Qui penserait à se marier, chère miss Howe, lorsqu'on voit une femme d'un caractère aussi doux que celui de ma mère dans la nécessité de se perdre ou de renoncer à tout exercice de ses volontés.

— Lorsque je suis revenue ici la seconde fois, m'a-t-elle dit, j'ai refusé d'écouter vos raisons, parce que je savais que la résistance ne vous servirait de rien. C'est encore une faute que j'ai commise. Une jeune créature qui aime à raisonner, et qui veut être convaincue par raisonnement, devait être écoutée dans ses objections. Je suis donc résolue, dans cette troisième visite, d'entendre tout ce que vous avez à me dire. Ma bonté doit vous engager à quelque reconnaissance. Elle doit piquer votre générosité; je veux bien le dire, parce que c'est à vous que je parle, à une fille dont l'âme est ordinairement toute généreuse. Si votre cœur est réellement libre, voyons à quoi il vous portera pour m'obliger. Ainsi, pourvu que votre langue soit gouvernée par votre discrétion ordinaire, je vais vous écouter; mais c'est après vous avoir déclaré néanmoins que tout ce que vous pourrez dire sera inutile d'un autre côté.

— Quelle affreuse déclaration! — Cependant, madame, ce serait une consolation pour moi de pouvoir obtenir du moins votre pitié.

— Soyez sûre de ma pitié autant que de ma tendresse. Mais qu'est-ce que l'agrément de la personne, Clary, pour une fille de votre prudence, et pour un cœur libre, si le vôtre l'est effectivement?

— Le dégoût des yeux n'est-il rien, lorsqu'il est question d'engager son cœur? Oh! madame, qui pourrait consentir à se marier, si le cœur doit être blessé à la première vue, et si la plaie doit augmenter ensuite à chaque occasion de se voir!

— Comptez, Clary, que c'est un effet de votre prévention. Ne me donnez pas sujet de regretter que la noble fermeté que je vantais dans votre caractère, et que je prenais pour une qualité glorieuse dans une fille de votre âge, soit changée ici en obstination contre votre devoir. N'avez-vous pas fait des objections contre plusieurs?

— C'était contre leurs principes, madame, mais M. Solmes...

— Est un honnête homme, Clary, une bonne âme, un homme vertueux.

— Lui, un honnête homme! une bonne âme! un homme vertueux!

— Personne ne lui refuse ces qualités.

— Est-ce un honnête homme, qui, par les offres qu'il fait à une famille étrangère, dépouille ses propres parens de leurs justes droits?

— Songez, Clary, que ces offres sont pour vous, et que vous devriez être la dernière à faire cette observation.

— Permettez-moi de dire, madame, que préférant, comme je fais, le bonheur aux richesses, n'ayant pas même besoin de ce que je possède, en ayant abandonné l'usage par la simple vue du devoir...

— Ne vantez point votre mérite. Vous savez que dans cette soumission volontaire il y a moins à perdre pour vous qu'à gagner. Finissons là-dessus. Mais je puis vous assurer que tout le monde n'attache pas un si grand mérite à cette action, quoique pour moi j'en aie cette idée, et que votre père et vos oncles l'aient eue aussi dans le temps.

— Dans le temps, madame! Quels indignes offices m'ont donc rendu mon frère et ma sœur, dans la crainte que la faveur où j'étais il n'y a pas long-temps...

— Je ne veux rien entendre contre votre frère et votre sœur. Quelles guerres domestiques me faites-vous envisager, dans un temps où j'espérais toute ma consolation de mes enfans?

— Je demande au ciel ses bénédictions pour mon frère et ma sœur, dans toutes leurs entreprises louables. Vous n'aurez pas de guerres dans la famille, si mes efforts sont capables de les prévenir. Vous aurez la bonté, madame, de me dire vous-même ce qu'il faudra que je souffre d'eux, et je le souffrirai. Mais, de grâce, que ce soient mes actions qui plaident pour moi, et qu'elles ne soient point exposées à leurs interprétations, comme les ordres humilians que j'ai reçus ne m'apprennent que trop qu'elles l'ont été.

Au moment où je finissais, mon père est entré dans ma chambre avec un air de sévérité qui m'a fait trembler. Il a fait deux ou trois tours, et s'est adressé ensuite à ma mère, qui était demeurée en silence à sa vue :
— Ma chère, vous vous arrêtez bien long-temps ! Le dîner est prêt. Ce que vous avez à dire ne demande pas beaucoup d'explication. Il suffit assurément de déclarer votre volonté et la mienne ; mais peut-être vous entreteniez-vous des préparatifs. Il est temps de descendre... avec votre fille, si elle est digne de ce nom.

Il est descendu lui-même, en jetant sur moi un regard si terrible, que je me suis sentie incapable de lui dire une parole, et de parler, même de quelques minutes, à ma mère.

Cela n'est-il pas bien effrayant, ma chère? Ma consternation a paru toucher ma mère. Elle m'a nommée sa chère fille. Elle m'a embrassée en me disant que mon père ne savait pas que j'eusse continué mes oppositions. — Il vous a fourni une excuse, a-t-elle ajouté, pour avoir tardé si long-temps. Allons, Clary, on va servir. Descendrons-nous ensemble ? Elle m'a prise par la main.

Son action m'a fait tressaillir.—Descendre, madame! Quoi! Pour faire supposer que nous nous sommes entretenues des préparatifs ! O ma chère mère, ne m'ordonnez pas de descendre sur une telle supposition.

— Vous devez voir, ma fille, que nous arrêter plus long-temps ensemble, c'est avouer que nous sommes en débat sur votre devoir ; le souffrira-t-on? Votre père ne vous a-t-il pas dit lui-même qu'il veut être obéi? J'aime mieux vous laisser à vous-même pour la troisième fois. Je chercherai quelque moyen de vous excuser. Je dirai que vous ne seriez pas bien aise de descendre pour dîner, que votre modestie dans une occasion...

—O madame ! ne parlez pas de ma modestie dans cette occasion ; ce serait donner des espérances...

—Est-il donc vrai que vous n'en vouliez donner aucune ? Fille perverse ! Et se levant pour sortir :—Prenez plus de temps pour faire vos réflexions. Puisque c'est une nécessité, prenez plus de temps. Et lorsque je vous reverrai, apprenez-moi à quel reproche je dois m'attendre de la part de votre père, pour l'excès de mon indulgence.

Cependant elle s'est arrêtée un moment à la porte, comme pour attendre que je la suppliasse du moins de donner une explication favorable à mon absence ; car paraissant hésiter :—je suppose, m'a-t-elle dit, que vous ne voudriez pas que mon rapport...

— O madame ! ai-je interrompu ; y a-t-il quelqu'un dont la faveur puisse me toucher, si je perds celle de ma mère !

Vous comprenez bien, ma chère amie, que désirer un rapport favorable, c'était passer condamnation sur un point trop décidé dans mes résolutions, pour laisser croire à mes amis qu'il me reste la moindre incertitude. Ma mère a pris le parti de descendre.

Je vais envoyer au dépôt tout ce que je viens d'écrire ; et sûre comme je suis que vous ne vous ennuierez pas du détail, dans des circonstances si intéressantes pour l'honneur de votre amie, je continuerai de suivre la même méthode. Au milieu de mes embarras, je ne dois pas souhaiter de garder long-temps des écrits dans lesquels je m'explique avec tant de liberté. Si vous n'avez pas un besoin pressant de Robert, vous me ferez plaisir de me l'envoyer tous les jours, au risque de ne rien trouver de prêt.

Mais je serais bien aise qu'il ne vînt jamais les mains vides. Quelle serait votre générosité de m'écrire aussi souvent, par le mouvement de l'amitié, que j'y suis forcée par l'infortune! Lorsque mes lettres ne se trouveront pas au dépôt, je serai sûre qu'elles seront entre vos mains. Comme je profiterai, pour vous écrire, de divers momens que je ne puis prévoir, trouvez bon que je supprime toutes les formalités.

LETTRE XVII.

MISS CLARISSE HARLOVE, A MISS HOWE.

Ma mère, à son retour, qui a suivi immédiatement le dîner, a eu la bonté de me dire qu'au milieu des questions de mon père sur ma soumission volontaire (car il me semble que le doute ne tombe pas sur la manière) elle a trouvé le moyen de lui insinuer que, dans un point si essentiel, elle aurait souhaité de laisser à une fille qu'elle a tant de raisons d'aimer (ce sont ses obligeantes expressions) la liberté de déclarer tout ce qu'elle a dans le cœur, afin que son obéissance en soit plus libre. Elle lui a fait entendre aussi, que lorsqu'il est monté à ma chambre, elle écoutait mes raisons, et qu'elle croyait avoir découvert que je prendrais plus volontiers le parti de renoncer au mariage.

Elle m'a dit que mon père avait répondu d'un ton irrité : — Qu'elle se garde bien de me donner sujet de soupçonner ici quelque préférence. Mais si c'est seulement pour soulager son cœur, sans s'opposer à mes volontés, vous pouvez l'écouter.

— Ainsi, Clarisse, a repris ma mère, je suis revenue dans cette disposition; si vous ne recommencez pas à m'apprendre par votre obstination comment je dois vous traiter.

— En vérité, madame, vous avez rendu justice à mes sentimens, lorsque vus avez dit que je n'ai aucune inclination pour le mariage : je me flatte de n'avoir pas été assez inutile dans la maison de mon père, pour vous faire souhaiter...

— Laissons votre mérite à part, Clary; vous avez rempli le devoir d'une bonne fille. Vous m'avez soulagée dans mes soins domestiques; mais ne m'en causez pas à présent plus que vous ne m'en avec épargné. Vous avez trouvé une abondante récompense dans la réputation d'habileté et d'intelligence que cette conduite vous a procurée. Mais tous les secours qu'on a reçus de vous touchent maintenant à leur fin. Si vous vous mariez, cette fin sera naturelle, et désirable même, si vous vous mariez pour faire plaisir à votre famille, parce que vous en aurez vous-même une où vos talens pourront s'employer. Si les choses tournent autrement, il n'y aura pas moins une fin, mais qui ne sera pas naturelle. Vous m'entendez, ma fille?

Je me suis mise à pleurer.

— J'ai déjà fait chercher une femme de charge pour cette maison : votre bonne Norton me conviendrait beaucoup. Mais je suppose que vous avez jeté les yeux sur cette digne femme : si vous le désirez, on en conviendra dans les articles.

— Mais pourquoi, ma très chère madame, pourquoi me précipiter dans l'état du mariage, moi qui suis la plus jeune, et qui suis fort éloignée d'y avoir la moindre inclination.

— Vous allez me demander, sans doute, pourquoi l'on n'a pas pensé à votre sœur pour M. Solmes.

— J'espère, madame, que vous ne vous offenseriez pas de cette question.

— Je pourrais vous renvoyer à votre père pour la réponse. M. Solmes a ses raisons pour vous préférer.

— Et j'ai les miennes aussi, madame, pour ne le pouvoir souffrir.

— Cette vivacité à m'interrompre n'est pas supportable. Je sors, et je vais envoyer votre père, si je ne puis rien obtenir de vous.

— Madame, je préférerais la mort...

Elle m'a mis la main sur la bouche. — Clarisse, gardez-vous qu'il vous échappe rien de décisif. Si vous me persuadez une fois que vous êtes inflexible, j'ai fini.

Mes larmes ont recommencé à couler de dépit. — Voilà l'ouvrage de mon frère, l'effet de ses vues intéressées...

— Point de réflexions sur votre frère. Il n'a que l'honneur de la famille à cœur.

— Je ne suis pas plus capable que mon frère de faire déshonneur à ma famille.

— J'en suis persuadée. Mais vous conviendrez que votre père et vos oncles en doivent juger mieux que vous.

Je lui ai offert alors de vivre perpétuellement dans le célibat, ou de ne me marier jamais qu'avec la pleine approbation de tous mes proches.

— Si je voulais marquer du respect et de l'obéissance, c'était en prenant leur volonté pour règle, et non la mienne.

J'ai répondu, que je ne croyais pas avoir mérité par ma conduite que mon obéissance fût mise à des épreuves de cette nature.

— Oui, m'a-t-elle dit avec bonté, il n'y a point de reproche à faire à ma conduite. Mais je n'avais pas essuyé d'épreuve ; et puisque le temps en était venu, elle espérait que ma vertu ne commencerait point à s'affaiblir. — Dans la jeunesse de leurs enfans, les parens prennent plaisir à tout ce qu'ils leur voient faire. Vous avez toujours paru d'un fort bon naturel. Mais jusqu'à présent, nous avons plutôt eu de la complaisance pour vous, que vous n'en avez eu pour nous. L'âge nubile où vous êtes arrivée est le temps de l'épreuve ; d'autant plus que votre grand-père vous a mise dans une sorte d'indépendance, en vous préférant à ceux qui avaient des droits avant vous sur la terre qu'il vous a laissée.

— Madame ! mon grand-père savait, comme il l'a marqué expressément dans ses dernières dispositions, que mon père pouvait dédommager abondamment ma sœur. Il a même témoigné qu'il le désirait. Je n'ai rien fait au delà de mon devoir, pour me procurer des faveurs extraordinaires, et ses libéralités sont plutôt une marque de son affection qu'un avantage pour moi ; car ai-je jamais cherché ou désiré l'indépendance ? Quand je serais reine de l'univers, toute ma grandeur ne me dispenserait pas du respect que je dois à mon père et à vous. Aux yeux du monde entier, je ferais ma gloire de recevoir à genoux vos bénédictions, et loin...

— Je me fais une peine de vous interrompre, Clary, quoique cette attention vous manque souvent pour moi. Vous êtes jeune, Clary, vous n'avez jamais été contrariée. Mais avec toutes ces ostentations de respect, je voudrais un peu plus de déférence pour votre mère lorsqu'elle vous parle.

— Pardon, madame; et, de grâce, un peu de patience dans une occasion si extraordinaire. S'il y avait moins de chaleur dans mes discours, on supposerait que je n'ai que des objections de jeune fille contre un homme qui me sera toujours insupportable.

— Prenez garde, Clary...

— Chère madame, permettez que je m'explique, cette fois seulement. Il est dur, extrêmement dur, de n'avoir pas la liberté d'entrer dans la cause commune, parce que je ne dois pas parler sans ménagement d'une personne qui me regarde comme un obstacle à son ambition, et qui me traite en esclave.

— Où vous égarez-vous, Clary?

— Ma très chère mère, le devoir ne me permet pas de supposer mon père assez arbitraire pour m'autoriser jamais à faire valoir cette raison auprès de vous.

— Quoi donc? Clary... ô petite fille!

— Un peu de patience, ma très chère mère! vous avez promis de m'entendre avec patience. La figure n'est rien dans un homme, parce qu'on me suppose de la raison. Ainsi je serai dégoûtée par les yeux, et je ne serai pas convaincue par la raison.

— Petite fille!

— Ainsi les bonnes qualités qu'on m'attribue seront ma punition, et je deviendrai la femme d'un monstre...

— Vous m'étonnez, Clary! Est-ce vous qui me tenez ce langage?

— Cet homme, madame, est un monstre à mes yeux, âme et figure. Et pour motif de souffrir ce traitement, on m'allègue que je suis indifférente pour tous les autres hommes! Dans d'autres temps néanmoins, et dans d'autres vues, on m'a cru de la prévention en faveur d'un homme, contre les mœurs duquel il y a de justes objections. Je me trouve confinée, comme si l'on appréhendait de la plus imprudente de toutes les créatures qu'elle ne prît la fuite avec cet homme, et qu'elle ne couvrît sa famille de honte. O ma très chère mère! quelle patience serait à l'épreuve d'un tel traitement?

— A présent, Clary, je suppose que vous m'accorderez la liberté de parler. Il me semble que je vous ai entendue avec assez de patience. Si j'avais pu croire... mais je vais tout réduire sous un point de vue fort court. Votre mère, Clarisse, vous donne un exemple de cette patience que vous lui demandez si hardiment, sans en avoir beaucoup pour elle.

O ma chère, que cette condescendance de ma mère m'a pénétrée dans ce moment, plus, mille fois, que je ne l'aurais été de sa rigueur! Mais elle faisait sans doute attention qu'elle s'était chargée d'un office bien dur, d'un office, j'ose le dire, dont sa propre raison était blessée; sans quoi elle n'aurait pas voulu, elle n'aurait jamais pu pousser si loin la patience.

— Je dois donc vous dire, a-t-elle continué, en aussi peu de mots que votre père le croit nécessaire, à quoi se réduit toute la question. Vous avez été jusqu'à présent, comme vous savez fort bien le faire valoir, une fille très respectueuse; mais quelle raison auriez-vous eu de ne pas l'être? Jamais enfant n'a été traitée avec plus de faveur. Aujourd'hui vous avez le choix, ou de décréditer toutes vos actions passées; ou, lorsqu'on vous demande la plus grande preuve de ce respect (ayant le cœur libre, comme vous l'avez déclaré), de donner cette preuve, qui couronnera tout; ou par des vues d'indépendance (car on n'en portera pas d'autre jugement, Clary, quel que soit votre motif), fondées sur un droit que tout homme que vous favoriserez peut réclamer pour vous, ou plutôt pour lui-même, de rompre avec toute votre famille, et de braver un père jaloux de son autorité; assez inutilement jaloux, je le dis en passant, de celle de son sexe par rapport à moi; mais infiniment plus jaloux encore de l'autorité de père. Voilà le point, ma fille. Vous savez que votre père s'en est fait un point. En a-t-il jamais abandonné un, lorsqu'il s'est proposé de l'emporter?

— Hélas! il n'est que trop vrai, ai-je dit en moi-même : à présent que mon frère a su engager mon père dans son beau système, il n'a plus besoin de s'embarrasser du succès. Ce n'est plus à ses avides prétentions, c'est à la volonté de mon père que je m'oppose.

Je suis demeurée sans répondre. Je ne vous cacherai pas que mon silence est venu alors d'obstination. Je me sentais le cœur trop plein. Je trouvais qu'il y avait de la dureté dans ma mère à m'abandonner, comme elle le déclarait, et à faire sa volonté de l'humeur impérieuse de mon frère.

— Mais ce silence a tourné encore moins à mon avantage. Je vois, m'a dit ma mère, que vous êtes convaincue. Ma chère fille, ma chère Clary, c'est à présent que je vous aime du fond du cœur. On ne saura jamais que vous m'ayez rien contesté. Tout tombera sur cette modestie qui a toujours donné tant de lustre à votre caractère. Vous aurez tout le mérite de votre résignation.

J'ai cherché ma ressource dans les larmes.

Elle a pris la peine de les essuyer. Elle m'a baisé tendrement les joues.
— Votre père vous attend, et compte vous voir une contenance plus gaie. Mais ne descendez point, je lui ferai vos excuses. Tous vos scrupules, comme vous voyez, ont trouvé en moi une indulgence maternelle. Je me réjouis de vous voir convaincue. C'est véritablement une preuve que votre cœur est libre, comme vous m'en assuriez.

Tous ces discours, ma chère, ne touchaient-ils pas à la cruauté, dans une mère néanmoins si indulgente! Je regarderais comme un crime de supposer ma mère capable d'artifice. Mais elle reçoit le mouvement d'autrui. Elle est obligée d'employer des méthodes pour lesquelles son cœur a naturellement de l'aversion; et cela, dans la vue de m'épargner d'autres peines, parce qu'elle voit que tous les raisonnemens ne seront point écoutés.

— Je vais descendre, a-t-elle repris, et chercher quelque moyen d'excuser votre retardement, comme j'ai fait avant le dîner, car je juge qu'il vous restera quelques petites répugnances à surmonter. Je vous les passe, aussi bien qu'un peu de froideur. Vous ne descendrez point si vous ne voulez pas descendre. Seulement, ma chère, ne faites pas déshonneur à mon récit lorsque vous paraîtrez au souper; et, surtout, prenez vos manières ordinaires pour votre frère et votre sœur, car la conduite que vous tiendrez avec eux rendra témoignage à votre soumission. C'est un conseil d'amie, comme vous voyez, plutôt qu'un ordre de mère. Adieu donc, mon amour. En paraissant prête à sortir, elle m'a donné encore un baiser.

— O ma chère mère! me suis-je écriée, ne m'accablez pas de votre haine : mais vous ne sauriez croire que je puisse jamais penser à cet homme-là.

Elle a pris un visage irrité, comme si mon exclamation eût été fort contraire à son attente. Elle m'a menacée de m'envoyer à mon père et à mes oncles. Elle m'a fait remarquer, je puis dire avec bonté, que si je supposais à mon frère et à ma sœur des vues qui les portassent à me mettre mal dans l'esprit de mes oncles, je prenais le chemin de les seconder. Elle m'a dit qu'elle n'avait pas attendu si long-temps à représenter tout ce qui pouvait être opposé aux dispositions présentes, parce qu'elle avait prévu qu'ayant refusé plusieurs partis qu'elle trouvait préférables elle-même du côté de la personne, j'aurais peu de penchant pour M. Solmes; que si ses objections avaient pu prévaloir, je n'en aurais jamais entendu parler : quelle apparence donc que je pusse obtenir ce qui lui avait été refusé? Que c'était également mon bien (puisqu'il dépendait de me conserver l'affection de tout le monde) et son propre repos qu'elle se proposait d'assurer dans la commission qu'elle avait acceptée ; que mon père jetterait feux et flammes en apprenant mon refus ; que mes deux oncles étaient si convaincus de la sagesse de leurs mesures, pour leur projet favori d'agrandir la famille, qu'ils ne paraissaient pas moins déterminés que mon père ; que mon oncle et ma tante Hervey étaient du même sentiment : qu'au fond, il serait bien étrange qu'un père, une mère, des oncles, une tante réunis dans la même volonté, n'eussent pas le pouvoir de diriger mon choix, qu'apparemment le grand motif de mon aversion était l'avantage même qui devrait revenir à la famille ; qu'elle pouvait m'assurer que personne n'expliquerait autrement mon refus; que toute l'inclination que je pouvais témoigner pour le célibat, tandis qu'un homme si odieux à tout le monde, demeurerait à marier *et tournerait autour de moi* (c'est son expression), ne pouvait être d'aucun poids sur personne ; que M. Lovelace fût-il un ange, je devais comprendre que mon père, ayant résolu que je ne l'aurai point, ne souffrira jamais que sa volonté soit disputée, surtout dans l'opinion où l'on était que j'entretenais des correspondances avec lui ; enfin, que c'était cette persuasion, jointe à celle que miss Howe favorisait notre commerce, qui m'avait attiré des défenses dont elle voulait bien m'avouer qu'elle avait quelque regret.

J'ai répondu à chaque article avec une force à laquelle je suis sûre qu'elle se serait rendue, si elle avait eu la liberté de suivre son propre jugement. Ensuite je me suis emportée amèrement contre les lois humiliantes qu'on m'a imposées.

—Ces défenses, m'a-t-elle dit, doivent me faire juger combien la résolution de mon père était sérieuse. Il dépendait de moi de les faire lever, et le mal n'était pas encore sans remède. Mais, si mon obstination ne finissait pas, je ne devais m'en prendre qu'à moi-même de tout ce qui pouvait arriver.

J'ai soupiré, j'ai pleuré, j'ai gardé le silence.

—Irai-je assurer à votre père, Clary, que ces défenses sont aussi peu nécessaires que je l'ai cru; que vous connaissez votre devoir, et que vous ne vous opposerez point à ses volontés? Qu'en dites-vous, mon amour?

— O madame, que puis-je répondre à des questions qui me font adorer votre indulgence! Il est bien vrai, madame, que je connais mon devoir. Personne au monde n'a plus d'inclination à le remplir. Mais permettez-moi de dire que je dois demeurer soumise à ces cruelles défenses, si elles ne peuvent être levées qu'à ce prix.

Ma mère m'a donné les noms d'opiniâtre et de perverse. Elle a fait deux ou trois tours dans la chambre d'un air irrité ; et se tournant vers moi :
— Votre cœur libre, Clarisse ! Comment pouvez-vous prétendre que vous ayiez le cœur libre ? Des antipathies si extraordinaires pour une personne doivent venir d'une prévention extraordinaire pour une autre. Répondez-moi et ne déguisez pas la vérité. Continuez-vous d'entretenir quelque correspondance avec M. Lovelace ?

— Très chère madame, lui ai-je dit, vous connaissez mes motifs. Pour prévenir de nouveaux malheurs, j'ai répondu à ses lettres. Le temps des craintes n'est point encore passé.

— J'avoue, Clary, quoique je ne fusse pas bien aise à présent qu'on le sût, que dans un autre temps j'ai cru qu'un peu d'adoucissement était convenable entre des esprits de cette violence. Je ne désespérais pas encore d'une sorte d'accommodement par la médiation de milord M... et de ses deux sœurs. Mais comme ils jugent à propos tous trois d'entrer dans les ressentimens de leur neveu ; que leur neveu prend le parti de nous braver tous ; et qu'on nous offre d'un autre côté des conditions que nous n'aurions pas osé demander, qui empêcheront probablement que le bien de votre grand-père ne sorte de la famille, et qui peuvent y en faire entrer encore un plus considérable ; je ne vois pas que la continuation de votre correspondance puisse ou doive être permise ; ainsi, je vous la défends, autant que vous faites cas de mes bonnes grâces.

— De grâce, madame, apprenez-moi seulement comment je puis la rompre, avec sûreté pour mon frère et mes oncles. C'est tout ce que je souhaite au monde. Plût au ciel que l'homme pour lequel on a tant de haine n'eût pas à faire valoir pour prétexte qu'il a été traité avec trop de violence dans le temps qu'il ne demandait que la paix et la réconciliation ! J'aurais toujours été libre de rompre tout à fait avec lui. Les mauvaises mœurs qu'on lui attribue m'en auraient fourni à tout moment l'occasion. Mais depuis que mes oncles et mon frère ne gardent plus de mesures ; depuis qu'il est informé des vues présentes, et que, si je ne suis pas trompée, il n'y a plus que la considération pour moi qui l'empêche de se ressentir du traitement qu'il reçoit, lui et sa famille, que puis-je faire ? Voudriez-vous, madame, le pousser à quelque résolution désespérée ?

— Nous aurons la protection des lois, ma fille ! La magistrature offensée fera valoir ses propres droits.

— Mais, madame, ne peut-il pas arriver auparavant quelque affreux désastre ? Les lois ne font pas valoir leurs droits s'ils n'ont pas été violés.

— Vous avez fait des offres, Clary, si l'on voulait se relâcher. Etes-vous résolue, de bonne foi, de rompre à cette condition toute correspondance avec M. Lovelace ? Expliquez-vous là-dessus ?

— Oui, madame, j'y suis résolue, et j'exécuterai cette résolution. Je ferai plus : je vous remettrai toutes les lettres écrites de part et d'autre. Vous verrez que je ne lui ai pas donné d'encouragement qui ne soit conforme à mon devoir ; et lorsque vous les aurez lues, il vous sera plus facile de me prescrire, à cette condition, le moyen de rompre entièrement avec lui.

— Je vous prends au mot, Clarisse. Donnez-moi ses lettres et les copies des vôtres.

— Je compte, madame, que vous saurez seule que j'écris, et ce que j'écris.

— Point de conditions avec votre mère. Assurément on peut se fier à ma prudence.

Après lui avoir demandé pardon, je l'ai priée de prendre elle-même la clé d'un tiroir particulier de mon secrétaire, où toutes ces lettres étaient rassemblées, pour s'assurer encore plus que je n'avais rien de réservé pour ma mère. Elle y a consenti. Elle a pris les lettres et les copies des miennes, avec la complaisance de me dire que, puisque je les lui abandonnais sans condition, elle me promettait de me les rendre et de ne les communiquer à personne. Elle est sortie pour les lire, dans le dessein de revenir après cette lecture.

Vous avez lu vous-même, ma chère, toutes ces lettres et toutes mes réponses jusqu'à mon retour chez vous. Vous êtes convenue qu'elles ne contiennent rien dont il puisse se vanter. J'en ai reçu trois autres depuis, par la voie particulière dont je vous ai informée; et je n'ai pas encore répondu à la dernière.

Dans ces trois nouvelles lettres, comme dans celles que je vous ai montrées, après avoir exprimé, dans les termes les plus ardens, une passion qu'il prétend sincère, et fait une peinture fort vive des indignités qu'il a essuyées, des bravades que mon frère fait contre lui dans toutes les assemblées, des menaces et de l'air d'hostilité de mes oncles dans tous les lieux où ils paraissent, enfin des méthodes qu'ils emploient pour le diffamer, il déclare que son honneur et celui de sa famille, qui se trouvent mêlés dans les réflexions qu'on fait sur lui, à l'occasion d'une malheureuse affaire qu'il n'a pas dépendu de lui d'éviter, ne lui permettent pas de souffrir des indignités qui augmentent de jour en jour; que mes inclinations, si elles ne lui sont pas favorables, ne pouvant être, et n'étant point pour un homme tel que Solmes, il en est plus intéressé à se ressentir de la conduite de mon frère, qui déclare à tout le monde sa haine et sa malice, et qui fait gloire de l'intention qu'il a de le mortifier en soutenant la recherche de ce Solmes; qu'il lui est impossible de ne pas croire son honneur engagé à rompre des mesures qui n'ont pas d'autre objet que lui, quand il n'y serait pas porté par un motif encore plus puissant; et que je dois lui pardonner s'il entre là-dessus en conférence avec Solmes. Il insiste avec force sur la proposition qu'il a renouvelée si souvent; que je lui permette de rendre, avec milord M..., une visite à mes oncles, et même à mon père et à ma mère; promettant de s'armer de patience, s'il ne reçoit pas quelque nouvel outrage que l'honneur ne lui permette pas absolument de supporter; ce que suis bien éloignée, pour le dire en passant, de pouvoir lui garantir.

Dans ma réponse, je lui déclare absolument, comme je lui rappelle que je l'ai fait plusieurs fois, qu'il ne doit attendre aucune faveur de moi sans l'approbation de mes amis; que je suis sûre qu'il n'obtiendra jamais d'aucun d'eux leur consentement pour une visite; qu'il n'y a point d'homme au monde pour lequel je sois capable de séparer mes intérêts de ceux de ma famille; que je ne crois pas lui être fort obligée de la modération que je demande entre des esprits trop faciles à s'irriter; que c'est ne lui demander rien à quoi la prudence, la justice et les lois ne l'obligent; que s'il fonde là-dessus quelque espérance qui me regarde, il se trompe lui-même; que mon inclination, comme je l'en ai souvent assuré, ne me porte point à changer d'état; que je ne puis me permettre plus long-temps cette correspondance clandestine avec lui : c'est une voie basse, lui dis-je, contraire au devoir, et qui porte un caractère de légèreté inexcusable; qu'il ne doit pas s'attendre par conséquent que je sois disposée à la continuer.

A cette lettre, il répond dans sa dernière : « Que si je suis déterminée à rompre toute correspondance avec lui, il en doit conclure que c'est dans la vue de devenir la femme d'un homme qu'aucune femme bien née ne regarderait jamais comme un parti supportable ; et que, dans cette supposition, je dois lui pardonner s'il déclare qu'il ne sera jamais capable de consentir à la perte absolue d'une personne dans laquelle il a mis toutes ses espérances de bonheur, ni de soutenir avec patience l'insolent triomphe de mon frère; mais qu'il ne pense point à menacer la vie de personne, ou sa propre vie; qu'il remet à prendre ses résolutions lorsqu'il y sera forcé par un si terrible événement; que s'il apprend qu'on dispose de moi avec mon consentement, il s'efforcera sans doute de se soumettre à sa destinée, mais que si la violence y est employée, il ne sera pas capable de répondre des suites. »

Mon dessein est de vous envoyer ces lettres dans quelques jours. Je les mettrais aujourd'hui sous mon enveloppe, mais il peut arriver qu'après me les avoir rendues, ma mère souhaite de les lire encore une fois. Vous verrez, ma chère, comment il s'efforce à m'engager à la continuation de cette correspondance.

Ma mère est revenue après une heure d'absence.—Prenez vos lettres, Clary. Je n'ai rien à vous reprocher du côté de la discrétion dans les termes. J'y trouve même une sorte de dignité, et rien qui ne soit dans l'exacte bienséance. Et vous vous êtes ressentie, comme vous le deviez, de ses invectives et de ses menaces. Mais après une haine si déclarée d'une part, et des bravades si peu ménagées de l'autre, pouvez-vous penser que ce parti vous convienne?... Pouvez-vous penser qu'il soit à propos d'encourager les vues d'un homme qui s'est battu en duel avec votre frère, quelles que soient sa fortune et ses protestations?

—Non, madame, et vous aurez la bonté d'observer que je le lui ai dit à lui-même. Mais à présent, madame, toute la correspondance est devant vos yeux, et je vous demande vos ordres sur la conduite que je dois tenir dans une situation si désagréable.

— Je vous ferai un aveu, Clary, mais je vous recommande, autant que vous seriez fâchée que je doutasse de la générosité de votre cœur, de n'en prendre aucun avantage. Je suis si satisfaite de la manière libre et ouverte avec laquelle vous m'avez offert vos clés, et de la prudence que j'ai remarquée dans vos lettres, que si je pouvais faire entrer tout le monde ou votre père seulement dans mon opinion, j'abandonnerais volontiers tout le reste à votre discrétion, en me réservant à l'avenir la direction de vos lettres, et le soin de vous faire rompre cette correspondance aussitôt qu'il sera possible. Mais comme il ne faut rien espérer de ce côté-là, et que votre père ne serait pas traitable s'il venait à découvrir que vous avez quelque relation avec M. Lovelace, ou que vous en avez eu depuis qu'il vous l'a défendu, je vous défends aussi de continuer cette liberté. Cependant il faut convenir que le cas est difficile. Je vous demande ce que vous en pensez vous-même. Votre cœur est libre, dites-vous. De votre propre aveu, les circonstances ne permettent pas de regarder comme un parti convenable un homme pour lequel nous avons tous tant d'aversion. Qu'avez-vous donc à proposer, Clary? Voyons, quelles sont là-dessus vos idées?

J'ai compris que c'était une nouvelle épreuve, et j'ai répondu sans hésiter : —Voici, madame, ce que je propose humblement que vous me permettiez d'écrire à M. Lovelace (car je n'ai pas fait de réponse à sa dernière lettre) : qu'il n'a rien à voir entre mon père et moi; que je ne lui demande point de conseil, et que je n'en ai pas besoin, mais que puisqu'il s'attribue quelque droit de se mêler de mes affaires, fondé sur l'intention avouée de mon frère dans ses vues pour M. Solmes, je veux bien l'assurer, sans lui donner aucune raison d'expliquer cette assurance en sa faveur, que je ne serai jamais à cet homme-là. S'il m'est permis de lui écrire en ces termes, et qu'en conséquence, les prétentions de M. Solmes cessent d'être encouragées, que M. Lovelace soit satisfait ou non, je n'irai pas plus loin; je ne lui écrirai jamais une ligne de plus, et je ne le verrai jamais, si je puis éviter de le voir; les excuses ne me manqueront pas, sans être obligée de les tirer de ma famille.

—Ah! mon amour! mais que deviendront les offres de M. Solmes? Tout le monde en est charmé. Il fait même espérer à votre frère des échanges de terre; ou du moins qu'il nous facilitera de nouvelles acquisitions au Nord. Car vous savez que les vues de la famille demandent l'augmentation de notre crédit dans ce canton. Votre frère, en un mot, a formé un plan qui éblouit tout le monde. Une famille si riche dans toutes ses branches, et qui tourne ses vues à l'honneur, doit voir avec bien du plaisir le chemin ouvert pour figurer un jour avec les principales du royaume.

—Et pour assurer le succès de ses vues, pour faire réussir le plan de mon frère, je dois être sacrifiée, madame, à un homme que je ne puis supporter! O ma chère mère! sauvez-moi, sauvez-moi, si vous le pouvez, du plus grand de tous les maux! J'aimerais mieux être enterrée toute vive, oui je l'aimerais mieux! que d'être jamais la femme de cet homme-là.

Elle m'a grondée de mon emportement; mais elle m'a dit avec une bonté extrême qu'elle hasarderait d'en parler à mon oncle Harlove; que s'il promettait de la seconder, elle en parlerait à mon père, et que j'aurais de ses nouvelles demain au matin. Elle est descendue pour le thé, après m'avoir promis d'excuser ce soir mon absence à l'heure du souper; et j'ai pris aussitôt la plume, pour vous faire ce détail.

Mais n'est-il pas cruel pour moi, je le répète, d'être obligée de résister à la volonté d'une si bonne mère? Pourquoi, me suis-je dit bien des fois à moi-même, pourquoi est-il question d'un homme tel que ce Solmes? le seul au monde, assurément, qui pût tant offrir et mériter si peu.

Hélas! son mérite. Ne faut-il pas, ma chère, qu'il ait le plus vil de tous les caractères? Tout le monde lui reproche une sordide avarice. L'insensé! d'avoir l'âme si basse! tandis que la différence de la réputation, entre un homme généreux et un misérable, ne coûte pas dans une année cent livres bien employées.

Combien ne vous êtes-vous pas fait d'honneur à moindre prix! Et quelle facilité n'a-t-il pas eu d'acquérir de la réputation à bon marché, lui qui a succédé aux biens immenses d'un aussi méprisable personnage que sir Olivier? Cependant, il a pris une conduite qui lui fait appliquer l'expression commune, que *sir Olivier ne sera jamais mort, tandis que M. Solmes sera vivant*. En général, le monde, avec toute la malignité qu'on lui attribue, est plus juste qu'on ne le suppose dans l'établissement des caractères; et ceux qui se plaignent le plus de sa censure, trouveraient peut-être l'injustice de leur côté, s'ils jetaient plus souvent les yeux sur eux-mêmes.

Mon cœur se sent un peu soulagé, depuis l'espérance que j'ai dans les bons offices de ma mère, et je me livre à mon goût pour la morale. Mais c'est aussi le vôtre, et vous m'avez recommandé de ne jamais rejeter ces réflexions, lorsqu'elles se présentent à ma plume. Quand je serais moins tranquille, il me semble que lorsqu'on est assise pour écrire, ce serait marquer trop d'amour pour soi-même, et se borner trop à ses propres intérêts, que de ne pas faire attention aux désirs d'une amie.

LETTRE XVIII.

MISS CLARISSE HARLOVE, A MISS HOWE.

Samedi, 3 mars.

N'auriez-vous pas cru qu'on pouvait obtenir quelque chose en ma faveur, d'une offre si raisonnable, d'un expédient si propre, suivant mes idées, à finir honnêtement et comme de moi-même, une correspondance dont je ne vois pas autrement le moyen de me délivrer avec sûreté pour quelques personnes de ma famille? Mais le plan de mon frère et l'impatience de mon père à la moindre contradiction sont des obstacles invincibles.

Je ne me suis pas mise au lit de toute la nuit, et je ne sens encore aucun besoin de dormir. L'attente, l'espérance, le doute, m'ont tenue assez en garde contre le sommeil. Quel état! je suis descendue à mon heure ordinaire, afin qu'on ne s'aperçût point que je ne m'étais pas mise au lit, et j'ai donné mes soins aux détails domestiques.

Vers les huit heures, Chorey est venue m'apporter de la part de ma mère l'ordre de me rendre à sa chambre.

Ma mère avait pleuré; je l'ai remarqué à ses yeux. Mais ses regards semblaient moins tendres et moins affectionnés qu'hier; et cette observation m'ayant d'abord causé de l'effroi, j'ai senti tout d'un coup mes esprits fort abattus.

— Asseyez-vous, Clary, nous nous entretiendrons bientôt. Elle était à chercher dans un tiroir, parmi des dentelles et du linge, sans avoir l'air d'être occupée, ni de ne l'être pas. Mais un moment après, elle m'a demandé froidement quels ordres j'avais donnés pour ce jour-là. Je lui ai présenté le menu du jour et du lendemain, en la priant de voir si elle l'approuvait. Elle y a fait quelques changemens, mais d'un air si froid et si composé, que j'en ai senti croître mon embarras.—M. Harlove parle de dîner aujourd'hui dehors; c'est, je crois, chez mon frère Antonin.

M. Harlove! on ne dit pas votre père! N'ai-je donc plus de père? ai-je pensé en moi-même.

— Asseyez-vous, quand je vous l'ordonne. Je me suis assise. — Vous avez l'air bien taciturne, Clary.

— Ce n'est pas mon intention madame.

— Si les enfans étaient toujours ce qu'ils doivent être, les pères et les mères... Elle n'a point achevé.

Elle s'est approchée de sa toilette, et se regardant dans le miroir, elle a poussé un demi-soupir; l'autre moitié, elle l'a filée doucement, comme si la première lui était échappée malgré elle.

— Je n'aime point cet air sombre sur le visage d'une jeune fille.

— Je vous assure, madame, que ce n'est point mon dessein. Je me suis levée; et me tournant tout à fait, j'ai tiré mon mouchoir, pour essuyer les larmes que je sentais sur mes joues. Une glace qui se trouvait devant mes yeux m'a fait reconnaître ma mère dans un coup d'œil adouci qu'elle a jeté sur moi. Mais ses discours n'ont pas confirmé ce mouvement de tendresse.

— Une des choses du monde qui irrite le plus, c'est de voir pleurer les gens pour ce qu'il dépend d'eux d'empêcher.

— Plût au ciel! madame, que j'en eusse le pouvoir. Il m'est échappé là-dessus quelques sanglots.

— Les larmes de repentir et les sanglots d'obstination s'accordent fort bien ensemble! Vous pouvez remonter chez vous. Je vous parlerai bientôt.

J'ai fait une profonde révérence pour me retirer.

— Finissez ces démonstrations extérieures de respect. Le cœur, Clary, est ce que je demande de vous.

— Ah! madame, vous l'avez parfaitement. Il n'est pas tant à moi qu'à ma mère.

— Charmant langage! Si l'obéissance, comme dit quelqu'un, consistait dans les paroles, Clarisse Harlove serait la plus obéissante fille qui respire.

— Que le ciel bénisse ce quelqu'un! quel qu'il soit, que le ciel le bénisse! J'ai fait une seconde révérence, et, suivant ses ordres, je me suis tournée pour sortir.

Elle a paru fort émue, mais la résolution était prise de me quereller. Ainsi, détournant le visage, elle m'a dit d'un ton fort vif: — Où allez-vous donc, Clarisse?

— Vous m'avez ordonné, madame, de retourner à ma chambre.

— Je vois que vous avez beaucoup d'empressement à me quitter. Est-ce l'effet de votre désobéissance ou de votre obstination? Il me semble que vous êtes bientôt lasse de me voir.

Je n'ai pu résister plus long-temps. Je me suis jetée à ses pieds. — O ma très chère mère! Apprenez-moi tout ce que j'ai à souffrir. Apprenez-moi ce qu'il faut que je devienne. Je supporterai tout, si mes forces me le permettent; mais je ne puis supporter le malheur de vous déplaire.

— Laissez-moi, laissez-moi, Clarisse. Il n'est pas question de cette posture. Les genoux si souples et le cœur si opiniâtre! Levez-vous.

— Je ne puis me lever. Je veux désobéir à ma mère, lorsqu'elle m'ordonne de la quitter sans m'avoir rendu ses bonnes grâces. Ce n'est plus obstination; c'est bien pis, puisque c'est désobéissance formelle. Ah! ne vous arrachez point de moi (la serrant de mes bras, dont je tenais les genoux embrassés : elle, faisant des efforts pour se dégager, mon visage levé vers le sien, avec des yeux qui n'étaient pas les interprètes fidèles de mon cœur, s'ils ne respiraient pas l'humilité et le respect), non, non, vous ne vous arracherez pas de moi (car elle s'efforçait toujours de se retirer, et ses regards se promenaient de côté et d'autre, dans un tendre désordre, comme si elle eût été incertaine de ce qu'elle devait faire) : je ne veux ni me lever, ni vous quitter, ni vous laisser partir, que vous ne m'ayez dit que vous n'êtes pas fâchée contre moi.

— O toi qui m'émeus jusqu'au fond du cœur, chère enfant (jetant ses chers bras autour de mon cou, tandis que les miens continuaient d'embrasser ses genoux)... Pourquoi me suis-je chargée de cette commission ! Mais laissez-moi, vous m'avez jetée dans un désordre inexprimable. Laissez-moi, Clarisse. Je ne serai plus fâchée contre vous... si je puis m'en empêcher... si vous êtes une fille raisonnable.

Je me suis levée toute tremblante, et sachant à peine ce que je faisais, ou comment je pouvais me tenir debout et marcher ; j'ai repris le chemin de ma chambre. Hannah m'a suivie aussitôt qu'elle m'a entendue quitter ma mère. Elle m'a présenté des sels ; elle m'a jeté de l'eau fraîche pour soutenir mes esprits, et c'est tout ce qu'elle a pu faire que de m'empêcher de m'évanouir. Il s'est passé près de deux heures avant que j'aie été capable de prendre ma plume pour vous écrire la malheureuse fin de mes espérances.

Ma mère est descendue à l'heure du déjeûner. Je n'étais pas en état de paraître. Mais quand j'aurais été mieux, je suppose qu'on ne m'aurait pas appelée, puisque mon père a fait entendre, lorsqu'il est monté à ma chambre, qu'il ne veut me voir que lorsque je serai digne du nom de sa fille. Voilà ce que je crains de n'être jamais dans son opinion, s'il ne change pas d'idées par rapport à ce Solmes.

LETTRE XIX.

Samedi, 4 mars, à midi.

Hannah m'apporte à ce moment votre lettre d'hier. Ce qu'elle contient m'a rendue fort pensive, et vous aurez une réponse de mon plus grave style. Moi, femme de M. Solmes ! Non, non, j'aimerais mieux... Mais je vais répondre d'abord aux autres parties de votre lettre qui sont moins intéressantes, afin de pouvoir toucher cet article avec plus de patience.

Je ne suis que médiocrement surprise des sentimens de ma sœur pour M. Lovelace. Elle prend des peines si officieuses, elle les prend si souvent, pour persuader qu'elle n'a jamais eu et qu'elle n'aurait jamais pu avoir de goût pour lui, qu'elle ne donne que trop de sujet aux soupçons. Jamais elle n'a raconté l'histoire de leur séparation et de son refus sans que son teint se colore, et sans jeter sur moi quelque regard de dédain, avec un mélange de colère et d'airs qu'elle se donne. Cette colère et ces airs prouvent du moins qu'elle a refusé un homme qu'elle croyait digne d'être accepté. Autrement, à propos de quoi de la colère et des airs? Pauvre Bella ! Elle mérite de la pitié. Elle ne peut aimer ni haïr avec modération. Plût au ciel qu'elle eût obtenu tout ce qu'elle désire ! Ce souhait de ma part est bien sincère.

A l'égard de l'abandon que j'ai fait de ma terre à la discrétion de mon père, mes motifs, comme vous le reconnaissez, n'ont point été blâmables dans le temps. Votre conseil, à cette occasion, était fondé sur la bonne opinion que vous avez de moi. Vous étiez persuadée que je ne ferais jamais un mauvais usage du pouvoir que j'avais entre les mains. Ni vous ni moi, ma chère, quoique vous preniez aujourd'hui un air de prédiction, nous ne nous serions jamais attendues à ce qui arrive, particulièrement du côté de mon père. Vous appréhendiez, à la vérité, les vues de mon frère, ou plutôt son amour prédominant pour lui-même ; mais je n'ai jamais pensé aussi mal que vous de mon frère et de ma sœur. Vous ne les avez jamais aimés, et, dans cette disposition, on a toujours les yeux ouverts sur le côté faible, comme il est vrai aussi que l'affection est toujours aveugle sur les défauts réels. Je veux rappeler en peu de mots mes véritables motifs. Je voyais naître dans tous les cœurs des jalousies et des inquiétudes, au lieu de la paix et de l'union qui y avaient toujours régné. J'entendais faire des réflexions sur le respectable testateur. On l'accusait d'être retombé dans l'enfance, et moi d'en avoir pris avantage. « Toutes les jeunes personnes, pensais-je en moi-même, désirent plus ou moins l'indépendance ; mais celles qui la désirent le plus sont rarement les plus propres, soit à se gouverner elles-mêmes, soit à bien user du pouvoir qu'elles ont sur les autres. La faveur qu'on m'accorde est assurément fort singulière pour mon âge. Il ne faut pas exécuter tout ce qu'on a le pouvoir de faire. Profiter sans distinction de tout ce qui nous est accordé par bonté, par indulgence, ou pour la bonne opinion qu'on a de nous, c'est marquer un défaut de modération et une avidité indigne du bienfait. Ce n'est pas même un bon signe pour l'usage qu'on en peut faire. Il est vrai, disais-je, que dans l'administration qu'on m'a confiée (car toutes les terres, ma chère, sont-elles autre chose que des administrations?), j'ai formé d'agréables systèmes, où je fais entrer le bonheur d'autrui comme le mien ; mais examinons-nous un peu nous-même. N'est-ce pas la vanité ou le désir secret d'être applaudie qui est mon principal motif? Ne dois-je pas me défier de mon propre cœur? Si je m'établis seule dans ma terre, enflée de la bonne opinion de tout le monde, n'ai-je rien à craindre de moi, lorsque je serai abandonnée à moi-même? Tout le monde aura les yeux sur les actions, sur les visites d'une jeune fille indépendante. Et n'est-ce pas m'exposer d'ailleurs aux entreprises de ce qu'il y a de pis dans un autre sexe? Enfin, dans mon indépendance, si j'avais le malheur de faire un faux pas, quoique avec la meilleure intention, combien de gens s'en feraient un triomphe ; et combien en trouverai-je peu qui eussent l'humanité de me plaindre? D'autant plus des uns et d'autant moins des autres que tous s'accorderaient à m'accuser de présomption. »

Ce fut là une partie de mes réflexions ; et je ne doute pas que si je me trouvais dans les mêmes circonstances, je ne prisse le même parti, après la plus mûre délibération. Qui peut disposer des événemens ou les prévoir? Nous conduire, dans l'occasion, suivant nos lumières présentes, c'est tout ce qui dépend de nous. Si je me suis trompée, c'est au jugement de la sagesse mondaine. Lorsqu'il arrive de souffrir pour avoir fait son devoir, ou même pour quelque action de générosité, n'est-il pas agréable de penser que la faute est du côté d'autrui plutôt que du nôtre? J'aimerais bien mieux avoir de l'injustice à reprocher aux autres que d'avoir donné un juste sujet à leur censure ; et je suis persuadée, ma chère, que c'est votre sentiment comme le mien.

Passons à la plus intéressante partie de votre lettre. Vous croyez que dans les arrangemens qui subsistent, c'est une nécessité pour moi de devenir madame Solmes. Je ne crois pas, ma chère, qu'il y ait de la témérité de ma part à vous persuader qu'il n'en sera rien. Je pense que c'est ce qui ne peut et ne doit jamais être. On compte sur mon caractère ; mais je vous ai déjà dit que je tiens un peu de la famille de mon père, aussi bien que de celle de ma mère. D'ailleurs, suis-je donc encouragée à suivre implicitement l'exemple de ma mère dans la résignation continuelle aux volontés d'autrui ? Ne la vois-je pas obligée à jamais, *comme elle a bien voulu me l'insinuer elle-même*, de prendre le parti de la patience ? Elle ne vérifie que trop votre observation, que *ceux qui souffrent beaucoup auront beaucoup à souffrir*. Que n'a-t-elle pas sacrifié à la paix ! C'est elle-même qui le dit. Cependant, a-t-elle obtenu, par ses sacrifices, cette paix qu'elle est si digne d'obtenir? Non, je vous assure; et le contraire est tout ce que j'appréhende. Combien de fois ai-je pensé, à son occasion, que par nos excès d'inquiétude pour conserver sans trouble les qualités que nous aimons naturellement, pauvres mortels que nous sommes, nous perdons tout l'avantage que nous nous proposons d'en tirer nous-mêmes, parce que les intrigans, qui découvrent ce que nous craignons de perdre, tournent leurs batteries vers ce côté faible, et se faisant une artillerie (si vous me passez toutes ces expressions) de nos espérances et de nos craintes, ils la font jouer sur nous à leur gré.

La fermeté d'âme, qualité que les censeurs de notre sexe lui refusent (je parle de celle qui porte sur une juste conviction, car autrement c'est opiniâtreté, et j'entends aussi dans les affaires essentielles), est, suivant le docteur Lewin, une qualité qui donne du poids à celui qui la possède, et qui, lorsqu'elle est connue et bien éprouvée, le rend supérieur aux atteintes des vils intrigans. Ce bon docteur m'exhortait à la pratiquer dans les occasions louables. Pourquoi ne croirai-je pas que le temps de l'exercice est arrivé? J'ai dit que je ne puis et que je ne dois jamais être à M. Solmes. Je répète que je ne le dois pas; car sûrement, ma chère, je ne dois pas sacrifier tout le bonheur de ma vie à l'ambition de mon frère; sûrement je ne dois pas servir d'instrument pour enlever aux parens de M. Solmes leurs droits naturels et leurs espérances de réversion, dans la vue d'agrandir une famille (quoique je lui appartienne) qui est déjà dans l'abondance et dans la splendeur, et qui, après avoir obtenu ce qu'elle désire, pourrait être aussi peu satisfaite de ne pas posséder une principauté qu'elle l'est aujourd'hui de n'être pas revêtue d'une pairie. Les ambitieux, comme vous l'observez des avares, sont-ils jamais rassasiés de leurs acquisitions? Il est sûr encore que je dois entrer d'autant moins dans les avides intentions de mon frère, que je méprise au fond du cœur le but auquel il aspire, et que je ne souhaite ni de changer mon état ni d'augmenter ma fortune, parce que j'ai pour principe que le bonheur et la richesse sont deux choses différentes, et qui marchent rarement ensemble.

Cependant je crains, je redoute extrêmement les combats que j'aurai à soutenir.

Il peut arriver que je devienne plus malheureuse par l'observation du précepte général de mon docteur que par la soumission qu'on exige, puisque ceux qui ont droit d'interpréter ma conduite à leur gré donnent le nom d'opiniâtreté et de révolte à ce que j'appelle fermeté.

Ainsi, ma chère, fussions-nous parfaits, ce qui ne peut être vrai de personne, nous ne pourrions être heureux dans cette vie, à moins que ceux à qui nous avons à faire, surtout ceux qui ont quelque autorité sur nous, ne fussent gouvernés par les mêmes principes. Quel parti faut-il donc prendre, si ce n'est, comme je l'ai déjà remarqué, de bien choisir, de s'attacher fortement au choix qu'on a fait, et d'abandonner le succès à la Providence?

Voilà ma règle, dans le cas où je suis, du moins si vous approuvez mes motifs. Si vous ne les approuvez pas, je vous prie de m'en informer.

Mais de quelles couleurs puis-je revêtir à mes propres yeux tout ce que ma mère est condamnée à souffrir par rapport à moi? Je fais une réflexion qui n'est peut-être pas sans force, c'est que ces peines ne peuvent durer long-temps. De manière ou d'autre, cette grande affaire sera bientôt terminée; au lieu que si je prends le parti de céder, une aversion invincible fera le malheur de toute ma vie. J'ajoute qu'avec les raisons que j'ai de croire qu'elle n'est pas entrée par inclination dans les mesures présentes, je puis supposer qu'elle regrettera moins de ne les pas voir réussir.

Ma lettre est fort longue, pour le temps que j'ai mis à l'écrire. Le sujet me touchait jusqu'au vif. Après les réflexions que vous venez de lire, vous attendrez de moi trop de fermeté peut-être, dans la nouvelle conférence que j'aurai bientôt avec ma mère. Mon père et mon frère dînent chez mon oncle Antonin, dans le dessein apparemment de nous laisser plus de liberté pour cet entretien.

Hannah vient m'apprendre qu'elle a entendu parler mon père avec beaucoup de chaleur, en prenant congé de ma mère. Il lui reprochait sans doute de m'être trop favorable, car elle était comme en pleurs. Hannah n'a pu entendre d'elle que ces quelques mots : — En vérité, monsieur Harlove, vous me jetez dans un grand embarras; la pauvre petite ne mérite point... Mon père a répondu, d'un ton de colère, qu'il ferait mourir quelqu'un de chagrin. Moi, sans doute. Je suppose que cela ne peut regarder ma mère. Hannah n'a rien entendu de plus.

Comme ma sœur est restée seule à dîner avec ma mère, je m'étais figurée que je recevrais ordre de descendre. Mais on s'est contenté de m'envoyer quelques mets de la table. J'ai continué d'écrire, sans avoir pu toucher à rien, et j'ai fait manger Hannah, de peur qu'on ne m'accusât d'obstination.

Avant que de finir, il me vient à l'esprit d'aller faire un tour au jardin, pour voir si je ne trouverai rien, de l'une ou de l'autre de mes deux correspondances, qui mérite d'être ajouté à cette lettre. Je descends dans cette vue.

LETTRE XX.

MISS CLARISSE HARLOVE, A MISS HOWE.

Samedi après midi.

Je suis arrêtée. Hannah portera ma lettre au dépôt. Elle a rencontré ma mère, qui lui a demandé où j'étais, et qui lui a donné ordre de me venir dire qu'elle allait monter, pour s'entretenir avec moi dans mon propre cabinet. Je l'entends venir. Adieu, ma chère.

La conférence est finie, mais je ne vois que de l'augmentation dans mes peines. Ma mère ayant eu la bonté de m'avertir que cet entretien sera le dernier effort pour me persuader, je serai aussi exacte dans le détail que ma tête et mon cœur me le permettront.

En entrant dans ma chambre : — J'ai fait avancer le dîner, m'a-t-elle dit, et j'ai dîné fort vite, dans la seule vue de conférer avec vous. Et je vous assure que cette conférence sera la dernière qui me sera permise, et que je serai portée moi-même à désirer, si je vous trouve aussi rebelle que plusieurs se l'imaginent. J'espère que vous tromperez leur attente et que vous ne ferez pas connaître que je n'ai pas sur vous tout le poids que mérite mon indulgence.

Votre père dîne et soupe chez votre oncle, pour nous donner une pleine liberté. Comme je dois lui faire mon rapport à son retour, et que j'ai promis de le faire très fidèlement; il prendra par rapport à vous les mesures qu'il jugera convenables.

J'allais parler. — Ecoutez, Clarisse, ce que j'ai à vous dire, avant que vous ouvriez la bouche pour me répondre, à moins que vous ne soyez disposée à la soumission… Dites, l'êtes-vous ? Si vous l'êtes, vous pouvez vous expliquer.

J'ai gardé le silence.

Elle m'a regardée d'un air inquiet et douloureux. — Point de soumission, je le vois. Une fille jusqu'à présent si obéissante !… Quoi ! vous ne pouvez, vous ne voulez pas parler comme je vous le dis ? Et me rejetant en quelque sorte de la main : — Eh bien ! continuez de vous taire. Je ne souffrirai pas plus que votre père une contradiction si déclarée.

Elle s'est arrêtée, avec un regard incertain, comme si elle eût attendu mon consentement.

Je n'ai pas cessé de garder le silence, les yeux baissés et mouillés de larmes.

— O fille opiniâtre ! mais ouvrez la bouche, parlez ! Etes-vous résolue de nous faire tête à tous, dans un point sur lequel nous sommes tous d'accord ?

— M'est-il permis, madame, de vous adresser mes plaintes ?

— Que vous serviront les plaintes, Clarisse ! Votre père est déterminé. Ne vous ai-je pas dit qu'il n'y a point à reculer ? que l'honneur et l'avantage de la famille y sont également intéressés ? Soyez de bonne foi. Vous l'avez toujours été, même contre vos propres intérêts. Qui doit céder à la fin, ou tout le monde à vous, ou vous à tous autant que nous sommes ? Si votre dessein est de vous rendre lorsque vous aurez reconnu qu'il vous est impossible de l'emporter, rendez-vous de bonne grâce, car il faut vous y résoudre, ou renoncer à la qualité de notre fille.

J'ai pleuré, ne sachant que dire, ou plutôt ne sachant comment je devais exprimer ce que j'avais à dire.

— Apprenez qu'il y a des nullités dans le testament de votre grand-père. Il ne vous reviendra pas un shelling de cette terre, si vous refusez de vous soumettre. Votre grand-père vous l'a laissée, comme une récompense de votre respect pour lui et pour nous. Elle vous sera ôtée avec justice, si…

— Permettez-moi, madame, de vous assurer que si elle m'a été léguée injustement, je ne souhaite pas de la conserver. Mais on n'a pas manqué sans doute, d'instruire M. Solmes de ces nullités.

— Voilà, m'a-t-elle dit, une petite réponse assez effrontée. Mais faites réflexion qu'en perdant cette terre par votre obstination, vous perdez entièrement l'affection de votre père. Alors que deviendrez-vous ? Que vous restera-t-il pour vous soutenir ? Et tous ces beaux systèmes de générosité et de bonnes actions, ne faudra-t-il pas y renoncer ?

— Dans une si malheureuse supposition, lui ai-je dit, je serai obligée de me conformer aux circonstances. *On ne demande beaucoup qu'à ceux qui ont reçu beaucoup.* Je devais bénir ses soins et ceux de la bonne madame Norton, pour m'avoir appris à me contenter de peu ; de bien moins, si elle me permettait de le dire, que mon père n'avait la bonté de me donner tous les ans. Je me suis souvenue alors de l'ancien Romain et de ses lentilles.

— Quelle perversité! a repris ma mère. Mais si vous faites fond sur la faveur de l'un ou de l'autre de vos deux oncles, rien n'est plus vain que cette espérance. Vous serez abandonnée d'eux, je vous assure, si vous l'êtes de votre père. Ils vous renonceront aussi pour leur nièce.

J'ai répondu que j'étais extrêmement affligée de n'avoir pas eu tout le mérite nécessaire pour faire des impressions plus profondes sur leur cœur ; mais je ne cesserai pas de les aimer et de les honorer pendant toute ma vie.

— Tout ce langage, m'a-t-elle dit, ne servait qu'à mettre en évidence ma prévention en faveur d'un certain homme. En effet, mon frère et ma sœur n'allaient nulle part où l'on ne parlât de cette prévention.

— C'était un grand sujet de chagrin pour moi, ai-je répondu, d'être en proie, comme elle le disait, aux discours publics ; mais je lui demandais la permission d'observer, que les auteurs de ma disgrâce dans le sein de la famille, ceux qui parlaient de ma prévention au dehors, et ceux qui lui en venaient faire le récit, étaient constamment les mêmes.

Elle m'a beaucoup grondée de cette réponse. J'ai reçu ses reproches en silence.

— Vous êtes obstinée, Clarisse. Je vois que vous êtes obstinée. Elle s'est promenée dans la chambre d'un air chagrin. Ensuite se tournant vers moi : — Je vois que le reproche d'obstination ne vous effraie pas. Vous n'avez pas d'empressement à vous justifier. Ma crainte était de vous expliquer tout ce que je suis chargée de vous dire, s'il demeure impossible de vous persuader. Mais je m'aperçois que j'ai eu trop bonne opinion de votre délicatesse et de votre sensibilité... Une jeune créature si ferme et si inflexible ne sera pas déconcertée de s'entendre déclarer que les articles sont actuellement dressés, et que dans peu de jours elle doit recevoir l'ordre de descendre, pour les entendre lire et pour les signer ; car il est impossible, si votre cœur est libre, que vous y trouviez le moindre sujet d'objection, excepté peut-être qu'ils vous sont trop favorables et à toute la famille.

Je suis demeurée sans voix, absolument sans voix. Quoique mon cœur fût prêt à se fendre, je ne pouvais ni pleurer ni parler.

— Elle était fâchée, m'a-t-elle dit, de mon aversion pour cet *assortiment*, (quel nom, ma chère, elle lui donnait!) mais c'était une chose décidée. L'honneur et l'intérêt de la famille y étaient attachés. Ma tante me l'avait expliqué. Elle me l'avait dit elle-même. Il fallait obéir.

Je n'ai pas cessé d'être muette.

Elle a pris *la statue* dans ses bras ; c'est le nom qu'elle m'a donné ; elle m'a conjurée d'obéir, au nom de Dieu, et pour l'amour d'elle-même.

J'ai retrouvé alors le pouvoir de remuer la langue et de pleurer.

— Vous m'avez donné la vie, lui ai-je dit en levant les mains au ciel, mettant un genou à terre : une vie que votre bonté et celle de mon père ont rendue jusqu'à présent très heureuse. Oh! madame, n'en rendez pas le reste misérable.

— Votre père, m'a-t-elle répondu, est dans la résolution de ne pas vous voir jusqu'à ce qu'il trouve en vous une fille obéissante, telle que vous l'avez toujours été. Songez que c'est mon dernier effort. C'est le dernier, songez-y bien. Donnez-moi quelque espérance, ma chère fille. Mon repos y est intéressé. Je composerai avec vous pour une simple espérance. Et votre père, néanmoins, demande une soumission aveugle, une soumission même de bonne grâce! Ma fille, donnez-moi du moins de l'espérance.

— Ah! ma très chère, ma très indulgente mère, ce serait tout accorder. Puis-je être une honnête fille et donner des espérances qu'il m'est impossible de confirmer?

Elle a paru fort en colère. Elle a recommencé à m'appeler *perverse*. Elle m'a reproché de n'avoir égard qu'à mes propres inclinations, et de ne respecter ni son repos ni mon devoir. Il était bien agréable, m'a-t-elle dit, pour des parens qui avaient fait leurs délices d'une fille pendant son enfance, et qui s'étaient attachés à lui donner une excellente éducation, dans l'attente de lui trouver un jour de justes sentimens de reconnaissance et de soumission, de ne voir arriver néanmoins le temps qui devait couronner leurs désirs que pour la trouver opposée à son propre bonheur et à leur satisfaction; pour lui voir refuser l'offre d'un riche et noble établissement, et pour faire soupçonner à ses amis inquiets qu'elle veut se jeter entre les bras d'un libertin qui a bravé sa famille, quelle qu'en ait pu être l'occasion, et qui a trempé ses mains dans le sang de son frère!

Cependant, lorsqu'elle avait remarqué mon dégoût, elle avait plaidé plus d'une fois en ma faveur, mais sans aucune apparence de succès. Elle avait été traitée comme une mère trop passionnée, qui, par une blâmable indulgence, voulait encourager un enfant à s'opposer aux volontés d'un père. On lui avait reproché de former deux partis dans la famille; elle et la plus jeune de ses deux filles, contre son mari, ses deux frères, son fils, sa fille aînée et sa sœur Hervey. On lui avait dit que le démêlé de mon frère et de M. Lovelace à part, elle devait être convaincue de l'avantage qui revenait à toute la famille de l'exécution d'un contrat, duquel tant d'autres contrats dépendaient.

Elle m'a répété que le cœur de mon père y était tout entier; qu'il aimait mieux, comme il l'avait déclaré, se voir sans fille que d'en avoir une dont il ne pût pas disposer pour son propre bien, surtout lorsque j'avais reconnu que mon cœur était libre, et lorsque le bien général de toute la famille était attaché à mon obéissance : que les fréquentes douleurs de sa goutte, dont chaque accès devient plus menaçant de jour en jour, ne lui faisaient plus envisager beaucoup de bonheur dans le monde, et ne lui promettaient pas même une longue vie; qu'il espérait que moi, qu'on supposait avoir contribué à prolonger celle de son père, je ne voudrais pas, par ma désobéissance, abréger la sienne.

Cette partie du plaidoyer, ma chère, était sans doute la plus touchante. J'ai pleuré en silence sur mes propres réflexions. Je ne me sentais pas la force de répondre. Ma mère a continué : —Quels pouvaient donc être ses motifs dans l'empressement qu'il avait pour l'exécution de ce traité, si ce n'était l'honneur et l'agrandissement de sa famille qui, jouissant déjà d'une fortune convenable au plus haut rang, n'avait plus à désirer que la distinction? Quelque méprisables que toutes ces vues pussent être à mes yeux, je savais que j'étais la seule de ma famille à qui elles parussent telles; et mon père se réservait le droit de juger de ce qui convenait au bien de ses enfans. Mon goût pour la retraite, que quelques uns traitaient d'affectation, semblait couvrir des vues particulières. La modestie et l'humilité m'obligeaient bien plutôt de me défier de mon propre jugement, que de censurer des projets que tout le monde aurait formés dans la même occasion.

Je continuais de me taire. Elle a repris encore : — C'était dans la bonne opinion que mon père avait de moi, de ma prudence, de ma soumission, de ma reconnaissance, qu'il avait répondu de mon consentement ; pendant mon absence (même avant mon retour de chez miss Howe), et qu'il avait entrepris et terminé des contrats qui ne pouvaient plus être annulés ni changés.

— Pourquoi donc, ai-je pensé en moi-même, m'a-t-on fait à mon arrivée un accueil si capable de m'intimider? Il y a bien de l'apparence que cet argument, comme tous les autres, a été dicté à ma mère.

— Votre père, a-t-elle continué, déclare que votre opposition inattendue et les menaces constantes de M. Lovelace le persuadent de plus en plus que le temps doit être abrégé, autant pour finir ses propres craintes, de la part d'une enfant qui lui manque de soumission, que pour couper court aux espérances de cet homme-là. Il a déjà donné ordre qu'on lui envoie de Londres des échantillons de ce qu'il y a de plus riche en étoffes.

Cette idée m'a fait frémir. La respiration m'a manqué. Je suis demeurée la bouche ouverte et comme effrayée de cette terrible précipitation. Cependant j'allais m'en plaindre avec chaleur. Ma mémoire se rappelait l'auteur de cet expédient : — Les femmes, disait un jour mon frère, qui ont peine à se décider pour un changement d'état, peuvent être aisément déterminées par l'éclat des préparations nuptiales et par la vanité de devenir maîtresses de maison. Mais pour m'ôter le temps d'exprimer ma surprise et mes répugnances, ma mère s'est hâtée de continuer : — Mon père, m'a-t-elle dit, pour mon intérêt comme pour le sien, ne voulait pas demeurer plus long-temps dans une incertitude nuisible à son repos. Il avait même jugé à propos de l'avertir que si elle aimait sa propre tranquillité (quel avis pour une femme telle que ma mère!), et si elle ne voulait pas lui donner lieu de soupçonner qu'elle favorisait secrètement les prétentions d'un vil libertin, caractère, avait-il ajouté, pour lequel toutes les femmes, ou vertueuses, ou vicieuses, n'avaient que trop de goût, elle devait employer sur moi tout le poids de son autorité; et qu'elle pouvait le faire avec d'autant moins de scrupule, que, de mon propre aveu, j'avais le cœur libre.

Etrange réflexion, j'ose le dire, que celle qui regarde le goût de notre sexe pour un libertin ; du moins dans le cas de ma mère, qui s'est déterminée en faveur de mon père par préférence sur plusieurs concurrens d'une égale fortune, parce qu'ils avaient moins de réputation du côté des mœurs!

Elle m'a dit encore : — Qu'en la quittant, mon père lui avait donné ordre, si elle ne faisait pas plus d'impression sur moi dans cette conférence que dans les premières, de se séparer de moi sur-le-champ, et de m'abandonner à toutes les suites de ma double désobéissance.

Là-dessus, elle m'a pressée avec plus d'instances et de bonté que je ne puis le représenter, de faire connaître à mon père, aussitôt qu'il serait rentré, que j'étais disposée à lui obéir ; et sa crainte lui a fait ajouter encore une fois : — Que c'était pour son repos comme pour le mien.

Pénétrée des bontés de ma mère, extrêmement touchée de cette partie de son discours, qui avait rapport à sa propre tranquillité, et à l'injustice qu'on lui faisait de la soupçonner d'une préférence secrète pour l'homme que toute la famille haïssait, sur celui qui était l'objet de mon aversion, j'ai souhaité, ma chère, qu'il ne fût pas absolument impossible d'obéir. Je suis entrée dans de nouvelles réflexions ; j'ai hésité, j'ai considéré, j'ai gardé le silence assez long-temps. Il m'était aisé de remarquer combien mon embarras donnait d'espérance à ma mère. Mais lorsque je suis revenue à penser que tout était l'ouvrage d'un frère et d'une sœur poussés par des vues d'intérêt propre et d'envie ; que je n'avais pas mérité le traitement que j'essuyais depuis plusieurs jours ; que ma disgrâce était déjà le sujet des discours publics, que mon aversion pour l'homme qui la cause était trop connue pour recevoir jamais d'autres couleurs ; qu'un consentement paraîtrait moins l'effet du devoir que la marque d'une âme lâche et sordide, qui chercherait à conserver les avantages d'une grande fortune par le sacrifice de son bonheur ; que ce serait donner à mon frère et à ma sœur un sujet de triomphe sur moi et sur M. Lovelace, qu'ils ne manqueraient pas de se faire valoir, et qui, malgré le peu d'intérêt que j'y prends, par rapport à lui, pourrait être suivi de quelque fatal désastre : d'un autre côté, la figure révoltante de M. Solmes, ses manières encore plus désagréables, son jugement si borné, le jugement, ma chère ! la gloire d'un homme ! cette qualité si indispensable, dans le chef et le directeur d'une famille, pour se conserver le respect qu'une honnête femme doit lui rendre, ne fût-ce que pour justifier son propre choix, et qu'elle doit souhaiter de lui voir rendre par tout le monde : sans compter que l'infériorité de M. Solmes (je puis le dire à vous, et même, je crois, sans beaucoup de présomption) publierait à tous ceux qui voudraient l'observer, quels auraient dû être mes motifs. Toutes ces réflexions, qui me sont toujours présentes, se réunissant en foule dans mon esprit :—Je voudrais, madame, ai-je dit, en joignant les mains avec une ardeur où tout mon cœur était engagé, souffrir les plus cruelles tortures, la perte d'un de mes membres et celle même de la vie, pour assurer votre repos. Mais chaque fois que pour vous obéir je veux penser avec faveur à cet homme-là, je sens que mon aversion augmente. Vous ne sauriez, madame, non, vous ne sauriez croire combien toute mon âme lui résiste... Et parler de traités conclus, d'étoffes, de temps abrégé... Sauvez-moi, sauvez-moi, ô ma chère mère ! sauvez votre fille du plus horrible de tous les malheurs.

Jamais on n'a vu sur un visage, plus vivement que sur celui de ma mère, la douleur exprimée sous des apparences forcées de colère ; jusqu'à ce que le dernier de ces deux sentimens l'emportant sur l'autre, elle s'est tournée pour me quitter, en levant les yeux et frappant du pied. «Étrange opiniâtreté!» C'est tout ce que j'ai pu entendre de quelques mots qu'elle a prononcés. Elle allait sortir, et moi, dans une espèce de transport ! j'ai saisi sa robe :—Ayez pitié de moi, ma très chère mère, ne me renoncez pas tout à fait. Si vous vous séparez de votre fille, que ce ne soit pas avec les marques d'une réprobation absolue. Mes oncles peuvent avoir le cœur endurci contre mes larmes; mon père peut demeurer inflexible; je puis souffrir de l'ambition de mon frère et de la jalousie de ma sœur, mais que je ne perde pas l'affection de ma mère; ou qu'il me reste au moins sa pitié.

Elle s'est tournée vers moi, avec des rayons plus propices. — Vous avez ma tendresse. Vous avez ma pitié. Mais, ô très chère fille! je n'ai pas la vôtre.

—Hélas! madame, vous l'avez. Vous avez aussi tout mon respect; vous avez toute ma reconnaissance! mais dans ce seul point... ne puis-je être obligée cette fois seulement? N'y a-t-il aucun expédient qu'on veuille accepter? N'ai-je pas fait une offre raisonnable?...

—Je souhaiterais, pour notre intérêt commun, fille trop chère et trop obstinée, que la décision de ce point dépendît de moi. Mais pourquoi me presser et me tourmenter, lorsque vous savez si bien qu'elle n'en dépend pas? L'offre de renoncer à M. Lovelace n'est que la moitié de ce qu'on désire. Et d'ailleurs, personne ne la croira sincère, quand j'en aurais moi-même cette opinion. Aussi long-temps que vous ne serez pas mariée, M. Lovelace conservera des espérances; et, suivant l'opinion des autres, vous conserverez de l'inclination pour lui.

—Permettez-moi, chère madame, de vous représenter que votre bonté pour moi, votre patience, l'intérêt de votre repos, ont plus de poids dans mon cœur que tout le reste ensemble. Quand je devrais être traitée par mon frère, et à son instigation, par mon père, comme la dernière des esclaves, et non comme une fille et une sœur, mon âme n'est pas celle d'une esclave. Vous ne m'avez pas élevée dans des sentiments indignes de vous.

—Ainsi, Clary, vous voilà déjà disposée à braver votre père? Je n'ai eu que trop de sujets d'appréhender tout ce qui arrive. A quoi tout ce désordre aboutira-t-il? Je suis (en poussant un profond soupir), je suis forcée de m'accommoder à bien des humeurs.

— C'est ma douleur, ma très respectable mère, de vous voir dans cette triste nécessité. Et peut-on se persuader dans cette considération même, et la crainte de ce qui peut m'arriver de pire encore, de la part d'un homme qui n'a pas la moitié du jugement de mon père, ne m'ait pas extrêmement prévenue contre l'état du mariage? C'est une sorte de consolation, lorsqu'on est exposée à des contradictions injustes, de les recevoir, du moins, d'un homme de sens. Je vous ai entendu dire, madame, que mon père avait été long-temps d'une humeur fort douce, sans reproche dans sa personne et dans ses manières. Mais l'homme qui m'est proposé...

— Gardez-vous de faire tomber vos réflexions sur votre père! (Trouvez-vous, ma chère, que ce que je viens de dire, car ce sont mes propres termes, eût l'air de réflexions sur mon père?) Il est impossible, je ne cesserai pas de le répéter, a continué ma mère, que si votre indifférence était égale pour tous les hommes, vous fussiez si opiniâtre dans vos volontés. Je suis lasse de cette obstination. La plus inflexible fille! vous oubliez qu'il faut que je me sépare de vous, si vous n'obéissez pas. Vous ne vous souvenez plus que c'est à votre père que vous aurez à faire, si je vous quitte. Encore une fois, pour la dernière, êtes-vous déterminée à braver les ressentimens de votre père? Êtes-vous déterminée à braver vos oncles? Prenez-vous le parti de rompre avec toute la famille, plutôt que de voir M. Solmes?... plutôt que de me donner la moindre espérance?

— Cruelle alternative! Mais, madame! la sincérité, l'honnêteté de mon cœur ne sont-elles pas intéressées dans ma réponse? Ne peut-elle pas entraîner le sacrifice de mon bonheur éternel? La moindre ombre de l'espérance que vous me demandez ne sera-t-elle pas changée aussitôt en certitude absolue. Ne cherche-t-on pas à m'embarrasser dans mes propres réponses, pour en conclure que je suis disposée à la soumission, sans le savoir moi-même? Hélas! je vous demande pardon, madame! pardonnez la hardiesse de votre fille dans une si importante occasion. Des articles dressés! l'ordre donné pour des étoffes, le temps abrégé! Chère madame, comment puis-je donner des espérances, et ne pas vouloir être à cet homme-là?

— Ah! ma fille, ne dites plus que votre cœur soit libre. Vous vous trompez vous-même, si vous le pensez.

— Un vif sentiment d'impatience m'a fait tordre les mains. Faut-il me voir ainsi poussée par l'instigation d'un frère ambitieux, et par une sœur qui...

— Combien de fois, Clary, vous ai-je défendu des réflexions qui blessent la bonté de votre naturel? Votre père, vos oncles, tout le monde enfin, ne soutient-il pas M. Solmes? et je vous répéterai, fille ingrate, fille aussi inflexible qu'ingrate, qu'il est évident pour moi-même qu'une résistance si opiniâtre dans une jeune créature, qui a toujours été si obéissante, ne peut venir que d'un amour indigne de votre prudence. Vous pouvez deviner quelle sera la première question de votre père à son retour. Il faut qu'il soit informé que je n'ai pu rien obtenir de vous. J'ai fait mon rôle. C'est à vous à me chercher, si votre cœur change avant son arrivée. Comme il s'arrête à souper, vous avez quelques heures de plus. Je ne vous chercherai plus, je ne vous ferai plus chercher. Adieu.

Elle m'a quittée. Qu'ai-je pu faire que de pleurer?

Il est certain que je suis plus vivement touchée pour l'intérêt de ma mère que pour le mien; et tout considéré, surtout lorsque je fais réflexion que les mesures dans lesquelles elle est engagée sont, j'ose le dire, contraires à son propre sentiment, elle mérite plus de compassion que moi-même. Excellente femme! Quelle pitié, que sa douceur et sa condescendance n'obtiennent pas les égards dus à tant de grâces et de charmes! Si elle n'avait pas laissé prendre, comme je l'ai déjà observé à regret, tant d'ascendant sur elle à des esprits violens, tout en irait bien mieux pour elle et pour moi.

Mais tandis que je me laisse entraîner ici par ma plume, je souffre que cette chère mère soit fâchée contre moi, dans les craintes dont elle est remplie pour elle-même. Elle m'a dit, à la vérité, que je devais la chercher, si je changeais de résolution, et cette condition est l'équivalent d'une défense. Mais comme elle m'a laissée dans un vif chagrin, ne serait-ce pas marquer de l'obstination, et faire entendre que je renonce au secours de sa médiation, que de ne pas descendre avant le retour de mon père, pour implorer sa pitié et sa faveur, dans le récit qu'elle lui prépare? Je veux me présenter à sa porte. J'aimerais mieux que le monde entier fût en colère contre moi, que ma mère.

En même temps, pour ne conserver près de moi aucun écrit de cette nature, Hannah portera celui-ci au dépôt. Si vous recevez deux ou trois de mes lettres à la fois, vous n'en jugerez que mieux, d'un temps à l'autre, quelles doivent être les inquiétudes et les peines de votre malheureuse amie.

Clarisse Harlove.

LETTRE XXI.

MISS CLARISSE HARLOVE, A MISS HOWE.

Samedi au soir.

Je suis descendue : mais avec les meilleures intentions, je crois que le malheur m'accompagne dans tout ce que j'entreprends. J'ai gâté mes affaires, comme vous l'allez lire, au lieu de les réparer.

J'ai trouvé ma mère et ma sœur ensemble. Ma mère, autant que j'en ai pu juger par la couleur de son charmant visage, et par une rougeur plus sombre que j'ai remarquée aussi sur celui de ma sœur, venait de parler avec chaleur contre la plus malheureuse de ses deux filles. Peut-être avait-elle fait à Bella un récit de ce qui s'était passé entre elle et moi, capable de la justifier à ses yeux, à ceux de mon frère, à ceux de mes oncles, et de prouver qu'elle s'était employée sincèrement à me persuader.

Je suis entrée, de l'air, je crois, d'une criminelle abattue, et j'ai demandé la faveur d'une audience particulière. La réponse de ma mère, dans ses regards comme dans ses termes, n'a que trop vérifié mes conjectures.

— Clarisse, m'a-t-elle dit d'un air de sévérité qui ne s'accorde jamais avec la douceur de ses traits, votre visage m'annonce des demandes plutôt que des soumissions. Si je me trompe, hâtez-vous de me le dire, et je vous suis où vous voudrez ; mais autrement, vous pouvez vous expliquer devant votre sœur.

Ma mère, ai-je pensé en moi-même, qui sait que je n'ai pas une amie dans ma sœur, pourrait bien passer avec moi dans la chambre voisine.

— Je venais, ai-je dit, pour lui demander pardon, s'il m'était échappé quelque chose qui ne fût pas conforme au respect que j'avais pour elle, et pour la supplier d'adoucir le mécontentement de mon père, dans le rapport qu'elle devait lui faire à son retour.

Quels regards de la part de ma sœur ! quelles rides sur son front ! quelle affectation à lever les mains et les yeux !

Ma mère était assez fâchée sans avoir besoin d'y être excitée ; elle m'a demandé pourquoi j'étais descendue, si je continuais d'être intraitable ?

A peine avait-elle fini ces deux mots, qu'on est venu annoncer M. Solmes, qui était dans l'antichambre et qui demandait la permission d'entrer.

Hideuse créature ! Quelle raison pouvait l'amener à la fin du jour, lorsqu'il était déjà nuit ? Mais une seconde réflexion m'a fait juger qu'on était convenu qu'il serait ici à souper, pour apprendre le résultat de la conférence que j'avais eue avec ma mère, et dans l'espérance que mon père, en arrivant, pourrait nous trouver tous ensemble.

J'allais sortir avec précipitation ; mais ma mère m'a dit que, puisque je n'étais descendue que pour me moquer d'elle, sa volonté était que je demeurasse, et qu'en même temps c'était à moi de voir si j'étais capable de tenir une conduite qui pût l'engager à faire à mon père un rapport aussi favorable que je paraissais le désirer.

Ma sœur triomphait. J'étais piquée au vif de me trouver prise, et d'avoir essuyé un rebut si humiliant, accompagné de regards qui se sentaient moins de l'indulgence d'une mère que de la raillerie insultante d'une sœur ; car ma mère semblait se faire elle-même un plaisir de mon embarras.

L'homme est entré avec sa marche ordinaire, qui est par pauses, comme si le même vide d'idées qui fait siffler le paysan de Dryden, lui faisait compter ses pas. Il a fait d'abord sa révérence à ma mère, ensuite à ma sœur, ensuite à moi, parce que me regardant déjà comme sa femme, il a cru apparemment que mon tour devait venir le dernier. Il s'est assis près de moi : il nous a dit les nouvelles générales du temps, qui était assez froid, suivant ses observations. Pour moi, j'étais fort éloignée de m'en ressentir. Puis, s'adressant à moi : — Comment le trouvez-vous, miss ? Et de cette question il a passé à prendre ma main.

— Je l'ai retirée, assez dédaigneusement, je crois... Ma mère a froncé le sourcil. Ma sœur s'est mordu les lèvres.

Je n'ai pu me modérer : de toute ma vie je ne me suis sentie tant de hardiesse ; car j'ai continué mon plaidoyer comme si M. Solmes n'eût pas été présent.

La rougeur est montée au visage de ma mère ; elle le regardait, elle regardait ma sœur, elle jetait aussi les yeux sur moi. Ceux de ma sœur étaient plus ouverts et plus grands que je ne les ai jamais vus.

Le stupide personnage n'a pas laissé de m'entendre, il toussait et passait d'une chaise à une autre.

J'ai continué mes supplications à ma mère, pour obtenir un rapport favorable : — Il n'y avait qu'un dégoût invincible...

— A quoi pense donc cette petite fille ?... Quoi, Clary ! est-ce là un sujet ?... est-ce... est-ce là le temps ?... Elle a tourné encore les yeux sur M. Solmes.

Je suis fâchée, quand j'y fais réflexion, d'avoir jeté ma mère dans un si grand embarras ; c'était assurément une effronterie de ma part.

Je lui en ai demandé pardon. — Mais mon père, lui ai-je dit, devait revenir... Je ne pouvais espérer d'autre occasion. Je m'imaginais que puis qu'il ne m'était pas permis de sortir, la présence de M. Solmes ne devait pas me priver d'un avantage si important pour moi, et qu'en même temps je pouvais lui faire connaître (jetant les yeux sur lui) que si ses visites avaient quelque rapport à moi, elles étaient tout à fait inutiles.

— Cette petite fille est-elle folle ? a dit ma mère en m'interrompant. Ma sœur affectant de lui parler à l'oreille, quoique assez haut pour être entendue : — C'est dépit, madame, parce que vous lui avez ordonné de demeurer. Je me suis contentée de lui jeter un regard ; et me tournant vers ma mère : — Permettez-moi, madame, de répéter ma prière. Je n'ai plus de frère, je n'ai plus de sœur. Si je perds la faveur de ma mère, je demeure à jamais sans ressource.

M. Solmes est revenu sur sa première chaise, et s'est mis à ronger la pomme de sa canne, qui est une tête gravée presque aussi laide que la sienne ; je n'aurais pas cru qu'il fût si sensible.

Ma sœur s'est levée, le visage couleur d'écarlate. S'approchant de la table, où était un éventail, elle l'a pris et s'en est servie à se rafraîchir, quoique M. Solmes eût observé que l'air n'était pas chaud.

Ma mère est venue à moi; et me prenant rudement par la main, elle m'a fait passer avec elle dans une chambre voisine. — Croyez-vous, Clary, que cette conduite ne soit pas bien hardie et bien offensante?

— Je vous demande pardon, madame, si elle paraît telle à vos yeux; mais il me semble, ma chère mère, qu'on me tend ici des piéges. Je ne connais que trop le manége de mon frère. Avec un mot d'honnêteté, il aura mon consentement pour tout ce qu'il souhaite que je lui abandonne, lui et ma sœur prennent la moitié trop de peines.

Ma mère allait me quitter avec les marques d'un furieux mécontentement :

— Un seul mot, chère madame! de grâce, un seul mot... Je n'ai qu'une faveur à vous demander!

— Que me va donc dire cette petite fille?

— Ah! madame! je crois pénétrer le fond de l'intrigue; jamais je ne puis penser à M. Solmes; mon père fera du bruit lorsqu'il apprendra ma résolution; on jugera de la tendresse de votre cœur pour une malheureuse fille qui semble abandonnée de tous les autres, par la bonté que vous avez eue d'écouter mes prières; on prendra des mesures pour me tenir renfermée, et pour m'interdire votre vue et celle de toutes les personnes qui conservent un peu d'amitié pour moi (c'est de quoi je suis menacée, ma chère); et si l'on en vient à cette extrémité, si l'on m'ôte le pouvoir de plaider ma propre cause et d'en appeler à vous et à mon oncle Harlove, qui êtes ma seule espérance, la porte sera ouverte à toutes sortes de fables et de mauvaises interprétations. Ce que je vous demande à genoux, madame, c'est que, supposé qu'on ajoute cette nouvelle disgrâce à tout ce que j'ai déjà souffert, vous ne consentiez pas, du moins s'il est possible, à m'ôter la liberté de vous parler.

— Votre Hannah, qui prête l'oreille à tout, vous a donné cette information, comme beaucoup d'autres.

— Hannah, madame, ne prête l'oreille à rien.

— Ne prenez pas son parti; on sait qu'elle n'est utile à rien de bon. On sait... mais ne me parlez plus de cette intrigante. Il est vrai que la menace de votre père est de vous renfermer dans votre chambre, si vous n'obéissez pas, dans la vue de vous ôter toute occasion de correspondance avec ceux qui vous endurcissent contre ses volontés. Il m'avait ordonné, en sortant, de vous le déclarer si je vous trouvais rebelle. Mais j'ai senti de la répugnance à vous faire une déclaration si dure, dans l'espérance où j'étais encore de vous ramener à la soumission. Je suppose qu'Hannah peut l'avoir entendue et qu'elle vous l'a rapportée. Ne vous a-t-elle pas dit aussi comment il a déclaré que si quelqu'un devait mourir de chagrin, il aimait mieux que ce fût vous que lui? Mais je vous assure qu'on vous fera une prison de votre chambre, pour vous empêcher de nous tourmenter sans cesse par vos *appels*; et nous verrons qui doit se soumettre, ou vous, ou tout le monde à vous!

J'ai voulu justifier Hannah, et rejeter mes informations sur l'écho de ma sœur : Betty Barnes les avait communiquées à une autre servante; on m'a répété l'ordre de me taire. — Je m'apercevrais bientôt, m'a dit ma mère, que les autres pouvaient avoir autant de résolution que je marquais d'opiniâtreté. Et pour la dernière fois, elle voulait bien ajouter que, remarquant assez le fond que je faisais sur son indulgence dans le temps que je paraissais si peu touchée de la mettre aux mains avec mon père, avec ses frères et ses autres enfans, elle m'assurait qu'elle était aussi déterminée que tous les autres contre M. Lovelace, et pour M. Solmes et le plan de la famille, et qu'elle ne refuserait son consentement à aucune des mesures qu'on jugerait nécessaires pour réduire au devoir une fille opiniâtre.

J'étais prête à tomber sans force. Elle a eu la bonté de me donner le bras pour me soutenir. — Eh! voilà, lui ai-je dit, tout ce que j'ai à me promettre d'une si bonne mère!

— Oui ; mais, Clarisse, je vous veux ouvrir encore une voie. Rentrez, conduisez-vous honnêtement avec M. Solmes, et que votre père vous trouve ensemble dans les termes du moins de la civilité.

Je crois que mes jambes se remuaient d'elles-mêmes pour sortir de la chambre où j'étais et m'avancer vers l'escalier. Là, je me suis arrêtée.

— Si vous êtes résolue à nous braver tous, a repris ma mère, vous pouvez remonter à votre appartement, comme vous m'y paraissez disposée, et que le ciel ait pitié de vous.

— Hélas! c'est la grâce que je lui demande; car je ne puis donner des espérances que je n'ai pas dessein de remplir. Mais, ma chère mère, accordez-moi du moins le secours de vos prières. Les miennes seront pour ceux qui m'ont jetée dans cet abîme de douleur.

J'allais remonter l'escalier.

— Vous remontez donc, Clary?

J'ai tourné les yeux vers elle. Mes officieuses larmes plaideront pour moi. Je n'ai pu ouvrir la bouche, et je suis demeurée immobile.

— Chère fille, ne me déchirez pas le cœur... Ma très chère fille, ne prenez pas plaisir à me déchirer le cœur! Elle tendait la main vers moi, mais sans quitter la place où elle était debout. — Que puis-je, madame, hélas! que puis-je faire? — Rentrez, ma fille, rentrez, ma chère fille; que votre père puisse seulement vous trouver ensemble.

— Quoi, madame! lui donner de l'espérance? donner de l'espérance à M. Solmes!

— Opiniâtre, perverse, rebelle Clarisse! Et me rejetant de la main et me regardant d'un œil de courroux : Suivez donc vos caprices, et remontez. Mais gardez-vous de descendre sans permission, jusqu'à ce que votre père ait ordonné de votre sort.

Elle s'est dérobée de mes yeux avec une vive indignation, et je suis remontée à ma chambre, le cœur pesant, les jambes si lentes que j'avais peine à les traîner.

Mon père est revenu, et mon frère est rentré avec lui. Quoiqu'il soit tard, ils sont enfermés tous ensemble. Il n'y a point une porte ouverte, pas une âme qui remue. Lorsqu'Hannah monte ou descend, on l'évite comme une personne infectée.

L'assemblée chagrine est finie. On vient d'envoyer chez mes deux oncles et chez ma tante Hervey, pour les prier d'être ici à déjeûner. Je suppose que je recevrai alors ma sentence. Il est onze heures passées, et j'ai reçu ordre de ne pas me mettre au lit.

A minuit.

On est venu à ce moment me demander toutes les clés. Le premier dessein était de me faire descendre, mais mon père a dit qu'il ne pourrait prendre sur lui de me regarder. Étrange changement dans l'espace de quelques semaines! Chorey était la messagère. Elle avait les larmes aux yeux en s'acquittant de sa commission.

Pour vous, ma chère, vous êtes heureuse! puissiez-vous l'être toujours! Alors, je ne serai pas tout à fait misérable. Adieu, ma tendre amie.

LETTRE XXII.

MISS CLARISSE HARLOVE, A MISS HOWE.

Dimanche matin, 5 mars.

Hannah vient de m'apporter une lettre de M. Lovelace, qui a été mise au dépôt cette nuit, et qui est signée aussi de milord M...

Il m'y apprend que M. Solmes se vante partout d'être à la veille de se marier avec une des plus modestes femmes d'Angleterre, et que mon frère aide à l'explication, en assurant à tout le monde que la plus jeune de ses deux sœurs doit être dans peu de temps la femme de M. Solmes. Il me parle de l'ordre donné pour les étoffes, comme ma mère me l'a déclaré.

Il ne lui échappe rien, ma chère, de tout ce qui se dit ou ce qui se fait dans la maison.

— Ma sœur, dit-il, répand les mêmes bruits, avec un soin si affecté d'aggraver l'insulte qui retombe sur lui, qu'il ne peut être qu'extrêmement piqué et de la manière et de l'occasion.

Il s'exprime là-dessus dans des termes fort violens.

« Il ignore quels peuvent être les motifs de ma famille, pour lui préférer un homme tel que Solmes. Si ce sont les grands avantages qu'on me fait dans les articles, Solmes n'offrira rien qu'il ne soit prêt à faire comme lui.

» S'il est question de fortune et de naissance, il n'a point d'objection à craindre sur le premier point. A l'égard du second, il se rabaisserait trop par une comparaison odieuse. Il appelle au témoignage de milord M... pour la régularité de sa vie et de ses mœurs, depuis qu'il a commencé à me rendre des soins et qu'il aspire à me plaire. »

Je suppose, ma chère, qu'il a souhaité que sa lettre fût signée de milord, comme garant de sa conduite.

Il me presse « de permettre qu'il rende, avec milord, une visite à mon père et à mes oncles, dans la vue de faire des propositions qui ne demandent que d'être entendues pour être acceptées; et il promet de se soumettre à toutes les mesures que je lui prescrirai pour une parfaite réconciliation.

» Il ne fait pas difficulté, dans cette espérance, de me demander un entretien particulier dans le jardin de mon père, où je me ferai accompagner du témoin que je voudrai choisir. »

Réellement, ma chère, si vous lisiez sa lettre, vous vous imagineriez que je lui aurais donné beaucoup d'encouragement, et que je serais en traité direct avec lui; ou qu'il serait sûr que mes amis me forceront de chercher des protections étrangères : car il a l'audace de m'offrir, au nom de milord, un asile contre les persécutions, si elles deviennent tyranniques en faveur de Solmes.

Je suppose que c'est la méthode de son sexe, de hasarder des offres et des propositions hardies, pour embarrasser les personnes inconsidérées du nôtre, dans l'espérance que nous aurons trop de complaisance ou de timidité pour en faire un sujet de querelle ; et si cette hardiesse n'est pas rebutée, de regarder notre silence comme un consentement volontaire, ou comme une démarche en leur faveur.

Il y a dans cette lettre d'autres particularités dont je voudrais que vous fussiez informée. Mais je prendrai une autre occasion pour vous envoyer la lettre même, si je n'ai pas le temps d'en faire une copie.

Ce n'est pas sans chagrin que je considère comment j'ai été engagée d'un côté et poussée de l'autre, dans une correspondance clandestine, qui n'a que trop l'air d'un commerce d'amour, et dont je trouve la condamnation dans les sentiments de mon cœur.

Il est aisé de voir que, si je tarde à la rompre, ma triste situation ne fera qu'augmenter de jour en jour les avantages de M. Lovelace, et par conséquent mes embarras. Cependant, si je la finis, sans y mettre pour condition que je serai délivrée de M. Solmes... croyez-vous, ma chère, qu'il ne soit pas à propos de la continuer encore un peu, pour trouver le moyen, en cédant celui-ci, de me débarrasser de l'autre? N'est-ce pas de vous seule à présent que je puis attendre des conseils?

Tous mes parens sont assemblés. Ils sont à déjeûner ensemble. Solmes est attendu. Je suis dans une inquiétude extrême : il faut que je quitte ma plume.

Ils partent tous ensemble pour aller à l'église. Hannah m'apprend qu'ils ont l'air fort embarrassé. Elle est persuadée qu'ils ont pris quelque résolution.

Dimanche à midi.

Quel cruel tourment que l'incertitude! Je veux demander d'aller ce soir à l'église. Je m'attends d'être refusée, mais si je ne le demande point, on dira que j'y ai manqué par ma faute.

J'ai fait appeler Chorey. Chorey est venue. Je l'ai chargée de porter ma requête à ma mère, pour la permission d'aller cette après-midi à l'église. Devineriez-vous la réponse ? — Dites-lui qu'elle doit s'adresser à son frère, dans tout ce qu'elle voudra demander. Ainsi, ma chère, je suis entièrement livrée à mon frère!

Cependant je me suis déterminée à recourir à lui pour obtenir cette faveur : et lorsqu'on m'a envoyé mon dîner solitaire, j'ai donné un billet aux domestiques, dans lequel je m'adressais à mon père, par ses mains, pour demander la permission d'aller à l'église.

Voici sa méprisante réponse : — Dites-lui qu'on délibérera demain sur sa demande. Qu'en dites-vous, ma chère? On délibérera demain sur la permission que je demande d'aller à l'église aujourd'hui.

La patience est le seul retour dont je puisse payer cette insulte.

Mais, croyez-moi, cette méthode ne réussira pas avec votre Clarisse. Je suppose néanmoins que ce n'est que le prélude de tout ce que je dois attendre de mon frère, à présent que je suis livrée à lui.

Après y avoir réfléchi, j'ai jugé que le meilleur parti était de renouveler ma demande. Voici la copie de mon billet et celle du sien :

« Je ne sais, monsieur, quel sens je dois donner à votre réponse. Si c'est une simple plaisanterie, j'espère que vous demeurerez dans la même disposition, et que ma demande sera accordée. Vous savez que lorsque je me suis trouvée au logis, et en bonne santé, je n'ai jamais manqué à l'église, excepté les deux derniers dimanches qu'on m'a conseillé de n'y point aller. Ma situation présente est telle que je n'ai jamais eu tant de besoin du secours des prières publiques. Je m'engagerai solennellement à n'aller que là et à revenir. Je me flatte qu'on ne m'attribuera pas d'autres vues. L'abattement de mes esprits, que je ne puis nommer assez justement une indisposition, sera une excuse fort naturelle pour me garantir des visites, et je ne répondrai que de loin aux civilités des personnes de ma connaissance. Il est inutile que tout le monde soit informé de mes disgrâces, si elles doivent avoir une fin. Ainsi je demande cette faveur pour le soutien de ma réputation, afin que je puisse marcher tête levée dans le voisinage, si je vis assez pour voir la fin des rigueurs qui semblent destinées à votre malheureuse sœur.

» CLARISSE HARLOVE. »

« Se faire un objet si important d'aller à l'église, pendant qu'on brave tous ses parens dans une affaire qui est pour eux de la dernière conséquence, c'est une absurdité. Ce qu'on vous recommande, miss, c'est la pratique de vos dévotions particulières : puissent-elles changer l'esprit d'une jeune fille des plus obstinées dont il y ait jamais eu d'exemple ! On se propose, je vous le déclare nettement, de vous ramener au sentiment de votre devoir par la mortification. Les voisins, de l'estime desquels vous paraissez si jalouse, savent déjà que vous les bravez. Ainsi, miss, si vous faites cas réellement de votre réputation, faites le connaître comme vous le devez. Il dépend encore de vous de l'établir ou de la ruiner.

» JAMES HARLOVE. »

Vous voyez, ma chère, comment mon frère m'a fait tomber dans ses filets ; et moi, comme un simple et malheureux oiseau, je ne me débats que pour m'y embarrasser de plus en plus.

LETTRE XXIII.

MISS HOWE, A MISS CLARISSE HARLOVE.

Lundi au matin, 5 mars.

Ils sont résolus de me faire mourir de chagrin. Ma pauvre Hannah est congédiée, honteusement congédiée. Voici les circonstances :

J'avais fait descendre cette pauvre fille pour apporter mon déjeûner. Au lieu d'elle, l'effrontée Betty Barnes, la confidente et la servante de ma sœur (si une confidente favorite peut être traitée de servante) est montée à ma chambre une demi-heure après.

— Que souhaitez-vous, miss, pour votre déjeûner ?

Cette demande m'a surprise de sa part. — Ce que je veux pour mon déjeûner, Betty ? Comment ? quoi ? Je veux Hannah... Je ne savais ce que je devais dire.

— Ne soyez pas étonnée, miss, vous ne verrez plus Hannah dans cette maison.

— Le ciel m'en préserve ! Lui est-il arrivé quelque mal ? Quoi ! qu'est devenue Hannah ?

— Sans vous laisser dans l'embarras, miss, voici l'histoire : Votre père et votre mère croient qu'Hannah a fait assez de mal dans la maison. Elle a reçu ordre de plier bagage (c'est le terme de cette audacieuse créature), et je suis chargée de vous servir.

Mes larmes ont commencé à couler : — Je n'ai pas besoin de vos services, Betty. Non, non, je n'attends aucun service de vous; mais où est Hannah? ne puis-je lui parler? Je lui dois une demi-année de gages. Ne m'est-il pas permis de la voir pour la payer? On me défend peut-être de la revoir jamais ; car ils sont résolus de me faire mourir de chagrin.

— Ils font la même plainte de vous ; ainsi bon chat, bon rat, miss.

Je l'ai traitée d'impertinente, et je lui ai demandé si c'était par ses effronteries que son service devait commencer. Cependant, pour satisfaire mon empressement, elle est allée me chercher cette pauvre fille, qui n'avait pas moins d'impatience de me voir. Il a fallu souffrir que notre entrevue ait eu Chorey et Betty pour témoins. J'ai remercié ma bonne Hannah de ses services passés. Son cœur était prêt de se fendre. Elle s'est mise à justifier sa fidélité et son attachement en protestant qu'elle n'était coupable de rien. Je lui ai répondu que ceux qui étaient cause de sa disgrâce ne doutaient pas de son honnêteté; que c'était un outrage qui n'avait rapport qu'à moi ; qu'ils avaient eu raison de croire que j'y serais fort sensible, et que je souhaitais qu'elle pût trouver une aussi bonne condition. — Jamais, jamais une aussi bonne maîtresse, m'a-t-elle dit en se tordant les mains. Et la pauvre créature s'est fort étendue sur mes louanges et sur son affection pour moi. Nous sommes portés, vous le savez, ma chère, à louer nos bienfaiteurs parce qu'ils sont nos bienfaiteurs; comme si chacun faisait bien ou mal autant qu'il nous est utile ou qu'il nous nuit. Mais cette bonne fille s'étant rendue digne de mon amitié, il n'y a point de mérite à l'avoir traitée avec une faveur qu'il y aurait eu de l'ingratitude à lui refuser.

Je lui ai fait présent d'un peu de linge, de quelques dentelles et d'autres choses. Au lieu de quatre guinées qui lui étaient dues pour ses gages, je lui en ai donné dix ; et je lui ai promis que si la liberté de disposer de moi m'était jamais rendue, je penserais à elle pour le premier rang à mon service. Betty s'est déjà crue en droit de témoigner de la jalousie à Chorey.

Hannah ne s'est pas fait une peine de me dire devant elle, parce qu'elle n'en a pas eu d'autre occasion, qu'on l'avait examinée sur les lettres que j'ai écrites ou que j'ai reçues, et qu'elle avait offert ses poches à miss Harlove qui les a visitées, et qui a mis même les doigts sous son corset, pour s'assurer qu'elle n'en avait point.

Elle m'a rendu compte du nombre de mes faisans et de mes bantams. J'ai affecté de dire que j'en prendrais soin moi-même et que je les visiterais deux ou trois fois le jour. Nous avons pleuré toutes deux en nous quittant. C'est un chagrin bien cuisant de se voir enlever avec cette hauteur un domestique auquel on est affectionné. Je n'ai pu m'empêcher de dire que ces mesures pouvaient abréger mes jours, mais que de toute autre manière elles répondraient mal aux intentions des auteurs de ma disgrâce. Betty a dit à Chorey, avec un sourire moqueur, qu'elle s'imaginait que la victoire demeurerait aux plus habiles. Je n'ai pas témoigné que je l'eusse entendue. Si cette créature est persuadée que j'ai dérobé le cœur d'un amant à sa maîtresse, comme vous dites qu'elle s'en est expliquée, elle peut croire en elle-même qu'elle se fera un mérite de ses impertinences

C'est ainsi qu'on m'a forcée d'abandonner ma fidèle Hannah. Si vous pouvez lui procurer quelque place qui soit digne d'elle, rendez-lui ce bon office pour l'amour de moi.

LETTRE XXIV.

MISS CLARISSE HARLOVE, A MISS HOWE.

Lundi, vers midi.

Je viens de recevoir la lettre que vous trouverez sous cette enveloppe. Mon frère l'emporte à présent sur tous les points qu'il s'est proposés. Je vous envoie aussi une copie de ma réponse ; c'est tout ce que je puis vous écrire en ce moment :

« Miss Clary,

» Par l'ordre exprès de votre père et de votre mère, je vous écris pour vous défendre de vous présenter devant eux, et de paraître au jardin lorsqu'ils y seront ; ou quand ils n'y seront pas, d'y paraître autrement qu'avec Betty Barnes, si vous n'obtenez d'ailleurs quelque permission particulière.

» Sous peine de leur disgrâce, on vous défend aussi toute correspondance avec ce vil Lovelace, avec qui l'on sait que vous n'avez pas cessé d'en avoir, par le ministère de votre rusée servante, qui n'a été congédiée que par cette raison, comme il était convenable.

» Point de correspondance avec miss Howe, qui s'est donné depuis peu de fort grands airs, et qui pourrait fort bien prêter son entremise pour votre commerce avec ce libertin, ni en un mot avec qui que ce soit, sans une permission expresse.

» Vous ne paraîtrez point devant l'un ou l'autre de vos deux oncles sans en avoir obtenu d'eux la permission. Après la conduite que vous avez tenue à l'égard de votre mère, c'est par un sentiment de miséricorde pour vous que votre père refuse de vous voir.

» Vous ne paraîtrez dans aucun appartement de la maison, où il n'y a pas long-temps que tout était soumis à votre gouvernement, que vous ne receviez ordre de descendre.

» En un mot, vous vous tiendrez exactement renfermée dans votre chambre, à l'exception de quelques tours de jardin qu'on vous permet de faire par intervalles, sous les yeux de Betty, comme je vous l'ai déjà déclaré. Alors, on vous ordonne de vous y rendre directement, sans vous arrêter nulle part, c'est-à-dire de descendre et de remonter par le plus court chemin, afin que la vue d'une jeune personne si perverse ne cause pas à tout le monde une augmentation de chagrin.

» Les menaces continuelles de votre Lovelace et votre obstination inouïe vous serviront à expliquer la conduite qu'on tient avec vous. Quel fruit la meilleure de toutes les mères a-t-elle recueilli de son indulgence, elle qui a plaidé si long-temps pour vous, et qui avait entrepris de vous ramener au devoir, dans le temps même que vos premières démarches en faisaient perdre l'espérance à tous les autres? Quelle doit avoir été votre obstination, puisqu'une telle mère a pu se résoudre à vous abandonner? Elle s'y croit obligée, et vous ne devez plus espérer de vous rétablir dans ses bonnes grâces, qu'en faisant les premiers pas pour revenir à la soumission.

» Pour moi, qui suis peut-être fort mal dans votre esprit, mais en fort bonne compagnie, si cela est, et c'est ma consolation, j'étais d'avis qu'on vous laissât la liberté de suivre vos propres inclinations (il n'est pas besoin d'autre punition pour certains esprits), et que la maison ne fût point embarrassée par une personne dont la présence y est d'autant plus fâcheuse qu'elle a mis tout le monde dans la nécessité de l'éviter.

» Si vous trouvez dans tout ce que je viens d'écrire quelque chose de dur ou de rigoureux, il dépend encore de vous, mais il n'en dépendra peut-être pas toujours, d'y apporter du remède : vous n'avez besoin que d'une parole.

» Betty Barnes a ordre de vous obéir dans tout ce qui pourra s'accorder avec l'obéissance qu'elle doit à ceux auxquels vous en devez comme elle.

» JAMES HARLOVE. »

« Monsieur,

« Ce que j'ai à dire uniquement, c'est que vous devez vous féliciter vous-même d'avoir si parfaitement réussi dans toutes vos vues, que vous pouvez à présent faire de moi tous les rapports qu'il vous plaira, et que je ne suis pas plus en état de me défendre que si j'étais morte. Cependant j'attends de vous une faveur, c'est de ne pas m'attirer plus de rigueurs et de disgrâces qu'il n'en est besoin pour le succès de vos autres desseins, quels qu'ils puissent être, contre votre malheureuse sœur.

« CLARISSE HARLOVE. »

LETTRE XXV.

MISS CLARISSE HARLOVE, A MISS HOWE.

Mardi, 7 mars.

Ma dernière lettre doit vous avoir appris comment je suis traitée, et que votre amie n'est plus qu'une pauvre prisonnière. Nul égard pour ma réputation. Tout le fond de ma cause est à présent devant vous. Croyez-vous qu'on puisse revenir de ces excès de rigueurs? Pour moi, je me persuade qu'on ne pense qu'à tenter la voie de la terreur, pour me faire entrer dans les vues de mon frère. Toute mon espérance est de pouvoir temporiser jusqu'à l'arrivée de mon cousin Morden, qu'on attend bientôt de Florence. Cependant, s'ils sont résolus d'abréger le temps, je doute qu'il arrive assez tôt pour me sauver.

Il paraît clairement, par la lettre de mon frère, que ma mère ne m'a point épargnée dans le rapport qu'elle a fait de nos conférences. D'un autre côté, néanmoins, elle a eu la bonté de m'informer que mon frère avait des vues qu'elle souhaitait que je pusse faire manquer. Mais elle s'était engagée à rendre un compte fidèle de ce qui se passerait entre elle et moi. Elle ne pouvait pas balancer sans doute dans le choix d'abandonner une fille, ou de désobliger un mari et toute une famille.

Ils se figurent qu'ils ont tout gagné en congédiant ma pauvre Hannah, mais aussi long-temps que j'aurai la liberté du jardin et ma basse-cour, ils se trouveront trompés. J'ai demandé à Betty si elle avait ordre de m'observer et de me suivre? ou si je devais avoir sa permission pour descendre, lorsque je voudrais me promener au jardin et donner à manger à mes bantams !

— Mon Dieu, miss, vous voulez vous réjouir par cette question. Cependant elle m'a confessé qu'il lui était revenu que je ne devais pas paraître au jardin, lorsque mon père, ma mère ou mes oncles y seraient. Comme il est important pour moi de savoir à quoi je dois m'en tenir, je suis descendue aussitôt, et j'y ai passé plus d'une heure, sans aucun obstacle, quoique j'aie employé la plus grande partie de ce temps à me promener devant le cabinet de mon frère, où j'ai remarqué que ma sœur et lui étaient ensemble. Je ne saurais douter qu'ils ne m'aient vu, car j'ai entendu plusieurs éclats de rire, dont je suppose qu'ils ont voulu me faire insulte. Ainsi cette partie de la contrainte où l'on me tient est sans doute un essai de l'autorité dont on a revêtu mon frère. L'avenir m'en promet peut-être de bien plus mortifians.

Mardi au soir.

Depuis que j'ai écrit ce que vous venez de lire, je me suis hasardée à faire passer une lettre par les mains de Chorey jusqu'à ma mère, avec ordre de la lui remettre en mains propres, et sans être vue de personne. Je vais en joindre ici la copie. Vous verrez que je cherche à lui faire croire qu'à présent qu'Hannah n'est plus dans la maison, il ne me reste aucune voie pour mes correspondances. Je suis bien éloignée de me croire irréprochable en tout. N'est-ce pas là un petit artifice qui n'est pas trop digne de mes principes? mais cette réflexion ne m'est venue qu'après. La lettre était déjà partie.

« Madame et ma très honorée mère,

» Vous ayant confessé que j'ai reçu de M. Lovelace des lettres pleines de ressentimens, et que j'y ai répondu dans la seule vue de prévenir de nouveaux désastres, et vous ayant communiqué les copies de mes réponses, que vous n'avez pas désapprouvées, quoique après les avoir lues vous ayez jugé à propos de me défendre la continuation de cette correspondance, je crois que mon devoir m'oblige de vous avertir que j'ai reçu depuis une autre lettre par laquelle il demande avec beaucoup d'instance la permission de rendre une visite paisible à mon père, ou à vous, ou à mes deux oncles, accompagné de milord M.... Je demande là-dessus vos ordres.

» Je ne vous dissimulerai pas, madame, que si la défense n'avait pas été renouvelée, et si d'autres dispositions n'avaient pas fait renvoyer Hannah si subitement de mon service, je me serais hâtée de faire réponse à cette lettre, pour dissuader M. Lovelace de son dessein, dans la crainte de quelque accident, dont la seule pensée me fait frémir.

» Ici, je ne puis retenir les marques de ma douleur, en considérant que toute la peine et tout le blâme tombent sur moi, quoiqu'il me paraisse que j'ai servi utilement à prévenir de grands maux, et que je n'ai été l'occasion d'aucun. Car a-t-on pu supposer que je fusse capable de gouverner les passions de l'un ou de l'autre des deux adversaires? A la vérité, j'ai eu sur un quelque légère influence, sans lui avoir donné raison, jusqu'à présent, de penser qu'elle lui ait acquis le moindre droit sur ma reconnaissance. Sur l'autre, madame, qui peut se flatter d'en avoir aucune?

» C'est pour moi une peine des plus sensibles de me voir dans la nécessité de rejeter tout le mal sur mon frère, quoique ma réputation et ma liberté soient sacrifiées à son ressentiment et à son ambition. Avec de si justes sujets de douleur, ne m'est-il pas permis de parler?

» L'aveu que je vous fais, madame, étant également respectueux et volontaire, j'ose humblement présumer qu'on n'exigera point de moi que je produise la lettre. Il me semble que la prudence et l'honneur me le défendent, parce que le style en est violent ; M. Lovelace ayant appris, (par d'autres voies, je vous en assure, que par la mienne ou par celle d'Hannah) une partie des rigueurs avec lesquelles je suis traitée, se croit autorisé à les mettre sur son compte, par quelques discours de la même violence qui sont échappés à quelques uns de mes proches.

» Me dispenser de lui répondre, c'est le mettre au désespoir, et lui donner lieu de croire tous ses ressentimens justifiés, quoique je sois fort éloignée d'en avoir la même opinion. Si je lui fais réponse, et si, par considération pour moi, il prend le parti de la patience, ayez la bonté, madame, de considérer les obligations qu'il se flattera de m'avoir imposées. Je ne vous prierais pas de faire cette réflexion, si j'étais aussi prévenue qu'on le suppose en sa faveur. Mais, pour vous marquer encore mieux combien je suis éloignée de la prévention qu'on m'attribue, je vous demande en grâce, madame, de considérer si l'offre d'embrasser le célibat, que je vous ai faite à vous-même, et que j'exécuterai religieusement, n'est pas, après tout, le meilleur moyen de nous délivrer honnêtement de ses prétentions. Renoncer à lui, sans déclarer que je ne serai jamais à M. Solmes, c'est lui faire conclure que dans les fâcheuses circonstances où je suis, j'ai pris le parti de me déterminer en faveur de son rival.

» Si ces représentations ne paraissent d'aucun poids, il ne reste, madame, qu'à faire l'essai des systèmes de mon frère, et je me résignerai à ma destinée, avec toute la patience que je tâcherai d'obtenir du ciel par mes prières. Ainsi, laissant tout à votre prudence, avec le soin d'examiner s'il convient ou non de consulter mon père et mes oncles sur ce que je prends la liberté de vous écrire, si je dois répondre ou non à la lettre de M. Lovelace, et par qui, dans le premier cas, ma réponse lui doit être envoyée, je demeure, madame, votre très malheureuse, mais toujours très obéissante fille.

» Clarisse Harlove. »

Mercredi au matin.

On m'apporte à ce moment la réponse de ma mère. Elle m'ordonne, comme vous verrez, de la jeter au feu ; mais comme je la crois en sûreté entre vos mains, et que vous vous garderez bien de la faire voir à personne, ses intentions n'en seront pas moins remplies. Elle est sans date et sans adresse :

« Clarisse,

» Ne dites pas que tout le blâme et toute la peine tombent sur vous. J'ai plus de part que vous à l'un et à l'autre, et je suis bien plus innocente. Lorsque votre opiniâtreté est égale à la passion de tout autre, ne blâmez pas votre frère. Nous avions raison de croire qu'Hannah servait à vos correspondances. A présent qu'elle est congédiée, et qu'apparemment vous ne pourrez plus écrire à miss Howe, ni elle à vous, sans notre participation, c'est une inquiétude de moins. Je n'avais d'ailleurs aucun mécontentement d'Hannah. Si je ne le lui ai pas dit à elle-même, c'est que je pouvais être entendue lorsqu'elle est venue prendre congé de moi. J'ai élevé la voix pour lui recommander, dans quelque maison qu'elle puisse servir, s'il s'y trouve de jeunes filles, de ne pas entrer dans leurs correspondances clandestines. Mais je lui ai glissé deux guinées dans la main, et je n'ai pas été fâchée d'apprendre que vous avez été beaucoup plus libérale.

» Je suis fort embarrassée sur ce qui concerne votre réponse à cet homme violent. Que pensez-vous, de lui voir prendre un empire de cette nature sur une famille telle que la nôtre? Pour moi, je n'ai fait connaître à personne que je fusse informée de votre correspondance. Par votre dernière hardiesse (c'en est une bien étonnante, Clary! d'avoir osé continuer devant M. Solmes un sujet que j'avais été forcée d'interrompre), vous m'avez fait craindre que, pour votre défense, vous ne fussiez capable d'alléguer que j'ai autorisé vos correspondances secrètes, et d'augmenter par conséquent, la petite altercation qui est entre votre père et moi. Vous étiez autrefois toute ma consolation. Vous m'aidiez à supporter mes peines. Aujourd'hui!... Mais je vois que rien n'est capable de vous ébranler, et je ne vous en parlerai plus. Vous êtes à présent sous la discipline de votre père. Il ne se laissera pas donner la loi, ni fléchir par des prières.

» J'aurais été bien aise de voir la lettre dont vous me parlez, comme j'ai vu toutes les autres. L'honneur et la prudence, dites-vous, vous défendent de me la montrer. O Clarisse! vous recevez donc des lettres que l'honneur et la prudence ne vous permettent pas de montrer à une mère! mais il ne me convient pas de la voir, quand vous seriez disposée à me l'envoyer. Je ne veux pas être de votre secret. Je ne veux pas savoir que vous entreteniez des correspondances. Et pour ce qui regarde la réponse, suivez vos propres lumières. Mais qu'il sache au moins que c'est la dernière fois que vous lui écrirez. Si vous lui faites une réponse, je ne veux point la voir. Cachetez-la, si vous en faites une. Vous la donnerez à Chorey, et Chorey... Mais ne croyez pas que je vous permette d'écrire.

» Nous ne voulons entrer dans aucunes conditions avec lui, et l'on ne consentira pas non plus que vous y entriez. Votre père et vos oncles ne seraient pas maîtres d'eux-mêmes s'ils le voyaient à leur porte. Quelles raisons avez-vous de vouloir l'obliger, en renonçant à M. Solmes? Ce renoncement ne servirait-il pas, au contraire, à nourrir ses espérances? et tandis qu'il en conservera, serons-nous jamais délivrés de ses insultes? Quand il y aurait quelque reproche à faire à votre frère, c'est un mal invincible; et le devoir permet-il à une sœur d'entretenir des correspondances qui mettent la vie de son frère en danger? Mais votre père a mis son propre sceau à l'aversion de votre frère. C'est à présent l'aversion de votre père, celle de vos oncles, la mienne et celle de tout le monde. Qu'importe la source?

» A l'égard du reste, votre obstination m'a ôté le pouvoir de rien entreprendre en votre faveur. Votre père se charge de toutes les suites. Ce n'est plus à moi, par conséquent, qu'il faut vous adresser. Je veux me réduire à la simple qualité d'observatrice; heureuse si je pouvais l'être avec indifférence. Tandis que j'avais quelque pouvoir, vous ne m'avez pas permis d'en faire l'usage que j'aurais souhaité. Votre tante a été forcée de s'engager à ne se mêler de rien sans la participation de votre père. Attendez-vous à de rudes épreuves. Si vous avez quelque faveur à espérer, ce ne peut être que de la médiation de vos oncles, et je les crois même aussi déterminés que les autres; car ils ont pour principe (hélas! ils n'ont jamais eu d'enfants!) qu'une fille qui, dans l'article du mariage, ne se gouverne point par l'avis de ses parents, est une créature perdue.

» Gardez-vous qu'on vous trouve cette lettre. Brûlez-la. Elle se sent trop de la tendresse d'une mère pour une fille dont l'obstination ne peut être justifiée.

» Ne m'écrivez plus. Je ne puis rien faire pour vous. Mais vous pouvez tout pour vous-même. »

Revenons, ma chère, à mon triste récit. Après cette lettre, vous vous imaginez bien que je n'ai pas dû me promettre beaucoup d'effet d'une tentative directe auprès de mon père ; cependant j'ai cru qu'il était convenable de lui écrire, ne fût-ce que pour me rendre témoignage à moi-même que je n'ai rien négligé. Voici ma lettre :

« Je n'ai pas la présomption de vouloir entrer en dispute avec mon père. J'implore seulement sa bonté et son indulgence sur un point d'où mon bonheur dépend pour cette vie, et peut-être pour l'autre. Je le supplie de ne pas faire un crime à sa fille d'une aversion qu'il lui est impossible de surmonter. Je le conjure de ne pas permettre que je sois sacrifiée à des projets et à des possibilités éloignées. Je me plains du malheur que j'ai d'être bannie de sa présence, et prisonnière dans ma chambre. Sur tout autre point, je lui promets un respect aveugle et une résignation parfaite à toutes ses volontés. Je répète l'offre de me borner au célibat, et je ne crains pas de le prendre à témoin lui-même que je n'ai jamais donné sujet de soupçonner ma fidélité. Je demande en grâce qu'il me soit permis de paraître devant lui et devant ma mère, et de les avoir tous deux pour juges de ma conduite ; faveur d'autant plus chère pour moi, que j'ai trop de raisons de croire qu'on me dresse des piéges, et qu'on emploie l'artifice pour tirer avantage de mes discours pendant que je n'ai pas la liberté de parler pour ma défense. Je finis, avec l'espérance que les instigations de mon frère ne feront pas perdre à une malheureuse fille la tendresse et la bonté de son père. »

Il faut vous faire part aussi de la cruelle réponse. Elle m'a été envoyée ouverte, quoique par les mains de Betty Barnes, qui m'a fait connaître à son air qu'elle n'en ignorait pas le fond.

Mercredi.

« Je vous écris, fille perverse, avec toute l'indignation que votre désobéissance mérite. Demander le pardon de votre faute, avec la résolution d'y persévérer, c'est une hardiesse insupportable et sans exemple. Est-ce mon autorité que vous bravez ? Vos réflexions injurieuses contre un frère qui fait l'honneur de la famille, méritent mon plus vif ressentiment. Je vois combien vous faites peu de cas des devoirs du sang, et j'en devine facilement la cause. J'ai peine à supporter les réflexions que cette idée offre d'elle-même. Votre conduite à l'égard d'une mère trop tendre et trop indulgente... Mais la patience m'échappe. Continuez, fille rebelle, de vivre loin de mes yeux, jusqu'à ce que vous ayez appris à vous conformer à mes volontés. Ingrate créature ; votre lettre n'est qu'un reproche de mon indulgence passée. Ne m'écrivez plus, que vous ne sachiez mieux ce que vous faites, et que vous n'ayez reconnu ce que vous devez à un père justement irrité. »

Cette furieuse lettre était accompagnée d'un billet de ma mère, ouvert aussi et sans adresse. Ceux qui prennent tant de peine à liguer tout le monde contre moi l'ont obligée apparemment de rendre témoignage contre sa malheureuse fille. Mais ce qu'elle m'écrit n'étant qu'une répétition de ce qu'elle m'a dit de plus dur dans nos conférences, il est inutile de vous fatiguer par des redites. J'ajouterai seulement qu'elle donne aussi des louanges à mon frère, et qu'elle me blâme de parler si librement de lui.

LETTRE XXVI.

MISS CLARISSE HARLOVE, A MISS HOWE.

Jeudi au soir, 9 mars.

M. Lovelace ne se rebute pas de mon silence. J'ai reçu de lui une autre lettre, quoique je n'aie pas répondu à la précédente.

Quelque moyen que cet homme ait l'art d'employer, il est instruit de tout ce qui se passe dans notre famille : ma prison, le départ d'Hannah, plusieurs circonstances, que j'ignore moi-même, du ressentiment et des résolutions de mon père, de mes oncles et de mon frère, il est informé de tout, au moment que les choses arrivent ; ce n'est point par de bonnes voies, ma chère, qu'il peut se procurer ces informations.

Son inquiétude paraît extrême. Il me parle de sa passion pour moi, et de son ressentiment contre ma famille dans les termes les plus ardens. Il me presse beaucoup de lui engager ma parole que je ne serai jamais à M. Solmes. Je crois qu'honnêtement je puis faire cette promesse.

Il me prie « de ne pas croire qu'il cherche à se faire un mérite aux dépens d'autrui, puisqu'il se propose d'obtenir mon cœur par le sien ; ni qu'il pense à m'attirer dans ses intérêts par la crainte. Mais il déclare que le traitement qu'il reçoit de ma famille est si insupportable, que tous ses amis, sans excepter milord M... et ses deux tantes, lui reprochent perpétuellement de ne pas s'en ressentir ; et s'il a le malheur, dit-il, de ne recevoir de moi aucun sujet d'espérance, il ne peut me répondre des extrémités auxquelles son désespoir est capable de le porter. »

Il ajoute « qu'à la vérité ses proches, surtout les dames, lui conseillent d'avoir recours aux lois, mais quel moyen, pour un homme d'honneur, de répondre par cette voie à des injures verbales, de la part de gens qui ont droit de porter une épée ? »

Vous voyez, ma chère, que ce n'est pas sans raison que ma mère appréhende, comme moi, quelque nouveau malheur, et qu'elle m'a offert indirectement le ministère de Chorey pour porter ma réponse.

Il s'étend beaucoup sur les sentimens de bonté dont les dames de sa famille sont remplies pour moi. Je n'en suis pas connue personnellement, excepté de miss Patty Montaigu, que je me souviens d'avoir vue une fois chez madame Knolly. Il est naturel, je m'imagine, de chercher à se faire de nouveaux amis, à proportion qu'on voit baisser l'affection des anciens. Mais j'aimerais mieux paraître aimable aux yeux de ma propre famille et aux vôtres, qu'à ceux de l'univers entier. Cependant les quatre dames de sa famille ont une réputation si bien établie, qu'il doit être agréable pour tout le monde d'avoir quelque part à leur estime. N'y aurait-il pas quelque moyen, par l'entremise de madame Fortescue, ou par celle de M. Hickman, qui connaît milord M..., de s'informer (secrètement néanmoins) quelle est leur opinion sur les circonstances présentes, et sur le peu d'apparence qu'il y a désormais, que l'alliance qu'elles ont autrefois approuvée puisse réussir. De mon côté, assurément, je n'ai pas assez bonne opinion de moi-même pour m'imaginer qu'elles puissent souhaiter de voir persévérer leur neveu dans ses vues, malgré tant de rebuts et de mépris. Non que je prenne beaucoup d'intérêt aux conseils qu'elles peuvent lui donner là-dessus; mais il semble que milord ayant signé sa lettre précédente, et toute leur famille me faisant assurer de leur amitié, je ne dois pas être mal dans leur esprit. Je ne serais pas fâchée que ces assurances fussent confirmées par quelque personne indifférente ; d'autant plus qu'ils mettent, comme on le sait, un fort haut prix à leur alliance, à leur fortune et à leur noblesse, et qu'ils le plaignent, avec raison, d'être compris dans le traitement que M. Lovelace a reçu de ma famille.

Jusqu'à présent, la curiosité est mon seul motif, et je promets bien de n'en avoir jamais de plus fort, malgré les prétendus battemens de cœur dont vous m'avez soupçonnée : oui, ma chère, quand il y aurait moins de reproches à lui faire qu'il n'y en a effectivement.

J'ai fait réponse à ses lettres. S'il me prend au mot, ma curiosité n'aura pas besoin d'être si vive, pour savoir ce que ses parens pensent de moi, quoiqu'il soit toujours fort doux d'être estimé des honnêtes gens. Voici la substance de ma réponse.

« Je lui marque mon étonnement de le voir si bien et si tôt informé de tout ce qui se passe ici. J'assure que quand M. Lovelace ne serait pas au monde, je ne serais jamais à M. Solmes. Je lui dis, que rendre, comme j'apprends qu'il le fait, défis pour défis à mes proches, c'est me donner une fort mauvaise marque de sa politesse et de la considération qu'il prétend avoir pour moi; que si j'apprends qu'il se présente à la porte d'aucun de mes parens, pour leur rendre une visite sans leur consentement, je prendrai la ferme résolution de ne le voir de ma vie, si je puis l'éviter.

» Je lui apprends qu'on a fermé les yeux sur l'envoi de ma lettre (quoique personne n'ait vu ce qu'elle contient) à condition que ce sera la dernière qu'il recevra jamais de moi ; que, s'il veut se le rappeler, il m'a entendu dire plus d'une fois, avant même que M. Solmes eût été présenté à notre famille, que mon inclination me portait au célibat; que M. Wyerley et d'autres prétendans peuvent lui rendre témoignage que c'était mon choix avant que je l'eusse connu lui-même ; que rien n'aurait été capable de m'engager à lui écrire sur le sujet présent, si je n'avais cru reconnaître qu'il en avait usé assez généreusement avec mon frère, et qu'il n'avait pas été bien traité par mes amis; que, dans la supposition même qu'ils eussent embrassé ses intérêts et que j'eusse pu renoncer à mes projets de célibat, j'aurais eu de grandes objections à former contre lui; et je les lui aurais déclarées naturellement, si j'avais reçu ses assiduités sur un autre pied que les visites ordinaires. Enfin, je lui déclare que, par toutes ces raisons, j'espère que la seule lettre que je veux bien recevoir de lui sera la dernière, et que je ne l'attends que pour y apprendre qu'il se rend à mes désirs, du moins jusqu'à des conjectures plus heureuses. »

J'ai cru devoir ajouter cette restriction, pour ne le pas pousser tout à fait au désespoir. Mais s'il me prenait réellement au mot, je serais délivrée en effet d'un de mes persécuteurs.

Je vous ai promis de vous abandonner toutes ses lettres et mes réponses. Je renouvelle ma promesse, et cette raison m'empêche de donner plus d'étendue à mes extraits. Mais je ne puis assez répéter combien je souffre de la nécessité où je suis de répondre aux lettres d'un homme dont je n'ai jamais eu dessein d'encourager les prétentions, contre lequel j'ai mille choses à objecter, surtout à des lettres qui ne respirent qu'une ardente passion, accompagnée d'un air d'espérance. Car, ma chère, vous n'avez jamais connu d'homme si hardi dans ses suppositions. Il ressemble aux commentateurs qui trouvent, dans leur original, des beautés auxquelles l'auteur n'a peut-être pas songé. De même, il me remercie souvent, dans les termes les plus vifs, de diverses faveurs et d'une considération que je n'ai jamais pensé à lui accorder ; de sorte que je suis quelquefois obligée de donner leur véritable explication à de prétendues bontés, que je n'aurais pu lui marquer sans m'avilir à mes propres yeux.

En un mot, ma chère, c'est un cheval rétif, qui fatigue la main, qui disloque le bras, pour le tenir en bride ; et lorsque vous verrez ses lettres, il ne faut pas croire que vous ne puissiez porter le jugement sans avoir lu mes réponses. Si vous n'observez pas cette précaution, vous aurez souvent l'occasion de reprocher à votre amie des illusions d'amour-propre et des *battemens* de cœur. Cependant, cet animal contradictoire se plaint, dans d'autres temps, que je marque aussi peu de bonté pour lui, et que mes amis lui portent autant de haine que s'il avait été l'agresseur, ou que si la catastrophe avait été aussi fatale qu'on pouvait le craindre.

Que direz-vous d'un homme qui semble affecter successivement de se plaindre de ma froideur, et de se réjouir de mes faveurs imaginaires ? Si le but de cette conduite était, tantôt de me faire acquiescer à ses remerciemens, tantôt de m'inspirer plus de sensibilité pour ses plaintes ; et si cette contradiction n'est pas l'effet de sa légèreté et de son étourderie, je le regarderai comme un des plus profonds et des plus artificieux mortels qu'on ait jamais connus, exercé peut-être au même degré dans ses dangereuses pratiques ; et si jamais j'en étais sûre, je le haïrais, s'il est possible, encore plus que je hais Solmes.

Mais c'est assez parler aujourd'hui de cette inexplicable créature.

LETTRE XXVII.

MISS HOWE, A MISS CLARISSE HARLOVE.

Jeudi au soir, 9 mars.

Je ne puis penser sans impatience à aucun des visages avec lesquels vous êtes condamnée à vivre. Je ne sais quel conseil vous donner. Êtes-vous sûre que vous ne méritez pas d'être punie pour avoir empêché, quoiqu'à votre grand malheur, l'exécution du testament de votre grand-père ? Les testamens sont des choses sacrées, mon enfant. Vous voyez que vos gens le pensent eux-mêmes, eux qui se croient blessés par la distinction avec laquelle vous êtes traitée dans un testament.

Je vous passe tous les nobles raisonnemens qui ont servi à vous déterminer. Mais puisqu'un si charmant et si généreux exemple de respect filial est si mal récompensé, pourquoi ne reprendriez-vous pas vos droits ?

Votre grand-père connaissait le vice de sa famille. Il savait aussi quelle est la noblesse de vos inclinations. Peut-être lui-même (pardon, ma chère) a-t-il fait trop peu de bien pendant sa vie, et c'est par ce motif qu'il a mis entre vos mains de quoi réparer sa faute et celle de tous ses enfans. A votre place, je reprendrais ce qu'il vous a laissé. Je vous jure que je n'y manquerais pas.

Vous me direz que vous ne le pouvez, tandis que vous êtes avec eux.

C'est ce qu'il faut voir. Croyez-vous qu'ils puissent en user plus mal qu'ils ne font avec vous? D'ailleurs, n'est-ce pas votre droit? Et n'abusent-ils pas de votre propre générosité pour vous opprimer? Votre oncle Harlove est un des deux exécuteurs testamentaires; votre cousin Morden est l'autre; insistez sur votre droit avec votre oncle; écrivez à votre cousin. J'ose vous promettre que vos persécuteurs changeront bientôt de conduite.

Votre insolent frère, à quel titre ose-t-il vous chagriner? Si j'étais sa sœur (je voudrais l'être pour un mois et pas pour plus long-temps), je lui apprendrais bientôt à vivre. Je m'établirais dans la demeure qui m'appartient, pour y exécuter mes charmans systèmes, et rendre tout le monde heureux autour de moi. Je me donnerais un carrosse. Je verrais ma famille quand elle s'en rendrait digne. Mais lorsque mon frère et ma sœur prendraient des airs trop hauts, je leur ferais connaître que je suis leur sœur et non leur servante, et si cette déclaration ne suffisait pas, je leur fermerais ma porte au nez, et je leur dirais de se tenir compagnie l'un à l'autre.

Il faut convenir néanmoins que cette excellent frère et cet aimable sœur jugeant des choses comme il convient à de petits esprits, tels qu'ils le sont tous les deux, ont quelque raison de vous traiter si mal. En mettant à part l'amour méprisé d'un côté et l'avarice de l'autre, quelle mortification n'a-ce pas été pour eux de se voir éclipsés par une sœur cadette? Un soleil si éclatant dans une famille entre deux lumières si faibles! Comment l'auraient-ils pu supporter? Entre eux, ma chère, ils ont dû vous regarder comme un prodige, et les prodiges, comme vous savez, obtiennent bien notre admiration, mais ne s'attirent jamais notre amour. La distance entre vous et eux est immense. Votre lumière leur blesse les yeux. Quelle ombre le plein jour de votre mérite ne doit-il pas jeter sur eux! Est-il donc bien étonnant qu'ils embrassent la première occasion de vous rabaisser, s'ils le peuvent, à leur niveau?

Attendez-vous, ma chère, à vous voir pressée de plus en plus de ce côté-là, à proportion qu'on vous trouvera disposée à le souffrir.

A l'égard de cet odieux Solmes, je ne suis pas surprise de votre aversion pour lui. Elle me paraît si sincère, qu'il est inutile de rien dire qui puisse servir à l'augmenter. Cependant, qui peut résister à ses propres talens? Un des miens, comme je vous l'ai déjà dit, est de peindre les laides ressemblances. Lâcherai-je la bride à mon pinceau? Oui, car je veux justifier votre antipathie par l'opinion que j'ai du personnage, et vous faire connaître aussi que j'approuve, et que j'approuverai toujours avec admiration la fermeté de votre caractère.

Je me suis trouvée deux fois dans sa compagnie, et je me souviens qu'une des deux votre Lovelace y était aussi. Il n'est pas besoin de vous dire, malgré votre jolie *curiosité* (qui n'est pourtant, comme vous savez, qu'une *curiosité* toute simple), la différence infinie qui est entre eux. Lovelace amusa la compagnie avec sa gaîté ordinaire, et fit rire tout le monde par ses récits. C'était avant que cette énorme créature eût été proposée pour vous. Solmes rit aussi. Mais ce fut d'une manière de rire qui lui est propre; car je m'imagine que les trois premières, du moins, de ses années, n'ont été que des cris continuels; et ses muscles n'ont jamais pu se remonter au ton du rire ordinaire. Son sourire (je doute que vous l'ayez jamais vu sourire, ou du moins que vous lui en ayez jamais donné sujet), son sourire, dis-je, est si peu naturel aux traits de son visage, qu'on le prendrait pour la grimace d'un furieux ou d'un fou.

J'attachai mon attention sur lui, comme je fais toujours sur ces seigneurs de nouvelle création, pour me réjouir de leurs singularités. En vérité, je fus dégoûtée jusqu'au point d'en être choquée. Mais je me rappelle d'avoir pris particulièrement à voir retomber cette épaisse physionomie dans son état naturel ; quoique lentement, comme si les muscles qui avaient servi à ses contorsions eussent tourné sur des gonds rouillés.

L'amour même ne serait-il pas horrible de la part d'un tel mari ? Pour moi, si j'étais sa femme (mais qu'ai-je fait à moi-même pour m'occuper un moment de cette supposition?) je ne connaîtrais de plaisir que dans son absence ou lorsque j'aurais occasion de le quereller. Une femme vaporeuse, qui a besoin de quelqu'un sur qui elle puisse exercer ses caprices, pourrait s'accommoder d'une figure si révoltante ; et cette seule raison, qui mettrait tous les domestiques à couvert de sa mauvaise humeur, servirait peut-être à leur faire bénir leur maître. Mais pour peu qu'une femme eût de délicatesse, quelle honte n'aurait-elle pas de se surprendre jamais dans le moindre dessein de l'obliger.

C'en est assez pour sa figure. Du côté de son autre moitié, il passe pour le plus rampant des mortels, lorsqu'il espère gagner quelqu'un par cette voie ; insolent d'ailleurs pour ceux qu'il n'a pas d'intérêt à ménager. N'est-ce pas le véritable caractère d'une âme basse et sans honneur ? On assure qu'il est méchant, vindicatif, et que, s'il est désobligé par quelqu'un, sa haine embrasse toute une famille. Mais c'est particulièrement contre la sienne que sa mauvaise volonté s'exerce. On m'a dit qu'entre tous ses parens il n'y en a pas un d'aussi méprisable que lui. C'est peut-être la raison qui le fait penser à les déshériter tous.

Ma femme de chambre, qui est parente d'un de ses gens, me raconte qu'il est haï de tous ses fermiers, et qu'il n'a jamais eu un domestique qui ait dit du bien de lui. Comme il les soupçonne de le tromper, parce qu'il juge d'eux apparemment par lui-même, il en change continuellement. Ses poches, dit-on, sont sans cesse chargées de clés ; de sorte que s'il a quelqu'un à traiter (pour des amis, il n'en a que dans votre famille), il est une heure à trouver celle dont il a besoin ; et si c'est du vin qu'il lui faut, il le va toujours chercher lui-même. Au reste, ce n'est pas un embarras qu'il ait fort souvent ; car il ne reçoit pas d'autres visites que celles qu'il doit à la nécessité. Un homme d'honneur aimerait mieux passer la nuit dehors que de prendre un lit dans sa maison.

Et voilà néanmoins l'homme qu'on a choisi, par des vues aussi sordides que les siennes, pour en faire le mari, c'est-à-dire le seigneur et le maître de Clarisse Harlove.

Mais peut-être n'est-il pas aussi méprisable qu'on le représente ; il est rare qu'on fasse une peinture bien juste des caractères extrêmement bons ou extrêmement mauvais. La faveur exalte les uns, et la haine déprime les autres. Mais votre oncle Antonin a dit à ma mère, qui lui objectait son avarice, qu'on se propose de le lier en votre faveur. Un bon lien de chanvre lui conviendrait bien mieux que celui du mariage. Mais n'est-ce pas une marque que ses protecteurs même le regardent comme une âme basse, puisqu'ils croient avoir besoin de le brider par des articles? Sur quoi, ma chère ? peut-être sur votre nécessaire. Mais je suis bien bonne de m'arrêter si long-temps à cet odieux portrait. Vous ne devez pas être à cet homme-là : voilà ce qui est clair à mes yeux... quoique la manière de l'éviter ne le soit pas tant, à moins que vous ne vous établissiez dans l'indépendance à laquelle vous avez droit.

Ma mère est venue m'interrompre; elle a voulu voir ce que j'avais écrit. J'ai eu l'impertinence de lui lire le portrait de votre Solmes.

Elle est convenue « que cet homme n'est pas extrêmement propre à inspirer des sentimens; qu'il n'a pas les dehors des plus heureux. Mais qu'est-ce que la figure dans un mari ? » Et tout de suite elle m'a grondée de vous soutenir dans votre résistance aux volontés d'un père. De là, on est passé à me faire une bonne leçon sur la préférence que mérite un homme capable de remplir ses devoirs extérieurs et domestiques, par opposition à des prodigues et à des libertins; sujet très utile, sans doute, soit que les applications soient justes ou qu'elles ne le soient pas. Mais pourquoi ces sages parens, en disant trop de mal des personnes qui leur déplaisent, mettent-ils les gens dans le cas de les défendre? Lovelace n'est pas un prodigue. Il n'a pas d'obligations qu'il ne remplisse au dehors, quoique véritablement je le croie assez libertin. Et puis, après nous avoir poussées à rendre une justice des plus simples, on ne manque point de nous accuser de prévention. Et de là vient le désir, qui n'est d'abord qu'une pure *curiosité*, de savoir ce que les amis d'un homme pensent de nous; d'où naît ensuite, assez probablement, une distinction, une préférence, ou quelque sentiment de cette nature.

Ma mère m'a recommandé de refaire du moins cette page. Mais vous me pardonnerez, s'il vous plaît, ma bonne maman. Il est vrai, ma chère, que je ne voudrais pas avoir perdu ce caractère pour tout au monde, parce qu'il est sorti naturellement de ma plume. Je n'ai jamais rien écrit d'agréable pour moi-même, qui ne l'ait été aussi pour vous. La raison en est toute simple : c'est qu'entre vous et moi nous n'avons qu'une âme, avec cette seule différence, que vous me semblez quelquefois un peu trop grave, et que je vous parais sans doute un peu trop éveillée.

C'est probablement cette différence de nos caractères qui fait que nous nous aimons si parfaitement l'une l'autre, que, pour me servir des termes de Norris, *il ne peut naître de troisième amour entre deux*. Chacune de nous ayant quelque chose qui manque aux yeux de l'autre, et chacune néanmoins aimant assez l'autre pour souffrir qu'elle lui en dise son avis; ou plutôt, peut-être, aucune des deux ne souhaitant de s'en corriger, cette disposition écarte une sorte de rivalité qui pourrait exciter dans l'une et dans l'autre un peu d'humeur secrète, et la tourner par degrés en envie, qui deviendrait à la fin haine ou mauvaise volonté. Si le cas est tel que je le dis, ma chère, je suis d'avis que chacune garde son défaut, et qu'elle en tire le meilleur parti qu'elle pourra. Le naturel ne plaide-t-il pas en notre faveur? Nommez-moi des héros ou des héroïnes qui soient jamais parvenus à vaincre un défaut naturel: les uns l'avarice; d'autres la gravité, comme dans ma meilleure amie; d'autres l'étourderie, comme dans celle qu'il est inutile que je nomme.

Je dois vous avertir, ma chère, que je n'ai pu me dispenser de satisfaire la curiosité de ma mère (car vous n'êtes pas la seule qui ait de la *curiosité*), ni même de lui laisser voir de temps en temps quelques pages de vos propres lettres.

On m'interrompt ici; mais je reprendrai bientôt la plume pour vous raconter ce qui s'est passé à cette occasion entre ma mère et moi. Le détail en est d'autant plus intéressant quelle faisait tomber ses réflexions tout à la fois sur sa fille, sur Hickman, son favori, et sur votre Lovelace.

Voici le récit auquel je me suis engagée : « Je ne saurais disconvenir, m'a-t-elle dit, qu'il n'y ait quelque chose d'un peu dur dans le cas de miss Harlove, quoiqu'il soit bien fâcheux aussi, comme le dit sa mère, qu'une fille, dont l'obéissance s'est toujours fait admirer sur les moindres points, s'oppose à la volonté de ses parens dans le point essentiel. Mais, pour rendre justice aux deux parties : si l'on ne peut s'empêcher de plaindre miss Harlove, et de reconnaître que l'homme qu'on la presse de recevoir n'a pas l'espèce de mérite qu'une âme aussi délicate que la sienne peut souhaiter raisonnablement dans un mari, n'est-il pas vrai aussi que cet homme est préférable à un libertin, qui s'est battu d'ailleurs en duel avec son frère ? C'est ce que les pères et mères doivent penser. Quand on retrancherait même cette circonstance, il serait bien étrange qu'ils ne sussent pas ce qui est le plus convenable à leurs enfans.

— Oui, ai-je répondu en moi-même, ils doivent l'avoir appris par leur propre expérience, si de petites vues sordides ne leur donnent pas en faveur d'un homme la même prévention qu'ils reprochent à leur fille en faveur d'un autre, et s'il n'y a pas quelque oncle bizarre, un oncle Antonin, qui fortifie cette prévention, comme il ne l'inspire que trop à ma mère ; pauvre petit esprit, rampant d'un côté, absolu de l'autre, est-ce à lui de raisonner sur les devoirs des enfans à l'égard des pères, sans avoir appris ce que les pères doivent aussi à leurs enfans ? Mais c'est votre mère, souffrez que je le dise, qui a gâté les trois frères par des excès mal entendus de douceur et de complaisance.

— Vous voyez, a continué la mienne, que je tiens, ma fille, une conduite bien différente avec vous. Je vous ai proposé un homme du caractère le plus doux et le plus poli, comme le plus sage et le plus réglé.

Je n'ai pas eu une trop grande idée, ma chère, du jugement de ma mère sur ce qui est *le plus poli*. Elle juge de l'honnête Hickman pour sa fille, comme je suppose qu'elle aurait fait, il y a vingt ans, pour elle-même. Hickman me paraît de cette trempe un peu surannée, j'entends pour le caractère ; trop maniéré, ma chère, trop formaliste, comme vous en conviendrez vous-même.

— D'excellente famille, a continué ma mère ; riche en biens clairs et qui peuvent encore augmenter (c'est une considération, comme vous voyez, qui est aussi d'un grand poids sur l'esprit de ma mère). Je vous prie, je vous demande en grâce de l'encourager, ou du moins de ne pas prendre droit de son attachement et de sa soumission pour le faire souffrir.

Oui vraiment ! lui marquer de la bonté, afin qu'il prenne bientôt avec moi des airs familiers. Il faut tenir cette sorte d'homme à une juste distance de soi ; c'est mon avis.

— Cependant j'aurai bien de la peine à vous faire entrer là-dessus dans mes sentimens. Que diriez-vous si je vous traitais comme miss Harlove est traitée par son père et par sa mère ?

— Ce que je dirais, madame ! la réponse est aisée : je ne dirais rien. Croyez-vous qu'un tel traitement, à l'égard d'une jeune personne de mérite, ne soit pas insupportable ?

— Doucement, Nancy, doucement. Vous n'avez entendu qu'une parti et n'en fallût-il juger que par quelques endroits de ses lettres que vo m'avez lus, il me semble qu'il y a quelque chose à redire. Ce sont ses parens, après tout : ils doivent savoir ce qui lui convient. Miss Clarisse Harlove, toute charmante qu'elle est, doit avoir fait ou dit quelque chose qui les porte à la traiter si mal ; car vous savez quelle tendresse ils avaient pour elle.

— Mais, s'il est vrai qu'elle soit sans reproche, madame, combien ne sont-ils pas condamnables dans votre propre supposition?

Ensuite est venu le bien immense de M. Solmes, son habileté à le ménager. J'ai été fâchée de voir arriver si tôt cette dernière réflexion :
— Comme on se porte, ai-je dit, à prendre la défense de ceux qui aiment l'argent, quand on ne le hait pas soi-même! (Cependant, pour la générosité, ma mère est une reine en comparaison de Solmes.)

— Ne sait-on pas quels sont les étranges effets de la prévention en amour, dans le cœur des jeunes personnes?

Je ne comprends pas, ma chère, pourquoi l'on prend plaisir à supposer toujours de l'amour aux gens. La *curiosité* produit d'autres *curiosités* : voilà tout, je m'imagine.

Elle s'est étendue de fort bonne foi sur la personne de M. Lovelace et sur ses qualités naturelles et acquises : mais elle est revenue à dire qu'une fille en devait juger par les yeux d'une mère, et non par les siens. Cependant elle n'a su que répondre à l'offre que vous faites de vous réduire au célibat, et de rompre avec lui : — Savoir, a-t-elle dit, *si, si...* (en faisant trois ou quatre si d'un seul) l'on peut s'y fier.

Mais *l'obéissance sans réserve*, sans aucun égard aux raisons, est le refrain de la chanson de ma mère ; et l'application, ma chère, me regarde comme vous.

Je reconnais volontiers que l'obéissance aux parens est un devoir de premier ordre ; mais je bénis le ciel de n'être pas exposée aux mêmes épreuves. Il est aisé pour tout le monde de faire son devoir, lorsqu'on n'est pas poussé à s'en écarter. Mais peu de jeunes personnes, avec le pouvoir de secouer honnêtement le joug, seraient capables de votre patience.

La crainte de vous offenser me fait rejeter tout ce qui se présente à mon esprit sur la conduite que votre père, vos oncles et tout le reste de vos parens tiennent avec vous.

Mais je commence à prendre une haute idée de ma pénétration, en considérant que je ne me suis jamais senti d'amitié sincère que pour vous, dans toute votre famille. Je ne suis pas faite pour aimer ces gens-là. La sincérité est un devoir à l'égard de nos amis ; c'est l'excuse que Anne Howe peut apporter à miss Clarisse Harlove. Cependant j'aurais dû excepter votre mère, qui est une femme respectable, et qui mérite à présent de la compassion. Comment doit-elle avoir été traitée, pour se trouver si misérablement subjuguée? C'est à quoi le bon vieux vicomte ne s'attendait guère, lorsqu'il maria sa chère fille, sa fille unique à un homme de si belle apparence, et qu'elle trouvait elle-même de son goût. Une autre que moi traiterait votre père de tyran. Tout le monde lui doit ce nom, et vous ne devez pas vous en offenser, si vous aimez votre mère. D'un autre côté, on ne saurait s'empêcher de la trouver moins à plaindre, lorsqu'on se rappelle que c'est elle-même qui s'est attiré ses disgrâces (soit que la mauvaise humeur de votre père vienne de sa goutte, ou de toute autre cause), par une faiblesse indigne de sa naissance et de ses belles qualités, en accordant tout à des esprits hautains et présomptueux (bornez cette réflexion à votre frère, si vous avez peine à l'étendre plus loin), et cela, dans quelle vue? Pour se procurer une tranquillité passagère, qui méritait d'autant moins d'être considérée, que les efforts qu'elle a faits pour y parvenir n'ont servi qu'à fortifier l'ascendant des autres à proportion qu'ils ont affaibli le sien, et l'ont rendue enfin l'esclave d'un empire arbitraire qui est fondé sur sa patience. Et quel en est le fruit? De se voir forcée aujourd'hui, contre son propre jugement, d'abandonner le plus digne de ses enfans et de le sacrifier à l'amour-propre et à l'ambition du plus indigne. Mais je me hâte de passer à d'autres sujets. Me pardonnerez-vous d'en avoir tant dit? J'ajouterai néanmoins que ce n'est pas la moitié de ce que j'ai dans le cœur.

On attend ce soir de Londres M. Hickman. Je l'ai prié de s'y informer soigneusement de la vie que Lovelace mène à la ville. S'il ne l'a pas fait, il n'aura pas lieu d'être content de mon humeur. Cependant ne vous attendez pas à des récits fort avantageux. Lovelace est une créature intrigante et remplie d'inventions.

En vérité, nous devrions mépriser souverainement ces messieurs-là. Que ne laissent-ils en repos nos pères et nos mères, au lieu de les venir tourmenter par leurs offres dorées, par leurs protestations, par leurs belles peintures d'établissement, et par toutes leurs ostentations ridicules, qui ne tournent qu'à notre tourment? Vous et moi, ne pourrions-nous pas mener ensemble la plus charmante vie du monde, et ne les voir tous qu'avec mépris? Pourquoi prêter l'oreille à leurs flatteries, et nous laisser prendre au piége, comme les plus sots de tous les oiseaux, pour tomber dans un état d'esclavage ou de vile subordination? Le bel avantage d'être traitées en princesses pendant quelques semaines, pour l'être en esclaves pendant tout le reste de notre vie! De bonne foi, ma chère, je les regarde tous comme vous regardez Solmes; je ne puis les souffrir. Mais vos parens (car je ne veux plus leur donner le nom de vos amis, dont ils sont indignes) vos parens, dis-je, qui sont capables de vous vendre au prix qui leur est offert par un misérable, et qu'il ne peut leur compter qu'en dépouillant tous les siens de leurs reversions naturelles; faut-il beaucoup de justice et de raison pour les trouver aussi méprisables que lui?

M. Hickman sondera milord M... sur l'article que vous me recommandez. Je pourrais vous dire d'avance ce que milord répondra, lui et les siens, lorsqu'on les fera tomber sur cette matière. Qui ne se ferait pas honneur d'une alliance avec miss Clarisse Harlove? Madame Fortescue m'a dit qu'ils ne parlent de vous qu'avec admiration.

Si vous n'avez pas trouvé assez de clarté dans mes avis sur votre situation, je les répète en un seul mot. Reprenez vos droits. Tout le reste suivra mutuellement.

On nous a dit ici que madame Norton, comme votre tante Hervey, s'était déclarée pour le parti de l'obéissance aveugle. Si elle a pu penser que la part qu'elle a eue à votre éducation, et vos admirables qualités naturelles et acquises, doivent être prostituées à un misérable tel que Solmes, je la déteste pour toute ma vie. Il peut vous venir à l'esprit que je cherche à diminuer un peu la considération que vous avez pour cette vertueuse femme. Peut-être ne vous tromperiez-vous pas tout à fait; car, pour vous avouer la vérité, je ne l'aime pas tant que je l'aimerais, si, vous la voyant aimer un peu moins, j'étais bien sûre que vous m'aimiez plus qu'elle.

Votre mère vous a déclaré que vous aurez à souffrir de rudes épreuves ; que vous êtes désormais sous la discipline de votre père (ces termes sont capables de m'inspirer du mépris pour ceux qui donnent occasion de les employer) ; qu'il n'est plus en son pouvoir de vous secourir ; et que si vous avez quelque faveur à espérer, ce n'est plus que par la médiation de vos oncles. Je suppose que vous écrirez à ces deux arbitres de votre sort, puisqu'on a défendu de les voir. Mais est-il impossible qu'une telle femme, une telle sœur, une telle mère, n'ait aucune influence dans sa propre famille ? Qui souhaitera de se marier, comme vous le dites si bien, lorsqu'il pourra vivre dans le célibat ! Ma bile recommence à s'échauffer. Reprenez vos droits, ma chère ; c'est tout ce que je puis dire à présent de peur de vous offenser, lorsque j'ai le malheur de ne pouvoir vous servir.

Anne Howe.

LETTRE XXVIII.

MISS CLARISSE HARLOVE, A MISS HOWE.

Vendredi, 10 mars.

Trouvez bon, ma chère, que je vous rappelle quelques endroits de votre lettre qui me touchent sensiblement.

En premier lieu, vous me permettrez de vous dire que, malgré l'abattement de mes esprits, je suis très fâchée contre vos réflexions sur mes proches, particulièrement contre celles qui regardent mon père et la mémoire de mon grand-père ; votre mère même n'échappe point au tranchant de votre censure. Dans le sentiment d'un cuisant chagrin, on s'emporte quelquefois à parler librement de ceux qu'on aime et qu'on honore le plus ; mais on n'est pas bien aise que d'autres prennent la même liberté. D'ailleurs, vous avez un tour d'expression si vif contre tout ce que vous prenez en aversion, que lorsque ma chaleur est un peu refroidie, et que mes réflexions me font apercevoir à quoi j'ai donné occasion, je suis obligée de tourner mes reproches contre moi-même. Convenons donc qu'il me sera permis de vous adresser mes plaintes, lorsque je les croirai justifiées par ma situation ; mais que votre rôle sera d'adoucir l'amertume de mes chagrins par des avis que personne n'entend mieux à donner que vous, avec cet avantage extrême que vous savez parfaitement quel prix j'y ai toujours attaché.

Je ne puis désavouer que mon cœur ne soit flatté de me voir secondée par votre jugement, dans le mépris que je crois devoir à M. Solmes. Cependant, permettez-moi de vous dire qu'il n'est pas si horrible que vous le représentez, du moins par la figure ; car, du côté de l'âme, tout ce que j'ai appris de lui me porte à croire que vous lui avez rendu justice. Mais votre talent est si singulier pour peindre, comme vous dites, les laides ressemblances, et votre vivacité si extraordinaire, que l'un et l'autre vous emportent quelquefois hors des bornes de la vraisemblance. En un mot, ma chère, je vous ai vue plus d'une fois prendre la plume dans la résolution d'écrire tout ce que votre esprit, plutôt que la vérité, pourrait vous dicter de convenable à l'occasion. On pourrait penser qu'il m'appartient d'autant moins de vous quereller là-dessus, que vos dégoûts et vos aversions viennent ici de la tendresse que vous avez pour moi. Mais ne devons-nous pas toujours juger de nous-mêmes et de ce qui nous touche, comme nous pouvons nous figurer raisonnablement que les autres jugeraient de nous et de nos actions?

A l'égard du conseil que vous me donnez de reprendre mes droits, je suis résolue de ne jamais entrer en dispute avec mon père, quelque mal qui puisse m'en arriver. J'entreprendrai peut-être une autre fois de répondre à tous vos raisonnemens; mais je me contente d'observer aujourd'hui que Lovelace même me jugerait moins digne de ses soins, s'il me croyait moins capable d'une autre résolution. Ces hommes, ma chère, au travers de toutes leurs flatteries, ne laissent pas de jeter les yeux devant eux sur le solide, et ce n'est pas là-dessus que je les condamne. L'amour, considéré en arrière, doit paraître une grande folie, lorsqu'il a conduit à la pauvreté des personnes nées pour l'abondance, et qu'il a réduit des âmes généreuses à la dure nécessité de l'obligation et de la dépendance.

Vous trouvez dans la différence de nos caractères une raison fort ingénieuse de l'amitié que nous avons l'une pour l'autre : je ne me la serais jamais imaginée. Elle peut avoir quelque chose de vrai ; mais vrai ou non, il est certain que de sang-froid, et lorsque je me donnerai le temps de réfléchir, je ne vous en aimerai que mieux pour vos corrections et vos reproches, quelque sévérité que vous y puissiez mettre. Ainsi ne m'épargnez point, ma chère amie, lorsque vous me surprendrez dans la moindre faute. J'aime votre agréable raillerie; vous savez que je l'aime, et toute sérieuse que vous me croyiez, vous ai-je jamais reproché d'être trop éveillée, comme vous le dites trop durement de vous-même?

Une des premières conditions de notre amitié a toujours été de nous dire ou de nous écrire mutuellement ce que nous pensons l'une de l'autre ; et je crois cette liberté indispensable dans toutes les liaisons de cœur qui ont la vertu pour fondement.

J'ai prévu que votre mère se déclarerait pour l'obéissance aveugle de la part des enfans. Malheureusement la nature des circonstances m'ôte le pouvoir de me conformer à ses principes; je le devrais, comme dit madame Norton, si je le pouvais. Que vous êtes heureuse de n'avoir rien à démêler qu'avec vous-même, dans le choix qu'on vous invite à faire de M. Hickman ! Que je la serais aussi, si j'étais traitée avec la même douceur ! Je ne pourrais pas, sans rougir, m'entendre prier par ma mère, et prier inutilement, d'encourager un homme aussi exempt de reproches que M. Hickman!

Sérieusement, ma chère miss Howe, je n'ai pu lire sans confusion que votre mère ait dit, en parlant de moi, que tout est à craindre de la prévention en amour, dans les jeunes personnes de mon sexe. J'en suis d'autant plus touchée, que vous-même, ma chère, vous me semblez prête à me pousser de ce côté-là. Comme je serais fort blâmable d'user avec vous du moindre déguisement, je ne disconviendrai pas que cet homme, ce Lovelace, ne soit une personne pour laquelle on pourrait prendre assez de goût, si son caractère était aussi irréprochable que celui de M. Hickman, ou même s'il y avait quelque espérance de pouvoir le ramener. Mais il me semble que le mot d'amour, quoique si tôt prononcé, laisse un son qui a bien de la force et de l'étendue. Cependant je trouve que par des mesures violentes on peut être mené, comme pas à pas, à quelque chose qu'on pourrait nommer... je suis assez embarrassée à trouver un nom... qu'on pourrait nommer *une sorte de goût conditionnel,* ou quelque chose d'approchant ; mais pour le nom d'amour, tout légitime et tout charmant qu'il est dans plusieurs cas, tels que celui de la parenté, celui de la société, et plus encore dans le cas de nos devoirs suprêmes, où il mérite proprement le nom de divin, il me semble que, borné au sens étroit et particulier qui ne regarde que nous-mêmes, le son n'en est pas fort agréable. Traitez-moi aussi librement que vous le souhaitez sur les autres points. Cette liberté, comme je vous l'ai dit, ne fera qu'augmenter mon amitié. Mais je voudrais, pour l'honneur de notre sexe, que, soit qu'il soit question de moi ou d'une autre, vous ne laissassiez pas couler si facilement de votre bouche ou de votre plume l'imputation d'amour ; parce que c'est un double triomphe pour les hommes, qu'une femme de votre délicatesse, aussi pleine de mépris pour eux que vous voulez qu'on le pense, puisse leur livrer en quelque sorte une amie comme une sotte créature malade d'amour, avec une espèce de joie de sa faiblesse.

J'aurais quelques autres observations à faire sur vos deux dernières lettres, si j'avais l'esprit plus libre. J'ai voulu m'arrêter seulement aux endroits qui m'avaient frappée le plus, et dont j'ai cru ne pouvoir trop tôt vous avertir. Nous reviendrons à ce qui se passe ici ; mais ce sera dans une autre lettre.

LETTRE XXIX.

MISS CLARISSE HARLOVE, A MISS HOWE.

Samedi, 11 mars.

Il m'est venu tant de messages insultans de la part de mon frère et de ma sœur, et des déclarations de guerre si ouvertes, annoncées par Betty Barnes avec son effronterie ordinaire, qu'avant de m'adresser à mes oncles, suivant l'ouverture que ma mère m'a donnée dans sa lettre, j'ai jugé à propos de leur faire mes plaintes d'un procédé si peu fraternel. Mais je m'y suis prise d'une manière qui vous donnera beaucoup d'avantage sur moi, si vous continuez d'expliquer mes termes par quelques endroits de mes premières lettres. En un mot, vous aurez une plus belle occasion que jamais de me croire engagée bien loin en amour, si les raisons que j'ai eues de changer un peu de style ne vous en font pas porter un jugement plus favorable. J'ai cru devoir entrer dans leurs propres idées, et puisqu'ils veulent absolument que je sois prévenue pour M. Lovelace, je leur donne sujet de se confirmer dans leur opinion, plutôt que d'en douter.

En peu de mots, voici les raisons de ce changement. Premièrement ils ont fondé leur principale batterie sur l'aveu que je leur ai fait d'avoir le cœur libre ; et supposant ainsi que je n'ai rien à combattre, ils affectent de regarder ma résistance comme une pure obstination, d'où ils concluent que mon aversion pour Solmes peut être aisément surmontée, et qu'elle doit l'être par l'obéissance que je dois à mon père, et par la considération du bien général de la famille.

En second lieu, quoiqu'ils emploient cet argument pour me fermer la bouche, ils paraissent fort éloignés de s'en rapporter à mon aveu, et ils me traitent avec autant de violence et de mépris que si j'étais amoureuse d'un laquais de mon père ; de sorte que l'offre conditionnelle de renoncer à M. Lovelace ne m'a procuré aucune faveur.

D'un autre côté, puis-je me persuader que l'antipathie de mon frère soit bien fondée ? Le crime de M. Lovelace, celui du moins qu'on fait retentir sans cesse à mes oreilles, est sa passion désordonnée pour les femmes. C'en est un grand, sans doute : mais est-ce par affection pour moi que mon frère lui fait ce reproche ? Non, toute sa conduite fait trop connaître qu'il est animé par d'autres vues.

La justice m'oblige donc, en quelque sorte, d'élever un peu la voix pour la défense d'un homme qui, malgré ses justes ressentimens, n'a pas voulu faire tout le mal qu'il pouvait, tandis que mon frère s'est efforcé de lui en faire beaucoup, s'il l'avait pu. Il m'a semblé qu'il était à propos de les alarmer un peu par la crainte que les mesures qu'ils emploient ne soient directement opposées à celles qu'ils auraient dû prendre, pour répondre à leurs propres vues. Après tout, ce n'est pas faire un compliment si flatteur à M. Lovelace, de laisser penser que je le préfère à l'homme dont on m'épouvante. Miss Howe, me suis-je dit, m'accuse d'une prétendue mollesse qui m'expose aux insultes de mon frère : je veux me figurer que je suis sous les yeux de cette chère amie, et faire un peu l'essai de son esprit, au risque de connaître qu'il ne me sied pas bien.

C'est sur ces réflexions que je me suis déterminée à écrire les lettres suivantes à mon frère et à ma sœur.

A M. JAMES HARLOVE.

« Traitée comme je le suis, en partie ou peut-être entièrement par vos instigations, mon frère, il doit m'être permis de vous en faire mes plaintes. Mon intention n'est pas de vous déplaire dans ce que j'ai à vous écrire ; mais je dois m'expliquer avec liberté. L'occasion m'y oblige.

» Permettez qu'en premier lieu je rappelle à votre mémoire que je suis votre sœur, et que je ne suis pas votre servante. Vous en conclurez, s'il vous plaît, qu'il ne convient, ni à moi de souffrir, ni à vous d'employer le langage amer et passionné qu'on me tient de votre part, dans une occasion où je n'ai point d'ordre à recevoir de vous.

» Supposons que je dusse me marier à l'homme que vous n'aimez pas, et que j'eusse le malheur de ne pas trouver en lui un mari tendre et civil, serait-ce une raison pour vous d'être un frère incivil et désobligeant ? Devriez-vous avancer le temps de mes infortunes, si j'étais destinée à les essuyer un jour ? Je ne fais pas difficulté de le dire nettement : le mari qui me traiterait plus mal en qualité de femme que vous ne m'avez traitée depuis quelque temps en qualité de sœur, serait sans doute un barbare.

» Demandez-vous à vous-même, monsieur, si vous auriez fait le même traitement à votre sœur Bella, dans la supposition qu'elle eût reçu les soins de l'homme que vous haïssez ? S'il y a de l'apparence que non, souffrez, mon frère, que je vous exhorte à régler moins votre conduite sur ce que vous me croyez capable de supporter, que sur ce que le devoir vous permet d'entreprendre.

» Comment le prendriez-vous de la part d'un frère, si vous en aviez un, qui, dans un cas de la même nature, tînt à votre égard la conduite que vous tenez avec moi ? Vous ne sauriez avoir oublié la courte réponse que vous fîtes à mon père même, lorsqu'il vous proposa miss Doily. *Elle n'est pas de mon goût* ; tels furent vos termes, et l'on eut la bonté de n'y plus penser.

» Croyez-vous que j'ignore à qui je dois attribuer mes disgrâces, lorsque je me rappelle avec quelle indulgence mon père m'a permis de rejeter d'autres offres, et qui je dois accuser d'avoir formé une ligue en faveur d'un homme dont la personne et le caractère souffrent bien plus d'objections qu'aucun de ceux qu'on m'a permis de refuser?

» Je n'entreprends point de comparer les deux sujets. Et qui oserait dire, en effet, qu'il y ait la moindre comparaison? La différence, au désavantage de l'un, ne consiste que dans un point, qui est, à la vérité, de la plus grande importance, mais pour qui? pour moi-même assurément, si j'étais disposée à le favoriser, et moins pour vous que pour tout autre. Cependant, si vous ne parvenez pas, par votre étrange politique, à réunir cet homme et moi, comme les parties qui souffrent pour la même cause, vous me trouverez aussi déterminée à renoncer à lui que je le suis à refuser l'autre. J'ai fait l'ouverture de cette proposition. Ne me confirmez pas dans l'opinion que les difficultés viennent de vous.

» Il est bien triste pour moi de pouvoir dire que, sans avoir à me reprocher de vous avoir jamais offensé, j'ai un frère en vous, mais que je n'y ait point un ami.

» Peut-être ne daignerez-vous pas entrer dans les raisons de votre dernière conduite, avec une faible petite sœur. Mais si vous ne devez point de politesse à cette qualité, non plus qu'à mon sexe, rien ne peut vous dispenser de la justice.

» Accordez-moi la liberté d'observer aussi que le principal but de l'éducation qu'on donne aux jeunes gens dans nos Universités est de leur apprendre à raisonner juste, et à se rendre maîtres de leurs passions. J'espère encore, mon frère, que vous ne donnerez pas lieu à ceux qui nous connaissent tous deux de conclure que l'une a fait plus de progrès à sa toilette, dans la seconde de ces deux doctrines, que l'autre à l'Université. Je suis véritablement affligée d'avoir sujet de le dire, mais j'ai entendu remarquer plusieurs fois que vos passions indomptées ne font pas d'honneur à votre éducation.

» Je me flatte, monsieur, que vous ne vous offenserez pas de la liberté que j'ai prise avec vous. Vous ne m'en avez donné que trop de raisons, et vous en avez pris, sans motif, de bien plus étranges avec moi. Si vous vous trouvez offensé, faites moins d'attention à l'effet qu'à la cause. Alors, pour peu que vous vous examiniez vous-même, la cause ne manquera pas de cesser ; et l'on pourra dire avec justice, qu'il n'y aura point de gentilhomme plus accompli que mon frère.

» C'est, je vous assure, monsieur, dans les véritables sentimens d'une sœur, malgré la dureté avec laquelle vous me traitez, et nullement par présomption, comme vous avez paru trop prompt à m'en accuser, que je me hasarde à vous donner ce conseil. Je demande au ciel de faire renaître l'amitié dans le cœur de mon frère unique. Faites-moi retrouver en vous, je vous en conjure, un ami compatissant ; car je suis et serai toujours votre affectionnée sœur.

» Clarisse Harlove. »

Voici la réponse de mon frère :

» Je prévois qu'on ne verrait pas la fin de votre impertinent griffonnage, si je ne prends le parti de vous écrire. Je vous écris donc, mais sans entrer en dispute avec un petit esprit plein de hardiesse et de présomption ; c'est pour vous défendre de me tourmenter par votre joli galimatias. Je ne sais à quoi l'esprit est bon dans une femme, si ce n'est à lui faire prendre une ridicule estime d'elle-même, et à lui faire regarder tous les autres avec mépris. Le vôtre, miss l'effrontée, vous élève au dessus de votre devoir, et vous apprend à mettre au dessous de vous les leçons et les ordres de vos parens. Mais suivez la même route, miss, votre mortification n'en sera que plus cuisante. C'est tout ce que j'ai à vous répondre, mon enfant ; elle le sera, ou j'y perdrai ma peine, si votre préférence continue pour cet infâme Lovelace, qui est justement détesté de toute votre famille. Nous croyons avec la dernière évidence, comme nous n'avions que trop de raisons de le soupçonner, qu'il a pris de fortes racines dans vos inclinations un peu précoces ; mais plus ces racines auront de force, plus on trouvera le moyen d'en employer pour en arracher le vilain de votre cœur. Par rapport à moi, malgré votre impudent conseil, et les réflexions non moins impudentes qui le précèdent, ce sera votre faute, si vous ne me trouvez pas toujours votre ami et votre frère. Mais si vous continuez de vouloir un mari tel que Lovelace, attendez-vous à ne trouver ni l'un ni l'autre dans

« JAMES HARLOVE. »

Il faut vous donner à présent une copie de ma lettre à ma sœur et de sa réponse.

« Par quelle offense, ma chère sœur, ai-je pu mériter qu'au lieu d'employer tous vos efforts pour adoucir la colère de mon père, comme il est bien sûr que je l'aurais fait pour vous, si le malheureux cas où je me trouve eût été le vôtre, vous ayez le cœur assez dur pour allumer contre moi non seulement la sienne, mais encore celle de ma mère ? Mettez-vous à ma place, ma chère Bella, et supposez qu'on voulût vous faire épouser M. Lovelace, pour lequel on vous croit de l'antipathie : ne regarderiez-vous pas cet ordre comme une loi bien fâcheuse ? Cependant votre dégoût pour M. Lovelace ne saurait être plus grand que le mien pour M. Solmes. L'amour et la haine ne sont pas des passions volontaires.

» Mon frère regarde peut-être comme la marque d'un esprit mâle d'être insensible à la tendresse. Nous l'avons entendu tous deux se vanter de n'avoir jamais aimé avec distinction ; et dominé comme il est par d'autres passions, rebuté d'ailleurs dans son premier essai, peut-être ne recevra-t-il jamais d'autres impressions par le cœur. Qu'avec des inclinations si viriles il condamne et il maltraite une malheureuse sœur, dans les circonstances où il satisfait par là son antipathie et son ambition, ce n'est pas une chose qui doive paraître si surprenante ; mais qu'une sœur abandonne la cause d'une sœur, et qu'elle se joigne à lui pour animer un père et une mère, dans un cas qui intéresse le sexe, et qui pourrait avoir été son propre cas, en vérité, Bella, cette conduite n'est pas fort jolie.

» Nous nous souvenons toutes deux d'un temps où M. Lovelace passait pour un homme qu'on pouvait ramener, et où l'on était bien éloigné de regarder comme un crime l'espérance de le faire rentrer dans le chemin de la vertu et de l'honneur. Je ne souhaite pas d'en faire l'expérience. Cependant je ne fais pas difficulté de dire que, si je n'ai aucun penchant pour lui, les méthodes qu'on emploie pour me forcer de recevoir un homme tel que M. Solmes, sont capables de m'en inspirer.

» Mettez à part un moment tous les préjugés, et comparez ces deux hommes du côté de la naissance, de l'éducation, de la personne, de l'esprit et des manières, et du côté même de la fortune, en y comprenant les réversions. Prenez la balance, ma sœur, et pesez vous-même. Cependant j'offre toujours de me réduire au célibat, si l'on veut accepter ce parti.

» La disgrâce où je suis condamnée est un cruel tourment pour moi. Je voudrais pouvoir obliger tous mes amis! Mais la justice et l'honnêteté me permettent-elles d'épouser un homme qu'il m'est impossible de souffrir? Si je ne me suis jamais opposée à la volonté de mon père, si j'ai toujours fait ma satisfaction d'obliger et d'obéir, jugez de la force de mon antipathie pour ma douloureuse résistance.

» Ayez donc pitié de moi, ma très chère Bella! ma sœur, mon amie, ma compagne, ma conseillère, tout ce que vous étiez dans un temps plus heureux! Soyez aujourd'hui l'avocate de votre très affectionnée
« Clarisse Harlove. »

RÉPONSE DE MISS ARABELLE.

« Que ma conduite soit *fort jolie* ou non dans vos sages idées, je vous assure que je dirai mon opinion de la vôtre. Avec toute votre prudence, vous n'êtes qu'une petite folle, à qui l'amour fait tourner la tête. C'est ce qui paraît clairement dans vingt endroits de votre lettre. A l'égard de vos offres de célibat, c'est une chanson à laquelle personne n'est disposé à se fier. C'est un de vos artifices, pour éviter de vous soumettre à votre devoir et à la volonté des meilleurs parens du monde, tels que les vôtres ont toujours été pour vous... quoiqu'ils s'en voient aujourd'hui fort bien récompensés.

» Il est vrai que nous vous avions toujours crue d'un naturel doux et aimable; mais pourquoi paraissiez-vous telle? Vous n'aviez jamais été contrariée. On vous a toujours laissé faire vos volontés. Vous ne trouvez pas plus tôt de l'opposition au désir de vous jeter dans les bras d'un vil libertin, que vous nous montrez ce que vous êtes. Il vous est impossible d'aimer M. Solmes : voilà le prétexte. Ma sœur, ma sœur, la raison véritable, c'est que vous avez Lovelace au fond du cœur; un misérable, détesté, justement détesté de toute la famille, et qui a trempé ses mains dans le sang de votre frère. Cependant vous voudriez le faire entrer dans notre alliance : dites, le voudriez-vous?

» Je ne retiens pas mon impatience, de la seule supposition que j'aie pu avoir le moindre goût pour un homme de cette espèce. S'il a reçu autrefois, comme vous le prétendez, quelque encouragement de la part de notre famille, c'était avant que son misérable caractère fût connu. Les preuves qui ont fait une si forte impression sur nous, en devaient faire autant sur vous, et n'y auraient pas manqué, si vous n'aviez pas été une petite folle, d'un tempérament trop avancé, comme tout le monde le reconnaît dans cette occasion.

» Bon Dieu! quel étalage de beaux termes en faveur de ce misérable! Sa naissance, son éducation, sa personne, son esprit, ses manières, son air, sa fortune! Ses réversions sont appelées au secours pour grossir ce merveilleux catalogue! Quelle effusion d'un cœur qui se pâme d'amour! Et vous embrasseriez le parti du célibat? Oui, j'en réponds, tandis que toutes ses perfections imaginaires éblouissent vos yeux! Mais finissons : je voudrais seulement que, dans l'opinion que vous semblez avoir de votre bel esprit, vous ne prissiez pas tous les autres pour des insensés que vous croyez pouvoir mener en bride avec votre ton plaintif.

» Vous écrirez aussi souvent qu'il vous plaira, mais cette réponse sera la dernière que vous recevrez sur le même sujet

» D'ARABELLE HARLOVE. »

J'avais deux lettres prêtes pour chacun de mes oncles, que j'ai données à un domestique qui s'est présenté dans le jardin, en le priant de les remettre à leur adresse. Si je dois juger des réponses par celles que j'ai reçues de mon frère et de ma sœur, je n'ai rien d'agréable à me promettre. Mais lorsque j'aurai tenté tous les expédiens, j'aurai moins de reproches à me faire s'il arrive quelque chose de fâcheux. Je vous enverrai une copie de ces deux lettres, aussitôt que je saurai comment elles ont été reçues ; si l'on me fait la grâce de m'en informer.

LETTRE XXX.

MISS HOWE, A MISS CLARISSE HARLOVE.

Dimanche au soir, 12 mai.

Cet homme, ce Lovelace, me jette dans une furieuse inquiétude. Sa hardiesse et sa témérité vont à l'excès. Il était aujourd'hui à l'église, dans l'espérance apparemment de m'y voir : cependant, si c'était son motif, ses intelligences ordinaires doivent l'avoir trompé.

Chorey, qui était à l'église, m'a dit qu'elle avait observé particulièrement son air fier et hautain lorsqu'il s'est tourné, du côté du banc où il était assis, vers le banc de notre famille. Mon père et mes deux oncles s'y trouvaient ; ma mère et ma sœur y étaient aussi. Heureusement mon frère n'y était pas. Ils sont tous revenus en désordre. Comme c'est la première fois qu'il se soit fait voir ici depuis la malheureuse rencontre, toute l'assemblée n'a eu des yeux que pour lui.

Quelles peuvent avoir été ses vues? S'il s'était proposé de prendre un air de bravade et de défi, comme Chorey et d'autres croient l'avoir remarqué? Est-il venu pour me voir? mais en tenant cette conduite à l'égard de ma famille, a-t-il cru me rendre service ou me plaire? Il sait combien il en est haï, et il ne daigne pas prendre la peine, quoique apparemment fort inutile, d'adoucir du moins leur haine.

Souvenez-vous, ma chère, qu'entre vous et moi nous avons souvent observé son orgueil. Vous l'en avez même raillé, et loin de se disculper là-dessus, il a passé condamnation. En l'avouant, il croit avoir fait assez. Pour moi, j'ai toujours pensé que, dans sa situation, l'orgueil est un assez mauvais sujet de plaisanterie. C'est un vice si petit, si inutile dans les gens de haute naissance! S'ils méritent du respect, ne sont-ils pas sûrs d'en obtenir sans qu'il soit nécessaire de l'exiger? En d'autres termes, vouloir s'attirer du respect par des manières hautaines, c'est faire voir qu'on se défie de son propre mérite, c'est avouer qu'on ne s'en juge pas digne par ses actions. La distinction ou la qualité peut être un sujet d'orgueil pour ceux en qui c'est une acquisition nouvelle. Alors les réflexions et le mépris qu'il attire sur eux en deviennent le contrepoids.

Avec tant d'autres avantages, surtout du côté de la personne et de la figure, du savoir même, comme on assure qu'il en a, être orgueilleux et hautain! tandis qu'il est condamné et démenti par son visage, que je le trouve inexcusable! Orgueilleux! de quoi? Ce n'est pas de bien faire; seul orgueil qu'on pourrait peut-être justifier. Orgueilleux des avantages extérieurs? Mais cette faiblesse, dans ceux ou celles qui en sont capables, ne doit-elle pas les conduire bientôt à se défier de l'intérieur? Quelques gens pourraient craindre qu'on ne marchât sur eux, s'ils ne prenaient un air de fierté : crainte après tout bien humiliante, puisqu'elle suppose, si l'on peut parler ainsi, qu'ils y marchent eux-mêmes. Mais un homme tel que lui, doit être sûr que l'humilité ne lui servirait que d'ornement.

On ne peut lui refuser beaucoup de talens. Mais ses talens et tous ses avantages personnels ont été pour lui comme autant de piéges. Je ne me trompe point dans ce jugement; d'où il faut conclure que le mal et le bien, pesés dans une balance égale, ce ne serait pas le bien qui l'emporterait.

Si mes amis avaient conservé un peu de confiance par cette discrétion, dont ils ne m'accusent pas de manquer, j'ose dire que j'aurais pénétré tous ses défauts. Alors j'aurais été aussi ferme à le congédier que je l'ai été à rejeter tous les autres, et que je le serai éternellement à refuser M. Solmes. Que ne connaissent-ils le fond de mon cœur! Il étoufferait plutôt que de former jamais volontairement un désir qui puisse jeter la moindre tache sur eux, sur mon sexe ou sur moi-même.

Je vous demande grâce, ma sœur, pour mes graves soliloques; c'est le nom que je puis leur donner. Comment me suis-je laissé entraîner de réflexions en réflexions? Mais l'occasion en est présente. Tout est ici en mouvement sur le même sujet. Chorey dit qu'il a cherché les yeux de ma mère, qu'il lui a fait une profonde révérence, et qu'elle lui a rendu sa politesse. Il a toujours admiré ma mère : je crois qu'elle n'aurait pas eu d'aversion pour lui si on ne lui avait ordonné d'en avoir, et sans cette malheureuse rencontre entre lui et son fils unique.

Le docteur Lewin était à l'église. Ayant observé, comme tout le monde, l'embarras que la vue de M. Lovelace causait à toute notre famille, il a eu l'attention de l'engager, après le service, dans un entretien assez long pour laisser le temps à tous mes proches de remonter en carrosse.

Il paraît que mon père s'anime de plus en plus contre moi. On me dit la même chose de mes oncles. Ils ont reçu mes lettres ce matin. Leur réponse, s'ils daignent m'en faire quelqu'une, me confirmera sans doute l'imprudence que ce téméraire a eue de se présenter si mal à propos à l'église.

On les croit fâchés contre ma mère pour le retour de politesse dont elle n'a pu se dispenser. Ainsi la haine s'attaque jusqu'aux devoirs communs de la civilité; quoiqu'ils doivent être considérés du côté de celui qui les rend plutôt que de celle qui les reçoit. Mais ils concluent tous, m'assure-t-on, qu'il ne leur reste qu'un seul moyen pour mettre fin aux insultes. C'est donc sur moi que la peine va tomber. Qu'aura gagné cet imprudent, et quel avantage en tirera-t-il pour ses vues (1)?

Ma plus grande crainte est que cette apparition, pire que celle de quelque fantôme, n'annonce des entreprises encore plus hardies. S'il a l'audace de se présenter ici, comme il me presse instamment de le permettre, je tremble qu'il y ait du sang répandu. Pour éviter ce malheur, je

(1) On verra, dans une des lettres suivantes, quels étaient les motifs qui avaient amené M. Lovelace à l'église.

souffrirais volontiers, s'il n'y avait pas d'autre moyen, qu'on m'enterrât toute vive.

Ils sont tous en consultation. Je suppose qu'il est question de mes lettres. Ils s'étaient assemblés dès le matin, et c'est à cette occasion que mes oncles se sont trouvés à l'église. Je vous enverrai les copies de ces deux lettres lorsque j'aurai vu si je puis vous envoyer en même temps celles des réponses. Celle-ci n'est que... quoi dirai-je ? Elle n'est que l'effet de mes craintes et de mon ressentiment contre l'homme à qui je dois les attribuer. Six lignes auraient contenu tout ce qu'elles ont de commun avec mon histoire.

CLARISSE HARLOVE.

LETTRE XXXI.

M. LOVELACE, A M. BELFORD.

Lundi, 16 mars.

C'est en vain que tu me presses, toi et tes camarades (1), de retourner à la ville, aussi long-temps que cette fière beauté me tiendra dans l'incertitude. Si j'ai gagné jusqu'à présent un peu de terrain, je n'en ai l'obligation qu'à son inquiétude pour la sûreté de ceux que j'ai mille raisons de haïr.

« Écris donc, me dis-tu, si tu ne veux pas venir. » A la vérité, je puis écrire, et je le puis sans m'embarrasser si j'ai de la matière ou non pour mes lettres. Ce que tu vas lire en sera la preuve.

Le frère de ma déesse m'a suscité, comme je te l'ai raconté chez M. Hall, un nouveau concurrent : le moins dangereux homme du monde par la figure et les qualités ; mais le plus redoutable par ses offres.

Cet homme a captivé, par ses propositions, les âmes de tous les Harlove. Les âmes ! ai-je dit. Toute cette famille est sans âme : à l'exception de celle qui m'a charmé. Mais cette âme incomparable est actuellement renfermée et maltraitée par un père, le plus sombre et le plus absolu de tous les hommes, à l'instigation d'un frère le plus arrogant et le plus présomptueux. Tu connais leur caractère. Ainsi je n'en souillerai pas mon papier.

Mais connais-tu rien de si détestable que d'être amoureux de la fille, de la sœur et de la nièce d'une famille que je dois éternellement mépriser ? Et, ce qui me fait donner au diable, de sentir croître ma passion, je ne dirai pas par le mépris, par l'orgueil, par l'insolence d'une beauté adorée ; mais par des difficultés qui ne paraissent venir que de sa vertu ? Je suis puni de n'être pas un adroit pécheur, un hypocrite, de n'avoir aucun égard pour ma réputation ; de permettre à la médisance d'ouvrir la bouche contre moi. Mais l'hypocrisie m'est-elle donc nécessaire, à moi qui suis en possession de tout emporter au moment que je parais et aux conditions qu'il me plaît d'imposer ; à moi qui n'ai jamais inspiré de crainte, sans un mélange sensible d'amour prédominant ? Le poète a dit : « La vertu n'est qu'un rôle de théâtre ; et celui qui paraît vertueux montre moins son naturel que son art. »

Fort bien ; mais il semble que je suis forcé à la pratique de cet art, si

(1) L'auteur remarque que ces messieurs affectaient souvent de s'écrire en style romain, comme ils le nommaient entre eux (c'est-à-dire le *tu* et le *toi*) ; et qu'ils étaient convenus de prendre en bonne part toutes sortes de libertés mutuelles, lorsqu'elles étaient dans ce style. Le *tu* n'est employé, en anglais, que dans la haute poésie.

je veux réussir auprès d'une femme qui mérite véritablement de l'admiration. Au fond, pourquoi recourir à l'art? Ne puis-je me réformer? Je n'ai qu'un vice. Qu'en dis-tu, Belford? Si quelque mortel connaît mon cœur, c'est toi seul. Tu le connais... autant du moins que je le connais moi-même. Mais c'est un trompeur abominable, car il en a mille fois imposé à son maître. Son maître? C'est ce que je ne suis plus. J'ai cessé de l'être depuis le moment où j'ai vu pour la première fois cette femme angélique. J'y étais préparé, néanmoins, par la peinture qu'on m'avait faite de son caractère; car tout éloigné qu'on est de la vertu, il faudrait être enragé pour ne pas l'admirer dans autrui. La visite que je rendis à la pauvre Arabelle ne fut, comme je te l'ai dit, qu'une erreur de l'oncle, qui prit une sœur pour l'autre, et qui, au lieu de m'introduire auprès d'une divinité, que j'avais entendu vanter au retour de mes voyages, ne me fit voir qu'une très simple mortelle. Je ne laissai pas d'avoir assez de peine à me dégager, tant je trouvai de facilité et d'empressement dans cette sœur. Ma crainte était de rompre avec une famille de qui j'espérais recevoir une déesse.

Je me suis vanté d'avoir aimé une fois dans ma vie, et je crois qu'effectivement c'était de l'amour. Je parle de ma première jeunesse, et de cette coquette de qualité dont tu sais que j'ai fait vœu de punir la perfidie sur autant de femmes qu'il pourra m'en tomber entre les mains. Je crois que pour m'acquitter de ce vœu, j'ai déjà sacrifié, dans divers climats, plus d'une hécatombe à ma vengeance. Mais, en me rappelant ce ce que j'étais alors, et le comparant à ce que je me trouve aujourd'hui, je suis obligé de reconnaître que je n'avais jamais été véritablement amoureux.

Comment s'est-il donc fait, me demanderas-tu, qu'après avoir eu tant de ressentiment de me voir trompé, je n'ai pas laissé de conserver le goût de la galanterie? Je vais te l'apprendre, autant que je pourrai m'en souvenir; car c'est parler de fort loin. Ma foi, cela est venu... attends, il ne m'est pas trop aisé de te le dire... cela est venu, je crois, d'un goût violent pour la nouveauté. Ces diables de poètes, avec leurs descriptions célestes, m'échauffèrent autant l'imagination que la divine Clarisse m'enflamme aujourd'hui le cœur. Ils m'inspirèrent l'envie de créer des déesses. Je ne pensai qu'à faire l'essai de ma nouvelle verve, par des sonnets, des élégies et des madrigaux. Il me fallut une Iris, une Chloris, une Sylvie comme aux plus célèbres. Il me fallut donner à mon Cupidon des ailes, des traits, des flammes et tout l'attirail poétique. Il fallut me faire un fantôme de beauté, la placer où d'autres ne se seraient jamais avisés d'en trouver; et souvent je me suis vu dans l'embarras pour un sujet, lorsque ma déesse de nouvelle création avait été moins cruelle qu'il ne convenait au ton plaintif de mon sonnet ou de mon élégie.

D'ailleurs, il entrait une autre sorte de variété dans ma passion; je me voyais bien reçu des femmes en général; jeune et vain comme j'étais alors, je me sentais flatté d'une espèce de tyrannie que j'exerçais sur leur sexe, en faisant tomber sur l'une ou sur l'autre un choix qui ne manquait pas de faire vingt jalouses : c'est un plaisir dont je puis t'assurer que j'ai joui mille fois. J'ai vu, avec plus de satisfaction que tu ne le saurais croire, l'indignation briller dans les yeux d'une rivale. J'ai vu monter la rougeur sur plus d'un visage. J'ai vu briser de dépit plus d'un éventail; avec des réflexions peut-être sur la liberté que se donnait une autre femme de souffrir tête-à-tête un jeu folâtre, qui ne pouvait après tout leur faire à toutes la même grâce à la fois.

En un mot, Belford, c'était l'orgueil, comme je le reconnais aujourd'hui, qui m'avait excité plus que l'amour à me signaler par mes ravages, après la perte de ma coquette. Je m'en étais cru aimé, autant du moins que je croyais l'aimer. Ma vanité me persuadait même qu'elle n'avait pu s'en défendre. Ce choix était approuvé de tous mes amis, qui ne souhaitaient que de me voir bien enchaîné, parce qu'ils se sont défiés, de bonne heure, de mes principes de galanterie. Ils remarquaient que toutes les femmes du bel air, celles qui aiment la danse, le chant, la musique, étaient passionnées pour ma compagnie. En effet, connais-tu quelqu'un (la vanité va me saisir si je n'y prends garde), mais parle naturellement, Belford, nommerais-tu quelqu'un qui danse, qui chante, qui touche toutes sortes d'instrumens d'aussi bonne grâce que ton ami?

Mon intention n'est pas de donner dans l'hypocrisie, jusqu'à m'aveugler sur des qualités que tout le monde me reconnaît. Loin de moi les déguisemens étudiés de l'amour-propre, les fausses affectations d'humilité, et tous les petits artifices par lesquels on surprend l'estime des sots. Ma vanité sera toujours ouverte pour les qualités dont je n'ai l'obligation qu'à moi-même, telles que mes manières, mon langage, mon air, ma contenance ferme, mon goût d'ajustemens. Je puis faire gloire de tout ce que j'ai acquis. Pour mes talens naturels, je n'en prends pas droit de m'estimer davantage. Tu es assez badin pour me dire que je n'en ai pas sujet, et peut-être aurais-tu raison. Mais si je vaux mieux par l'esprit que le commun des hommes, c'est un avantage que je ne me suis pas donné; et s'enorgueillir d'une chose dont l'abus nous rend coupables sans qu'il y fait aucun mérite à s'en bien servir, c'est se parer, comme le geai de la fable, d'un plumage emprunté.

Mais, pour revenir à ma coquette, je n'avais pu supposer que la première femme qui m'avait donné des chaînes (chaînes de soie d'ailleurs fort différentes des chaînes de fer que je porte aujourd'hui!) m'eût jamais quitté pour un autre homme; et lorsque je m'étais vu abandonné, j'avais attaché au faux bien que j'avais perdu plus de prix que je ne lui en avais trouvé dans la possession.

Aujourd'hui, Belford, j'éprouve toute la force de l'amour. Je ne pense, je ne puis penser qu'à la divine Clarisse Harlove. Harlove! Que ce nom détesté me coûte à prononcer! mais compte que je lui en ferai prendre un autre, et ce sera celui de l'amour même (1). Clarisse! nom charmant! que je ne puis prononcer sans être attendri jusqu'au fond du cœur. Te serais-tu jamais figuré que moi, qui me suis flatté jusqu'à présent de faire en amour autant de faveur que j'en reçois; moi, dis-je, lorsqu'il s'agit de quitter l'honorable carrière du plaisir pour me jeter dans des entraves, je fusse capable de ce fol excès de tendresse? Je ne me le pardonne pas à moi-même; et laissant les trois premiers vers suivans aux amans langoureux, je trouve les effets que cette fatale passion produit dans mon cœur, bien mieux exprimés par les trois derniers (2).

« L'amour agit différemment suivant la différence des âmes qu'il inspire. Il allume dans les naturels doux, un feu qui l'est aussi, comme celui de l'encens qui brûle sur l'autel.

(1) Lovelace signifie *lien d'amour*. — (2) Dryden.

» Mais les âmes violentes sont la proie des flammes les plus terribles. C'est un feu dont le vent des passions augmente l'impétuosité, qui monte orgueilleusement, et qui brûle pour la vengeance. »

Oui, la vengeance! Car peux-tu penser que si je n'étais pas retenu par l'opinion que la stupide famille des Harlove ne travaille que pour moi, je supportasse un moment leurs insultes? Qui me croira jamais capable de me laisser braver comme je le suis, menacer comme je suis menacé, par ceux à qui ma seule vue cause de l'effroi, et surtout par ce frère brutal qui me doit la vie (une vie à la vérité qu'il n'est pas digne de perdre par mes mains!), si mon orgueil n'était plus satisfait de savoir, par l'espion même qu'il entretient pour m'observer, que je le joue à mon gré, j'enflamme, je refroidis ses violentes passions autant qu'il convient à mes vues, je l'informe assez de ma conduite et de mes intentions pour lui faire mettre une aveugle confiance dans cet agent *à double face,* que je joue lui-même par tous les mouvemens qu'il ne reçoit que de mes volontés?

Voilà, mon ami, ce qui élève mon orgueil au dessus de mon ressentiment. Par cette machine dont j'entretiens continuellement les ressorts, je me fais un amusement de les jouer tous. Le vieux matelot d'oncle n'est que mon ambassadeur auprès de la reine-mère Howe, pour l'engager à se joindre à la cause des Harlove, dans la vue d'en faire un exemple pour la princesse sa fille, et à les fortifier de son secours pour le soutien d'une autorité qu'ils sont résolus de faire valoir, bien ou mal à propos, sans quoi j'aurais peu d'espérance.

Quel peut être mon motif, me demandes-tu? Le voici, pauvre butor : que ma charmante ne puisse trouver de protection hors de ma famille ; car si je connais bien la sienne, elle sera forcée de prendre la fuite ou d'accepter l'homme qu'elle déteste. Il arrivera donc, si mes mesures sont bien prises, et si mon *esprit familier* ne me manque pas au besoin, qu'elle viendra tomber entre mes bras, en dépit de tous ses proches, en dépit de son cœur inflexible; qu'elle sera tôt ou tard à moi, sans condition, sans la réformation promise, peut-être sans qu'il soit besoin d'un long siége; et qu'il dépendra même de moi de la mettre à plus d'une épreuve. Alors je verrai tous les *faquins* et toutes les *faquines* de la famille ramper à mes pieds. Je leur ferai la loi. Je forcerai ce frère impérieux et sordide de venir plier le genou sur le marchepied de mon trône.

Mes seules alarmes viennent du peu de progrès que je crains d'avoir fait jusqu'à présent dans le cœur de cette charmante pièce de glace. Un si beau teint sur les plus beaux traits du monde, tant d'éclat dans les yeux, une taille si divine, une santé si florissante, un air si animé, toute la fleur de la première jeunesse, avec un cœur si impénétrable! Et moi pour amant, l'heureux, le favorisé Lovelace! quel moyen d'y rien comprendre? Cependant il se trouve des gens qui se souviennent de l'avoir vue naître. Norton, qui a été sa nourrice, se vante de lui avoir rendu, dans son enfance, les soins maternels et d'avoir servi par degrés à son éducation. Ainsi voilà des preuves convaincantes qu'elle n'est pas descendue tout d'un coup du ciel, comme un ange. Comment se peut-il donc qu'elle ait le cœur insensible?

Mais voici l'erreur et j'appréhende bien qu'elle n'en guérisse jamais. Elle prend l'homme qu'elle appelle son père (il n'y aurait rien à reprocher à sa mère, si elle n'était la femme d'un tel père), elle prend les gens qu'on appelle ses oncles, le pauvre imbécile qu'on appelle son frère, et la méprisable espèce de femme qu'elle appelle sa sœur, pour son père, pour ses oncles, pour son frère et sa sœur. A ces titres, elle croit devoir aux uns de la considération, aux autres du respect, avec quelque barbarie qu'elle en soit traitée. Liens sordides! misérables préjugés du berceau! Si la nature en mauvaise humeur ne lui en avait pas imposé, ou si elle avait eu elle-même des parens à choisir, en aurait-elle un seul de tous ceux qui portent ce nom?

Que mon cœur souffre de la préférence qu'elle leur accorde sur moi, pendant qu'elle est convaincue de l'injustice qu'ils me font! convaincue que mon alliance leur ferait honneur à tous, à l'exception d'elle à qui tout le monde doit de l'honneur, et de qui le sang royal en recevrait. Mais combien ce cœur ne se soulèvera-t-il pas d'indignation, si je m'aperçois que malgré les persécutions elle hésite un seul moment à me préférer au misérable qu'elle hait et qu'elle méprise? Non, elle n'aura jamais la bassesse d'acheter son repos à ce prix. Il est impossible qu'elle donne jamais les mains à des projets formés à ses dépens par la malignité et l'intérêt propre. Elle a trop d'élévation pour ne pas les mépriser dans autrui, et trop d'intérêt à les désavouer, de peur qu'on ne la prenne pour une Harlove.

De tout ce que tu viens de lire, tu peux recueillir que je ne me hâterai pas de retourner à la ville, puisque je dois commencer par obtenir de la dame de mon cœur de n'être point sacrifié à un homme tel que M. Solmes. Malheur à la belle, si, étant quelque jour forcée de tomber sous mon pouvoir (car je désespère qu'elle y vienne jamais volontairement), je trouve de la difficulté à me procurer cette assurance!

Ce qui serre mes chaînes, c'est que son indifférence pour moi ne vient d'aucun goût pour un autre homme. Mais gardez-vous bien, charmante personne, gardez-vous, ô la plus relevée et la plus aimable des femmes, de vous rabaisser par le moindre signe de préférence en faveur de l'indigne rival que vos sordides parens n'ont suscité qu'en haine de moi!... Tu diras, Belford, que j'extravague; tu auras raison : que je sois abîmé si je ne l'aime jusqu'à l'extravagance! Autrement, pourrais-je souffrir les continuels outrages de son implacable famille? Autrement, pourrais-je digérer l'humiliation de passer ma vie, je ne dis pas autour de la maison de son orgueilleux père, mais autour de la palissade de son parc et des murs de son jardin, séparé d'elle néanmoins par un mille de distance, et sans aucun espoir de découvrir du moins le bord de son ombre? Autrement, me croirais-je payé, avantageusement payé, lorsqu'après avoir erré pendant quatre, cinq ou six nuits par des routes désertes et des enclos couverts de bruyères, je trouve quelques froides lignes qui aboutissent à me déclarer qu'elle fait plus de cas du plus indigne sujet de son indigne famille, que de moi, et qu'elle ne m'écrit que pour m'engager à souffrir des insultes dont la seule idée me trouble le sang? Logé pendant ce temps-là dans un misérable cabaret du voisinage, déguisé comme si j'étais fait pour y vivre, nourri et meublé, comme je me souviens de l'avoir été dans mon voyage de Westphalie. Il est heureux, crois-moi, que la nécessité de cet humble esclavage ne vienne point de sa hauteur et de sa tyrannie, et qu'elle y soit assujétie la première.

Mais jamais héros de roman (à l'exception des géans et des dragons qu'ils avaient à combattre) fut-il appelé à de plus rudes épreuves? Naissance, fortune, grandeur future de mon côté : un misérable pour rival ; ne faut-il pas que je sois déplorablement amoureux pour surmonter tant de difficultés et braver tant de mépris? Par ma foi, j'ai honte de moi-même ; moi, d'ailleurs, qui, par des obligations précédentes, me rends coupable d'un parjure si je suis fidèle à quelque femme au monde...

Cependant, pourquoi rougirais-je de mes humiliations? N'est-il pas glorieux d'aimer celle qu'on ne peut voir sans l'aimer ou sans la révérer, ou sans lui rendre ces deux tributs ensemble? *La cause de l'amour, suivant Dryden, ne saurait être assignée. Il ne faut pas la chercher dans un visage ; elle est dans l'idée de celui qui aime...* Mais s'il eût été contemporain de ma Clarisse, il aurait avoué son erreur ; et prenant ensemble figure, esprit et conduite, il aurait reconnu la justice de la voix universelle en faveur de ce chef-d'œuvre de la nature.

Je te crois curieux de savoir si je ne chasse pas quelque autre proie, et s'il est possible pour un cœur aussi *banal* que le mien de se borner si long-temps au même objet! Pauvre Belford! Tu ne connais pas cette charmante créature, si tu peux me faire de telles questions, ou tu t'imagines me connaître mieux que tu ne fais. Tout ce qu'il y a d'excellent dans ce sexe s'est réuni pour composer Clarisse Harlove. Jusqu'à ce que le mariage ou d'autres intimités de la même nature me l'aient fait trouver moins parfaite que les substances angéliques, il est impossible que je m'occupe d'une autre femme ; et puis, pour un esprit tel que le mien, il y a dans cette affaire tant d'autres aiguillons que ceux de l'amour! Un si beau champ pour l'intrigue et les stratagèmes, dont tu sais que je fais mes délices... Comptes-tu pour rien la fin qui doit couronner mes peines? Devenir maître d'une fille telle que Clarisse, en dépit de ses surveillans, en dépit d'une prudence et d'une réserve que je n'ai jamais trouvées dans aucune femme... quel triomphe, quel triomphe sur tout le sexe! D'ailleurs, n'ai-je pas une vengeance à satisfaire! Une vengeance que la politique me fait tenir en bride, mais pour éclater dans l'occasion avec plus de furie. Conçois-tu qu'il y ait place pour une seule pensée qui ne soit d'elle, et qui ne lui soit dévouée?

Les avis que je reçois à ce moment me donnent lieu de croire que j'aurai besoin ici de toi. Ainsi, tiens-toi prêt à partir au premier avis. Que Belton, Mowbray et Tourvil se tiennent prêts aussi. Je médite quelque moyen de faire voyager James Harlove pour lui former l'esprit et les manières. Jamais sot campagnard n'en eut plus de besoin. N'ai-je pas dit : *je médite?* Ma foi, le moyen est déjà trouvé ; il ne manque que de le mettre à exécution, sans qu'on puisse me soupçonner d'y avoir eu part. C'est une résolution prise ; j'aurai du moins le frère, si je n'ai pas la sœur.

Mais quel que puisse être le succès de cette entreprise, la carrière paraît ouverte à présent pour de glorieux attentats. On a formé depuis quelque temps une ligue qui me menace. Les oncles et le neveu, qui ne sortaient auparavant qu'avec un seul laquais, doivent en prendre deux ; et ce double train doit être doublement armé, lorsque les maîtres hasarderont leurs têtes hors de leurs maisons. Cet appareil de guerre marque une haine déclarée contre moi, et une ferme résolution en faveur de Solmes. Je crois qu'il faut attribuer ces nouveaux ordres à une visite que je fis hier à leur église ; lieu propre néanmoins pour commencer une réconciliation, si les chefs de la famille étaient *chrétiens*, et s'ils se proposaient quelque chose dans leurs prières. Mon espérance était de recevoir une invitation, ou du moins quelque prétexte pour les accompagner à leur retour, et de me procurer ainsi l'occasion de voir ma déesse; car je m'imaginais qu'ils n'oseraient pas me refuser les devoirs communs de la civilité. Mais il semble qu'à ma vue la terreur les ait saisis, et qu'ils n'aient pu s'en rendre maîtres. Je remarquai certainement du trouble sur leurs visage, et qu'ils s'attendaient tous à quelque événement extraordinaire : ils ne seraient pas trompés, si j'avais été plus sûr du cœur de leur fille. Cependant je ne pense pas à leur nuire, pas même à toucher à un cheveu de leurs têtes stupides.

Vous aurez vos instructions par écrit, si l'occasion le demande. Mais, après tout, je me figure qu'il suffira de vous montrer avec moi. Qu'on me trouve quatre hommes d'aussi bonne mine, un air aussi fier que celui de Mowbray, aussi vif, aussi mutin que celui de Belton, aussi agréable et aussi pimpant que celui de Tourvil, aussi mâle et aussi militaire que te tien, et moi votre chef : où sont les ennemis que nous ne fassions pas trembler? Enfans, il faut que chacun vienne accompagné d'un ou deux de ses valets, choisis depuis long-temps pour leurs qualités, semblables à celles de ses maîtres.

Tu vois, ami, que j'ai écrit comme tu le désires, écrit sur quelque chose, sur rien, sur la vengeance que j'aime, sur l'amour que je hais, parce qu'il est mon maître; le diable sait sur quoi, car en jetant les yeux sur ma lettre, je suis étonné de sa longueur. Qu'elle fût communiquée à personne, c'est à quoi je ne consentirais pas pour la rançon d'un roi. Mais tu m'as dit qu'il me suffisait de t'écrire pour te donner du plaisir.

Prends-en donc : je t'ordonne d'en prendre à me lire : si ce n'est pas pour l'écrivain, ni pour ce qu'il t'écrit, que ce soit pour faire honneur à ta parole. Sur quoi, finissant en style royal (car n'y a-t-il pas de l'apparence que, dans la grande affaire que j'entreprends, je serai ton roi et ton empereur?) je te dis gravement : *Adieu.*

LETTRE XXXII.

MISS CLARISSE HARLOVE, A MISS HOWE.

Mardi, 16 mars.

Je vous envoie la copie de mes lettres à mes deux oncles, avec les réponses, et, vous laissant le soin d'y faire vos remarques, je n'en ferai moi-même aucune.

A M. JULES HARLOVE.

Samedi, 12 mars.

« Permettez-moi, mon très honoré second père, comme vous m'avez appris à vous nommer dans mes heureux jours, d'implorer votre protection auprès de mon père, pour obtenir de sa bonté la dispense d'un commandement sur lequel il ne peut insister sans me rendre misérable toute ma vie.

» Toute ma vie! je le répète. Est-ce une bagatelle, mon cher oncle? N'est-ce pas moi qui dois vivre avec l'homme qu'on me propose? Est-ce une autre que moi? Ne me laissera-t-on pas la liberté de juger, pour mon propre intérêt, si je puis ou si je ne puis pas vivre heureusement avec lui?

» Supposons que ce malheur m'arrive : sera-t-il prudent de me plaindre ou d'en appeler? Et quand il le serait, de qui espérer du secours contre un mari? Le dégoût invincible et déclaré que j'ai pour lui ne suffirait-il pas pour justifier ses plus mauvais traitemens, quand je me ferais toute la violence possible pour remplir mon devoir? Et si j'obtenais cet empire sur moi-même, ne serait-ce pas la crainte seule qui me rendrait capable d'un si grand effort?

» Je le répète encore une fois, ce n'est point une bagatelle, et c'est pour toute ma vie. De grâce, mon cher oncle, pourquoi voudrait-on me condamner à une vie misérable? Pourquoi serais-je réduite à n'avoir pour toute consolation que l'espérance d'en voir bientôt la fin?

» Le mariage qui promet le plus, est un engagement assez solennel pour faire trembler une jeune personne lorsqu'elle y pense sérieusement. Etre abandonnée à un homme étranger et transplantée dans une nouvelle famille; perdre jusqu'à son nom pour marque d'une dépendance absolue; entrer dans l'obligation de préférer cet étranger à son père, à sa mère, à tout l'univers, et l'humeur de cet étranger à la sienne, ou de disputer, peut-être aux dépens de son devoir, pour l'exercice le plus innocent de sa propre volonté; se faire un cloître de sa maison, former de nouvelles connaissances, abandonner les anciennes, renoncer peut-être à ses plus étroites amitiés sans avoir droit d'examiner si cette contrainte est raisonnable ou non, et sans autre règle, en un mot, que l'ordre d'un mari: assurément, monsieur, tous ces sacrifices ne peuvent être exigés d'une jeune fille que pour un homme qu'elle soit capable d'aimer. S'il en arrive autrement, quel est son malheur! que sa vie est misérable! en supposant qu'un sort si triste mérite le nom de vie.

» Je voudrais qu'il dépendît de moi de pouvoir vous obéir à tous. Quel plus doux plaisir pour moi que de vous obéir si je le pouvais! « Commencez par vous marier, m'a dit un de mes plus chers parens; l'amour suivra le mariage. » Mais comment goûter cette maxime? Mille choses arrivent dans les mariages les mieux assortis, qui peuvent n'en faire qu'un état purement supportable. Que sera-ce donc quand un mari, loin de pouvoir compter sur l'affection de sa femme, aura raison d'en douter, parce qu'il sera persuadé qu'elle lui aurait préféré tout autre homme, si elle avait été maîtresse de son choix? Combien de défiances, de jalousies, de froideurs, de préventions désavantageuses doivent troubler la paix d'une telle union? L'action la plus innocente, un simple regard, peuvent être mal interprétés; tandis que de l'autre part, l'indifférence, pour ne rien dire de plus, prendra la place du désir d'obliger, et la crainte fera l'office de l'amour.

» Attachez-vous un peu sérieusement à ces réflexions, mon cher oncle, et présentez-les à mon père avec la force qui convient au sujet, mais que la faiblesse de mon sexe et celle d'un âge sans expérience ne me permettent pas de donner à cette peinture. Employez tout le pouvoir que vous avez sur son esprit pour empêcher que votre malheureuse nièce ne soit livrée à des maux sans remède.

» J'ai offert de renoncer au mariage, si cette condition peut être acceptée. Quelle disgrâce n'est-ce pas pour moi de me voir privée de toute sorte de communication, bannie de la présence de mon père et de ma mère, abandonnée de vous, monsieur, et de mon autre cher oncle; empêchée d'assister au service divin, qui serait vraisemblablement la ressource la plus propre à me ramener au devoir, si j'avais eu le malheur de m'en écarter? Est-ce le moyen, monsieur, par lequel on se promet de faire impression sur un esprit libre et ouvert? Une si étrange méthode n'est-elle pas plus capable d'endurcir que de convaincre? Je ne saurais vivre dans une si douloureuse situation. A peine les domestiques, qu'on avait eu la bonté de soumettre à mes ordres, ont-ils la hardiesse de me parler. Ma propre servante est congédiée, avec des marques éclatantes de soupçon et de mécontentement; on me soumet à la surveillance d'une servante de ma sœur.

» La rigueur peut être poussée trop loin, je vous le dis de bonne foi, monsieur, et chacun se repentirait alors de la part qu'il y aurait eue.

» M'est-il permis de proposer un expédient? Si je dois être observée, bannie, renfermée, que ce soit, monsieur, dans votre maison. Alors, du moins, l'étonnement diminuera parmi les honnêtes gens du voisinage, de ne plus voir à l'église une personne dont ils n'avaient pas mauvaise opinion, et de voir sa porte fermée à leurs visites.

» Je me flatte qu'il n'y a point d'objection à faire contre cette idée. Vous preniez plaisir, monsieur, à me voir chez vous dans un temps plus heureux; n'aurez-vous pas la bonté de m'y souffrir dans mes disgrâces, jusqu'à la fin de ces malheureux troubles? Je vous donne ma parole de ne pas mettre le pied dehors, si vous me le défendez, et de ne voir personne sans votre consentement, pourvu que vous ne m'ameniez pas M. Solmes pour continuer ses persécutions.

» Procurez-moi cette faveur, mon cher oncle, si vous ne pouvez en obtenir une plus grande encore, qui serait celle d'une heureuse réconciliation. Cependant mes espérances se ranimeront, lorsque vous commencerez à plaider pour moi; et vous mettrez le comble à ces anciennes bontés, qui m'obligent d'être toute ma vie, etc.

» CLARISSE HARLOVE. »

RÉPONSE.

Dimanche au soir.

« C'est un grand chagrin pour moi, ma chère nièce, qu'il y ait quelque chose au monde que je sois forcé de vous refuser. Cependant, tel est le cas où je suis; car si vous ne faites pas un effort sur vous-même pour nous obliger dans un point sur lequel nous étions liés par des promesses d'honneur, avant que nous ayons pu prévoir de si fortes oppositions, vous ne devez point vous attendre à redevenir jamais ce que vous avez été pour nous.

» En un mot, ma nièce, nous sommes une *phalange en ordre de bataille*. Vos lectures ne nous laissent ignorer que ce que vous devriez le mieux savoir; ainsi cette expression vous fera juger que nous sommes impénétrables à vos persuasions, et d'une invincible résistance. Nous sommes convenus entre nous que tous céderont, ou personne; et que l'un ne se laissera point fléchir sans l'autre. Ainsi vous connaissez votre destinée; et vous n'avez point d'autre parti que celui de vous rendre.

» Je dois vous représenter que la vertu d'obéissance ne consiste pas à obliger pour être obligé soi-même, mais à faire le sacrifice de son inclination, sans quoi j'ignore où en serait le mérite.

» A l'égard de votre expédient, je ne puis vous recevoir chez moi, miss Clary, quoique ce soit une prière que je ne me serais jamais imaginé devoir vous refuser: quand vous seriez fidèle à ne recevoir personne sans notre consentement, vous pourriez écrire à quelqu'un et recevoir de ses lettres. Nous savons trop bien que vous le pouvez, et que vous l'avez fait : notre honte et notre pitié n'en sont pas moindres.

» Vous offrez de renoncer au mariage : nous souhaitons de vous voir mariée. Mais parce que vous ne pouvez obtenir l'homme que votre cœur désire, vous rejetez ceux que nous vous offrons. Eh bien ! miss, comme nous savons que de manière ou d'autre vous êtes en correspondance avec lui, ou du moins que vous y avez été aussi long-temps que vous l'avez pu, et qu'il nous brave tous; et qu'il n'aurait pas cette audace s'il n'était pas sûr de vous, en dépit de toute la famille (ce qui n'est pas, comme vous le pouvez croire, une petite mortification pour nous), notre résolution est de ruiner ses desseins, et de triompher de lui, plutôt que de souffrir qu'il triomphe de vous. C'est vous dire tout d'un seul mot. Ne comptez donc pas sur ma protection; je ne veux point plaider pour vous : et c'en est assez de la part d'un oncle mécontent.

» JULES HARLOVE. »

« P. S. Pour le reste, je m'en rapporte à mon frère Antonin. »

A M. ANTONIN HARLOVE.

Samedi, 11 mars.

« Mon très honoré oncle,

» Comme vous avez jugé à propos, en me présentant M. Solmes, de me le recommander particulièrement sous le titre d'un de vos meilleurs amis, et de me demander pour lui tous les égards qu'il mérite par cette qualité, je vous supplie de lire, avec un peu de patience, quelques réflexions que je prends la liberté de vous offrir, entre mille dont je ne veux pas vous fatiguer.

» Je suis prévenue, dit-on, en faveur d'une autre personne ; ayez la bonté, monsieur, de considérer que, lorsque mon frère est revenu d'Écosse, cette autre personne n'avait point été rejetée de la famille, et qu'on ne m'avait pas défendu de recevoir ses visites. Serais-je donc si coupable de préférer une connaissance d'un an à une connaissance de six semaines? Je ne puis m'imaginer que du côté de la naissance, de l'éducation et des qualités personnelles, on prétende qu'il y ait la moindre comparaison à faire entre les deux sujets. Mais j'ajouterai, avec votre permission, monsieur, qu'on n'aurait jamais pensé à l'un, s'il n'avait fait des offres qu'il me semble que la justice ne me permet pas plus de recevoir, qu'à lui de les proposer ; des offres que mon père ne lui aurait jamais demandées, s'il ne les avait proposées lui-même.

» Mais on accuse l'un d'un grand nombre de défauts; l'autre est-il sans reproche? La principale objection qu'on fait contre M. Lovelace, et dont je ne prétends pas le justifier, regarde ses mœurs, qu'on suppose ort corrompues dans ses amours. Celles de l'autre ne le sont-elles pas dans ses haines? et dans ses amours aussi, pourrais-je dire avec autant de justice, puisque la différence n'en est que dans l'objet, et que l'amour de l'argent est la racine de tous les maux.

» Mais si l'on me croit prévenue, quelle est donc l'espérance de M. Solmes? Dans quelle vue persévère-t-il? Que dois-je penser de l'homme qui souhaite de me voir à lui contre mon inclination? Et n'est-ce pas une rigueur extrême, dans mes amis, d'exiger ma main pour un homme que je ne puis aimer, tandis qu'ils paraissent persuadés que j'ai le cœur prévenu en faveur d'un autre ?

»Traitée comme je le suis, c'est le temps, ou jamais, de parler pour ma défense. Voyons sur quels fondemens M. Solmes peut s'appuyer. Croit-il se faire un mérite à mes yeux de la disgrâce qu'il attire sur moi ? Se figure-t-il gagner mon estime par la sévérité de mes oncles, par les mépris de mon frère, par les duretés de ma sœur, par la perte de ma liberté, par le retranchement d'une ancienne correspondance avec la meilleure amie que j'aie dans mon sexe ; une personne d'ailleurs irréprochable du côté de l'honneur et de la prudence ? On m'enlève une servante que j'aime ; on me soumet à l'espionage d'une autre ; on me fait une prison de ma chambre, dans la vue déclarée de me mortifier ; on m'ôte l'administration domestique, à laquelle je prenais d'autant plus de plaisir que je soulageais ma mère dans ces soins, pour lesquels ma sœur n'a pas de goût. On me rend la vie si ennuyeuse, qu'il me reste aussi peu d'inclination que de liberté, pour mille choses qui faisaient autrefois mes délices. Voilà les mesures qu'on croit nécessaires pour m'humilier, jusqu'à me rendre propre à devenir la femme de cet homme-là, mesures qu'il approuve, et dans lesquelles il met sa confiance. Mais je veux bien lui déclarer qu'il se trompe, s'il prend ma douceur et ma facilité pour bassesse d'âme et pour disposition à l'esclavage.

» Une grâce que je vous demande, monsieur, c'est de considérer un peu son caractère naturel et le mien. Quel es sont donc les qualités par lesquels il espère de m'attacher à lui ? Eh ! mon cher monsieur, si je dois être mariée malgré moi, que ce soit du moins à quelqu'un qui sache lire et écrire, enfin de qui je puisse apprendre quelque chose. Quel mari qu'un homme dont tout le savoir se réduit à commander, et qui a besoin lui-même des instructions qu'il devrait donner à sa femme !

» On me traitera de présomptueuse ; on m'accusera de tirer vanité d'un peu de lecture et de facilité à écrire, comme on l'a déjà fait il y a peu de jours. Mais si ce reproche est bien fondé, l'assortiment n'en est-il pas inégal ? Plus on me supposera d'estime pour moi-même, moins j'en dois avoir pour lui, et moins sommes-nous faits l'un pour l'autre. Je m'étais flattée, monsieur, que mes amis avaient un peu meilleure opinion de moi. Mon frère a dit un jour que c'était le cas même qu'on faisait de mon caractère, qui donnait de l'éloignement pour l'alliance de M. Lovelace : comment peut-on donc penser à un homme tel que M. Solmes ?

» Si l'on fait valoir la grandeur de ses offres, j'espère qu'il me sera permis de répondre, sans augmenter votre mécontentement, que tous ceux qui me connaissent ont lieu de me croire beaucoup de mépris pour ces motifs. Que peuvent les offres sur une personne qui a déjà tout ce qu'elle désire ; qui a plus, dans son état de fille, qu'elle ne peut espérer qu'un mari laisse jamais à sa disposition ; dont la dépense d'ailleurs et l'ambition sont modérées, et qui penserait bien moins à grossir son trésor, en gardant le surplus, qu'à l'employer au soulagement des misérables ? Ainsi lorsque des vues de cette nature ont si peu de force pour mon propre intérêt, peut-on se figurer que des projets incertains, des idées éloignées d'agrandissement, de famille, dans la personne de mon frère et dans ses descendans, aient jamais sur moi beaucoup d'influence ?

» La conduite que ce frère tient à mon égard, et le peu de considération qu'il a marqué pour la famille, en aimant mieux hasarder une vie que sa qualité de fils unique doit rendre précieuse, que de ne pas satisfaire des passions qu'il se croirait déshonoré de subjuguer, et pour lesquelles j'ose dire que son propre repos et celui d'autrui demanderaient qu'on eût moins d'indulgence ; sa conduite, dis-je, a-t-elle mérité de moi en particulier, que je fasse le sacrifice du bonheur de ma vie ? et qui le sait ? celui peut-être de mon bonheur éternel, pour contribuer au succès du plan, dont je m'engage volontiers, si l'on m'en accorde la permission, à démontrer, sinon l'absurdité, du moins l'incertitude et le défaut de vraisemblance ?

» J'appréhende, monsieur, que vous ne me trouviez trop de chaleur. Mais n'y suis-je pas forcée par l'occasion ? C'est pour en avoir mis trop peu dans mes oppositions, que je me suis attiré la disgrâce qui excite mes gémissemens. Passez quelque chose, je vous en conjure, à l'amertume de mon cœur, qui se soulève un peu contre ses infortunes, parce que se connaissant bien lui-même, il se rend témoignage qu'il ne les a pas méritées.

» Mais pourquoi me suis-je arrêtée si long-temps à la supposition que je suis prévenue en faveur d'un autre ? lorsque j'ai déclaré à une mère, comme je vous le déclare aussi, monsieur, que si l'on cesse d'insister sur la personne de M. Solmes, je suis prête à renoncer, par toutes sortes d'engagemens, et à l'autre, et à tout autre homme ; c'est-à-dire, à ne me marier jamais sans le consentement de mon père et de ma mère, de mes oncles et de mon cousin Morden, en qualité d'exécuteur des dernières dispositions de mon grand-père. Pour ce qui regarde mon frère, on me permettra de dire que ses derniers traitemens ont été si peu fraternels, qu'ils ne lui donnent droit à rien de plus que mes civilités, et sur cette dette mutuelle, je puis ajouter qu'il est fort en arrière avec moi.

» Si je ne me suis pas expliquée assez nettement sur M. Solmes, pour faire connaître que le dégoût que j'ai pour lui ne vient point de la prévention dont on m'accuse en faveur d'un autre, je déclare solennement que, fût-il le seul homme qui existât dans la nature, je ne voudrais pas être sa femme. Comme il est nécessaire pour moi de mettre cette vérité hors de doute, à qui puis-je adresser mieux mes sincères explications qu'à un oncle qui fait hautement profession d'ouverture de cœur et de sincérité ?

» Cette raison m'encourage même à donner un peu plus d'étendue à quelques unes de mes objections.

» Il me paraît, comme à tout le monde, que M. Solmes a l'esprit extrêmement étroit, sans aucune sorte de capacité ; il est aussi grossier dans ses manières que dans sa figure ; son avarice est diabolique. Au milieu d'une immense fortune, il ne jouit de rien ; et n'étant pas mieux partagé du côté du cœur, il n'est sensible aux maux de personne. Sa propre sœur ne mène-t-elle pas une vie misérable, qu'il pourrait rendre plus douce avec la moindre partie de son superflu ? Et ne souffre-t-il pas qu'un oncle fort âgé, le frère de sa propre mère ait obligation à des étrangers de la pauvre subsistance qu'il tire d'une demi-douzaine d'honnêtes familles. Vous connaissez, monsieur, mon caractère ouvert, franc, communicatif. Quelle vie serait la mienne, dans un cercle si étroit, et borné uniquement à l'intérêt propre, hors duquel cette sorte d'économie ne me laisserait jamais sortir plus que lui-même ?

» Un homme tel que lui, capable d'amour ! Oui, pour l'héritage de mon grand-père, qui est situé, comme il l'a dit à plusieurs personnes (et comme il me l'a fait entendre à moi-même, avec cette espèce de plaisir que prend une âme basse à laisser voir que c'est son propre intérêt qui lui fait désirer quelque faveur d'autrui), dans un canton si favorable pour lui, qu'il servirait à faire valoir au double une partie considérable de son propre bien. L'idée de cette acquisition, par une alliance qui relèverait un peu son obscurité, peut lui faire penser qu'il est capable d'amour, et lui persuader même qu'il en ressent; mais ce n'est au plus qu'un amour subordonné. Les richesses seront toujours sa première passion; celles qu'il possède ne lui ont été laissées qu'à ce titre, par un autre avare, et l'on veut me faire renoncer à tous les goûts dont je fais mes délices, pour m'avilir à penser comme lui, ou pour mener la plus malheureuse vie du monde! Pardonnez, monsieur, la dureté de ces expressions; on ménage quelquefois moins qu'on ne voudrait les personnes pour lesquelles on se sent du dégoût, lorsqu'on leur voit accorder une faveur dont on ne les croit pas dignes; et je suis plus excusable qu'une autre, dans le malheur que j'ai d'être pressée avec une violence qui ne me permet pas de choisir toujours mes termes.

» Quand cette peinture serait un peu trop forte, c'est assez que je me le représente sous ces couleurs, pour ne le voir jamais dans le jour sous lequel il m'est offert. Bien plus, quand à l'épreuve il pourrait se trouver dix fois meilleur que je ne l'ai représenté, et que je ne le crois de bonne foi, il ne laisserait pas d'être dix fois plus désagréable pour moi qu'aucun autre homme. Je vous conjure donc, monsieur, de vous rendre l'avocat de votre nièce, pour la garantir d'un malheur qu'elle redoute plus que la mort.

» Mes deux oncles peuvent obtenir beaucoup de mon père, s'ils ont la bonté d'embrasser un peu mes intérêts. Soyez persuadé, monsieur, que ce n'est pas l'obstination qui me gouverne; c'est l'aversion, c'est une aversion qu'il m'est impossible de vaincre. Dans le sentiment de l'obéissance que je dois à la volonté de mon père, je me suis efforcée de raisonner avec moi-même, et j'ai mis mon cœur à toutes sortes d'épreuves; mais il se refuse à mes efforts. Il me reproche de le tenter en faveur d'un homme, qui, dans la vue sous laquelle il se présente à moi, n'a rien de supportable à mes yeux, et qui, n'ignorant pas l'excès de mon aversion, ne serait pas capable d'une persécution si odieuse, s'il avait les sentimens d'un honnête homme.

» Puissiez-vous trouver assez de force à mes raisons pour en être attendri! vous les soutiendrez de votre crédit, et j'oserais tout en espérer. Si vous n'approuvez pas ma lettre, je serai bien malheureuse; cependant la justice m'oblige de vous écrire avec cette franchise, pour apprendre à M. Solmes sur quoi il peut compter. Pardonnez-moi ce qu'une si longue lettre peut avoir eu d'ennuyeux pour vous; souffrez qu'elle ait un peu de poids sur votre esprit et sur votre cœur. Vous obligerez à jamais votre, etc.

» CLARISSE HARLOVE. »

RÉPONSE DE M. ANTONIN HARLOVE.

« Ma nièce Clary, vous auriez mieux fait de ne point nous écrire, ou de n'écrire à aucun de nous. Pour moi, en particulier, le mieux aurait été de ne jamais m'entretenir du sujet sur lequel vous m'écrivez. *Celui qui parle le premier dans sa cause*, dit le sage, *paraît avoir raison ;* mais son voisin *vient ensuite et l'examine*. Je serai ici votre voisin, et je vais examiner votre cœur jusqu'au fond, du moins si votre lettre est écrite du fond du cœur. Cependant je conçois que c'est une grande entreprise, parce que votre adresse (1) est assez connue dans l'écriture. Mais comme il est question de défendre l'autorité d'un père, le bien, l'honneur et la prospérité de la famille d'où l'on est sorti, il serait bien surprenant qu'on ne pût renverser tous les beaux argumens par lesquels une *enfant rebelle* veut soutenir son obstination. Vous voyez que j'ai une sorte de répugnance à vous donner le nom de miss Clary Harlove.

» Premièrement, ne convenez-vous pas (et cela malgré la déclaration contraire que vous avez faite à votre mère) que vous préférez l'homme que nous haïssons tous, et qui nous rend bien la représaille? Ensuite, quel portrait faites-vous d'un digne homme? Je m'étonne que vous osiez parler si librement d'une personne pour laquelle nous avons tous du respect; mais c'est peut-être par cette raison même.

» Comme vous commencez votre lettre! Parce que je vous ai recommandé M. Solmes comme mon ami, vous l'en traitez plus mal; c'est le vrai sens de votre beau langage. Miss, je ne suis pas si sot que je ne m'en aperçoive bien. Ainsi donc un débauché reconnu doit être préféré à un homme qui aime l'argent? Souffrez que je vous le dise, ma nièce, cela ne convient pas trop à une personne aussi délicate qu'on vous a toujours crue. Qui commet le plus d'injustice, croyez-vous, d'un homme qui prodigue ou d'un homme qui épargne? L'un garde son propre argent, l'autre dépense celui d'autrui. Mais votre favori est à vos yeux sans défaut.

» Votre sexe a le diable au corps, je demande pardon à Dieu de l'expression. La plus délicate d'entre vous autres, femmes, préférera un libertin, un... je n'ose l'appeler par le nom qu'il mérite. Le mot offenserait, tandis que le vicieux, qui est nommé par ce mot, plaît et obtient la préférence. Je ne serais pas demeuré garçon jusqu'aujourd'hui, si je n'avais remarqué ce tas de contradictions dans toutes autant que vous êtes : des *couleuses de moucherons* et des *avaleuses de chameaux*, comme dit fort bien la vénérable sainte-Ecriture. Quels noms la perversité ne donne-t-elle pas aux choses? Un homme prudent, qui a l'intention d'être juste à l'égard de tout le monde, est un avare; tandis qu'un vil débauché sera baptisé du nom de galant homme, d'homme poli, je vous en réponds.

» On ne m'ôtera pas de la tête que Lovelace n'aurait jamais autant de considération pour vous qu'il en affecte, sans deux raisons. Et quelles sont-elles? Son dépit contre nous, c'en est une; l'autre, c'est votre fortune indépendante. Il est à souhaiter que votre grand-père, en faisant ce qu'il a fait, ne vous eût pas accordé tant de pouvoir, comme je le puis dire. Mais il ne pensait guère que sa petite-fille bien-aimée en eût abusé contre tous ses parens, comme elle a fait.

» *Que peut espérer M. Solmes, si vous avez le cœur prévenu?* Oui da! ma nièce Clary, c'est donc vous qui parlez de la sorte. N'a-t-il donc rien à espérer de la recommandation de votre père et de votre mère et de la

(1) Chaque lettre portant le caractère de celui qui l'écrit, celle-ci se sent beaucoup du naturel grossier de l'oncle Antonin, que M. Lovelace nomme quelque part le *Matelot*.

nôtre? Non, rien du tout, ce me semble. Cela est fort beau, en vérité. J'aurais pensé pourtant qu'avec un enfant respectueux comme nous vous avons toujours crue, ce devait être assez; le fond que nous avons fait sur votre obéissance nous a fait aller en avant. Il n'y a plus de remède à présent; car nous ne voulons pas qu'on se moque de nous, ni de notre ami, M. Solmes. C'est tout ce que j'ai à vous dire.

» Si votre bien lui est convenable, où est donc la merveille? Cela prouve-t-il, ma nièce le bel esprit, qu'il n'ait point d'amour pour vous? Il faut bien qu'il trouve quelque chose d'agréable *avec vous*, puisqu'il n'a rien d'agréable à se promettre de vous. Remarquez bien cela; mais, dites-moi un peu, ce bien n'est-il pas à nous en quelque sorte? N'y avons-nous pas tous notre intérêt et un droit qui a précédé le nôtre, si l'on avait égard au droit? D'où vous vient-il, si ce n'est du radotage d'un bon vieillard (Dieu veuille avoir son âme), qui vous l'a donné par préférence à nous tous tant que nous sommes? Par conséquent, ne devons-nous pas avoir droit de choisir qui aura ce bien en mariage avec vous? Et pouvez-vous souhaiter, en conscience, que nous le laissions emporter à un drôle qui nous hait tous? Vous me recommandez de bien peser ce que vous m'avez écrit. Pesez bien cela vous-même, petite fille, et vous trouverez que nous avons plus à dire pour nous que vous ne vous en doutez.

» A l'égard de la dureté, comme vous dites, avec laquelle on vous traite, prenez-vous-en à vous-même... il dépend de vous de la faire finir. Ainsi je regarde cela comme rien. On ne vous a bannie et confinée qu'après avoir tenté avec vous les prières et les bons discours... Remarquez bien cela; et M. Solmes ne peut que faire à votre obstination; remarquez cela aussi.

» Pour la liberté de faire des visites et d'en recevoir, c'est une chose dont vous ne vous êtes jamais souciée. Ainsi, c'est une peine qu'on n'a jointe aux autres que pour faire un poids dans la balance. Si vous parlez du désagrément, c'en est un pour nous comme pour vous. Une jeune créature si aimable! une fille, une nièce dont nous faisions notre gloire! d'ailleurs, cet article dépend de vous comme le reste. Mais votre cœur se refuse, dites-vous, lorsque vous voudriez vous persuader à vous-même d'obéir à vos parens: n'est-ce pas une belle description que vous faites là? Et malheureusement elle n'est que trop vraie dans la partie qui vous regarde; mais moi, je suis sûr que vous pourriez aimer M. Solmes, si vous le vouliez. Il m'est venu à l'esprit de vous commander de le haïr; peut-être qu'alors vous l'aimeriez; car j'ai toujours remarqué dans votre sexe une horrible perversité romanesque. Faire et aimer ce que vous ne devriez pas, c'est boire et manger pour vous autres femmes.

» Je suis absolument de l'avis de votre frère: que si la lecture et l'écriture vont assez à l'esprit des jeunes filles, ce sont des choses trop fortes pour leur jugement. Vous dites qu'on pourra vous accuser d'être vaine, d'être présomptueuse, c'est la vérité, ma nièce. Il y a de la présomption et de la vanité à mépriser un honnête homme, qui sait lire et écrire aussi bien que la plupart des honnêtes gens; c'est moi qui vous le dis. Et où avez-vous appris, s'il vous plaît, que M. Solmes ne sait ni lire ni écrire? Mais il faut un mari qui puisse vous apprendre quelque chose! Ce qui serait à souhaiter, c'est que vous connussiez aussi bien votre devoir que vos talens. Voilà, ma nièce, ce qu'il vous faut apprendre; et M. Solmes aura quelque chose, par conséquent, dont il pourra vous instruire. Je ne veux pas lui montrer votre lettre, quoique vous paraissiez le souhaiter de peur qu'elle ne l'excite à devenir un maître d'école trop sévère, lorsque vous serez à lui.

» Mais à présent que j'y pense, supposons que vous sachiez mieux écrire que lui. Eh bien ! vous lui en serez plus utile. Cela n'est-il pas certain ? Personne n'entend mieux que vous l'économie ; vous tiendrez ses comptes, et vous lui épargnerez la dépense d'un homme d'affaires. Je puis vous assurer que c'est un grand avantage dans une famille ; car la plupart de ces gens d'affaires sont de vilains fripons, qui se glissent quelquefois dans les biens d'un homme avant qu'il les connaisse, et qui le forcent assez souvent de leur payer l'intérêt de son propre revenu. Je ne vois pas pourquoi ces soins seraient au dessous d'une bonne femme. Cela vaut mieux, que de passer les nuits à table ou à manier des cartes, et de se rendre inutile aux biens d'une famille, comme c'est la mode aujourd'hui. Je donnerais volontiers au diable toutes celles qui sont dans ce mauvais train ; si ce n'est, grâce à ma bonne étoile, que j'ai le bonheur d'être encore garçon. Mais pour vous, l'administration est une partie dans laquelle vous êtes admirablement versée. Vous êtes fâchée même qu'on vous l'ait ôtée ici, comme vous savez. Ainsi miss, avec M. Solmes, vous aurez toujours quelque chose à tenir en compte pour votre avantage et pour celui de vos enfans. Avec l'autre, vous aurez peut-être aussi quelque chose à compter ; mais ce sera ce qui vous passera *par dessus l'épaule gauche*, c'est-à-dire, ses dissipations, ses emprunts et ses dettes qu'il ne paiera jamais. Allez, allez, ma nièce, vous ne connaissez pas encore le monde. Un homme est un homme. Vous ne ferez peut-être que partager un bel homme avec bien d'autres femmes, et des femmes coûteuses, qui vous dépenseront tout ce que vous aurez eu la bonté d'épargner. Tenons-nous donc à M. Solmes ; nous, pour notre argent, et vous, pour le vôtre, j'espère.

» Mais M. Solmes est un homme grossier. Il n'a point ce qu'il faudrait pour votre délicatesse ; apparemment, parce qu'il ne se met pas comme un petit-maître, et parce qu'il ne se répand pas en ridicules complimens, qui sont le poison des esprits femelles. Je vous assure, moi, que c'est un homme de sens. Personne n'est plus raisonnable avec nous ; mais vous le fuyez avec tant de soin, qu'il n'a jamais l'occasion de se faire connaître. D'ailleurs, l'homme le plus sensé a l'air d'un fou lorsqu'il est amoureux, surtout, s'il se voit méprisé, et traité aussi mal qu'il l'a été la dernière fois qu'il a voulu s'approcher de vous.

» A l'égard de sa sœur, elle s'est précipitée, comme vous le voudriez faire, malgré tous ses avertissemens. Il lui avait déclaré à quoi elle devait s'attendre, si elle faisait le mariage qu'elle a fait. Il lui tient parole, comme tout honnête homme y est obligé. Il en doit cuire, pour les fautes dont on est bien averti : prenez garde que ce cas ne soit le vôtre ; remarquez bien cela.

» Son oncle ne mérite de lui aucune faveur, car il n'a rien épargné pour attirer vers soi la succession d'un frère qui avait toujours été destinée pour M. Solmes, leur neveu commun. Trop de facilité à pardonner ne fait qu'encourager les offenses. C'est la maxime de votre père ; et si elle était mieux observée, on ne verrait pas tant de filles opiniâtres. La punition est un service qu'on rend aux pêcheurs. Les récompenses ne doivent être que pour ceux qui le méritent, et je suis d'avis qu'on ne saurait avoir assez de rigueurs contre les fautes volontaires.

» Quant à son amour, il n'en a que trop, si vous le mesuriez à la conduite que vous avez tenue dans ces derniers temps. Je ne fais pas difficulté de vous le dire. Et c'est son malheur, comme il pourra bien arriver que ce soit quelque jour le vôtre.

» Pour son avarice, que vous appelez méchamment *diabolique*, mot assez libre, je vous en réponds, dans la bouche d'une jeune fille, il vous convient moins qu'à personne de lui faire ce reproche; vous à qui de son seul mouvement il propose de donner tout ce qu'il possède au monde, ce qui prouve qu'avec tout son amour pour les richesses, il en a encore plus pour vous. Mais afin qu'il ne vous reste aucune cause de ce côté-là, nous le lierons par des articles que vous dicterez vous-même, et nous l'obligerons à vous assigner une somme honnête, dont vous disposerez entièrement. C'est ce qu'on vous a déjà proposé; et ce que j'ai dit à la bonne et digne madame Howe, en présence de sa fille hautaine, dans la vue que cela passât jusqu'à vous.

» Lorsqu'il est question de répondre sur la prévention dont on vous accuse pour Lovelace, vous offrez de ne jamais le prendre sans notre consentement. Cela signifie clairement que vous conserverez l'espérance de nous amener au point, à force d'attendre et de nous fatiguer. Il ne perdra pas les siennes, aussi long-temps qu'il vous verra fille. Et pendant ce temps-là vous ne cesserez pas de nous tourmenter; vous nous mettrez dans la nécessité de veiller continuellement sur vous; et nous n'en serons pas moins exposés à son insolence et à ses menaces. Souvenez-vous de dimanche dernier. Que serait-il arrivé, si votre frère et lui s'étaient rencontrés à l'église? Faut-il vous dire aussi que vous ne vous ferez pas d'un esprit tel que le sien ce que vous pouvez espérer du digne M. Solmes. Vous faites trembler l'un; l'autre vous fera trembler vous-même; remarquez bien cela. Vous n'aurez personne alors à qui vous puissiez avoir recours. S'il arrivait quelque mésintelligence entre vous et M. Solmes, nous pourrions tous nous entremettre, et ce ne serait pas sans effet. Mais avec l'autre, on vous dirait : «Tirez-vous d'affaire, vous l'avez bien mérité.» Personne ne voudrait, ou n'oserait ouvrir la bouche en votre faveur. Il ne faut pas, ma nièce, que la supposition de ces querelles domestiques vous épouvante. L'heureux mois du mariage n'est aujourd'hui que de quinze jours. C'est un drôle d'état, mon enfant, soit qu'on y entre par soi-même, ou par la direction de ses parens. De trois frères que nous sommes, il n'y en a qu'un, comme vous le savez, qui ait eu le courage de se marier. Et pourquoi, à votre avis? Parce que l'expérience d'autrui nous a rendus sages.

» N'ayez pas tant de mépris pour l'argent. Vous en apprendrez peut-être la valeur. C'est une connaissance qui vous manque, et que, de votre propre aveu, M. Solmes est capable de vous donner.

» Je condamne assurément votre chaleur. Je ne passe rien à des chagrins que vous vous attirez vous-même. Si j'en croyais la cause injuste, je serais volontiers votre avocat; mais c'est un de mes anciens principes, que les enfans doivent être soumis à l'autorité de leurs parens. Lorsque votre grand-père vous laissa une bonne partie de sa succession, quoique ses trois fils, un petit-fils, et votre sœur aînée fussent existans, nous y acquiesçâmes tous. Il suffisait que notre père l'eût voulu. C'est à vous d'imiter cet exemple. Si vous n'y êtes pas disposée, ceux qui vous le donnent n'en sont que plus en droit de vous trouver inexcusable ; remarquez cela, ma nièce.

» Vous parlez de votre frère d'un ton trop méprisant ; et dans la lettre que vous lui écrivez, vous n'êtes pas assez respectueuse, non plus que dans celle que vous écrivez à votre sœur. C'est votre frère, après tout, qui est plus âgé que vous d'un tiers. C'est un homme. Lorsque vous avez tant de considération pour une *connaissance d'un an*, ayez la bonté, je vous prie, de ne pas oublier ce qui est dû à un frère, qui est après nous le chef de la famille, et de qui dépend en un mot le nom ; comme de votre juste complaisance dépend le plus noble plan qu'on ait jamais formé pour l'honneur de ceux dont vous sortez. Je vous demande si l'honneur de votre famille n'en est pas un pour vous ? Si vous ne le pensez pas, vous n'en êtes que moins digne. On vous fera voir le plan, à condition que, bon ou mauvais, vous promettiez de le lire sans préjugés. Si l'amour ne vous a pas troublé le cerveau, je suis sûr que vous l'approuverez. Mais si vous êtes malheureusement dans cet état-là, M. Solmes fût-il un ange, cela ne servira de rien ; le diable est l'amour, et l'amour est le diable, lorsqu'une femme se le met dans la tête. J'en ai vu plusieurs exemples.

» *Quand M. Solmes serait le seul homme qui existât dans la nature, vous ne voudriez pas de lui.* Vous ne voudriez pas, miss ! En vérité, cela est charmant. Nous voyons combien il y a d'amertume en effet dans votre esprit. Ne soyez pas surprise, puisque vous en êtes à déclarer des *volontés* si absolues, que ceux qui ont de l'autorité sur vous disent à leur tour, *nous voulons* que vous ayez M. Solmes. Je suis du nombre ; remarquez bien cela. Et s'il vous convient de dire *non*, il nous convient à nous de dire *oui. Ce qui est bon pour monsieur est bon pour madame* ; mettez encore cela au nombre de vos remarques.

» J'appréhende humblement que M. Solmes ne soit *un homme* et *un homme d'honneur*. Gardez-vous par conséquent de le pousser trop. Il est aussi touché de pitié pour vous que d'amour. Il répète sans cesse qu'il vous convaincra de son amour par des actions, puisqu'il ne lui est pas permis de l'exprimer par des paroles ; et toute sa confiance pour l'avenir est dans votre générosité. Nous supposons en effet qu'il peut s'y fier. Nous l'exhortons à le croire, et cela soutient son courage ; de sorte que c'est à votre père et à vos oncles qu'il faut vous prendre de sa constance. Vous sentez bien que ce doit être encore une marque de votre obéissance.

» Vous devez sentir qu'en me disant, comme vous faites, qu'il y aurait de l'injustice à recevoir des articles qui vous sont offerts, votre réflexion tombe sur votre père et sur nous. Il y a dans votre lettre quantité d'autres endroits qui ne méritent pas moins de censure, mais nous les attribuons à ce que vous nommez l'*amertume* de votre cœur. Je suis bien aise que vous nous ayez fourni ce mot, parce que nous aurions été embarrassés à trouver un autre nom, et qu'on pourrait en employer un moins favorable.

» Je n'ai pas cessé de vous aimer tendrement, miss ; et quoique ma nièce, je vous regarde comme une des plus charmantes filles que j'ai jamais vues. Mais, sur ma conscience, je vous crois obligée d'obéir à votre père et à votre mère, et d'avoir de la complaisance pour votre oncle Jules et pour moi. Vous savez fort bien que nous n'avons que votre avantage à cœur, pourvu qu'il s'accorde, à la vérité, avec l'avantage et l'honneur de toute la famille. Que faudrait-il penser de celui d'entre nous qui ne chercherait pas le bien commun, et qui voudrait armer une partie contre le tout? Dieu nous en préserve! Vous voyez que je suis pour tout le monde. Que m'en reviendra-t-il, de quelque manière que les choses puissent tourner? Ai-je besoin de richesses? Mon frère Jules ne peut-il pas dire de même? Et puis, ma nièce Clary, songez à ce qui vous en arriverait.

» Si vous pouviez seulement aimer M. Solmes! Mais vous ne savez pas, vous dis-je, de quoi vous êtes capable. Vous vous encouragez dans votre dégoût. Vous permettez à votre cœur *de se refuser*... Je vous assure que je ne l'aurais jamais cru aussi avancé qu'il est. Faites un effort sur lui, ma nièce, et repoussez-le aussi vite qu'il recule. C'est ce que nous faisons, nous autres, à l'égard de nos matelots et de nos soldats, dans nos combats de mer; sans quoi nous ne vaincrions jamais. Nous sommes tous certains que vous remporterez la victoire; Pourquoi? parce que vous le devez. Voilà ce que nous pensons, de quelque manière que vous en pensiez vous-même. Et de qui vous imaginez-vous que les pensées doivent avoir la préférence? Il se peut que vous ayez plus d'esprit que nous; mais si vous êtes plus sage, il est donc bien inutile que nous ayons vécu trente ou quarante ans plus que vous.

» Cette lettre est aussi longue que la vôtre. Peut-être n'est-elle pas écrite si vivement, ni dans un style aussi poli que celui de ma nièce; mais je suis persuadé que la force des argumens est de mon côté; et vous m'obligerez extrêmement, si vous me faites connaître, par votre soumission à tous nos désirs, que vous en êtes persuadée aussi. Si vous n'en faites rien, vous ne devez pas compter de trouver en moi un avocat, ni même un ami, quelque chère que vous me soyez; car ce sera même un sujet de chagrin pour moi d'avoir la qualité de

» Votre oncle, ANTONIN HARLOVE. »

Mardi, à deux heures après minuit.

« *P. S.* Vous ne devez plus m'écrire que pour m'apprendre votre soumission. Mais je m'imagine que cette défense est inutile, car je suis sûr que mes argumens sont sans réplique. Je sais qu'ils le sont. Aussi, ai-je écrit nuit et jour depuis dimanche matin, à l'exception des heures de 'église et autres temps pareils. Mais cette lettre, je vous le dis, est la dernière de ma part.»

LETTRE XXXIII.

MISS CLARISSE HARLOVE, A MISS HOWE.

mardi, 16 mars.

Après avoir trouvé si peu de faveur auprès ma famille, j'ai pris une résolution qui vous surprendra; ce n'est rien moins que d'écrire à M. Solmes même. Ma lettre est partie, et je viens de recevoir la réponse. Il faut qu'on l'ait aidé, car j'ai vu un autre de ses écrits, dont le style était assez pauvre et l'orthographe misérable. Pour l'adresse, je la crois de lui, et vous la reconnaîtrez à cette marque. Je mets sous mon enveloppe une lettre que j'ai reçue de mon frère, à l'occasion de celle que j'ai écrite à M. Solmes. Je m'étais figuré qu'il n'était pas impossible de faire perdre à cet homme-là ses vaines espérances, et que cette voie était la plus sûre. Elle méritait du moins d'être tentée. Mais vous verrez que rien ne me réussit. Mon frère a trop bien pris ses mesures.

A M. SOLMES.

Mercredi, 17 mars.

« Monsieur,

» Vous serez surpris de recevoir une lettre de moi, et le sujet ne vous paraîtra pas moins extraordinaire. Mais je me crois justifiée par la nécessité de ma situation, sans avoir besoin d'autre motif.

» Lorsque vous avez commencé à vous lier avec la famille de mon père, vous avez trouvé la personne qui vous écrit dans une position fort heureuse : chérie des parens les plus tendres et les plus indulgens, favorisée de l'affection de ses oncles, honorée de l'estime de tout le monde.

» Que la scène est changée ! Il vous a plu de jeter sur moi un œil de faveur. Vous vous êtes adressé à mes amis. Vos propositions ont été approuvées d'eux, approuvées sans ma participation, comme si mon goût et mon bonheur devaient être comptés pour rien. Ceux qui ont droit d'attendre de moi tous les devoirs d'une obéissance, ont résisté sur une soumission sans réserve. Je n'ai pas eu le bonheur de penser comme eux, et c'est la première fois que mes sentimens ont été différens des leurs. Je les ai suppliés de me traiter avec un peu d'indulgence, dans un point si important pour le bonheur de ma vie ; mais, hélas ! sans succès. Alors je me suis crue obligée, par l'honnêteté naturelle, de vous expliquer ce que je pense, et de vous déclarer même que mes affections sont engagées. Cependant je vois avec autant de chagrin que d'étonnement que vous avez persisté dans vos vues, et que vous y persistez encore !

» L'effet en est si triste pour moi, que je ne puis trouver de plaisir à vous le représenter. Le libre accès que vous avez dans toute ma famille ne vous en a que trop informé ; trop pour l'honneur de votre propre générosité et pour ma réputation. Je suis traitée, par rapport à vous, comme je ne l'avais jamais été, comme on ne m'a jamais crue digne de l'être ; et l'on fait dépendre ma grâce d'une condition dure, impossible, qui est de préférer à tous les autres hommes, un homme à qui mon cœur refuse cette préférence.

» Dans la douleur d'une infortune que je ne dois attribuer qu'à vous et à votre cruelle persévérance, je vous écris, monsieur, pour vous redemander la paix de l'esprit que vous m'avez dérobée, pour vous redemander l'affection de tant de chers amis dont vous m'avez privée ; et, si vous avez ce fond de générosité qui doit distinguer un galant homme, pour vous conjurer de finir une recherche qui expose à tant de disgrâces une personne que vous faites profession d'estimer.

» Si vous avez un peu de considération pour moi, comme mes amis veulent me le persuader, et comme vous le déclarez vous-même, n'est-ce pas à vous seul qu'elle se rapporte ? Et peut-elle être de quelque mérite aux yeux de celle qui en est le malheureux objet, lorsqu'elle produit des effets si pernicieux pour son repos ? Vous devez même sentir que vous vous trompez sur ce point ; car un homme prudent peut-il vouloir épouser une femme qui n'a point un cœur à lui donner, une femme qui ne saurait l'estimer, et qui ne peut faire par conséquent qu'une fort mauvaise femme ? Quelle cruauté n'y aurait-il pas à rendre mauvaise une femme qui ferait toute sa gloire d'être bonne !

» Si je suis capable de quelque discernement, nos caractères et nos inclinations se ressemblent fort peu. Vous serez moins heureux avec moi qu'avec une autre personne de mon sexe. Le traitement que j'essuie, et l'opiniâtreté, puisqu'on lui donne ce nom, avec laquelle j'y résiste, doivent suffire pour vous en convaincre; quand je n'aurais pas aussi bonne raison à donner que l'impossibilité de recevoir un mari que je ne puis estimer.

» Ainsi, monsieur, si vous ne vous sentez pas assez de générosité pour sacrifier quelque chose en ma faveur, souffrez que, pour l'amour de vous-même et de votre propre bonheur, je vous demande la grâce de renoncer à moi et de placer vos affections dans quelque sujet qui les mérite mieux. Pourquoi voudriez-vous me rendre misérable sans en être plus heureux? Vous pouvez dire à ma famille que, n'ayant aucun espoir, si vous avez la complaisance d'employer ce terme, de faire impression sur mon esprit (réellement, monsieur, il n'y a point de vérité qui soit plus certaine), vous êtes résolu de ne plus penser à moi et de tourner vos vues d'un autre côté. En vous rendant à ma prière, vous acquerrez des droits à ma reconnaissance, qui m'obligerait d'être, toute ma vie, votre très humble servante,

» CLARISSE HARLOVE. »

A MISS CLARISSE HARLOVE, DE LA PART DE SON TRÈS HUMBLE ESCLAVE.

« Très chère miss,

» Votre lettre a produit sur moi un effet tout contraire à celui que vous paraissez en attendre. En me faisant l'honneur de m'apprendre votre disposition, elle m'a convaincu plus que jamais de l'excellence de votre caractère. Donnez à ma recherche le nom d'intérêt propre ou tout autre nom, je suis résolu d'y persister; je m'estimerai heureux si, à force de patience, de persévérance et de respect ferme et inaltérable, je puis surmonter enfin les difficultés.

» Comme vos bons parents, vos oncles et vos autres amis, m'ont donné parole que vous n'aurez jamais M. Lovelace, s'ils peuvent l'empêcher, et que je suppose qu'il n'y en a point d'autre dans mon chemin, j'attendrai patiemment la fin de cette affaire. Je vous en demande pardon, miss, mais vouloir que je renonce à la possession d'un trésor inestimable pour rendre un autre heureux, et pour lui faciliter les moyens de me supplanter, c'est comme si quelqu'un venait me prier d'être assez généreux pour lui donner toutes mes richesses, parce qu'elles seraient nécessaires à son bonheur.

» Je vous demande pardon encore une fois, chère miss, mais je suis résolu de persévérer; quoique je sois bien fâché que vous en ayez quelque chose à souffrir, comme vous me faites l'honneur de me le dire. Avant le bonheur de vous voir, je n'avais pas encore vu de femme que j'eusse pu aimer: et tandis qu'il me restera de l'espérance, et que vous ne serez point à quelque homme plus heureux, je dois être et serai votre fidèle et obéissant serviteur,

» ROGER SOLMES. »

M. JAMES HARLOVE, A MISS CLARISSE.

« La belle imagination! d'écrire à M. Solmes pour lui persuader de renoncer à ses prétentions sur vous. De toutes les jolies idées romanesques qui vous sont passées par la tête, c'est assurément une d plus extraordinaires. Mais pour ne rien dire de ce qui nous a tous remplis d'indignation contre vous (j'entends l'aveu que vous faites de votre prévention en faveur d'un infâme, et votre impertinence sur mon compte et sur celui de vos oncles, dont l'un, mon enfant, vous a poussé une botte assez vive), comment pouvez-vous attribuer à M. Solmes le traitement qui vous arrache des plaintes si amères? Vous savez fort bien, petite folle que vous êtes, que c'est votre passion pour Lovelace qui vous attire toutes vos peines, et qu'il n'aurait pas fallu vous y attendre moins, quand M. Solmes ne vous aurait pas fait l'honneur de penser à vous.

» Comme vous ne pouvez nier cette vérité, considérez, jolie petite causeuse (si votre cœur malade vous permet de considérer quelque chose), quelle belle apparence vos plaintes et vos accusations ont à nos yeux. De quel droit, s'il vous plaît, demandez-vous à M. Solmes le rétablissement de ce que vous nommez votre ancien bonheur (bonheur de nom; car si vous aviez cette idée de notre amitié, vous souhaiteriez qu'elle vous fût rendue), lorsque ce rétablissement dépend de vous ? Ainsi, miss l'éveillée, retranchez les figures pathétiques, si vous n'avez pas l'habileté de les placer mieux. Prenez pour principe, que, soit que vous ayez M. Solmes ou non, vous n'aurez jamais les délices de votre cœur, ce vil libertin de Lovelace, si votre père et votre mère, vos oncles et moi nous pouvons l'empêcher. Non, ange tombé, vous ne nous donnerez point un fils, un neveu, et un frère de cette espèce, en vous donnant à vous-même un si infâme débauché pour mari. Ainsi faites taire là-dessus votre cœur, et n'y tournez plus vos pensées, si vous vous proposez d'obtenir jamais le pardon et les bonnes grâces de votre famille, surtout de celui qui ne cesse point encore de se dire votre frère,

» JAMES HARLOVE. »

« *P. S.* Je connais la ruse de vos lettres. Si vous m'envoyez une réponse à celle-ci, je vous la renverrai sans l'ouvrir, parce que je ne veux point disputer sur des points si clairs. Une fois pour toutes, j'ai voulu vous redresser sur M. Solmes, que je crois fort blâmable de penser à vous. »

LETTRE XXXIV.

M. LOVELACE, A M. BELFORD.

Vendredi, 17 mars.

Je reçois, mes enfans, avec beaucoup de plaisir, les joyeuses assurances de votre fidélité et de votre amitié. Que nos principaux amis et les plus dignes de notre confiance, ceux que j'ai nommés dans ma dernière lettre, soient informés de mes sentimens.

Pour toi, Belford, je voudrais te voir ici le plus tôt qu'il te sera possible. Il me semble que je n'aurai pas si tôt besoin des autres ; ce qui n'empêche pas qu'ils ne puissent venir chez milord M... où je dois me rendre aussi, non pour les recevoir, mais pour assurer ce vieil oncle, qu'il n'y a point de nouveau malheur en campagne qui puisse demander son entremise.

Mon intention est de t'avoir ici constamment auprès de moi. Il n'est pas question de ma sûreté. La famille s'en tient aux mauvais propos. Elle aboie de loin. Mais je pense à mon amusement. Tu m'entretiendras des auteurs grecs, latins et anglais, pour garantir de léthargie un esprit malade d'amour.

Je suis d'avis que tu viennes dans ton vieil uniforme, ton valet sans livrée, et sur un pied de familiarité honnête avec toi. Tu le feras passer pour un parent éloigné, à qui tu cherches à procurer de l'emploi par ton crédit *là-haut*; à la cour j'entends, quoique tu t'imagines bien que je ne parle point du ciel. Tu me trouveras dans un petit cabaret à bière, qui n'en porte pas moins ici le titre d'auberge, à l'enseigne du *Cerf-Blanc*, dans un mauvais village, à cinq milles du château d'Harlove. Ce château est connu de tout le monde; car il est sorti du fumier, comme Versailles, depuis un temps qui n'est pas immémorial. Tu ne rencontreras pas de pauvres qui ne le connaissent encore mieux : mais seulement depuis peu d'années qu'on a vu paraître un certain ange parmi les enfans des hommes.

Mes hôtes sont des gens pauvres, mais honnêtes. Ils se sont mis dans la tête que je suis un homme de qualité qui a quelque raison de se déguiser; et leurs respects n'ont pas de bornes. Toute leur famille consiste dans une vive et jolie petite créature, qui a ses dix-sept ans depuis six jours. Je l'appelle mon *bouton de rose*. Sa grand'mère (car elle n'a pas de mère) est une bonne vieille femme, aussi agréable qu'on en ait jamais vue remplir un fauteuil de paille dans le coin d'une cheminée, et qui m'a prié fort humblement d'être pitoyable pour sa petite-fille. C'est le moyen d'obtenir quelque chose de moi. Combien de jolies petites créatures me sont passées par les mains, auxquelles j'aurais fait scrupule de penser, si l'on eût reconnu mon pouvoir, et commencé par implorer ma clémence. Mais le *debellare superbos* serait ma devise, si j'en avais une nouvelle à choisir.

Cette pauvre petite est d'une simplicité qui te plaira beaucoup. Tout est humble, officieux, innocent dans son air et dans ses manières. J'aime en elle ces trois qualités, et je la garde pour ton amusement, tandis que je serai à combattre le mauvais temps, en faisant ma ronde autour des murs et des enclos du château d'Harlove. Tu auras le plaisir de voir à découvert dans son âme tout ce que les femmes du haut rang apprennent à cacher, pour se rendre moins naturelles, et par conséquent moins aimables.

Mais je te charge (et tu n'y manqueras pas, si tu sens combien il te conviendrait peu d'entreprendre ce que je renonce à faire moi-même), je te charge, dis-je, de respecter mon bouton de rose. C'est la seule fleur odoriférante qui se soit épanouie depuis dix ans aux environs de ma demeure, ou qui puisse s'épanouir d'ici à dix ans. Ma servitude me laisse le temps de prendre de bons mémoires sur le passé et sur l'avenir.

Je ne me souviens pas d'avoir jamais été si honnête depuis le temps de mon initiation. Il m'importe de l'être. On peut découvrir tôt ou tard le lieu de ma retraite, et l'on s'imaginera que c'est mon bouton de rose qui m'y attache. Un témoignage favorable de la part de ces bonnes gens, suffit pour établir ma réputation. On peut prendre le serment de la vieille, et celui du père, qui est un honnête paysan dont toute la joie consiste dans sa fille. Belford, je te le répète, épargne mon bouton de rose. Observe avec elle une règle que je n'ai jamais violée sans qu'il m'en ait coûté de longs regrets ; c'est de ne pas ruiner une pauvre fille, qui n'a d'autre support que sa simplicité et son innocence. Ainsi point d'attaques, point de ruses, pas même d'agaceries. La gorge d'un agneau sans défiance ne se détourne pas pour éviter le couteau. Belford! garde-toi d'être le boucher de mon agneau.

Une autre raison me porte à t'en presser beaucoup. Ce jeune cœur est touché d'amour. Il ressent une passion dont le nom lui est encore inconnu. Je l'ai surprise, un jour, qui suivait des yeux un jeune apprenti charpentier, fils d'une veuve qui demeure de l'autre côté de la rue. C'est un assez joli paysan, qui peut avoir trois ans plus qu'elle. Les jeux de l'enfance ont commencé apparemment cette liaison, sans qu'ils s'en soient peut-être aperçus, jusqu'à l'âge où la nature ouvre la force du sentiment; car je n'ai pas été long-temps à remarquer que leur affection est réciproque. Voici mes preuves : le soin de se tenir droit et une révérence qui ne manque jamais, à l'instant que le garçon aperçoit sa jolie maîtresse, la curiosité de se retourner souvent à mesure qu'il marche, pour saluer des yeux ceux de la belle, qui paraissent le suivre, et lorsqu'il tourne un coin de rue, qui va le priver de la voir, la moitié de son corps qui s'avance en se courbant, pour ôter son chapeau et la saluer encore une fois. J'étais un jour derrière elle, sans qu'elle m'eût aperçu. Elle lui répondit par une profonde révérence et un soupir, que Jean était trop loin pour entendre. Heureux coquin ! dis-je en moi-même. Je me retirai, et mon bouton de rose se hâta de rentrer ; comme si ce spectacle muet eût suffi pour la rendre contente, et qu'elle n'eût rien désiré de plus.

J'ai examiné son petit cœur ; elle m'a fait son confident : Jean Barton lui plairait assez, m'a-t-elle avoué ; et Jean Barton lui a dit qu'il l'aimerait plus que toutes les autres filles du village. Mais, hélas ! il n'y faut pas penser. — Et pourquoi ? lui ai-je demandé. — Elle ne sait pas, m'a-t-elle répondu avec un soupir ; mais Jean est neveu d'une tante qui lui a promis cent guinées pour s'établir à la fin de son apprentissage ; et son père à elle ne peut donner que fort peu de chose. Et quoique la mère de Jean dise qu'elle ne sait pas où son fils pourrait trouver une fille plus jolie et de meilleure famille. — Cependant, a-t-elle ajouté avec un autre soupir, les discours ne servent de rien ; je ne voudrais pas que Jean fût pauvre et malheureux pour l'amour de moi. Quel avantage m'en reviendrait-il, monsieur, vous le savez ?

Que ne donnerais-je pas, Belford (car Dieu me damne, je crois que mon ange me réformera, si l'implacable folie de ses parens ne nous perd pas tous deux), que ne donnerais-je pas, te dis-je, pour avoir un cœur de la même bonté et de la même innocence que celui de Jean ou de mon bouton de rose ?

Je sais que le mien est un misérable cœur qui n'est pétri que de méchanceté, et je m'imagine même que je l'ai reçu tel de la nature. Quelquefois, à la vérité, il s'y élève un bon mouvement, mais qui expire aussitôt. Ses délices sont le goût de l'intrigue, les noires inventions, la gloire de triompher, le plaisir de voir ses désirs secondés par la fortune, et une force de tempérament ! Que sert de le déguiser ? Je n'aurais été qu'un vaurien, quand je serais né pour la charrue.

Cependant je trouve quelque satisfaction à penser que la réformation ne m'est pas impossible. Mais alors, mon ami, il faudrait voir un peu meilleure compagnie ; car il est certain que nous ne servons entre nous qu'à nous endurcir dans le vice. Ne t'alarme pas, mon enfant, tu auras du temps de reste, toi et tes camarades, pour choisir un autre chef, et je me figure que tu seras l'homme qui leur convient.

En même temps, comme c'est ma règle, lorsque j'ai commis une action noire, de faire quelque bien par voie d'expiation, et que je me crois là-dessus fort en arrière, je suis dans le dessein, avant que de quitter ce canton (j'entends de le quitter avec succès; sans quoi, suivant une autre règle, je ferai du mal au double, par voie de vengeance), de joindre aux cent guinées de Jean cent autres guinées, pour faire le bonheur de deux cœurs innocens. Ainsi, je le répète une fois et cent fois, respecte mon bouton de rose.

Je suis interrompu ; mais je te promets une seconde lettre avant la fin du jour, et les deux partiront ensemble.

LETTRE XXXV.
M. LOVELACE, A M. BELFORD.

Avec le secours de mon fidèle espion, je suis aussi bien informé de la plupart des démarches de ma charmante que de celles du reste de la famille. C'est un plaisir délicieux pour moi de me représenter ce coquin, caressé par les oncles et le neveu, et initié dans tous leurs secrets, tandis qu'il ne suit avec eux que *ma ligne de direction*. Je lui ai recommandé, sous peine de perdre la pension que je lui fais chaque semaine, et ma protection, que je lui ai promise pour l'avenir, de se conduire avec tant de discrétion, que ni ma charmante, ni personne de la famille ne puisse le soupçonner. Je lui ai dit qu'il pouvait avoir les yeux sur elle lorsqu'elle sort ou qu'elle entre, mais seulement pour écarter les autres domestiques du chemin qu'elle prend, et qu'il devait éviter sa vue lui-même. Il a dit au frère que cette chère créature avait tenté de l'engager par un présent (qu'elle ne lui a jamais offert) à se charger d'une lettre pour miss Howe (qui ne fut jamais écrite), avec une incluse (qui pouvait être pour moi) ; mais qu'il s'était excusé d'accepter de telles commissions, et qu'il demandait en grâce qu'elle ne sût jamais qu'il l'eût trahie. Cette fausse confidence lui a valu un misérable shelling et de grands applaudissemens. Elle a été suivie d'un ordre à tous les domestiques de redoubler leur vigilance, dans la crainte que ma déesse ne trouve quelque autre voie pour faire passer ses lettres. Une heure après, on a chargé mon agent de se présenter sur son passage, et de lui témoigner qu'il se repent de son refus, dans l'espérance qu'elle lui remettra ses lettres. Il rapportera qu'elle a refusé de les lui confier.

Ne vois-tu pas à combien de bonnes fins cet artifice peut conduire ? Premièrement, il assure à ma belle, sans qu'elle le sache elle-même, la liberté qu'on lui laisse de se promener au jardin, car voilà tous ses parens convaincus que depuis qu'il lui ont enlevé sa servante, il ne lui reste aucun moyen de faire sortir ses lettres. Ainsi, sa correspondance avec miss Howe comme avec moi est parfaitement à couvert.

En second lieu, il me donnera peut-être le moyen de me procurer une entrevue secrète avec elle, et j'y pense fortement, de quelque manière qu'elle puisse le prendre. J'ai découvert par mon espion, qui peut tenir tous les autres domestiques à l'écart, que chaque jour, matin et soir, elle fait la visite d'une volière assez éloignée du château, sous prétexte de veiller à la nourriture de quelques oiseaux qui lui viennent de son grand-père. J'ai de bonnes notes sur les moindres mouvemens qu'elle a fait ; et comme elle m'a confessé elle-même, dans une de ses lettres, qu'elle entretient un commerce ignoré avec miss Howe, je présume que c'est par cette voie.

L'entrevue que je médite me fera obtenir, ou je suis trompé, son consentement pour d'autres faveurs de la même nature. Si ce lieu ne lui plaisait pas, je suis en état de m'introduire, lorsqu'elle me l'aura permis, dans une sorte de verger, à la manière de Hollande, qui règne le long du mur. Mon espion, l'honnête Joseph Leman, m'a fourni le moyen de me procurer deux clés, dont quelques bonnes raisons m'ont porté à lui laisser l'une, qui ouvre une porte du jardin, du côté d'une vieille allée, où la tradition du pays est *qu'il revient des esprits*, parce qu'un homme s'y pendit il y a plus de vingt ans. Il est vrai que cette porte est assurée par un verrou du côté du jardin; mais, dans l'occasion, Joseph lèvera l'obstacle.

Il a fallu lui promettre, sur mon honneur, qu'il n'arrivera de ma part aucun malheur à ses maîtres. Le coquin m'assure qu'il les aime, mais que me connaissant pour un homme d'honneur dont il sait que l'alliance ne peut être qu'avantageuse pour la famille, comme tout le monde le reconnaîtra, dit-il, lorsque les préjugés seront détruits, il ne fait pas difficulté de me rendre service; sans quoi, pour le monde entier, il ne voudrait pas charger sa conscience d'un tel rôle. Il n'y a point de fripon qui ne trouve le moyen de se justifier par quelque endroit à son propre tribunal; et je conviens que si quelque chose est glorieux pour l'honnêteté, c'est de voir que les plus scélérats y prétendent, dans le temps même qu'ils se livrent à des actions qui doivent les faire passer pour tels aux yeux de tout le monde et à leurs propres yeux.

Mais que faut-il penser d'une stupide famille, qui me jette dans la nécessité d'avoir recours à cette multiplication de machines? Mon amour et ma vengeance prennent le dessus tour à tour. Si la première de ces deux passions n'a pas le succès que j'espère, ma consolation sera de satisfaire la seconde. Ils la sentiront; j'en jure par tout ce qu'il y a de sacré, fallût-il renoncer à ma patrie pour le reste de mes jours.

Je me jetterai aux pieds de ma divinité, dessein que j'ai déjà formé deux fois sans succès; je connaîtrai alors quel fonds j'ai à faire sur ses sentimens. Si je n'étais arrêté par cette espérance, je serais tenté de l'enlever. Un si beau rapt est digne de Jupiter même!

Mais je ne veux mettre que de la douceur dans tous mes mouvemens. Mon respect ira jusqu'à l'adoration; sa main reconnaîtra seule tout le feu de mon cœur, par l'impression de mes lèvres, de mes lèvres tremblantes; car je suis sûr qu'elles trembleront, quand je ne serais pas résolu de le feindre. Mes soupirs seront aussi doux que ceux de mon tendre bouton de rose. Je l'inviterai à la confiance par mon humilité. Je ne tirerai aucun avantage de la solitude du lieu; tous mes soins seront rapportés à dissiper ses craintes, à lui persuader qu'elle peut se reposer à l'avenir sur ma tendresse et sur mon honneur. Mes plaintes seront légères, et je ne m'emporterai pas à la moindre menace contre ceux qui ne cessent point de m'en faire. Mais, Belford, tu te figures bien que c'est pour imiter le lion de Dryden, c'est-à-dire, « pour m'assurer ma proie, et lâcher ensuite la bride à ma vengeance, sur d'indignes chasseurs, qui ont l'audace de s'attaquer à moi. »

LETTRE XXXVI.

MISS CLARISSE HARLOVE, A MISS HOWE.

Samedi au soir, 18 mars.

J'ai pensé mourir de frayeur; j'en suis encore hors d'haleine : voici l'occasion. J'étais descendue au jardin, sous mes prétextes ordinaires, dans l'espérance de trouver quelque chose de vous au dépôt. Le chagrin de n'y rien apercevoir m'allait faire sortir du bûcher, lorsque j'ai entendu remuer quelque chose derrière les bûches. Jugez de ma surprise : mais elle est devenue bien plus vive, à la vue d'un homme qui s'est montré tout d'un coup à moi. Hélas! me suis-je dit aussitôt, voilà le fruit d'une correspondance illicite.

Au moment que je l'ai aperçu, il m'a conjuré de n'être point effrayée; et, s'approchant plus vite que je n'ai pu le fuir, il a ouvert un grand manteau qui m'a laissé reconnaître, qui? quel autre que M. Lovelace? Il m'aurait été impossible de crier, et quand j'ai découvert que c'était un homme, et quand j'ai reconnu qui c'était, la voix m'avait abandonnée, et si je n'avais saisi une poutre qui soutient le vieux toit, je serais tombée sans connaissance.

Jusqu'à présent, comme vous savez, je l'avais tenu dans un juste éloignement. Mais, en reprenant mes esprits, jugez quelle doit avoir été ma première émotion, lorsque je me suis rappelée son caractère, sur le témoignage de toute ma famille, son esprit entreprenant, et que je me suis vue seule avec lui dans un lieu si proche d'un chemin détourné et si éloigné du château.

Cependant ses manières respectueuses ont bientôt dissipé cette crainte, mais pour faire place à une autre, celle d'être aperçue avec lui, et de voir bientôt mon frère informé d'une si étrange aventure. Les conséquences naturelles, s'il n'y en avait pas d'autres à redouter, s'offraient en foule à mon imagination ; une prison plus étroite, la cessation absolue de notre correspondance et un prétexte assez vraisemblable pour les plus violentes contraintes. D'un côté comme de l'autre, rien absolument ne pouvait justifier M. Lovelace d'une entreprise si hardie.

Aussitôt donc que j'ai été capable de parler, je lui ai fait connaître, avec la plus vive chaleur, combien je me tenais offensée; je lui ai reproché qu'il lui importait peu de m'exposer au ressentiment de tous mes amis, pourvu que son impétueuse humeur fût satisfaite, et je lui ai commandé de se retirer sur-le-champ. Je me retirais moi-même avec précipitation, lorsqu'il s'est jeté à genoux devant moi en me conjurant les mains jointes de lui accorder un seul moment. Il m'a déclaré qu'il ne s'était rendu coupable de cette témérité que pour en éviter une beaucoup plus grande; en un mot, qu'il ne pouvait supporter les insultes continuelles qu'il recevait de ma famille, et le chagrin de penser qu'il avait fait si peu de progrès dans mon estime ; que le fruit de sa patience ne pouvait être que de me perdre pour toujours, et de se voir plus insulté que jamais par ceux qui triompheraient de sa perte.

Il a, comme vous savez, les genoux fort souples et la langue fort agile. Vous m'avez dit que c'est une de ses ruses, d'offenser souvent dans des choses légères, pour exercer son adresse à se justifier. Ce qu'il y a de certain, c'est que le mouvement qu'il a fait pour me retenir, et cette première partie de son apologie, ont été plus prompts que je ne puis vous le représenter.

Il a continué avec la même ardeur : Ses craintes étaient, qu'un naturel aussi doux, aussi obligeant qu'il prétend que le mien l'est pour tout le monde, excepté pour lui, et mes principes d'obéissance, qui me portent à rendre ce que je crois devoir aux autres, indépendamment de ce qu'ils me doivent, ne fussent comme les instrumens qu'on emploierait en faveur d'un homme, suscité en partie pour se venger sur moi de la distinction avec laquelle j'ai été traitée par mon grand-père, en partie pour se venger sur lui de la vie qu'il avait accordée à une personne qui aurait pris infailliblement la sienne, et qui cherchait présentement à lui ôter des espérances qui lui étaient beaucoup plus chères que sa vie.

Je lui ai répondu, qu'il pouvait s'assurer que la rigueur qu'on employait avec moi ne produirait rien moins que l'effet qu'on s'en était promis ; que, malgré la sincérité avec laquelle je pouvais dire que mon inclination avait toujours été pour le célibat, et lui déclarer particulièrement que si mes parens me dispensaient d'épouser l'homme qui me déplaisait, ce ne serait pas pour en prendre un qui leur déplût...

Il m'a interrompue ici, en me demandant pardon de sa hardiesse, mais pour me dire qu'il ne pouvait retenir les marques de son désespoir, lorsqu'après tant de preuves de sa respectueuse passion, il m'entendait...

— J'ai droit, monsieur, lui ai-je dit, de vous interrompre à mon tour. Pourquoi ne faites-vous pas valoir encore plus clairement l'obligation que cette passion si vantée m'impose? Pourquoi ne me déclarez-vous pas, en termes plus ouverts, qu'une persévérance que je n'ai pas désirée, et qui me met aux mains avec toute ma famille, est un mérite qui me rend coupable d'ingratitude, lorsque je n'y réponds pas comme vous semblez le désirer?

— Je devais pardonner, a-t-il repris, si lui, qui ne prétendait qu'à un mérite de comparaison, parce qu'il était persuadé qu'il n'y avait point d'homme au monde qui fût digne de moi, il avait eu la présomption d'espérer un peu plus de part à ma faveur, qu'il n'en avait obtenue, lorsqu'on lui avait donné pour concurrens des Symmes et des Wyerleys, et en dernier lieu un reptile aussi méprisable que ce Solmes. A l'égard de sa persévérance, il reconnaissait que ce n'était pas un sentiment libre ; mais je devais convenir aussi que, quand il n'aurait jamais eu d'amour pour moi, les offres de Solmes étaient telles, que je me serais trouvée engagée dans les mêmes difficultés de la part de ma famille ; il prenait par conséquent la liberté de me dire que, loin de les augmenter en marquant un peu de bonté pour lui, c'était le moyen le plus propre à me les faire surmonter. Mes parens avaient conduit les choses au point qu'il m'était impossible de les obliger, sans faire le sacrifice de de moi-même à Solmes. Ils connaissaient d'ailleurs la différence qu'ils devaient mettre entre Solmes et lui ; l'un, ils se flattaient de le conduire à leur gré ; l'autre était capable de me défendre contre toutes sortes d'insultes, et comptait entre ses espérances naturelles, celle d'un titre fort supérieur aux folles vues de mon frère.

Comment cet homme-là, ma chère, est-il si bien instruit de toutes nos misères domestiques? Mais je suis bien plus surprise qu'il ait pu connaître le lieu où il m'a trouvée, et le moyen de m'y rencontrer.

Mon inquiétude me faisait trouver les momens fort longs, d'autant plus que la nuit s'approchait; cependant il n'a pas été possible de me délivrer de lui, sans en avoir entendu bien davantage.

« Comme il espérait se voir quelque jour le plus heureux de tous les hommes, il m'assurait qu'il avait tant d'égards pour ma réputation, que loin de me proposer des démarches qui pussent m'être reprochées, il ne les condamnait pas moins que moi, quelque favorables qu'elles pussent être pour lui. Mais puisqu'on ne me permettait point de choisir le célibat, il me laissait à considérer si j'avais plus d'une voie pour éviter la violence qu'on voulait faire à mes inclinations. N'avais-je pas un père jaloux de son autorité, et des oncles qui pensaient comme lui?

» Le retour de M. Morden était encore éloigné; mon oncle et ma tante Hervey avaient peu de poids dans la famille; mon frère et ma sœur ne cessaient pas d'attiser le feu; les offres continuelles de Solmes étaient un autre aiguillon, et la mère de miss Howe se rangeait de leur parti, plutôt que du mien, par le seul motif de donner un exemple à sa fille.»

Ensuite il m'a demandé si je consentirais à recevoir là-dessus une lettre de sa tante Lawrance; car sa tante Sadleir, m'a-t il dit, ayant perdu depuis peu sa fille unique, se mêle peu des affaires du monde, ou n'y pense que pour souhaiter de le voir marié, et avec moi plutôt qu'avec aucune autre femme.

Véritablement, ma chère, il y a bien des choses raisonnables dans tout ce qu'il m'a dit : je crois pouvoir faire cette remarque, sans qu'il soit question de battemens de cœur. Cependant je lui ai répondu que, malgré la considération extrême que j'ai pour les dames de sa famille, particulièrement pour ses deux tantes, je n'étais pas disposée à recevoir des lettres qui eussent rapport à une fin que je n'avais aucune intention de favoriser; que, dans la triste situation où je me trouvais, le devoir m'obligeait de tout espérer, de tout souffrir et de tout tenter; que mon père me voyant ferme et résolue de mourir, plutôt que d'épouser M. Solmes, se relâcherait peut-être...

Il m'a interrompue pour me représenter que ce changement est peu vraisemblable, après diverses démarches de ma famille, qu'il a pris soin de me remettre sous les yeux, telles que la précaution qu'ils ont eue d'engager madame Howe dans leurs intérêts, comme une personne qui pouvait m'accorder un asile si j'étais poussée au désespoir; l'empressement de mon frère à souffler continuellement aux oreilles de mon père que si l'on attend le retour de M. Morden, à qui je pourrai demander l'exécution du testament, il sera trop tard pour me retenir dans la dépendance; le parti qu'ils ont pris de me renfermer; celui de m'ôter ma servante, et de mettre auprès de moi celle de ma sœur; l'adresse avec laquelle ils ont fait renoncer ma mère à son propre jugement pour entrer dans toutes leurs vues; autant de preuves, m'a-t-il dit, que rien n'est capable d'ébranler leurs résolutions, autant de sujets d'une nouvelle inquiétude pour lui. Il m'a demandé si j'avais jamais vu abandonner à mon père un parti auquel il se fût une fois attaché, surtout lorsqu'il y croyait son autorité ou ses droits intéressés. La familiarité, dit-il, dans laquelle il a vécu quelque temps avec ma famille, l'a rendu témoin de plusieurs traits d'empire arbitraire, dont on trouverait peu d'exemples dans les maisons même des princes; et ma mère, la plus excellente de toutes les femmes, en a fait une triste expérience.

Il allait se livrer, je m'imagine, à d'autres réflexions de cette nature, mais je lui ai témoigné que je m'en tenais offensée, et que je ne permettrais jamais qu'il les fît tomber sur mon père. J'ai ajouté que les rigueurs les moins méritées ne pouvaient me dispenser de ce que je dois à l'autorité paternelle.

—Je ne devais pas le soupçonner, m'a-t-il répondu, de prendre plaisir à me rappeler ces idées, parce que, tout autorisé qu'il était par les traitemens qu'il recevait de ma famille, à ne pas beaucoup les ménager, il savait que les moindres libertés de cette nature n'étaient propres qu'à me déplaire. D'un autre côté, néanmoins, il était obligé d'avouer qu'étant jeune avec des passions assez vives, et s'étant toujours piqué de dire librement ce qu'il pensait, il n'avait pas peu de peine à se faire une violence qu'il reconnaissait juste. Mais sa considération pour moi lui faisait réduire ses observations à des faits clairs et avoués, et je ne pouvais m'offenser qu'il tirât, du moins, une conséquence qui suivait naturellement de ce qu'il avait dit : c'était que mon père exerçant ses droits avec tant de hauteur sur une femme qui ne lui avait jamais rien disputé, il n'y avait aucune apparence qu'il se relâchât pour une fille d'une autorité dont il était encore plus jaloux, et dont l'idée se trouvait fortifiée par des intérêts de famille, par une aversion très vive, quoique injustement conçue, et par les ressentimens de mon frère et de ma sœur, surtout lorsque mon bannissement m'ôtait le moyen de plaider ma cause et de faire valoir la justesse et la vérité pour ma défense.

Quel malheur, ma chère, qu'il y ait tant de vérités dans ces observations, et dans la conséquence; il l'a tirée d'ailleurs avec plus de sang-froid et de ménagement pour ma famille, que je craignais de n'en pouvoir attendre d'un homme si injurié, à qui tout le monde attribue des passions indomptables.

Ne me presserez-vous point sur les battemens de cœur, et sur la chaleur qui m'a pu monter au visage, si de tels exemples de l'ascendant qu'il est capable de prendre sur son naturel, me disposent à conclure qu'en supposant quelque possibilité de réconciliation entre ma famille et lui, il n'y aurait point à désespérer qu'il ne pût être ramené au bien par les voies de la douceur et de la raison?

Il m'a représenté que la violence qu'on fait à ma liberté est connue de tout le monde ; que mon frère et ma sœur ne font pas scrupule de parler de moi comme d'une enfant comblée de faveurs, qui est dans un état actuel de rébellion ; que tous ceux néanmoins qui me connaissent ne balancent point à justifier mon aversion pour un homme qui leur paraît convenir mieux à ma sœur qu'à moi, que tout malheureux qu'il est de n'avoir pu faire plus d'impression sur mon cœur, tout le monde me donne à lui ; que sa naissance, sa fortune et ses espérances ne pouvant être attaquées, ses ennemis mêmes ne faisaient qu'une objection contre lui, et que grâce au ciel et à mon exemple, il se promettait de la détruire pour jamais, puisqu'il avait commencé à reconnaître ses erreurs et à s'en lasser de bonne foi, quoiqu'elles fussent beaucoup moins énormes que la malignité et l'envie ne les représentaient ; mais que c'était un article sur lequel il s'arrêtait d'autant moins, qu'il valait mieux faire parler ses actions que ses promesses. Ensuite, prenant cette occasion pour me faire un compliment, il m'a protesté qu'ayant toujours aimé la vertu, quoiqu'il n'en ait pas fidèlement observé les règles, les qualités de mon âme formaient sa plus forte chaîne, et qu'il pouvait dire avec vérité, qu'avant de m'avoir connue il n'avait jamais rien trouvé qui eût été capable de lui faire surmonter une malheureuse espèce de préjugé qu'il avait contre le mariage ; ce qui l'avait endurci jusque alors contre les désirs et les instances de tous ses proches.

Vous voyez, ma chère, qu'il ne fait pas de difficulté de parler de lui-même comme ses ennemis. Je conviens que cette franchise, sur un point qui n'est pas fort à son honneur, donne de la vraisemblance à ses autres protestations. Il me semble que je ne serais pas aisément trompée par l'hypocrisie, surtout dans un homme qui passe pour s'être accordé de grandes libertés, s'il s'attribuait tout d'un coup des lumières et des convictions extraordinaires, dans un âge encore où ces miracles ne sont pas fréquens. Les habitudes, je m'imagine, ne doivent pas être si faciles à déraciner. Vous avez toujours remarqué avec moi qu'il dit librement ce qu'il pense, quelquefois même jusqu'à ne pas ménager assez la politesse; et le traitement qu'il reçoit de ma famille est une assez bonne preuve qu'il n'est pas capable de faire servilement sa cour par un motif d'intérêt. Quelle pitié que, dans un caractère où l'on reconnaît des traces si louables, les bonnes qualités soient ternies et comme étouffées par le vice! On nous a dit qu'il a la tête meilleure que le cœur. Mais croyez-vous réellement que M. Lovelace puisse avoir le cœur fort mauvais. Pourquoi le sang n'agirait-il pas dans les hommes comme dans les animaux moins nobles? Toute sa famille est irréprochable, excepté lui, à la vérité. On ne parle des dames qu'avec admiration. Mais je crains de m'attirer le reproche que je veux éviter. Cependant ce serait pousser aussi la censure trop loin, que de reprocher à une femme la justice qu'elle rend à un homme particulier et le jugement qu'elle porte à son avantage, lorsqu'on lui permettrait sans difficulté de rendre la même justice à tout autre homme.

Il est revenu à me presser de recevoir une lettre de sa tante Lovelace, et d'accepter l'offre de leur protection. Il a remarqué que les personnes de qualité sont un peu trop sur la réserve, comme on le reproche aussi aux personnes de vertu (ce qui n'était pas fort surprenant, parce que la qualité, soutenue dignement est la vertu, et que réciproquement la vertu est la véritable qualité ; que leurs motifs pour garder une réserve décente sont les mêmes, et qu'elles ont toutes deux une même origine : où a-t-il pris toutes ces idées, ma chère?), sans quoi sa tante se serait déjà déterminée à m'écrire; mais qu'elle souhaitait d'apprendre si ses offres seraient bien reçues, d'autant plus que, suivant les apparences, elles ne seraient point approuvées d'une partie de ma famille; et que dans tout autre cas que celui d'une injuste persécution, qui pouvait encore augmenter, elle se garderait bien de les faire.

Je lui ai répondu, que toute la reconnaissance que je devais à cette dame, si l'offre venait d'elle, ne m'empêcherait pas de voir où cette démarche pouvait me conduire. J'aurais craint de me donner peut-être un air de vanité, si je lui avais dit que ses instances, dans cette occasion, sentaient un peu l'artifice, et l'envie de m'engager dans des mesures dont il ne me serait pas aisé de revenir. Mais j'ai ajouté que la splendeur même du titre royal était peu capable de me toucher, que dans mes idées la vertu seule était la grandeur; que l'excellent caractère des dames de sa famille faisait plus d'impression sur moi que la qualité de sœurs de milord M... et de filles d'un pair; que pour lui, quand mes parens auraient approuvé sa recherche, il ne m'aurait jamais trouvé de dispositions à recevoir ses soins, s'il n'avait eu que le mérite de ses tantes à faire valoir; puisque alors les mêmes raisons qui me les faisaient admirer, n'auraient été qu'autant d'objections contre lui. Je l'ai assuré que ce n'était pas sans un extrême chagrin que je m'étais vue engagée dans un commerce de lettres avec lui, surtout depuis que cette correspondance m'avait été défendue, que le seul fruit agréable que je pensasse à tirer d'une entrevue que je n'avais ni prévue ni desirée, était de lui faire connaître que je me croyais désormais obligée de les supprimer ; et que j'espérais qu'à l'avenir il n'aurait pas recours à des menaces contre ma famille, pour me mettre dans la nécessité de lui répondre.

Le jour était encore assez clair pour me faire apercevoir qu'il a pris un air fort grave après cette déclaration.— Il attachait tant de prix, m'a-t-il dit, à un choix libre, et laissant les voies de la violence à Solmes, il avait tant de mépris pour cette indigne méthode, qu'il se haïrait lui-même, s'il était capable de penser jamais à m'engager par la frayeur. Cependant il y avait deux choses à considérer. Premièrement, les outrages qu'il recevait continuellement, les espions qu'on entretenait auprès de lui, et dont il avait découvert un, les indignités qu'on étendait jusqu'à sa famille, et celles qu'on ne me faisait essuyer que *par rapport à lui*, comme on le déclarait ouvertement, sans quoi il reconnaissait qu'il lui conviendrait mal de s'en ressentir pour moi, sans ma permission (le rusé personnage a bien vu qu'il prêtait ici le flanc, s'il ne se couvrait par cette circonstance) : toutes ces considérations lui faisaient une loi indispensable de marquer son juste ressentiment. Il me demandait à moi-même s'il était raisonnable qu'un homme d'honneur digérât tant d'insultes, à moins qu'il ne fût retenu par un motif tel que celui de me plaire ? En second lieu, il me priait de considérer si la situation où j'étais (prisonnière forcée par toute ma famille de recevoir un mari indigne de moi, et cela au premier jour, soit que j'y consentisse ou non) admettait quelque délai dans les mesures qu'il me proposait de prendre, et qu'il ne me proposait que pour la dernière extrémité. D'ailleurs, l'offre de sa tante ne m'engageait à rien ; je pouvais accepter cette protection sans me jeter dans la nécessité d'être à lui, si je trouvais dans la suite quelque sujet de reproche contre sa conduite.

Je lui ai répondu que c'était s'abuser, et que je ne pouvais m'abandonner à la protection de ses amis, sans donner lieu de conclure que j'avais d'autres vues.

— Et croyez-vous, a-t-il repris, que le public donne à présent une autre explication à la violence qui vous tient renfermée ? Vous devez considérer, mademoiselle, qu'il ne vous est plus libre de choisir, et que vous êtes au pouvoir de ceux (pourquoi leur donnerai-je le nom de parents ?) qui sont déterminés à vous faire exécuter leur volonté. Ce que je vous propose est de recevoir l'offre de ma tante et de n'en faire usage qu'après avoir tout employé pour en éviter la nécessité. Permettez-moi d'ajouter que si vous prenez ce moment pour rompre une correspondance sur laquelle tout mon espoir est fondé, et si vous êtes résolue de ne pas pourvoir au pire de tous les maux, il est évident que vous y succomberez. Le pire ! j'entends pour moi seul, car il ne saurait l'être pour vous. Alors (portant au front son poing fermé) comment pourrai-je soutenir seulement cette supposition ? Alors il sera donc vrai que vous serez à Solmes ! Mais, par tout ce qu'il y a de sacré, ni lui, ni votre frère, ni vos oncles, ne jouiront de leur triomphe. Que je sois confondu s'ils en jouissent !

La violence de son emportement m'a effrayée. Je me retirais dans mon juste ressentiment, mais se jetant encore une fois à mes pieds :

« Au nom du ciel, ne me quittez pas. Ne me laissez point dans le désespoir où je suis ! Ce n'est pas le repentir de mon serment qui me fait tomber à vos pieds ; je le renouvelle, au contraire, dans cette horrible supposition. Mais ne pensez pas que ce soit une menace pour vous faire pencher de mon côté par des craintes. Si votre cœur, a-t-il continué en se levant, vous porte à suivre la volonté de votre père, ou plutôt de votre frère, et à préférer Solmes, je me vengerai assurément de ceux qui insultent et moi et les miens : mais j'arracherai ensuite mon cœur de mes propres mains, ne fût-ce que pour le punir de son idolâtrie pour une femme capable de cette préférence. »

Je lui ai dit que je commençais à m'offenser beaucoup de ce langage, mais qu'il pouvait s'assurer que jamais je ne serais à M. Solmes sans se croire en droit, néanmoins, de rien conclure en sa faveur, parce que j'avais fait la même déclaration à ma famille, dans la supposition même qu'il n'existât point d'autres hommes au monde.

Voulais-je du moins lui continuer l'honneur de ma correspondance ? Après l'espoir qu'il avait eu de faire un peu plus de progrès dans mon estime, il ne pourrait jamais supporter la perte de l'unique faveur qu'il eût obtenue.

Je lui ai dit que s'il contenait ses ressentimens à l'égard de ma famille, je voulais bien, pour quelque temps du moins et jusqu'à la fin de mes disgrâces présentes, continuer une correspondance que mon cœur ne laissait pas de se reprocher... « Comme le sien lui reprochait (a repris l'impatiente créature en m'interrompant) de supporter tout ce qu'il avait à souffrir ; lorsqu'il considérait que cette nécessité lui était imposée, non par moi, pour qui les plus cruels tourmens lui seraient chers, mais par des... » Il a eu la modération de ne point achever.

Je lui ai déclaré nettement qu'il ne devait s'en prendre qu'à lui-même, dont le caractère était si mal établi du côté des mœurs, qu'il n'avait donné que trop d'avantage à ses adversaires. Il n'y a pas beaucoup d'injustice, lui ai-je dit, à parler mal d'un homme qui ne fait lui-même aucun cas de sa réputation.

Il m'a offert de se justifier ; mais je lui ai répondu que je voulais juger de lui par sa propre règle ; c'est-à-dire par ses actions, sans lesquelles il y a peu de confiance à prendre aux paroles.

« Si ses ennemis, a-t-il repris, étaient moins puissans et moins déterminés, ou s'ils n'avaient pas déjà fait connaître leurs intentions par de cruelles violences, il aurait offert volontiers de se soumettre à six mois, à une année d'épreuve. Mais il était sûr que toutes leurs vues seraient remplies ou avérées dans l'espace d'un mois ; et je savais mieux que personne s'il fallait espérer quelque changement du côté de mon père : il ne le connaissait pas, si j'avais cette espérance. »

Je lui ai dit, qu'avant de chercher d'autres protections, je voulais tenter tous les moyens que mon respect et le crédit qui pouvait me rester encore auprès de quelques personnes de la famille seraient capables de m'inspirer ; et que si rien ne tournait heureusement, je prendrais un parti dont je croyais le succès certain, qui serait de leur résigner la terre qui m'avait attiré tant d'envie.

Il se soumettait, m'a-t-il dit, au désir que j'avais de faire l'essai de cette méthode. Il était fort éloigné de me proposer d'autres protections avant que je fusse absolument forcée d'en chercher : « Mais, très chère

Clarisse, m'a-t-il dit en se saisissant de ma main, et la portant fort ardemment à ses lèvres, si la cession de votre terre peut finir vos peines, ne tardez point à la résigner, et soyez à moi. Je confirmerai de toute mon âme l'abandon que vous en ferez. » Cette idée, ma chère, n'est pas sans générosité. Mais lorsqu'il n'est question que de belles paroles, de quoi les hommes ne sont-ils pas capables pour obtenir la confiance d'une femme?

J'avais fait quantité d'efforts pour reprendre le chemin du château, et la nuit étant fort proche, mes craintes ne faisaient qu'augmenter. Je ne saurais dire qu'elles vinssent de sa conduite. Au contraire, il m'a donné meilleure opinion que je n'avais de lui, par le respect dont il ne s'est pas écarté un moment pendant cette conférence. S'il s'est emporté avec violence sur la seule supposition que Solmes pût être préféré, cette chaleur est excusable dans un homme qui se prétend fort amoureux; quoiqu'elle ait été assez peu mesurée pour m'obliger de m'en ressentir.

En partant, il s'est recommandé à ma faveur avec les plus pressantes instances, mais avec autant de soumission que d'ardeur; sans parler d'autres grâces, quoiqu'il m'ait laissé entrevoir ses désirs pour une autre entrevue, à laquelle je lui ai défendu de penser jamais dans le même lieu. Je vous avouerai, ma chère, à vous pour qui je me reprocherais d'avoir la moindre réserve, que ses argumens, tirés de mes disgrâces présentes par rapport à l'avenir, commencent à me faire craindre de me trouver dans la nécessité d'être à l'un ou à l'autre de ces deux hommes; et si cette alternative était inévitable, je m'imagine que vous ne me blâmeriez pas de vous dire lequel des deux doit être préféré; vous m'avez dit vous-même celui qui ne doit pas l'être. Mais, en vérité, ma chère, ma véritable préférence est pour l'état de fille; et je n'ai pas encore perdu toute espérance d'obtenir l'heureuse liberté de faire ce choix.

Je suis revenue à ma chambre, sans avoir été observée. Cependant la crainte de l'être m'a causé tant d'agitation, que je m'en sentais beaucoup plus en commençant ma lettre, qu'il ne m'a donné sujet d'en avoir, à l'exception néanmoins du premier moment où je l'ai aperçu, car mes esprits ont été prêts alors à m'abandonner; c'est un bonheur extrême que dans un lieu tel que celui où il m'a surprise, dans le mouvement d'une si vive frayeur, et seule avec lui, je ne sois pas tombée sans connaissance.

Je ne dois pas oublier que lui ayant fait un reproche de la conduite qu'il a tenue dimanche dernier à l'église, il m'a protesté qu'on ne m'avait pas représenté fidèlement cette scène; qu'il ne s'était pas attendu à m'y voir, mais qu'il avait espéré que trouvant l'occasion de parler civilement à mon père, il obtiendrait la permission de l'accompagner jusqu'au château; que le docteur Lewin lui avait persuadé de ne se présenter, dans cette occasion, à personne de la famille, en lui faisant observer le trouble où sa présence avait jeté tout le monde. Son intention, m'a-t-il assuré, n'était pas d'y porter de l'orgueil ou de la hauteur, et si quelqu'un lui en attribue, ce ne peut être, dit-il, que par un effet de cette mauvaise volonté qu'il a le chagrin de trouver invincible : et lorsqu'il salua ma mère, c'était une civilité qu'il prétendait faire à toutes les personnes qui étaient dans le banc, comme à elle, qu'il fait profession de respecter sincèrement.

Si l'on peut s'en fier à lui (et dans le fond j'ai peine à me persuader que, cherchant à me plaire, il fût venu dans le dessein de braver toute ma famille), voilà, ma chère, un exemple de la force de la haine, qui peint tout sous de fausses couleurs. Cependant, à moins que Chorey n'ait voulu faire officieusement sa cour à ses maîtres, pourquoi m'aurait-elle fait un récit à son désavantage ? Il en appelle au docteur Lewin pour sa justification : mais, hélas ! je suis privée du plaisir de voir cet honnête homme, et tous ceux de qui je pourrais recevoir un bon conseil dans ma triste situation. Après tout, ma chère, je m'imagine qu'il y aurait peu de coupables au monde si ceux qu'on accuse ou qu'on soupçonne avaient la liberté de raconter leur histoire et devaient être crus sur leur propre témoignage.

Vous ne vous plaindrez pas que cette lettre soit trop courte. Mais il serait impossible, autrement, d'être aussi exacte que vous le désirez sur tous les détails d'une conversation. Vous aurez la bonté, ma chère, de vous souvenir que votre dernière porte la date du 9.

Clarisse Harlove.

LETTRE XXXVII.

MISS HOWE, A MISS CLARISSE HARLOVE.

Dimanche, 19 mars.

Je vous demande pardon, ma très chère amie, de vous avoir donné sujet de me rappeler la date de ma dernière lettre. Je voulais rassembler sous mes yeux tous les renseignemens possibles sur les opérations de vos sages parens, dans l'idée que vous ne seriez pas long-temps sans vous rendre d'un côté ou de l'autre, et que j'aurais alors quelque degré de certitude sur lequel je puisse fonder mes observations. Au fond, que puis-je vous écrire dont je n'aie déjà fait le sujet de plusieurs lettres ?

Vous savez que tout ce que je puis faire est de m'emporter contre vos stupides persécuteurs, et ce style n'est pas de votre goût. Je vous ai conseillé de reprendre votre terre : vous rejetez cet avis. Vous ne pouvez soutenir la pensée d'être à Solmes, et Lovelace a résolu que vous serez à lui, quelque obstacle qu'on [s'efforce d'y apporter. Je suis persuadée que vous ne sauriez éviter d'être à l'un ou à l'autre. Voyons quelles seront leurs premières démarches. A l'égard de Lovelace, lorsqu'il raconte sa propre histoire, qui oserait dire qu'après s'être conduit avec tant de modestie dans le bûcher, et n'avoir porté que de si bonnes intentions à l'église, il y ait le moindre reproche à lui faire ? Méchantes gens ! de se liguer contre l'innocence même ; mais attendons, comme j'ai dit, leurs premières démarches, et le parti pour lequel vous vous déterminerez. Mes réflexions alors seront mesurées à mes lumières.

A l'égard du changement de votre style dans vos lettres à vos oncles, à votre frère et à votre sœur, puisqu'ils ont pris tant de plaisir à vous attribuer de la prévention pour Lovelace, et que tous vos désaveux n'ont servi qu'à fortifier les argumens qu'ils en ont tirés contre vous, je trouve que vous avez fort bien fait de les abandonner à leur soupçon, et d'essayer ce que vous pourrez tirer d'eux par cette voie. Mais si... mais si... de grâce, ma chère, un peu d'indulgence. Vous avez cru vous devoir à vous-même une apologie pour votre changement de style ; et jusqu'à ce que vous m'ayez parlé nettement, comme une amie à sa véritable amie, il faut que je vous tourmente un peu. Voyons, car je ne puis retenir ma plume.

Si vous n'avez pas eu d'autre raison, pour ce changement de style, que celle qu'il vous a plu de me donner, prenez la peine d'examiner, comme je me souviens de vous y avoir exhortée, ce qu'il faut penser de cette raison. Pourquoi votre amie souffrirait-elle que vous fussiez volée sans le savoir?

Lorsqu'une personne se sent attaquée d'un rhume, son premier soin est de chercher comment elle a pu le gagner; et lorsqu'elle croit s'en être rendu bon compte, elle prend son parti, qui est, ou de lui laisser son cours, ou d'employer quelques remèdes pour s'en délivrer, s'il est fort incommode. De même, ma chère, avant que la maladie dont vous êtes ou dont vous n'êtes pas attaquée devienne si importune qu'elle vous oblige au régime, permettez que je cherche avec vous d'où elle peut venir. Je suis persuadé, aussi certainement que je suis sûre d'écrire, que, d'un côté, la conduite indiscrète de vos parens, et, de l'autre, l'adresse insinuante de Lovelace, du moins, si cet homme n'est pas un plus grand fou que tout le monde ne le pense, amèneront les choses à ce point et feront son ouvrage pour lui.

Mais passons. Si ce doit être Lovelace ou Solmes, le choix n'admet aucune discussion. Cependant, en supposant de la vérité en tout ce qu'on a raconté, je préférerais tout autre de vos amans à l'un et à l'autre, quelque indignes qu'ils soient aussi de vous. Qui peut être digne, en effet, de miss Clarisse Harlove?

Je souhaite que vous ne m'accusiez pas de toucher trop souvent la même corde. Je me croirais inexcusable (d'autant plus que ce point me semble hors de doute, et que s'il était question de preuves, j'en pourrais tirer de vingt-cinq endroits de vos lettres), inexcusable dis-je, si vous vouliez avouer ingénument... — Avouer quoi? m'allez-vous dire. Je me flatte, ma chère Anne Howe, que vous ne m'attribuez pas déjà de l'amour....

Non, non. Comment votre Anne Howe pourrait-elle former cette pensée? *L'amour, ce mot si court à prononcer, porte une signification bien étendue!* Quel nom lui donnerons-nous? Vous m'avez fourni un terme dont le sens est plus resserré, mais qui ne laisse pas de signifier aussi quelque chose: *une sorte de goût conditionnel!* Le voilà, ma chère. O tendre amie, ne sais-je pas combien vous méprisez la pruderie, et vous êtes trop jeune, trop aimable, pour être une prude?

Mais écartons ces noms durs; et souffrez, ma chère, que je vous répète ce que je vous ai déjà dit: c'est que je me croirai en droit de me plaindre extrêmement de vous, si vous vous efforcez, dans vos lettres, de me déguiser quelque secret de votre cœur.

J'ajoute que si vous m'expliquiez nettement quel degré Lovelace tient ou ne tient pas dans votre affection, je serais plus en état que je ne le suis, de vous donner un bon conseil. Vous qui vous êtes fait une si grande réputation de *prescience*, si je puis employer ce terme, et qui la méritez effectivement plus qu'aucune personne de votre âge, vous avez raisonné sans doute avec vous-même sur son caractère, et sur la supposition que vous deviez un jour être à lui. Vous avez fait de même pour Solmes; et de là est venue sans doute votre aversion pour l'un, comme votre goût conditionnel pour l'autre. Voulez-vous m'apprendre, ma chère, ce que vous avez pensé de ses bonnes et de ses mauvaises qualités; quelle impression les unes et les autres ont faite sur vous? Alors, les mettant dans la balance, nous verrons quel côté pourra vraisemblablement l'emporter, ou plutôt quel côté l'emporte en effet. Il ne faut rien moins que la connaissance des plus intimes replis de votre cœur pour satisfaire mon amitié. Sûrement vous n'êtes point effrayée de vous confier à vous-même un secret de cette nature. Si vous l'êtes, vous n'en avez que plus de raisons de douter de moi. Mais j'ose dire que vous n'avouerez ni l'un ni l'autre, et je veux bien m'imaginer qu'il n'y a point de fondement pour aucun de ces deux aveux.

Ayez la bonté, ma chère, de faire une observation : c'est que si je me suis quelquefois donné des airs de raillerie, qui vous ont fait jeter sérieusement les yeux autour de vous, dans le cas surtout où vous pouviez attendre de votre meilleure amie un tour de réflexion plus sérieux, ce n'a jamais été à l'occasion des endroits de vos lettres où vous vous êtes expliquée avec assez d'ouverture (ne vous alarmez pas, ma chère,) pour ne laisser aucun doute de vos sentimens ; mais seulement lorsque vous avez affecté de la réserve, lorsque vous avez employé des tours nouveaux pour exprimer des choses communes, lorsque vous avez parlé de *curiosité*, de *goût conditionnel*, et que vous avez cherché à vous couvrir sous des termes qui auraient été à l'épreuve de toute autre pénétration que la mienne ; autant d'actes de trahison contre *l'amitié suprême* que nous nous sommes vouée mutuellement.

Souvenez-vous que vous m'avez trouvée un moment en défaut. Vous fîtes valoir alors vos droits. Je vous confessai aussitôt que je n'avais plus que mon orgueil pour défense contre l'amour ; car il est vrai, comme je vous le dis alors, que je ne pouvais soutenir l'idée qu'il fût au pouvoir d'aucun homme de me causer un seul moment d'inquiétude. D'ailleurs, l'homme que j'avais à combattre était bien éloigné de valoir le vôtre ; ainsi je pouvais m'en prendre autant à mon imprudence qu'à l'ascendant qu'il avait sur moi. Bien plus (et vous vous en ferez, s'il vous plaît, l'application), vous me fîtes d'abord la guerre sur mes *curiosités* : et lorsque j'en fus au *goût conditionnel*, vous vous souvenez de ce qui arriva ; le cœur cessa de me battre pour lui.

Finissons. Mais à propos de ce que j'ai dit avec vérité, que mon amant n'était point un homme charmant comme le vôtre, nous sommes quatre, miss Bidulph, miss Loyd, miss Campion et moi, qui vous demandons votre opinion sur une difficulté d'importance : savoir, jusqu'à quel point la figure a droit de nous engager. Ce cas, au reste, n'est point étranger à votre situation : *remarquez bien cela*, pour employer le style de votre oncle Antonin. Nous demandons aussi s'il faut même compter la figure pour quelque chose dans un homme qui en tire vanité ; puisque, suivant une de vos observations, cette vanité donne un juste sujet de douter du mérite intérieur. Vous, le modèle de notre sexe, à qui la beauté et les grâces ont été prodiguées, la vanité est un vice dont vous êtes aussi exempte que de tous les autres, et vous en avez toujours été plus autorisée à soutenir qu'il est inexcusable jusque dans une femme.

Il faut vous apprendre que ce sujet a été vivement agité dans une de nos dernières conversations. Miss Loyd m'a priée de vous écrire pour vous demander votre sentiment, auquel vous savez que nous avons toujours déféré dans nos petites disputes. J'espère que, trouvant quelquefois le temps de respirer sous le poids de vos peines, vous aurez assez de liberté d'esprit pour répondre à notre attente. Personne ne répand plus de lumières et de grâces que vous sur tous les sujets que vous traitez. Expliquez-nous aussi comment il se fait que Lovelace, qui paraît apporter tant de soins à parer sa figure, quoiqu'elle ait si peu besoin d'ornemens, trouve le moyen de ne passer aux yeux de personne pour un fat. Que ces questions, ma chère, servent à vous amuser : du moins si la seconde peut vous être proposée sans vous déplaire. Un seul sujet, de quelque importance qu'il puisse être, ne suffirait pas pour occuper un esprit de l'étendue du vôtre, mais s'il était vrai au fond que l'un et l'autre vous déplussent, mettez ma prière au nombre de tant d'impertinences que vous m'avez pardonnées, et dites sans crainte : Cette fille est folle, pourvu que vous ajoutiez : Je l'aime néanmoins, et c'est ma fidèle

ANNE HOWE.

LETTRE XXXVIII.

MISS CLARISSE HARLOVE, A MISS HOWE.

Lundi, 20 mars.

Votre dernière lettre m'a touchée si sensiblement, que j'écarte des soins assez considérables, pour me livrer à l'impatience que j'ai d'y répondre. Je veux m'expliquer nettement, sans détour ; en un mot, avec l'ouverture de cœur qui convient à notre amitié mutuelle.

Mais souffrez que j'observe d'abord, et que j'observe avec reconnaissance, que si je vous ai donné, dans vingt endroits de mes lettres, des preuves si peu équivoques de mon estime pour M. Lovelace que vous ayez cru devoir m'épargner en faveur de leur clarté, c'est en avoir usé avec une générosité digne de vous.

Croyez-vous qu'il y ait au monde un homme si méchant, qu'il ne donne pas occasion, à ceux même qui doutent de son caractère, d'être plus satisfaits de lui dans un temps que dans un autre? Et lorsqu'il la donne en effet, n'est-il pas juste qu'en parlant de lui les expressions soient mesurées à sa conduite? Je crois devoir à un homme qui me rend des soins autant de justice que s'il ne m'en rendait pas. Il me semble qu'il y a si peu de générosité, un air si tyrannique, à prendre droit de son respect pour le maltraiter, du moins lorsqu'il n'en donne pas sujet, que je ne voudrais pas être celle qui se permet cette sorte de rigueur. Mais quoique je ne pense qu'à me contenir dans les bornes de la justice, il est peut-être difficile d'empêcher que ceux qui connaissent les vues de cet homme ne me trouvent un air de partialité en sa faveur ; surtout si c'est une femme qui fait cette observation, et qu'ayant été autrefois prise elle-même, elle veuille se faire un triomphe de son amie, aussi faible qu'elle. Les âmes nobles qui aspirent à la même perfection (et je ne regarde pas l'amour comme une imperfection non plus, lorsque l'objet en est digne) méritent, à mon avis, qu'on leur passe un peu de cette généreuse espèce d'envie.

Si l'esprit de vengeance a quelque part à cette réflexion, c'est une vengeance, ma chère, qu'il faut entendre dans le sens le plus doux que ce mot puisse recevoir. J'aime votre badinage, comme je vous l'ai dit plusieurs fois, quoique dans l'occasion il puisse causer un peu de peine ; une âme ingénue, qui vient ensuite à sentir qu'il entre moins de fiel que d'amitié dans le reproche, tourne tous ses sentimens à la reconnaissance,

Savez-vous à quoi la chose se réduit ? Je serai sensible à la peine, dans cette lettre peut-être, mais je vous ferai, dans la suivante, des remerciemens qui ne cesseront jamais.

Cette explication, ma chère, en sera une aussi pour toutes les petites sensibilités que j'ai pu vous laisser voir dans d'autres lettres, et dont il peut arriver que je ne me défende pas mieux à l'avenir. Vous me rappelez souvent, par un excellent exemple, que je ne dois pas souhaiter d'être épargnée.

Je ne me souviens pas de vous avoir rien écrit sur l'homme en question, qui n'ait été à son désavantage plutôt qu'à sa louange. Mais si vous en jugez autrement, je ne vous donnerai pas la peine d'en chercher des preuves dans mes lettres. Les apparences du moins doivent avoir été contre moi, et mon étude sera de les rectifier. Ce que je puis vous assurer avec beaucoup de vérité, c'est que, quelque sens que mes termes aient pu vous présenter, mon intention n'a jamais été d'user avec vous de la moindre réserve ; je vous ai écrit avec l'ouverture de cœur qui convenait à l'occasion. Si j'avais pensé au déguisement, ou si j'avais eu quelque raison de m'y croire obligée, peut-être aurais-je évité de donner lieu à vos remarques sur la *curiosité* que j'ai eue de savoir ce que la famille de M. Lovelace pense de moi sur mon *goût conditionnel* et sur d'autres points de cette nature. Je vous ai dit de bonne foi, dans le temps, quelles étaient mes vues par rapport au premier, et je m'en rapporte volontiers aux termes de ma lettre. A l'égard du second, je ne cherchais qu'à me rendre telle qu'il convient à une personne de mon sexe et de mon caractère, dans une malheureuse situation où elle est accusée d'un amour contraire au devoir, et où l'objet qu'on suppose à sa passion est un homme de mauvaises mœurs. Vous approuvez, j'en suis sûre, le désir que j'avais de paraître ce que je devais être, quand je n'aurais pas eu d'autre vue que de mériter la continuation de votre estime.

Mais, pour me justifier sur la réserve... O ma chère ! il faut que je quitte ici la plume.

LETTRE XXXIX.

MISS CLARISSE HARLOVE, A MISS HOWE.

Lundi, 20 mars.

Cette lettre vous apprendra, ma chère, les raisons qui m'ont fait interrompre si brusquement ma réponse à la vôtre d'hier, et qui m'empêcheront peut-être de la finir ou de l'envoyer plus tôt que demain ou le jour suivant ; d'autant plus que j'ai beaucoup à dire sur les sujets que vous m'avez proposés. Aujourd'hui je vous dois le récit d'un nouvel effort que mes amis ont tenté sur moi par le ministère de madame Norton.

Il paraît qu'ils l'avaient fait avertir dès hier de se trouver ici ce matin pour recevoir leurs instructions et pour employer l'ascendant qu'ils lui connaissent sur mon esprit. Je m'imagine qu'ils s'en promettaient du moins un effet convenable à leurs vues ; c'était de me rendre inexcusable à ses propres yeux, et de lui faire voir qu'il n'y avait point de fondement aux plaintes qu'elle a voulu faire plusieurs fois à sa mère, de la rigueur avec laquelle je suis traitée. L'avantage que je me suis attribué, d'avoir le cœur libre, leur fournissait un argument pour me convaincre d'obstination et de perversité ; parce qu'ils se croyaient en droit de conclure que, n'ayant point d'estime particulière pour aucun homme, mes oppositions ne pouvaient venir que de ces deux causes. A présent que, pour leur ôter cette arme, je leur ai donné lieu de me supposer des sentimens de préférence, ils sont résolus d'en venir promptement à l'exécution de leur système ; et c'est dans cette intention qu'ils ont appelé au secours une femme vénérable, pour laquelle ils me connaissent un respect qui approche de celui de la nature.

Elle a trouvé mon père, ma mère, mon frère, ma sœur, mes deux oncles et ma tante Hervey, qui s'étaient assemblés pour l'attendre.

Mon frère a commencé par l'informer de tout ce qui s'est passé depuis la dernière fois qu'on lui permit de me voir. Il lui a lu les endroits de mes lettres où, suivant leurs interprétations, j'avoue ma préférence pour M. Lovelace. Il lui a rendu compte de leurs réponses en substance; après quoi il lui a déclaré leurs résolutions.

Ma mère a pris la parole après lui. Je vous raconte, mot pour mot, tout ce que j'ai appris de ma bonne Norton.

Après lui avoir exposé combien de fois on avait eu l'indulgence d'approuver mes autres refus, combien elle avait employé d'efforts pour me faire consentir à obliger une fois toute la famille, et l'inflexible fermeté de mes résolutions : — Chère madame Norton! lui a-t-elle dit, auriez-vous jamais cru que ma Clarisse, et votre Clarisse, fût capable d'une opposition si déterminée aux volontés des meilleurs de tous les parens? mais voyez ce que vous pouvez obtenir d'elle. L'entreprise est trop avancée pour lui laisser le moindre espoir que nous en puissions revenir. Son père, ne se défiant point de son obéissance, a réglé tous les articles avec M. Solmes. Quels articles, madame Norton! Quels avantages, et pour elle et pour toute la famille! En un mot, il dépend d'elle de nous lier tous par de véritables obligations. M. Solmes, qui connaît ses excellens principes, et qui espère aujourd'hui par sa patience, ensuite par ses bonnes manières, de l'engager d'abord à la reconnaissance et, par degrés, à l'amour, est disposé à fermer les yeux sur tout.

(Fermer les yeux sur tout, ma chère! M. Solmes, fermer les yeux sur tout! voilà une étrange expression.)

—Ainsi, madame Norton (c'est ma mère qui continue), si vous êtes convaincue que c'est le devoir d'un enfant de se soumettre à l'autorité de ses parens, dans les points les plus essentiels comme dans les plus légers, je vous prie de tenter quel pouvoir vous aurez sur son esprit. Je n'en ai aucun. Son père et ses oncles n'en ont pas davantage. Cependant son intérêt propre est de nous obliger tous ; car, à cette condition, la terre de son grand-père n'est pas la moitié de ce qu'on se propose de faire pour elle. Si quelqu'un est capable de vaincre tant d'obstination, c'est vous ; et j'espère que vous accepterez volontiers cette commission.

Madame Norton a demandé s'il lui était permis de faire ses représentations sur les circonstances, avant que de monter à mon appartement.

Mon frère s'est hâté de lui répondre qu'on l'avait fait appeler pour faire des représentations à sa sœur, et non à l'assemblée. —Et vous pouvez lui dire, dame Norton (car il a l'arrogance de ne jamais la nommer autrement), que les choses sont si avancées avec M. Solmes, qu'il n'est plus question de reculer ; par conséquent, point de représentations, ni de votre part ni de la sienne.

— Soyez bien sûre, madame Norton, lui a dit mon père, d'un ton irrité, que nous ne serons point joués par une enfant. Il ne sera pas dit que nous soyons les sots de l'aventure, comme si nous n'avions aucune autorité sur notre propre fille. En un mot, nous ne souffrirons pas qu'elle nous soit enlevée par un libertin détestable, qui a pensé tuer notre fils unique. Ainsi, croyez-moi, le meilleur parti pour elle est de se faire un mérite de son obéissance : car il faut qu'elle obéisse, si je vis ; quoique par l'indiscrète bonté de mon père elle se croie indépendante de moi, qui suis le sien. Aussi, depuis ce temps-là, n'a-t-elle plus été ce qu'elle était auparavant. C'est une disposition injuste... qui m'a l'air de prospérer comme il plaira au ciel. Mais si jamais elle épouse ce vil Lovelace, je mangerai en procès jusqu'au dernier shelling. Donnez-lui cet avis de ma part ; et que le testament peut être cassé, et qu'il le sera.

Mes oncles se sont joints à mon père, avec la même chaleur.

Mon frère a fait les déclarations les plus violentes.

Ma sœur n'a pas été plus modérée.

Ma tante Hervey a dit, avec plus de douceur, qu'il n'y avait point d'occasion où le gouvernement des parens fût plus convenable que dans celle du mariage, et qu'il lui paraissait très juste qu'on me fît là-dessus des lois.

C'est avec ces instructions que la bonne femme est montée à ma chambre. Elle m'a fait le récit de tout ce qui venait de se passer. Elle m'a pressée long-temps de me rendre, avec tant de candeur, pour s'acquitter de sa commission, que j'ai cru plus d'une fois qu'ils l'avaient fait entrer dans leurs intérêts. Mais, après avoir reconnu mon insurmontable aversion pour leur favori, elle a déploré avec moi l'excès de mon infortune. Ensuite elle a voulu s'assurer si j'étais sincère, dans l'offre de me réduire au célibat. Lorsque, après m'avoir examinée, elle n'a pu douter de mes dispositions, elle est demeurée si convaincue qu'une offre qui exclut M. Lovelace doit être acceptée, qu'elle s'est empressée de descendre ; et quoique je lui aie représenté qu'il ne m'a rien servi de l'avoir proposée plusieurs fois, elle a cru pouvoir m'en garantir le succès.

Mais elle est bientôt revenue tout en pleurs, et fort humiliée des reproches qu'elle s'est attirés par ses instances. Ils lui ont répondu que mon devoir est d'obéir, quelques lois qu'il leur plaise de m'imposer ; que ma proposition n'est qu'un artifice pour gagner du temps ; qu'il n'y a que mon mariage avec M. Solmes qui puisse les satisfaire ; qu'ils me l'ont déjà déclaré, et qu'ils ne peuvent être tranquilles qu'après la célébration, parce qu'ils n'ignorent pas combien Lovelace a d'ascendant sur mon cœur ; que j'en suis convenue moi-même dans mes lettres à mes oncles, à mon frère et à ma sœur, quoique je l'aie désavoué à ma mère avec beaucoup de mauvaise foi ; que je me repose sur leur indulgence et sur le pouvoir que je crois avoir sur eux ; qu'ils ne m'auraient pas bannie de leur présence s'ils ne savaient eux-mêmes que leur considéraration pour moi surpasse beaucoup celle que j'ai pour eux, mais qu'enfin ils veulent être obéis, sans quoi jamais ils ne me rendront leur affection, quelles qu'en puissent être les conséquences.

Mon frère a jugé à propos de reprocher à la pauvre femme de n'avoir servi qu'à m'endurcir par ses *lamentations vides de sens.* — Il y a dans l'esprit des femmes, lui a-t-il dit, un fond de perversité et d'orgueil théâtral qui est capable de faire tout risquer à une jeune tête romanesque telle que la mienne, pour exciter la pitié par des aventures extraordinaires. Je suis d'un âge et d'un tour d'esprit, a dit l'insolent, qui peut fort bien me trouver des charmes dans une mélancolie d'amour. Il répond bien que ma tristesse, qu'elle faisait valoir en ma faveur, ne sera jamais mortelle pour moi ; mais il n'ose promettre qu'elle ne le sera pas pour la plus tendre et la plus indulgente de toutes les mères. Enfin, il a déclaré à madame Norton, qu'elle pouvait retourner encore une fois à ma chambre ; mais que si le succès ne répondait pas mieux à l'opinion qu'ils ont eue d'elle, ils la soupçonneraient de s'être laissé corrompre par l'homme qu'ils détestent tous. A la vérité, tous les autres ont blâmé cette indigne réflexion, qui a pénétré la bonne femme jusqu'au fond du cœur ; mais il n'en a pas moins ajouté, sans être contredit de personne, que si elle ne pouvait rien obtenir de son *doux enfant*, nom apparemment qu'elle m'a donné dans le mouvement de sa tendresse, elle pouvait se retirer, ne pas revenir sans être appelée et laisser son *doux enfant* à la disposition de son père.

Réellement, ma chère, il n'y a jamais eu de frère aussi insolent et aussi dur que le mien. Comment se fait-il qu'on exige de moi tant de résignation, tandis qu'on lui permet de traiter avec cette arrogance une si honnête femme et d'un caractère si sensé ?

Cependant elle lui a répondu que toutes ses railleries sur la douceur de mon naturel n'empêchaient pas qu'il ne fût vrai, comme elle pouvait l'en assurer, qu'il y avait peu d'esprit aussi doux que le mien, et qu'elle avait toujours observé que, par les bonnes voies, on pourrait tout obtenir de moi, dans les choses même qui étaient contraires à mon opinion.

Ma tante Hervey a dit là-dessus que le sentiment d'une femme si raisonnable lui paraissait mériter quelque réflexion, et qu'elle avait quelquefois douté elle-même si l'on n'aurait pas mieux fait de commencer par les méthodes qui font ordinairement plus d'impression sur les caractères généreux. Elle s'est attiré un reproche de mon frère et de ma sœur, qui l'ont renvoyée à ma mère, pour savoir d'elle-même si elle ne m'avait pas traitée avec une indulgence sans exemple.

Ma mère a répondu qu'elle croyait avoir poussé l'indulgence assez loin ; mais qu'il fallait convenir, comme elle l'avait représenté plusieurs fois, que l'accueil qu'on m'avait fait à mon retour, et la manière dont M. Solmes m'avait été proposé, n'étaient pas les moyens par lesquels on aurait dû commencer.

On lui a fermé la bouche ; vous devinez qui, chère miss Howe : — Ma chère, ma chère, vous avez toujours quelque objection à faire, quelque excuse à donner en faveur d'une fille rebelle ! souvenez-vous de la manière dont elle nous a traités, vous et moi. Souvenez-vous que le misérable que nous haïssons avec tant de justice n'aurait jamais la hardiesse de persister dans ses vues, si l'obstination de cette perverse créature n'était un encouragement pour lui. Madame Norton (en s'adressant à elle avec colère), remontez encore une fois ; et si vous croyez devoir espérer quelque chose de la douceur, vous avez commission de l'employer ; mais si vous n'en tirez aucun fruit, qu'il n'en soit plus question.

— Oui, ma bonne Norton, lui a dit ma mère, employez ce que vous connaissez de plus fort sur son esprit. Si vous avez le bonheur de réussir, nous monterons, ma sœur Hervey et moi, nous l'amènerons entre nos bras, pour recevoir la bénédiction de son père et les caresses de tout le monde. Vous en serez mille fois plus chère.

Madame Norton est revenue à moi, et m'a répété avec larmes tout ce qu'elle venait d'entendre. Mais, après tout ce qui s'était passé entre elle et moi, je lui ai dit qu'elle ne pouvait se promettre de me faire entrer dans des mesures qui étaient uniquement dans l'intérêt de mon frère, et pour lesquelles j'avais tant d'aversion. Elle m'a serrée entre ses bras maternels : — Je vous quitte, très chère miss, m'a-t-elle dit, je vous quitte parce que je le dois. Mais permettez que je vous conjure de ne rien faire témérairement, rien qui ne soit convenable à votre caractère. Si tout ce qu'on dit est vrai, M. Lovelace n'est pas digne de vous. Si vous avez la force d'obéir, faites attention que le devoir vous y oblige. J'avoue qu'on ne prend pas la meilleure méthode, avec un esprit si généreux; mais considérez qu'il y a peu de mérite dans l'obéissance, lorsqu'elle n'est pas contraire à nos propres désirs. Faites attention à ce qu'on doit attendre d'un caractère aussi extraordinaire que le vôtre. Faites attention qu'il dépend de vous d'unir ou de diviser à jamais votre famille. Quoiqu'il soit fort chagrinant pour vous d'être ainsi poussée par la force, j'ose dire qu'après avoir considéré sérieusement les choses, votre prudence vous fera vaincre toutes sortes de préjugés. Par là, vous acquerrez aux yeux de toute votre famille un mérite qui vous sera non seulement glorieux, mais qui vraisemblablement, dans l'espace de quelques mois, deviendra pour vous une source pure et constante de repos et de satisfaction.

— Considérez, chère maman Norton, lui ai-je répondu, que ce n'est pas une démarche légère qu'on exige de moi, ni une démarche de peu de durée. Il est question de ma vie entière. Considérez aussi que cette loi me vient d'un frère impérieux, qui gouverne tout à son gré. Voyez jusqu'où va le désir que j'ai de les satisfaire, lorsque j'offre de renoncer au mariage et de rompre à jamais toute correspondance avec l'homme qu'ils haïssent, parce que mon frère le hait.

— Je considère tout, ma très chère miss; mais, avec ce que j'ai dit, considérez seulement vous-même que si vous vous trouviez malheureuse après avoir rejeté leurs volontés pour suivre les vôtres, vous seriez privée de la consolation qui fait la ressource d'une fille vertueuse, lorsque s'étant soumise à la conduite de ses parens, le succès d'un mariage ne répond point à leurs espérances.

Il faut que je vous quitte, m'a-t-elle répété. Votre frère va dire (elle s'est mise à pleurer) que je vous endurcis par mes lamentations insensées. Il est bien dur, en effet, qu'on ait tant d'égards pour l'humeur d'un enfant, et si peu pour l'inclination de l'autre. Mais je ne vous répète pas moins que c'est votre devoir d'obéir, si vous pouvez vous faire cette violence. Votre père a confirmé par ses ordres le système de votre frère. C'est à présent le sien. Je m'imagine que le caractère de M. Lovelace n'est pas si propre à justifier votre choix que le dégoût. Il est aisé de voir que l'intention de votre frère est de vous décréditer dans l'esprit de tous vos amis, et particulièrement dans celui de vos oncles; mais cette raison même devrait vous porter, s'il est possible, à les obliger, pour déconcerter ses mesures peu généreuses. Je prierai le ciel pour vous; c'est tout ce qui me reste à vous offrir. Il faut que je descende, pour leur déclarer que vous êtes résolue de ne jamais prendre M. Solmes. Le faut-il? Pensez-y, miss. Le faut-il?

— Oui, chère maman, il le faut. Voici en même temps de quoi je puis vous assurer : jamais il ne m'échappera rien qui puisse faire déshonneur aux soins que vous avez pris de mon éducation. Je souffrirai tout, excepté de me voir forcée à mettre la main dans celle d'un homme qui ne peut jamais avoir aucune part à mon affection. Je m'efforcerai par mon respect, par mon humilité, par ma patience, de fléchir le cœur de mon père ; mais je préférerai la mort, sous toutes sortes de formes, au malheur d'épouser cet homme-là.

— Je tremble, m'a-t-elle dit, de descendre avec une réponse si décisive. Ils vont s'en prendre à moi. Mais souffrez qu'en vous quittant j'ajoute une observation, que je vous conjure de ne jamais perdre de vue. « Les personnes distinguées par la prudence et par des talens tels que les vôtres semblent distribuées dans le monde pour donner, par leurs exemples, du crédit à la religion et à la vertu. Qu'elles sont coupables, lorsqu'elles s'égarent ! quelle ingratitude pour cet Être suprême qui les a favorisés d'un si précieux bienfait ! Quelle perte pour le monde ! quelle plaie pour la vertu ! Mais c'est ce que j'espère qu'on ne dira jamais de miss Clarisse Harlove. »

Je n'ai pu lui répondre que par mes larmes ; et lorsqu'elle m'a quittée, j'ai cru que la meilleure partie de mon cœur partait avec elle.

Il m'est venu à l'esprit de descendre aussitôt, et de prêter l'oreille à la manière dont elle serait reçue. On lui a fait un accueil conforme à ses craintes. — Veut-elle? Ne veut-elle pas? Point de lamentations vagues, madame Norton (vous jugez qui lui a tenu ce discours). Est-elle résolue ou non de se soumettre à la volonté de ses parens?

C'était lui fermer la bouche sur tout ce qu'elle allait dire en ma faveur.

— S'il faut m'expliquer si nettement, a-t-elle répondu, miss Clarisse mourra plutôt que d'être jamais... — A d'autre que Lovelace, a interrompu mon frère. Voilà, madame, voilà, monsieur, ce que c'est que la docilité de votre fille. Voilà le *doux enfant* de madame Norton. Bien ! bonne dame, vous pouvez reprendre le chemin de votre demeure : je suis chargé de vous interdire toute correspondance avec cette fille perverse, autant que vous faites cas de l'amitié de toute notre famille et de chacun de ceux qui la composent. Ensuite, personne n'ouvrant la bouche pour le contredire, il l'a menée lui-même à la porte, sans doute avec ce cruel air d'insulte que les riches hautains prennent sur le pauvre qui a le malheur de leur déplaire.

Ainsi, chère amie, vous êtes informée de la manière dont on me prive désormais du conseil d'une des plus prudentes et des plus vertueuses femmes du monde, quoique le besoin que j'en ai toujours eu ne puisse qu'augmenter. Je pourrais, à la vérité, lui écrire et recevoir ses réponses par vos mains ; mais s'il arrivait qu'on la soupçonnât de cette correspondance, je sais qu'elle ne voudrait point se rendre coupable d'un mensonge ni de la moindre équivoque, et l'aveu qu'elle ferait, après les défenses qu'elle a reçues, lui ferait perdre à jamais la protection de ma mère. C'est un point de quelque importance pour elle ; car, dans ma dernière maladie, j'ai obtenu de ma mère que si je mourais sans avoir fait quelque chose pour cette excellente femme, elle se chargerait elle-même de lui assurer une honnête subsistance qui peut lui devenir nécessaire lorsqu'elle ne sera plus en état de s'aider de son orgueil, comme elle fait aujourd'hui avec assez d'avantage.

Quelles seront à présent leurs mesures? N'abandonneront-ils pas leurs projets, en reconnaissant que ce ne peut être qu'une invincible antipathie, qui rend opiniâtre un esprit qui n'est pas naturellement inflexible? Adieu, ma chère. Pour vous, soyez heureuse! Il semble que pour l'être parfaitement, tout ce qui vous manque, c'est de savoir que votre bonheur dépend de vous.

Clarisse Harlove.

LETTRE XL (1).

MISS CLARISSE HARLOVE, A MISS HOWE.

Le sommeil est si loin de mes yeux, quoiqu'il soit minuit, que je vais reprendre le sujet que j'ai été forcée d'interrompre, et satisfaire ensuite votre désir et celui de nos trois amies, autant du moins que le partage de mes idées m'en laisse capable. J'espère que le sombre silence qui règne à cette heure pourra mettre un peu le calme dans mon esprit.

Il s'agit de me justifier pleinement d'une aussi grave accusation que celle d'avoir des réserves pour la plus chère de mes amies. Je reconnaîtrai d'abord, comme je crois l'avoir déjà fait plusieurs fois, que si M. Lovelace paraît à mes yeux sous un jour supportable, il en a l'obligation aux circonstances particulières où je me trouve; et j'assure hardiment que si on lui avait opposé un homme de sens, de vertu et de générosité, un homme sensible aux peines d'autrui, qui m'aurait donné une assurance morale qu'il en aurait été moins capable de manquer de reconnaissance pour les attentions d'un cœur obligeant; si l'on avait opposé à M. Lovelace un homme de ce caractère, et qu'on eût employé les mêmes instances pour me le faire accepter, je ne me connais pas moi-même, si l'on avait eu les mêmes raisons de me reprocher cette obstination invincible dont on m'accuse aujourd'hui. La figure même ne m'aurait point arrêtée, car c'est le cœur qui doit avoir la première part à notre choix, comme le plus sûr garant de la bonne conduite d'un mari.

Mais, dans la situation même où je suis, persécutée, poussée par de continuelles violences, je vous avoue que je sens quelquefois un peu plus de difficulté que je ne voudrais, à trouver dans les bonnes qualités de M. Lovelace de quoi me soutenir contre le dégoût que j'ai pour les autres hommes.

Vous dites que je dois avoir raisonné avec moi-même dans la supposition que je puisse quelque jour être à lui. J'avoue que je me suis quelquefois mise à cette épreuve; et pour répondre à la sommation de ma plus chère amie, je veux exposer devant elle les deux côtés de l'argument.

Commençons par ce qui se présente en sa faveur. Lorsqu'il fut introduit dans notre famille, on insista d'abord sur ses vertus négatives. Il n'avait point de passion pour le jeu, pour les *courses de cheval*, pour la chasse du renard, pour la débauche de table. Ma tante Hervey nous avait averties, en confidence, de tous les désagrémens auxquels une femme un peu délicate est exposée avec un buveur; et le bon sens nous apprenait assez que la sobriété dans un homme n'est pas un point à négliger, puisque l'excès donne lieu tous les jours à tant de fâcheuses aventures. Je me souviens que ma sœur relevait particulièrement cette favorable circonstance dans son caractère, pendant qu'elle avait quelque espérance d'être à lui.

(1) Continuation de la lettre XXXVIII.

On ne l'a jamais accusé d'avarice, ni même de manquer de générosité ; et lorsqu'on s'est informé de sa conduite, on n'a point trouvé de profusion et d'extravagances à lui reprocher. Son orgueil, assez louable sur ce point, l'a garanti de ces deux excès. D'un autre côté, il est toujours prêt à reconnaître ses fautes. On ne l'entend jamais badiner sur la religion ; c'est le défaut du pauvre M. Wyerley, qui paraît s'imaginer qu'il y a de l'esprit à dire des choses hardies, qui sont toujours choquantes pour une âme sérieuse. Dans la conversation, il a toujours été irréprochable avec nous ; ce qui montre, quelque idée qu'on puisse avoir de ses actions, qu'il est capable de recevoir les influences d'une compagnie décente, et que, vraisemblablement, dans celle qui l'est moins, il suit l'exemple plutôt qu'il ne le donne. Une occasion, qui n'est pas plus ancienne que samedi dernier, ne l'a pas peu avancé dans mon estime, du côté de la retenue, quoique en même temps il n'ait pas manqué d'assurance. Du côté de la naissance, on ne peut lui contester l'avantage sur tous ceux qui m'ont été proposés. Si l'on peut juger de ses sentimens par cette réflexion qui vous fit plaisir dans le temps ; « que lorsque le bon sens se trouve réuni avec la véritable qualité et les distinctions héréditaires, l'honneur s'applique de lui-même, et *joint comme un gant* (expression qui lui est familière ; et vous savez de quel air il la relève) : tandis que l'*homme nouveau*, ajouta-t-il, celui qu'on a vu *croître comme un mousseron* (autre de ses termes favoris), devient arrogant de ses titres : » si ces idées, dis-je, pouvaient servir à faire juger de lui, il faudrait conclure en sa faveur que, de quelque manière que sa conduite réponde à ses lumières, il n'ignore pas ce qu'on est en droit d'attendre des personnes de la naissance. La conviction est la moitié du chemin à l'amendement.

Il jouit d'un bien considérable, et celui qui doit lui revenir est immense... Il n'y a rien à dire de ce côté-là.

Mais il est impossible, au jugement de quelques personnes, qu'il fasse jamais un mari tendre et complaisant. Ceux qui pensent à m'en donner un tel que Solmes, et par des méthodes si violentes, n'ont pas bonne grâce de me faire cette objection. Il faut que je vous dise comment j'ai raisonné là-dessus avec moi-même ; car vous devez vous souvenir que je suis encore à la partie favorable de son caractère.

Une grande partie du traitement auquel une femme doit s'attendre avec lui, dépendra peut-être d'elle-même. Peut-être sera-t-elle obligée, avec un homme si peu accoutumé à se voir contrarier, de joindre la pratique de l'obéissance au vœu qu'elle aura fait d'obéir. Elle devra se faire un soin continuel de plaire. Mais quel est le mari qui ne s'attende pas à trouver ces dispositions dans une femme ; avec plus de raison, peut-être, s'il n'a pas lieu de croire qu'elle l'ait préféré dans son cœur avant que de prendre ce titre ? Et n'est-il pas plus facile et plus agréable d'obéir à un homme qu'on a choisi, quand il ne serait pas toujours aussi raisonnable qu'on le désire, qu'à celui qu'on n'aurait jamais eu, si l'on avait pu se dispenser de l'avoir ? Pour moi, je crois que les lois conjugales étant l'ouvrage des hommes, qui ont fait de l'obéissance une partie du vœu des femmes, elles ne doivent point, même en bonne politique, laisser voir à un mari qu'elles puissent violer leur part du contrat, quelque légère qu'elles en croient l'occasion, de peur qu'il ne s'avise, étant lui-même le juge, de ne pas attacher plus d'importance à d'autres points dont elles auraient une plus grave opinion. Mais, au fond, un article juré si solennellement ne doit jamais être négligé.

Avec ces principes, dont je suppose qu'une femme ne s'écarte point dans sa conduite, quel sera le mari assez misérable pour la traiter brutalement? La femme de Lovelace sera-t-elle la seule personne au monde pour laquelle il n'ait point un retour de civilité et de bonnes manières? On lui accorde de la bravoure : a-t-on jamais vu qu'un homme brave, s'il n'est pas dépourvu de sens, ait été absolument une âme basse? L'inclination générale de notre sexe pour les hommes de ce caractère, fondée apparemment sur le besoin que notre douceur naturelle, ou plutôt l'éducation, nous donne d'une protection continuelle, marque assez que, dans l'idée commune, il y a peu de différence entre *brave et généreux*.

Mettons les choses au pis : me fera-t-il une prison de ma chambre? M'interdira-t-il les visites de ma chère amie, et me défendra-t-il toute correspondance avec elle? M'ôtera-t-il l'administration domestique, lorsqu'il n'aura point à se plaindre de mon gouvernement? Établira-t-il une servante sur moi, avec la liberté de m'insulter? N'ayant point de sœur, permettra-t-il à ses cousines Montaigu, et l'une ou l'autre de ces deux dames voudra-t-elle accepter la permission de me traiter tyranniquement? Autant de suppositions impossibles. Pourquoi donc ai-je pensé souvent, pourquoi me tentez-vous, ô cruels amis, d'essayer la différence?

Et puis, s'est glissé le plaisir secret de se croire propre à faire rentrer un homme de ce caractère dans le sentier de la vertu et de l'honneur; à servir de cause seconde pour le sauver, en prévenant tous les malheurs dans lesquels un esprit si entreprenant est capable de se précipiter, du moins, s'il est tel qu'on le publie.

Dans ce jour, et lorsque j'y ai joint qu'un homme de sens aura toujours plus de facilité qu'un autre à revenir de ses erreurs, je vous avoue, ma chère, qu'il m'en a coûté quelque chose pour éviter de prendre le chemin dont on s'efforce de me détourner avec tant de violence. Tout l'empire qu'on m'attribue sur mes passions, et dont on prétend que je tire tant de gloire à mon âge, ne m'a servi que difficilement.

Ajoutez que l'estime de ses proches, tous irréprochables, à l'exception de lui, a mis un poids considérable du même côté de la balance.

Mais jetons les yeux sur l'autre; lorsque j'ai réfléchi sur la défense de mes parens, sur l'air de légèreté, humiliante pour tout mon sexe, qu'il y aurait dans une préférence de cette nature; qu'il est absolument sans vraisemblance que ma famille, enflammée par la rencontre, et soutenue dans cette chaleur par l'ambition et les artifices de mon frère, puisse jamais étouffer son animosité; qu'il faudrait m'attendre par conséquent à d'éternelles divisions, me présenter à lui et aux siens à titre de personne obligée, qui n'aurait que la moitié du bien qu'elle devait apporter; que son aversion pour eux est aussi forte que celle qu'ils ont pour lui; que toute sa famille est détestée par rapport à lui, et qu'elle rend bien le change à la mienne; qu'il est dans une très mauvaise réputation pour les mœurs, et qu'une fille modeste, qui ne l'ignore pas, doit être choquée de cette idée; qu'il est jeune, dominé par ses passions, d'un naturel violent, artificieux néanmoins, et porté, je crois, à la vengeance; qu'un mari de ce caractère serait capable d'altérer mes principes, et de mettre mes espérances au hasard pour la vie future; que ses propres parens, deux vertueuses tantes et un oncle, dont il attend de si grands avantages, n'ont aucun ascendant sur lui ; que s'il a quelques qualités supportables elles ont moins pour fondement la vertu que l'orgueil ; qu'en reconnaissant l'excellence des préceptes moraux et faisant profession de croire des récompenses et punitions dans un autre état, il ne laisse pas de vivre comme s'il méprisait les uns, et qu'il bravât les autres; l'apparence qu'il y a que la teinture de ses principes peut se communiquer à la postérité ; qu'étant informée de tout ce que je dis, et n'en ignorant pas l'importance, je serais plus inexcusable que dans le cas de l'ignorance, puisqu'une erreur contre le jugement est pire, infiniment pire qu'un défaut de lumière dans la faculté qui juge : lorsque je me livre à toutes ces réflexions, je dois vous conjurer, ma chère, de demander au ciel avec moi et pour moi, qu'il ne permette jamais que je sois forcée à des mesures indiscrètes, qui puissent me rendre inexcusable à mes propres yeux. C'est l'essentiel, après tout : l'opinion du public ne doit tenir que le second rang.

J'ai dit à sa louange, qu'il est prêt à reconnaître ses fautes; cependant j'ai de grandes restrictions à faire sur cet article. Il m'est venu quelquefois à l'esprit que cette ingénuité pourrait être attribuée à deux causes, peu capables l'une et l'autre d'exciter la confiance : l'une, qu'il est tellement dominé par ses vices, qu'il ne pense pas même à les combattre; la seconde, qu'il y a peut-être de la politique à passer condamnation sur une moitié de son caractère, pour mettre l'autre à couvert, tandis que la totalité peut ne rien valoir. Cette ruse arrête des objections auxquelles il serait embarrassé de répondre; elle lui attire l'honneur de l'ingénuité, lorsqu'il n'en peut obtenir d'autre, et que la discussion peut-être ne servirait qu'à lui faire découvrir d'autres vices. Vous conviendrez que je ne le ménage point; mais tout ce que ses ennemis disent de lui ne saurait être faux. Je reprendrai la plume dans quelques momens.

Quelquefois, si vous vous en souvenez, nous l'avons pris toutes deux pour un homme d'esprit des plus simples et des plus naïfs que nous eussions jamais connus. Dans d'autres temps, il nous a paru un des plus profonds et des plus rusés mortels avec qui nous eussions eu quelque familiarité, de sorte qu'après une visite, où nous pensions l'avoir approfondi, il nous en rendait une autre où nous étions prêtes à le regarder comme un homme impénétrable. C'est une remarque, ma chère, qu'il faut compter parmi les ombres du tableau. Cependant, tout bien examiné, vous en avez jugé favorablement, jusqu'à soutenir que son principal défaut est un excès de franchise, qui lui fait négliger les apparences, et qu'il est trop étourdi pour être capable d'artifice. Vous avez soutenu que lorsqu'il dit quelque chose de louable, il croit véritablement ce qu'il dit ; que ses changemens et sa légèreté sont l'effet de sa constitution, et doivent être mis sur le compte d'une santé florissante et de la bonne intelligence d'un corps et d'une âme qui, suivant votre observation, se plaisent ensemble, d'où vous avez conclu que si ce bon accord de ses facultés corporelles et intellectuelles était réglé par la discrétion, c'est-à-dire, si la vivacité pouvait se renfermer dans les bornes des obligations morales, il serait fort éloigné d'être un compagnon méprisable pour toute la vie.

Pour moi, je vous disais alors, et je suis encore portée à croire qu'il lui manque un cœur, et par conséquent que tout lui manque. Une tête de travers peut recevoir un meilleur tour, et n'est pas incapable de conviction; mais qui donnera un cœur à ceux qui n'en ont point? Il n'y a que la grâce du ciel qui puisse changer un mauvais cœur par une opération qui approche beaucoup du miracle. Ne devrait-on pas fuir un homme qu'on soupçonne seulement de ce vice? A quoi pensent donc les parens? hélas! à quoi pensent-ils, lorsque, poussant une fille au précipice, ils l'obligent de penser mieux qu'elle ne ferait d'un homme suspect, pour en éviter un autre qui lui est odieux?

Je vous ai dit que je le crois vindicatif. En vérité, j'ai douté quelquefois si sa persévérance dans les soins qu'il me rend ne méritait pas plutôt le nom d'obstination, depuis qu'il a reconnu combien il déplaît à mes parens. A la vérité, je lui ai vu depuis ce temps-là plus d'ardeur; mais, loin de leur faire sa cour, il prend plaisir à les tenir en alarme. Il apporte son désintéressement pour excuse (il ne me persuaderait pas aisément que c'est politesse); et cette raison est d'autant plus plausible, qu'il leur connaît le pouvoir de faire tourner à son avantage l'attention qu'il apporterait à leur plaire. Je conviens qu'il a lieu de croire (sans quoi il serait impossible de le souffrir) que les plus humbles soumissions seraient rejetées de sa part; et je dois dire aussi que, pour m'obliger, il offre de faire les démarches d'une réconciliation, si je veux lui donner quelque espérance de succès. A l'égard de sa conduite à l'église, dimanche dernier, je ne compte pas beaucoup sur ce qu'il m'a dit pour sa justification, parce que je m'imagine que ses modestes intentions étaient revêtues d'une trop forte apparence d'orgueil : Chorey, qui n'est pas son ennemie, aurait-elle pu s'y méprendre?

Je ne lui crois point une aussi profonde connaissance du cœur humain que quelques personnes se l'imaginent. Ne vous souvenez-vous pas combien il parut frappé d'une réflexion commune, qu'il aurait trouvée dans le premier livre de morale? Un jour qu'il se plaignait, avec un mélange de menaces, des mauvais discours qu'on avait tenus contre lui, je lui dis « qu'il devait les mépriser s'il était innocent, et que s'il ne l'était pas, la vengeance ne lavait pas la tache; qu'on ne s'était jamais avisé *de faire une éponge d'une épée*; qu'il était le maître, en se corrigeant de l'erreur qu'un ennemi lui reprochait, de changer la haine de cet ennemi en amitié, et, ce qui devait passer pour la plus noble de toutes les vengeances, malgré cet ennemi même, puisqu'un ennemi ne pouvait pas souhaiter de le voir corrigé des fautes dont il l'accusait. »

L'intention, me dit-il, faisait la blessure.

— Comment cela, lui répondis-je, lorsqu'elle ne peut blesser sans l'application? L'adversaire, ajoutai-je, ne fait que tenir l'épée, c'est vous-même qui vous en appliquez la pointe : et pourquoi vous ressentir mortellement d'une malice qui peut servir à vous rendre meilleur pendant tout le cours de votre vie? Quelles peuvent être les connaissances d'un homme qui a paru fort étonné de ces observations? Cependant il peut se faire qu'il prenne plaisir à la vengeance, et qu'il croie la même faute inexcusable dans un autre. Il ne serait pas le seul qui condamnât dans autrui ce qu'il se pardonne à lui-même.

C'est après ces considérations, ma chère, c'est après avoir reconnu combien la balance l'emporte d'un côté sur l'autre, que je vous ai dit dans une de mes lettres: *Pour tout au monde, je ne voudrais pas avoir pour cet homme-là ce qu'on appelle de l'amour*; et j'allais plus loin que la prudence ne le permettait, lorsque je composais avec vous, par le terme de *goût conditionnel* sur lequel votre raillerie s'est exercée.

Mais je crois vous entendre dire : « Quel rapport tout ce verbiage a-t-il à la question ? Ce ne sont que de purs raisonnemens ; vous n'en avez pas moins de l'amour. En avez-vous ou non ? L'amour, comme la maladie des vapeurs, n'en est pas moins enraciné, pour n'avoir pas de causes raisonnables auxquelles on puisse l'attribuer. » Et de là vous revenez à vous plaindre de mes réserves.

Eh bien ! donc, ma chère, puisque vous le voulez absolument, je crois qu'avec tous ses défauts j'ai plus de goût pour lui que je ne m'en serais jamais crue capable, et plus, tous ses défauts considérés, que je ne devrais peut-être en avoir. Je crois même que les persécutions qu'on me fait souffrir peuvent m'en inspirer encore plus, surtout lorsque je me rappelle, à son avantage, les circonstances de notre dernière entrevue, et que, de l'autre côté, je vois chaque jour quelque nouvelle marque de tyrannie. En un mot, je vous avouerai nettement, puisque avec vous les explications ne peuvent être trop claires, que s'il ne lui manquait rien du côté des mœurs, je le préférerais à tous les hommes que j'aie jamais connus.

Voilà donc, me direz-vous, ce que vous appelez un *goût conditionnel !* Je me flatte, ma chère, que ce n'est rien de plus. Je n'ai jamais senti d'amour ; ainsi, je vous laisse à juger si ç'en est ou si ce n'en est pas. Mais j'ose dire que si c'en est, je ne le reconnais pas pour un aussi puissant monarque, pour un conquérant aussi indomptable que je l'ai entendu représenter ; et je m'imagine que pour être irrésistible, il doit recevoir plus d'encouragement que je ne crois lui en avoir donné, puisque je suis bien persuadée que je pourrais encore, sans battemens de cœur, renoncer à l'un des deux hommes, pour être délivrée de l'autre.

Mais parlons un peu plus sérieusement. S'il était vrai, ma chère, que le malheur particulier de ma situation m'eût forcée, ou, si vous le voulez, m'eût engagée à prendre du goût pour M. Lovelace, et que ce goût, à votre avis, se fût changé en amour, vous qui êtes capable des plus tendres impressions de l'amitié, qui avez de si hautes idées de la délicatesse de notre sexe et qui êtes actuellement si sensible aux disgrâces d'une personne que vous aimez, auriez-vous dû pousser si loin cette amie infortunée sur un sujet de cette nature ? particulièrement lorsqu'elle n'a pas cherché, comme vous croyez le pouvoir prouver *par vingt endroits* de mes lettres, à se tenir en garde contre votre pénétration ? Peut-être quelques railleries de bouche auraient été plus convenables, surtout si votre amie eût été à la fin de ses peines et qu'elle eût affecté des airs de prude en rappelant le passé. Mais vous asseoir gaîment, comme je me le représente, pour les écrire avec une sorte de triomphe, assurément, ma chère (et j'en parle moins pour mon intérêt que pour l'honneur de votre générosité, car je vous ai dit plus d'une fois que votre badinage me plaît), ce n'est pas la plus glorieuse de vos actions, du moins si l'on considère la délicatesse du sujet et celle de vos propres sentimens.

Je veux m'arrêter ici, pour vous y laisser faire un peu de réflexion.

Passons à la question dont vous voulez savoir ce que je pense sur le degré de force que la figure doit avoir sur notre sexe. Il me semble que votre demande ayant rapport à moi, je dois non seulement vous expliquer mes idées en général, mais considérer aussi le sujet dans ma situation particulière, pour vous mettre en état de juger jusqu'où mes amis ont tort ou raison, lorsqu'ils m'attribuent beaucoup de prévention en faveur de l'un et contre l'autre du côté de la figure. Mais j'observerai d'abord qu'en comparant M. Lovelace et M. Solmes, ils sont très bien fondés à s'imaginer que cette considération peut avoir quelque pouvoir sur moi; et leur imagination se transforme en certitude.

Il est certain que la figure a quelque chose, non seulement de plausible et d'attrayant pour une femme, mais de propre même à lui donner une sorte de confiance à son choix. Elle fait, à la première vue, de favorables impressions qu'on souhaite de voir confirmées, et s'il arrive, en effet, qu'une heureuse expérience les confirme, on s'applaudit de son jugement; on en aime mieux la personne, pour nous avoir donné lieu de prendre une opinion flatteuse de notre propre pénétration.

Cependant, j'ai toujours eu pour règle générale que, dans un homme comme dans une femme, une belle figure doit être suspecte, mais surtout dans les hommes, qui doivent estimer beaucoup plus en eux-mêmes les qualités de l'âme que celles du corps. A l'égard de notre sexe, si l'opinion publique rend une femme vaine de sa beauté, jusqu'à lui avoir fait négliger des qualités plus importantes et plus durables, on sera disposé à l'excuser, puisqu'une jolie folle n'en est pas moins sûre de plaire, sans qu'on sache trop bien pourquoi. Mais c'est un avantage si court, qu'il ne peut être regardé d'un œil d'envie. Lorsque ce soleil d'été arrive à son déclin, lorsque ces grâces légères, ces voltigemens de papillons s'évanouissent, et que l'hiver de l'âge amène des glaces et des rides, celle qui a négligé ses plus précieuses facultés sentira les justes effets de son imprudence. Comme une autre Hélène, elle n'aura pas la force de soutenir la *réflexion même* de son miroir, et ne se trouvant plus que la simple qualité de vieille femme, elle tombera dans le mépris qui est attaché à ce caractère; tandis que la femme raisonnable, qui porte dans un âge avancé l'aimable caractère de la vertu et de la prudence, voit remplacer une frivole admiration par un respect solide qui lui fait gagner beaucoup au change.

Si c'est un homme qu'on suppose vain de sa figure, qu'on lui trouvera l'air efféminé! Avec du génie même, il ne donnera jamais rien aux exercices de l'esprit. Son âme sera toujours répandue au dehors; toutes occupations seront bornées à son extérieur, et peut-être à le rendre ridicule en croyant le parer. Il ne fait rien qui n'ait rapport à lui; il n'admire que lui; et malgré les corrections du théâtre, qui tombent si souvent sur la fatuité, il s'aveugle sur lui-même, et s'abîme dans ce caractère, qui le rend l'objet du mépris d'un sexe et le jouet de l'autre.

Tel est presque toujours le cas de vos belles figures et de tous ces hommes qui aspirent à se distinguer par l'ajustement; ce qui me fait répéter que la figure seule est une considération tout à fait méprisable. Mais lorsqu'à la figure un homme joint du savoir, et d'autres talens qui lui attireraient de la distinction sous toute autre forme, cette espèce d'avantage est une addition considérable au mérite personnel, et si il n'est point altéré par un excès d'amour-propre ou par de mauvaises mœurs, l'homme qui le possède est un être véritablement estimable.

On ne peut refuser du goût à M. Lovelace. Autant que je suis capable d'en juger, il est versé dans toutes les connaissances qui appartiennent aux beaux-arts. Mais, quoiqu'il ait une manière qui lui est propre, de faire tourner sa vanité à son avantage, on s'aperçoit qu'il est trop content de sa figure, de ses talens, et même de sa parure ; avec le bonheur, néanmoins, pour son ajustement, d'être toujours mis d'un air si aisé, qu'on s'imagine que c'est sa moindre étude. A l'égard de sa figure, je me croirais inexcusable de contribuer à nourrir sa vanité, en marquant le moindre égard pour une distinction qu'on ne saurait lui disputer.

A présent, ma chère, puis-je vous demander si j'ai répondu à votre attente ? Si vous me trouvez au dessous de mon entreprise, je m'efforcerai de la reprendre avec plus de succès dans une situation plus tranquille ; car il me semble que mes réflexions traînent, que mon style rampe, et que mon imagination est abattue. Je ne me sens de vigueur dans l'esprit que pour vous dire combien je suis dévouée à vos ordres.

Clarisse Harlove.

P. S. L'insolente Betty Barnes vient de me réchauffer l'imagination, par le récit du discours suivant, qu'elle prétend avoir entendu tenir à Solmes. Cette hideuse créature se vante, dit-elle, « d'être sûre à présent de la petite précieuse, et cela sans y mettre beaucoup du sien. Quelque aversion que je puisse avoir eue pour sa personne, il peut compter du moins sur mes principes, et ce sera un amusement pour lui, de voir par quels jolis degrés je reviendrai à chercher les moyens de lui plaire (l'horrible personnage !). C'était une observation de son oncle, qui connaissait parfaitement le monde, que la crainte est un garant plus sûr que l'amour, pour la bonne conduite d'une femme à l'égard de son mari ; quoique pour lui, il soit résolu, avec une si aimable personne, de tenter ce qu'il peut attendre de l'amour, pendant quelques semaines du moins, parce qu'il a peine à se persuader, ce que disait encore son oncle, que les excès de tendresse ne servent qu'à gâter les femmes. »

Que pensez-vous, ma chère, d'un misérable de cette espèce, *endoctriné* surtout par son vieux rechigné d'oncle, qui n'a jamais eu la réputation d'aimer les femmes ?

LETTRE XLI.

MISS CLARISSE HARLOVE, A MISS HOWE.

Mardi, 12 mars.

Que ma mère aurait de penchant à me traiter avec bonté, s'il lui était permis de le suivre ! Je suis bien sûre qu'on ne me ferait point essuyer cette indigne persécution, si sa prudence et son excellent esprit obtenaient la considération qu'ils méritent. J'ignore si c'est à cette chère mère ou à ma tante, ou peut-être à toutes deux, que j'ai l'obligation d'un nouvel effort qu'on entreprend pour me tenter ; mais voici une lettre remplie de bontés que j'ai reçue ce matin par les mains de Chorey :

« Ma chère enfant ! car je dois encore vous donner ce nom, puisque vous pouvez m'être chère dans tous les sens, nous avons fait une attention particulière à quelques mots qui sont échappés à votre bonne Norton, et qui nous ont fait entendre que vous vous plaignez de n'avoir pas été traitée, à la première ouverture des intentions de M. Solmes, avec autant de condescendance que nous en avons toujours eue pour vous. Quand cela serait vrai, chère Clary, vous ne seriez point excusable d'avoir manqué de votre part, et de vous opposer aux volontés de votre père, dans un point sur lequel il est trop engagé pour reculer avec honneur. Mais tout peut prendre encore une bonne face; de votre simple volonté, ma chère enfant, dépend le bonheur présent de votre famille.

» Votre père me permet de vous dire que si vous voulez répondre enfin à ses espérances, les mécontentemens passés seront éteints dans l'oubli, comme s'il n'en avait jamais été question; mais il m'ordonne aussi de vous déclarer que c'est pour la dernière fois que le pardon vous est offert.

» Je vous ai fait entendre, comme vous ne sauriez l'avoir oublié, qu'on avait demandé à Londres les échantillons de ce qu'il y a de plus riche en étoffes, ils sont arrivés; et votre père, pour faire connaître à quel point il est déterminé, veut que je vous les envoie; j'aurais souhaité qu'ils n'eussent point accompagné ma lettre, mais, au fond, c'est ce qui importe assez peu. Je dois vous dire qu'on n'a plus autant d'égards pour votre délicatesse que j'aurais désiré qu'on en eût autrefois.

» Ce sont les plus nouvelles, comme les plus riches étoffes qu'on ait pu découvrir. On a voulu qu'elles fussent convenables au rang que nous tenons dans le monde, au bien que nous devons joindre à celui que votre grand-père vous a laissé, et au noble établissement qu'on vous destine.

» Votre papa se propose de vous faire présent de six habits complets, avec tous les assortimens. Vous en avez un tout neuf, et un autre que je ne crois pas que vous ayez porté deux fois. Comme le neuf est fort riche, si vous voulez qu'il soit compris dans les six, votre père vous donnera cent guinées pour en remplacer la valeur.

» M. Solmes est dans le dessein de vous offrir une garniture de diamans; comme vous avez ceux de votre grand'mère et les vôtres, si vous aimez mieux les faire remonter dans le goût moderne, son présent sera converti en une somme fort honnête dont vous aurez la propriété, outre la pension annuelle pour vos menus plaisirs. Ainsi vos objections contre le caractère d'un homme dont vous n'avez pas aussi bonne opinion que vous le devriez, ont désormais peu de poids, et vous serez plus indépendante que ne devrait l'être une femme à qui l'on supposerait moins de discrétion. Vous savez parfaitement que moi-même, qui ai apporté plus de biens dans la famille que vous n'en donnez à M. Solmes, je n'ai point eu des avantages si considérables; nous avons cru devoir vous les ménager : dans les mariages d'inclination, on insiste moins sur les termes. Cependant j'aurais regret d'avoir contribué à ces dispositions, si vous ne pouviez pas surmonter tous vos dégoûts pour nous obliger.

» Ne vous étonnez pas, Clary, que je m'explique avec cette ouverture. Votre conduite, jusqu'à présent, ne nous a guère permis d'entrer avec vous dans un si grand détail. Cependant, après ce qui s'est passé entre vous et moi dans nos entretiens, et par lettres entre vous et vos oncles, vous ne doutez pas quelles doivent être les suites. Il faut, ma fille, que nous renoncions à notre autorité, ou vous à votre humeur : il n'est pas naturel que vous vous attendiez à l'un, et nous avons toutes les raisons du monde de nous attendre à l'autre. Vous savez combien je vous ai dit de fois que vous devez vous résoudre à recevoir M. Solmes, ou à n'être plus regardée comme un de nos enfans.

» On vous fera voir, quand vous le voudrez, une copie des articles. Il nous paraît qu'ils sont à l'épreuve de toutes sortes d'objections. On y a fait entrer de nouveaux avantages en faveur de la famille, qui n'y étaient pas la première fois que votre tante vous en a parlé. C'est plus, en vérité, que nous n'aurions pensé à demander. Si vous croyez, après les avoir lus, qu'il y ait quelque changement à faire, on le fera volontiers. Allons, chère fille, déterminez-vous à les lire ; ou plutôt, faites mieux, priez-moi aujourd'hui ou demain de vous les envoyer.

» Comme la hardiesse qu'une certaine personne a eue de paraître à l'église, et ce qui nous revient continuellement de ses bravades, ne peut manquer de nous causer des inquiétudes qui dureront aussi long-temps que vous serez à marier, vous ne devez pas être étonnée qu'on ait pris la résolution d'abréger le temps. Ce sera d'aujourd'hui en quinze jours, si vous ne me faites point d'objections que je puisse approuver. Mais si vous vous déterminez volontairement, on ne vous refuserait pas huit ou dix jours de plus.

» Vos délicatesses sur la personne vous feront peut-être trouver quelque inégalité dans cette alliance ; mais il ne faut pas non plus que vous attachiez tant de prix à vos qualités personnelles, si vous ne voulez pas qu'on vous croie trop frappée du même avantage dans un autre homme, quelque méprisable que cette considération soit en elle-même : c'est le jugement qu'un père et une mère en doivent porter. Nous avons deux filles qui nous sont également chères ; pourquoi Clarisse trouverait-elle de l'inégalité dans une alliance où sa sœur aînée n'en trouverait pas, ni nous pour elle, si M. Solmes nous l'eût demandée la première ?

» Faites-nous donc connaître que vous vous rendez à nos désirs, votre retraite cesse aussitôt. On oublie toutes vos résistances passées ; nous nous reverrons tous heureux dans vous, et les uns dans les autres. Vous pouvez descendre à ce moment dans le cabinet de votre papa, où vous nous trouverez tous deux, et où nous vous donnerons notre avis sur les étoffes, avec les marques d'une cordiale tendresse, et notre bénédiction.

» Soyez une fille honnête et sensible, ma chère Clarisse, telle que vous l'avez toujours été. Votre dernière conduite et le peu d'espoir que diverses personnes ont de votre changement, ne m'ont point empêchée de faire encore cette tentative en votre faveur. Ne trahissez pas ma confiance, très chère fille ; j'ai promis de ne plus employer ma médiation entre votre père et vous, si cette dernière entreprise est sans succès. Je vous attends donc, mon amour ; votre papa vous attend aussi : mais tâchez de ne lui lui laisser voir aucune trace de chagrin sur votre visage. Si vous venez, je vous serrerai dans mes bras et sur mon tendre cœur, avec autant de plaisir que j'en aie jamais eu à vous embrasser. Vous ne savez pas, ma fille, tout ce que j'ai souffert depuis quelques semaines, et vous ne le concevrez un jour que lorsque vous vous trouverez dans ma situation. C'est celle d'une mère tendre et indulgente, qui adresse nuit et jour ses prières au ciel, et qui s'efforce, au milieu du trouble, de conserver la paix et l'union dans sa famille. Mais vous connaissez les conditions. Ne venez point, si vous n'êtes point résolue de les accomplir. C'est ce que je crois impossible après tout ce que je viens d'écrire.

» Si vous venez immédiatement, avec un visage tranquille, qui fasse connaître que votre cœur est rangé au devoir (vous m'avez assurée qu'il était libre ; souvenez-vous en), je ferai, comme je l'ai dit, et je vous témoignerai par les plus tendres marques, que je suis *votre mère véritablement affectionnée.* »

Jugez, très chère amie, combien je dois avoir été touchée d'une lettre, où de si terribles déclarations sont accompagnées de tant de tendresse et de bonté ! — Hélas ! me suis-je écriée, pourquoi me vois-je condamnée à des combats si rudes, entre un ordre auquel je ne puis obéir, et un langage qui me pénètre le cœur ! Si j'étais sûre de tomber morte au pied de l'autel, avant qu'une fatale cérémonie puisse donner à l'homme que je hais, des droits sur mes sentimens, je crois que je me soumettrais à m'y laisser conduire : mais penser à vivre avec un homme et pour un homme qu'on ne peut souffrir, quel comble d'horreur !

Et puis, comment suppose-t-on que l'éclat des habits et des ornemens soit capable de faire quelque impression sur une fille qui a toujours eu pour principe que l'unique vue des femmes, dans le soin qu'elles prennent de leur parure, doit être de se conserver l'affection de leur mari, et de faire honneur à son choix ? Dans cette idée, la richesse même des ajustemens qui me sont offerts ne doit-elle pas augmenter mes dégoûts ? Grand motif, en vérité, pour se parer, que celui de plaire à M. Solmes !

En un mot, il ne m'a point été possible de descendre aux conditions qui m'étaient imposées. Croyez-vous, ma très chère, que je l'aie pu ! Écrire, en supposant même, qu'on m'eût fait la grâce de lire ma lettre, qu'aurais-je écrit après tant d'efforts inutiles ? qu'aurais-je offert qui pût être approuvé ? J'ai promené les tourmens de mon cœur dans toutes les parties de ma chambre. J'ai jeté avec dédain les échantillons vers la porte. Je me suis enfermée dans mon cabinet; j'en suis sortie aussitôt. Je me suis assise, tantôt sur une chaise, tantôt sur une autre ; je me suis approchée successivement de toutes mes fenêtres; je ne pouvais m'arrêter à rien. Dans cette agitation, je prenais la lettre pour la relire, lorsque Betty, chargée des ordres de mon père et de ma mère, est venue m'avertir qu'ils m'attendaient tous deux dans le cabinet de mon père.

— Dites à ma mère, ai-je répondu à Betty, que je demande en grâce de la voir ici un moment, ou de pouvoir l'entretenir seule dans le lieu qu'elle voudra choisir. Tandis que cette fille m'obéissait sans répliquer, j'ai prêté l'oreille, du haut de l'escalier, et j'ai entendu mon père qui disait d'un ton fort élevé : — Vous voyez le fruit de votre indulgence. C'est autant de bontés perdues. Que sert de reprocher de la violence à votre fils, lorsqu'il n'y a rien à se promettre que par cette voie ? Vous ne la verrez pas seule. Ma présence est-elle donc une exception que je doive souffrir ?

— Représentez-lui, a dit ma mère à Betty, sous quelles conditions il lui est permis de descendre. Je ne la verrai point autrement. Betty est remontée avec cette réponse. J'ai eu recours à ma plume. Mais j'étais si tremblante, qu'à peine avais-je la force de m'en servir ; et quand j'aurais eu la main plus ferme, je n'aurais pas su ce que je devais écrire. Betty, qui m'avait quittée, est revenue dans l'intervalle, pour m'apporter ce billet de mon père.

« Rebelle et perverse Clary, je vois qu'il n'y a point de condescendance qui soit capable de vous toucher. Votre mère ne vous verra point. Espérez encore moins de me voir, mais préparez-vous à l'obéissance. Vous connaissez nos volontés : votre oncle Antonin, votre frère, votre sœur et votre favorite, madame Norton, assisteront à la cérémonie, qui sera célébrée à petit bruit dans la chapelle de votre oncle. Lorsque M. Solmes pourra vous présenter à nous dans l'état où nous souhaitons de vous voir, peut-être ferons-nous grâce à sa femme ; mais n'en attendez jamais sous la qualité d'une fille perverse. La célébration se faisant en secret, il sera temps ensuite de penser aux habits et à l'équipage. Ainsi disposez-vous à vous rendre chez votre oncle, un des premiers jours de la semaine qui vient. Vous ne paraîtrez devant nous qu'après la conclusion ; et c'est une raison de plus pour bannir les délais, car nous sommes las du soin de vous garder dans une prison que vous avez méritée, et de perdre le temps à disputer avec une rebelle. Je n'écoute plus de représentations. Je ne reçois plus de lettres. J'ai l'oreille fermée à toutes les plaintes. Et vous n'entendrez plus parler de moi, jusqu'à ce que vous me soyez présentée sous un autre nom ; c'est la dernière déclaration d'un père irrité. »

Si cette résolution est inébranlable, mon père a raison, ma chère, de dire qu'il ne me verra plus, car je ne serai jamais la femme de Solmes. Comptez que la mort m'épouvante beaucoup moins.

Mardi au soir.

Lui, cet odieux Solmes, est arrivé au château, presque au moment que j'ai reçu la lettre de mon père. Il m'a fait demander la permission de me voir. Je suis extrêmement étonnée de cette audace.

J'ai répondu à Betty, qui était chargée du message, qu'il commence par me rendre un père et une mère qu'il m'a fait perdre, et j'examinerai alors si je dois entendre ce qu'il veut de moi. Mais si mes amis refusent de me voir à son occasion, je le verrai encore moins pour l'amour de lui-même. — J'espère, miss, m'a dit Betty, que vous ne voudriez pas que je descendisse avec cette réponse ; il est avec monsieur et madame. — Allez, lui ai-je répété dans mon chagrin, et dites-lui que je ne le verrai pas : on me pousse au désespoir ; je n'ai rien à craindre de pis.

Elle est descendue en affectant beaucoup de répugnance à se charger de ma réponse ; cependant elle l'a rendue dans toute sa force. Quel bruit j'ai entendu faire à mon père! Ils étaient tous ensemble dans son cabinet. Mon frère a proposé de me mettre sur-le-champ hors de la maison, et de m'abandonner à Lovelace et à ma mauvaise destinée. Ma mère a eu la bonté de hasarder quelques mots en ma faveur, sans que j'aie bien pu les entendre ; mais voici sa réponse : — Ma chère, rien n'est si piquant que de voir prendre le parti d'une rebelle à une femme aussi sensée que vous. Quel exemple pour d'autres enfans ! N'ai-je pas eu pour elle autant d'affection que vous? Et pourquoi suis-je changé! Plût au ciel que votre sexe fût capable de quelque discernement! Mais la folle tendresse des mères n'a jamais fait que des enfans endurcis.

Ma mère n'a pas laissé de blâmer Betty, comme cette créature me l'a confessé elle-même, d'avoir rapporté mot pour mot ma réponse ; mais mon père lui en fait un sujet d'éloge.

Cette fille dit qu'il serait monté en fureur à ma chambre, après avoir entendu que je refuse de voir M. Solmes, si mon frère et ma sœur ne l'avaient engagé à se modérer.

Que n'est-il monté! que ne m'a-t-il tuée, pour finir toutes mes peines! Je n'y regretterais que le mal qu'il aurait pu se faire à lui-même.

M. Solmes a daigné plaider pour moi. Ne lui suis-je pas extrêmement obligée ?

Toute la maison est en tumulte. Je ne sais quelle en sera la fin. Mais, en vérité, je suis lasse de la vie. Hélas ! si heureuse il y a quelques semaines, et si misérable aujourd'hui ! Ma mère pouvait bien le dire, que j'aurais de rudes épreuves à essuyer !

P. S. L'imbébile (car voilà comme je suis traitée) est demandée, comme par grâce, pour une autre sorte d'épreuve. Mon frère et ma sœur désirent qu'on me remette entièrement à leur conduite. On m'assure que mon père y a déjà consenti, quoique ma mère s'y oppose encore. Mais s'ils l'obtiennent, quelle cruauté ne dois-je pas attendre de leur haine et de leur jalousie ? Cet avis m'est venu de ma cousine Dolly Hervey, par un billet qu'elle a laissé tomber au jardin, sur mon passage. Elle me dit qu'elle brûle de me voir, mais que la défense est expresse, avant que je sois madame Solmes, ou que j'aie consenti à prendre ce beau nom. Leur persévérance me donne l'exemple, et je le suivrai, n'en doutez pas.

LETTRE XLII.

MISS CLARISSE HARLOVE, A MISS HOWE.

Il s'est passé une scène fort vive, ou plutôt une vrai scène d'injures entre ma sœur et moi. Auriez-vous cru, ma chère, que fusse capable de dire des injures ?

Elle m'a été envoyée, sur le refus que j'ai fait de voir M. Solmes. C'est une furie, je pense, qu'on a lâchée sur moi. Idées de paix et de conciliation, vaine espérance dont je m'étais flattée ! Je vois bien que, du consentement de tout le monde, je serai abandonnée à elle et à mon frère.

Dans tout ce qu'elle a dit contre moi, je veux rendre justice à ce qui a quelque apparence de force. Comme je ne demande votre jugement que sur des faits, ma cause serait fort suspecte à mes propres yeux si je m'efforçais de tromper mon juge.

Elle a commencé par me représenter à quel danger j'étais exposée si mon père était monté à ma chambre comme il y était résolu. Je devais, entre autres, des remerciemens à M. Solmes qui l'en avait empêché. Elle a fait tomber quelques réflexions malignes sur madame Norton, qu'elle soupçonne de m'avoir encouragée dans mon opiniâtreté. Elle a tourné en ridicule mon estime supposée pour Lovelace.— Sa surprise était extrême de voir la spirituelle, la prudente et même la pieuse Clarisse Harlove si passionnée pour un infâme débauché, que ses parens se trouvaient obligés de la tenir renfermée pour l'empêcher de courir entre les bras de cet indigne amant. — Que je vous demande, ma chère, m'a-t-elle dit, quel ordre vous mettez à présent dans la disposition de votre temps ; combien d'heures, dans les vingt-quatre, vous donnez à votre aiguille, combien à vos exercices de piété, combien à vos correspondances de lettres, et combien à vos amours ? Je me doute, je me doute, ma chère petite, que ce dernier article, semblable à la verge d'Aaron, absorbe tout le reste. Parlez ; n'est-ce pas la vérité ?

Je lui ai répondu, que c'était une double mortification pour moi de devoir ma sûreté, contre l'indignation de mon père, à un homme pour lequel je ne serais jamais capable d'aucun sentiment de reconnaissance. J'ai apporté toute la chaleur que je devais à justifier le caractère de madame Norton ; et je n'en ai pas mis moins dans ma réponse à ses injurieuses réflexions sur l'article de M. Lovelace. A l'égard de l'emploi que je fais de mes vingt-quatre heures, je lui ai dit qu'il aurait été plus digne d'elle d'accorder toute sa compassion à l'infortune d'une sœur, que de s'en faire un triomphe, surtout lorsque je n'avais que trop de raison d'attribuer une grande partie de mes disgrâces à l'emploi qu'elle faisait elle-même d'une partie de ses heures de veille.

Ce dernier trait l'a piquée jusqu'au vif. Je me suis aperçue qu'elle faisait violence pour me rappeler d'un ton modéré la douceur avec laquelle j'avais été traitée par tous mes amis, ma mère particulièrement, avant l'extrémité où les choses étaient parvenues. Elle m'a dit que je m'étais fait connaître par des qualités dont on ne m'aurait jamais soupçonnée; que si l'on m'eût connue pour une championne si brave, personne n'aurait eu la hardiesse de se mesurer avec moi; mais que malheureusement l'affaire était trop engagée; qu'il était question de savoir lequel devait l'emporter, de l'obéissance ou de la révolte, et si l'autorité d'un père devait céder à l'obstination d'une fille; en un mot, qu'il fallait *plier ou rompre.*

—Dans une occasion moins triste, lui ai-je dit, je m'abandonnerais volontiers comme vous à cette légère plaisanterie; mais si M. Solmes a tant de mérite au jugement de tout le monde et particulièrement au vôtre, pourquoi ne m'en ferait-on pas un beau-frère plutôt qu'un mari?

— O la pauvre enfant! Elle s'imaginait de bonne foi que j'étais aussi plaisante qu'elle-même. Elle commençait à bien espérer de moi. Mais pouvais-je penser qu'elle voulût dérober à sa sœur un amant si soumis? Si ses premiers soins eussent été pour elle, il y aurait eu quelque justice dans cette idée; mais prendre le refus d'une sœur cadette! Non, non, mon enfant, c'est de quoi il n'est pas question. D'ailleurs, ce serait ouvrir la porte de votre cœur, vous savez à qui; et nous cherchons, au contraire, à la fermer, s'il est possible. En un mot (changeant ici de ton et de contenance), si j'avais marqué autant d'empressement qu'une jeune personne de ma connaissance, à me jeter entre les bras d'un des plus grands libertins d'Angleterre, qui eût entrepris de faire réussir ses prétentions au prix du sang de mon frère, je ne serais pas étonnée de voir toute ma famille réunie pour m'arracher à ce misérable, et pour me marier promptement à quelque honnête homme qui se présenterait à propos dans la même occasion. Voilà, Clary, de quoi il est question, et ne vous fatiguez pas à l'expliquer autrement.

Un discours si outrageant ne méritait-il pas une vive réponse? Dites, ma chère, qu'il la méritait, pour justifier la mienne. — Hélas! ma pauvre sœur! lui ai-je dit, l'homme dont vous parlez n'a pas toujours passé pour un si grand libertin. Qu'on a raison de dire que l'amour mal reconnu se change en haine!

J'ai cru qu'elle allait me battre; mais je n'ai pas laissé de continuer froidement:

—On me parle souvent du péril où mon frère est exposé, et du meurtrier de mon frère: lorsqu'on fait si peu de façon avec moi, pourquoi ne m'expliquerais-je pas librement? N'est-ce pas mon frère qui a cherché l'autre, et qui l'aurait tué s'il avait pu? Lui aurait-il donné la vie, s'il avait dépendu de lui de la lui ôter? Ce n'est point à l'agresseur qu'il convient de se plaindre. A l'égard des choses *qui se sont présentées à propos,* plût au ciel que certaines propositions l'eussent été! Ce n'est pas ma faute, Bella, si l'homme qui serait à *propos* ne juge plus à *propos* de se présenter pour vous.

Auriez-vous marqué plus de fermeté, ma chère, et n'êtes-vous pas surprise que je m'en sois trouvé tant? Je m'attendais à voir tomber sa main sur moi. Elle l'a tenue quelque temps levée, et la colère étouffait sa voix : ensuite, se précipitant vers la porte, elle a descendu la moitié de l'escalier. Mais elle est remontée sur ses pas; et lorsqu'elle a pu parler, elle a invoqué le ciel pour lui demander de la patience.—*Amen*, ai-je dit. Mais vous voyez, Bella, que vous ne prenez pas tranquillement une réplique que vous vous êtes attirée. Etes-vous capable de me pardonner? Rendez-moi ma sœur; et je regretterai beaucoup ce que j'ai dit, si vous en êtes offensée.

Sa violence n'a fait qu'augmenter. Elle a regardé ma modération comme une espèce de triomphe sur son emportement. Elle était résolue, m'a-t-elle dit, de faire connaître à tout le monde que je prenais parti contre mon frère pour le méprisable Lovelace.

Je lui ai répondu assez malignement, que j'aurais souhaité de pouvoir alléguer pour ma défense ce qu'elle pouvait dire pour la sienne; qu'à la vérité ma colère était plus inexcusable que ses jugemens.

Mais, ne pouvant croire que sa visite n'eût pas d'autre motif que ce qui s'était passé jusque alors entre nous, je l'ai priée de me déclarer naturellement si elle avait quelque proposition à me faire que je pusse entendre avec plaisir, quelque chose à me dire qui pût me donner l'espérance de retrouver une amie dans ma sœur.

— Elle était venue au nom de toute la famille, a-t-elle repris d'un air imposant, pour savoir, de ma propre bouche, si j'étais enfin déterminée à l'obéissance. Un mot suffisait; elle ne demandait que oui ou non; on n'était pas disposé à prendre plus long-temps patience avec une créature si perverse.

— Eh bien ! lui ai-je dit, je promets devant Dieu de rompre absolument avec l'homme qui vous déplaît à tous, sous la seule condition qu'on ne me fasse point un devoir d'accepter M. Solmes ni d'autre homme.

Qu'offrais-je de plus que ce que j'avais déjà offert? La différence n'était que dans l'expression. Je prenais donc les autres pour autant d'hébétés, que je croyais pouvoir tromper par de spécieuses promesses ?

—Si je connaissais d'autres propositions qui pussent satisfaire tout le monde et me délivrer d'un homme qui me sera toujours insupportable, je ne balancerais pas à les employer. Il est vrai que j'ai déjà offert de ne me marier jamais sans le consentement de mon père...

Elle m'a interrompue : —Vous comptiez sur vos artifices, pour amener mon père et ma mère à votre but?

— Triste sujet de confiance ! lui ai-je dit; et personne ne devait connaître mieux qu'elle ceux qui étaient capables de s'y opposer.

Elle ne doutait pas que je ne les eusse liés tous à mon char, si l'on ne m'avait ôté la liberté de les voir et de les séduire par mes jolis tours d'adresse.

—Du moins, Bella, vous m'apprenez à juger de ceux que je dois accuser du traitement que j'essuie. Mais, en vérité, vous en faites des gens bien faibles. Une personne indifférente, qui jugerait de vous et de moi par vos discours, me prendrait pour une créature extrêmement artificieuse, ou vous pour une personne d'un bien mauvais caractère.

— Oui, oui, vous êtes une artificieuse créature, et une des plus artificieuses que j'aie jamais connues. De là elle s'est jetée dans un détail d'accusations si basses! si indignes d'une sœur! Elle m'a reproché d'avoir *ensorcelé* tout le monde, c'est son expression, par mes manières flatteuses et insinuantes, d'attirer sur moi toute l'attention dans les lieux où je parais avec elle.— Combien de fois, m'a-t-elle dit, lorsque nous nous sommes trouvés, mon frère et moi, dans une compagnie où l'on nous écoutait avec complaisance, n'êtes-vous survenue, avec vos orgueilleux airs de modestie, que pour nous dérober la considération qu'on avait pour nous? Il n'était plus question de vos aînés; c'était à l'opinion de miss Clarisse qu'on s'en rapportait. Il fallait nous taire, ou parler sans être écoutés...

Elle s'est arrêtée comme pour reprendre haleine.

— Continuez, chère Bella!

— Oui, je continuerai. N'avez-vous pas *ensorcelé* mon grand-père? Se plaisait-il à quelque chose qui ne fût pas sorti de votre bouche ou de vos mains? Le bon vieux radoteur! comment ne le teniez-vous pas suspendu à votre langue dorée? Et que disiez-vous, néanmoins, que faisiez-vous, qu'on n'eût pu dire et faire aussi bien que vous? Son testament fait assez voir combien vos artifices l'avaient séduit. Ôter à ses propres fils tout son bien d'acquisition, pour le donner à une petite-fille, et au plus jeune encore de ses petits-enfans! Vous donner tous les tableaux de famille, parce qu'il vous entendait faire la connaisseuse en peinture, et qu'il vous voyait nettoyer de vos belles mains les portraits de vos aïeux, quoique vous suiviez si mal leurs exemples! Vous laisser une quantité de vaisselle d'argent qui suffirait pour deux ou trois grosses maisons, et défendre qu'elle soit changée, parce que *son précieux enfant* n'avait d'admiration que pour l'ancien goût!

Ces reproches étaient trop méprisables pour me piquer.— Ma pauvre sœur, est-il possible, lui ai-je dit, que vous distinguiez si mal entre l'art et la nature? Si j'ai obligé quelqu'un, je m'en suis fait un bonheur; et je n'ai pas cherché d'autre récompense. Mon âme est au dessus de l'art et des sordides motifs que vous m'attribuez. Que de raisons n'ai-je pas de souhaiter que mon grand-père n'eût jamais pensé à m'accorder des distinctions! Mais il a vu mon frère amplement pourvu par des donations étrangères et par ses droits naturels, il a souhaité que les biens qu'il a répandus sur moi devinssent une raison pour vous faire obtenir la meilleure part aux faveurs de mon père, et je ne doute pas que vous ne vous y attendiez tous deux. Vous savez, Bella, que la terre que mon grand-père m'a léguée ne fait pas la moitié du bien réel qu'il a laissé.

— Quelle comparaison, a répliqué ma sœur, entre des espérances et une actuelle possession, accordée d'ailleurs avec des distinctions qui vous ont fait plus d'honneur que la grandeur même du présent?

— C'est apparemment, Bella, ce qui a causé mon infortune en excitant votre jalousie. Mais n'ai-je pas abandonné cette possession de bonne grâce?

— Oui, a-t-elle interrompu, et je le trouve encore plus artificieuse dans la manière... On n'aurait jamais pénétré vos desseins jusqu'au fond, si l'on n'avait pas trouvé le moyen de vous tenir un peu à l'écart et de vous réduire à des déclarations positives; si l'on ne vous avait ôté celui de faire jouer vos petits ressorts, de vous entortiller, comme un serpent, autour de votre mère, et de la faire pleurer la nécessité même de vous refuser quelque chose dont votre petit cœur obstiné s'est une fois rempli.

— Mon cœur obstiné! y pensez-vous, Bella?

— Oui, obstiné : car avez-vous jamais su ce que c'est que de céder? N'avez-vous pas toujours eu l'art de faire croire que tout ce que vous demandiez était juste, tandis que mon frère et moi nous avions souvent le chagrin de nous voir refuser des faveurs fort légères?

— Je ne me souviens point, Bella, d'avoir jamais rien demandé qu'il ne convînt pas de m'accorder ; et mes demandes ont été rares pour moi-même, quoiqu'elles l'aient été moins pour d'autres.

Qu'il y avait de méchanceté dans mes réflexions!

— Tout ce que vous dites, Bella, regarde un temps fort ancien : je ne puis remonter si loin, jusqu'aux folies de notre enfance ; et je ne me serais pas imaginée que les marques récentes de votre aversion vinssent d'une source si éloignée.

Elle m'a reproché encore un excès de malignité, une insolente apparence de modération, du venin caché dans mes moindres paroles. — O Clary! Clary! tu n'as jamais été qu'une fille à deux faces!

— Personne, lui ai-je dit, n'a jugé que je fusse *une fille à deux faces*, lorsque j'ai tout abandonné à la disposition de mon père, et qu'avec un revenu si considérable, je me suis contentée, comme auparavant, de la petite pension qu'il me fait, sans désirer la moindre augmentation.

— Oui, rusée créature, c'est encore un de vos artifices. N'avez-vous pas prévu qu'un excellent père se croirait engagé, par ce respect et ce désintéressement affectés, à mettre en réserve tout le produit de vos revenus, et qu'il n'exercerait ainsi que l'office de votre intendant, tandis qu'il ne cesserait pas de vous faire votre pension domestique? Autre de vos ruses, miss Clary. Il arrive de là que toutes vos extravagantes dépenses ne vous ont rien coûté du vôtre.

— Mes extravagantes dépenses, Bella! mon père m'a-t-il jamais rien donné de plus qu'à vous?

— Non, j'en conviens ; je vous ai l'obligation d'avoir obtenu, par cette voie, plus que ma conscience peut-être ne m'aurait permis de demander. Mais j'en pourrais montrer encore la plus grande partie. Et vous, que vous en reste-t-il? je parierais que vous n'avez pas cinquante guinées de reste.

— Il est vrai, Bella, que j'aurais peine à montrer cette somme.

— Oh! j'en suis bien sûre. Je suppose que votre maman Norton... Mais paix là-dessus.

— Indigne Bella! cette vertueuse femme, toute malheureuse qu'elle est du côté de la fortune, a l'âme véritablement noble, plus noble que ceux qui seraient capables de lui imputer la moindre bassesse de sentimens.

— Qu'avez-vous donc fait de toutes les sommes qu'on vous a laissé dissiper depuis votre enfance? Lovelace, votre libertin, vous en ferait-il l'intérêt?

— Pourquoi suis-je obligée de rougir pour ma sœur? Cependant, Bella, vous ne vous trompez point ; je compte sur l'intérêt de mon argent, et sur l'intérêt de l'intérêt. Je le crois mieux placé que dans la rouille d'un cabinet.

— Elle m'entendait, m'a-t-elle répondu. Si j'eusse été d'un autre sexe, elle aurait supposé que je pensais à briguer les suffrages du canton. La popularité, le plaisir de me voir environnée, à la porte de l'église, par une foule de misérables, étaient un attrait charmant pour mes yeux. Les applaudissemens qui retentissent au loin, quel charme pour mon imagination romanesque! Je ne tenais pas *ma lumière cachée sous le boisseau*, c'était de quoi elle pouvait me répondre. Mais n'était-il pas un peu dur pour moi de me voir privée, le dimanche, de la satisfaction de briller à l'église, et d'être obligée d'interrompre mes charitables ostentations?

— En vérité, Bella, cette raillerie est cruelle de votre bouche, après la part que vous avez eue au traitement que j'essuie. Mais continuez; l'haleine vous manquera bientôt. Je ne puis désirer vous rendre outrage pour outrage... Pauvre Bella!

Ici, ma chère miss Howe, je crois avoir souri d'un air un peu trop méprisant pour une sœur. Elle a élevé la voix.

— Point d'insolens mépris, point de *pauvre Bella*, avec cet air de supériorité dans une sœur cadette.

— Eh bien donc, *riche Bella*, en lui faisant la révérence. Ce nom vous plaira davantage, et convient mieux en effet à cet amas d'or dont vous faites gloire.

— Voyez-vous, Clary (tenant la main levée), si vous n'êtes pas un peu plus humble dans votre modération, un peu plus réservée dans votre langage, et si vous oubliez le respect que vous devez à une sœur aînée, vous éprouverez...

— Quoi! Bella, un traitement pire que celui dont je vous ai déjà l'obligation? C'est ce que je crois impossible, à moins que cette main levée ne tombe sur moi, et c'est un excès auquel il vous conviendrait moins de vous livrer qu'à moi de le souffrir.

Elle a paru confuse de son emportement. Mais, en s'efforçant de se remettre : — Bonne et docile créature! a-t-elle dit avec un sourire amer. Ensuite changeant de propos, elle m'a priée de me souvenir que nous avions été sur les ouvertures; que tout le monde serait surpris qu'elle tardât si long-temps; qu'on s'imaginerait qu'il y avait quelque chose à se promettre de moi, enfin que le souper n'était pas éloigné.

Je n'ai pu retenir quelques larmes. — Que j'étais heureuse, ai-je dit en soupirant, lorsque les résolutions d'autrui et les miennes ne m'empêchaient pas de descendre à l'heure du souper, et de jouir du plus doux plaisir de ma vie dans l'entretien de mon père, de ma mère, et de mes meilleurs amis!

Cette réflexion, échappée à la force du sentiment, n'a servi qu'à m'attirer une nouvelle insulte. La nature n'a pas donné un cœur sensible à Bella. Elle n'est pas capable des grandes joies de la vie. J'avoue que sa dureté la garantit de bien des peines; cependant, pour en éviter dix fois plus, je ne consentirais pas à perdre les plaisirs dont cette sensibilité de cœur est la source.

Elle m'a dit qu'avant que de se retirer, elle voulait savoir, pour mon intérêt, quel témoignage elle devait rendre de mes dispositions. — Vous pouvez assurer, lui ai-je répondu tranquillement, que je me soumets à tout, sans autre exception que ce qui regarde M. Solmes.

— C'est que ce que vous désirez à présent, Clary, pour vous avance à la sappe (d'où prend-elle ses expressions?). Mais l'autre homme n'entrera-t-il pas en fureur et ne rugira-t-il pas horriblement, lorsqu'il verra sortir de ses griffes une proie dont il se croyait sûr?

— Il faut souffrir votre langage, sans quoi nous ne parviendrons jamais à rien d'éclairci. Je ne m'embarrasserai point de ce que vous appelez ses rugissemens. Je lui promettrai que si je me marie jamais, ce ne sera point avant qu'il soit marié lui-même ; s'il n'est pas satisfait de cette condescendance, je penserai qu'il le doit être, et je donnerai toutes les assurances qu'on exigera, de ne jamais le voir, et de n'entretenir aucune correspondance avec lui. Assurément ces offres seront approuvées.

— Mais je suppose qu'alors vous aurez la complaisance de voir M. Solmes, et de converser civilement avec lui, du moins comme avec un ami de mon père.

— Non : je compte qu'il me sera permis de me retirer dans mon appartement lorsqu'il paraîtra ; je n'aurai pas plus de conversation avec l'un que de correspondance avec l'autre. Ce serait donner occasion à M. Lovelace de se rendre coupable de quelque témérité, sous prétexte que je n'aurais rompu avec lui que pour me donner à M. Solmes.

— Ainsi, vous avez accordé tant d'empire sur vous à ce misérable, que la crainte de l'offenser vous empêchera de traiter civilement les amis de votre père dans sa propre maison ! Lorsque cette condition sera présentée, daignez me dire ce que vous en pouvez attendre.

— Tout, ou rien, lui ai-je répondu, suivant le tour qu'il lui plairait de donner à son récit. Ayez la bonté, Bella, de lui en donner un favorable : dites que j'abandonnerai à mon père, dans toutes les formes, à mes oncles et même à mon frère, les droits dont j'ai l'obligation au testament de mon grand-père, comme une sûreté pour l'exécution de mes promesses. N'ayant rien à espérer de mon père, si je les viole, il ne sera plus à craindre que personne veuille de moi pour sa femme. Bien plus, malgré les mauvais traitemens que j'ai reçus de mon frère, je l'accompagnerai secrètement en Ecosse, pour lui servir de femme de charge, à la seule condition qu'il n'en usera pas plus mal avec moi qu'avec une femme à gages ; ou, si notre cousin Morden s'arrête plus long-temps en Italie, j'irai volontiers le joindre à Florence : et dans l'un de ces deux cas, on publiera que j'ai choisi l'autre, ou que je suis allée au bout du monde ; car il m'importe peu dans quel lieu l'on dise que je suis allée ou que je dois aller.

— Je n'ai qu'une demande à vous faire, mon enfant : donneriez-vous ces jolies propositions par écrit ?

— Oui, de tout mon cœur. Et je suis passée dans mon cabinet, où non seulement, j'ai réduit tous ces articles en peu de mots, mais j'y ai joint quelques lignes pour mon frère, par lesquelles, je lui témoignais un vif regret de l'avoir offensé ; je le suppliais d'appuyer mes propositions de son crédit, et de dresser lui-même un engagement qui fût capable de me lier ; je lui disais qu'il avait plus de pouvoir que personne, pour me réconcilier avec mon père et ma mère, et que je lui serais obligée toute ma vie, s'il voulait que je fusse redevable de cette grâce à l'amitié fraternelle.

Comment croyez-vous que ma sœur ait passé le temps, pendant que je l'employais à écrire ? à promener ses doigts sur mon clavecin, en s'accompagnant doucement de la voix, pour marquer son indifférence. Lorsque je me suis approchée d'elle avec mon écrit, la cruelle s'est levée d'un air léger : — Vous n'avez pas encore fini, ma chère ? Oh ! cela est fait, j'en suis sûre. Quelle facilité à se servir de sa plume ! et m'est-il permis de lire ?

— S'il vous plaît, Bella.

Après avoir lu, elle a fait un éclat de rire affecté. — Comme les grands esprits se laissent prendre ! Vous n'avez donc pas vu, Clary, que je me moquais de vous ? Et vous voudriez que je descendisse avec cette belle pièce, où je ne trouve pas le sens commun ?

— Vous ne m'en imposerez pas, Bella, par ces apparences de dureté. Elles ne peuvent être sérieuses. Il y aurait trop peu d'esprit dans une raillerie de cette nature.

— Quel excès de folie ! une tête fortement prévenue s'imagine que tout le monde ne voit que par ses yeux. Mais de grâce, ma chère enfant, que devient l'autorité de votre père ? Qui cède ici, du père ou de la fille ? Comment ajustez-vous ces belles offres avec les engagemens qui existent entre votre père et M. Solmes ? Quelle certitude que votre libertin ne vous suivra pas *jusqu'au bout du monde* ? Reprends, reprends ton écrit, ma chère ; place-le sur ton cœur amoureux, et n'espère pas que je veuille apprêter à rire en me laissant prendre à tes ridicules promesses. Je te connais trop bien.

Et jetant le papier sur ma toilette, elle s'est enfuie avec un autre éclat de rire.

— Mépris pour mépris, a-t-elle ajouté en passant devant moi, voilà pour vos *pauvres Bella*.

Je n'ai pas laissé de renfermer ce que j'avais écrit, dans un nouveau billet pour mon frère, où je lui ai tracé en peu de mots la conduite de ma sœur ; dans la crainte que sa passion l'ayant empêchée de bien prendre mes idées, elle ne les présentât sous un autre jour qu'elles ne me semblaient le mériter. La lettre suivante est une réponse à mon billet, qui m'a été rendue lorsque j'étais prête à me mettre au lit. Mon frère n'a pu prendre sur lui d'attendre jusqu'à demain.

A MISS CLARISSE HARLOVE.

« Il est étonnant que vous ayez la hardiesse de m'écrire, vous qui videz continuellement sur moi votre *carquois femelle*. Je ne me possède pas, en apprenant que vous me reprochez d'être l'agresseur, dans une querelle qui doit son origine à ma considération pour vous.

» Vous avez fait des aveux en faveur d'un infâme, qui devraient porter tous vos proches à vous abandonner éternellement. Pour moi, je n'ajouterai jamais foi aux promesses d'une femme, qui prend des engagemens contraires à des inclinations avouées. Le seul moyen de prévenir votre ruine, est de vous ôter le pouvoir de vous perdre vous-même. Mon intention n'était pas de vous répondre ; mais l'excessive bonté de votre sœur a prévalu sur moi. A l'égard de votre voyage en Écosse, le jour de grâce est passé. Je ne vous conseille pas non plus d'aller recommencer, auprès de M. Morden, le rôle que vous avez joué chez votre grand-père ; d'ailleurs, un si galant homme pourrait se trouver engagé dans quelque dispute fatale, à votre occasion, et vous l'accuseriez d'être l'agresseur.

» La belle situation où vous vous êtes jetée ! qui vous fait proposer de prendre la fuite pour vous dérober à votre libertin, et d'employer le mensonge pour vous cacher. A ce compte, votre chambre est le plus heureux asile qu'on ait pu trouver pour vous. La conduite de votre *brave*, lorsqu'il est venu vous chercher à l'église, marque assez le pouvoir qu'il a sur votre cœur, quand vous n'en auriez pas fait honteusement l'aveu.

» Je n'ajoute qu'un mot. Si pour l'honneur de la famille je ne réussis pas à vous faire plier, ma résolution est de me retirer en Écosse, et de ne voir de ma vie aucun de nos parens communs.

» JAMES HARLOVE. »

Voilà un frère, voilà ce qu'on appelle du respect ardent pour un père, une mère et des oncles ! Mais il se voit traité en homme d'importance, et ses airs répondent à l'opinion qu'on a de lui.

LETTRE XLIII.

MISS CLARISSE HARLOVE, A MISS HOWE.

Mercredi matin, à neuf heures.

Ma tante Hervey, qui a passé la nuit au château, sort en ce moment de ma chambre. Elle y est venue avec ma sœur. On n'a pas jugé à propos de lui accorder cette liberté sans un tel témoin. Lorsque je l'ai vue paraître, je lui ai dit que sa visite était une extrême faveur pour une malheureuse prisonnière. Je lui ai baisé la main ; elle a eu la bonté de m'embrasser, en me disant : — Pourquoi cette distance, ma chère nièce, avec une tante qui vous aime si tendrement ?

Elle m'a déclaré qu'elle venait s'expliquer avec moi, pour le repos de la famille ; qu'elle ne pouvait se persuader que si je ne m'étais jamais crue traitée avec rigueur, moi qui avais toujours été d'un naturel si doux, j'eusse résisté avec cette constance aux ordres de mon père, et aux désirs de tous mes amis ; que ma mère et elle croyaient devoir attribuer ma résolution à la manière dont on avait commencé avec moi, et à l'idée où j'étais que, dans l'origine, mon frère avait eu plus de part aux propositions de M. Solmes que mon père et mes autres amis ; enfin, qu'elles souhaitaient toutes deux de pouvoir me fournir quelque excuse raisonnable, pour revenir honnêtement de mon opposition. Pendant cet exorde, Bella chantonnait, ouvrait un livre et puis un autre, d'un air pensif, mais sans paraître disposée à se mêler de la conversation. Ma tante, après m'avoir représenté que mes résistances étaient inutiles, parce que l'honneur de mon père se trouvait engagé, s'est jetée sur les lois de mon devoir avec plus de force que je ne m'y serais attendue, si ma sœur n'avait été présente. Je ne répéterai pas quantité d'argumens qui reviennent à ceux dont vous devez être lasse de part et d'autre. Mais il faut vous instruire de ce qui a quelque air de nouveauté.

Lorsqu'elle a cru me trouver inflexible (c'est son expression), elle m'a dit que, de son côté, elle ne dissimulait pas que M. Solmes et M. Lovelace lui paraissaient deux hommes qui devaient être également congédiés ; mais que, pour satisfaire mes amis, je n'en étais pas moins obligée de songer au mariage, et qu'elle penchait assez pour M. Wyerley. Elle m'a demandé ce que je pensais de M. Wyerley ?

— Oui, Clary, a dit ma sœur, en s'approchant, que dites-vous de M. Wyerley ?

J'ai pénétré aussitôt l'artifice. On voulait me mettre dans la nécessité de m'expliquer, pour tirer de ma réponse une preuve de ma prévention absolue en faveur de M. Lovelace. Le piége était d'autant plus adroit que M. Wyerley publie hautement l'estime qu'il a pour moi, et que du côté du caractère comme de celui de la figure, il a beaucoup d'avantages sur

M. Solmes. Il m'est venu à l'esprit de faire tourner cette ruse contre eux, en essayant combien on pouvait se relâcher des intérêts de M. Solmes, puisqu'on ne pouvait s'attendre aux mêmes offres de la part de M. Wyerley.

Dans cette vue, j'ai demandé si ma réponse, en supposant qu'elle fût favorable à M. Wyerley, me délivrerait des persécutions de M. Solmes; car j'avouais, ai-je ajouté, que je n'avais pas pour l'un l'aversion que j'avais pour l'autre.

Ma tante m'a répondu que sa commission ne s'étendait pas si loin; et qu'elle savait seulement que mon père et ma mère ne seraient pas tranquilles, aussi long-temps qu'ils ne verraient pas les espérances de M. Lovelace entièrement ruinées par mon mariage.

— Fine créature! a dit ma sœur. Cette réflexion, jointe à la manière dont elle avait fait succéder sa question à celle de ma tante, m'a confirmée dans l'idée qu'on me tendait un piége.

— Eh quoi! chère madame, ai-je repris, me faites-vous des propositions qui n'ont aucun objet, pour soutenir le système de mon frère? N'ai-je donc aucune espérance de voir finir mes peines et ma disgrâce, sans qu'un homme odieux me soit présenté? On rejette donc toutes mes offres! cependant elles doivent être acceptées, j'ose le dire.

— Enfin, ma nièce, s'il ne vous reste aucune espérance, je ne m'imagine pas que vous vous croyiez absolument dispensée de l'obéissance qu'une fille doit à ses parens.

— Pardonnez-moi, a dit ma sœur, je ne doute nullement que le but de miss Clary, s'il lui est impossible de joindre son cher Lovelace, ne soit de reprendre sa terre entre les mains de mon père, et d'y aller vivre dans cette indépendance qui est le fondement de sa perversité. Et là, mon cher cœur, mon petit amour, quelle honorable vie vous mènerez! madame Norton, votre oracle, à la tête de votre maison; vos pauvres à la porte; vous, confondue dans la foule déguenillée, avec un mélange d'orgueil et de bassesse, et fort supérieure dans vos idées à toutes les femmes de la province, qui n'auront pas ces nobles inclinations. Les pauvres dehors, ai-je dit, mais Lovelace dedans, c'est-à-dire bâtissant votre réputation d'une main et la démolissant de l'autre. Le charmant système! Mais apprenez, ma petite fugitive, que les volontés d'un grand-père mort seront restreintes par celles d'un père vivant; et qu'on disposera de la terre, comme mon grand-père l'aurait fait, s'il eût assez vécu pour voir un si grand changement dans sa favorite. En un mot, elle ne retournera pas entre vos mains, si l'on ne vous reconnaît assez de discrétion pour en faire un bon usage, ou jusqu'à ce que l'âge vous autorise à réclamer les lois, pour l'arracher *respectueusement* à votre père.

— Fi! miss Harlove, lui a dit ma tante, ce langage n'est pas digne d'une sœur.

— O madame, laissez-la continuer! Ce n'est rien en comparaison de ce que j'ai déjà souffert de miss Harlove; elle ne consulte que l'emportement de sa jalousie ou des ordres supérieurs auxquels mon devoir est de me soumettre. Je lui répondrai seulement que, pour la révocation de mes droits, je ne sais à quoi je suis autorisée, et rien ne m'empêcherait d'y rentrer si j'en avais le dessein; mais c'est une idée qui ne me vient pas même à l'esprit. Ayez la bonté, madame, de faire connaître à mon père que les traitemens les plus durs, les conséquences les plus fâcheuses ne me feront jamais chercher des ressources contraires à sa volonté, dût-il me réduire à l'indigence et me chasser de sa maison, ce qui serait peut-être préférable pour moi au chagrin d'y être emprisonnée et outragée comme je suis.

—Sur ce point, chère nièce, m'a répondu ma tante, si vous étiez mariée, vous seriez obligée de vous conformer aux intentions de votre mari ; et si ce mari était M. Lovelace, on ne saurait douter qu'il ne saisît ardemment l'occasion de jeter de nouveaux troubles dans les familles. Au fond, ma nièce, s'il avait une véritable considération pour vous, on n'entendrait point parler continuellement de ses bravades. Il passe pour un homme fort vindicatif ; à votre place, miss Clary, je craindrais, et même sans l'avoir offensé, qu'il ne fît quelque jour tomber sur moi cette vengeance dont il ne cesse point de menacer la famille.

—Les menaces, ai-je repris, ne sont qu'un retour assez naturel de celles qu'on lui fait tous les jours. Tout le monde n'est pas aussi disposé que moi à souffrir des insultes. Mais était-il moins connu qu'aujourd'hui, lorsqu'il fut introduit ici pour la première fois ? On était persuadé alors que le mariage, que l'influence d'une femme produiraient des miracles ; mais j'en ai trop dit, ai-je ajouté en me retournant vers ma sœur. D'ailleurs, je répète, comme je l'ai fait vingt fois, qu'il ne serait pas question de M. Lovelace, si j'étais traitée généreusement.

Ma tante, interrompant quelque réponse injurieuse de ma sœur, m'a représenté encore qu'on ne pouvait être tranquille, si l'on ne me voyait mariée. — On assure, a-t-elle continué, que, pour apaiser M. Lovelace, vous offrez de lui promettre que, si vous n'êtes pas sa femme, vous ne serez jamais celle de personne. C'est faire supposer que vous êtes fort avancée avec lui.

— J'avoue naturellement, ai-je répondu, que je n'ai pas connu de meilleure voie pour prévenir de nouveaux malheurs. Et si l'on ne veut pas que je pense à lui, il n'y a point d'autre homme au monde à qui je puisse penser favorablement. Cependant je donnerais volontiers tout ce que je possède pour le voir engagé d'un autre côté. Oui, volontiers, Bella, quoique je vous voie sourire malignement.

— Cela peut être, Clary ; mais vous ne sauriez m'empêcher de sourire.

— *Si l'on ne veut pas que vous pensiez à lui*, a répété ma tante. J'entends ce langage, miss Clary : il est temps que je descende. Descendons-nous, miss Harlove ? Je tâcherai d'engager votre père à permettre que ma sœur monte elle-même ; il en résultera peut-être quelque événement plus heureux.

— Je prévois, a dit Bella, ce qui ne manquera pas d'en résulter. Ma mère et Clary se noieront dans leurs larmes ; mais avec cette différence dans les effets, que ma mère reviendra percée jusqu'au fond du cœur, et que ma sœur Clary n'en sera que plus endurcie de l'avantage qu'elle s'applaudira d'avoir obtenu sur la tendresse de ma mère. Si vous le voulez savoir, madame, c'est la raison qui a fait condamner cette juste personne à garder sa chambre.

Elle a pris ma tante par la main ; et moi, sans répliquer un seul mot, je leur ai laissé prendre à toutes deux le chemin de l'escalier.

LETTRE XLIV.

MISS CLARISSE HARLOVE, A MISS HOWE.

Mon cœur était suspendu entre l'espérance et la crainte de voir ma mère ; pénétrée d'ailleurs de la douleur et de la confusion de lui avoir causé tant de chagrins, je l'attendais en tremblant ; mais j'aurais pu m'épargner ces agitations ; on ne lui a pas permis de monter. Ma tante a eu la bonté de revenir, mais accompagnée de ma sœur. Elle m'a pris la main, elle m'a fait asseoir près d'elle.

— Je dois vous avouer, m'a-t-elle dit, que si je reviens pour la dernière fois, malgré le sentiment de votre père, c'est pour vous rendre un bon office, parce que je suis sérieusement alarmée des conséquences de votre obstination. Ensuite elle a commencé à me mettre devant les yeux l'attente de tous mes amis, les richesses de M. Solmes, qui sont bien au dessus de ce qu'on s'est jamais imaginé ; l'avantage des articles, la mauvaise réputation de M. Lovelace, l'aversion que toute la famille a pour lui ; chaque circonstance revêtue des plus fortes couleurs, quoiqu'elles ne l'aient pas été plus que celles des mêmes peintures dans la bouche de ma mère : d'où je conclus que ma mère n'a rendu compte à personne de ce qui s'est passé entre elle et moi ; puisque autrement ma tante ne m'aurait pas répété la plupart des choses qui m'avaient déjà été représentées inutilement.

Elle m'a dit que c'était percer le cœur de mon père, que de lui donner lieu de croire qu'il n'avait pas l'autorité sur ses enfans, particulièrement sur une fille qu'il avait toujours aimée jusqu'à l'adoration, et qu'il n'y avait pas d'extrémité, par conséquent, où cette excessive tendresse, changée en indignation, en haine, en fureur, ne fût capable de le porter. Là, joignant les mains avec la plus pressante bonté : — Je vous conjure, ma chère nièce, pour moi, pour vous-même, pour tout ce qui vous est cher au monde, de surmonter une malheureuse prévention, de détourner les maux dont vous êtes menacée, et de faire le bonheur de tout le monde, en vous garantissant des plus fâcheuses disgrâces. Faut-il me jeter à vos genoux, ma très chère Clarisse ? Oui, je m'y jetterai volontiers... Et, dans l'ardeur de ce transport, elle s'y est jetée effectivement, et moi avec elle, baissant la tête de confusion, la suppliant de se lever, jetant mes bras autour d'elle, et mouillant son sein de mes larmes !

— O ma chère tante, ma tante bien-aimée ! quel excès de bonté et de condescendance ! Levez-vous, hélas ! levez-vous. Vous me déchirez le cœur par des marques si incroyables de tendresse.

— Dites, ma très chère nièce, dites que vous voulez obliger tous vos amis ; dites-le, je vous en conjure, si vous nous aimez.

— Hélas ! comment vous promettre ce que je redoute mille fois plus que la mort !

— Dites du moins, ma chère, que vous prendrez du temps pour y réfléchir ; que vous en prendrez pour raisonner avec vous-même. Donnez-nous du moins quelque espérance ; que ce ne soit pas en vain que je vous presse et que je vous conjure à genoux.

Elle ne quittait pas cette posture, et je gardais la mienne aussi devant elle.

— Quelle étrange situation ! si j'étais capable d'un doute, ma chère tante, je le serais bientôt de vaincre... Ce qui paraît un puissant motif à mes amis, n'en peut être un pour moi. Combien de fois l'ai-je répété : qu'il me soit permis de vivre fille. Est-ce une faveur qu'on ne puisse m'accorder? Qu'on me laisse partir pour l'Écosse, pour Florence, pour tout autre lieu qu'on voudra choisir. Qu'on m'envoie aux Indes en qualité d'esclave ; je puis consentir à tout ; mais je ne m'engage point, par des sermens, à vivre avec un homme qu'il m'est impossible de supporter.

Bella gardait le silence, les mains levées, comme dans l'admiration de mon endurcissement. — Je vois, m'a dit ma tante en se levant, que rien ne peut fléchir votre esprit. — A quoi servent les ménagemens? a interrompu ma sœur : vous voyez, madame, que c'est bonté perdue ; déclarez-lui nettement à quoi elle doit s'attendre ; prononcez-lui sa sentence.

Ma tante, la prenant par la main, s'est retirée vers une fenêtre, les larmes aux yeux. — Je ne puis, miss, en vérité, je ne puis, a-t-elle dit doucement (mais j'entendais jusqu'au moindre mot) ; il y a bien de la dureté dans la manière dont on la traite. C'est un cœur noble, après tout ; quel malheur que les choses aient été poussées si loin ! Mais il faut engager M. Solmes à se désister.

— Eh quoi ! madame, lui a répondu ma sœur d'une voix sourde, mais fort animée, vous laissez-vous prendre aussi par cette petite sirène ? Ma mère a bien fait de n'être pas venue. Je doute si mon père même, après avoir jeté son premier feu, ne se laisserait pas vaincre par ses artifices. Il n'y a que mon frère, j'en suis sûre, qui soit capable de la réduire.

— Ne pensez point à faire monter votre frère, a répliqué ma tante, je le trouve beaucoup plus furieux qu'il ne convient ; elle ne marque rien dans ses manières qui sente l'obstination et la perversité. Si votre frère venait, je ne répondrais pas des suites, car je l'ai crue deux ou trois fois prête à s'évanouir.

— Oh ! madame, elle a le cœur plus fort que vous ne l'imaginez. Vous voyez ce qui vous en revient de vous être mise à genoux devant elle.

Ma tante est demeurée dans ses réflexions à la fenêtre, le dos tourné vers moi. Ce temps a paru propre à Bella pour m'insulter encore plus barbarement. Elle est passée dans mon cabinet, où elle a pris les échantillons que ma mère m'avait envoyés, et me les apportant, elle les a étendus près de moi sur une chaise. Elle me les a montrés l'un après l'autre, sur sa manche et sur son épaule, et d'une voix basse, pour n'être point entendue de ma tante, elle m'a donné ironiquement son avis sur chaque couleur : — Cette étoffe sera sans doute pour le jour de la noce, celle-là pour le lendemain? Qu'en dites-vous, mon amour? Et ce fond de velours cramoisi? Je le trouve admirable pour un aussi beau teint que le vôtre. Quel éclat il va vous donner ! Vous soupirez, ma chère (en effet, la douleur m'arrachait quelques soupirs!). Et ce velours noir, sera-t-il mal, à votre avis, avec des yeux si charmans? Lovelace ne vous dit-il pas que vous avez des yeux adorables ? Mais quoi, m'amour, vous ne répondez rien. Et les diamans donc, les dentelles...

Elle aurait continué si ma tante n'était revenue vers nous en s'essuyant les yeux. — Quoi ! mesdemoiselles, un entretien secret ? Vous paraissez si gaie et si contente, miss Harlove, que j'en conçois beaucoup d'espérance.

Ma sœur a répondu qu'elle me donnait son avis sur les étoffes, à la vérité sans que je l'en eusse priée; mais que je paraissais approuver son jugement par mon silence.

— O Bella! lui ai-je dit, plût au ciel que M. Lovelace vous eût prise au mot! votre jugement se serait exercé pour votre propre intérêt, et nous aurions été toutes deux fort heureuses. Est-ce ma faute, je vous prie, s'il en est arrivé autrement? Ce discours l'a rendue furieuse, jusqu'à me donner des noms injurieux. Eh quoi! ma sœur, ai-je repris, vous paraissez fâchée, comme si deux mots si simples renfermaient plus de sens que je n'ai peut-être eu dessein de leur en donner. Mes vœux sont sincères pour vous comme pour moi et pour toute la famille. Qu'ai-je donc dit de si piquant? Ne me donnez pas lieu de soupçonner, chère Bella, que j'ai trouvé le véritable nœud de la conduite que vous tenez avec moi, et qui est inexplicable jusqu'à présent de la part d'une sœur.

— Fi, fi, miss Clary! m'a dit ma tante.

Les railleries outrageantes ne faisant qu'augmenter dans la bouche de ma sœur, prenez garde, lui ai-je dit encore, que vous ne soyez moins propre à lancer des traits qu'à les recevoir. Si je voulais me servir de vos propres armes, je vous conseillerais de voir un moment quelle pauvre figure cette étoffe fait sur votre épaule.

— Fi, fi, miss Clary! a répété ma tante.

— C'est à miss Harlove, madame, que vous auriez dit, fi, fi, si vous aviez entendu la moitié seulement de ses barbares insultes.

— Descendons, madame, a dit ma sœur avec une extrême violence. Laissons enfler cette créature jusqu'à ce qu'elle crève de son propre venin. Dans la colère où je suis, c'est la dernière fois que je veux la voir.

— Si j'avais le cœur assez bas, lui ai-je dit, pour suivre un exemple que je condamne, il m'est si facile de faire tourner ces outrages à votre confusion, qu'il me paraît surprenant que vous osiez vous y exposer. Cependant, Bella, puisque vous êtes prête à descendre, soyez capable de me pardonner, et je vous pardonne aussi. Vous y êtes obligée doublement, et par votre qualité d'aînée, et par la cruauté que vous avez eue d'offenser une sœur qui est dans l'affliction. Puissiez-vous être heureuse, quoique je sois menacée de ne l'être jamais! Puissiez-vous ne jamais éprouver la moitié de mes peines! Votre consolation sera du moins de n'avoir pas une sœur qui soit capable de vous traiter comme vous m'avez traitée.

— Que tu es une!... Et sans me dire ce que j'étais, elle s'est précipitée vers la porte.

— Souffrez, madame, ai-je dit à ma tante, en me mettant à genoux devant elle, et serrant les siens de mes deux bras, souffrez que je vous retienne un moment! non pour me plaindre de ma sœur, qui doit trouver sa punition dans elle-même, mais pour vous remercier d'une bonté qui excite ma plus vive reconnaissance. Je vous demande seulement de ne pas attribuer à mon obstination la fermeté inébranlable que j'ai marquée pour une tante si chère, et de me pardonner tout ce que j'ai dit, ou ce que j'ai fait de mal à propos sous vos yeux. Le ciel m'est témoin qu'il n'y est entré aucun fiel contre la pauvre Bella. J'ose dire que ni elle, ni mon frère, ni mon père même, ne connaissent pas le cœur qu'ils font saigner si cruellement.

J'ai été bien consolée, ma chère miss Howe, de voir quel effet l'absence de ma sœur a produit tout d'un coup. Levez-vous, âme noble! fille charmante (ce sont les obligeantes expressions de ma tante)! Ne demeurez point dans cette posture devant moi : gardez pour vous seule ce que je vais vous dire. J'ai plus d'admiration pour vous que je ne puis l'exprimer; si vous pouvez éviter de réclamer vos droits sur la terre de votre grand-père, et si vous avez la force de renoncer à Lovelace, vous continuerez d'être la plus grande merveille que j'aie jamais connue à votre âge... Mais je suis obligée de descendre avec votre sœur. Voici mes derniers mots : Conformez-vous, si vous le pouvez, aux volontés de votre père. Quel mérite ne vous ferez-vous pas par votre soumission! Demandez-en la force au ciel; vous ne savez pas tout ce qui peut vous arriver.

— Un mot, ma chère tante! encore un mot (car elle me quittait), employez tout votre crédit pour ma chère madame Norton; elle est fort mal dans ses affaires. S'il lui arrivait d'être malade, elle aurait beaucoup de peine à subsister sans le secours de ma mère. Il ne me restera aucun moyen de la soulager, car je manquerais plutôt du nécessaire que de réclamer mes droits, et je puis vous assurer qu'elle m'a fait de si fortes représentations pour me porter à l'obéissance, que ses argumens n'ont pas peu contribué à m'affermir dans la résolution d'éviter toutes les voies extrêmes, auxquelles je prie le ciel néanmoins de n'être jamais forcée. Hélas! on ne laisse pas de m'ôter le secours de ses conseils; et l'on pense mal d'une des plus vertueuses femmes du monde!

— Je suis ravie de ces sentimens, m'a dit ma tante; et recevez ce baiser, et celui-ci, et celui-ci encore, ma chère nièce (car elle me nommait ainsi presque à chaque mot, en pressant mes joues sur ses lèvres, et serrant ses bras autour de mon cou) : que le ciel vous protége! qu'il vous serve de guide! mais il faut vous soumettre. Je vous déclare qu'il le faut. En un mot, on ne vous accorde qu'un mois : et souvenez-vous, miss, qu'il faut obéir.

Je suppose que cette déclaration est ce que ma sœur avait nommé ma sentence. Cependant elle n'a rien de pire que celle qu'on m'avait déjà prononcée. Il m'a paru que ma tante affectait d'élever la voix, en répétant ces derniers mots : *Et souvenez-vous, miss, qu'il faut obéir*. Elle m'a quittée aussitôt.

Tout ce que j'ai ressenti dans cette cruelle scène se renouvelle en vous l'écrivant; ma plume tombe de mes mains, et je vois toutes les couleurs de l'arc-en-ciel au travers d'un déluge de pleurs.

Mercredi, cinq heures du soir.

J'ajouterai quelques lignes. Ma tante, en me quittant, a trouvé ma sœur qui l'attendait au bas de l'escalier, et qui lui a reproché de s'être arrêtée long-temps après elle. Cependant elle a loué ses derniers mots, qu'elle peut fort bien avoir entendus, et elle s'est écriée sur mon obstination : « L'auriez-vous cru, madame, que votre Clarisse, cette fille si chère à tout le monde, fût d'un si mauvais caractère? Et qui, de son père ou d'elle, comme vous lui avez dit, est obligé à la soumission? » Ma tante a répondu d'un ton qui marquait de la pitié; mais je n'ai pu distinguer ses termes.

N'admirez-vous pas, ma chère, cette étrange persévérance dans une entreprise si peu raisonnable? Mais je m'imagine que mon frère et ma sœur donnent continuellement de mauvaises interprétations à tout ce qui vient de moi, et malheureusement je n'ai personne qui ose prendre ma défense. Ma sœur dit que si l'on *m'avait crue si brave*, on n'aurait point engagé le combat avec moi. Ils ne savent comment concilier mon obstination supposée avec mon caractère établi ; et leur espérance est de me fatiguer à force de varier leurs attaques ; vous voyez que mon frère est déterminé à *me faire plier*, ou à quitter le château d'Harlove, pour ne le revoir jamais. La question se réduit à perdre un fils, ou à faire plier une fille, la plus perverse et la plus ingrate qu'on ait jamais vue ! voilà le jour sous lequel les choses sont présentées. Elles seront poussées bien plus loin ; je m'y attends et je n'en doute pas. Mais qui peut deviner quelles seront leurs nouvelles mesures ?

Je ferai partir avec cette lettre ma réponse à la vôtre de dimanche dernier ; elle partira telle qu'elle est, car elle serait longue à copier, et je n'en ai pas le temps. Cependant je crains, ma chère, d'y avoir poussé mes libertés trop loin dans plus d'un endroit. Mais je n'ai pas l'esprit assez tranquille pour y rien changer. Ne soyez pas fâchée contre moi : je vous avertis que si vous pouvez en excuser un ou deux endroits, ce sera parce qu'ils viennent *de votre meilleure amie*.

Clarisse Harlove.

LETTRE XLV.

MISS HOWE, A MISS CLARISSE HARLOVE.

Mercredi au soir, 22 mars.

Moi, fâchée ! Eh ! de quoi donc, ma chère ? Rien ne peut m'être plus agréable que ce que vous nommez *vos libertés*. J'admire seulement votre patience pour les miennes, voilà tout ; et je regrette la peine que je vous ai donnée à me faire une si longue réponse sur le sujet en question, malgré le plaisir que j'ai pris à la lire.

Je suis persuadée que votre intention n'a jamais été d'user de réserve avec moi : premièrement, parce que vous le dites ; en second lieu, parce que vous n'avez pas encore été capable d'éclaircir votre situation à vos propres yeux, et que, persécutée comme vous l'êtes, il vous est impossible de distinguer assez les effets de l'amour et de la persécution pour assigner à chacune de ces deux causes les bornes de leur pouvoir ; c'est ce que je crois vous avoir déjà fait entendre. Ainsi j'abandonne à présent cette question.

Robert m'a dit que vous ne faisiez que mettre votre dernier paquet au dépôt, lorsqu'il l'a pris. Il y était allé une heure auparavant, sans y avoir rien trouvé. Il avait remarqué mon impatience, et celle de m'apporter quelque chose de vous l'a fait rôder quelque temps autour de vos murs.

Ma cousine Jenny Desdale est ici, et veut absolument passer la nuit avec moi. Je n'aurai point le temps de vous répondre avec toute l'attention qui convient au sujet de vos lettres. Vous savez qu'avec elle c'est un babil qui ne finit point. Cependant l'occasion qui l'amène est fort grave. Elle est venue pour engager ma mère à faire un voyage chez madame Larkin, sa grand'mère, qui garde le lit depuis long-temps, et qui, reconnaissant enfin qu'elle est mortelle, pense à faire un testament. Malgré l'aversion qu'elle a eue jusqu'à présent pour cette cérémonie, elle y consent, à condition que ma mère, qui n'est qu'une parente éloignée, ne laissera pas d'y être présente pour l'aider de ses conseils ; car on a grande opinion de l'habileté de ma mère dans tout ce qui regarde les testamens, les contrats de mariage et les autres affaires de cette nature.

Madame Larkin demeure à dix-sept milles de nous. Ma mère, qui ne peut se résoudre à coucher hors de sa maison, se propose de partir fort matin pour revenir le soir. Ainsi je compte d'être demain à votre service depuis le commencement du jour jusqu'à la fin, et je ne serai au logis pour personne.

A l'égard de mon incommode, je lui ai mis dans la tête d'escorter les deux dames pour ramener ma mère avant la nuit. Je ne connais que les occasions de cette nature où ces gens-là soient bons à quelque chose, pour donner à notre sexe un petit air de vanité et d'assurance dans les lieux publics.

Je me souviens de vous avoir fait entendre que je ne serais pas fâchée de voir une alliance entre ma mère et ce M. Hickman. En vérité, je répète ici mes souhaits. Qu'importe une différence de quinze ou vingt ans, surtout lorsqu'une femme se porte assez bien pour faire espérer qu'elle sera long-temps jeune, et lorsque le galant est un homme *si sage!* De bonne foi, je crois que je l'aimerais autant pour mon père qu'à tout autre titre. Ils ont une extrême admiration l'un pour l'autre.

Mais il me vient une meilleure idée, pour l'homme du moins, et plus convenable du côté de l'âge. Que dites-vous, ma chère, de faire un compromis avec votre famille, par lequel vous leur offrirez de rejeter vos deux hommes et d'agréer le mien? Si vous n'en êtes, pour l'un des deux, *qu'au goût conditionnel*, l'idée ne saurait vous déplaire. Il n'y manque que votre approbation. Sous ce jour, quels égards n'aurais-je pas pour M. Hickman? Plus d'une bonne moitié que sous l'autre. Ma folle veine est ouverte : la laisserais-je couler? Qu'il est difficile de résister aux faibles naturels!

Hickman me paraît bien plus conforme à votre goût qu'aucun de ceux qui vous ont été proposés jusqu'à présent. C'est un homme sage, si grave, et tant d'autres qualités! D'ailleurs, ne m'avez-vous pas dit que c'est votre favori? Mais peut-être ne l'honorez-vous de tant d'estime que parce qu'il a celle de ma mère. Je ne doute pas qu'il ne crût gagner beaucoup au change : du moins s'il n'est pas plus imbécile que je ne le crois.

Eh! mais votre fier amant l'aurait bientôt assommé ; voilà ce que j'oubliais. Pourquoi, ma chère, suis-je incapable d'écrire sérieusement lorsqu'il est question de cet Hickman? C'est une fort bonne espèce d'homme, après tout. Mais en est-il de parfaits? Encore une fois, c'est un de mes faibles, et un sujet que je vous donne pour gronder.

Vous me croyez fort heureuse dans le point de vue qui a rapport à lui.

Comme le ridicule traitement qu'on vous fait essuyer vous remplit le cœur d'amertume, vous trouvez du moins supportable ce qui serait fort éloigné de vous le paraître dans une autre situation. J'ose dire qu'avec tous vos airs graves, vous ne voudriez pas de lui pour vous-même, à moins que se présentant avec Solmes, vous ne fussiez obligée de prendre l'un des deux. C'est une épreuve à laquelle je vous mets : voyons ce que vous aurez à dire là-dessus.

Pour moi, je vous avoue que j'ai de grandes objections à faire contre Hickman. Lui et le mariage sont deux choses qui n'entrent point ensemble dans ma tête. Vous expliquerai-je librement ce que je pense de lui, c'est-à-dire, de ses bonnes et de ses mauvaises qualités, comme si j'écrivais à quelqu'un qui ne le connût pas? Oui, je crois que j'y suis résolue. Mais le moyen de traiter gravement ce sujet? Nous n'en sommes point encore au ton grave, et la question, de lui à moi, est de savoir si nous y serons jamais. Cependant, quoique je fusse très aise de pouvoir adoucir un moment vos chagrins par mes peintures extravagantes, la plaisanterie ne s'accorde guère avec le sentiment présent d'une inquiétude aussi vive que celle que j'ai pour vous.

J'ai été interrompue, et c'est à l'occasion de l'honnête Hickman. Il était ici depuis deux heures, faisant apparemment sa cour à ma mère pour sa fille, quoiqu'elle n'ait pas besoin d'être pressée en sa faveur. Il est bon que l'une supplée à l'autre, sans quoi le pauvre homme aurait trop de peine à partager ses soins, et se trouverait fatigué d'un si rude exercice.

Il était prêt à partir, ses chevaux dans la cour. Ma mère m'a fait appeler, sous prétexte d'avoir quelque chose à me dire. Elle m'a tenu, en effet, un discours qui ne signifiait rien, et j'ai conçu clairement que l'unique raison qu'elle avait eue de me faire descendre, était pour me rendre témoin de la bonne grâce avec laquelle il fait une révérence, et pour lui donner l'occasion de me souhaiter le bonjour. Elle sait que je n'ai pas d'empressement à le favoriser de ma présence, lorsque je suis engagée d'un autre côté. Je n'ai pu m'empêcher de prendre un air un peu froid, en m'apercevant qu'elle n'avait rien à me dire, et quelle était son intention. Elle m'a raillée de mes distractions, afin que son protégé partît sans chagrin.

Il m'a fait une révérence jusqu'à terre. Il aurait voulu prendre ma main d'une des siennes; mais je n'ai pas jugé à propos de servir de pendant à son fouet, qu'il tenait de l'autre. Je l'ai retirée en la portant vers son épaule, comme si je m'étais hâtée de le soutenir, dans la crainte qu'il ne donnât du nez contre terre à force de se baisser. — Eh! mon Dieu, lui ai-je dit, si vous veniez à tomber! — La folle créature, a dit ma mère, en souriant. Cette mauvaise plaisanterie l'a tout à fait déconcenancé. Il s'est retiré en arrière, la bride en main, et toujours faisant des révérences, jusqu'à ce que, rencontrant son laquais, il a pensé le renverser en se relevant. J'ai ri de tout mon cœur. Il est monté, il a piqué des deux; et, pour n'avoir pas voulu me quitter des yeux, il a failli se tuer contre la porte.

Je suis rentrée, la tête si pleine de lui, qu'il faut que je reprenne mon dessin. Peut-être serai-je assez heureuse pour vous divertir un moment. Songez que je le peins du bon et du mauvais côté.

Hickman est un de ces hommes inutiles, qui, pour me servir d'une de vos expressions, ont l'air affairé sans avoir jamais d'occupations sérieuses. Il est rempli de projets, dont il n'exécute jamais aucun; irrésolu, ne se tenant à rien, excepté au plaisir de me tourmenter par ses ridicules propos d'amour, dans lesquels il est évident qu'il est soutenu par la faveur de ma mère, plutôt que par ses propres espérances, puisque jamais je ne lui en ai donné aucune.

J'en veux à son visage: quoique, en général, pour un corps aussi replet, on puisse dire que la figure d'Hickman est assez bien. Ce n'est pas de beauté que je lui reproche de manquer; car, suivant votre observation, qu'est-ce que la beauté dans un homme? Mais avec des traits bien marqués et une épaisse mâchoire, il n'a pas la moitié de l'air mâle qu est répandu dans l'agréable physionomie de Lovelace.

Et puis, quelle affectation de singularité dans bien des choses! Je n'ai pas eu le courage de tailler l'espèce d'éventail empesé qui lui pend au cou, parce que ma mère trouve qu'elle lui sied bien, et que je ne voudrais pas d'ailleurs être assez libre avec lui pour lui faire connaître que je souhaiterais de le voir autrement. Si je m'expliquais là-dessus, le goût de l'homme est si bizarre qu'en ne consultant que lui-même, il prendrait un modèle de cravate sur quelque vieux portrait du roi Guillaume, où le menton de ce prince repose comme sur un coussin.

A l'égard de son habillement, on ne saurait dire qu'il soit jamais malpropre; mais il est quelquefois trop magnifique, et quelquefois trop simple, pour mériter le nom d'élégant. Dans ses manières, il y a tant d'apprêt, tant de parade, qu'on les croirait de commande plutôt que familières et naturelles. Je sais que vous attribuez ce défaut à la crainte d'offenser ou de déplaire; mais, en vérité, vos cérémonieux outrés tombent souvent dans le cas qu'ils veulent éviter.

Hickman, au reste, est un honnête homme. Il est de très bonne famille. Son bien est considérable, et, quelque jour, voyez-vous, il peut devenir *baronnet*. Il a le cœur humain et sensible: on le dit passablement généreux; et je pourrais le dire aussi, si je voulais accepter ses présens, qu'il m'offre sans doute dans l'espérance qu'ils lui reviendront un jour avec celle qui les aurait reçus; méthode que tous les corrupteurs emploient avec succès, depuis l'ancien Satan jusqu'au plus vil de ses serviteurs. Cependant, pour parler le langage d'une personne que je suis faite pour respecter, c'est *un homme prudent*; c'est-à-dire, un excellent économe.

Au bout du compte, je ne saurais dire que j'ai à présent plus de goût pour un autre que pour lui, de quelque manière que j'aie pu penser autrefois.

Il n'a point la passion de la chasse; et s'il entretient une meute, il ne préfère pas, du moins, ses chiens aux créatures de son espèce. J'avoue que ce n'est pas un mauvais signe pour une femme. Il aime ses chevaux, mais sans avoir le goût des courses, qui devient un jeu de hasard. Il n'a pas plus d'inclination pour les autres jeux. Il est sobre, modeste; en un mot, il a les qualités que les mères aiment dans un mari pour leurs filles, et que les filles devraient peut-être aimer pour elles-mêmes, si elles étaient capables de juger aussi bien dans leur propre cause, que l'expérience leur apprendra quelque jour à juger dans celle de leurs filles futures.

Malgré tout, pour vous parler de bonne foi, je ne crois pas que j'aime Hickman, ni qu'il m'arrive jamais de l'aimer.

C'est une chose étrange, que dans tous ces sages galans, la modestie ne puisse être accompagnée d'une vivacité décente et d'une honnête assurance; qu'ils ne sachent pas joindre à leurs bonnes qualités un certain air, qui, sans être jamais séparé du respect, dans les soins qu'ils rendent à une femme, soit capable de montrer l'ardeur de leur passion plutôt que le fond doucereux de leur naturel. Qui ne sait pas que l'amour se plaît à dompter des cœurs de lions? que les femmes à qui leur conscience reproche le plus de manquer de courage, désirent naturellement et sont portées à préférer l'homme qui en est le mieux partagé, comme le plus propre à leur donner la protection dont elles ont besoin ; que plus elles ont de ce qu'on appellerait *lâcheté* dans les hommes, plus elles trouvent de charmes dans les caractères héroïques ; ce qui paraît assez dans leurs lectures, où elles prennent plaisir à rencontrer des obstacles vaincus, des batailles gagnées, et cinq ou six cents ennemis terrassés par la valeur d'un seul paladin : enfin, qu'elles souhaiteraient que l'homme qu'elles aiment fût un héros pour toute autre qu'elles, mais que, dans tout ce qui regarde elles-mêmes, sa douceur et son humilité ne connussent point de bornes? Une femme a quelque raison de se glorifier de la conquête d'un cœur, auquel rien n'est capable de causer de l'effroi, et de là vient trop souvent qu'un faux brave, avec ses airs imposans, remporte les fruits qui ne devraient appartenir qu'au véritable courage.

Pour l'honnête Hickman, la bonne âme est généralement si souple, que j'ai peine à distinguer s'il y a quelque chose de marqué en ma faveur, dans les respectueux témoignages de sa soumission. Si je le maltraite, il paraît fait si naturellement pour les rebuts, il s'y attend si bien, que je suis embarrassée à le surprendre, soit que l'occasion soit juste ou non. Vous pouvez compter que souvent, lorsque je lui vois prendre un air de repentir pour des fautes qu'il n'a pas commises, je doute si je dois rire ou le plaindre.

Nous avons quelquefois pris plaisir toutes deux à nous représenter quelles doivent avoir été, dans l'enfance, les manières et la physionomie des personnes avancées en âge, c'est-à-dire, à juger, par les apparences présentes, quelle figure ils devaient faire dans leur première saison. Je vais vous dire sous quel jour je vois Hickman, Solmes et Lovelace, nos trois héros, lorsque je les suppose au collége.

Solmes, je m'imagine, devait être un sale et avide petit garçon, qui tournait sans cesse autour de ses camarades, dans l'espérance de trouver quelque chose à dérober, et qui leur aurait demandé volontiers à chacun la moitié de leur pain, pour épargner le sien. Je me représente Hickman comme un grand élancé, avec la chevelure aussi plate que sa physionomie, qui était harcelé et pincé de tous les autres, et qui retournait au logis le doigt dans l'œil, pour s'en plaindre à sa mère. Lovelace, au contraire, était un franc vaurien, plein de feu, de caprices et de méchanceté; qui allait à la picorée dans les vergers, qui montait par dessus les murailles, qui courait à cheval sans selle et sans bride; un audacieux petit coquin, qui donnait des coups et qui en recevait ; qui ne rendait justice à personne, et qui n'en demandait pas; qui, ayant la tête cassée dix fois le jour, disait : C'est l'affaire d'un emplâtre, ou qu'elle se guérisse toute seule ; tandis que ne pensant qu'à faire du mal encore, il allait s'exposer d'un autre côté à se faire briser les os.

Les reconnaissez-vous? Je trouve que les mêmes dispositions ont crû avec eux et les caractérisent encore avec un peu d'altération. Il est bien mortifiant, ma chère, que tous les hommes soient autant d'animaux malfaisans, qui ne diffèrent que du plus au moins, et que ce soit entre ces monstres-là que nous soyons obligées de choisir.

Mais je crains plus que jamais que ce ton de plaisanterie ne soit un peu hors de saison, pendant que vous gémissez dans des circonstances si affligeantes. Si je n'ai pas réussi à vous divertir, comme je le fais quelquefois par mes impertinences, je suis inexcusable, non seulement auprès de vous, mais au tribunal même de mon propre cœur, qui malgré cette apparence de légèreté, est entièrement à vos peines. Comme cette lettre n'est qu'un tissu de folies, elle ne partira pas sans être accompagnée d'une autre, qui contiendra quelque chose de plus solide, et de plus convenable à votre malheureuse situation, c'est-à-dire, au sujet présent de notre correspondance.

ANNE HOWE.

LETTRE XLVI.

MISS HOWE, A MISS CLARISSE HARLOVE.

Jeudi, sept heures du matin.

Ma mère et ma cousine sont parties à la pointe du jour, dans une berline à quatre chevaux, avec trois laquais derrière elles, escortées par leur intrépide écuyer, et lui par deux de ses gens, à cheval, comme leur maître. Ma mère et lui aiment la parade lorsqu'ils sortent ensemble ; c'est une espèce de compliment qu'ils se font entre eux, et qui marque du moins que l'un croit le recevoir de l'autre. Robert, qui est votre serviteur et le mien, sans avoir d'autres maîtres, est demeuré pour tout le jour à nos ordres.

Je dois commencer, ma chère, par blâmer la résolution où vous êtes de n'entrer dans aucune contestation pour vos droits. On se doit justice à soi-même comme on la doit aux autres. Je vous blâme encore plus d'avoir déclaré cette résolution à votre tante et à votre sœur. Elles n'auront pas manqué de le dire à votre père et à votre frère, qui n'ont pas assez de générosité pour n'en pas tirer avantage. Je me souviens d'avoir entendu de vous une observation que vous teniez, disiez-vous, du docteur Lewin, à l'occasion d'un excellent prédicateur, dont la conduite répondait mal à ses talens : « Que pour exceller dans la spéculation et dans la pratique, il faut posséder des qualités différentes, qui ne se trouvent pas toujours réunies dans la même personne. » Je souhaiterais, ma chère, que vous, qui réunissez si heureusement la pratique à la spéculation dans tout ce qu'il y a de véritablement louable, vous fissiez ici l'application de cette maxime à vous-même. Il s'agit de l'exécution des volontés de votre grand-père ; croyez-vous que parce qu'elles sont en votre faveur, vous soyez plus libre de vous en dispenser que ceux qui n'ont pas d'autre motif que leur intérêt pour les violer ?

Je sais quel est votre mépris pour les richesses ; mais vous m'avez avoué néanmoins qu'elles ont un côté par lequel vous les jugiez estimables : « C'est, disiez-vous, qu'elles donnent le pouvoir d'obliger ; au lieu que leur privation impose la nécessité de recevoir les faveurs, qui ne sont quelquefois accordées qu'à regret, ou du moins de mauvaise grâce, par de petits esprits qui ne savent pas en quoi consiste le principal mérite d'un bienfait. » Réfléchissez, ma chère, sur un principe que vous n'auriez pas établi si vous ne l'aviez cru certain, et voyez comment il s'accorde avec la déclaration que vous avez faite à votre tante et à votre sœur ; que, fussiez-vous chassée de la maison paternelle, et réduite à l'indigence, vous ne réclameriez point vos droits sur un bien qu'on ne peut vous contester. La crainte même qu'ils ont de vous y voir rentrer ne vous marque-t-elle pas que leurs mauvais traitemens vous y autorisent ?

J'avoue qu'à la première lecture j'ai été sensiblement touchée de la lettre que vous avez reçue de votre mère, avec les échantillons. Au fond, néanmoins, c'est une étrange démarche de la part d'une mère, car son intention n'était pas de vous insulter, et j'ai regret qu'une si excellente femme ait pu descendre à tout l'art dont cette lettre est remplie. Il n'en paraît pas moins dans quelques unes des conversations dont vous m'avez fait le récit. Ne voyez-vous pas, dans cette conduite forcée, ce que des esprits violens peuvent obtenir d'un caractère plus doux, par leurs sollicitations impérieuses et leurs mauvais conseils ?

Vous m'avez souvent grondée, et je m'attends à l'être encore, pour la manière libre dont je parle de quelques uns de vos proches. Mais vos discours, ma chère, ne m'empêcheront point de vous dire qu'un sot orgueil ne mérite et ne s'attire effectivement que du mépris. La maxime est vraie, et s'ils sont dans le cas de l'application, je ne vois aucune raison de les excepter. Je les méprise tous, à l'exception de votre mère, que je veux épargner en votre faveur. Dans les circonstances présentes, on trouverait peut-être une raison pour la justifier. Après avoir eu tant à souffrir depuis si long-temps du sacrifice continuel de sa propre volonté, elle peut s'imaginer plus facilement qu'une autre, qu'il en doit moins coûter à sa fille pour sacrifier la sienne. Mais quand je considère quels sont les premiers auteurs de vos disgrâces, mon sang s'échauffe... et, Dieu me pardonne! je crois que si j'avais été traitée comme vous, je serais déjà madame Lovelace. Cependant souvenez-vous, ma chère, que la même démarche dont on ne s'étonnerait pas dans une créature aussi pétulante que moi, serait inexcusable dans un caractère comme le vôtre.

Votre mère, une fois entraînée contre son propre jugement, je ne suis plus surprise que votre tante Hervey ait embrassé le même parti. On sait que les deux sœurs n'ont jamais été d'avis différent. Mais je n'ai pas laissé d'approfondir la nature des obligations que M. Hervey s'est imposées, par un désordre dans ses affaires qui n'a pas fait trop d'honneur à sa conduite. Bagatelle, ma chère : il s'agit seulement d'une grande partie de son bien, engagée pour la moitié de sa valeur à votre frère, sans quoi elle aurait été vendue par ses créanciers. Il est vrai qu'entre parens la faveur est assez mince, puisque votre frère n'a pas négligé les sûretés. Mais toute la famille des Hervey ne laisse pas de se trouver assujétie au moins généreux de tous les bienfaiteurs, qui en a pris droit, comme miss Hervey me l'a dit elle-même, de traiter son oncle et sa tante avec beaucoup moins de cérémonie. La patience m'échappe. Faut-il que je donne le nom de votre frère?... Mais il le faut, ma chère, parce qu'il est né du même père que vous. Cette réflexion, j'espère, n'a rien qui vous offense.

Je regrette beaucoup que vous lui ayez écrit. C'est avoir marqué pour lui trop d'attention. C'est avoir ajouté quelque chose à l'opinion qu'il a de son importance, et l'avoir excité à vous traiter plus insolemment ; occasion que vous deviez être sûre qu'il ne laisserait point échapper.

Il convenait bien à ce joli personnage de chercher querelle à M. Lovelace ; si ce n'était pour apprendre de lui à remettre son épée au fourreau lorsqu'il pourra la tirer par accident ! Ces insolens de commande, qui font l'épouvante des femmes, des enfans et des domestiques, sont ordinairement des poltrons avec les hommes. S'il lui arrivait de se trouver en mon chemin, ou de me tenir en face quelques uns des mauvais propos qui lui échappent sur mon compte et sur notre sexe, je ne balancerais pas à lui faire deux ou trois questions, dût-il porter la main sur son épée ou m'envoyer un cartel.

Je répète que c'est une nécessité pour moi de dire ce que je pense, et de l'écrire aussi. Il n'est pas mon frère. Pouvez-vous dire qu'il soit le vôtre ! Silence donc, si vous êtes juste, et ne vous fâchez pas contre moi. Pourquoi prendriez-vous parti pour un mauvais frère contre une véritable amie ? Un frère peut manquer à l'amitié ; mais un ami tiendra toujours lieu de frère ; *remarquez cela*, dirait ici votre oncle Antonin.

Je ne puis m'abaisser jusqu'à faire des réflexions particulières sur les lettres de ces pauvres espèces que vous appelez vos oncles. Cependant j'aime quelquefois aussi à me divertir de ces caractères grotesques. Mais il suffit que je les connaisse et que je vous aime. Je fais grâce à leurs absurdités.

A présent que je me suis expliquée avec tant de liberté sur des sujets *si touchans* (car je ne suis que trop persuadée qu'ils le sont pour vous), il faut que j'ajoute une réflexion, qui achèvera de m'établir dans le droit de vous corriger. Elle regardera la conduite de certaines femmes dont, vous et moi, nous connaissons plus d'une qui se laissent dépouiller de leur volonté par des airs d'arrogance et d'emportement, au lieu d'être gagnées par des tendresses et des complaisances, qui seraient du moins une sorte d'excuse pour leur folie. Je dis donc que ce faible de quelques honnêtes femmes semble montrer qu'avec plusieurs personnes de notre sexe, un empire insolent réussit mieux que la douceur et la condescendance, à produire de la soumission. De bonne foi, ma chère, j'ai souvent pensé que la plupart des femmes sont de vraies poupées entre les mains d'un mari ; des folles outrées, et quelquefois très mauvaises, lorsqu'il a trop d'indulgence pour leurs caprices ; des esclaves rampantes si elles sont menées avec rigueur. En faut-il conclure que la crainte nous dispose plus naturellement à obliger que l'amour ? Honneur ! justice ! reconnaissance ! ne permettez pas qu'on puisse jamais faire ce reproche à une femme sensée !

Si je pouvais me défier que le style et le sujet de cette lettre ne vous fissent pas connaître de quelle impertinente plume elle est sortie, j'y joindrais mon nom dans toute son étendue, parce que mon cœur y a trop de part pour me permettre jamais de la désavouer. Mais il suffira que sans affectation, j'en recommence bientôt une autre, et peut-être ensuite une troisième, et qu'elles parent ce soir ensemble.

Anne Howe.

LETTRE XLVII.

MISS HOWE, A MISS CLARISSE HARLOVE.

Jeudi, 25, à sept heures du soir.

L'envie me prend de différer, ou peut-être d'abandonner tout à fait plusieurs observations que je m'étais proposées sur d'autres endroits de vos lettres, pour vous informer que M. Hickman, dans son dernier voyage à Londres, eut l'occasion de se procurer quelques éclaircissemens sur la vie que M. Lovelace y mène lorsqu'il y fait quelque séjour. Il se trouva au *Cocotier* (1) avec deux de ses amis ; l'un qui se nomme Belton, l'autre Mowbray, tous deux fort libres dans leur langage et l'air déterminé.

(1) Fameux café de Londres.

Mais le maître du logis semblait leur marquer beaucoup de respect, et dit à Hickman, qui s'informa de leur caractère, que c'étaient deux personnes d'honneur.

Ils commencèrent d'eux-mêmes à parler de M. Lovelace; et quelques autres jeunes gens leur ayant demandé quand ils l'attendaient à la ville : — Aujourd'hui même, répondirent-ils. La conversation continua sur ses louanges. M. Hickman s'y mêla naturellement, et leur dit qu'il avait entendu parler de M. Lovelace comme d'un gentilhomme de mérite. — Dites l'homme du monde qui en a le plus, lui répondit l'un d'eux, et comptez, monsieur, que c'est le peindre en deux mots. Ils s'étendirent plus particulièrement sur ses bonnes qualités, dont ils paraissaient prendre beaucoup de plaisir à s'entretenir. Mais ils ne dirent pas un mot de ses mœurs; *remarquez cela*, ma chère, dans le style de votre oncle.

M. Hickman leur dit qu'il avait la réputation d'être fort bien dans l'estime des femmes; et souriant, pour témoigner qu'il n'en avait pas plus mauvaise idée de lui, il ajouta, qu'il poussait, disait-on, ses bonnes fortunes aussi loin qu'elles pouvaient aller.

— Fort bien, monsieur Hickman ! ai-je dit moi-même en l'écoutant. Tout grave et tout réservé que tu parais, il me semble que leur langage t'est assez familier; mais je me suis bien gardée de lui communiquer ma réflexion, parce que je cherche depuis long-temps à trouver en défaut le Caton de ma mère. A la vérité, ce que j'en puis penser jusqu'à présent, c'est qu'il a des mœurs réglées, ou beaucoup d'adresse à les déguiser.

— Sans doute, répondit l'un des deux, en assaisonnant sa réponse d'un jurement des plus énergiques; eh ! qui ne ferait pas de même à sa place?

— J'en conviens, reprit le puritain (1) de ma mère; mais on assure qu'il est en traité sérieux avec une des plus belles personnes d'Angleterre.

— Il y était, répondit M. Belton. Que le diable emporte la belle ! (L'infâme brutal !) Elle lui faisait perdre tout son temps. Mais sa famille devrait être... (M. Hickman n'a pas voulu me répéter l'imprécation, qui était tout ce qu'il y a d'horrible,) et pourra payer cher le traitement qu'elle a fait à un homme de sa naissance et de son mérite.

— Peut-être l'ont-ils cru trop dissipé, répliqua M. Hickman; et j'entends parler d'eux comme d'une famille fort rangée.

— Rangée ! a repris l'un; c'est en parler avec honnêteté. Le diable a donc perdu son temps? Qu'il m'enlève, si j'en ai jamais entendu dire tant de bien depuis que j'étais au collége. Et puis, c'est une famille obscure.

Voilà comme on vous traite, ma chère. Ce sont les amis de M. Lovelace. Avez-vous la bonté *de le remarquer?*

M. Hickman m'a dit bonnement que cette réponse l'avait décontenancé. Je l'ai regardé, là-dessus, entre deux yeux, et d'un air qu'il comprend à merveille. Il m'a fait le plaisir de se décontenancer encore une fois. Ne vous souvenez-vous pas, ma chère, de la bouche de qui je crois avoir entendu, à l'occasion d'un jeune homme destiné pour la robe, qu'il rougissait facilement lorsqu'il se trouvait dans une compagnie trop libre; « que c'était un assez mauvais signe ; qu'il donnait lieu de penser que ses mœurs n'étaient pas à l'épreuve, et que ses bons sentimens venaient plutôt du hasard de l'éducation que de son choix et de ses propres principes? » C'est une jeune personne qui tenait ce langage. Et ne vous rappelez-vous

(1) Secte des Calvinistes rigides.

pas aussi la leçon qu'elle donna au même jeune homme? « de faire front au vice, et de mettre sa gloire dans toutes sortes de compagnies, à se déclarer pour la vertu ; qu'il était naturel d'éviter ou d'abandonner ce qui cause de la honte, cas peu glorieux si c'était le sien. Elle ajouta que le vice est lâche, et ne manquerait pas de cacher sa tête lorsqu'il aurait en face un ennemi tel que la vertu, accompagnée de présence d'esprit et du sentiment de sa propre intégrité. » Cette jeune personne, vous vous en souvenez, mettait sa doctrine dans la bouche d'un habile prédicateur, nommé le docteur Lewin, et gardait toujours la même modestie lorsqu'elle ne voulait pas qu'on prît d'elle toute l'opinion qu'elle mérite dans un âge si peu avancé.

Pour conclusion, M. Hickman, en se remettant pour la seconde fois, convint que sur tout ce qu'il avait appris à Londres, il ne pouvait se former une idée avantageuse des mœurs de M. Lovelace. Cependant ses deux intimes parlaient de quelque changement et d'une fort bonne résolution qu'il avait prise depuis peu, et qu'ils louaient beaucoup; celle *de ne jamais faire de défi, et de n'en jamais refuser*. En un mot, ils parlaient de lui comme d'un homme très brave et du plus aimable compagnon du monde; qui devait faire quelque jour une figure distinguée dans son pays, parce qu'il n'y avait rien dont il ne fût capable, etc.

Je crains que ce dernier trait ne soit que trop vrai. C'est, ma chère, tout ce que M. Hickman a pu recueillir : et c'en est assez pour déterminer une âme telle que la vôtre, si elle ne l'est déjà.

Cependant il faut dire aussi que s'il y a quelque femme au monde qui soit capable de le rappeler de ses égaremens, c'est vous. Le récit que vous m'avez fait de votre dernière entrevue m'en donne même quelque espérance. Je trouve du moins de la justice et de la raison dans tous les discours qu'il vous a tenus : et si vous devez être un jour sa femme... Mais, brisons là-dessus ; car, après tout, il ne peut jamais être digne de vous.

LETTRE XLVIII.

MISS HOWE, A MISS CLARISSE HARLOVE.

Jeudi, après dîner.

Une visite imprévue a détourné le cours de mes idées, et me fait changer le sujet que je m'étais proposé de continuer. Il m'est venu un homme... le seul en faveur duquel je pusse abandonner la résolution où j'étais de ne recevoir personne ; un homme que je croyais à Londres, suivant le témoignage que deux libertins de ses amis en avaient rendu à M. Hickman. A présent, ma chère, je crois m'être épargné la peine de vous dire que c'est votre agréable débauché. Notre sexe aime, dit-on, les surprises, et je voulais vous faire chercher plus long-temps de qui était la visite que j'ai reçue, mais je me suis trahie par mon propre empressement, et puisque vous avez la découverte à si bon marché, passons tout de suite au fait.

— Le motif qui l'amenait, m'a-t-il dit, était de me demander mes bons offices auprès de ma *charmante amie*, et, comme il était sûr que je connaissais parfaitement votre cœur, de savoir de moi sur quoi il pouvait compter. Il m'a touché quelque chose de votre entrevue, mais en se plaignant du peu de satisfaction qu'il a obtenu de vous et de la malice de votre famille, qui semble augmenter pour lui à proportion de la cruauté qu'elle exerce sur vous.—Son cœur, a-t-il continué, est dans une mortelle agitation qui vient de la crainte où il est à chaque moment d'apprendre que vous vous soyez déclarée pour un homme méprisé de tout le monde. Il m'a fait le récit de quelques nouvelles indignités de la part de votre frère et de vos oncles. Il m'a déclaré que si vous étiez poussée malheureusement dans les bras de l'homme en faveur duquel il reçoit des traitemens si peu mérités, vous seriez bientôt une des plus jeunes, comme une des plus aimables veuves d'Angleterre, et qu'il ferait rendre compte aussi à votre frère de la liberté avec laquelle il parle de lui dans toutes les occasions.

Il m'a proposé divers plans, dont il vous laisse le choix, pour vous délivrer des persécutions auxquelles vous êtes exposée. Je veux vous en apprendre un : c'est de reprendre votre terre ; et, si vous trouvez des obstacles qui ne puissent être surmontés, d'accepter, comme il vous l'a proposé, l'assistance de ses tantes ou de milord M... pour vous y établir. Il proteste que, si vous prenez ce parti, il vous laissera la liberté de vous consulter vous-même, et d'attendre l'arrivée et les avis de M. Morden, pour ne vous déterminer que suivant le penchant de votre cœur, et suivant les preuves que vous aurez de la réformation dont ses ennemis prétendent qu'il a tant de besoin.

J'avais une belle occasion pour le sonder, comme vous le désiriez de M. Hickman, sur les sentimens que ses tantes et milord conservent pour vous, depuis qu'ils ne peuvent ignorer la haine que votre famille leur porte, comme à leur neveu. J'ai saisi le moment. Il m'a fait voir quelques endroits d'une lettre de son oncle, où j'ai lu effectivement : « Qu'une alliance avec vous, sans autre considération que votre seul mérite, serait toujours ce qu'ils peuvent désirer de plus heureux. » Et milord va si loin, sur ce qui faisait le sujet de votre curiosité : « qu'à quelque perte, lui dit-il, que vous soyez exposée par la violence de votre famille, il l'assure, lui et ses sœurs y suppléeront ; quoique la réputation d'une famille aussi opulente que la vôtre doive faire souhaiter, pour l'honneur des deux parties, que cette alliance se fasse avec un consentement général. » Je lui ai dit, comme je savais que vous l'en aviez assuré vous-même, que vous aviez une extrême aversion pour M. Solmes, et que si le choix dépendait de vous, votre préférence serait pour le célibat. Par rapport à lui, je ne lui ai pas dissimulé que vous aviez de grandes et justes objections à former contre ses mœurs ; qu'il me paraissait fort étrange que des jeunes gens, qui menaient une vie aussi licencieuse qu'on l'en accusait, eussent la présomption de croire que, lorsque la fantaisie les prenait de se marier, la plus vertueuse et la plus digne personne de notre sexe fût justement celle qui devait leur tomber en partage ; qu'à l'égard de votre terre, je vous avais fortement pressée, et je vous presserais encore de rentrer dans vos droits ; mais que, jusqu'à présent, vous en aviez paru fort éloignée ; que vos principales espérances étaient dans M. Morden, et que j'étais trompée, si vous ne vous proposiez pas de suspendre vos résolutions et de gagner du temps jusqu'à son retour.

Je lui ai dit qu'à l'égard de ses stratégiques desseins, si l'exécution ou la menace pouvait être utile à quelqu'un, c'était à ceux qui vous persécutent, en leur fournissant un prétexte pour achever promptement leur ouvrage, et même avec l'approbation de tout le monde ; puisqu'il ne devait pas s'imaginer que la voix du public pût jamais être en faveur d'un jeune homme violent et d'une réputation médiocre sur l'article des mœurs, qui se proposerait d'enlever à une famille de quelque distinction un enfant si précieux, et qui, ne pouvant obtenir la préférence sur un homme qu'elle aurait choisi, menacerait de s'en venger par la violence.

J'ai ajouté qu'il se trompait beaucoup, s'il espérait de vous intimider par ses menaces, que, malgré toute la douceur qui faisait le fond de votre caractère, je ne connaissais personne qui eût plus de fermeté que vous, ni qui fût plus inflexible (comme votre famille l'avait éprouvé, et ne cesserait de l'éprouver, si elle continuait de vous en donner l'occasion), lorsque vous étiez bien persuadée que vous combattiez pour la vérité et la justice. Apprenez, lui ai-je dit, que miss Clarisse Harlove, timide comme elle peut l'être quelquefois, dans les occasions où sa pénétration et sa prudence lui font voir du danger pour ce qu'elle aime, est au dessus de la crainte dans celles où son honneur et la véritable dignité de son sexe lui paraissent intéressés. En un mot, monsieur, vous vous flatteriez en vain de pousser miss Clarisse Harlove par l'effroi, à la moindre démarche qui soit indigne d'une âme supérieure.

Il est si éloigné, m'a-t-il dit, de penser à vous intimider, qu'il me conjurait de ne pas vous dire un mot de ce qui lui était échappé avec moi : « S'il avait pris un air de menace, je devais le pardonner à la chaleur de son sang, qui bouillonnait de la seule idée de vous perdre pour toujours, et de vous voir précipitée dans les bras d'un homme que vous haïssez. Dans une si horrible supposition, il avouait que la considération du public serait peu capable de l'arrêter; surtout lorsque les menaces présentes de quelques personnes de votre famille et le triomphe qu'ils feraient alors éclater, exciteraient et justifieraient également sa vengeance.

Tous les pays du monde, a-t-il ajouté, étaient égaux à ses yeux. Il n'y mettait de différence que par rapport à vous, et dans quelque résolution que son désespoir pût l'engager, s'il avait le malheur de vous perdre, il n'avait rien à redouter des lois de sa patrie.

Je n'ai point aimé l'air dont il m'a tenu ce discours. Cet homme, ma chère, est capable des plus grandes témérités.

Comme je n'ai pas manqué de lui en faire un reproche fort vif, il s'est efforcé de tempérer un peu cette furie, en me disant que pendant que vous demeurerez fille, il souffrira toutes sortes d'indignités de la part de vos proches; mais que si vous vous déterminez à vous mettre à couvert dans quelque lieu convenable (en supposant que vous n'ayez point de goût pour la protection de son oncle et de ses tantes, il m'a insinué adroitement celle de ma mère), ou si vous preniez le parti de vous retirer à Londres dans quelque maison d'ami, dont il n'approcherait pas sans votre permission, et d'où vous pourriez composer avec votre famille, il aurait l'esprit absolument tranquille, et, comme il l'avait déjà dit, il attendait patiemment le retour de M. Morden, et la décision de son sort. « Il connaissait si bien, m'a-t-il dit encore, l'entêtement de votre famille, et le fond qu'elle fait sur votre naturel et sur vos principes, qu'il tremblera pour vous aussi long-temps que vous serez exposée au double pouvoir de leurs persuasions et de leurs menaces. »

Notre conversation a duré beaucoup plus long-temps; mais le reste ne m'ayant paru qu'une répétition de ce qu'il vous a dit dans votre dernière entrevue, je m'en rapporte à votre mémoire.

Si vous me demandez mon sentiment, je crois, ma chère, qu'il vous importe plus que jamais de vous rendre indépendante. Tout, alors, s'arrange comme de soi-même. Lovelace est un homme violent. Je souhaiterais, au fond, que vous puissiez vous délivrer de lui comme de Solmes. Une fois hors des mains de votre frère et de votre sœur, vous examinerez ce qui convient à votre devoir et à vos inclinations. Si votre famille persiste dans son ridicule système, je suis d'avis de ne pas négliger l'ouverture de Lovelace, et je prendrai la première occasion pour sonder là-dessus ma mère. De votre côté, expliquez-moi nettement vos idées sur la proposition de rentrer dans vos droits, car je me joins à lui pour vous en presser. Essayez, du moins, ce que cette demande peut produire. Demander, ce n'est pas intenter un procès. Mais quelque parti que vous preniez, gardez-vous absolument de répéter que vous ne réclamerez point vos droits. Si la persécution continue, vous n'aurez que trop de raisons de penser autrement. Laissez-les dans la crainte de vous voir changer de disposition. Vous voyez que, pour avoir déclaré que vous n'useriez pas du pouvoir qu'ils vous connaissent, vous n'en êtes pas mieux traitée. Il me semble qu'il ne devrait pas être nécessaire de vous le dire. Bonsoir, ma très chère et très aimable amie.

Anne Howe.

LETTRE XLIX.

MISS CLARISSE HARLOVE, A MISS HOWE.

Mercredi au soir, 22 mars.

J'apprends de Betty que, sur le rapport de ma tante et de ma sœur, tous mes parens assemblés ont pris contre moi une résolution unanime. Vous la trouverez dans une lettre de mon frère que je viens de recevoir, et que je vous envoie. Mais je suis bien aise qu'elle me revienne aussitôt que vous l'aurez lue. Elle peut m'être nécessaire dans la suite de ces démêlés.

« Miss Clary,

» Je reçois ordre de vous déclarer que mon père et mes oncles ayant appris de votre tante Hervey ce qui s'est passé entre elle et vous, et de votre sœur le traitement qu'elle a essuyé de votre part, ayant rappelé tout ce qui s'est passé entre votre mère et vous; ayant pesé toutes vos raisons et toutes vos offres; ayant considéré leurs engagemens avec M. Solmes, la patience de cet honnête homme, son extrême affection pour vous, et le peu de facilité que vous lui avez donnée vous-même pour vous faire connaître son mérite et ses propositions ; ayant considéré, de plus, deux autres points, savoir : l'autorité paternelle ouvertement offensée, et les instances continuelles de M. Solmes (quoique vous les ayez si peu méritées) pour vous faire délivrer d'une prison à laquelle il veut bien vous attribuer l'aversion que vous marquez pour lui, n'y pouvant donner explication, lorsque vous avez assuré votre mère que vous avez le cœur libre; ce qu'il est porté à croire, et ce que je vous avoue néanmoins que personne ne croit que lui; que pour toutes ces raisons, dis-je, il a été résolu que vous irez chez votre oncle Antonin. Préparez-vous au départ. Vous ne serez pas avertie du jour long-temps auparavant, et vous en comprenez les raisons.

» Je vous apprendrai honnêtement les motifs de cette résolution; il y en a deux : l'un, pour s'assurer que vous n'entretiendrez plus de correspondance illicite, car on sait de madame Howe que vous êtes en commerce de lettres avec sa fille, et peut-être avec quelque autre, par son entremise; le second, pour vous mettre en état de recevoir les visites de M. Solmes, que vous avez jugé à propos de refuser ici, et pour vous donner le moyen, dont vous vous êtes privée jusqu'à présent, de connaître quel homme et quels avantages votre obstination vous a fait rejeter.

» Si quinze jours de conversation avec M. Solmes et tout ce que vos amis ne cesseront point de vous représenter en sa faveur n'empêchent pas que vous ne demeuriez endurcie par vos correspondances clandestines, vous convaincrez tout le monde que l'*amor omnibus idem* de Virgile (pour l'intelligence duquel je vous renvoie à votre traduction des *Géorgiques* par Dryden) se vérifie dans vous comme dans tout le reste de la *création animale*, et que vous ne pouvez ou vous ne voulez pas renoncer à votre prévention en faveur du sage, du vertueux, du pieux Lovelace. (Je fais, voyez-vous, tous mes efforts pour vous plaire.) Alors on examinera s'il convient de satisfaire cet honorable caprice, ou de vous abandonner pour toujours.

» Comme votre départ est une chose réglée, on espère que vous vous y déterminerez de bonne grâce. Votre oncle n'épargnera rien pour vous faire trouver de l'agrément dans sa maison; mais, à la vérité, il ne vous permettra pas de tenir toujours le pont levé.

» Les personnes que vous verrez, outre M. Solmes, seront moi-même, si vous m'accordez tant d'honneur, votre sœur; et, suivant la conduite que vous tiendrez avec M. Solmes, votre tante Hervey et votre oncle Jules. Cependant les deux derniers pourront bien se dispenser de vous voir, si vous leur faites craindre d'être fatigués par vos *invocations plaintives*. Betty Barnes est nommée pour vous servir. Et je dois vous dire, miss, que votre dégoût pour cette honnête fille ne nous donne pas plus mauvaise opinion d'elle, quoique, dans le désir qu'elle aurait de vous obliger, elle regarde comme un malheur de vous déplaire. On vous demande un mot de réponse, pour savoir si vous êtes disposée à partir de bonne grâce. Votre indulgente mère m'ordonne de vous assurer de sa part que les visites de M. Solmes, pendant quinze jours, sont aujourd'hui tout ce qu'on exige de vous.

» Je suis, comme il vous plaira de le mériter,

» JAMES HARLOVE. »

Ainsi, ma chère, voilà le chef-d'œuvre de la politique de mon frère. Consentir *de bonne grâce* à me rendre chez mon oncle, pour y recevoir ouvertement les visites de M. Solmes. Une chapelle, une maison écartée; toute correspondance impossible avec vous; nulle ressource pour la fuite, si l'on employait la violence pour me lier avec un homme odieux.

Quoiqu'il fût assez tard lorsque j'ai reçu cette insolente lettre, j'ai fait sur-le-champ ma réponse, afin que mon frère la puisse recevoir demain à son réveil. Vous en trouverez ici la copie, et vous y verrez combien j'ai été choquée de son outrageante érudition, et de ses *invocations plaintives*. D'ailleurs, comme l'ordre de me tenir prête à partir est au nom de mon père et de mes oncles, le juste ressentiment que je marque est en même temps un petit trait de l'art dont on m'accuse, pour justifier mon refus, que mon frère et ma sœur ne manqueraient pas de faire passer pour un acte de révolte. Il est clair pour moi, ma chère, qu'ils ne croiraient avoir obtenu que la moitié de ce qu'ils se proposent, en me forçant d'épouser Solmes, s'ils ne me faisaient pas perdre entièrement la faveur de mon père et de mes oncles.

A M. HARLOVE FILS.

« Trois lignes, mon frère, suffisaient pour m'informer de la résolution de mes amis ; mais vous auriez manqué l'occasion d'étaler votre pédanterie par une si infâme allusion au vers de Virgile. Permettez-moi de vous dire, monsieur, que si l'humanité a fait une partie de vos études au collége, elle n'a pas trouvé dans vous un esprit propre à recevoir ses impressions. Je vois que mon sexe et la qualité de sœur ne sont pas des titres qui me donnent droit à la moindre décence de la part d'un frère qui paraît s'être plutôt appliqué à cultiver ses mauvaises qualités naturelles qu'aucune de ces dispositions à la politesse que la naissance doit donner, indépendamment de l'éducation.

» Je ne doute pas que cet exorde ne vous déplaise ; mais comme vous vous l'êtes attiré justement, mon inquiétude là-dessus diminuera d'autant plus de jour en jour, que je vous vois chercher à faire briller votre esprit aux dépens de la justice et de la compassion. Je suis lasse enfin de souffrir des mépris et des imputations, qui conviennent moins à un frère qu'à personne, et j'ai, monsieur, une grâce particulière à vous demander : c'est d'attendre pour vous mêler du soin de me chercher un mari, que j'aie la présomption de proposer une femme pour vous. Pardonnez, s'il vous plaît ; mais je ne puis m'empêcher de croire que si j'avais l'art de mettre mon père de mon côté, mes droits seraient les mêmes à votre égard que ceux que vous vous attribuez sur moi.

» Quant à l'information que vous me donnez par votre lettre, je suis disposée, comme je le dois, à recevoir tous les ordres de mon père ; mais cette déclaration néanmoins venant d'un frère qui a fait éclater depuis peu tant d'animosité contre moi, sans autre raison que celle de se trouver une sœur de trop pour son propre intérêt, je me crois en droit de conclure qu'une lettre telle que vous me l'avez envoyée est uniquement de vous, et de vous déclarer à mon tour, qu'aussi long-temps que j'en aurai cette opinion, il n'y aura point de lieu où je puisse aller volontairement, ni même sans violence, pour y recevoir les visites de M. Solmes.

» Je crois mon indignation si juste, pour l'honneur de mon sexe comme pour le mien, que, dans la profession que je fais de ne pas déguiser mes sentimens, je vous déclare aussi que je ne recevrai plus de vos lettres, si je n'y suis obligée par une autorité à laquelle je ne disputerai jamais rien, excepté dans un cas où mon bonheur pour l'avenir et pour la vie présente est également intéressé ; et si j'avais le malheur de tomber dans ce cas, je serais sûre que la rigueur de mon père viendrait moins de lui-même que de vous, et des spécieuses absurdités de vos ambitieux systèmes.

» Irritée comme je le suis, j'ajouterai qu'en me supposant même aussi perverse et aussi obstinée que je me l'entends reprocher, on ne m'aurait jamais traitée si cruellement. Consultez votre cœur, mon frère ; dites à qui j'en ai l'obligation ; et voyez de quoi je suis coupable, pour mériter tous les maux que vous avez fait tomber sur moi.

» CLARISSE HARLOVE. »

Lorsque vous aurez lu cette réponse, vous me direz, ma chère, ce que vous pensez de moi. Il me semble que je ne profite pas mal de vos leçons.

LETTRE L.

MISS CLARISSE HARLOVE, A MISS HOWE.

Jeudi matin, 25 mars.

Ma lettre a causé bien du trouble. Personne n'avait quitté le château cette nuit. On avait souhaité que mes oncles fussent présens, pour donner leur avis sur ma réponse, si je refusais de me soumettre à des ordres qu'on croyait si raisonnables. Betty raconte que mon père, dans sa première fureur, parlait de monter à ma chambre et de me chasser sur-le-champ de sa maison. On n'a pu le retenir qu'en lui faisant entendre que c'était répondre à mes vues perverses, et m'accorder ce qui faisait sans doute l'objet de tous mes désirs. Enfin, ma mère et ma tante ayant représenté qu'au fond j'avais été blessée par les premières mesures, on a conclu que mon frère m'écrirait d'un style plus modéré; et, comme j'ai déclaré que sans le commandement d'une autorité supérieure je ne recevrais plus de ses lettres, ma mère a pris la peine d'écrire les deux lignes suivantes, pour tenir lieu d'adresse :

« Clary, recevez et lisez cette lettre avec la modération qui convient à votre sexe, à votre caractère, à votre éducation et au respect que vous nous devez. Vous y ferez une réponse, adressée à votre frère.

» Charlotte Harlove. »

Jeudi matin.

« J'écris encore une fois, malgré l'impérieuse défense de ma petite sœur. Votre mère le veut absolument, pour vous ôter tout prétexte d'excuse, si vous persistez dans votre pervicacité (1). Je crains bien, miss, que ce mot ne m'attire le nom de pédant. On veut flatter jusqu'à la moindre apparence de cette délicatesse qui vous faisait admirer de tout le monde... avant que vous eussiez connu Lovelace. Cependant j'avouerai sans peine, puisque votre mère et votre tante le désirent (elles auraient du penchant à vous favoriser si vous ne leur en ôtiez le pouvoir), que je puis m'être attiré votre réponse par quelques expressions peu ménagées. Remarquez néanmoins qu'elles la trouvent très indécente. Vous voyez, miss, que je m'essaie à prendre un langage poli, lorsque vous paraissez l'abandonner. Voici de quoi il est question :

» On vous prie, on vous demande en grâce, on vous supplie (lequel de ces termes trouvez-vous agréable, miss Clary?) de ne pas faire difficulté d'aller chez votre oncle Antonin. Je vous répète de bonne foi que c'est dans les vues que je vous ai expliquées par ma dernière; sans quoi il est à présumer qu'on n'aurait pas besoin de *vous prier*, de *vous demander en grâce*, de vous *supplier*. C'est une promesse qu'on a faite à M. Solmes, qui ne cesse point d'être votre avocat, et qui s'afflige de vous voir renfermée, parce qu'il regarde cette contrainte comme la source de votre aversion pour lui. S'il ne vous trouve pas mieux disposée en sa faveur, lorsque vous serez délivrée de ce que vous nommez votre prison, il prendra le parti de renoncer à vous, quelque peine qu'il lui en puisse

---

(1) Ce mot, quoique adopté en anglais pour signifier *obstination*, est purement latin.

coûter. Il vous aime trop, et c'est en quoi il me semble qu'on pourrait douter de son jugement, auquel vous n'avez pas rendu d'ailleurs assez de justice.

» Consentez donc, pendant quinze jours seulement, à recevoir ses visites. Votre éducation (vous m'avez si bien parlé de la mienne!) ne doit vous permettre aucune incivilité pour personne. J'espère qu'il ne sera pas le premier homme (à l'exception de moi, néanmoins) que vous voulussiez traiter grossièrement, par la seule raison qu'il est estimé de toute votre famille. Je suis tout ce que vous avez dessein de faire de moi, un ami, un frère, un serviteur; mon regret est de ne pouvoir pousser la politesse encore plus loin pour une sœur si polie, si délicate!

« JAMES HARLOVE. »

« *P. S.* Il faut m'écrire encore, du moins si votre bonté vous fait condescendre à nous honorer d'une réponse. Votre mère ne veut point être troublée par vos inutiles *invocations*. Le voilà encore, mademoiselle Clary, ce malheureux terme qui vous déplaît. Répétez le nom de *pédant* à votre frère. »

A M. HARLOVE FILS.

Jeudi, 23 mars.

« Permettez, mes très chers et très honorés père et mère, que, ne pouvant obtenir l'honneur de vous écrire directement, je vous dérobe un moment d'audience par cette voie, du moins, si ma lettre trouve le chemin ouvert jusqu'à vous. Qu'il me soit permis de vous assurer qu'il n'y a qu'un invincible dégoût qui puisse me donner de l'opposition à vos volontés. Que sont les richesses, comparées au bonheur? Pourquoi vouloir que je sois livrée cruellement à un homme pour lequel je ne sens que de l'aversion? Qu'il me soit permis de répéter que la religion même me défend d'être à lui : j'ai de trop hautes idées des devoirs du mariage. Lorsque je prévois une vie misérable, lorsque mon cœur y est moins intéressé que mon âme, mon bonheur présent moins que mon bonheur futur, pourquoi m'ôterait-on la liberté du refus? Cette liberté est tout ce que je demande.

» Il me serait aisé d'accorder quinze jours à la conversation de M. Solmes, quoiqu'il ne m'en fût pas moins impossible de surmonter mon dégoût. Mais une maison écartée, une chapelle, et le peu de compassion que j'ai trouvée jusqu'à présent dans mon frère et ma sœur, sont capables de m'inspirer d'étranges craintes; et comment mon frère peut-il dire qu'à la prière de M. Solmes, ma prison finira chez mon oncle, lorsqu'elle doit devenir plus étroite que jamais? Ne me menace-t-on pas de tenir le pont fermé? Aurai-je un père et une mère auxquels je puisse appeler en dernier ressort?

» Je vous conjure de ne pas remettre à un frère et à une sœur votre autorité sur votre malheureuse fille; à un frère et une sœur qui m'accablent de duretés et de reproches, et qui s'attachent, comme je n'ai que trop de raisons de le craindre, à vous représenter sous de fausses couleurs mes discours et ma conduite; sans quoi, il serait impossible qu'ayant toujours eu tant de part à votre faveur, je fusse tombée si bas dans votre estime.

» Tous mes vœux se réduisent à une seule grâce : permettez-moi, ma chère mère, de travailler sous vos yeux comme une de vos femmes, et vous vous convaincrez par vous-même que ce n'est ni caprice ni prévention qui me gouvernent. Que du moins je ne sois pas chassée de votre maison! M. Solmes peut aller et venir, suivant les désirs de mon père. Je ne demande que la liberté de me retirer lorsqu'il paraîtra, et j'abandonne le reste à la Providence.

» Pardonnez, mon frère, s'il y a quelque apparence d'art dans la voie que je prends pour m'adresser à un père et une mère, lorsqu'il m'est défendu de leur écrire et de m'approcher d'eux. Il est bien dur pour moi d'être réduite à cette ressource! Pardonnez aussi, avec la générosité d'un cœur noble et la tendresse qu'un frère doit à sa sœur, une franchise que j'ai peut-être poussée trop loin dans ma dernière lettre. Quoique depuis quelque temps vous m'avez fait attendre de vous peu de faveur et de compassion, je ne laisse pas de vous demander ces deux sentimens, parce que je n'ai pas mérité que vous me les refusiez. Vous n'êtes que mon frère, aussi long-temps que, grâces au ciel! mon père et ma mère vivent pour le bonheur de leur famille; mais je suis persuadée que vous avez le pouvoir de rendre la paix à votre malheureuse sœur.

« CLARISSE HARLOVE. »

Betty m'est venue dire que mon frère a déchiré ma lettre, et qu'il se propose de me faire une réponse capable de me réduire au silence; d'où je dois conclure que j'aurais pu toucher le cœur de quelqu'un, si le sien avait moins de dureté. Que le ciel lui pardonne!

LETTRE LI.

MISS CLARISSE HARLOVE, A MISS HOWE.

Jeudi au soir, 25 mars.

Je vous envoie la lettre dont j'étais menacée, et qui vient d'être remise entre mes mains. Mon frère, ma sœur, mon oncle Antonin et M. Solmes sont ensemble, me dit-on, à relire la copie, avec toute la joie d'un triomphe, comme une pièce victorieuse à laquelle ils ne craignent point de réponse.

« Si je vous écris encore une fois, mon inflexible sœur, c'est pour vous faire savoir que la jolie invention que vous avez employée, pour faire passer vos pathétiques lamentations par mes mains jusqu'à mon père et ma mère, n'a pas eu l'effet que vous en espériez. Je vous assure que votre conduite n'a pas été représentée sous de fausses couleurs. Il n'en est pas besoin. Votre mère, qui est si ardente à saisir l'occasion d'expliquer favorablement tout ce qui vient de vous, s'est vue forcée, comme vous ne l'ignorez pas, de vous abandonner entièrement. Ainsi l'expédient de travailler sous ses yeux est tout à fait inutile. Vos ruses plaintives lui sont insupportables : c'est par ménagement pour elle, qu'il vous est défendu de paraître en sa présence ; et vous n'y paraîtrez jamais, qu'aux conditions qu'il lui plaira de vous imposer.

» Il s'en est peu fallu que vous n'ayez fait une dupe de votre tante Hervey. Elle ne descendit hier de chez vous que pour plaider en votre faveur. Mais lorsqu'on lui eut demandé ce qu'elle avait obtenu de vous, elle regarda autour d'elle sans avoir rien à répondre. Votre mère, surprise aussi par le tour d'adresse que vous avez joué sous mon nom (car ne me défiant pas de votre ingénieux subterfuge, j'ai commencé à lire la lettre), a voulu absolument qu'elle fût lue jusqu'au bout, et s'est écriée d'abord, en se tordant les mains, que sa Clary, sa chère fille, ne devait pas être forcée. Mais lorsqu'on lui eut demandé si elle souhaitait pour son gendre un homme qui brave toute la famille, et qui a versé le sang de son fils, et ce qu'elle avait obtenu de sa fille bien-aimée, qui fût capable de lui inspirer ce mouvement de tendresse, surtout après avoir été trompée par les apparences d'une fausse liberté de cœur, elle n'a fait que jeter aussi les yeux autour d'elle. Alors, loin de prendre parti pour une rebelle, elle s'est confirmée dans la résolution de faire valoir son autorité.

» On s'imaginerait, mon enfant, que vous avez une fort haute idée des devoirs du mariage, et j'engagerais ma vie néanmoins que, semblable à toutes les autres femmes, dont j'excepte une ou deux que j'ai l'honneur de connaître, vous irez promettre à l'église ce que vous oublierez en sortant, pour ne vous en souvenir de votre vie. Mais, doux enfant (comme votre digne maman Norton vous appelle)! pensez un peu moins à l'état conjugal, du moins jusqu'à ce que vous y soyez arrivée, et remplissez un peu mieux vos devoirs de fille. Comment pouvez-vous dire que tout le mal sera pour vous, tandis que vous en faites tomber une si grande partie sur votre père et votre mère, sur vos oncles, sur votre tante, sur moi et sur votre sœur, qui vous avons aimée si tendrement depuis près de dix-huit ans que vous êtes au monde?

« Si je ne vous ai pas donné lieu, dans ces derniers temps, de faire beaucoup de fond sur ma faveur et ma compassion, c'est que, dans ces derniers temps, vous avez peu mérité l'une et l'autre. Je ne comprends point votre idée maligne, petite folle que vous êtes, lorsque ajoutant que je ne suis que votre frère (degré de parenté apparemment fort léger pour vous), vous prétendez qu'il n'en dépend pas moins de moi de vous rendre cette paix qui est entre vos mains, quand vous voudrez la devoir à vous-même. Vous demandez pourquoi l'on vous ôte la liberté de refuser? C'est, jolie petite miss, parce qu'on est persuadé qu'elle serait bientôt suivie de la liberté de choisir. Le misérable, à qui vous avez donné votre cœur, ne cesse de le dire ouvertement à tous ceux qui veulent l'entendre. Il se vante que vous êtes à lui ; et la mort est ce qu'il promet à quiconque entreprendra de lui enlever sa proie. C'est précisément ce point que nous pensons à lui disputer. Mon père, croyant pouvoir s'attribuer les droits de la nature sur un de ses enfans, est absolument déterminé à les soutenir : et je vous demande à vous-même ce qu'il faut penser d'un enfant qui donne la préférence à un vil libertin sur son père.

» Voilà le jour dans lequel tout ce débat doit être placé. Rougissez donc, délicatesse, qui ne peut souffrir la citation du poète. Rougissez, modestie virginale ; et si vous êtes capable de conviction, miss Clary, rendez-vous à la volonté de ceux à qui vous devez l'être, et demandez à tous vos amis l'oubli et le pardon d'une révolte sans exemple.

» Ma lettre est plus longue que je ne me proposais de vous en écrire jamais, après l'insolence que vous avez eue de me le défendre. Mais je reçois la commission de vous déclarer que tous vos amis sont aussi las de vous tenir renfermée, que vous de l'être. Préparez-vous donc à vous rendre dans peu de jours chez votre oncle Antonin, qui, malgré vos craintes, fera lever son pont lorsqu'il le voudra, qui recevra chez lui des compagnies de son goût, et qui ne fera pas démolir sa chapelle pour vous guérir de l'aversion que vous commencez à prendre pour les lieux destinés au service divin ; idée d'autant plus folle, que si nous voulions employer la force, votre chambre serait aussi propre que tout autre lieu pour la cérémonie.

» Vos préventions contre M. Solmes vous ont malheureusement aveuglée. La charité nous oblige à ouvrir les yeux. Cet honnête homme ne paraît méprisable qu'à vous ; et dans un provincial, qui est trop sensé pour vouloir faire le petit-maître, je ne vois point ce qu'il y a de plus à désirer du côté des manières. A l'égard de son naturel, il faut que vous le connaissiez mieux pour en juger.

» Enfin, je vous conseille de vous préparer de bonne heure à partir, autant pour votre propre commodité que pour faire voir à vos amis qu'il y a du moins quelque chose en quoi vous n'êtes pas fâchée de les obliger. Vous me compterez parmi eux quand il vous plaira de le mériter, *quoique je ne sois que votre frère.*

« JAMES HARLOVE. »

« *P. S.* Si vous êtes disposée à recevoir M. Solmes et à lui faire quelques excuses de votre conduite passée, pour vous mettre en état de le voir ensuite dans quelque autre lieu avec moins d'embarras, il se rendra où vous le jugerez à propos. Si vous souhaitez aussi de lire les articles avant qu'on vous les présente pour vous les faire signer, on vous les enverra sur-le-champ. Qui sait s'ils ne vous aideront pas à forger quelque nouvelle objection ? Votre cœur est libre, vous savez. Il faut bien qu'il le soit, car ne l'avez-vous pas dit à votre mère ? Et la *pieuse Clarisse* serait-elle capable d'une imposture ?

» Je ne vous demande point de réponse, il n'en est pas besoin. Cependant, je vous demande, miss, si vous n'avez plus d'offres à proposer. »

La fin de cette lettre m'a piquée si vivement, quoiqu'elle puisse avoir été ajoutée sans la participation des autres, que j'ai pris aussitôt ma plume, dans l'intention d'écrire à mon oncle Jules, pour lui demander, suivant votre avis, que ma terre me soit rendue. Mais le courage m'a manqué, lorsque je suis venue à faire réflexion que je n'ai pas un ami qui soit propre à me soutenir, et que cette démarche ne servirait qu'à les irriter, sans répondre à mes vues. Oh ! si M. Morden était ici !

N'est-il pas bien cruel pour moi, qui me croyais, il n'y a pas longtemps, chérie de tout le monde, de n'avoir personne qui puisse parler en ma faveur, prendre mes intérêts, ou m'accorder un asile, si je me trouvais dans la nécessité d'en chercher, moi qui ai eu la vanité de penser que j'avais autant d'amis que je connaissais de personnes, et qui me flattais même de n'en être pas tout à fait indigne ; parce que dans l'un et l'autre sexe, dans toutes sortes d'états, entre les pauvres comme parmi les riches, tout ce qui porte l'image de mon auteur avait sa juste part à ma tendre affection ? Plût au ciel, ma chère, que vous fussiez mariée ! Peut-être M. Hickman se laisserait-il engager par votre prière à m'accorder sa protection jusqu'à la fin de cet orage. D'un autre côté, ce serait l'exposer à quantité d'embarras et de dangers, ce que je ne voudrais pas pour tous les avantages du monde.

Je ne sais ce que je dois faire. Non, je ne le sais pas. J'en demande pardon au ciel, mais je sens que ma patience est épuisée. Je souhaiterais... hélas! j'ignore ce que je puis souhaiter sans crime. Cependant je souhaiterais qu'il plût à Dieu de m'appeler à lui dans sa miséricorde; je n'en ai plus à me promettre ici-bas. Qu'est-ce que ce monde? Qu'offre-t-il à désirer? Les biens dont nous avons l'espérance sont si mêlés, qu'on ne sait de quel côté doivent tomber les désirs. La moitié du genre humain sert à tourmenter l'autre, et souffre elle-même autant de tourment qu'elle en cause. C'est particulièrement le cas où je suis; car en me rendant malheureuse, mes proches ne travaillent pas pour leur propre bonheur; à l'exception néanmoins de mon frère et de ma sœur, qui paraissent y trouver leurs délices, et jouir de tout le mal qu'ils me font.

Mais il est temps d'abandonner la plume, puisque au lieu d'encre n'en coule que du fiel.

LETTRE LII.

MISS CLARISSE HARLOVE, A MISS HOWE.

Vendredi, six heures du matin.

Mademoiselle Betty m'apprend qu'on ne s'entretient que de mon départ. Elle a reçu ordre, dit-elle, de se tenir prête à partir avec moi, et, sur quelques marques d'aversion que j'ai données pour ce voyage, elle a eu l'audace de me dire que m'ayant quelquefois entendue vanter la situation *romanesque* du château de mon oncle, elle est surprise de me voir cette froideur pour une maison si conforme à mon goût.

Je lui ai demandé si cette insolence venait d'elle-même, ou si c'était une observation de sa maîtresse.

Elle m'a causé bien plus d'étonnement par sa réponse : — C'était une chose bien dure, m'a-t-elle dit, qu'il ne pût sortir un bon mot de sa bouche sans qu'on lui en dérobât l'honneur.

Comme il m'a paru qu'effectivement elle croyait avoir dit quelque chose d'admirable, sans en sentir la hardiesse, j'ai pris le parti de ne pas relever son impertinence. Mais, au fond, cette créature m'a causé quelquefois de l'étonnement par ses effronteries, et depuis qu'elle est auprès de moi, j'ai trouvé dans son audace plus d'esprit que je ne lui en avais jamais soupçonné. C'est une marque que l'insolence est son talent, et que la fortune, en la plaçant au service de ma sœur, ne l'a pas traitée avec autant de faveur que la nature, qui l'a rendue plus propre à être sa compagne. Il me vient quelquefois à l'esprit que, moi-même, la nature m'a plutôt faite pour les servir toutes deux que pour être la maîtresse de l'une ou la sœur de l'autre, et, depuis quelques mois, la fortune m'a traitée comme si elle était de la même opinion.

Vendredi, à dix heures.

En allant tout à l'heure à ma volière, j'ai entendu mon frère et ma sœur qui riaient de toute leur force avec leur Solmes, et qui semblaient jouir de leur triomphe. La grande charmille qui sépare la cour du jardin les empêchait de me voir.

Il m'a paru que mon frère venait de leur lire sa dernière lettre; démarche fort prudente! et qui s'accorde fort bien, direz-vous, avec toutes leurs vues, de me faire la femme d'un homme auquel ils découvrent ce qu'un peu de bonté devrait leur faire cacher soigneusement dans cette supposition, pour l'intérêt de ma tranquillité future. Mais je ne puis douter qu'ils ne me haïssent au fond du cœur.

— Assurément, lui disait ma sœur, vous l'avez réduite au silence. Il n'était pas besoin de lui défendre de vous écrire. Je parierais qu'avec tout son esprit, elle n'entreprendra pas de répliquer.

— A la vérité, lui a répondu mon frère (avec un air de vanité scolastique dont il est rempli; car il se regarde comme l'homme du monde qui écrit le mieux), je crois lui avoir donné le coup de grâce. Qu'en dites-vous, monsieur Solmes ?

— Votre lettre me paraît sans réplique, lui a dit Solmes; mais ne servira-t-elle pas à l'aigrir encore plus contre moi? — Soyez sans crainte, a répondu mon frère, et comptez que nous l'emporterons, si vous ne vous lassez pas le premier. Nous sommes trop avancés pour jeter les yeux en arrière. M. Morden doit arriver bientôt. Il faut finir avant son retour, sans quoi elle sortirait de notre dépendance.

Comprenez-vous, chère miss Howe, la raison qui les porte à se presser?

M. Solmes a déclaré qu'il ne manquerait point de constance, aussi long-temps que mon frère soutiendrait son espoir, et que mon père demeurerait ferme.

Ma sœur a dit à mon frère qu'il m'avait battue admirablement sur le motif qui m'obligeait de converser avec M. Solmes; mais que les fautes d'une fille perverse ne devaient pas lui faire étendre ses railleries sur tout le sexe.

Je suppose que mon frère a fait quelque réponse vive et pleine de sel, car lui et M. Solmes en ont beaucoup ri, et Bella, qui en riait aussi, l'a traité d'impertinent; mais je n'ai pu rien entendre de plus, parce qu'ils se sont éloignés.

Si vous croyez, ma chère, que leurs discours ne m'ont pas fort échauffé l'esprit, vous vous trouverez trompée en lisant la lettre suivante, que j'ai écrite à mon frère, tandis que ma bile était allumée. Ne me reprochez plus, je vous prie, trop de patience et de douceur.

A M. HARLOVE FILS.

Vendredi matin.

« Si je gardais le silence, monsieur, sur votre dernière lettre, vous en pourriez conclure que je consens à me rendre chez mon oncle aux conditions que vous m'avez prescrites. Mon père disposera de moi comme lui plaira. Il peut me chasser de sa maison, s'il le juge à propos, ou vous charger de cette commission. Mais, quoique je le dise à regret, il me paraîtrait fort dur d'être menée malgré moi dans la maison d'autrui, lorsque j'en ai moi-même une où je puis me retirer.

» Vos persécutions et celles de ma sœur ne me feront pas naître la pensée de me remettre en possession de mes droits sans la permission de mon père. Mais si je ne dois pas faire un plus long séjour ici, pourquoi ne me serait-il pas permis d'aller dans ma terre ? Je m'engagerai volontiers, si cette faveur m'est accordée, à ne recevoir aucune visite qu'on puisse désapprouver. Je dis *cette faveur*, et je suis prête à la recevoir à ce titre, quoique le testament de mon grand-père m'en ait fait un droit.

» Vous me demandez, d'un air assez indécent pour un frère, si je n'ai pas quelques nouvelles offres à proposer ? J'en ai trois ou quatre, depuis votre question, et je les crois effectivement nouvelles, quoique j'ose dire, qu'au jugement de toute personne impartiale que vous ne préviendrez pas contre moi, les anciennes ne devaient pas être rejetées. C'est, du moins, ce que je pense ; pourquoi ne l'écrirais-je pas ? Vous n'avez pas plus de raison pour vous offenser de cette liberté, surtout lorsque dans votre dernière lettre vous paraissez faire gloire d'avoir engagé ma mère et ma tante Hervey contre moi, que je n'en ai d'être fâchée de l'indigne traitement que je reçois d'un frère.

» Voici donc ce que j'ai de nouveau à proposer : premièrement, qu'il me soit libre d'aller au lieu que je viens de nommer, sous les conditions qui me seront prescrites, et que je promets d'observer religieusement. Je ne lui donnerai pas même le nom de *ma terre*, je n'ai que trop de raisons de regarder comme un malheur qu'elle ait jamais été à moi.

» Si je n'obtiens pas cette permission, je demande celle d'aller passer un mois, ou le temps qu'on jugera convenable, chez miss Howe.

» Si je ne suis pas plus heureuse sur cet article, et qu'absolument je doive être chassée de la maison de mon père, qu'on me permette, du moins, d'aller chez ma tante Hervey, où je serai inviolablement soumise à ses ordres et à ceux de mon père et de ma mère.

» Mais si cette grâce même m'est refusée, ma très humble demande est d'être envoyée chez mon oncle Jules, au lieu de mon oncle Antonin : non que j'aie pour l'un moins de respect que pour l'autre, mais la situation du château, ce pont qu'on menace de lever, et cette chapelle peut-être, malgré le ridicule que vous avez voulu jeter sur mes craintes, m'épouvantent au delà de toute expression.

» Enfin, si l'on refuse aussi cette proposition, et s'il faut aller dans une maison qui me paraissait autrefois délicieuse, je demande de n'être pas forcée d'y recevoir les visites de M. Solmes. A cette condition, je pars avec autant de joie que jamais.

» Telles sont, monsieur, mes nouvelles propositions. Si vous trouvez qu'elles répondent mal à vos vues, parce qu'elles tendent toutes à l'exclusion de votre client, je ne vous dissimulerai pas qu'il n'y a pas d'infortune que je ne sois déterminée à souffrir plutôt que de donner ma main à un homme pour lequel je ne puis jamais avoir que de l'aversion.

» Vous remarquerez sans doute quelque changement dans mon style ; mais un juge impartial, qui saurait ce que le hasard m'a fait entendre depuis une heure de votre bouche et celle de ma sœur, particulièrement la raison qui rend aujourd'hui vos persécutions si pressantes, me croirait parfaitement justifiée. Faites réflexion, monsieur, qu'après m'être attiré tant de railleries outrageantes par mes *invocations plaintives*, il est temps, ne fût-ce que pour imiter d'aussi excellens exemples que les vôtres et ceux de ma sœur ; que j'établisse un peu mon caractère, et que, pour vous résister à tous deux, je me rapproche du vôtre, autant que mes principes me le permettront.

» J'ajouterai, pour *vider mon carquois femelle* (1), que vous ne pouvez avoir eu d'autre raison pour me défendre de vous répliquer, après m'avoir écrit tout ce qu'il vous a plu, que le témoignage de votre propre

(1) Expression de son frère dans une lettre précédente.

cœur, qui vous a fait sentir que tous les droits sont violés dans le traitement que je reçois de vous.

» Si je me trompe en vous supposant des remords, je suis si sûre de la justice de ma cause, que moi, fille ignorante, peu instruite des règles du raisonnement, et plus jeune que vous d'un tiers de vos années, je consens à faire dépendre mon sort du succès d'une dispute avec vous; c'est-à-dire, monsieur, avec un homme qui a reçu son éducation à l'université, dont l'esprit doit s'être fortifié par ses propres observations et par les lumières d'une société savante, et qui (pardonnez-moi de descendre si bas) est accoutumé à *donner le coup de grâce* à ceux contre lesquels il daigne prendre la plume. Je vous laisse le choix du juge, et je ne le demande qu'impartial. Prenez par exemple votre dernier gouverneur, ou le vertueux docteur Lewin. Si l'un ou l'autre se déclare contre moi, je promets de me résigner à ma destinée, pourvu qu'on me promette aussi que, dans l'autre supposition, mon père me laissera libre de refuser la personne qu'on veut me donner malgré moi. Je me flatte, mon frère, que vous accepterez d'autant plus volontiers cette offre, que vous paraissez avoir une haute idée de vos talens pour le raisonnement, et n'en avoir pas une médiocre de la force des argumens que vous avez employés dans votre dernière lettre. Si vous êtes persuadé que l'avantage ne puisse manquer d'être pour vous, dans l'occasion que je vous propose, il me semble que l'honneur vous fait une loi de montrer devant un juge impartial que la justice est de votre côté, et l'injustice du mien.

» Mais vous sentez bien que ce combat demande nécessairement d'être engagé par écrit; que les faits doivent être établis et reconnus de part et d'autre, et la décision donnée suivant la force des argumens; car vous me permettrez de dire que je connais trop bien votre naturel impétueux, pour m'exposer avec vous à des combats personnels.

» Si vous n'acceptez pas ce défi, j'en conclurai que vous ne sauriez justifier votre conduite à vos propres yeux; et je me contenterai de vous demander à l'avenir les égards dus à une sœur par un frère qui aspire à quelque réputation de savoir et de politesse.

» Trouvez-vous qu'à présent, monsieur, je commence à montrer, par ma fermeté, que je me sens un peu de l'honneur que j'ai d'appartenir à vous et à ma sœur? Vous trouverez peut-être aussi que c'est m'éloigner de cette partie de mon caractère, qui paraissait m'attirer autrefois l'amitié de tout le monde. Mais considérez, s'il vous plaît, à qui ce changement doit être attribué, et que je n'en aurais jamais été capable, si je n'avais reconnu que c'est à ce caractère même que je dois attribuer les mépris et les insultes dont vous ne cessez pas d'accabler une sœur faible et sans défense, qui, malgré l'amertume de sa douleur, ne s'est jamais écartée du respect et de l'affection qu'elle doit à son frère, et qui ne désire que des raisons de conserver pendant toute sa vie les mêmes sentimens.

« CLARISSE HARLOVE. »

Admirez, ma chère, la force et la volubilité de la passion : cette lettre, où vous ne trouvez pas la moindre rature, est l'original; et la copie, que j'ai envoyée à mon frère, n'est pas plus nette.

Vendredi, à trois heures.

Betty, qui l'a portée, est bientôt revenue toute surprise, et m'a dit en rentrant : — Seigneur! miss, qu'avez-vous fait! Qu'avez-vous écrit? votre lettre a causé tant de bruit et de mouvement!

Ma sœur ne fait que de me quitter : elle est montée tout en feu, ce qu m'a obligée subitement d'abandonner ma plume. Elle est accourue à moi :

— Furieux esprit, m'a-t-elle dit, en me frappant assez rudement sur le cou, voilà donc le point où vous aspirez!

— Me battez-vous, Bella ?

— Est-ce vous battre que de vous toucher doucement l'épaule? répondit-elle, en me frappant encore, mais avec plus de douceur. Nous nous y étions bien attendus. Il vous faut de l'indépendance ; mon père a vécu trop long-temps pour vous.

J'allais répondre avec force, mais elle m'a fermé la bouche avec son mouchoir : — Votre plume en dit assez, âme basse que vous êtes; venir écouter les discours d'autrui! Mais sachez que votre système d'indépendance et celui de vos visites seront également rejetés. Suivez, fille perverse, suivez vos glorieuses inclinations. Appelez votre libertin au secours, pour vous dérober à l'autorité de vos parens, et pour vous soumettre à la sienne. N'est-ce pas votre dessein? Mais il est question de vous disposer au départ. Voyez ce que vous voulez prendre avec vous; c'est demain qu'il faut partir, demain, comptez là-dessus. Vous ne demeurerez pas ici plus long-temps, à veiller, à tourner autour des gens, pour entendre ce qu'ils disent. C'est une résolution prise, mon enfant, vous partirez demain.

Mon frère voulait monter lui-même pour vous le déclarer ; mais je vous ai rendu le service de l'arrêter; car je ne sais ce que vous seriez devenue s'il était monté. Une lettre! un défi de cette présomption et de cette insolence! vaine créature que tu es! Mais, préparez-vous, je le répète, vous partez demain. Mon frère accepte votre audacieux défi. Apprenez seulement qu'il sera personnel; chez mon oncle Antonin... ou peut-être chez M. Solmes.

Dans la passion, qui la faisait presque écumer, elle aurait continué long-temps si la patience ne m'avait échappé :

— Finissons toutes ces violences, lui ai-je dit. Si j'avais pu prévoir dans quel dessein vous êtes venue, vous n'auriez pas trouvé ma porte ouverte. Prenez ce ton avec les gens qui vous servent. Quoique j'aie, grâce au ciel, assez peu de ressemblance avec vous, je n'en suis pas moins votre sœur : et je vous déclare que je ne partirai ni demain, ni le jour suivant, ni celui d'après, si l'on ne m'entraîne avec violence.

— Quoi! si votre père, si votre mère vous le commandent?...

— Attendons qu'ils le fassent, Bella : je verrai alors ce qu'il me conviendra de répondre. Mais je ne partirai point sans en avoir reçu l'ordre de leur propre bouche, et non de la vôtre ou de celle de votre Betty. Que je vous entende ajouter un mot sur le même ton, et vous verrez que sans consulter les suites, je saurai m'ouvrir un passage jusqu'à eux, et leur demander ce que j'ai fait pour mériter cet indigne traitement.

— Venez, mon enfant; venez, la douceur même (me prenant par la main, et me conduisant vers la porte), allez leur faire cette question: vous trouverez ensemble ces deux objets de votre mépris. Quoi! le cœur vous manque? (car l'indignation de me voir traîner insolemment me faisait résister, et m'avait fait arracher ma main de la sienne.)

— Je n'ai pas besoin de guide, lui ai-je dit; j'irai seule, et votre invitation me servira d'excuse. Je m'avançais effectivement vers l'escalier; mais, se mettant entre la porte et moi, elle s'est hâtée de la fermer.

— Hardie créature, a-t-elle repris; laissez-moi du moins le temps de les prévenir sur votre visite. Je vous le dis pour votre propre intérêt; mon frère est avec eux. Et voyant que je me retirais, elle n'a pas manqué de rouvrir la porte : — Allez donc, allez miss, qui vous empêche d'aller ? Elle m'a suivie jusqu'à mon cabinet, en répétant vingt fois les mêmes instances, et je n'y suis entrée que pour en fermer la porte après moi, dans la nécessité où j'étais de me soulager par mes larmes.

Je n'ai pas voulu répondre à tous les discours qu'elle a continués, ni tourner même la tête vers elle, tandis qu'elle me regardait au travers de la vitre. Mais, lasse enfin de ses insultes, j'ai tiré le rideau pour me dérober à sa vue, ce qui doit l'avoir irritée, puisque je l'ai entendue partir en grondant.

Cette barbarie n'est-elle pas capable de précipiter dans quelque témérité un esprit qui n'a jamais eu la pensée d'en commettre?

Comme il y a beaucoup d'apparence que je serai enlevée pour la maison de mon oncle, sans avoir eu le temps de vous en donner d'autre avis, n'oubliez pas, ma chère, aussitôt que vous serez informée de cette violence, d'envoyer prendre au dépôt les lettres que je pourrais y avoir laissées pour vous, ou celles qu'on y aurait apportées de votre part et qui pourraient y être restées. Soyez plus heureuse que moi! c'est le vœu de votre fidèle amie.

CLARISSE HARLOVE.

J'ai reçu vos quatre lettres; mais, dans l'agitation où je suis, il m'est impossible d'y répondre à présent.

LETTRE LIII.

MISS CLARISSE HARLOVE, A MISS HOWE.

Vendredi au soir, 24 mars.

Il m'est venu, de ma sœur, une lettre très piquante. Je m'étais bien attendue qu'elle se ressentirait du mépris qu'elle s'est attiré dans ma chambre. En vain mon esprit s'épuise en réflexions; il n'y a que la rage d'une jalousie d'amour, qui puisse servir d'explication à sa conduite.

A MISS CLARISSE HARLOVE.

« J'ai à vous dire que votre mère a demandé qu'on vous fît grâce encore pour demain; mais que vous n'en êtes pas moins perdue dans son esprit, comme dans celui de toute la famille.

» Dans vos propositions, et dans la lettre à votre frère, vous vous êtes montrée si forte et si sage, si jeune et si vieille, si docile et si obstinée, si douce et si violente, qu'on n'a jamais vu d'exemple d'un caractère si mêlé. Nous savons tous de qui vous avez emprunté ce nouvel esprit. Cependant la semence en doit être dans votre naturel; sans quoi, il serait impossible que vous eussiez acquis tout d'un coup cette facilité à prendre toutes sortes de formes.

» Ce serait jouer un fort mauvais tour à M. Solmes, que de lui souhaiter une femme si *dédaigneuse* et si *facile*, deux autres de vos qualités contradictoires, dont je vous laisse l'explication à vous-même.

» Ne comptez pas, miss, que votre mère veuille vous souffrir ici long-temps. Elle ne goûte pas un moment de repos, tandis qu'elle a si près d'elle une fille révoltée. Votre oncle Harlove ne veut pas vous voir chez lui que vous ne soyez mariée. Ainsi, grâce à votre propre opiniâtreté, vous n'avez que votre oncle Antonin qui consente à vous recevoir. On vous conduira chez lui dans peu de jours, et là, votre frère, en ma présence, réglera tout ce qui appartient à votre modeste défi, car je vous assure qu'il est accepté. Le docteur Lewin pourra s'y trouver, puisque vous faites choix de lui. Vous aurez un *autre témoin*, ne fût-ce que pour vous convaincre qu'il ne ressemble point à l'idée que vous vous formez de sa personne. Vos deux oncles y seront aussi, pour rendre le champ égal, et ne pas permettre qu'on prenne trop d'avantages contre une sœur *faible et sans défense*. Vous voyez, miss, combien de spectateurs votre défi doit vous attirer. Préparez-vous pour le jour. Il n'est pas éloigné.

» Adieu, doux enfant de maman Norton.

» Arabella Harlove. »

J'ai transcrit sur-le-champ cette lettre, et je l'ai envoyée à ma mère, avec ces quatre lignes.

« De grâce, deux mots, ma très chère mère. Si c'est par l'ordre de mon père, ou par le vôtre, que ma sœur m'écrit dans ces termes, je dois me soumettre au traitement que je reçois, avec cette seule observation qu'il n'approche point encore de celui que j'ai reçu d'elle. S'il vient de son propre mouvement, ce que je puis dire, madame, c'est que lorsque j'ai été bannie de votre présence... Mais, jusqu'à ce que je sois informée si elle est autorisée par vos ordres, j'ajouterai seulement que je suis votre très malheureuse fille.

» Clarisse Harlove. »

J'ai reçu le billet suivant, tout ouvert, mais humide dans un endroit que j'ai baisé, parce que je suis sûre que c'était une larme de ma mère. Hélas! je crois, je me flatte du moins qu'elle m'a fait cette réponse à contre-cœur.

« Il y a trop de hardiesse à réclamer la protection d'une autorité qu'on brave. Votre sœur, qui n'aurait point été capable d'autant de perversité que vous dans les mêmes circonstances, a raison de vous la reprocher. Cependant nous lui avons dit de modérer son zèle pour nos droits méprisés. Méritez, s'il est possible, un autre traitement que celui dont vous vous plaignez, et qui ne peut être aussi affligeant pour vous que la cause l'est pour votre mère. Faudra-t-il toujours vous défendre de vous adresser à moi? »

Donnez-moi, très chère amie, votre conseil sur ce que je puis et ce que je dois faire. Je ne vous demande point à quoi le ressentiment ou la passion pourrait vous porter, dans les rigueurs que j'éprouve. Vous m'avez déjà dit que vous n'auriez pas autant de modération que moi, et vous n'en convenez pas moins que les démarches inspirées par la colère mènent presque toujours au repentir. Donnez-moi des avis que la raison et le sang-froid puissent justifier après l'événement.

Je ne doute point que la sympathie qui a formé notre liaison ne soit aussi vive de votre côté que du mien. Mais il est impossible néanmoins que vous soyez aussi sensible à d'indignes persécutions que celle qui les souffre immédiatement, et vous êtes, par conséquent, plus propre que moi-même à juger de ma situation. Considérez-moi dans le point où je suis. Ai-je ou n'ai-je pas assez souffert? Si la persécution continue, si cet étrange Solmes persiste contre une aversion tant de fois déclarée, quel parti prendre? Me retirerai-je à Londres, et m'efforcerai-je de me dérober à Lovelace et à tous mes proches jusqu'au retour de M. Morden? M'embarquerai-je pour Livourne, dans le dessein d'aller joindre mon unique protecteur à Florence? Que de dangers de ce côté-là, quand je considère mon sexe et ma jeunesse? Et ne peut-il pas arriver que mon cousin parte pour l'Angleterre lorsque je serais en chemin vers l'Italie? Que faire? Parlez, dites, ma très chère miss Howe, car je n'ose me fier à moi-même.

LETTRE LIV.

MISS CLARISSE HARLOVE, A MISS HOWE.

Vendredi, à minuit.

Le calme renaît un peu dans mon esprit. L'envie, l'ambition, les ressentimens de l'amour-propre, et toutes les passions violentes sont sans doute endormies autour de moi. Pourquoi l'heure des ténèbres et du silence ne suspendrait-elle pas aussi mes tristes sentimens pendant que mes persécuteurs reposent, et que le sommeil du moins tient leur haine assoupie? J'ai employé une partie de ce temps paisible à relire vos dernières lettres. Je veux faire mes observations sur quelques unes, et, pour être moins exposée à perdre l'espèce de repos dont je jouis, il faut que je commence par ce qui regarde M. Hickman.

Je me figure bien qu'il n'était pas assis devant vous lorsque vous avez tiré son portrait. Après tout, néanmoins, il n'est pas fort à son désavantage. Dans des circonstances un peu plus tranquilles, j'en hasarderais un plus aimable et plus ressemblant.

Si M. Hickman n'a pas la contenance ferme qu'on voit en d'autres hommes, il a reçu en partage l'humanité et la douceur qui manquent à la plupart, et qui, jointes à la tendresse infinie qu'il a pour vous, en feront un mari le plus convenable du monde pour une personne de votre vivacité.

Quoique vous paraissiez persuadée que je ne voudrais pas de lui pour moi-même, je vous assure de bonne foi que si M. Solmes lui ressemblait par la figure et le caractère, et qu'il ne me fût pas permis de me borner au célibat, je n'aurais jamais eu de querelle pour lui avec ma famille. M. Lovelace, du caractère dont on le connaît, ne l'aurait pas balancé dans mon esprit. Je le dis d'autant plus hardiment, que des deux passions de l'amour et de la crainte, Lovelace est capable d'inspirer la dernière, dans une proportion que je ne crois pas compatible avec l'autre, pour former un heureux mariage.

Je suis charmée de vous entendre dire que vous n'avez pour personne plus de goût que pour M. Hickman. Si vous excitez un peu votre cœur, je ne doute pas que vous ne reconnaissiez bientôt qu'il n'y a personne pour qui vous en ayez autant, surtout lorsque vous ferez attention que les défauts même qui vous frappent dans sa personne ou dans son caractère sont propres à vous rendre heureuse, du moins s'il est nécessaire pour votre bonheur de ne faire jamais que vos volontés. Vous avez un tour d'esprit, permettez-moi cette remarque, qui, avec vos admirables talens, donnerait l'air d'un sot à tout homme qui serait amoureux de vous, et qui ne serait pas un Lovelace. Il faut me pardonner cette franchise, ma chère, et me pardonner aussi d'être revenue si tôt à ce qui me touche immédiatement.

Vous vous fortifiez du sentiment de M. Lovelace pour insister encore sur la nécessité de réclamer mes droits; et vous souhaitez que je vous explique plus nettement mes idées sur ce point. Il me semble néanmoins que les raisons par lesquelles je puis combattre votre avis se présentent si naturellement d'elles-mêmes, qu'elles devraient vous avoir fait rétracter ce conseil précipité. Mais puisqu'elles ne vous sont pas venues à l'esprit, et que vous vous joignez à M. Lovelace pour m'exciter à reprendre ma terre, je m'expliquerai là-dessus en peu de mots.

D'abord, ma chère, en supposant que j'eusse de l'inclination à suivre votre avis, je vous demande sur le secours de qui je pourrais compter pour me soutenir dans cette entreprise? Mon oncle Harlove est un des exécuteurs testamentaires : il s'est déclaré contre moi; M. Morden est l'autre : il est en Italie, et ne peut-on pas l'engager aussi dans des intérêts différens des miens? D'ailleurs, mon frère a déclaré qu'on est résolu d'en venir à la décision avant son retour; et de l'air dont on s'y prend, il est fort vraisemblable qu'on ne me laissera pas le temps de recevoir sa réponse, quand je lui écrirais; sans compter que, renfermée comme je suis, je ne puis me promettre qu'elle vienne jusqu'à moi, si elle n'est pas de leur goût.

En second lieu, les parens ont beaucoup d'avantage sur une fille qui leur dispute le droit de disposer d'elle, et je trouve de la justice dans ce préjugé, parce que de vingt exemples il n'y en a pas deux où la raison ne parle pour eux.

Vous ne me conseilleriez pas, j'en suis sûre, d'accepter les secours que M. Lovelace m'offre dans sa famille. Si je pensais à chercher d'autres protections, nommez-moi quelqu'un qui voulût embrasser le parti d'une fille contre des parens, dont on a connu si long-temps l'affection pour elle. Mais quand je trouverais un protecteur tel que ma situation le demande, quelles longueurs n'entraîne pas le cours d'un procès? On assure qu'il y a des nullités dans le testament. Mon frère parle quelquefois d'aller demeurer dans ma terre, pour me mettre apparemment dans la nécessité de l'en chasser, si j'entreprenais de m'y établir, ou pour opposer à Lovelace toutes les difficultés de la chicane, si je venais à l'épouser.

Je n'ai parcouru tous les cas que pour vous faire connaître qu'ils ne me sont pas tout à fait étrangers. Mais il m'importerait peu d'être mieux instruite, ou de trouver quelqu'un qui voulût embrasser mes intérêts. Je vous proteste, ma chère, que j'aimerais mieux demander mon pain que de disputer mes droits contre mon père. C'est un de mes principes, que jamais un père et une mère ne peuvent s'écarter assez de leur devoir, pour dispenser un enfant du sien. Une fille en procès avec son père! cette idée me révolte. J'ai demandé comme une faveur la permission de me retirer dans ma terre, si je dois être chassée de la maison; mais je ne ferai pas une démarche de plus, et vous voyez quel fâcheux effet a produit ma demande.

Il ne me reste donc qu'une espérance : c'est que mon père pourra changer de résolution; quoique ce bonheur me paraisse peu vraisemblable à moi-même, quand je considère l'ascendant que mon frère et ma sœur ont obtenu sur toute la famille, et l'intérêt qu'ils ont à soutenir leur haine, après l'avoir ouvertement déclarée.

A l'égard de l'approbation que M. Lovelace donne à votre système, je n'en suis pas étonnée. Il pénètre sans doute les difficultés que je trouverais à le faire réussir sans son assistance. Si j'étais assez aimée du ciel pour devenir aussi libre que je le souhaiterais, cet homme merveilleux n'aurait peut-être pas à se louer autant de moi que sa vanité le porte à s'en flatter, malgré le plaisir que vous prenez à me railler sur les progrès qu'il a faits dans mon cœur. Êtes-vous bien sûre, vous qui ne paraissez pas déclarée contre lui, que tout ce qui paraît raisonnable et spécieux dans ses offres, tel que d'attendre son sort de mon choix, lorsque je me trouverai *dans l'indépendance* (ce qui ne signifie, dans mes idées, que la liberté de refuser pour mari cet odieux Solmes, tel encore que de ne me pas voir sans ma permission, et jusqu'au retour de M. Morden, et jusqu'à ce que je sois satisfaite de sa réformation), croyez-vous, dis-je, que ce ne soit pas un air qu'il se donne, uniquement pour nous faire prendre une meilleure idée de lui, en offrant, comme de lui-même, des conditions sur lesquelles il voit fort bien qu'on ne manquerait pas d'insister dans les cas qu'elles supposent?

Et puis, j'ai de sa part mille sujets de mécontentement. Que signifient toutes ses menaces? Prétendre néanmoins qu'il ne pense point à m'intimider, et vous prier de ne m'en rien dire, lorsqu'il sait que vous ne l'en croirez pas, et qu'il ne vous le dit lui-même que dans l'intention, sans doute, de m'en informer par cette voie. Quel misérable artifice! Il nous regarde apparemment comme deux folles, qu'il compte mener par la frayeur. Moi, prendre un mari de cette violence! Mon propre frère, l'homme qu'il menace! Et M. Solmes! Que lui a fait M. Solmes? Est-il blâmable, s'il me croit digne de son affection, de faire tous ses efforts pour m'obtenir? Que ne s'en fie-t-on à moi, sur ce point seulement? Ai-je donc accordé tant d'avantages à M. Lovelace, qu'il soit en droit de menacer? Si M. Solmes était un homme que je pusse voir du moins avec indifférence, on s'apercevrait peut-être que le mérite de souffrir pour moi, de la part d'un esprit si bouillant, ne lui serait pas toujours inutile. C'est mon sort d'être traitée comme une folle par mon frère : mais M. Lovelace reconnaîtra... Je veux lui expliquer à lui-même ce que je pense là-dessus, et vous en serez informée alors de meilleure grâce.

En même temps, ma chère, permettez-moi de vous dire que, malgré toute la méchanceté de mon frère je me trouve blessée, dans mes momens de sang-froid, par vos mordantes réflexions sur l'avantage que Lovelace a remporté sur lui. A la vérité, il n'est pas votre frère ; mais songez que c'est à sa sœur que vous écrivez. Sérieusement, miss, votre plume est trempée dans le fiel, lorsque vous traitez quelque sujet qui vous offense. Savez-vous qu'en lisant plusieurs de vos expressions contre lui et d'autres de mes proches, il me vient à l'esprit, quoiqu'elles soient en ma faveur, de douter si vous avez vous-même assez de modération pour vous croire en droit d'appeler à votre tribunal ceux qui s'emportent à des excès de chaleur? Il me semble que nous devrions apporter tous nos soins à nous garantir des fautes qui nous blessent dans autrui. Cependant j'ai tant de sujets de plaintes contre mon frère et ma sœur, que je ne ferais pas un reproche si libre à ma plus chère amie, si je ne trouvais son badinage outré, sur un événement où la vie d'un frère, après tout, était sérieusement en danger, et lorsqu'on peut craindre que le même feu ne se rallume, avec des suites beaucoup plus funestes.

Que je m'écarte volontiers de moi-même! et que je souhaiterais d'oublier, s'il était possible, ce qui me touche le plus! Cette digression me ramène à la cause, et de là, aux vives agitations où j'étais en finissant ma dernière lettre; car il n'y a rien de changé dans ma situation. Le jour approche et va m'exposer peut-être à de nouvelles épreuves. Je vous prie, avec les mêmes instances, de me donner un conseil où la faveur et le ressentiment n'aient aucune part. Dites-moi ce que je dois faire, car si je suis forcée d'aller chez mon oncle, il ne faut pas douter que votre malheureuse amie ne soit perdue sans ressource : cependant, quel moyen de l'éviter?

Mon premier soin sera de porter ce paquet au dépôt. Hâtez-vous de m'écrire aussitôt que vous l'aurez reçu. Hélas! je crains bien que votre réponse n'arrive trop tard.

Clarisse Harlove.

LETTRE LV.

MISS HOWE, A MISS CLARISSE HARLOVE.

Samedi, 25 mars.

Quel conseil puis-je vous donner, ma noble amie? Votre mérite fait votre crime. Il vous est aussi impossible de changer de naturel, qu'à ceux qui vous persécutent. N'attribuez vos malheurs qu'à l'immense disparité qui est entre vous et eux. Que demandez-vous d'eux? Ne soutiennent-ils pas leur caractère? Et à l'égard de qui? d'une étrangère : car, en vérité, vous ne leur appartenez pas. Ils se reposent sur deux points: sur leur propre *impénétrabilité* (que je lui donnerais volontiers son vrai nom, si je l'osais!) et sur les égards dont ils vous connaissent incapable de manquer pour vous-même, joint à vos craintes du côté de Lovelace, dont ils vous croient persuadée que le caractère vous décréditerait, si vous aviez recours à lui pour vous délivrer de vos peines. Ils savent aussi que le ressentiment et l'inflexibilité ne vous sont pas naturels; que les agitations qu'ils ont excitées dans votre âme auront le sort de tous les mouvemens extraordinaires, qui est de s'apaiser bientôt; et qu'une fois mariée, vous ne songerez plus qu'à vous consoler de votre situation.

Mais comptez que le fils et la fille aînée de votre père se proposent entre eux de vous rendre malheureuse pour toute votre vie, quand vous épouseriez l'homme qu'ils ont en vue pour vous, et qui a déjà une liaison plus intime avec eux que vous n'en pourriez jamais avoir avec une telle moitié. Ne voyez-vous pas avec quel soin ils communiquent à une âme si étroite tout ce qu'ils savent de votre juste aversion pour lui?

A l'égard de sa persévérance, ceux qui en seraient surpris le connaissent mal. Il n'a pas le moindre sentiment de délicatesse. S'il prend jamais une femme, soyez sûre que l'âme n'entrera jamais pour rien dans ses vues. Comment chercherait-il une âme? Il n'en a point. Chacun ne cherche-t-il pas son semblable? Et comment connaîtrait-il le prix de ce qui le surpasse, lorsque, par la supposition même, il ne le comprend point? S'il arrivait qu'ayant le malheur d'être à lui vous lui fissiez voir naturellement un défaut de tendresse, je suis portée à croire qu'il s'en affligerait peu, parce qu'il en aurait plus de liberté de suivre les sordides inclinations qui le dominent. Je vous ai entendue observer, d'après votre madame Norton, « que toute personne qui est la proie d'une passion dominante composera volontiers, pour la satisfaire, au prix de vingt autres passions subalternes, dont le sacrifice lui coûtera moins, quoiqu'elles soient plus louables. »

Comme je ne dois pas craindre de vous le rendre plus odieux qu'il ne vous l'est déjà, il faut que je vous raconte quelques traits d'une conversation qu'il eut, il y a trois jours, avec le chevalier Harry Downeton, et dont le chevalier fit hier le récit à ma mère. Vous y trouverez une confirmation de ses principes de gouvernement par la crainte, tels que votre insolente Betty vous les a rapportés d'après lui-même.

Sir Harry n'avait pas fait difficulté de lui dire qu'il s'étonnait de le voir obstiné à vous obtenir contre votre inclination.

— C'est ce qui m'importe peu, répondit-il. Les filles qui affectent tant de réserve sont ordinairement des femmes passionnées (l'indigne animal!); et jamais il ne serait fâché, ajouta-t-il, avec le secours d'un peu de méditation, de voir des grimaces sur le visage d'une jolie femme, lorsqu'elle lui donnerait sujet de la tourmenter. D'ailleurs, votre terre, par la commodité de sa situation, le dédommagerait abondamment de tout ce qu'il aurait à souffrir de vos froideurs. Il serait sûr du moins de votre complaisance, s'il ne l'était pas de votre amour, et plus heureux, à cet égard, que les trois quarts des maris de sa connaissance (le misérable!). Pour le reste, votre vertu est si connue, qu'elle lui donnerait toute la sûreté qu'il pourrait désirer.

— Ne craignez-vous pas, reprit sir Harry, que si elle est forcée de vous épouser, elle ne vous regarde du même œil qu'Élisabeth de France regarda Philippe II lorsqu'il la reçut sur ses frontières, en qualité de mari; lui, dans lequel elle ne s'attendait à trouver qu'un beau-père, c'est-à-dire avec plus de crainte et de terreur que de complaisance et d'amour? Et vous-même, peut-être, vous ne lui ferez pas de meilleure mine que ce vieux monarque ne fit à la princesse.

— La crainte et la terreur, répliqua l'horrible personnage, ont aussi bonne grâce sur le visage d'une fille promise que sur celui d'une femme; et se mettant à rire (oui, ma chère, sir Harry nous assura que le hideux animal avait ri), il ajouta que ce serait son affaire d'entretenir cette crainte, s'il avait raison de croire qu'on lui refusât de l'amour; que pour lui, il était persuadé que si la crainte et l'amour devaient être séparés dans l'état du mariage, l'homme qui savait se faire craindre était le mieux partagé.

Si mes yeux avaient la vertu qu'on attribue à ceux du basilic, je n'aurais rien de si pressant que d'aller regarder ce monstre.

Ma mère prétend néanmoins que ce serait de votre part un prodigieux mérite de surmonter votre aversion pour lui. — Où est, dit-elle, comme je me suis souvenue qu'on vous l'a déjà demandé, la gloire et la sainteté de l'obéissance, s'il n'en coûte rien pour l'exercer?

Quelle fatalité, ma chère, que votre choix n'ait pas de meilleurs objets! Ou Scylla ou Charibde.

A toute autre que vous, qui serait traitée avec cette barbarie, je sais quel conseil je donnerais sur-le-champ. Mais, je l'ai déjà observé, la moindre témérité, une indiscrétion supposée, dans un caractère de la noblesse du vôtre, serait une plaie pour tout le sexe.

Tandis que j'espérais quelque chose de l'*indépendance* à laquelle j'aurais voulu vous déterminer, cette pensée était une ressource où je trouvais de la consolation. Mais à présent, que vous m'avez si bien prouvé qu'il faut renoncer à ce parti, je m'efforce en vain de trouver quelque expédient. Je veux quitter la plume pour y penser encore.

J'ai pensé, réfléchi, considéré, et je vous proteste que je ne suis pas plus avancée qu'auparavant. Ce que j'ai à dire, c'est que je suis jeune comme vous, que j'ai le jugement beaucoup plus faible et les passions plus fortes.

Je vous ai dit anciennement que vous aviez trop offert en proposant de vous réduire au célibat. Si cette proposition était acceptée, la terre, qu'ils auraient tant de regret de voir sortir de la famille, retournerait un jour à votre frère, avec plus de certitude, peut-être, que par la réversion précaire dont M. Solmes les flatte. Vous êtes-vous efforcée, ma chère, de faire entrer cette idée dans leurs têtes bizarres ? Le mot tyrannique d'*autorité* est la seule objection qu'on puisse faire contre cette offre.

N'oubliez pas une considération : c'est que si vous preniez le parti de quitter vos parens, le respect et l'affection que vous leur portez ne vous permettraient aucun appel contre eux pour votre justification. Vous auriez par conséquent le public contre vous : et si Lovelace continuait son libertinage, ou n'en usait pas bien avec vous, quelle justification pour leur conduite à votre égard, et pour la haine qu'ils lui ont déclarée !

Je demande pour vous au ciel ses plus parfaites lumières. Ce que j'ai à dire encore, c'est qu'avec mes sentimens je serais capable de tout entreprendre, d'aller dans toutes sortes de lieux, plutôt que de me voir la femme d'un homme que je haïrais, et que je serais sûre de haïr toujours, s'il ressemblait à Solmes. Je n'aurais pas souffert non plus tout ce que vous avez essuyé de chagrins et d'outrages, du moins d'un frère et d'une sœur, si j'avais eu cette patience pour un père et des oncles.

Ma mère se persuade, qu'après avoir employé tous leurs efforts pour vous soumettre à leurs volontés, ils abandonneront leur entreprise lorsqu'ils commenceront à désespérer du succès ; mais je ne puis être de son opinion. Je ne vois point qu'elle se fonde sur d'autre autorité que sa propre conjecture. Autrement je me serais imaginé, en votre faveur, que c'est un secret entre elle et votre oncle Antonin. Malheur à l'un des deux du moins (j'entends à votre oncle), s'ils en avaient quelque autre entre eux.

Il faut vous garantir, s'il est possible, d'être menée chez votre oncle. L'homme, le ministre, la chapelle, votre frère et votre sœur présens... vous serez infailliblement forcée de vous donner à M. Solmes ; et des sentimens de fermeté, si nouveaux pour vous, ne vous soutiendront point dans une occasion si pressante. Vous reviendrez à votre naturel. Vous n'aurez pour défense que des larmes méprisées, des appels et des lamentations inutiles : et la cérémonie ne sera pas plus tôt *profanée*, si vous me passez cette expression, qu'il faudra sécher vos pleurs, vous condamner au silence, et penser à prendre une nouvelle forme de sentimens qui puissent vous faire obtenir de votre nouveau maître le pardon et l'oubli de toutes vos déclarations de haine. En un mot, ma chère, il faudra le flatter. Votre conduite passée n'est venue que de la modestie de votre état, et votre rôle sera jusqu'à la mort de vérifier son impudente raillerie : que *les filles qui affectent le plus de réserve sont ordinairement des femmes passionnées*. Ainsi vous commencerez la carrière par un vif sentiment de reconnaissance pour la bonté qui vous aura fait obtenir grâce ;

et s'il ne vous force point à le conserver par la crainte, suivant ses principes de gouvernement, je reconnaîtrai alors que je me suis trompée.

Cependant, après tout, je dois laisser le véritable point de la question indéterminé, et l'abandonner à votre propre décision, qui dépendra du degré d'emportement que vous verrez dans leurs démarches, ou du danger plus ou moins pressant d'être enlevée pour la maison de votre oncle. Mais je prie encore une fois le ciel de susciter quelque événement qui puisse vous empêcher d'être jamais à l'un ou l'autre de ces deux hommes. Puissiez-vous demeurer fille, ma très chère amie, jusqu'à ce que les puissances favorables au mérite et à la vertu vous amènent un homme digne de vous, ou du moins aussi digne qu'un mortel puisse l'être!

D'un autre côté, je ne voudrais pas qu'avec des qualités si propres à faire l'ornement de l'état conjugal, vous prissiez le parti de vous condamner au célibat. Vous me connaissez incapable de flatterie. Ma langue et ma plume sont toujours les organes de mon cœur. J'ajoute que vous devez vous connaître assez vous-même, par comparaison du moins avec les autres femmes, pour ne pas douter de ma sincérité : en effet, pourquoi voudrait-on qu'une personne qui fait ses délices de découvrir et d'admirer tout ce qu'il y a de louable dans autrui, n'aperçût pas les mêmes qualités dans elle-même, lorsqu'il est certain que, si elle ne les possédait pas, elle ne serait pas capable de les admirer si vivement dans un autre? Et pourquoi ne pourrait-on pas lui donner les louanges qu'elle donnerait à toute autre qui n'aurait que la moitié de ses propres perfections, surtout si elle est incapable de vanité ou d'orgueil, et si elle est aussi éloignée de mépriser ceux qui n'ont pas reçu les mêmes avantages, que de s'estimer trop pour les avoir reçus. S'estimer trop, ai-je dit? Eh! comment le pourriez-vous jamais?

Pardon, ma charmante amie. Mon admiration qui ne fait qu'augmenter à chaque lettre que vous m'écrivez, ne doit pas toujours être étouffée par la crainte de vous déplaire; quoique cette raison soit souvent un frein pour ma plume, lorsque je vous écris, et pour ma langue, lorsque j'ai le bonheur de me trouver avec vous.

Je me hâte de finir, pour répondre à votre empressement. Combien de choses néanmoins je pourrais ajouter sur vos dernières confidences!

ANNE HOWE.

LETTRE LVI.

MISS CLARISSE HARLOVE, A MISS HOWE.

Dimanche au matin, 26 mars.

Que les louanges ont de douceur dans la bouche d'une amie! Soit qu'on se flatte ou non de les mériter, il est extrêmement agréable de se voir si bien dans l'esprit de ceux dont on ambitionne la faveur et l'estime. Une âme ingénue en tire un autre avantage : si elle ne se croit pas déjà digne du charmant tribut qu'elle reçoit, elle se hâte d'acquérir les qualités qui lui manquent, avant qu'on s'aperçoive de l'erreur; autant pour se faire honneur à ses propres yeux, que pour se conserver dans l'estime de son amie, et pour justifier son jugement. Que ce but puisse toujours être le mien! Alors je vous serai redevable, non seulement de l'éloge, mais du mérite même auquel vous croirez le pouvoir accorder; et j'en deviendrai plus digne de cette amitié, qui est l'unique plaisir dont je puisse me glorifier.

Mes remerciemens sont aussi vifs qu'ils doivent l'être, pour la diligence de vos dernières dépêches. Que je vous ai d'obligation ! Que j'en ai même à votre honnête messager ! ma triste situation me met dans le cas d'en avoir à tout le monde.

Je vais répondre du mieux qu'il m'est possible aux articles de votre obligeante lettre. Ne me soupçonnez pas de pouvoir surmonter mes dégoûts pour M. Solmes, aussi long-temps qu'il lui manquera de la générosité, de la franchise, de la bonté, de la politesse, et toutes les qualités qui forment l'homme de mérite. O ma chère ! de quel degré de patience, de quelle grandeur d'âme une femme n'a-t-elle pas besoin pour ne pas mépriser un mari qui est plus ignorant, qui a l'âme plus basse et l'esprit plus borné qu'elle ; à qui ses prérogatives donnent néanmoins des droits qu'il veut exercer, ou qui ne peut les abandonner sans un déshonneur égal pour celle qui gouverne et pour celui qui se laisse gouverner ! Comment supporter un mari tel que je le peins, quand on supposerait même que par des raisons de convenance ou d'intérêt il fût de notre propre choix ? Mais se voir forcée de le prendre, et s'y voir forcée par d'indignes motifs ! quel moyen de vaincre une aversion qui porte sur des fondemens si justes ? Il est bien plus aisé de soutenir une persécution passagère, que de se résoudre à porter une chaîne honteuse et révoltante, dont le poids doit durer autant que la vie. Si j'étais capable de me rendre, ne faudrait-il pas quitter mes parens et suivre cet insupportable mari ? Un mois sera peut-être le terme de la persécution, et le lien d'un tel mariage serait un malheur perpétuel. Chaque jour ne luirait vraisemblablement que pour éclairer quelque nouvelle infraction des devoirs jurés à l'autel.

Il paraît donc, ma chère, que M. Solmes est déjà occupé de sa vengeance ; tout s'accorde à me le confirmer. Hier au soir, mon effrontée geolière m'assura que toutes mes oppositions *n'auraient pas plus d'effet qu'une prise de tabac,* en avançant vers moi le pouce et le doigt, où elle en tenait une, que je serai madame Solmes ; que je dois me garder par conséquent de pousser la raillerie trop loin, parce que M. Solmes est un homme capable de ressentiment, et qu'il lui a dit à elle-même, que devant être sûrement sa femme je manquais aux bonnes règles de la politique, puisque, s'il n'était pas plus miséricordieux que moi (c'est le terme de Betty, j'ignore s'il s'en est servi comme elle), je m'exposais à des repentirs qui pourraient durer jusqu'au dernier de mes jours.

Mais c'en est assez sur un homme qui, suivant le récit de sir Harry Downeton a toute l'insolence de son sexe, sans une seule qualité qui puisse la rendre supportable.

J'ai reçu deux lettres de M. Lovelace depuis la visite qu'il vous a rendue, ce qui fait trois avec celle que j'avais laissée sans réponse. Je ne doutais pas qu'il n'en ressentît quelque chagrin ; mais dans sa dernière il se plaint de mon silence en termes fort hauts. C'est moins le style d'un amant soumis que celui d'un protecteur méprisé. Son orgueil paraît mortifié de se voir forcé, dit-il, à rôder chaque nuit autour de nos murs, comme un voleur ou un espion, dans l'espérance de trouver une lettre de moi, et à faire cinq milles pour regagner un misérable logement, sans rapporter aucun fruit de ses peines. Je ne tarderai point à vous envoyer ses trois lettres et la copie de la mienne; mais voici en substance ce que je lui écrivis hier.

Je lui fais un reproche fort vif de m'avoir menacée, par votre moyen, de se procurer une explication avec M. Solmes ou avec mon frère. Je lui dis « qu'il me croit apparemment d'humeur à tout souffrir; qu'il ne lui suffit pas que je sois exposée aux violences continuelles de ma propre famille, qu'il faut que je supporte aussi les siennes; qu'il me paraît fort extraordinaire qu'un esprit violent menace de s'emporter à des témérités qui ne peuvent être justifiées, et qui m'intéressent d'ailleurs beaucoup moins que lui, si je ne fais pas quelque chose d'aussi téméraire du moins, par rapport à mon caractère et à mon sexe, pour le détourner de ses résolutions; je lui fais même entendre que de quelque manière que je pense sur les malheurs qui arriveraient à mon occasion, il peut se trouver des personnes qui, dans la supposition qu'il soit capable de la témérité dont il menace M. Solmes, ne regretteraient pas beaucoup de se voir délivrées de deux hommes dont la connaissance aurait causé toutes leurs disgrâces. »

C'est parler naturellement, ma chère, et je m'imagine qu'il y donnera lui-même une explication encore plus nette.

Je lui reproche son orgueil à l'occasion des pas qu'il fait pour trouver mes lettres et qu'il relève avec tant d'affectation. Je le raille sur ses riches comparaisons d'espion et de voleur : « Il n'a pas raison, lui dis-je, de trouver sa situation si dure, puisque, dans l'origine, il ne doit en accuser que ses mauvaises mœurs, et qu'au fond le vice efface les distinctions et ravale l'homme de qualité au niveau de la *canaille*. Ensuite, je lui déclare qu'il ne doit jamais attendre d'autre lettre de moi qui puisse l'exposer à des fatigues si désagréables. »

Je ne le ménage pas plus sur les vœux et les protestations solennelles, qui lui coûtent si peu dans l'occasion. Je lui dis « que ce langage fait d'autant moins d'impression sur moi, que c'est déclarer lui-même qu'il croit en avoir besoin pour suppléer aux défauts de son caractère; que les actions sont les seules preuves que je connaisse, lorsqu'il faut juger des intentions, et que je sens de plus en plus la nécessité de rompre toute correspondance avec un homme dont il est impossible que mes amis approuvent jamais les soins, parce qu'il est incapable de le mériter; qu'ainsi, puisque sa naissance et son bien le mettront toujours en état, si la réputation de ses mœurs n'est pas un obstacle, de trouver une femme qui, avec une fortune au moins égale à la mienne, aura plus de conformité avec lui dans ses goûts et ses inclinations, je le prie et je lui conseille de renoncer à moi, d'autant plus que, pour le dire en passant, ses menaces et ses impolitesses à l'égard de mes amis me donnent lieu de conclure qu'il entre plus de haine pour eux que de considération pour moi dans sa persévérance. »

Voilà, ma chère, la récompense que j'ai cru devoir accorder à tant de peines qu'il fait valoir. Je ne doute pas qu'il n'ait assez de pénétration pour observer qu'il est moins redevable de notre correspondance à mon estime qu'aux rigueurs que j'essuie dans ma famille; c'est précisément ce que je voudrais lui persuader. Plaisante divinité qui exige, comme l'idole Molock, que la raison, le devoir et la discrétion soient sacrifiés sur ses autels!

L'opinion de votre mère est que mes amis se relâcheront. Fasse le ciel qu'ils se relâchent! Mais mon frère et ma sœur ont tant d'influence dans la famille, sont si déterminés, si piqués d'honneur à l'emporter, que je désespère de ce changement. Cependant, s'il n'arrive point, je vous avoue que je ne ferais pas difficulté d'embrasser toute protection dont je n'aurais pas de déshonneur à craindre pour me délivrer, d'un côté, des persécutions pressantes, et, de l'autre, pour ne donner à Lovelace aucun avantage sur moi. Je suppose toujours qu'il ne me reste point d'autre ressource ; car, avec la moindre espérance, je regarderais ma fuite comme une action des plus inexcusables, quelque honneur et quelque sûreté que je puisse trouver dans mes protections.

Malgré ces sentimens, que je crois aussi justes qu'ils sont sincères, la bonne foi de l'amitié m'oblige de reconnaître que je ne fais pas ce que j'aurais fait si votre avis eût été fixé et concluant. Que n'avez-vous été témoin, ma chère, de mes différentes agitations, à la lecture de votre lettre, lorsque, dans un endroit, vous m'avertissez du danger dont je suis menacée chez mon oncle; que, dans un autre, vous avouez que vous n'auriez pas été capable de souffrir tout ce que j'ai souffert, et que vous préféreriez tous les maux possibles à celui d'épouser un homme que vous haïriez; que, dans un autre, néanmoins, vous me représentez ce que ma réputation aurait à souffrir aux yeux du public, et la nécessité où je serais de justifier ma conduite aux dépens de mes proches; que, d'un autre côté, vous me faites envisager la figure indécente que je ferais dans un mariage forcé, obligée de prendre un visage tranquille, de prodiguer de fausses caresses, de faire un personnage d'hypocrisie avec un homme pour lequel je n'aurais que de l'aversion, et que mes déclarations passées, autant que le sentiment de son indignité propre (s'il était capable du moins de ce sentiment), rempliraient d'une juste défiance ; la nécessité où vous jugez que je serais de lui témoigner d'autant plus de tendresse que je m'y sentirais moins disposée; une tendresse qui ne pourrait être attribuée qu'aux plus vifs motifs, puisqu'il serait trop visible que l'amour du caractère ou de la figure n'y aurait aucune part; ajoutez la bassesse de son âme, le poison de la jalousie qui l'infecterait bientôt, sa répugnance à pardonner, entretenue par le souvenir des marques de mon aversion et d'un mépris que j'ai fait éclater volontairement pour éteindre ses désirs; une préférence déclarée par le même motif, et la gloire qu'il attache à faire plier et à réduire une femme sur laquelle il aurait acquis un empire tyrannique... si vous m'aviez vue, dis-je, dans toutes les agitations dont je n'ai pu me défendre à cette lecture, tantôt m'appuyant d'un côté, tantôt de l'autre, un moment incertaine, un moment remplie de crainte, irritée, tremblante, irrésolue, vous auriez reconnu le pouvoir que vous avez sur moi, et vous auriez eu raison de croire que si vos conseils avaient été plus positifs, je me serais laissé entraîner par la force de votre détermination. Concluez de cet aveu, ma chère, que je suis bien justifiée sur ces saintes lois de l'amitié, qui demandent une parfaite ouverture de cœur, quoique ma justification se fasse peut-être aux dépens de ma prudence.

Mais, après de nouvelles considérations, je répète qu'aussi long-temps qu'il me sera permis de demeurer dans la maison de mon père, il n'y aura que les dernières extrémités qui puissent me la faire quitter, et que je ne m'attacherai qu'à suspendre, s'il est possible, par d'honnêtes prétextes, l'ascendant de mon mauvais sort jusqu'au retour de M. Morden.

En qualité d'exécuteur, c'est une protection à laquelle je puis m'abandonner sans reproche ; enfin, je ne me connais pas d'autre espérance, quoique mes amis semblent s'en défier. A l'égard de M. Lovelace, quand je serais sûre de sa tendresse, et même de sa réformation, accepter la protection de sa famille, c'est accepter la sienne. Pourrais-je me dispenser de recevoir ses visites dans la maison de ses tantes? ne serait-ce pas me jeter dans la nécessité d'être à lui, quand je découvrirais de nouvelles raisons de le fuir en le voyant de plus près? C'est une de mes anciennes observations, qu'entre les deux sexes la distance sert à se tromper mutuellement. O ma chère! quels efforts n'ai-je pas faits pour devenir sage? quels soins n'ai-je pas apportés à choisir ou à rejeter tout ce que j'ai cru capable de contribuer ou de nuire à mon bonheur? Cependant, par une étrange fatalité, il y a bien apparence que toute ma sagesse n'aboutira qu'à la folie.

Vous me dites avec la partialité ordinaire de votre amitié, qu'on attend de moi ce qu'on n'attendrait pas de beaucoup d'autres femmes. C'est une leçon que je reçois à ce titre. Je sens que, pour ma réputation, en vain mon cœur serait content de ses motifs, s'ils n'étaient pas connus du public. Se plaindre du mauvais vouloir d'un frère, c'est un cas ordinaire dans les divisions d'intérêt. Mais lorsqu'on ne peut accuser un frère coupable, sans faire tomber une partie du reproche sur les duretés d'un père, qui pourrait se résoudre à se délivrer du fardeau pour en charger une tête si chère? Et, dans toutes ces suppositions, la haine que M. Lovelace porte à chaque personne de ma famille, quoiqu'elle ne soit qu'un retour pour celle qu'on lui a déclarée, ne paraîtrait-elle pas extrêmement choquante? N'est-ce pas une marque qu'il y a dans son naturel quelque chose d'implacable, comme d'extrêmement impoli? et quelle femme au monde pourrait penser à se marier, pour vivre dans une inimitié perpétuelle avec sa famille?

Mais craignant de vous fatiguer, et lasse moi-même, je quitte la plume.

M. Solmes est ici continuellement. Ma tante Hervey, mes deux oncles ne s'éloignent pas davantage. Il se machine quelque chose contre moi, je n'en saurais douter. Quel état! que d'être sans cesse en alarme, et de voir une épée nue qui nous pend sur la tête...

Je ne suis informée de rien que par l'insolente Betty, qui me lâche toujours quelques traits avec l'effronterie à laquelle elle est autorisée.—Quoi! miss, vous ne mettez pas ordre à vos affaires? Comptez qu'il vous faudra partir lorsque vous y penserez le moins. D'autres fois, elle me fait entendre à demi-mot, et comme dans la vue de m'inquiéter, ce que l'un, ce que l'autre dit de moi, et leur curiosité sur l'emploi que je fais de mon temps. Elle y mêle souvent l'outrageante question de mon frère : Si je ne m'occupe pas à composer l'histoire de mes souffrances?

Mais je suis faite à ses discours, et c'est le seul moyen que j'aie d'apprendre, avant l'exécution, les desseins qu'on forme contre moi. Comme elle s'excuse sur ses ordres, lorsqu'elle pousse trop loin l'impertinence, je l'écoute patiemment ; quoique ce ne soit pas sans quelque soulèvement du cœur.

Je m'arrête ici, pour porter ce que je viens d'écrire au dépôt. Adieu, ma chère.

Clarisse Harlove.

Ce qui suit était écrit sur l'enveloppe avec un crayon, à l'occasion de la lettre suivante, que miss CLARISSE trouva en y portant la sienne.

Je trouve votre seconde lettre d'hier. Je remercie beaucoup votre mère des avis obligeans que vous me donnez de sa part. Celle que je vous envoie répondra peut-être à quelque partie de son attente. Vous lui en lirez ce que vous jugerez à propos.

LETTRE LVII.

MISS HOWE, A MISS CLARISSE HARLOVE.

Samedi, 25 mars.

Cette lettre ne sera qu'une suite de ma dernière, de la même date, et je vous l'écris par ordre exprès. Vous avez vu, dans la précédente, l'opinion de ma mère sur le mérite que vous pourriez vous faire, en obligeant vos amis contre votre propre inclination. Notre conférence là-dessus est venue à l'occasion de l'entretien que nous avions eu avec sir Harry Downeton : et ma mère la croit si importante qu'elle m'ordonne de vous en écrire le détail. J'obéis d'autant plus volontiers, que j'étais embarrassée, dans ma dernière, à vous donner un conseil ; et que non seulement vous aurez ici le sentiment de ma mère, mais peut-être dans le sien celui du public, s'il n'était informé que de ce qu'elle sait, c'est-à-dire, s'il ne l'était pas aussi bien que moi.

Ma mère raisonne d'une manière très peu avantageuse pour toutes les personnes de notre sexe qui se hâtent trop de chercher leur bonheur, en épousant un homme de leur choix. Je ne sais comment j'aurais pris ces raisonnemens, si je ne savais qu'ils se rapportent toujours à sa fille, qui, d'un autre côté, ne connaît présentement aucun homme qu'elle honore de la moindre préférence sur un autre, et qui n'estime pas la valeur d'un denier celui dont sa mère a la plus haute idée.

— A quoi se réduit donc, dit-elle, une affaire qui cause tant de mouvemens ? Est-ce une si grande démarche, dans une jeune personne, de renoncer à ses inclinations pour obliger ses amis ?

— Fort bien, ma mère, ai-je répondu en moi-même, vous pouvez faire à présent cette question ? vous le pouvez à l'âge de quarante ans. Mais l'auriez-vous faite à dix-huit ? Voilà ce que je voudrais savoir.

— Ou la jeune personne, a-t-elle continué, est prévenue d'une très violente inclination qu'elle ne peut surmonter (ce qu'une fille un peu délicate n'avouera jamais), ou son humeur est si opiniâtre, qu'elle n'est pas capable de céder ; ou, pour troisième alternative, elle a des parens qu'elle s'embarrasse peu d'obliger.

Vous savez, ma chère, que ma mère raisonne quelquefois fort bien, ou du moins que ce n'est jamais la chaleur qui manque à ses raisonnemens. Il nous arrive souvent de n'être pas d'accord, et nous avons toutes deux si bonne opinion de notre sentiment, qu'il est fort rare que l'une ait le bonheur de convaincre l'autre ; cas assez commun, je m'imagine, dans toutes les disputes un peu animées. — J'ai *trop d'esprit*, me dit-elle en bon anglais, *trop de vivacité*. Moi je lui réponds qu'elle est *trop sage*, c'est-à-dire, dons la même langue, qu'elle n'est plus aussi jeune qu'elle l'a été ; ou, dans d'autres termes, qu'étant accoutumée au ton de mère, elle oublie qu'elle a été fille. De là nous passons d'un consentement mutuel à quelque autre sujet, ce qui n'empêche pas que, sans y consentir, nous ne retombions une douzaine de fois sur celui que nous avons quitté. Ainsi le quittant et le reprenant, d'un air à demi fâché, quoique adouci par un sourire forcé, qui laisse du jour à nous raccommoder, nous ne laissons pas, si l'heure du sommeil arrive, de nous aller coucher avec un peu d'humeur; ou, si nous parlons, le silence de ma mère est rompu par quelques exclamations : — Ah! Nancy! Vous êtes si vive, si emportée, je voudrais bien, ma fille, que vous eussiez moins de ressemblance avec votre père!

Je la paie de son reproche, en pensant que ma mère n'a aucune raison de désavouer la part qu'elle a eue à sa Nancy, et si la chose va plus loin de son côté que je ne le désire, son cher Hickman n'a pas sujet de s'en louer le jour suivant.

Je sais que je suis une folle créature. Quand je n'en conviendrais pas, je suis sûre que vous le penseriez. Si je me suis un peu arrêtée à ces petits détails, c'est pour vous avertir que, dans une occasion si importante, je ne vous ferai plus remarquer mes impertinences ni les petites chaleurs de ma mère, et que je veux me réduire à la partie froide et sérieuse de notre conversation.

— « Jetez les yeux, m'a-t-elle dit, sur les mariages de notre connaissance, qui passent pour l'ouvrage de l'inclination, et qui, pour l'observer en passant, ne doivent peut-être ce nom qu'à une passion née follement ou par de purs hasards, et soutenue par un esprit de perversité et d'obstination (ici, ma chère, nous avons eu un petit débat que je vous épargne); voyez s'ils vous paraissent plus heureux qu'une infinité d'autres, où le principal motif de l'engagement n'a été que la convenance et la vue d'obliger une famille. La plupart vous paraissent-ils même aussi heureux? Vous trouverez que les deux motifs de la convenance et de la soumission produisent un contentement durable, et capable assez souvent d'augmenter par le temps et la réflexion, au lieu que l'amour, qui n'a pour motif que l'amour, est une passion oisive (oisive dans tous les sens, c'est ce que ma mère ne peut dire; car l'amour est aussi actif qu'un songe, et aussi malicieux qu'un écolier); c'est une ferveur qui dure peu, comme toutes les autres, un arc trop tendu qui reprend bientôt son état naturel.

» Comme il est fondé en général sur des perfections purement idéales, que l'objet ne se connaissait pas lui-même avant qu'elles lui fussent attribuées, un, deux ou trois mois remettent tout de part et d'autre dans son véritable jour, et chacun des deux ouvrant les yeux, pense justement de l'autre ce que tout le monde en pensait auparavant.

» Les excellences imaginaires (c'est son propre terme, ne le trouvez-vous pas assez remarquable?) ont eu le temps de s'évanouir. Le naturel et les vieilles habitudes, qu'on n'a pas eu peu de peine à suspendre ou à déguiser, reviennent dans toute leur force. Le voile se lève et laisse voir de chaque côté jusqu'aux moindres taches. Enfin l'on est fort heureux si l'on ne tombe pas aussi bas dans l'opinion l'un de l'autre qu'on y avait été comme exalté par l'imagination. Alors le couple passionné, qui ne connaissait pas de bonheur hors du plaisir mutuel de se voir, est si éloigné de trouver dans un entretien illimité cette variété sans fin, qui faisait croire dans un autre temps qu'on avait toujours quelque chose à se dire, ou qui faisait regretter, après s'être quittés, de n'avoir pas dit mille choses qu'on croyait avoir oubliées, que leur étude continuelle est de chercher des amusemens hors d'eux-mêmes, et leur goût peut-être, a conclu ma sage maman (auriez-vous cru, ma chère, que sa sagesse fût si moderne?), sera de choisir des deux côtés ceux où l'autre n'a point de part. »

Je lui ai représenté que si vous tombiez dans la nécessité de faire quelque démarche hardie, il n'en faudrait accuser que l'indiscrète violence de vos proches. Je ne disconvenais pas, lui ai-je dit, que ses réflexions sur une infinité de mariages, dont le succès n'avait pas répondu aux espérances, ne fussent très bien fondées; mais je l'ai priée de convenir que si les enfans ne pesaient pas toujours les difficultés avec autant de sagesse qu'ils le devaient, trop souvent aussi les parens n'avaient pas pour leur jeunesse, pour leurs inclinations et pour leur défaut d'expérience tous les égards dont ils devaient reconnaître qu'ils avaient eu besoin au même âge.

Elle est tombée de là sur le caractère moral de M. Lovelace et sur la justice qu'elle trouve dans la haine de vos parens pour un homme qui mène une vie si libre et qui ne cherche pas à la désavouer. On lui a même entendu déclarer, m'a-t-elle dit, qu'il n'y a point de mal qu'il ne soit résolu de faire à notre sexe, pour se venger du mauvais traitement qu'il a reçu d'une femme, dans un temps où *il était trop jeune* (je crois que c'était son expression), pour n'avoir pas aimé de bonne foi.

J'ai répondu en sa faveur, que j'avais entendu blâmer généralement le procédé de cette femme; qu'il en avait été aussi touché; que c'était à cette occasion qu'il avait commencé ses voyages; et que, pour la chasser de son cœur, il s'était jeté dans un train de vie qu'il avait l'ingénuité de condamner lui-même; que cependant il avait traité d'imposture la menace qu'on lui attribuait contre tout notre sexe; que j'en pouvais rendre témoignage, puisque lui ayant fait ce reproche devant vous, je l'avais entendu protester qu'il n'était pas capable d'un ressentiment si injuste contre toutes les femmes, pour la perfidie d'une seule.

Vous vous en souvenez, ma chère; et je n'ai pas oublié non plus l'aimable réflexion que vous fîtes sur sa réponse : « Vous n'aviez pas de peine, me dites-vous alors, à croire son désaveu sincère, parce qu'il vous paraissait impossible qu'un homme, aussi touché qu'il parut l'être de l'imputation de fausseté, fût capable d'en commettre une. »

J'ai fait observer particulièrement à ma mère, que les mœurs de M. Lovelace n'avaient pas fait un sujet d'objection lorsqu'il s'était présenté pour miss Arabelle; qu'on s'était reposé alors sur la noblesse de son sang, sur ses qualités et ses lumières extraordinaires, qui ne permettaient pas de douter qu'une femme vertueuse et prudente ne le fît rentrer en lui-même. J'ai même ajouté, au risque de vous déplaire, que, si votre famille était composée d'assez honnêtes gens, suivant les idées communes, on ne leur attribuait pas, à l'exception de vous, une délicatesse extrême sur la religion; qu'il leur convenait peu, par conséquent, de reprocher aux autres les défauts de cette nature. Et quel homme ont-ils choisi, ai-je dit encore pour le décrier à ce titre? L'homme d'Angleterre le plus estimé pour son esprit et ses talens, et le plus distingué par ses qualités naturelles et acquises, quelque reproche qu'on entreprenne de faire à ses mœurs; comme s'ils avaient assez de pouvoir et d'autorité pour se croire en droit de ne consulter que leur haine ou leur caprice?

Ma mère est revenue à conclure ou'il y en aurait plus de mérite dans votre obéissance. Elle a prétendu que parmi ces hommes, si distingués par leur esprit et leur figure, on n'a presque jamais trouvé un bon mari, parce qu'ordinairement ils sont si remplis de leur mérite, qu'ils croient une femme obligée de prendre d'eux l'opinion qu'ils en ont eux-mêmes. — Il n'y avait ici rien à craindre de cette considération, lui ai-je dit, parce que du côté de l'esprit et du corps, la femme aurait toujours de l'avantage sur l'homme; quoique de l'aveu de tout le monde, il en eût beaucoup lui-même sur son propre sexe.

Elle ne peut souffrir que je loue d'autres hommes que son cher Hickman; sans considérer qu'elle attire sur lui un degré de mépris qu'il pourrait éviter, si, par cette affectation à lui attribuer un mérite qu'il n'a pas, elle ne diminuait pas celui qu'il a réellement, mais qui perd beaucoup dans certaines comparaisons. Ici, par exemple, quelle aveugle partialité ! Elle m'a soutenu qu'à la réserve des traits et du teint, qui ne sont pas si agréables dans M. Hickman, et de l'air, qu'il a moins libre et moins hardi, qualités, dit-elle, qui doivent peu toucher une femme modeste, il vaut M. Lovelace à toutes les heures du jour.

Pour abréger une comparaison si choquante, je lui ai dit que, si vous aviez été libre et traitée avec moins de rigueur, j'étais persuadée que vous n'auriez jamais eu de vues contraires à celles de votre famille. Elle a cru pouvoir me prendre sur les termes : — Je l'en trouve moins excusable, m'a-t-elle dit, car il y a donc ici plus d'opiniâtreté que d'amour.

— Ce n'est pas non plus ma pensée, lui ai-je répondu. Je sais que miss Clarisse Harlove préférerait M. Lovelace à tout autre homme, si les mœurs...

— Si ! a-t-elle interrompu : ce *si* comprend tout; mais, croyez-vous qu'elle aime réellement M. Lovelace?

Que fallait-il répondre, ma chère? Je ne veux pas dire quelle a été ma réponse : mais si j'en avais fait une autre, quelqu'un m'en aurait-il cru? D'ailleurs, je suis sûre que vous l'aimez. Pardon, ma chère : cependant songez que n'en pas convenir, c'est reconnaître que vous ne le devez pas.

— Au fond, ai-je repris, il mérite le cœur d'une femme; si... aurais-je répété volontiers : mais les parens, madame...

— Ses parens, Nancy... (vous savez, ma chère, que malgré le reproche que ma mère fait à sa fille d'être trop vive, elle ne cesse pas elle-même d'interrompre.)

— Peuvent prendre de fausses mesures... n'ai-je pas laissé de continuer.

— Ne peuvent avoir tort, et ont raison, j'en suis sûre, a-t-elle dit de son côté.

— Par lesquelles, ai-je repris, ils engageront peut-être une jeune personne dans quelque démarche téméraire, dont elle n'aurait jamais été capable.

— Mais si vous avouez qu'elle serait téméraire, cette démarche, a répliqué ma mère, doit-elle y penser? Une fille prudente ne prendra jamais droit des fautes de ses parens pour en commettre une. Le public qui blâmerait les parens, n'en trouverait pas la fille plus justifiée. La jeunesse et le défaut d'expérience, qu'on pourrait alléguer en sa faveur, ne serviraient tout au plus qu'à diminuer la tache. Mais une jeune personne aussi admirable que miss Clarisse Harlove, dont la prudence est si supérieure à son âge, se mettra-t-elle dans le cas d'employer une si faible ressource?

Au reste, Nancy, je suis bien aise qu'elle n'ignore pas ce que je pense. Je vous charge même de lui représenter que, que que aversion qu'elle ait pour l'un, quelque goût qu'elle puisse avoir pour l'autre, on attend d'une jeune fille dont la générosité et la grandeur d'âme sont si connues, qu'elle se fasse violence, lorsqu'elle n'a point d'autre voie pour obliger toute sa famille. Il est question de dix ou douze personnes, qui sont ce qu'elle a de plus proche et de plus cher au monde, à la tête desquelles il faut qu'elle compte un père et une mère dont elle n'a jamais éprouvé que de l'indulgence. De son côté, ce n'est peut-être qu'un caprice d'âge ou d'humeur; mais des parens voient plus loin, et le caprice d'une fille ne doit-il pas être soumis au jugement de ses parens?

Comptez, ma chère amie, que je ne suis pas demeurée en arrière sur l'article de ce *jugement*. J'ai dit tout ce que vous m'auriez pu dicter vous-même, et tout ce qui convient à une situation aussi extraordinaire que la vôtre. Ma mère en a si bien senti la force, qu'en m'ordonnant de vous communiquer ses idées, elle m'a défendu d'y joindre mes réponses; de peur, m'a-t-elle dit, que, dans un cas si critique, elle ne vous engageassent à prendre quelques mesures dont nous pourrions nous repentir toutes deux, moi pour vous les avoir inspirées, et vous pour les avoir suivies.

Voilà, ma chère, ce que je vous représente d'autant plus volontiers de la part de ma mère, que de moi-même je ne me trouve point capable de vous donner un bon conseil. Vous connaissez votre propre cœur; c'est là qu'il faut chercher des lumières et des règles.

Robert me promet de porter cette lettre de très bonne heure, afin que vous la puissiez trouver au dépôt dans votre promenade du matin.

Que le ciel vous éclaire, qu'il vous guide! C'est la prière continuelle de votre fidèle amie

ANNE HOWE.

LETTRE LVIII.

MISS CLARISSE HARLOVE, A MISS HOWE.

Dimanche après midi.

Je suis dans les plus terribles craintes: cependant je commencerai par de vifs remerciemens à votre mère et à vous pour votre dernière faveur. Je me flatte d'avoir répondu à ses obligeantes intentions dans ma lettre précédente; mais ce n'est point assez de lui en avoir marqué ma reconnaissance par quelques lignes écrites sur mon enveloppe avec un crayon. Permettez qu'elle trouve ici les expressions d'un cœur qui sent le prix des moindres bienfaits.

Avant que de passer à ce qui me touche immédiatement, il faut que je vous gronde encore une fois de la manière un peu dure dont vous faites le procès à toute ma famille sur la religion et la morale. En vérité, ma chère, vous m'étonnez. Après ce que je vous ai recommandé si souvent, sans aucun fruit, je fermerais les yeux sur une occasion moins grave. Mais, dans l'affliction même où je suis, je croirais mon devoir blessé si je laissais passer une réflexion dont il n'est pas besoin que je répète le termes.

Soyez persuadée qu'il n'y a point en Angleterre une plus digne femme que ma mère. Mon père ne ressemble pas non plus à l'idée que vous vous faites de lui. Excepté un seul point, je ne connais pas de famille où le devoir soit plus respecté que dans la mienne, un peu trop resserrée pour une famille si riche ; c'est l'unique reproche qu'on puisse lui faire. Pourquoi donc les condamneriez-vous d'exiger des mœurs irréprochables dans un homme dont ils ont droit, après tout, de porter leur jugement, lorsqu'il pense à s'allier avec eux ?

Deux lignes encore avant que je vous entretienne de vos propres intérêts. Ce sera, s'il vous plaît, sur la manière dont vous traitez M. Hickman. Croyez-vous qu'il y ait beaucoup de générosité à faire tomber votre ressentiment sur une personne innocente, pour les petits chagrins que vous recevez d'un autre côté, duquel même je doute qu'il n'y ait rien à vous reprocher ? Je sais bien ce que je ne ferais pas difficulté de lui dire, et ne vous en prenez qu'à vous, qui m'y avez excitée : je lui dirais, ma chère, qu'une femme ne maltraite point un homme qu'elle ne rejette point absolument, si elle n'est pas résolue au fond du cœur de l'en dédommager quelque jour, lorsqu'elle aura fini le cours de sa tyrannie, et lui, le temps de ses services et de sa patience. Mais je n'ai pas l'esprit assez libre pour donner toute l'étendue que je souhaiterais à cet article.

Passons à l'occasion présente de mes craintes. Je vous ai marqué ce matin que je pressentais quelque nouvel orage. M. Solmes est venu cet après-midi au château. Quelques momens après son arrivée, Betty m'a remis une lettre, sans me dire de qui. Elle était sous enveloppe, et l'adresse d'une main que je n'ai pas reconnue. On a supposé apparemment que je me serais bien gardée de la recevoir et de l'ouvrir, si j'avais su de qui elle venait. Lisez-en la copie.

A MISS CLARISSE HARLOVE (1).

« Ma très cher demoiselle,

» Je m'estime le plus malheureux omme du monde, en ce que je n'ai pas ancore eu l'onneur de vous rendre mes respect de votre consantemant, l'espace seulemant d'une demi-heure. Sependant j'ai quelque chose à vous communiquer, qui vous conserne beaucoup, s'il vous plait de m'admaitre à l'onneur de votre entretien. Votre réputation y est intéresse, aussi-bien que l'onneur de toute votre famille, c'est à l'oquasion d'un omme qu'on dit que vous estimez plus qu'il ne mérite, et par rappor a quelqu'unes de ses acsions de reprouvé, dont je suis prêt à vous donner des preuves convainqantes de la vérité. On pourrait croire que j'y suis intéressé. Mais je suis pret à faire serment que s'est la verité pur ; et vous verré quel est l'omme qu'on dit que vous favorisé. Mais je n'espere pas qu'il an soit ainsi, pour votre propre onneur.

» Je vous prie mademoiselle, de degner macorder une odiance, pour votre onneur et celui de votre famille. Vous obligerés, très cher miss,

» Votre très humble et très fidele serviteur,

» ROGER SOLMES.

» Jattans en bas, *pour* l'honneur de vos ordre. »

Vous ne douterez pas plus que moi, que ce ne soit quelque misérable

(1) Il n'est pas besoin d'avertir que c'est l'orthographe et le style de M. Solmes.

ruse, pour me faire consentir à sa visite. Je lui aurais envoyé ma réponse de bouche ; mais Betty ayant refusé de s'en charger, je me suis vue dans la nécessité de le voir ou de lui écrire. J'ai pris le parti de lui écrire un billet, dont vous aurez l'original. Je tremble des suites, car j'entends beaucoup de mouvement au dessous de moi.

A M. SOLMES.

« Monsieur,

» Si vous avez quelque chose à me communiquer qui concerne mon honneur, vous pouvez me faire cette grâce par écrit comme de bouche. Quand je prendrais quelque intérêt à M. Lovelace, je ne vois point quelle raison vous auriez d'y croire le vôtre attaché ; car le traitement que je reçois à votre occasion est si étrange, que quand M. Lovelace n'existerait point, je ne contentirais pas à voir une demi-heure M. Solmes dans les vues qu'il me fait l'honneur d'avoir pour moi. Je n'aurai jamais rien à démêler avec M. Lovelace, et par conséquent toutes vos découvertes ne peuvent me toucher, si mes propositions sont acceptées. Je vous en crois bien instruit. Si vous ne l'étiez pas, ayez la bonté de faire connaître à mes amis que s'ils veulent me délivrer de l'un des deux, je m'engage à les délivrer de l'autre. Dans cette supposition, que nous importera-t-il à tous que M. Lovelace soit honnête homme ou ne le soit pas ? Cependant, si vous ne laissiez pas de vous y croire intéressé, je n'aurais aucune objection à faire. J'admirerai votre zèle, lorsque vous lui reprocherez les erreurs que vous avez su découvrir dans sa conduite, et que vous vous efforcerez de le rendre aussi vertueux que vous l'êtes sans doute, puisque autrement vous n'auriez pas pris la peine de rechercher ses fautes et de les exposer.

» Excusez, monsieur : mais après une persévérance que je trouve très peu généreuse depuis ma dernière lettre ; après la tentative que vous venez de faire aux dépens d'autrui plutôt que par votre propre mérite ; je ne sais pas pourquoi vous accuseriez de quelque rigueur une personne qui est en droit de vous reprocher toutes ses disgrâces.

« CLARISSE HARLOVE. »

Dimanche au soir.

Mon père voulait monter à ma chambre dans son premier transport. On n'a pas eu peu de peine à le retenir. Ma tante Hervey a reçu l'ordre ou la permission de m'écrire le billet suivant. Les résolutions ne languissent pas, ma chère.

« Ma nièce, tout le monde est à présent convaincu qu'il n'y a rien à espérer de vous par la voie de la douceur et de la persuasion. Votre mère ne veut pas que vous demeuriez ici plus long-temps, parce que dans la colère où votre étrange lettre a jeté votre père, elle craint ce qui peut vous arriver. Ainsi, l'on vous ordonne de vous tenir prête à partir sur-le-champ pour vous rendre chez votre oncle Antonin, qui ne croit pas avoir mérité de vous la répugnance que vous marquez pour sa maison.

» Vous ne connaissez pas le méchant homme en faveur duquel vous ne faites pas difficulté de rompre avec tous vos amis.

» On vous défend de me répondre, ce serait éterniser d'inutiles répé titions. Vous n'ignorez pas quelle affliction vous causez à tout le monde, particulièrement à votre affectionnée tante.

« HERVEY. »

N'osant lui écrire après cette défense, j'ai pris une liberté plus hardie. J'ai écrit quelques lignes à ma mère, pour implorer sa bonté et pour l'engager, si je dois partir, à me procurer la permission de me jeter aux pieds de mon père et aux siens, sans autres témoins qu'eux-mêmes, dans la seule vue de leur demander pardon du chagrin que je leur ai causé, et de recevoir, avec leur bénédiction, un ordre de leur propre bouche pour mon départ et pour le temps.—Quelle nouvelle hardiesse ! Rendez-lui sa lettre, et qu'elle apprenne à obéir : c'est la réponse de ma mère. Et la lettre est revenue sans avoir été ouverte.

Cependant, pour satisfaire mon cœur et mon devoir, j'ai écrit aussi quelques lignes à mon père, dans la même vue, c'est-à-dire, pour le supplier de ne me pas chasser de la maison paternelle, sans m'avoir accordé sa bénédiction ; mais on m'a rapporté cette lettre déchirée en deux pièces, sans avoir été lue. Betty me la montrant d'une main, et tenant l'autre levée d'admiration, m'a dit : —Voyez, miss ! Quelle pitié ! Il n'y a que l'obéissance qui puisse vous sauver. Votre père me l'a dit à moi-même. Il a déchiré la lettre et m'en a jeté les morceaux à la tête.

Dans une situation si désespérée, je n'ai pas cru devoir m'arrêter même à ce rebut. J'ai repris la plume, pour m'adresser à mon oncle Harlove ; et j'ai joint à ma lettre, sous une même enveloppe, celle que ma mère m'avait renvoyée, et les deux parties de celle que mon père avait déchirée. Mon oncle montait dans son carrosse lorsqu'il les a reçues. Je ne puis savoir avant demain quel aura été leur sort. Mais voici la copie de celle qui est pour lui.

A M. JULES HARLOVE.

« Mon très cher et très honoré oncle,

» Il ne me reste que vous à qui je puisse m'adresser avec quelque espérance, pour obtenir, du moins, que mes très humbles supplications soient reçues, et qu'on me fasse la grâce de les lire. Ma tante Hervey m'a donné des ordres qui ont besoin de quelque explication, mais elle m'a défendu de lui répondre. J'ai pris la liberté d'écrire à mon père et à ma mère. L'une de mes deux lettres a été déchirée, et toutes deux m'ont été renvoyées sans avoir été ouvertes. Je m'imagine, monsieur, que vous ne l'ignorez pas ; mais comme vous ne pouvez savoir ce qu'elles contiennent, je vous supplie de les lire toutes deux, afin que vous puissiez rendre témoignage qu'elles ne sont pas remplies d'invocations et de plaintes, et qu'elles n'ont rien qui blesse mon devoir. Permettez-moi, monsieur, de remarquer que si l'on est sourd aux expressions de ma douleur, jusqu'à refuser d'entendre ce que j'ai à dire, et de lire ce que j'écris, on pourra regretter bientôt de m'avoir traitée si durement. Daignez m'apprendre, monsieur, pourquoi l'on s'obstine à vouloir m'envoyer chez mon oncle Antonin, plutôt que chez vous, chez ma tante, ou chez tout autre ami. Si c'est dans l'intention que j'appréhende, la vie me deviendra insoddortable. Je vous demande en grâce aussi de me faire savoir quand je dois être chassée de la maison. Mon cœur m'avertit fortement que, si je suis contrainte une fois d'en sortir, ce sera pour ne la revoir jamais.

» Le devoir m'oblige néanmoins de vous déclarer que l'humeur ni le ressentiment n'ont aucune part à ce que j'écris. Le ciel connaît mes dispositions. Mais le traitement que je prévois, si je suis forcée d'aller chez mon autre oncle, sera vraisemblablement le dernir coup qui finira les disgrâces, et j'ose dire les disgrâces peu méritées de votre malheureuse nièce.

» CLARISSE HARLOVE. »

LETTRE LIX.

MISS CLARISSE HARLOVE, A MISS HOWE.

Lundi matin, 27 mars.

Mon oncle est revenu ce matin de très bonne heure, et m'a fait remettre une réponse fort tendre, que je vous envoie. Elle m'a fait souhaiter de pouvoir le satisfaire. Vous verrez de quelles couleurs les qualités de M. Solmes y sont revêtues, et quel voile l'amitié jette sur les plus grandes taches. Peut-être disent-ils de moi que l'aversion exagère aussi les défauts. Vous me renverrez, avec votre première lettre, celle de mon oncle. Il faut que je trouve le moyen de m'expliquer à moi-même pourquoi je suis devenue une créature aussi redoutable à toute ma famille qu'il veut me le persuader, et que je détruise cette idée, s'il est possible.

A MISS CLARISSE HARLOVE.

« C'est contre mon intention que je me détermine à vous écrire. Tout le monde vous aime, et vous ne l'ignorez pas. Tout nous est cher de vous, jusqu'à la terre où vous marchez. Mais comment nous résoudre à vous voir ? Il est impossible de tenir contre votre langage et vos regards. C'est la force de notre affection qui nous fait éviter votre vue, lorsque vous êtes résolue de ne pas faire ce que nous sommes résolus que vous fassiez. Jamais je n'ai senti pour personne autant d'affection que j'en ai eu pour vous depuis votre enfance, et j'ai dit souvent que jamais jeune fille n'en avait tant mérité. Mais, à présent, que faut-il penser de vous ? Hélas ! hélas ! ma chère nièce, que vous vous soutenez mal à l'épreuve

» J'ai lu les deux lettres qui étaient sous votre enveloppe. Dans un temps plus convenable, je pourrais les faire voir à mon frère et à ma sœur ; mais rien ne leur serait agréable aujourd'hui de votre part.

» Mon dessein n'est pas de vous dissimuler que je n'ai pu lire celle qui était pour moi sans être extrêmement attendri. Comment se fait-il que vous soyez si inflexible, et capable en même temps de remuer si vivement le cœur d'autrui ? Mais comment avez-vous pu écrire une si étrange lettre à M. Solmes ? Fi, ma nièce. Ah ! que vous êtes changée !

» Et puis, traiter comme vous l'avez fait un frère et une sœur ! Leur déclarer que vous ne souhaitez pas qu'ils vous écrivent ni qu'ils vous voient ! Ne savez-vous pas qu'il est écrit qu'*une réponse douce fait évanouir la colère*? Si vous vous fiez à la pointe piquante de votre esprit, vous pouvez blesser : mais une malice abat une épée. Comment pouvez-vous espérer que ceux qui se trouvent offensés ne chercheront pas le moyen de vous offenser à leur tour ? Était-ce par cette voie que vous vous faisiez adorer de tout le monde ? Non ; c'était la douceur de votre cœur et de vos manières qui vous attirait de l'attention et du respect dans tous les lieux où vous paraissiez. Si vous avez excité l'envie, est-il sage d'aiguiser ses dents, et de vous exposer à ses morsures? Vous voyez que je vous écris en homme impartial, qui vous aime encore.

» Mais, depuis qu'ayant déployé tous vos talens vous n'avez épargné personne, et que vous avez attendri tout le monde sans l'avoir été vous-même, vous nous avez mis dans la nécessité de tenir ferme, et de nous lier plus étroitement. C'est ce que j'ai déjà comparé *à une phalange en ordre de bataille*. Votre tante Hervey vous défend d'écrire, par la même raison qui doit m'empêcher de vous le permettre. Nous craignons tous de vous voir, parce que nous savons que vous nous feriez tourner à tous l'esprit. Votre mère vous redoute si fort que, vous ayant crue prête une fois ou deux à forcer l'entrée de sa chambre, elle s'y est enfermée soigneusement, persuadée comme elle l'est qu'elle ne doit pas se rendre à vos sollicitations, et que vous êtes résolue de ne pas écouter les siennes.

» Déterminez-vous seulement, ma très chere miss Clary, à faire quelques pas pour nous obliger, et vous verrez avec quelle tendresse nous nous empresserons, tour à tour, de vous serrer contre nos cœurs transportés de joie. Si l'un des deux prétendans n'a pas l'esprit, les qualités et la figure de l'autre, comptez que cet autre est le plus mauvais cœur qu'il y ait au monde. L'affection de vos parens, avec un mari sage, quoique moins poli, n'est-elle pas préférable à un débauché, de quelque agrément que sa figure puisse être pour les yeux? Vos admirables talens vous feront adorer de l'un; au lieu que l'autre, qui a les mêmes avantages que vous dans son sexe, n'attachera pas grand prix aux vôtres, et souvent les maris de cette espèce sont un peu jaloux de leur autorité avec une femme d'esprit. Vous aurez du moins un homme vertueux. Si vous ne l'aviez pas traité d'un air si outrageant, il vous aurait fait frémir de ce qu'il vous aurait appris de l'autre.

» Allons, ma chère nièce, faites tomber sur moi l'honneur de vous avoir persuadée. J'en partagerai le plaisir, et je puis dire encore une fois l'honneur, avec votre père et votre mère. Toutes les offenses passées s'éteindront dans l'oubli. Nous nous engagerons tous, pour M. Solmes, que jamais il ne vous donnera aucun juste sujet de plainte. Il sait, dit-il, quel trésor obtiendra l'homme que vous honorerez de votre faveur, et tout ce qu'il a souffert ou qu'il pourra souffrir lui paraîtra léger à ce prix.

» Chère et charmante enfant, rendez-vous, et rendez-vous de bonne grâce. Il le faut, de bonne grâce ou non. Je vous assure qu'il le faut. Vous ne l'emporterez pas sur un père, une mère, des oncles, et sur tout le monde; comptez là-dessus.

» J'ai passé une partie de la nuit à vous écrire. Vous ne sauriez vous imaginer combien je suis touché en relisant votre lettre, et en vous écrivant celle-ci. Cependant je serai demain de bonne heure au château d'Harlove. Si mes instances ont quelque pouvoir sur votre cœur, faites-moi dire aussitôt de monter à votre appartement. Je vous donnerai la main pour descendre; je vous présenterai aux embrassemens de toute la famille, et vous reconnaîtrez que vous nous êtes plus chère que vous ne paraissez vous l'être figuré dans vos dernières préventions. Cette lettre vous vient d'un oncle qui a fait long-temps ses délices de cette qualité.

» Jules Harlove. »

Une heure après, mon oncle m'a fait demander si sa visite me serait agréable, aux conditions qu'il m'avait marquées dans sa lettre. Il avait donné ordre à Betty de lui apporter une réponse de bouche. Mais je venais de finir la copie de celle que je vous envoie. Betty a fait difficulté de s'en charger; cependant elle s'est laissé engager, par un motif auquel les dames Betty ne résistent point.

« Que vous me causez de joie, mon très cher oncle, par l'excès de votre bonté! Une lettre si tendre! si paternelle! si douce pour un cœur blessé! si différente enfin de tout ce que j'ai éprouvé depuis quelques semaines! Que j'en suis touchée! Ne parlez pas, monsieur, de ma manière d'écrire. Votre lettre m'a plus attendrie que personne n'a pu l'être des miennes, ou de mes discours et de mes tristes regards. Elle m'a fait souhaiter, du fond de mon cœur, de pouvoir mériter votre visite aux conditions que vous désirez, et de me voir conduire aux pieds de mon père et de ma mère par un oncle dont j'adore la bonté.

» Je vous dirai, mon très cher oncle, à quoi je suis résolue pour faire ma paix. M. Solmes préférerait sûrement ma sœur à une créature dont l'aversion est si déclarée pour lui; comme j'ai raison de croire que le principal, ou du moins un de ses principaux motifs, dans les intentions qu'il a pour moi, est la situation de la terre de mon grand-père, qui est voisine des siennes, je consens à résigner tous mes droits, et cette résignation subsistera solidement, parce que je m'engagerai à ne me marier jamais. La terre sera pour ma sœur et pour ses héritiers, à perpétuité. Je n'en aurai point d'autre qu'elle et mon frère. Je recevrai de mon père une pension annuelle, aussi petite qu'il voudra me l'accorder, et si jamais j'ai le malheur de lui déplaire, il sera le maître de la supprimer.

» Cette proposition ne sera-t-elle pas acceptée? Elle doit l'être. Elle le sera sans doute. Je vous demande en grâce, monsieur, de la transmettre promptement et de l'appuyer de votre crédit; elle répond à toutes les vues. Ma sœur marque une haute opinion de M. Solmes; je suis fort éloignée d'en avoir autant, dans le jour sous lequel il m'est proposé. Mais le mari de ma sœur aura droit à mon respect, et je lui en promets beaucoup à ce titre. Si cette offre est acceptée, accordez-moi, monsieur, l'honneur d'une visite, et faites-moi le plaisir inexprimable de me conduire aux pieds de mon père et de ma mère. Ils reconnaîtront, dans les effusions de mon cœur, la vérité de mon respect et de ma soumission. Je me jetterai aussi dans les bras de ma sœur et de mon frère, qui me trouveront la plus obligeante et la plus affectionnée de toutes les sœurs.

» J'attends, monsieur, une réponse qui fera le bonheur de ma vie, si elle est conforme aux vœux sincères de votre très humble, etc.
» Clarisse Harlove. »

Lundi, à midi.

Je commence, ma chère, à me flatter sérieusement que ma proposition sera goûtée. Betty m'apprend qu'on a fait appeler mon oncle Antonin et ma tante Hervey, sans qu'il soit question de M. Solmes; c'est d'un fort bon augure. Avec quelle satisfaction ne résignerai-je pas ce qui m'attire tant d'envie! Quelle comparaison pour moi, entre un avantage de fortune et celui qui me reviendra d'un si léger sacrifice : la tendresse et la faveur de tous mes proches! Une tendresse et une faveur dont j'ai fait depuis dix-huit ans ma gloire et mes délices! Quel charmant prétexte pour rompre avec M. Lovelace! et lui-même, n'en aura-t-il pas, peut-être, beaucoup plus de facilité à m'oublier?

J'ai trouvé ce matin une lettre de lui, qui sera, je suppose, une réponse à ma dernière. Mais je ne l'ai pas encore ouverte, et j'attendrai, pour l'ouvrir, l'effet de mes nouvelles offres.

Qu'on me délivre de l'homme que je hais, et je renoncerai de tout mon cœur à celui que je pourrais préférer. Quand j'aurais pour l'un tout le penchant que vous vous imaginez, j'en serais quitte pour un chagrin passager, dont le temps et la discrétion seraient le remède. Ce sacrifice est un de ceux qu'un enfant doit à ses proches et à ses amis, lorsqu'ils insistent à l'exiger; au lieu que l'autre, c'est-à-dire celui d'accepter un mari qu'on ne saurait souffrir, blesse non seulement l'honnêteté morale, mais encore toutes les autres vertus, puisqu'il n'est propre, comme je me souviens de l'avoir écrit à Solmes même, qu'à faire une mauvaise femme de celle qui aurait eu le plus de goût pour un autre caractère. Comment sera-t-elle alors une bonne mère, une bonne maîtresse, une bonne amie? Et de quoi sera-t-elle capable, que de répandre le mauvais exemple autour de soi, et de déshonorer sa famille?

Dans l'incertitude où je suis, j'ai quelque regret de porter ma lettre au dépôt, parce que c'est vous en causer autant qu'à moi. Mais il y aurait de l'affectation à résister aux soins officieux de Betty, qui m'a déjà pressée deux fois d'aller prendre l'air. Je vais descendre pour visiter ma volière, et dans l'espérance d'ailleurs de trouver quelque chose de vous.

LETTRE LX.

MISS CLARISSE HARLOVE, A MISS HOWE.

Lundi après midi, 27 mars.

Vous êtes informée de tout ce qui s'est passé ce matin jusqu'à midi, et j'espère que le détail que je viens de mettre au dépôt sera bientôt suivi d'une autre lettre, par laquelle je cesserai de vous tenir en suspens. Cette situation ne peut vous peser autant qu'à moi. Mon sang se trouble à chaque pas qui se fait sur l'escalier, et pour chaque porte que j'entends ouvrir ou fermer.

Ils sont assemblés depuis quelque temps, et je crois leur délibération fort sérieuse. Cependant, quel sujet pour de si longs débats, dans une proposition si simple et qui répond sur-le-champ à toutes leurs vues? Peuvent-ils insister un moment sur M. Solmes, lorsqu'ils voient ce que je leur offre pour m'en délivrer? Je suppose que l'embarras vient de la délicatesse de Bella, qui se fait presser pour accepter une terre et un mari, ou de son orgueil, qui lui donne de la répugnance à prendre le *refus de sa sœur*: c'est du moins ce qu'elle m'a dit un jour; ou peut-être mon frère demande-t-il quelque équivalent pour son droit de réversion. Ces petits démêlés d'intérêt ne s'attirent que trop d'attention dans notre famille. C'est sans doute à l'une ou l'autre de ces deux raisons que je dois attribuer la longueur du conseil. Il faut que je jette les yeux sur la lettre de Lovelace. Mais non, je veux me refuser cette curieuse lecture jusqu'à l'arrivée d'une réponse encore plus curieuse qui me tient en suspens. Pardonnez, ma chère, si je vous fatigue ainsi par mes incertitudes; mais je n'ai rien de plus à cœur, et ma plume suit le mouvement de mes espérances et de mes craintes, deux vents assez tumultueux qui m'agitent.

Lundi au soir.

L'auriez-vous cru? Betty m'apprend d'avance que je dois être refusée. « Je ne suis qu'une méchante et artificieuse créature. On n'a eu que trop de bonté pour moi. Mon oncle Harlove s'y est laissé prendre ; c'est l'expression. Ils avaient prévu ce qui ne manquerait pas d'arriver, s'il me voyait, ou s'il lisait mes lettres. On lui a fait honte de sa facilité. Le bel honneur qu'ils se feraient aux yeux du public, s'ils me prenaient au mot! Ce serait donner lieu de croire qu'ils n'auraient employé la rigueur que pour m'amener à ce point. Mes amis particuliers, surtout miss Howe, ne manqueraient point de donner cette explication à leur conduite ; et moi-même je ne cherche qu'à leur tendre un piége, pour fortifier mes argumens contre M. Solmes. Il est surprenant que mon offre ait paru mériter un instant d'attention, et qu'on ait pu s'en promettre quelque avantage pour la famille ; elle blesse les lois et toute sorte d'équité. Miss Bella et M. Solmes auraient de belles sûretés pour un bien dans lequel j'aurais toujours le pouvoir de rentrer ; elle et mon frère, mes héritiers ! O la fine créature ! promettre de renoncer au mariage, lorsque Lovelace est si sûr de moi, qu'il le déclare ouvertement ! Une fois mon mari, n'aurait-il pas droit de réclamer les dispositions de mon grand-père? Et puis, quelle hardiesse, quelle insolence (Betty m'a lâché tout ce détail par degrés, et vous reconnaîtrez les acteurs à leurs expressions) dans une fille justement disgraciée pour sa révolte ouverte, de vouloir prescrire des lois à toute la famille? Quel triomphe pour son obstination, de donner ses ordres, non d'une prison, comme je l'avais nommée, mais du haut de son trône, à ses aînés, à ses supérieurs, à son père même et à sa mère ! Chose étonnante, qu'on ait pu s'arrêter à quelque discussion sur un plan de cette nature ! C'est un chef-d'œuvre de finesse ; c'est moi-même en perfection. Apparemment que mon oncle ne s'y laisserait pas prendre une seconde fois. »

Betty s'est laissé engager d'autant plus facilement à me faire ce récit, qu'étant contraire à mes espérances, elle ne l'a cru propre qu'à me mortifier. Comme j'ai cru comprendre, dans le cours d'une si belle récapitulation, que quelqu'un avait parlé en ma faveur, j'ai voulu savoir d'elle à qui j'avais cette obligation ; elle a refusé de me l'apprendre, pour m'ôter la consolation de penser qu'ils ne sont pas tous déclarés contre moi.

Mais ignoriez-vous donc, ma chère, quelle monstrueuse créature vous honorez de votre amitié? Vous ne pouvez douter de l'influence que vous avez sur moi ; pourquoi ne m'avez-vous pas appris plus tôt à me connaître un peu mieux. Pourquoi la même liberté, que j'ai toujours prise avec vous, ne vous a-t-elle pas encore portée à me déclarer mes défauts, et surtout celui d'une si misérable hypocrisie ? Si mon frère et ma sœur ont été capables de cette découverte, comment est-elle échappée à des yeux aussi pénétrans que les vôtres ?

Il paraît qu'à présent leurs délibérations roulent sur la manière de me répondre et sur le choix de leurs écrivains ; car ils ignorent et ils ne doivent pas savoir que Betty m'ait si bien informée. L'un demande qu'on le dispense de m'écrire ; un autre ne veut pas se charger de m'écrire des choses dures ; un autre est las d'avoir à faire à moi : et s'engager dans une dispute par écrit avec une fille qui ne sait qu'abuser de la facilité de sa plume, c'est s'exposer à ne jamais finir. Ainsi, les qualités qu'on ne m'attribuait autrefois que pour m'en faire honneur, deviennent aujourd'hui un sujet de reproche. Cependant, il faudra bien qu'on m'apprenne par quelque voie, le résultat d'une si longue conférence. En vérité, ma chère, mon désespoir est si vif, que je crains d'ouvrir la lettre de M. Lovelace; dans l'horreur où je suis, si j'y trouvais quelque expédient, je serais capable de prendre un parti dont je me repentirais peut-être le reste de mes jours.

Je reçois à ce moment la lettre suivante, par les mains de Betty.

« Miss la rusée,

» Votre admirable proposition n'a pas été jugée digne d'une réponse particulière. C'est une honte pour votre oncle Harlove de s'être laissé surprendre. N'avez-vous pas quelque nouveau tour d'adresse pour votre oncle Antonin? Jouez-nous l'un après l'autre, mon enfant, tandis que vous y êtes si bien disposée; mais je reçois ordre de vous écrire deux lignes seulement, afin que vous n'ayez pas occasion de me reprocher, comme à votre sœur, des libertés que vous vous attirez. Tenez-vous prête à partir : vous serez demain conduite chez votre oncle Antonin. Me suis-je expliqué clairement?

« JAMES HARLOVE. »

Ce trait m'a pénétrée jusqu'au vif; et dans la première chaleur de mon ressentiment, j'ai fait la lettre suivante pour mon oncle Harlove, qui se propose de passer ici la nuit.

A M. JULES HARLOVE.

« Monsieur,

» Je me trouve, sans le savoir, une bien méprisable créature. Ce n'est point à mon frère, c'est à vous, monsieur, que j'ai écrit : c'est de vous que j'espère l'honneur d'une réponse. Personne n'a plus de respect que moi pour ses oncles. Cependant, j'ose dire que toute grande qu'est la distance d'un oncle à sa nièce, elle n'exclut cette espérance. Je ne crois pas non plus que ma proposition mérite du mépris.

» Pardon, monsieur. J'ai le cœur plein. Peut-être reconnaîtrez-vous quelque jour que vous vous êtes laissé vaincre (hélas! en puis-je douter), pour contribuer à des traitemens que je n'ai pas mérités. Si vous avez honte, comme mon frère me le fait entendre, de m'avoir marqué quelque sentiment de tendresse, je m'abandonne à la pitié du ciel, puisque je n'en dois plus attendre de personne; mais que je reçoive du moins une réponse de votre main ; je vous en supplie très humblement. Jusqu'à ce que mon frère daigne se rappeler ce qu'il doit à une sœur, je ne recevrai aucune réponse de lui, à des lettres que je ne lui ai pas écrites, ni aucune sorte de commandement.

» J'attendris tout le monde! c'est, monsieur, ce qu'il vous a plu de me marquer. Hélas! qui ai-je donc attendri? Je connais quelqu'un, dans la famille, qui a, pour toucher, des méthodes bien plus sûres que les miennes; sans quoi il ne serait pas parvenu à faire honte à tout le monde, d'avoir donné quelques marques de tendresse à un malheureux enfant de la même famille.

» De grâce, monsieur, ne me renvoyez pas cette lettre avec mépris, ou déchirée, ou sans réponse. Mon père a ce droit, et tous ceux qu'il lui plaît d'exercer sur sa fille ; mais personne de votre sexe ne doit traiter si sûrement une jeune personne du mien, lorsqu'elle se contient dans l'humble disposition où je suis.

» Après les étranges explications qu'on a données à ma lettre précédente, je dois craindre que celle-ci ne soit encore plus mal reçue. Mais je vous supplie, monsieur, de faire deux mots de réponse à ma proposition, quelque sévères qu'ils puissent être. Je pense encore qu'elle mérite quelque attention. Je m'engagerai de la manière la plus solennelle à lui donner de la validité par un renoncement perpétuel au mariage. En un mot, je ferai tout ce qui n'est pas absolument impossible, pour rentrer en grâce avec tout le monde. Que puis-je dire de plus ? et ne suis-je pas, sans le mériter, la plus malheureuse fille du monde ? »

Betty a fait encore difficulté de porter cette lettre, sous prétexte que c'était s'exposer à recevoir des injures et à me la rapporter en pièces. Je voulais en courir les risques, lui ai-je dit, et je lui demandais seulement de la remettre à son adresse. Pour réponse à quelques insolences dont elle s'est crue en droit de me faire payer ce service, je l'ai assurée qu'elle aurait la liberté de tout dire, si elle voulait m'obéir cette fois seulement; et je lui ai recommandé de se dérober aux yeux de mon frère et de ma sœur, de peur que leurs bons offices n'attirassent à ma lettre le sort dont elle me menaçait. C'est de quoi elle n'osait répondre, m'a-t-elle répliqué. Mais enfin elle est descendue, et j'attends son retour.

Avec si peu d'espérance de justice ou de faveur, j'ai pris le parti d'ouvrir la lettre de M. Lovelace. Je vous l'enverrais, ma chère, avec toutes celles que je vais réunir sous une même enveloppe, si je n'avais besoin d'un peu plus de lumière pour me déterminer sur la réponse. J'aime mieux prendre la peine de vous en faire l'extrait, tandis que j'attends le retour de Betty.

« Il me fait ses plaintes ordinaires de la mauvaise opinion que j'ai de lui, et de la facilité que j'ai à croire tout ce qui est à son désavantage. Il explique, aussi clairement que je m'y suis attendue, ma réflexion sur le bonheur que ce serait pour moi, dans la supposition de quelque entreprise téméraire contre M. Solmes, d'être délivrée tout à la fois de l'un et de l'autre. Il se reproche beaucoup, me dit-il, d'avoir donné à la crainte de me perdre, quelques expressions violentes dont il convient que j'ai eu raison de m'offenser.

» Il avoue qu'il a l'humeur prompte : — C'est le défaut, dit-il, de tous les bons naturels ; comme celui des cœurs sincères est de ne le pouvoir cacher. Mais il en appelle à moi sur sa situation. Si quelque chose au monde est capable de faire excuser un peu de témérité dans les expressions, n'est-ce pas l'état auquel il se trouve condamné par mon indifférence et par là malignité de ses ennemis ?

» Il croit trouver, dans ma dernière lettre, plus de raisons que jamais d'appréhender que je ne me laisse vaincre par la force, et peut-être par des voies plus douces. Il n'entrevoit que trop que je le prépare à ce fatal dénouement. Dans une idée si affligeante, il me conjure de ne me pas prêter aux noires intentions de ses ennemis.

» Les vœux solennels de réformation, les promesses d'un avenir digne de lui et de moi, et les protestations de la vérité, ne manquent pas de suivre, dans le style le plus soumis et le plus humble. Cependant il traite de cruel le soupçon qui m'a fait attribuer toutes ses protestations au besoin qu'il croit en avoir lui-même, avec une si mauvaise renommée.

» Il est prêt, dit-il, à reconnaître solennellement que ses folies passées excitent son propre mépris. Ses yeux sont ouverts : il ne lui manque plus que mes instructions particulières pour assurer l'ouvrage de sa réformation.

» Il s'engage à faire tout ce qui peut s'accorder avec l'honneur, pour obtenir sa réconciliation avec mon père. Il consent, si je l'exige, à faire les premières démarches du côté même de mon frère, qu'il traitera comme son propre frère, parce qu'il est le mien ; à la seule condition qu'on ne fera pas revivre, par de nouveaux outrages, la mémoire du passé.

» Il me propose, dans les termes les plus humbles et les plus pressans, une entrevue d'un quart d'heure, pour me confirmer la vérité de tout ce qu'il m'écrit, et me donner de nouvelles assurances de l'affection, et, s'il est besoin, de la protection de toute sa famille. Il me confesse qu'il s'est procuré la clé d'une porte du jardin, qui mène à ce que nous nommons *le taillis*, et que, si je veux seulement tirer le verrou, du côté intérieur, il peut y entrer la nuit, pour attendre l'heure qu'il me plaira de choisir. Ce n'est point à moi qu'il aura jamais la présomption de faire des menaces ; mais si je lui refuse cette faveur, dans le trouble où le jettent quelques endroits de ma lettre, il ne sait pas de quoi son désespoir peut le rendre capable.

» Il me demande ce que je pense de la détermination absolue de mes amis, et par quelle voie je crois pouvoir éviter d'être à M. Solmes, si je suis une fois menée chez mon oncle Antonin ; à moins que je ne sois résolue d'accepter la proposition qui m'est offerte par sa famille, ou de me réfugier dans quelque autre lieu, tandis que j'ai le pouvoir de m'échapper. Il me conseille de m'adresser à votre mère, qui consentira peut-être à me recevoir secrètement, jusqu'à ce que je puisse m'établir dans ma terre et me réconcilier avec mes proches, qui le désireraient autant que moi, dit-il, aussitôt qu'ils me verront hors de leurs mains.

» Il m'apprend (et je vous avoue, ma chère, que mon étonnement ne cesse pas de lui voir toutes ces connaissances) qu'ils ont écrit à M. Morden pour le prévenir en faveur de leur conduite, et le faire entrer, sans doute, dans tous leurs projets : d'où il conclut que, si mes amis particuliers me refusent un asile, il ne me reste qu'une seule voie. Si je veux, dit-il, le rendre le plus heureux de tous les hommes en m'y déterminant par inclination, les articles seront bientôt dressés, avec des vides que je remplirai à mon gré. Que je lui déclare seulement, de ma propre bouche, mes volontés, mes doutes, mes scrupules, et que je lui répète qu'aucune considération ne me rendra la femme de Solmes, son cœur et son imagination seront tranquilles. Mais, après une lettre telle que ma dernière, il n'y a qu'une entrevue qui puisse calmer ses craintes. Là-dessus, il me presse d'ouvrir le verrou dès la nuit suivante, ou celle d'après, si la lettre n'arrive point assez tôt. Il sera déguisé d'une manière qui ne donnera aucun soupçon, quand il serait aperçu. Il ouvrira la porte avec sa clé. Le taillis lui servira de logement pendant les deux nuits pour attendre l'heure propice ; à moins qu'il ne reçoive de moi des ordres contraires, ou quelque arrangement pour une autre occasion. »

Cette lettre est datée d'hier. Comme je ne lui ai pas écrit un mot, je suppose qu'il était la nuit passée dans le taillis, et qu'il y sera cette nuit ; car il est trop tard à présent pour me déterminer sur ma réponse. J'espère qu'il n'ira pas chez M. Solmes ; et je n'espère pas moins qu'il ne viendra point ici. S'il se rend coupable de l'une ou l'autre de ces deux extravagances, je romps avec lui sans retour.

A quoi se résoudre, avec des esprits si obstinés? Plût au ciel que je n'eusse jamais... Mais que servent les regrets et les désirs? Je suis étrangement agitée : et quel besoin de vous le dire, après vous avoir fait cette peinture de ma situation?

LETTRE LXI.

MISS CLARISSE HARLOVE, A MISS HOWE.

Mardi, sept heures du matin.

Mon oncle a daigné me répondre. Voici sa lettre qu'on m'apporte à ce moment, quoique écrite hier, mais apparemment fort tard.

Lundi au soir.

« Miss Clary,

» Vous êtes devenue si hardie, et vous nous apprenez si bien notre devoir, quoique vous remplissiez fort mal le vôtre, qu'il faut nécessairement vous répondre. Personne n'a besoin de votre bien. Est-ce à vous, qui rejetez les conseils de tout le monde, à prescrire un mari pour votre sœur? Votre lettre à M. Solmes est inexcusable. Je vous en ai déjà blâmée. Vos parens veulent être obéis, et la justice veut qu'ils le soient. Cependant votre mère vient d'obtenir que votre départ soit remis à jeudi, quoiqu'elle vous juge indigne de cette grâce et de toute autre marque de son affection. Ne m'écrivez plus. Je ne recevrais pas vos lettres. Vous êtes trop fine pour moi. Que d'ingratitude dans votre cœur et d'égarement dans votre esprit! Vous voudriez que votre volonté devînt une loi pour tout le monde. Ah! que vous êtes changée!

» Votre oncle très mécontent,

» JULES HARLOVE. »

Partir jeudi pour le château environné de fossés, pour la chapelle, pour recevoir M. Solmes! je ne puis supporter cette idée. Ils me pousseront au désespoir.

Mardi au matin, à huit heures.

J'ai reçu une nouvelle lettre de M. Lovelace. Mon attente, en l'ouvrant, était d'y trouver des plaintes libres et hardies de ma négligence à lui répondre, pour l'empêcher de passer deux nuits à l'air, dans un temps qui n'est pas extrêmement agréable. Mais, au lieu de plaintes, elle est remplie des plus tendres marques d'inquiétude sur les raisons qui peuvent m'avoir ôté le pouvoir de lui écrire. « Serait-ce quelque indisposition? Aurais-je été renfermée plus étroitement, comme il m'a souvent avertie que je dois m'y attendre? »

Il me raconte « que dimanche dernier il a passé tout le jour sous divers déguisemens, errant autour du jardin et des murs du parc, et que la nuit suivante il n'a pas quitté le taillis, d'où il venait essayer à toute heure d'ouvrir la porte de derrière. Cette nuit fut pluvieuse. Il avait un gros rhume, et quelques atteintes de fièvre. Mouillé comme il fut toute la nuit, sa voix était presque éteinte. »

Pourquoi ne s'emporte-t-il pas dans sa lettre? Avec le traitement que j'essuie, il est dangereux pour moi d'avoir quelque obligation à la patience d'un homme qui néglige sa santé pour me servir.

« Il n'a pas trouvé, dit-il, d'autre abri qu'une grosse touffe de lierre qui s'est formée autour de deux ou trois vieilles têtes de chênes, et qui a bientôt été pénétrée de la pluie. »

Vous et moi, ma chère, je me souviens qu'un jour de chaleur nous nous crûmes fort obligées à l'ombrage naturel du même lieu.

Je ne puis m'empêcher de convenir que je suis fâchée qu'il ait souffert pour l'amour de moi. Mais c'est à lui-même qu'il doit s'en prendre.

Sa lettre est datée d'hier à huit heures du soir. « Tout indisposé qu'il est, il me dit qu'il veillera jusqu'à dix, dans l'espérance que je lui accorderai l'entrevue qu'il me demande si instamment. Ensuite il a un mille à faire à pied, pour retrouver son laquais et son cheval, et de là quatre milles jusqu'à son logement. »

Il m'avoue enfin « qu'il a dans notre famille un homme de confiance qui lui a manqué depuis un jour ou deux. Son inquiétude, dit-il, en est plus insupportable, parce qu'il ignore comment je me porte, et comment je suis traitée. »

Cette circonstance me fait deviner qui est le traître. C'est Joseph Leman, l'homme de la maison pour lequel mon frère a le plus de confiance, et qu'il emploie le plus volontiers. Je ne trouve pas ce procédé honorable dans M. Lovelace. A-t-il pris cet infâme usage de corrompre les domestiques d'autrui dans les cours étrangères, où il a résidé assez long-temps? Il m'est venu quelques soupçons sur ce Leman, dans les visites que je rends à ma volière. Ses respects affectés me l'ont fait prendre pour un espion de mon frère, et quoiqu'il parût chercher à me plaire en s'éloignant du jardin et de ma basse-cour lorsqu'il me voyait paraître, je m'étonnais que ses rapports n'eussent pas fait diminuer quelque chose de ma liberté. Peut-être cet homme est-il payé de deux côtés, et trahit-il les deux personnes qu'il feint de servir de part et d'autre. On n'a pas besoin de ces méthodes obliques avec de bonnes intentions. Une âme honnête s'indigne également contre le traître et contre ceux qui l'emploient.

Il revient à ses instances, pour obtenir une entrevue. « Après la défense, dit-il, que je lui ai faite de reparaître au bûcher, il n'ose désobéir à mes ordres; mais il peut m'apporter des raisons si fortes pour lui permettre de rendre une visite à mon père et à mes oncles, qu'il espère que je les approuverai. Par exemple, ajoute-t-il, il ne doute pas que je ne sois aussi fâchée que lui de le voir réduit à des pratiques clandestines, qui conviennent mal à un homme de sa naissance et de sa fortune. Mais si je consens qu'il se présente d'un air ferme et civil, il me promet que rien ne sera capable d'altérer sa modération. Son oncle l'accompagnera, si je le juge à propos; ou sa tante Lawrance fera la première visite à ma mère, ou à madame Hervey, ou même à mes deux oncles, et les conditions qui seront offertes auront quelque poids sur ma famille.

» Il me demande en grâce de ne pas lui refuser la permission de voir M. Solmes. Son intention n'est pas de lui nuire ni de l'effrayer, mais simplement de lui représenter d'un ton calme et par de bonnes raisons les fâcheux effets d'une persévérance inutile. Il renouvelle d'ailleurs la résolution d'attendre mon choix et le retour de M. Morden pour me demander le prix de sa patience.

» Il est impossible, dit-il, qu'une au moins de ces propositions n'ait pas quelque succès. Il observe que la présence des personnes mêmes pour lesquelles on est mal disposé adoucit les ressentimens, qui s'aigrissent au contraire par l'absence. »

Là-dessus il recommence ses importunités pour m'engager à l'entrevue qu'il désire. « Ses affaires l'appellent nécessairement à Londres; mais il ne peut quitter l'incommode logement où il se tient caché sous un déguisement indigne de lui, sans être absolument certain que je ne me laisserai point abattre par la force ou par d'autres voies, et que je suis délivrée des insultes de mon frère. L'honneur ne lui en fait pas une loi moins indispensable que l'amour, lorsqu'on publie dans le monde que c'est pour lui que je suis si maltraitée. Mais une réflexion, dit-il, qu'il ne peut s'empêcher de faire, c'est que mes parens n'auraient aucune raison de m'ôter la liberté par rapport à lui, s'ils savaient comme je le traite lui-même, et à quelle distance je le tiens de moi. Une autre réflexion encore, c'est que par cette conduite ils paraissent persuadés qu'il a droit à d'autres traitemens, et qu'ils le croient assez heureux pour les recevoir, tandis qu'au fond j'en use comme ils le doivent souhaiter dans le mouvement de leur haine, à l'exception de la correspondance dont je l'honore, et qui lui est si précieuse, qu'elle lui a fait supporter avec joie mille sortes d'indignités.

» Il renouvelle ses promesses de réformation. Il sent, dit-il, qu'il a déjà fait une longue et dangereuse course, et qu'il est temps de revenir aux bornes dont il s'est écarté. C'est par la seule conviction, s'il faut l'en croire, qu'un homme qui a mené une vie trop libre est ramené à la sagesse, avant que l'âge ou les infirmités viennent l'éclairer sur son devoir.

» Tous les esprits généreux, ajoute-t-il, ont de l'aversion pour la contrainte. Il s'arrête sur cette observation, et regrettant de devoir vraisemblablement toutes ses espérances à cette contrainte, qu'il appelle *peu judicieuse*, et nullement à mon estime, cependant il se flatte que je lui fais quelque mérite de son aveugle soumission pour toutes mes volontés, de sa patience à souffrir les outrages continuels de mon frère, qui s'attaquent à sa famille comme à lui, de ses veilles, et des dangers auxquels il s'expose, sans égard pour les rigueurs de la saison : circonstance qu'il ne relève qu'à l'occasion du désordre de sa santé, sans quoi il ne rabaisserait pas la noblesse de sa passion par un vil retour d'attention sur lui-même. »

Je ne puis dissimuler, ma chère, que ses incommodités m'affligent.

Ici, je crains de vous demander ce que vous auriez fait dans la situation où je suis.

Mais ce que j'ai fait est fait. En un mot, j'ai écrit.

J'ai écrit, ma chère, que je consentais, s'il était possible, à le voir demain au soir, entre neuf et dix heures, près de la grande cascade, au fond du jardin, et que j'aurais soin de tirer le verrou, afin qu'il pût ouvrir la porte avec sa clé; que si l'entrevue me paraissait trop difficile, ou si je changeais de pensée, je lui en donnerais avis par un autre billet, qu'il devait attendre jusqu'à l'entrée de la nuit.

Mardi, à onze heures du soir.

J'arrive du bûcher, où je viens de porter mon billet. Quelle diligence que la sienne! Il l'attendait sans doute; car à peine avais-je fait quelques pas pour revenir, que mon cœur me reprochant je ne sais quoi, je suis retournée pour le reprendre, dans la vue de le relire et de considérer encore si je devais le laisser partir; j'ai été surprise de ne le plus trouver.

Suivant toute apparence, il n'y avait qu'un mur de peu d'épaisseur entre M. Lovelace et moi, lorsque j'ai placé mon billet sous la brique.

Je suis revenue très mécontente de moi-même; cependant il me semble, ma chère, que je ne ferai pas mal de le voir. Si je m'obstine à le refuser, il est capable de prendre quelque mesure violente. La connaissance qu'il a du traitement que je reçois à son occasion, et par lequel on ne se propose que de lui arracher toutes ses espérances, peut le pousser au désespoir. Sa conduite, dans une occasion où il m'avait surprise avec l'avantage de l'heure et du lieu, ne me laisse à craindre que d'être aperçue du côté du château. Ce qu'il demande n'est pas contraire à la raison et ne peut nuire à la liberté de mon choix. Il n'est question que de l'assurer de ma propre bouche que je ne serai jamais la femme d'un homme que je hais. Si je ne suis pas sûre de pouvoir descendre au jardin sans être aperçue, il faut qu'il s'attende à se trouver seul au rendez-vous. Toutes ses peines et les miennes n'ont pas d'autre source que ses propres fautes. Cette pensée, quelque éloignée que je sois de la tyrannie et de l'arrogance, diminue beaucoup à mes yeux le prix de ce qu'il souffre, d'autant plus que mes souffrances, qui viennent de la même cause, surpassent assurément les siennes.

Betty me confirme que c'est jeudi qu'il faut partir. Elle a reçu l'ordre de faire ses préparatifs, et de m'aider pour les miens.

LETTRE LXII.

MISS CLARISSE HARLOVE, A MISS HOWE.

Mardi à trois heures, 28 mars.

Ce n'est pas la première fois que je vous ai entretenue des insolences de mademoiselle Betty; et dans une autre situation, je me ferais peut-être un amusement de vous raconter l'épreuve où elle a mis aujourd'hui ma modération; mais je ne me sens le courage de détacher de cette scène que ce qui a rapport au véritable sujet de mes peines. A l'occasion de quelques marques d'impatience, que les effronteries de cette fille m'ont arrachées, elle n'a pas fait difficulté de me répondre « que lorsque les jeunes demoiselles s'écartaient de leur devoir, il n'était pas surprenant qu'elles ne vissent pas de bon œil une personne qui faisait le sien. »

Je me suis reproché de m'être exposée à cette brutale hardiesse, de la part d'une créature dont je connaissais le caractère. Cependant, ayant jugé que j'avais quelque utilité à tirer de la disposition où je la voyais, je lui ai dit froidement, dans le dessein de l'exciter un peu à parler, que je comprenais ce qu'elle nommait son devoir, par l'idée qu'elle m'en donnait elle-même, et que j'étais fort obligée à ceux de qui elle l'avait reçu.

— Personne n'ignorait, m'a-t-elle répliqué, que je savais prendre un ton froid pour dire des choses piquantes; mais elle aurait souhaité que eusse voulu entendre M. Solmes; il m'en aurait dit de M. Lovelace qui auraient pu...

— Et savez-vous, Betty, quelques unes des choses qu'il m'aurait dites?

— Non, miss; mais je suppose que vous les apprendrez chez votre oncle, et peut-être vous en dira-t-on plus que vous n'en voudriez entendre.

— On me dira tout ce qu'on voudra, Betty; mais je n'en serai pas moins déterminée contre M. Solmes, dût-il m'en coûter la vie.

— Recommandez-vous donc au ciel, m'a-t-elle répondu; car si vous saviez de quoi vous êtes menacée...

— Que fera-t-on, Betty? Il n'y a pas d'apparence qu'on veuille me tuer. Que peuvent-ils donc faire?

— Vous tuer, non. Mais vous ne sortirez jamais de là qu'après avoir reconnu votre devoir. On vous retranchera le papier et les plumes, comme on l'aurait déjà fait ici, dans l'idée où l'on est que vous n'en faites pas un bon usage, si vous n'étiez pas si proche de votre départ. On ne vous permettra de voir personne. On vous ôtera toutes sortes de correspondances. Je ne vous dis pas qu'on veuille rien faire de plus. Quand je le saurais, il ne serait pas à propos de vous l'apprendre. Mais vous ne devez vous en prendre qu'à vous-même, puisque vous pouvez tout prévenir d'un seul mot. Et, s'il faut dire ce que je pense, un homme ne vaut-il pas un autre homme? Un homme sage, surtout, ne vaut-il pas un libertin?

— Fort bien, Betty, lui ai-je dit avec un soupir, ton impertinence est fort inutile. Mais je vois qu'en effet le ciel me destine à n'être pas heureuse. Cependant, je veux hasarder encore une lettre; et tu la porteras, si tu n'aimes mieux t'attirer, pour toute ta vie, ma haine et mon indignation.

Je me suis retirée dans mon cabinet, où, sans m'arrêter à la défense de mon oncle Harlove, je lui ai écrit quelques lignes dans la vue d'obtenir du moins un délai, si mon départ est absolument résolu, et cela, ma chère, pour me mettre en état de suspendre l'entrevue que j'ai promise à M. Lovelace; car je trouve au fond de mon cœur des pressentimens qui m'effraient, et qui ne font qu'augmenter sans que je sache pourquoi. Au dessous de l'adresse, j'ai mis ce peu de mots : « De grâce, monsieur, ayez la bonté de lire ce billet... » J'en joins ici la copie.

« Cette fois seulement, mon très honoré oncle, faites que je sois entendue avec patience, et qu'on m'accorde ma prière. Je demande uniquement que ce ne soit pas si tôt que jeudi prochain qu'on me chasse de la maison.

» Pourquoi votre malheureuse nièce serait-elle forcée honteusement de partir, sans avoir le temps de se reconnaître? Obtenez pour moi, monsieur, un délai de quinze jours. J'espère que, dans l'intervalle, les rigueurs de tout le monde pourront se relâcher. Il ne sera pas besoin que ma mère ferme sa porte dans la crainte de voir une fille disgraciée : je me garderai bien de me présenter devant elle ou devant mon père sans leur permission. Quinze jours sont une faveur bien légère, si l'on n'est pas résolu de rejeter toutes mes demandes. Cependant elle est d'une importance extrême pour le repos de mon esprit, et vous ne sauriez obliger plus sensiblement une nièce aussi respectueuse qu'affligée.

» CLARISSE HARLOVE. »

Betty s'est chargée de ma lettre sans me dire un seul mot. Heureusement mon oncle n'était pas parti. Il attend à présent ma réponse à une nouvelle proposition, que vous allez lire dans la sienne.

« Votre départ était absolument fixé à jeudi prochain. Cependant votre mère, secondée par M. Solmes, a plaidé si fortement pour vous qu'on accorde le délai que vous demandez, mais sous une condition. Il dépendra de vous de le faire durer plus ou moins de quinze jours. Si vous refusez cette condition, votre mère déclare que jamais elle n'intercédera pour vous ; et vous ne méritez pas même la faveur qu'on vous offre, lorsque vos espérances, dites-vous, portent moins sur votre changement que sur le nôtre.

» Cette condition se réduit à souffrir pendant une heure la visite de M. Solmes, qui vous sera présenté par votre mère, ou votre sœur, ou votre oncle Antonin : on vous laisse le choix.

» Si vous résistez, comptez que, prête ou non, vous partirez jeudi pour une maison qui vous est devenue depuis peu étrangement odieuse. Répondez-moi directement sur ce point. Les subterfuges ne sont plus de saison. Nommez votre jour et votre heure. M. Solmes ne vous mangera point. Voyons s'il y a du moins quelque chose en quoi vous soyez disposée à nous obliger.

» Jules Harlove. »

Après quelques momens de délibération, je me suis déterminée à les satisfaire. Toute ma crainte est que M. Lovelace n'en soit informé par son correspondant, et que ses propres alarmes ne le précipitent dans quelque résolution désespérée, d'autant plus qu'ayant à présent quelques jours devant moi, je pense à lui écrire pour suspendre une entrevue dont je m'imagine qu'il se croit sûr. Voici la réponse que j'ai faite à mon oncle :

« Monsieur,

» Quoique je ne pénètre pas quel peut être le but de la condition qu'on m'impose, j'y souscris. Que ne puis-je m'aveugler de même sur tout ce qu'on exige de moi ! Si je dois nommer quelqu'un pour accompagner M. Solmes, et que ce ne puisse être ma mère, dont la présence serait ce que j'ai de plus heureux à souhaiter ; que ce soit mon oncle, s'il a la bonté d'y consentir. Si je dois nommer le jour (on ne me permettrait pas sans doute de le renvoyer plus loin), que ce soit mardi prochain : le temps, quatre heures après midi ; le lieu, ou le grand cabinet de treillage, ou le petit parloir, qu'il m'était permis autrefois de nommer le mien.

» Cependant, monsieur, accordez-moi votre protection auprès de ma mère pour l'engager, dans cette occasion, à m'honorer de sa présence. Je suis, monsieur, etc.

» Clarisse Harlove. »

On m'apporte à ce moment la réponse. Lisons... J'avais cru qu'il convenait à mon aversion de nommer un jour éloigné ; mais je ne m'étais pas attendue qu'il fût accepté. Voilà donc une semaine gagnée ! Lisez, ma chère, à votre tour.

« Je vous félicite de votre soumission. Nous sommes portés à juger favorablement des plus légères marques de votre obéissance. Cependant il semble que vous ayez regardé le jour comme un jour sinistre, puisque vous l'avez remis si loin. On ne laisse pas d'y consentir. Il n'y a point de temps à perdre, dans l'espérance où nous sommes de vous trouver autant de générosité après cette entrevue, que vous nous avez trouvé d'indulgence. Je vous conseille donc de ne pas vous endurcir volontairement, et surtout de ne prendre aucune résolution d'avance. M. Solmes est plus embarrassé, et j'ose dire plus tremblant, à la seule pensée de paraître devant vous, que vous ne pouvez l'être dans l'attente de sa visite : son motif est l'amour. Que la haine ne soit pas le vôtre. Mon frère Antonin sera présent. Il espère que vous mériterez son affection, en prenant des manières civiles pour un ami de la famille. Votre mère aura la liberté d'y être aussi, si elle le juge à propos ; mais elle m'a dit que pour tout au monde elle ne s'y engagerait point sans avoir reçu, de votre part, les encouragemens qu'elle désire. Permettez qu'en finissant je vous donne un petit avis d'amitié : c'est de faire un usage discret de votre plume et de votre encre. Il me semble qu'avec un peu de délicatesse, une jeune personne doit écrire moins librement à un homme, lorsqu'elle est destinée pour un autre.

» Je ne doute pas que votre complaisance n'en produise de plus grandes qui rétabliront bientôt la tranquillité de la famille ; et c'est le désir ardent d'un oncle qui vous aime.

» Jules Harlove. »

Cet homme, ma chère, est *plus tremblant que moi* de la crainte de nous voir. Comment cela est-il possible? S'il avait la moitié seulement de mon effroi, il ne souhaiterait pas notre entrevue. L'amour pour motif! oui, l'amour de lui-même ; il n'en connaît pas d'autre. Le véritable amour cherche moins sa propre satisfaction que celle de son objet. Pesé à cette balance, le nom de l'amour est une profanation dans la bouche de M. Solmes.

Que je ne prenne point mes résolutions d'avance ! cet avis est venu trop tard.

Je dois *faire un usage discret de ma plume.* Dans le sens qu'ils prennent, et de la manière dont ils ont ménagé les choses, je crains bien que ce point ne me soit aussi impossible que l'autre.

Mais, *écrire à un homme lorsque je suis destinée pour un autre !* connaissez-vous rien de si choquant que cette expression ?

N'ayant point attendu que cette faveur me fût accordée, pour me repentir de la promesse que j'ai faite à M. Lovelace, vous jugez bien qu'après avoir obtenu du délai, je n'ai pas hésité un moment à la révoquer. Je me suis hâtée de lui écrire que je trouvais du danger à le voir, comme je me l'étais proposé ; que les suites fâcheuses de cette démarche, si quelque accident la faisait découvrir, ne pouvaient être justifiées par aucun motif raisonnable ; que le matin et le soir, en prenant l'air au jardin, je m'étais aperçue que j'étais plus observée par un domestique que par tous les autres ; qu'en supposant que ce fût celui dont il se croit sûr, j'avais pour maxime qu'il y a peu de confiance à prendre aux traîtres, et que ma conduite ne m'avait pas accoutumée à me reposer sur la discrétion d'un valet ; que j'étais fâchée qu'il fît entrer dans ses mesures une démarche dont je ne pouvais me rendre un compte favorable à moi-même ; qu'approchant du point critique qui devait décider entre mes amis et moi, je ne voyais aucune nécessité pour une entrevue, surtout lorsque les voies qui avaient servi jusque alors à notre correspondance n'étaient soupçonnées de personne, et qu'il pouvait m'écrire librement ses idées ;

qu'en un mot, je me réservais la liberté de juger de ce qui convenait aux circonstances, particulièrement lorsqu'il pouvait compter que je préférais la mort à M. Solmes.

Mardi au soir.

J'ai porté au dépôt ma lettre à M. Lovelace. Malgré les nouveaux périls qui semblent me menacer, je suis plus contente de moi que je ne l'étais auparavant. A la vérité, je ne doute pas que ce changement ne lui cause un peu de mauvaise humeur. Mais je m'étais réservé le droit de changer de pensée. Comme il doit s'imaginer aisément que dans l'intérieur d'une maison il arrive mille choses dont on ne peut juger au dehors, et que je lui en ai fait même entrevoir quelques unes, je trouverais fort étrange qu'il ne reçût pas mes explications d'assez bonne grâce pour me persuader que sa dernière lettre est l'ouvrage de son cœur. S'il est aussi touché de ses fautes passées qu'il le prétend, ne doit-il pas avoir un peu corrigé son impétuosité naturelle? Il me semble que le premier pas vers la réformation est de subjuguer ces emportemens soudains, d'où naissent souvent les plus grands maux, et d'apprendre à souffrir des contre-temps. Quelle espérance de voir prendre à quelqu'un tout l'ascendant nécessaire sur des passions plus violentes, et fortifiées par l'habitude, s'il ne parvient pas même à se rendre maître de son impatience?

Il faut, ma chère, que vous me fassiez le plaisir d'employer quelque personne de confiance pour vous informer sous quels déguisemens M. Lovelace s'est établi dans le petit village qu'il appelle *Nile*. Si ce lieu est celui que je m'imagine, je ne le prenais que pour un hameau, sans nom et sans hôtellerie.

Comme il doit y avoir fait un long séjour, pour avoir été si constamment près de nous, je serais bien aise d'être un peu informée de sa conduite et de l'idée que les habitans ont de lui. Il est impossible que depuis si long-temps il n'ait pas donné quelque sujet de scandale, ou quelque espérance de réformation. Ayez cette complaisance pour moi, ma chère, je vous apprendrai une autre fois les raisons que j'ai de le souhaiter, si vos informations mêmes ne vous le font pas découvrir.

LETTRE LXIII.

MISS CLARISSE HARLOVE, A MISS HOWE.

Mercredi, neuf heures du matin.

Ma promenade du matin m'a déjà fait trouver une réponse de M. Lovelace à la lettre que je lui écrivis hier au soir. Il doit avoir avec lui une plume, de l'encre et du papier; elle est datée du taillis, avec cette circonstance, qu'il l'a écrite sur un genou et l'autre à terre. Vous allez voir néanmoins que ce n'est pas par un sentiment de respect pour celle à qui elle est adressée. Qu'on a raison de nous instruire de bonne heure à tenir ce sexe dans l'éloignement! un cœur simple et ouvert, qui se fait une peine de désobliger, se laisse mener plus loin qu'il ne veut. Il n'a que trop de facilité à se gouverner par les mouvemens d'un caractère hardi, qui prend droit des moindres avantages pour augmenter ses prétentions. Rien n'est si difficile, ma chère, pour une jeune personne de bon naturel, que de dire non, lorsqu'elle est sans défiance. L'expérience sert peut-être à resserrer le cœur et à l'endurcir, quand il s'est trouvé mal de cette facilité excessive ; et la justice le demande aussi, sans quoi l'inégalité serait criante dans les lois mutuelles du commerce.

Pardonnez mes graves réflexions. Cet étrange homme m'a furieusement piquée. Je vois que sa douceur n'était qu'un artifice. Le fond de son naturel est l'arrogance, et je ne lui trouve que trop de rapport avec ceux dont j'éprouve ici la dureté. Dans la disposition où je suis, je doute que je sois jamais capable de lui pardonner, puisque rien ne peut rendre son impatience excusable, après le soin que j'avais eu d'expliquer mes conditions. Moi, souffrir tout ce que je souffre à son occasion et me voir traitée néanmoins comme si j'étais obligée de supporter ses insultes ! Mais prenez la peine de lire sa lettre.

« Grand Dieu ! que faut-il que je devienne ! Où trouverai-je la force de soutenir un revers si terrible ? Sans cause, sans raison nouvelle qui puisse du moins adoucir l'amertume de mon cœur !... J'écris sur un genou, l'autre plié dans la fange ; les pieds engourdis d'avoir été toute la nuit au travers des plus épaisses rosées ; mes cheveux et mon linge humides ; à la première pointe du jour ; sans avoir encore le soleil pour témoin... Puisse-t-il ne se lever jamais pour moi, s'il ne doit pas apporter quelque soulagement à mon cœur désespéré ! Ce que je souffre est proportionné à la joie de mes fausses espérances.

» Est-il donc vrai que vous *touchiez au moment critique ?* Quoi ! cette raison même ne devait-elle pas me faire attendre une entrevue qui m'avait été promise ?

» *Je puis écrire tout ce que j'ai dans l'esprit !* Non, non, il est impossible. Je n'écrirais pas la centième partie de mes idées, de mes tourmens et de mes craintes.

» O sexe incertain ! sexe ami du changement ! Mais se peut-il que miss Clarisse...

» Pardonnez, mademoiselle, au trouble d'un infortuné qui ne sait ce qu'il écrit.

» Cependant, je dois insister ; j'insiste sur votre promesse. Vous devez avoir la bonté ou de justifier mieux votre changement, ou de reconnaître qu'on a prévalu sur votre esprit par des raisons que vous ne me communiquez pas. C'est à celui que la promesse regarde qu'appartient le droit d'en dispenser, à moins qu'il ne soit survenu quelque nécessité apparente qui ôte le pouvoir de la remplir.

» La première promesse que vous m'ayez jamais faite ! Une promesse à laquelle, peut-être, la mort et la vie sont attachées ! Car est-il donc certain que mon cœur soit capable de digérer le barbare traitement dont vous êtes menacée par rapport à moi ?

» *Vous préféreriez la mort à Solmes !* (Que mon âme est indignée d'une odieuse concurrence !) O cher objet de mes affections, qu'est-ce que des paroles ? et les paroles de qui ? de la plus adorable... mais de celle qui manque sur-le-champ à sa première promesse. Après vous l'avoir vue rompre si légèrement, comment pourrais-je me reposer sur une assurance qui sera combattue par des devoirs supposés, par une persécution plus enflammée que jamais, et par une haine ouvertement déclarée contre moi ?

» Si vous voulez prévenir les égaremens de mon désespoir, rendez-moi l'espérance que vous m'avez ravie. Renouvelez votre promesse ; c'est mon sort qui touche véritablement à son point critique.

» Pardon, adorable Clarisse, pardonnez tout ce qui échappe au désordre de mon âme. Je crains d'avoir trop écouté le mouvement de ma douleur. J'écris au premier rayon de lumière qui m'a servi à lire votre lettre, c'est-à-dire l'arrêt de mon infortune. Je n'ose relire ce que j'ai écrit. Il faut que vous receviez les expressions de mon transport; elles serviront à vous faire connaître l'excès de mes craintes et le malheureux pressentiment qui me fait regarder l'oubli de votre première promesse comme le prélude d'un changement bien plus redoutable. D'ailleurs, il ne me reste plus de papier pour recommencer ma lettre dans le lieu obscur où je suis. Tout me semble enseveli dans la même obscurité, mon âme et toute la nature autour de moi. Ma confiance est dans votre bonté. Si quelque excès de chaleur dans mes termes vous inspire plus de mécontentement que de pitié, vous faites tort à ma passion, et je comprendrai trop bien que je dois être sacrifié à plus d'un ennemi. Pardon, encore une fois; je ne parle que de Solmes et de votre frère. Mais si, ne consultant que votre générosité, vous excusez mes transports et vous me renouvelez la promesse d'une entrevue, que ce Dieu que vous faites profession de servir, et qui est le Dieu de la vérité et des promesses, vous récompense de l'un et de l'autre, et d'avoir rendu la vie avec l'espérance à celui qui vous adore.

» LOVELACE. »

Dans la grotte de lierre du taillis, à la pointe du jour.

Ma réponse est prête, et j'en joins ici la copie sans aucun regret.

Mercredi matin.

« Je suis étonnée, monsieur, de la liberté de vos reproches. Importunée par vos instances, qui m'ont arraché contre mon inclination un consentement pour une entrevue secrète, dois-je être en butte à vos injures et à vos réflexions sur mon sexe, parce que je me suis crue obligée par la prudence de changer de résolution? Et ne m'étais-je pas réservé cette liberté, lorsque je vous ai laissé des espérances auxquelles il vous plaît de donner le nom de promesse? Je connaissais, par quantité d'exemples, votre caractère impatient; mais il est heureux pour moi d'en avoir un qui m'apprenne que votre considération ne va pas plus loin pour moi que pour les autres. Deux motifs doivent vous avoir ici gouverné : une facilité que je me reproche, et votre propre présomption ; le second, qui vous a fait abuser de l'autre, m'alarme trop sérieusement pour ne pas me faire souhaiter que votre dernière lettre soit la conclusion de toutes les peines que vous avez essuyées de la part ou à l'occasion de

» CLARISSE HARLOVE. »

Je me crois sûre de votre approbation, ma chère, lorsque je mets un peu de fermeté dans mes discours ou dans mes lettres. Malheureusement je n'ai que trop de raisons d'en user, puisque les personnes avec lesquelles je suis aux mains mesurent moins leur conduite avec moi par la décence et la justice que par l'opinion qu'elles ont de ma facilité. Jusqu'à ces derniers temps, on a loué la douceur de mon caractère; mais l'éloge est toujours venu de ceux qui ne m'ont jamais donné sujet de leur faire le même compliment. Vous m'avez fait observer que le ressentiment ne m'étant point naturel, il me sera difficile d'en conserver long-temps.

Cette réflexion peut devenir vraie à l'égard de ma famille; mais je vous assure qu'elle ne le sera pas à l'égard de M. Lovelace.

Mercredi à midi.

On ne peut guère répondre de l'avenir. Mais pour vous convaincre que je suis capable de tenir ma résolution du côté de ce Lovelace, quelque vive que soit ma lettre, et quoiqu'il y ait trois heures qu'elle est écrite, je vous proteste que je n'en ai pas le moindre regret, et que je ne pense point à l'adoucir, ce qui dépendait de moi néanmoins, puisque je viens de remarquer qu'elle est encore au dépôt. Cependant je ne me souviens point d'avoir jamais rien fait en colère, dont je ne me sois repentie une demi-heure après, et que je n'aie rappellé à l'examen beaucoup plus tôt pour m'assurer si j'avais tort ou raison.

Pendant le délai qui m'est accordé jusqu'à mardi, j'ai du moins quelque temps devant moi, que j'emploierai, n'en doutez pas, à réfléchir sur ma conduite. L'insolence de M. Lovelace me fera tourner les yeux fort sévèrement sur moi-même. Je n'en ai pas plus d'espérance de vaincre mon aversion pour M. Solmes. Il est sûr que c'est une entreprise au dessus de mes forces. Mais si je romps absolument avec M. Lovelace, et si j'en donne des preuves convaincantes à mes amis, qui sait si, me rendant leur amitié, ils n'abandonneront pas insensiblement leurs autres vues? Peut-être obtiendrai-je du moins un peu de repos, jusqu'à l'arrivée de M. Morden. Je pense à lui écrire, surtout depuis que j'ai appris de M. Lovelace que mes amis l'ont déjà prévenu.

Avec tout mon courage, je ne m'occupe pas sans trembler de mardi prochain et des suites de ma fermeté; car je serai ferme, ma chère, et je rappelle toutes mes forces pour ce grand jour. On me répète sans cesse qu'ils sont résolus d'employer toutes sortes de voies pour triompher de ma résistance. Je me prépare aussi à ne rien épargner pour obtenir la victoire. Terrible combat entre mes parens et leur fille, où, quelles qu'en puissent être les suites, chacun des deux partis espère de laisser l'autre sans excuse!

Comment dois-je m'y prendre? Aidez-moi de vos conseils, ma chère. Il est certain que, d'un côté ou de l'autre, la justice est étrangement blessée. Des parens, jusque aujourd'hui pleins d'indulgence, s'obstiner à paraître cruels aux yeux d'un enfant! Une fille, dont la soumission et le respect ont toujours été irréprochables, se résoudre à passer à leurs yeux pour une rebelle! O mon frère! ô cœur ambitieux et violent! comment vous justifierez-vous de l'un ou l'autre de ces deux malheurs?

Vous aurez la bonté, ma chère, de vous souvenir que votre dernière lettre est déjà de samedi dernier. C'est aujourd'hui mercredi, et je trouve encore au dépôt toutes les miennes. Serait-il arrivé quelque chose dont vous redoutiez de m'instruire? Au nom de Dieu, ne me déguisez rien, et ne me laissez pas manquer de vos avis. Ma situation est extrêmement difficile. Mais je suis sûre que vous m'aimez encore, et ce n'est pas une raison de m'en aimer moins. Adieu, ma tendre et généreuse amie.

Clarisse Harlove.

LETTRE LXIV.

MISS HOWE, A MISS CLARISSE HARLOVE.

Jeudi, 30 mars, à la pointe du jour.

Un accident que je n'ai pu prévoir a causé ma négligence : c'est le nom que je donne à l'interruption de mes lettres ; parce qu'en attendant que je me sois expliquée, je conçois que vous n'avez pu lui en donner d'autre.

Dimanche au soir, un courrier de madame Larkin, dont je vous ai dit la situation dans une de mes lettres précédentes, est venu presser ma mère de retourner chez elle. Cette pauvre femme, toujours effrayée de la mort, était une de ces imaginations faibles qui se persuadent qu'un testament signé en est le présage infaillible. Elle avait toujours répondu, lorsqu'on l'avertissait d'y penser, qu'elle ne survivrait pas long-temps à cette cérémonie ; et je me figure qu'elle s'est crue obligée de vérifier son langage, car depuis ce moment elle n'a fait qu'aller de mal en pis. Comme ses craintes agissaient autant sur l'esprit que sur le corps, on nous a raconté que, dans l'espérance de se rétablir, elle avait pensé plus d'une fois à brûler le testament. Enfin, les médecins lui ayant déclaré qu'il lui restait peu de temps à vivre, elle a fait dire à ma mère qu'elle ne pouvait mourir sans l'avoir vue. J'ai représenté que si nous souhaitions qu'elle se rétablît, c'était une raison pour ne pas la voir ; mais ma mère s'est obstinée à vouloir partir, et, ce qu'il y a de pis, elle a voulu que je fusse du voyage. Si j'avais eu plus de temps pour faire valoir mes raisons, il y a bien de l'apparence que j'en aurais été dispensée ; mais le courrier étant arrivé fort tard, je n'ai reçu d'ordre que le lendemain au matin, une heure avant le départ, et l'intention était de revenir le même jour. On a répondu à mes représentations que je ne me plaisais qu'à contredire, que ma sagesse engageait toujours les autres dans quelque folie, et qu'à propos ou non, on exigeait pour cette fois de la complaisance.

Je ne puis donner qu'une explication à ce caprice de ma mère. Elle voulait se faire escorter de M. Hickman et lui procurer la satisfaction de passer le jour avec moi (que je souhaiterais d'en être sûre !) pour m'écarter, autant que je me l'imagine, d'une compagnie qu'elle redoute pour moi. Le croiriez-vous, ma chère ? Aussi sûrement que vous êtes au monde, elle tremble pour son favori, depuis la longue visite que votre Lovelace m'a rendue pendant sa dernière absence. Je me flatte que vous n'en êtes pas jalouse aussi. Mais réellement, il m'arrive quelquefois, lorsque je suis fatiguée d'entendre louer Hickman plus qu'il ne mérite, de me venger un peu, en relevant dans Lovelace des qualités personnelles que l'autre n'aura jamais. Mon dessein, comme je dis, est un peu de la mortifier. Pourquoi ne lui rendrais-je pas le change ? Je suis sa fille, pour quelque chose. Vous savez qu'elle est passionnée et que je suis une créature assez vive ; ainsi vous ne serez pas surprise que ces occasions n'arrivent jamais sans querelle. Elle me quitte : mon devoir, entendez-vous, ne me permettrait pas de me retirer la première, et je me trouve alors toute la liberté dont j'ai besoin pour vous écrire. Je vous avouerai, en passant, qu'elle ne goûte pas trop notre correspondance, pour deux raisons, dit-elle : l'une que je ne lui communique pas tout ce qui se passe entre nous, l'autre qu'elle s'imagine que je vous endurcis contre ce qu'elle appelle votre devoir ; et si vous voulez savoir pourquoi elle lui donne ce nom, c'est que, dans ses idées, comme je vous l'ai déjà fait entendre, le tort ne peut jamais être du côté des pères et des mères, ni la raison de celui des enfans. Vous pouvez juger, par tout ce que je viens d'écrire, avec combien de répugnance je me suis soumise à cet acte d'autorité maternelle, qui m'a paru sans rime et sans raison. Mais l'obéissance étant exigée, il a fallu se rendre, quoique je n'en aie pas été moins persuadée que le bon sens parlait pour moi.

Vous m'avez toujours fait des reproches sur ces occasions, et plus que jamais dans vos dernières lettres. Une bonne raison, me direz-vous, c'est que je ne les avais jamais tant méritées. Il faut donc vous remercier votre correction et vous promettre même que je m'efforcerai d'en profiter. Mais vous me permettrez de vous dire que vos dernières aventures, méritées ou non, ne sont pas propres à diminuer ma sensibilité.

Nous ne sommes arrivées que lundi après midi chez une vieille mourante, par la faute de M. Hickman, qui avait eu besoin de deux grosses heures pour ajuster ses bottines. Vous devinerez bien que, pendant la route, mes ressentimens se sont un peu exercés sur lui. Le pauvre homme regardait ma mère. Elle était si piquée de mon air chagrin et de mes oppositions au voyage, qu'elle a passé la moitié du chemin sans m'adresser la parole, et lorsqu'elle a commencé à parler ; — Je voudrais, m'a-t-elle dit, ne vous avoir pas amenée, vous ne savez ce que c'est que d'obliger ; c'est ma faute et non celle de M. Hickman si vous êtes ici malgré vous. Ensuite, ses attentions ont redoublé pour lui, comme il arrive toujours lorsqu'elle s'aperçoit qu'il est maltraité.

Mon Dieu, ma chère, j'ai moins de tort que vous ne pensez. Le temps où l'on cherche à nous plaire est le meilleur temps de notre vie. Les faveurs sont la ruine du respect. Un juste éloignement sert à l'augmenter. Son essence est l'éloignement. Lorsqu'on veut un peu considérer combien ces traîtres d'hommes se rendent familiers sur un sourire et de quelle terreur ils sont frappés lorsqu'ils nous voient froncer le sourcil, qui ne prendrait plaisir à les tenir dans cet état et à jouir d'un pouvoir qui doit durer si peu ? Ne me grondez pas de ces sentimens, c'est la nature qui m'a formée telle que je suis. Je m'en trouve bien, et sur ce point, je vous assure que je ne changerais pas pour une autre. Ainsi, trêve de gravité là-dessus, je vous en supplie. Je ne me donne pas pour une créature parfaite. Hickman prendra patience. De quoi êtes-vous inquiète ? Ma mère ne contrebalance-t-elle pas toutes ses souffrances ? Et puis, s'il se trouve à plaindre dans sa situation, il ne mérite pas d'être plus heureux.

Nous avons trouvé cette pauvre femme au dernier soupir, comme nous nous y étions attendues. Quand nous serions arrivées plus tôt, il nous aurait été impossible de revenir le même jour. Vous voyez que j'excuse M. Hickman autant que je le puis, et je vous assure que je n'ai pas même pour lui votre goût conditionnel. Ma mère est demeurée assise toute la nuit, comptant que chaque soupir de sa vieille amie serait le dernier. Je lui ai tenu compagnie jusqu'à deux heures. Jamais je n'avais vu les approches de la mort dans une personne avancée en âge, et j'en ai été vivement touchée. Ce spectacle est terrible pour ceux qui sont en bonne santé. On a pitié des souffrances dont on est témoin ; on a pitié de soi-même en considérant qu'on est destiné au même sort, et c'est un double sujet d'attendrissement. Madame Larkin s'est soutenue jusqu'à mardi matin, après avoir déclaré à ma mère qu'elle l'avait nommée pour l'exécution de son testament, et qu'elle nous a laissé quelques témoignages d'affection dans les articles. Le reste du jour s'est passé en éclaircissemens de succession, par lesquels ma cousine Desdale se trouve avantageusement pourvue. Ainsi, nous ne sommes parties que mercredi matin, d'assez bonne heure à la vérité, pour être revenues avant midi, parce qu'il n'y avait plus de bottines qui pussent nous retarder ; mais quoique j'aie envoyé sur-le-champ Robert à l'allée Verte et qu'il m'ait apporté toutes vos lettres jusqu'à mercredi à midi, j'étais si fatiguée et si frappée d'ailleurs du spectacle que j'avais encore devant les yeux (aussi bien que ma mère, qui en est indisposée contre ce bas monde, quoiqu'elle n'ait aucune raison de haïr la vie), que je n'ai pu vous écrire assez tôt pour renvoyer Robert avant la nuit.

Cette lettre, que vous trouverez dans votre promenade du matin, n'étant que l'explication de mon silence, je ne serai pas long-temps sans vous en écrire une autre. Fiez-vous aux soins que je prendrai d'éclairer la conduite de Lovelace dans son hôtellerie. Un esprit aussi remuant que le sien peut être suivi à la trace.

Mais ne dois-je pas vous croire à présent de l'indifférence pour sa personne et pour sa conduite? car votre demande a précédé l'offense mortelle dont vous vous plaignez. Je n'en ferai pas moins mes informations. Il y a beaucoup d'apparence qu'elles serviront à confirmer vos dispositions implacables. Cependant, si le pauvre homme (aurai-je pitié de lui pour vous, ma chère?) était privé du plus grand bonheur qu'un mortel puisse recevoir et qu'avec si peu de mérite il a la présomption de désirer, il aura couru les plus grands périls, gagné des rhumes, hasardé la fièvre, soutenu les plus grandes indignités et bravé les rigueurs des saisons, sans en tirer aucun fruit ! Votre générosité, du moins, ne vous dit-elle rien en sa faveur ? Pauvre Lovelace !

Je ne voudrais pas vous causer *des battemens de cœur* ni rien qui leur ressemble, pas même de ces chaleurs subtiles qui pénètrent comme l'éclair, et qui sont aussitôt étouffées par notre discrétion dont notre sexe n'offrirait pas d'autre exemple. Non, ce n'est pas mon dessein ; mais pour vous éprouver à vos propres yeux, plutôt par un impertinent excès de raillerie, que vous ne laisserez pas de pardonner à l'amitié, je veux imiter ceux qui font sonner une guinée suspecte pour l'éprouver, et vous sonder encore une fois en répétant : Pauvre Lovelace !

Eh bien ! ma chère, qu'en est-il ? Et comme dit ma mère à M. Hickman, lorsqu'elle lui voit l'air mortifié des rigueurs de sa fille : Comment vous trouvez-vous, à présent ?

LETTRE LXV.

MISS HOWE, A MISS CLARISSE HARLOVE.

Jeudi matin.

Commençons par votre dernière lettre. Mais étant fort en arrière avec vous, je dois resserrer un peu mes idées.

Premièrement, voici la réponse que je fais à vos reproches : Croyez-vous que, dans l'occasion et par intervalles, je puisse souhaiter beaucoup de ne les pas mériter, lorsque j'admire le ton que vous prenez pour me les faire, et que je n'en ai réellement que plus d'affection pour vous? D'ailleurs, n'y êtes-vous pas justement autorisée par votre propre caractère? Le moyen de découvrir en vous des défauts, à moins que vos chers parens n'aient la bonté de vous en trouver quelques légers, pour être moins humiliés des leurs qui sont en si grand nombre? Ce serait une obligation que je leur aurais comme vous ; car j'ose dire qu'alors le même juge qui trouverait la raison de votre côté, en lisant vos lettres, ne trouverait pas, en lisant les miennes, que j'ai tout à fait tort.

La résolution où vous êtes de ne pas quitter la maison de votre père est digne de vous, si vous pouvez y demeurer sans devenir la femme de M. Solmes.

Je trouve votre réponse à ce Solmes telle que je l'aurais faite moi-même. Ne nous devez-vous pas un compliment à toutes deux? celui de conclure qu'elle ne pouvait donc être mieux.

Dans vos lettres à votre oncle et à vos autres tyrans, vous avez fait tout ce que le devoir exigeait de vous. Quelles que puissent être les conséquences, vous ne sauriez être coupable de rien. Offrir de leur abandonner votre terre ! c'est de quoi je me serais bien gardée. Vous voyez que cette offre les a tenus en suspens. Ils ont pris du temps pour y penser. J'avais le cœur serré pendant le temps de leurs délibérations. Je tremblais qu'ils ne vous prissent au mot ; et comptez qu'ils n'ont été retenus que par la honte et par la crainte de Lovelace. Vous êtes trop noble de la moitié. C'est une offre, je le répète, que je me serais bien gardée de leur faire ; et je vous conjure, ma chère, de ne les plus exposer à la même tentation.

Je vous avouerai naturellement que la conduite qu'ils tiennent avec vous, et le procédé si différent de Lovelace, dans la lettre que vous receviez en même temps de lui, m'auraient livrée à lui sans retour. Quel dommage, allais-je dire, qu'il n'ait point assez respecté son propre caractère, pour avoir justifié parfaitement une démarche de cette nature dans Clarisse Harlove !

Je ne suis point surprise de l'entrevue que vous lui aviez fait espérer. Peut-être reviendrai-je bientôt à cet article.

De grâce, ma chère, ma très chère amie, trouvez quelque moyen de m'envoyer votre Betty Barnes. Croyez-vous que l'acte de *Coventry* (1) s'étende aux femmes? Le moindre traitement auquel elle pourrait s'attendre serait d'être bien *souffletée* et traînée dans le plus profond de nos étangs. Je vous réponds que si je l'ai jamais ici, elle pourra célébrer toute sa vie l'anniversaire de sa délivrance.

La réponse de Lovelace, tout impudente qu'elle est, ne me cause aucun étonnement. S'il vous aime autant qu'il le doit, votre changement a dû lui causer beaucoup de chagrin. Il n'y aurait qu'une détestable hypocrisie qui eût pu lui donner la force de le déguiser. La modération chrétienne que vous attendiez de lui, surtout dans une occasion de cette nature, aurait été précoce d'un demi-siècle dans un homme de son tempérament. Cependant je suis fort éloignée de blâmer votre ressentiment.

(1) Une loi contre les mauvais traitemens.

Je n'attendrai pas sans impatience comment cette affaire se sera terminée entre vous et lui. Quelle différence d'*un mur de quatre pouces d'épaisseur* aux montagnes qui vous séparent aujourd'hui ? Êtes-vous sûre de tenir ferme ?... Ce n'est pas une chose impossible.

Vous voyez bien, dites-vous, que sa douceur, dans sa lettre précédente, était un rôle affecté. Avez-vous donc jamais cru qu'elle fût naturelle ? Dangereux serpens qui s'insinuent avec autant d'insolence que d'adresse, et qui font dix pas pour un qu'on leur permet ! Cet Hickman même, vous le verrez aussi impertinent que votre Lovelace, s'il en a jamais la hardiesse. Il n'a pas la moitié de son arrogance. La nature lui a mieux appris *à cacher ses cornes*; mais voilà tout ; et comptez que si quelque jour il avait le pouvoir de les montrer, il s'en servirait aussi vaillamment que l'autre.

Il peut arriver que je me laisse persuader de le prendre. Mon dessein alors est d'observer attentivement par quel degré le mari impérieux prendra la place de l'amant soumis ; les différences de l'un et de l'autre ; en un mot, comment il montera, et comment je descendrai dans la roue conjugale, pour ne reprendre jamais mon tour que par accès ou par sauts, tels que les faibles efforts d'un État qui s'abîme, pour sauver quelque reste de sa liberté mourante.

Tous les bons naturels sont passionnés, dit M. Lovelace. Jolie excuse auprès d'un objet aimé, dans la plénitude de son pouvoir ! C'est-à-dire, en d'autres termes : « Quoique je vous considère beaucoup, madame, je ne prendrai pas la peine de réprimer mes passions pour vous plaire. » Je serais fort aise d'entendre cette apologie de la bouche d'Hickman, pour une *bonté* de cette espèce.

Nous avons trop de facilité, ma chère, à passer sur certains défauts qu'une ancienne indulgence a comme justifiés, et qui sont tournés, par conséquent, en mal habituel. Si l'on a cet égard pour un caractère violent, tandis qu'il est dans la dépendance, que n'exigera-t-il point lorsqu'il aura le pouvoir de donner des lois ? Vous connaissez un mari, pour lequel je m'imagine qu'on a eu trop de ces fausses complaisances, et vous voyez que ni lui, ni personne autour de lui, n'en est plus heureux.

La convenance de naturel, entre deux personnes qui doivent vivre ensemble, est un avantage. Cependant, je voudrais encore que, d'un consentement mutuel, elles fixassent certaines bornes, au delà desquelles il ne leur fût jamais permis de passer, et que chacun aidât l'autre à s'y contenir ; sans quoi, tôt ou tard, il arrivera des deux côtés quelque invasion. Si les bornes des trois États qui constituent notre union politique étaient moins connues, et n'étaient pas confirmées dans l'occasion, quel serait leur sort ? Les deux branches de la législature empiéteraient l'une sur l'autre, et le pouvoir exécutif ne manquerait pas de les engloutir toutes deux.

Vous me direz que deux personnes raisonnables qui se lieraient ensemble... Oui, ma chère, s'il n'y avait que les personnes raisonnables qui prissent le parti du mariage. Mais ne vous étonnerais-je point, si j'avançais que la plupart de celles qui le sont passent leur vie dans le célibat ? Elles croient avoir besoin de réfléchir si long-temps, qu'elles ne se déterminent jamais. Ne nous fait-on pas l'honneur, à vous et à moi, de nous attribuer un peu de raison ? Et laquelle des deux penserait jamais à se marier, si nos amis et ces autres importuns voulaient nous laisser libres?

Mais, pour revenir; si c'était à moi que Lovelace se fût adressé, (à moins cependant que je ne me fusse laissé prendre par quelque chose de plus qu'*un goût conditionnel*), dès le premier exemple de ce qu'il a l'audace de nommer son *bon naturel*, je lui aurais défendu de me voir jamais. « Honnête ami, aurais-je pu lui dire (si j'avais daigné lui dire quelque chose), ce que tu souffres n'est pas la centième partie de ce que tu dois t'attendre à souffrir avec moi. Ainsi, prends le congé que je te donne. Je ne veux point de passion qui l'emporte sur celle que tu prétends avoir pour moi. »

Pour une femme de votre caractère doux et flexible, il reviendrait au même d'être mariée à un Lovelace ou à un Hickman. Dans vos principes d'obéissance, vous avertiriez peut-être un homme doux qu'il a droit de commander, qu'un mari ne doit pas employer la prière, et qu'il se dégrade lorsqu'il n'exige pas la soumission qu'on lui a vouée solennellement à l'autel. Je connais depuis long-temps, ma chère, ce que vous pensez de cette partie badine du nœud conjugal, que quelque rusé législateur a glissée dans la formule, pour nous faire un devoir de ce que les hommes n'auraient osé demander comme un droit.

Notre éducation et nos usages, dites-vous, *nous assujétissent à la protection du brave*. J'en conviens. Mais n'est-il pas bien glorieux et bien galant dans *un brave* de nous garantir de toutes sortes d'insultes, excepté de celles qui nous touchent le plus, c'est-à-dire des siennes?

Avec quel art Lovelace, dans l'extrait que vous me faites d'une de ses lettres, a-t-il mesuré cette réflexion à votre caractère: *les âmes généreuses haïssent la contrainte!* Il est plus profond, ma chère, que nous ne nous le sommes figuré. Il sait, comme vous le remarquez, que tous ses mauvais tours ne peuvent être ignorés, et, dans cette persuasion, il en avoue autant qu'il est nécessaire pour adoucir à vos yeux ceux dont vous pouvez être informée par d'autres voies, en vous accoutumant à les entendre sans surprise. On pensera que c'est du moins une marque d'ingénuité, et qu'avec tous ses vices, il ne saurait être un hypocrite, caractère le plus odieux de tous pour notre sexe, lorsque nous venons à le découvrir; ne fût-ce que parce qu'il nous donne sujet de douter de la justice des louanges qui nous viennent d'une si mauvaise source, lorsque nous nous persuaderions volontiers qu'elles nous sont dues.

Cette ingénuité prétendue fait obtenir à Lovelace les louanges qu'il désire, au lieu du blâme qu'il mérite. C'est un pénitent absous, qui se purge d'un côté pour aller recommencer de l'autre. Un œil favorable ne grossira pas ses fautes; et lorsqu'une femme se sera persuadée qu'on peut espérer mieux de l'avenir, elle ne manquera point d'attribuer à la haine ou à la prévention tout ce que la charité pourra teindre de cette couleur. Si les preuves sont trop fortes pour recevoir une interprétation si favorable, elle se paiera des espérances qu'on ne cesse pas de lui donner pour l'avenir; d'autant plus que les croire suspectes, ce serait douter de son propre pouvoir, et peut-être de son mérite. Ainsi, par degrés, elle sera portée à croire les vices les plus éclatans bien fort rachetés par de pures suppositions de vertu.

J'ai des raisons, ma chère, et de nouvelles raisons, pour moraliser comme je faisais le texte que vous m'avez fourni; mais je ne m'expliquerai point sans être mieux informée. Si je parviens à l'être mieux, je l'espère de mon adresse, et si je découvre ce que je ne fais qu'entrevoir, votre homme est un diable, un monstre abominable. J'aimerais mieux vous voir... J'ai pensé dire à M. Solmes qu'à lui.

Mais, en attendant mes informations, voulez-vous savoir comment il pourra s'y prendre, après toutes ses offenses, pour ramper adroitement jusqu'à vous? Écoutez-moi. Il fera d'abord plaider pour lui l'excellence de son caractère; et, ce point une fois accordé, l'insolence de ses emportemens disparaît. Il ne lui restera plus que de vous accoutumer à ses insultes, et de vous faire prendre l'habitude de les pardonner à ses alternatives de soumission. L'effet de cette méthode sera de briser en quelque sorte votre ressentiment, en ne permettant jamais qu'il soit de longue durée. Ensuite un peu plus d'insulte, un peu moins de soumission vous conduira insensiblement à ne plus rien voir que de la première espèce, et jamais rien qui ressemble à la seconde. Alors vous craindrez d'irriter un esprit si bouillant, et vous parviendrez enfin à prononcer si joliment et si intelligiblement le mot d'*obéissance*, que ce sera un plaisir de vous entendre. Si vous doutez de cette progression, ayez la bonté, ma chère amie, de prendre là-dessus le jugement de votre mère.

Passons à d'autres sujets. Votre histoire est devenue si importante, que je ne dois pas m'arrêter à des lieux communs. Aussi ces légères et badines excursions sont-elles affectées. Mon cœur partage sincèrement toutes vos disgrâces. L'éclat de ma lumière est obscurci par des nuages humides. Mes yeux, si vous les pouviez voir dans les momens où vous les croyez aussi gais que vous me l'avez reproché, sont plutôt prêts à se mouiller de larmes sur les sujets mêmes que vous regardez comme le triomphe de ma joie.

Mais, à présent, la cruauté inouïe et la malice obstinée de quelques uns de vos amis (de vos parens, devais-je dire, c'est une erreur où je tombe toujours), l'étrange détermination des autres, votre démêlé présent avec Lovelace, et l'approche de votre entrevue avec Solmes, dont vous avez raison d'appréhender beaucoup les suites, sont des circonstances si graves, qu'elles demandent toute mon attention.

Vous voulez que je vous donne mes conseils sur la conduite que vous devez tenir avec Solmes. C'est exiger au delà de mes forces. Je sais qu'on attend beaucoup de cette entrevue, sans quoi vous n'auriez pas obtenu un si long délai. Tout ce que je puis dire, c'est que si vous ne vous rendez pas en faveur de Solmes, à présent que vous vous croyez si offensée par Lovelace, rien ne sera jamais capable de produire ce changement. Après l'entrevue, je ne doute pas que je ne sois obligée de reconnaître que tout ce que vous avez fait et tout ce que vous aurez dit sera bien, et ne pouvait être mieux. Cependant, si je pense autrement, je ne vous le dissimulerai pas : voilà ce que je ne balance point à promettre.

Je veux vous animer un peu contre votre oncle même, si vous avez occasion de lui parler. Ressentez-vous du traitement insensé auquel il a eu tant de part, et faites-l'en rougir, si vous le pouvez.

En y pensant bien, je ne sais si cette entrevue, dans quelque espérance qu'on l'ait désirée, ne peut pas tourner à votre avantage. Lorsque Solmes reconnaîtra (du moins si vos résolutions se soutiennent) qu'il n'a rien à se promettre de vous, et lorsque vos parens ne s'en croiront pas moins sûrs, il faudra bien que l'un se retire et que les autres composent, sur des offres qui vous coûteront quelque chose à remplir ou je suis trompée, quand vous serez délivrée de la plus rude de vos peines. Je me rappelle plusieurs endroits de vos dernières lettres, et même des premières, qui m'autorisent à vous tenir ce langage; mais, dans les circonstances où vous êtes, ce que je pourrais dire là-dessus serait hors de saison.

Ma conclusion, c'est que je suis indignée jusqu'au transport de vous voir le jouet de la cruauté d'un frère et d'une sœur. Après tant d'épreuves et de témoignages de votre fermeté, quelle peut être leur espérance?

J'approuve l'idée qui vous est venue de mettre hors de leurs atteintes les lettres et les papiers qui ne doivent pas tomber sous leurs yeux. Il me semble que vous pourriez penser aussi à porter au dépôt une partie de vos habits et de votre linge, avant le jour de votre entrevue avec Solmes, de peur qu'ensuite il ne vous devienne plus difficile d'en trouver l'occasion. Robert me l'apportera au premier ordre, soit de jour ou de nuit.

Si l'on vous pousse à l'extrémité, je ne suis pas sans espérance d'engager ma mère à vous recevoir ici secrètement. Je lui promets indulgence pour indulgence; c'est-à-dire de voir de bon œil et même de bien traiter son favori. Je roule depuis quelque temps ce projet dans ma tête; mais je n'ose encore vous assurer du succès. Cependant n'en désespérez pas. Votre querelle avec Lovelace pourra beaucoup y contribuer; et vos dernières offres, dans la lettre de dimanche à votre oncle, seront pour elle un second motif.

Je compte sur votre pardon pour tous les petits écarts d'une amie naturellement trop vive, mais dont le cœur est lié au vôtre par une parfaite sympathie.

ANNE HOWE.

LETTRE LXVI.

MISS CLARISSE HARLOVE, A MISS HOWE.

Vendredi, 31 mars.

Vous m'avez rendu un compte fort obligeant de votre silence. Les malheureux sont toujours dans le doute, toujours portés à changer les accidens les plus inévitables en froideur et en négligence, surtout de la part de ceux dont ils souhaitent de conserver l'estime. Je suis sûre que ma chère Anne Howe ne sera jamais du nombre de ces amies qui ne s'attachent qu'à la prospérité: cependant son amitié m'est si précieuse que je peux douter du moins si je mérite qu'elle me soit conservée.

Vous m'accordez si généreusement la liberté de vous gronder, que je crains de la prendre. Je me défierais plus volontiers de mon propre jugement que de celui d'une chère amie dont l'ingénuité à reconnaître ses fautes la met au dessus du soupçon d'en commettre de volontaires. Je tremble presque à vous demander si vous ne vous trouvez pas trop cruelle, trop peu généreuse dans votre conduite à l'égard d'un homme qui vous aime si chèrement, et qui est d'ailleurs si honnête et si sincère?

Si ce n'était vous, je regretterais qu'il y eût quelqu'un au monde qui fût capable de me surpasser dans cette vraie grandeur d'âme, qui inspire de la reconnaissance pour les blessures qui nous viennent de la main d'un véritable ami. Je me suis peut-être rendue coupable d'un excès d'indiscrétion, qui ne peut être excusé que par le trouble où je suis, si c'est même une excuse. Comment dois-je m'y prendre à présent pour vous prier, comme je le ferai toujours avec instance, de vous abandonner hardiment à ce charmant esprit, qui, sous des apparences riantes, pénètre un défaut jusqu'au vif ? Un malade serait bien aveugle s'il redoutait la sonde, dans une main si délicate. Mais je suis embarrassée à vous faire cette prière, dans la crainte qu'elle ne devienne pour vous une raison d'être réservée. La satire désirée ou permise se change trop facilement en éloge, dans un censeur généreux, qui s'aperçoit qu'on profite de ses railleries. Les vôtres ont l'instruction pour objet ; et, quoique un peu mordantes, elles ne laissent pas de plaire. Il n'y a point de corruption à craindre dans la blessure d'une pointe aussi légère que la vôtre, qui n'est envenimée ni par la méthode ni par l'intention. C'est un art que nos modernes les plus admirés ont connu. Pourquoi ? parce qu'il doit tirer ses principes de la bonté du naturel, et que dans l'exercice il doit être dirigé par la droiture du cœur. Ne m'épargnez donc pas parce que je suis votre amie : et que cette raison, au contraire, vous excite à m'épargner moins. Je puis sentir la pointe du trait toute fine qu'elle est entre vos mains, j'en puis être peinée ; vous manqueriez votre but si je ne l'étais pas. Mais, après un moment de sensibilité, comme je vous l'ai dit plus d'une fois, je vous en aimerai au double ; mon cœur sera tout à vous et sera plus digne de vous.

Vous m'avez appris ce que je dois dire à M. Lovelace, et ce que je dois penser de lui ; vous m'avez représenté d'avance, avec beaucoup d'agrémens, la méthode qu'il emploiera vraisemblablement pour se réconcilier avec moi. S'il l'entreprend en effet, je vous représenterai à mon tour tout ce qui se passera dans cette occasion pour recevoir vos avis, s'ils arrivent assez tôt, et votre censure ou votre approbation, lorsque vos lettres me viendront trop tard. Il me semble que quelque parti qu'on me me permette ou qu'on me force de prendre, les juges favorables doivent me considérer comme une personne qui n'est plus dans sa direction naturelle. Poussée comme au hasard par les vents impétueux d'une contradiction passionnée et d'une rigueur que j'ose accuser d'injustice, je vois le port désiré du célibat, où je suis portée par tous mes désirs ; mais j'en suis repoussée par les vagues écumantes de l'envie d'un frère et d'une sœur et par les furieux tourbillons d'une autorité qui se croit injuriée, tandis que d'un côté mes regards aperçoivent dans Lovelace des rocs contre lesquels je puis me briser malheureusement, et de l'autre, dans Solmes, des sables sur lesquels je suis menacée d'échouer. Horrible situation dont la vue me fait frémir !

Mais vous, mon charitable pilote, quelle charmante ressource ne me faites-vous pas entrevoir, si j'ai le malheur d'être réduite à l'extrémité ? Je ne veux pas trop compter, comme vous avez la précaution de m'en avertir, sur le succès de vos sollicitations auprès de ma mère ; je connais ses principes de soumission aveugle dans un enfant. Cependant, je me flatte aussi de quelque espérance, parce qu'elle concevra qu'un peu de protection accordée si à propos peut me sauver d'une plus grande témérité. Dans cette heureuse supposition, elle gouvernera toutes mes démarches. Je ne ferai rien que par ses avis et les vôtres. Je ne verrai personne, je n'écrirai pas une lettre, et personne ne saura où je suis sans son consentement. Qu'elle me place dans une chaumine, je n'en sortirai pas, à moins que, sous quelque déguisement ou comme votre femme de chambre, il ne me soit permis le soir de faire un tour de promenade avec vous, et je ne demande cette protection secrète que jusqu'à l'arrivée de M. Morden, qui ne peut tarder long-temps.

L'ouverture que vous me donnez de porter une partie de mes habits au dépôt me paraît dangereuse dans l'exécution, et je serai obligée de me réduire à mettre à part un peu de linge avec mes papiers. Depuis quelque temps, Betty a jeté curieusement les yeux sur mes armoires, lorsque j'en ai tiré quelque chose en sa présence. Un jour, après avoir fait cette observation, je laissai exprès mes clés en descendant au jardin. A mon retour, je la surpris qui avait la main dessus comme venant de s'en servir. Elle parut confondue de me voir rentrer si tôt. Je feignis de ne m'en être pas aperçue; mais lorsqu'elle se fut retirée je trouvai que mes habits n'étaient pas dans l'ordre que je connaissais.

Je ne doutai pas que sa curiosité ne fût venue de plus loin, et craignant qu'on n'abrégeât mes promenades si je n'allais pas au devant des soupçons, je me suis accoutumée depuis, entre autres petites ruses, non seulement à laisser mes clés aux armoires, mais à me servir quelquefois de cette fille pour en tirer mes habits l'un après l'autre, sous prétexte d'en ôter la poussière et d'empêcher que les fleurs se ternissent ou seulement de me désennuyer faute d'occupation plus sérieuse. Outre le plaisir que les petits comme les grands prennent à voir des habits riches, je remarque *que cet office* l'attache beaucoup, comme si ces observations faisaient partie de son ministère.

C'est à la confiance qu'ils ont dans un espion si fidèle et à la certitude que je n'ai pas un seul confident dans la famille, parce que je n'ai recherché le secours de personne, quoique je sois aimée de tous les domestiques, que je crois devoir la liberté qu'on me laisse pour mes promenades. Peut-être ne m'ayant remarqué aucun mouvement vers le dehors, ils en concluent plus certainement que je me laisserai vaincre enfin par leurs persécutions. Autrement, ils devraient penser qu'ils irritent assez ma patience pour me faire chercher dans quelque démarche téméraire un remède à des traitemens si durs, et, je demande pardon au ciel si je me trompe, mais je crains que mon frère et ma sœur n'en fussent pas fort affligés.

S'il arrivait donc, contre toutes mes espérances, que cette fatale démarche devînt nécessaire, il faudrait me contenter de partir avec les habits que j'aurais sur moi. L'usage où je suis de m'habiller pour tout le jour après mon déjeûner préviendra toute défiance, et le linge que je mettrai au dépôt, suivant votre conseil, ne saurait m'être inutile.

N'admirez-vous pas jusqu'où s'étend mon attention et combien je suis ingénieuse à trouver les moyens d'aveugler ma geôlière pour écarter les soupçons de ses maîtres? J'éprouve que l'adversité donne de l'invention. Vous ne sauriez croire tout ce que j'ai mis en usage pour accoutumer mes surveillans à me voir souvent descendre au jardin et visiter ma volière. Tantôt j'ai besoin d'air et je me trouve mieux aussitôt que je suis hors de ma chambre. Tantôt je me sens mélancolique, et mes bantams, mes faisans ou la cascade ont le pouvoir de me divertir, les premiers par leurs mouvemens animés qui réveillent mes esprits, la cascade plus pompeusement par ses échos et ses creux murmures. Quelquefois la solitude fait mes uniques délices. Que je trouve de secours pour la méditation dans le silence de la nuit, dans la fraîcheur de l'air, dans le spectacle du lever ou du coucher du soleil! Quelquefois, lorsque je suis sans dessein et que je n'attends point de lettres, je suis assez prévenante pour prendre avec moi Betty. Il m'est arrivé aussi de l'appeler pour me suivre lorsque je n'ignorais pas qu'elle était employée d'un autre côté et qu'elle ne pouvait venir.

Voilà mes principales ressources; mais je les subdivise, et j'en compose une infinité d'autres, en changeant les noms et les formes. Elles ont toutes non seulement de la vraisemblance, mais même de la vérité, quoiqu'elles soient rarement mon principal motif. Que les mouvemens de la volonté sont agiles! Que la répugnance cause de pesanteur et fait naître de difficultés! Le moindre obstacle qui favorise le dégoût est une masse de plomb attachée aux pieds qui les rend immobiles.

Vendredi, onze heures du matin.

J'ai déjà fait un paquet d'une partie de mon linge : ce n'est pas sans avoir beaucoup souffert pendant tout le temps que je viens d'employer; et je souffre encore de la seule pensée que cette précaution soit devenue nécessaire.

Lorsque vous le recevrez, aussi heureusement que je l'espère, ayez la bonté de l'ouvrir. Vous y trouverez deux autres paquets cachetés; l'un qui contient les lettres que vous n'avez pas vues, c'est-à-dire celles que j'ai reçues depuis la dernière fois que je vous ai quittée; l'autre, qui est le recueil des lettres, des copies de lettres et de tout ce que nous nous sommes écrit entre vous et moi, depuis le même temps; avec quelques autres papiers sur divers sujets, si supérieurs à moi, que je ne puis souhaiter qu'ils tombent jamais sous des yeux moins indulgens que les vôtres. Si mon jugement mûrit avec l'âge, je me déterminerai peut-être à les revoir.

Dans une troisième division, qui est aussi cachetée, vous trouverez toutes les lettres de M. Lovelace, depuis qu'on lui a interdit l'entrée de cette maison, et les copies de toutes mes réponses. J'attends de votre amitié que vous ouvrirez le dernier paquet, et qu'après avoir lu tout ce qu'il contient, vous me direz librement ce que vous pensez de ma conduite.

Remarquez en passant que je ne reçois pas un mot de cet homme-là : pas un seul mot! Ma réponse fut mise au dépôt mercredi. Elle y demeura jusqu'au lendemain. Je ne saurais vous dire à quelle heure elle fut levée hier, parce que je ne pris pas la peine de m'en instruire jusqu'au soir. Elle n'y était plus alors. Point de réplique aujourd'hui à dix heures! Je le suppose d'aussi mauvaise humeur que moi. De tout mon cœur.

Il aurait peut-être l'âme assez basse, s'il avait jamais quelque pouvoir sur moi, pour se venger des peines que je lui ai causées. Mais à présent, j'ose assurer qu'il n'en aura pas l'occasion.

Je commence à le connaître, et je me flatte que nous sommes également dégoûtés l'un de l'autre. Mon cœur est dans une tranquillité inquiète, si je puis hasarder cette expression; inquiète à cause de l'entrevue que j'appréhende avec Solmes, et des conséquences dont je suis menacée, sans quoi je serais parfaitement tranquille; car enfin je n'ai pas mérité le traitement que je reçois et si je pouvais me défaire de

Solmes, comme je crois être délivrée de Lovelace, l'influence de mon frère et de ma sœur sur mon père, ma mère et mes oncles ne durerait pas long-temps contre moi.

Vous aurez la bonté de laisser passer les cinq guinées que vous trouverez liées dans le coin d'un mouchoir, comme une petite récompense que je crois devoir aux services de votre fidèle Robert. Ne vous y opposez pas, ma chère. Vous savez que j'aime à me satisfaire sur ces bagatelles. Mon premier dessein était de vous envoyer aussi le peu que j'ai d'argent, et même une partie de mes diamans ; mais ce sont des choses portatives et que je ne puis oublier. D'ailleurs, si quelque soupçon faisait désirer de voir mes diamans, sans que je fusse en état de les montrer, ce serait une démonstration de quelque dessein, dont on ne manquerait pas de me faire un crime.

Vendredi à une heure, dans le bûcher.

Rien encore de la part que vous savez. J'ai apporté fort heureusement mon paquet jusqu'ici, et j'ai trouvé votre lettre d'hier au soir. Robert prend la mienne sans emporter le paquet, hâtez-vous de le renvoyer et de l'avertir qu'il doit le prendre aussi. De la manière dont je l'ai placé, il me semble qu'en étendant un peu le bras, il ne saurait le manquer. Vous pouvez juger, par le sujet de votre lettre, que je ne tarderai pas à vous répondre.

CLARISSE HARLOVE.

LETTRE LXVII.

MISS HOWE, A MISS CLARISSE HARLOVE.

Jeudi au soir, 30 mars.

Préparez-vous au récit de mes découvertes sur la conduite et la bassesse de votre abominable monstre, dans le misérable cabaret qu'il appelle une hôtellerie.

Les roitelets et les moineaux ne sont pas une proie indigne de cet affamé vautour. Ses assiduités, ses veilles, ses périls nocturnes, les rigueurs de la saison, qu'il brave si courageusement, ne doivent pas être mis entièrement sur votre compte. Il a trouvé des consolations pour adoucir des peines si dures : une petite créature, douce et jolie, suivant la peinture qu'on me fait, innocente jusqu'à son arrivée ; mais la pauvre petite ! qui peut dire à présent ce qu'elle est ?

Son âge, dix-sept ans à peine accomplis.

Il a d'ailleurs, pour compagnie, son ami, son camarade de débauche ; un homme de belle humeur et d'intrigue comme lui, avec lequel il ne s'ennuie pas le verre à la main ; et quelquefois un ou deux libertins, tous sous des déguisemens divers. La tristesse n'approche pas de cette bande joyeuse. N'ayez pas d'inquiétude, ma chère, pour le rhume de votre Lovelace. Il n'a pas la voix si enrouée que sa *Betsey* (1), son *bouton de rose*, comme ce misérable l'appelle, ne puisse fort bien l'entendre.

Il en est fou ; on prétend qu'elle est encore fort innocente, du moins son père et sa grand'mère en paraissent persuadés. Il veut la marier,

(1) Petit nom de fille.

dit-on, à un jeune homme du même village. Le pauvre garçon ! la pauvre et simple fille !

M. Hickman raconte qu'à la ville on le voit souvent aux spectacles avec des femmes, et chaque fois avec des femmes différentes. Ah ! ma chère amie ! Mais quand toutes ces accusations seraient autant de vérités, que vous importe ? Eussiez-vous été les meilleurs amis du monde, cet éclaircissement ne saurait manquer de produire son effet.

Monstre infâme ! se peut-il que ses soins, ses vues pour vous n'aient pas été capables de le réprimer ? Mais je vous l'abandonne ; il n'y a rien à espérer de lui. Je souhaiterais seulement, s'il était possible, d'arracher cette pauvre petite créature à ses vilaines griffes. J'ai formé un plan dans cette vue ; du moins, si je suis sûre qu'elle ait encore son innocence.

Il se fait passer pour un officier supérieur qui est obligé de se tenir à couvert après un duel, tandis que la vie de son adversaire est en danger. On le croit homme de grande qualité. Son ami passe pour un officier inférieur, avec lequel il vit familièrement. Il est accompagné d'un troisième, qui est une sorte de compagnon subordonné à l'autre. Le monstre n'a lui-même qu'un seul domestique. O ma chère ! que toute cette race de diables, pardonnez-moi l'expression, sait employer agréablement le temps pendant que notre crédulité nous rend si sensibles aux prétendus tourmens qu'ils souffrent pour nous !

Je viens d'apprendre que, sur le désir que j'en ai marqué, on me procurera l'occasion de voir le père et la fille. Je les aurai bientôt pénétrés. Il me sera facile de voir clair dans le cœur d'une jeune fille si simple, s'il ne l'a pas déjà corrompue ; et si c'en est déjà fait, il ne me sera pas moins facile de le découvrir aussi. Si je trouve dans l'un et l'autre plus d'art que de naturel, je les renverrai sur-le-champ. Mais comptez que la fille est perdue.

On dit qu'il l'aime éperdument. Il lui donne la première place à table. Il prend plaisir à la faire parler. Il ne veut pas que ses amis approchent d'elle. Elle babille de son mieux ; il admire la nature dans tout ce qu'elle dit. On l'a lui a entendu nommer une fois sa charmante petite créature. Ne doutez pas qu'il ne lui ait donné cent fois le même nom. Il l'a fait chanter ; il loue ses petits fredons rustiques. Elle est perdue, ma chère ; elle ne peut en échapper. C'est Lovelace, vous le savez. Qu'on vous amène Wyerley, si l'on est résolu de vous marier ; tout autre en un moment que Lovelace ou Solmes ; c'est l'avis

de votre ANNE HOWE.

Ma chère amie, considérez ce cabaret comme sa garnison, lui comme un ennemi ; ses camarades libertins comme ses alliés ou ses auxiliaires ; votre frère et vos oncles ne trembleraient-ils pas, s'ils savaient combien il est proche d'eux lorsqu'ils vont et viennent dans ce quartier ? Il a résolu, m'assure-t-on, que vous ne seriez pas menée chez votre oncle Antonin. Comment ferez-vous, avec ou sans cet entreprenant..... ? Remplissez le blanc que je laisse, car je ne trouve pas de terme assez odieux.

LETTRE LXVIII.

MISS CLARISSE HARLOVE, A MISS HOWE.

Vendredi, à trois heures.

Vous me remplissez tout à la fois de colère, d'indignation et de terreur ! Hâtez-vous, ma très chère amie, de grâce, hâtez-vous d'achever vos éclaircissemens sur le plus vil de tous les hommes.

Mais ne joignez jamais les termes d'innocence et de simplicité avec le nom de cette malheureuse fille. Ne doit-elle pas savoir qu'un homme de cette espèce, qui porte un air de haute condition sous toutes sortes de déguisemens, ne peut avoir de bonnes vues lorsqu'il lui fait prendre la première place, et qu'il lui donne des noms si tendres ? Une fille de dix-sept ans, simple et modeste, chanterait-elle au gré d'un inconnu, qui fait profession de dissimuler son état naturel ? Si son père et sa grand'mère étaient d'honnêtes gens qui eussent à cœur la conduite de leur fille, lui laisseraient-ils cette liberté ?

Ne pas souffrir que ses amis approchent d'elle ! Comptez que ses vues sont infâmes, s'il ne les a pas déjà remplies. Avertissez, ma chère, s'il n'est pas trop tard, avertissez ce père imprudent du danger de sa fille. Il est impossible qu'il y ait un père au monde ou une mère qui voulussent vendre la vertu d'un enfant. L'infortunée créature !

Il me tarde extrêmement d'apprendre la suite de vos informations. Vous verrez cette fille, me dites-vous. Marquez-moi ce que c'est que sa figure. *Douce et jolie*, ma chère ! Voilà de fort doux et de fort jolis termes ; mais sont-ils de vous ou de lui ? Si vous la croyez si *simple*, si *naturelle* dans ses manières et dans ses *petits fredons rustiques* (car, en vérité, ma chère, vous vous affectionnez à votre peinture), comment une fille, telle que vous la représentez, a-t-elle pu engager un homme perdu de débauche, comme je ne vois que trop à présent qu'il faut le regarder, accoutumé à toutes les intrigues des femmes de la ville, l'engager, dis-je, si fortement, et sans doute pour long-temps, puisque, après avoir perdu son innocence, elle saura suppléer par l'art à ce qui lui manque du côté de l'éducation ?

Belles espérances de réformation de la part d'un misérable libertin ! Pour tout au monde, ma chère, je ne voudrais pas qu'il me crût informée. Soyez sûre que je n'ai pas besoin de faire des résolutions. Je n'ai pas ouvert sa lettre, et je me garderai bien de l'ouvrir. Un imposteur ! un hypocrite ! avec son rhume et ses ressentimens de fièvre, qu'il a gagnés peut-être dans quelque débauche nocturne, et qui n'ont fait qu'augmenter dans la grotte du taillis.

Être déjà sur ce pied !... j'entends dans son estime, ma chère. En vérité, je ne lui dois plus qu'un parfait mépris. Je me hais moi-même de m'être trop étendue sur sa bassesse et sur sa *douce et jolie créature*. Comptez, ma chère, qu'il n'y a rien de *doux*, rien de *joli* et d'aimable, sans modestie et sans vertu.

Cet autre infâme, Joseph Leman, avait fait entendre à Betty, qui n'a pas manqué de me le dire aussitôt, que Lovelace se faisait connaître pour un méchant homme dans un lieu où, depuis quelque temps, on l'avait vu déguisé ; mais il voulait être mieux éclairci, avait-il ajouté, avant que de lui en apprendre davantage. Elle lui avait promis le secret, dans l'espérance de le faire expliquer ; c'est là-dessus que je vous ai priée de prendre vous-même des informations. Je vois à présent que les accusations de ses ennemis n'étaient que trop bien fondées. Si son but est la ruine d'une pauvre innocente, et s'il ne l'a connue qu'à l'occasion des visites qu'il a rendues au château d'Harlove, je me croirai doublement intéressée à ce qui la regarde, et j'aurai sujet aussi d'être doublement irritée contre lui. Il me semble que je le hais plus que Solmes même. Mais je ne vous dirai plus un mot de lui, lorsque vous m'aurez informée le plus promptement qu'il vous sera possible de tout ce que vous aurez découvert... parce que, jusque alors, je n'ouvrirai pas sa lettre ; et si vos explications sont telles que je me l'imagine, et que j'en suis presque sûre, je la remettrai toute fermée où je l'ai prise, et jamais je n'aurai rien à démêler avec lui. Adieu, ma très chère amie.

Clarisse Harlove.

LETTRE LXIX.

MISS HOWE, A MISS CLARISSE HARLOVE.

Vendredi à midi, 31 mars.

La justice m'oblige de ne pas tarder un moment après ma dernière lettre, et de faire porter, si je le pouvais, celle-ci sur les ailes du vent. Je crois de bonne foi que votre homme est innocent. Il me semble que, pour cette fois du moins, il doit être justifié ; et je regrette beaucoup d'avoir été trop prompte à vous communiquer mes informations par lambeaux.

J'ai vu la jeune fille. Elle est réellement très jolie, très agréable ; et, ce que vous regarderez comme un mérite plus précieux, c'est une jeune créature si innocente, qu'il faudrait être d'une méchanceté infernale pour avoir conspiré sa ruine. Son père est un homme simple et honnête, qui est fort satisfait de sa fille et de leur connaissance.

A présent que j'ai pénétré le fond de cette aventure, je ne sais si je ne devais pas craindre pour votre cœur, lorsque je vous aurai dit qu'il peut sortir quelque chose de noble de ce Lovelace.

La jeune fille doit être mariée la semaine prochaine, et c'est à lui qu'elle en aura l'obligation. Il *est résolu*, suivant le discours du père, de faire *un heureux couple, et il souhaiterait*, dit-il, *d'en faire plus d'un*. Voilà pour vous, ma chère. Comme il a pris aussi en affection le jeune homme qu'elle aime, il a fait pour elle un présent de cent guinées, qui sont entre les mains de la grand'mère, et qui répondent à la petite fortune du mari ; tandis que son compagnon, excité par l'exemple, en a donné aussi vingt-cinq, pour équiper en habits la petite villageoise.

Le pauvre homme raconte qu'à leur arrivée ils affectaient de paraître au dessous de ce qu'ils sont ; mais à présent, m'a-t-il dit en confidence, il sait que l'un est le colonel Barrow, et l'autre le capitaine Sloane. Il avoue que pendant les premiers jours le colonel s'apprivoisait assez avec sa fille ; mais que la grand'mère l'ayant supplié d'épargner une pauvre jeune innocente, il jura de ne lui donner que de bons conseils, et qu'il a tenu parole en honnête homme. La folle petite créature a reconnu que le ministre même ne lui aurait pas donné de meilleures instructions d'après la Bible. Je vous avoue qu'elle m'a plu beaucoup, et je lui ai donné sujet de ne pas regarder sa visite comme un temps perdu.

Mais, bon Dieu ! ma chère, qu'allons-nous devenir à présent ? Lovelace, non seulement réformé, mais changé en prédicateur ! Qu'allons-nous devenir ? Au fond, ma tendre amie, votre générosité est engagée maintenant en sa faveur. Fi de cette générosité ! J'ai toujours pensé qu'elle cause autant de mal aux belles âmes, que l'amour aux caractères communs. J'appréhende sérieusement que ce qui n'était qu'un *goût conditionnel* ne devienne *un goût sans condition*.

C'est comme à regret que je suis vue obligée de changer si tôt mes invectives en panégyrique. La plupart des femmes, ou celles du moins qui me ressemblent, aiment à demeurer en suspens sur un jugement téméraire, lors même qu'elles en ont reconnu la fausseté. Tout le monde n'est pas comme vous, assez généreux pour avouer une méprise. Cette rigueur à se rendre justice demande une certaine grandeur d'âme ; de sorte que j'ai poussé plus loin mes informations dans le même lieu sur la vie, les manières et toute la conduite de votre homme... dans l'espérance d'y trouver quelque chose à redire. Mais tout paraît uniforme !

Enfin, M. Lovelace sort de cette recherche avec tant d'avantage, que, s'il y avait la moindre apparence, je soupçonnerais ici quelque complot formé pour blanchir la tête d'un Maure. Adieu, ma chère.

Anne Howe.

LETTRE LXX.

MISS CLARISSE HARLOVE, A MISS HOWE.

Samedi, 1er avril.

Une censure précipitée nous expose toujours à l'inconstance dans nos jugemens ou dans nos opinions ; et ce n'est pas un effet dont on doit se plaindre, car si vous-même, ma chère, dans l'exemple présent, vous aviez eu autant de répugnance que vous le dites à reconnaître une erreur, je crois que je vous en aurais aimée beaucoup moins. Mais vous n'auriez pas prévenu de si bonne foi ma réflexion, si votre caractère n'était un des plus ingénus qu'on ait jamais vus dans une femme. Quoique M. Lovelace paraisse ici bien justifié, ses autres défauts sont en assez grand nombre pour mériter les plus sévères censures. Si j'étais avec lui dans les termes qu'il désire, je lui donnerais avis que le traître Leman n'est pas autant de ses amis qu'il le pense ; autrement, il n'aurait pas été si empressé de rapporter à son désavantage, surtout à Betty Barnes, l'affaire de la jolie villageoise. Il est vrai qu'il en fait un secret à Betty, mais il lui a promis de lui en apprendre davantage lorsqu'il serait mieux informé, et d'en parler aussi à son maître. C'est ce qui empêche cette fille de la publier, malgré l'impatience qu'elle aurait de s'en faire un nouveau mérite auprès de mon frère et de ma sœur. Elle est bien aise aussi d'obliger Joseph, qui lui tient quelques propos d'amour qu'elle ne rejette pas, quoiqu'elle se croie fort au dessus de lui. Il n'est que trop ordinaire à la plupart des femmes, lorsqu'elles n'ont pas l'occasion de s'engager dans un commerce de galanterie qui leur plaise, de prêter l'oreille du côté où leur inclination les porte le moins.

Mais, pour ne rien dire de plus de deux personnages dont j'ai fort mauvaise opinion, je dois vous avouer que comme je n'aurais jamais eu que du mépris pour M. Lovelace, s'il avait été capable d'une si basse intrigue, avec les vues qui l'amènent si près du château d'Harlove; et comme je n'ai pas laissé d'y trouver beaucoup de vraisemblance, l'éclaircissement, comme vous dites, engage ma générosité à proportion de mes craintes, et plus peut-être que je ne le devrais souhaiter. Vous me raillerez, ma chère, autant qu'il vous plaira; mais je vous demande si cet événement ne produirait pas sur vous le même effet? et puis le mérite réel de l'action... je vous proteste, ma véritable amie, que si depuis ce jour il voulait s'attacher au bien pour le reste de sa vie, je lui pardonnerais volontiers une bonne partie de ses erreurs passées, ne fût-ce qu'en faveur de la preuve que nous avons qu'il est capable d'une si bonne et si généreuse espèce de sentimens.

Vous vous imaginez bien qu'après avoir reçu votre seconde lettre, je n'ai pas fait scrupule d'ouvrir la sienne, et je n'en ferai pas non plus d'y répondre, parce que je n'y trouve aucun sujet de plainte. Il sera d'autant plus content de mes termes, que je crois lui devoir un peu de réparation pour l'injuste idée que j'ai eue de lui, quoiqu'il n'en ait pas la moindre connaissance.

Je me trouve assez heureuse que cette aventure ait été si tôt éclaircie par la diligence de vos soins; car si j'avais pu me résoudre auparavant à lui faire quelque réponse, ce n'aurait été que pour lui confirmer mes derniers adieux, et peut-être pour lui en déclarer le motif, dont j'avais été plus touchée que je ne le devais. Alors, quel avantage ne lui aurais-je pas donné sur moi, lorsqu'il en serait venu à des éclaircissemens si heureux pour lui-même?

Vous verrez quelque jour, dans sa dernière lettre, combien il est humble, avec quelle franchise il reconnaît, comme vous l'avez prédit, son impatience naturelle et toutes ses fautes. Je dois convenir que depuis les lumières que vous m'avez procurées, ce langage a une toute autre apparence. Il me semble aussi, ma chère, que sans avoir jamais vu la petite villageoise, je puis lui accorder d'être plus jolie que je n'aurais pu le croire auparavant; car la vertu est la perfection de la beauté.

Vous verrez comment il s'excuse sur ses indispositions, « de n'avoir pu venir prendre ma lettre en personne, et qu'il s'efforce de se purger là-dessus, comme il croyait que j'en ai dû ressentir quelque peine. » Je suis fâchée d'avoir contribué au dérangement de sa santé, et je veux bien m'imaginer que ses inquiétudes, pendant quelque temps, ont dû être chagrinantes pour un esprit aussi impatient que le sien. Mais, dans l'origine, il ne peut en accuser que lui-même.

Vous verrez que, dans la supposition que je lui pardonne, il est rempli d'inventions et d'expédiens pour me délivrer de la violence dont je suis menacée.

J'ai toujours dit que le premier degré, après l'innocence, est de reconnaître ses fautes, parce qu'il n'y a point de changement à se promettre de ceux qui s'étudient à les défendre. Mais vous trouverez dans cette lettre même de la hauteur jusque dans cette soumission. A la vérité, je n'y découvre aucun sujet de reproche dans les termes : cependant, je ne trouve point à son humilité l'air de cette vertu, et je ne reconnais pas qu'elle porte non plus sur ses véritables fondemens.

Il est certain qu'il est fort éloigné du vrai caractère d'un homme poli, quoiqu'on ne puisse pas dire de lui qu'il soit d'un caractère opposé. Sa politesse est celle d'un homme qui, par un défaut d'attention sur lui-même, fondé sur une indulgence excessive dans ses premiers ans, et peut-être sur trop de succès dans un âge plus avancé, a contracté une sorte de présomption, que l'habitude a changée en arrogance, et qui n'est guère compatible avec une certaine délicatesse.

La distance où vous êtes d'avis qu'il faut toujours tenir ce sexe, est une maxime fort juste. La familiarité détruit le respect; mais avec qui? Comptez, ma chère, que ce n'est pas avec un homme prudent, généreux et capable de reconnaissance.

Je conviens qu'en voulant éviter un excès, il est difficile de ne pas tomber dans un autre. De là vient peut-être que M. Lovelace regarde comme la marque d'une grande âme de donner plus à son orgueil qu'à sa délicatesse. Mais est-ce un homme profond qui ne sait pas faire des distinctions de cette nature; tandis qu'avec des qualités médiocres elles n'échappent point au commun des hommes?

Il se plaint amèrement « de ma facilité à m'offenser et à le congédier pour jamais. Je lui pardonnerai, me dit-il, s'il ose me représenter que cette conduite est d'une hauteur extrême, et qu'elle est fort éloignée de pouvoir contribuer à diminuer ses craintes sur l'effet des persécutions de mes proches en faveur de M. Solmes. »

Vous verrez qu'il fait dépendre de moi toutes ses espérances de bonheur pour ce monde et pour l'autre. Ses vœux et ses promesses sont d'une ardeur, qu'il me semble que le cœur seul peut dicter. Quelle autre marque aurait-on jamais pour juger du cœur des hommes?

Vous verrez aussi qu'il est déjà informé de l'entrevue que j'ai promise à M. Solmes, et dans quels termes sa douleur s'exprime. Mon dessein est de lui expliquer ce que je pense des viles moyens qu'il emploie pour être si tôt instruit de ce qui se passe dans notre famille. Si les cœurs honnêtes ne s'élèvent pas contre les actions qui blessent l'honnêteté, qui prendra soin de les réprimer, du moins par la honte?

Vous verrez avec quelles instances passionnées il me demande « au moins quelques lignes avant le jour de mon entrevue avec Solmes, pour le soutenir dans l'espérance que ce n'est pas mon ressentiment qui me dispose à bien traiter un odieux rival. Je dois lui pardonner, dit-il, de revenir tant de fois à cette crainte; surtout si je considère que la même faveur lui a été refusée, et que mes proches ne l'auraient pas désirée avec tant d'ardeur, s'ils ne s'en promettaient pas beaucoup de fruit. »

Samedi, 1er avril.

Ma réponse est partie. Je lui marque naturellement « que j'étais dans la résolution de n'écrire jamais un mot de plus à un homme capable de s'emporter contre tout mon sexe et contre moi, parce que j'ai cru à propos de faire usage de mon jugement;

» Que si je me suis soumise à cette entrevue avec M. Solmes, c'est par un simple mouvement d'obéissance pour faire connaître à mes amis que je suis disposée à la soumission dans tout ce qui ne surpasse pas mes forces, et que je ne suis pas sans espérance de voir abandonner son entreprise à M. Solmes, lorsqu'il aura reconnu combien je suis déterminée à le rejeter;

» Que mon aversion pour lui est trop sincère pour me laisser, dans cette occasion, la moindre défiance de moi-même ; mais que M. Lovelace ne doit pas s'attribuer l'honneur du sacrifice ; que si mes amis m'abandonnent seulement à moi-même, j'attache un trop grand prix à ma liberté et à mon indépendance, pour les soumettre à un homme si impérieux qui m'apprend d'avance à quoi je devrais m'attendre s'il avait quelque empire sur moi.

» Je lui déclare à quel point je désapprouve les moyens qu'il emploie pour se faire informer de ce qui se passe dans le sein d'une famille. J'ajoute que le prétexte de corrompre les domestiques d'autrui, par voies de représailles pour les espions qu'on a placés près de lui, n'est qu'une misérable excuse, une bassesse justifiée par une autre bassesse ; que de quelque manière qu'il plaise à chacun d'interpréter ses propres actions, il y a des règles indépendantes qui constituent le droit et le tort. Condamner une injustice et se croire autorisé à la payer d'une autre, qu'est-ce autre chose que répandre une corruption générale ? S'il n'y a pas un point où quelqu'un s'arrête, après s'être fait beaucoup de mal tour à tour, il faut dire adieu nécessairement à toute vertu. Pourquoi ne serait-ce pas moi, doit penser une belle âme, qui m'arrêterai la première à ce point ?

» Je lui laisse à juger si, mesuré par cette règle, il a droit de se mettre au rang des belles âmes ; et si, connaissant l'impétuosité de son caractère et le peu d'apparence qu'il parvienne jamais à se réconcilier avec ma famille, je dois flatter ses espérances ?

» Je lui dis que tous ces défauts et toutes ces taches ne peuvent me faire désirer que, pour son seul avantage, de le voir dans des principes plus justes et plus naturels, et que j'ai un véritable mépris pour un grand nombre de libertés qu'il est en possession de s'accorder ; que nos caractères, par conséquent, sont extrêmement opposés, et qu'à l'égard de ses promesses de réformation, tant d'aveux qui ne sont suivis d'aucun changement réel, ne sont pour moi qu'un langage spécieux, qu'il lui est bien plus aisé de tenir que de justifier ou de corriger ses erreurs ; que j'ai appris depuis peu (en effet, je l'ai su de Betty qui le tient de mon frère) qu'il prend quelquefois la folle liberté de déclamer contre le mariage ; je lui en fais un reproche fort vif, et je lui demande dans quelle vue il peut s'abandonner à ces indignes railleries, et penser en même temps à m'adresser ses soins ?

» Si je suis obligée, lui dis-je, de me rendre chez mon oncle Antonin, il n'en doit pas conclure que je serai nécessairement mariée à M. Solmes ; parce qu'au contraire j'aurai moins à combattre dans mon propre cœur, pour m'échapper d'une maison où je serai menée malgré moi, que pour abandonner celle de mon père ; et, dans les plus fâcheuses suppositions, je trouverai le moyen de tenir mes persécuteurs en suspens jusqu'à l'arrivée de M. Morden, qui aura droit, si je l'exige, de me mettre en possession de l'héritage de mon grand-père. »

Il y a peut-être un peu d'artifice dans cette conclusion. Ma principale vue est de lui faire abandonner ses projets de violence ; car, au fond, si je suis enlevée d'ici avec connaissance, ou peut-être sans aucun sentiment, et livrée à l'empire de mon frère et de ma sœur, j'espère peu qu'ils n'emploient pas la force pour m'engager à M. Solmes. Sans cette crainte funeste, si je pouvais me promettre de gagner du temps, soit par des prétextes bien ménagés, soit pour dernière ressource, en prenant quelque chose de nuisible à ma santé, je me garderais bien de penser jamais à quitter la maison même de mon oncle. Comment accorder avec mes principes une démarche qui blesserait, après tout, l'obéissance que je dois à mon père, dans quelque lieu qu'il lui plaise de me placer?

Mais, tandis que vous me donnez la charmante espérance que, pour éviter d'être à l'un des deux prétendans, je ne serai pas dans la nécessité de m'abandonner à la famille de l'autre, je ne crois pas mes affaires absolument désespérées.

Je ne vois personne de la mienne, et je ne reçois de la part de personne aucune marque d'amitié ou d'attention. N'en dois-je pas conclure qu'ils n'attendent pas eux-mêmes beaucoup d'effet de cette conférence de mardi, à laquelle je ne puis penser sans effroi? La présence de mon oncle Antonin n'est pas ce que j'avais de plus favorable à souhaiter, mais je la préfère à celle de mon père ou de ma sœur. Mon oncle est fort impétueux dans sa colère. Je ne crois pas que M. Lovelace puisse l'être davantage. Il ne peut avoir du moins l'air aussi terrible que mon oncle, qui a les traits plus rudes. Ces favoris de la fortune maritime, qui n'ont jamais connu d'autre obstacle que la fureur des flots, et qui mettent même leur gloire à la braver, font quelquefois autant de bruit que les vents qu'ils sont accoutumés à combattre.

Je m'imagine que M. Solmes et moi nous aurons, l'un devant l'autre, l'air de deux fous, s'il est vrai, comme mon oncle Harlove me l'écrit, et comme Betty me le répète souvent, qu'il craigne autant ma vue que je redoute la sienne.

Adieu, mon heureuse amie, heureuse, trois fois heureuse, de ne voir aucune condition dure attachée à votre devoir, et de n'avoir qu'à suivre un choix que votre mère a fait pour vous, et contre lequel vous n'avez point et vous ne sauriez avoir de juste objection; à moins que ce n'en soit une que ce choix ne vienne pas de vous. La corruption de la nature nous révolte contre tout ce qui a l'air d'autorité; mais il faut convenir que le feu de la jeunesse est moins propre que la maturité de l'âge et l'expérience à faire un bon choix pour nous-mêmes; en un mot, tout ce qui manque à votre bonheur, c'est de le connaître ou de ne pas l'empoisonner par des réflexions sur un temps où vous avez eu le pouvoir de choisir, quoiqu'il y ait beaucoup d'apparence qu'en vous consultant bien vous-même vous n'en eussiez pas fait d'autre usage.

CLARISSE HARLOVE.

LETTRE LXXI.

MISS HOWE, A MISS CLARISSE HARLOVE.

Dimanche, 2 avril

J'aurais dû, pour votre tranquillité, vous avertir hier que j'ai reçu votre paquet. Robert m'a dit que votre traître de Leman l'avait aperçu dans l'allée Verte, et qu'après lui avoir demandé ce qui l'amenait dans ce lieu, il avait ajouté, sans lui laisser le temps de répondre : — Hâtez-vous, monsieur Robert, et ne perdez pas un moment à vous retirer!

Vous ne devez pas douter que vous n'ayez l'obligation de la liberté qu'on vous laisse dans vos promenades, à la confiance que votre frère a pour ce personnage et pour Betty; mais vous êtes la seule au monde qui, dans des circonstances de cette nature, n'ait pas quelque domestique intelligent, sur la fidélité duquel elle puisse se reposer. Un poëte, ma chère, n'introduirait pas une Angélique sans lui donner une confidente relevée par quelque joli nom, ou du moins une vieille nourrice.

J'ai lu à ma mère plusieurs endroits de vos lettres; mais rien n'a fait tant d'impression sur elle que le dernier article de celle d'hier, elle en est charmée : elle m'a dit qu'il lui était impossible de vous refuser son cœur. J'allais profiter de cet heureux moment pour lui faire ma proposition, et la presser avec toute l'ardeur dont je suis capable, lorsque l'agréable Hickman est entré en faisant ses révérences et tirant tour à tour son jabot et ses manchettes. Je lui aurais joué volontiers le cruel tour de les chiffonner, mais saisissant une autre idée pour lui marquer mon chagrin : — N'y a-t-il donc ici personne? ai-je dit ; et depuis quand entre-t-on sans se faire annoncer? Il m'a demandé pardon. Il est demeuré dans le dernier embarras, incertain s'il devait tenir bon ou se retirer. Ma mère, avec sa pitié ordinaire, a remarqué qu'après tout nous n'avions rien de secret, et l'a prié de s'asseoir. Vous connaissez sa respectueuse hésitation, lorsqu'il est une fois décontenancé. — Avec... votre... permission, mademoiselle? dit-il en s'adressant à moi. — Eh! oui, oui, monsieur, asseyez-vous, si vous êtes fatigué; mais que ce soit, s'il vous plaît, près de ma mère; j'aime que mon panier ait toute sa rondeur, et je ne sais à quoi cet incommode ajustement est bon, si ce n'est à nettoyer les souliers sales, et tenir dans l'éloignement les gens incivils. — Étrange fille! s'est écriée ma mère, d'un air assez mécontent ; et prenant un ton plus doux pour lui : — Oui, monsieur Hickman, asseyez-vous près de moi; je n'ai point de ces folles parures qui empêchent les honnêtes gens de s'approcher.

J'ai pris un visage sérieux, et j'étais bien aise au fond du cœur que ce discours de ma mère ne s'adressât point à votre oncle Antonin.

Avec sa liberté de veuve, elle n'aurait pas manqué, j'en suis sûre, de ramener fort prudemment le premier sujet de notre entretien et de vouloir montrer, même à son favori, l'article de votre lettre qui est si fort en sa faveur. Elle avait déjà commencé à lui dire qu'il avait beaucoup d'obligation à miss Clarisse, et qu'elle pouvait l'en assurer. Mais j'ai demandé aussitôt à M. Hickman s'il n'avait rien appris de nouveau par ses dernières lettres de Londres. C'est une question par laquelle je suis accoutumée à lui faire entendre que je souhaite de changer de sujet. Je ne la lui fais jamais que dans cette vue; et pourvu qu'il se taise alors, je ne suis pas fâchée qu'il ne me réponde pas.

Je n'étais pas d'avis de faire devant lui l'ouverture de ma proposition, sans savoir un peu mieux comment elle sera reçue de ma mère ; parce que si je ne la trouve pas bien disposée, je le regarde lui-même comme une ressource que je veux employer dans cette occasion. D'un autre côté, je ne me soucie pas beaucoup de lui avoir obligation, si je puis l'éviter. Un homme qui a des vues telles que les siennes, fait l'important et prend un air si affairé, lorsqu'une femme consent à l'employer, qu'il fait perdre patience. Mais si je ne trouve pas aujourd'hui l'occasion de m'expliquer, je la ferai naître demain.

Pourquoi voudriez-vous que j'ouvrisse le paquet dans votre absence? Votre conduite n'a pas besoin d'être justifiée à mes yeux; et par les extraits que vous m'avez fait plusieurs fois des lettres de Lovelace et des vôtres, vous m'avez fort bien informée où vous en êtes avec lui. J'allais vous exercer un peu, par quelques mauvaises plaisanteries de mon goût; mais puisque vous souhaitez qu'on vous croie supérieure à tout notre sexe dans l'art de vous maîtriser vous-même, et que vous méritez en effet qu'on ait cette opinion de vous, je veux vous épargner. Convenez néanmoins que vous avez été quelquefois prête à m'ouvrir votre cœur, et que si vous êtes arrêtée, c'est par un peu de mauvaise honte, qui vous reste à combattre. Vous achèverez de la vaincre, et vous me ferez la grâce alors de vous expliquer sans aucun déguisement.

Je ne puis vous pardonner l'excès de votre libéralité pour un homme déjà trop heureux de vous avoir servie. Une année de ses gages! y pensez-vous? Je crains que vous ne causiez sa ruine. Son argent lui fera trouver l'occasion de se marier dans le voisinage; peut-être avant trois mois aura-t-il raison d'attribuer son malheur à vos bienfaits. Il faut *vous laisser*, dites-vous, *la liberté de vous satisfaire sur ces bagatelles*. Oui, je sais fort bien que là-dessus on perd sa peine à vous contredire. Vous avez toujours attaché trop de prix aux moindres services qu'on vous rend, et trop peu à ce que vous faites de plus important pour autrui. Il est vrai qu'on est payé de tout, par la satisfaction qu'on y prend. Mais pourquoi voudriez-vous que la noblesse de votre âme devînt un sujet de reproche pour tout le genre humain; pour votre famille du moins, et pour la mienne aussi? Si c'est une excellente règle, comme je vous l'ai entendu dire, de *prêter l'oreille aux paroles, mais de ne former nos jugemens que sur les actions*, que faut-il penser d'une jeune personne qui s'étudie dans ses paroles à chercher des palliatifs et des excuses pour la bassesse de ceux mêmes qu'elle condamne par ses actions? Vous devriez rougir, ma chère, au milieu d'une nombreuse famille, d'y paraître si singulière. Lorsque vous aurez rencontré quelqu'un dont l'âme ressemble à la vôtre, déployez hardiment toutes vos grandes qualités; mais jusque alors il me semble que par pitié pour autrui, vous devez accoutumer votre esprit et votre cœur à souffrir un peu de contradiction.

Je ne m'étais proposé de vous écrire que deux lignes, dans le seul dessein de vous rendre tranquille sur le sort de votre paquet, et mon papier néanmoins se trouve rempli. Quel moyen de retenir ma plume sur un sujet aussi cher et aussi fertile que vos louanges! Pour vous punir de cette *bagatelle* que je vous reproche, et dont je suis très sérieusement irritée, je regrette que l'espace manque au désir que j'aurais de relever tant de belles actions qui forment comme le tissu de votre vie, et dont celle-ci n'est qu'un exemple ordinaire. L'idée me plaît. C'est une voie dont je veux faire l'essai quelque jour, d'intéresser votre modestie à modérer l'excès de vos autres vertus.

ANNE HOWE.

LETTRE LXXII.

MISS CLARISSE HARLOVE, A MISS HOWE.

Dimanche au soir, 2 avril.

Quel détail j'ai à vous faire, ma chère amie, et que je vais vous causer d'admiration par le changement qui est arrivé dans la conduite de mes amis! Je n'aurais jamais cru qu'il y eût tant d'art parmi nous que j'en découvre. Ce récit ne demande pas d'autre ordre que celui des événemens.

Toute la famille était ce matin à l'église. Ils en ont ramené le docteur Lewin, après l'avoir fait inviter à venir dîner au château... Peu de momens après son arrivée, le docteur m'a fait demander la permission de me voir dans mon appartement. Vous croyez sans peine qu'elle n'a point été refusée.

Il est monté. Sa visite a duré près d'une heure; mais ce qui n'a pu manquer de me surprendre, il a pris soin d'éviter tout ce qui pouvait le conduire au sujet dont j'avais supposé qu'il était venu m'entretenir. Enfin je lui ai demandé si l'on ne trouvait pas étrange que je ne parusse plus à l'église. Il m'a fait là-dessus un compliment fort civil; mais il avait toujours eu pour règle, m'a-t-il dit, de ne pas entrer dans les affaires des familles, s'il n'y était appelé.

Rien n'étant plus contraire à mon attente, je me suis imaginée que dans l'opinion qu'on a de sa justice, on n'avait osé porter ma cause à son tribunal, et je n'ai rien ajouté qui pût nous rappeler au même sujet. Lorsqu'on est venu l'avertir que le dîner était servi, il n'a pas marqué, par le moindre étonnement, qu'il fît attention que je ne descendais pas avec lui.

C'est la première fois, depuis mon emprisonnement, que j'ai regretté de ne pas dîner en bas. En le conduisant jusqu'à l'escalier, une larme s'est ouvert un passage malgré moi. Il s'en est aperçu, et son bon naturel le trahissant jusqu'à mouiller aussi ses yeux, il s'est hâté de descendre sans prononcer un seul mot, dans la crainte, sans doute, de me faire connaître son attendrissement par l'altération de sa voix. J'ai été l'oreille assez soigneusement, pour lui entendre louer non seulement les bonnes qualités qu'il m'attribue, mais surtout la part que j'avais eue à notre conversation; et j'ai supposé qu'ayant été prié de ne pas m'entretenir du sujet de mes peines, il voulait faire voir qu'il avait évité de toucher cet intéressant article.

Je suis demeurée si mécontente, et tout à la fois si surprise de cette nouvelle méthode, que je ne me suis jamais trouvée dans le même embarras; mais d'autres scènes étaient prêtes à l'augmenter. Ce jour devait être pour moi un jour d'événemens mystérieux, et liés néanmoins avec l'avenir, car je ne puis douter que sous ces voiles on ne cache des vues fort importantes.

Dans l'après-midi, tout le monde, à l'exception de mon frère et de ma sœur, est allé à l'église avec le docteur, qui a laissé des complimens pour moi. Je suis descendue au jardin. Mon frère et ma sœur, qui s'y promenaient aussi, m'ont observée assez long-temps, affectant de se tenir sous mes yeux, dans la vue, si je ne me trompe, de me rendre témoin de leur gaîté et de leur bonne intelligence. Enfin ils sont entrés dans l'allée d'où j'étais prête à sortir, les mains l'un dans celle de l'autre, comme deux tendres amans. — Votre serviteur, miss. — Votre servante, monsieur. C'est tout ce qui s'est passé entre mon frère et moi. — Ne trouvez-vous pas l'air un peu froid, Clary? m'a demandé ma sœur d'un ton assez doux, et s'arrêtant devant moi. Je me suis arrêtée aussi, et je lui ai rendu une profonde révérence pour la sienne, qui n'en était qu'une demie. — Je ne m'en aperçois pas, ma sœur, lui ai-je répondu. Elle s'est remise à marcher. Je lui ai fait une autre révérence, et j'ai continué ma promenade vers ma volière ; mais prenant tous deux un chemin plus court, ils y sont arrivés avant moi. — Vous devriez, Clary, m'a dit mon frère, me faire présent de quelques uns de vos oiseaux pour ma basse-cour d'Écosse? — Ils sont à votre service, mon frère. — Je vais choisir pour vous, a dit ma sœur ; et, tandis que je leur jetais à manger, ils en ont pris une demi-douzaine. J'ignore quel était leur dessein, et s'ils en ont eu d'autre que de montrer devant moi beaucoup de bonne humeur et d'affection mutuelle.

Après le service divin, mes oncles ont pensé aussi à me donner quelque signe d'attention. Ils m'ont fait avertir par Betty qu'ils voulaient prendre le thé avec moi, dans mon propre appartement. — C'est à présent, me suis-je dit à moi-même, que les préliminaires vont commencer pour mardi. Cependant ils ont changé l'ordre du thé, et mon oncle Jules est le seul qui soit monté chez moi.

L'air dont il est entré tenait également de la froideur et de l'affection. Je me suis avancée avec empressement, et je lui ai demandé sa faveur. — Point de crainte, m'a-t-il dit, point d'inquiétude, ma nièce ; soyez sûre désormais de la faveur de tout le monde ; nous touchons à l'heureuse fin, chère Clary J'étais impatient de vous voir. Je ne pouvais me refuser plus long-temps cette satisfaction. Et m'embrassant, il m'a nommée sa charmante nièce.

Cependant il a constamment évité de toucher au point intéressant. — Tout va prendre une face nouvelle. Tout va s'arranger heureusement. Les plaintes vont finir. Vous êtes aimée de tout le monde. J'ai voulu d'avance vous faire ma cour, c'est son expression obligeante ; vous voir, vous dire mille choses tendres. Le passé doit être oublié comme s'il n'était jamais arrivé.

J'ai hasardé quelques mots sur le déshonneur que je recevais de ma prison. Il m'a interrompue : — Du déshonneur? ma chère. Ah! ce ne sera jamais votre partage ; votre réputation est trop bien établie. Je mourais d'envie de vous voir, a-t-il répété ; je n'ai vu personne de moitié si aimable, depuis cette longue séparation.

Il a recommencé à baiser mes joues, que je sentais brûlantes de chagrin et d'impatience. Je ne pouvais soutenir d'être jouée si cruellement. De quelle reconnaissance étais-je capable pour une visite qui ne me semblait qu'une ruse trop humble, dans la vue de m'engager adroitement pour mardi, ou de me faire paraître inexcusable aux yeux de tout le monde? O frère artificieux ! je reconnais tes inventions. Là-dessus, ma colère me faisait rappeler son triomphe et celui de ma sœur, lorsqu'ils avaient affecté de me suivre, de se marquer tant d'amitié, et qu'en me nommant Clary et leur sœur avec une condescendance forcée, j'avais cru voir dans leurs yeux plus d'aversion que de tendresse. Croyez-vous qu'avec ces réflexions j'aie pu regarder la visite de mon oncle comme une grande faveur? J'en ai jugé comme je le devais ; et, le voyant attentif à prévenir toutes sortes d'explications, j'ai affecté de suivre son exemple et de ne lui parler que de choses indifférentes. Il a continué sur le même ton, observant tout ce qui était autour de moi, tantôt un de mes petits ouvrages, tantôt un autre, comme s'il les eût vus pour la première fois, baisant par intervalles la main qui les avait peints ou brodés ; moins pour les admirer que pour écarter, par cette diversion, ce qu'il avait de plus présent dans l'esprit, et moi dans le cœur.

En sortant, il a paru comme frappé d'une réflexion qui lui survenait. — Comment puis-je vous laisser ici, ma chère, vous dont la présence répand la joie dans cette maison? Il est vrai qu'on ne vous attend point en bas ; mais je suis tenté de surprendre votre père et votre maman... si je croyais du moins qu'il n'arrivât rien de désagréable ! Ma nièce, ma chère Clary, qu'en dites-vous? (Auriez-vous cru, chère miss Howe, que mon oncle fût capable de cette dissimulation?) Voulez-vous descendre avec moi? Voulez-vous voir votre père? Auriez-vous le courage de soutenir son premier mécontement à la vue d'une chère fille, d'une chère nièce, qui a causé tant d'embarras à tout le monde? Pouvez-vous promettre que l'avenir...

Il s'est aperçu que ma patience commençait à se lasser. — Au fond, ma chère, a-t-il repris, si vous ne vous sentez pas encore une parfaite résignation, je ne voudrais pas vous engager dans une démarche...

Mon cœur, partagé entre le respect et le ressentiment, était si plein, que j'avais peine à respirer. Vous savez, ma chère amie, que je n'ai jamais pu supporter d'être bassement traitée.

— Eh quoi! monsieur, lui ai-je dit, en exclamations entrecoupées, vous, mon oncle! vous! comment se peut-il, monsieur... comment pouvez-vous... Votre pauvre amie, ma chère, n'a pas eu la force de donner plus de liaison à ses idées.

— J'avoue, chère Clary, a répondu mon oncle, que si vous n'êtes pas déterminée à la soumission, le meilleur parti est de demeurer où vous êtes; mais après le témoignage que vous avez donné...

— Le témoignage que j'ai donné! Quel témoignage, monsieur?

— Eh bien! eh bien! chère nièce, si vous êtes si sensible au chagrin d'avoir été renfermée, il vaut mieux demeurer encore où vous êtes. Mais cette petite disgrâce finira bientôt. Adieu, ma chère Clary. Je n'ajoute que deux mots! Soyez sincère dans votre soumission, et continuez de m'aimer comme vous avez toujours fait ; je vous réponds que les bienfaits de votre grand-père ne surpasseront pas les miens.

Il s'est hâté de descendre, sans me laisser le temps de répliquer, comme dans la joie d'être échappé et d'avoir fini son rôle. Ne voyez-vous pas, ma chère, à quel point ils sont déterminés, et combien j'ai raison de trembler pour mardi? Il est évident pour moi, qu'ils croient avoir obtenu quelque avantage par le consentement que j'ai donné à cette entrevue. Quand il m'en serait resté quelque doute, les nouvelles impertinences de Betty achèveraient de le détruire. Elle ne cesse de me complimenter sur ce qu'elle appelle le grand jour, et sur la visite de mon oncle. — Les difficultés, dit-elle, sont plus d'à demi vaincues. Elle est sûre que je n'aurais pas consenti à voir M. Solmes, si je n'étais résolue de l'accepter. Elle va se trouver plus d'occupations qu'elle n'en a eu depuis quelque temps. Les préparatifs de noce lui plaisent beaucoup. Qui sait si mon mariage ne sera pas bientôt suivi d'un autre?

J'ai trouvé, dans le cours de l'après-midi, une réplique de M. Lovelace à ma dernière réponse. Elle est remplie de promesses, remplie de reconnaissance, d'*éternelle* reconnaissance ; c'est son expression favorite, entre plusieurs autres qui ne sentent pas moins l'hyperbole. Cependant, de toutes les lettres d'homme que j'ai vues, les siennes sont celles où j'ai trouvé le moins de ces magnifiques absurdités. Je n'en aurais pas plus d'estime pour lui, s'il affectait d'en employer beaucoup. Ce langage me paraît d'un esprit borné, qui croit une femme folle ou qui espère de la rendre telle.

« Il se plaint de mon indifférence, qui ne lui permet de fonder l'espoir de me faire agréer ses soins, que sur les mauvais traitemens que je reçois de mes amis. Au reproche que je lui ai fait de son caractère impétueux, il répond que, dans l'impossibilité absolue de se justifier, il a trop d'ingénuité pour l'entreprendre : que je le rends muet d'ailleurs, par une interprétation trop dure, qui me fait attribuer l'aveu de ses défauts à l'indifférence que je lui suppose pour sa réputation, plutôt qu'au désir de se corriger ; qu'entre les objections qu'on a répandues jusqu'à présent contre ses mœurs, il n'en connaît point encore de justes ; mais que désormais il est résolu de les prévenir. Quelles sont ses promesses, demande-t-il ? C'est de se réformer par mon exemple : et quelle occasion aurait-il de les remplir, s'il n'avait point de vices, ou du moins de vices considérables à réformer ! Il espère que l'aveu de ses fautes ne passera aux yeux de personne pour un mauvais signe, quoique ma sévère vertu m'en ait fait prendre cette idée.

» Il est persuadé qu'à la rigueur mon reproche est juste, sur les intelligences qu'il entretient par voie de représailles jusque dans le sein de ma famille. Aussi son caractère ne le porte-t-il guère à pénétrer dans les affaires d'autrui. Mais il se flatte que les circonstances peuvent le rendre excusable, surtout lorsqu'il est devenu si important pour lui de connaître les mouvemens d'une famille déterminée à l'emporter contre moi, par le motif d'une injuste animosité qui ne regarde que lui. Pour se conduire avec la vertu d'un ange, dit-il, il faut avoir à faire à des anges : il n'a point encore appris la difficile leçon de rendre le bien pour le mal ; et s'il doit l'apprendre quelque jour, ce ne sera point par les traitemens que je reçois de certains esprits, qui prendraient plaisir, s'il s'abaissait devant eux, à le fouler aux pieds comme moi.

» Il s'excuse assez mal sur la liberté avec laquelle il lui est arrivé quelquefois de tourner en ridicule l'état du mariage. C'est une matière, dit-il, qu'il n'a pas traitée depuis quelque temps avec si peu de respect. Il reconnaît d'ailleurs qu'elle est rebattue, triviale ; que c'est un lieu commun si vide de sens et si usé, qu'il meurt de honte de s'y être quelquefois arrêté. Il le traite de raillerie stupide contre les lois et le bon ordre de la société, qui rejaillit sur les ancêtres du mauvais plaisant ; et plus criminelle encore dans un homme tel que lui, qui ne peut faire valoir son origine et ses alliances, que dans ceux qui n'ont pas la même obligation à leur naissance. Il me promet de s'observer plus soigneusement dans ses paroles et dans ses actions, pour devenir plus digne de mon estime, et pour me convaincre, que s'il a jamais le bonheur auquel il aspire, les fondemens se trouveront jetés dans son âme, pour l'édifice d'honneur et de vertu que j'y élèverai par mon exemple.

» Il me regarde comme perdue sans ressource, si je suis une fois menée chez mon oncle. Il représente avec les plus sombres couleurs la situation du lieu, les fossés qui l'environnent, la chapelle, l'animosité implacable de mon frère et de ma sœur, leur empire sur tout le reste de ma famille ; et ce qui ne m'effraie pas moins, il me fait entendre ouvertement qu'il périra plutôt que de m'y laisser conduire. »

Vos obligeantes, vos généreuses sollicitations, ma chère amie, me feront trouver, dans la faveur de votre mère, l'unique moyen d'éviter des extrémité si cruelles. Je fuirai sous sa protection, si sa bonté l'y fait consentir. J'exécuterai toutes mes promesses. Je n'entretiendrai point de correspondances. Je ne vous quitterai pas un moment, je ne verrai personne. Il faut que je ferme ma lettre et qu'elle parte sur-le-champ. Hélas! il n'est pas nécessaire de vous dire que je suis toute à vous.

Clarisse Harlove.

LETTRE LXXIII.

MISS CLARISSE HARLOVE, A MISS HOWE.

Lundi, 3 avril.

Grâce aux soins de votre amitié, mes papiers sont en sûreté entre vos mains. Je veux m'efforcer de mériter votre estime pour ne pas faire déshonneur tout à la fois à votre jugement et à mon cœur.

Il m'est venu une nouvelle lettre de M. Lovelace, qui paraît furieusement alarmé de l'entrevue que je dois avoir demain avec M. Solmes. — Les airs, me dit-il, que ce misérable prend déjà droit de se donner à cette occasion, augmentent beaucoup son inquiétude; et c'est avec une peine extrême qu'il s'abstient de le voir, pour lui faire connaître à quoi il doit s'attendre si la violence est employée en sa faveur. Il m'assure que Solmes a déjà traité avec les marchands pour des équipages, et que, dans le nouvel ordre de sa maison (avez-vous jamais rien entendu de si horrible?), il a marqué tel et tel appartement pour une nourrice, et pour d'autres domestiques qu'il me destine.

Comment prendrai-je sur moi d'entendre des propos d'amour de la bouche de ce monstre? La patience m'échappera sans doute. D'ailleurs, je n'aurais pas cru qu'il eût osé se vanter de ces impudens préparatifs, tant il s'accorde peu avec les vues de mon frère. Mais je me hâte de quitter un sujet si révoltant.

L'audacieuse confiance de Solmes vous fera lire avec moins d'étonnement celle de Lovelace, qui me presse ouvertement, au nom de toute sa famille, de me dérober aux violences dont je suis menacée chez mon oncle, et qui me propose un carrosse de milord M... à six chevaux, qui m'attendra derrière l'enclos, à la barrière qui conduit au taillis. Vous verrez avec quelle hardiesse il parle d'articles déjà dressés, d'escorte prête à monter à cheval, et d'une de ses cousines qui doit se trouver dans le carrosse, ou dans le village voisin, pour me conduire chez son oncle ou chez ses tantes, ou jusqu'à Londres, si c'est le parti pour lequel je me détermine, sous toutes les conditions et les restrictions que je jugerai à propos de lui prescrire. Vous verrez avec quel air de fureur il menace de veiller nuit et jour, et d'employer la force armée pour m'arracher à ceux qui entreprendront de me conduire chez mon oncle, et cela, soit que j'y consente ou non, parce qu'il regarde ce voyage comme la ruine absolue de ses espérances.

O chère amie! qui pourrait penser à cet étrange appareil, sans être extrêmement misérable par sa douleur et par ses craintes? Sexe dangereux! Qu'avais-je à démêler avec aucun homme, ou les hommes avec moi? Je ne mériterais la pitié de personne, si c'était par ma faute, par ma propre légèreté, que je me fusse jetée dans cette situation. Combien ne souhaiterais-je pas... mais que servent les souhaits, dans l'extrémité du malheur, lorsqu'on ne voit pas le moyen d'en sortir?

Cependant la bonté de votre mère est une ressource sur laquelle je compte encore. Si je puis seulement éviter de tomber dans les mains de l'un ou de l'autre jusqu'à l'arrivée de M. Morden, la réconciliation sera aisée, et tout pourra se terminer heureusement.

J'ai fait une réponse à M. Lovelace, dans laquelle je lui recommande, s'il ne veut pas rompre avec moi pour jamais, d'éviter toutes les démarches téméraires, et de ne pas rendre de visite à M. Solmes, qui puisse devenir l'occasion de quelque violence. Je lui confirme que je perdrai plutôt la vie que de me voir la femme de cet homme-là. Mais, quelque traitement que je reçoive, et quelles que puissent être les suites de l'entrevue, j'exige que jamais il n'emploie les armes contre aucun de mes amis ; et je lui demande sur quel fondement il se croit autorisé à disputer le droit à mon père de me faire conduire chez mon oncle ? J'ajoute néanmoins que je n'épargnerai ni les prières ni l'invention, jusqu'à me procurer quelque maladie volontaire pour me dispenser de ce fatal voyage.

C'est demain mardi. Que les ailes du temps sont légères ! que le jour qu'on redoute arrive toujours rapidement ! Je souhaiterais qu'un profond sommeil pût s'emparer de mes sens pendant vingt-quatre heures. Mais demain n'en serait pas moins mardi, avec toutes les horreurs dont je crains qu'il ne soit accompagné. Si vous recevez cette lettre avant que le nuage soit éclairci, je vous demande le secours de vos prières.

Clarisse Harlove.

LETTRE LXXIV.

MISS CLARISSE HARLOVE, A MISS HOWE.

Mardi matin, à six heures.

Le jour est venu. Que n'est-il heureusement fini ! J'ai passé une fort mauvaise nuit. A peine ai-je fermé l'œil un moment, sans cesse occupée de l'entrevue qui s'approche. La distance du temps, à laquelle on a bien voulu consentir, donne à l'assemblée un air solennel, qui augmente mes alarmes. Comptez qu'un esprit capable de réflexion n'est pas toujours un avantage digne d'envie ; à moins qu'il ne soit accompagné d'une heureuse vivacité telle que la vôtre, qui fait jouir du présent sans s'inquiéter trop de l'avenir.

Mardi, à onze heures.

J'ai reçu une visite de ma tante Hervey. Betty, avec son air mystérieux, m'avait dit que j'aurais à l'heure du déjeûner une dame que j'attendais peu, en me donnant lieu de croire que ce serait ma mère. Cet avis m'avait tellement émue, qu'un quart d'heure après, lorsque j'ai entendu les pas d'une femme, que j'ai prise effectivement pour elle, ne pouvant expliquer les motifs de sa visite après une si longue séparation, j'ai laissé voir à ma tante toutes les marques d'un extrême désordre.

— Quoi ! miss, m'a-t-elle dit en entrant, vous paraissez surprise ! En vérité, pour une fille d'esprit, vous vous faites d'étranges idées de rien. Et me prenant la main : De quoi vous alarmez-vous ? De bonne foi, ma chère, vous tremblez. Savez-vous que vous ne serez plus propre à voir personne ? Rassurez-vous, Clary, dit-elle en baisant mes joues ; prenez courage. Ces émotions badines, à l'approche de l'entrevue, vous feront juger de vos autres aversions, lorsqu'elle sera finie, et vous rirez vous-même d'avoir pu concevoir des craintes si chimériques.

Je lui ai répondu que tout ce qu'on s'imagine fortement produit dans le temps plus d'effet qu'une simple imagination, quoique les autres puissent n'en pas juger de même; que je n'avais pas pris une heure de sommeil pendant toute la nuit; que l'impertinente, à laquelle on m'avait soumise, était venue augmenter mon inquiétude, en me faisant entendre que je devais recevoir la visite de ma mère, et qu'à ce compte je serais très peu propre à voir ceux dont la vue ne pouvait m'être agréable.

— C'étaient là, m'a-t-elle dit, des mouvemens naturels qu'on ne pouvait empêcher. Elle supposait que cette dernière nuit n'avait pas été plus tranquille pour M. Solmes que pour moi.

— A qui donc, madame, une entrevue si pénible des deux côtés doit-elle faire plaisir ?

— A tous deux, ma chère, comme tous vos amis osent l'espérer, lorsque ces premières agitations seront apaisées. C'est après les commencemens les plus redoutés que j'ai vu souvent naître les plus heureuses conclusions, et je n'en prévois qu'une qui sera la satisfaction des deux partis : celle-là, ma nièce, sera la dernière.

Là-dessus, elle m'a représenté combien il serait malheureux pour moi de ne me pas laisser persuader par tous mes proches. Elle m'a exhortée à recevoir M. Solmes avec la décence qui convenait à mon éducation. La crainte qu'il a de me voir, ne vient, m'a-t-elle dit, que de son respect et de son amour. C'est la meilleure preuve d'une véritable tendresse; plus sûre du moins que l'ostentation et les bravades d'un amant, qui n'a point d'autre titre que son arrogance.

J'ai répondu à cette observation que le naturel demandait particulièrement d'être considéré; qu'un caractère noble agissait noblement, et ne faisait rien avec bassesse; qu'une âme basse était rampante lorsqu'elle se proposait quelque avantage, et d'une fierté insolente lorsqu'elle avait le pouvoir en main, ou qu'elle n'était pas menée par quelque espérance. J'ai ajouté que ce n'était plus un point à traiter avec moi, qu'il ne manquait rien aux explications que j'avais eues sur cette matière; que l'entrevue était une loi dure, qui m'avait été imposée, à la vérité, par ceux qui étaient en droit d'exiger cette preuve de ma soumission; mais que je n'avais accepté qu'avec une extrême répugnance, pour faire connaître combien j'étais éloignée de l'esprit de révolte, et que l'antipathie seule avait présidé à toutes mes résolutions, ce qui ne m'en faisait attendre que de nouveaux prétextes pour me traiter encore avec plus de rigueur.

Elle m'a reproché une injuste prévention. Elle s'est étendue sur les devoirs d'une fille. Elle m'a fait la grâce de m'attribuer un grand nombre de bonnes qualités, mais auxquelles il manquait celle d'être plus docile, pour couronner toutes les autres. Elle a insisté sur le mérite de l'obéissance, indépendamment de mon goût et de mes propres désirs. A l'occasion de quelques mots, par lesquels je lui faisais entendre que tout ce qui s'était passé entre M. Solmes et moi n'avait fait qu'augmenter mon aversion, elle n'a pas fait difficulté de me dire qu'il est d'un naturel facile et disposé à *pardonner*; que rien n'approche du respect qu'il a pour moi, et je ne sais combien d'autres propos de cette nature.

De toute ma vie, je ne me suis trouvée dans un si noir accès de chagrin. J'en ai fait l'aveu à ma tante, et je lui en ai demandé pardon. Elle m'a répondu que j'excellais donc à le déguiser; qu'elle ne remarquait en moi que les petits embarras des jeunes personnes, lorsqu'elles voient pour la première fois leurs admirateurs, nom que celui-ci méritait assez, puisque c'était la première fois, en effet, que j'avais consenti à le voir sous ce titre... mais aussi, que la seconde...

— Quoi! madame, ai-je interrompu; se serait-on figuré que je consente à le voir sur ce pied?

— Assurément, Clary.

— Si vous en êtes si sûre, madame, ne soyez pas surprise que je révoque mon consentement. Je ne veux ni ne puis le voir, s'il s'attend d'être reçu à ce titre.

— Délicatesse, embarras... pure délicatesse, ma chère nièce. Avez-vous pu croire qu'une entrevue accordée solennellement, le jour, le lieu et l'heure réglés, fût considérée comme une simple cérémonie à laquelle il n'y eût point de sens attaché? Je vous déclare, ma chère, que votre père, votre mère, vos oncles et tout le monde, regardent cet engagement comme le premier acte de votre soumission à leurs volontés. Ainsi, gardez-vous de reculer, je vous en conjure, et faites-vous un mérite de ce que vous ne pouvez plus empêcher.

— L'horrible monstre!... Mille pardons, madame... Moi! paraître avec un homme de cette espèce, dans la supposition que j'approuve ses vues; et lui se présenter à moi dans cette attente! Mais il est impossible qu'il s'y attende, quelque opinion qu'en aient les autres. La crainte qu'il a de me voir montre seule combien il est éloigné de s'y attendre. Si ses espérances étaient si hardies, madame, il ne serait pas aussi tremblant que vous le dites.

— Il espère, assurément, et ses espérances sont fort bien fondées; mais je vous ai déjà dit que c'est son respect qui lui inspire des craintes.

— Son respect! dites son indignité. Il serait bien étrange qu'il ne se rendît pas la justice que tout le monde lui rend. De là viennent les conditions de son traité. C'est une compensation qu'il offre pour une indignité reconnue.

— Vous allez trop vite, ma chère nièce. Ne craignez-vous pas que ce ne soit pousser bien loin l'idée que vous avez de vous-même? Nous en attachons une très grande à votre mérite, cependant vous ne feriez pas mal d'être un peu moins parfaite à vos propres yeux, quand vous le seriez encore plus au fond, que vos amis ne se le persuadent.

— Je suis fâchée, madame, qu'on puisse me soupçonner de présomption lorsque je ne me suppose pas indigne d'un autre mari que M. Solmes. J'entends du côté de l'âme et de la personne; car pour la fortune, grâce au ciel, je méprise tout ce qu'on peut tirer en sa faveur d'une si misérable source.

Elle m'a dit que les discours ne menaient à rien, et que je n'ignorais pas ce que tout le monde attendait de moi.

— Je l'ignore, en vérité, lui ai-je répondu; et je ne me persuaderai jamais qu'on ait pu fonder une si étrange attente sur un consentement par lequel j'ai voulu seulement montrer combien j'étais disposée à me soumettre dans tous les points dont l'exécution ne me sera pas impossible.

— Il m'était aisé, m'a-t-elle dit, de juger quelles étaient les espérances de tout le monde par les amitiés que j'avais reçues, dimanche dernier, de mon frère et de ma sœur; et par la tendre visite de mon oncle, quoiqu'à la vérité je ne l'eusse pas reçue avec la reconnaissance que j'avais toujours eue pour son affection ; mais il avait eu la bonté d'attribuer ma froideur au chagrin de ma situation et au dessein de revenir par degrés, pour n'avoir pas trop à rougir de mes anciennes résistances.

Voyez-vous à présent, ma chère amie, toute la bassesse de leurs artifices dans les ménagemens qui me surprenaient dimanche dernier? voyez-vous la raison qui fit permettre au docteur Lewin de me rendre une visite, mais qui lui fit défendre de toucher le sujet dont je m'imaginais qu'il était venu m'entretenir? On lui aura fait croire apparemment que la discussion était inutile sur un point qu'on supposait accordé. Voyez aussi sous quels traits mon frère et ma sœur doivent avoir représenté leurs prétendues amitiés, dont ils jugent que l'apparence du moins est nécessaire à leurs vues; tandis que, sans chercher à les trouver plus mal disposés qu'ils ne sont, je découvris dans leurs yeux et dans leurs manières moins d'affection pour moi que de haine.

Aussi n'ai-je pu entendre le discours de ma tante sans lever au ciel les yeux et les mains.—Je ne sais, lui ai-je dit, quel nom je dois donner à ce traitement, ni quelle fin on peut se proposer par des moyens si bas; mais je n'ignore pas à qui je dois les attribuer. Celui qui peut avoir engagé mon oncle Harlove à jouer un tel rôle dans son injuste entreprise, et se procurer l'approbation de tous mes autres amis, doit avoir assez d'ascendant sur eux pour les porter à toutes sortes de rigueurs contre moi.

Ma tante est revenue à me dire qu'après avoir fait concevoir une juste attente, les propos, les plaintes, les invectives, n'étaient plus de saison; et qu'elle pouvait m'assurer que si je reculais, mes affaires deviendraient pires que si je ne m'étais jamais avancée.

—Avancée, madame! Quelqu'un au monde peut-il dire que je me sois avancée? C'est une basse et indigne ruse qu'on emploie pour me surprendre. Pardon, ma très chère tante, je ne vous accuse pas d'y avoir eu part; mais, dites-moi seulement, ma mère ne sera-t-elle pas présente à cette redoutable entrevue? Ne me fera-t-elle pas cette grâce?... ne fût-ce que pour vérifier...

—Vérifier, ma chère! votre mère et votre oncle Harlove ne voudraient pas, pour tout au monde, se trouver présens dans cette occasion.

— Eh! comment, madame, peuvent-ils donc regarder mon consentement à cette entrevue comme une avance?

Ma tante m'a paru embarrassée de cette réponse.— Miss Clary, m'a-t-elle dit, il est difficile de traiter avec vous. Il serait heureux pour vous, et pour tout le monde, que vous eussiez autant d'obéissance que d'esprit. Je vous quitte.

— Je me flatte, madame, que c'est sans colère; ma seule intention était d'observer que de quelque manière que l'entrevue réussisse, personne ne peut être trompé dans son attente.

— O miss! vous me paraissez une jeune personne extrêmement déterminée... M. Solmes sera ici à l'heure que vous avez marquée; et souvenez-vous encore une fois que de l'après-midi où nous touchons dépend le repos de votre famille et votre propre bonheur.

Là-dessus elle m'a quittée.

Je m'arrête ici sans pouvoir pénétrer quand il me sera permis de reprendre la plume, ni ce que j'aurai à vous communiquer dans ma première lettre. Mon agitation est extrême; nulle réponse du côté de votre mère. Que je commence à douter de ses dispositions! Adieu, ma meilleure, ma seule amie.

Clarisse Harlove.

LETTRE LXXV.

MISS CLARISSE HARLOVE, A MISS HOWE.

Mardi au soir, et toute la nuit.

Aidez-moi, ma chère, à remercier le ciel. Je suis encore vivante, et chez mon père : mais je ne puis vous répondre si ces deux avantages me seront conservés long-temps. J'ai des événemens sans nombre à vous raconter, et peut-être fort peu de temps pour les écrire. Cependant il faut que je commence par les alarmes où l'insolente Betty a trouvé le moyen de me jeter en m'apportant le compliment de Solmes, quoique je fusse dans un état, si vous vous souvenez de ma dernière lettre, qui n'avait pas besoin d'être aggravé par de nouvelles surprises.

— Miss, miss, miss! s'est-elle écriée de la porte de ma chambre, les bras levés et tous les doigts étendus; vous plaît-il de descendre? Vous allez trouver tout le monde en belle et pleine assemblée, je vous assure : et que vous dirai-je de M. Solmes? Vous l'allez voir magnifique, comme un pair de la Grande-Bretagne, avec une charmante perruque blonde, les plus belles dentelles du monde, un habit galonné d'argent, une veste des plus riches et du meilleur goût... tout à fait bien, en vérité. Vous serez surprise du changement. Ah! miss, en secouant la tête, quelle pitié que vous vous soyez si fort emportée contre lui! Mais vous savez fort bien comment il faut s'y prendre pour réparer le passé; j'espère qu'il ne sera point encore trop tard.

— Impertinente! lui ai-je répondu, tes ordres portent-ils de venir commencer par me causer de l'épouvante?

J'ai pris mon éventail, et je me suis un peu rafraîchie. —Tout le monde est là, dites-vous? Qu'entendez-vous par tout le monde?

— Mais ce que j'entends, miss (ouvrant la main avec un geste d'admiration, accompagné d'un regard moqueur, et comptant ses doigts à chaque personne qu'elle nommait) : c'est votre papa! c'est votre maman! c'est votre oncle Harlove! c'est votre oncle Antonin! c'est votre tante Hervey! c'est ma jeune maîtresse et mon jeune maître! c'est enfin M. Solmes, avec l'air d'un homme de cour, qui s'est levé lorsqu'il a prononcé votre nom, et qui m'a dit (l'effrontée singe a fait alors une révérence, en tirant la jambe d'aussi mauvaise grâce que celui qu'elle voulait contrefaire) : « Mademoiselle Betty, ayez la bonté de présenter mon très humble respect à miss Clarisse, et de lui dire que j'attends ici l'honneur de ses commandemens. »

Avez-vous jamais vu, ma chère, une si maligne créature? J'étais si tremblante, qu'à peine avais-je la force de me soutenir. Je me suis assise, et dans mon chagrin, j'ai dit à Betty que sa maîtresse lui avait ordonné apparemment de m'irriter par ce prélude, pour me mettre hors d'état de paraître avec une modération qui aurait pu m'attirer la pitié de mon oncle.

— Mon Dieu, miss, comme votre teint s'échauffe! m'a répondu l'insolente, et prenant mon éventail, que j'avais quitté : Voulez-vous que je vous donne un peu d'air?

— Trêve d'impertinence, Betty. Mais vous dites que toute la famille est avec lui : savez-vous si je dois paraître devant toute cette assemblée?

— Je ne saurais vous dire s'ils demeureront lorsque vous arriverez. Il m'a semblé qu'ils pensaient à se retirer quand j'ai reçu les ordres de M. Solmes. Mais quelle réponse lui porterai-je de votre part?

— Dites-lui que je ne puis descendre... Attendez néanmoins... Ce sera une affaire finie : dites que je descendrai... j'irai... je descendrai à l'instant... Dites ce que vous voudrez, tout m'est égal. Mais rendez-moi mon éventail, et ne tardez pas à m'apporter un verre d'eau.

Elle est descendue. Pendant tout le temps, je n'ai fait que me servir de mon éventail. J'étais toute en feu, et dans un combat terrible avec moi-même. A son retour, j'ai bu un grand verre d'eau. Enfin, perdant l'espérance de me composer mieux, je lui ai dit de marcher devant moi, et je l'ai suivie avec précipitation, les jambes si tremblantes, que si je n'avais pas un peu pressé ma marche, je doute que j'eusse pu faire un pas. O ma chère amie! quelle pauvre machine que le corps, lorsque l'âme est en désordre!

La salle, qu'on nomme mon parloir, a deux portes. Au moment où je suis entrée par l'une, mes amis sont sortis par l'autre, et j'ai aperçu la robe de ma sœur qui sortait la dernière. Mon oncle Antonin s'était retiré aussi : mais il n'a pas tardé à reparaître, comme vous allez voir. Ils sont demeurés tous dans la salle voisine, qui n'est séparée de mon parloir que par une légère cloison. Ces deux pièces ne faisaient autrefois qu'une seule salle, qui a été divisée en faveur des deux sœurs, pour nous donner le moyen, à chacune, de recevoir librement nos visites.

M. Solmes s'est avancé vers moi en se courbant jusqu'à terre. Sa confusion était visible dans chaque trait de son visage. Après une demi-douzaine de *mademoiselle*, dont le son était comme étouffé, il m'a dit : « Qu'il était très fâché... qu'il avait une douleur extrême... que c'était un grand malheur pour lui... » Là, il s'est arrêté, sans pouvoir trouver sur-le-champ le moyen d'achever sa phrase.

Son embarras m'a donné un peu plus de présence d'esprit. La poltronnerie d'un adversaire relève notre courage; j'en ai fait l'expérience dans cette occasion; quoiqu'au fond, peut-être, le nouveau brave soit encore plus poltron que l'autre.

Je me suis tournée vers une des chaises qui étaient devant le feu, et je me suis assise, en me rafraîchissant de mon éventail. A présent, que je me le rappelle, il me semble que c'était prendre un air assez ridicule.

J'en aurais du mépris pour moi-même, si j'étais capable de quelque bon sentiment pour l'homme qui était devant moi ; mais que dire dans le cas d'une si sincère aversion?

Il a toussé cinq ou six fois, qui ont produit une phrase complète : — Je devais, a-t-il dit, m'apercevoir de sa confusion. Cette phrase en a produit deux ou trois autres. Je m'imagine qu'il avait reçu des leçons de ma tante : « Car son trouble, a-t-il repris, ne venait que de son respect, pour une personne... aussi parfaite assurément..., et, dans cette disposition, il espérait, il espérait... (Il a espéré trois fois avant que d'expliquer de quoi il était question.) que je serais trop généreuse, la générosité étant mon caractère, pour recevoir avec mépris de si... de si... de si véritables preuves de son amour. »

— Il est vrai, monsieur, lui ai-je répondu, que je crois vous voir dans une sorte de confusion ; et j'en tire l'espérance que cette entrevue, quoique forcée, pourra produire des effets plus heureux que je ne me l'étais promis.

Il a recommencé à tousser pour animer un peu son courage. — Vous ne sauriez vous imaginer, mademoiselle, qu'il y ait aucun homme assez aveugle sur *vos mérites* pour renoncer aisément à l'approbation et au soutien dont il est honoré par votre digne famille, pendant qu'on lui donnera l'espérance que, par sa persévérance et son zèle, il pourra quelque jour obtenir l'*avantage de votre faveur*. — Je ne comprends que trop, monsieur, que c'est sur cette approbation et ce soutien que vous fondez votre espérance. Il serait impossible autrement qu'avec un peu d'égard pour votre propre bonheur, vous fussiez capable de résister aux déclarations que votre intérêt, comme le mien, m'a forcée de vous faire de bouche et par écrit.

— Il avait vu, m'a-t-il dit, plusieurs exemples de jeunes demoiselles, qui, après avoir marqué beaucoup d'aversion, s'étaient laissé engager, les unes par des motifs de compassion, d'autres par la persuasion de leurs amis, à changer de sentimens, et qui, dans la suite, n'en avaient pas été moins heureuses. Il espérait que je daignerais lui faire la même grâce.

— Quoiqu'il ne soit pas question, monsieur, de complimens dans une occasion de cette importance, je regrette de me voir dans la nécessité de vous parler avec une franchise qui peut vous déplaire. Apprenez donc que ma répugnance est invincible pour vos soins. Je l'ai déclaré avec une fermeté qui est peut-être sans exemple. Mais je crois qu'il est sans exemple aussi que, dans la situation où je suis née, une jeune personne ait jamais été traitée comme je le suis à votre occasion.

— On espère, mademoiselle, que votre consentement pourra s'obtenir avec le temps. Voilà l'espérance. Si l'on se trompe, je serai le plus misérable de tous les hommes.

— Vous me permettrez, monsieur, de vous dire que si quelqu'un doit être misérable, il est plus juste que vous le soyez seul, que de vouloir que je le sois avec vous.

— On peut vous avoir fait, mademoiselle, des rapports à mon désavantage. Chacun a ses ennemis. Ayez la bonté de me faire connaître ce qu'on vous a dit de moi, j'avouerai mes fautes et je m'en corrigerai : ou je saurai vous convaincre qu'on m'a noirci injustement. J'ai su aussi que vous vous étiez offensée de quelques mots qui me sont échappés sans y penser peut-être, mais je suis sûr de n'avoir rien dit qui ne marque le cas que je fais de vous, et la résolution où je suis de persister aussi long-temps que j'aurai de l'espérance.

— Vous ne vous trompez pas, monsieur : j'ai appris quantité de choses qui ne sont point à votre avantage, et je n'ai pas entendu avec plaisir les mots qui vous sont échappés ; mais comme vous n'êtes ni ne me serez jamais rien, je n'ai pris aucun intérêt aux choses, et les mots m'ont peu touchée.

— Je suis fâché, mademoiselle, que vous me teniez ce langage. Il est certain que vous ne m'avertirez d'aucune faute dont je n'aie la volonté de me corriger.

— Eh bien! monsieur, corrigez-vous donc de celle-ci : ne souhaitez pas qu'on emploie la violence pour forcer une jeune personne sur l'acte le plus important de sa vie, par des motifs qu'elle méprise, et en faveur d'un homme qu'elle ne peut estimer; tandis que, par ses propres droits, elle est assez bien partagée pour se croire supérieure à toutes les offres, et que, par son caractère, elle est contente de son partage.

— Je ne vois pas, mademoiselle, que vous en fussiez plus heureuse quand je renoncerais à mes espérances; car...

Je l'ai interrompu : — C'est un soin, monsieur, qui ne vous regarde pas. Faites cesser seulement vos persécutions; et si, pour me punir, on juge à propos de susciter quelque autre homme, le blâme ne tombera pas sur vous. Vous aurez droit à ma reconnaissance, et je vous en promets une très sincère.

Il est demeuré en silence d'un air extrêmement embarrassé; et j'allais continuer avec plus de force encore, lorsque... mon oncle Antonin est entré.

— Assise! ma nièce; et monsieur Solmes debout! Assise en reine qui donne majestueusement ses audiences? Pourquoi cette humble posture, cher monsieur Solmes? pourquoi cette distance? J'espère qu'avant la fin du jour je vous verrai ensemble un peu plus familiers.

Je me suis levée aussitôt que je l'ai aperçue; et, baissant la tête, un genou à demi plié :

— Recevez, monsieur, les respects d'une nièce qui s'afflige d'avoir été privée si long-temps de l'honneur de vous voir; souffrez qu'elle implore votre faveur et votre compassion.

— Vous aurez la faveur de tout le monde, ma nièce, lorsque vous penserez sérieusement à la mériter.

— Si j'ai pu la mériter jamais, c'est à présent qu'elle doit m'être accordée. J'ai été traitée avec une extrême rigueur. J'ai fait des offres qu'on ne devait pas refuser; des offres qu'on n'aurait jamais demandées de moi. Quel crime ai-je donc commis, pour me voir honteusement bannie et renfermée? Pourquoi faut-il qu'on m'ôte jusqu'à la liberté de me déterminer sur un point qui intéresse également mon bonheur présent et mon bonheur futur?

— Miss Clary, m'a répondu mon oncle, vous n'avez fait que votre volonté jusqu'à présent; c'est ce qui oblige vos parens d'exercer à leur tour l'autorité que Dieu leur a donnée sur vous.

— Ma volonté, monsieur... Permettez-moi de vous demander si ma volonté, jusqu'à présent, n'a pas été celle de mon père, la vôtre et celle de mon oncle Harlove? N'ai-je pas mis toute ma gloire à vous obéir? Je n'ai jamais demandé une faveur sans avoir bien considéré s'il convenait de me l'accorder. Et, pour marquer mon obéissance, n'ai-je pas offert de me réduire au célibat? N'ai-je pas offert de renoncer aux bienfaits de mon grand-père? Pourquoi donc, mon cher oncle?...

— On ne souhaite pas que vous renonciez à la donation de votre grand-père. On ne demande point que vous preniez le parti du célibat. Vous connaissez nos motifs et nous devinons les vôtres. Je ne fais pas difficulté de vous dire qu'avec toute l'affection que nous avons pour vous, nous vous conduirions plutôt au tombeau que de voir vos intentions remplies.

— Je m'engagerai à ne me marier jamais sans le consentement de mon père, sans le vôtre, monsieur, et sans celui de toute la famille. Vous ai-je donné sujet de vous défier de ma parole? Je suis prête à me lier ici par le plus redoutable serment...

— Par le serment conjugal, voulez-vous dire, et bientôt avec M. Solmes. Voilà le lien que je vous promets, ma nièce Clary, et plus vous y ferez d'oppositions, plus je vous assure que vous vous en trouverez mal.

Ce langage, et devant M. Solmes, qui en a paru plus hardi, m'a vivement irritée.

— Eh bien! monsieur, ai-je répondu, c'est alors que vous pourrez me conduire au tombeau. Je souffrirai la mort la plus cruelle, j'entrerai de bon cœur dans le caveau de mes ancêtres, et je le laisserai fermer sur moi plutôt que de consentir à me rendre misérable pour le reste de mes jours. — Et vous, monsieur, me tournant vers M. Solmes, faites attention à ce que je dis : Il n'y a point de mort qui puisse m'effrayer plus que d'être à vous, c'est-à-dire éternellement malheureuse.

La fureur étincelait dans les yeux de mon oncle. Il a pris M. Solmes par la main, et le tirant vers une fenêtre :

— Que cet orage ne vous surprenne point, cher Solmes ; n'en ayez pas la moindre inquiétude. Nous savons de quoi les femmes sont capables. Et relevant son exhortation par un affreux jurement : — Le vent, a-t-il continué, n'est pas plus impétueux ni plus variable. Si vous ne croyez pas votre temps mal employé auprès de cette ingrate, j'engage ma parole que nous lui ferons *baisser les voiles* ; je vous le promets.

Et pour confirmer sa promesse, il a juré encore une fois. Ensuite, venant à moi, qui m'étais approchée de l'autre fenêtre pour me remettre un peu de mon désordre, la violence de son mouvement m'a fait croire qu'il m'allait battre. Il avait le poing fermé, le visage en feu, les dents serrées :

— Oui, oui, ma nièce, vous serez la femme de M. Solmes; nous saurons bien vous y faire consentir, et nous ne vous donnons pas plus d'une semaine. Il a juré pour la troisième fois. C'est l'habitude, comme vous savez, de la plupart de ceux qui ont commandé sur mer.

— Je suis au désespoir, monsieur, lui ai-je dit, de vous voir dans une si furieuse colère. J'en connais la source ; ce sont les instigations de mon frère, qui ne donnerait pas néanmoins l'exemple d'obéissance qu'on exige de moi. Il vaut mieux que je me retire. Je crains de vous irriter encore plus, car, malgré tout le plaisir que je prendrais à vous obéir si je le pouvais, ma résolution est si déterminée que je ne puis pas même souhaiter de la vaincre.

Pouvais-je mettre moins de force dans mes déclarations devant M. Solmes? J'étais déjà près de la porte, tandis que, se regardant tous deux comme pour se consulter des yeux, ils paraissaient incertains s'ils devaient m'arrêter ou me laisser sortir. Qui aurais-je rencontré dans mon chemin, que mon tyran de frère, qui avait prêté l'oreille à tout ce qui s'était passé?

Jugez de ma surprise, lorsque, me repoussant dans la chambre et fermant la porte après y avoir entré avec moi, il m'a saisi la main avec violence :

— Vous retournerez, jolie miss, vous retournerez, s'il vous plaît. Il n'est pas question d'être *enterrée dans un caveau*; les *instigations* de votre frère n'empêcheront pas qu'il ne vous rende service. Ange tombé (en jetant les yeux de travers sur mon visage abattu)! Tant de douceur dans cette physionomie et tant d'obstination sous cette belle chevelure (en me frappant de la main sur le cou)! Véritable femme dans un âge si peu avancé! Mais, faites-y bien attention (en baissant la voix comme s'il eût voulu garder des bienséances devant M. Solmes), vous n'aurez jamais votre libertin ; et reprenant son premier ton : — Cet honnête homme aura la bonté d'empêcher votre ruine; vous le bénirez quelque jour ou vous aurez raison de bénir sa condescendance... Voilà le terme qu'un brutal de frère n'a pas rougi d'employer.

Il m'avait menée jusqu'à M. Solmes ; il a pris sa main comme il tenait la mienne.

— Tenez, monsieur, lui a-t-il dit ; voici la main d'une rebelle ; je vous la donne. Elle confirmera ce don avant la fin de la semaine, ou je lui déclare qu'elle n'aura plus de père, de mère ni d'oncles dont elle puisse se vanter.

J'ai retiré le bras avec indignation.

— Comment donc, miss !... m'a dit mon impérieux frère.

— Comment donc, monsieur ! quel droit avez-vous de disposer de ma main ? Si vous gouvernez ici tout le monde, votre empire ne s'étendra pas sur moi, dans un point, surtout, qui me touche uniquement, et dont vous n'aurez jamais la disposition.

J'aurais voulu pouvoir dégager ma main d'entre les siennes, mais il me la tenait trop serrée.

— Laissez-moi, monsieur ; vous me blessez cruellement. Votre dessein est-il d'ensanglanter la scène ? Je vous le répète : quel droit avez-vous de me traiter avec cette barbarie ?

Il m'a secoué le bras, en jetant ma main comme en cercle, avec une violence qui m'a fait sentir de la douleur jusqu'à l'épaule. Je me suis mise à pleurer, et j'ai porté l'autre main à la partie affligée. M. Solmes et mon oncle l'ont blâmé de cet emportement. Il a répondu qu'il ne pouvait résister à son impatience, et qu'il se souvenait de ce qu'il m'avait entendu dire de lui avant qu'il fût entré : qu'il n'avait fait d'ailleurs que me rendre une main que je ne méritais pas qu'il eût touchée ; et que cette affectation de douleurs était un de mes artifices.

M. Solmes lui a dit qu'il renoncerait plutôt à toutes ses espérances que de me voir traitée avec cette rigueur. Il s'est offert à plaider en ma faveur, en me faisant une révérence comme pour demander mon approbation. Je lui ai rendu grâces de l'intention qu'il avait de me sauver de la violence de mon frère ; mais j'ai ajouté que je ne souhaitais pas d'avoir cette obligation à un homme dont la cruelle persévérance était l'occasion ou du moins le prétexte de toutes mes disgrâces.

— Que vous êtes généreux, monsieur Solmes ! a repris mon frère, de prendre parti pour cet esprit indomptable. Mais je vous demande en grâce de persister. Je vous le demande pour l'intérêt de notre famille et pour le sien, si vous l'aimez. Empêchons-la, s'il se peut, de courir à sa ruine. Regardez-la, pensez à ses admirables qualités. Tout le monde les reconnaît, et nous en avons fait notre gloire jusqu'à présent. Elle est digne de tous nos efforts pour la sauver. Deux ou trois attaques de plus, et je la garantis à vous. Comptez qu'elle récompensera parfaitement votre patience. Ne parlez donc pas d'abandonner vos vues, pour quelques apparences d'une folle douleur. Elle a pris un ton, que son embarras est de quitter, avec les petites grâces de son sexe. Vous n'avez à combattre que son orgueil et son obstination. Je vous réponds que dans quinze jours vous serez aussi heureux qu'*un mari peut l'être*.

Vous n'ignorez pas, ma chère, que c'est un des talens de mon frère, d'exercer ses railleries sur notre sexe et sur l'état du mariage. Il ne donnerait pas dans cette affectation, s'il n'était persuadé qu'elle fait honneur à son esprit, comme M. Wyerley et quelques autres personnes de votre connaissance et de la mienne croient s'en faire beaucoup, en cherchant à jeter du ridicule sur les choses saintes : tous égaremens qui partent du même principe. Ils veulent qu'on leur croie trop d'esprit pour être honnêtes gens.

M. Solmes, d'un air satisfait, a répondu présomptueusement ; « qu'il était disposé à tout souffrir pour obliger ma famille, et pour me sauver; ne doutant point, a-t-il ajouté, que s'il était assez heureux pour réussir il ne fût amplement récompensé. »

Je n'ai pu soutenir un traité si offensant :

— Monsieur, lui ai-je dit, si vous avez quelque égard pour votre propre bonheur (il n'est pas question du mien, vous n'êtes pas assez généreux pour le faire entrer dans votre système), je vous conseille de ne pas pousser plus loin vos prétentions. Il est juste de vous apprendre qu'avant le traitement que j'ai essuyé à votre occasion, je n'ai trouvé dans mon cœur que de l'éloignement pour vous ; et pouvez-vous me croire les sentimens si bas, que la violence ait été capable de les changer ? Et vous, monsieur (me tournant vers mon frère), si vous croyez que la douceur soit toujours une marque de mollesse, et qu'il n'y ait point de grandeur d'âme sans arrogance, reconnaissez que vous vous êtes une fois trompé. Vous éprouverez désormais qu'une âme généreuse ne doit pas être forcée, et que...

— Finissez, je vous l'ordonne, m'a dit l'impérieux personnage; et levant les yeux et les mains au ciel, il s'est tourné vers mon oncle : Entendez-vous, monsieur ? Voilà cette nièce sans défaut, cette favorite de la famille...

Mon oncle s'est approché de moi, en me parcourant des yeux, depuis la tête jusqu'aux pieds : — Est-il possible que ce soit vous, miss Clary ? Tout ce que j'entends vient-il de votre bouche ?

— Oui, monsieur, ce qui paraît faire votre doute est possible ; et je ne balance point à dire encore que la force de mes expressions n'est qu'une suite naturelle du traitement que j'ai reçu, et de la barbarie avec laquelle je suis traitée, jusqu'en votre présence, par un frère, qui n'a pas plus d'autorité sur moi que je n'en ai sur lui.

— Ce traitement, ma nièce, n'est venu qu'après mille autres moyens, dont on a fait inutilement l'essai.

— L'essai ! monsieur. Dans quelle vue ? Mes demandes vont-elles plus loin que la liberté de refuser ? Vous pouvez, monsieur (en me tournant vers M. Solmes), sans doute vous pouvez trouver un motif de persévérance, dans la manière même dont j'ai souffert toutes les persécutions que vous m'avez attirées. C'est un exemple qui vous apprend ce que je suis capable de supporter, si ma mauvaise destinée me forçait jamais d'être à vous.

— Juste ciel! s'est écrié Solmes, avec cent différentes contorsions de corps et de visage; quelle interprétation, mademoiselle, vous avez la cruauté de donner à mes sentimens!

— Une interprétation juste, monsieur, car celui qui peut voir et approuver qu'une personne, pour laquelle il s'attribue quelques sentimens d'estime, soit aussi maltraitée que je le suis, doit être capable de la traiter de même; et faut-il d'autre preuve de votre approbation, que votre persévérance déclarée, lorsque vous savez bien que je ne suis bannie, renfermée, accablée d'insultes, que dans la vue de m'arracher un consentement que je ne donnerai jamais.

— Pardon, monsieur (en me tournant vers mon oncle), je dois un respect infini au frère de mon père. Je vous demande pardon de ne pouvoir vous obéir. Mais mon frère n'est que mon frère. Il n'obtiendra rien de moi par la contrainte.

Tant d'agitation m'avait jetée dans un extrême désordre. Ils commençaient à garder le silence autour de moi; et, se promenant par intervalles dans un désordre aussi grand que le mien, ils paraissaient se dire, par leurs regards, qu'ils avaient besoin de se retrouver ensemble pour tenir un nouveau conseil. Je me suis assise, en me servant de mon éventail. Le hasard m'ayant placée devant une glace, j'ai remarqué que la couleur me revenait et m'abandonnait successivement. Je me sentais faible; et, dans la crainte de m'évanouir, j'ai sonné pour demander un verre d'eau. Betty est venue : je me suis fait apporter de l'eau, et j'en ai bu un plein verre. Personne ne semblait tourner son attention sur moi. J'ai entendu mon frère qui disait à Solmes : — Artifice, artifice! Ce qui l'a peut-être empêché d'approcher de moi, outre la crainte de n'être pas bien reçu. D'ailleurs, j'ai cru m'apercevoir qu'il était plus touché de ma situation que mon frère. Cependant, ne me trouvant pas beaucoup mieux, je me suis levée; j'ai pris le bras de Betty.

— Soutenez-moi, lui ai-je dit; et, d'un pas chancelant qui ne m'a pas empêchée de faire une révérence à mon oncle, je me suis avancée vers la porte. Mon oncle m'a demandé où j'allais.

— Nous n'avons pas fini avec vous; ne sortez pas. M. Solmes a des informations à vous donner qui vous surprendront, et vous n'éviterez pas de les entendre.

— J'ai besoin, monsieur, de prendre l'air pendant quelques minutes. Je reviendrai, si vous l'ordonnez; il n'y a rien que je refuse d'entendre. Je me flatte que c'est une fois pour toutes. Sortez avec moi, Betty.

Ainsi, sans recevoir d'autre défense, je me suis retirée au jardin; et là, me jettant sur le premier siége et me couvrant le visage du tablier de Betty, la tête appuyée sur elle et mes mains contre les siennes, j'ai donné passage à la violence de ma douleur par mes larmes; ce qui m'a peut-être sauvé la vie, car je me suis sentie aussitôt soulagée.

Je vous ai parlé tant de fois de l'impertinence de Betty, qu'il est inutile de vous fatiguer par de nouveaux exemples. Toute ma tristesse ne l'a point empêchée de prendre de grandes libertés avec moi lorsqu'elle m'a vue un peu remise, et assez forte pour m'enfoncer plus avant dans le jardin. J'ai été obligée de lui imposer silence par un ordre absolu. Elle s'est tenue alors derrière moi de fort mauvaisse humeur, comme j'en ai jugé par ses murmures.

Il s'est passé près d'une heure avant qu'on m'ait fait appeler. L'ordre m'est venu par ma cousine Dolly Hervey, qui s'est approchée de moi l'œil plein de compassion et de respect ; car vous savez qu'elle m'a toujours aimée, et qu'elle se donne elle-même le nom de mon écolière. Betty nous a quittées.

— On veut donc que je retourne au supplice? lui ai-je dit.—Mais quoi, miss, il semble que vous ayez pleuré?

— Qui serait capable de retenir ses larmes? m'a-t-elle répondu.

— Quelle en est donc l'occasion? ai-je repris : j'ai cru que dans la famille il n'y avait que moi qui eût sujet de pleurer.

Elle m'a dit que le sujet n'était que trop juste pour tous ceux qui m'aimaient autant qu'elle. Je l'ai serrée entre mes bras.

— C'est donc pour moi, chère cousine, que votre cœur s'est attendri jusqu'aux larmes? Il n'y a jamais eu d'amitié perdue entre nous. Mais dites-moi de quoi je suis menacée, et ce que m'annonce cette tendre marque de votre compassion?

— Ne faites pas connaître que vous sachiez tout ce que je vais vous dire ; mais je ne suis pas la seule qui pleure pour vous. Ma mère a beaucoup de peine à cacher ses larmes. On n'a jamais vu, dit-elle, de malice aussi noire que celle de mon cousin Harlove ; il ruinera la fleur et l'ornement de la famille.

— Comment donc, chère cousine, ne s'est-elle pas expliquée davantage?

— Oui : elle dit que M. Solmes aurait déjà renoncé à ses prétentions, parce qu'il reconnaît que vous le haïssez, et qu'il n'y a pas d'espérance, et que votre mère voudrait qu'il y renonçât, et qu'on s'en tînt à votre promesse de ne jamais vous marier sans le consentement de la famille. Ma mère est du même avis, car nous avons entendu tout ce qui s'est passé dans votre parloir, et l'on voit bien qu'il est impossible de vous engager à accepter M. Solmes. Mon oncle Harlove paraît penser de même ; ou du moins ma mère dit qu'il ne paraît pas s'y opposer ; mais votre père est inébranlable. Il s'est mis en colère à cette occasion contre votre mère et la mienne. Là-dessus, votre frère, votre sœur et mon oncle Antonin, sont venus se joindre à lui, et la scène est entièrement changée. En un mot, ma mère dit à présent qu'on a pris des engagemens bien forts avec M. Solmes ; qu'il vous regarde comme une jeune personne accomplie ; qu'il prendra patience, s'il n'est point aimé ; et que, comme il l'assure lui-même, il se croira heureux s'il peut vivre six mois seulement avec la qualité de votre mari : pour moi, je crois entendre son langage, et je suppose qu'il vous ferait mourir de chagrin au septième, car je suis sûre qu'il a le cœur dur et cruel.

— Mes amis, chère cousine, peuvent abréger mes jours, comme vous le dites, par leurs cruels traitemens ; mais jamais M. Solmes n'aura ce pouvoir.

— C'est ce que j'ignore, miss ; autant que j'en puis juger, vous aurez bien du bonheur, si vous évitez d'être à lui. Ma mère dit qu'ils sont à présent plus d'accord que jamais, à l'exception d'elle, qui se voit forcée de déguiser ses sentimens. Votre père et votre frère sont d'une humeur si outrageante!

— Je m'arrête peu aux discours de mon frère, chère Dolly, il n'est que mon frère; mais je dois à mon père autant d'obéissance que de respect, si je pouvais obéir.

On sent croître sa tendresse pour ses amis, ma chère miss Howe, lorsqu'ils prennent parti pour nous dans le malheur et l'oppression. J'ai toujours aimé ma cousine Dolly, mais le tendre intérêt qu'elle prend à mes peines me l'a rendue dix fois plus chère. Je lui ai demandé ce qu'elle ferait à ma place. Elle m'a répondu sans hésiter : — Je prendrais sur-le-champ M. Lovelace; je me mettrais en possession de ma terre, et l'on n'entendrait plus parler de rien. M. Lovelace, m'a-t-elle dit, est un homme de mérite, à qui M. Solmes n'est pas digne de rendre les plus vils offices.

Elle m'a dit aussi « qu'on avait prié sa mère de me venir prendre au jardin, mais qu'elle s'en était excusée, et qu'elle était trompée, si je n'allais être jugée par toute l'assemblée de la famille. »

Je n'avais rien à souhaiter plus ardemment. Mais on m'a dit depuis que mon père ni ma mère n'avaient pas voulu se hasarder de paraître : l'un apparemment dans la crainte de s'emporter trop, ma mère par des considérations plus tendres.

Nous sommes rentrées pendant ce temps-là dans la maison. Miss Hervey, après m'avoir accompagnée jusqu'à mon parloir, m'y a laissée seule, comme une victime dévouée à son mauvais sort. N'apercevant personne, je me suis assise, et, dans mes tristes réflexions, j'ai eu la liberté de pleurer. Tout le monde était dans la salle voisine. J'ai entendu un mélange confus de voix; les unes plus fortes, qui en couvraient de plus douces et plus tournées à la compassion. Je distinguais aisément que les dernières étaient celles des femmes. O ma chère! qu'il y a de dureté dans l'autre sexe! Comment des enfans du même sang deviennent-ils si cruels l'un pour l'autre? Est-ce dans leurs voyages que le cœur des hommes s'endurcit? est-ce dans le commerce qu'ils ont ensemble? Enfin, comment peuvent-ils perdre les tendres inclinations de l'enfance? Cependant ma sœur est aussi dure qu'aucun d'eux. Mais peut-être n'est-elle pas une exception non plus; car on lui a trouvé quelque chose de mâle dans l'air et dans l'esprit. Peut-être a-t-elle une âme de l'autre sexe, dans un corps du nôtre. Pour l'honneur des femmes, c'est le jugement que je veux porter, à l'avenir, de toutes celles qui, se formant sur les manières rudes des hommes, s'écartent de la douceur qui convient à notre sexe.

Ne soyez pas étonnée, chère amie, de me voir interrompre mon récit par des réflexions de cette nature. Si je le continuais rapidement, sans me distraire un peu par d'autres idées, il me serait presque impossible de conserver du pouvoir sur moi-même. La chaleur du ressentiment prendrait toujours le dessus; au lieu que, se refroidissant par ce secours, elle laisse à mes esprits agités le temps de se calmer à mesure que j'écris.

Je ne crois pas avoir été moins d'un quart d'heure livrée, seule et sans aucun ménagement, à mes tristes méditations avant que personne ait paru faire attention à moi. Ils étaient comme en plein débat. Ma tante a regardé la première : — Ah! ma chère, a-t-elle dit, êtes-vous là? Et retournant aussitôt vers les autres, elle leur a dit que j'étais rentrée.

Alors j'ai entendu le bruit diminuer, et, suivant leurs délibérations, comme je le suppose, mon oncle Antonin est venu dans mon parloir en disant d'une voix haute pour donner du crédit à M. Solmes : — Que je vous serve d'introducteur, mon cher ami. Et le conduisant en effet par la main, tandis que le galant personnage suivait lourdement, mais un peu en dehors et à petits pas doubles, pour éviter de marcher sur les talons de son guide. Pardonnez, ma chère, une raillerie assez déplacée; vous savez que tout paraît choquant dans l'objet d'une juste aversion.

Je me suis levée. Mon oncle avait l'air chagrin.

— Asseyez-vous, m'a-t-il dit, asseyez-vous; et tirant une chaise près de la mienne, il y a fait asseoir son ami, qui voulait d'abord s'en défendre. Ensuite il s'est assis lui-même, vis-à-vis de lui, c'est-à-dire à mon autre côté.

Il a pris ma main dans les siennes :

— Eh bien ! ma nièce, il nous reste peu de choses à dire de plus, sur un sujet qui paraît vous être désagréable, à moins que vous n'ayez profité du temps pour faire de plus sages réflexions ! Je veux savoir d'abord ce qui en est.

— Le sujet, monsieur, ne demande point de réflexions.

— Fort bien, fort bien, mademoiselle, dit-il, quittant ma main. Me serais-je jamais attendu à cette obstination ?

— Au nom du ciel, chère mademoiselle... m'a dit affectueusement M. Solmes en joignant les mains; la voix lui a manqué pour finir sa pensée.

— Au nom du ciel, monsieur ? Et qu'a de commun, s'il vous plaît, l'intérêt du ciel avec le vôtre ?

Il est demeuré en silence. Mon oncle ne pouvait être que fâché, et c'est ce qu'il était déjà auparavant.

— Allons, allons, monsieur Solmes, il ne faut plus penser aux supplications. Vous n'avez point autant d'assurance que je le voudrais pour attendre ce que vous méritez d'une femme. Et se tournant vers moi, il a commencé à s'étendre sur tout ce qu'il s'était proposé de faire en ma faveur. « C'était pour moi, plus que pour son neveu ou son autre nièce, qu'après son retour des Indes il avait pris le parti du célibat; mais puisqu'une fille perverse méprisait les avantages qu'il avait été disposé à lui prodiguer, il était résolu de changer toutes ses mesures. » Je lui ai répondu que j'étais pénétrée de reconnaissance pour ses obligeantes intentions, mais que dans mes principes je préférais de sa part des regards et ses expressions tendres à toutes ses autres faveurs.

Il a jeté les yeux autour de lui, d'un air étonné. M. Solmes avait la vue baissée, comme un criminel qui désespère de sa grâce. L'un et l'autre demeurant sans parler : « J'étais fâchée, ai-je ajouté, que ma situation m'obligeât de hasarder des vérités qui pouvaient paraître dures ; mais j'avais raison de croire que si mon oncle prenait seulement la peine de convaincre mon frère et ma sœur qu'il était déterminé à changer les généreuses vues qu'il avait eues en ma faveur, il pourrait obtenir pour moi, de l'un et de l'autre, des sentimens que je n'espérais pas dans une autre supposition. »

Mon oncle a témoigné que ce discours lui déplaisait : mais il n'a pas eu le temps d'expliquer ses idées. Mon frère, entrant aussitôt d'un air furieux, m'a donné plusieurs noms outrageans. Sa domination, qu'il voit si bien établie, paraît l'élever au dessus des bienséances.

— Était-ce là, m'a-il dit, l'interprétation que le dépit me faisait donner à ses soins fraternels, aux efforts qu'il faisait, et qui lui réussissaient si mal, pour me sauver de ma ruine?

— Oui, n'ai-je pas balancé à lui répondre, il est impossible autrement d'expliquer tous les traitemens que je reçois de vous : et je ne fais pas difficulté de répéter devant vous à mon oncle, comme je le dirai aussi à mon oncle Jules, lorsqu'il me sera permis de le voir, que je les prie tous deux de faire tomber leurs bienfaits sur vous et sur ma sœur, et de ne réserver pour moi que des regards et des expressions tendres, unique bien que je désire pour me croire heureuse.

Si vous les aviez vus se regarder mutuellement avec une sorte d'admiration! Mais en présence de Solmes, pouvais-je m'expliquer avec moins de force?

— Et quant à vos soins, monsieur, ai-je continué, en parlant à mon frère, je vous assure encore qu'ils sont inutiles. Vous n'êtes que mon frère. Grâces au ciel, mon père et ma mère sont pleins de vie ; et quand j'aurais le malheur de les perdre, vous m'avez mis en droit de vous déclarer que vous seriez le dernier homme du monde à qui je voulusse abandonner le soin de mes intérêts.

— Comment! ma nièce, a répondu mon oncle, un frère unique n'est-il rien pour vous? N'est-il pas comptable de l'honneur de sa sœur, et de celui de sa famille?

— Mon honneur, monsieur, est indépendant de ses soins. Mon honneur n'a jamais été en danger, avant le soin qu'il en a voulu prendre. Pardon, monsieur ; lorsque mon frère saura se conduire en frère, ou du moins en galant homme, il pourra s'attirer de moi plus de considération que je ne crois lui en devoir aujourd'hui.

J'ai cru mon frère prêt à se jeter furieusement sur moi. Mon oncle lui a fait honte de sa violence; mais il n'a pu l'empêcher de me donner des noms fort durs, et de dire à M. Solmes que j'étais indigne de son attention. M. Solmes a pris ma défense avec une chaleur qui m'a surprise. Il a déclaré qu'il ne pouvait supporter que je fusse traitée sans aucun ménagement. Cependant il s'est expliqué dans des termes si forts, et mon frère a paru se ressentir si peu de cette chaleur, que j'ai commencé à le soupçonner d'artifice. Je me suis imaginée que c'était une invention concertée, pour me persuader que j'avais quelque obligation à M. Solmes; et que l'entrevue même pouvait n'avoir été sollicitée que dans cette espérance. Le seul soupçon d'une ruse si basse aurait suffi pour me causer autant d'indignation que de mépris; mais il s'est changé en certitude, lorsque j'ai entendu mon oncle et mon frère qui s'épuisaient en complimens non moins affectés, sur la noblesse du caractère de M. Solmes et sur cet excès de générosité qui lui faisait rendre le bien pour le mal. J'ai dédaigné de leur faire connaître ouvertement que je pénétrais leur intention.

— Vous êtes heureux, monsieur, ai-je dit à mon défenseur, de pouvoir acquérir si facilement des droits sur la reconnaissance de toute une famille ; mais exceptez-en néanmoins celle que votre dessein est particulièrement d'obliger. Comme ses disgrâces ne viennent que de la faveur même où vous êtes, elle ne croit pas vous avoir beaucoup d'obligation lorsque vous la défendez contre la violence d'un frère.

On m'a traitée d'incivile, d'ingrate, d'indigne créature.

— Je conviens de tout, ai-je répondu. Je reçois tous les noms qui peuvent m'être donnés, et je reconnais que je les mérite. J'avoue mon indignité à l'égard de M. Solmes. Je lui crois, sur votre témoignage, des qualités extraordinaires, que je n'ai ni le temps ni la volonté d'examiner. Mais je ne puis le remercier de sa médiation, parce que je crois voir avec la dernière clarté (en regardant mon oncle) qu'il se fait ici, auprès de tout le monde, un mérite à mes dépens. Et me tournant vers mon frère, que ma fermeté semblait avoir réduit au silence : Je reconnais aussi, monsieur, la surabondance de vos soins, mais je vous en décharge : aussi long-temps du moins que le ciel me conservera des parens plus proches et plus chers, parce que vous ne m'avez pas donné sujet de penser mieux de votre prudence que de la mienne. Je suis indépendante de vous, monsieur, quoique je ne veuille jamais l'être de mon père. A l'égard de mes oncles, je désire ardemment leur estime et leur affection, et c'est tout ce que je désire d'eux. Je le répète, monsieur, pour votre tranquillité et pour celle de ma sœur.

A peine avais-je dit ces derniers mots, que Betty, entrant d'un air empressé, et jetant sur moi un coup d'œil aussi dédaigneux que j'aurais pu l'attendre de ma sœur, a dit à mon frère qu'on souhaitait de lui dire deux mots dans la chambre voisine. Il s'est approché de la porte, qui était demeurée entr'ouverte, et j'ai entendu cette foudroyante sentence, de celui qui a droit à tout mon respect :

— Mon fils, que la rebelle soit conduite à l'instant chez mon frère Antonin. A l'instant, dis-je ; je ne veux pas qu'elle soit ici dans une demi-heure.

J'ai tremblé, j'ai pâli, sans doute. Je me suis sentie prête à m'évanouir. Cependant, sans considérer ce que j'allais faire ni ce que j'avais à dire, j'ai recueilli toutes mes forces pour m'élancer vers la porte, et je l'aurais ouverte, si mon frère, qui l'avait fermée en me voyant avancer vers lui, ne s'était hâté de mettre la main sur la clé. Dans l'impossibilité de l'ouvrir, je me suis jetée à genoux, les bras et les mains étendues contre la cloison : — O mon père ! mon cher père ! me suis-je écriée, recevez-moi du moins à vos pieds. Permettez-moi d'y plaider ma cause. Ne rejetez pas les larmes de votre malheureuse fille !

Mon oncle a porté son mouchoir à ses yeux. M. Solmes a fait une grimace d'attendrissement qui rendait son visage encore plus hideux. Mais le cœur de marbre de mon frère n'a pas été touché.

— Je demande grâce à genoux, ai-je continué ; je ne me lèverai pas sans l'avoir obtenue ; je mourrai de douleur dans la posture où je suis. Que cette porte soit celle de la miséricorde. Ordonnez, monsieur, qu'elle soit ouverte, je vous en conjure, cette fois, cette seule fois, quand elle devrait ensuite m'être fermée pour jamais.

Quelqu'un s'est efforcé d'ouvrir de l'autre côté ; ce qui a obligé mon frère d'abandonner tout d'un coup la clé ; et moi, qui continuais de pousser la porte dans la même posture, je suis tombée sur le visage, dans l'autre salle, assez heureusement néanmoins pour ne pas me blesser. Tout le monde en était sorti, à l'exception de Betty, qui m'a aidée à me relever. J'ai jeté les yeux sur toutes les parties de la chambre, et, n'y voyant personne, je suis rentrée dans l'autre, appuyée sur Betty, et je me suis jetée sur la première chaise. Un déluge de pleurs a servi beaucoup à me soulager. Mon oncle, mon frère et M. Solmes m'ont quittée pour aller rejoindre mes autres juges.

J'ignore ce qui s'est passé entre eux ; mais, après m'avoir laissé quelque temps pour me remettre, mon frère est revenu avec une contenance sombre et hautaine :

— Votre père et votre mère, m'a-t-il dit, vous ordonnent de vous disposer sur-le-champ à vous rendre chez votre oncle. N'ayez aucun embarras pour vos commodités. Vous pouvez donner vos clés à Betty. Prenez-les, Betty, si cette perverse les a sur elle, portez-les à sa mère. On prendra soin de vous envoyer tout ce qui est convenable ; mais vous ne passerez pas la nuit dans cette maison.

J'ai répondu que je n'étais pas bien aise de remettre mes clés à d'autres qu'à ma mère, et même en mains propres ; qu'il voyait le désordre de ma santé ; qu'un départ si brusque pouvait me coûter la vie, et que je demandais en grâce qu'il fût différé du moins jusqu'à mardi.

— C'est, mademoiselle, ce qui ne vous sera point accordé. Préparez-vous pour ce soir, et remettez vos clés à Betty, si vous n'aimez mieux me les donner à moi-même. Je les porterai à votre mère.

— Non, mon frère, non. Vous aurez la bonté de m'excuser.

— Vous les donnerez. Il le faut absolument. Rebelle sur tous les points. Mademoiselle Clary ! auriez-vous quelque chose en réserve qui ne dût pas être vu de votre mère ?

— Non, si l'on me permet de l'accompagner.

Il est sorti en me disant qu'il allait rendre compte de ma réponse. Bientôt j'ai vu entrer miss Dolly Hervey, qui m'a dit tristement qu'elle était fâchée du message, mais que ma mère demandait absolument la clé de mon cabinet et celles de mes tiroirs.

— Dites à ma mère que j'obéis à ses ordres. Dites-lui que je ne fais point de conditions avec ma mère ; mais que, si ses recherches ne lui font rien trouver qu'elle désapprouve, je la supplie de permettre que je demeure ici quelques jours de plus. Allez, chère cousine ; rendez-moi ce bon office, si vous le pouvez.

La tendre Dolly n'a pu retenir ses larmes. Elle a reçu mes clés. Elle a passé les bras autour de mon cou en disant qu'il était bien triste de voir pousser si loin la rigueur. J'ai remarqué que la présence de Betty ne lui permettait pas de s'expliquer davantage.

— Cachez votre pitié, ma chère, n'ai-je pu m'empêcher de lui dire ; on vous en ferait un crime. Vous voyez devant qui vous êtes.

L'insolente Betty a souri dédaigneusement : — Une jeune demoiselle, a-t-elle eu la hardiesse de répondre, qui en plaignait une autre dans des affaires de cette nature, promettait beaucoup elle-même pour l'avenir.

— Je l'ai traitée fort mal, et je lui ai ordonné de me délivrer de sa présence.

— Très volontiers, m'a-t-elle dit avec la même audace, si les ordres de ma mère ne l'obligeaient de demeurer.

J'ai reconnu ce qui l'arrêtait, lorsqu'ayant voulu remonter à mon appartement, après le départ de ma cousine, elle m'a déclaré (quoiqu'avec beaucoup de regret, m'a-t-elle dit) qu'elle avait ordre de me retenir.

— Oh ! c'est trop. Une effrontée telle que vous ne m'empêchera point... Elle s'est hâtée de tirer la sonnette, et mon frère, accourant aussitôt, s'est rencontré sur mon passage. Il m'a forcée de retourner, en me répétant plusieurs fois qu'il n'était pas temps encore. Je suis rentrée ; et me jetant sur une chaise, je me suis mise à pleurer amèrement.

Le récit de son indécent langage, pendant qu'il m'a servi comme de goulier avec Betty, et ses railleries amères sur mon silence et sur mes pleurs, n'ajouteraient rien d'utile à cette peinture. J'ai demandé plusieurs fois la permission de me retirer dans mon appartement. Elle m'a été refusée. La recherche, apparemment, n'était pas finie. Ma sœur était du nombre de ceux qui s'y employaient de toutes leurs forces. Personne n'était capable d'y apporter plus de soin. Qu'il est heureux pour moi que leurs malignes espérances aient été trompées !

Après avoir reconnu qu'ils perdaient leur peine, ils ont pris le parti de me faire essuyer une nouvelle visite de M. Solmes, introduit cette fois par ma tante Hervey, qui ne se prêtait pas, comme je m'en suis aperçue, fort volontiers à ce ministère, et toujours accompagné néanmoins de mon oncle Antonin, pour soutenir apparemment la fermeté de ma tante.

Mais je commence à me trouver fort appesantie. Il est deux heures du matin. Je vais me jeter sur mon lit toute vêtue, pour me réconcilier un peu avec le sommeil, s'il veut s'arrêter quelques moments sur mes yeux.

Mercredi matin, à trois heures.

Il m'est impossible de dormir. Je n'ai fait que sommeiller l'espace d'une demi-heure.

Ma tante m'a tenu ce discours en m'abordant :

— O mon cher enfant, que de peine vous causez à toute votre famille ! Je ne reviens pas de mon étonnement.

— J'en suis fâchée, madame.

— Vous en êtes fâchée, ma nièce. Quel langage ! Quoi donc, toujours obstinée ? Mais asseyons-nous, ma chère. Je veux m'asseoir près de vous.

Elle a pris ma main.

Mon oncle a placé M. Solmes à mon autre côté. Il s'est assis lui-même vis-à-vis de moi et le plus près qu'il a pu. Jamais place de guerre ne fut mieux investie.

— Votre frère, m'a dit ma tante, est trop emporté. Son zèle pour vos intérêts le fait sortir un peu des bornes de la modération.

— Je le pense aussi, m'a dit mon oncle, mais n'en parlons plus. Nous voulons essayer quel effet la douceur aura sur vous, quoique vous sachiez fort bien qu'on n'a pas attendu si tard à l'employer.

J'ai demandé à ma tante s'il était nécessaire que M. Solmes fût présent.

— Vous verrez bientôt, m'a-t-elle dit, qu'il n'est pas ici sans raison ; mais je dois commencer par vous apprendre que votre mère, trouvant le ton de votre frère un peu trop rude, m'engage à faire l'essai d'une autre méthode sur un esprit aussi généreux que nous avons toujours cru le vôtre.

— Permettez, madame, que je commence aussi par vous dire qu'il n'y a rien à se promettre de moi, s'il est toujours question de M. Solmes.

Elle a jeté les yeux vers mon oncle, qui s'est mordu les lèvres, en regardant M. Solmes, qui s'est frotté le menton.

— Je vous demande une chose, a-t-elle repris : auriez-vous eu plus de complaisance, si vous aviez été traitée avec plus de douceur ?

— Non, madame, je ne puis vous dire que j'en eusse marqué davantage en faveur de M. Solmes. Vous savez, madame, et mon oncle ne sait pas moins, que je me suis toujours fait honneur de ma bonne foi. Le temps n'est pas éloigné où j'étais assez heureuse pour mériter quelque estime à ce titre.

Mon oncle s'est levé ; et prenant M. Solmes à l'écart, il lui a dit, d'une voix basse, que je n'ai pas laissé que d'entendre :

— Ne vous alarmez point ; elle est à vous, elle sera votre femme. Nous verrons qui doit l'emporter, d'un père ou d'une fille, d'un oncle ou d'une nièce... Je ne doute pas que nous ne touchions à la fin, et que cette haute frénésie ne donne matière à quantité de bons mots.

Je souffrais mortellement.

— Quoique nous ne puissions découvrir, a-t-il continué, d'où vient cette humeur opiniâtre dans une créature si douce, nous croyons le deviner. Ami, comptez que cette obtination ne lui est pas naturelle ; et je n'y prendrais pas tant d'intérêt, si je n'étais sûr de ce que je dis, et si je n'étais déterminé à faire beaucoup pour elle.

— Je ne cesserai pas de prier pour cet heureux temps, a répondu M. Solmes d'une voix aussi intelligible : jamais, jamais je ne lui rappellerai la mémoire de ce qui me cause aujourd'hui tant de peine.

— Je ne vous cacherai pas, m'a dit ma tante, qu'en livrant vos clés à votre mère, sans aucune condition, vous avez plus fait que vous ne pouviez espérer par toute autre voie. Cette soumission, et la joie qu'on a eue de ne rien trouver qui puisse causer de l'ombrage, joint à l'entremise de M. Solmes....

— Ah ! madame, que jamais je n'aie d'obligation à M. Solmes. Je ne pourrais le payer que par des remerciemens, à condition même qu'il abandonnât ses prétentions. Oui, monsieur (en me tournant vers lui), si vous avez quelque sentiment d'humanité, si l'estime dont vous faites profession de m'honorer a quelque rapport à moi-même, je vous conjure de vous borner à mes remerciemens : je vous les promets de bonne foi, mais ayez la générosité de les mériter.

— Croyez... Croyez-moi, mademoiselle, a-t-il bégayé plusieurs fois ; il m'est impossible. Je conserverai mes espérances aussi long-temps que vous serez fille. Aussi long-temps que je serai soutenu par mes dignes amis, il faut que je persévère. Je ne dois pas marquer du mépris pour eux, parce que vous en avez beaucoup pour moi.

Un regard dédaigneux a fait mon unique réponse ; et m'adressant à ma tante : — De grâce, madame, quelle faveur ma soumission m'a-t-elle donc procurée ?

— Votre mère et M. Solmes, a-t-elle repris, ont obtenu que vous ne partiriez point avant mardi, si vous promettez de partir de bonne grâce.

— Qu'on me laisse la liberté d'exclure les visites qui me chagrinent, et je me rendrai avec joie chez mon oncle.

— Eh bien ! m'a dit ma tante, c'est un point qui demande encore d'être examiné. Passons à un autre, pour lequel vous ne sauriez trop rappeler votre attention : il vous apprendra ce qui a fait désirer ici la présence de M. Solmes. — Oui, ma nièce, écoutez bien, a interrompu mon oncle ; il vous apprendra aussi ce que c'est qu'un certain homme que je ne veux pas nommer. Je vous en prie, monsieur Solmes, lisez-nous premièrement la lettre que vous avez reçue de votre honnête ami : vous m'entendez, la lettre anonyme.

— Volontiers, monsieur ; et, prenant son portefeuille, M. Solmes en a tiré une lettre. C'est la réponse, a-t-il dit en baissant les yeux, à une lettre qu'on avait écrite à la personne. L'adresse est à *M. Roger Solmes, esquire.* Elle commence ainsi :

« Monsieur et cher ami... »

— Pardon, monsieur, lui ai-je dit, si je vous interromps; mais quelle est votre intention, je vous prie, en me lisant cette lettre?

— De vous apprendre, a répondu pour lui mon oncle, quel est le méprisable personnage à qui l'on croit que votre cœur s'abandonne.

— Si l'on me soupçonne, monsieur, d'avoir disposé de mon cœur en faveur d'un autre, quelles peuvent être les espérances de M. Solmes?

— Ecoutez seulement, a repris ma tante, écoutez ce que M. Solmes va lire, et ce qu'il est en état de vous apprendre.

— Si M. Solmes a la bonté de déclarer qu'il n'a aucune vue d'intérêt propre, je l'écouterai volontiers; mais s'il me laisse penser autrement, vous me permettrez, madame, de lui dire que cette raison doit affaiblir beaucoup dans mon esprit ce qu'il veut me lire ou m'apprendre.

— Ecoutez-le seulement a répété ma tante.

— Quoi! vous ne sauriez l'écouter? m'a dit mon oncle. Vous êtes si vive à prendre parti pour...

— Pour tous ceux, monsieur, qui sont accusés par des lettres anonymes et par des motifs d'intérêt.

M. Solmes a commencé sa lecture. La lettre paraissait contenir une multitude d'accusations contre le pauvre criminel; mais j'ai interrompu cette inutile rapsodie.

— Ce n'est pas ma faute, ai-je dit, si celui qu'on accuse ne m'est pas aussi indifférent qu'un homme que je n'aurais jamais vu. Je n'explique point quels sont mes sentimens pour lui; mais s'ils étaient tels qu'on les suppose, il faudrait les attribuer aux étranges moyens par lesquels on a voulu les prévenir. Qu'on accepte l'offre que je fais de me réduire au célibat; il ne me sera jamais rien de plus que M. Solmes.

Mon oncle est revenu à prier M. Solmes de lire, et à me presser de l'écouter. — Que servira sa lecture? ai je dit. Peut-il désavouer qu'il n'ait des vues? Et d'ailleurs, que m'apprendra-t-il de pire que ce que je n'ai pas cessé d'entendre depuis plusieurs mois?

— Oui, m'a dit mon oncle; mais il est en état de vous en fournir les preuves. — C'est donc sans preuves, ai-je répliqué, qu'on a décrié jusqu'à présent le caractère de M. Lovelace? Je vous prie, monsieur, de ne me pas donner trop bonne opinion de lui: vous m'exposez à la prendre lorsque je vois tant d'ardeur à le faire paraître coupable, dans un adversaire qui ne se propose point assurément sa réformation, et qui ne pense ici qu'à se rendre service à lui-même.

— Je vois clairement, m'a dit mon oncle, votre prévention, votre folle prévention en faveur d'un homme qui n'a aucun principe de morale.

Ma tante s'est hâtée d'ajouter que je ne vérifiais que trop toutes leurs craintes, et qu'il était surprenant qu'une jeune personne d'honneur et de vertu eût pris tant d'estime pour un homme d'un caractère si méprisable.

J'ai repris avec le même empressement:

— Très chère madame, ne tirez point une conclusion si précipitée contre moi. Je crois M. Lovelace fort éloigné du point de vertu dont la religion lui fait un devoir; mais si chacun avait le malheur d'être observé, dans toutes les circonstance de sa vie, par des personnes intéressées à le trouver coupable, je ne sais de qui la réputation serait à couvert. J'aime un caractère vertueux, dans les hommes comme dans les femmes; je le crois d'une égale nécessité dans les deux sexes; et si j'avais la liberté de disposer de moi, je le préférerais à la qualité de roi qui ne serait point accompagnée d'un si précieux avantage...

— A quoi tient-il donc... a interrompu mon oncle.

— Permettez-moi, monsieur... mais j'ose dire qu'une infinité de gens qui évitent la censure n'en ont pas plus de droit aux applaudissemens. J'observerai de plus que M. Solmes même peut n'être pas absolument sans défauts. Le bruit de ses vertus n'est jamais venu jusqu'à moi. J'ai entendu parler de quelques vices... Pardon, monsieur, vous êtes présent... l'endroit de l'Ecriture où il est parlé de *jeter la première pierre* offre une excellente leçon.

Il a baissé la vue, mais sans prononcer un seul mot.

— M. Lovelace, ai-je continué, peut avoir des vices que vous n'avez pas. Peut-être en avez-vous d'autres dont il est exempt. Mon dessein n'est pas de le défendre, ni de vous accuser. Il n'y a point de mal ni de bien sans mélange. M. Lovelace, par exemple, passe pour un homme implacable, et qui hait mes amis, je ne l'en estime pas davantage ; mais qu'il me soit permis de dire qu'ils ne le haïssent pas moins. M. Solmes n'est pas non plus sans antipathies, il en a même de très fortes. Parlerai-je de celle qu'il a pour ses propres parens ? Je ne puis croire que ce soit leur faute, puisqu'ils vivent très bien avec le reste de leur famille. Cependant ils peuvent avoir d'autres vices, je ne dirai pas plus odieux, car c'est ce qui me semble impossible. Pardon, encore une fois, monsieur. Mais que peut-on penser d'un homme qui déteste son propre sang ?

— Vous n'êtes pas informée, mademoiselle... — Vous ne l'êtes pas, ma nièce. — Vous ne l'êtes pas, Clary.

Tous trois m'ont fait la même réponse ensemble.

— Il se peut que je ne le sois pas. Je ne désire pas de l'être mieux, parce que je n'y prends aucun intérêt. Mais le public vous accuse, monsieur, et si le public est injuste à l'égard de l'un, ne le peut-il pas être à l'égard de l'autre ? C'est tout ce que j'en veux conclure. J'ajoute seulement que la plus grande marque du défaut de mérite est de chercher à ruiner le caractère d'autrui pour établir le sien.

Il me serait difficile de vous représenter l'air de confusion qui s'est répandu sur toute sa figure. Je l'ai cru prêt à pleurer. Tous ses traits étaient déplacés par la violence de ses contorsions, et sa bouche ni son nez ne me paraissaient plus au milieu de son visage. S'il avait été capable de quelque pitié pour moi, il est certain que j'aurais essayé d'en avoir pour lui.

Ils sont demeurés tous trois à se regarder en silence. J'ai cru remarquer dans les yeux de ma tante, qu'elle n'aurait pas été fâchée de pouvoir faire connaître qu'elle approuvait tout ce que j'avais dit ; et lorsqu'elle a recommencé à parler, elle ne m'a blâmée que faiblement de ne vouloir pas entendre M. Solmes. Pour lui, il n'a plus marqué la même ardeur pour se faire écouter. Mon oncle a dit qu'il était impossible de me faire entendre raison. Enfin, je les aurais réduits tous les deux au silence, si mon frère n'était revenu à leur secours.

Il est entré, les yeux étincelans de colère, et dans son transport, il a tenu un étrange langage.

— Je m'aperçois qu'avec son babil, cette *causeuse* vous a rendus muets ; mais tenez ferme, monsieur Solmes. J'ai entendu jusqu'au moindre mot, et je ne vois point d'autre moyen pour vous mettre de pair avec elle, que de lui faire sentir votre pouvoir lorsque vous serez son maître, comme elle vous fait essuyer aujourd'hui son insolence.

— Fi, mon neveu! lui a dit ma tante. Un frère peut-il être capable de cet excès à l'égard d'une sœur?

Il lui a reproché, pour sa défense, d'encourager elle-même une rebelle.

— Oui, madame, vous favorisez trop l'arrogance de son sexe. Autrement elle n'aurait pas osé fermer la bouche à son oncle par d'indignes réflexions, ni refuser d'écouter un ami qui veut l'avertir du danger auquel son honneur est exposé de la part d'un libertin, dont elle a fait entendre ouvertement qu'elle veut réclamer la protection contre sa famille.

— *J'ai fermé la bouche à mon oncle par d'indignes réflexions!* Comment osez-vous me faire ce reproche? lui ai-je demandé avec un vif ressentiment. Quelle horrible explication! qui ne peut tomber dans l'esprit qu'à vous.

Ma tante a pleuré, du chagrin de se voir traitée avec tant de violence.

— Mon neveu, lui a-t-elle dit, si c'est à ces remerciemens que je dois m'attendre, j'ai fini. Votre père ne prendrait pas ce ton avec moi. Je dirai, n'en doutez pas, que le discours que vous avez tenu est indigne d'un frère.

— Pas plus indigne, ai-je repris, que tout le reste de sa conduite. Je vois, par cet exemple, comment il a réussi à faire entrer tout le monde dans ses projets. Si j'avais la moindre crainte de tomber au pouvoir de M. Solmes, cette scène aurait pu me toucher. Vous voyez, monsieur, en parlant à Solmes, quels moyens on croit devoir employer pour vous conduire à vos généreuses fins. Vous voyez comment mon frère me fait sa cour pour vous.

— Ah!... mademoiselle, je désavoue la violence de M. Harlove. Je ne vous rappellerai jamais...

— Soyez tranquille, monsieur; je prendrai soin que jamais vous n'en ayez l'occasion.

— Vous êtes trop passionnée, Clary, m'a dit mon oncle; mais vous, mon neveu, je vous trouve aussi blâmable que votre sœur.

Bella est entrée au même moment.

— Vous n'avez pas tenu votre promesse, a-t-elle dit à mon frère. On vous blâme de l'autre côté comme ici. Si la générosité et l'attachement de M. Solmes étaient moins connus, ce qui vous est échappé serait inexcusable. Mon père vous demande, et vous aussi, ma tante, et vous, mon oncle, et M. Solmes avec vous, s'il lui plaît.

Ils sont passés tous quatre dans l'appartement voisin. Je suis demeurée en silence, pour attendre de ma sœur l'explication de cette nouvelle scène. Elle ne s'est pas plus tôt vue seule avec moi, qu'avançant son visage presque sur le mien, elle m'a dit, du ton le plus outrageant, quoique assez bas :

— Perverse créature que tu es! que de peines tu causes à toute la famille!

Je lui ai répondu avec beaucoup de modération, qu'elle et mon frère s'en causaient de volontaires, parce que rien ne les obligeait l'un et l'autre à se mêler de mes intérêts. Elle a continué ses injures, mais toujours d'une voix basse, comme dans la crainte d'être entendue. J'ai jugé que pour me délivrer d'elle, il était à propos de lui faire lever un peu le ton, ce qui est toujours facile avec un esprit passionné. En effet, elle s'est emportée sans ménagement. Aussitôt miss Dolly Hervey est venue lui dire qu'on la demandait de l'autre côté. Ce premier ordre n'a pas suffi. Elle recommençait à suivre le mouvement de sa colère, que j'animais exprès par des réponses froides, mais assez piquantes, lorsque miss Dolly est revenue lui déclarer qu'on la demandait absolument. — Hélas! chère cousine, ai-je dit à cette chère miss, on ne pense guère à m'accorder la même faveur. Elle ne m'a répondu qu'en branlant la tête, sans pouvoir retenir ses larmes. Une marque si simple de tendresse et de compassion n'a pas laissé de lui attirer quelques injures de Bella.

Cependant, je m'imagine que cette furieuse sœur a reçu aussi quelques reproches de ma mère ou de mes oncles; et j'en ai jugé par sa réponse:

— J'avais des expressions si piquantes a-t-elle dit de moi, qu'il était impossible de garder son sang-froid.

On m'a laissé peu de temps pour respirer. M. Solmes est venu seul avec une abondance de grimaces et de complimens. Il venait prendre congé de moi. Mais il avait été trop bien instruit et trop adroitement encouragé, pour me donner l'espérance du moindre changement; il m'a suppliée de ne pas faire tomber sur lui la haine des rigueurs dont il avait été le triste témoin; il m'a demandé ce qu'il a cru devoir nommer ma compassion.

« Le résultat, m'a-t-il dit, était que dans son malheur on lui donnait encore des espérances; et, quoique rebuté, dédaigné par l'objet de ses adorations, il était résolu de persévérer aussi long-temps qu'il me verrait fille, sans regretter des services, les plus longs et les plus pénibles dont il y ait eu d'exemple. »

Je lui ai représenté avec beaucoup de force sur quoi il doit compter. Il m'a répondu qu'il n'en était pas moins déterminé à la persévérance; et que, tandis que je ne serais pas à quelque autre homme, il devait espérer. Quoi! lui ai-je dit; de l'espoir, de la persévérance, lorsque je vous déclare, comme je le fais à ce moment, que mes affections sont engagées... quelque usage que mon frère puisse faire de cet aveu...

« Il connaissait mes principes. Il les adorait. Il se rendait témoignage qu'il pouvait me rendre heureuse, et qu'il n'était pas moins sûr que je voudrais l'être. »

Je l'ai assuré que le parti de me conduire chez mon oncle répondrait mal à ses vues; que si l'on me faisait cette violence, je ne le verrais de ma vie; je ne recevrais aucune de ses lettres; je n'écouterais pas un mot en sa faveur, dans quelques mains qu'il pût remettre ses intérêts.

« Il en était désespéré. Il serait le plus misérable des hommes si je persistais dans cette résolution; mais il ne doutait pas que mon père et mes oncles ne pussent m'inspirer des sentimens plus favorables. »

— Jamais, jamais, monsieur! voilà de quoi vous devez être sûr.

« L'objet était digne de sa patience; et de tous les efforts qu'il était résolu de tenter. »

— A mes dépens, monsieur! au prix de tout mon bonheur!

« Il espérait me voir engagée quelque jour à penser autrement. Sa fortune, plus considérable encore qu'on ne se l'imaginait; sa passion, surpassait tout ce qu'on a jamais senti pour une femme...»

Je l'ai arrêté, et le priant d'entretenir de ses richesses ceux qui pouvaient l'estimer à ce titre, je lui ai demandé sur le second point ce que devait penser de son amour une jeune personne qui avait pour lui *plus d'aversion qu'on n'en a jamais senti pour un homme*, et s'il y avoit quelque argument auquel cette declaration ne repondît pas d'avance ?

— Ma très chère demoiselle, dit-il en bégayant et se jetant à genoux, que puis-je dire ? Vous me voyez à vos pieds. Ne me traitez pas avec ce mepris.

Il est vrai qu'il offrait l'image d'une profonde douleur, mais sous les traits les plus difformes et les plus odieux. Cependant, je ne le voyais pas sans regret dans cette humiliation. Je lui ai dit :

— Il m'est arrivé aussi, monsieur, de fléchir inutilement les genoux, plus d'une fois, pour toucher des cœurs insensibles. Je les fléchirai encore, et même devant vous, s'il y a tant de mérite à les fléchir, pourvu que vous ne vous rendiez pas l'instrument d'un frère cruel, pour mettre le comble à ses persécutions.

— Si les services de toute ma vie, si des respects, qui seront portés jusqu'à l'adoration... Hélas ! mademoiselle, vous qui accusez les autres de cruauté, ne voulez-vous pas que la *miséricorde* soit une de vos vertus?

— Dois-je être cruelle à moi même, pour vous marquer ce que vous appelez de la *miséricorde?* Prenez mon bien, monsieur ; j'y consens, puisque vous êtes ici dans une si haute faveur. Ne prétendez pas à moi ; je vous abandonne tout le reste. D'ailleurs, la *miséricorde* que vous demandez pour vous, vous feriez fort bien de l'avoir pour autrui.

— Si vous parlez de mes parens, mademoiselle, tous indignes qu'ils sont de mon attention, ordonnez, et vos volontés seront des lois en leur faveur.

— Moi ! monsieur, que j'entreprenne de vous donner des entrailles, lorsque vous faites trop voir que la nature vous en a refusé? ou que j'achète de vous le bonheur de vos parens, par la perte du mien ? La miséricorde que je vous demande, c'est pour moi-même. Puisque vous avez quelque pouvoir sur mes proches, soyez assez généreux pour l'employer en ma faveur. Dites-leur que vous commencez à vous apercevoir que mon aversion est invincible pour vous. Dites-leur, si vous êtes un homme sage, que votre bonheur vous est trop cher pour le mettre au hasard contre une antipathie si déclarée. Dites-leur, si vous le voulez, que je suis indigne de vos offres ; et que, pour votre intérêt comme pour le mien, vous n'êtes plus disposé à solliciter une main qu'on s'obstine à vous refuser.

— J'en courrai tous les risques, m'a répondu l'effroyable monstre, en se levant avec un visage pâle, apparemment de rage, lançant des flammes de ses yeux creux, et se mordant la lèvre de dessous, pour me faire connaître qu'il pouvait être homme. Votre haine, mademoiselle, ne sera pas une raison qui puisse m'arrêter ; et je ne doute point que dans peu de jours je n'aie le pouvoir...

— Que vous n'ayez le pouvoir, monsieur ?...

— De vous montrer plus de générosité que vous n'en avez eu pour moi, quoique tout le monde vante la noblesse de votre cœur.

Sa physionomie convenait à sa colère. Elle paraît formée pour exprimer cette violente passion.

Au même instant mon frère est entré.

— Ma sœur, ma sœur, m'a-t-il dit en grinçant les dents, achevez le rôle héroïque que vous avez entrepris, il vous sied à merveille. Comptez néanmoins qu'il durera peu. Nous verrons si vous accuserez les autres de tyrannie, après avoir exercé la vôtre avec tant d'insolence. Mais laissez-la, laissez-la, monsieur Solmes: son règne est court. Vous la verrez bientôt assez humble et assez mortifiée. La petite folle apprivoisée sentira les reproches de sa conscience, et vous demandera grâce alors, trop heureuse de pouvoir l'obtenir.

Ce frère barbare aurait continué plus long-temps ses insultes, si Chorrey n'était venue le rappeler par l'ordre de mon père. Dans la douleur et l'effroi d'être traitée si brutalement, je passais d'une chaise sur une autre, avec toutes les marques d'une violente agitation. M. Solmes a tenté de s'excuser, en m'assurant qu'il était fort affligé de l'emportement de mon frère.

—Laissez-moi, monsieur, laissez-moi, ou vous m'allez voir tomber sans connaissance. En effet, je me suis crue prête à m'évanouir.

Il s'est recommandé à ma faveur, avec un air d'assurance qui m'a paru augmenter par l'abattement où il me voyait. Il a profité même de ma situation, pour se saisir d'une de mes mains tremblantes, que toute ma résistance n'a pu l'empêcher de porter à son odieuse bouche. Je me suis éloignée de lui avec indignation. Il est sorti en redoublant ses grimaces et ses révérences, fort content de lui-même, autant que j'en ai pu juger, et jouissant de ma confusion. Je l'ai encore devant les yeux : il me semble que je le vois, se retirant lourdement en arrière, se courbant à chaque pas, jusqu'à ce que la porte, qui était ouverte, et contre le bord de laquelle il a donné en reculant, l'a fait souvenir heureusement de me tourner le dos.

Aussitôt que je me suis trouvée seule, Betty est venue m'apprendre qu'on m'accordait enfin la permission de remonter à ma chambre.

—Elle avait ordre, m'a-t-elle dit, de m'exhorter à faire des réflexions sérieuses, parce que le temps était court, quoiqu'elle m'ait fait entendre qu'on pourrait m'accorder jusqu'à samedi.

Dans la liberté que je lui laisse de parler, elle m'a raconté que mon frère et ma sœur ont été blâmés de s'être trop emportés avec moi ; mais qu'après avoir recueilli toutes les circonstances, sur leur récit et sur celui de mon oncle, on s'est déterminé plus que jamais en faveur de M. Solmes. Il prétend lui-même que sa passion est plus vive pour moi qu'elle n'a jamais été ; et que, loin d'être rebuté par mes discours, il a trouvé des charmes à m'entendre. On ne l'entend parler qu'avec extase de la bonne grâce et de l'air de dignité avec lequel je ferai les honneurs de sa maison. Betty me fait d'autres peintures aussi flatteuses, sans que je puisse juger si elles sont d'elle ou de lui.

La conclusion, dit-elle avec son insolence ordinaire, est de me soumettre de bonne grâce, ou, ce qu'elle me conseille encore plus, de faire mes conditions moi-même avec lui. Si je manque l'occasion, elle peut me répondre qu'à la place de M. Solmes elle n'en serait pas disposée à me mieux traiter : —Et quelle femme au monde, m'a répété plusieurs fois cette effrontée créature aimera mieux *admirer* un jeune libertin, que d'être admirée elle-même par un homme sage, et d'un caractère à l'être toujours ?

Elle ajoute qu'il faut que mon adresse ou mon bonheur ait été surprenant, pour avoir trouvé le moyen de cacher mes papiers.

—Je dois bien m'imaginer, dit-elle, qu'elle n'ignore pas que j'ai sans cesse la plume à la main ; et comme j'apporte tous mes soins à lui en dérober la connaissance, elle n'est pas obligée de me garder le secret.

Cependant elle n'aime point à nuire ; elle est portée au contraire à rendre service, et l'art de concilier a toujours été son talent. Si elle me voulait autant de mal que je me le figure, peut-être ne serais-je plus chez mon père, ce qu'elle ne dit pas néanmoins pour se faire un mérite auprès de moi ; car, au fond, il serait de mon avantage que mon affaire fût promptement terminée : elle y trouverait du moins le sien, elle et tout le monde ; cela est certain. Pour finir là-dessus, vient-elle de me dire encore, elle pouvait me donner un avis : quoique mon départ ne soit pas éloigné, on pensait à m'ôter ma plume et mon encre ; et lorsque j'aurais perdu cet amusement, on verrait quel emploi un esprit aussi actif que le mien pouvait faire de son temps.

Ce discours, qu'elle a peut-être lâché au hasard, fait tant d'impression sur moi, que je vais commencer sur-le-champ à cacher en différens lieux des plumes, de l'encre et du papier. J'en mettrai même une provision dans quelque cabinet du jardin, si j'y trouve un endroit sûr. Au pis-aller, j'ai quelques crayons qui me servent à dessiner ; et mes patrons me tiendront lieu de papier, s'il ne m'en reste pas d'autre.

J'admire effectivement le bonheur que j'ai eu de me défaire de mes écrits. On a fait une recherche des plus exactes ; je m'en aperçois au désordre que je trouve dans tous mes tiroirs. Vous savez que j'aime la méthode, et que, l'étendant jusqu'aux bagatelles, je retrouverais, les yeux fermés, un bout de dentelle ou de ruban. J'ai remarqué la même confusion dans mes livres qu'ils ont étrangement déplacés, en regardant par derrière, ou peut-être en les ouvrant. Mes habits n'ont pas été plus ménagés, et je vois que rien ne leur a échappé. C'est aux soins de votre amitié que j'ai l'obligation de l'inutilité de leur peine.

Ma main s'arrête de fatigue et de pesanteur ; mais le terme d'*obligation* me ranime, pour vous dire que je suis, à toute sortes de titres, votre très *obligée* et très fidèle amie.

Clarisse Harlove.

LETTRE LXXVI.

MISS CLARISSE HARLOVE, A MISS HOWE.

Mercredi, 5 avril, à onze heures.

Je suis réduite à dérober quelques momens pour vous écrire, et à faire usage de mes provisions secrètes. On n'a pas manqué d'enlever tout ce qu'on a pu trouver de plumes et de papier dans mon appartement. C'est un récit auquel je reviendrai bientôt.

Il n'y a pas plus d'une heure que j'ai porté ma longue lettre au dépôt. J'y ai mis en même temps un billet pour M. Lovelace, où, dans la crainte que son impatience le porte à quelque témérité, je lui apprends en quatre lignes « que l'entrevue est passée ; et que je commence à me flatter que la fermeté de mon refus fera perdre courage à M. Solmes et à ses protecteurs. »

Quoique l'excès de mes fatigues et la nuit que j'ai passée presque entière à vous écrire, m'aient fait demeurer si long-temps au lit, que je n'ai pu faire partir plus tôt ma lettre, j'espère que vous la recevrez assez tôt pour trouver le temps de me répondre ce soir, ou demain de grand matin. Ma plus vive impatience à présent, c'est de savoir si je puis compter ou non sur l'indulgence de votre mère. Vous en sentirez l'importance si vous considérez qu'ils sont résolus de m'enlever samedi, au plus tard, pour la maison de mon oncle, et peut-être dès demain.

Avant que de passer à la nouvelle violence qui m'a fait perdre mon papier et mes plumes, il faut vous informer en peu de mots de quelques circonstances qui l'ont précédée.

Ma tante, qui semble n'avoir plus d'autre maison que la nôtre, aussi bien que M. Solmes et mes deux oncles, est montée chez moi au moment de mon réveil. Elle m'a dit que je ne devais pas faire difficulté d'entendre ce que M. Solmes raconte de M. Lovelace, ne fût-ce que pour m'éclaircir de plusieurs choses qui me convaincraient de la bassesse de son caractère, et qu'il ne peut jamais faire qu'un mauvais mari : que je serais libre de les expliquer à mon gré, et de les prendre, si je voulais, au désavantage de M. Solmes; mais que j'étais d'autant plus intéressée à ne les pas ignorer, qu'il y en avait quelques unes qui me regardaient personnellement.

Je lui ai répondu que ma curiosité n'était pas fort vive, parce que j'étais sûre qu'elles ne pouvaient être à mon désavantage; et que M. Lovelace n'avait aucune raison de m'attribuer l'empressement dont quelques uns de mes amis avaient eu l'injustice de m'accuser.

Il se donnait, m'a-t-elle dit, de grands airs sur l'éclat de sa naissance, et il parlait de notre famille avec mépris, comme s'il croyait se rabaisser par une alliance avec nous. Je suis convenue que si ce reproche avait quelque fondement, c'était un indigne homme, de parler mal d'une famille qui, à l'exception de la pairie, n'était pas inférieure à la sienne. J'ai ajouté que cette dignité même me paraissait jeter moins d'honneur que de honte sur ceux qui n'ont point assez de mérite pour lui prêter au moins autant d'ornement qu'ils en reçoivent; qu'à la vérité l'absurde orgueil de mon frère, qui lui faisait déclarer de toutes parts qu'il ne s'allierait jamais qu'à la haute noblesse, avait pu faire naître des doutes injurieux pour la nôtre; mais que si j'étais bien sûre que par une autre sorte d'orgueil, où je ne trouverais que de la bassesse, M. Lovelace fût capable de prendre droit d'un avantage accidentel pour nous insulter ou pour s'estimer trop, je le croirais aussi méprisable du côté du jugement qu'il pouvait l'être par ses mœurs.

Elle a pris plaisir à me répéter qu'il s'était donné souvent ces outrageantes libertés ; avec l'offre de m'en fournir des preuves qui me surprendraient.

J'ai répondu que quelque certitude qu'elle trouvât dans les preuves, haï comme il l'était de toute notre famille, qui s'emportait ouvertement contre lui dans toutes sortes de lieux, les principes de la justice commune semblaient demander qu'on approfondît à quelle occasion il s'était rendu coupable du crime qu'on lui reprochait ; et si les invectives de quelques uns de mes amis, trop enflés de leurs richesses, qui leur faisaient peut-être mépriser tous les autres avantages, et nuire à leurs propres prétentions de noblesse pour décrier la sienne, ne l'avaient pas excité à parler d'eux avec le même mépris.

— En un mot, ai-je conclu, pouvez-vous dire, madame, que la haine ne soit pas aussi envenimée de notre côté que du sien? Parle-t-il de nous avec moins de ménagement que nous ne parlons de lui? et quant à l'objection si souvent répétée, qu'il serait un mauvais mari, croyez-vous qu'il puisse jamais traiter une femme plus mal que je l'ai été, surtout par mon frère et par ma sœur?

— Ah! ma nièce, ah! chère Clary, que ce méchant homme a jeté de fortes racines dans votre cœur!

— Peut-être vous trompez-vous, madame ; mais, en vérité, les pères et les mères qui veulent faire entrer une fille dans leurs idées sur des points de cette nature, devraient se garder soigneusement de hasarder des choses qui puissent lui faire une loi de générosité et d'honneur de prendre parti pour l'homme qu'ils ont en aversion. Cependant, tout examiné, comme j'ai offert de renoncer à lui pour jamais, je ne vois pas d'où vient cette affectation continuelle de me parler de lui, ni pourquoi l'on exigerait que je prêtasse l'oreille aux détails qui le regardent.

— Mais enfin, ma nièce, vous ne sauriez prétendre qu'il n'y aurait aucun mal à vous laisser raconter par M. Solmes ce que M. Lovelace a dit de vous. Avec quelque rigueur que vous l'ayez traité, il brûle de vous revoir. Il vous demande en grâce de l'entendre sur ce point.

— Si vous croyez, madame, qu'il soit convenable de l'entendre...

— Oui, chère Clary, a-t-elle interrompu vivement; très convenable.

— Ce qu'il dit de moi, madame, vous a-t-il convaincue de la bassesse de M. Lovelace?

— Oui, ma chère, et que vous êtes obligée de le détester.

— Eh bien! madame, ayez la bonté de me le faire entendre de vous. Il n'est pas besoin que je voie M. Solmes, lorsque le récit qu'il veut me faire sera d'un double poids dans votre bouche. Apprenez-moi, madame, ce qu'on a osé dire de moi.

Il m'a paru que ma tante était dans le dernier embarras. Cependant, après s'être un peu remise :

— Fort bien, m'a-t-elle dit : je vois à quel point votre cœur est attaché. J'en suis affligée, miss, car je vous assure qu'on y fera peu d'attention. Vous serez madame Solmes, et plus tôt que vous ne vous y attendez.

— Si le consentement du cœur et le témoignage de la voix sont nécessaires au mariage, je suis sûre de n'être jamais mariée à M. Solmes : et de quel excès mes parens ne seront-ils pas responsables s'ils emploient la force pour mettre ma main dans la sienne, et pour l'y tenir jusqu'à la fin de la cérémonie; pendant qu'évanouie d'horreur, je serai peut-être hors d'état de le sentir?

— Quelle peinture romanesque me faites-vous d'un mariage forcé! D'autres vous répondraient, ma nièce, que c'est celle de votre propre obstination.

— C'est à quoi je m'attendais de la part de mon frère et de ma sœur : mais vous, madame, je suis sûre que vous mettez de la distinction entre l'opiniâtreté et l'antipathie.

— L'antipathie supposée, ma chère, peut avoir sa source dans une opiniâtreté réelle.

— Je connais mon cœur, madame, et je souhaiterais que vous le connussiez de même.

— Mais voyez du moins encore une fois M. Solmes. On vous en saura gré, et vous ferez plus que vous ne vous imaginez pour vous.

— Pourquoi le voir, madame? Prend-il plaisir à s'entendre déclarer l'aversion que j'ai pour lui? se propose-t-il de redoubler l'animosité de mes amis contre moi? Ô ruse, ô cruelle ambition de mon frère!

Ma tante m'a jeté un regard de pitié, comme pour entrer dans le sens de mon exclamation. Cependant elle m'a répondu que mon imagination créait des monstres; que je supposais de l'animosité, du redoublement...

— Leur animosité redoublera, madame, s'ils s'offensent de me voir déclarer à M. Solmes que je le déteste pour mari.

— M. Solmes, m'a-t-elle dit, mérite en vérité de la compassion. Il vous adore, et il est dans une mortelle impatience de vous revoir. Il ne vous trouve que plus charmante, depuis la manière cruelle dont vous l'avez traité. Il ne parle de vous qu'avec transport.

— Difforme créature! ai-je pensé en moi-même. Lui, des transports?

— Quelle doit être la cruauté de son cœur, ai-je repris, pour se faire un spectacle de tant de disgrâces auxquelles il contribue volontairement! Mais, je vois, je vois, madame, que je suis considérée ici *comme un oiseau en cage*, qu'on pique et qu'on irrite pour en faire le jouet de mon frère, de ma sœur et de M. Solmes. Ils trouvent dans mes peines le sujet d'une joie cruelle. Moi, madame, que je voie cet homme-là! un homme incapable de pitié! Je ne le verrai pas, si je puis éviter de le voir. Non, non, je ne le verrai pas!

— Quel sens votre vivacité vous fait donner à l'admiration dont M. Solmes est rempli pour vous! Tous vos emportemens d'hier, tous vos mépris, n'empêchent pas qu'il ne vous trouve adorable jusque dans vos rigueurs. Je vous réponds qu'il n'est pas aussi peu généreux, aussi peu sensible que vous le croyez. Allons, ma chère nièce, votre père et votre mère s'y attendent; il faut consentir à le voir encore une fois; il faut entendre ce qu'il doit vous dire.

— Comment pourrais-je y consentir, lorsque vous-même, madame, à l'exemple de tous les autres, vous avez expliqué l'entrevue d'hier comme un encouragement pour ses prétentions? lorsque j'ai déclaré solennellement que si je consentais à le revoir, elle pouvait être expliquée dans ce sens, et lorsque je suis déterminée au contraire à ne le jamais souffrir.

— Vous auriez pu, miss, vous dispenser de faire tomber vos réflexions sur moi. Je vois que, d'un côté comme de l'autre, je n'ai pas beaucoup de remerciemens à prétendre.

Elle est sortie en courant. Je l'ai rappelée, je l'ai suivie jusqu'à l'escalier; elle a refusé de m'entendre. Le mouvement précipité qu'elle a fait pour sortir a donné occasion à celui de quelque vil espion qui nous écoutait, et dont j'ai entendu le bruit lorsqu'il s'est retiré.

A peine étais-je un peu remise de cette attaque que l'illustre Betty est entrée.

— Miss, on attend l'honneur de votre compagnie dans votre parloir.

— Eh! qui, Betty?

— Que sais-je, miss? C'est peut-être votre sœur, peut-être votre frère. Je suis sûre qu'ils ne monteront point ici pour vous voir.

— M. Solmes est-il parti?

— Je le crois, miss. Voudriez-vous qu'on le fît rappeler? m'a demandé l'insolente créature.

Je suis descendue; et qui pouvais-je trouver dans mon parloir, si ce n'est mon frère et M. Solmes qui s'était caché derrière la porte pour n'être pas vu, tandis que mon frère m'a conduite par la main jusqu'à la première chaise. J'ai frémi comme à la vue d'un spectre.

— Il est question de vous asseoir, Clary.

— Et de quoi encore, mon frère?

— De quoi, ma sœur? Il faut vous défaire, s'il vous plaît, de cet air méprisant et prendre la peine d'écouter ce que M. Solmes va vous dire.

— Appelée encore pour leur servir de jouet, ai-je pensé en moi-même.

— Mademoiselle, s'est hâté de dire M. Solmes, comme s'il eût craint de n'avoir pas le temps de parler, M. Lovelace fait profession d'une haine ouverte pour le mariage, et son dessein est de vous perdre d'honneur, si jamais...

— Lâche délateur! ai-je interrompu d'un ton fort vif, arrachant ma main de celle de mon frère qui la tirait insolemment pour la lui offrir : c'est vous-même qui êtes l'ennemi de mon honneur, si c'est déshonorer une âme libre que de vouloir la forcer !

— La violente créature! s'est écrié mon frère. Mais vous n'êtes point encore partie, miss, reprit-il en résistant aux efforts que je faisais pour me dégager.

— Que prétendez-vous donc, monsieur, par cette affreuse violence?

— Vous retenir ici, miss; et, me voyant prête à lui échapper, il a passé ses bras autour de moi. — Faites donc retirer M. Solmes. Pourquoi me traiter si cruellement? Qu'il ne soit pas témoin, pour votre propre honneur, de la barbarie d'un frère pour une sœur, qui n'a pas mérité cet indigne traitement. J'ai continué de me débattre avec tant d'ardeur, qu'étant forcé de me laisser libre, il m'a traitée de *furie*.

— Voyez, a-t-il dit à M. Solmes, quelle force l'opiniâtreté donne à une femme, je n'ai pu la retenir. J'avais déjà volé vers la porte, qui était demeurée entr'ouverte; et, remontant à ma chambre avec la même légèreté, je m'y suis enfermée sous clé, tremblante en vérité et toute hors d'haleine.

Un quart d'heure après, Betty est venue frapper brusquement, en me priant à haute voix d'ouvrir, et d'un ton qui m'a causé autant d'effroi qu'elle paraissait en avoir elle-même. J'ai ouvert.

— Miséricorde! m'a-t-elle dit !... on n'a jamais vu de pareil tumulte; (marchant de côté et d'autre, et s'éventant avec son mouchoir) : des maîtres et des maîtresses en fureur; d'autres obstinés! un pauvre amant qui se désespère! des oncles enragés! Un... O Dieu! Dieu! quelle sera la fin de cette confusion? Et pourquoi s'il vous plaît tant de trouble? parce qu'une jeune demoiselle peut être heureuse et ne le veut pas; parce qu'une jeune demoiselle veut un mari et n'en veut pas. Quel désordre dans une maison où l'on était accoutumé à vivre si tranquille !

Elle a fait durer quelque temps cette scène, sans cesser de parler à elle-même; tandis que, prenant patience sur ma chaise, et bien persuadée que sa commission ne me serait pas agréable, j'ai attendu la fin de ce beau dialogue.

Elle s'est tournée vers moi :

— Je dois faire ce qu'on m'ordonne, m'a-t-elle dit, et ce n'est pas ma faute. Votre colère, miss, ne doit pas tomber sur moi. Mais il faut que j'emporte à ce moment vos plumes et votre encre.

— Par l'ordre de qui ?
— De votre père et de votre mère.
— Qui m'assurera que cet ordre vient d'eux ?

Elle allait passer dans mon cabinet. Je l'ai prévenue.—Touchez à quelque chose ici, si vous l'osez !

Miss Dolly est entrée à l'instant :

— Hélas ! oui, chère miss, m'a dit cette tendre amie, les larmes aux yeux ; il faut remettre vos plumes et votre encre à Betty ou à moi.

— Le faut-il, chère cousine ? Je vais donc vous les donner ; mais ce ne sera point à cette effrontée.

J'ai remis mon écritoire entre ses mains.

— Je suis au désespoir, m'a dit la triste miss, de ne vous apporter que des ordres fâcheux ; mais votre père ne veut plus vous souffrir dans cette maison. Il a juré que demain, ou samedi au plus tard, vous serez menée chez mon oncle Antonin. On ne vous enlève vos plumes et votre encre que pour vous ôter le moyen d'en avertir personne.

Elle m'a quittée d'un air plus triste encore que son discours, chargée de mon écritoire garnie, et d'un paquet de plumes qu'on avait observé dans la recherche d'hier, et qu'elle avait reçu ordre de me demander particulièrement. C'est un bonheur, que, n'ayant point eu besoin d'en prendre depuis, parce que j'en ai caché une douzaine d'autres en différens endroits, le paquet se soit trouvé entier ; car je ne doute pas qu'ils n'eussent pris soin de les compter.

Betty est demeurée près de moi pour me raconter que ma mère est à présent aussi animée contre moi qu'aucun autre ; que mon sort est décidé ; que la violence de ma conduite ne m'a laissé aucun défenseur ; que M. Solmes se mord les lèvres, murmure et paraît, dit-elle, rouler plus d'idées dans sa tête qu'il ne lui échappe de paroles. Elle prétend néanmoins que ce cruel persécuteur a pris plaisir à me voir, quoique sûre du tourment qu'il me cause ; et qu'il demande à me voir encore. Ne faut-il pas, ma chère, que cet homme soit un vrai sauvage ?

Elle dit que mon oncle Harlove a déclaré qu'il m'abandonnait ; qu'il prend pitié de M. Solmes ; mais qu'il lui recommande néanmoins de ne pas se ressentir un jour de mon mépris ; que mon oncle Antonin est d'avis, au contraire, que je dois en porter la peine ; que pour elle, qui appartient aussi à la famille, elle ne me cache pas qu'elle serait volontiers de la même opinion.

Comme il ne me reste point d'autre voie que la sienne pour être informée de leurs discours et de leurs desseins, j'ai quelquefois une patience que je n'aurais pas dans d'autres temps pour ses effronteries. Dans le fond, il semble que mon frère et ma sœur l'admettent à tous leurs conseils.

Miss Hervey est remontée à ce moment, pour me demander une provision d'encre, qu'ils se sont souvenus d'avoir remarquée dans mon cabinet. Je n'ai pas hésité à la donner. Moins ils me soupçonneront de pouvoir écrire, plus j'espère qu'ils auront de penchant à m'accorder quelque délai.

Vous voyez, ma chère, quelle est à présent ma situation. Tout mon espoir ! toute ma confiance est dans la faveur de votre mère. Si je perds cette ressource, j'ignore ce que je puis devenir, et qui sait, de moment en moment, à quoi votre malheureuse amie doit s'attendre ?

LETTRE LXXVII.

MISS CLARISSE HARLOVE, A MISS HOWE.

Mercredi, à quatre heures après midi.

Je reviens du dépôt, où j'ai porté la lettre que je venais de finir avec celle de M. Lovelace, que je ne vous avais point envoyée. J'ai été surprise d'y trouver encore ma lettre précédente. Ainsi, vous les recevrez toutes deux à la fois.

Il me reste néanmoins quelque inquiétude sur le retard éprouvé par celle que vous devriez avoir reçue. Mais je conçois que votre messager n'est pas toujours libre. Je ne laisserai pas de porter tout ce que j'écrirai aussitôt que chaque lettre sera finie. La prudence ne me permet pas à présent de garder le moindre papier autour de moi. Je suis même obligée de m'enfermer pour écrire, dans la crainte d'être surprise, depuis qu'on ne me croit plus d'encre et de plumes.

J'ai trouvé une nouvelle lettre de ce diligent et officieux personnage. Elle me confirme qu'il ne se passe rien dans cette maison dont il ne soit informé sur-le-champ; car elle doit avoir été écrite avant qu'il ait pu recevoir mon dernier billet et déposée apparemment lorsqu'on est venu le prendre; cependant il me félicite sur la fermeté que j'ai marquée dans cette occasion avec M. Solmes et mon oncle.

Il m'assure néanmoins qu'ils sont plus déterminés que jamais à l'emporter sur moi. Il me fait des complimens de la part de tous ses proches. Leur plus ardente envie, dit-il, est de me voir dans leur famille; il me presse de quitter cette maison tandis que j'en ai le pouvoir. Il me demande encore la permission d'envoyer le carrosse à six chevaux de son oncle, pour attendre mes ordres à la barrière qui mène au taillis.

Il répète que les articles dépendront de ma volonté; milord M..... et ses deux tantes se rendront garans de son honneur et de sa droiture. Mais si je ne souhaite pas de choisir pour asile la maison de l'une ou de l'autre de ses tantes, ni de le rendre le plus heureux des hommes aussitôt qu'il le désire, il me propose de me retirer dans ma propre terre, et d'y accepter la garde et la protection de milord M..... jusqu'à l'arrivée de M. Morden. Il sait le moyen, dit-il de m'y établir avec autant de facilité que d'honneur. A la première invitation de ma part, elle sera remplie de toutes ses parentes. Madame Norton et miss Howe ne se feront pas presser apparemment pour y venir passer quelque temps avec moi. Plus d'obstacle alors, ni de prétexte aux chicanes, et si c'est mon intention, il ne m'y rendra pas la moindre visite; il ne parlera point de mariage que la paix ne soit rétablie, qu'il n'ait employé tous les moyens que je lui prescrirai pour se réconcilier avec mes amis, que mon cousin ne soit arrivé, qu'on n'ait dressé des articles auxquels M. Morden ait donné son approbation et que je ne sois satisfaite des preuves que j'aurai reçues de sa réformation.

A l'égard de la répugnance qu'une personne de mon caractère peut sentir à quitter la maison paternelle, il observe (et je crois son observation trop vraie) que le traitement que j'essuie est dans la bouche de tout le monde. Cependant il m'assure que la voix publique est en ma faveur. Mes amis eux-mêmes, dit-il, s'attendent que je me ferai justice, sans quoi quel motif auraient-ils pour me tenir dans une espèce de prison? Il prétend que, traitée comme je le suis, l'indépendance à laquelle j'ai droit est une raison qui suffit pour justifier le changement de ma demeure, si c'est le parti auquel je veux m'attacher, ou le désir de prendre possession de ma terre, si je veux me borner à ce prétexte; que si j'avais quelque tache à redouter, la conduite de mes parens l'aurait déjà jetée sur moi; que mon honneur ne saurait m'intéresser plus que lui-même et tous les siens, puisqu'il a l'espérance de me voir à lui pour jamais; et s'il est question, dit-il, de suppléer à la perte ma propre famille, il croit penser avec raison qu'il y en a peu d'aussi propre que la sienne à cette espèce de dédommagement, par quelque voie que je lui fasse l'honneur d'accepter sa protection et ses services.

Mais il proteste qu'à toute sorte de risques il empêchera que je ne sois menée chez mon oncle, parce qu'il est sûr de me perdre sans ressource si j'entre une fois dans cette redoutable maison. Il m'apprend que mon frère, ma sœur et M. Solmes doivent s'y trouver pour me recevoir; que mon père et ma mère n'en approcheront pas avant la célébration, mais qu'ensuite ils reparaîtront, dans l'espérance de me réconcilier avec mon odieux mari, en me représentant les lois sacrées d'un double devoir.

Hélas! ma chère, avec quelle violence suis-je poussée entre deux extrémités cruelles! Cependant ce dernier avis n'a que trop de vraisemblance. Chaque pas qui se fait ici semble tendre à ce but : et ne me l'a-t-on pas presque ouvertement déclaré?

Il avoue « que, sur des intelligences dont il connaît la certitude, il a déjà pris toutes ses mesures, mais que par considération pour moi (car je dois supposer, dit-il, que ses ressentimens n'ont pas d'autre frein) il désire si vivement d'éviter les voies extrêmes, qu'il a souffert qu'une personne peu suspecte, et qui feindra de ne le pas connaître, découvre à mes parens quelles sont ses résolutions, s'ils persistent dans le dessein de me conduire malgré moi chez mon oncle. Son espérance, dit-il, est que la crainte de quelque événement tragique pourra leur faire changer de mesures; quoiqu'en supposant qu'elle ne produise pas cet effet, il s'expose par un avis de cette conséquence au risque de voir redoubler leur garde. »

N'êtes-vous pas surprise, ma chère, de la hardiesse et de la résolution de cet homme-là?

« Il me demande quelques lignes de réponse avant la nuit, ou demain au matin. S'il ne reçoit pas cette faveur, il en conclura que je suis gardée plus étroitement, et qu'il n'a pas un moment à perdre pour agir dans cette supposition. »

Vous verrez par cet extrait comme par sa lettre précédente, qui est à peu près dans le même langage, combien il tire d'avantage de ma situation dans ses offres, dans ses déclarations et même dans ses menaces. Aussi me garderais-je bien de les souffrir sans une si forte raison.

Il faut, après tout, que je me détermine promptement à quelque chose, si je ne veux pas me trouver bientôt dans l'impossibilité de me secourir moi-même. Mais je veux vous envoyer sa lettre sous l'enveloppe même de celle-ci, afin que vous jugiez mieux de ses propositions et de ses intelligences. Je me serais épargné la peine d'en faire un extrait, si cette pensée m'était venue plus tôt, et si j'avais fait réflexion aussi qu'il ne doit plus me rester d'écrit entre les mains. Je ne puis oublier ce qu'elle contient, quoique je sois fort embarrassée pour y répondre; me jeter sous la protection de sa famille est une démarche dont je ne soutiens pas l'idée... Mais je n'examinerai pas sérieusement ses propositions, sans avoir reçu de vous un autre éclaircissement, dont le délai coûte beaucoup à mon impatience. Il est certain que de la bonté de votre mère dépendent les seules espérances auxquelles je puisse m'attacher par choix. Je ne vois aucune protection qui puisse me faire plus d'honneur que la sienne, d'autant plus que ma fuite alors ne serait point une brèche irréparable, et que je pourrais retourner chez mon père, à des conditions qui me délivreraient de Solmes, sans m'affranchir de l'autorité paternelle. Je ne pense point à l'indépendance, ce qui diminue beaucoup la difficulté pour votre mère; et quand je serais forcée d'user de mon droit, je ne voudrais jamais l'étendre plus loin que mon frère, qui jouit du sien dans la terre qu'on lui a léguée, sans y trouver d'opposition. Dieu me préserve de me croire jamais dégagée du joug de la nature, quelque droit que je puisse tirer du testament de mon grand-père! En me laissant sa terre comme une récompense de ma soumission et de mon respect, il n'a pas eu dessein de m'élever au dessus de mon devoir; et cette réflexion, qu'on m'a représentée avec justice, me fera toujours craindre de ne pas répondre à ses intentions. Hélas! si mes amis connaissaient le fond de mon cœur! s'ils en avaient du moins l'opinion qu'ils ont toujours eue! car, je le répète encore: s'il ne me trompe pas moi-même, il n'est pas changé, quoique celui de mes amis le soit beaucoup.

Que votre mère vous permette seulement de m'envoyer son carrosse ou une chaise, au même lieu où M. Lovelace propose de faire venir celui de son oncle; dans mes terreurs continuelles, je ne balancerais pas un moment à me déterminer. Vous me placeriez, comme je vous l'ai déjà dit, où vous le jugeriez à propos: dans une cabane, dans un grenier, déguisée en servante, ou sous le nom, si vous voulez, de la sœur d'un de vos gens. Ainsi j'éviterais d'un côté M. Solmes, et de l'autre, le chagrin de chercher un refuge dans une famille qui est en guerre avec la mienne; je serais contente de mon sort. Si votre mère me refuse, quel asile, quelle espérance me reste-t-il au monde? Très chère miss Howe, secourez de vos conseils une malheureuse amie.

J'avais quitté la plume; l'excès de mon inquiétude me faisait craindre de m'abandonner à mes propres réflexions. J'étais descendue au jardin, pour essayer de rendre un peu de calme à mon esprit, en changeant la scène. A peine avais-je fait un tour dans l'allée des noisetiers, que Betty est venue à moi:

—Prenez garde, miss, voici votre père, voici votre oncle Antonin, votre frère et votre sœur qui se promènent à vingt pas de vous; et votre père m'ordonne de voir où vous êtes, dans la crainte qu'il a de vous rencontrer.

Je me suis jetée dans une allée de traverse; et, voyant paraître ma sœur, je n'ai eu que le temps de me retirer derrière une charmille, pour attendre qu'ils fussent passés. Il me semble que ma mère n'est pas en bonne santé; ma mère garde la chambre. S'il arrivait qu'elle se trouvât plus mal, ce serait un surcroît de malheur pour moi, dans l'idée que tous ces troubles auraient fait trop d'impression sur son cœur.

Vous ne sauriez vous imaginer, ma chère, quelles ont été mes agitations derrière cette charmille, en voyant passer mon père si près de moi. J'ai pris plaisir à le regarder au travers des branches ; mais j'ai tremblé comme une feuille, lorsque je lui ai entendu prononcer ces terribles paroles : « Mon fils, et vous, Bella, et vous, mon frère, je vous abandonne entièrement la conclusion de cette affaire. » Je ne puis douter qu'il ne fût question de moi. Cependant, pourquoi me suis-je sentie si touchée, puisque ce n'est pas d'aujourd'hui que je suis abandonnée à leur cruauté ?

Pendant que mon père était au jardin, j'ai fait présenter mes respects à ma mère, et demander l'état de sa santé par Chorrey, que le hasard m'a fait rencontrer sur l'escalier ; car, à l'exception de ma geolière, aucun des domestiques n'ose se trouver sur mon passage. J'ai reçu une réponse si mortifiante, que, sans regretter mon inquiétude pour une santé si chère, je me suis repentie du moins de mon message : « Qu'elle se dispense de cette curiosité, pour des désordres dont elle est la cause. Je ne veux recevoir d'elle aucun compliment. »

Ce langage est bien dur, ma chère ! vous conviendrez qu'il est bien dur. Cependant j'ai le plaisir d'apprendre que ma mère est déjà mieux. C'était un accès de colique, à laquelle vous savez qu'elle est sujette, et dont on la croit délivrée. Plaise au ciel qu'elle le soit ! car on rejette sur moi tout ce qui arrive de mal dans cette maison.

Une si bonne nouvelle méritait de ne pas être accompagnée d'une circonstance fort désagréable : Betty m'a déclaré qu'elle avait ordre de me faire savoir que mes promenades au jardin et mes visites à ma volière deviennent suspectes, et que si je demeure ici jusqu'à samedi ou lundi, elles me seront interdites. Peut-être n'a-t-on dessein que de me faire trouver moins de répugnance à me rendre chez mon oncle. On a dit aussi à Betty que si je me plaignais de ces ordres, et de n'avoir plus la liberté d'écrire, elle pouvait me répondre : « que la lecture m'était plus convenable que l'écriture ; que l'une pouvait m'instruire de mon devoir, au lieu que l'autre n'avait servi qu'à m'endurcir dans l'obstination ; que mes ouvrages de main me seraient plus utiles que ces promenades si fréquentes, qu'on me voyait faire par toutes sortes de temps. »

Ainsi, ma chère, si je ne me hâte pas de prendre une résolution, je me trouverai dans l'impuissance absolue d'éviter le malheur qui me menace, et je perdrai la consolation de vous communiquer mes peines.

Mercredi au soir.

Tout est en désordre dans la maison ; Betty fait l'office d'espion dedans et dehors. On dresse quelque machine, sans que je puisse m'imaginer ce qui se passe. Je suis déjà presque aussi mal de corps que d'esprit. Réellement, je me sens le cœur fort abattu.

Je veux descendre quoiqu'il soit presque nuit, sous prétexte de me remettre en prenant un peu l'air. Il est impossible à présent que vous n'ayez pas reçu mes deux dernières lettres. Je porterai celle-ci au dépôt, si je le puis, avec celle de M. Lovelace, que je vais mettre sous la même enveloppe, de peur qu'on ne recommence les recherches.

Mon Dieu, que vais-je devenir ? Tout le monde est dans un mouvement étrange ! J'entends fermer brusquement les portes. On ne fait que passer d'un appartement à l'autre. Betty, avec son air effrayé, est montée deux fois dans l'espace d'une demi-heure. Elle m'a regardée en silence, comme si j'étais menacée de quelque violence extraordinaire. Chorrey l'a rappelée la seconde fois avec précipitation. Ses regards et ses gestes étaient encore plus expressifs en me quittant. Peut-être n'est-il question de rien qui mérite mes craintes... J'entends revenir Betty avec ses exclamations et ses soupirs affectés.

L'insolente fille n'a pas cessé de me tenir un langage obscur. Elle refuse de s'expliquer. « Supposons, m'a-t-elle dit, que cette jolie aventure finisse par le meurtre, je me repentirais toute ma vie de mon opposition, autant qu'elle en peut juger. Des parens ne souffrent point qu'on leur enlève leurs enfans avec cette impudence, et ils ne convient pas qu'ils le souffrent. Le coup pourra retomber sur moi, lorsque je m'y attendrai le moins. »

Voilà ce que j'ai tiré de plus clair d'une misérable qui se fait une joie de varier mon supplice. Peut-être sont-ils dans les premières alarmes de l'information que M. Lovelace leur a fait donner secrètement par son vil espion, sans doute, du dessein où il est d'empêcher que je ne sois menée chez mon oncle. Si cette conjecture est juste, quel doit être en effet leur ressentiment! Mais, moi! comment je suis poussée, *ballottée* au gré de l'emportement, de la témérité, de l'injustice, et de toutes les passions d'autrui, lorsque mon aversion est égale pour les procédés de l'un et de l'autre parti! Une correspondance clandestine, dans laquelle je me suis trouvée engagée malgré moi, est devenue la source de cent mesures indiscrètes sur lesquelles je n'ai pas été consultée : et malheureusement je ne suis pas libre aujourd'hui de choisir, quoique ma ruine (car dois-je nommer autrement la perte de ma réputation?) puisse être la conséquence terrible d'une fausse démarche. Ah! chère miss Howe, quel sort est le mien!

Si je ne trouve pas le moyen de porter cette lettre au dépôt, comme je vais le tenter, tout tard qu'il est, j'y ajouterai les nouveaux événemens, suivant l'occasion.

Clarisse Harlove.

Les deux lignes suivantes furent écrites au dessous de l'adresse, dans la volière, avec un crayon.

Mes deux lettres encore ici! Quelle est ma surprise! Je me flatte que vous êtes en bonne santé. Je me flatte que tout est bien entre votre mère et vous.

LETTRE LXXVIII.

MISS HOWE, A MISS CLARISSE HARLOVE.

Jeudi matin, 6 avril.

J'ai reçu vos trois lettres. Je brûlais d'apprendre le succès de l'entrevue, et jamais doute plus intéressant n'a causé de plus vive impatience.

Dans la malheureuse situation de ma chère amie, c'est un devoir pour moi d'éclaircir tout ce qui a, de ma part, le moindre air de négligence ou de relâchement. J'avais envoyé Robert, hier de grand matin, dans l'espérance qu'il trouverait quelque chose au dépôt. Il s'arrêta inutilement autour du lieu jusqu'à dix heures. Ensuite, étant chargé d'une lettre de ma mère pour M. Hunt, auquel il devait la remettre en main propre avec ordre d'apporter sur-le-champ la réponse, il ne put se dispenser d'exécuter sa commission. M. Hunt ne rentre jamais chez lui qu'à trois heures, et la distance est considérable du château d'Harlove à sa maison. Robert, avec toute sa diligence, revint si tard qu'il était impossible de le renvoyer. Je lui donnai ordre seulement de partir ce matin à la pointe du jour, et s'il trouvait quelque lettre de moi le l'apporter en toute hâte.

L'impatience m'a fait passer une fort mauvaise nuit. Je suis demeurée au lit plus long-temps qu'à l'ordinaire, et je ne faisais qu'en sortir lorsque Robert m'a remis vos lettres. On commençait à m'habiller. J'ai tout interrompu; et quoique assez longues, je les ai lues d'un bout à l'autre, en m'arrêtant souvent néanmoins pour m'emporter à haute voix contre les enragés à qui vous êtes livrée.

Que mon cœur les méprise!... Quelle bassesse dans le dessein d'encourager Solmes par une entrevue pour laquelle ils avaient extorqué votre consentement! Je suis fâchée, extrêmement fâchée contre votre tante Hervey. Renoncer avec cette mollesse à son propre jugement! Ne pas rougir même de se rendre l'instrument de la malignité des autres! Mais voilà le monde. Je les reconnais si bien! Je ne reconnais pas moins ma mère. Après sa fille, il n'y a personne qui ait plus de part que vous à son estime; cependant tout se réduit à dire : « Nancy, n'avons-nous pas assez de nos propres affaires? Pourquoi nous mêler de celles d'autrui? »

D'autrui! que ce mot est odieux pour moi, lorsqu'il est question de l'amitié et d'accorder une protection qui peut être si importante pour une amie, sans qu'il y ait rien d'essentiel à redouter pour soi-même!

Je suis charmée, néanmoins, de votre courage. Je n'en attendais pas tant de vous; ni eux, j'en suis sûre; et peut-être n'en auriez-vous pas tant trouvé dans vous-même si l'avis de Lovelace, sur le quartier destiné à la *nourrice*, n'avait un peu servi à l'exciter. Je ne m'étonne point que le misérable n'en ait que plus d'amour pour vous. Quel honneur d'être le mari d'une telle femme! Le mariage, après tout, le rendra votre égal. Ce Solmes, comme vous dites, doit être un vrai sauvage. Cependant sa persévérance le rend moins blâmable que ceux de votre famille pour lesquels vous avez le plus de respect.

Il est heureux pour moi, comme je l'ai répété souvent, de n'être point exposée à des épreuves de cette nature. Il y aurait long-temps, peut-être, que j'aurais suivi le conseil de votre cousine! Mais c'est une corde que je n'ose toucher. J'aimerai toujours cette excellente fille pour la tendresse qu'elle vous a marquée.

Je ne sais que vous dire de Lovelace, ni que penser de ses promesses et de ses propositions. Il est certain que toute sa famille a pour vous les sentimens d'une haute estime; les dames jouissent d'une réputation sans tache. Milord M..., autant qu'on peut le dire des hommes et des *pairs*, est un homme d'honneur. A tout autre que vous, je ne ferais pas difficulté de donner des conseils. Mais on a de vous une opinion si relevée! Votre mérite est d'un éclat si singulier! Quitter la maison de votre père et vous jeter sous la protection d'une famille, honorable à la vérité, mais dans laquelle il se trouve un homme dont on peut penser que les qualités extraordinaires, les vues et les déclarations, ont engagé votre plus forte estime! Il me semble que je vous conseillerais plus volontiers de vous rendre secrètement à Londres, et de ne laisser savoir où vous êtes ni à lui, ni à d'autres qu'à moi, jusqu'au retour de M. Morden.

A l'égard d'une nouvelle prison chez votre oncle, il n'y faut pas penser, si vous pouvez vous en garantir. Il ne faut pas mollir non plus en faveur de Solmes ; c'est ce qu'il y a de plus certain, non seulement parce qu'il en est indigne, mais encore parce que vous avez déclaré si ouvertement votre aversion pour lui, qu'elle fait aujourd'hui l'entretien de tout le monde, comme le goût qu'on vous suppose pour l'autre. Ainsi votre réputation et la crainte des malheurs qui peuvent arriver vous obligent de choisir entre Lovelace et le célibat.

Si vous vous déterminez pour Londres, hâtez-vous de me le faire savoir. J'espère que nous aurons le temps de prendre de justes mesures pour votre départ, et pour vous procurer un logement qui vous convienne. Il vous sera aisé, pour gagner du temps, de pallier un peu, et d'entrer dans quelque espèce de composition, si vous ne trouvez pas d'autre voie. Poussée comme vous l'êtes, il serait bien étrange que vous ne fussiez pas obligée de rabattre un peu de vos admirables délicatesses.

Vous n'aurez que trop reconnu par tout ce que je viens d'écrire, que j'ai mal réussi auprès de ma mère. J'en suis confuse, j'en suis extrêmement mortifiée, et je vous avoue que rien n'est si contraire à mon attente. Nous avons eu là-dessus des discussions fort vives. Mais outre le misérable argument : *de ne pas s'embarrasser des affaires d'autrui*, elle prétend que votre devoir est d'obéir. « Telle a toujours été son opinion, dit-elle, sur le devoir des filles : elle s'est gouvernée elle-même par cette règle ; mon père fut d'abord le choix de sa famille plus que le sien. » Voilà ce qu'elle fait valoir sans cesse en faveur de son Hickman, comme dans le cas de Solmes. Je ne dois pas douter, puisque ma mère me le dit, que sa conduite n'ait été gouvernée par ce principe. Mais j'ai une raison de plus pour le croire, et vous la saurez, quoiqu'il ne me convienne pas trop de vous l'apprendre : c'est que ce mariage, auquel je dois néanmoins l'existence, n'a pas été aussi heureux qu'on peut l'espérer, lorsqu'en se mariant on se préfère de part et d'autre à tout le reste du monde.

Je connais quelqu'un qui ne se trouvera pas mieux, je vous assure, de cette double politique de ma mère ! Puisqu'elle se croit obligée de lui rapporter si soigneusement toutes ses vues, il est juste qu'il souffre de la mortification que j'ai reçue dans un point que j'avais si fort à cœur.

Examinez, ma chère, en quoi votre fidèle amie peut vous servir. Si vous y consentez, je proteste que je suis prête à partir secrètement avec vous. Nous aurons le plaisir de vivre et de mourir ensemble. Pensez-y. Tirez parti de cette ouverture, et donnez-moi vos ordres.

On m'interrompt... Eh ! que m'importe de déjeûner, au milieu des chères idées dont je suis remplie !

J'ai toujours entendu dire que, pour vivre caché, Londres est le plus sûr endroit de l'univers. Au reste, il n'est rien sorti de ma plume que je ne sois résolue d'exécuter au premier avis. Les femmes aiment à s'engager quelquefois dans la chevalerie errante, comme elles se font honneur d'y exciter les hommes : mais ici, ce que je propose n'a rien à quoi l'on puisse donner cette couleur. C'est me mettre en état de faire mon devoir, qui est de servir et de consoler une chère et digne amie, dans des infortunes qu'elle n'a pas méritées. C'est m'anoblir, si vous me faites cette grâce, en devenant votre compagne dans l'affliction.

J'engagerais ma vie que nous ne serons pas un mois à Londres sans voir tous les obstacles surmontés; avec l'avantage de n'avoir aucune obligation à toute cette race d'hommes.

Je répéterai ce que je crois vous avoir dit plus d'une fois: les auteurs de vos persécutions n'auraient jamais eu la hardiesse de former contre vous leurs systèmes intéressés, s'ils ne s'étaient fiés à l'opinion qu'ils ont de votre douceur. A présent qu'ils ont été trop loin, et qu'ils ont engagé la *vieille autorité* (vous me gronderez tant qu'il vous plaira), l'un et les autres sont dans un embarras égal, pour reculer honnêtement. Lorsque vous serez hors de leurs atteintes, et qu'ils apprendront que je suis avec vous, vous verrez avec quelle confusion ils retireront leurs odieuses cornes.

Cependant je regrette que vous n'ayez pas écrit à M. Morden, aussitôt qu'ils ont commencé à vous maltraiter.

Avec quelle impatience je vais attendre s'ils entreprendront de vous conduire chez votre oncle! Je me souviens que l'intendant congédié de milord M... donnait à Lovelace six ou sept compagnons, aussi dépravés que lui-même, dont le canton se réjouissait toujours d'être délivré. On m'assure qu'il a cette honnête bande actuellement autour de lui. Comptez qu'il ne vous laissera pas mener paisiblement chez votre oncle. A qui vous imaginez-vous que vous appartiendrez, s'il a le bonheur de vous enlever à vos tyrans? Je tremble pour vous, de la seule supposition d'un combat dont je prévois les suites. Il faut songer qu'il croit se devoir une vengeance: et c'est ce qui redouble mon chagrin de n'avoir pu obtenir de ma mère la protection que je lui ai demandée si instamment pour vous.

Je fais réflexion qu'elle ne déjeûnera pas sans moi. Une querelle a quelquefois ses utilités. Cependant trop et trop peu d'affection sont deux excès qui me déplaisent.

Nous venons d'avoir un nouveau démêlé. En vérité, ma chère, elle est d'une... d'une... de quoi dirai-je honnêtement? *d'une difficulté extrême à persuader.* Vous devez être bien contente d'un terme si doux.

Comment se nommait cet ancien Grec de qui l'on disait qu'il gouvernait Athènes, qu'il était gouverné par sa femme, et que la femme l'était par son fils? ce n'a pas été la faute de maman (vous savez que c'est à vous que j'écris) si elle ne gouvernait pas mon père. Pour moi, je ne suis qu'une fille: cependant, lorsque je me suis mis dans la tête de l'emporter sur quelque point, je n'aurais pas cru mon pouvoir aussi borné que je viens de l'éprouver.

Adieu, ma très chère amie! Nous verrons arriver des temps plus heureux. Ils ne sont pas éloignés. Des cordes si tendues ne peuvent se soutenir long-temps au même point. Il faut qu'elles rompent ou qu'elles se relâchent; dans l'une ou dans l'autre supposition, la certitude est préférable à l'état opposé.

Je n'ajoute qu'un mot.

Ma conscience me dit que vous devez choisir entre ces deux alternatives: ou de consentir de nous rendre tous deux secrètement à Londres, et dans ce cas, je me charge de la voiture et de vous prendre au même lieu que M. Lovelace vous propose pour le carrosse de son oncle; ou de vous mettre sous la protection de milord M... et des dames de la famille.

Vous avez, à la vérité, un troisième parti, en vous supposant absolument déterminée contre M. Solmes : c'est de joindre Lovelace et de vous marier sur-le-champ.

Quel que soit votre choix, vous aurez cette excuse aux yeux du public et à vos propres yeux, que depuis le premier moment des troubles de votre famille, vous vous serez conduite avec uniformité sur le même principe, qui est de choisir le moindre mal, dans l'espérance d'en éviter un plus grand.

Adieu ! Que le ciel inspire à ma chère Clarisse ce qui est le plus digne d'elle ! c'est la prière la plus fervente de sa fidèle

ANNE HOWE.

LETTRE LXXIX.

MISS CLARISSE HARLOVE, A MISS HOWE.

Jeudi, 6 avril.

Je ne puis vous marquer assez de reconnaissance, ma très chère amie, pour le soin que vous avez pris de m'expliquer, avec tant d'affection, ce qui vous empêcha hier de recevoir mes lettres, et pour la généreuse protection que vous m'auriez procurée, si votre mère s'était laissée fléchir par vos instances.

Cette protection, sans doute, était ce que j'avais de plus heureux à souhaiter ; mais je reconnais que mes désirs, excités d'abord par votre tendresse, étaient moins soutenus par aucune espérance raisonnable que par le désespoir même de trouver d'autres ressources. En effet, pourquoi s'embarrasserait-on des affaires d'autrui lorsqu'on peut l'éviter ?

Ma seule consolation, comme je ne cesse de le répéter, c'est qu'on ne peut m'accuser d'être tombée dans l'infortune par ma négligence ou par ma folie. Si j'avais mérité ce reproche, je n'aurais pas la hardiesse de lever les yeux, pour implorer du secours ou de la protection. Cependant l'innocence ne donne droit à personne d'exiger pour soi-même ou pour autrui des bienfaits qui ne sont pas dus, ni de se plaindre lorsqu'ils sont refusés. A plus forte raison ne devez-vous pas être offensée qu'une mère aussi prudente que la vôtre ne juge point à propos de s'engager dans mes intérêts avec autant de chaleur que vous le désirez. Si ma propre tante est capable de m'abandonner, et contre son jugement, comme je crois pouvoir le dire, si mon père, et ma mère et mes oncles, qui m'aimaient autrefois si tendrement, ne font pas difficulté de s'unir contre moi, puis-je ou dois-je attendre la protection de votre mère, pour résister à leurs volontés ?

En vérité, ma tendre et fidèle amie, si vous permettez que je parle du ton le plus sérieux, je crains que, pour mes propres fautes, ou pour celles de ma famille, ou pour nos fautes communes, le ciel ne m'ait destinée à devenir une très malheureuse créature, assez malheureuse pour être un exemple de sa justice ; car ne voyez-vous pas comment les vagues de l'affliction roulent sur ma tête, avec une violence irrésistible ?

Jusqu'à ces derniers temps d'agitation, nous avions été trop heureux. Nous ne connaissions pas d'autres traverses ni d'autres chagrins que ceux dont tous les hommes portent la source en eux-mêmes, dans l'inquiétude naturelle de leurs désirs. Nos richesses, aussitôt entassées qu'acquises, formaient autour de nous comme un rempart, qui semblait nous rendre inaccessibles aux traits de l'adversité. Je faisais l'orgueil de mes amis; j'en ressentais moi-même de celui que je paraissais leur inspirer; et m'*étant glorifiée dans mes propres avantages*, qui sait ce que la justice du ciel nous prépare, pour nous convaincre que nous ne sommes pas hors des atteintes de l'infortune, et pour nous faire établir notre confiance sur de meilleurs fondemens que notre présomption?

Votre partiale amitié vous portera toujours à me croire exempte de ce qu'on appelle fautes capitales et volontaires. Mais, hélas! mes disgrâces commencent à m'humilier assez pour me faire tourner les yeux vers le fond de mon cœur; et qu'ai-je la confusion d'y découvrir? croyez-moi, ma chère amie: plus de vanité, plus d'orgueil secret que je n'en aurais cru cacher dans cet abîme ignoré.

Si je suis choisie pour faire ma propre punition et celle d'une famille dont on me nommait l'ornement, demandez pour moi, ma chère, que je ne sois pas abandonnée tout à fait à moi-même, et qu'il me reste la force de soutenir mon caractère, en évitant du moins de me rendre coupable par ma faute, et contre mes lumières. Que les dispositions de la Providence aient leur accomplissement dans tout le reste. Je suivrai sans impatience et sans regret le mouvement que je recevrai d'elle. Nous ne vivrons pas toujours; fasse le ciel seulement que ma dernière scène soit heureuse!

Mais je ne veux pas vous communiquer ma tristesse par des réflexions si sombres. Elles doivent se renfermer dans moi-même. Le temps ne manque point à mon esprit pour s'en occuper, ni l'espace pour les contenir. Aussi n'a-t-il pas d'autre objet qui le remplisse. Mes peines sont trop aiguës pour être d'une longue durée. La crise approche. Vous me donnez l'espérance d'un meilleur temps. Je veux espérer.

Cependant que puis-je me promettre du plus heureux avenir? poussée comme je le suis; mon caractère si rabaissé, si avili, que dans les plus favorables suppositions je ne pourrais sans honte lever la tête et montrer mon visage au public! et tout par l'instigation d'un frère intéressé et d'une sœur jalouse!

Arrêtons. Appellons la réflexion au secours. Ces cuisans retours sur moi-même ou sur autrui ne viennent-ils pas de l'orgueil secret que je viens de censurer? Déjà si impatiente! j'étais si résignée à ce moment, si disposée à souffrir sans murmure! J'en conviens. Mais il est difficile, extrêmement difficile, de soumettre un cœur plein d'amertume, une âme aigrie par la dureté et l'injustice, surtout dans les plus rudes instans de l'épreuve! O fait cruel!... Mais quoi! mon cœur se soulève encore? Je veux quitter une plume que je suis si peu capable de gouverner. Il faut m'efforcer de vaincre une impatience qui me ferait perdre le fruit de mes peines, si elles me sont envoyées pour ma correction, et qui pourrait m'entraîner dans des erreurs plus dignes encore de quelque autre châtiment.

Je reprends un sujet dont je ne puis m'écarter long-temps; rappellée surtout comme je le suis par les trois alternatives qui font la conclusion de votre dernière lettre.

Au premier de vos trois points, c'est-à-dire à la proposition de me rendre à Londres, je réponds que l'offre dont elle est accompagnée me cause une parfaite épouvante. Assurément, ma chère, dans la situation où vous êtes, heureuse, traitée avec tant d'indulgence par une mère qui vous aime, vous ne pouvez me faire sérieusement cette ouverture. Je ne serais qu'une misérable si j'y pouvais prêter l'oreille un instant. Moi, devenir l'occasion du malheur d'une telle mère, et prendre le chemin infaillible d'abréger ses jours!... Vous anoblir, mon cher amour! Ah! qu'une entreprise de cette nature, publique dans sa témérité, douteuse dans ses motifs, quand ils paraîtraient excusables aux yeux de ceux qui les connaîtraient aussi bien que moi, serait propre, au contraire, à vous ravaler! Mais je ne veux pas m'arrêter un moment à cette idée. Passons, passons pour votre propre honneur.

A l'égard de votre seconde alternative, qui est de me mettre sous la protection de milord M... et des dames de sa famille, je vous avoue, comme je crois l'avoir déjà fait, que, sans pouvoir me déguiser à moi-même qu'au tribunal du public ce serait en effet me mettre sous celle de M. Lovelace, je ne laisse pas de penser que je m'y déterminerais plutôt que d'être la femme de M. Solmes, s'il ne me restait pas d'autre moyen de l'éviter.

Vous avez vu que M. Lovelace promet de trouver une voie sûre et honnête pour m'établir dans ma maison. Il ajoute qu'il la remplira bientôt des dames de sa famille, sur une invitation néanmoins à laquelle je serai obligée, pour m'attirer l'honneur de leur visite. C'est une proposition que je trouve fort inconsidérée, et sur laquelle je ne puis guère m'expliquer avec lui. Ne serait-ce pas m'établir tête levée dans l'indépendance? Si je me laissais persuader par ses flatteuses expressions, sans jeter la vue plus loin, considérez dans combien d'actions violentes ce seul conseil serait capable de m'engager : quel moyen de me mettre en possession de ma terre, si ce n'est par les voies ordinaires de la justice, qui ne manqueraient pas de traîner en longueur, quand je serais plus disposée à les employer que je ne ferai jamais; ou par la force ouverte, c'est-à-dire en chassant à coups d'épée le concierge et plusieurs personnes de confiance que mon père y entretient pour le soin des jardins, de l'édifice, des meubles, et qui ont reçu depuis peu, je le sais, de bonnes instructions de mon frère? Votre troisième alternative, de joindre Lovelace, et de me marier sur-le-champ... un homme dont les mœurs sont bien éloignées de me plaire... une démarche après laquelle je ne puis conserver la moindre espérance de réconciliation avec ma famille... et contre laquelle mille objections s'élèvent dans mon esprit... c'est à quoi il ne faut pas penser.

Ce qui me révolte le moins, après la plus sérieuse délibération, c'est de me rendre à Londres. Mais je renoncerais à toute espérance de bonheur dans cette vie plutôt que de vous voir partir avec moi, comme vous le proposez témérairement. Si je pouvais arriver sûrement à Londres et trouver une retraite décente, il me semble que je demeurerais indépendante de M. Lovelace, et libre de traiter avec mes amis; ou s'ils rejetaient mes propositions, j'attendrais tranquillement l'arrivée de M. Morden. Mais il y a beaucoup d'apparence qu'ils accepteraient alors l'offre que je fais de me réduire au célibat, et lorsqu'ils me la verraient renouveler si librement, ils seraient convaincus du moins que je la faisais de bonne foi. En vérité, ma chère, je l'exécuterais fidèlement; quoique dans vos accès de plaisanterie vous paraissiez persuadée qu'il m'en coûterait beaucoup.

Si vous avez pu m'assurer d'une voiture pour deux, peut-être ne vous sera-t-il pas difficile d'en trouver une pour moi seule. Mais croyez-vous le pouvoir sans vous mettre mal avec votre mère, ou elle avec ma famille? Un carrosse, une chaise, un fourgon, un cheval, n'importe; pourvu que vous ne paraissiez pas. Seulement, si c'était l'un des deux derniers, je m'imagine que je dois vous demander quelque habit de servante, parce que je n'ai ici aucune intelligence avec les nôtres. Le plus simple sera le plus convenable. On pourra le faire passer dans le bûcher, où je ferai ma toilette, et je me laisserai glisser ensuite de la terrasse qui borde l'allée Verte. Mais, hélas! ma chère, cette alternative même n'est pas sans un grand nombre de difficultés qui paraissent presque insurmontables à un esprit aussi peu entreprenant que le mien. Voici mes réflexions sur le danger :

Premièrement, je crains de n'avoir pas le temps nécessaire pour les préparatifs de mon départ.

Si j'étais malheureusement découverte, poursuivie, arrêtée dans ma fuite, et ramenée sur mes pas, on se croirait doublement autorisé à me forcer de recevoir M. Solmes, et dans la confusion d'un accident si cruel, peut-être ne serais-je pas capable de la même résistance.

Mais, je me suppose arrivée à Londres, je n'y connais personne que de nom. Si je m'adresse aux marchands qui servent notre famille : il ne faut pas douter que ce ne soit à eux qu'on écrive d'abord, et qu'on ne les engage à me trahir. Que M. Lovelace découvre ma retraite, et qu'il rencontre mon frère, que de désastres n'en peut-il pas arriver, soit que je consente ou non à retourner au château d'Harlove?

Supposons encore que je puisse demeurer cachée; à quoi ma jeunesse et mon sexe ne m'exposeront-ils pas, dans cette grande et méchante ville, dont j'ignore les rues et les quartiers? A peine oserais-je sortir pour aller à l'église. Mes hôtes seront étonnés de la vie qu'ils me verront mener. Qui sait si je ne passerai pas pour une personne de caractère suspect, qui se dérobe pour éviter le châtiment de quelque mauvaise action?

Vous-même, ma chère, qui seriez seule informée de ma retraite, vous n'auriez pas un moment de repos : on observerait tous vos mouvemens et tous vos messages. Votre mère, qui n'est pas trop satisfaite aujourd'hui de notre correspondance, aurait alors raison de s'en offenser; et ne pourrait-il pas s'élever entre vous des différends que je ne pourrais apprendre sans en devenir plus malheureuse?

Si M. Lovelace venait à découvrir ma demeure, le monde jugerait de moi comme si j'avais pris actuellement la fuite avec lui. Se dispenserait-il de me voir chez des étrangers? Quel pouvoir aurais-je pour lui interdire les visites? Et son malheureux caractère (l'insensé qu'il est!) n'est pas propre à mettre en bonne odeur une jeune fille qui cherche à se cacher. Enfin, dans quelque lieu, chez quelques personnes que je pusse trouver une nouvelle retraite, on le croirait au fond du mystère; et tout le monde lui en attribuerait l'invention.

Telles sont les difficultés que mon imagination ne peut séparer de ce plan. Dans la situation où je suis, elles seraient capables d'effrayer un caractère plus hardi que le mien. Si vous croyez, ma chère, qu'elles puissent être surmontées, prenez la peine de me rassurer par vos avis. Je sens bien que je ne puis embrasser aucun parti qui n'ait ses difficultés.

Si vous étiez mariée, ma chère amie, ce serait alors que de votre part et de celle de M. Hickman les asiles ne manqueraient pas à une malheureuse fille, qui, faute d'un ami, d'un protecteur, est à demi perdue dans ses propres craintes.

Vous regrettez que je n'aie pas écrit à M. Morden, dès le commencement de mes disgrâces ; mais pouvais-je m'imaginer que mes amis ne revinssent pas par degrés, en reconnaissant mon antipathie pour M. Solmes ? J'ai eu néanmoins plus d'une fois la pensée de lui écrire : je me suis flattée en même temps que l'orage serait dissipé avant que je pusse recevoir sa réponse. J'ai remis mon dessein de jour en jour, de semaine en semaine. Après tout, je puis craindre, avec autant de raison, de voir passer mon cousin dans le parti opposé, que plusieurs de ceux que vous connaissez.

D'un autre côté, pour appeler au jugement d'un cousin, il fallait écrire avec chaleur contre un père, et puis je n'avais pas, comme vous le savez, une seule âme dans mes intérêts : ma mère même s'est déclarée contre moi. Il est certain que M. Morden aurait du moins suspendu son jugement jusqu'à son retour. Peut-être ne se serait-il pas hâté de revenir, dans l'espérance que le mal guérirait de lui-même. Mais s'il eût écrit, ses lettres auraient été celles d'un médiateur qui m'aurait conseillé de me soumettre et à mes amis de se relâcher ; ou s'il avait fait pencher la balance en ma faveur, on aurait compté pour rien ses raisons. Croyez-vous que, s'il arrivait dans la position de prendre ma défense, il fût lui-même écouté ? Vous voyez quelle est la force de leur résolution, et comment ils ont subjugué tous les esprits par la crainte. Personne n'a la hardiesse d'ouvrir la bouche en ma faveur. Vous savez que par la violence avec laquelle mon frère pousse ses mesures, il se propose de me réduire sous le joug avant le retour de mon cousin.

Mais vous me dites que, pour gagner du temps, je dois avoir recours à la dissimulation, et feindre d'entrer dans quelque composition avec mes amis. Composer, dissimuler ? Vous ne voudriez pas, ma chère, que mes efforts fussent employés à leur faire croire que j'entre dans leurs vues lorsque je suis résolue de n'y entrer jamais. Vous ne voudriez pas que je cherchasse à gagner du temps, dans l'intention de les tromper. La loi défend de commettre un mal dont il peut résulter du bien. Voudriez-vous que j'en commisse un dont le succès est incertain ? Non, non, me préserve le ciel de penser jamais à me défendre, ou même à me sauver, aux dépens de la bonne foi et par un artifice étudié !

Est-il donc vrai qu'il ne me reste pas d'autre moyen d'éviter un grand mal que de me plonger dans un autre ? Quelle étrange rigueur de mon sort ! Priez pour moi, ma très chère Nancy. Dans le trouble où je suis, à peine puis-je prier pour moi-même.

LETTRE LXXX.

MISS CLARISSE HARLOVE, A MISS HOWE.

Jeudi au soir.

Les alarmes dont je vous parlais hier au soir et le langage obscur de Betty n'avaient pas d'autre cause que celle dont je me suis défiée : c'est-à-dire l'avis que M. Lovelace a trouvé le moyen de faire donner à ma famille de son *insolente* résolution, je ne puis la nommer autrement; et j'ai jugé dans le temps qu'elle était aussi mal conçue pour ses propres intérêts qu'elle doit paraître *insolente*; car a-t-il pu penser, comme Betty l'a fort bien observé, et vraisemblablement d'après ses maîtres, que des parens se laissassent ravir le pouvoir de disposer de leur fille par un homme violent qu'ils détestent, et qui ne peut avoir aucun droit de contester leur autorité, à moins qu'il ne prétendît l'avoir reçu de celle qui n'en a point sur elle-même? Combien cette extravagante *insolence* n'a-t-elle pas dû les irriter, surtout revêtue de toutes les couleurs dont mon frère est capable de l'embellir?

Le téméraire a prévalu effectivement sur un point, qui est de leur inspirer assez d'effroi pour leur faire abandonner le dessein de me conduire chez mon oncle; mais il n'a pas prévu qu'il leur ferait naître un projet plus sûr et plus désespéré, qui m'a jetée moi-même dans l'excès du désespoir, et dont les suites ne répondront que trop peut-être à sa principale vue, quoiqu'il mérite peu que le dénouement tourne si favorablement pour lui. En un mot, j'ai fait la plus téméraire démarche où je me sois engagée de ma vie. Mais je veux vous expliquer mes motifs, et l'action suivra d'elle-même.

Ce soir, à six heures, ma tante est venue frapper à la porte de ma chambre, où je m'étais enfermée pour écrire. J'ai ouvert : elle est entrée, et, sans me faire l'honneur de m'embrasser, elle m'a dit qu'elle venait me voir encore une fois, mais contre son inclination, parce qu'elle avait à me déclarer des résolutions de la dernière importance pour moi et pour toute la famille.

—Eh! que pense-t-on à faire de moi? lui ai-je dit, en prêtant une extrême attention.

—Vous ne serez pas menée chez votre oncle, mon enfant; cette nouvelle doit vous consoler. On voit la répugnance que vous avez pour ce voyage : vous n'irez pas chez votre oncle.

—Vous me rendez la vie, madame (je ne pensais guère à ce qui devait suivre cette condescendance supposée); votre promesse est un baume pour les plaies de mon cœur. Et j'ai continué de bénir le ciel d'une si bonne nouvelle, me félicitant moi-même de l'idée que mon père ne pouvait se résoudre à me pousser jusqu'à l'extrémité. Ma tante m'a laissé quelque temps cette douce satisfaction par son silence.

—Ecoutez, ma nièce, a-t-elle repris enfin : il ne faut pas non plus que vous vous abandonniez trop tôt à la joie. Ne soyez pas surprise, ma chère enfant... Pourquoi me regardez-vous d'un air si tendre et si empressé? Il n'en est pas moins sûr que vous serez madame Solmes.

Je suis demeurée muette.

Elle m'a raconté alors qu'on avait appris par des informations dignes de foi, qu'un certain brigand (elle m'a priée d'excuser ce terme) avait attroupé d'autres gens de son espèce, pour attendre sur le chemin mon frère et mes oncles, et pour m'enlever.

— Sûrement, m'a-t-elle dit, vous ne consentez pas à une violence qui peut être suivie de quelque meurtre d'un côté ou de l'autre, et même des deux côtés.

Je ne cessais pas de garder le silence.

— Votre père, plus irrité qu'auparavant, a renoncé au dessein de vous envoyer chez votre oncle. Il est résolu de s'y rendre lui-même mardi prochain avec votre mère ; et pourquoi vous déguiser une résolution dont l'exécution est si proche ? Il n'est point question de disputer plus long-temps ! c'est mercredi que vous donnerez la main à M. Solmes.

Elle a continué de me dire que les ordres étaient déjà donnés pour les permissions ecclésiastiques ; que la cérémonie devait être célébrée dans ma chambre, sous les yeux de tous mes amis, à l'exception de mon père et de ma mère, qui ne se proposaient de revenir qu'après la célébration, et de ne me voir que sur les bons témoignages qu'on leur rendrait de ma conduite.

Reconnaissez-vous, ma chère, les mêmes avis que j'ai reçus de Lovelace ?

Mon silence durait encore, ou n'était interrompu que par de violens soupirs.

Elle n'a pas épargné les réflexions qu'elle a crues propres à me consoler : telles que de me représenter le mérite de l'obéissance ; de me dire que, si je le désirais, madame Norton serait présente à la cérémonie ; que, pour un caractère tel que le mien, le plaisir de réconcilier mes amis et de recevoir leurs félicitations devait l'emporter sur un aveugle sentiment du cœur, et sur le goût sensuel de la figure ; que l'amour était un effet passager de l'imagination, une chimère honorée d'un beau nom, lorsqu'il ne portait pas sur la vertu et les bonnes mœurs ; qu'un choix auquel il avait présidé était rarement heureux, ou ne l'était pas long-temps ; ce qui n'était pas fort surprenant, parce que le propre de cette folle passion était de grossir le mérite de son objet, et d'en faire disparaître les défauts ; d'où il arrivait qu'une intime familiarité le dépouillant de ses perfections imaginaires, les deux parties demeuraient souvent étonnées de leur erreur, et l'indifférence prenait la place de l'amour ; que les femmes donnaient trop d'avantage aux hommes et leur inspiraient trop de vanité, lorsqu'elles se reconnaissaient vaincues par le cœur ; que cette préférence déclarée faisait naître ordinairement l'insolence et le mépris ; au lieu que dans un homme qui se croyait obligé à sa femme des sentimens qu'elle prenait pour lui, on ne voyait ordinairement que de la reconnaissance et du respect.

— Vous croyez, m'a-t-elle dit, que vous ne sauriez être heureuse avec M. Solmes : votre famille pense autrement. Et, d'un autre côté, elle ne doute pas que vous ne fussiez malheureuse avec M. Lovelace, dont on sait que les mœurs sont fort corrompues. Supposons qu'avec l'un ou l'autre votre sort fût également de ne pas être heureuse, je vous demande si ce ne serait pas pour vous une consolation extrême de pouvoir penser que vous n'avez suivi que le conseil de vos parens ; et quelle mortification ce serait, au contraire, d'avoir à vous reprocher que votre malheur est votre propre ouvrage ?

Si vous vous en souvenez, ma chère, cet argument est un de ceux par lesquels madame Norton m'a le plus pressée.

Ces observations et quantité d'autres, qui m'ont parues dignes du bon sens et de l'expérience de ma tante, peuvent être appliquées à la plupart des jeunes filles qui s'opposent à la volonté de leurs parens. Mais les sacrifices que j'ai offerts distinguent beaucoup ma situation, et doivent avoir un juste poids. Il m'était aisé de faire une réponse conforme à ce principe. Cependant, après tout ce que j'ai dit dans d'autres occasions, à ma mère, à mon frère, à ma sœur et même à ma tante, j'ai senti l'inutilité des répétitions ; et dans le mortel abattement où ses déclarations m'avaient jetée, quoiqu'il ne me fût pas échappé un mot de son discours, je ne me suis sentie ni le pouvoir ni la volonté de lui répondre. Si ses propres vues ne l'avaient pas portée d'elle-même à s'arrêter, je l'aurais laissée parler deux heures sans l'interrompre.

Elle m'observait. J'étais assise, les yeux baignés de larmes, le visage couvert de mon mouchoir et le cœur dans une agitation violente, qu'elle pouvait remarquer au soulèvement continuel de mon sein.

Ce spectacle a paru la toucher.

— Quoi ! ma chère, vous ne me dites rien ? Pourquoi cette douleur noire et taciturne ? Vous savez que je vous ai toujours aimée. Vous savez que je n'ai point d'intérêt à ce qu'on exige de vous. Pourquoi ne pas permettre à M. Solmes de vous raconter plusieurs traits qui irriteraient votre cœur contre M. Lovelace ? Vous en apprendrai-je quelques uns ? dites, ma chère, vous les apprendrai-je ?

Je ne lui ai répondu encore que par mes larmes et par mes soupirs.

— Eh bien ! ma nièce, on vous fera ce récit dans la suite, lorsque vous serez mieux disposée à l'entendre ; lorsque vous serez capable d'apprendre, avec joie, à quel danger vous avez échappé. Ce sera une sorte d'excuse pour la conduite que vous avez tenue à l'égard de M. Solmes avant votre mariage. Vous n'auriez jamais cru, direz-vous alors, qu'il y eût tant de bassesse dans l'âme de M. Lovelace.

J'étais transportée d'impatience et de colère, d'entendre supposer mon mariage comme une chose accomplie. Cependant j'ai continué à me taire. Je n'aurais pu parler avec modération.

— Étrange silence ! a repris ma tante. Comptez, chère nièce, que vos craintes sont infiniment plus grandes avant le jour qu'elles ne le seront après. Mais ne vous offensez point de ce que je vais proposer : voulez-vous être assurée, par vos propres yeux, de la générosité extraordinaire des articles ? Vos lumières sont fort au dessus de votre âge. Jetez un coup d'œil sur le contrat ; oui, ma chère, lisez ; il est au net depuis quelque temps, et en état d'être signé. Votre père m'a ordonné de vous l'apporter et de le laisser entre vos mains. Il veut que vous le lisiez. On ne vous demande que de le lire, ma nièce ; je n'y vois aucune difficulté, puisqu'il est au net depuis le temps où l'on n'était point encore sans espérance.

Aussitôt, elle a pensé me faire expirer de frayeur, en tirant de son mouchoir quelques parchemins qu'elle y avait tenus cachés, et se levant, elle les a placés sur ma commode. Un serpent qu'elle aurait fait sortir de son mouchoir ne m'aurait pas causé plus d'horreur.

— O ma très chère tante, dis-je en détournant le visage et levant les deux bras, cachez, cachez à mes yeux ces horribles écrits ! Mais dites-moi, au nom de l'honneur, de la tendresse du sang et de votre ancienne affection, dites-moi s'ils sont absolument résolus, sans égard pour tout ce qui peut arriver, de me donner à l'objet de mon aversion ?

— Ma chère, je vous l'ai déjà dit : il est certain que vous aurez M. Solmes.

— Non, madame, je ne l'aurai pas. Cette violence, comme je l'ai répété mille fois, ne vient pas de mon père dans l'origine. Je ne serai jamais à M. Solmes : c'est ma seule réponse.

— Telle est néanmoins la volonté de votre père ; et quand je considère jusqu'où vont les bravades de M. Lovelace, qui a pris certainement la résolution de vous enlever à votre famille, je ne puis disconvenir qu'on ait raison d'être révolté contre une si odieuse tyrannie.

— Eh bien ! madame, je n'ai rien à dire de plus ; je suis au désespoir. Je ne connais plus rien qui soit capable de m'effrayer.

— Votre piété, votre prudence, ma chère, et le caractère de M. Lovelace, joint à ses audacieux outrages, qui doivent vous causer autant d'indignation qu'à nous, rassurent parfaitement votre famille. Nous sommes sûrs d'un temps où vous prendrez des idées fort différentes de la démarche que vos amis jugent nécessaire pour faire échouer les vues d'un homme qui mérite si justement leur haine.

Elle est sortie. Je suis demeurée en proie à l'indignation autant qu'à la douleur ; mais vivement irritée aussi contre M. Lovelace, qui, par ses extravagantes inventions, met le comble à mes disgrâces, m'ôte l'espoir de gagner du temps pour recevoir vos avis et les moyens de me rendre à Londres, et ne me laisse plus, suivant toute apparence, d'autre choix que de me jeter dans sa famille, ou d'être éternellement misérable avec M. Solmes. Cependant je n'ai pas perdu la résolution d'éviter, s'il est possible, l'un et l'autre de ces deux maux.

J'ai commencé par sonder Betty, que ma tante s'est hâtée de faire monter, dans l'idée, comme je l'ai su de cette fille, qu'il n'y avait pas de sûreté à me laisser à moi-même. Betty m'ayant paru informée de leurs desseins, je l'ai mise à toutes sortes d'épreuves pour découvrir, par ses réponses, s'il n'était pas probable que mes larmes et mes ardentes prières pussent faire suspendre la fatale conclusion. Elle m'a confirmé toutes les déclarations de ma tante, en se réjouissant, m'a-t-elle dit, avec toute la famille, de l'excellent prétexte que le *brigand* donnait lui-même pour me sauver à jamais de ses mains. Elle s'est étendue sur les nouveaux équipages qui sont ordonnés, sur la joie de mon frère et de ma sœur, qui s'est communiquée à tous les domestiques, sur les dispenses qu'on attend de l'évêque, sur une visite que je dois recevoir du docteur Lewin, ou d'un autre ecclésiastique qu'on ne lui a pas nommé, mais qui doit couronner l'entreprise ; enfin, sur d'autres préparatifs, avec tant de circonstances particulières, qu'elle me font craindre qu'on ne pense à me surprendre, et que le jour ne soit bien moins éloigné que mercredi.

Ces éclaircissemens ont augmenté mon inquiétude à l'excès. Je suis tombée dans une cruelle irrésolution. — Que me reste-t-il, ai-je pensé un instant, que d'aller me jeter tout d'un coup sous la protection de milady Lawrance ? Mais aussitôt mon ressentiment contre les belles inventions qui ont déconcerté abominablement mes projets, m'a fait passer à des résolutions contraires. A la fin, j'ai pris le parti de faire demander à ma tante la faveur d'un nouvel entretien.

Elle est venue : je l'ai conjurée, dans les termes les plus pressans, de me dire si je ne pouvais pas espérer un délai de quinze jours.

Elle m'a déclaré que je ne devais pas me le promettre.

— Huit jours du moins! on ne me refusera pas huit jours?

Elle m'a dit qu'on pourrait me les accorder, si je voulais me lier par deux promesses : la première, de ne pas écrire une ligne hors de la maison, pendant cette semaine, parce qu'on me soupçonnait toujours d'un commerce de lettres avec *quelqu'un*; l'autre d'épouser M. Solmes à l'expiration du terme.

— Impossible! impossible! me suis-je écriée avec une extrême chaleur. Quoi! je n'obtiendrai pas huit jours, sans une condition aussi horrible que la seconde!

Elle allait descendre, m'a-t-elle dit, pour me faire connaître qu'elle ne m'imposait pas d'elle-même des lois qui me paraissaient si dures. Elle est descendue; et je l'ai vue bientôt rentrer avec cette réponse : « Voulais-je donner au plus vil de tous les hommes l'occasion d'exécuter son sanglant système? Il était temps de mettre une fin à ses espérances et à mon obstination : je fatiguais les spectateurs. On ne m'accordait pas d'autre temps que jusqu'à mardi ou mercredi au plus tard; à moins que je n'acceptasse les conditions auxquelles ma tante avait eu la bonté de m'en offrir un plus éloigné. »

Mon impatience m'a fait frapper la terre du pied. J'ai pris ma tante à témoin de l'innocence de mes actions et de mes sentimens, dans quelques malheurs que je fusse entraînée par cette violence, par cette barbare violence :

— C'est le nom que je lui donne, ai-je ajouté, quelles que puissent être les suites.

Elle a pris un ton plus sévère pour me reprocher mon emportement, tandis que, dans le même transport, j'ai demandé absolument la liberté de voir mon père.

— Un traitement si barbare, ai-je répété, me met au dessus de la crainte. Je lui dois la vie; voyons si je serai assez heureuse pour lui avoir obligation de ma mort.

Elle m'a déclaré naturellement qu'elle ne répondait pas de ma sûreté, si je paraissais devant lui.

— N'importe, ai-je répondu; et volant vers la porte, je suis descendue jusqu'à la moitié de l'escalier, résolue de me jeter à ses pieds, dans quelque lieu que je puisse le rencontrer.

Ma tante est demeurée comme immobile d'effroi. En vérité, tous mes mouvemens, pendant quelques minutes, avaient tenu de la frénésie. Mais entendant la voix de mon frère qui parlait fort près de moi dans l'appartement de ma sœur, je me suis arrêtée, et ces deux mots sont venus distinctement jusqu'à moi : — Convenez, chère sœur, que cette aventure produit un effet charmant. En prêtant l'oreille, j'ai entendu aussi ma sœur :

« Qui, oui, a-t-elle répondu avec la joie du triomphe. — Ne nous relâchons pas, a repris mon frère; le vilain est pris dans son propre piége : elle est à nous désormais. — Soutenez seulement mon père, lui a dit ma sœur; je me charge de ma mère. — Ne craignez rien, a-t-il répliqué. » Un éclat de rire que j'ai pris pour une félicitation mutuelle et pour une raillerie qui se rapportait à moi, m'a fait passer de ma frénésie à des projets de vengeance. Ma tante ayant eu le temps de me joindre et de me prendre la main, je me suis laissé reconduire à ma chambre, où elle s'est efforcée de m'apaiser. Mais le transport où elle m'avait vue s'était changé en sombres réflexions. Je n'ai pas fait la moindre réponse à toutes les maximes de patience et de soumission qu'elle m'a prêchées. Elle s'est alarmée de mon silence, jusqu'à demander ma parole, que je n'entreprendrais rien de violent contre moi-même. Je lui ai dit que j'espérais de la bonté du ciel qu'il me préserverait d'une si horrible extrémité.

Elle se disposait à partir, mais je l'ai pressée d'emporter ses odieux parchemins ; et me voyant déterminée à ne les pas garder, elle les a repris, en me disant que mon père ne saurait pas que j'eusse pu refuser de les lire, et qu'elle espérait de moi plus de complaisance dans quelque autre temps qu'elle choisirait mieux.

J'ai roulé dans ma tête, après son départ, ce que j'avais entendu de la bouche de mon frère et de ma sœur. Je me suis arrêtée sur leurs airs d'insulte et de triomphe. J'ai senti naître dans mon cœur une animosité que je n'ai pu vaincre. C'est le premier sentiment de cette nature que j'aie jamais éprouvé. En rassemblant toutes les circonstances, et si proche du jour redoutable, quel parti me restait-il à prendre ? Trouverez-vous que ce que j'ai fait puisse être excusé ? Si je suis condamnée par ceux qui ne connaissent pas l'excès de mes peines, ne serai-je pas justifiée du moins à vos yeux ? Si je ne le suis pas, je me crois fort malheureuse ; car voici ce que j'ai fait :

Après m'être promptement délivrée de Betty, j'ai écrit à M. Lovelace, pour lui faire savoir « que toutes les violences dont j'étais menacée chez mon oncle doivent s'exécuter ici ; que j'ai pris la résolution de me retirer chez l'une ou l'autre de ses deux tantes, c'est-à-dire, chez celle qui aura la bonté de me recevoir : en un mot, que si je n'étais pas arrêtée lundi par des obstacles invincibles, je me trouverais, entre quatre ou cinq heures après-midi, à la porte du jardin ; que, dans l'intervalle, il devait m'apprendre de laquelle de ces deux dames je pouvais espérer de la protection ; mais que si l'une ou l'autre consentait à me recevoir, j'exigerais absolument qu'il fît le voyage de Londres, ou qu'il se retirât chez son oncle ; qu'il ne me rendît aucune visite avant que j'eusse bien vérifié qu'il n'y avait rien à me promettre de ma famille par les voies de la soumission, et que je ne pouvais obtenir la possession de ma terre, avec la liberté d'y vivre. J'ai ajouté, que s'il pouvait engager une des miss Montaigu à m'honorer de sa compagnie dans le voyage, je hasarderais plus tranquillement une démarche que mes malheurs même ne me faisaient point envisager sans une extrême inquiétude, et qui, malgré l'innocence de mes vues, jetait sur ma réputation une tache qu'il me serait peut-être impossible d'effacer.

Tel est le sens de ma lettre. L'obscurité de la nuit ne m'a point empêchée de descendre par la porte du jardin, quoique dans un autre temps je n'eusse pas eu le courage de braver les ténèbres, et je suis revenue sans avoir rencontré personne.

Après mon retour, il s'est offert à mon imagination tant de sujets d'alarme et des pressentimens si terribles, que pour calmer un peu mon trouble, qui ne faisait qu'augmenter, j'ai eu recours à ma plume, et je vous ai fait cette longue lettre. A présent, que je suis arrivée au principal sujet de mes agitations, je sens renaître mon épouvante avec mes réflexions. Cependant, que puis-je faire? Je crois que la première chose que je ferai demain au matin sera d'aller reprendre ma lettre. Cependant, que puis-je faire?

De peur qu'il ne leur prenne envie d'avancer un malheureux jour, qui ne viendra que trop tôt, je veux commencer à feindre que je me trouve fort mal. Hélas! je n'aurai pas besoin d'artifice; je suis, en vérité, tout abattue et d'une faiblesse qui m'attirerait de la pitié dans d'autres temps.

J'espère porter cette lettre pour vous demain matin en allant reprendre l'autre, si je la reprends, comme tous mes pressentimens et toutes mes réflexions m'y engagent.

Quoiqu'il soit près de deux heures, je suis tentée de descendre encore une fois pour reprendre ma lettre. Les portes du jardin se ferment toujours à onze heures; mais je puis ouvrir facilement les fenêtres de la grande salle, qui donnent de plain-pied sur le parterre.

Cependant, d'où me vient cet excès d'inquiétude? Quand ma lettre partirait, le pis-aller serait de savoir quelles seront les idées de M. Lovelace. La demeure de ses tantes n'est pas si proche qu'il puisse recevoir immédiatement une réponse. Je puis faire difficulté de partir sans avoir reçu leur invitation. Je puis insister sur la nécessité d'être accompagnée d'une de ses cousines, comme je lui ai marqué que je le désirais, et peut-être ne lui sera-t-il pas aisé de me procurer cette faveur. Mille choses peuvent arriver, qui me fourniront du moins un prétexte pour quelque délai. Pourquoi donc ce trouble? N'est-il pas probable aussi que j'aurai demain le temps de reprendre ma lettre avant qu'il s'attende à la trouver? Il avoue néanmoins que depuis plus de quinze jours il passe les trois quarts de son temps autour de nos murs, sous divers déguisemens; sans compter que lorsqu'il n'est pas lui-même *de garde*, comme il le dit, un valet de confiance ne cesse pas de la faire à sa place.

Mais que penser de ces étranges pressentimens? Je pourrais, si vous me le conseillez, faire prendre le chemin de Londres au carrosse qu'il m'amènera, et suivre le plan sur lequel je vous ai demandé votre opinion. Ce serait vous épargner la peine de me procurer une voiture, et vous mettre à couvert du soupçon d'avoir contribué à ma fuite.

J'attends votre avis, j'attends votre approbation. Il n'est pas besoin de vous faire considérer que le temps presse. Adieu, chère amie, adieu!

LETTRE LXXXI.

MISS CLARISSE HARLOVE, A MISS HOWE.

Vendredi, 7 avril, à sept heures du matin.

Ma tante Hervey, qui aime la promenade du matin, était au jardin, accompagnée de Betty, lorsque je me suis levée. La fatigue de tant de nuits que j'ai passées sans dormir a rendu mon sommeil aujourd'hui fort pesant. Ainsi, ne pouvant éviter les yeux de ma tante, que j'avais aperçue par ma fenêtre, je n'ai pas eu la hardiesse de m'avancer plus loin que ma volière, pour mettre au dépôt ma lettre de cette nuit. Je rentre chez moi sans avoir pu trouver le moyen d'aller reprendre l'autre, comme j'y suis toujours résolue. Mais j'espère encore qu'après la promenade de ma tante il ne sera pas trop tard.

Il était deux heures passées lorsque je me suis mise au lit. J'ai compté les minutes jusqu'à cinq. Ensuite, étant tombée dans un profond sommeil, qui a duré plus d'une heure, je me suis trouvée l'imagination remplie, à mon réveil, des horreurs du songe le plus noir et le plus funeste. Quoique je n'aie d'un songe que l'idée qu'on en doit avoir, je veux vous en faire le récit :

« Il m'a semblé que mon frère, mon oncle Antonin et M. Solmes avaient formé un complot pour se défaire de M. Lovelace, qui, l'ayant découvert, et se persuadant que j'y avais trempé, avait tourné contre moi toute sa rage. Je l'ai cru voir, l'épée à la main, qui les forçait de quitter l'Angleterre. Ensuite, s'étant saisi de moi, il m'a menée dans un cimetière, et là, sans être touché de mes pleurs, de mes prières et de mes protestations d'innocence, il m'a plongé un poignard dans le cœur ; il m'a jetée dans une profonde fosse, qui se trouvait ouverte, entre deux ou trois carcasses à demi pourries ; il s'est servi de ses propres mains pour me couvrir de fange, et de ses pieds, pour raffermir la terre en marchant sur moi. »

Je me suis réveillée dans une terreur inexprimable, baignée d'une sueur froide, tremblante et souffrant toutes les douleurs d'une mortelle agonie. Ces affreuses images ne sont pas encore sorties de ma mémoire.

Mais pourquoi m'arrêter à des maux imaginaires, lorsque j'en ai de si réels à combattre? Ce songe est venu, sans doute, du trouble de mon imagination, dans laquelle il s'est fait un ridicule mélange de mes inquiétudes et de mes craintes.

A huit heures.

Ce Lovelace, ma chère, a déjà la lettre. Quelle étrange diligence! Je souhaite que ses intentions soient louables, puisqu'elles lui coûtent tant de peine, et j'avoue même que je serais fâchée qu'il en prît moins. Cependant je le voudrais à cent lieues d'ici. Quel avantage ne lui ai-je pas donné sur moi!

A présent que ma lettre est hors de mes mains, je sens croître mon inquiétude et mon regret. J'avais douté jusqu'à ce moment si elle devait partir; il me semble maintenant que j'aurais dû la reprendre. Me reste-t-il une autre voie, néanmoins, pour me garantir de Solmes? Mais quelle imprudence n'aura-t-on pas à me reprocher, si je m'engage dans les démarches où cette lettre doit me conduire?

Ma plus chère amie, dites-moi si vous me croyez coupable! Mais non, si vous croyez que je le sois, ne me le dites pas. En me supposant condamnée de tout le monde, je trouverai de la consolation à m'imaginer que je ne le suis pas de vous. C'est la première fois que je vous ai priée de me flatter. N'est-ce pas une marque que je suis coupable, et que la vérité m'épouvante? Ah! dites-moi... mais non, ne me dites pas si vous me jugez coupable.

Vendredi, à onze heures

Ma tante m'a rendu une nouvelle visite. Elle m'a déclaré d'abord que mes amis me croient toujours en correspondance avec M. Lovelace; ce qui est visible, m'a-t-elle dit, par les discours qui échappent, et qui font assez connaître qu'il est informé de plusieurs circonstances qui se passent dans le sein de la famille, souvent même au moment qu'elles sont arrivées.

Quoique je n'approuve rien moins que le moyen qu'il emploie pour se procurer ces informations, vous comprenez bien, ma chère amie, qu'il ne serait pas prudent de me justifier par la ruine d'un valet corrompu : surtout lorsque je n'ai aucune part à sa trahison par mon consentement ; ce serait m'exposer à voir découvrir ma propre correspondance, et me ravir, par conséquent, toute espérance de me dérober à Solmes. Cependant il y a beaucoup d'apparence que cet agent de M. Lovelace joue le double entre mon frère et lui. Comment se figurer autrement que ma famille puisse être si tôt informée des discours et des menaces dont ma tante m'a fait le récit ?

Je l'ai assurée qu'en supposant même que toutes les voies ne m'eussent pas été fermées pour les correspondances, la seule confusion du traitement que je recevais ne me permettrait pas d'en informer M. Lovelace ; que pour lui communiquer des détails de cette nature, il faudrait que je fusse avec lui dans des termes qui l'exciteraient peut-être à faire quelques visites auxquelles je ne pouvais penser sans une extrême frayeur. Personne n'ignorait, lui ai je dit, que je n'avais aucune communication avec les domestiques, à l'exception de Betty Barnes ; parce que, malgré la bonne opinion que j'avais d'eux, et quoique persuadée qu'ils seraient disposés à me servir, s'ils avaient la liberté de suivre leurs inclinations, les lois sévères qu'on leur avait imposées me les faisaient éviter depuis le départ de mon Hannah, dans la crainte de nuire à leur fortune en les exposant à se faire honteusement congédier. C'était, par conséquent, entre eux-mêmes que mes amis devaient chercher l'explication des intelligences de M. Lovelace. Mon frère ni ma sœur, comme je le savais de Betty, qui en faisait un sujet d'éloge pour leur sincérité, ni peut-être leur favori, M. Solmes, ne faisaient point assez d'attention devant qui leur haine éclatait, lorsqu'ils parlaient de lui ou de moi, qu'ils affectaient de joindre à lui dans leurs emportemens.

Il était fort naturel, m'a répondu ma tante, de faire tomber le soupçon sur moi, du moins pour une partie du mal. Dans l'opinion que je souffrais injustement, si ce n'était pas à lui que j'avais adressé mes plaintes, j'avais pu les écrire à miss Howe, ce qui revenait peut-être au même. On savait que miss Howe s'expliquait aussi librement que M. Lovelace sur toute la famille. Il fallait bien qu'elle eût appris de quelqu'un tout ce qui s'y était passé. C'était cette raison qui avait déterminé mon père à précipiter la conclusion, pour éviter les suites fatales d'un plus long retard.

— Je m'aperçois, a-t-elle continué, que vous allez me répondre avec chaleur. (Je m'y disposais effectivement.) Pour moi, je suis sûre que si vous écrivez, il ne vous échappe rien qui soit capable d'enflammer ces esprits violens. Mais ce n'est pas l'objet particulier de ma visite. Il ne peut vous rester, ma nièce, aucun doute que votre père ne veuille être obéi. Plus il vous trouve de résistance à ses ordres, plus il se croit obligé de faire valoir son autorité. Votre mère me charge de vous dire que si vous voulez lui donner la moindre espérance de soumission, elle est disposée à vous recevoir à ce moment dans son cabinet, tandis que votre père est allé faire un tour de promenade au jardin.

— Étonnante persévérance ! me suis-je écriée. Je suis lasse de ces éternelles déclarations, qui ne changent rien à mes disgrâces ; et je m'étais flattée qu'après avoir expliqué si nettement mes résolutions, je ne serais plus exposée à d'inutiles instances.

— Vous ne m'entendez pas, a-t-elle repris en mettant plus de gravité dans ses yeux. Jusqu'à présent, les prières et les instances ont été employées sans fruit pour vous inspirer une soumission qui aurait fait le bonheur de tous vos amis : le temps en est passé. Il est décidé, comme la justice le demande, que votre père sera obéi. On vous accuse sourdement d'avoir quelque part au dessein que M. Lovelace a formé de vous enlever. Votre mère refuse de le croire; elle veut vous assurer de la bonne opinion qu'elle a de vous. Elle veut vous dire qu'elle vous aime encore, et vous expliquer ce qu'elle attend de vous dans l'occasion qui s'approche. Mais, pour ne pas s'exposer à des oppositions qui ne feraient que l'irriter, elle voudrait être sûre que vous descendrez dans la résolution de faire de bonne grâce ce qu'il faut que vous fassiez, de bonne grâce ou non. Elle se propose aussi de vous donner quelques avis sur la conduite que vous aurez à tenir pour vous réconcilier avec votre père et avec toute la famille. Voulez-vous descendre, miss, ou ne le voulez-vous pas?

Je lui ai dit qu'après un si long bannissement, je m'estimerais heureuse de paraître aux yeux de ma mère, mais que je ne pouvais le désirer à cette condition.

— Est-ce là votre réponse, miss?

— Je n'en ai pas d'autre à faire, madame. Jamais je ne serai à M. Solmes. Il est cruel pour moi d'être si souvent pressée sur le même sujet; mais je ne serai jamais à cet homme-là.

Elle m'a quittée d'un air chagrin. Je n'y sais aucun remède. Tant d'efforts, continuellement redoublés, ont lassé ma patience. J'admire que celle de mes persécuteurs ne paraisse pas s'épuiser. Si peu de variation dans leurs sentimens! Une constance dont il n'y a d'exemple que pour mon malheur!

Je vais porter cette lettre au dépôt, et je ne veux pas différer un moment, parce que Betty s'est aperçue que j'avais écrit. L'impertinente a pris une serviette, dont elle a trempé le coin dans l'eau, et me la présentant d'un air railleur : — Miss, puis-je vous offrir?... — Quoi donc? lui ai-je dit. — Seulement, miss, un doigt de votre main droite, s'il vous plaît d'y faire attention. En effet, j'avais un doigt taché d'encre. Je me suis contentée de jeter sur elle un regard dédaigneux, sans lui répondre. Mais dans la crainte de quelque nouvelle recherche, je prends le parti de fermer ma lettre.

CLARISSE HARLOVE.

LETTRE LXXXII.

MISS CLARISSE HARLOVE, A MISS HOWE.

Vendredi, à une heure.

Je reçois une lettre de M. Lovelace, pleine de transports, de vœux et de promesses; vous l'aurez avec celle-ci. Il m'engage sa parole pour la protection de sa tante Lawrance, et pour la compagnie de miss Charlotte Montaigu. Je ne dois penser, dit-il, qu'à m'affermir dans mes résolutions, et à recevoir personnellement les félicitations de sa famille. Mais vous verrez avec quelle présomption il en conclut déjà que je suis à lui.

Le carrosse à six chevaux se trouvera ponctuellement au lieu qu'il a proposé. A l'égard des craintes qui m'alarment si vivement pour ma réputation, vous admirerez la hardiesse de ses raisonnemens. Ce n'est pas de générosité que je l'accuse de manquer, si je devais être à lui, ou si je lui avais donné lieu de croire que j'y pense, mais je m'en suis bien gardée.

Qu'un pas en amène facilement un autre, avec ce sexe audacieux et suborneur! Qu'une jeune personne, qui donne à un homme la moindre espèce d'encouragement, est bientôt emportée au delà de ses intentions et trop loin pour revenir jamais sur ses pas! Vous vous imagineriez, sur ce qu'il m'écrit, que je l'ai mis en droit de croire que mon aversion pour M. Solmes vient du penchant que j'ai pour lui.

Ce qu'il y a de terrible, c'est qu'en comparant les avis de son espion (quoiqu'il paraisse ignorer le jour) avec les assurances que je reçois de ma tante, j'y trouve une cruelle confirmation que si je demeure ici plus long temps, il ne reste aucune espérance que je puisse éviter d'être à M. Solmes. Je commence à douter si je n'aurais pas fait mieux d'aller chez mon oncle; j'aurais du moins gagné du temps!

Voilà le fruit de ses admirables inventions! Il ajoute « que je serai satisfaite de toutes ses mesures; que nous ne ferons rien sans délibération; qu'il sera soumis à toutes mes volontés, et que je dirigerai toutes les siennes; » langage, comme j'ai dit, d'un homme qui se croit sûr de moi. Cependant ma réponse est à peu près dans ces termes : « Que malgré le dessein où je suis de recourir à la protection de sa tante, comme il reste trois jours jusqu'à mardi, et qu'il peut arriver quelque changement de la part de mes amis et de M. Solmes, je ne me crois pas absolument liée par ma dernière lettre, ni dans l'obligation de lui expliquer les motifs de ma conduite, si j'abandonne cette résolution; qu'il me paraît nécessaire de l'avertir aussi, qu'en me mettant sous la protection de sa tante, s'il se figure que mon intention soit de me livrer directement à lui, c'est une erreur à laquelle je le prie de renoncer, parce qu'il reste quantité de points sur lesquels je veux être satisfaite, et divers articles qui demandent à être éclaircis, avant que je puisse écouter d'autres propositions; qu'il doit s'attendre, en premier lieu, que je n'épargnerai rien pour me réconcilier avec mon père, et pour lui faire approuver mes démarches futures; aussi déterminée à me gouverner entièrement par ses ordres, que si je n'avais pas quitté sa maison; que s'il peut s'imaginer que je ne me réserve pas cette liberté, et qu'il ait à se promettre de ma fuite quelque avantage dont il n'aurait pu se flatter autrement, je suis résolue de demeurer où je suis, et de risquer l'événement, dans l'espérance que mes amis accepteront enfin l'offre tant de fois répétée, de ne me marier jamais sans leur consentement.

Je vais me hâter de porter cette lettre. Si près des instans critiques, je suis persuadée qu'il ne me fera pas attendre long-temps sa réponse.

Vendredi, à quatre heures.

Je suis bien éloignée d'être en bonne santé; mais je crois devoir affecter de paraître un peu plus malade que je ne le suis. C'est un acheminement au délai que je me flatte d'obtenir; et si je l'obtiens, ne doutez pas que toutes mes autres mesures ne soient aussitôt suspendues.

Betty a déjà publié que je suis fort indisposée. Cette nouvelle n'excite la pitié de personne. Il semble que je sois devenue l'objet de l'aversion commune, et qu'ils seraient tous charmés de me voir morte. En vérité, je le crois ! On entend dire à l'un : Qu'a donc cette perverse créature? à l'autre : Est-elle malade d'amour?

J'étais dans un cabinet du jardin où le froid m'a saisie, et j'en suis revenue avec un tremblement qui ressemblait beaucoup à la fièvre. Betty, qui l'a remarqué, en a fait le récit à ceux qui ont voulu l'entendre : « Oh ! le mal n'est pas grand. Laissez-la trembler ; le froid ne saurait lui nuire. L'opiniâtreté sera sa défense. C'est une cuirasse pour les filles amoureuses, quelque délicate que soit leur constitution. » Voilà les discours d'un frère cruel ! Ils sont entendus tranquillement par les plus chers amis d'une infortunée pour qui l'on craignait, il y a peu de mois, le souffle du moindre vent !

Il faut avouer que la mémoire de Betty est admirable dans ces occasions. Ceux dont elle rapporte les termes peuvent être sûrs qu'il ne s'en perd pas une syllabe. Elle répète jusqu'à leur air, et l'on n'est pas embarrassé pour deviner de qui vient telle ou telle dureté.

Vendredi, à six heures.

Ma tante, qui passe encore la nuit ici, ne fait que me quitter. Elle est venue m'apprendre le résultat des nouvelles délibérations de mes amis.

Mercredi au matin, ils doivent s'assembler tous ; c'est-à-dire, mon père, ma mère, mes oncles, elle-même et mon oncle Hervey, mon frère et ma sœur, comme de raison. La bonne madame Norton doit en être aussi. Le docteur Lewin se trouvera au château, pour m'exhorter apparemment, si l'occasion le demande ; mais ma tante n'a pu me dire s'il sera de l'assemblée, ou s'il attendra qu'on le fasse appeler.

Lorsque ce terrible tribunal aura pris séance, la pauvre prisonnière doit être amenée par madame Norton, qui m'aura donné d'avance les instructions qu'on lui aura dictées, pour me rappeler les devoirs d'une jeune fille, qu'on suppose que j'ai tout à fait oubliés. Ma tante ne m'a point caché qu'on se croit sûr du succès. On est persuadé, dit-elle, que je ne puis avoir le cœur assez endurci pour résister aux décisions d'une cour si respectable, quoique j'aie soutenu en particulier les efforts du plus grand nombre ; d'autant plus que mon père se propose de me traiter avec beaucoup de condescendance. Mais quelles bontés de mon père même peuvent jamais m'engager au sacrifice qu'on attend de moi?

Cependant je prévois que mes esprits soutiendront mal, quand je verrai mon père à la tête de l'assemblée. Je m'attendais bien, à la vérité, que mes épreuves ne finiraient pas sans que j'eusse paru devant lui ; mais c'est un de ces dangers dont toute la force ne se fait sentir qu'à leur approche.

On espère de moi, dit ma tante, que, mardi au soir, ou peut-être plus tôt, je consentirai de bonne grâce à signer les articles, et que, par cette première démarche, l'assemblée solennelle de tous mes amis deviendra un jour de fête. On doit m'envoyer les permissions ecclésiastiques, et m'offrir encore une fois la lecture des articles, afin qu'il ne me reste aucun doute de l'exécution. Elle m'a fait entendre que ce serait mon père lui-même qui m'apporterait les articles à signer.

O ma chère ! quelle épreuve que celle-ci ! Comment refuserais-je à mon père ? mon père ! que je n'ai pas vu depuis si long-temps ! qui joindra peut-être la prière aux ordres et aux menaces ! comment lui refuserais-je d'écrire mon nom ?

On est sûr, dit-elle, qu'il se machine quelque chose du côté de M. Lovelace, et peut-être du mien, et mon père me porterait plutôt au tombeau que de me voir jamais la femme de cet homme-là.

Je lui ai représenté que ma santé n'est pas bonne ; que la seule appréhension de ces terribles extrémités me causait déjà des peines insupportables ; qu'elles ne feraient qu'augmenter à mesure que le temps approcherait, et que je craignais de me trouver fort mal.

On était préparé, m'a-t-elle dit, à ces petits artifices ; et je pouvais compter qu'ils ne seraient utiles à rien.

— Des artifices! ai-je répété ; et c'est de la bouche de ma tante Hervey que j'entends cette cruelle expression!

— Après tout, ma chère, a-t-elle répondu, prenez-vous tous vos amis pour des dupes ? Ne voient-ils pas comment vous affectez de pousser des soupirs, et de prendre un air abattu dans la maison ; comment! vous penchez la tête ; quelle lenteur vous mettez dans votre marche, en vous appuyant tantôt contre le mur, tantôt contre le dos d'une chaise, lorsque vous croyez être aperçue? (c'est une accusation, ma chère miss Howe, qui ne peut venir que de mon frère ou de ma sœur, pour jeter sur moi l'odieuse tache de l'hypocrisie ; je ne suis pas capable d'un artifice si bas;) mais vous n'êtes pas plus tôt dans une allée du jardin, ou vers le mur de votre basse-cour, que, vous croyant hors de la vue de tout le monde, on vous voit doubler le pas avec une légèreté surprenante.

— Je me haïrais moi-même, lui ai-je dit, si j'avais pu m'abaisser à cette honteuse ruse, et je ne serais pas moins insensée que méprisable ; car je n'ai pas assez éprouvé que le cœur de mes amis est incapable de se laisser attendrir par des motifs beaucoup plus touchans? Mais vous verrez ce que je deviendrai mardi.

— On ne vous soupçonne pas, ma nièce, d'un dessein violent contre vous-même. Le ciel vous a fait la grâce d'être élevée dans d'autres principes.

— J'ose m'en flatter, madame ; mais les violences que j'ai essuyées, et celles dont je suis menacée, suffisent pour affecter mes forces ; et vous vous apercevrez que je n'aurai besoin ni de cette malheureuse ressource, ni d'aucun artifice.

— Il ne me reste qu'une chose à vous dire, ma chère nièce, c'est que, en bonne santé ou non, vous serez mariée, probablement, mercredi au soir. Mais j'ajouterai, quoique sans commission, que M. Solmes s'est engagé, si vous l'en priez comme d'une faveur, à vous laisser chez votre père, après la cérémonie, et à retourner chez lui chaque jour au soir, jusqu'à ce que vous ayez ouvert les yeux sur votre devoir, et que vous ayez consenti à prendre un autre nom. On s'est déterminé à vous accorder cette grâce, parce qu'on sera tranquille alors de la part de Lovelace, dont les désirs s'éteindront sans doute avec l'espérance.

Que répondre à cette affreuse déclaration? Je suis demeurée muette.

Voilà, chère miss Howe, voilà ceux qui m'ont traitée de fille romanesque! Voilà l'ouvrage de deux têtes prudentes, celles de mon frère et de ma sœur, qui ont réuni toutes leurs lumières! Cependant ma tante m'a dit que c'est la dernière partie de ce plan qui a déterminé ma mère. Jusque alors elle avait exigé que sa fille ne fût pas mariée malgré elle, si la force de sa douleur ou de son aversion paraissait capable d'altérer sa santé.

Ma tante s'est efforcée plusieurs fois d'excuser une violence si déclarée, par certaines informations qu'on prétend avoir reçues de divers complots de M. Lovelace (1), qui sont prêts d'éclater. C'est une contre-ruse, disent-ils, par laquelle ils prétendent renverser tous ses desseins.

Vendredi, à neuf heures du soir.

Quel conseil me donnerez-vous, ma chère? Vous voyez combien ils sont déterminés. Mais comment puis-je espérer de recevoir assez tôt vos avis, pour en tirer du secours dans mes irrésolutions?

Je reviens du jardin, où j'ai déjà trouvé une nouvelle lettre de M. Lovelace. Il semble qu'il n'ait point d'autre habitation que le pied de nos murs. Je ne puis me dispenser de lui faire savoir si je persiste dans le dessein de m'échapper mardi. Lui marquer que j'ai changé de sentiment, lorsque toutes les apparences sont si fortes contre lui, et plus fortes en faveur de Solmes que dans le temps où j'ai cru la fuite nécessaire, n'est-ce pas me rendre coupable de ma propre infortune, si je suis forcée d'épouser cet homme odieux? Et s'il arrive quelque accident tragique de la rage et du désespoir de M. Lovelace, n'est-ce pas sur moi qu'on fera tomber le reproche? Ajoutez qu'il y a tant de générosité dans ses offres! D'un autre côté, néanmoins, m'exposer à la censure du public, comme une imprudente créature! Mais il me fait assez entendre que j'y suis déjà livrée. A quoi me résoudre? Plût au ciel que mon cousin Morden... Mais, hélas! que servent les souhaits!

Je veux réduire en substance la lettre de M. Lovelace. Mon dessein est de vous envoyer la lettre même, lorsque j'y aurai fait réponse; mais je ne me presserai pas de la faire, dans l'espérance de trouver quelque prétexte pour me rétracter. Cependant vous seriez moins en état de me donner un bon conseil dans cette crise de mon sort, si vous n'aviez pas sous les yeux tout ce qui appartient aux circonstances.

Il me demande pardon de l'air de confiance que je lui ai reproché. « C'est l'effet, dit-il, d'un transport qui n'a point de bornes; mais il se soumet sans réserve à mes volontés. Les alternatives et les propositions ne lui manquent pas. Il offre de me conduire directement chez milady Lawrance, ou, si je l'aime mieux, à ma propre terre, où milord M... me promet sa protection. Il ignore, ma chère, les raisons qui me font rejeter cet avis inconsidéré. Dans l'un ou l'autre cas, aussitôt qu'il me verra sans danger, il partira pour Londres, ou pour tout autre lieu. Il n'approchera point de moi sans ma permission, et sans avoir satisfait à tous les points sur lesquels il me reste des doutes.

» Me conduire chez vous, ma chère, est une autre de ses alternatives. Il ne doute pas, dit-il, que votre mère consente à me recevoir; ou s'il se trouve quelque difficulté de la part de votre mère, de la vôtre ou de la mienne, il me mettra sous la protection de M. Hickman, qui s'empressera sans doute de plaire à miss Howe; et l'on publiera que je suis partie pour Bath, pour Bristol, pour me rendre en Italie auprès de M. Morden : on publiera tout ce que je voudrai qu'on publie.

» Si j'ai plus d'inclination pour Londres, il se propose de m'y conduire

(1) On a vu dans une de ses lettres, et la suite fera voir encore mieux, qu'il employait toute son adresse pour leur causer de fausses alarmes, dans la vue de rendre leurs persécutions plus pressantes encore contre miss Clarisse, et de les faire servir ainsi au succès de ses propres vues.

secrètement, et de m'y procurer un logement commode, où je serai reçue par ses deux cousines Montaigu, qui ne me quitteront pas d'un moment, jusqu'à ce que les affaires soient arrangées à mon gré, et que la réconciliation soit heureusement terminée. Toutes les insultes qu'il a reçues de ma famille ne l'empêcheront pas d'y contribuer de toutes ses forces.

» Il propose cette variété de mesures à mon choix, parce qu'étant si pressé par le temps, il n'y a pas d'apparence qu'il puisse recevoir assez tôt une lettre d'invitation, de la propre main de milady Lawrance, à moins que lui-même il ne prenne la poste, pour se rendre chez elle avec la dernière diligence : mais dans une conjoncture si délicate, où il ne peut se reposer sur personne de l'exécution de mes ordres, il est impossible qu'il s'éloigne.

» Il me conjure du ton le plus solennel, si je ne veux le jeter dans l'excès du désespoir, d'être ferme dans ma résolution.

» Cependant, loin de menacer ma famille ou Solmes, si je change de dessein, il est persuadé, m'assure-t-il respectueusement, que ce changement ne peut arriver que par des raisons dont la justice l'obligera d'être satisfait; telles, espère-t-il, qu'une parfaite certitude de me voir libre dans mes inclinations. Alors il prendra le parti d'une soumission absolue, et tous ses efforts se tourneront à mériter mon estime et celle de ma famille, par la régularité de sa conduite.

» En un mot, il proteste solennellement que son unique vue, dans les circonstances présentes, est de me délivrer de ma prison, et de me rendre la liberté de suivre mon penchant, dans un point qui intéresse essentiellement le bonheur de ma vie. Il ajoute que l'espérance même dont il se flatte, de m'appartenir quelque jour par des nœuds sacrés, son propre honneur et celui de sa famille, ne lui permettent pas de me faire la moindre proposition qui ne s'accorde avec mes plus scrupuleuses maximes ; que, pour la tranquillité de mon esprit, il serait à désirer pour lui, de pouvoir obtenir ma main dans des conjonctures plus heureuses, où je n'eusse rien à redouter de la violence de mes amis ; mais qu'avec un peu de connaissance du monde, il est impossible de s'imaginer que leur conduite n'ait pas attiré sur eux les censures qu'elle mérite, et que la démarche dont je me fais un si grand scrupule ne soit généralement attendue, comme la suite juste et naturelle du traitement qu'ils me font essuyer. »

Je crains qu'il n'y ait que trop de vérité dans cette remarque, et que si M. Lovelace n'ajoute pas tout ce qu'il pourrait dire là-dessus, je n'en aie l'obligation à sa politesse. Je ne doute nullement que je ne sois devenue le sujet de tous les entretiens, dans la moitié de la province, et que mon nom n'y passe peut-être en proverbe. Si j'ai ce malheur, je tremble d'en être au point de ne pouvoir rien faire qui me déshonore plus que je ne le suis déjà par une indiscrète persécution. Que je tombe au pouvoir de Solmes ou de Lovelace, ou de tout autre mari, je ne me laverai jamais de ma captivité et du rigoureux traitement dont une famille entière m'a comme imprimé le sceau, du moins, ma chère, dans ma propre imagination.

Si j'appartiens quelque jour à l'éminente famille qui paraît n'être pas encore sans quelque estime pour moi, je souhaite qu'il ne s'y trouve personne qui prenne occasion de ma disgrâce pour me regarder d'un autre œil. Alors, peut-être, je serai obligée à M. Lovelace, s'il n'entre pas dans les mêmes sentimens. Voyez-vous, ma chère amie, à quel point ce cruel traitement m'humilie ! Mais peut-être étais-je trop exaltée auparavant.

Il conclut par des instances redoublées, pour obtenir de moi une entrevue, qu'il demande dès cette nuit, s'il est possible. « C'est un honneur, dit-il, qu'il sollicite avec d'autant plus de confiance, que je lui ai déjà permis d'espérer deux fois. Mais, soit qu'il l'obtienne, ou que de nouvelles raisons me portent à le refuser, il me supplie de choisir une des alternatives qu'il me propose, et de demeurer ferme dans la résolution de m'échapper mardi prochain, si je n'ai pas les plus solides assurances d'une paix et d'une liberté bien établies.

« Enfin, il renouvelle tous ses vœux, toutes ses promesses, avec des expressions si fortes, que son propre intérêt, l'honneur de ses proches, et leur favorable disposition pour moi, se réunissant pour éloigner toutes les défiances, il ne peut me rester aucun doute de sa sincérité.»

LETTRE LXXXIII.

MISS CLARISSE HARLOVE, A MISS HOWE.

Samedi, 8 avril, à sept heures du matin.

Si vous me trouverez blâmable, ou non, c'est ce que je ne puis dire : mais j'ai confirmé, par une lettre, ma première résolution de partir mardi prochain, à la même heure, s'il est possible, que j'avais marquée dans ma lettre précédente. N'ayant point gardé de copie, voici mes termes, qui me sont fort présens.

Je lui avoue sans détour « qu'il ne me reste plus d'autre voie, pour éviter l'exécution du projet déterminé de mes amis, que de quitter cette maison avec son assistance. »

Je n'ai pas prétendu me faire un mérite auprès de lui d'une déclaration si formelle ; car j'ajoute avec la même franchise « que si je pouvais me donner la mort sans un crime irrémissible, je la préférerais à une démarche qui sera condamnée du monde entier, si je n'en trouve pas la condamnation dans mon propre cœur. »

Je lui dis « que dans la crainte d'être soupçonnée, je ne tenterai point d'emporter d'autres habits que ceux que j'aurai sur moi ; que je dois m'attendre à me voir refuser la possession de ma terre ; mais que, dans quelques extrémités que je puisse tomber, je ne me déterminerai jamais à réclamer la justice contre mon père ; de sorte que la protection dont je lui serai redevable ne doit être accordée qu'à l'infortune ; que j'ai trop d'orgueil, néanmoins, pour penser jamais au mariage, sans une fortune qui puisse me mettre sur un pied d'égalité avec le mari que le ciel me destine, et me dispenser des obligations de cette nature : que par conséquent mon départ ne lui donnera pas d'autres espérances que celles qu'il avait déjà ; et qu'en toutes sortes de sens je me réserve le droit d'accepter ou de refuser ses soins, suivant l'opinion que je prendrai de ses sentimens et de sa conduite. »

Je lui dis « que le parti qui me convient le mieux est de choisir une maison particulière dans le voisinage de milady Lawrance, mais différente de la sienne ; afin qu'il ne paraisse pas dans le monde que j'ai cherché un asile dans sa famille, et que cette raison ne devienne point un obstacle à ma réconciliation ; que je ferai venir, pour me servir, Hannah, mon ancienne femme de chambre, et que miss Howe sera seule dans le secret de ma retraite ; que pour lui, il me quittera sur-le-champ, pour se rendre à Londres, ou dans quelque terre de son oncle ; et que se bornant, comme il l'a promis, à un simple commerce de lettres, il n'approchera point de moi sans ma permission.

» Que si je me trouve dans le danger d'être découverte, ou enlevée par la force, je me jetterai alors sous la protection de celle de ses deux tantes qui voudra me recevoir ; mais dans le cas seulement d'une nécessité absolue, parce qu'il sera toujours plus avantageux pour ma réputation d'employer du fond de ma retraite une seconde ou une troisième main pour me réconcilier avec mes amis, que de traiter avec eux d'une manière éclatante.

» Que je ne veux pas néanmoins lui déguiser que si dans ce traité mes amis insistent sur l'exclusion absolue de ses espérances, je m'engagerai à les satisfaire ; pourvu que de leur part ils me laissent la liberté de lui promettre, qu'aussi long-temps qu'il sera au monde sans prendre d'un autre côté les chaînes du mariage, je n'accepterai point la main d'un autre homme ; que c'est un retour auquel je suis portée d'inclination pour toutes les peines qu'il s'est données et pour les mauvais traitemens qu'il a soufferts à mon occasion ; quoiqu'il doive se rendre grâces à lui-même et au peu d'égards qu'il a toujours eu pour sa réputation, des témoignages de mépris qu'il a reçus de ma famille.

» Je lui dis que dans cette retraite mon dessein est d'écrire à M. Morden, et de lui inspirer, s'il est possible, du zèle pour mes intérêts. »

J'entre dans quelques explications sur ses alternatives.

Vous jugez bien, ma chère, que cette malheureuse rigueur qu'on pour moi, et ce projet de fuite, me mettent dans la nécessité de lui rendre compte, bien plutôt que mon cœur ne me le permettrait, de toutes les circonstances de ma conduite.

« Il ne faut pas s'attendre, lui dis-je, que madame Howe veuille s'attirer des embarras, ni qu'elle souffre que sa fille ou M. Hickman s'en attire à mon occasion. Quant au voyage de Londres, qu'il me propose, je ne connais personne dans cette grande ville ; et j'en ai d'ailleurs une si mauvaise opinion, qu'à moins que dans quelque temps les dames de sa famille ne m'engagent à les y accompagner, il n'y a point d'apparence que je goûte jamais cette idée. Je n'approuve pas non plus l'entrevue qu'il me demande, surtout lorsqu'il est si vraisemblable que je le verrai bientôt. Mais s'il arrive quelque nouvel événement, qui me fasse abandonner le dessein de partir, je pourrai me procurer l'occasion de l'entretenir, pour lui expliquer les raisons de ce changement. »

Vous concevrez, ma chère, pourquoi je n'ai pas fait scrupule de lui donner cette espérance : c'est dans la vue de lui inspirer un peu de modération si je change en effet de pensée. D'ailleurs, vous vous souvenez qu'il n'y eut rien à lui reprocher, lorsqu'il me surprit il y a quelque temps dans un lieu fort écarté.

Enfin je me recommande à son honneur et à la protection de sa tante, comme une personne infortunée qui n'a pas d'autre titre. Je répète (assurément du fond de mon cœur) combien il m'est douloureux de me voir forcée à des démarches si éloignées de mes principes et si nuisibles à ma réputation. Je lui marque que je me rendrai mardi au jardin; que si Betty est avec moi, je la chargerai d'une commission pour l'écarter; que, vers quatre heures, il pourra me faire connaître, par quelque signal, qu'il est à la porte, dont j'irai aussitôt tirer le verrou ; que j'abandonne le reste à ses soins.

J'ajoute en finissant : « que les soupçons paraissant augmenter de la part de ma famille, je lui conseille d'envoyer ou de venir le plus souvent qu'il lui sera possible, jusqu'à mardi au matin, vers dix ou onze heures ; parce que je ne désespère point encore de quelque révolution qui peut rendre toutes ces mesures inutiles. »

O chère miss Howe ! Quelle horrible nécessité que celle qui peut me forcer à des préparatifs de cette nature ! Mais il est à présent trop tard ! Comment ? trop tard. Que signifie cette étrange réflexion ? Hélas ! si j'étais menacée de finir quelque jour par le repentir, qu'il serait terrible de pouvoir dire *qu'il est trop tard !*

Samedi, à dix heures.

M. Solmes est ici. Il doit dîner avec sa nouvelle famille. Betty m'apprend qu'il emploie déjà ce terme. A mon retour du jardin, il a tenté encore une fois de se jeter sur mon passage, mais je suis remontée brusquement à ma prison pour l'éviter.

J'ai eu la curiosité, pendant ma promenade, d'aller voir si ma lettre était partie. Je ne dirai pas que si je l'eusse trouvée mon intention fût de la reprendre; car il me paraît toujours certain que je n'ai pu faire autrement. Cependant quel nom donner à ce caprice? En voyant qu'elle avait disparu, j'ai commencé à regretter, comme hier au matin, qu'elle fût partie ; sans autre raison, je crois, que parce qu'elle n'est plus en mon pouvoir.

Que ce Lovelace est diligent ! Il dit lui-même que cet endroit lui tient lieu de maison, et je le crois aussi. Il parle, comme vous le verrez dans sa dernière lettre, de quatre déguisemens dont il change d'un jour à l'autre. Je suis moins surprise qu'il n'ait point été encore remarqué par quelqu'un de nos fermiers, car il serait impossible autrement que l'éclat de sa figure ne l'eût pas trahi. On peut dire aussi que toutes les terres voisines du parc en étant une dépendance, et, n'ayant point de sentier, du moins vers le jardin et le taillis, il y a peu d'endroits moins fréquentés.

D'un autre côté, je crois m'être aperçue qu'on veille peu sur mes promenades au jardin, et sur les visites que je rends à ma volière. Leur Joseph Leman, qui paraît être chargé de ce soin, n'a garde de se rendre incommode par ses observations. D'ailleurs, on se repose apparemment, comme ma tante Hervey me l'a fait entendre, sur la mauvaise opinion qu'on s'est efforcé de me faire prendre du caractère de M. Lovelace, qu'on croit capable de justes défiances. Ajoutez que les égards qu'on me connaît pour ma réputation paraissent une autre sûreté. Sans des raisons si fortes, on ne m'aurait jamais traitée avec tant de rigueur, tandis qu'on m'a laissé les occasions que j'ai presque toujours eues de me dérober par la fuite, si j'avais été disposée à m'en servir, et leur confiance aux deux derniers motifs aurait été bien fondée, s'ils avaient gardé le moindre ménagement dans leur conduite. Mais peut-être ne se souviennent-ils point de la porte de derrière, qui s'ouvre rarement, parce qu'elle conduit dans un lieu désert, et qu'elle est masquée par une assez épaisse charmille. Au fond, je ne connais pas d'autre endroit par lequel on pût sortir sans quelque danger d'être aperçu, excepté néanmoins par l'allée Verte qui est derrière le bûcher ; mais il faudrait descendre de la haute terrasse qui borde la basse-cour du même côté. Toutes les autres parties du jardin sont ouvertes par des claires-voies, et les environs, qui sont plantés nouvellement en quinconces d'ormes et de tilleuls, ne donnent pas encore beaucoup de couvert.

Le grand cabinet de verdure, que vous connaissez, me paraît le plus commode de tous les lieux que je pourrais choisir pour mes importantes vues. Il n'est pas loin de la porte de derrière, quoiqu'il soit dans une autre allée. On ne sera pas surpris que je m'y arrête, parce que je l'ai toujours aimé. Hors le temps des grandes chaleurs, sa fraîcheur en éloigne tout le monde. Lorsqu'on avait quelque tendresse pour moi, on s'alarmait de m'y voir quelquefois trop long-temps. Mais on a peu d'inquiétude à présent pour ma santé. L'opiniâtreté, disait hier mon frère, est une excellente cuirasse.

Avec vos plus ferventes prières, je vous demande, ma chère amie, votre approbation ou votre censure. Il n'est pas encore trop tard pour révoquer mes engagemens.

Clarisse Harlove.

Sous l'adresse, avec un crayon :
Comment pouvez-vous envoyer votre messager les mains vides ?

LETTRE LXXXIV.

MISS HOWE, A MISS CLARISSE HARLOVE.

Samedi, après dîner.

La dernière date de votre lettre, qui est dix heures du matin, m'assure qu'elle ne pouvait être depuis long-temps au dépôt lorsque Robert y est arrivé. Il a fait une diligence extrême pour me l'apporter, et je l'ai reçue en sortant de table.

Dans la situation où vous êtes, vous me blâmez avec raison d'envoyer mon messager les mains vides ; et c'est néanmoins cette situation même, cette critique situation, qui cause en partie mon retard. En vérité, mon esprit ne me fournit rien qui puisse vous aider.

J'ai employé secrètement tous mes soins pour vous procurer quelque moyen de quitter le château d'Harlove, sans paraître mêlée dans les circonstances de votre évasion ; parce que je n'ignore pas qu'obliger dans le fait, et désobliger dans la manière, c'est n'obliger qu'à demi. D'ailleurs, les soupçons et l'inquiétude de ma mère semblent augmenter. Elle y est confirmée par les visites continuelles de votre oncle Antonin, qui ne cesse de lui répéter que la conclusion approche, et qu'on espère que sa fille n'arrêtera point le penchant que vous marquez à la soumission. Je suis informée de ces détails par des voies que je ne puis leur faire connaître, sans me jeter dans la nécessité de faire plus de bruit qu'il n'est à souhaiter pour l'un et pour l'autre. Nous n'avons pas besoin de cela, ma mère et moi, pour nous quereller presque à toute heure.

Pressée comme je suis par le temps, et privée, par vos prières si instantes, de la satisfaction de vous accompagner, j'ai trouvé plus de difficultés que je ne m'y attendais à vous procurer une voiture. Si vous ne m'obligiez pas de garder des mesures avec ma mère, c'est un service que je vous rendrais fort aisément. Je pourrais, sur le moindre prétexte, prendre notre carrosse coupé, y faire mettre deux chevaux de plus, si je le jugeais à propos, et le renvoyer de Londres sans que personne en fût mieux informé du logement qu'il nous plairait de choisir. Plût au ciel que vous y eussiez consenti! En vérité, vous poussez la délicatesse trop loin. Dans votre situation, vous attendez-vous à ne rien perdre de votre tranquillité ordinaire? et pouvez-vous donc vous promettre de n'être pas un peu agitée par un ouragan, qui menace à chaque instant de renverser votre maison? Si vous aviez à vous reprocher d'être la cause de vos disgrâces, j'en jugerais peut-être autrement; mais lorsque personne n'ignore d'où vient le mal, votre situation doit être regardée d'un œil fort différent.

Comment pouvez-vous me croire heureuse, lorsque je vois ma mère aussi déclarée pour les persécuteurs de ma plus chère amie, que votre tante, ou tout autre partisan de votre frère et de votre sœur; par l'instigation de cette tête folle et bizarre, votre oncle Antonin, qui s'étudie (le plat personnage qu'il est) à l'entretenir dans des idées indignes d'elle, pour m'effrayer par l'exemple? En faut-il davantage pour exciter mon ressentiment, et pour justifier le désir que j'ai de partir avec vous, lorsque notre amitié n'est ignorée de personne?

Oui, ma chère, plus je considère l'importance de l'occasion, plus je demeure persuadée que votre délicatesse est excessive. Ne supposent-ils pas déjà que votre résistance est l'effet de mes conseils? N'est-ce pas sous ce prétexte qu'il vous ont interdit notre correspondance? et si ce n'était par rapport à vous, ai-je la moindre raison de m'embarrasser de ce qu'ils pensent?

D'ailleurs, quelle disgrâce ai-je donc à redouter de cette démarche? Quelle honte? quelle sorte de tache? Croyez-vous qu'Hickman en prît occasion de me refuser? et s'il en était capable, en aurais-je beaucoup de chagrin? Je soutiens que tous ceux qui ont une âme seraient touchés de cet exemple d'une véritable amitié dans notre sexe.

Mais je jetterais ma mère dans une vive affliction! Cette objection a quelque force. Cependant, lui causerais-je plus de chagrin que je n'en reçois d'elle, lorsque je la vois gouvernée par un homme de l'espèce de votre oncle, qui ne paraît ici tous les jours que pour susciter de nouveaux sujets de peine à ma chère amie? Malheur à tous deux s'il y vient dans une double vue! Grondez-moi, si vous voulez, peu m'importe.

J'ai dit, et je répète hardiment, qu'une telle démarche anoblirait votre amie. Il n'est pas trop tard encore. Si vous le permettez, j'enlèverai à Lovelace l'honneur de vous servir; et demain au soir, ou lundi, avant le temps que vous lui avez marqué, je serai à la porte de votre jardin avec un carrosse ou une chaise. Alors, ma chère, si notre fuite est aussi heureuse que je le désire, nous leur ferons des conditions, et des conditions telles qu'il nous plaira. Ma mère sera fort aise de revoir sa fille, je vous le garantis. Hickman pleurera de joie à mon retour, ou je saurai le faire pleurer de chagrin.

Mais vous vous fâchez si sérieusement de ma proposition, et vous êtes toujours si féconde en raisonnemens pour appuyer vos opinions, que je crains de vous presser davantage. Cependant ayez la bonté d'y faire un peu plus de réflexion, et d'examiner s'il ne vaut pas mieux partir avec moi qu'avec Lovelace. Voyez, en considérant les choses sous ce jour-là, si vous pouvez vaincre vos scrupuleux égards pour ma réputation. Que reprocher à une femme qui fuit avec une autre femme; et dans la seule vue d'éviter cette race d'hommes? Je vous demande uniquement de peser cette idée ; et si vous pouvez vous mettre au dessus du scrupule qui me regarde, de grâce, mettez-vous-y : c'est tout ce que j'avais à dire présentement sur cet article. Je passe à quelques autres endroits de vos lettres.

Le temps viendra, sans doute, où je serai capable de lire vos touchantes narrations, sans cette impatience et cette amertume de cœur dont je ne puis me défendre aujourd'hui, et qui se communiqueraient à ma plume, si mes réflexions s'attachaient à toutes les circonstances que vous m'écrivez. Je crains de vous donner le moindre conseil, ou de vous dire ce que je ferais à votre place, si vous continuez de refuser mes offres. Quelle serait mon affliction, s'il vous en arrivait quelque mal ! Je ne me le pardonnerais jamais. Cette considération a beaucoup augmenté l'embarras où j'étais pour vous écrire, à présent que vous touchez à la décision de votre sort, et lorsque vous rejetez le seul remède qui convient à cette crise. Mais j'ai dit que je ne vous en parlerais plus. Cependant, encore un mot, dont vous me gronderez autant qu'il vous plaira : s'il vous arrivait effectivement quelque malheur, j'en ferais toute ma vie un crime à ma mère. Ne doutez pas que je ne l'en accuse, et peut-être vous-même, si vous n'acceptez pas mon offre.

Voici le seul conseil que j'aie à vous donner dans votre situation : si vous partez avec M. Lovelace, prenez la première occasion pour vous assurer de lui par la cérémonie du mariage. Songez que dans quelque lieu que vous puissiez vous retirer, tout le monde saura bientôt que c'est par son secours, et avec lui, que vous avez quitté la maison paternelle. Vous pouvez, à la vérité, le tenir éloigné pendant quelque temps, jusqu'à ce que les articles soient dressés, et que vous soyez satisfaite sur d'autres arrangemens que vous désirez. Mais ces considérations mêmes doivent avoir moins de poids pour vous qu'elles n'en auraient pour une autre dans les mêmes circonstances, parce qu'avec tous les défauts qu'on voudra lui attribuer, personne ne lui reproche de manquer de générosité ; parce qu'à l'arrivée de M. Morden, que l'honneur oblige à vous rendre justice en qualité d'exécuteur, vous ne sauriez manquer d'entrer en possession de votre terre ; parce que de son côté il jouit d'une fortune considérable ; parce que toute sa famille vous estime, et souhaite ardemment votre alliance ; parce qu'il ne fait pas difficulté lui-même de vous prendre sans aucune condition. Vous voyez comment il a toujours bravé vos riches parens ; c'est une faute que je trouve pardonnable, et qui n'est peut-être pas sans noblesse. Je me persuade hardiment qu'il aimerait mieux vous voir à lui sans un sou, que d'avoir obligation à ceux qu'il n'a pas plus de raison d'aimer, qu'ils n'en ont eux-mêmes de lui vouloir du bien. Ne vous a-t-on pas dit que son propre oncle ne peut soumettre cet esprit fier à lui devoir la moindre faveur?

Toutes ces raisons me persuadent que vous devez insister peu sur les articles. Ainsi, c'est mon opinion absolue, que si vous partez avec lui, la cérémonie ne doit pas être différée, et remarquez qu'alors c'est lui qui doit juger du temps auquel il pourra vous quitter avec sûreté.

Faites là-dessus vos plus sérieuses réflexions. Les délicatesses doivent s'évanouir, au moment où vous aurez quitté la maison de votre père. Je n'ignore pas ce qu'il faut penser de ces créatures inexcusables, qui, n'écoutant que leur passion, sans aucun égard pour la décence, passent de la fenêtre de leur père entre les bras d'un mari; mais on ne vous soupçonnera jamais de ces ardeurs emportées. Je répète, qu'avec un homme du caractère de Lovelace, votre réputation demande qu'après avoir consenti à vous mettre en son pouvoir, il n'y ait pas de délai pour la célébration. Je suis sûre qu'écrivant à vous, il n'est pas besoin de donner plus de force à cette remarque.

Vous vous efforcez d'excuser ma mère! La chaleur de mon amitié ne me dispose guère à goûter vos raisonnemens. Il n'y a point de blâme, dites-vous, à se dispenser de tout ce qui n'est point un devoir. Cette maxime admet bien des distinctions, lorsqu'elle est appliquée à l'amitié. Si la chose qu'on demande était d'une plus grande ou même d'une égale conséquence pour la personne de qui elle dépend, peut-être mériterait-elle des réflexions. Il me semble même qu'il y aurait un air d'intérêt propre à demander de son ami une faveur qui l'exposerait aux mêmes inconvéniens qu'on veut éviter. Ce serait l'autoriser par notre propre exemple, et avec beaucoup plus de raison, à nous payer d'un refus, et à mépriser une si fausse amitié. Mais si, sans avoir beaucoup à craindre pour nous-mêmes, nous pouvions délivrer notre amie d'un très grand danger, le refus que nous en ferions nous rendrait indignes de la qualité d'ami. Je n'en admettrais pas un de cette nature; pas même à la superficie de mon cœur.

Je suis trompée si ce n'est pas votre opinion comme la mienne; car c'est à vous-même que je dois cette distinction, dans certaines circonstances, où vous devez vous souvenir qu'elle m'a sauvée d'un fort grand embarras. Mais votre caractère a toujours été d'excuser les autres, tandis que vous ne vous passiez rien à vous-même.

Je dois avouer que si ces excuses pour l'inaction ou pour les refus d'un ami venaient d'une autre femme que vous, dans un cas si important pour elle-même, et qui l'est si peu, en comparaison, pour ceux dont elle désirerait la protection, moi qui m'efforce, comme vous l'avez souvent observé, de remonter toujours des effets à la cause, je pencherais à la soupçonner d'une inclination secrète et désavouée, qui, balançant tous les inconvéniens dans son cœur, la rendrait plus indifférente qu'elle ne veut la paraître pour le succès de ce qu'elle demande.

M'entendez-vous, ma chère? Tant mieux pour moi, si vous ne m'entendez pas; car je crains que cette réflexion, jetée au hasard, ne m'attire de vous une réprimande que vous m'avez déjà faite dans le même cas : « C'est ne pouvoir s'empêcher, m'avez-vous dit, de vouloir faire montre de pénétration, quoique aux dépens de cette tendresse qui est un devoir de l'amitié et de la charité. »

Que sert, m'allez-vous dire, de reconnaître ses fautes, si l'on n'apporte aucun soin à s'en corriger? d'accord, ma chère. Mais ne savez-vous pas que j'ai toujours été une impertinente créature, et que j'ai toujours eu besoin de beaucoup d'indulgence? Je sais aussi que ma chère Clarisse en a toujours eu pour moi, et c'est là-dessus que je me repose aujourd'hui. Elle n'ignore pas jusqu'où va mon affection pour elle. Je vous aime, ma chère, en vérité plus que moi-même. Croyez en cette expression, et par conséquent, jugez combien je suis touchée d'une situation aussi critique que la vôtre. C'est la force de ce sentiment qui me fait tourner ma censure jusque sur vous ; c'est-à-dire, sur ce caractère philosophique, sur cette admirable sévérité que vous avez pour vous-même, et qui vous abandonne dans la cause d'autrui.

Mes vœux, mes prières continuelles seront employés à demander au ciel que vous puissiez sortir de ces épreuves, sans aucune tache pour cette belle réputation, qui a été jusqu'à présent aussi pure que votre cœur : vœux ardens, prières uniques, qui ne sont pas un moment interrompus, et que je répète vingt fois, en me disant éternellement à vous.

P.-S. Je me suis pressée d'écrire, et je ne me hâte pas moins de faire partir Robert, afin que, dans une situation si critique, vous ayez le temps de considérer ce que je vous marque, sur deux points qui me paraissent les plus importans. Je veux vous les remettre sous les yeux en deux mots :

« Si vous ne devez pas vous déterminer plutôt à partir avec une personne de votre sexe, avec votre Anne Howe, qu'avec une personne de l'autre, avec M. Lovelace ? »

Supposant que vous partiez avec lui ;

Si vous ne devez pas vous marier le plus tôt qu'il vous sera possible ? »

LETTRE LXXXV.

MISS CLARISSE HARLOVE, A MISS HOWE.

Samedi après midi, avant la réception de la lettre précédente.

La réponse ne s'est pas fait attendre. C'est une lettre d'excuses, si je puis lui donner ce nom.

« Il s'engage à la soumission sur tous les points ; il approuve tout ce que je propose ; surtout le choix d'un logement particulier. C'est un expédient qui lui paraît heureux pour aller au devant de toutes les censures. Cependant il est persuadé que, traitée comme je le suis, je pourrais me mettre sous la protection de sa tante, sans avoir rien à redouter pour ma réputation. Mais tout ce que je désire, tout ce que j'ordonne est une loi suprême, et le meilleur parti, sans doute, pour la sûreté de mon honneur, auquel je verrai qu'il prend le même intérêt que moi. Il m'assure seulement que la passion de tous ses proches est de tirer avantage des persécutions que j'essuie, pour me faire leur cour et pour s'acquérir des droits sur mon cœur par les services les plus tendres et les plus empressés ; heureux s'ils peuvent contribuer par quelque moyen au bonheur de ma vie.

» Il écrira dès aujourd'hui à son oncle et à ses deux tantes qu'il espère à présent de se voir le plus fortuné de tous les hommes, s'il ne ruine pas cet espoir par sa faute, puisque la seule personne à laquelle son bonheur est attaché sera bientôt hors du danger d'être la femme d'un autre, et qu'elle ne pourra leur rien prescrire qu'il ne se reconnaisse dans l'obligation d'exécuter.

» Il commence à se flatter, depuis que j'ai confirmé ma résolution par ma dernière lettre, qu'il n'y a plus de changement dont la crainte doive l'alarmer, à moins que mes amis ne changent de conduite avec moi ; de quoi il est trop sûr qu'ils ne seront jamais capables. C'est à présent que toute sa famille, qui partage ses intérêts avec tant de zèle et de bonté, commence à se glorifier de l'heureuse perspective qu'il a devant ses yeux. »

Voyez avec quel art il s'efforce de m'attacher à sa résolution !

« A l'égard de la fortune, il me supplie d'être sans inquiétude. Son bien nous suffit. Il jouit de cinquante mille livres de rentes effectives, qui n'ont jamais été chargées du moindre embarras ; grâce peut-être à son orgueil plus qu'à sa vertu. Son oncle est résolu d'y en ajouter vingt-cinq mille le jour de son mariage, et de lui donner le choix d'un de ses châteaux, dans le comté de Hertford, ou dans celui de Lancastre. Il dépendra de moi, si je le désire, de m'assurer de tous ces articles, avant de prendre avec lui d'autres engagemens.

» Il me dit que le soin de l'habillement doit être le moindre de mes embarras ; que ses tantes et ses cousines s'empresseront de me fournir toutes les commodités de cette nature, comme il se fera lui-même le plaisir le plus sensible et le plus grand honneur de m'offrir toutes les autres.

» Que, pour le succès d'une parfaite réconciliation avec mes amis, il sera gouverné, dans toutes les occasions, par mes propres désirs ; et qu'il sait à quel point j'ai cette grande affaire à cœur.

» Il appréhende que le temps ne lui permette pas de me procurer, comme il se l'était proposé, la compagnie de miss Charlotte Montaigu à Saint-Albans, parce qu'il apprend qu'un grand mal de gorge l'oblige de garder sa chambre ; mais aussitôt qu'elle sera rétablie, son premier empressement la conduira dans ma retraite avec sa sœur. Elles m'introduiront toutes deux chez leurs tantes, ou leurs tantes chez moi, comme je paraîtrai le désirer. Elles m'accompagneront à la ville, si j'ai du goût pour ce voyage ; et, pendant tout le temps qu'il me plaira d'y demeurer, elles ne s'éloigneront pas un moment de moi.

» Milord M... ne manquera pas de prendre mon temps et mes ordres pour me rendre aussi sa visite, publique ou secrète, suivant mon inclination. Pour lui, lorsqu'il me verra en un lieu sûr, soit à l'ombre de sa famille, soit dans la solitude que je préfère, il se fera la violence de me quitter, pour ne me revoir qu'avec ma permission. En apprenant l'indisposition de sa cousine Charlotte, il avait pensé, dit-il, à faire remplir sa place par miss Patty, sa sœur ; mais c'est une fille *timide*, qui ne ferait qu'augmenter notre embarras. »

Ainsi, ma chère, l'entreprise, comme vous voyez, demande de *la hardiesse* et du courage. Oui, oui, elle en demande. Hélas ! que puis-je entreprendre ?

Après tout, quelque pas que j'aie fait en avant, je ne vois pas qu'il soit trop tard encore pour revenir. Si je recule, il faut compter d'être mortellement querellée. Mais qu'en arrivera-t-il ? si j'entrevoyais seulement quelque moyen d'échapper à M. Solmes, une querelle avec Lovelace qui m'ouvrirait le chemin au célibat serait le plus cher de mes désirs. Je défierais alors tout son sexe ; car je ne considère pas le trouble et les chagrins qu'il cause au nôtre ; et, lorsqu'on est une fois engagé, que reste-t-il, que l'obligation de marcher avec des pieds trop tendres sur des épines, et des épines les plus pointues, jusqu'à la fin d'une pénible route ?

Mon embarras augmente à chaque moment ; plus j'y pense, moins je vois de jour à m'en délivrer. Mes incertitudes se fortifient à mesure que le temps s'écoule, et que l'heure fatale approche.

Mais je veux descendre et faire un tour de promenade au jardin. Je porterai cette lettre au dépôt, avec toutes les siennes; à la réserve des deux dernières, que je mettrai sous ma première enveloppe, si je suis assez heureuse pour vous écrire encore. Dans l'intervalle, ma chère amie... mais quel objet proposerai-je à vos prières? Adieu donc. Qu'il me soit permis seulement de vous dire adieu.

LETTRE LXXXVI (1).

MISS CLARISSE HARLOVE, A MISS HOWE.

Dimanche, 9 avril, au matin.

Ne vous imaginez pas, très chère amie, que votre réflexion d'hier, quoique le plus sévère effet que j'aie jamais éprouvé de votre impartiale affection, m'ait inspiré le moindre ressentiment contre vous. Ce serait m'exposer au plus fâcheux inconvénient de la condition royale, c'est-à-dire, perdre le moyen d'être avertie de mes fautes et de pouvoir m'en corriger, et renoncer par conséquent au plus précieux fruit d'une ardente et sincère amitié. Avec quel éclat et quelle noblesse ce feu sacré doit-il brûler dans votre sein, pour vous faire reprocher à une infortunée d'avoir moins de chaleur dans sa propre cause que vous n'en avez vous-même, parce qu'elle s'efforce de justifier ceux qui ne sont pas disposés à lui prêter leur secours? Dois-je vous blâmer de cette ardeur? ou ne dois-je pas la regarder plutôt avec admiration?

Cependant, de peur que vous ne vous confirmiez dans un soupçon qui me rendrait inexcusable s'il avait quelque fondement, je dois vous déclarer, pour me rendre justice à moi-même, que je ne connais pas mon propre cœur s'il recèle cette *inclination secrète ou désavouée, que vous attribueriez à toute autre femme que moi*. Je suis fort éloignée aussi *d'être plus indifférente que je ne veux le paraître* sur le succès des espérances que j'ai eues du côté de votre mère. Mais je crois devoir l'excuser; ne fût-ce que par cette seule raison, qu'étant d'un autre âge que le mien, et mère de ma plus chère amie, je ne puis attendre d'elle les mêmes sentimens d'amitié que de sa fille. Ceux que je lui dois sont le respect et la vénération qu'il serait difficile d'accorder avec cette douce familiarité qui est un des plus indispensables et des plus sacrés liens par lesquels votre cœur et le mien sont unis. Je pourrais attendre de ma chère Anne Howe ce que je ne dois pas me promettre de sa mère. En effet, ne serait-il pas bien étrange qu'une femme d'expérience fût exposée à quelque reproche pour n'avoir pas renoncé à son propre jugement, dans une occasion où elle n'aurait pu se conformer aux désirs d'autrui sans choquer une famille pour laquelle elle a toujours fait profession d'amitié, et sans se déclarer contre les droits des pères sur leurs enfans, surtout lorsqu'elle est mère, elle-même, d'une fille (permettez-moi de le dire), dont elle redoute le vif et charmant caractère? crainte maternelle, à la vérité, qui lui fait considérer votre jeunesse plus que votre prudence, quoiqu'elle sache, comme tout le monde, que votre prudence est fort au dessus de votre âge.

Mais je passe aux deux points de votre lettre qui me paraissent aussi importans qu'à vous.

(1) Réponse à la lettre LXXXIV.

Vous établissez ainsi la question : « Si je ne dois pas me déterminer plutôt à partir avec une personne de mon sexe, avec ma chère Anne Howe, qu'avec une personne de l'autre, avec Lovelace ? »

Et supposé que je parte avec lui :

« Si je ne dois pas me marier le plus tôt qu'il me sera possible. »

Vous savez, ma chère, les raisons qui m'ont fait rejeter vos offres, et qui me font même désirer très ardemment que vous ne paraissiez point dans une entreprise à laquelle il n'y a qu'une nécessité cruelle qui ait été capable de me faire penser, et pour laquelle vous n'auriez pas la même excuse. A ce compte, votre mère aurait eu raison de s'alarmer de notre correspondance, et l'événement justifierait ses craintes. Si j'ai peine à concilier avec mon devoir la pensée de me dérober par la fuite à la rigueur de mes amis, qu'alléguerez-vous pour votre défense, en quittant une mère pleine de bonté ? Elle tremble que l'ardeur de votre amitié ne vous engage dans quelque indiscrétion, et vous, pour la punir d'un soupçon qui vous offense, vous voudriez faire voir à elle et à tout le monde que vous pouvez vous précipiter volontairement dans la plus grande erreur dont notre sexe puisse être capable.

Et je vous le demande, ma chère, croyez-vous qu'il fût digne de votre générosité de hasarder une fausse démarche, parce qu'il y a beaucoup d'apparence que votre mère se croirait trop heureuse de vous revoir ?

Je vous assure que, malgré les raisons qui peuvent me porter moi-même à cette fatale démarche, j'aimerais mieux m'exposer à toutes sortes de risques de la part de ma famille, que de vous voir la compagne de ma fuite. Vous imaginez-vous qu'il soit à désirer pour moi de doubler ou de tripler ma faute aux yeux du public, de ce public qui, de quelque innocence que je me flatte, ne me croira jamais tout à fait justifiée par les cruels traitemens que j'essuie, parce qu'il ne les connaît pas tous ?

Mais, très chère, très tendre amie, apprenez que ni vous ni moi, nous ne nous engagerons point dans une démarche que je crois également indigne de l'une et de l'autre. Le tour que vous donnez à vos deux questions me fait voir clairement que vous ne me le conseillez point. Il me paraît certain que c'est le sens dans lequel vous désirez que je les prenne ; et je vous rends grâces de m'avoir convaincue avec autant de force que de politesse.

C'est une sorte de satisfaction pour moi, en considérant les choses dans ce jour, d'avoir commencé à chanceler avant l'arrivée de votre dernière lettre. Eh bien ! je vous déclare qu'elle me détermine absolument à ne pas partir ; ou du moins, à ne pas partir demain.

Si vous-même, ma chère, vous jugez que le succès des espérances que j'ai eues du côté de votre mère a pu m'être indifférent, ou, pour trancher le mot, que mes inclinations ne sont pas innocentes, le monde me traitera sans doute avec bien moins de ménagement. Ainsi, lorsque vous me représentez que *toutes les délicatesses doivent s'évanouir* au moment que j'aurai quitté la maison de mon père ; lorsque vous me faites entendre qu'il faudra laisser juger à M. Lovelace quand il pourra me quitter avec sûreté, c'est-à-dire lui laisser le choix de me quitter ou de ne me quitter pas, vous me jetez dans des réflexions, vous me découvrez des périls sur lesquels il doit m'être impossible de passer, aussi long-temps que la décision dépendra de moi.

Tandis que je n'ai considéré ma fuite que comme un moyen de me dérober à M. Solmes; que je me suis remplie de l'idée que ma réputation avait déjà souffert de mon emprisonnement, et que j'aurais toujours le choix, ou d'épouser M. Lovelace ou de renoncer tout à fait à lui; quelque hardiesse que je trouvasse dans cette démarche, je me suis figuré que, traitée comme je le suis, elle pouvait être excusée, sinon aux yeux du monde, du moins à mes propres yeux ; et se trouver sans reproche au tribunal de son propre cœur, c'est un bonheur que je crois préférable à l'opinion du monde entier. Mais, après avoir condamné l'ardeur indécente de quelques femmes, qui fuient de leur chambre à l'autel, après avoir stipulé avec Lovelace non seulement un délai, mais la liberté de recevoir sa main ou de la refuser; après avoir exigé de lui qu'il me quittera aussitôt que je serai dans un lieu de sûreté (dont vous observez néanmoins qu'il sera le juge); après lui avoir imposé toutes ces lois, qu'il ne serait plus temps de changer quand je le souhaiterais; me marier aussitôt que je serai entre ses mains! Vous voyez, ma chère, qu'il ne me reste pas d'autre résolution à prendre que celle de ne pas partir avec lui.

Mais comment l'apaiser, après cette rétractation ? Comment ? En faisant valoir le privilége de mon sexe. Avant le mariage, je ne lui connais aucun droit de s'offenser. Dailleurs, ne me suis-je pas réservé le pouvoir de me rétracter, si je le juge à propos ? Que servirait la liberté du choix, comme je l'ai observé à l'occasion de votre mère, si ceux qu'on refuse ou qu'on exclut avaient droit de s'en plaindre? Il n'y a pas d'homme raisonnable qui doive trouver mauvais qu'une femme, qu'il se propose d'épouser, refuse de tenir sa promesse, lorsqu'après la plus mûre délibération elle est convaincue qu'elle s'est engagée témérairement.

Je suis donc résolue de soutenir l'épreuve de mercredi prochain, ou peut-être de mardi au soir, dois-je dire plutôt, si mon père n'abandonne pas le dessein de me faire lire et signer les articles devant lui. Voilà, voilà, ma chère, la plus redoutable de toutes mes épreuves. Si je suis forcée de signer mardi au soir, alors, juste ciel! tout ce qui m'épouvante doit suivre le lendemain comme de soi-même. Si je puis obtenir par mes prières, peut-être par mes évanouissemens, par mes délires (car, après un si long bannissement, la seule présence de mon père me jettera dans une furieuse agitation), que mes amis abandonnent leurs vues, ou qu'ils les suspendent, du moins l'espace d'une semaine, l'espace de deux ou trois jours, l'épreuve du mercredi en sera du moins plus légère. On m'accordera sans doute quelque temps pour délibérer, pour raisonner avec moi-même. La demande que j'en ferai ne sera point une promesse. Comme je n'ai pas fait d'efforts pour m'échapper, on ne peut me soupçonner de ce dessein; aussi j'aurai toujours le pouvoir de fuir, pour dernière ressource. Madame Norton doit m'accompagner dans l'assemblée; avec quelque hauteur qu'on la traite, elle prendra ma défense à l'extrémité. Peut-être sera-t-elle secondée alors par ma tante Hervey. Qui sait si ma mère ne se laissera pas attendrir? Je me jetterai aux pieds de tous mes juges. J'embrasserai les genoux de chacun, l'un après l'autre, pour me faire quelque ami. Quelques uns ont évité de me voir, dans la crainte de se laisser toucher par mes larmes. N'est-ce pas une raison d'espérer qu'ils ne seront pas tous insensibles? Le conseil que mon frère a donné de me chasser de la maison et de m'abandonner à mon mauvais sort, peut être renouvelé et se faire accepter. Mon malheur n'en sera pas plus grand du côté de mes amis ; et je regarderai comme un bonheur extrême de ne pas les quitter par ma faute, pour chercher une autre protection, qui doit être alors celle de M. Morden, plutôt que celle de M. Lovelace.

En un mot, je trouve dans mon cœur des pressentimens moins terribles lorsque j'attache ma vue sur ce parti, que lorsque je me suis déterminée pour l'autre ; et dans une résolution forcée, les mouvemens du cœur sont la conscience : c'est le plus sage de tous les hommes qui leur donne ce nom.

Je vous demande grâce, ma chère, pour cet amas de raisonnemens mal digérés. Je m'arrête ici, et je vais faire sur-le-champ une lettre de révocation pour M. Lovelace. Il prendra la chose comme il voudra. C'est une nouvelle épreuve à laquelle je ne suis pas fâchée de mettre son caractère, et qui est d'ailleurs d'une importance infinie pour moi. Ne m'a-t-il pas promis une parfaite résignation si je change de pensée ?

CLARISSE HARLOVE.

LETTRE LXXXVII.

MISS CLARISSE HARLOVE, A MISS HOWE.

Dimanche, 9 avril, au matin.

Il semble que personne ne se propose aujourd'hui d'aller à l'église. On sent peut-être qu'il n'y a point de bénédiction du ciel à espérer pour des vues si profanes, et j'ose dire si cruelles.

Ils se défient que je roule quelque dessein dans ma tête. Betty a visité mes armoires. Je l'ai trouvée dans cette occupation à mon retour du jardin, où j'ai porté ma lettre à Lovelace ; car j'ai écrit, ma chère. Elle a changé de couleur, et j'ai remarqué sa confusion. Mais je me suis contentée de lui dire que je devais être accoutumée à toutes sortes de traitemens, et que, lui supposant des ordres, je la croyais assez justifiée.

Elle m'a confessé, dans son embarras, qu'on avait proposé de me retrancher mes promenades, et que le rapport qu'elle allait faire ne serait point à mon désavantage. Un de mes amis, dit-elle, a représenté en ma faveur qu'il n'était pas nécessaire de m'ôter le peu de liberté qui me reste, puisqu'en menaçant d'employer la violence pour m'enlever, si l'on me conduisait chez mon oncle, M. Lovelace avait fait assez voir que je ne pense pas à fuir volontairement avec lui, et que si j'avais ce dessein, je n'aurais pas attendu si tard à faire des préparatifs, dont on aurait découvert infailliblement quelque trace. Mais on en conclut aussi qu'il ne faut pas douter que je ne prenne enfin le parti de me rendre : — Et si ce n'est pas votre intention, a continué cette hardie créature, votre conduite, miss, me paraît étrange. Ensuite, pour réparer ce qui lui était échappé : « Vous êtes allée si loin, m'a-t-elle dit, que votre embarras est de revenir honnêtement ; mais je m'imagine que mercredi, en pleine assemblée, vous donnerez la main à M. Solmes, et suivant le texte du docteur Brandt, dans son dernier sermon, *la joie sera grande alors dans le ciel.* »

Voici en substance ce que j'écris à M. Lovelace : « que des raisons de la plus grande importance pour moi-même, et dont il sera satisfait lorsqu'il les connaîtra, m'oblige de suspendre ma résolution ; que j'ai quelque espérance de voir tourner heureusement les affaires, sans le secours d'une démarche qui ne peut être justifiée que par la dernière nécessité, mais qu'il doit compter que je souffrirai plutôt la mort que de consentir à me voir la femme de M. Solmes. »

Ainsi je me prépare à soutenir le choc de ses exclamations. Mais à quelque réponse que je doive m'attendre, je la redoute bien moins que les événemens dont je suis menacée mardi ou mercredi. De là, de là les craintes qui m'occupent uniquement et qui me font déjà trembler jusqu'au fond du cœur.

Dimanche, à quatre heures après midi.

Ma lettre n'est pas encore partie! Si malheureusement il ne pensait point à la prendre, et que ne me voyant pas demain à l'heure où je dois paraître, il eût l'audace de venir ici, dans le doute de ce qui peut m'être arrivé, que deviendrais-je, grand Dieu ! Ah ! chère amie, pourquoi ai-je eu quelque chose à démêler avec ce sexe ! moi qui menais une vie si heureuse avant que de l'avoir connu...

Dimanche, à sept heures du soir.

Je retrouve encore ma lettre ! Il est peut-être occupé de ses préparatifs pour demain ; mais il y a des gens qu'il pourrait employer. Se croit-il si sûr de moi, qu'après un projet formé, il n'ait plus à s'embarrasser de rien jusqu'au moment de l'exécution ? Il sait comment je suis assiégée. J'ignore ce qui peut survenir. Je puis tomber malade, être veillée, renfermée plus soigneusement. Notre correspondance peut avoir été découverte. Il peut devenir nécessaire de changer quelque chose au plan. La violence peut avoir fait manquer entièrement mes vues. De nouveaux doutes peuvent m'arrêter. Enfin, je puis avoir trouvé quelque expédient plus commode. Sa négligence me cause un extrême étonnement. Cependant je ne reprendrai point ma lettre. S'il la reçoit avant l'heure marquée, elle m'épargnera la peine de lui déclarer personnellement que j'ai changé d'idée, et toutes les disputes qu'il faudrait avoir avec lui sur cet article. Dans quelque temps qu'il la prenne ou qu'il la reçoive, la date fera foi qu'il aurait pu l'avoir assez tôt ; et si le peu de temps qui reste l'expose à quelque inconvénient, j'en suis fâchée pour lui.

Dimanche, à neuf heures.

On est résolu, comme je l'apprends, de faire avertir madame Norton d'être ici mardi, pour y demeurer une semaine avec moi.

Elle sera chargée d'employer tous ses soins pour me persuader ; et lorsque la violence aura terminé les embarras, son rôle sera de me consoler et de m'inspirer de la patience pour mon sort. « On s'attend, me dit insolemment Betty, à des évanouissemens, à des convulsions, à des plaintes, à des cris sans nombre mais tout le monde y sera préparé, et lorsque la scène sera finie, elle sera finie : je reviendrai de moi-même, quand j'aurai reconnu qu'il n'y a plus de remède. »

Lundi, à six heures du matin.

O ma chère ! la lettre y est encore, dans le même état où je l'ai laissée !

Est-il possible qu'il se croie si sûr de moi? Il se figure peut-être que je n'ai pas la hardiesse de changer de résolution. Je voudrais ne l'avoir jamais connu. C'est à présent que je vois cette téméraire démarche dans le même jour où tout le monde l'aurait vue, si je ne m'en étais rendue coupable. Mais quel parti prendre, s'il vient aujourd'hui à l'heure marquée? S'il vient sans avoir reçu la lettre, je suis obligée de le voir; sans quoi, il ne manquera pas de juger qu'il m'est arrivé quelque chose, et je suis sûre qu'il entrera aussitôt au château. Il n'est pas moins certain qu'il y sera insulté; et quelles seront les suites! D'ailleurs, je me suis presque engagée, si je changeais d'avis, de prendre la première occasion pour le voir et lui exprimer mes raisons. Je ne doute pas qu'elles ne lui déplaisent beaucoup... Mais il vaut mieux qu'il parte de mauvaise humeur, après m'avoir vue, que de partir moi-même, mécontente de moi et de mon imprudente démarche.

Cependant, quoique extrêmement pressé par le temps, il peut envoyer encore et recevoir la lettre. Qui sait s'il n'a pas été retardé par quelque accident qui le rendra peut-être excusable? Comme j'ai trompé plus d'une fois ses espérances pour une simple entrevue, il est impossible qu'il n'eût pas eu au moins la curiosité de savoir s'il n'est rien arrivé, et si je suis ferme dans une occasion bien plus importante. D'un autre côté, comme je lui ai confirmé témérairement ma résolution par une seconde lettre, je commence à craindre qu'il n'en ai pas douté.

A neuf heures.

Ma cousine Hervey s'est approchée de moi en me voyant revenir du jardin. Elle m'a glissé fort adroitement dans la main une lettre que je vous envoie. Vous y reconnaîtrez la simplicité de son caractère:

« Très chère cousine,

» J'apprends d'une personne qui se croit bien informée, que vous devez être mariée à M. Solmes, mercredi matin. Peut-être ne m'a-t-on fait cette confidence que pour me causer du chagrin; car c'est de Betty Barnes que je l'apprends, et je la connais pour une insolente créature. Cependant elle dit que les dispenses sont obtenues; et m'ayant bien recommandé de n'en parler à personne, elle m'a même assuré que c'est M. Brandt, ce jeune ministre d'Oxford, qui devait faire la cérémonie. Le docteur Lewin refuse, à ce que j'entends, de vous donner la bénédiction, si vous n'y consentez. Il a déclaré qu'il n'approuve point la manière dont on en use avec vous, et que vous ne méritez pas d'être traitée si cruellement. Pour M. Brandt, Betty ajoute qu'on lui a promis de faire sa fortune.

» Vous saurez mieux que moi l'usage que vous devez faire de ces lumières; car je soupçonne Betty de me dire bien des choses sur lesquelles elle me recommande le silence, et dont elle s'attend néanmoins que je trouverai le moyen de vous informer. Elle sait, comme tout le monde, que je vous aime avec une passion extrême, et je suis bien aise que personne ne l'ignore. C'est un bonheur pour moi d'aimer une chère cousine qui fait l'honneur de toute la famille. Mais je vois que miss Harlove et cette fille se parlent sans cesse à l'oreille, et lorsqu'elles ont fini, Betty a toujours quelque chose à me dire.

» Ce que je vais vous apprendre est très certain, et c'est particulièrement ce qui me porte à vous écrire : mais je vous supplie de brûler ma lettre. On doit faire une nouvelle recherche de vos papiers, de vos plumes et de votre encre, parce qu'on sait que vous écrivez. On prétend avoir fait quelque découverte, par la trahison d'un des gens de M. Lovelace. Je ne sais pas de quoi il est question, mais on se propose d'en faire usage. Il n'y aurait qu'un méchant caractère qui pût s'être vanté de la bonté qu'une femme a pour lui, qui eût été capable de trahir ses secrets. M. Lovelace, j'ose le dire, est trop galant homme pour être soupçonné de cette bassesse. S'il ne l'est pas, quelle sûreté y aurait-il jamais pour de jeunes et innocentes personnes telles que nous?

» Ils ont une idée qui leur vient, je crois, de cette fausse Betty : c'est que vous avez dessein de prendre quelque chose pour vous rendre malade ou dans d'autres vues. Ils doivent chercher, dans tous vos tiroirs, des fioles, des poudres et les choses de cette nature. Voilà une recherche bien étrange! Quel malheur pour une jeune fille d'avoir des parens si soupçonneux! Grâce au ciel, ma mère n'est pas à présent de ce caractère.

» Si l'on ne trouve rien, vous serez traitée plus doucement par votre papa, le jour du grand jugement, comme je crois pouvoir le nommer.

» Cependant, malade ou non, hélas! ma chère cousine, il n'y a que trop d'apparence que vous serez mariée. Betty l'assure, et je n'en doute plus. Mais votre mari doit retourner chez lui tous les jours au soir, jusqu'à ce que vous soyez réconciliée avec lui; ainsi la maladie ne sera pas un prétexte qui puisse vous sauver.

» Ils sont persuadés qu'après votre mariage vous serez une des plus excellentes femmes du monde. C'est ce que je ne ferais pas, je vous assure, si je n'avais du goût pour mon mari. M. Solmes leur répète sans cesse qu'il obtiendra votre amour à force de bijoux et de riches présens. Le vil flatteur! Je souhaiterais de le voir marié avec Betty Barnes, et qu'il prît la peine de la battre chaque jour, jusqu'à ce qu'il l'eût rendue bonne. Enfin, mettez en lieu de sûreté tout ce que vous ne voulez pas laisser sous leurs yeux, et brûlez cette lettre, je vous en conjure. Gardez-vous bien, ma très chère cousine, de rien prendre qui puisse nuire à votre santé. Cette voie serait inutile et le danger en serait terrible pour ceux qui vous aiment aussi tendrement que votre, etc.

» Dolly Hervey. »

Après avoir lu cette lettre, il s'en est fallu peu que je n'aie repris mon premier projet, surtout lorsque j'ai considéré que ma lettre de révocation n'est point encore partie, et que mon refus va m'exposer à des disputes fort vives avec M. Lovelace; car je ne pourrai me dispenser de le voir un moment, dans la crainte qu'il ne s'emporte à quelque violence. Mais le souvenir de vos termes, *ces délicatesses auxquelles je dois renoncer, dès que j'aurai quitté la maison de mon père*, joint aux motifs encore plus puissans du devoir et de la réputation, m'ont déterminée encore une fois contre la téméraire démarche. Quand mes agitations et mes larmes ne feraient aucune impression sur mes amis, il est incroyable que je ne puisse obtenir un mois, quinze jours, une semaine, et mes espérances augmentent pour quelque délai, depuis que je sais de ma cousine que ce bon docteur Lewin refuse de se prêter à leur entreprise sans mon consentement, et qu'il juge qu'on me traite avec une véritable cruauté. Il me vient à l'esprit une nouvelle ressource : sans faire connaître de quoi je suis informée, je ferai valoir mes scrupules de conscience, et je demanderai le temps de consulter cet habile théologien. Avec la force que je donnerai à ma demande, il est certain qu'elle sera secondée par ma mère. Ma tante Hervey et madame Norton ne manqueront pas de venir à l'appui. Le délai suivra infailliblement, et je m'échappe au travers de l'avenir.

Mais s'ils sont déterminés à la violence! s'ils ne m'accordent aucun délai! si personne ne se laisse attendrir! s'il est résolu que la fatale formule sera lue sur ma main tremblante et forcée! Alors... hélas! que ferai-je alors? Je ne puis que... mais que puis-je? O ma chère! ce Solmes ne recevra jamais mes sermens. J'y suis trop résolue. Je prononcerai non, non! aussi long-temps que j'aurai la force de parler. Qui osera donner le nom de mariage à cette horrible violence? Il est impossible qu'un père et une mère puissent autoriser de leur présence une si affreuse tyrannie. Mais si les miens se retirent, et s'ils abandonnent l'exécution à mon frère et à ma sœur, je n'ai point de miséricorde à espérer.

Voici quelques petits artifices auxquels j'ai recours, le ciel sait avec quelle répugnance.

Je leur ai donné une sorte d'indice, par un bout de plume que j'ai laissé paraître dans un lieu où ils trouveront une partie de mes provisions secrètes, que je veux bien leur abandonner.

J'ai laissé, comme par négligence, deux ou trois essais de ma propre écriture dans un endroit où ils peuvent être aperçus.

J'ai abandonné aussi dix ou douze lignes d'une lettre que j'ai commencée pour vous, dans laquelle je me flatte que, malgré les apparences qui sont contre moi, mes amis se relâcheront. Ils savent de votre mère, par mon oncle Antonin, que je reçois de temps en temps une lettre de vous. Je déclare, dans le même fragment, ma ferme résolution de renoncer à l'homme pour lequel ils ont tant de haine, lorsqu'ils m'auront délivrée des persécutions de l'autre.

Près de ces essais, j'ai laissé la copie d'une ancienne lettre, qui contient divers argumens convenables à ma situation. Peut-être que, les lisant ainsi par hasard, ils y trouveront quelque motif de faveur et d'indulgence.

Je me suis réservé, comme vous pouvez le croire, assez d'encre et de plumes pour mon usage; et j'en ai même une partie dans le grand cabinet de verdure, où je les ferai servir à mon amusement, pour me distraire, si je le puis, des idées noires qui m'obsèdent, et de tant de craintes qui ne peuvent qu'augmenter jusqu'au grand jour.

CLARISSE HARLOVE.

LETTRE LXXXVIII.

MISS CLARISSE HARLOVE, A MISS HOWE.

Dans le cabinet de verdure, à onze heures.

Il n'a point encore ma lettre. Tandis que j'étais ici à méditer les moyens d'écarter mon officieuse geôlière, pour me procurer le temps nécessaire à cette entrevue, ma tante est entrée subitement, et m'a fort étonnée par sa visite. Elle m'a dit qu'elle m'avait cherchée dans les allées du jardin, que bientôt elle n'aurait plus cet embarras pour me joindre, et qu'elle espérait, comme tous mes amis, que ce jour serait le dernier de notre séparation.

Vous pouvez juger, ma chère, que l'idée de voir M. Lovelace, et la crainte d'être découverte, jointe aux avis que j'avais reçus de ma cousine, m'ont jetée dans une grande et visible émotion. Elle s'en est aperçue :

—Pourquoi ces soupirs? Pourquoi vois-je soulever ce sein? m'a-t-elle dit en mettant la main sur mon cou. Ah! ma chère nièce, qui se serait défié que tant de douceur naturelle fût si bien armée contre la persuasion!

Je n'avais rien à répondre. Elle a continué : — La commission qui m'amène sera fort mal reçue, je le prévois. Quelques discours qui nous ont été rapportés, et qui viennent de la bouche du plus désespéré et du plus insolent de tous les hommes, convainquent votre père et toute la famille que vous trouvez encore le moyen d'écrire au dehors. M. Lovelace est informé sur-le-champ de tout ce qui se passe ici. On appréhende de lui quelque grand malheur, que vous avez autant d'intérêt à prévenir que tous les autres. Votre mère a des craintes qui vous regardent personnellement, et qu'elle veut croire encore mal fondées; cependant elle ne saurait être tranquille, si vous ne lui laissez la liberté, tandis que vous êtes dans ce cabinet, de visiter encore une fois votre chambre et vos tiroirs. On vous saura bon gré de me livrer volontairement toutes vos clés. J'espère, ma nièce, que vous ne disputerez pas. On a résolu de faire apporter ici votre dîner, pour vous épargner ce spectacle, et pour se donner le temps nécessaire.

Je me suis crue fort heureuse d'avoir été si bien préparée par la lettre de ma cousine. Cependant j'ai eu la petite ruse de marquer quelques scrupules, et d'y joindre des plaintes assez amères; après quoi, non seulement j'ai donné mes clés, mais j'ai vidé officieusement mes poches devant ma tante, et je l'ai invitée à mettre les doigts sous mon corset pour s'assurer qu'il n'y avait aucun papier.

Elle a paru fort satisfaite de ma soumission, qu'elle me promettait, m'a-t-elle dit, de présenter dans les termes les plus favorables, sans s'arrêter à ce que mon frère et ma sœur en pourraient dire. Elle était sûre que ma mère serait charmée de l'occasion que je lui donnais de répondre à quelques soupçons qu'on avait fait naître contre moi.

Elle m'a déclaré alors qu'on avait des méthodes sûres pour découvrir les secrets de M. Lovelace, et quelques uns même des miens, par la négligence qu'il avait à les cacher, et par la vanité avec laquelle il faisait gloire de ses desseins jusque devant ses domestiques. Tout profond qu'on se le figurait, a-t-elle ajouté, mon frère l'était autant que lui, et réellement trop fort pour lui à ses propres armes, comme l'avenir le ferait connaître.

J'ignorais, lui ai-je répondu, ce qu'il y avait de caché sous des termes si obscurs. J'avais cru jusque alors que les méthodes qu'elle paraissait attribuer à l'un et à l'autre, méritaient plus de mépris que d'applaudissemens. Ce que j'apprenais d'elle me faisait voir évidemment que les soupçons qui me regardaient ne pouvaient venir que de l'esprit supérieur de mon frère, et sans doute aussi du témoignage qu'il se rendait à lui-même, que le traitement que j'ai essuyé m'autorise à leur donner une juste occasion; qu'il était fort malheureux pour moi de servir de jouet au bel esprit de mon frère; que je souhaitais néanmoins qu'il se connût lui-même aussi parfaitement que je croyais le connaître; qu'alors peut-être il tirerait moins de vanité de ses talens, parce que j'étais persuadée qu'on en aurait une moins bonne, opinion, s'il n'étaient pas accompagnés du pouvoir de nuire.

J'étais irritée; je n'ai pu retenir cette réflexion. Il la méritait, si vous considérez qu'il est probablement la dupe de l'autre par son espion. Mais des deux côtés j'approuve si peu ces basses ressources, que si la persécution était un peu plus ménagée, je ne laisserais pas la perfidie de ce vil Joseph Leman sans punition.

— Il était fâcheux, m'a dit ma tante, que j'eusse une si mauvaise idée de mon frère. C'était néanmoins un jeune homme qui avait du savoir et de fort bonnes qualités.

— Assez de savoir, ai-je répondu, pour en faire parade devant nous autres femmes ; mais a-t-il ce qui faut pour devenir meilleur, et pour se rendre estimable à d'autres yeux que les siens?

— Elle lui aurait souhaité dans le fond un peu plus de douceur et de bon naturel ; mais elle craignait que je n'eusse trop bonne opinion d'un autre, pour juger aussi avantageusement de mon frère qu'une sœur y est obligée, parce qu'il y avait entre eux une rivalité de mérite qui était la cause mutuelle de leur haine.

— De la rivalité, madame, lui ai-je dit, j'ignore ce qu'on en doit croire ; mais je souhaiterais qu'ils entendissent mieux tous deux ce qui convient aux principes d'une éducation libérale ; l'un et l'autre ne feraient pas gloire de ce qui devrait les couvrir de honte.

Ensuite, changeant de sujet, il n'était pas impossible, ai-je repris, qu'on ne trouvât quelques uns de mes papiers, une ou deux plumes, un peu d'encre (art que je déteste, ou plutôt fatale nécessité qui m'y contraint!), n'ayant pas la liberté de remonter pour les mettre à couvert; mais puisqu'on exigeait de moi ce sacrifice, il fallait m'en consoler ; et, quelque temps qu'on pût employer à cette recherche, mon dessein était si peu de l'empêcher, que j'étais résolue d'attendre au jardin l'ordre de retourner à ma prison. J'ai ajouté, avec la même ruse, que cette nouvelle violence ne se ferait apparemment qu'après le dîner des domestiques, parce que je ne doutais pas qu'on y employât Betty, qui connaissait tous les recoins de mon appartement.

— Il était à souhaiter, m'a dit ma tante, qu'on ne trouvât rien qui fût capable de confirmer les soupçons, parce qu'elle pouvait m'assurer que le motif de cette recherche, surtout de la part de ma mère, était de se procurer des lumières capables de me justifier, et d'engager mon père à me voir, demain au soir ou mercredi matin, sans aucun emportement; je devrais dire avec tendresse, a-t-elle ajouté, car c'est à quoi il est résolu, s'il ne reçoit pas de nouveau sujet d'offense.

— Ah! madame... ai-je répondu en secouant la tête.

— Pourquoi cet *Ah! madame*, accompagné d'une marque de doute?

— Je souhaite, madame, de n'avoir pas plutôt à craindre la continuation du mécontentement de mon père qu'à espérer le retour de sa tendresse.

— C'est, ma chère, ce que vous ne savez pas. Les affaires peuvent prendre un tour... Peut-être ne vont-elles pas aussi mal que vous le croyez.

— Très chère madame, avez-vous quelque chose de consolant à m'apprendre ?

— Il peut arriver, ma chère, que vous deveniez plus complaisante.

— Voilà donc, madame, les espérances que vous me donnez ? Au nom de Dieu, ne me faites pas penser que ma tante Hervey soit cruelle pour une nièce qui l'aime et qui l'honore du fond du cœur.

— Je pourrai, m'a-t-elle dit, vous en apprendre davantage, mais sous le sceau du plus grand secret, si la recherche tourne favorablement pour vous. Croyez-vous qu'on trouve quelque chose à votre désavantage ?

— Je m'attends qu'on trouvera quelques papiers ; mais je suis déjà résignée à toutes les suites. Mon frère et ma sœur n'épargneront pas leurs charitables interprétations. Dans le désespoir où je suis, rien n'est capable de m'alarmer !

— Elle espérait, et très ardemment, m'a-t-elle dit, qu'on ne trouverait rien qui pût faire mal juger de ma discrétion. Alors... mais elle craignait de s'expliquer trop.

Elle m'a quittée d'un air aussi mystérieux que ses termes, et qui ne m'a causé qu'un surcroît d'incertitude.

Ce qui m'occupe à présent, ma chère amie, c'est l'approche de cette entrevue. Je ne puis en écarter un moment l'idée. Plût au ciel que cette scène fût passée ! Se voir pour se quereller... Mais s'il n'est pas tout à fait calme et résigné, je ne demeurerai pas un instant avec lui, quelque résolution qu'il puisse prendre.

Ne remarquez-vous pas que plusieurs de mes lignes sont tortues, et qu'une partie de mes caractères vient d'une main tremblante ? C'est ce qui arrive malgré moi, lorsque j'ai l'imagination plus remplie de cette entrevue que de mon sujet.

Mais après tout, pourquoi le voir ? Comment me suis-je persuadée que je m'y suis obligée ? Je voudrais que le temps me permît de recevoir là-dessus votre conseil. Vous êtes si lente à vous expliquer... Je conçois, néanmoins, comme vous le dites, que cette lenteur vient de la difficulté de ma situation.

J'aurais dû vous dire que, dans le cours de cette conversation, j'ai supplié ma tante de faire l'office d'une amie, de hasarder un mot en ma faveur le jour de l'épreuve, et d'obtenir quelque temps pour mes réflexions, si c'est l'unique grâce qu'on soit disposé à m'accorder.

Elle m'a répondu qu'après la cérémonie j'aurais tout le temps que je pouvais désirer pour m'accoutumer à mon sort, avant que d'être livrée à M. Solmes : odieuse confirmation de l'avis que j'ai reçu de miss Hervey. Cette réponse m'a fait perdre patience.

A son tour, elle m'a demandé en grâce de rappeler toutes mes forces pour me présenter devant l'assemblée avec une soumission tranquille et les sentimens d'une parfaite résignation. Le bonheur de toute la famille était entre mes mains ; et quelle joie n'aurait-elle pas de voir mon père, ma mère, mes oncles, mon frère, ma sœur, m'embrasser avec transport, me serrer tour à tour entre leurs bras, et se féliciter mutuellement du retour de la paix et du bonheur commun ? Le ravissement de son cœur ne pouvait manquer d'abord de lui ôter le mouvement et la parole ; et sa pauvre Dolly, à qui son extrême attachement pour moi avait attiré des reproches assez amers, rentrerait aussi dans les bonnes grâces de tout le monde.

Douteriez-vous, ma chère amie, que cette épreuve ne soit la plus redoutable que j'aie encore essuyée?

Ma tante m'a fait cette peinture avec des couleurs si vives que, malgré toute l'impatience où j'étais auparavant, je n'ai pu me défendre d'en être extrêmement touchée. Cependant je n'ai pu lui témoigner que par mes soupirs et par mes larmes combien je désirais cet heureux événement, s'il pouvait arriver à des conditions que j'eusse le pouvoir d'accepter.

Je vois venir deux de nos gens, qui m'apportent mon dîner.

On me laisse libre. Je touche au moment de l'entrevue. Le ciel, par bonté pour moi, ne fera-t-il pas naître quelque obstacle qui arrête Lovelace? Ah! puisse-t-il ne pas venir! Mais dois-je, ou ne dois-je pas le voir? Que ferai-je, ma chère? Je vous interroge comme si je pouvais espérer votre réponse.

Betty, suivant l'idée que j'ai fait naître à ma tante, m'a dit qu'elle devait être employée cet après-midi; qu'elle aurait beaucoup de regret qu'on découvrît quelque chose, mais qu'on n'avait en vue que mes véritables intérêts, et qu'avant mercredi il dépendrait de moi d'obtenir un pardon général. L'effrontée, pour s'empêcher de rire, s'est mis alors un coin de son tablier dans la bouche, et s'est hâtée de se retirer. A son retour pour desservir, je lui ai fait un reproche de son insolence. Elle m'a fait des excuses: Mais... mais... (recommençant à rire) elle ne pouvait se retenir, m'a-t-elle dit, lorsqu'elle pensait que je m'étais livrée moi-même par mes longues promenades, qui avaient fait naître l'idée de visiter ma chambre. Elle avait fort bien jugé qu'il y avait quelque dessein formé, lorsqu'elle avait reçu ordre de me faire apporter mon dîner au jardin. Il fallait convenir que mon frère était admirable pour l'invention. M. Lovelace même, qui passait pour avoir tant d'esprit, ne l'avait pas si vif et si fertile.

Ma tante accuse M. Lovelace de se vanter de ses desseins devant ses domestiques. Peut-être a-t-il ce défaut; quant à mon frère, il s'est toujours fait une gloire de paraître homme de mérite et de savoir, aux yeux des nôtres. J'ai souvent pensé qu'on peut dire de l'orgueil et de la bassesse, comme de l'esprit et de la folie, qu'ils s'allient ordinairement, ou qu'ils se touchent de fort près.

Mais pourquoi m'arrêter aux folles idées d'autrui, dans les momens où j'ai l'esprit si plein d'une véritable inquiétude? Cependant je voudrais, s'il était possible, oublier cette entrevue, qui est le plus proche de mes maux. Je crains que, m'en étant trop occupée d'avance, je ne sois moins propre à la soutenir, et que mon embarras ne donne sur moi d'autant plus d'avantage, qu'on aura quelque apparence de raison pour me reprocher l'inconstance de mes résolutions.

Vous savez, ma chère, que le droit de faire un triste reproche donne une sorte de supériorité à celui qui peut l'exercer, tandis que le témoignage d'une conscience embarrassée jette le coupable dans l'abattement.

Ne doutez pas que cet esprit fier et hardi ne se rende, s'il le peut, et son juge et le mien. Il ne réussira pas facilement à m'en imposer; mais je prévois que notre conversation ne sera pas tranquille. Après tout, je m'en embarrasse peu. Il serait bien étrange qu'après avoir eu la fermeté de résister à ma famille... Qu'entends-je? Il est à la porte du jardin...

Je me suis trompée. Que la crainte a de pouvoir pour réaliser toutes ses chimères! Pourquoi donc suis-je si peu maîtresse de moi?

Je vais porter cette lettre au dépôt. De là, j'irai voir, pour la dernière fois, si celle qu'il devrait avoir levée est encore au lieu ordinaire. S'il l'a prise, je ne le verrai point. Si je la trouve encore, je la reprendrai pour le convaincre, en la lui montrant, qu'il n'a rien à me reprocher. Elle m'épargnera quantité de détours et d'inutiles raisonnemens, et je n'aurai qu'à tenir ferme sur ce qu'elle contient. L'entrevue doit être courte, car si j'avais le malheur d'être aperçue, ce serait un nouveau prétexte pour les rigueurs dont je suis menacée après-demain.

Je doute si j'aurai la liberté de vous écrire pendant le reste du jour. Suis-je sûre même de l'avoir, avant que d'être livrée peut-être à ce misérable Solmes? Mais non, non : c'est ce qui n'arrivera jamais, tant qu'il me restera quelque usage de mes sens.

Si votre messager ne trouve rien au dépôt mercredi matin, vous pouvez conclure alors qu'il me sera impossible, et de vous écrire et de recevoir de vous les mêmes faveurs.

Dans cette malheureuse supposition, ayez pitié de moi, très chère amie, priez pour moi, et conservez-moi, dans votre affection, ce rang qui fait la gloire de ma vie et mon unique consolation.

CLARISSE HARLOVE.

LETTRE LXXXIX.

MISS CLARISSE HARLOVE, A MISS HOWE.

A Saint-Albans, mardi, à une heure après minuit.

O ma très chère amie! après toutes les résolutions dont je vous ai entretenue dans ma dernière lettre, que dois-je ou que puis-je vous écrire? De quel front approcher de vous, par l'entremise même d'une lettre? Vous serez bientôt informée, si vous ne l'êtes déjà par le bruit public, que votre amie, votre Clarisse Harlove, a pris la fuite avec un homme.

Je n'ai rien de si important, de si nécessaire au monde, que de vous en expliquer les circonstances. Toutes les heures du jour, et de chaque jour, seront employées à cette grande entreprise, jusqu'à ce qu'elle soit entièrement finie : j'entends les heures que cet importun me laissera libres, à présent que je me suis jetée si follement dans la nécessité de lui en accorder un grand nombre. Le sommeil a fait divorce avec mes yeux. Il n'approche plus de moi, quoique son assoupissement soit un baume si nécessaire pour adoucir les plaies de mon âme. Ainsi, pendant les heures qu'il devrait occuper, vous aurez sans interruption le récit de ma funeste aventure.

Mais, après ce que j'ai fait, daignerez-vous ou vous sera-t-il permis de recevoir mes lettres?

O ma chère amie! souffrez que je respire.

Il ne me reste qu'à tirer le meilleur parti que je pourrai de ma situation. J'espère qu'il ne sera point désavantageux. Cependant je n'en suis pas moins convaincue que l'entrevue est une action téméraire et qui ne peut être excusée. Toute sa tendresse, tous ses sermens ne peuvent calmer les reproches que mon cœur se fait de cette imprudence.

Le porteur, ma chère, a ordre de vous demander la petite quantité de linge que je vous ai envoyée dans de meilleures et de plus agréables espérances.

Ne me renvoyez pas mes lettres. Je ne vous demande que le linge; à moins que vous ne soyez disposée à m'accorder la faveur de quelques lignes pour m'assurer que vous m'aimez encore, et que vous suspendrez votre censure jusqu'à l'explication que je vous promets. Je n'ai pas voulu différer à vous écrire, afin que si vous avez envoyé quelque chose au dépôt, vous vous hâtiez de le faire retirer ou d'arrêter ce que vous auriez dessein de faire partir.

Adieu, mon unique amie! Je vous conjure de m'aimer. Mais, hélas! que dira votre mère? que dira la mienne? que diront tous mes proches? Et que va dire ma chère madame Norton? Quel sera le triomphe de mon frère et de ma sœur!

Je ne puis vous dire aujourd'hui comment ni dans quel lieu j'espère vous donner de mes nouvelles et recevoir des vôtres. Je dois partir d'ici (1) de grand matin, et mortellement fatiguée. Adieu encore une fois. Je ne vous demande plus que votre pitié et vos prières.

CLARISSE HARLOVE.

LETTRE XC.

MISS HOWE, A MISS CLARISSE HARLOVE.

Mardi, à neuf heures du matin.

Si je vous aime encore! M'est-il possible de ne vous pas aimer quand je le voudrais? Vous pouvez vous figurer comment je suis demeurée interdite en ouvrant votre lettre, qui m'apprend la première nouvelle... Grand Dieu du ciel et de la terre! Mais... mais que puis-je dire? Je mourrai d'impatience si vous me faites trop attendre vos explications.

Que le ciel ait pitié de moi! Mais est-il possible...

Ma mère sera sans doute bien étonnée. Comment lui annoncerai-je cet événement? Hier au soir, à l'occasion de quelques défiances que votre insensé d'oncle lui avait inspirées, je l'assurais encore, fondée sur vos propres déclarations, que ni homme, ni diable ne vous feraient jamais faire un pas qui ne fût conforme aux plus scrupuleuses lois de l'honneur.

Mais, encore une fois, est-il possible... Quelle femme à ce compte... Mais je prie le ciel qu'il vous conserve.

N'omettez rien dans vos lettres. Adressez-les-moi néanmoins chez M. Knolles, jusqu'au premier éclaircissement.

Observez, ma chère, que toutes mes exclamations ne sont point une manière de vous blâmer. Je ne vois de coupables que vos amis. Cependant je ne conçois pas comment vous avez pu changer de résolution.

Mon embarras est extrême pour faire cette ouverture à ma mère. Cependant, si je lui laisse le temps d'être informée par un autre, et qu'elle apprenne ensuite que je l'ai été plus tôt qu'elle, je ne lui persuaderai jamais que je n'aie pas eu de part à votre évasion. Que je meure néanmoins si je sais quelle voie prendre!

Mais c'est vous causer de la peine, quoique assurément sans en avoir l'intention.

(1) Saint-Albans est une petite ville à vingt milles au nord de Londres.

Je dois vous répéter mon dernier conseil : si vous n'êtes point encore mariée, gardez-vous de différer la cérémonie. Dans l'état où sont les choses, je souhaiterais qu'on pût penser que vous étiez mariée secrètement avant votre départ. Si les hommes font valoir, et souvent pour notre malheur, le terme d'*autorité* lorsque nous sommes à eux, pourquoi n'en tirerions-nous pas quelque avantage, dans un cas tel que le vôtre pour le soutien de notre réputation, lorsqu'ils nous engagent à violer des droits plus naturels que les leurs ?

Ce qui me chagrine presque autant que tout le reste, c'est que votre frère et votre sœur sont au comble de leurs désirs. Je ne doute pas qu'à présent, le testament ne soit altéré à leur gré, et que le dépit ne produise d'autres effets de cette nature.

On m'avertit à ce moment que miss Lloid et miss Biddulph demandent à me voir. On me dit que leur impatience est extrême. Vous jugez aisément du motif qui les amène. Je verrai ma mère avant que de leur parler. Le moyen de me justifier est de lui montrer votre lettre. Il me sera impossible de lui dire un mot, jusqu'à ce qu'elle se soit mise elle-même hors d'haleine. Pardon, ma chère, c'est la surprise qui me dicte tout ce que j'écris. Si votre messager était moins pressé, et si je n'avais pas ici nos deux amies qui m'attendent, je ferais une autre lettre, dans la crainte que celle-ci ne vous afflige.

Je remets votre linge au messager. Si vous désirez quelque chose qui ne me soit pas absolument impossible, donnez des ordres sans réserve à votre fidèle

ANNE HOWE.

LETTRE XCI.

MISS CLARISSE HARLOVE, A MISS HOWE.

Mardi au soir.

Quels remerciemens ne vous dois-je pas, ma chère miss Howe, pour la bonté qui vous intéresse encore au sort d'une malheureuse fille dont la conduite est devenue l'occasion d'un si grand scandale? Je crois, en vérité, que cette considération m'afflige autant que le mal même.

Dites-moi... mais je crains de le savoir! dites-moi néanmoins, ma chère, quelles ont été les premières marques de l'étonnement de votre mère.

Je n'ai pas moins d'impatience, et j'ai la même crainte d'apprendre ce que nos jeunes compagnes, qui peut-être ne seront plus jamais les miennes, disent à présent de moi.

Elles n'en peuvent rien dire de pis que ce que je vous dirai moi-même. Je m'accuserai, n'en doutez pas ; je me condamnerai à chaque ligne, sur tous les points où j'aurai quelque chose à me reprocher. Si le récit que j'ai à vous faire est capable de diminuer ma faute (car c'est l'unique prétention d'une infortunée qui ne peut s'excuser à ses propres yeux), je sais ce que j'ai à me promettre de votre amitié ; mais je n'ai pas les mêmes espérances de la charité des autres, dans un temps où je ne doute point que tout le monde n'ait la bouche ouverte contre moi, et que tous ceux qui connaissent Clarisse Harlove ne condamnent sa conduite.

Après avoir porté au dépôt la lettre qui était pour vous, et repris celle qui faisait une partie de mes inquiétudes, je retournai au cabinet de verdure ; et là je m'efforçai, aussi paisiblement que ma situation le permettait, de me rappeler diverses circonstances de l'entretien que j'avais eu avec ma tante. En les comparant avec quelques articles de la lettre de miss Hervey, je commençai à me flatter que le mercredi n'était pas aussi redoutable pour moi que je l'avais cru ; et voici comment je raisonnai avec moi-même.

« Mercredi ne saurait être absolument le jour fixé pour mon malheur ; quoique, dans la vue de m'intimider, on puisse souhaiter que j'en prenne idée. Le contrat n'est pas signé. On ne m'a pas encore forcée de le lire ou de l'entendre. Je puis refuser de le signer, malgré toute la difficulté que j'y prévois, si c'est de la main de mon père qu'il m'est présenté. D'ailleurs, mon père et ma mère ne se proposent-ils pas, lorsqu'on prendra le parti de la violence, de se rendre chez mon oncle Antonin, pour s'épargner le chagrin d'entendre mes cris et mes appels ? cependant ils doivent être présens à l'assemblée de mercredi ; et, quelque sujet d'effroi que je puisse trouver dans la pensée de paraître solennellement aux yeux de tous mes amis, c'est peut-être ce que j'ai de plus heureux à souhaiter, puisque mon frère et ma sœur me croient tant de crédit dans le cœur de toute la famille, qu'ils ont regardé mon éloignement comme une mesure nécessaire au succès de leur vues.

» Je ne dois pas douter non plus que mes prières et mes larmes, comme je me le suis déjà promis, ne touchent quelques uns de mes proches en ma faveur ; et lorsque je paraîtrai devant eux avec mon frère, j'exposerai avec tant de force la malignité de ses intentions, que j'affaiblirai nécessairement son pouvoir.

» Et puis, dans les plus fâcheuses suppositions, lorsque j'adresserai mes reproches au ministre, comme j'y suis résolue, il n'aura pas la hardiesse de continuer son office. M. Solmes n'aura pas non plus celle d'accepter une main forcée, qui ne cessera pas de repousser la sienne. Enfin, je puis alléguer à l'extrémité des scrupules de conscience, et faire même valoir des obligations précédentes ; car j'ai donné lieu à M. Lovelace, comme vous le verrez, ma chère, dans une des lettres que vous avez entre les mains, d'espérer que s'il ne me donne aucun sujet de plainte ou d'offense, je ne serai jamais à un autre que lui, tant qu'il n'aura point d'engagement avec une autre femme. C'est une démarche qui m'a paru nécessaire pour contenir des ressentimens qu'il croit justes contre mon frère et mon oncle. J'en appellerai donc, ou j'abandonnerai le jugement de mes scrupules au sage docteur Lewin ; et tout a changé de nature dans le monde, si ma mère et ma tante ne sont pas touchées d'une si forte raison. »

En me rappelant à la hâte tous ces motifs de confiance et de courage, je me félicitai moi-même d'avoir renoncé à la résolution de partir avec M. Lovelace.

Je vous ai dit, ma chère, que je ne m'épargnerais pas dans mon récit, et je ne m'arrête à ce détail que pour le faire servir à ma condamnation. C'est un argument qui conclut contre moi avec d'autant plus de force, que, dans tout ce que miss Hervey m'avait écrit sur le témoignage de Betty et de ma sœur, j'avais cru reconnaître qu'on avait eu dessein, par cette voie, de me précipiter dans quelques résolution désespérée, comme le plus sûr moyen pour me perdre auprès de mon père et de mes oncles. Je demande pardon au ciel si je porte un jugement trop désavantageux d'un frère et d'une sœur; mais si cette conjecture est juste, il demeure vrai qu'ils m'ont tendu le plus noir de tous les piéges, et que j'ai eu le malheur d'y tomber. C'est pour eux, s'ils en sont capables, un double sujet de triomphe pour la ruine d'une sœur qui ne leur a jamais fait ni souhaité du mal.

Mes raisonnemens ne purent diminuer la crainte du mercredi, sans augmenter beaucoup celle de l'entrevue. C'était alors, non seulement le plus proche, mais le plus grand de mes maux; le plus grand, à la vérité, parce qu'il était le plus proche; car, dans le trouble où j'étais, je pensais peu à l'événement dont j'étais menacée. M. Lovelace n'ayant pas reçu ma lettre, je m'attendais sans doute à quelque discussion avec lui; mais, après avoir tenu ferme contre une autorité respectable, lorsqu'elle m'avait paru blesser les droits de la justice et de la raison, je devais me fier à mes forces dans une épreuve inférieure, surtout ayant à me plaindre de la négligence qu'on avait marquée pour ma lettre.

Un instant fait quelquefois la décision de notre sort! Si j'avais eu deux heures de plus pour continuer mes réflexions et pour les étendre par ces nouvelles lumières... peut-être me serais-je bornée alors à lui donner un rendez-vous. Qu'avais-je besoin de lui faire espérer que s'il m'arrivait de changer de pensée, je lui expliquerais personnellement mes raisons? Hélas! ma chère, un caractère obligeant est un dangereux présent du ciel: en s'occupant de la satisfaction d'autrui, il fait souvent oublier ce qu'on se doit à soi-même.

La cloche s'étant fait entendre pour le dîner des domestiques, Betty vint prendre mes ordres, en me répétant qu'elle serait employée l'après-midi, et qu'on s'attendait que je ne quitterais pas le jardin sans avoir reçu la permission de remonter à mon appartement. Je lui fis diverses questions sur la cascade qui avait été réparée depuis peu, et je témoignai quelque désir de la voir jouer, dans le dessein (quelle adresse pour me tromper moi-même, comme l'événement l'a vérifié!) qu'à son retour elle fût portée à me chercher dans cette partie du jardin, qui est fort éloignée de celle où elle me laissait.

A peine avait-elle eu le temps de rentrer au château, que j'entendis le premier signal. Mon agitation fut extrême: mais il n'y avait pas de temps à perdre. Je m'avançai vers la porte, et ne voyant personne aux environs, je tirai le verrou; il avait déjà ouvert avec sa clé. La porte ayant cédé au moindre mouvement, je me trouvai vis-à-vis d'un homme qui m'attendait avec l'air d'impatience le plus tendre et le plus animé.

Un effroi, plus mortel que je ne puis l'exprimer, se saisit de tous mes sens. Je me crus prête à m'évanouir. Les mouvemens de mon cœur me semblaient convulsifs; j'étais si tremblante, que s'il ne m'eût présenté le bras pour me servir d'appui, je n'aurais pu me soutenir sur mes jambes.

— Ne craignez rien, très chère Clarisse! me dit-il d'un ton passionné. Au nom de vous-même, commencez par vous assurer contre la crainte. Le carrosse est à deux pas: cette charmante condescendance me lie à vous au delà de mes expressions et de toute reconnaissance.

Mes esprits reprenant un peu leur cours, tandis qu'il me tenait la main et qu'il me tirait après lui.

— Ah! monsieur Lovelace, lui dis-je, je ne puis absolument vous suivre: comptez que je ne le puis; je vous l'ai marqué par une lettre; laissez-moi, je vais vous la montrer; elle était là depuis hier au matin; je vous avais recommandé d'y veiller jusqu'à la dernière heure, dans la crainte de me voir obligée à quelque changement: vous l'auriez trouvée, si vous aviez observé cet avis.

Il me répondit, comme hors d'haleine:

— J'ai moi-même été surveillé, ma très chère âme; je n'ai pas fait un pas qui n'ait été suivi. Mon fidèle valet n'a pas eu moins d'espions sur ses traces, et s'est bien gardé d'approcher de vos murs. A ce moment même, nous pouvons être découverts. Hâtons-nous, ma charmante; cet instant doit être celui de votre délivrance: si vous négligez l'occasion, peut-être ne la retrouverez-vous jamais.

— Quel est votre dessein, monsieur? Quittez ma main; car je vous déclare (en me débattant avec force) que je mourrai plutôt que de vous suivre.

— Bon Dieu! qu'entends-je? s'écria-t-il avec un regard où le dépit éclatait au milieu de la tendresse et de la surprise, mais sans cesser de me tirer après lui. Songez-vous que les raisonnemens ne sont pas de saison? Par tout ce qu'il y a de plus saint, il faut partir. Vous ne doutez pas assurément de mon bonheur, et vous ne voudriez pas me donner sujet de douter du vôtre.

— Si vous avez la moindre estime pour moi, monsieur Lovelace, cessez de me presser avec cette violence. Je suis venue ici déterminée; lisez ma lettre: j'y ajouterai des explications par lesquelles vous serez convaincu que je ne dois pas partir.

— Rien, rien, madame, ne me convaincra... Par tout ce qu'il y a de sacré, je suis résolu de ne pas vous quitter. Vous quitter, c'est vous perdre pour toujours.

— Dois-je être ainsi traitée? reprit-je, avec une force égale à mon indignation. Quittez ma main, monsieur. Je ne partirai point avec vous; et je vous convaincrai que je le dois pas.

— Tous mes amis vous attendent, mademoiselle! tous les vôtres sont déterminés contre vous! Mercredi est le jour; le jour important, peut-être le jour fatal! Voulez-vous êtes la femme de Solmes? est-ce enfin votre résolution?

— Non, jamais je ne serai à cet homme-là. Mais je ne veux point partir avec vous, cessez de me tirer malgré moi; comment êtes-vous assez hardi, monsieur... Je ne suis ici que pour vous déclarer que je ne veux point partir. Je ne vous aurais pas vu, si je n'avais appréhendé de vous quelque action téméraire. En un mot, je ne partirai point. Que prétendez-vous?... Mes efforts continuaient toujours pour arracher ma main d'entre les siennes.

— Quelle manie peut s'être emparée de mon ange? Il quitta ma main, et prenant un ton plus doux: Quoi! tant d'odieux traitemens de la part de vos proches, des vœux si solennels de la mienne, une affection si ardente ne font pas sur vous plus d'impression; vous êtes résolue de me poignarder en rétractant vos promesses...

— Vains reproches, monsieur Lovelace! je vous expliquerai mes raisons dans d'autres circonstances. Il est certain qu'à présent je ne puis partir avec vous. Encore une fois, ne me pressez plus; je ne dois pas être exposée à la violence de tout le monde.

— Je vois le fond du mystère, me dit-il d'un air abattu mais passionné. Quelle est la barbarie de mon sort! Enfin votre esprit est sous le joug, votre frère et votre sœur ont prévalu; et je dois abandonner mes espérances au plus méprisable de tous les hommes.

— Je vous répète encore, interrompis-je, que je ne serai jamais à lui. Tout peut prendre mercredi une nouvelle face, à laquelle vous ne vous attendez point...

— Ou ne la pas prendre! Alors, juste ciel!...

— Ce sera leur dernier effort; j'ai de puissantes raisons de le croire.

— Je n'en ai pas moins de le croire aussi, puisqu'en demeurant plus long-temps, vous serez infailliblement la femme de Solmes.

— Non, non, répondis-je, je me suis fait quelque mérite auprès d'eux sur un point, ils seront de meilleure humeur avec moi; j'obtiendrai du moins un délai, j'en suis sûre; j'ai plus d'un moyen pour l'obtenir.

— Eh! que serviront les délais, mademoiselle? Il est clair que vous n'avez pas d'espérance au delà; la nécessité même des prières sur lesquelles vous fondez les délais prouve trop que vous n'avez pas d'autre espérance... O ma chère, ma très chère vie! ne vous exposez pas à des risques de cette importance. Je suis en état de vous convaincre que si vous retournez sur vos pas, vous êtes plus qu'en danger de vous voir mercredi la femme de Solmes. Prévenez donc, tandis que vous en avez le pouvoir, prévenez les événemens funestes qui seront la suite de cette horrible certitude.

— Aussi long-temps qu'il me restera quelque jour à l'espérance, votre honneur, monsieur Lovelace, demande, comme le mien (du moins si vous avez quelque estime pour moi, et si vous désirez que je me le persuade), que ma conduite, dans une affaire de cette nature, justifie parfaitement ma prudence.

— Votre prudence! mademoiselle. Eh! quand a-t-elle souffert le moindre soupçon? Cependant voyez-vous que votre prudence et votre respect aient été comptés pour quelque chose par des esprits invinciblement déterminés?...

Là-dessus il me fit une énumération pathétique des mauvais traitemens que j'ai soufferts, avec le soin continuel de les attribuer tous au caprice et à la malignité d'un frère qui, d'un autre côté, suscite tout le monde contre lui, insistant particulièrement sur la nécessité où j'étais, pour me réconcilier avec mon père et mes oncles, de me dérober au pouvoir de cet irréconciliable persécuteur.

— Toute la confiance de votre frère, continua-t-il, se fonde sur la facilité qu'il vous trouve à souffrir ses insultes. Comptez que votre famille entière s'empressera de vous rechercher, lorsque vous serez délivrée d'une si cruelle oppression. Elle ne vous verra pas plus tôt avec ceux qui ont le pouvoir et le dessein de vous obliger, qu'elle vous restituera votre terre. Pourquoi donc, passant le bras autour de moi, et recommençant à me tirer avec douceur, pourquoi hésiter un moment? Voici le temps... Fuyez avec moi, je vous en conjure, ma très chère Clarisse! Prenez confiance à l'homme qui vous adore! N'avons-nous pas souffert pour la même cause? Si vous appréhendez quelque reproche, faites-moi l'honneur de consentir que je sois à vous; et croyez-vous qu'alors je ne sois pas capable de défendre et votre personne et votre réputation?

— Ne me pressez pas davantage, monsieur Lovelace, je vous en conjure à mon tour. Vous m'avez donné vous-même une ouverture sur laquelle je veux m'expliquer, avec plus de liberté que la prudence ne me le permettrait peut-être dans une autre occasion. Je suis convaincue que mercredi prochain (si j'avais plus de temps, je vous en rapporterais les raisons) n'est pas le jour que nous avons tous deux à redouter ; et si je trouve ensuite dans mes amis la même détermination en faveur de M. Solmes, je me procurerai quelque moyen de vous rencontrer avec miss Howe, qui n'est pas votre ennemie. Après la célébration, je ferai mon devoir d'une démarche qui me paraîtrait criminelle aujourd'hui, parce que l'autorité de mon père n'est pas liée par des droits encore plus sacrés.

— Très chère Clarisse...

— En vérité, monsieur Lovelace, si vous me disputez quelque chose à présent, si cette déclaration, plus favorable que je ne me l'étais proposé, ne vous tranquillise pas tout à fait, je ne saurai ce que je dois penser de votre reconnaissance et de votre générosité.

— Le cas, mademoiselle, n'admet point cette alternative. Je suis pénétré de reconnaissance ; je ne puis vous exprimer combien je m'estimerais heureux de la charmante espérance que vous me donnez, s'il n'était certain qu'en demeurant ici plus long-temps, vous serez mercredi la femme d'un autre homme. Songez, très chère Clarisse, quel surcroît de douleur cette espérance même est capable de me causer, lorsqu'elle est envisagée sous ce jour !

— Soyez sûr que je souffrirais plutôt la mort que de me voir à M. Solmes : si vous voulez que je prenne confiance à votre honneur, pourquoi douteriez-vous du mien ?

— Ce n'est pas de votre honneur, mademoiselle, c'est de votre pouvoir que je doute ; jamais, jamais, vous n'aurez la même occasion... Très chère Clarisse, permettez... et sans attendre ma réponse, il s'efforçait encore de me tirer après lui.

— Où m'entraînez-vous, monsieur ? Quittez-moi sur-le-champ. Cherchez-vous à me retenir, pour rendre mon retour dangereux, ou pour me le faire croire impossible ? Je suis très irritée. Laissez-moi donc sur l'heure, si vous voulez que je juge favorablement de vos intentions.

— Mon bonheur, mademoiselle, pour ce monde et pour l'autre, et la sûreté de votre implacable famille, dépendent de cet instant !

— Allez, monsieur, je me repose de la sûreté de mes amis sur la Providence et sur les lois. Vous ne m'engagerez point, par des menaces, dans une témérité que mon cœur condamne. Quoi ! pour assurer ce que vous nommez votre bonheur, je consentirais à la ruine de tout mon repos ?

— Ah ! chère Clarisse, vous me faites perdre des momens précieux, dans le temps que la perspective du bonheur commence à s'ouvrir pour nous. Le chemin est libre ; il l'est encore ; mais un instant peut le fermer. Quels sont vos doutes ? Je me dévoue à d'éternels supplices, si vos moindres volontés ne sont ma loi suprême. Toute ma famille vous attend : votre parole y est engagée ! Mercredi prochain... Pensez à ce jour fatal ! Eh ! que prétends-je par mes instances, que de vous faire prendre la voie la plus propre à vous réconcilier avec tout ce qu'il y a d'estimable parmi vos proches ?

T. I. 25

— C'est à moi, monsieur, qu'appartient le jugement de mes propres intérêts. Vous qui blâmez la violence de mes amis, n'en exercez-vous pas une contre moi ? Je ne le souffrirai pas. Vos instances augmentent ma répugnance et mes craintes : je veux me retirer, je le veux avant qu'il soit plus tard. Laissez-moi ; comment osez-vous employer la force ? Est-ce là le fonds que je dois faire sur cette soumission sans réserve à laquelle vous vous êtes engagé par tant de sermens ? Quittez ma main sur l'heure, ou je vais me procurer du secours par mes cris.

— Je vous obéis, ma très chère Clarisse. Et laissant ma main libre, il retira la sienne, avec un regard plein d'une si tendre résignation, que, connaissant la violence de son caractère, je ne pus me défendre d'en être un peu touchée ; cependant je me retirais, lorsque d'un air sombre, ayant jeté un coup d'œil sur son épée, mais se hâtant en quelque sorte d'en écarter sa main, il plia les deux bras sur sa poitrine, comme si quelque réflexion subite l'eût fait revenir d'une idée téméraire. — Arrêtez un moment, cher objet de toute ma tendresse ! Je ne vous demande qu'un moment. Votre retraite est libre ; elle est sûre, si vous êtes résolue de rentrer. Ne voyez-vous pas que la clé est demeurée au pied de la porte ? Mais songez que mercredi vous êtes madame Solmes... Ne me fuyez pas avec cet empressement ! Ecoutez quelques mots qui me restent à vous dire.

Je ne fis pas difficulté de m'arrêter, lorsque je fus à la porte du jardin ; d'autant plus tranquille que je voyais effectivement la clé, dont je pouvais me servir librement. Mais commençant à craindre d'être observée, je lui dis que je ne pouvais demeurer plus long-temps ; que je m'étais déjà trop arrêtée ; que je lui expliquerais toutes mes raisons par écrit.

— Comptez sur ma parole, ajoutai-je au moment que j'allais prendre la clé pour ouvrir ; je mourrai plutôt que d'être à M. Solmes. Vous savez ce que je vous ai promis, si je me trouve en danger.

— Un mot, mademoiselle, un seul mot, dit-il, en s'approchant de moi, les bras toujours pliés, pour me persuader apparemment qu'il n'avait aucun dessein dont je dusse être alarmée. Rappelez-vous seulement que je suis venu ici avec votre participation, pour vous délivrer, au péril de ma vie, de vos geoliers et de vos persécuteurs ; dans la résolution, le ciel m'en est témoin, ou puisse-t-il m'abîmer à vos yeux, de vous tenir lieu de père, d'oncle, de frère ; et dans l'humble espérance de joindre tous ces titres à celui de mari, en abandonnant à vous-même le choix du temps et des conditions. Mais puisque je vous trouve si disposée à crier contre moi, c'est-à-dire, à m'exposer aux fureurs de votre famille entière, je suis content d'en courir tous les risques. Je ne vous demande plus de partir avec moi ; je veux vous accompagner dans le jardin et jusqu'au château, si je ne trouve pas d'obstacle sur la route. Que cette résolution ne vous étonne pas, mademoiselle ; j'irai avec vous au devant du secours que vous auriez voulu vous procurer. Je leur ferai face à tous ; mais sans aucun dessein de vengeance, s'ils ne poussent pas l'insulte trop loin. Vous verrez ce que je suis capable de souffrir pour vous : et nous essaierons tous deux si les plaintes, les instances et les procédés de l'honneur, peuvent m'attirer le traitement auquel j'ai droit de la part des honnêtes gens.

S'il m'avait menacée de tourner son épée contre lui-même, je n'aurais eu que du mépris pour un si misérable artifice. Mais cette résolution de m'accompagner devant mes amis, prononcée d'un air si sérieux et si pressant, me pénétra d'une véritable terreur.

— Quel dessein, monsieur Lovelace! Au nom de Dieu, laissez-moi, monsieur ; laissez-moi, je vous en conjure.

— Pardon, mademoiselle ; mais dispensez-moi, s'il vous plaît, de vous obéir. J'erre depuis assez long-temps, comme un voleur, autour de ces murs. J'ai souffert assez long-temps les outrages de votre frère et de vos oncles. L'absence ne fait qu'augmenter leur malignité. Je suis au désespoir. Il ne me reste à tenter que cette voie. N'est-ce pas après-demain mercredi? Le fruit de ma douceur est d'aigrir leur haine. Je ne changerai pas néanmoins de disposition : vous allez voir, mademoiselle, ce que je souffrirai pour vous. Mon épée ne sortira pas du fourreau. Je veux la remettre entre vos mains (il me pressa effectivement de la prendre). Mon cœur servira de fourreau à celles de vos amis. La vie n'est rien pour moi, si je vous perds. Ce que je vous demande, mademoiselle, c'est de me montrer la route au travers du jardin. Je vous suivrai au risque d'y périr ; trop heureux, quelque sort qui m'attende, de trouver devant vous la fin de ma vie et de mes humiliations. Servez-moi de guide, cruelle Clarisse ! Venez voir ce que je puis souffrir pour vous. Et portant la main sur la clé, il allait ouvrir ; mais la force de mes instances lui fit tourner le visage vers moi.

— Quelles peuvent être vos vues, monsieur Lovelace? lui dis-je d'une voix tremblante. Voulez-vous exposer votre vie? A quoi voulez-vous m'exposer moi-même? Est-ce là ce que vous nommez de la générosité? Ainsi donc tout le monde abuse cruellement de ma faiblesse!

Mes larmes commencèrent à couler, sans qu'il me fût possible de les retenir.

Il se jeta aussitôt à genoux devant moi, avec une ardeur qui ne pouvait être contrefaite, et les yeux, si je ne me trompe, aussi humides que les miens!

— Quel barbare, me dit-il, soutiendrait un spectacle aussi touchant? O divinité de mon cœur (en prenant respectueusement ma main, qu'il pressa de ses lèvres) ! ordonnez-moi de partir, avec vous, sans vous, pour servir, pour me perdre, je jure à vos pieds une aveugle obéissance. Mais j'en appelle à tout ce que vous savez de la cruauté qu'on exerce contre vous, et de la malignité qui s'attaque à moi, et d'une faveur déterminée pour l'homme que vous haïssez : j'en appelle à tout ce que vous avez souffert, et je vous demande si vous n'avez pas raison de redouter ce mercredi, qui fait ma terreur! Je vous demande si vous pouvez espérer de voir jamais renaître une si belle occasion! Le carrosse à deux pas ; mes amis qui attendent impatiemment l'effet de vos propres résolutions ; un homme tout à vous, qui vous conjure à genoux de demeurer maîtresse de vous-même, voilà tout, mademoiselle; qui ne vous demandera votre estime qu'autant qu'il pourra vous convaincre qu'il en est digne ; une fortune, des alliances, à l'épreuve de toute objection : ô chère Clarisse (appuyant ses lèvres encore une fois sur ma main)! ne laissez point échapper l'occasion. Jamais, jamais, il ne s'en présentera d'aussi belle.

Je le priai de se lever. Il se releva, et je lui dis que s'il ne m'eût pas causé tant de trouble par son impatience, j'aurais pu le convaincre que lui et moi nous avions regardé ce mercredi avec plus de frayeur qu'il ne convenait. J'allais continuer de lui expliquer mes raisons; mais se hâtant de m'interrompre :

— Si j'avais, dit-il, la moindre probabilité, une ombre d'espérance pour l'événement de mercredi, vous ne me trouveriez que de l'obéissance et de la résignation. Mais la dispense est obtenue. Le ministre est averti : c'est ce pédant de Brandt qui s'est offert. O chère et prudente Clarisse! ces préparatifs ne vous annoncent-ils donc qu'une épreuve?

— Quand on se proposerait les extrémités les plus terribles, vous savez, monsieur, que, toute faible que je suis, je ne suis pas incapable de fermeté. Vous savez quel est mon courage et comment je sais résister, lorsque je me crois persécutée avec bassesse ou maltraitée sans raison. Oubliez-vous ce que j'ai déjà souffert, ce que j'ai eu la force de soutenir, parce que j'attribue tous mes malheurs à des instigations peu fraternelles?

— Je dois tout attendre, mademoiselle, de la noblesse d'une âme qui méprise la contrainte. Mais les forces peuvent vous manquer. Que ne doit-on pas craindre d'un père inflexible, qui entreprend de subjuguer une fille si respectueuse? Un évanouissement ne vous sauvera pas; et peut-être ne seront-ils pas fâchés de cet effet de leur barbarie. A quoi vous serviront les plaintes après la célébration? L'horrible coup ne sera-t-il pas porté, et toutes les suites, dont la seule idée met mon cœur à la torture, ne deviendront-elles pas nécessaires? A quel tribunal appellerez-vous? Qui prêtera l'oreille à vos réclamations contre un engagement qui n'aura pas eu d'autres témoins que ceux qui vous y auront forcée, et qui seront reconnus pour vos plus proches parens?

— J'étais sûre, lui dis-je, de me procurer du moins un délai. J'avais plus d'un moyen de l'obtenir. Mais rien ne pouvait nous devenir plus fatal à tous deux que d'être surpris dans un entretien si libre. Cette crainte m'agitait mortellement. Il m'était impossible de bien expliquer ses intentions, s'il cherchait à me retenir plus long-temps, et la liberté de me retirer lui donnerait des droits certains sur ma reconnaissance.

Alors, s'étant approché lui-même de la porte pour l'ouvrir et me laisser rentrer dans le jardin, il fit un mouvement extraordinaire, comme s'il eût entendu quelqu'un de l'autre côté du mur; et, portant la main son épée, il s'efforça quelque temps de regarder au travers de la serrure. Je devins si tremblante, que je me crus prête à tomber à ses pieds. Mais il me rassura aussitôt.

— Il avait cru, me dit-il, entendre quelque bruit derrière le mur : c'était sans doute l'effet de son inquiétude pour mon repos et ma sûreté; un véritable bruit aurait été bien plus fort.

Ensuite il me présenta vivement la clé.

— Si vous êtes déterminée, mademoiselle... Cependant je ne puis et je ne dois pas vous laisser rentrer seule. Il faut que votre retour soit sans danger. Pardon, mais je ne puis me dispenser d'entrer avec vous.

— Eh quoi! monsieur, serez-vous assez peu généreux pour vouloir tirer avantage de mes craintes, et du désir que j'ai de prévenir de nouveaux malheurs? Folle que je suis, de m'occuper de la satisfaction de tout le monde, tandis que personne ne pense à la mienne!

— Très chère Clarisse! interrompit-il en retenant ma main, lorsque je portais la clé à la serrure, c'est moi-même qui vais ouvrir la porte si vous le souhaitez; mais encore une fois, considérez qu'en obtenant même ce délai, qui fait votre unique espérance, vous pouvez être renfermée plus étroitement. Je suis informé que vos parens ont déjà délibéré là-dessus. Toute correspondance alors ne vous sera-t-elle pas fermée avec miss Howe comme avec moi? De qui recevrez-vous du secours, si la fuite vous devient nécessaire? Réduite à voir le jardin de vos fenêtres, sans avoir la liberté d'y descendre, comment trouverez-vous l'occasion que je vous présente aujourd'hui, si votre haine se soutient contre Solmes? Mais, hélas! il est impossible qu'elle se soutienne. Si vous rentrez, ce n'est peut-être que par le mouvement d'un cœur que la résistance fatigue, et qui commence déjà à chercher des prétextes pour se rendre.

— Je ne puis souffrir, monsieur, de me voir sans cesse arrêtée. Ne serai-je donc jamais libre de me conduire par mon propre jugement? Les conséquences seront telles qu'il plaira au ciel; je veux rentrer. Et, l'écartant de la main, je présentai encore la clé à la serrure. Son mouvement fut plus prompt que le mien, pour se jeter à genoux entre la porte et moi.— Ah! mademoiselle, je vous le demande encore une fois à genoux, pouvez-vous regarder d'un œil indifférent tous les maux qui peuvent venir à la suite? Après les outrages que j'ai essuyés, après le triomphe qu'on va remporter sur moi, si votre frère parvient à ses vues, mon propre cœur frémit de tous les malheurs qui peuvent arriver. Je vous supplie, très chère Clarisse, de tourner vos yeux de ce côté-là, et de ne pas perdre la seule occasion... Mes intelligences ne m'apprennent que trop...

— Votre confiance, monsieur Lovelace, va trop loin pour un traître. Vous l'avez placée dans un vil domestique, qui peut vous donner de faux avis, pour vous faire payer la corruption plus cher. Vous ne savez pas quelles sont mes ressources.

J'avais mis enfin la clé dans la serrure, lorsque se levant d'un air effrayé, et laissant comme échapper une exclamation assez forte:

—Ils sont à la porte, me dit-il brusquement, ne les entendez-vous pas, ma chère âme? Et portant la main sur la clé, il la tourna quelques momens comme s'il eût voulu la fermer à double tour.

Aussitôt une voix se fit entendre avec plusieurs coups violens contre la porte, qui me parurent capables de l'enfoncer.

—Vite, vite! entendis-je prononcer plusieurs fois. A moi! à moi! ils sont ici... ils sont ensemble! Vite! des pistolets, des fusils!

Les coups continuaient en même temps contre la porte. De son côté, il avait tiré fièrement son épée, qu'il mit nue sous son bras; et, prenant mes deux mains tremblantes dans la sienne, il me tira de toute sa force après lui.

— Fuyez, fuyez! hâtez-vous, chère Clarisse; vous n'avez qu'un instant pour fuir; votre frère, vos oncles, ce Solmes peut-être... Ils auront forcé la porte en un moment. Fuyez! ma très chère vie, si vous ne voulez pas être traitée plus cruellement que jamais... si vous ne voulez pas voir commettre à vos pieds deux ou trois meurtres. Fuyez! fuyez, je vous en conjure!

— O Dieu! s'écria la pauvre insensée : Au secours! au secours! dans un effroi, dans une confusion qui ne lui permettaient de s'opposer à rien!

Mes yeux se portaient en même temps autour de moi, devant, derrière, attendant d'un côté un frère et des oncles furieux, des domestiques armés de l'autre ; peut-être un père transporté de fureur, plus terrible que l'épée même que je voyais nue, et que toutes celles que j'appréhendais. Je courais aussi vite que mon guide ou mon ravisseur, sans m'apercevoir de ma course. Le transport de ma crainte donnait des ailes à mes pieds, en m'ôtant le pouvoir de la réflexion. Je n'aurais distingué ni les lieux, ni les chemins, si je n'eusse été tirée continuellement avec la même force, surtout lorsque ne cessant point de tourner la tête, j'aperçus un homme qui devait être sorti par la porte du jardin, et qui nous suivait des yeux en s'agitant beaucoup, et paraissant en appeler d'autres que l'angle d'un mur m'empêchait de voir, mais que mon imagination me faisait prendre pour mon père, mon frère, mes oncles et tous les domestiques de la maison.

Dans cet excès de frayeur, je perdis bientôt de vue la porte du jardin. Alors, quoique tous deux hors d'haleine, Lovelace prit mon bras sous le sien, son épée nue dans l'autre main, et me fit courir encore plus vite. Ma voix, néanmoins, contredisait mon action. Je ne cessai pas de crier : Non, non, non ! et de m'agiter, et de tourner la tête aussi long-temps que je pus voir les murs du jardin et du parc. Enfin j'arrivai au carrosse de son oncle, qui était escorté par quatre hommes à cheval.

Permettez, ma chère miss Howe, que je suspende ici ma relation à ce triste endroit de mon récit ; j'ai devant les yeux toute mon indiscrétion, qui se présente à moi comme en face. Les pointes de la confusion et de la douleur me paraissent aussi vives que celles d'un poignard, dont j'aurais le cœur percé. Faut-il que j'aie consenti si follement à une entrevue, qui, avec un peu de réflexion sur son caractère et sur le mien, ou simplement sur les circonstances, devait me faire juger que c'était me livrer à ses résolutions, et me mettre hors d'état de soutenir les miennes.

Car ne devais-je pas prévoir que, se croyant, avec raison, dans le danger de perdre une personne qui lui avait coûté tant d'inquiétudes et de peines, il n'épargnerait rien pour empêcher qu'elle ne sortît de ses mains ? que n'ignorant pas l'engagement où je m'étais mise de renoncer à lui pour jamais, à la seule condition dont je faisais dépendre ma réconciliation avec ma famille, il s'efforcerait de m'ôter à moi-même le pouvoir de l'exécuter ; en un mot, que celui qui avait eu l'artifice de ne pas prendre ma lettre (car il n'y a pas d'apparence, ma chère, que tous ses pas aient été si soigneusement observés), dans la crainte d'y trouver un contre-ordre (comme j'en avais fort bien jugé, quoique par d'autres craintes j'aie mal profité de cette réflexion), manquât d'adresse pour me retenir, jusqu'à ce que la crainte d'être découverte me mît dans la nécessité de le suivre, pour éviter un redoublement de persécution, et les malheurs qui pouvaient arriver à ma vue ?

Mais si je venais à découvrir que l'homme qui s'est fait voir à la porte du jardin fût le même traître qu'il a corrompu, et qu'il l'eût employé à me jeter dans l'épouvante, croyez-vous, ma chère, que ce ne fût pas pour moi une raison de le détester et de me haïr encore plus moi-même ? Je veux me persuader que son cœur n'est pas capable d'une ruse si noire et si basse. Cependant, m'aiderez-vous à expliquer pourquoi je n'ai vu paraître qu'un seul homme hors du jardin ; comment cet homme est demeuré à nous regarder, sans nous poursuivre ; comment il ne s'est pas hâté de jeter l'alarme dans la maison ? Ma frayeur et l'éloignement ne m'ont pas permis de le bien distinguer ; mais réellement, plus je me rappelle son air, plus je suis portée à croire que c'était ce perfide Joseph Leman.

Ah ! pourquoi, pourquoi, mes chers amis... Mais ai-je raison de les blâmer, lorsque j'étais parvenue à croire moi-même, avec assez de vraisemblance, que cette redoutable épreuve du mercredi pouvait tourner plus heureusement pour moi que le parti de la fuite, et que dans l'intention de mes proches c'était peut-être la dernière que je devais essuyer ? Plût au ciel que je l'eusse attendue ! Du moins si j'avais remis jusque alors la démarche où je me suis laissé engager, et dans laquelle, peut-être, je ne me suis précipitée que par une indigne crainte, je n'aurais pas tant à souffrir du reproche de mon cœur, et ce serait un mortel fardeau dont je serais soulagée ?

Vous savez, ma chère, que votre Clarisse a toujours dédaigné de justifier ses erreurs par celles d'autrui. J'implore le pardon du ciel pour ceux qui m'ont traitée cruellement, mais leurs fautes ne peuvent me servir d'excuse, et les miennes n'ont pas commencé d'aujourd'hui, car je n'aurais jamais dû entretenir de correspondance avec M. Lovelace.

O le vil séducteur ! Que mon indignation s'élève quelquefois contre lui ! Conduire ainsi de mal en mal une jeune créature... qui a fait, à la vérité, trop de fonds sur ses propres forces ! Ce dernier pas est la suite, quoique éloignée, de ma première faute : d'une correspondance qu'un père du moins m'avait défendue. Combien n'aurais-je pas mieux fait, lorsque ses premières défenses tombèrent sur les visites, d'alléguer à Lovelace une autorité à laquelle je devais être soumise, et d'en prendre occasion pour refuser de lui écrire ? Je crus alors qu'il dépendrait toujours de moi d'interrompre ou de continuer ce commerce. Je me supposai plus obligée que tout autre de me rendre comme l'arbitre de cette querelle. Aujourd'hui je trouve ma présomption punie, comme le sont la plupart des autres désordres, c'est-à-dire, par elle-même !

A l'égard de cette dernière témérité, je vois, depuis qu'il est trop tard, comment la prudence m'obligeait de me conduire. Comme je n'avais qu'une voie pour lui communiquer mes intentions, et qu'il savait parfaitement où j'en étais avec mes amis, je devais peu m'embarrasser s'il avait reçu ma lettre, surtout après m'être réservé la liberté de me rétracter. Lorsque, arrivant à l'heure marquée, il ne m'aurait pas vue répondre au signal, il n'aurait pas manqué de se rendre au lieu qui servait à notre correspondance ; et ma lettre, qu'il y aurait trouvée, l'aurait convaincu, par sa date, que c'était sa faute s'il ne l'avait pas reçue plus tôt. Mais, gouvernée par les mêmes motifs qui m'avaient fait consentir d'abord à lui écrire, une folle prévoyance me fit craindre que, me voyant manquer à l'entrevue, il ne s'exposât à de nouvelles insultes, qui auraient pu le rendre coupable de quelque violence. Il prétend, à la vérité, que ma crainte était juste, comme j'aurai occasion de vous l'apprendre ; mais ce n'était alors qu'une simple crainte ; et, pour éviter un mal supposé, devais-je me précipiter dans une faute réelle ? Ce qui m'humilie le plus, c'est de reconnaître aujourd'hui, par toute sa conduite, qu'il faisait autant de fonds sur ma faiblesse, que j'en faisais sur mes propres forces. Il ne s'est pas trompé dans le jugement qu'il a porté de moi ; tandis que l'opinion que j'ai eue de moi-même m'a ridiculement abusée ; et je le vois triompher sur un point qui intéresse essentiellement mon honneur! Je ne sais comment je puis soutenir ses regards.

Dites-moi, chère miss Howe, mais dites-moi sincèrement si vous ne me méprisez pas. Vous le devez, car votre âme et la mienne n'en ont jamais fait qu'une, et je me méprise moi-même. La plus légère et la plus imprudente de toutes les filles aurait-elle fait pis, que je n'ai donné lieu de penser à ma honte! Le public apprendra mon crime, sans être informé de l'occasion, sans savoir par quelles ruses j'ai été trahie (comptez, ma chère, que j'ai à faire au plus artificieux de tous les hommes) ; et quelle humiliante aggravation, d'entendre dire qu'on attendait de moi beaucoup plus que d'un grand nombre d'autres !

Vous me recommandez de ne pas différer mon mariage. Ah! ma chère, autre effet charmant de ma folie ; l'exécution de ce conseil est en mon pouvoir à présent comme j'y suis moi-même. Puis-je mettre le sceau tout d'un coup à ses artifices? Puis-je me défendre d'un juste ressentiment contre un homme qui m'a jouée, et qui m'a fait sortir en quelque sorte hors de moi-même? Je lui en ai déjà fait mes plaintes. Mais vous ne sauriez croire combien je suis mortifiée! combien je me trouve rabaissée à mes propres yeux! moi qu'on proposait pour exemple! Ah! que ne suis-je encore dans la maison de mon père, me cachant pour vous écrire: et mettant tout mon bonheur à recevoir quelques lignes de vous?

Me voici arrivée à ce mercredi matin, qui m'a causé tant de terreur, et que j'ai regardé comme le *jour du jugement* pour moi. Mais c'était le lundi qu'il fallait redouter. Si j'étais demeurée, et que le ciel eût permis ce que je concevais de plus terrible dans mes craintes, n'étaient-ce pas mes amis qui auraient été responsables des suites? Aujourd'hui, la seule considération qui me reste (triste considération ! direz-vous), c'est de les avoir déchargés du blâme, et de l'avoir attiré tout entier sur moi-même.

Vous ne serez pas surprise de voir ma lettre si mal tracée. Je me sers de la première plume qui s'est offerte. J'écris par lambeaux, et comme à la dérobée, sans compter que j'ai la main tremblante de douleur et de fatigue.

Les détails de sa conduite et de nos conversations jusqu'à Saint-Albans, et depuis notre arrivée, trouveront place dans la continuation de mon histoire. Il suffira de vous dire aujourd'hui que jusqu'à présent il est extrêmement respectueux, humble même dans sa politesse; quoique étant si peu satisfaite de lui et de moi, je ne lui aie pas donné beaucoup de sujets de se louer de ma complaisance. En vérité, il y a des momens où je ne puis le souffrir devant moi.

Le logement où je me trouve est si peu commode que je ne m'y arrêterai pas longtemps. Il serait inutile, par conséquent, de vous y donner mon adresse : et j'ignore quel sera le lieu que je pourrai choisir.

M. Lovelace sait que je vous écris. Il m'a offert un de ses gens pour vous porter ma lettre ; mais j'ai cru que, dans la situation où je suis, une lettre de cette importance ne pouvait être envoyée avec trop de précaution. Qui sait de quoi un homme de ce caractère est capable? Cependant je veux croire encore qu'il n'est pas aussi méchant que je l'appréhende. Au reste, qu'il soit tel qu'il voudra, je suis persuadée que les plus belles apparences ne peuvent me conduire à rien de fort heureux.

Je me trouve enrôlée néanmoins dans la classe des pénitens tardifs, et je ne m'attends à la pitié de personne.

Ma seule confiance est dans la continuation de votre amitié. Que je serais malheureuse en effet, si je perdais une consolation si douce!

CLARISSE HARLOVE.

LETTRE XCII.

M. LOVELACE, A JOSEPH LEMAN.

Samedi, 8 avril.

Enfin, mon cher Joseph, votre jeune et chère demoiselle consent *à se délivrer elle-même* de la cruelle persécution qu'elle souffre depuis si long-temps. Elle se rendra au jardin, lundi, vers quatre heures après midi, comme je vous ai dit qu'elle s'y est engagée. Elle m'a confirmé cette promesse. Grâces au ciel, elle me l'a confirmée!

J'aurai un carrosse à six chevaux dans le chemin détourné, qui est le plus voisin du mur, et je serai accompagné de plusieurs de mes amis et de mes gens, bien armés, qui se tiendront un peu à l'écart, pour la secourir au premier signe, si l'occasion le demande. Mais ils ont ordre d'éviter toutes sortes d'accidens fâcheux. Vous savez que c'est toujours notre premier soin.

Ma seule crainte est qu'au dernier moment la délicatesse de ses principes ne soit capable de la faire balancer, et qu'il ne lui prenne envie de retourner au château, quoique son honneur soit le mien, comme vous savez, et que l'un réponde de l'autre. Si malheureusement elle refusait de partir, je la perdrais pour toujours, et tous vos services passés deviendraient inutiles. Elle serait alors la proie de ce maudit Solmes, à qui la sordide avarice ne permettra jamais de faire du bien à aucun domestique de la famille.

Je ne doute pas de votre fidélité, honnête Joseph, ni du zèle avec lequel vous servez un homme d'honneur qu'on outrage, et une jeune demoiselle opprimée. Ma confiance vous a fait voir que je n'ai pas le moindre doute, surtout dans cette importante occasion, où votre assistance peut couronner l'œuvre; car si mademoiselle balance, nous aurons besoin de quelque petite ruse innocente.

Ainsi, faites bien attention aux articles suivans. Tâchez de les apprendre par cœur. Ce sera probablement la dernière peine que vous prendrez pour moi, jusqu'à notre mariage. Alors vous devez être sûr que nous aurons soin de vous. Vous n'avez pas oublié ce que je vous ai promis. Personne au monde ne m'a jamais reproché de manquer à ma parole.

Voici les articles, honnête Joseph :

Trouvez le moyen de vous rendre au jardin sous quelque déguisement, s'il est possible, et sans être aperçu de mademoiselle. Si le verrou de la porte de derrière est tiré, vous connaîtrez par là que je suis avec elle, quand vous ne l'auriez pas vue sortir. La porte ne laissera pas d'être fermée; mais j'aurai soin de mettre ma clé à terre, en dehors, afin que, s'il est besoin, vous puissiez ouvrir avec la vôtre.

Si vous entendez nos voix, pendant notre entretien, tenez-vous près de la porte, jusqu'à ce que vous m'entendiez crier deux fois : *Hem! hem!*

Mais prêtez bien l'oreille à ce cri, parce qu'il ne doit pas être trop fort, de peur qu'il ne soit reconnu pour un signal. Peut-être qu'en m'efforçant de persuader ma chère compagne, j'aurai l'occasion de frapper du coude ou du talon contre les ais, pour vous confirmer l'avis. Alors vous ferez beaucoup de fracas, comme si vous vouliez ouvrir; vous agiterez fortement le verrou ; vous donnerez du genou contre la porte, pour faire croire que vous voulez l'enfoncer ; ensuite, donnant un autre coup, mais avec plus de bruit que de force, dans la crainte de faire sauter la serrure, vous vous mettrez à crier, comme si vous voyiez paraître quelqu'un de la famille : — A moi ! vite à moi ! les voici ; vite ! vite ! et mêlez-y les noms d'épées, de pistolets, de fusil, du ton le plus terrible que vous pourrez. Je l'engagerai sans doute alors, quand elle serait encore incertaine, à fuir promptement avec moi. S'il m'est impossible de la déterminer, ma résolution est d'entrer dans le jardin avec elle, et d'aller jusqu'au château, quelles qu'en puissent être les suites. Mais, dans la frayeur que vous lui causerez, je ne doute pas qu'elle ne prenne le parti de fuir.

Lorsque vous nous croirez assez éloignés, et que, pour vous le faire connaître, j'élèverai la voix en pressant sa fuite, alors ouvrez la porte avec votre clé. Mais il faut l'ouvrir avec beaucoup de précautions, de peur que nous ne fussions pas encore assez loin. Je ne voudrais pas qu'elle s'aperçût de la part que vous aurez à cette petite entreprise, par la considération extrême que j'ai pour vous.

Aussitôt que vous aurez ouvert la porte, ôtez-en votre clé, et remettez-la dans votre poche. Vous prendrez alors la mienne, que vous mettrez dans la serrure, du côté du jardin, afin qu'il paraisse que c'est elle-même qui aura ouvert avec une clé qu'on supposera que je lui ai procurée, et que nous ne nous sommes pas embarrassés de fermer la porte. On conclura qu'elle sera partie volontairement ; et dans cette pensée, qui fera perdre toute espérance, on ne se hâtera point de nous poursuivre. Autrement vous savez qu'il pourrait arriver de fort grands malheurs.

Mais faites bien attention que vous ne devez ouvrir la porte avec votre clé que dans la supposition que nous ne soyons interrompus par l'arrivée de personne. Si quelqu'un paraissait, il ne faudrait pas ouvrir du tout. Qu'ils ouvrent eux-mêmes si cette envie leur prend, soit en brisant la porte, soit avec ma clé qu'ils trouveront à terre s'ils veulent prendre la peine de passer par dessus le mur.

S'ils ne viennent pas nous interrompre, et si vous sortez par le moyen de votre clé, suivez-nous à une juste distance, en levant les mains, avec d'autres gestes de colère et d'impatience ; tantôt avançant, tantôt retournant sur vos pas, de peur que vous n'approchiez trop de nous, mais comme si vous aperceviez quelqu'un qui accourt après vous ; criez : Au secours ! vite ! n'épargnez pas les cris. Nous ne serons pas long-temps à nous rendre au carrosse.

Dites à la famille que vous m'avez vu entrer avec elle dans une voiture à six chevaux, escortée d'une douzaine de cavaliers bien armés, quelques uns le mousqueton à la main, autant que vous en avez pu juger, et que nous avons pris un chemin tout opposé à celui que vous nous verrez prendre.

Vous voyez, honnête Joseph, avec quel soin je veux éviter les fâcheux accidens.

Observez de garder une distance qui ne lui permette pas de distinguer votre visage. Faites de grandes enjambées, pour déguiser votre marche, et tenez la tête droite; je réponds, honnête Joseph, qu'elle ne vous reconnaîtra pas. Il n'y a pas moins de variété dans la marche et la contenance des hommes, que dans leurs physionomies. Arrachez un grand pieu dans la palissade voisine, et feignez qu'il résiste à vos efforts, quand il viendrait facilement. Cette vue, si elle tourne la tête, lui paraîtra terrible, et lui fera juger pourquoi vous ne nous suivez pas plus vite. Ensuite, retournant au château avec cette arme sur l'épaule, faites valoir à la famille ce que vous auriez fait, si vous aviez pu nous joindre, pour empêcher que votre jeune demoiselle ne fût enlevée par un... Vous pouvez me donner tous les noms qui vous viendront à la bouche, et me maudire hardiment. Cet air de colère vous fera passer pour un homme courageux, qui se serait exposé de bonne foi. Vous voyez, honnête Joseph, que j'ai toujours votre réputation à cœur. On ne court jamais risque à me servir.

Mais si notre entretien durait plus long-temps que je ne le désire, et si quelque personne de la maison cherchait mademoiselle avant que j'aie crié deux fois : *Hem! hem!* alors, pour vous mettre à couvert, ce qui est, je vous assure, un fort grand point pour moi, faites le même bruit que je vous ai déjà recommandé, mais n'ouvrez pas, comme je vous l'ai recommandé aussi, avec votre clé. Au contraire, marquez beaucoup de regret d'être sans clé, et de peur que quelqu'un n'en ait une, ayez une petite provision de gravier, de la grosseur d'un pois, dont vous jetterez adroitement deux ou trois grains dans la serrure, ce qui empêchera que leur clé puisse tourner. Prudent comme vous êtes, mon cher Joseph, vous savez que, dans les occasions importantes, il faut avoir pourvu à toutes sortes d'accidens. Alors, si vous apercevez de loin quelqu'un de mes ennemis, au lieu du cri que je vous ai marqué lorsque vous ferez du bruit à la porte, criez :

— Monsieur, ou madame (suivant la personne que vous verrez venir, hâtez-vous! hâtez-vous! M. Lovelace! M. Lovelace! Et criez de toutes vos forces. Fiez-vous à moi, je serai plus prompt que ceux que vous appellerez. Si c'était Betty, et Betty seule, je n'aurais pas si bonne opinion, monsieur Joseph, de votre galanterie que de votre fidélité, si vous ne trouviez pas quelque moyen de l'amuser, et de lui faire prendre le change.

Vous leur direz que votre jeune demoiselle vous a semblé courir aussi légèrement que moi. Ce sera leur confirmer que les poursuites seraient inutiles, et ruiner enfin les espérances de Solmes. Bientôt vous verrez plus d'ardeur à la famille pour se réconcilier avec elle que pour la poursuivre. Ainsi vous deviendrez l'heureux instrument de la satisfaction commune, et quelque jour ce grand service sera récompensé par les deux familles. Alors vous serez le favori de tout le monde; et les bons domestiques se croiront honorés, à l'avenir, d'être comparés à l'honnête Joseph Leman.

Si mademoiselle vous reconnaissait, ou venait dans la suite à vous découvrir, j'ai déjà pensé à faire une lettre, que vous prendrez la peine de copier, et qui, présentée dans l'occasion, vous rétablira parfaitement dans son estime.

Je vous demande, pour la dernière fois, autant de soin et d'attention que de zèle. Songez que ce service mettra le comble à tous les autres ; et comptez, pour la récompense, sur l'honneur de votre ami très affectionné,

LOVELACE.

P. S. Ne craignez pas d'aller trop loin avec Betty. Si vous vous engagez jamais avec elle, l'alliance ne sera pas trop mal assortie, quoiqu'elle soit, comme vous dites, un vrai dragon. J'ai une recette admirable pour guérir l'insolence des femmes. Ne crains rien, mon pauvre Joseph ; tu seras le maître dans ta maison ; si son humeur devient trop incommode, je t'apprendrai le moyen de la faire périr de chagrin dans l'espace d'un an ; et cela dans toutes les règles de l'honnêté : sans quoi le secret ne serait pas digne de moi.

Le porteur vous remettra quelques arrhes de ma libéralité future.

LETTRE XCIII.

JOSEPH LEMAN, A M. ROBERT LOVELACE (1).

Dimanche, 9 avril.

Monsieur,

Je suis fort obligé à votre bonté. Mais votre dernier commandement me paraît bien fort. Dieu me pardonne et vous aussi, monsieur, vous m'avez engagé dans une grande affaire ; et si la mèche était découverte... Mais Dieu aura pitié de mon corps et de mon âme, et vous me promettez de me prendre sous votre protection, et d'augmenter mes gages, ou de m'établir dans une bonne hôtellerie, ce qui fait toute mon ambition. Vous aurez de la bonté aussi pour notre jeune demoiselle, que je recommande à Dieu. Tout le monde n'en doit-il pas avoir pour le beau *sesque?*

J'exécuterai vos ordres le plus fidèlement qu'il me sera possible, puisque vous dites que vous la perdriez, si je ne le faisais pas, et qu'un homme aussi avare que M. Solmes serait capable de la gagner. Mais j'espère que notre jeune demoiselle ne nous donnera pas tant de peine. Si elle a promis, je suis persuadé qu'elle tiendra parole.

Je serais bien fâché de ne pas vous rendre service, quand je vois que vous avez la bonté de ne vouloir faire du mal à personne. J'avais cru, avant que de vous connaître, que vous étiez fort méchant, ne vous déplaise. Mais je trouve qu'il en est tout autrement. Vous êtes franc comme or fin ; et même, autant que je le vois, vous ne souhaitez que du bien à tout le monde, comme je le sais aussi ; car, quoique je ne sois qu'un pauvre domestique, j'ai la crainte de Dieu et des hommes, et je profite des bons discours et des bons exemples de notre jeune demoiselle, qui ne va nulle part sans sauver une âme ou deux, plus ou moins. Ainsi, me recommandant à votre amitié, et vous priant de ne pas oublier l'hôtellerie, quand vous en trouverez une bonne, je vous servirai bien dans cette espérance. Vous en trouverez de reste, si vous cherchez bien ; car aujourd'hui, comme le monde va, les places ne sont pas des héritages : et j'espère que vous ne me regarderez pas comme un malhonnête homme,

---

(1) L'auteur, s'attachant à garder les caractères, pousse ici la fidélité jusqu'à donner cette lettre avec les fautes de langage et d'orthographe qui sont ordinaires dans la condition de Leman. Mais le goût de notre nation n'admettant point de si grossières peintures, il suffira de conserver un style et des traits de simplicité qui puissent faire reconnaître un valet.

parce qu'il peut paraître que je vous sers contre mon devoir : avec une bonne conscience, on ne craint pas les mauvaises langues. Cependant je souhaiterais, si vous avez cette bonté, que vous ne m'appellassiez pas si souvent *honnête Joseph, honnête Joseph*. Quoique je me croie fort honnête, comme vous le dites, je craindrais de ne pas paraître tel aux yeux des méchantes gens qui ne connaissent pas mes intentions ; et vous avez aussi l'humeur si facétieuse, qu'on ne sait pas si vous dites ces choses-là sérieusement. Je suis un pauvre homme qui n'ai jamais écrit à des seigneurs, ainsi vous ne serez pas surpris, ne vous déplaise, si je n'ai pas tant d'éloquence que vous.

Pour mademoiselle Betty, j'ai cru d'abord qu'elle avait des vues au dessus de moi. Cependant je vois qu'elle s'apprivoise peu à peu. J'aurais beaucoup plus d'amitié pour elle, si elle était meilleure pour notre jeune demoiselle. Mais je crains qu'elle n'ait trop d'esprit pour un pauvre homme tel que moi. Au bout du compte, quoiqu'il ne soit pas trop honnête de battre une femme, je ne souffrirai jamais qu'elle me mette le pied sur la gorge. Cette recette, que vous avez la bonté de me promettre, me donnera du courage, et je crois qu'elle serait fort agréable pour tout le monde, pourvu que cela se passe honnêtement, comme vous l'assurez, à peu près dans l'espace d'une année. Cependant, si mademoiselle Betty se tourne bien, je pourrais souhaiter que cela dure un peu plus long-temps ; surtout lorsque nous aurons à gouverner une hôtellerie, où je crois qu'une bonne langue et une tête malicieuse ne gâtent rien dans une femme.

Mais je crains de paraître impertinent avec un seigneur de votre qualité. C'est vous-même aussi qui me mettez en train par votre exemple, car vous avez toujours le mot pour rire ; et puisque vous m'avez ordonné de vous écrire familièrement sur tout ce qui me vient à l'esprit ; sur quoi vous demandant pardon, je vous promets encore une fois toute diligence et toute exactitude, et je demeure votre obéissant serviteur, prêt à tous vos commandemens.

Joseph Leman.

LETTRE XCIV.

M. LOVELACE, A M. BELFORD.

A Saint-Albans, lundi au soir.

Tandis que l'idole de mon cœur prend un peu de repos, je dérobe quelques momens au mien pour exécuter ce que je t'ai promis. Nulle poursuite ; et je t'assure que je n'en ai redouté aucune, quoiqu'il ait fallu feindre des craintes pour en inspirer à ma charmante.

Apprends, cher ami, qu'il n'y eut jamais de joie aussi parfaite que la mienne ! Mais laisse-moi jeter les yeux un moment sur ce qui se passe ; l'ange ne serait-il pas disparu ?

Ah non ! pardonne mes inquiétudes. Elle est dans l'appartement voisin du mien. Elle est à moi ! pour toujours à moi.

« O transports ! mon cœur, pressé de joie et d'amour, cherche à s'ouvrir un passage pour sauter dans son sein. »

Je savais que toutes les combinaisons de la stupide famille étaient autant de machines qui se remuaient en ma faveur. Je t'ai dit qu'ils travaillaient tous pour moi comme de misérables taupes qui s'agitent sous terre; et plus aveugles que les taupes mêmes, puisqu'ils travaillaient pour moi sans le savoir. J'étais le directeur de tous leurs mouvemens, qui s'accordaient assez avec la malignité de leur mœurs, pour leur faire croire que c'était leur propre ouvrage.

Mais pourquoi dire que ma joie est parfaite! Non, non : elle est diminuée par les mortifications de mon orgueil. Comment puis-je supporter l'idée que je dois plus aux persécutions de ses proches qu'à son penchant pour moi, ou qu'au moindre sentiment de préférence? c'est du moins ce que j'ai le chagrin d'ignorer encore! Mais je veux écarter cette pensée. Si je m'y abandonnais trop, il en pourrait coûter cher à cette adorable fille. Réjouissons-nous qu'elle ait *passé le Rubicon*; que le retour lui soit devenu impossible; que, suivant les mesures que j'ai prises, ses implacables persécuteurs croient sa fuite volontaire; et que si je doute de son amour, je puisse la mettre à des épreuves aussi mortifiantes pour sa délicatesse que flatteuses pour mon orgueil; car je ne fais pas difficulté de te l'avouer, si je pouvais croire qu'il restât la moindre incertitude au fond de son cœur sur la préférence qu'elle me doit, je la traiterais sans pitié.

Mardi, à la pointe du jour.

Je retourne, sur les ailes de l'amour, aux pieds de ma charmante, qui valent pour moi le plus glorieux trône de l'univers. Ses mouvemens me font juger qu'elle est déjà sortie du lit. Pour moi, je n'ai pas fermé l'œil, pendant une heure et demie que j'ai appelé le sommeil. Il semble que je sois trop élevé au dessus de la matière, pour avoir besoin d'une réparation si vulgaire.

Mais pendant la route, et depuis notre arrivée, pourquoi, chère Clarisse! n'ai-je entendu de toi que des soupirs et des marques de douleur! Poussée par une injuste persécution, menacée d'une horrible contrainte, et si vivement affligée, néanmoins après une heureuse délivrance! garde-toi... garde-toi bien... C'est dans un cœur jaloux que l'amour t'élève un temple.

Cependant il faut accorder quelque chose aux premiers embarras de sa situation. Lorsqu'elle se sera un peu familiarisée avec les circonstances, et qu'elle me verra religieusement soumis à toutes ses volontés, sa reconnaissance lui fera mettre quelque distinction, sans doute, entre la prison d'où elle est sortie, et la liberté qu'elle se réjouira d'avoir obtenue.

Elle vient! elle vient! Le soleil se lève pour l'accompagner. Toutes mes défiances se dissipent à son approche, comme les ténèbres de la nuit à l'aspect du soleil. Adieu, Bedford. Avec la moitié seulement de mon bonheur, tu serais, après moi, le plus heureux de tous les hommes.

LETTRE XCV.

MISS CLARISSE HARLOVE, A MISS HOWE.

Mercredi, 11 avril.

Je reprends ma triste histoire.

Ainsi traînée jusqu'à la voiture, il aurait peu servi de faire difficulté d'y entrer, quand il n'aurait pas profité de ma frayeur pour me soulever entre ses bras. A l'instant les chevaux partirent au galop, et ne s'arrêtèrent qu'à Saint-Albans, où nous arrivâmes à l'entrée de la nuit.

Pendant la route, je me crus plusieurs fois prête à tomber sans connaissance. Je levai mille fois les yeux et les mains pour implorer le secours du ciel. — Grand Dieu! protégez-moi, m'écriai-je souvent. Est-ce moi? Est-il possible! Deux torrens de larmes ne cessèrent pas d'inonder mon visage, et mon cœur oppressé poussait des soupirs aussi involontaires que ma fuite.

Cruelle différence dans l'air et les discours du misérable, qui triomphait visiblement du succès de ses artifices, et qui, dans le ravissement de sa joie, m'adressait tous les complimens qu'il a peut-être répétés vingt fois dans les mêmes occasions! Cependant le respect ne l'a pas abandonné dans ses transports. Les chevaux semblaient voler. Je crus m'apercevoir qu'on leur avait fait faire un grand circuit, pour déguiser apparemment nos traces. Je suis trompée aussi, si plusieurs autres cavaliers, que je vis galoper par intervalles, aux deux côtés du carrosse, et qui paraissaient au dessus de la condition servile, n'étaient pas autant de nouvelles escortes qui avaient été disposées sur la route. Mais il feignit de ne pas les remarquer; et, malgré toutes ses flatteries, j'étais trop abîmée dans mon indignation et ma douleur, pour lui faire la moindre question.

Figurez-vous, ma chère, quelles furent mes réflexions, en descendant de la voiture sans aucun domestique de mon sexe, sans autres habits que ceux que j'avais sur moi, et qui étaient si peu convenables à un long voyage, sans coiffe, avec un simple mouchoir sur le cou, déjà mortellement fatiguée, et l'esprit encore plus abattu que le corps! Les chevaux étaient si couverts d'écume, que tout ce qu'il y avait de gens dans l'hôtellerie, me voyant sortir seule du carrosse avec un homme, me prirent pour quelque jeune étourdie qui s'était échappée de sa famille. Je ne m'en aperçus que trop à leur étonnement, aux discours qu'ils se tenaient à l'oreille, et à la curiosité qui les amenait comme l'un après l'autre, pour me voir de plus près. La maîtresse du logis, à qui je demandai un appartement séparé, me voyant prête à m'évanouir, se hâta de m'apporter divers secours. Ensuite je la priai de me laisser seule l'espace d'une demi-heure. Je me sentais le cœur dans un état qui m'aurait fait craindre pour ma vie, si j'en avais pu regretter la perte. Aussitôt que cette femme m'eut quittée, je fermai la porte, je me jetai dans un fauteuil, et je donnai passage à un violent déluge de larmes qui me soulagèrent un peu.

M. Lovelace fit remonter, plus tôt que je ne l'aurais souhaité, la même femme, qui me pressa, de sa part, de recevoir mon frère ou de descendre avec lui. Il lui avait dit que j'étais sa sœur, et qu'il m'avait emmenée, contre mon inclination et mon attente, de la maison d'un ami, où j'avais passé l'hiver, pour rompre un projet de mariage dans lequel je pensais à m'engager sans le consentement de ma famille, et que ne m'ayant pas donné le temps de prendre un habit de voyage, j'étais fort irritée contre lui. Ainsi, ma chère, votre franche, votre sincère amie fut forcée d'entrer dans le sens de cette fable, qui me convenait, à la vérité, d'autant mieux que, n'ayant pu retrouver de quelque temps le pouvoir de parler ou de lever les yeux, mon silence et mon abattement durent passer pour un accès de mauvaise humeur.

Je me déterminai à descendre dans une salle basse plutôt qu'à le recevoir dans la chambre où je devais passer la nuit. L'hôtesse m'ayant accompagnée, il s'approcha de moi respectueusement, mais avec une politesse qui n'excédait pas celle d'un frère, dans les lieux du moins où les les frères sont polis. Il me nomma sa chère sœur. Il me demanda comment je me trouvais, et si j'étais disposée à lui pardonner, en m'assurant que jamais frère n'avait eu pour sa sœur la moitié de l'affection qu'il avait pour moi.

Le misérable! Qu'il lui en coûtait peu pour soutenir naturellement ce caractère, tandis que j'étais si violemment hors du mien!

Une femme qui n'est pas capable de réflexion trouve quelque soulagement dans la petitesse même de ses vues. Elle ne sort point du tourbillon qui l'environne. Elle ne voit rien au delà du présent. En un mot, elle ne pense point. Mais, accoutumée, comme je le suis, à méditer, à jeter les yeux devant moi, à peser les vraisemblances, et jusqu'aux possibilités, quel soulagement puis-je tirer de mes réflexions?

Il faut que je trace ici quelques détails de notre conversation pendant le temps qui précéda et qui suivit notre souper.

Aussitôt qu'il se vit seul avec moi, il me supplia, du ton à la vérité le plus tendre et le plus respectueux, de me réconcilier un peu avec moi-même et avec lui. Il me répéta tous les vœux d'honneur et de tendresse qu'il ne m'avait jamais faits. Il me promit de ne plus connaître d'autres lois que mes volontés. Il me demanda la permission de me proposer si je voulais me rendre le lendemain chez l'une ou l'autre de ses tantes.

Je demeurai en silence. J'ignorais également, et ce que je devais faire, et comment je devais lui répondre.

Il continua de me demander si j'aimais mieux prendre un logement particulier dans le voisinage de ces deux dames, comme j'en avais eu l'intention.

Mon silence fut le même.

Si je n'avais pas plus de penchant pour quelque terre de milord M.... celle de Berksire ou celle du comté où nous étions.

—Tout lieu me sera égal, lui dis-je enfin, pourvu que vous n'y soyez pas.

— Il était engagé, me répondit-il, à s'éloigner de moi, lorsque je serais à couvert des poursuites, et cette promesse était un lien sacré. Mais si j'étais indifférente en effet pour le lieu, Londres lui paraissait la plus sûre de toutes les retraites. Les dames de sa famille ne manqueraient pas de s'y rendre, aussitôt que je serais disposée à les recevoir. Sa cousine Charlote Montaigu s'attacherait particulièrement à moi, et deviendrait ma compagne inséparable. Je serais toujours libre, d'ailleurs, de revenir chez sa tante Lawrance, qui se croirait trop heureuse de me voir près d'elle; il la nommait plus volontiers que sa tante Sadler, qui était une femme assez mélancolique.

Je lui dis que, sur-le-champ, et dans l'équipage où j'étais, sans espérance d'en pouvoir si tôt changer, je ne souhaitais pas de paraître aux yeux de sa famille; que ma réputation demandait absolument qu'il s'éloignât; qu'un logement particulier, le plus simple, et par conséquent le moins suspect, parce qu'on ne pourrait me croire partie avec lui, sans supposer qu'il m'aurait procuré des commodités en abondance, était le plus convenable à mon humeur et à ma situation; que la campagne me semblait propre pour ma retraite, la ville pour la sienne, et qu'on ne pouvait savoir trop tôt qu'il fût à Londres.

— En supposant, répliqua-t-il, que je fusse déterminée à ne pas voir tout d'un coup sa famille, si je lui permettais d'expliquer son opinion, il insistait sur Londres, comme le lieu du monde le plus favorable au secret. Dans les provinces, un visage étranger excitait aussitôt de la curiosité. Ma jeunesse et ma figure la rendraient encore plus vive. Les messages et les lettres étaient une autre occasion de se trahir. Il n'avait pas fait entrer un logement dans ses précautions, parce qu'il avait supposé que je me déterminerais, soit pour Londres, qui offre à tous momens les commodités de cette nature, soit pour la maison de l'une ou l'autre de ses tantes, soit pour la terre de milord M... dans le comté d'Hertfort, où la concierge, nommée madame Greme, était une femme excellente, à peu près du caractère de ma Norton.

— Assurément, repris-je, si j'étais poursuivie, ce serait dans la première chaleur de leur passion ; et leurs recherches se tourneraient d'abord vers quelque terre de sa famille. J'ajoutai que mon embarras était extrême.

— Il me dit qu'il y en aurait peu, lorsque je me serais arrêtée à quelque résolution ; que ma sûreté faisait son unique inquiétude ; qu'il avait un logement à Londres, mais qu'il ne pensait point à me le proposer, parce qu'il comprenait bien quelles seraient mes objections...

— Sans doute, interrompis-je, avec une indignation qui lui fit employer tous ses efforts à me persuader que rien n'était si éloigné de ses idées et même de ses desirs.

Il me répéta que mon honneur et ma sûreté l'occupaient uniquement, et que ma volonté serait sa règle absolue.

J'étais trop inquiète et trop affligée, trop irritée même contre lui, pour bien prendre ce qui sortait de sa bouche.

— Je me croyais, lui dis-je, extrêmement malheureuse. Je ne savais à quoi me déterminer : perdue sans doute de réputation ; sans un seul habit avec lequel je pusse me montrer ; mon indigence même annonçant ma folie à tous ceux qui pouvaient me regarder, et leur faisant juger nécessairement que j'avais été surprise avec avantage, ou que j'en avais donné quelqu'un sur moi, et que, dans l'un et l'autre cas, j'avais aussi peu de pouvoir sur ma volonté que sur mes actions. J'ajoutai, dans le mouvement du même chagrin, que tout me portait à croire qu'il avait employé l'artifice pour m'arracher à mon devoir, qu'il avait pris ses mesures sur ma faiblesse, sur la crédulité de mon âge et sur mon défaut d'expérience ; que je ne pouvais me pardonner à moi-même cette fatale entrevue ; que mon cœur saignait de la mortelle affliction où j'avais plongé mon père et ma mère : que je donnerais le monde entier, et toutes mes espérances dans cette vie, pour être encore dans la maison de mon père, à quelque traitement que j'y fusse réservée ; qu'au travers de toutes ses protestations je trouvais quelque chose de bas et d'intéressé dans l'amour d'un homme qui avait pu faire son étude d'engager une jeune fille au sacrifice de son devoir et de sa conscience, tandis qu'un cœur généreux doit faire la sienne de l'honneur et du repos de ce qu'il aime.

Il m'avait écoutée attentivement, sans offrir de m'interrompre. Sa réponse, qui fut méthodique sur chaque point, me fit admirer sa mémoire.

— Mon discours, me dit-il, l'avait rendu fort grave, et c'était dans cette disposition qu'il allait me répondre. Il était affligé jusqu'au fond du cœur d'avoir fait si peu de progrès dans mon estime et dans ma confiance.

« A l'égard de ma réputation, il me devait de la sincérité; elle ne pouvait être aussi blessée de la moitié, par la démarche qui me causait tant de regret, que par mon emprisonnement et par l'injuste et folle persécution que j'avais essuyée de la part de mes proches. C'était le sujet public des entretiens! Le blâme tombait particulièrement sur mon frère et sur ma sœur, et l'on ne parlait de ma patience qu'avec admiration. Il devait me répéter ce qu'il croyait m'avoir écrit plusieurs fois, que mes amis s'attendaient eux-mêmes à me voir saisir quelque occasion de me délivrer de leurs violences; sans quoi auraient-ils jamais pensé à me renfermer? Mais il n'était pas moins persuadé que l'opinion établie de mon caractère l'emporterait sur leur malice dans l'esprit de ceux qui me connaissaient, qui connaissaient les motifs de mon frère et de ma sœur, et qui connaissaient le misérable auquel ils voulaient me donner malgré moi.

» Si je manquais d'habits, qui s'attendait que dans les circonstances j'en pusse avoir d'autres que ceux dont j'étais couverte au moment de mon départ! Toutes les dames de sa famille se feraient gloire de fournir à mes besoins présens, et pour l'avenir, les plus riches étoffes, non seulement de l'Angleterre, mais du monde entier seraient à ma disposition.

» Si je manquais d'argent, comme on devait se l'imaginer aussi, n'était-il pas en état de m'en offrir? Plût au ciel que je lui permisse d'espérer que nos intérêts de fortune seront bientôt unis! Il tenait un billet de banque que je n'avais pas remarqué dans ses mains, et qu'il eut l'adresse alors de glisser dans les miennes; mais jugez avec quelle chaleur je le refusai.

» Sa douleur, me dit-il, était inexprimable comme sa surprise, de s'entendre accuser d'artifice; il était venu à la porte du jardin, suivant mes ordres confirmés (le misérable! me faire ce reproche!), pour me délivrer de mes persécuteurs, fort éloigné de croire que j'eusse pu changer de sentiment et qu'il eût besoin de tant d'efforts pour vaincre mes difficultés. Je m'imaginais peut-être que le dessein qu'il avait marqué d'entrer au jardin avec moi et de se présenter à ma famille n'avait été qu'une comédie, mais je lui faisais une injustice si j'en avais cette opinion. Actuellement même, à la vue de mon excessive tristesse, il regrettait que je ne lui eusse pas permis de m'accompagner au jardin. Sa maxime avait toujours été de braver les dangers dont on le menaçait. Ceux qui s'épuisent en menaces ne sont pas plus redoutables dans l'occasion. Mais eût-il dû s'attendre à périr par l'assassinat ou à recevoir autant de coups mortels qu'il avait trouvé d'ennemis dans ma famille, le désespoir où je l'aurais jeté par mon retour l'aurait porté à me suivre jusqu'au château. »

Ainsi, ma chère, ce qui me reste est de gémir sur mon imprudence et de me reconnaître inexcusable d'avoir accordé cette malheureuse entrevue à un esprit si audacieux et si déterminé. Je doute peu, à présent, qu'il n'eût trouvé quelque moyen de m'enlever, si j'avais consenti à lui parler le soir, comme je me reproche d'en avoir eu deux fois la pensée. Mon malheur aurait encore été plus terrible.

Il ajouta néanmoins, en finissant ce discours, que si je l'avais mis dans la nécessité de me suivre au château, il se flattait que la conduite qu'il aurait tenue aurait satisfait tout le monde, et lui aurait procuré la permission de renouveler ses visites.

Il prenait la liberté de m'avouer, continua-t-il, que si je ne m'étais pas trouvée au rendez-vous, il avait déjà pris la résolution de rendre à ma famille une visite de cette nature, accompagné, à la vérité, de quelques fidèles amis, et qu'elle n'aurait pas été remise plus loin que le même jour, parce qu'il n'aurait pu voir arriver paisiblement le mercredi, sans avoir fait tous ses efforts pour apporter quelque changement à ma situation. Quel parti avais-je à prendre, ma chère amie, avec un homme de ce caractère?

Ce discours me réduisit au silence. Mes reproches se tournaient sur moi-même. Tantôt je me sentais effrayée de son audace. Tantôt, portant les yeux sur l'avenir, je ne voyais que des sujets de désespoir et de consternation dans les plus favorables perspectives. L'abattement où me jetaient ces idées lui donna le temps de continuer d'un air encore plus sérieux.

— A l'égard du reste, il espérait que j'aurais la bonté de lui pardonner ; mais il ne pouvait me dissimuler qu'il était affligé, infiniment affligé, répéta-t-il en élevant la voix et changeant même de couleur, de se voir dans la nécessité d'observer que je regrettais de n'avoir pas couru le risque d'être la femme de Solmes, plutôt que de me voir en état de récompenser un homme qui, si je lui permettais de le dire, avait souffert autant d'outrages pour moi que j'en avais essuyés pour lui, qui avait attendu mes ordres et les *mouvemens variables* de ma plume (pardonnez, mademoiselle), à toutes les heures du jour et de la nuit, pendant toutes sortes de temps, avec une satisfaction, une ardeur, qui ne peut être inspirée que par la plus fidèle et la plus respectueuse passion... (Ce langage, chère miss Howe, avait commencé à réveiller beaucoup mon attention) et cela, mademoiselle, dans quelle vue? (que mon impatience redoubla ici!) dans la seule vue de vous délivrer d'une indigne oppression...

— Monsieur ! monsieur ! interrompis-je d'un air indigné... Il me coupa la parole :

— Souffrez que j'achève, très chère Clarisse ! J'ai le cœur si plein qu'il demande à se soulager... Et pour fruit de mes adorations ; j'ose dire de mes services, il faut entendre de votre bouche, car vos termes retentissent encore à mes oreilles et font bien du bruit dans mon cœur, *que vous donneriez le monde entier et toutes vos espérances dans cette vie, pour être encore dans la maison d'un père cruel...*

— Pas un mot contre mon père ! je ne le souffrirai jamais...

— *A quelque traitement que vous y fussiez réservée!* Allez mademoiselle, vous poussez la crédulité au delà de toute vraisemblance, si vous vous imaginez que vous auriez évité d'être la femme de Solmes. Et puis, je vous ai poussée *au sacrifice de votre devoir et de votre conscience!* Quoi ! vous ne voyez pas dans quelle contradiction votre vivacité vous jette ! La résistance que vous avez opposée jusqu'au dernier moment à vos persécuteurs ne met-elle pas votre conscience à couvert de tous les reproches de cette nature?

— Il me semble, monsieur, que votre délicatesse est extrême sur les mots. C'est une colère fort modérée que celle qui s'arrête aux expressions!

En effet, ma chère, j'ai pensé depuis que ce que j'avais pris d'abord pour une véritable colère, ne venait point de cette chaleur soudaine qu'il n'est pas toujours aisé de réprimer ; mais que c'était plutôt une colère de commande, à laquelle il ne lâchait la bride que pour m'intimider.

Il reprit : — Pardon, mademoiselle, j'achève en deux mots. N'êtes-vous pas persuadée vous-même que j'ai hasardé ma vie pour vous délivrer de l'oppression? Cependant ma récompense, après tout, n'est-elle pas incertaine et précaire? N'avez-vous pas exigé (loi dure, mais sacrée pour moi!) que le terme de mes espérances soit reculé? Ne vous êtes-vous pas réservé le pouvoir d'accepter mes soins, ou de les rejeter entièrement s'ils vous déplaisent?

Voyez, ma chère, de tous côtés ma condition n'a fait qu'empirer. Croyez-vous qu'à présent il depende de moi de suivre votre conseil, quand je croirais, comme vous, que mon intérêt m'oblige de ne pas différer la cérémonie?

— Et ne m'avez-vous pas même déclaré, continua-t-il, que vous renonceriez à moi pour jamais, si vos amis faisaient dépendre votre réconciliation de cette condition cruelle? Malgré de si rigoureuses lois, j'ai le mérite de vous avoir sauvée d'une odieuse violence. Je l'ai, mademoiselle, et j'en fais ma gloire, quand je devrais être assez malheureux pour vous perdre... comme je n'observe que trop que j'en suis menacé, et par le chagrin où je vous vois, et surtout par la condition sur laquelle vos parens peuvent insister. Mais je répète que ma gloire est de vous avoir rendue maîtresse de vous-même. C'est dans cette qualité que j'implore humblement votre faveur, aux seules conditions sous lesquelles j'en ai formé l'espérance; et je vous demande pardon avec la même humilité, de vous avoir fatiguée par des explications qu'un cœur d'aussi bonne foi que le mien n'aurait pu renfermer sans une extrême violence.

Le fier personnage avait mis un genou en terre en prononçant la fin de son discours.

— Ah! levez-vous, monsieur, me hâtai-je de lui dire. Si l'un des deux doit fléchir le genou, que ce soit celle qui vous a tant d'obligations. Cependant je vous demande en grâce de ne pas continuer sur le même ton. Vous avez pris sans doute beaucoup de peine en ma faveur; mais si vous m'aviez fait plus tôt connaître que vous vous proposiez des récompenses aux dépens de mon devoir, je me serais efforcée de vous l'épargner. Quoique je ne pense à rien moins qu'à diminuer le mérite extraordinaire de vos services, vous me permettrez de vous dire que si vous ne m'aviez pas engagée malgré moi dans une correspondance où je me suis toujours flattée que chaque lettre serait la dernière, et que je n'aurais pas continuée si je n'avais cru que vous aviez reçu de mes amis quelques sujets de plainte, il n'aurait jamais été question pour moi ni d'emprisonnement ni d'autres violences, et mon frère n'aurait pas eu de fondement sur lequel sa mauvaise volonté pût s'exercer.

« Je suis fort éloignée de croire que si j'étais demeurée chez mon père, ma situation fût aussi désespérée que vous vous l'imaginez. Mon père m'aima du fond du cœur. Il ne me manquait que la liberté de le voir, et celle de me faire entendre. Un délai était la moindre grâce que je me promettais de l'épreuve dont j'étais menacée.

» Vous vantez votre mérite, monsieur. Oui, que le mérite fasse votre ambition... Si je me laissais toucher par d'autres motifs, au désavantage de Solmes, ou en votre faveur, je n'aurais que du mépris pour moi-même: et si c'était par d'autres vues que vous vous crussiez préférable au pauvre Solmes, je n'aurais que du mépris pour vous.

» Vous pouvez vous glorifier d'un mérite imaginaire, pour m'avoir fait quitter la maison de mon père: mais je vous le dis nettement, la cause de votre gloire fait ma honte. Faites-vous à mes yeux d'autres titres que je puisse approuver, sans quoi vous n'aurez jamais pour moi le mérite que vous avez à vos propres yeux.

» Mais, semblables ici à nos premiers pères, moi du moins qui suis malheureusement chassée de mon paradis, nous avons recours aux récriminations. Ne me parlez plus de ce que vous avez souffert et de ce que vous avez mérité ; *de toutes vos heures, de toutes vos sortes de temps.* Comptez qu'aussi long-temps que je vivrai ces grands services seront présens à ma mémoire ; et que s'il m'est impossible de les récompenser, je serai toujours prête à reconnaître l'obligation. Aujourd'hui, ce que je désire uniquement de vous, c'est de me laisser le soin de chercher quelque retraite qui me convienne. Prenez le carrosse pour vous rendre à Londres ou dans tout autre lieu. Si je retombe dans le besoin de votre assistance ou de votre protection, je vous le ferai savoir, et je vous devrai de nouveaux remerciemens. »

Il m'avait écoutée avec une attention qui le rendait immobile.

—Vous vous échauffez, ma chère vie! me dit-il enfin ; mais, en vérité, c'est sans sujet. Si j'avais des vues indignes de mon amour, je n'aurais pas mis tant d'honnêteté dans mes déclarations. Et, recommençant à prendre le ciel à témoin, il allait s'étendre sur la sincérité de ses sentimens, mais je l'arrêtai tout court.

— Je vous crois sincère, monsieur. Il serait bien étrange que toutes ces protestations me fussent nécessaires pour prendre cette idée de vous. (Ce langage parut le faire un peu rentrer en lui-même, et le rendre plus circonspect.) Si je ne croyais qu'elles le fussent, je ne serais pas, je vous assure, assise ici près de vous dans une hôtellerie publique ; quoique trompée, autant que j'en puis juger, par les méthodes qui m'y ont conduite, c'est-à-dire, monsieur, par des artifices dont le seul soupçon m'irrite contre vous et contre moi-même ; mais c'est ce qu'il n'est pas temps d'approfondir. Apprenez-moi seulement, monsieur (en lui faisant une profonde révérence, car j'étais de fort mauvaise humeur), si votre dessein est de me quitter, ou si je suis sortie d'une prison que pour entrer dans une autre?

— *Trompée*, autant que vous en pouvez juger, par les méthodes qui vous ont conduite ici! *Que je vous apprenne*, mademoiselle, si vous n'êtes sortie d'une prison que pour entrer dans une autre! En vérité, je ne reviens pas de mon étonnement. (Il avait en effet l'air extrêmement mortifié, mais quelque chose de charmant dans les marques de cette surprise vraie ou contrefaite.) Est-il donc nécessaire que je réponde à des questions si cruelles! Vous êtes maîtresse absolue de vous-même. Eh! qui vous empêcherait de l'être! Au moment que vous serez dans un lieu de sûreté, je m'éloigne de vous. Je n'y mets qu'une condition ; permettez que je vous supplie d'y consentir : c'est qu'il vous plaise, à présent que vous ne dépendez que de vous-même, de renouveler une promesse que vous avez déjà faite volontairement ; *volontairement*, sans quoi je n'aurais pas la présomption de vous la demander ; mais, quoique je ne sois pas capable d'abuser de votre bonté, je ne dois pas perdre non plus les avantages qu'il vous a plu de m'accorder. Cette promesse, mademoiselle, c'est que, dans quelque traité que vous puissiez entrer avec votre famille, vous ne deviendrez jamais la femme d'un autre que moi, tant que je serai au monde et que je ne prendrai pas d'autre engagement; à moins que je ne sois assez méchant pour vous donner quelque véritable sujet de déplaisir.

— Je n'hésite pas, monsieur, à vous le confirmer, et dans les termes que vous m'allez dicter vous-même. De quelle manière souhaitez-vous que je m'explique?

— Je ne désire, mademoiselle que votre parole.

— Eh bien! monsieur, je vous la donne!

Là-dessus il eut la hardiesse (j'étais en son pouvoir, ma chère) de me dérober un baiser qu'il nomma le sceau de ma promesse. Son mouvement fut si prompt, que je ne pus l'éviter. Il y aurait eu de l'affectation à marquer beaucoup de colère. Cependant je ne pouvais être sans chagrin en considérant à quoi cette liberté pouvait conduire un esprit si audacieux et si entreprenant. Il dut s'apercevoir que j'étais peu satisfaite. Mais passant, d'un air qui lui est propre, sur tout ce qui était capable de le mortifier :

— C'est assez, c'est assez, très chère Clarisse! Je vous conjure seulement de bannir cette furieuse inquiétude, qui est un tourment cruel pour un amour aussi tendre que le mien. Toute l'occupation de ma vie sera de mériter votre cœur, et de vous rendre la plus heureuse femme du monde, comme je serai le plus heureux de tous les hommes.

Je le quittai pour vous écrire ma lettre précédente; mais je refusai, comme je vous l'ai marqué, de l'envoyer par un de ses gens. La maîtresse de l'hôtellerie me procura un messager, qui devait porter ce qu'il recevait de vous à madame Greme, concierge de milord M..., dans son château de Hertfordshire. La crainte d'être poursuivis nous obligeant de partir le lendemain à la pointe du jour, c'était une route qu'il voulait prendre dans le dessein de changer le carrosse de son oncle pour une chaise à chevaux qu'il avait laissée dans ce lieu, et qui était moins propre à faire découvrir notre marche.

Je jetai les yeux sur le fond de mes richesses, et je ne trouvai dans ma bourse que 7 guinées et quelque monnaie. Le reste de mon trésor consiste en 50 guinées, qui font cinq de plus que je ne croyais posséder, lorsque ma sœur m'a reproché l'usage que je faisais de mon argent. Je les ai laissées dans mon tiroir, prévoyant peu que mon départ fût si proche.

Au fond, la situation où je suis ne me présente que des circonstances choquantes pour ma délicatesse. Entre autres, n'ayant pas d'autres habits que ceux qui sont sur moi, et ne pouvant lui cacher que je vous faisais demander ceux que j'avais entre vos mains, je ne pus me dispenser de lui apprendre comment ce dépôt se trouve chez vous, de peur qu'il ne s'imaginât que je pensais de longue main à partir avec lui, et que j'avais déjà fait une partie de mes préparatifs. Il aurait souhaité ardemment, me répondit-il, pour l'intérêt de ma tranquillité, que votre mère m'eût accordé sa protection, et je crus remarquer, dans ce qu'il me dit là-dessus, qu'il parlait de bonne foi.

Comptez, chère miss Howe, qu'il y a quantité de petites bienséances auxquelles une jeune personne est forcée de renoncer lorsqu'elle est réduite à souffrir un homme dans cette familiarité intime auprès d'elle. Il me semble que je pourrais donner à présent vingt raisons, plus fortes que je ne vous en ai jamais apportées, pour prouver qu'une femme un peu délicate ne doit regarder qu'avec horreur tout ce qui est capable de la conduire au précipice dans lequel on m'a fait tomber, et que l'homme qui l'y pousse doit passer à ses yeux pour le plus vil et le plus intéressé des séducteurs.

Le lendemain, mardi, avant cinq heures du matin, une fille de l'hôtellerie vint m'avertir que mon frère m'attendait dans la salle d'en bas et que le déjeûner était prêt. Je descendis, le cœur aussi chargé que les yeux. Il me fit devant l'hôtesse quantité de remercîmens et de félicitations sur ma diligence, qui marquait, me dit-il, moins de répugnance à continuer notre voyage. Il avait eu l'attention que je n'avais pas eue moi-même (car à quoi pouvait-il me servir d'en avoir alors, après en avoir manqué lorsqu'elle m'était nécessaire?), de m'acheter un chapeau de velours et un mantelet fort riche sans m'en avoir avertie. Il était en droit, me dit-il devant l'hôtesse et ses filles, de se récompenser de ses soins et d'embrasser son aimable sœur quoiqu'un peu chagrine. Le rusé personnage prit sa récommpense, et se vanta de m'avoir enlevé une larme, en m'assurant du même ton que je n'avais rien à redouter de mes parens, qui m'aimaient avec une tendresse extrême. Quel moyen d'être complaisante, ma chère, pour un homme de cette espèce?

Aussitôt que nous fûmes en marche, il me demanda si j'avais quelque répugnance pour le château de milord M.... dans Hertfordshire. Milord, me dit-il, était dans sa terre de Berk. Je lui répétai que mon penchant ne me portait point à paraître si tôt dans sa famille; que ce serait marquer une défiance ouverte de la mienne; que j'étais déterminée à prendre un logement particulier, et que je le priais de se tenir dans l'éloignement, du moins pour attendre ce que mes amis auraient pensé de ma fuite. Dans ces circonstances, ajoutai-je, je me flattais d'une prompte réconciliation, mais s'ils apprenaient que je me fusse jetée sous sa protection ou, ce qu'ils regarderaient du même œil, sous celle de sa famille, il fallait renoncer à toute espérance.

Il me jura qu'il se gouvernerait entièrement par mes indications. Cependant Londres lui paraissant toujours l'asile qui me convenait le mieux, il me représenta que si j'y étais une fois tranquille, dans un logement de mon goût, il pourrait se retirer chez M. Hall. Mais lorsque j'eus déclaré que je n'avais aucun penchant pour Londres, il cessa de me presser.

Il me proposa, et j'y consentis, de descendre dans une hôtellerie voisine de Median ; c'est le nom du château de son oncle dans Hertfordshire. J'obtins la liberté d'y être deux heures à moi-même, et je les employai à vous écrire, pour continuer le récit que j'avais commencé à Saint-Albans. J'écrivis aussi à ma sœur dans la double vue d'informer ma famille que j'étais en bonne santé, soit qu'elle y prît intérêt ou non, et de lui demander mes habits, quelques livres que je lui nomme, et les cinquantes guinées que j'ai laissées dans mon tiroir. M. Lovelace, à qui je ne déguisai pas le sujet de ma seconde lettre, me demanda si j'avais pensé marquer une adresse à ma sœur?

— Non, assurément, lui répondis-je, j'ignore encore...

— Je l'ignore de même, interrompit-il, et c'est le hasard qui m'y a fait penser (la bonne âme, si je l'en voulais croire!). Mais, mademoiselle, je vous dirai comment on peut s'y prendre. Si vous êtes absolument déterminée contre le séjour de Londres, il ne laisse pas d'être à propos que votre famille vous y croie, parce que alors elle perdra l'espérance de vous trouver. Marquez à votre sœur qu'on peut adresser ce qui sera destiné pour vous à M. Osgood, place de Soho. C'est un homme de bonne réputation, à qui vos amis ne feront pas difficulté de confier vos effets; et cette voie est très propre à les amuser.

Les amuser, ma chère! Amuser! qui? Mon père, mes oncles! Mais c'est un mal nécessaire. Vous voyez qu'il a des expédiens tout prêts. N'ayant point d'objection à faire contre celui-ci, je n'ai pas balancé de m'y prêter. Mon inquiétude est de savoir quelle réponse je recevrai; ou si l'on daignera me faire une réponse. En attendant, c'est une consolation de penser que de quelques duretés qu'elle puisse être remplie, et fût-elle de la main de mon frère, elle ne saurait être plus rigoureuse que les derniers traitemens que j'ai reçus de lui et de ma sœur.

M. Lovelace s'absenta l'espace d'environ deux heures; et, rentrant dans l'hôtellerie, son impatience lui fit envoyer trois ou quatre fois pour demander à me voir. Je lui fis répondre, autant de fois, que j'étais occupée, et pour la dernière, que je ne cesserais pas de l'être jusqu'à l'heure du dîner. Quel parti prit-il? celui de le faire avancer; je l'entendis, par intervalles, qui jurait de bonne grâce contre le cuisinier et les domestiques.

C'est une autre de ses perfections. Je hasardai, en le rejoignant, de lui faire honte de cette liberté de langage. Je l'avais entendu jurer, au même moment, contre son valet de chambre, dont il était content d'ailleurs:

— C'est une triste profession, lui dis-je en l'abordant, que celle de tenir une hôtellerie.

— Pas si triste, je m'imagine. Quoi! mademoiselle, croyez-vous qu'une profession où l'on mange et l'on boit aux dépens d'autrui, je parle des hôtelleries un peu distinguées, soit un état fort à plaindre?

— Ce qui me le fait croire, c'est la nécessité où l'on s'y trouve de loger continuellement des gens de guerre, dont je me figure que la plupart sont des misérables sans frein. Bon Dieu! continuai-je, quels termes j'entendais à l'instant, d'un de ces braves défenseurs de la patrie, qui s'adressait, autant que j'en ai pu juger par la réponse, à un homme fort doux et fort modeste. Le proverbe me paraît juste : *jurer comme un soldat.*

Il se mordit la lèvre, et fit un tour sur ses talons; et, s'approchant du miroir, je crus lire sur son visage les marques de son embarras.

— Oui, mademoiselle, me dit-il, c'est une habitude militaire. Les soldats sont des jureurs effrénés : je crois que leurs officiers devraient les en punir.

— Ils méritent un sévère châtiment, répliquai-je, car ce vice est indigne de l'humanité; celui des imprécations ne me paraît pas moins odieux. Il marque tout à la fois de la méchanceté et de l'impuissance celui qui s'y livre serait une *furie* s'il avait le pouvoir d'exécuter ses désirs.

— Charmante observation, mademoiselle! Je m'engage à dire au premier soldat que j'entendrai jurer, qu'il n'est qu'un misérable.

Madame Greme vint me rendre ses devoirs, comme il plut à M. Lovelace de nommer ses civilités. Elle me pressa beaucoup d'aller au château, en s'étendant sur ce qu'elle avait entendu dire de moi, non seulement à milord M..., mais à ses deux nièces et à toute la famille, et sur l'espérance dont ils se flattaient depuis long-temps de recevoir un honneur qu'elle ne croyait plus éloigné. Ses discours me causèrent quelque satisfaction, parce qu'ils venaient de la bouche d'une fort bonne femme, qui me confirmait tout ce que M. Lovelace m'avait dit.

A l'occasion d'un logement, sur lequel je jugeai à propos de la consulter, elle me recommanda sa belle-sœur, qui demeurait à sept ou huit milles de là, et chez laquelle je suis actuellement. Ce qui me fit le plus de plaisir, ce fut d'entendre M. Lovelace, qui de son propre mouvement lui donna ordre de me tenir compagnie dans la chaise, tandis que, montant à cheval avec deux hommes à lui et un écuyer de milord M..., il nous servit d'escorte jusqu'au terme de notre route, où nous arrivâmes à quatre heures du soir.

Mais je crois vous avoir dit, dans ma lettre précédente, que les logemens n'y sont pas commodes. M. Lovelace, peu satisfait, ne dissimula point à madame Greme qu'il les trouvait au dessous de la peinture même qu'elle nous en avait tracée ; que la maison étant éloignée d'un mille du bourg voisin, il ne convenait pas qu'il s'écartât si tôt à cette distance de moi, dans la crainte de quelques accidens contre lesquels nous n'étions point encore rassurés, et que les chambres néanmoins se touchaient de trop près pour lui permettre de s'y loger avec moi. Vous vous persuaderez facilement que ce langage me parut fort agréable dans sa bouche.

Pendant cette marche, j'eus dans la chaise une longue conversation avec madame Greme. Ses réponses à toutes mes questions furent libres et naturelles ; je lui trouvai un tour d'esprit sérieux, qui me plut beaucoup. Par degrés, je la conduisis à quantité d'explications, dont une partie s'accorde avec le témoignage de l'intendant congédié, auquel mon frère s'était adressé ; et j'en conclus que tous les domestiques ont à peu près la même opinion de M. Lovelace.

« Elle me dit qu'au fond c'était un homme généreux ; qu'il n'était pas aisé de décider s'il était plus redouté que chéri de toute la maison de milord M... Que ce seigneur avait une extrême affection pour lui ; que ses deux tantes n'en avaient pas moins ; que ses deux cousines Montaigu étaient deux jeunes personnes du meilleur naturel du monde. Son oncle et ses tantes lui avaient proposé différens partis, avant qu'il m'eût rendu des soins, et même depuis, parce qu'ils désespéraient de mon consentement et de celui de ma famille. Mais elle l'avait entendu répéter fort souvent qu'il ne pensait point à se marier, si ce n'était avec moi. Tous ses proches avaient été fort choqués des mauvais traitemens qu'il avait reçus des miens ; cependant ils avaient toujours admiré mon caractère, et loin de se refroidir pour notre alliance, ils m'auraient préférée, sans dot, à toutes les femmes du monde, dans l'opinion que jamais personne n'aurait tant d'ascendant sur ses inclinations, et tant d'influence sur son esprit. On ne pouvait disconvenir que M. Lovelace ne fût un homme fort dissipé ; mais c'était une maladie qui se guérirait d'elle-même. Milord faisait ses délices de la compagnie de son neveu, lorsqu'il pouvait se la procurer, ce qui n'empêchait pas qu'ils ne se querellassent souvent, et c'était toujours l'oncle qui se voyait forcé de prendre le parti de la soumission. Il avait comme peur de lui, aussi se conformait-il à toutes ses volontés. » Cette bonne femme regrettait beaucoup que son jeune maître, c'est ainsi qu'elle le nommait, ne fît pas un meilleur usage de ses talens. « Cependant, me dit-elle, avec de si belles qualités il ne fallait pas désespérer de sa réformation ; un heureux avenir ferait oublier le passé, et tous ses proches en étaient si fort convaincus, qu'ils ne souhaitaient rien avec tant d'ardeur que de le voir marié. »

Ce portrait, quoique médiocrement favorable, vaut mieux que tout ce que mon frère dit de lui.

Les personnes qui occupent cette maison paraissent des gens d'honneur, la ferme est en bon état et ne manque de rien. Madame Sorlings, belle-sœur de madame Greme, est une veuve qui a deux grands fils, sages et laborieux, entre lesquels je vois une sorte d'émulation pour le bien commun, et deux jeunes filles fort modestes, qui sont traitées plus respectueusement par leurs frères que je ne l'ai été par le mien. Il me semble que je pourrai m'arrêter ici plus long-temps que je ne l'avais espéré à la première vue.

J'aurais dû vous dire plus tôt que j'ai reçu votre obligeante lettre avant que d'arriver ici : tout est charmant de la part d'une amie si chère. Je conviens que mon départ a dû vous causer beaucoup d'étonnement, après la résolution à laquelle je m'étais si fortement attachée. Vous avez vu jusqu'ici combien j'en suis étonnée moi-même.

Tous les complimens de M. Lovelace ne me donnent pas meilleure opinion de lui. Je trouve de l'excès dans ses protestations ; il me dit de trop belles choses ; il en dit de trop belles de moi. Il me semble que le respect sincère et la véritable estime ne consistent pas dans l'exagération des termes. Ce n'est point par des paroles que les sentimens s'expriment. L'humble silence, les regards timides, l'embarras même dans le ton de la voix, en apprennent plus que tout ce que Shakspear nomme les *bruyantes saillies d'une audacieuse éloquence*. Cet homme ne parle que de transports et d'extases ; ce sont deux de ses mots favoris ; mais je sais trop, pour ma confusion, à quoi je dois véritablement les attribuer : à son triomphe, ma chère, je le dis en un mot, qui ne demande pas d'autre explication. En désirer davantage, ce serait tout à la fois blesser ma vanité et condamner ma folie.

Nous avons été fort alarmés par quelques soupçons de poursuite, fondés sur une lettre de Joseph Leman. Que le changement des circonstances nous fait juger différemment d'une action ! On la condamne, on la sanctifie, suivant l'utilité qu'on y trouve. Avec quel soin, par conséquent, ne devrait-on pas se former des principes solides, des distinctions entre le bien et le mal, qui soient indépendantes de l'intérêt propre ? J'ai traité de bassesse la corruption d'un domestique de mon père : aujourd'hui je ne suis pas éloignée de l'approuver indirectement, par la curiosité qui me fait demander sans cesse à M. Lovelace ce qu'il apprend, par cette voie ou par d'autres, de la manière dont mes amis ont pris ma fuite. Elle doit sans doute leur paraître concertée, téméraire, artificieuse. Quel malheur pour moi ! Dans la situation où je suis néanmoins, puis-je leur donner de véritables éclaircissemens ?...

Il me dit qu'ils sont vivement pénétrés, mais que jusqu'à présent ils ont fait éclater moins de douleur que de rage ; qu'il a peine à se modérer en apprenant les injures et les menaces que mon frère vomit contre lui. Vous jugez bien qu'ensuite il me fait valoir sa patience.

Quelle satisfaction ne me suis-je pas dérobée, ma très chère amie, par cette imprudente et malheureuse fuite ! Je suis en état, mais trop tard, de juger quelle différence il y a réellement entre ceux qui offensent et ceux qui sont offensés. Que ne donnerais-je pas pour me trouver en droit de dire qu'on me fait injustice et que je n'en fais à personne? que les autres manquent à la bonté qu'ils me doivent, et que je suis fidèle à mes lois pour ceux à qui je dois du respect et de la soumission?

Je suis une misérable, d'avoir pu me résoudre à voir mon séducteur! Quelque bonheur qui puisse m'arriver à présent, je me suis préparé une source de remords pour le reste de ma vie.

Une autre inquiétude, qui ne me tourmente pas moins, c'est que chaque fois qu'il faut le voir, je suis plus embarrassée que jamais de ce que je dois penser de lui. J'observe sa contenance, je crois y découvrir des modifications sensibles. Il me semble que ses regards signifient plus qu'ils n'étaient accoutumés. Cependant ils ne sont pas plus sérieux, ni moins gais. Je ne sais pas véritablement ce qu'ils sont ; mais j'y trouve beaucoup plus de confiance qu'auparavant, quoiqu'il n'en ait jamais manqué.

Cependant je crois avoir pénétré l'énigme. Je le regarde à présent avec une sorte de crainte, parce que je connais le pouvoir que mon indiscrétion lui a donné sur moi. Il peut se croire en droit de prendre des airs plus hautains, lorsqu'il me voit dépouillée de ce qu'il y a d'imposant dans une personne accoutumée à se voir respecter, qui, sentant désormais son infériorité, se reconnaît vaincue, et comme soumise à son nouveau protecteur.

Le porteur de cette lettre sera un porte-balle du canton, qui ne peut faire naître aucun soupçon, parce qu'on est accoutumé à le voir tous les jours avec ses marchandises. Il est chargé de la remettre à M. Knolles, suivant l'adresse que vous me donnez. Si vous aviez appris quelque chose qui regarde mon père et ma mère, et l'état de leur santé, ou qui puisse me faire juger de la disposition de mes amis, vous auriez la bonté de m'en instruire en deux mots ; du moins si vous pouvez être avertie que le messager attend votre réponse.

Je crains de vous demander si la lecture de mon récit me fait paraître un peu moins coupable à vos yeux.

CLARISSE HARLOVE.

LETTRE XCVI.

M. LOVELACE, A M. BELFORD.

Mardi et mercredi, 11 et 12 avril.

Tu veux que j'exécute ma promesse et que je ne te dissimule rien de ce qui s'est passé entre ma déesse et moi. Il est vrai que jamais un plus beau sujet n'exerça ma plume. D'ailleurs, j'ai du temps de reste. Si j'en croyais toujours *la dame de mes affections*, l'accès me serait aussi difficile auprès d'elle qu'au plus humble esclave auprès d'un monarque de l'Orient. Il ne me manquerait donc que l'inclination, si je refusais de te satisfaire ; mais notre amitié, et la fidèle compagnie que tu m'as tenue au *Cerf Blanc*, me rendraient inexcusable.

Je te quittai, toi et nos camarades, avec la ferme résolution, comme tu sais, de vous rejoindre si mon rendez-vous manquait encore, pour nous rendre ensemble chez le sombre père des Harlove, demander audience au tyran, lui porter mes plaintes de la liberté avec laquelle on attaque mon caractère ; pour tenter, en un mot, par des voies honnêtes, de lui inspirer de meilleures idées, et le porter à traiter sa fille avec moins de barbarie, et moi-même avec un peu plus de civilité. Je t'ai dit les raisons qui m'avaient empêché de prendre la lettre de ma déesse. Je ne me trompais pas. J'y aurais trouvé un contre-ordre; et le rendez-vous aurait manqué. A-t-elle pu croire qu'après avoir été une fois trompé, je n'insisterai pas sur sa promesse, et que je ne trouverais pas le moyen de retenir une femme dans mes filets, après avoir apporté tant de soins à l'y engager ?

Aussitôt que j'entendis remuer le verrou du jardin, je me crus sûr d'elle. Ce mouvement me fit tressaillir; mais lorsqu'il fut suivi de l'apparition de ma charmante, qui m'environna tout d'un coup d'un déluge de lumière, je marchai sur l'air, et je me regardai à peine comme un mortel. Je te ferai quelque jour la description de ce spectacle, au moment qu'il s'offrit à mes yeux, et tel que j'eus ensuite le temps de le mieux observer. Tu sais quel critique je suis pour tout ce qui regarde l'agrément, la figure et l'ajustement des femmes. Cependant il y a dans celle-ci une élégance naturelle qui surpasse tout ce qu'on peut se représenter. Elle orne ce qu'elle porte plus qu'elle n'en est ornée. N'attends donc qu'une faible esquisse de sa personne et de sa parure.

L'effort qu'elle avait fait sur elle-même pour tirer le verrou, ayant comme épuisé sa hardiesse, un trouble charmant, qui succéda aussitôt, me fit remarquer que le feu naturel de ses yeux se tournait en langueur. Je la vis trembler. Je jugeai que la force lui manquait pour soutenir les agitations d'un cœur qu'elle n'avait jamais trouvé si difficile à gouverner. En effet, elle était prête à s'évanouir, et je fus obligé de la soutenir dans mes bras. Précieux moment! que mon cœur, qui battait si près du sien, partagea délicieusement une si douce émotion !

Son habillement m'avait fait juger, au premier coup d'œil, qu'elle n'était pas disposée à partir, et qu'elle était venue dans l'intention de m'échapper encore une fois. Je ne balançai point à me servir de ses mains que je tenais dans les miennes, pour la tirer doucement après moi. Ici commença une dispute, la plus vive que j'aie jamais eue avec une femme. Tu me plaindrais, cher ami, si tu savais combien cette aventure m'a coûté. Je priai, je conjurai. Je priai et je conjurai à genoux. Je ne sais si quelques larmes n'eurent point part à la scène. Heureusement que, sachant fort bien à qui j'avais à faire, mes mesures étaient prises pour toutes les éventualités. Sans les précautions que je t'ai communiquées, il est sûr que j'aurais manqué mon entreprise; mais il ne l'est pas moins, que renonçant à ton secours et à celui de tes camarades, je serais entré dans le jardin, j'aurais accompagné la belle jusqu'au château; et qui sait quelles auraient été les suites ?

Mon honnête agent entendit mon signal, quoiqu'un peu plus tard que je ne l'eusse souhaité, et joua fort habilement son rôle. « Ils viennent, ils viennent ! Fuyez; vite, vite, ma très chère âme ! » m'écriai-je en tirant mon épée d'un air redoutable, comme si j'avais été résolu d'en tuer une centaine ; et reprenant ses mains tremblantes, je la tirai si légèrement après moi, qu'à peine étais-je aussi prompt avec les ailes de l'amour, qu'elle avec l'aiguillon de la crainte. Que veux-tu de plus? Je devins son monarque.

Je te ferai ce détail, la première fois que nous nous verrons. Tu jugeras de mes peines, et de sa perversité. Tu te réjouiras avec moi de mon triomphe sur une femme si pénétrante et si réservée. Mais que dis-tu de cette fuite, de ce passage d'un amour à l'autre? Fuir des amis qu'on était résolue de ne pas quitter, pour suivre un homme avec lequel on était résolue de ne pas partir... Tu ne ris pas, Belford? Dis-moi donc, connais-tu rien d'aussi comique? O sexe! sexe! charmante contradiction! Tiens, l'envie de rire me prend. Je suis forcé de quitter ma plume pour me tenir les côtés. Il faut que je me satisfasse, tandis que je suis dans l'accès.

Ma foi, Belford, je suis trompé, si mes coquins de valets ne me croient fou! J'en viens d'apercevoir un qui a passé la tête à ma porte, pour voir avec qui je suis, ou quelle manie m'agite. L'infâme m'a surpris dans un éclat de rire, et s'est retiré en riant lui-même. Oh! l'aventure est trop plaisante. J'en veux rire encore... si tu pouvais te la représenter comme moi, tu serais forcé d'en rire aussi; je t'assure, mon ami, que si nous étions ensemble, nous en ririons une heure entière.

Mais, vous, charmante personne! n'ayez pas regret, je vous prie, aux petites ruses par lesquelles vous soupçonnez que votre vigilance a pu se laisser surprendre. Prenez garde d'en exciter d'autres, qui pourraient être plus dignes de vous. Si votre monarque a résolu votre chute, vous tomberez. Quelle imagination, ma chère, de vouloir attendre, pour notre mariage, que vous soyez convaincue de ma réformation? Ne craignez rien; si tout ce qui peut arriver arrive, vous aurez à vous plaindre de votre étoile plus que de vous-mêmes. Mais au pis aller, je vous ferai des conditions glorieuses. La prudence, la vigilance, qui défendront généreusement la place, sortiront avec les honneurs de la guerre. Tout votre sexe et tout le mien conviendront, en apprenant mes stratagèmes et votre conduite, que jamais forteresse n'aura été mieux défendue ni forcée plus noblement.

Il me semble que je t'entends dire : — Quoi? vouloir rabaisser une divinité de cet ordre, à des termes indignes de ses perfections? Il est impossible, Lovelace, que tu aies jamais eu dessein de fouler aux pieds tant de sermens et de protestations solennelles.

— C'est un dessein que je n'ai pas eu, tu as raison. Que je l'aie même aujourd'hui, mon cœur, le respect que j'ai pour elle ne me permettent pas de le dire. Mais ne connais-tu pas mon aversion pour toutes sortes d'entraves? N'est-elle pas au pouvoir de son monarque?

— Et seras-tu capable, Lovelace, d'abuser d'un pouvoir que tu dois...

— A quoi, nigaud? Oseras-tu dire, à son consentement?

— Mais ce pouvoir, me diras-tu, je ne l'aurais pas, si elle ne m'avait estimé plus que tous les autres hommes. Ajoute que je n'aurais pas pris tant de peine pour l'obtenir, si je ne l'avais aimée plus que toute autre femme. Jusque-là, Belford, nos termes sont égaux. Si tu parles d'honneur, l'honneur ne doit-il pas être mutuel? S'il est mutuel, ne doit-il pas renfermer une mutuelle confiance? et quel degré de confiance puis-je me vanter d'avoir obtenu d'elle? Tu sais tout le progrès de cette guerre; car je ne puis lui donner un autre nom, et je suis même fort éloigné de pouvoir la nommer une guerre d'amour. Des doutes, des défiances, des reproches de sa part; les plus abjectes humiliations de la mienne; obligé de prendre un air de réformation, que tous tant que vous êtes, vous avez craint de me voir adopter sérieusement. Toi-même, n'as-tu pas souvent observé qu'après m'être approché du jardin de son père à la distance d'un mille, et sans avoir eu l'occasion de la voir, je ne retournais pas de bonne grâce à nos plaisirs ordinaires? Ne mérite-t-elle pas d'en porter la peine? Réduire un honnête homme à l'hypocrisie, quelle tyrannie insupportable!

D'ailleurs, tu sais fort bien que la friponne m'a joué plus d'une fois, et qu'elle n'a pas fait scrupule de manquer à des rendez-vous promis. N'as-tu pas été témoin de la fureur que j'en ai ressentie? N'ai-je pas juré dans mes emportemens d'en tirer vengeance? et parjure pour parjure, s'il faut que j'en commette un en répondant à son attente ou en suivant mes inclinations, ne suis-je pas en droit de dire, comme Cromwell : « Il s'agit de la tête du roi ou de la mienne, et le choix est en mon pouvoir ; puis-je hésiter un moment? »

Ajoute encore que je crois apercevoir, dans sa circonspection et dans sa tristesse continuelle, qu'elle me soupçonne de quelque mauvais dessein : et je serais fâché qu'une personne que j'estime fût trompée dans son attente.

Cependant, cher ami, qui pourrait penser sans remords à se rendre coupable de la moindre offense contre une créature si noble et si relevée? Qui n'aurait pas pitié? Mais, d'autre part, si lente à se fier à moi, quoiqu'à la veille de se voir forcée de prendre un homme dont la seule concurrence est une disgrâce pour ma fierté! et d'une humeur si chagrine, à présent qu'elle a franchi le pas! Quel droit a-t-elle donc à ma pitié ; surtout à une pitié dont son orgueil serait infailliblement blessé?

Mais je ne prends pas de résolution. Je veux voir à quoi son inclination sera capable de la porter, et quel mouvement je recevrai aussi de la mienne. Il faut que le combat se fasse avec égalité d'avantage. Malheureusement pour moi, chaque occasion que j'ai de la voir me fait sentir que son pouvoir augmente, et que le mien s'affaiblit.

Cependant, quelle folle petite créature, de vouloir attendre, pour m'accorder sa main, que je sois un homme réformé, et que ses implacables parens deviennent traitables, c'est-à-dire, qu'ils changent de nature!

Il est vrai que lorsqu'elle m'a prescrit toutes ces lois, elle ne pensait guère que sans aucune condition mes ruses la *feraient sortir hors d'elle-même.* C'est l'expression de cette chère personne, comme je te le raconterai dans un autre lieu. Quelle est ma gloire, de l'avoir emporté sur sa vigilance et sur toutes ses précautions! J'en suis plus grand du double, dans ma propre imagination. Je laisse tomber mes regards sur les autres hommes, du haut de ma grandeur et d'un air de supériorité sensible : ma vanité approche de l'extravagance. En un mot, toutes les facultés de mon âme sont noyées dans la joie. Lorsque je me mets au lit, je m'endors en riant. Je ris, je chante à mon réveil. Cependant je ne saurais dire que j'aie rien en vue de fort proche : et pourquoi? parce qu'on ne me trouve point encore assez réformé.

Je t'ai dit dans le temps, si tu t'en souviens, combien cette restriction pouvait tourner au désavantage de la belle, si je pouvais l'engager une fois à quitter la maison de son père, et si je me trouvais disposé à la punir, tout ensemble, et des fautes de sa famille, et des peines infinies que je l'accuse elle-même de m'avoir causées. Elle ne s'imagine guère que j'en ai tenu le compte ; et que, lorsque je me sentirai trop attendri en sa faveur; je n'ai qu'à jeter les yeux sur mon mémoire, pour m'endurcir autant qu'il sera convenable à mes vues.

O charmante Clarisse! rappelle bien ton attention. Retranche tes airs hautains. Si tu n'as que de l'indifférence pour moi, ne crois pas que ta sincérité te puisse tenir lieu d'excuse. Je ne l'admettrai pas. Songe que tu es en mon pouvoir. Si tu m'aimes, ne crois pas non plus que les déguisemens affectés de ton sexe te puissent servir beaucoup, avec un cœur aussi fier et aussi jaloux que le mien. Souviens-toi d'ailleurs que tous les péchés de ta famille sont rassemblés sur ta tête.

Mais, Belford! lorsque je vais revoir ma déesse, lorsque je me retrouverai sous les rayons brûlans de ses yeux, que deviendront toutes ces vapeurs qui se forment de l'incertitude de mes idées et de la confusion de mes tyranniques sentimens?

Quelles que puissent être mes vues, sa pénétration m'oblige d'avancer *à la sappe*. Rien ne doit manquer aux apparences. Elle sera ma femme quand je le voudrai : c'est un pouvoir que je ne saurais perdre. Les premières études, quoique les mêmes pour tous les jeunes gens qu'on met au collége, font distinguer la différence de leur génie, et découvrir d'avance le jurisconsulte, le théologien, le médecin. Ainsi la conduite de ma belle me fera décider si c'est en qualité de femme qu'elle doit m'appartenir. Je penserai au mariage, lorsque je serai résolu de me réformer. Il sera temps alors pour l'un, dit la belle ; moi, je dis pour l'autre.

Où s'égare mon imagination? C'est le maudit effet d'une situation dans laquelle, en vérité, je ne sais à quoi m'arrêter.

Je te communiquerai mes vues à mesure qu'elles s'éclairciront pour moi-même. Je te dirai de bonne foi le pour et le contre ; mais il semble qu'étant si loin de mon sujet, il est trop tard aujourd'hui pour y revenir. Peut-être t'écrirai-je tous les jours ce que l'occasion pourra m'offrir ; et je trouverai, par intervalles, le moyen de t'envoyer mes lettres. Ne t'attends pas à beaucoup d'exactitude et de liaison dans mon style. Il te suffit d'y reconnaître ma volonté suprême, et le sceau de ton chef.

LETTRE XCVII.

MISS HOWE, A MISS CLARISSE HARLOVE.

Mercredi au soir, 12 avril.

Votre récit, ma chère, ne me laisse rien à désirer. Vous êtes toujours cette âme noble qui ne mérite que de l'admiration, supérieure au déguisement, à l'art, au désir même de diminuer ou d'excuser ses fautes. Votre famille est la seule au monde, qui soit capable d'avoir poussé une fille telle que vous à de telles extrémités.

Mais je trouve de l'excès dans votre bonté pour ces indignes parens. Vous faites tomber sur vous le blâme avec tant de franchise et si peu de ménagement, que vos ennemis les plus envenimés n'y pourraient rien ajouter. A présent que je suis informée du détail, je ne suis pas surprise qu'un homme si hardi, si entreprenant... On vient m'interrompre.

Vous avez résisté avec plus de force et plus long-temps... J'entends encore une mère jalouse qui veut savoir de quoi je suis occupée.

Votre ressentiment va trop loin contre vous-même. N'êtes-vous pas sans reproche dans l'origine? A l'égard de votre première faute, qui est d'avoir répondu à ses lettres, vous étiez la seule qui pût veiller à la sûreté d'une famille telle que la vôtre, lorsque son *héros* s'était engagé si follement dans une querelle qui le mettait lui-même en danger. Excepté votre mère, qu'on tient à la chaîne, en nommeriez-vous un seul qui ait le sens commun?

Pardon encore une fois, ma chère... j'entends arriver ce stupide mortel, votre oncle Antonin, un petit esprit, le plus entêté et le plus décisif...

Il vint hier, d'un air bouffi, soufflant, s'agitant; et jusqu'à l'arrivée de ma mère, il fut un quart d'heure à frapper du pied dans la salle. Elle était à sa toilette. Ces veuves sont aussi empesées que les vieux garçons. Pour tout au monde, elle ne voudrait pas le voir en déshabillé. Que peu* signifier cette affectation?

Le motif qui amenait M. Antonin Harlove était de l'exciter contre vous, et de vomir devant elle une partie de la rage où les jette votre fuite. Vous en jugerez par l'événement. Le bizarre cerveau voulut entretenir ma mère à part. Je ne suis point accoutumée à ces exceptions, dans toutes les visites qu'elle reçoit.

Ils s'enfermèrent soigneusement, la clé tournée sur eux; fort près l'un de l'autre; car, en prêtant l'oreille, je ne pus les entendre distinctement, quoiqu'ils parussent tous deux pleins de leur sujet.

La pensée me vint plus d'une fois de leur faire ouvrir la porte. Si j'avais pu compter sur ma modération, j'aurais demandé pourquoi il ne m'était pas permis d'entrer; mais je craignis qu'après en avoir obtenu la permission, je ne fusse capable d'oublier que la maison était à ma mère. J'aurais proposé sans doute de chasser ce vieux démon par les épaules. Venir dans la maison d'autrui pour se livrer à son emportement! pour accabler d'injures ma chère, mon innocente amie! et ma mère y prêter une longue attention! Tous deux apparemment, pour se justifier, l'un d'avoir contribué au malheur de ma chère amie; l'autre, de lui avoir refusé un asile passager, qui aurait pu produire une réconciliation que son cœur vertueux lui faisait désirer, et pour laquelle ma mère, avec l'amitié qu'elle a toujours eue pour vous, devait se faire un honneur d'employer sa médiation! Comment aurais-je conservé de la patience?

L'événement, comme j'ai dit, m'apprit encore mieux quel avait été le motif de cette visite. Aussitôt que le *vieux masque* fut sorti (vous devez me permettre tout, ma chère), les premières apparences, du côté de ma mère, furent un air de réserve dans le goût des Harlove, qui, sur quelques petits traits de mon ressentiment, fut suivi d'une rigoureuse défense d'entretenir le moindre commerce avec vous. Ce prélude amena des explications qui ne furent pas des plus agréables. Je demandai à ma mère s'il m'était défendu de m'occuper de vous dans mes songes; car, la nuit et le jour, ma chère, vous m'êtes également présente.

Quand vos motifs n'auraient pas été tels que je les connais, l'effet que cette défense a produit sur moi me disposerait à vous passer votre correspondance avec Lovelace. Mon amitié en est augmentée, s'il est possible; et je me sens plus d'ardeur que jamais pour l'entretien de notre commerce, mais je trouve dans mon cœur un motif encore plus louable. Je me croirais digne du dernier mépris, si j'étais capable d'abandonner, dans sa disgrâce, une amie telle que vous. Je mourrais plutôt... aussi l'ai-je déclaré à ma mère; je l'ai priée de ne pas m'observer dans mes heures de retraite, et de ne pas exiger que je partage son lit tous les jours, comme elle s'est accoutumée depuis quelque temps à le désirer. Il vaudrait mieux, lui ai-je dit, emprunter la Betty-Harlove, pour la faire veiller sur toutes mes actions.

M. Hickman, qui vous honore de toutes ses forces, s'est entremis si ardemment en votre faveur, et sans ma participation, qu'il ne s'est pas acquis peu de droits sur ma reconnaissance.

Il m'est impossible de vous répondre aujourd'hui sur tous les points, si je ne veux me mettre en guerre ouverte avec ma mère. Ce sont des agaceries continuelles, des répétitions qui ne cessent point, quoique j'y aie répondu vingt fois. Bon Dieu! quelle doit avoir été la vie de mon père?... Mais je ne dois pas oublier à qui j'écris.

Si ce singe toujours actif et malfaisant, ce Lovelace, a pu pousser l'artifice... Mais voici ma mère qui m'appelle.— Oui, maman, oui; mais de grâce, un instant, s'il vous plaît. Vous n'avez que des soupçons. Vous ne pouvez me gronder que de vous avoir fait attendre. Oh! pour grondée, je suis sûre de l'être ; c'est un ton que M. Antonin Harlove vous a fort bien appris... Dieu! quelle impatience!... Il faut absolument, ma chère, que je quitte le plaisir de vous entretenir.

Le charmant dialogue que je viens d'avoir avec ma mère! il s'est ressenti, je vous assure, de l'ordre impérieux que j'avais reçu de descendre. Mais vous aurez une lettre qui se ressentira d'autant de fâcheuses interruptions; vous l'aurez, c'est-à-dire lorsque j'aurai moi-même l'occasion de vous l'envoyer. A présent que vous m'avez donné votre adresse, M. Hickman me trouvera des messagers. Cependant, s'il est malheureusement découvert, il doit s'attendre d'être traité à la Harlove, comme sa trop patiente maîtresse.

Jeudi, 13 avril.

Il m'arrive deux bonheurs à la fois ; celui de recevoir à ce moment la continuation de votre récit, et celui de me trouver un peu moins observée par mon argus de mère.

Chère amie! que je me représente vivement votre embarras; une personne de votre délicatesse! un amant de l'espèce du vôtre!

Votre Lovelace est un fou, ma chère, avec tout son orgueil, toutes ses complaisances et tous ses égards affectés pour vos ordres. Cependant son esprit fécond en inventions me le fait redouter. Quelquefois je vous conseillerais volontiers de vous rendre chez milady Lawrance ; mais je ne sais quel conseil vous donner. Je hasarderais mes idées, si votre principal dessein n'était pas de vous réconcilier avec vos proches. Cependant ils sont implacables, et je ne vois pour vous aucune espérance de leur côté. La visite de votre oncle à ma mère doit vous en convaincre. Si votre sœur vous fait réponse, j'ose dire qu'elle vous en donnera de tristes confirmations.

Quel besoin aviez-vous de me demander si votre récit rendait votre conduite excusable à mes yeux? Je vous ai déjà dit le jugement que j'en porte, et je répète que tous vos chagrins et toutes les persécutions considérées, je vous crois exempte de blâme, plus exempte du moins qu'aucune jeune personne qui ait jamais fait la même démarche.

Mais faites réflexion, chère amie, qu'il y aurait de l'inhumanité à vous en accuser. Cette démarche n'est pas de vous. Poussée d'un côté, peut-être trompée de l'autre... Qu'on me nomme sur la terre une personne de votre âge, qui, dans les circonstances où je vous ai vue, ait résisté si long-temps, d'un côté contre la violence, et de l'autre contre la séduction; je lui pardonne tout le reste.

Vous jugez avec raison que toutes vos connaissances ne s'entretiennent que de vous. Quelques unes allèguent, à la vérité, contre vous les admirables distinctions de votre caractère ; mais personne n'excuse et ne peut excuser votre père et vos oncles ; tout le monde paraît informé des motifs de votre frère et de votre sœur. On ne doute pas que le but de leurs cruelles attaques n'ait été de vous engager dans quelque résolution extrême, quoiqu'avec peu d'espérance de succès. Ils savaient que si vous rentriez en grâce, l'affection suspendue en reprendrait plus de force, et que vos aimables qualités, vos talens extraordinaires vous feraient triompher de toutes leurs ruses. Aujourd'hui j'apprends qu'ils jouissent de leur malignité.

Votre père est furieux et ne parle que de violence. C'est contre lui-même assurément qu'il devrait tourner sa rage. Toute votre famille vous accuse de l'avoir jouée avec un profond artifice, et paraît supposer que vous n'êtes occupée à présent qu'à vous applaudir du succès.

Ils affectent de publier tous que l'épreuve du mercredi devait être la dernière.

Votre mère avoue qu'on aurait pris avantage de votre soumission, si vous vous étiez rendue ; mais elle prétend que si vous étiez demeurée inflexible on aurait abandonné le plan et reçu l'offre que vous faisiez de renoncer à Lovelace. S'y fie qui voudra. Ils ne laissent pas de convenir que le ministre devait être présent ; que M. Solmes se serait tenu à deux pas, prêt à recueillir le fruit de ses services, et que votre père aurait commencé par l'essai de son autorité pour vous faire signer les articles; autant d'inventions romanesques qui me paraissent sorties de la tête insensée de votre frère. Il y a beaucoup d'apparence que, s'il eût été capable, lui et Bella, de se prêter à votre réconciliation, c'eût été par toute autre voie que celle dont ils avaient fait si long-temps leur étude.

A l'égard de leurs premiers mouvemens, lorsqu'ils eurent reçu la nouvelle de votre fuite, vous vous les imaginerez mieux que je ne puis vous les raconter. Il paraît que votre tante Hervey fut la première qui se rendit au cabinet de verdure, pour vous apprendre que la visite de votre chambre était finie. Betty la suivit immédiatement ; et, ne vous y trouvant point, elles prirent vers la cascade où vous aviez fait entendre que vous aviez l'intention d'aller. En retournant du côté de la porte, elles rencontrèrent un domestique (on ne le nomme point, quoiqu'il y ait beaucoup d'apparence que ce soit Joseph Leman), qui revenait en courant vers le château, armé d'un grand pieu, et comme hors d'haleine. Il leur dit qu'il avait poursuivi long-temps M. Lovelace, et qu'il vous avait vue partir avec lui.

Si ce domestique n'était autre que Leman, et s'il avait été chargé du double emploi de les tromper et de vous tromper vous-même, quelle idée faudrait-il prendre du misérable avec qui vous êtes? Fuyez, ma chère, si ce soupçon est confirmé pour vous ; hâtez-vous de fuir, n'importe où, n'importe avec qui ; ou, si vous ne pouvez fuir, mariez-vous.

Il est clair que, lorsque votre tante et tous vos amis reçurent l'alarme, vous étiez déjà fort éloignée. Cependant ils s'assemblèrent tous, ils coururent vers la porte du jardin, et quelques uns, sans s'arrêter, jusqu'aux traces du carrosse. Ils se firent raconter, dans le lieu même, toutes les circonstances de votre départ. Alors il s'éleva une lamentation générale accompagnée de reproches mutuels, et de toute les expressions de la douleur et de la rage, suivant les caractères et le fond des sentimens. Enfin, ils revinrent comme des fous, ainsi qu'ils étaient partis.

Votre frère demanda d'abord des chevaux et des gens armés pour vous poursuivre. Solmes et votre oncle Antonin devaient être de la partie. Mais votre mère et madame Hervey combattirent ce dessein, dans la crainte d'ajouter mal sur mal ; et, persuadées que Lovelace n'aurait pas manqué de prendre des mesures pour le soutien de son entreprise, surtout lorsque le domestique eut déclaré qu'il vous avait vue fuir avec lui de toutes vos forces, et qu'à peu de distance le carrosse était environné de cavaliers bien armés.

J'ai eu l'obligation de l'absence de ma mère à ses soupçons. Elle s'est défiée que les Knolles prêtaient la main à notre correspondance ; et, sur-le-champ elle s'est déterminée à leur rendre une visite. Vous voyez qu'elle entreprend bien des choses à la fois. Ils lui ont promis de ne plus recevoir aucune lettre de nous sans sa participation.

M. Hickman a mis dans nos intérêts un laboureur nommé Filmer, assez voisin de notre maison, qui nous rendra plus fidèlement le même service. C'est là que vous adresserez désormais vos lettres, sous enveloppe : *à M. Jean Soberton;* Hickman se chargera lui-même de les prendre et d'y porter les miennes. Je lui fournis des armes contre moi, en lui donnant l'occasion de me rendre un si grand service. Il en paraît déjà fier. Qui sait s'il n'en prendra pas droit de se donner bientôt d'autres airs ? Il ferait mieux de considérer qu'une faveur à laquelle il aspirait depuis long-temps, le met dans une situation fort délicate. Qu'il y prenne garde. Celui qui a le pouvoir d'obliger peut désobliger aussi. Mais il est heureux pour certaines gens de n'avoir pas même le pouvoir d'offenser.

Je prendrai patience quelque temps, si je le puis, pour voir si tous ces mouvemens de ma mère s'apaiseront d'eux-mêmes : mais je vous jure que je ne souffrirai pas toujours la manière dont je suis traitée. Je suis quelquefois tentée de croire que son dessein est de me chagriner volontairement, pour me faire souhaiter plus tôt un mari. Si j'en étais sûre, et si je venais à découvrir qu'Hickman fût dans le complot, pour s'en faire un mérite auprès de moi, je ne le verrais de ma vie.

De quelque ruse que je soupçonne le vôtre, plût au ciel que vous fussiez mariée ; c'est-à-dire, en état de les braver tous, et de ne pas vous voir réduite à cacher ou changer continuellement de retraite! Je vous conjure de ne pas manquer la première occasion qui pourra s'offrir honnêtement.

Voici les importunités de ma mère qui recommencent.

Nous nous sommes vues d'un air assez froid, je vous assure. Je lui conseille de ne pas prendre long-temps avec moi cet air d'Harlove. Je ne le souffrirai pas.

Que j'ai de choses à vous écrire! A peine sais-je par où commencer. J'ai la tête si pleine, que mon esprit semble rouler sur tant de sujets. Cependant j'ai pris le parti, pour être libre, de me retirer dans un coin du jardin. Que le ciel ait pitié de ces mères ! s'imaginent-elles que c'est par leurs soupçons, par leur vigilance et leur mauvaise humeur qu'elles empêcheront une fille d'écrire ou de faire ce qu'elle s'est mis dans la tête? Elles réussiront bien mieux par la confiance. Une âme généreuse serait incapable d'en abuser.

Le rôle que vous avez à soutenir avec votre Lovelace me paraît extrêmement délicat. Il n'a sans doute qu'un chemin ouvert devant lui. Mais je vous plains! Vous pouvez tirer parti de l'état où vous êtes; cependant j'en conçois toutes les difficultés. Si vous ne vous êtes point aperçue qu'il soit capable d'abuser de votre confiance, je suis d'avis que vous devez feindre du moins de lui en accorder un peu.

Si vous n'êtes pas disposée à prendre si tôt le parti du mariage, j'approuve la résolution de vous fixer dans quelque lieu qui soit hors de ses atteintes. Tant mieux encore s'il peut ignorer où vous êtes. Cependant je suis persuadée que sans la crainte que vos parens ont de lui, ils n'auraient pas plus tôt découvert votre retraite, qu'ils vous forceraient de retourner sous le joug.

Je crois qu'à toutes sortes de prix vous devez exiger de vos exécuteurs testamentaires qu'ils vous mettent en possession de votre héritage! Dans l'intervalle, j'ai soixante guinées à vous offrir. Elles n'attendent que vos ordres. Il me sera facile de vous en procurer davantage avant qu'elles soient employées. Ne comptez pas de tirer un shelling de votre famille, s'il ne leur est arraché. Persuadés comme ils sont que vous êtes partie volontairement, ils paraissent surpris et tout à la fois fort satisfaits que vous ayez laissé derrière vous vos bijoux et votre argent, et que vous n'ayez pas pris de meilleures mesures pour vos habits. Concluez-en qu'ils répondront mal à votre demande.

Vous avez raison de croire que tous ceux qui ne sont pas aussi bien instruits que moi doivent être embarrassés à juger de votre fuite. Ils ne donnent point d'autre nom à votre départ. Et dans quel sens, ma chère, pourrait-il être pris un peu favorablement pour vous? Dire que votre intention n'ait pas été de partir, lorsque vous vous êtes trouvée au rendez-vous, qui se le persuadera jamais? Dire qu'un esprit aussi ferme que le vôtre ait été persuadé, contre ses propres lumières, au moment de l'entrevue, quelle apparence de vérité? Dire que vous avez été trompée, forcée par la ruse; le dire, et trouver de la disposition à le croire, comment cette excuse s'accordera-t-elle avec votre réputation? Et demeurer avec lui sans être mariée; avec un homme d'un caractère si connu; où cette idée ne conduit-elle pas la censure du public? Mon impatience est extrême de savoir quel tour vous avez donné à tout cela, dans la lettre que vous venez d'écrire pour vos habits.

Au lieu de satisfaire à votre demande, vous pouvez compter, je le répète, qu'ils s'efforceront, dans leur dépit, de vous causer tous les chagrins et toutes les mortifications qu'ils pourront s'imaginer. Ainsi ne faites pas difficulté d'accepter le secours que je vous offre. Que ferez-vous avec sept guinées? Je trouverai aussi le moyen de vous envoyer quelques uns de mes habits, et du linge pour les nécessités présentes. Je me flatte, ma très chère miss Harlove, que vous ne mettrez pas votre Anne Howe sur le pied de Lovelace, en refusant d'accepter mes offres. Si vous ne m'obligez pas dans cette occasion, je serai portée à croire que vous aimez mieux lui être redevable qu'à moi, et j'aurai de l'embarras à concilier ce sentiment avec votre délicatesse sur d'autres points.

Informez-moi soigneusement de tout ce qui se passe entre vous et lui.

Mes alarmes continuelles, quoique soulagées par l'opinion que j'ai de votre prudence, me font souhaiter qu'il ne manque rien au détail. S'il arrivait quelque chose que vous crussiez ne pouvoir me dire de bouche, ne faites pas difficulté de me l'écrire, quelque répugnance que vous ayez à le confier au papier. Outre la confiance que vous devez avoir aux mesures de M. Hickman, pour la sûreté de vos lettres, songez qu'un spectateur juge mieux du combat que celui qui est dans la mêlée. Les grandes affaires, comme les personnes d'importance, vont rarement seules, et leur cortége fait quelquefois leur grandeur, c'est-à-dire qu'elles sont accompagnées d'une multitude de petites causes et de petits incidens, qui peuvent devenir considérables par leurs suites.

Tout considéré, je ne crois pas qu'il vous soit libre à présent de vous défaire de lui quand vous le souhaiterez. Je me souviens de vous l'avoir prédit. Je répète donc qu'à votre place je voudrais feindre au moins de lui accorder un peu de confiance. Vous le pouvez, aussi long-temps qu'il ne lui échappera rien contre la décence. De la délicatesse dont vous êtes, tout ce qui sera capable de le rendre indigne de votre confiance ne peut se dérober à vos observations.

S'il faut en croire votre oncle Antonin, qui s'en est ouvert à ma mère, vos parens s'attendent que vous vous jetterez sous la protection de milady Lawrance, et qu'elle offrira sa médiation pour vous. Mais ils protestent que leur résolution est de fermer l'oreille à toute proposition d'accommodement qui viendra de cette part. Ils pourraient ajouter : et de toute autre ; car je suis sûre que votre frère et votre sœur ne leur laisseront pas le temps de se refroidir, du moins jusqu'à ce que vos oncles, et peut-être votre père même, aient fait des dispositions qui les satisfassent.

Comme cette lettre doit vous apprendre le changement de ma première adresse, je vous l'envoie par un ami de M. Hickman, sur la fidélité duquel nous pouvons nous reposer. Il a quelques affaires dans le voisinage de madame Sorlings. Il connaît même cette femme ; et son dessein étant de revenir ce soir, il apportera ce que vous aurez de prêt, ou ce que le temps vous permettra de m'écrire. Je n'ai pas jugé à propos d'employer, cette fois, aucun des gens de M. Hickman. Chaque moment peut devenir fort important pour vous, et vous jeter dans la nécessité de changer vos desseins et votre situation.

J'entends, du lieu où je suis assise, ma mère qui appelle autour d'elle, et qui met tout le monde en mouvement. Elle va, sans doute, me demander bientôt où j'étais, et quel emploi j'ai fait de mon temps. Adieu, ma chère. Que le ciel veille à votre conservation ! Et du côté de l'honneur comme de celui des sentimens puisse-t-il vous rendre sans tache aux embrassemens de votre fidèle amie !

Anne Howe.

LETTRE XCVIII.

MISS CLARISSE HARLOVE, A MISS HOWE.

Jeudi, 13 avril, après midi.

Je ne vous cacherai pas, ma très chère et très obligeante amie, que je me reproche avec une douleur extrême cette mauvaise intelligence entre votre mère et vous, à laquelle j'ai le malheur de donner occasion. Hélas ! combien d'infortunés j'ai faits à la fois !

Si je n'avais pour ma consolation le témoignage de mon cœur et la pensée que ma faute ne vient pas d'une coupable précipitation, je me regarderais comme la plus misérable de toutes les femmes. Avec cette satisfaction même, que je suis rigousement punie par la perte de ma réputation, qui, m'est plus précieuse que la vie ! et par les cruelles incertitudes, qui ne cessant point de combattre mes espérances, déchirent mon âme et la remplissent de trouble et d'affliction !

Il me semble, ma chère amie, que vous devez obéir à votre mère, et rompre tout commerce avec une si malheureuse créature. Prenez-y garde; vous allez tomber dans le même désordre qui est la source de mon infortune. Elle a commencé par une correspondance défendue, que je me suis crue libre d'interrompre à mon gré. J'ai toujours pris plaisir à faire usage de ma plume; et ce goût m'a peut-être aveuglée sur le danger. A la vérité, j'avais aussi des motifs qui me paraissaient louables; et pendant quelque temps, j'étais autorisée par la permission et les instances même de tous mes proches.

Je me sens donc quelquefois prête à discontinuer un commerce si cher, dans la vue de rendre votre mère plus tranquille. Cependant quel mal peut-elle craindre d'une lettre, que nous nous écrirons par intervalles? lorsque les miennes ne seront remplies que de l'aveu et du regret de mes fautes; lorsqu'elle connaît si bien votre prudence et votre discrétion; enfin, lorsque vous êtes si éloignée de suivre mon malheureux exemple !

Je vous rends grâce de vos tendres offres. Soyez sûre qu'il n'y a personne au monde à qui je voulusse avoir obligation plutôt qu'à vous. M. Lovelace serait le dernier. Ne vous figurez donc pas que je pense à lui donner cette sorte de droit sur ma reconnaissance. Mais j'espère, malgré tout ce que vous m'écrivez, qu'on ne refusera pas de m'envoyer mes habits et la petite somme que j'ai laissée. Mes amis, ou du moins quelques uns d'entre eux, ne seront point assez inconsidérés pour m'exposer à des embarras si vils. Peut-être ne se hâteront-ils pas de m'obliger; mais quand ils me feraient attendre long-temps cette grâce, je ne suis point encore menacée de manquer. Je n'ai pas cru, comme vous le jugez bien, devoir disputer avec M. Lovelace pour la dépense du voyage et des logemens, jusqu'à ce que ma retraite soit fixée. Mais je compte de mettre bientôt fin à cette espèce même d'obligation.

Il est vrai qu'après la visite que mon oncle a rendue à votre mère, pour l'exciter contre une nièce qu'il a si tendrement aimée, je ne dois pas me flatter beaucoup d'une prompte réconciliation. Mais le devoir ne m'oblige-t-il pas de la tenter? Dois-je augmenter ma faute par des apparences de ressentiment et d'obstination? Leur colère doit leur paraître juste, puisqu'ils supposent ma fuite préméditée, et qu'on leur a persuadé que je suis capable de m'en faire un triomphe avec l'objet de leur haine. Lorsque j'aurai fait tout ce qui dépend de moi, pour me rétablir dans leur affection, j'aurai moins de reproches à me faire à moi-même. Ces considérations me font balancer à suivre votre avis par rapport au mariage; surtout pendant que je vois M. Lovelace si fidèle à toutes mes conditions, qu'il appelle mes lois. D'ailleurs, les sentimens de mes amis, que vous me représentez si déclarée contre la médiation de sa famille, ne me disposent pas à chercher la protection de milady Lawrance. Je suis portée à me reposer uniquement sur M. Morden. En m'établissant dans un état supportable d'indépendance, jusqu'à son retour d'Italie, je me promets une heureuse fin par cette voie.

Cependant, si je ne puis engager M. Lovelace à s'éloigner, quels termes de réconciliation proposer à mes amis ? S'il me quitte, et qu'ils emploient la force pour se saisir de moi, comme vous êtes persuadée qu'ils le feraient s'ils le craignaient moins, leurs plus sévères traitemens, leurs plus rigoureuses contraintes ne seront-elles pas justifiées par ma fuite? Et tandis qu'il est avec moi, tandis que je le vois, comme vous l'observez, sans être mariée, à quelle censure ne suis-je pas exposée ! Quoi ! pour sauver les malheureux restes de ma réputation aux yeux du public, il faudra donc que j'observe les favorables dispositions de cet homme-là ?

Je vous rendrai compte, aussi exactement que vous le souhaitez, de tout ce qui se passe entre nous. Jusqu'à présent, je n'ai rien remarqué dans sa conduite qui mérite beaucoup de reproche. Cependant je ne saurais dire que le respect qu'il me marque soit un respect aisé, libre, naturel ; quoiqu'il ne me soit pas plus facile d'expliquer ce qui lui manque. Il y a sans doute un fond d'arrogance et de présomption dans son caractère. Il n'est pas même aussi poli qu'on pourrait l'attendre de sa naissance, de son éducation et de ses autres avantages. En un mot, ses manières sont celles d'un homme qui a toujours été trop accoutumé à suivre sa propre volonté, pour se faire une étude de s'accommoder à celle d'autrui.

Vous me conseillez de lui donner quelques marques de confiance. Je serai toujours disposée à suivre vos avis, et à lui accorder ce qu'il méritera. Mais trompée, comme je soupçonne de l'avoir été par ses ruses, non seulement malgré mes résolutions, mais même contre mon penchant, doit-il s'attendre, ou peut-on espérer pour lui que je le traite si tôt avec autant de complaisance, que si je ne me reconnaissais obligée à son zèle pour m'avoir enlevée. Ce serait lui donner lieu de penser que j'ai usé de dissimulation avant mon départ, ou que j'en use depuis.

Ah ! ma chère, je m'arracherais volontiers les cheveux, lorsque, relisant l'article de votre lettre où vous parlez de ce fatal mercredi, que j'ai redouté peut-être plus que je ne le devais, je considère que j'ai été le jouet d'un vil artifice ; et vraisemblablement par le ministère de ce misérable Leman ! Quelle noirceur dans leur méchanceté ! et que cet odieux attentat doit avoir été médité à loisir ! Ne serait-ce pas me trahir moi-même que de manquer de vigilance avec un homme de ce caractère ? Cependant quelle vie pour un esprit aussi ouvert, aussi naturellement éloigné du soupçon que le mien ?

Je dois les plus vifs remerciemens à M. Hickman, pour l'assistance obligeante qu'il veut bien prêter à notre commerce. Il y a si peu d'apparence qu'il ait besoin de cette occasion pour augmenter ses progrès dans le cœur de la fille, que je serais extrêmement fâchée qu'elle pût lui devenir nuisible dans l'esprit de sa mère.

Je suis dans un état de dépendance et d'obligation. Ainsi je dois demeurer contente de tout ce que je ne saurais empêcher. Que n'ai-je le pouvoir d'obliger? ce pouvoir autrefois si précieux pour moi ! Ce que je veux dire, ma chère, c'est que mon indiscrétion doit avoir diminué l'influence que j'avais sur vous. Cependant je ne veux pas m'abandonner moi-même, ni renoncer au droit que vous m'aviez accordé de vous dire ce que je pense de votre conduite, sur les points que je ne saurais approuver.

Permettez donc que, malgré la rigueur de votre mère pour une infortunée qui n'est pas coupable dans l'intention, je vous reproche, dans la conduite que vous tenez avec elle, une vivacité que je trouve inexcusable; sans parler, pour cette fois, de la liberté excessive avec laquelle vous traitez indifféremment tous mes proches. J'en suis véritablement affligée. Si vous ne voulez pas, pour l'amour de vous-même, supprimer les plaintes et les termes d'impatience qui vous échappent à chaque ligne, faites-le, je vous en supplie, pour l'amour de moi. Votre mère peut craindre que mon exemple, comme un dangereux levain, ne soit capable de fermenter dans l'esprit de sa fille bien-aimée; et cette crainte ne peut-elle pas lui inspirer une haine irréconciliable pour moi?

Je joins à ma lettre une copie de celle que j'ai écrite à ma sœur, et que vous souhaitez de lire. Observez que, sans demander formellement ma terre, et sans m'adresser à mes curateurs, je propose de m'y retirer. Avec quelle joie ne tiendrais-je pas ma promesse, si l'offre que je renouvelle était acceptée! Je m'imagine que, par quantité de raisons, vous jugerez, comme moi, qu'il ne convenait pas d'avouer que j'ai été entraînée contre mon inclination.

Clarisse Harlove.

LETTRE XCIX.

MISS CLARISSE, A MISS ARABELLE HARLOVE.

A Saint-Albans, mardi, 11 avril.

Ma chère sœur,

Je ne disconviendrai pas que ma fuite n'ait toutes les apparences d'une action indiscrète et contraire au devoir. Elle me paraîtrait inexcusable à moi-même, si j'avais été traitée avec moins de rigueur, et si je n'avais eu de trop fortes raisons de me croire sacrifiée à un homme dont je ne pouvais soutenir l'idée. Mais ce qui est fait n'est plus en mon pouvoir. Peut-être souhaiterais-je d'avoir pris plus de confiance aux intentions de mes père, mère et oncles, sans autre motif néanmoins que mon respect infini pour eux. Aussi suis-je disposée à retourner, si l'on me permet de me retirer dans ma ménagerie; et je me soumets à toutes les conditions que j'ai déjà proposées.

Dans une occasion si décisive, je demande au ciel de vous inspirer pour moi les sentimens d'une sœur et d'une amie. Ma réputation, qui, malgré la démarche où je me suis engagée, me sera toujours plus chère que ma vie, est exposée à de cruelles atteintes. Un peu de douceur peut encore la rétablir, et faire passer nos disgrâces domestiques pour une mésintelligence passagère. Autrement, je n'envisage pour moi qu'une tache éternelle, qui mettra le comble à toutes les rigueurs qu'on m'a fait essuyer.

Ainsi, par considération pour vous-même et pour mon frère, qui m'avez poussée dans le précipice, par considération pour toute la famille, n'aggravez point ma faute, si vous jugez, en vous rappelant le passé, que mon départ mérite ce nom; et n'exposez point à des maux sans remède une sœur qui ne cessera jamais d'être avec affection, votre, etc.

Clarisse Harlove.

P.-S. On me ferait une très grande faveur de m'envoyer promptement mes habits, avec cinquante guinées qu'on trouvera dans un tiroir dont je joins ici la clé. Je vous prie de m'envoyer aussi mes livres de morale et quelques mélanges, qui sont dans la seconde tablette de ma petite bibliothèque. On y ajoutera mes diamans, si l'on juge à propos de m'accorder cette grâce. L'adresse sous mon nom, chez M. Osgood, place de Boho, à Londres.

LETTRE C.
LOVELACE, A M. BELFORD.

M. LOVELACE, pour continuer le récit qu'il a commencé dans sa dernière lettre, raconte à son ami tout ce qui s'est passé entre CLARISSE et lui, dans le voyage et dans les hôtelleries, jusqu'à leur arrivée chez madame Sorlings. Mais comme ce détail n'ajoute rien à celui de miss CLARISSE, l'éditeur anglais a retranché ce qui aurait l'air de répétition, et n'a conservé que ce qui peut servir à développer de plus en plus les deux caractères.

Ainsi, en descendant le lundi au soir à l'hôtellerie de Saint-Albans, M. LOVELACE raconte les circonstances dans ces termes :

Quantité de gens, qui s'assemblèrent autour de nous, semblèrent marquer, par leur visage allongé et par leurs regards immobiles, l'étonnement où ils étaient de voir une jeune personne, d'une figure charmante et de l'air le plus majestueux, arriver, sans autre compagnie que la mienne, d'un voyage qui avait fait fumer les chevaux et suer les valets. J'observai leur curiosité et l'embarras de ma déesse. Elle jeta un coup d'œil autour d'elle avec les marques d'une douce confusion ; et, quittant ma main assez brusquement, elle se hâta d'entrer dans l'hôtellerie.

Ovide n'entendait pas mieux que ton ami l'art des métamorphoses. Sur-le-champ, je la transformai aux yeux de l'hôtesse en une petite sœur aussi chagrine qu'aimable, que je ramenais malgré elle, et par surprise, de la maison d'un parent où elle avait passé l'hiver pour l'empêcher de se marier à un damnable libertin (j'approche toujours de la vérité autant que je puis), que son père, sa mère, sa sœur aînée et tous ses chers oncles, ses tantes et ses cousines avaient en horreur. Cette fable expliquait tout à la fois la mauvaise humeur de ma belle, son dépit contre moi s'il durait encore, et son habillement qui n'était pas propre au voyage ; sans compter que c'était lui donner fort à-propos une juste assurance de mes vues honorables.

Sur le débat qu'il eut avec elle, particulièrement à l'occasion du reproche qu'elle lui fit de l'avoir poussée au sacrifice de son devoir et de sa conscience ; il écrit :

Elle ajouta quantité de choses encore plus mortifiantes. Je l'écoutai en silence. Mais lorsque mon tour fut venu, je plaidai, je m'efforçai de lui répondre ; et m'apercevant que l'humilité ne suffisait pas, j'élevai la voix, je fis briller dans mes yeux un air de colère, dans l'espérance de tirer avantage de cette douce poltronnerie, qui a tant de charmes dans ce sexe (quoiqu'elle ne soit souvent qu'une affectation), et qui avait peut-être servi plus que tout le reste à me faire triompher de cette fière beauté.

Cependant elle n'en parut pas intimidée. Je la vis prête elle-même à s'emporter beaucoup, comme si ma réponse n'eût servi qu'à l'irriter. Mais lorsqu'un homme est aux mains avec une femme sur des affaires de cette nature, quelque ressentiment qu'elle affecte, il aurait peu d'habileté s'il ne trouvait pas le moyen de l'arrêter. Se ressent-elle trop vivement de quelque expression hardie? il en sera quitte pour deux ou trois autres hardiesses, qu'il doit prononcer avec la même fermeté, sauf à les adoucir ensuite par des interprétations favorables.

A l'occasion de la répugnance qu'elle prétendait avoir eu d'abord à lui écrire, voici ses réflexions :

J'en conviens, ma précieuse! et vous deviez ajouter que j'ai eu des difficultés innombrables à combattre. Mais vous pourrez souhaiter quelque jour de ne vous en être pas vantée : et peut-être regretterez-vous aussi tant de jolis dédains, tels que de m'avoir assuré « que ce n'est point en ma faveur que vous rejetez Solmes; que ma gloire, si je m'en fais une de vous avoir emmenée, tourne à votre honte; que j'ai plus de mérite à mes propres yeux qu'aux vôtres ou à ceux de tout autre (quel fat elle fait de moi, Belford!); que vous souhaiteriez de vous revoir dans la maison de votre père, quelles qu'en pussent être les suites... » Si je te pardonne ces réflexions, ma charmante, ces souhaits, ces mépris, je ne serai pas le Lovelace que j'ai la réputation d'être, et que ce traitement me fait juger que tu me crois toi-même.

En un mot, son air et ses regards, pendant toute cette discussion, marquaient une espèce d'indignation majestueuse, qui semblait venir de l'opinion de sa supériorité sur l'homme qu'elle avait devant elle.

Tu m'as souvent entendu badiner sur la pitoyable figure que doit faire un mari, lorsque sa femme croit avoir, ou qu'elle a réellement plus de sens que lui. Je pourrais t'apporter mille raisons qui ne me permettent pas de penser à prendre Clarisse Harlove pour ma femme; du moins, sans être sûr qu'elle ait pour moi cet amour de préférence que je dois attendre d'elle en l'épousant.

Tu vois que je commence à chanceler dans mes résolutions. Ennemi comme je l'ai toujours été des entraves du mariage, que je retombe aisément dans mon ancien préjugé! Puisse le ciel me donner le courage d'être honnête! Voilà une prière, Belford. Si malheureusement elle n'est pas écoutée, l'aventure sera fâcheuse pour la plus admirable de toutes les femmes. Mais comme il ne m'arrive pas souvent d'importuner le ciel par mes prières, qui sait si celle-ci ne sera point exaucée?

Pour ne rien dissimuler, je suis charmé des difficultés que j'envisage, et de la carrière qui s'ouvre devant moi pour l'intrigue et le stratagème. Est-ce ma faute, si mes talens naturels sont tournés de ce côté-là? Conçois-tu d'ailleurs quel triomphe j'obtiens sur tout le sexe, si j'ai le bonheur d'en subjuguer l'ornement. Ne te souviens-tu pas de mon premier vœu? Ce sont les femmes, tu le sais, qui ont commencé avec moi. Celle-ci m'épargne-t-elle? Crois-tu, Belford, que j'eusse fait quartier au *bouton de rose*, si j'avais été bravé avec les mêmes hauteurs? sa grand' mère me demanda grâce. Il n'y a que l'opposition et la résistance qui m'irritent.

Pourquoi cette adorable personne emploie-t-elle tant de soins à me convaincre de sa froideur? Pourquoi son orgueil entreprend-il d'humilier le mien? Tu as vu dans ma dernière lettre avec quel mépris elle me traite. Cependant, que n'ai-je pas souffert pour elle, et que n'ai-je pas souffert d'elle? Aurai-je la faiblesse de m'entendre dire qu'elle me méprisera, si je m'estime plus que ce misérable Solmes?

Dois-je supporter aussi qu'elle m'interdise toutes les ardeurs de ma passion? Lui jurer de la fidélité, c'est lui faire connaître que j'en doute moi-même, puisque j'ai besoin de me lier par des sermens. Maudit tour qu'elle donne à toutes ses idées! Sa censure est la même aujourd'hui qu'auparavant. Être en mon pouvoir, n'y être pas : elle n'y met aucune différence. Ainsi mes pauvres sermens sont étouffés avant qu'ils osent se présenter sur mes lèvres ; et que diable un amant peut-il dire à sa maîtresse, s'il ne lui est permis ni de mentir ni de jurer?

J'ai eu recours à quelques petites ruses qui ne m'ont pas mal réussi. Lorsqu'elle m'a pressé un peu durement de la quitter, je lui ai fait une demande fort humble, sur un point qu'elle ne pouvait me refuser, et j'ai affecté une reconnaissance aussi vive que s'il eût été question d'une faveur de la plus haute importance ; c'était de me promettre, comme elle l'avait déjà fait, que jamais elle ne serait la femme d'un autre que moi, tant que je n'aurais point d'autre engagement, et que je ne lui donnerais aucun juste sujet de plainte. Promesse inutile, comme tu vois, puisqu'à chaque moment elle peut trouver des prétextes pour se plaindre, et qu'elle demeure seule juge de l'offense. Mais c'était lui montrer combien il y a de justice et de raison dans mes espérances, et lui marquer en même temps que je ne pensais point à la tromper.

Aussi ne se fit-elle pas presser. Elle me demanda quelle sûreté je désirais. Sa parole, lui dis-je, sa seule parole. Elle me la donna ; mais je lui dis que cette promesse avait besoin d'un sceau, et sans attendre son consentement, qu'elle n'aurait pas manqué de me refuser, je la scellai sur ses lèvres. Tu me croiras si tu veux, Belford, mais je te jure que c'est la première fois que je me suis échappé à cette hardiesse, et qu'une liberté si simple, prise avec autant de modestie que si j'étais vierge moi-même (afin qu'une autre fois elle croie n'avoir rien à redouter), me parut mille fois plus délicieuse que tout ce que j'ai jamais goûté de plaisir avec les autres femmes. Ainsi le respect, la crainte, l'idée du péril et de la défense, sont le principal prix d'une faveur.

Je jouai fort bien le rôle de frère lundi au soir, devant l'hôtesse de Saint-Albans. Je demandai pardon à ma chère sœur de l'avoir emmenée contre son attente et sans aucuns préparatifs. Je parlai de la joie que son retour allait causer à mon père, à ma mère, à tous nos amis, et je pris tant de plaisir à m'étendre sur les circonstances, que d'un regard qui me pénétra jusqu'au fond de l'âme, elle me fit connaître que j'étais allé trop loin. Je ne manquai pas d'excuses, lorsque je me trouvai seul avec elle. Mais il me fut impossible de découvrir si mes affaires en étaient devenues pires ou meilleures. Tiens, Belford, je suis de trop bonne foi. Ma victoire, et la joie que j'ai de me trouver presque en possession de mon trésor, me dévoilent le cœur, et le tiennent comme à découvert. C'est ce diable de sexe, qu'on ne peut guérir de la dissimulation. Si je pouvais engager ma belle à parler aussi naturellement que moi... Mais il faut que j'apprenne d'elle l'art d'être plus réservé.

Elle ne doit pas être bien pourvue d'argent ; mais elle a trop de fierté pour en recevoir de moi. Je voudrais la conduire à Londres (à Londres, cher ami, s'il est possible, et je crois que tu m'entends assez), pour lui offrir les plus riches étoffes et toutes les commodités de la vie. Je ne puis lui faire goûter cette proposition. Cependant mon agent m'assure que son implacable famille est résolue de lui causer toutes sortes de chagrins.

Il paraît que ces misérables ont enragé de bon cœur, depuis le moment de sa fuite, et qu'ils continuent d'enrager, grâces au ciel! et que, suivant mes espérances, leur rage ne cessera pas si tôt. Enfin mon tour est venu! Ils regrettent amèrement de lui avoir laissé la liberté de visiter sa volière et de se promener au jardin. C'est à ses maudites promenades qu'ils attribuent l'occasion qu'elle a trouvée (quoiqu'ils ne puissent deviner comment), de concerter les moyens de fuir. Ils ont perdu, disent-ils, un excellent prétexte pour la renfermer plus étroitement, lorsque je les ai menacés de la secourir, s'ils entreprenaient de la conduire malgré elle à la citadelle de son oncle. C'était leur intention. Ils craignaient que de son consentement ou sans sa participation, je ne prisse le parti de l'enlever dans leur propre maison. Mais l'honnête Joseph, qui m'avait informé de leur dessein, me rendit un service admirable. Je l'avais instruit à faire croire aux Harlove que j'ai autant d'ouvertures pour mes gens que leur stupide aîné en a pour lui. Ils le crurent informé de tous mes mouvemens par mon valet de chambre; et l'ayant chargé d'observer aussi sa jeune maîtresse, toute la famille dormit tranquillement sur la foi d'un ministre si fidèle. Nous étions tranquilles, avec un peu plus de raison, ma charmante et moi.

Il m'était venu à l'esprit, comme je crois te l'avoir marqué alors, de l'enlever quelque jour dans le bûcher, qui est assez éloigné du château. Cette entreprise aurait infailliblement réussi, avec ton secours et celui de tes camarades; et l'action était digne de nous, mais la conscience de Joseph, comme il l'appelle, fut d'abord un obstacle, qui se réduisit ensuite à lui faire craindre qu'on ne découvrît la part qu'il y aurait eue. Cependant je n'aurais pas eu plus de peine à lui faire surmonter ce scrupule qu'un grand nombre d'autres, si je n'avais compté, dans le même temps, sur un rendez-vous de ma belle, où je me promettais bien qu'elle ne m'échapperait pas; et, dans d'autres temps, sur les bons offices mêmes de la spirituelle famille, qui semblait travailler elle-même à la faire tomber dans mes bras. D'ailleurs, j'étais sûr que James et Arabelle ne finiraient pas leurs folles épreuves et leurs persécutions, qu'à force de la fatiguer ils n'en eussent fait la femme de Solmes, ou qu'ils ne lui eussent fait perdre la faveur de ses deux oncles.

LETTRE CI.

M. LOVELACE, A M. BELFORD.

Il me semble que j'ai beaucoup obligé ma chère compagne, en amenant madame Greme pour l'accompagner, et en souffrant que, sur le refus qu'elle a fait d'aller à Méjian, cette bonne femme se chargeât de lui procurer un logement. Elle observe, sans doute, que toutes mes vues sont honorables, puisque je lui laisse le choix de sa demeure. J'ai remarqué sensiblement le plaisir que je lui faisais, lorsque j'ai mis madame Greme dans la chaise avec elle, et que j'ai pris le parti de l'escorter à cheval.

Un autre se serait alarmé des explications qu'elle pouvait recevoir de madame Greme Mais comme la droiture de mes intentions est connue de toute ma famille, j'en ai eu d'autant moins d'inquiétude, qu'ayant toujours été fort au dessus de l'hypocrisie, je ne cherche point à paraître meilleur que je ne suis réellement. Quelle nécessité d'être hypocrite, lorsque je me suis aperçu, jusqu'à présent, que la qualité de libertin ne m'a pas nui dans l'esprit des femmes? Ma déesse elle-même a-t-elle fait difficulté d'entrer en correspondance avec moi, quoique ses parens eussent pris tant de peine à lui apprendre que j'en étais un? Pourquoi prendre un nouveau caractère, qui serait au fond pire que l'autre? D'ailleurs, madame Greme est une pieuse matrone, qui n'aurait pas voulu blesser la vérité pour m'obliger. Elle priait autrefois le ciel pour ma réformation, lorsqu'on en avait l'espérance. Je doute qu'elle continue cette bonne pratique; car son maître, mon très honoré oncle, ne fait pas scrupule, dans l'occasion, de dire beaucoup de mal de moi à tous ceux qui ont la bonté de l'entendre: hommes, femmes et enfans. Ce cher oncle, comme tu sais, manque souvent au respect qu'il me doit. Oui, Belford, du respect; et pourquoi non, je te prie? Tous les devoirs ne sont-ils pas réciproques? Pour madame Greme, la bonne âme! lorsque son maître est attaqué de la goutte dans son château de Median, et que l'aumônier ne se trouve point, c'est elle qui fait la prière ou qui lit un chapitre de quelque bon livre auprès du malade. Quel était donc le danger de laisser une si bonne espèce de femme avec ma charmante? Je me suis aperçu que leur entretien était fort animé pendant la marche; et je m'en suis même ressenti; car je ne sais pourquoi il m'est monté une charmante rougeur au visage.

Je te répète, Belford, que je ne désespère pas d'*être honnête*. Mais comme il nous arrive quelquefois, faibles mortels que nous sommes, de n'être pas maîtres de nous-mêmes, je dois m'efforcer d'entretenir la belle Clarisse dans une parfaite confiance, jusqu'à ce que je la tienne à Londres dans la maison que tu sais, ou dans quelque autre lieu qui ne soit pas moins sûr. Si je lui donnais auparavant le moindre sujet de soupçon, ou si j'entreprenais de contraindre ses volontés, elle pourrait implorer des secours étrangers et susciter contre moi tout le canton, ou se jeter peut-être entre les bras de ses parens, aux conditions qu'ils jugeraient à propos de lui imposer; et si j'étais capable à présent de la perdre, ne serais-je pas indigne, mes enfans, de la qualité de votre chef? Oserais-je lever les yeux devant les hommes et montrer mon visage devant les femmes? Dans l'état où j'ai conduit cette grande affaire, ma déesse n'ose avouer qu'elle soit partie contre son inclination, et j'ai pris soin de faire croire aux *implacables* qu'il n'a rien manqué à son consentement.

Elle a reçu la réponse de miss Howe à une lettre qu'elle lui avait écrite de Saint-Albans. J'en ignore le sujet; mais j'ai vu ses beaux yeux remplis de larmes, et l'orage ensuite est tombé sur moi.

Miss Howe est aussi une créature charmante, mais d'une pétulance et d'une fierté singulières. Je la redoute. A peine sa mère est-elle capable de la contenir. Il faut que par l'entremise de mon honnête Joseph je continue de faire jouer cette vieille machine, l'oncle Antonin, sur la mère de cette dangereuse fille, pour la ménager suivant mes vues, et réduire ma belle à dépendre uniquement de moi. Madame Howe ne peut souffrir de contradiction. Sa fille n'est pas plus patiente. Une jeune personne, qui commence à trouver dans elle-même toutes les qualités maternelles, n'est pas fort à l'aise sous l'empire d'une mère. Belle carrière pour un intrigant! une mère qui fait l'importante; une fille vive, sensible à l'excès; et leur Hickman, qui n'est en vérité rien ; une bonne et épaisse machine. Si je n'avais pas de vues plus relevées... Il est malheureux seulement que les deux jeunes personnes eussent leur demeure si près l'une de l'autre, et qu'elles fussent liées d'une si étroite amitié, qu'il aurait été charmant de pouvoir les ménager toutes deux à la fois!

Mais un seul homme ne saurait avoir toutes les femmes qui valent quelque chose. Conviens que c'est grand dommage néanmoins... lorsque l'homme est tel que ton ami.

LETTRE CII.

M. LOVELACE, A M. BELFORD

Nous ne quittons pas la plume, la belle Clarisse et moi. Jamais deux amans n'eurent tant de goût pour l'écriture, et jamais il n'y en eut, peut-être, qui aient eu tant d'intérêt à se cacher mutuellement ce qu'ils écrivent! Elle n'a point d'autre occupation. Elle n'en veut point d'autre : je lui en donnerais de plus agréables, pour peu qu'elle voulût s'y prêter ; mais je ne suis point assez réformé pour un mari. *La patience est une vertu*, dit milord M... *A pas lents, mais sûrs*, est une autre de ses sentences. Si je n'avais pas une bonne dose de cette vertu, je n'aurais pas attendu le temps de la maturité pour l'exécution de mes complots.

Ma bien-aimée n'a pas manqué, apparemment, d'écrire à son amie tout ce qui s'est passé jusqu'à ce jour entre elle et moi. Je donnerai peut-être une belle matière à sa plume, si son goût est pour le détail, comme le mien.

Je ne serais point assez barbare pour permettre à cet oncle Antonin d'irriter la dame Howe contre elle, si je ne redoutais les conséquences d'un commerce trop libre entre deux jeunes personnes de ce caractère : l'une si vive, toutes deux si prudentes. Qui ne se ferait pas une gloire de l'emporter sur deux filles comme elles, et de les faire tourner autour du doigt?

Ma charmante s'est hâtée d'écrire à sa sœur, pour lui demander ses habits, de l'argent et quelques livres. Dans quel livre apprendrait-elle quelque chose qu'elle ignore? C'est de moi qu'elle apprendra mille choses. Elle ferait mieux de m'étudier.

Elle peut écrire. Avec tout son orgueil, elle n'en sera pas moins réduite à m'avoir obligation. Miss Howe, à la vérité, ne manquera point d'empressement pour fournir à ses besoins; mais je doute qu'elle le puisse sans la participation de sa mère, qui est l'avarice même, et l'agent de mon agent, l'oncle Antonin, a déjà donné quelques avis à la mère, qui la tiendront en garde contre les subsides pécuniaires. Si la fille a quelque argent en réserve, je puis faire inspirer à madame Howe de l'emprunter. Ne blâmez pas, Belford, des ruses qui n'ont que ma générosité pour fondement. Tu me connais. Je donnerais la moitié de mon bien pour le plaisir d'avoir obligé ce que j'aime. Milord M... m'en laissera plus que je ne désire; ma passion n'est pas pour l'or, que je n'estime, au contraire, qu'autant qu'il est utile à mes plaisirs et qu'il m'assure de l'indépendance.

Il a fallu faire entrer dans la tête de ma chère novice, pour mon intérêt comme pour le sien, dans la crainte que ses adresses de lettres ne fissent découvrir nos traces, qu'elle en devait prendre une de moi pour recevoir ses habits ; du moins si l'on se détermine à lui accorder une demande si juste. Je ne suis point tranquille là-dessus. Si la réponse est favorable, je commencerai à me défier d'une réconciliation, et je serai forcé de méditer une ou deux ruses pour la prévenir : je puis ajouter aussi, pour éviter les fâcheux accidens ; car c'est un grand point pour moi, comme j'en ai toujours assuré l'honnête Joseph.

Tu vas me prendre pour un vrai démon. Dis, qu'en penses-tu ? Mais tous les libertins ne sont-ils pas autant de démons ? Et toi, dans la sphère de ton petit pouvoir, n'en es-tu pas un comme les autres ? Si tu fais tout le mal que tu as dans la tête et dans le cœur, tu es plus méchant que moi ; car je t'assure que je ne remplis jamais la moitié de mes idées.

J'ai proposé, et la belle consent que tout ce qui lui viendra de sa famille lui soit adressé chez ton cousin Osgood. Qu'on ne manque point de faire partir, à mes frais, un messager qui m'apporte sur-le-champ tout ce que tu recevras. Si le paquet n'était pas facile à transporter, tu m'en donnerais avis ; mais je te jure hardiment que ses proches ne te causeront aucun embarras de cette nature. Je m'en tiens si certain, que je suis tenté de les abandonner à eux-mêmes. Un esprit juste connaît les bornes de sa défiance, et n'emploie pas plus de précautions qu'il n'en a besoin.

Mais tandis que j'y pense, rappelle ton attention pour deux choses qui en demandent beaucoup : l'une est de m'écrire désormais en chiffres, comme je t'écrirai moi-même. Savons-nous entre les mains de qui nos lettres peuvent tomber ; et ne serait-il pas horrible de nous voir sauter par une traînée de notre propre poudre ? Le second point que tu ne dois pas oublier, c'est que j'ai changé de nom ; changé, te dis-je, sans me soucier d'être autorisé par un acte du parlement. Je me nomme à présent *Robert Huntingfort*. Écris-moi sous cette adresse : à Hertfort, pour prendre à la poste.

Lorsque je lui ai parlé de toi, elle m'a demandé quel est ton caractère. Je t'en ai donné un beaucoup meilleur que tu ne le mérites, pour l'honneur du mien. Cependant je lui ai dit que tu avais l'air assez épais, afin que s'il lui arrive de te voir, elle ne s'attende pas à te trouver mieux que tu n'es pour la figure. Au fond, ton épaisseur apparente ne t'est pas trop désavantageuse. Si tu avais la physionomie bien fine, on ne découvrirait rien d'extraordinaire en toi lorsqu'on vient à t'entretenir ; au lieu que te prenant d'abord pour un ours, on est surpris de te trouver quelque chose qui ressemble à l'espèce humaine. Félicite-toi donc de tes défauts, qui sont évidemment tes principales perfections, et qui t'attirent une distinction que tu ne pourrais espérer autrement.

La maison qui nous sert aujourd'hui de logement n'est pas fort commode. J'ai poussé la délicatesse jusqu'à trouver mauvais que les chambres communiquent l'une à l'autre, parce que j'ai prévu que cette ordonnance d'architecture ne plairait point à ma belle ; et je lui ai dit que si je pouvais me rassurer contre les poursuites, je la laisserais dans ce lieu rustique, puisqu'elle souhaite si ardemment que je m'éloigne. Le diable s'en mêlera, si je ne parviens point à bannir de son cœur jusqu'à l'ombre de la défiance. Son incrédulité ne tiendra point contre la raison et les apparences.

Nous avons ici deux jeunes créatures assez agréables, toutes deux filles de notre hôtesse, qui se nomme madame Sorlings. Je ne leur ai marqué jusqu'à présent qu'une simple admiration. Que ce sexe est avide de louanges! La plus jeune, que j'ai vue travailler à la laiterie, m'a causé tant de satisfaction par sa propreté et son adresse, que j'ai cédé à la tentation de lui donner un baiser. Elle m'a remercié *de ma bonté* par une profonde révérence; elle a rougi, et je me suis aperçu, à d'autres marques de son embarras, qu'elle ne manque pas plus de sensibilité que d'agrémens. Sa sœur étant survenue, l'impression de ce qui s'était passé l'a fait rougir encore, avec tant de confusion, que je me suis cru obligé de faire une excuse pour elle. Mademoiselle Kitty, ai-je dit à son aînée, j'ai pris tant de plaisir à voir votre laitière si propre, que je n'ai pu m'empêcher de dérober un baiser à votre sœur. Vous avez votre part au mérite, j'en suis sûr; ainsi, vous m'accorderez, s'il vous plaît, la même grâce. Les bons naturels! Elles me plaisent toutes deux. L'aînée m'a fait une révérence comme sa sœur. J'aime les caractères reconnaissans. Pourquoi ma Clarisse n'a-t-elle pas la moitié de cette humeur obligeante!

Je pense à prendre une de ces deux filles pour servir ma charmante à son départ. La mère fait un peu l'importante; mais je lui conseille de ne pas trop affecter ces airs-là. Si je m'apercevais que les difficultés vinssent de quelque soupçon, je serais capable de mettre une de ses filles, ou peut-être toutes deux, à l'épreuve.

Passe-moi un peu de rodomontade, mon cher Belford. Mais réellement, mon cœur est fixé. Je ne puis penser, dans la nature, qu'à mon adorable Clarisse.

LETTRE CIII.

M. LOVELACE, A M. BELFORD.

C'est aujourd'hui mercredi, ce jour terrible où j'étais menacé de perdre pour jamais l'unique objet de mon affection. Quel est mon triomphe! Avec quelle satisfaction et quel air de tranquillité vois-je mes ennemis humiliés, et mordant leur frein au château d'Harlove! Après tout, c'est peut-être un bonheur pour eux qu'elle leur soit échappée par la fuite. Qui sait de quoi ils étaient menacés, si j'étais entré dans le jardin avec elle; ou si, ne la trouvant point au rendez-vous, j'avais exécuté le projet de ma visite, suivi de mes *redoutables Thessaliens*?

Mais supposons que je fusse entré avec elle, sans autre escorte que mon courage, je suppose qu'il y aurait peu de danger pour moi. Tu sais que les esprits de la trempe des Harlove, qui sont délicats sur la réputation, et qui se contiennent par politique dans les bornes des lois, peuvent être comparés aux araignées qu'on voit fuir dans leur trou lorsqu'elles sentent remuer un de leurs filets par un doigt puissant, et qui abandonnent toutes leurs toiles à des ennemis qu'elles redoutent; au lieu que s'il y tombe une sotte mouche, qui n'a ni la force ni le courage de se défendre, elles courent audacieusement, elles tournent autour du pauvre insecte, elles l'engagent dans leurs liens, et lorsqu'il n'est plus en état de remuer les jambes ni les ailes, elles triomphent de leur avantage, et tantôt s'avançant sur lui, tantôt se retirant, elles le dévorent à loisir. Que dis-tu de cette comparaison? Mais attends, Belford, il me semble qu'elle ne conviendrait pas mal, non plus, aux filles qui se laissent prendre dans nos piéges. Mieux encore, sur ma foi : l'araignée représente fort bien les héros tels que nous. Commence par l'araignée ou par la mouche, tu trouveras l'idée assez juste.

Mais, pour revenir à mon sujet, tu n'auras pas manqué d'observer, comme moi, que les esprits dont je parle jouent un pauvre rôle dans une guerre offensive, avec des extravagans de notre espèce, qui se mettent au dessus des lois, et qui dédaignent de se couvrir du masque de la réputation. Tu rendrais aisément témoignage que le nombre ne m'a jamais effrayé. Ajoute que, dans la querelle que j'ai avec les Harlove, toute la famille n'ignore pas que je suis l'injurié. Dans leur propre église, la peur ne les rassembla-t-elle pas comme un troupeau de moutons, lorsqu'ils me virent entrer? Ils ne surent qui devait risquer de sortir le premier, lorsque le service fut fini. James, à la vérité, ne s'y trouvait pas. S'il y eût été, peut-être aurait-il entrepris de faire le brave. Mais il y a sur le visage une sorte d'audace qui décèle de l'effroi dans le cœur. Telle aurait été l'enseigne de James, si j'avais pris le parti de leur rendre une visite. Lorsque j'ai eu en face un ennemi de cette nature, j'ai toujours été calme et serein, et j'ai laissé à ses amis le soin d'apaiser des emportemens qui m'ont fait pitié.

Cette idée me conduit à rappeler tout ce que j'ai fait de louable dans ma vie; ou du moins de supportable, si tu crois qu'il y ait de l'exagération dans l'autre terme. Je crains bien que tu ne sois pas d'un grand secours, pour cette revue de mes bonnes actions; car je n'ai jamais été si pervers que depuis que je te connais. Tâche néanmoins de m'aider. N'ai-je pas eu quelque bon mouvement dont tu puisses te souvenir? Cherche dans ta mémoire, Belford. Il revient quelque chose à la mienne; mais vois si tu peux te rappeler quelque trait que j'aie oublié.

Je crois pouvoir dire assez hardiment que la plus grande tache de mon écusson vient de ce sexe, qui fait le charme et le tourment de ma vie! Il n'est pas besoin que tu me fasses souvenir du bouton de rose. L'aventure m'est présente; et je t'apprendrai même que j'ai eu l'adresse d'en faire passer les plus flatteuses circonstances aux oreilles de ma belle, par le ministère de l'honnête Joseph, quoique je n'en aie pas recueilli tout le fruit que j'avais espéré pour l'augmentation de mon crédit. C'est le diable, mon cher ami; et telle a toujours été la rigueur de mon sort. Ai-je fait quelque chose de bien? on dit sèchement que je fais mon devoir; tandis que tout ce qui n'est pas de la même nature est mis contre moi dans le plus grand jour. Cela est-il juste, Belford? La balance ne devrait-elle pas être égale? Que me revient-il de mes vertus, si l'on ne m'en tient pas compte? Cependant je dois convenir aussi que j'ai vu le bonheur de Jean d'un œil d'envie. Sérieusement « une jolie femme est un joyau qui n'est pas fait pour pendre au cou d'un misérable. »

Conviens à ton tour que si je suis coupable dans mes adorations pour ce sexe, les femmes en général doivent m'en aimer mieux. Aussi ne manquent-elles pas, et je les en remercie de bon cœur : à l'exception de quelques petites précieuses, qui me font enrager par-ci par-là, et qui, sous prétexte d'aimer la vertu pour l'amour d'elles-mêmes, souhaiteraient de me voir à elles exclusivement.

Où je m'égare! Tu m'as dit plus d'une fois que tu aimais mes excursions. Compte que j'aurai le temps de satisfaire ton goût; car je n'ai jamais aimé comme j'aime, et j'aurai besoin probablement d'une longue patience avant que je frappe le grand coup, si je me détermine à le frapper. Adieu, cher Belford.

LETTRE CIV.

MISS CLARISSE HARLOVE, A MISS HOWE.

Jeudi au soir, 13 avril.

Ma situation me donne le temps de vous écrire, et vous expose peut-être à recevoir un trop grand nombre de mes lettres. J'ai eu avec M. Lovelace un nouveau débat, et des plus vifs, à la suite duquel est venue l'occasion que vous m'avez conseillé de ne pas négliger lorsqu'elle se présenterait honnêtement. Il est question de savoir si je mérite vos reproches ou votre approbation, pour l'avoir laissée sans effet.

L'impatient personnage m'a fait demander plusieurs fois la liberté de me voir, pendant que j'étais à vous écrire ma dernière lettre sans avoir rien de particulier à me dire, et pour me donner apparemment le plaisir de l'entendre. Il semble qu'il en prenne beaucoup lui-même à exercer la volubilité de sa langue, et que, lorsqu'il a fait sa provision de termes agréables, il ait besoin de mes oreilles pour l'écouter. Cependant, il prend un soin superflu. Je ne lui fais pas souvent la grâce de louer son éloquence, ou d'en marquer autant de satisfaction qu'il le désire.

Après avoir fini ma lettre, et dépêché l'homme de M. Hickman, j'allais me retirer dans la chambre que j'occupe ; mais il m'a suppliée de demeurer, et d'entendre ce qu'il avait à me dire. Ce n'était rien d'extraordinaire, comme je viens de le remarquer ; mais des plaintes, des reproches, d'un air et d'un ton qui m'ont paru approcher de l'insolence. Il ne pouvait vivre, m'a-t-il dit, s'il ne me voyait plus souvent, et si je ne le traitais pas avec plus d'indulgence.

Là-dessus, je suis entrée avec lui dans une chambre voisine, assez irritée pour ne vous rien dissimuler, et d'autant plus, que je le voyais établi tranquillement dans cette maison, sans parler de son départ.

Notre chagrine conférence a commencé aussitôt. Il a continué de m'irriter, et je lui ai répété quelques uns des propos les plus ouverts que je lui eusse déjà tenus. Je lui ai dit particulièrement que d'heure en heure j'étais plus mécontente et de moi-même et de lui ; qu'il me paraissait de ces hommes qui ne gagnent pas à être mieux connus ; et que je n'aurais pas l'esprit en repos tant qu'il ne me laisserait pas à moi-même.

Ma chaleur a pu le surprendre : mais réellement il m'a paru tout à fait décontenancé ; hésitant, et n'ayant rien à dire pour sa défense, ou qui pût excuser ses airs impérieux, lorsqu'il n'ignorait pas que je vous écrivais et qu'on attendait ma lettre. Enfin, dans mon ressentiment, je l'ai quitté avec précipitation, après lui avoir déclaré que je voulais être maîtresse de mes actions et de mon temps... sans être obligée de lui en rendre compte.

Son inquiétude a paru fort vive, jusqu'à la première occasion qu'il a trouvée de me revoir ; et lorsque je n'ai pu me dispenser de le souffrir, il s'est présenté de l'air le plus humble et le plus respectueux.

Il m'a dit que je l'avais fait rentrer en lui-même, et que sans avoir aucun reproche à se faire du côté de l'intention, il sentait que son impatience avait pu blesser ma délicatesse ; que faisant profession d'une extrême franchise, il n'avait pas observé jusque aujourd'hui qu'elle ne s'accordait pas toujours avec la véritable politesse, à laquelle il craignait d'avoir manqué en voulant éviter des apparences de flatterie et d'hypocrisie, pour lesquelles il me connaissait beaucoup d'aversion; que désormais je trouverais dans toute sa conduite le changement qu'on devait attendre d'un homme qui se reconnaissait d'autant plus honoré de ma compagnie, que personne n'avait plus d'admiration pour la délicatesse de mon esprit et de mes sentimens.

J'ai répondu à ce compliment, que je lui devais peut-être des félicitations sur la découverte qu'il venait de faire, et que je le priais donc de ne plus oublier que la véritable politesse et la franchise doivent s'accorder toujours; mais qu'un mauvais sort m'ayant jetée dans sa compagnie, je regrettais, avec raison, que cette connaissance lui fût venue si tard, parce qu'avec de la naissance et de l'éducation il me paraissait étrange qu'elle eût pu lui manquer.

Il ne croyait pas non plus, m'a-t-il dit, s'être conduit assez mal pour avoir mérité une réprimande si sévère.

Peut-être lui faisais-je injustice, ai-je répliqué. Mais s'il en était persuadé, mes reproches pouvaient lui servir à faire une autre découverte, qui tournerait à mon avantage: avec tant de raison d'être content de lui-même, il devait me trouver bien peu généreuse, non seulement de ne pas paraître plus sensible à ce nouvel air d'humilité, par lequel il croyait peut-être se rabaisser, mais d'être prête en vérité à le prendre au mot.

Comme il était en défense contre des traits auxquels il s'était attendu, sa haine pour la flatterie ne l'a point empêché de me répondre qu'il avait toujours admiré, avec une satisfaction infinie, mes talens supérieurs et une sagesse qui lui paraissait étonnante à mon âge; que malgré la mauvaise opinion que j'avais de lui, il était disposé à trouver juste tout ce qui sortait de ma bouche; qu'à l'avenir il ne proposerait point d'autre règle que mon exemple et mes avis.

Je lui ai dit qu'il se trompait s'il me croyait capable des illusions ordinaires de l'amour-propre; que, s'attribuant tant de franchise, il devait commencer par être fidèle à la vérité lorsqu'il me parlait de moi-même; et qu'en supposant d'ailleurs que je méritasse une partie de ses éloges, il n'en avait que plus de raison de s'applaudir de ses artifices, qui avaient précipité une jeune personne de mon caractère dans un si grand excès de folie

Réellement, ma chère, il ne mérite pas d'être traité avec plus d'égards. Et puis, n'est-il pas vrai qu'il a fait de moi une folle accomplie? Je tremble qu'il ne le pense lui-même.

Il était surpris de m'entendre. Il ne revenait pas de son étonnement. Quel malheur pour lui de ne pouvoir rien dire, ni rien faire qui me donnât une meilleure idée de ses principes! Il me suppliait du moins de lui apprendre comment il pouvait se rendre digne de ma confiance.

Je lui ai déclaré que rien n'était plus capable de m'obliger que son absence; qu'il ne paraissait pas que mes amis fussent disposés à me poursuivre; que s'il voulait partir pour Londres, ou pour Berkshire, ou pour tout autre lieu, il ferait ce qu'il y avait de plus conforme à mes désirs, et de plus convenable à ma réputation.

C'était son dessein, m'a-t-il dit, sa ferme résolution, aussitôt qu'il me verrait dans une retraite de mon goût, dans un lieu plus commode.

— Celui-ci me conviendra, ai-je répliqué, lorsque vous n'y serez plus pour troubler mon repos, et pour resserrer trop mon logement.

— Il ne croyait pas cette maison assez sûre. Comme je n'avais pas eu le dessein de m'y arrêter, il n'avait pas pris soin de recommander le secret à ses gens, ni à madame Greme, lorsqu'elle m'avait quittée. — Sans compter, m'a-t-il dit, qu'il y avait dans le voisinage trois ou quatre bonnes maisons, où ses gens s'étaient déjà liés avec les domestiques. Il ne pouvait penser à me laisser seule dans un lieu si mal gardé ; mais je n'avais qu'à choisir dans toute l'Angleterre une demeure sûre et tranquille, et lorsqu'il m'y verrait établie, il choisirait la sienne dans l'endroit du royaume le plus éloigné, si ce sacrifice était nécessaire à mon repos.

Je lui ai confessé nettement que je ne me pardonnerais jamais de l'avoir vu à la porte du jardin, ni à lui de m'avoir mise dans la nécessité de le suivre ; que mes regrets ne faisaient qu'augmenter ; que je croyais ma réputation blessée, sans apparence qu'elle pût jamais se rétablir ; qu'il ne devait pas s'étonner de voir croître de jour en jour mon inquiétude et ma douleur ; que tout ce que j'avais à désirer était qu'il me laissât le soin de moi-même ; et que lorsqu'il m'aurait quittée, je verrais mieux à quelle résolution je devais m'arrêter, et quelle retraite je devais choisir.

Ce discours a paru le jeter dans des réflexions plus profondes. Il aurait souhaité, m'a-t-il dit d'un ton fort grave, que, sans m'offenser, et sans être soupçonné de vouloir s'écarter des lois que je lui avais imposées, il lui eût été permis de me faire une humble proposition... Mais le respect sacré qu'il avait pour mes ordres, quoiqu'il ne fût pas redevable à mon penchant de l'occasion qu'il avait eue de me servir, lui liait la langue, à moins que je ne promisse de lui pardonner, si je ne l'approuvais pas.

Je lui ai demandé, avec quelque confusion, ce qu'il voulait dire.

Il m'a fait une seconde préface, comme si ma permission même ne l'eût pas rassuré ; et baissant les yeux avec un air de modestie qui lui sied assez mal, il m'a proposé de ne pas différer la célébration. « Elle rétablira tout, s'est-il hâté d'ajouter. Les deux ou trois premiers mois que vous êtes menacée de passer dans l'obscurité et dans la crainte, nous les passerons agréablement à visiter toute ma famille et à recevoir des visites. Nous verrons miss Howe ; nous verrons qui vous voudrez voir, et rien n'ouvrira mieux le chemin à la réconciliation que vous avez tant à cœur. »

Il est certain, ma chère amie, que votre conseil m'est revenu alors dans toute sa force. Je n'en ai pas trouvé moins dans ses raisons, et dans la vue présente de ma triste situation ; mais que pouvais-je répondre ? J'aurais eu besoin de quelqu'un qui eût parlé pour moi. Je ne pouvais agir tout d'un coup, comme si le temps des délicatesses eût été passé. Je n'avais pu supposer que cette proposition dût arriver si tôt.

Il s'est fort bien aperçu qu'elle ne m'irritait pas. J'ai rougi, j'en suis sûre, je suis demeurée muette, et je m'imagine que j'avais l'air d'une folle. Il ne me manque pas de courage. Aurait-il voulu que je me fusse rendue au premier mot ? Son sexe ne regarde-t-il pas le silence du nôtre comme une marque de faveur ? D'un autre côté, sortie depuis trois jours du château d'Harlove, après lui avoir déclaré par mes lettres que je ne penserais point au mariage sans l'avoir fait passer en quelque sorte par un état d'épreuve, quel moyen de l'encourager tout d'un coup par des signes d'approbation, surtout immédiatement après les vivacités auxquelles je venais de m'emporter? Je n'en aurais pas été capable, quand il aurait été question de la vie.

Il m'a regardée d'un œil fixe, malgré sa modestie étudiée, comme s'il eût voulu pénétrer mes dispositions; tandis qu'à peine osais-je lever mes regards sur lui. Il m'a demandé pardon avec beaucoup de respect. Il tremblait, m'a-t-il dit, que je ne le jugeasse pas digne d'une autre réponse qu'un silence méprisant. Le véritable amour craint toujours d'offenser. (Prenez garde, Lovelace, ai-je pensé, qu'on ne juge du vôtre par cette règle.) Il aurait observé inviolablement mes lois, si je ne lui avais permis...

Je n'ai pas voulu l'entendre plus long-temps. Je me suis levée avec des marques très visibles de confusion, et je l'ai laissé faire à lui-même ses complimens insensés.

Ce que je puis ajouter, ma chère miss Howe, c'est que, s'il souhaite réellement la cérémonie, il ne pouvait avoir une plus belle occasion pour presser mon consentement; mais il l'a manquée, et l'indignation a succédé. Mon étude à présent sera de l'éloigner de moi.

CLARISSE HARLOVE.

LETTRE CV.

M. LOVELACE, A M. BELFORD.

Que faire avec une femme qui est au dessus de la flatterie, et qui méprise les louanges, lorsqu'elles ne sont point approuvées de son propre cœur?

Mais pourquoi cette admirable créature presse-t-elle sa destinée? Pourquoi brave-t-elle le pouvoir dont elle est absolument dépendante? Pourquoi souhaiter, devant moi, de n'avoir jamais quitté la maison de son père? Pourquoi me refuser sa compagnie, jusqu'à me faire perdre patience et me mettre dans le cas d'exciter son ressentiment? Enfin, pourquoi, lorsqu'elle est offensée, porte-t-elle son indignation au plus haut point où jamais une beauté méprisante, dans le fort de son pouvoir et de son orgueil, ait pu la porter?

Trouves-tu que dans sa situation il y ait de la prudence à me dire, et à me répéter, « que d'heure en heure elle est plus mécontente et d'elle-même et de moi; que je ne suis pas de ces hommes qui gagnent à être mieux connus (cette hardiesse, Belford, te plairait-elle dans la bouche d'une captive?); qu'un mauvais sort l'a jetée dans ma compagnie; que, si je la crois digne des chagrins que je lui donne, je dois m'applaudir des artifices par lesquels j'ai précipité une personne si extraordinaire dans le plus grand excès de folie; qu'elle ne se pardonnera jamais à elle-même de s'être rendue à la porte du jardin, ni à moi de l'avoir forcée de me suivre (ce sont ses propres termes); qu'elle veut prendre soin d'elle-même; que mon absence lui rendra la maison de madame Sorlings plus agréable; et que je puis aller à Berks, à Londres, ou dans tout autre lieu, au diable, je suppose, où elle m'envoie de tout son cœur! »

Qu'elle entend mal ses intérêts! Tenir ce langage à un esprit aussi vindicatif que le mien! à un libertin tel qu'elle me croit, au pouvoir duquel elle est actuellement! J'étais indéterminé, comme tu sais. La balance penchait tantôt d'un côté, tantôt de l'autre. Je voulais voir à quoi son penchant pourrait la conduire, et quelles seraient mes propres inclinations. Tu vois comment les siennes se déclarent. Douterais-tu qu'elles ne déterminent les miennes? Ses fautes n'étaient-elles pas en assez grand nombre? Pourquoi m'oblige-t-elle de regarder en arrière?

Je veux examiner cette grande affaire à tête reposée, et je t'informerai du résultat.

Si tu savais, si tu pouvais voir quel vil esclave elle a fait de moi! Elle m'a reproché d'avoir pris de *grands airs;* mais c'étaient des airs qui lui prouvaient mon amour, qui lui faisaient connaître que je ne pouvais vivre hors de sa présence. Elle s'en est vengée néanmoins. Elle a pris plaisir à me mortifier. Elle m'a traité avec un dédain... Par ma foi, Belfort, à peine ai-je trouvé un mot pour ma défense. J'ai honte de te dire à quel sot elle m'a fait ressembler; mais dans un autre lieu, où je ne désespère pas encore de la conduire, et dans d'autres circonstances, j'aurais pu sur-le-champ humilier son orgueil.

C'est donc à ce temps, où je compte qu'elle ne sera plus libre de me fuir, que je remets les épreuves et l'essai de mes grandes inventions; tantôt humble, tantôt fier; tantôt attendant ou demandant; tantôt me réduisant à la complaisance et à la soumission, jusqu'à ce qu'elle soit fatiguée de la résistance. Je t'en dis assez. Je pourrai m'expliquer davantage, à mesure que je me confirmerai dans mes desseins. Si je la vois obstinée à faire revivre ses mécontentemens... si ses hauteurs... mais brisons. Ce n'est pas encore le temps des menaces.

LETTRE CVI.

M. LOVELACE, A M. BELFORD.

Ne vois-je pas, cher ami, que je n'aurai besoin que de patience pour arriver au pouvoir suprême? Qu'aurons-nous à dire, si toutes ces plaintes d'une réputation blessée, ces regrets qui ne font qu'augmenter, ces ressentimens qui ne s'éteindront jamais, ces ordres chagrins de m'éloigner, ne signifient que le mariage, et si la véritable cause de tant de pétulance et d'inquiétude n'est que le délai qu'on me voit apporter à toucher cet article?

Il m'était arrivé une fois de l'effleurer; mais je m'étais cru obligé de m'envelopper dans des nuages, et d'abandonner mon sujet aussitôt qu'on s'était aperçu de mon intention, dans la crainte qu'on ne me reprochât d'abuser des circonstances, surtout après la défense qu'on m'avait faite de remuer cette corde sans avoir donné des preuves de ma réformation, et sans avoir tenté une réconciliation avec les Harlove. Aujourd'hui que je me vois maltraité, injurié, et si fortement pressé de la quitter, qu'il ne me reste aucun prétexte pour la retenir, s'il lui prenait envie de m'échapper; sans compter qu'au moindre doute de ma bonne foi elle pourrait se jeter sous quelque autre protection, ou retourner peut-être au château d'Harlove et se livrer à Solmes, j'ai parlé ouvertement, et j'ai apporté, quoique avec des précautions infinies, et même avec un air d'embarras (de peur qu'elle n'en fût offensée, Belford,), des raisons qui devaient la faire consentir à me rendre le plus heureux de tous les hommes. Que ses regards baissés, son silence accompagné d'un tremblement de lèvres, et l'éclat redoublé de son teint, m'ont appris éloquemment que l'offense n'était pas mortelle!

Charmante créature, ai-je dit en moi-même (garde-toi, Belford, de découvrir mon triomphe à d'autres personnes de ce sexe), en suis-je donc si tôt à ce point? Suis-je déjà maître de la destinée de Clarisse Harlove? Suis-je déjà cet homme réformé, que je devais être avant que de recevoir le moindre encouragement? Est-ce ainsi que plus vous me connaissez, moins vous trouvez de raisons de prendre du goût pour moi? Et comment l'art entre-t-il dans un esprit si céleste? Me bannir, insister si rigoureusement sur mon absence, dans la vue de m'approcher plus près de vous, et de rendre apparemment le plaisir plus cher? Vos petites ruses justifient merveilleusement les miennes, et m'excitent à déployer sur vous la fécondité de mon génie.

Mais permettez-moi de vous dire, adorable fille, qu'en supposant même que vos désirs soient quelque jour remplis, vous me devez compte auparavant de la répugnance que vous avez eue à partir avec moi, dans une crise où votre départ était nécessaire pour éviter un engagement forcé avec un misérable que vous devez haïr, si vous rendez plus de justice à votre mérite qu'au mien.

Je suis accoutumé, n'en doutez pas, aux préférences d'une infinité de femmes qui ne sont pas au dessous de vous pour le rang, quoique je n'en connaisse point dont le mérite soit égal au vôtre. Deviendrais-je le mari d'une femme qui m'a donné lieu de douter du degré que j'occupe dans son estime? Non, mon très cher amour. J'ai tant de respect pour vos saintes lois, que je ne puis souffrir qu'elles soient violées par vous-même. D'ailleurs, ne croyez pas que votre silence et votre rougeur suffisent pour m'expliquer vos intentions. Je ne veux pas non plus qu'il me reste de l'inquiétude sur vos motifs; c'est-à-dire le doute si c'est amour ou nécessité qui vous inspire cette condescendance.

Sur ces principes, Belford, quel autre parti avais-je à prendre que d'expliquer son silence comme une marque de mécontentement? Je lui ai demandé pardon d'une hardiesse dont tout me portait à la croire offensée. Je lui ai promis qu'à l'avenir mon respect serait inviolable pour ses volontés, et que je lui prouverais par toute ma conduite qu'un véritable amour craint toujours de déplaire et d'offenser.

Et qu'a-t-elle pu répondre? Je m'imagine, Belford, que c'est ta demande.

Répondre? Ma foi, elle a paru chagrine, déconcertée, piquée, incertaine, autant que j'en ai pu juger, si sa colère devait tomber sur elle-même ou sur moi. Cependant elle s'est tournée, comme pour cacher une larme qui lui échappait malgré elle; elle a poussé un soupir divisé en trois ou quatre parties, chacune avec la force qu'il fallait pour se faire entendre, mais en s'efforçant néanmoins de l'étouffer; et sortant enfin, elle m'a laissé maître du champ de bataille.

Ne me parle point de politesse. Ne me parle point de générosité. Ne me parle point de compassion. Les forces ne sont-elles pas égales? L'avantage n'est-il pas même de son côté? Ne m'a-t-elle pas fait douter de son amour? N'a-t-elle pas pris l'officieuse peine de me déclarer que sa haine pour Solmes ne verrait d'aucune considération pour moi? Et que dois-je penser du chagrin qu'elle ressent de se voir hors de ses atteintes, ou, ce qui revient au même, de s'être rendue à la porte du jardin?

Songes-tu quel serait le triomphe des orgueilleux Harlove, si je prenais le parti de l'épouser à présent? Une famille inférieure à la mienne! Nul d'entre eux digne de mon alliance, à l'exception d'elle! Un bien considérable, dans lequel je sais me renfermer pour éviter toutes sortes d'obligations et de dépendances! Des espérances si relevées! Ma personne, mes talens, qui ne sont pas méprisables, assurément, et qui n'ont obtenu que le mépris des Harlove! Obligé de rendre des soins furtifs à leur fille, tandis que deux maisons des plus considérables du royaume me faisaient des propositions auxquelles je fermais l'oreille, soit pour l'amour d'elle, soit parce que, détestant d'ailleurs le mariage, je suis résolu de n'avoir jamais d'autre femme, me voir forcé de la dérober, non seulement à eux, mais à elle-même. Et ne faut-il pas que je me réduise encore à implorer le pardon de sa famille? à demander d'être reconnu pour le fils d'un sombre tyran, qui n'a que ses richesses à vanter; pour le frère d'un misérable, qui a conçu contre moi une haine mortelle, et d'une sœur indigne de mon attention (sans quoi j'aurais triomphé d'elle à mon gré, et sûrement avec mille fois moins de peine que de sa sœur, qu'elle a barbarement outragée); enfin, pour le neveu de deux oncles qui, n'ayant point d'autre mérite que leur fortune acquise, en prendraient droit de m'insulter, ou voudraient me voir rampant dans l'attente de leur faveur? Non, non, mes ancêtres! on n'aura point à vous reprocher que le dernier de vos descendans, qui n'en est pas assurément le plus méprisable, s'abaisse, rampe, baise la poussière, pour devenir *l'esclave d'une femme!*

Je reprendrai tantôt la plume.

LETTRE CVII.

M. LOVELACE, A M. BELFORD.

Mais cette femme n'est-ce pas la divine Clarisse? (Supprimons le nom d'Harlove, que je méprise dans tout autre qu'elle.) N'est-ce pas sur cet adorable objet que retombent implicitement mes menaces? Si la vertu est la véritable noblesse, que Clarisse est anoblie par la sienne! et qu'une alliance avec elle serait capable aussi d'anoblir, s'il n'y avait point à lui reprocher la famille dont elle est sortie, et qu'elle préfère à moi!

Cependant, marchons la sonde en main. N'y a-t-il rien eu de répréhensible jusqu'à présent dans elle-même! et quand on pourrait tout expliquer en ma faveur, mes réflexions sur le passé ne me rendront-elles pas malheureux aussitôt que la nouveauté sera dépouillée de ses charmes, et que je serai en possession du bonheur où j'aspire? Un libertin, capable de délicatesse, la pousse plus loin que les autres hommes. Comme il est rare qu'il trouve les résistances de la vertu dans les femmes avec lesquelles il se lie, il s'accoutume à juger de toutes les autres par celles qu'il a connues. Il n'y a point de femme au monde qui résiste à la persévérance d'un amant, lorsqu'il sait proportionner l'attaque aux inclinations: c'est là, comme tu le sais, le premier article du *symbole* des libertins.

Eh quoi! Lovelace, t'entends-je demander avec surprise, peux-tu douter de la plus admirable de toutes les femmes? Doutes-tu de la vertu de Clarisse?

Je n'en doute point, cher ami. Je n'ose en douter. La religieuse vénération que j'ai pour elle me ferait trouver de l'impiété dans ce doute. Mais je te demande à mon tour : ne se peut-il pas que le principe de sa vertu soit l'orgueil ? De qui est-elle fille ? De quel sexe est-elle ? Si Clarisse est impeccable, d'où lui vient son privilège ? L'idée orgueilleuse de donner un grand exemple à son sexe peut l'avoir soutenue jusqu'à présent. Mais cet orgueil n'est-il pas abattu ? Connais-tu des hommes ou des femmes qui soient capables de résister à l'infortune et à l'humiliation ? Humilie particulièrement une femme, et tu verras avec très peu d'exceptions que l'abaissement passe jusqu'à l'âme. Miss Clarisse Harlove est-elle donc le modèle de la vertu ? Est-ce la vertu même ? Tout le monde en a cette idée, me répondra-t-on : tous ceux qui la connaissent, tous ceux qui ont entendu parler d'elle.

C'est-à-dire que le bruit commun est en sa faveur ! Mais le bruit commun établit-il la vertu ? La sienne est-elle éprouvée ? Où est l'audacieux qui ait osé mettre la vertu de Clarisse à l'épreuve ?

Je t'ai dit, Belford, que je voulais raisonner avec moi-même; et je me trouve engagé dans cette discussion sans m'en être aperçu. Poussons-la jusqu'à la rigueur.

Je sais que tout ce qui m'est échappé jusqu'ici, et tout ce qui va sortir volontairement de ma plume, ne te paraîtra pas fort généreux dans un amant; mais, en mettant la vertu au creuset, mon dessein n'est-il pas de l'exalter si je l'en vois sortir pure et triomphante ? Écartons, pour un moment, toutes les considérations qui peuvent naître d'une faiblesse à laquelle quelques uns donneraient assez mal à propos le nom de *gratitude*, et qui n'est souvent propre qu'à corrompre un cœur noble.

Au fait, cher ami. Je vais mettre ma charmante à la plus sévère épreuve, dans la vue d'apprendre à toutes les personnes de son sexe, que tu voudras instruire par la communication de quelques passages de mes lettres, ce qu'elles doivent être pour mériter l'estime d'un galant homme ; ce qu'on attend d'elles, et, si elles ont à faire à quelque tête sensée et délicate (orgueilleuse, si tu veux), combien elles doivent apporter de soin, par une conduite régulière et constante, à ne pas lui donner occasion de juger désavantageusement de leur caractère par des faveurs hasardées, qui seront toujours traitées de faiblesses. Une femme n'a-t-elle pas en garde l'honneur d'un homme ? et ses fautes ne jettent-elles pas plus de honte sur un mari que sur elle-même ? Ce n'est pas sans raisons, Belford, que j'ai toujours eu du dégoût pour l'état d'entraves.

Au fait, encore une fois, puisque je suis tombé sur cette importante question : savoir si je dois prendre une femme, et si ce doit être une femme de la première ou de la seconde main ? l'examen sera de bonne foi. Je rendrai à cette chère personne, non seulement une sévère, mais une généreuse justice, car mon dessein est de la juger par ses propres règles aussi bien que par nos principes.

Elle se reproche d'être entrée en correspondance avec moi, c'est-à-dire avec un homme d'un caractère fort libre, qui s'est d'abord proposé de l'engager dans ce commerce et qui a réussi par des moyens qu'elle ignore elle-même.

Voyons quels ont été ses motifs pour cette correspondance ? S'ils n'ont pas été d'une nature que sa délicatesse puisse trouver condamnables, pourquoi se les reprocher ?

A-t-elle été capable d'erreur? l'a-t-elle été d'y persister? N'importe qui était le tentateur ou quelle était la tentation. C'est le fait, c'est l'erreur qui est maintenant devant nous. A-t-elle persisté contre la défense de son père? C'est un reproche qu'elle se fait. Jamais une fille, néanmoins, eut-elle de plus hautes idées du devoir filial et de l'autorité paternelle? Non, jamais. Quels doivent donc avoir été les motifs qui ont eu plus de force que le devoir sur une fille si respectueuse? Qu'en ai-je dû penser dans le temps? Quelles espérances en ai-je dû concevoir?

On dira que la principale vue était de prévenir des accidens redoutables entre ses proches et l'homme qu'ils insultaient de concert.

Fort bien; mais pourquoi prenait-elle plus d'intérêt à la sûreté des autres qu'ils n'y en prenaient eux-mêmes? D'ailleurs, la fameuse rencontre n'était-elle pas arrivée? Une personne de vertu devait-elle connaître des raisons assez fortes pour la faire passer sur un devoir évident, surtout lorsqu'il n'était question que de prévenir un mal incertain?

Je crois t'entendre encore : « Quoi! Lovelace, c'est le tentateur qui devient aujourd'hui l'accusateur! »

Non, mon ami, je n'accuse personne. Je ne fais que raisonner avec moi-même; et dans le fond de mon cœur je justifie et je révère cette fille divine. Mais laisse-moi chercher néanmoins si c'est à la vertu qu'elle doit sa justification, ou à ma faiblesse qui est le véritable nom de l'amour.

Lui supposerons-nous un autre motif? Ce sera, si tu veux, l'amour; motif que tout l'univers jugera excusable, non parce qu'il le pense, pour te le dire en passant, mais parce que tout l'univers sent qu'il peut être égaré par cette fatale passion.

Que ce soit donc l'amour. Mais l'amour de qui?

D'un Lovelace, me réponds-tu.

N'y a-t-il qu'un Lovelace au monde? Combien de Lovelaces peuvent avoir senti l'impression d'une si charmante figure et de tant d'admirables qualités? C'est sa réputation qui a commencé ma défaite; c'est sa beauté et l'excellence de son esprit qui ont rivé mes chaînes. Aujourd'hui ce sont toutes ces forces ensemble qui forment un lien comme invincible, et qui me la font juger digne de mes attaques, digne de toute mon ambition.

Mais a-t-elle eu la bonne foi, la candeur de reconnaître cet amour?

Elle ne l'a pas eue.

S'il est donc vrai qu'il se trouve de l'amour au fond, n'y a-t-il pas avec lui quelque vice caché dans son ombre? de l'affectation, par exemple, ou, si tu veux, de l'orgueil?

Que résulte-t-il? La divine Clarisse serait donc capable d'aimer un homme qu'elle ne doit pas aimer? Elle serait donc capable d'affectation? Sa vertu n'aurait donc que l'orgueil pour fondement; et s'il y a de la vérité dans ces trois suppositions, la divine Clarisse ne serait donc qu'une femme?

Comment peut-elle amuser un amant tel que le sien; le faire trembler, lui qui s'est fait une habitude de triompher des autres femmes; le faire douter si elle a de l'amour pour lui ou pour quelque homme au monde; et n'avoir pas eu sur elle-même un juste empire dans des occasions qu'elle croit de la plus haute importance pour son honneur? (Tu vois, Belford, que je la juge par ses propres idées. Mais s'être laissé piquer par l'injustice d'autrui, jusqu'à promettre d'abandonner la maison de son père et de partir avec un homme dont elle connaissait le caractère; en stipulant même de faire dépendre son mariage de plusieurs suppositions éloignées et sans vraisemblance! Quand le sujet de ses plaintes aurait été capable de justifier toute autre femme, une Clarisse devait-elle ouvrir l'entrée de son cœur à des ressentimens dont elle se condamne aujourd'hui d'avoir été si touchée?

Mais voyons cette chère créature qui prend la résolution de révoquer sa promesse; qui ne s'en détermine pas moins à se trouver au rendez-vous avec son amant, homme dont elle connaît la hardiesse et l'intrépidité, à qui elle a manqué de parole plus d'une fois et qui vient, comme elle doit s'y attendre, dans la disposition de recueillir le fruit de ses services, c'est-à-dire résolu de l'enlever. Voyons cet homme qui l'enlève actuellement et qui en devient le maître absolu. Ne peut-il pas se trouver, je le répète, d'autres *Lovelaces*, d'autres mortels audacieux et constans qui lui ressemblent, quoiqu'ils puissent ne pas conduire tout à fait leur dessein par les mêmes voies?

Est-il donc vrai qu'une Clarisse ait été fragile suivant ses propres règles, fragile sur des points de cette importance! et ne se peut-il pas qu'elle le devienne encore plus, qu'elle soit sur le plus grand point vers lequel toutes ses autres fragilités semblent l'acheminer naturellement?

Ne me dis pas que pour nous comme pour ce sexe la vertu est une faveur du ciel; je ne parle ici que de l'empire moral que chacun peut avoir sur ses sens : et ne me demande pas pourquoi l'homme s'accorde des libertés qu'il refuse aux femmes, et dont il ne veut pas même qu'elles puissent être soupçonnées? Vains argumens, puisque les fautes d'une femme sont plus injurieuses pour son mari que celles d'un mari ne le sont pour sa femme. Ne comprends-tu pas quel odieux désordre les premières jetteraient dans la succession des familles? Le crime ne saurait être égal. D'ailleurs, j'ai lu quelque part que la femme est faite pour l'homme : cette dépendance entraîne une obligation plus indispensable à la vertu.

Toi, Lovelace! me dirais-tu peut-être si je te connaissais moins, toi, demander tant de perfection dans une femme!

Oui, moi! puis-je te répondre. Connais-tu le grand César? sais-tu qu'il répudia sa femme sur un simple soupçon? César était aussi libertin que Lovelace, et n'était pas plus fier.

Cependant, je conviens qu'il n'y eut peut-être jamais de femme qui ait tant approché que ma Clarisse de la nature angélique. Mais, encore une fois, n'a-t-elle pas déjà fait des démarches qu'elle condamne elle-même? des démarches dont le public et sa propre famille ne l'auraient pas crue capable, et que ses plus chers parens ne veulent pas lui pardonner? Ne t'étonne pas même que je n'admette point en faveur de sa vertu l'excuse qu'on peut tirer de ses justes ressentimens. Les persécutions et les tentations ne sont-elles pas l'épreuve des âmes vertueuses? Il n'y a point d'obstacles ni de ressentimens qui autorisent la vertu à s'anéantir elle-même.

Reprenons. Crois-tu que celui qui a pu la mener si loin ne soit pas encouragé, par le succès, à marcher en avant? Il n'est question que d'un essai, Belford. Qui s'alarmera d'un essai, pour une femme toute divine? Tu sais que je me suis quelquefois plu à faire des essais sur des jeunes personnes de mérite et d'un assez beau nom. C'est une chose étrange, que je n'en aie pas encore trouvé une qui ait tenu ferme plus d'un mois, ou assez long-temps pour épuiser mon invention. J'en ai tiré des conclusions fâcheuses ; et si je n'en découvre aucune dont la vertu soit incorruptible, tu vois que je serai en état de prêter serment contre tout le sexe. Toutes les femmes sont donc intéressées à l'épreuve que je médite. Quelle est celle qui, en connaissant Clarisse, ne mît pas volontiers sur sa tête l'honneur de toute l'espèce? Que celle qui le refuserait s'avance et soutienne l'engagement à sa place.

Je t'assure, cher ami, que j'ai des idées prodigieusement hautes de la vertu, comme de toutes les grâces et les perfections auxquelles je n'ai pas été capable de parvenir. Tous les libertins n'en diraient pas autant. Ils craindraient de se condamner eux-mêmes, en approuvant ce qu'ils négligent. Mais l'ingénuité a toujours fait une éclatante partie de mon caractère.

Satan, qui a bonne part, comme tu peux croire, au dessein que j'ai formé, mit notre premier père à de rudes épreuves ; et c'est à la conduite que ce bonhomme tint dans ces occasions, qu'il a dû la réparation de son honneur et les récompenses qui sont venues à la suite. Une personne innocente, qui a le malheur d'être soupçonnée, ne doit-elle pas souhaiter que tous les doutes soient éclaircis?

Renauld, dans l'Arioste, éloigna de lui la coupe du chevalier mantuan, sans vouloir tenter l'expérience (1). L'auteur lui prête de fort bonnes raisons. « Pourquoi chercherais-je ce que je serais au désespoir de trouver? Ma femme est d'un sexe fragile. Je ne puis avoir meilleure opinion d'elle. Si je trouve des raisons de l'estimer moins, la disgrâce sera pour moi-même. » Mais Renauld n'eût pas refusé de mettre la dame à l'épreuve avant qu'elle eût été sa femme, et lorsqu'il aurait pu tirer avantage de ses lumières.

Pour moi, je n'aurais pas rejeté la coupe, quoique marié, n'eût-ce été que pour me confirmer dans la bonne opinion que j'aurais eue de l'honnêteté de ma chère moitié. J'aurais voulu savoir si j'avais une colombe ou un serpent dans mon sein.

En un mot, que penser d'une vertu qui redouterait les épreuves, et par conséquent d'une femme qui voudrait les éviter? Je conclus que pour établir parfaitement l'honneur d'une si excellente créature, il est nécessaire qu'elle soit éprouvée : et par qui, si ce n'est par celui qu'elle accuse de l'avoir déjà fait mollir sur des points de moindre importance? Son propre intérêt le demande : non seulement parce qu'il a déjà fait quelque impression sur elle, mais encore parce que le regret qu'elle en a doit faire présumer qu'elle sera plus en garde contre de nouvelles attaques.

Il faut convenir que sa situation présente est un peu à son désavantage ; mais la victoire lui en sera plus glorieuse.

Ajoutons qu'une seule épreuve ne suffirait pas : pourquoi? Parce que le cœur d'une femme peut être d'airain dans un moment, et de cire dans l'autre. Je l'ai vérifié mille fois, et toi sans doute aussi. Les femmes, diras-tu, ne passeraient pas mal leur temps, si tous les hommes s'avisaient de les mettre à l'épreuve. Mais, Belford, ce n'est pas mon avis non plus. Quoique libertin, je ne suis pas ami du libertinage dans autrui, excepté

(1) *Roland le furieux*, liv. 3.

dans toi et tes camarades. Enfin, recueille cette morale de mon ennuyeuse discussion : « Les petites friponnes qui n'ont pas de goût pour l'épreuve, doivent faire un choix qui réponde à leurs dispositions. Elles doivent honorer de leur préférence de bons et garçons, qui ne sont point accoutumés à la ruse; qui les prendront sur le pied qu'elles se donnent; et qui ne trouvant rien d'absolument mauvais dans eux-mêmes, ne se portent pas aisément à soupçonner les autres. »

Tu vas me demander à présent ce que deviendra la belle, si la victoire ne se range pas sous ses étendards? Que veux-tu? Une fois subjuguée, comme tu sais, elle l'est pour toujours. C'est une autre de nos maximes libertines. Quelles sources de plaisir, pour un ennemi du mariage, de vivre avec une fille du mérite de Clarisse, sans cette incommode formalité qui oblige les femmes à changer réellement de nom, et qui entraîne tant d'autres sujets de dégoût!

Mais si Clarisse est toujours divine, si Clarisse sort glorieuse de l'épreuve!

Eh bien! je l'épouserai alors, n'en doute pas. Je bénirai mon étoile, à qui j'aurai l'obligation d'une femme que je regarderai comme un ange.

Mais ne me haïra-t-elle pas? ne me refusera-t-elle pas peut-être?... Non, non, Belford. Dans les circonstances où nous sommes, c'est ce que je redoute le moins. Me haïr! Et pourquoi haïrait-elle un homme qui ne l'en aimera que mieux après l'épreuve! Ajoute que j'ai le droit de représailles à faire valoir. Ma résolution n'est-elle pas justifiée par celle qu'elle a de m'éprouver moi-même? N'a-t-elle pas déclaré qu'elle veut attendre, pour notre mariage, de bonnes preuves de ma réformation?

Finissons cette grave et éloquente lettre. Toi-même, que je suppose dans les intérêts de la belle, parce que je n'ignore pas que mon très digne oncle t'a prié d'employer l'influence qu'il te croit sur mon esprit, pour me persuader de courber la tête sous le joug nuptial, ne me permets-tu pas de tenter si je pourrai la réduire au rang des mortelles; d'essayer si, dans cette fleur de jeunesse, avec tant de charmes, avec une santé si parfaite, elle est véritablement inflexible, et supérieure aux faiblesses de la nature?

Je veux commencer à la première occasion. Je veillerai sur tous ses pas; j'observerai chaque moment, pour saisir celui que je cherche, d'autant plus qu'elle ne m'épargne pas, qu'elle prend avantage de tout ce qui se présente pour me tourmenter, et qu'au fond elle ne me croit point, elle ne s'attend point à me trouver honnête. Si Clarisse est une femme, si Clarisse m'aime, je la surprendrai une fois en défaut. L'amour est un traître pour ceux qui le logent. L'amour est au dedans, Lovelace au dehors; elle sera plus qu'une femme, ou moi bien moins qu'un homme, si je ne sors pas victorieux.

A présent, Belford, tu es informé de mes desseins. Clarisse est à moi, elle m'appartiendra plus encore. Quoique le mariage soit en mon pouvoir, qui me blâmera d'essayer si je ne puis être son vainqueur autrement? Si je manque de succès, sa gloire n'en peut tirer qu'un nouveau lustre, et ma confiance sera parfaite à l'avenir. C'est alors qu'elle méritera le sacrifice que je lui ferai de ma liberté, et que tout son sexe lui devra des honneurs presque divins.

Vois-tu maintenant toute la portée de mon entreprise? Tu dois la voir comme dans un miroir. Cependant, *cabale* (1) est le mot. Que mon secret ne t'échappe pas, même en songe. Personne ne doute qu'elle ne doive être ma femme. Elle passera pour telle, lorsque je te donnerai le mot. En attendant, je ferai parade de réformation, et si je puis conduire la belle à Londres, quelqu'une de nos favorites me dédommagera de cette contrainte. J'ai tout dit.

LETTRE CVIII.

MISS HOWE, A MISS CLARISSE HARLOVE.

Modérez votre inquiétude, ma très chère amie, sur les petits différends qui s'élèvent entre ma mère et moi. Je vous assure que nous ne nous en aimerons pas moins. Si ma mère ne m'avait pas pour exercer son humeur, il faudrait qu'elle la tournât sur un autre; et moi, ne suis-je pas une fille très bizarre? Otez-nous cette occasion, il nous en renaîtrait mille pour une. Vous m'avez souvent entendu dire que c'est une ancienne habitude entre nous, et vous ne le savez que de moi-même; car lorsque vous étiez avec nous, vous aviez l'art de nous entretenir dans une parfaite harmonie. En vérité, je vous ai toujours redoutée plus qu'elle; mais l'amour accompagne cette crainte. Vos reproches portent un air d'instruction et de douceur qui fait nécessairement impression sur un caractère généreux. La méthode de ma mère est différente : « Je le veux. Je vous l'ordonne, entendez-vous? Ne sais-je pas mieux que vous ce qui vous convient? Je ne souffrirai point qu'on me désoblige. » Quel moyen, pour une fille un peu formée, de soutenir continuellement ce langage et de n'avoir pas beaucoup de lenteur pour l'obéissance!

Ne me conseillez pas, ma chère, d'obéir à ma mère lorsqu'elle m'interdit toute correspondance avec vous. Cette défense n'est pas raisonnable, et je suis sûre que ce n'est pas son propre jugement qu'elle consulte. Votre vieux lutin d'oncle, dont les visites sont plus fréquentes que jamais, poussé par votre frère et votre sœur, en est l'unique occasion. Dans l'éloignement où ils sont de vous, la bouche de ma mère est une espèce de porte-voix, par lequel ils se font entendre. Encore une fois, cette défense ne peut venir de son cœur. Mais quand elle en viendrait, quel peut donc être le danger pour une fille de mon âge, d'écrire à une personne de son sexe ? Que le chagrin et l'inquiétude ne vous causent pas trop d'abattement, ma très chère amie, et ne vous fassent pas créer des difficultés imaginaires. Si votre inclination vous porte à vous servir d'une plume, j'ai le même goût, que j'exercerai dans toutes les occasions, et pour vous écrire, et malgré toutes leurs plaintes. Que vos lettres ne soient pas remplies non plus de reproches et d'accusations contre vousmême. C'est une injustice. Je souhaiterais que votre Anne Howe, qui n'a pas quitté la maison de sa mère, fût aussi bonne de la moitié que miss Clarisse Harlove, qu'on a chassée de celle de son père.

Je ne dirai rien de votre lettre à Bella, jusqu'à ce que j'en aie vu les effets. Vous espérez, dites-vous, malgré mes craintes, qu'on vous enverra votre argent et vos habits. Je suis fâchée d'avoir à vous apprendre que le conseil s'est assemblé à l'occasion de votre lettre, et que votre mère, la seule qui ait opiné en votre faveur, a trouvé des oppositions qu'elle n'a

---

(1) Ce mot, dans leur société, était le sceau inviolable du secret.

pu vaincre. Ainsi j'exige absolument que vous acceptiez mes offres, et que vous m'expliquiez tout ce qui peut vous manquer d'ailleurs, afin que je me hâte de vous l'envoyer.

Ne vous attachez pas tant à l'espoir d'une réconciliation, qu'il vous fasse négliger l'occasion de vous assurer d'un protecteur, tel que serait votre Lovelace, avec la qualité de mari. Je m'imagine du moins que si vous aviez quelque insulte à craindre alors, ce ne serait que de lui. Quelles peuvent être ses vues, lorsqu'il laisse échapper des circonstances dont on ne saurait le soupçonner de n'avoir pas connu le prix? Ce n'est pas vous que je trouve blâmable. Vous ne pouviez vous expliquer autrement que par votre silence et votre rougeur, lorsque cet insensé s'est retranché dans sa soumission pour des lois que vous lui avez imposées dans une autre situation. Mais, comme je le disais quelques lignes plus haut, vous inspirez réellement de la crainte... Et puis, je vous réponds que vous ne l'avez pas épargné.

Je vous l'ai dit dans ma dernière lettre, le rôle que vous avez à soutenir est extrêmement délicat. J'ajoute que vous avez l'âme trop délicate pour ce rôle. Mais quand l'amant est exalté, l'héroïne doit être humiliée. Il est naturellement fier et insolent. Je ne sais si vous ne devriez pas engager son orgueil, qu'il nomme son honneur, et s'il n'est pas à propos d'écarter un peu plus le voile. Je voudrais du moins que les regrets de vous être trouvée au rendez-vous, et d'autres plaintes fussent supprimés. Que servent les regrets, ma chère? Il ne les supportera point; vous ne devez pas espérer qu'il les supporte.

Cependant mon propre orgueil est mortellement blessé, qu'un misérable de ce sexe puisse obtenir cette espèce de triomphe sur une personne du mien.

Je dois avouer, après tout, que votre courage me charme. Tant de douceur, lorsque la douceur est convenable; tant de fermeté, lorsque la fermeté est nécessaire, quelle grandeur d'âme!

Mais je suis portée à juger que, dans les circonstances où vous êtes, un peu de réserve et de politique ne serait pas d'un mauvais usage. L'humilité dont il paraît se revêtir lorsqu'il vous voit échauffée contre lui, ne lui est pas naturelle. Je me le représente hésitant, décontenancé, comme vous le peignez, sous la supériorité de vos corrections. Mais Lovelace n'est rien moins qu'un sot. Ne vous exposez point au mélange du ressentiment et de l'amour.

Vous êtes très sérieuse, ma chère, dans la première de vos deux lettres sur ce qui touche M. Hickman et ma mère. A l'égard de ma mère, épargnez-vous cette gravité. Si nous ne sommes pas toujours bien ensemble, dans d'autres temps nous ne sommes pas trop mal. Aussi long-temps que je suis capable de la faire sourire, au milieu de ses plus grands accès d'humeur (quoiqu'elle s'efforce quelquefois de s'en empêcher), c'est un fort bon signe, un signe que sa colère n'est pas profonde, ou qu'elle ne peut durer long-temps. D'ailleurs, un mot d'honnêteté, un regard obligeant, que j'adresse à son favori, met toujours l'un en extase et rend l'autre d'une humeur supportable. Mais votre situation me pénètre le cœur, et malgré ma légèreté, il faut qu'ils partagent quelquefois tous deux mon chagrin, qui ne cessera qu'avec l'incertitude de votre sort, surtout après le malheur que j'ai eu de ne pouvoir vous procurer une protection qui vous aurait garantie de la fatale démarche dont je déplore avec vous la nécessité.

Anne Howe.

LETTRE CIX.

MISS CLARISSE HARLOVE, A MISS HOWE.

Vous me répétez, ma chère, que mes habits et la petite somme que j'ai laissée derrière moi ne me seront point envoyés. Cependant l'espérance ne m'abandonne point encore. La plaie est récente. Lorsque leurs passions viendront à se refroidir, ils considéreront les choses d'un autre œil. Que ne me promets-je pas avec une avocate telle que ma chère et mon excellente mère ? Charmante indulgence ! Hélas ! que mon cœur a saigné, et qu'il saigne encore pour elle !

Vous ne voulez pas que je compte sur une réconciliation ! Non, non, je ne me flatte pas de cette idée. Je connais trop les obstacles. Mais puis-je empêcher que ce ne soit le plus cher de mes désirs ? A l'égard de cet homme, que puis-je de plus ? Quand je serais disposée à préférer le mariage aux tentatives que je me vois obligée de faire pour ma réconciliation, vous voyez que le mariage ne dépend pas absolument de moi.

Vous dites qu'il est fier et insolent. Il l'est sans doute. Mais votre opinion peut-elle être qu'il se propose jamais de me réduire au niveau de son orgueil ? Et qu'entendez-vous, ma chère amie, lorsque vous me conseillez d'*écarter un peu plus le voile* ? Il me semble, en vérité, que je n'en ai jamais eu. Je vous assure hardiment que si j'aperçois dans M. Lovelace quelque apparence qui ressemble au dessein de m'humilier, son insolence ne me fera jamais découvrir une faiblesse indigne de votre amitié ; c'est-à-dire, également indigne et de moi et de mon ancien caractère.

Mais, comme je suis sans autre protection que la sienne, je ne le crois pas capable d'abuser de ma situation. S'il a souffert pour moi des peines extraordinaires, il n'en a l'obligation qu'à lui-même. Qu'il en accuse, s'il lui plaît, son propre caractère, qui a fourni un prétexte à l'antipathie de mon frère. Je ne lui ai pas caché là-dessus mes sentimens. D'ailleurs, me suis-je jamais engagée avec lui par quelque promesse ? Mon affection s'est-elle jamais déclarée pour lui ? Ai-je jamais désiré la continuation de ses soins ? Si la violence de mon frère n'avait pas précipité les choses dans l'origine, n'est-il pas fort vraisemblable que mon indifférence aurait rebuté cet esprit fier et l'aurait fait retourner à Londres, qui est sa demeure ordinaire ? Alors toutes ses espérances et ses prétentions se seraient évanouies, parce qu'il n'aurait pas reçu de moi le moindre encouragement. Le jour de son départ aurait fini notre correspondance ; et, croyez-moi, jamais elle n'aurait commencé, sans la fatale rencontre qui m'y engagea, pour l'intérêt d'autrui, insensée que j'étais ! et nullement pour le mien. Pensez-vous, et peut-il penser lui-même, que cette correspondance, qui, dans mes intentions, ne devait être que passagère, et sur laquelle vous savez que ma mère fermait les yeux, eût abouti à cette malheureuse fin, si je n'avais été poussée d'un côté et trompée de l'autre ? Quand vous me supposeriez dans sa dépendance absolue, quel prétexte aurait-il pour se venger sur moi des fautes d'autrui, dont il est certain d'ailleurs qu'il a souffert moins que moi ? Non, chère miss Howe, il n'est pas possible qu'il me donne sujet de craindre de lui tant de noirceur et si peu de générosité.

Vous ne voulez pas que je m'afflige des petits différends qui s'élèvent entre votre mère et vous. Puis-je n'en être pas fort touchée, lorsqu'ils s'élèvent à mon occasion? Et n'est-ce pas un surcroît de douleur, qu'ils soient suscités par mon oncle et par mes autres parens? Mais souffrez que j'observe, avec trop d'affectation peut-être, pour les circonstances où je suis, que les plaintes modestes que vous faites de votre mère tournent clairement entre vous. Ce langage qui vous chagrine, *je le veux, je l'ordonne, je prétends être obéie*, ne marque-t-il pas que vous vous révoltez contre ses volontés?

J'observerai encore, par rapport à notre correspondance qui vous paraît sans dangers avec une personne de votre sexe, que je n'ai pas cru qu'il y en eût davantage dans celle que je me suis permise avec M. Lovelace. Mais si l'obéissance est un devoir, la faute consiste à le violer, quelles que puissent être les circonstances. Ce ne sera jamais une action louable de s'élever contre la volonté de ceux à qui l'on doit le jour. S'il est vrai, au contraire, qu'elle mérite d'être punie, vous voyez que je le suis sévèrement; et c'est sur quoi j'ai voulu vous faire ouvrir les yeux par mon exemple. Cependant, j'en demande pardon au ciel, mais il m'en coûte beaucoup pour vous donner un avis si contraire à mes intérêts; et, de bonne foi, je n'ai pas la force de le suivre moi-même; mais s'il n'arrive point de changement dans mon sort, je ferai là-dessus de nouvelles réflexions.

Vous me donnez de fort bons conseils sur la conduite que je dois tenir avec mon hôte; et j'essaierai peut-être de m'y conformer, à l'exception de la politique, qui ne fera jamais, ma très chère miss Howe, le caractère ni le rôle de votre sincère et fidèle amie.

CLARISSE HARLOVE.

LETTRE CX.

MISS CLARISSE HARLOVE, A MISS HOWE.

Vous ne sauriez douter, ma chère miss Howe, que les circonstances de ma fuite et les cris affectés que j'entendis à la porte du jardin ne m'aient laissé de cruelles inquiétudes. Combien n'ai-je pas frémi de la seule pensée d'être entre les mains d'un homme qui aurait été capable de me tromper lâchement par un artifice prémédité! Chaque fois qu'il s'est présenté à mes yeux, mon indignation s'est réveillée avec cette idée; d'autant plus que j'ai cru remarquer sur son visage une sorte de triomphe qui me reprochait ma crédulité et ma faiblesse. Peut-être n'est-ce au fond que la même vivacité et le même air d'enjouement qu'il porte naturellement dans sa physionomie.

J'étais résolue de m'expliquer avec lui sur cet important article, la première fois que je me sentirais assez de patience pour lui en parler avec modération; car, outre la nature de l'artifice, qui me piquait excessivement d'elle-même, je m'attendais, s'il était coupable, à des excuses et des évasions qui devaient m'irriter encore plus; et s'il désavouait mes soupçons, je prévoyais que son désaveu me laisserait des doutes qui nourriraient mon inquiétude, et qui augmenteraient mes dégoûts et mes ressentimens à la moindre offense.

L'occasion que je désirais s'est présentée, et je ne veux pas différer un moment à vous informer de ce qu'elle a produit.

Il était à me faire sa cour, dans les termes les plus polis; déplorant le malheur qu'il avait, disait-il, d'être moins avancé que jamais dans mon estime, sans savoir à quoi il devait attribuer cette disgrâce; et m'accusant de je ne sais quel préjugé, ou d'un fond d'indifférence, que son chagrin était de voir croître de jour en jour. Enfin, il me suppliait de lui ouvrir mon cœur, pour lui donner l'occasion de reconnaître ses fautes et de les corriger; ou celle de justifier sa conduite, et de mériter un peu plus de part à ma confiance.

Je lui ai répondu assez vivement:

— Eh bien! monsieur Lovelace, je vais m'ouvrir avec une franchise qui convient peut-être à mon caractère plus qu'au vôtre (il se flattait que non, m'a-t-il dit), et vous déclarer un soupçon qui me donne fort mauvaise opinion de vous, parce qu'il m'oblige de vous regarder comme un homme artificieux, dont les desseins doivent m'inspirer de la défiance.

— J'écoute, mademoiselle, avec la plus vive attention.

— Il m'est impossible de penser favorablement de vous, aussi longtemps que la voix qui s'est fait entendre du jardin, et qui m'a remplie d'une terreur dont vous avez tiré tant d'avantage, demeure sans explication. Apprenez-moi nettement, apprenez-moi sincèrement le fond de cette circonstance, et celui de vos intrigues avec ce vil Joseph Leman. La bonne foi que vous aurez sur ce point sera ma règle à l'avenir, pour juger de vos protestations.

— Comptez, très chère Clarisse, m'a-t-il répondu que je vais vous expliquer tout, sans le moindre déguisement. J'espère que la sincérité de mon récit expiera ce que vous pourrez trouver d'offensant dans l'action.

« Je ne connaissais pas ce Leman, et j'aurais dédaigné l'infâme méthode de corrompre les domestiques d'autrui pour découvrir les secrets d'une famille, si je n'avais pas été informé qu'il s'efforçait d'engager un de mes gens à lui rendre compte de tous mes mouvemens et de toutes mes intrigues supposées; en un mot, de toutes les actions de ma vie privée. Ses motifs ne demandaient pas d'éclaircissement. J'ordonnai à mon valet de chambre, car c'était à lui-même que les offres étaient adressées, de me faire entendre la première conversation qu'il aurait avec lui; et prenant le moment où j'entendis proposer une somme assez considérable pour une information qu'on demandait particulièrement, avec promesse d'une récompense encore plus forte après le service; je me présentai brusquement, j'affectai de faire beaucoup de bruit; et demandant un couteau pour couper les oreilles du traître, dont je tenais déjà l'une, dans la vue, lui dis-je, d'en faire un présent à ceux qui l'employaient, je le forçai de m'apprendre leurs noms.

» Votre frère, mademoiselle, et votre oncle Antonin, furent les deux personnes qu'il nomma.

» Il ne me fut pas difficile, après lui avoir fait grâce, en lui représentant l'énormité de son entreprise et mes honorables intentions, de l'engager dans mes intérêts par l'espoir d'une grosse récompense; surtout lorsque je lui eus fait concevoir qu'il pouvait conserver en même temps la faveur de votre frère et de votre oncle, et que je ne désirais ses services que par rapport à vous et à moi, pour nous garantir des effets d'une mauvaise volonté, dans laquelle il me confessa que lui et vos autres domestiques trouvaient beaucoup d'injustice.

» C'est par cette voie, je vous l'avoue, mademoiselle, que j'ai souvent fait tourner ses maîtres sur le pivot que je tenais à la main, sans qu'ils aient pu s'en défier. Mon agent, qui ne cesse pas de se donner pour honnête homme, et qui me rappelle toujours à sa conscience, s'est trouvé d'autant plus à l'aise que je l'ai assuré continuellement de la droiture de mes vues, et qu'il a reconnu par lui-même que ses soins avaient prévenu plus d'un fâcheux accident.

» Ce qui a servi encore à me les rendre plus agréables, permettez que je le reconnaisse devant vous, mademoiselle, c'est que sans votre participation, ils vous ont procuré constamment la liberté d'aller au jardin et au bûcher, qu'on ne vous aurait peut-être pas laissée si long-temps. Il s'était chargé, auprès de la famille, d'observer toutes vos démarches; et son attention était d'autant plus empressée, qu'elle servait à écarter tous les autres domestiques. »

Ainsi, ma chère, il se trouve que, sans le savoir, j'avais obligation moi-même à ce profond politique.

Je suis demeurée muette d'étonnement. Il a continué :

— A l'égard de l'autre circonstance qui vous a fait prendre, mademoiselle, une si mauvaise opinion de moi, je confesse ingénument que votre résolution de partir m'étant un peu suspecte, et la mienne étant de ne rien épargner pour vous soutenir dans votre première idée, la crainte de ne pas avoir assez de temps pour vous faire goûter mes raisons m'avait fait ordonner à Leman d'éloigner tous ceux qui se présenteraient, et de se tenir lui-même à peu de distance de la porte.

— Mais, monsieur, ai-je interrompu, comment vous est-il arrivé de craindre que je ne changeasse de résolution? Je vous avais écrit, à la vérité, pour vous en informer, mais vous n'avez pas eu ma lettre, et comme je m'étais réservé le droit d'abandonner mon premier dessein, avez-vous pu savoir si ma famille ne s'était pas laissé fléchir, et si je n'avais pas de bonnes raisons pour demeurer?

— Je serai sincère, mademoiselle. Vous m'aviez fait espérer que si vous changiez de résolution vous m'accorderiez une entrevue pour m'en apprendre les motifs. Je trouvai votre lettre; mais n'ignorant pas que vos amis étaient inébranlables dans leurs idées, et ne doutant pas néanmoins que vous ne m'écrivissiez pour suspendre votre résolution, et probablement pour éviter aussi l'entrevue, je pris le parti de laisser votre lettre, dans l'espérance de vous engager du moins à me voir; et n'étant pas venu sans quelque préparation, j'étais résolu, quelles que fussent vos nouvelles vues, de ne vous pas laisser retourner au château. Si j'eusse pris votre lettre, il aurait fallu s'en tenir à ces nouveaux ordres, du moins jusqu'à d'autres événemens; mais ne l'ayant pas reçue, et vous croyant bien persuadée que, dans une situation si désespérée, j'étais capable de rendre une visite à vos amis, je comptai absolument sur l'entrevue que vous m'aviez fait espérer.

— Méchant esprit que vous êtes! lui ai-je dit, c'est mon chagrin de vous avoir donné l'occasion de prendre des mesures si justes pour abuser de ma faiblesse. Mais est-il vrai que vous auriez poussé la hardiesse jusqu'à rendre visite à ma famille?

— Oui, mademoiselle, j'avais quelques amis prêts à m'accompagner, et si les vôtres avaient refusé de me voir et de m'entendre, je serais allé directement chez Solmes avec le même cortége.

— Qu'auriez-vous donc fait à M. Solmes ?

— Pas le moindre mal, s'il nous eût reçus de bonne grâce.

— Mais enfin, s'il ne vous eût pas reçu de bonne grâce, comme vous l'entendez, que lui auriez-vous fait ? Cette question a paru l'embarrasser.

— Pas le moindre mal dans la personne, m'a-t-il répété. Je l'ai pressé de s'expliquer mieux.

— Si je lui permettais de le dire, il s'était proposé seulement d'enlever ce pauvre misérable, et de le tenir enfermé l'espace d'un ou deux mois. C'était une entreprise dont l'exécution était jurée, quelles qu'en pussent être les suites.

A-t-on jamais rien entendu de si horrible ! J'ai poussé un profond soupir, et je lui ai dit de reprendre à l'endroit où je l'avais interrompu.

— J'avais ordonné à Leman de se tenir à peu de distance de la porte, et s'il entendait quelque dispute entre nous, ou s'il voyait paraître quelqu'un dont l'arrivée dût nous troubler, de pousser les cris que vous avez entendus, et cela, dans la double vue de le mettre à couvert des soupçons de votre famille, et d'être averti qu'il était temps pour moi de vous engager, s'il était possible, à partir suivant votre promesse. J'espère, mademoiselle, que si vous considérez toutes les circonstances et les dangers où j'étais de vous perdre sans retour, l'aveu que je vous fais de cette invention et de celle qui regarde Solmes, ne m'attirera point votre haine. Supposez que vos parents fussent arrivés, comme nous pouvions nous y attendre tous deux ; n'aurai-je pas été le plus méprisable de tous les hommes si je vous avais abandonnée aux insultes d'un frère et de toute une famille, qui vous ont traitée si cruellement, sans avoir le prétexte que notre entrevue leur aurait fourni ?

— Que d'horreurs ! me suis-je écriée. Mais, monsieur, en prenant tout ce que vous me dites pour autant de vérités, s'il est venu quelqu'un, pourquoi n'ai-je vu que Leman à la porte ? Pourquoi nous a-t-il suivis seul, et à tant de distance ?

— Il est fort heureux pour moi, m'a-t-il répondu, en mettant la main dans une de ses poches et puis dans une autre... J'espère que je ne l'ai pas jetée... Elle est peut-être dans l'habit que je portais hier. Je pensais peu qu'il serait nécessaire de la produire... Mais je suis bien aise d'en venir à la démonstration, quand l'occasion s'en présente... Je puis être un étourdi... Je puis être un négligent... et je suis, en vérité, l'un et l'autre. Mais, par rapport à vous, mademoiselle, jamais un cœur ne fut plus sincère.

Il s'est levé là-dessus, et, s'avançant vers la porte, il s'est fait apporter le dernier habit qu'il avait quitté. Il en a tiré une lettre chiffonnée, comme un papier dont il avait tenu peu de compte :

— La voici, m'a-t-il dit, en revenant à moi d'un air joyeux.

Elle était datée lundi au soir, et de la main de Joseph Leman « qui lui demandait pardon d'avoir crié trop tôt. La crainte d'être soupçonné lui avait fait prendre le bruit d'un petit chien, qui le suit toujours et qui avait traversé la charmille, pour le mouvement de quelqu'un de ses maîtres. Lorsqu'il s'était aperçu de son erreur, il avait ouvert la porte avec sa propre clé ; et sortant avec précipitation, il avait voulu lui apprendre que sa seule frayeur l'avait fait crier. Mais bientôt, ajoutait-il, plusieurs personnes de la maison avaient pris l'alarme, et les recherches étaient commencées à son retour (1). »

J'ai branlé la tête après cette lecture.

— Ruses, ruses, ai-je dit ; c'est ce que je puis penser de plus favorable. Ah ! monsieur Lovelace, que le ciel vous pardonne et qu'il aide à votre réformation ! Mais je ne vois que trop, par votre propre récit, que vous êtes un homme rempli d'artifice.

— L'amour, ma très chère vie, est une ingénieuse passion. Nuit et jour j'ai mis ma stupide cervelle à la torture (quelle stupidité ! ai-dit en moi-même) pour trouver le moyen de prévenir un odieux sacrifice et tous les malheurs qui seraient venus à la suite. Si peu d'assurance de votre affection ! Une antipathie si injuste de la part de vos amis ! Un danger si pressant de vous perdre par cette double raison ! Je n'avais pas fermé l'œil depuis quinze jours, et je vous avoue, mademoiselle, que si j'avais négligé quelque chose pour empêcher votre retour au château, je ne me le serais pardonné de ma vie.

Je suis revenue à me blâmer moi-même d'avoir consenti à le voir : et mes remords sont justes ; car sans cette malheureuse entrevue, toutes ses méditations de quinze jours ne lui auraient servi de rien, et peut-être n'en aurais-je pas moins échappée à M. Solmes.

Cependant, s'il eût exécuté la résolution de se présenter à ma famille, et s'il en eût reçu quelque insulte, comme il n'aurait pas manqué d'en recevoir, à quels désastres ne fallait-il pas s'attendre !

Mais que penser de ce dessein formé d'enlever le pauvre Solmes, et de le tenir prisonnier pendant deux mois ? O ma chère ! à quel homme ai-je permis de m'enlever au lieu de Solmes !

Je lui ai demandé s'il croyait que des énormités de cette nature et cette audace à braver les lois de la société pussent demeurer impunies ?

Il n'a pas fait difficulté de me dire, avec un de ces airs enjoués que vous lui connaissez, qu'il n'avait eu que ce moyen pour arrêter la malice de ses ennemis et pour me garantir d'un mariage forcé ; que ces entreprises désespérées lui causaient peu de plaisir, et qu'il n'aurait fait aucun mal à la personne de Solmes ; qu'il se serait exposé sans doute à la nécessité de quitter son pays, du moins pour quelques années ; mais que s'il avait été réduit à l'exil, parti d'ailleurs qu'il aurait embrassé volontairement après avoir perdu l'espérance d'obtenir mon cœur, il se serait procuré un compagnon de voyage de son sexe et de ma famille, auquel je ne pensais guère.

A-t-on jamais rien vu d'approchant ! Je ne puis douter qu'il ne parlât de mon frère.

— Voilà donc, monsieur, lui ai-je dit avec les marques d'un vif ressentiment, l'usage que vous faites de votre agent corrompu ?...

— Mon agent, mademoiselle ! il est celui de votre frère comme le mien. Vous savez, par mes aveux sincères, qui a commencé la corruption. Je vous assure, mademoiselle, que j'ai échappé à bien des choses, en qualité de représailles, dont je n'aurais pas été capable de donner l'exemple.

(1) On a vu, dans une lettre de Lovelace, qu'il avait promis à Leman de lui en faire une de cette nature, qu'il n'aurait que la peine de copier.

— Ce qui me reste à dire là-dessus, monsieur Lovelace, c'est que ce misérable agent à double face, ayant causé probablement de grands maux de part et d'autre, et paraissant continuer ses viles pratiques, mon devoir m'oblige de faire connaître à mes amis quel serpent ils nourrissent dans leur sein.

— Oh! par rapport à lui, mademoiselle, vous ferez tout ce qu'il vous plaira, le temps de ses services touche à sa fin. Le coquin en a tiré bon parti. Son dessein n'est pas de vieillir dans sa condition. Il est actuellement en traité pour une hôtellerie, qu'il regarde comme le sommet de la fortune. Je vous apprendrai même qu'il fait l'amour à la Betty de votre sœur, et cela par mon conseil. Ils doivent se marier lorsque Leman sera établi. Je médite déjà quelque moyen de punir cette effrontée soubrette de toutes les insolences que vous avez essuyées d'elle, et de l'en faire repentir jusqu'au dernier moment de sa vie.

— Que de misérables projets, monsieur! Comment ne craignez-vous pas de trouver aussi quelque vengeur, pour des maux bien plus grands dont vous êtes coupable? Je pardonne de tout mon cœur à Betty. Elle n'était point à moi, et, suivant les apparences, elle n'a fait qu'obéir aux ordres de celle à qui elle devait de l'obéissance, avec plus de soumission que je n'en ai eu pour ceux à qui j'en devais bien davantage.

— N'importe, m'a-t-il répondu, peut-être, ma chère, dans la vue de m'effrayer. Le décret était prononcé. Il fallait que Betty portât la peine de son insolence; et si croyais que Leman ne méritât pas moins d'être puni, il me promettait que, dans son plan, qui était double, l'un et l'autre auraient part à sa vengeance. Le mari et la femme ne devaient pas souffrir séparément.

La patience m'a manqué. Je lui en ai fait nettement l'aveu.

— Je vois, monsieur, lui ai-je dit, avec quel homme je suis condamnée à vivre. Et me retirant, je l'ai laissé dans un état que j'aurais pris, dans un autre, pour de l'embarras et de la confusion.

LETTRE CXI.

MISS CLARISSE HARLOVE, A MISS HOWE.

La franchise avec laquelle j'ai continué de m'expliquer, lorsque j'ai revu M. Lovelace et le dégoût que j'ai marqué ouvertement pour ses idées, pour ses manières et pour ses discours, paraissent l'avoir un peu rappelé à lui-même. Il veut tourner en plaisanterie les menaces auxquelles il s'est échappé contre mon frère et M. Solmes. « Il a, dit-il, trop de ménagemens à garder dans sa patrie, pour s'abandonner à des projets de vengeance qui le mettraient dans la nécessité de la quitter. Il prétend, d'ailleurs, qu'il a permis à Leman de rapporter de lui mille choses, qui n'ont et qui ne peuvent avoir aucune vérité, dans la seule intention de se rendre formidable aux yeux de quelques personnes, et de prévenir de grands désordres par cette voie. C'est un malheur pour lui d'avoir quelque réputation d'esprit et de vivacité; on lui attribue souvent ce qu'il n'a pas dit ou ce qu'il n'a pas fait, et plus encore : on juge de lui sur quelques discours échappés, qu'il oublie, comme dans cette occasion, aussitôt qu'ils ont passé ses lèvres. »

Il se peut, ma chère, qu'il soit de bonne foi dans une partie de ses excuses. J'ai peine à croire qu'à son âge il puisse être aussi méchant qu'on l'a prétendu. Mais un homme de ce caractère, à la tête d'une troupe de gens tels qu'on peint ses compagnons, tous riches, intrépides et capables des entreprises dont j'ai le malheur d'être un exemple, me paraît extrêmement dangereux.

Son indifférence pour l'opinion publique est une autre de ses excuses. Je la trouve très mauvaise. Que peut espérer une femme d'un homme qui a si peu d'égards pour sa propre réputation ? Ces agréables libertins peuvent amuser, une heure ou deux, dans une conversation mêlée ; mais c'est l'homme de probité, l'homme de vertu, dont il faut désirer la société pour tous les momens de la vie. Quelle est la femme qui consente, lorsqu'elle pourra s'en dispenser, à s'abandonner au pouvoir d'un homme qui ne connaît aucune loi morale, dans le doute s'il daignera remplir de son côté les obligations conjugales, et la traiter du moins avec les égards de la politesse ?

Avec ces principes, ma chère, avec ces réflexions, me jeter moi-même à la tête d'un homme... Plût au ciel... Mais que servent à présent les regrets ? A quelle protection recourir, quand je serais libre de renoncer à la sienne ?

LETTRE CXII.

M. LOVELACE, A M. BELFORD.

Vendredi, 14 avril.

Je ne connais rien de si insensé que tous ces Harlove. Que veux-tu que je te dise, Belford ? Il faut que la belle tombe, eût-elle tous les génies immortels pour sa garde ; à moins que, se rassemblant visiblement autour d'elle, ils ne l'arrachent de mes bras, pour l'enlever avec eux dans la région éthérée.

Ma crainte, ma seule crainte, c'est qu'une fille qui m'a suivi avec tant de répugnance n'offre à son père des conditions qui pourraient être acceptées, telles que de m'abandonner pour être délivrée de Solmes. Je cherchais le moyen de me garantir d'une si cruelle espèce de danger. Mais les Harlove paraissent résolus d'achever pour moi l'ouvrage qu'ils ont commencé.

Qu'il se trouve de stupides créatures dans le monde ! N'est-ce pas un génie bien fin que ce frère, de n'avoir pas conçu que celui qui est capable de se laisser corrompre pour entreprendre une mauvaise action peut être aussi sûrement corrompu contre celui qui l'emploie, surtout lorsqu'on lui offre l'occasion de tirer un double avantage de sa perfidie ? Toi-même, Belford, tu ne pénétras jamais la moitié de mes inventions !

Il lui raconte ici la conversation qu'il a eue avec CLARISSE, *sur les cris de son agent qu'elle avait entendus à la porte du jardin. Les circonstances sont les mêmes qu'on a lues dans la lettre précédente. Ensuite il continue :*

N'admires-tu pas l'habileté de ton ami pour les glorieuses impostures ? Vois combien j'étais proche de la vérité. Je ne m'en suis écarté qu'en assurant que le bruit s'était fait sans ordre, et par l'unique mouvement d'une terreur panique. Si je lui avais fait un aveu plus exact, son orgueil mortifié de se voir pris pour dupe ne me l'aurait jamais pardonné.

Si le hasard avait fait de moi un héros guerrier, la poudre à canon me serait inutile. Je renverserais tous mes ennemis par la seule force de mes stratagèmes, en faisant retomber tous leurs desseins sur leur tête.

Mais que dis-tu de ces pères et de ces mères?... Que le ciel les prenne en pitié! Si la providence n'avait pas plus de part à leur conduite que la discrétion, sauveraient-ils une de leurs filles? James et Arabelle peuvent avoir leurs motifs; mais que dire d'un père à qui le bon sens a manqué dans une affaire de cette importance? Que dire d'une mère, d'une tante, de deux oncles? Qui peut penser sans impatience à cette troupe d'imbéciles?

Ma charmante apprendra bientôt jusqu'où leur ressentiment va contre elle. Je me flatte qu'alors elle prendra un peu plus de confiance à moi. C'est alors que je serai jaloux de n'être pas aimé avec la préférence que mon cœur désire, et que je la réduirai à reconnaître le pouvoir de l'amour et de la reconnaissance. Alors, alors, je serai libre de prendre un baiser sur ses lèvres, et je ne ressemblerai point *à un pauvre affamé qui voit devant lui un morceau délicieux auquel il n'ose toucher sur sa vie.*

Mais je me souviens qu'anciennement j'étais timide avec les femmes. Je le suis encore avec celle-ci. Timide! cependant qui connaît mieux ce sexe que moi? C'est, sans doute, par cette raison que je le connais si bien. Lorsque j'ai réfléchi sur moi-même, par comparaison avec l'autre sexe; j'ai trouvé, Belford, qu'un homme de mon caractère a dans l'âme quelque chose qui tient beaucoup de celle des femmes. Ainsi, comme Tiresias, il est capable de connaître leurs pensées et leurs inclinations presque aussi bien qu'elles-mêmes. Les femmes modestes et moi, nous sommes à peu près au même point, avec cette seule différence que ce qu'elles pensent, je l'exécute. Mais les femmes immodestes vont beaucoup plus loin que moi et dans leurs pensées et dans leurs actions.

Veux-tu que je te donne une preuve de cette idée? C'est que nous autres libertins, nous ne laissons pas d'aimer la modestie dans une femme, tandis que les femmes modestes, j'entends celles qui affectent de le paraître, préfèrent toujours un homme impudent. D'où cela viendrait-il, si ce n'était d'une véritable ressemblance dans le fond de la nature? C'est apparemment ce qui a fait dire au poëte *que toute femme est un libertin dans le cœur.* C'est à elles de prouver, si elles le peuvent, la fausseté de cette imputation.

Je me souviens aussi d'avoir lu dans quelque philosophe, qu'*il n'y a point de méchanceté comparable à celle d'une méchante femme.* Peux-tu me dire, Belford, de qui est ce bon mot? M'est-ce pas de Socrate? Sa femme était un diable. Serait-ce de Salomon? Le roi Salomon! Tu as sans doute entendu parler d'un roi de ce nom. Ma mère, qui était une femme simple, m'avait appris, dans mon enfance, à répondre Salomon, lorsqu'elle me demandait qui était le plus sage de tous les hommes. Mais elle ne m'a jamais appris d'où lui venait la partie de sa sagesse qui n'était pas inspirée.

Ma foi, Belford, nous ne sommes pas si pervers, toi et moi, qu'on ne puisse l'être encore plus. Il n'est question que de savoir nous arrêter au point où nous sommes.

LETTRE CXIII.

MISS CLARISSE HARLOVE, A MISS HOWE.

Vendredi, 14 avril.

Voici les circonstances d'une conversation que je viens d'avoir avec M. Lovelace, et que je dois nommer agréable.

Il a commencé par m'apprendre qu'il venait d'être informé que mes amis ont abandonné tout d'un coup la résolution de me poursuivre ou de me faire rentrer sous le joug, et qu'il ne lui restait par conséquent que de savoir mes intentions, c'est-à-dire ce que je voulais faire et ce que je voulais qu'il fît.

Je souhaitais, lui ai-je dit, qu'il partît immédiatement. Lorsqu'on saurait dans le monde que je serais absolument indépendante de lui, on se persuaderait sans peine que les mauvais traitemens de mon frère m'ont forcée de quitter la maison paternelle : et c'était une apologie de ma conduite que je pouvais faire avec justice, autant pour la justification de mon père que pour la mienne.

Il m'a répliqué avec beaucoup de douceur que si mes amis demeuraient fermes dans cette nouvelle résolution, il n'avait aucune objection à former contre mes volontés : mais qu'étant assuré en même temps qu'ils n'avaient pris ce parti que dans la crainte des malheurs où mon frère pouvait être entraîné par une aveugle vengeance, il était porté à croire qu'ils reprendraient leur dessein aussitôt qu'ils croiraient le pouvoir sans danger.

— C'est un risque, mademoiselle, a-t-il continué, auquel je ne saurais m'exposer. Vous le trouveriez vous-même étrange. Cependant je n'ai pas plus tôt appris leur nouvelle résolution, que je me suis cru obligé de vous en instruire et de prendre là-dessus vos ordres.

— Je serais bien aise, lui ai-je dit (pour m'assurer s'il n'avait pas quelque vue particulière) de savoir quel est votre propre avis.

— Il me serait aisé de vous l'expliquer si je l'osais, si j'étais sûr de ne pas vous déplaire, si ce n'était pas rompre des conditions qui seront inviolables pour moi.

— Dites, monsieur, ce que vous pensez. Je suis libre d'y donner mon approbation ou de la refuser.

— Pour temporiser, mademoiselle, en attendant que j'aie le courage de parler plus haut (le courage, ma chère, ne plaignez-vous pas M. Lovelace de manquer de courage?) je vous proposerai seulement ce que je crois le plus capable de vous plaire. Supposons, si votre penchant ne vous porte pas chez milady Lawrance, que vous fissiez un tour du côté de Windsor.

— Pourquoi Windsor?

— Parce que c'est un lieu agréable; parce qu'il est à portée de Berhiure, d'Oxford, de Londres, de Berkshire, où milord M... est à présent; d'Oxford, dans le voisinage duquel milady Lawrance fait sa demeure; de Londres, où vous serez toujours libre de vous retirer et où je pourrai moi-même, si vous l'exigez, choisir ma retraite pendant votre séjour à Windsor, sans être fort éloigné de vous.

Cette ouverture ne m'a pas déplu; je n'ai pas eu d'autre objection à lui faire que le désagrément de me voir trop loin de miss Howe, à qui je souhaitais de pouvoir toujours donner de mes nouvelles dans l'espace de deux ou trois heures.

Si j'avais des vues sur quelque autre lieu que Windsor, il n'attendait que mes ordres pour m'y faire préparer un logement commode : mais de quelque côté que je tournasse mon choix, plus près ou plus loin de miss Howe, il avait des domestiques dont la plus importante affaire était de m'obéir.

Il m'a fait une proposition dont je lui ai su bon gré, celle de reprendre mon ancienne Hannah aussitôt que je serais fixée ; à moins que je n'aimasse mieux avoir près de moi une des deux filles de madame Sorlings, dont il n'avait entendu louer le caractère.

Le nom d'Hannah m'a fait beaucoup de plaisir, comme il a pu s'en apercevoir. Je lui ai dit que j'avais déjà pensé à rappeler cette bonne fille ; qu'à l'égard des deux autres elles étaient trop utiles à leur famille, où chacune avait son office, qu'elles remplissaient toutes deux avec une ardeur admirable : que, dans la satisfaction que je prenais à les voir, je passerais volontiers mes jours avec elles, surtout lorsque après son départ le logement me deviendrait plus commode.

— Il n'était pas besoin, m'a-t-il dit, de répéter les objections qui combattaient ce dessein. A l'égard de Windsor ou de tout autre lieu que je pourrais choisir, je déciderais aussi s'il devait m'y accompagner ; parce que dans tous les points où non seulement ma réputation, mais ma délicatesse même serait intéressée, il ne consulterait point d'autres idées que les miennes : et puisqu'il m'avait trouvée la plume à la main, il était tenté de me laisser dans cette occupation, et de monter à cheval sur-le-champ pour aller prendre langue dans le lieu qu'il me plairait de nommer.

— Connaissez-vous quelqu'un à Windsor ? lui ai-je demandé, pour être toujours sur mes gardes. Croyez-vous qu'il s'y trouve des logemens commodes ?

— A l'exception de la forêt, m'a-t-il dit, où j'ai pris le plaisir de la chasse, Windsor est de tous les lieux agréables celui que j'ai le moins fréquenté. Je n'y ai pas la moindre connaissance.

Après d'autres réflexions, je suis convenue que Windsor avait une partie des qualités que je désirais à ma retraite ; et je lui ai dit que s'il pouvait trouver une chambre seulement pour moi, et un cabinet pour Hannah, je m'y rendrais volontiers. J'ai ajouté que le fond de mes richesses n'était pas considérable, et que je voulais éviter d'avoir obligation à personne. Enfin, je lui ai fait entendre que le plus tôt serait le mieux, parce que rien ne l'empêcherait de partir sur-le-champ pour Londres ou pour Berkshire, et que je publierais alors mon indépendance.

Il m'a renouvelé, dans des termes fort civils, l'offre d'être mon banquier ; je ne m'en suis pas excusée moins civilement.

Cette conversation, à tout prendre, avait eu beaucoup d'agrément pour moi. Il m'a demandé si je souhaitais que mon logement fût dans Windsor, ou hors de la ville. — Aussi près du château, lui ai-je dit, qu'il sera possible ; parce que j'aurai la facilité d'assister au service divin, dont je n'ai été privée que trop long-temps.

Il serait charmé, m'a-t-il dit, s'il pouvait me procurer un logement chez quelque chanoine du château, où il s'imaginait que par diverses raisons je me plairais plus que dans tout autre lieu ; et pouvant se reposer sur la parole que je lui ai donnée, de ne pas lui préférer d'autre homme, aux conditions qu'il a si joyeusement acceptées, il demeurera d'autant plus tranquille, que son rôle à présent est de mériter mon estime par la seule voie qu'il connaît propre à la lui faire obtenir.

— Je ne suis qu'un jeune homme, mademoiselle, a-t-il ajouté d'un air fort sérieux, mais j'ai fait une longue course. Que cet aveu ne m'attire pas le mépris d'une âme aussi pure que la vôtre. Il est temps d'abandonner un train de vie dont je suis fatigué; car je puis dire comme Salomon, qu'il n'y a rien de nouveau pour moi sous le soleil; mais je suis persuadé qu'une conduite vertueuse offre des plaisirs qui ne s'altèrent point, et qui ont toujours le charme de la nouveauté.

Ce discours m'a causé la plus agréable surprise. Je l'ai regardé attentivement, comme si je m'étais défiée du témoignage de mes yeux et de mes oreilles. Sa contenance s'accordait avec son langage.

Je lui en ai marqué ma joie, dans des termes dont il a paru si touché, qu'il trouvait plus de satisfaction, m'a-t-il dit, dans cette aurore de ses beaux jours et dans mon approbation, qu'il n'en avait jamais ressenti du succès de ses passions les plus emportées.

Assurément, ma chère, il parle de bonne foi. Il ne serait pas capable de ce langage ni de ces idées, si son cœur n'y avait autant de part que son esprit. Ce qui suit m'a disposée encore plus à le croire sincère.

—Au milieu de mes erreurs, a-t-il repris, j'ai conservé du respect pour la religion et pour ceux qui lui sont sincèrement attachés. J'ai toujours changé de discours lorsque mes compagnons de libertinage, en vertu du *Test de milord Shastbury*, qui fait partie du symbole des libertins et que je puis nommer la pierre de touche de l'infidélité, se sont efforcés de tourner les choses saintes en ridicule. C'est ce qui m'a fait donner le nom de *libertin décent*, par quelques honnêtes prêtres, qui ne m'en croient pas plus réglé dans la pratique; et mes désordres m'ont laissé une sorte d'orgueil, qui ne m'a pas permis de désavouer ce nom.

«Je suis d'autant plus porté à cet aveu, mademoiselle, qu'il peut vous faire espérer que l'entreprise de ma réformation, dont je me flatte que vous aurez la bonté de vous charger, ne sera pas aussi difficile que vous avez pu le craindre. Il m'est arrivé plus d'une fois, dans mes heures de retraite, lorsque après quelque mauvaise action la pointe du remords se faisait sentir, de prendre plaisir à penser que je mènerais quelque jour une vie plus réglée. Sans ce fond de goût pour le bien, je m'imagine qu'il ne faudrait rien espérer de durable dans la plus parfaite réformation; mais votre exemple, mademoiselle, doit tout faire et tout confirmer.»

—C'est de la grâce du ciel, monsieur Lovelace, que vous devez tout vous promettre. Vous ne savez pas combien vous me faites de plaisir, lorsque vous me donnez occasion de vous parler dans ces termes.

Là-dessus, ma chère, je me suis rappelé sa générosité pour la jolie paysanne et sa bonté pour ses fermiers.

—Cependant, mademoiselle, a-t-il repris encore, souvenez-vous, s'il vous plaît, que la réformation ne saurait être l'ouvrage d'un instant. Je suis d'une vivacité infinie: souvent elle m'emporte. Jugez, mademoiselle, par ce que vous allez entendre, quel prodigieux chemin j'ai à faire, avant qu'une bonne âme puisse penser un peu de bien de moi, quoique j'aie quelquefois jeté les yeux sur les ouvrages de nos *mystiques*.

et que j'en aie assez lu pour faire trembler de plus honnêtes gens que moi, je n'ai jamais pu comprendre ce que c'est que la *grâce* dont vous parlez, ni la manière dont ils expliquent ses opérations. Permettez donc que votre exemple soit d'abord mon appui sensible ; et qu'au lieu d'employer des termes que je n'entends pas encore, je renferme tout le reste dans cette espérance.

Je lui ai dit qu'il y avait quelque chose de choquant dans son expression ; et que j'étais surprise qu'avec son esprit et ses talens il n'eût pas fait plus de progrès, du moins dans la théorie de la religion. Cependant son ingénuité m'a plu : je l'ai exhorté à ne pas craindre de relire les mêmes livres, pour y puiser plus de lumières, qu'il ne manquerait pas d'y trouver lorsqu'il y apporterait de meilleures intentions, et j'ai ajouté que sa remarque, sur la durée incertaine d'une réformation à laquelle on ne prendrait pas de goût, me paraissait juste ; mais que les goûts de cette nature ne commençaient véritablement qu'avec la pratique de la vertu.

Il m'a juré, ma chère miss Howe ; l'indocile personnage m'a juré que ses résolutions étaient sincères. J'espère que je n'aurai point occasion, dans mes lettres suivantes, de contredire de si belles apparences. Quand je n'aurais rien à combattre de son côté, je serais bien éloignée d'oublier ma faute, et le tort que je me suis fait par mon imprudente démarche ; mais il m'est si doux de voir luire quelque rayon d'espérance, où je n'apercevais que d'épaisses ténèbres, que j'ai pris la première occasion pour communiquer ma joie à ma tendre amie, qui prend tant de part à tout ce qui m'intéresse.

Cependant, soyez sûre, ma chère, que ces agréables idées ne me feront rien relâcher de mes précautions ; non que j'appréhende plus que vous qu'il n'entretienne quelque vue injurieuse à mon honneur, mais il est homme à plusieurs faces ; et j'ai reconnu dans son caractère une instabilité qui me cause de l'inquiétude. Ainsi je suis résolue de le tenir aussi éloigné qu'il me sera possible, et de ma personne, et de mes pensées. Que tous les hommes soient des séducteurs ou n'en soient pas, je suis sûre que M. Lovelace en est un. De là vient que je m'efforcerai toujours de pénétrer quel peut être son but, dans chaque proposition et dans chaque récit qu'il me fait. En un mot, dans toutes les occasions qui pourront me laisser du doute, mes plus heureuses seront toujours accompagnées des plus grandes craintes. Je crois que, dans une situation telle que la mienne, il vaut mieux craindre sans sujet, que de s'exposer au danger sans précaution.

M. Lovelace est parti pour Windsor, d'où il se propose de revenir demain. Il a laissé deux de ses gens, pour me servir pendant son absence.

J'ai écrit à ma tante Hervey, dans l'espérance de l'engager à se joindre à ma mère pour me faire obtenir mes habits, mes livres et mon argent. Je l'assure que, si je puis rentrer en grâce avec ma famille, en me réduisant à la simple négative pour tous les hommes qui pourront m'être proposés, et me voir traitée comme une fille, une nièce et une sœur, je persiste encore dans l'offre de me borner au célibat, et de rejeter tout ce qui ne sera point approuvé de mon père. Je lui insinue néanmoins, qu'après le traitement que j'ai reçu de mon frère et de ma sœur, il serait peut-être plus à propos, pour leur intérêt comme pour le mien, qu'on me permît de vivre loin d'eux : j'entends à ma ménagerie ; et je suppose qu'on ne l'interpréfera point autrement. J'offre d'y recevoir les ordres de mon père, soit pour former mon domestique, soit pour les moindres circonstances qui pourront lui prouver ma soumission.

Si l'on permet que ma tante m'accorde la faveur de quelques lignes, elle apprendra de ma sœur où sa réponse doit m'être adressée.

Je ne marque pas moins d'empressement dans cette lettre que dans celle que j'ai écrite à ma sœur pour me procurer une prompte réconciliation qui puisse m'empêcher d'être précipitée plus loin. « Un peu de douceur, lui dis-je, peut encore faire passer ce malheureux événement pour une simple mésintelligence; mais le délai la rendrait également honteuse pour eux et pour moi. J'appelle à elle de la nécessité où la violence d'autrui m'a réduite. »

LETTRE CXIV.

M. LOVELACE, A M. BELFORD.

Vendredi, 14 avril.

Tu m'as souvent reproché ma vanité, Belford, sans distinguer l'agrément qui l'accompagne, et qui te force à m'admirer, dans le temps même que tu m'en dérobes le mérite. L'envie te rend incapable de distinguer. La nature t'inspire de l'admiration sans que tu saches comment. Tu es un mortel trop épais et d'une vue trop bornée pour te rendre jamais compte à toi-même de l'instinct qui te fait mouvoir.

Fort bien, crois-je t'entendre dire; mais, Lovelace, tu ne te purges pas du reproche de vanité.

Il est vrai, cher ami, et tu peux ajouter que j'en ai une dose abominable; mais si l'on ne passe pas la vanité aux gens de mérite, à qui sera-t-elle pardonnable? Cependant, il est vrai aussi que, de tous les hommes, ils sont ceux qui ont le moins occasion d'en avoir; parce qu'étant en fort petit nombre, on les reconnaît facilement à leur marque, et qu'on est disposé à les exalter. Un sot, à qui l'on peut faire comprendre qu'un autre a plus de capacité que lui, conclut assez volontiers qu'un tel homme doit être un sujet fort extraordinaire.

A ce compte, quelle est la conclusion générale qu'il faut tirer des *promesses*? C'est sans doute que personne ne doit être vain; mais que dire de ceux qui ne peuvent s'en empêcher? Peut-être suis-je dans ce cas. Rien ne me donne une plus haute idée de moi-même que la fécondité de mes inventions, et pour la vie, je ne puis prendre sur moi de cacher ce sentiment. Cependant il pourrait bien servir à me perdre dans l'esprit de ma pénétrante déesse.

Je m'aperçois qu'elle me craint. Je me suis étudié, devant elle et devant miss Howe, chaque fois que je les ai vues, à passer pour une tête légère et sans réflexion. Quelle folie donc d'avoir été si sincère dans mes explications sur le bruit du jardin? Oui, mais le succès de cette invention (le succès, Belford, aveugle les plus grands hommes) a répondu si parfaitement à mon attente, que ma maudite vanité a pris le dessus, et m'a fait oublier les précautions. La menace qui regardait Solmes, l'idée d'emmener le frère dans ma fuite, et mon projet de vengeance sur les deux domestiques, ont causé tant d'épouvante à ma belle, que j'ai eu besoin de rappeler toutes les forces de mon esprit pour me rétablir dans le sien. Il m'est arrivé en même temps quelques nouvelles favorables de l'argent que j'ai dans sa famille, ou du moins quelques nouvelles auxquelles je me suis déterminé à donner un tour favorable. J'ai saisi l'occasion pour demander audience, avant qu'elle ait eu le temps de former des résolutions contre moi, c'est-à-dire pendant que l'admiration de mon intrépidité, dont je l'avais remplie, tenait ses résolutions en suspens. Dans le dessein qui me conduisait, je m'étais préparé à ne montrer que de la douceur et de la sérénité. Comme il m'est venu par-ci par-là, dans ma vie, quelques bons mouvemens, je les ai rappellés à ma mémoire (qui n'était pas trop chargée du nombre), pour mettre la chère personne de bonne humeur avec moi. Qui sait, ai-je pensé, s'ils ne tiendront point, et si ma conversion n'est pas plus proche que je ne pense? Mais, à tout hasard, c'est un fondement jeté pour mon grand système. L'amour, me suis-je dit, est naturellement ennemi du doute : la crainte ne l'est pas ; je veux essayer de la bannir. Il ne restera donc plus que de l'amour. La crédulité est son premier ministre, et jamais on ne voit l'un sans l'autre.

Il raconte ici à son ami tout ce qui s'est passé entre CLARISSE et lui dans leur dernier entretien. Lorsqu'il est arrivé à la proposition de prendre un logement à Windsor, il continue ainsi :

A présent, Belford, mon dessein entre-t-il dans ton cerveau de plomb? Non, j'en suis sûr, et je suis obligé, par conséquent, de te l'expliquer.

La quitter pour un jour ou deux, dans la vue de la servir par mon absence, c'eût été lui marquer que je me fiais trop à ses dispositions pour moi. J'avais fait valoir, comme tu sais, la nécessité de ne la pas quitter, tant que j'aurais des motifs de croire que ses amis pensaient à nous poursuivre, et je commençais à craindre qu'elle ne me soupçonnât d'abuser de ce prétexte pour ne pas m'éloigner. Mais à présent qu'ils se sont déclarés contre ce dessein, et qu'ils ont publié qu'ils ne la recevraient pas, quand elle prendrait le parti de retourner, quelle raison m'empêcherait de lui donner une marque d'obéissance en m'éloignant ? surtout lorsque je puis laisser auprès d'elle mon valet Will, qui est un homme intelligent, et qui sait tout, excepté lire et écrire, avec le brave Jonas ; celui-ci, pour m'être dépêché, dans l'occasion, par l'autre, à qui je puis donner avis de tous mes mouvemens. D'ailleurs, je suis bien aise de m'informer s'il ne m'est pas venu des lettres de félicitation de mes tantes et de mes cousines Montaigu, auxquelles je n'ai pas manqué d'écrire, pour leur apprendre mon triomphe. Ces lettres, suivant les termes dans lesquels elles seront conçues, pourront me servir utilement dans l'occasion.

A l'égard de Windsor, je n'avais aucun dessein qui regardât particulièrement ce lieu ; mais il fallait en nommer un, lorsqu'elle me demandait mon avis. Je n'ose parler de Londres sans beaucoup de précaution, parce que je voudrais que le choix vînt d'elle-même. Il y a dans les femmes une perversité qui les porte à vous demander votre opinion pour avoir le plaisir de s'y opposer après l'avoir connue, quoique leur choix eût peut-être été le même si ce n'eût pas été le vôtre. Je pourrai former des difficultés contre Windsor, lorsque je lui aurai fait croire que j'en suis revenu. Elles auront d'autant meilleure grâce que, ce lieu étant de ma nomination, ce sera lui faire voir que je n'ai pas de système arrêté. Jamais il n'y eut de femme aussi pénétrante, aussi défiante que celle-ci, Cependant il est assez mortifiant pour un honnête homme d'être soupçonné.

J'ajoute qu'en passant je pourrai voir madame Greme, qui a eu un très long entretien avec ma charmante. Si je savais ce qui en a fait la matière, et que, dès le premier moment de leur connaissance, l'une eût cherché à tirer avantage de l'autre, il me serait aisé d'inventer quelque moyen de les servir toutes deux sans me nuire à moi-même. C'est la manière la plus prudente de former des amitiés, qui ne sont même jamais suivies d'aucun regret, quand les personnes qu'on sert deviendraient capables d'ingratitude. D'ailleurs, madame Greme est en correspondance de lettres avec la fermière, sa sœur. Il peut arriver de ce côté-là, ou quelque chose d'avantageux que je puis mettre à profit, ou quelque chose de fâcheux dont je puis me garantir.

Assurez-vous toujours une porte de derrière, est une maxime que je n'oublie dans aucun de mes exploits. Ceux qui me connaissent ne m'accuseront pas d'être fier. Je m'entretiens familièrement avec un valet, lorsque je me propose de l'engager à m'être utile. Les valets ressemblent aux soldats : ils commettent toutes sortes de maux sans mauvaise intention, et simplement, les bonnes âmes ! pour l'amour du mal même.

Je redoute extrêmement cette miss Howe. Elle a de l'esprit comme un démon, et est tournée à la malice, dont elle ne demande que l'occasion. S'il arrivait qu'elle l'emportât sur moi, avec tous mes stratagèmes et l'opinion que j'en ai, je serais homme à me pendre, à me noyer, ou à me casser la tête d'un coup de pistolet. Pauvre Hickman ! J'ai pitié du sort qui l'attend avec cette *virago* ; mais c'est un imbécile à qui je ne prétends pas donner plus de sens ; et lorsque j'y pense, il me semble que, dans l'état du mariage, c'est une nécessité absolue, pour le bonheur des deux chers époux, que l'un soit un sot. J'ai traité autrefois cette matière avec miss Howe ; mais il faut aussi que le sot soit persuadé qu'il l'est ; sans quoi la sottise opiniâtre déconcerterait souvent la sagesse.

Avec le secours de Joseph, mon honnête agent, je me suis mis à couvert, autant que je l'ai pu, du côté de ce démon femelle.

LETTRE CXV.

M. LOVELACE, A M. BELFORD.

N'est-il pas cruel que je ne puisse lier cette fière beauté par aucune obligation ? J'ai deux motifs pour m'efforcer de lui faire accepter de moi de l'argent et des habits : l'un est le plaisir réel que j'aurais de voir cette fille hautaine dans une situation plus commode, et de penser qu'elle aurait près d'elle, ou sur elle, quelque chose que je puisse dire à moi ; l'autre, d'abattre sa fierté et de l'humilier un peu. Rien ne rabaisse plus un esprit fier que les obligations pécuniaires, et c'est par cette raison que j'ai toujours apporté beaucoup de soin à les éviter. Cependant il m'est arrivé quelquefois d'en avoir ; mais je maudissais la lenteur du temps jusqu'à mon quartier. J'ai toujours évité aussi les anticipations. C'est ce que milord M... appelait *manger son blé en herbe*, et ce que je regarde comme une manière servile de tenir son bien de ses propres fermiers. A quelles insolences ne se croient-ils pas autorisés ? Moi qui me crois en droit de casser la tête au premier passant, si je ne suis pas content de ses regards, comment supporterais-je l'audace d'un paysan qui me parlera son chapeau sur la tête, parce qu'il est revêtu de la qualité de mon créancier? Je ne m'accoutumerais pas plus à cette humiliation qu'à celle d'emprunter d'un oncle insolent ou d'une tante curieuse, qui en prendraient droit de se faire rendre compte de ma vie et de mes actions, pour le plaisir d'exercer leur censure.

Ma charmante est là-dessus d'une fierté qui ne le cède point à la mienne; mais elle n'entend pas les distinctions. La pauvre novice ne sait pas encore qu'il n'y a rien de plus noble, rien de plus délicieux pour des amans, que le commerce mutuel des bienfaits. Dans la ferme où je suis, pour te donner un exemple familier, j'ai vu plus d'une fois cette remarque vérifiée. Un orgueilleux coquin de coq, dont j'admire souvent la beauté, ne manque point, lorsqu'il a trouvé un grain d'orge, d'appeler autour de lui toutes ses maîtresses. Il prend le grain dans son bec, il le laisse tomber cinq ou six fois, en continuant son invitation. Ensuite, pendant que deux ou trois de ses belles emplumées se disputent l'honneur de la préférence (un coq, Belfort, est le *Grand-Seigneur* entre les oiseaux), il dirige vers le grain le bec de la plus avancée; et lorsqu'elle l'a pris, il confirme par des caresses les marques fières de sa joie. La belle, d'un autre côté, par ses complaisances, fait voir qu'elle n'a pas été appelée seulement pour le grain d'orge, et qu'elle le sait fort bien.

Je t'ai dit qu'entre mes propositions j'ai fait celle de rappeler Hannah, ou de prendre une des filles de la fermière. Devineras-tu mon dessein, Belford? Je te donne un mois pour le deviner, mais comme tu n'es pas grand devin, il faut te le dire simplement.

Ne doutant pas qu'aussitôt qu'elle se verrait établie, elle ne souhaitât de reprendre cette servante favorite, je l'avais fait chercher dans le dessein d'employer secrètement quelques ressources pour empêcher qu'elle ne pût venir, mais la fortune travaille pour moi: cette fille est fort mal d'un rhumatisme qui l'a obligée de quitter sa place et de se confiner dans une chambre. Ma pauvre Hannah! Que je la plains! ces rhumatismes sont des accidens bien fâcheux pour de si bons domestiques. Cependant, en me réjouissant de l'aventure, j'enverrai un petit présent à cette pauvre malade. Je sais que ma charmante y sera sensible.

Ainsi, Belford, feignant d'ignorer la vérité, je l'ai pressée de rappeler son ancienne servante. Elle sait que j'ai toujours eu de la considération pour cette fille, parce que je connais son attachement pour sa maîtresse: mais je sens augmenter, dans cette occasion, la bonne volonté que j'ai pour elle.

Il n'y avait pas plus de risque à proposer une des deux jeunes Sorlings. Si l'une avait consenti à venir, et que la mère l'eût permis (deux difficultés pour une), ce n'eût été que pour en attendre une autre; et si je m'étais aperçu que ma charmante s'y fût affectionnée, j'aurais pu facile lui donner quelque sujet de jalousie, qui m'aurait bientôt délivré de cet obstacle; ou à la fille qui aurait quitté sa laiterie, tant de goût pour Londres, qu'elle n'aurait pas eu de meilleure ressource que d'épouser mon valet de chambre. Peut-être même lui aurais-je procuré le chapelain de milord M..., qui cherche à gagner les bonnes grâces de l'héritier présomptif de son maître.

Béni soit, diras-tu, le cœur honnête de ton ami Lovelace! Il pense, comme tu vois, à la satisfaction de tout le monde.

Mon rôle est devenu plus difficile, lorsque l'entretien est tombé sur l'article de ma réformation. En protestant que mes résolutions étaient sincères, j'ai répété plusieurs fois que ces changemens ne peuvent être l'ouvrage d'un jour. Peut-on parler de meilleure foi? ne connais-tu pas mon ingénuité? L'observation, j'ose le dire, est fondée sur la vérité et la nature ; mais il y entrait aussi un peu de politique. Je ne veux pas que, s'il m'arrive de retourner à mes vieilles pratiques, la belle puisse m'accuser d'une hypocrisie trop grossière. Je lui ai dit même qu'il était à craindre que mes désirs de réformation ne fussent que des accès ; mais que son exemple ne manquerait pas de la faire tourner en habitudes. Au fond, cher Belford, les avis d'une si charmante maîtresse ôtent le courage. Je te jure que je suis embarrassé à lever les yeux sur elle; et quand j'y pense, si je pouvais l'amener un peu plus elle-même à mon niveau ; c'est-à-dire l'engager à quelque chose qui sentît l'imperfection, il y aurait plus d'égalité entre nous, et nous nous entendrions bien mieux. Les consolations seraient mutuelles, et le remords ne serait pas d'un seul côté.

Cette divine personne traite les matières sérieuses avec tant d'agrément, et jusqu'au son de sa voix, tout est si charmant dans son langage lorsqu'elle touche quelque sujet de son goût, que j'aurais passé une journée entière à l'écouter. Te dirais-je une de mes craintes ? C'est que, si la fragilité de la nature l'emporte en ma faveur, elle ne perde beaucoup de cette élévation et de cette noble confiance, qui donne, comme je m'en aperçois, une supériorité visible aux âmes honnêtes, sur celles qui le sont moins.

Après tout, Belford, je voudrais savoir pourquoi l'on traite d'hypocrites ceux qui mènent une vie libre, telle que la nôtre. C'est un terme que je hais, et que je serais très offensé qu'on osât m'appliquer. Pour moi du moins, j'ai de forts bons mouvemens ; et peut-être aussi souvent que ceux qui se piquent de vertu. Le mal est qu'ils ne se soutiennent point ; ou, pour m'expliquer encore mieux, que je ne prends pas, comme d'autres, le soin de déguiser mes chutes.

LETTRE CXVI.

MISS HOWE, A MISS CLARISSE HARLOVE.

Samedi, 15 avril.

Quoique assez pressée par le temps, et comme opprimée par la vigilance de ma mère, je veux vous communiquer mes idées, en peu de mots, sur le nouveau rayon de lumière qui semble luire à votre prosélyte.

En vérité, je ne sais que penser de cette conversion. Il parle bien; mais si l'on en juge pas les règles ordinaires, ce n'est qu'un dissimulé, aussi odieux, qu'il prétend que les hypocrites et les ingrats le sont pour lui. De bonne foi, ma chère, croyez-vous qu'il eût pu triompher d'autant de femmes qu'on le prétend, si ces deux vices ne lui étaient pas familiers?

Son ingénuité est le seul point qui m'embarrasse. Cependant, il est assez rusé pour savoir que celui qui s'accuse le premier émousse la pointe des accusations d'autrui.

On ne peut disconvenir qu'il n'ait la tête fort bonne. Il y a plus à se promettre d'un homme d'esprit que d'un sot.' Il est vrai aussi que la réformation doit avoir un commencement. J'accorde ces deux points en sa faveur.

Mais vous avez un moyen, que je crois le seul, pour juger de ses spécieuses confessions et de cette facilité avec laquelle il s'accuse lui-même. Vous avoue-t-il quelque chose que vous ne sussiez pas auparavant, ou qu'il n'y ait pas d'apparence que vous puissiez apprendre d'un autre ? S'il ne vous fait pas d'autre aveu, que dit-il à son désavantage ? Vous avez entendu parler de ses duels et de ses séductions. Personne ne les ignore. Il n'avoue donc que ce qu'il s'efforcerait inutilement de cacher; et son ingénuité sert à faire dire, bon ! vous ne reprochez à M. Lovelace, que ce qu'il confesse lui-même.

A quoi donc se résoudre ? car, c'est la question qui revient toujours. Il faut tirer le meilleur parti que vous pourrez de votre situation ; et j'espère, comme vous, qu'elle ne sera pas toujours mauvaise. J'approuve l'ouverture qui regarde Windsor et la maison du chanoine. L'empressement avec lequel il vous a quittée pour chercher lui-même un logement est aussi de fort bon augure. Soit qu'il le trouve dans la maison du chanoine ou non, je pense toujours que ce qu'il y a de plus convenable, c'est que le chanoine vous donne promptement la bénédiction du mariage.

J'approuve d'ailleurs vos précautions, votre vigilance, et tout ce que vous avez fait jusqu'à présent, à l'exception du parti que vous avez pris de le voir au jardin. Je conviens même que, dans ce que je n'approuve pas, je ne juge que par l'événement; car vous ne pouviez pas deviner quelle serait la conclusion de cette entrevue. Votre Lovelace est un diable sur son propre récit. S'il avait pris la fuite avec le misérable Solmes et votre frère, et que lui-même il eût été transporté aux colonies pour le reste de ses jours, ils auraient été sûrs tous trois de mon plein et libre consentement.

Quel étrange usage fait-il de ce Joseph Leman ! Il faut que je le répète, son ingénuité me confond. Mais si vous faites grâce là-dessus à votre frère, je ne vois pas pourquoi il vous serait plus difficile de lui pardonner. Cependant j'ai souhaité cent fois, depuis votre départ, que vous fussiez délivrée de lui, soit par une fièvre ardente, soit par l'eau, soit par le feu, soit par quelque accident qui pût lui rompre le cou, pourvu que ce fût avant que de vous avoir mise dans la nécessité de prendre le deuil pour lui.

Vous rejetez mes offres, et je ne cesse pas de les renouveler. Dites, vous enverrai-je les cinquante guinées par votre vieux porte-balle ? Quelques raisons m'empêchent d'employer le valet d'Hickman ; à moins que je ne puisse me procurer une lettre de change. Mais les recherches qu'il faudrait faire m'exposeraient aux soupçons. Ma mère est si curieuse ! si fatigante ! Je n'aime guère ces caractères soupçonneux.

Il me semble que je l'entends sans cesse autour de moi. La crainte m'oblige de finir. M. Hickman me prie de vous faire agréer ses respects et l'offre de ses services. Je lui ai dit que j'aurais cette complaisance pour lui, parce que, dans l'embarras où vous êtes, on reçoit bien les civilités de tout le monde ; mais qu'il ne devait pas espérer de s'en faire un mérite auprès de moi, puisqu'il faudrait être aveugle ou stupide pour ne pas admirer une personne telle que vous, et pour ne pas souhaiter de lui être utile, sans autre vue que l'honneur de la servir. «C'était, sans doute, son principal motif, m'a-t-il dit d'un air précieux ; mais (baisant ma main et se courbant jusqu'à terre) il espérait que l'amitié qui est entre vous et moi ne diminuerait pas le mérite du respect qu'il a réellement pour vous. »

ANNE HOWE.

LETTRE CXVII.

MISS CLARISSE HARLOVE, A MISS HOWE.

Samedi, après midi.

Mon vieux messager n'étant point en bonne santé, j'arrête le vôtre, pour le charger de ma réponse.

Vous ne fortifiez pas mon courage par vos dernières réflexions. Si ces apparences de réformation ne sont que des apparences, quelles peuvent être ses vues? Mais un homme est-il capable d'avoir le cœur si bas? Oserait-il insulter au Tout-Puissant? Ne suis-je pas autorisée à juger plus favorablement de lui par cette triste réflexion, que dans la dépendance où je suis de son pouvoir, il n'a pas besoin d'un si horrible excès d'hypocrisie ; à moins que ses desseins sur moi ne soient de la dernière bassesse? Il doit être du moins de bonne foi, dans le temps qu'il me donne de meilleures espérances. Comment pouvoir en donner? Vous devez vous joindre à moi dans cette idée, où vous ne sauriez souhaiter de me voir sous un joug si terrible.

Mais, après tout, j'aimerais mieux être indépendante de lui et de sa famille, quoique j'aie une haute opinion de tous ses proches. Je l'aimerais beaucoup mieux, du moins jusqu'à ce que j'aie vue à quoi les miens se laisseront engager. Sans une raison si forte, il me semble que le meilleur parti serait de me jeter tout d'un coup sous la protection de milady Lawrance. Tout serait conduit alors avec décence, et peut-être m'épargnerais-je une infinité de mortifications. Mais aussi, dans cette supposition, il faudrait me regarder comme nécessairement à lui, et passer pour une fille qui brave sa propre famille. Ne dois-je pas attendre quel sera le succès de ma première tentative? Je le dois sans doute ; et cependant, je ne puis en faire aucune, avant que d'être établie dans quelque lieu sûr et séparé de lui.

Madame Sorlings m'a communiqué ce matin une lettre qu'elle a reçue hier au soir. Elle est de sa sœur Greme, qui « espérant, dit-elle, que je lui pardonnerai l'excès de son zèle, si sa sœur juge à propos de me faire voir sa lettre, souhaite, pour l'intérêt de la noble famille et pour le mien, que je me détermine à rendre son jeune seigneur heureux. » Ce sont ses termes. Elle fonde son empressement sur la réponse qu'il lui fit hier, en allant à Windsor. Elle avait pris, dit-elle, la liberté de lui demander si le temps des félicitations approchait. Il lui répondit : « que jamais on n'avait eu pour une femme plus de tendresse qu'il en avait pour moi ; que jamais une femme n'avait mérité plus d'attachement ; que chaque entretien qu'il avait avec moi lui donnait de nouveaux sujets d'admiration ; qu'il m'aimait avec une pureté de sentimens dont il ne s'était jamais cru capable, et qu'il me regardait comme un ange, descendu du ciel pour le rappeler de ses égaremens ; mais qu'il appréhendait que son bonheur ne fût plus éloigné qu'il le désirait, et qu'il avait à se plaindre des lois trop sévères que je lui avais imposées ; lois néanmoins aussi sacrées pour lui que si elles faisaient partie du contrat de notre mariage, etc. »

Que dois-je dire, ma chère? Que dois-je penser? Madame Greme et madame Sorlings sont d'honnêtes femmes, et cette lettre s'accorde avec la conversation qui m'a paru agréable, et qui me le paraît encore. Cependant que se proposait-il, lorsqu'il a laissé échapper l'occasion de me déclarer ses sentimens? Pourquoi faire des plaintes à madame Greme? Ce n'est point un homme timide! Mais j'inspire de l'effroi, dites-vous. De l'effroi! ma chère. Dites-moi donc comment.

Je suis quelquefois hors de moi-même, de la nécessité où je me trouve d'observer la manœuvre de cet esprit subtil, ou de cette tête folle; je ne sais quel nom je dois lui donner.

Qu'elle est sévèrement punie, me dis-je souvent à moi-même, cette vanité qui m'a fait espérer de servir de modèle aux jeunes personnes de mon sexe! Si mon exemple sert désormais à leur inspirer des précautions, je dois être assez contente. A quelque sort que le ciel me destine, il ne faut plus compter que je puisse jamais lever la tête entre mes meilleurs amis et mes plus dignes compagnes. C'est une des plus cruelles circonstances du malheur d'une fille imprudente, d'accabler de douleur tous ceux dont elle est aimée, et de ne causer de la joie qu'à ses ennemis et à ceux de sa famille. Que cette leçon serait utile, si l'on prenait soin de se la rappeler vivement dans la tentation, lorsque l'esprit balance sur une démarche douteuse!

Vous ne connaissez pas, ma chère, tout le prix d'un homme vertueux, et malgré la noblesse de votre âme, vous participez à la faiblesse commune de la nature, en faisant trop peu de cas du bien qui est entre vos mains. Si c'était M. Lovelace qui vous rendît des soins, vous ne le traiteriez pas comme vous traitez M. Hickman, qui mérite d'être mieux traité que lui. Dites, le traiteriez-vous de même? Vous savez qui disait, en parlant de ma mère; *celui qui souffre beaucoup s'apprête beaucoup à souffrir.* Je m'imagine que M. Hickman apprendrait volontiers de qui vient cette observation. Il aurait peine à croire qu'une personne qui pense si bien ne tirât pas quelque fruit de sa propre remarque, et il souhaiterait sans doute qu'elle fût en liaison d'amitié avec sa chère miss Howe.

La douceur, loin d'être une qualité méprisable dans un homme, entre nécessairement dans l'idée du galant homme, c'est-à-dire qu'elle fait une partie essentielle de la perfection qui convient à ce sexe. Un prince peut être indigne d'un si beau titre; car ce sont les sentimens et les manières plus que la fortune, la naissance et les dignités, qui forment cet honorable caractère. Sera-t-il dit généralement que la préférence de notre sexe est pour les hommes violens, impétueux? Et miss Howe ne sera-t-elle pas du moins une exception?

Pardon, ma chère, et que votre amitié pour moi n'en souffre pas. Ma fortune est changé; mais mon cœur sera toujours le même.

CLARISSE HARLOVE.

LETTRE CXVIII.

MISS CLARISSE HARLOVE, A MISS HOWE.

Samedi au soir.

M. Lovelace a vu divers appartemens à Windsor, mais il n'en a pas trouvé, dit-il, un seul qui me convienne et qui réponde à ma description.

Il a suivi mes instructions à la lettre. C'est un assez bon signe. Je suis d'autant plus contente de son exactitude, que c'était lui-même qui m'avait proposé cette ville, et qu'à son retour il paraît avoir changé d'idée. En chemin, m'a-t-il dit, il a fait réflexion que Windsor, quoique la proposition fût venue de lui, était un mauvais choix, parce que je cherche la retraite, et que ce lieu est extrêmement fréquenté.

Je lui ai répondu que si madame Sorlings ne me regarde pas comme un embarras dans sa maison, j'y passerais volontiers quelque temps de plus, à condition qu'il me quittât pour se rendre à Londres ou chez milord M...

Il commence à croire, m'a-t-il dit, qu'il ne me reste rien à craindre de la part de mon frère ; et, dans cette idée, si son absence peut servir à me rendre plus tranquille, il est disposé à m'obéir, du moins pour quelques jours. Il m'a renouvelé la proposition de reprendre Hannah. Je lui ai dit que c'était mon dessein, et que j'y emploierais votre secours. En effet, je vous prie, ma chère, de faire chercher cette honnête fille. Votre fidèle Robert saura sans doute ce qu'elle est devenue.

M. Lovelace s'est aperçu de l'humeur sérieuse où il m'a trouvée, et la rougeur de mes yeux a trahi mes larmes. Je venais de répondre à votre dernière lettre. S'il ne s'était point approché de moi de la manière la plus respectueuse, et s'il n'eût point ajouté au récit qu'il m'a fait la disposition qu'il a marquée, dès le premier mot, à s'éloigner de moi, j'étais préparée à lui faire un très mauvais accueil. Vos réflexions m'avaient touchée si vivement, que lorsqu'il s'est présenté je n'ai pu voir sans indignation le séducteur à qui je dois attribuer les maux que je souffre et tous ceux que j'ai soufferts.

Il m'a fait entendre qu'il avait reçu une lettre de milady Lawrance, et une autre, si j'ai bien compris, d'une des miss Montaigu. Si ces deux dames y parlent de moi, il est étonnant qu'il ne m'en ait rien communiqué. Je crains, ma chère, que ses parens ne soient du nombre de ceux qui croient ma démarche téméraire et inexcusable. Mon honneur ne demande-t-il pas que je les informe de la vérité? Peut-être me jugeront-ils indigne de leur alliance, si je leur laisse penser que ma fuite ait été volontaire. Ah! ma chère, que nos propres réflexions nous causent de peine, à chaque occasion douteuse, lorsque la conscience nous reproche d'avoir manqué à notre devoir.

Dimanche matin.

Quel surcroît d'inquiétude dois-je trouver dans mes réflexions, lorsque je considère la haine que M. Lovelace porte à tous mes proches! Il en traite quelques uns *d'implacables* ; mais j'appréhende qu'il ne soit aussi implacable lui-même que le plus emporté d'entre eux.

Je n'ai pu m'empêcher de lui exprimer, avec beaucoup d'ardeur, mes vœux pour une réconciliation, et de presser son départ, comme une démarche nécessaire pour commencer le traité. Il s'est donné de grands airs à cette occasion : ne doutant pas, m'a-t-il dit, qu'il ne fût le premier de mes sacrifices. Ensuite il s'est expliqué sur mon frère en termes fort libres, sans faire plus de grâce à mon père même.

Si peu de considération pour moi, ma chère ! Il est vrai, comme je le lui ai reproché, que telle a toujours été sa politesse, et qu'il n'a jamais cessé de traiter ma famille avec mépris : je ne l'ignorais pas. Que je suis coupable d'avoir entretenu la moindre correspondance avec lui !

— Mais apprenez, monsieur, lui ai-je dit, que si votre naturel violent et votre mépris pour moi vous font ménager si peu mon frère, je ne souffrirai pas que vous me parliez mal de mon père. C'est assez, sans doute, que ma désobéissance ait fait le malheur de sa vie, et qu'une fille, qu'il aimait si tendrement, ait été capable de l'abandonner, sans l'entendre injurier par l'auteur de ses peines : c'est ce que je ne supporterai jamais.

Il s'est jeté sur sa propre justification ; mais dans des termes, comme je lui en ai fait encore un reproche, qu'une fille ne devait pas se permettre d'entendre, et qu'un homme qui prétendait à cette fille devait se permettre encore moins de prononcer. Enfin, me voyant tout à fait indignée, il m'a demandé pardon, quoique avec assez peu d'humilité. Mais, pour changer de sujet, il m'a parlé ouvertement de deux lettres qu'il avait reçues, l'une de milady Lawrance, l'autre de miss Montaigu, et, sans attendre ma réponse, il m'en a lu quelques articles.

Pourquoi cet étrange homme ne me les montra-t-il pas hier au soir ? Appréhendait-il de me causer trop de plaisir ?

Milady Lawrance s'exprime par rapport à moi de la manière la plus obligeante. « Elle l'exhorte à tenir une conduite qui puisse m'engager à recevoir bientôt sa main. Elle me fait ses complimens, avec une vive impatience, dit-elle, d'embrasser en qualité de nièce une personne si vantée ; c'est sa flatteuse expression. Elle se croira honorée de l'occasion de m'obliger ; elle espère que la cérémonie ne sera pas différée trop long-temps, parce que cette heureuse conclusion sera pour elle, pour milord M... et pour milady Sadler, un témoignage sûr du mérite et des bonnes dispositions de leur neveu.

» Elle assure qu'elle a toujours pris un vif intérêt aux peines que j'ai essuyées à son occasion ; qu'il serait le plus ingrat des hommes s'il ne s'efforçait pas de m'en dédommager ; qu'elle regarde comme un devoir, pour toute leur famille, de suppléer à la mienne, et que, de sa part, elle ne me laissera rien à désirer. Le traitement que j'ai reçu de tous mes proches serait plus surprenant, lui fait-elle observer, surtout avec tous les avantages qu'il possède du côté de la nature et de la fortune, s'il ne fallait l'attribuer à ses propres négligences ; mais, à présent qu'il est le maître d'établir à jamais son caractère, elle se flatte qu'il convaincra les Harlove qu'on avait jugé plus mal de lui qu'il ne le mérite ; ce qu'elle demande au ciel pour son honneur et celui de sa maison. Enfin, elle souhaite d'être informée de notre mariage immédiatement après la cérémonie, pour être des premières et des plus ardentes à me féliciter. »

Elle ne m'invite pas directement à me rendre chez elle avant la célébration, quoique j'eusse pu m'y rendre après ce qu'elle m'avait dit.

Il m'a fait lire ensuite une partie de la seconde lettre, où mis Montaigu le félicite « d'avoir obtenu *la confiance d'une si admirable personne.* » Tels sont les termes. Ma confiance, ma chère miss Howe! Personne au monde, comme vous le dites, n'en prendra une autre opinion, quand je publierais la vérité, vous voyez que miss Montaigu et toute sa famille, sans doute, jugent du moins ma démarche fort extraordinaire. « Elle souhaite aussi que la cérémonie soit bientôt célébrée, et c'est le vœu, dit-elle, du milord M..., de ses tantes, de sa sœur, et de tous ceux qui veulent du bien à leur famille. Après cet heureux jour, elle se propose de se rendre auprès de moi, pour grossir mon cortége. Milord M... s'y rendra luimême, s'il est un peu soulagé de sa goutte. Ensuite il nous abandonnera un de ses trois châteaux, où nous serons libres de nous établir, si nous n'avons pas d'autres vues. »

Miss Montaigu ne dit rien pour s'excuser de ne s'être pas trouvée sur ma route, ou à Saint-Albans, comme elle me l'avait fait espérer. Cependant elle parle d'une indisposition qui l'a tenue quelque temps renfermée. Il m'avait dit aussi que milord M... était attaqué de la goutte; ce qui se trouve confirmé par la lettre de sa cousine.

Vous ne douterez pas, ma chère, que ces deux lettres ne m'aient causé beaucoup de satisfaction. Il en a vu les marques sur mon visage, et j'ai remarqué, à mon tour, qu'il s'en applaudissait. Cependant je ne cesse pas d'être surprise qu'il ne m'ait pas fait cette confidence hier au soir.

Il m'a pressée de me rendre directement chez milady Lawrance, sur le seul témoignage des sentimens de cette dame, tel que je l'ai vu dans sa lettre. Mais quand je n'aurais aucune espérance de réconciliation avec mes amis, ce que mon devoir m'oblige du moins de tenter, comment suivre ce conseil, lorsque je n'ai reçu d'elle aucune invitation particulière?

Il se croit sûr que le silence de sa tante vient du doute que son invitation fût acceptée; sans quoi elle me la ferait avec le plus grand empressement du monde.

— Ce doute même, lui ai-je répondu, suffisait pour me faire rejeter son conseil. Sa tante, qui connaît si bien les lois de la décence, m'apprenait par ce doute qu'il ne me convenait point encore d'accepter son invitation. D'ailleurs, monsieur, grâce à vos arrangemens, ai-je un habit, avec lequel je puisse me présenter?

— Oh! m'a-t-il dit, j'étais assez bien pour paraître à la cour même, si l'on exceptait les pierreries, et j'y porterais la plus aimable figure (il devait dire la plus extraordinaire). L'élégance de mon habillement l'étonnait. Il ne comprenait pas par quel art je paraissais avec autant d'avantage que si j'avais changé d'habit tous les jours; et puis, ses cousines Montaigu me fourniraient tout ce qui me manque; il allait écrire à miss Charlotte, si je lui en accordais la permission.

— Me prenez-vous, lui ai-je dit, pour le geai de la fable, voudriez-vous que j'empruntasse des habits, pour rendre visite à ceux qui me les auraient prêtés? Assurément, monsieur Lovelace, vous me croyez beaucoup de bassesse ou trop de confiance.

— Aimais-je mieux me rendre à Londres pour quelques jours seulement, et pour y acheter des habits?

— Peut-être oui, si ce n'était pas à ses dépens. Je n'étais pas prête encore à porter sa livrée.

Vous concevez, ma chère, que mon ressentiment contre les artifices qui m'ont forcée à la fuite, ne lui paraîtrait pas sérieux, si je ne lui marquais pas, dans l'occasion, un chagrin réel de l'état auquel il m'a réduite. Entre les coupables, il est difficile d'éviter les récriminations.

— Il souhaitait de pouvoir pénétrer mes désirs. Cette connaissance servirait à pouvoir diriger toutes ses propositions. Il ferait ses délices d'exécuter mes volontés.

— Le plus ardent de mes désirs était de le voir éloigné. Fallait-il le répéter sans cesse ?

— Dans tout autre lieu que celui où j'étais, il jurait de m'obéir, si j'insistais sur ce point. Mais il lui semblait que le meilleur parti, à l'exception d'un seul, auquel il n'osait toucher qu'en passant, était de faire valoir mes droits ; parce qu'étant libre alors de recevoir ou de refuser, et le réduisant au simple commerce de lettres, je ferais connaître à tout le monde que je n'avais pensé qu'à me rendre justice à moi-même.

— Vous répéterai-je continuellement, monsieur, que je ne veux point de procès avec mon père ? Croyez-vous que ma triste situation puisse changer quelque chose à mes principes, du moins lorsque j'aurai le pouvoir de les observer ? Comment pourrais-je m'établir dans ma terre, sans employer les formalités de la justice, et sans l'assistance de mes curateurs ? L'un des deux a pris parti contre moi. L'autre est absent. Quand je serais disposée à prendre quelques mesures, il faudrait plus de temps que les circonstances ne m'en accordent ; et ce qui m'est nécessaire à présent, c'est l'indépendance, c'est votre départ immédiat.

Il m'a protesté, avec serment, que par diverses raisons qu'il m'avait représentées, il ne croyait pas qu'il y eût de sûreté pour moi à demeurer seule. Son espérance était de trouver quelque lieu que je puisse agréer. Mais il prenait la liberté de me dire qu'il se flattait de n'avoir pas mérité, par sa conduite, cette ardeur que j'avais de le voir éloigné ; d'autant plus qu'assurément j'apportais assez de soin à lui fermer ma porte, quoiqu'il pût me protester, avec la plus parfaite vérité, qu'il ne m'avait jamais quittée sans se sentir meilleur, et sans une ferme résolution de se confirmer dans ce sentiment par mon exemple.

— *Des soins à vous fermer ma porte !* ai-je répété. J'espère, monsieur, que vous ne vous croyez pas en droit de vous plaindre, si je prétends qu'on me laisse un peu de tranquillité dans ma retraite. J'espère que toute novice que vous m'avez trouvée dans le point capital, vous ne me croyez pas assez faible pour aimer l'occasion d'entendre vos élégans discours, surtout lorsqu'il n'y a point de nouvel incident qui m'oblige de recevoir vos visites ; et que vous ne croyez pas non plus qu'il soit nécessaire de m'interrompre à tous momens, comme si j'avais besoin de vos protestations continuelles pour me fier à votre honneur.

Il a paru un peu déconcerté.

— Vous n'ignorez pas, monsieur Lovelace, ai-je continué, pourquoi je désire si ardemment votre absence. C'est pour faire connaître au public que je suis indépendante de vous, et dans l'espérance que cette opinion me fera trouver moins de difficulté à nouer un traité de réconciliation avec mes amis. J'ajouterai, pour satisfaire votre impatience, qu'ayant le bonheur d'être si bien dans l'esprit de vos proches, je consens volontiers à vous instruire par mes lettres de chaque pas que je ferai, et de tous les ouvertures que je puis recevoir, sans aucune intention néanmoins de me lier, par cette complaisance, dans mes démarches et dans mes résolutions. Mes amis savent que le testament de mon grand-père m'autorise à disposer de ma terre et de ma part des effets, d'une manière qui peut leur être désagréable, quoique je n'en aie pas la disposition absolue. Cette considération pourra m'attirer quelques égards, lorsque leur première chaleur sera refroidie, et qu'ils ne douteront point de mon indépendance.

— Adorable raisonnement! Il pouvait me protester que l'assurance que je lui avais donnée comblait tout ses désirs. C'était plus qu'il ne pouvait demander. Quelle félicité d'avoir une femme dont la générosité et l'honneur faisaient le fondement de son repos! Et si le ciel, à son entrée dans le monde, lui en eût fait trouver une de ce caractère, il aurait toujours eu de l'attachement pour la vertu. Mais il espérait que le passé même tournerait à son avantage, parce que, dans cette supposition, ses parens l'ayant toujours pressé de se marier, il aurait manqué le bonheur qu'il avait devant les yeux, et comme il n'avait pas été aussi méchant que ses ennemis se plaisaient à le publier, il se flattait que le mérite du repentir valût celui de l'innocence.

Je lui ai dit que je comptais donc sur son consentement, pour ce qu'il paraissait approuver, et que je me croyais sûre de son départ. Ensuite je lui ai demandé, d'un air ouvert, ce qu'il pensait réellement de ma situation, et quel conseil il me donnerait dans le calme de son esprit. Il devait juger, lui ai-je dit, que je n'étais pas peu embarrassé : Londres était un lieu tout à fait étranger pour moi. J'étais sans guide, sans protection. Lui-même, il devait me permettre de lui dire qu'il lui manquait bien des choses, sinon pour la connaissance, du moins pour la pratique de quantité de bienséances, qui me paraissaient indispensables dans le caractère d'un homme de naissance et d'éducation.

Il se regarde, autant que j'ai pu l'entrevoir, comme un homme d'une politesse achevée ; et son amour-propre est blessé qu'on en juge autrement.

— J'en suis bien fâché, mademoiselle, m'a-t-il répondu d'un air froid. Un homme d'éducation, un homme poli, souffrez que je le dise, vous paraît plus rare qu'à toutes les femmes que j'ai connues jusque aujourd'hui.

— C'est votre malheur comme le mien, monsieur Lovelace. Je suis persuadée qu'avec un peu de discernement, il n'y a point de femme qui, vous connaissant comme je fais à présent (j'avais dessein de mortifier un orgueil qui mérite de l'être), ne juge comme moi, que votre politesse n'est ni régulière ni constante. Elle n'a point l'air d'une habitude. Elle s'exerce par excès et par saillies, qui n'ont pas leur source dans vous-même. Vous avez besoin d'y être rappelé.

— Ciel! ciel! que je suis à plaindre! Il ne s'est défendu qu'avec cet air ironique de pitié pour lui-même, au travers duquel j'ai vu facilement qu'il était à demi fâché.

— En vérité, monsieur, ai-je continué, vous n'êtes point un homme aussi accompli qu'on devait l'attendre de vos talens et des facilités que vous avez eues pour les cultiver. Vous n'êtes qu'un novice (c'est un terme qu'il avait employé dans une de nos conversations précédentes) sur mille choses louables qui ont dû faire l'objet de votre étude et de votre ambition.

Je n'aurais pas si tôt cessé de lui parler avec cette franchise, parce qu'après m'en avoir donné l'occasion, il m'avait paru traiter assez légèrement un point que j'ai toujours trouvé très grave; mais il m'a interrompue :

— Mademoiselle, épargnez-moi. Mon regret est extrême d'avoir vécu inutilement jusque aujourd'hui. Mais convenez que vous ne vous seriez pas écartée d'un sujet plus agréable et plus conforme à notre situation, si vous n'aviez pris un plaisir trop cruel à mortifier un homme qui a paru jusqu'ici devant vous avec trop de défiance de son propre mérite pour avoir osé vous ouvrir librement son âme. Ayez la bonté de revenir au sujet que vous avez quitté; et dans un autre temps, j'embrasserai volontiers ma correction, de la seule bouche du monde de qui je puisse la recevoir avec joie.

— Vous parlez souvent de réformation, monsieur Lovelace, et c'est une concession de vos erreurs; mais je vois que vous recevez fort mal des reproches auxquels vous craignez peut-être assez peu de donner occasion. Je suis bien éloignée de prendre plaisir à relever vos défauts. Dans la situation où je suis, il serait à souhaiter pour vous et pour moi que je n'eusse à faire que votre éloge. Mais puis-je fermer les yeux sur ce qui les blesse, lorsque je souhaite qu'on me croie sérieusement attachée à mes propres devoirs?

— J'admire votre délicatesse, mademoiselle, a-t-il encore interrompu. Quoique j'en aie quelque chose à souffrir, je ne désire pas que vous en eussiez moins. Elle vient du sentiment de vos propres perfections, qui vous élèvent au dessus de mon sexe, et même au dessus du vôtre. Elle vous est naturelle. Elle ne doit pas vous paraître extraordinaire. Mais la terre n'offre rien qui en approche, m'a dit le flatteur. Dans quelle compagnie a-t-il vécu?

Ensuite, reprenant notre premier sujet :

— Vous m'avez fait la grâce de me demander mon conseil, je ne désire que de vous rendre tranquille; de vous voir fixée à votre gré, votre fidèle Hannah près de vous; votre réconciliation heureusement commencée. Mais je prends la liberté de vous proposer différentes ouvertures, dans l'espérance qu'il s'en trouvera une de votre goût.

« J'irai chez madame Howe, ou chez tout autre qu'il vous plaira de nommer, et je m'efforcerai de les engager à vous recevoir chez eux.

» Auriez-vous plus de penchant à vous rendre à Florence, auprès de M. Morden, votre cousin et votre curateur? Je vous offre des commodités pour ce voyage, soit par mer jusqu'à Livourne, soit par terre, en traversant la France. Peut-être engagerai-je quelque dame de ma famille à vous accompagner. Miss Charlotte ou miss Patty, saisiront volontiers l'occasion de voir la France et l'Italie. Pour moi, je ne vous servirai que d'escorte, déguisé, si vous le souhaitez, couvert de votre livrée, afin que votre délicatesse ne soit pas blessée de me voir à votre suite. »

Je lui ai dit que ces projets demandaient un peu de réflexion; mais qu'ayant écrit à ma sœur et à ma tante Hervey, leur réponse, si j'en recevais quelqu'une, pourrait servir à me déterminer; qu'en attendant, s'il voulait se retirer, j'examinerais particulièrement la proposition qui regardait M. Morden; et que si je la goûtais assez pour la communiquer à miss Howe, il serait informé de mes résolutions dans l'espace d'une heure.

Il est sorti respectueusement. Étant revenu une heure après, je lui ai dit qu'il me paraissait inutile de vous consulter; que le retour de M. Morden ne pouvait être éloigné; que, dans la supposition même de mon départ pour l'Italie, je ne souffrirais point qu'il m'accompagnât sous aucune forme; qu'il y avait peu d'apparence que l'une ou l'autre de ses deux cousines fût disposée à m'honorer de sa compagnie ; et que, d'ailleurs, ce serait la même chose, aux yeux du monde, que s'il m'accompagnait lui-même.

Cette réponse a produit une autre conversation, qui sera le sujet de ma première lettre.

LETTRE CXIX.

MISS CLARISSE HARLOVE, A MISS HOWE.

M. Lovelace m'a dit que, dans l'incertitude de ma résolution sur le voyage d'Italie, il s'est efforcé d'imaginer quelque autre ouverture qui fût capable de me plaire, et de me convaincre du moins qu'il préférait ma satisfaction à la sienne. Alors il s'est offert à partir lui-même pour chercher Hannah et me l'amener immédiatement. Comme j'ai refusé les deux jeunes Sorlings, il souhaiterait ardemment, dit-il, de voir près de moi une servante à laquelle je puisse accorder ma confiance. Je lui ai répondu que vous auriez la bonté de faire chercher Hannah et de me l'envoyer aussitôt qu'il serait possible.

— Il pouvait arriver, m'a-t-il dit, qu'elle fût arrêtée par quelque obstacle. Ferait-il si mal de se rendre chez miss Howe pour la prier, dans l'intervalle, de me prêter sa femme de chambre ? Je lui ai fait entendre que le mécontentement de votre mère, depuis la démarche dans laquelle tout le monde suppose que je me suis engagée volontairement, m'a privée de tous les secours ouverts que je pouvais attendre de votre amitié.

Il a paru surpris que madame Howe, qui parlait de moi avec tant d'admiration, et sur laquelle on supposait tant d'influence à sa fille, pût s'être refroidie pour mes intérêts. Il souhaitait que le même homme qui s'était donné tant de peines pour enflammer les passions de mon père et de mes oncles, ne fût pas encore au fond de cet odieux mystère.

— Je craignais, en effet, lui ai-je dit, que ce ne fût l'ouvrage de mon frère. Mon oncle Antonin, j'osais le dire, ne se serait pas porté de lui-même à prévenir madame Howe contre moi, comme j'apprenais qu'il l'avait fait.

— Puisque mon dessein n'était pas de rendre visite à ses tantes, il m'a demandé si je voulais recevoir celle de sa cousine Charlotte Montaigu, et prendre une servante de sa main.

— Cette proposition, lui ai-je dit, n'était point à rejeter. Mais j'étais bien aise auparavant de voir si mes amis m'enverraient mes habits, pour n'avoir pas, aux yeux des siens, l'air d'une étourdie et d'une fugitive.

Si je le jugeais à propos, il ferait un second voyage à Windsor, où ses recherches seraient encore plus exactes parmi les chanoines, et dans les plus honnêtes maisons de la ville. Je lui ai demandé si ses objections contre ce lieu n'avaient pas toujours la même force ?

Je me souviens, ma chère, que, dans une de vos lettres, vous m'avez vanté Londres comme la plus sûre de toutes les retraites. Je lui ai dit que ses prétextes pour ne me pas laisser seule ici, me faisant assez connaître que ce n'était pas son dessein, et la parole qu'il m'a donnée de s'éloigner lorsque je serai dans un autre lieu, devant me persuader qu'il y sera fidèle aussitôt que j'aurai changé de demeure, sans compter que sa présence rend ici mon logement fort incommode ; je n'aurais pas d'éloignement pour le séjour de Londres, si j'avais quelque connaissance dans cette grande ville.

Comme il m'a proposé plusieurs fois Londres, je m'attendais qu'il embrasserait ardemment cette nouvelle ouverture. Mais je ne lui ai pas vu de disposition à la saisir. Cependant ses yeux m'ont paru l'approuver. Nous sommes de grands observateurs des yeux l'un de l'autre. En vérité, il semble que nous nous redoutions tous deux.

Il m'a fait ensuite une proposition fort agréable; celle d'inviter madame Norton à se rendre auprès de moi. — Mes yeux, m'a-t-il dit aussitôt, lui apprenaient enfin qu'il avait trouvé l'heureux expédient qui pouvait répondre à nos désirs communs. Il s'est reproché de n'y avoir pas pensé plus tôt : et saisissant ma main?—Ecrirai-je, mademoiselle? Ferai-je partir quelqu'un? irai-je moi-même vous chercher cette excellente femme?

Après un peu de réflexion, je lui ai dit qu'il ne pouvait rien me proposer de plus charmant ; mais que j'appréhendais de jeter ma bonne Norton dans des difficultés qu'elle aurait peine à vaincre; qu'une femme si prudente craindrait de se déclarer pour une fille fugitive, contre l'autorité de ses parens, et que le parti qu'elle prendrait de me suivre lui ferait perdre la protection de ma mère, sans qu'il fût en mon pouvoir de l'en dédommager.

— Ah! chère Clarisse, s'est-il écrié assez généreusement, que cet obstacle ne vous arrête point ! Je ferai pour cette bonne femme tout ce que vous souhaiteriez de faire vous-même : souffrez que je parte.

Plus froidement peut-être que sa générosité ne le permettait, je lui ai répondu qu'il était impossible que je ne reçusse pas bientôt quelques nouvelle de mes amis; que, dans l'intervalle, je ne voulais ruiner personne dans leur esprit, surtout madame Norton, dont la médiation et le crédit pouvaient m'être utiles auprès de ma mère; et que d'ailleurs cette vertueuse femme, qui avait le cœur au dessus de sa fortune, manquerait plutôt du nécessaire que d'avoir obligation mal à propos aux libéralités d'autrui.

— Mal à propos! a-t-il répliqué. Le mérite n'a-t-il pas droit à tous les bienfaits qu'il peut recevoir. Madame Norton est une si honnête femme, que je me croirais redevable moi-même à sa bonté, si elle m'accorde la satisfaction de l'obliger ; quand elle ne l'augmenterait pas indéfiniment par l'occasion qu'elle me donnera de contribuer à la vôtre.

Comprenez-vous, ma chère amie, qu'un homme qui pense si bien puisse avoir laissé prendre assez de force aux mauvaises habitudes, pour avoir avili ses talens par ses actions ? N'a-t-il donc aucune espérance, me suis-je dit alors à moi même, que le bon exemple qu'il m'appartient de lui donner pour notre intérêt commun puisse opérer un changement dans lequel nous trouverions tous deux notre avantage?

— Permettez, monsieur, ai-je repris, que j'admire le singulier mélange qui règne dans vos sentimens ! Il doit vous en avoir coûté beaucoup pour étouffer tant de bons mouvemens, tant d'excellentes réflexions, lorsqu'elles se sont élevées dans votre esprit ; ou par un autre excès, qui n'est pas moins surprenant, la légèreté doit avoir merveilleusement prévalu. Mais, pour revenir à notre sujet, je ne vois aucune résolution à prendre, avant que d'avoir reçu des nouvelles de mes amis.

— Eh bien, mademoiselle, je m'efforçais seulement de trouver, s'il m'eût été possible, quelque expédient qui vous fût agréable ; mais puisque je n'ai pas le bonheur de réussir, aurez-vous la bonté de me dire qu'elles sont vos intentions? Il n'y a rien que je ne vous promette d'exécuter, à la reserve de vous laisser ici dans un si grand éloignement du lieu où je dois me retirer ; et dans un canton où, faute d'avoir gardé d'abord assez de précautions, mes coquins de valets m'ont rendu comme public. Ces misérables, a-t-il ajouté, sont orgueilleux à leur manière, lorsqu'ils servent un homme de quelque nom. Ils vantent la qualité de leur maître, comme s'ils étaient de la même race ; et tout ce qu'ils savent de lui ou de ses affaires, n'est jamais un secret entre eux, quand il devrait lui en coûter la vie.

— Si tel est leur caractère, ai-je pensé, les personnes de naissance devraient éviter plus soigneusement de leur donner des sujets d'indiscrétion.

— Je vous avoue, lui ai-je dit, que je ne sais ce que je dois faire, ni de quel côté je dois tourner. Sérieusement, monsieur Lovelace, me conseilleriez-vous d'aller à Londres ?

Je le regardais avec attention ; mais je n'ai pu rien démêler dans ses yeux.

— D'abord, mademoiselle, m'a-t-il répondu, j'étais pour le voyage de Londres, parce que j'appréhendais beaucoup plus de poursuites. A présent que votre famille paraît un peu refroidie, je suis plus indifférent pour le lieu qu'il vous plaira de choisir. Si je vous y vois paisible et contente, je n'ai rien à désirer.

Il est certain que cette indifférence que je lui vois pour Londres me fait pencher de ce côté-là. Je lui ai demandé, dans la seule vue de l'entendre, s'il connaissait quelque endroit, à Londres, pour lequel il pût me procurer une recommandation.

— Non, m'a-t-il dit ; il n'en connaissait point qui lui parût convenable, ou qu'il jugeât de mon goût. A la vérité, son ami Belford avait un très bel appartement près de Soho, chez une dame de vertu et d'honneur, qui était de ses parentes. Comme M. Belford passait une partie de son temps à la campagne, il pouvait l'emprunter pour me donner la facilité de prendre d'autres mesures.

J'étais bien résolue de refuser ce logement, et tout autre qu'il eût pu nommer. Cependant je veux voir, ai-je pensé, si c'est de bonne foi qu'il me le propose. Si je romps ici cet entretien, et que demain il le reprenne avec un peu d'empressement, je craindrai qu'il n'ait pas toute l'indifférence qu'il affecte pour mon voyage de Londres, et qu'il n'ait déjà quelque logement en vue pour moi. Alors j'abandonnerai tout à fait ce dessein.

Cependant après tant de généreuses ouvertures, je crois réellement qu'il y aurait un peu de barbarie à me conduire avec lui comme si je le croyais capable de la plus noire et de la plus ingrate bassesse ; mais son caractère, ses principes, sont si équivoques ! Il est si léger, si vain, si changeant, qu'il n'y a point de certitude qu'il soit, une heure après, ce qu'il est au moment qu'il vous parle : et puis, ma chère, je n'ai plus à présent de gardien ! je n'ai plus de père, plus de mère ! il ne me reste que la pitié du ciel et ma vigilance : et je n'ai aucune raison d'espérer un miracle en ma faveur.

— Il faudra bien, monsieur, lui ai-je dit en me levant, prendre enfin quelque résolution : mais remettons cette matière à demain.

Il aurait voulu m'arrêter plus long-temps. Je lui ai promis de le voir demain, d'aussi bonne heure qu'il le souhaiterait ; et je lui ai dit que dans l'intervalle, il pouvait penser à quelque endroit convenable, soit dans Londres, soit aux environs.

Nous nous sommes séparés assez paisiblement. J'ai employé le reste de la soirée à vous écrire; et je quitte la plume, avec l'espérance de trouver un peu plus de repos dans le sommeil, que je n'en ai goûté depuis long-temps.

CLARISSE HARLOVE.

LETTRE CXX.

MISS CLARISSE HARLOVE, A MISS HOWE.

Lundi matin, 17 avril.

Quoiqu'il fût hier assez tard lorsque je me mis au lit, je n'ai pas eu long-temps les yeux fermés. Nous avons fait divorce, le sommeil et moi : en vain je lui fais ma cour, pour me réconcilier avec lui. Je me flatte qu'on repose plus tranquillement au château d'Harlove; car le trouble d'autrui aggraverait ma faute. Mon frère et ma sœur, j'ose le dire, sont tous deux à couvert de l'insomnie.

M. Lovelace, qui est, comme moi, dans l'habitude de se lever matin, m'a trouvée au jardin vers six heures. Après les complimens ordinaires, il m'a priée de reprendre le sujet qui nous avait occupés la veille. Il était question, m'a-t-il dit, d'un appartement à Londres.

— Il me semble, lui ai-je répondu froidement, que vous m'en avez nommé un.

— Oui, mademoiselle (observant ma contenance); mais c'était plutôt pour vous assurer qu'il est à votre disposition, que dans l'espérance qu'il pût vous plaire.

— Je ne trouve pas non plus qu'il me convienne. A la vérité, il n'est point agréable de partir dans l'incertitude; mais être redevable à un de vos amis, lorsque je cherche à faire croire que je suis indépendante de vous, et surtout à un ami chez lequel j'ai prié les miens de s'adresser s'ils daignent me faire quelque réponse, il n'y aurait rien de plus mal conçu.

— S'il avait parlé de ce logement, a-t-il répliqué, ce n'était pas dans l'opinion que je voulusse l'accepter. Il avait voulu me confirmer seulement ce qu'il m'avait dit, qu'il n'en connaissait aucun qui me convînt. Votre famille, mademoiselle, n'a-t-elle pas à Londres quelques gens d'affaires, ou quelques marchands, chez lesquels on pût trouver des commodités de cette nature ? J'achèterais leur fidélité à toute sorte de prix; et ces gens-là ne se mènent que par l'intérêt.

Les gens d'affaires de ma famille, lui ai-je dit, seront sans doute les premiers qu'elle emploiera pour découvrir où je suis. Ainsi cette proposition n'est pas mieux conçue que l'autre.

Notre entretien a duré long-temps sur le même sujet. Enfin, pour résultat, il s'est chargé d'écrire à un autre de ses amis, nommé M. Doleman, pour le prier de chercher un appartement simple, mais décent, qui doit consister, suivant mes intentions, dans une chambre de lit, accompagnée d'une autre chambre pour une domestique, avec l'usage d'une salle à manger par le bas. Il m'a donné sa lettre à lire; et, l'ayant caenvoyée sous mes yeux, il l'a fait partir aussitôt par un de ses gens, qui doit attendre la réponse de ce M. Doleman et nous l'apporter.

Je verrai quel sera le succès. Dans l'intervalle, je me dispose à partir pour Londres, à moins que vous ne soyez d'un avis contraire.

CLARISSE HARLOVE.

LETTRE CXXI.

M. LOVELACE, A M. BELFORD.

Samedi, dimanche, lundi.

Il commence par le récit de ce qu'on vient de lire dans la dernière lettre de miss CLARISSE. Il raconte ensuite à son ami qu'ayant passé par le château de Médian, en allant à celui de Hall (car il avoue qu'il n'a pas été à Windsor) il y a trouvé des lettres de sa tante et de sa cousine, que madame Greme était prête à lui envoyer par un exprès. Il s'est expliqué avec cette femme sur la conversation qu'elle avait eue dans la chaise, avec miss CLARISSE ; et la manière dont il lui a parlé de sa passion et de ses vues honorables l'a portée à écrire à sa sœur Sorlings la lettre qu'on a lue en substance dans celle de miss CLARISSE à miss HOWE.

Il continue dans ces termes :

Je l'avais laissée de si bonne humeur, à mon départ, que j'ai été surpris de lui trouver l'air si grave à mon retour, et de reconnaître, à la rougeur de ses beaux yeux, qu'elle avait pleuré ; mais, lorsque j'ai su qu'il lui était venu des lettres de miss Howe, j'ai compris facilement que ce petit diable l'avait irritée contre moi. J'ai senti naître une vive curiosité de découvrir le sujet de leur commerce ; mais c'est une entreprise qu'il n'est pas encore à propos de tenter. Une invasion sur un point si sacré me ruinerait sans ressource. Cependant je ne puis penser, sans un véritable dépit, qu'elle emploie les jours entiers à jeter par écrit tout ce qui se passe entre elle et moi : tandis que je suis sous le même toit, et dans une réserve qui me dérobe le fond d'une correspondance, nuisible peut-être à tous mes desseins.

Crois-tu, Belford, qu'il y eût un si grand mal à casser la tête au messager, lorsqu'il est chargé des lettres de ma belle, ou qu'il lui apporte celles de miss Howe? Entreprendre de le corrompre et n'y pas réussir, ce serait me perdre entièrement. Cet homme paraît fait à la pauvreté, et si tranquille dans son état, qu'avec ce qu'il lui faut pour manger et pour boire il n'aspire point à vivre demain plus largement qu'aujourd'ui. Quel moyen de corrompre ce misérable, qui est sans désirs et sans ambition ? Cependant le coquin ne vit qu'à demi, et cette moitié de vie n'est pour lui qu'un fardeau. Si je le tuais, serais-je responsable d'une vie entière ? Un ministre d'état ne le marchanderait pas tant ; mais laissons-le vivre. Tu sais, cher ami, que la plus grande partie de ma méchanceté est une vapeur, qui sert à montrer mon talent pour l'invention, et qu'il dépendrait de moi d'être méchant si je le voulais.

Il rappelle ici diverses expressions de miss CLARISSE qui ont vivement piqué son orgueil avec menace de s'en souvenir dans l'occasion. Il s'applaudit de ses propositions qu'il reconnaît pour autant de ruses, surtout celle d'emprunter une servante de miss HOWE jusqu'à l'arrivée d'Hannah. Il continue :

Tu vois, Belford, combien ma charmante est éloignée de croire que miss Howe même n'est qu'une marionnette, que je fais danser sur mes fils d'archal, par des ressorts de la seconde ou de la troisième main : tromper deux femmes de cette espèce, qui s'imaginent tout savoir ; faire servir l'orgueil et la malignité des pères et des mères à leur donner le mouvement qu'il me plaît ; et les jouer, en un mot, tandis qu'elles croient me mortifier beaucoup, quelle charmante vengeance ! Et que dis-tu de ma divine, qui, lorsque je parais douter si son frère n'a pas de part au ressentiment de madame Howe, me répond qu'elle craint qu'il n'en ait beaucoup ; parce qu'autrement son oncle n'aurait pas enflammé madame Howe contre elle. La chère petite ! Quelle innocence !

Ne va pas non plus jusqu'à m'attribuer la malignité de sa famille. Elle est concentrée dans le cœur de tous les Harlove. Je n'emploie que leurs matériaux. Si je les abandonnais à leur propre conduite, peut-être leur vengeance s'exercerait-elle par le feu, par le poignard, ou par le ministère de la justice ; mais je guide à propos les effets de leur haine, et je ne fais un peu de mal que pour en prévenir beaucoup plus.

Il fallait amener la déesse Clarisse à faire elle-même la proposition de Londres. Rien ne m'y a paru plus propre que de renouveller celle e Windsor. Quand tu voudras qu'une femme fasse une chose, ne manque point de lui en proposer un autre. Voilà les femmes. Les voilà, sur ma damnation. Qu'en arrive-t-il ? Elles nous mettent dans la nécessité de jouer le double avec elles ; et lorsqu'elles s'en trouvent les dupes, elles se plaignent d'un honnête homme qui s'est trop bien servi de leurs propres armes.

J'ai eu peine à me contenir. Je me sentais le cœur enflé de joie. Allons, allons, modérons-nous, me suis-je dit à moi-même. Une envie de tousser m'a aidé fort à propos. Ensuite recommençant à tourner les yeux vers elle, de l'air le plus indifférent, j'ai attendu qu'elle eût fini son discours : et lorsqu'elle a cessé de parler, au lieu de l'entretenir de Londres, je lui ai proposé de faire venir sa madame Norton.

Comme je suis bien sûr qu'elle craindrait de m'avoir obligation, si elle avait accepté mes offres, j'aurais pu lui proposer de faire tant de bien à cette femme et à son fils, que cette seule raison l'aurait fait changer de sentiment ; non, comme tu te l'imagines bien, que je veuille éviter la dépense, mais il ne faut penser à rien moins qu'à lui accorder la compagnie de sa Norton. J'aimerais autant voir auprès d'elle sa mère ou sa tante Hervey. Hannah, si sa situation lui eût permis de venir, m'aurait moins embarrassé. Pourquoi entretiens-je à la campagne trois coquins de valets oisifs, si ce n'est pour faire l'amour et se marier même quand je le juge à propos ?

Ma foi, je suis fort satisfait de mes arrangemens. Chaque heure ne peut qu'augmenter à présent mes progrès dans les affections de cette fière beauté. J'ai porté l'impolitesse au point précisément nécessaire pour me rendre redoutable, et pour lui faire connaître que je ne suis point un amant langoureux. Les moindres civilités doubleront désormais mon crédit. Le premier pas que j'ai à faire est d'obtenir l'aveu d'une flamme secrète, ou du moins d'une préférence qu'on m'accorde sur tous les autres hommes ; après quoi l'heureux moment ne sera pas éloigné. Une préférence reconnue sanctifie les libertés. Une liberté en produit une autre. Si ma déesse me traite d'ingrat, d'homme peu généreux, je la traiterai de cruelle. C'est un nom qui plaît aux femmes. Combien de fois, pour flatter leur orgueil, leur ai-je reproché de la cruauté, au moment que j'obtenais tout d'elles?

Lorsque j'ai proposé ton appartement, pour confirmer que je n'en connaissais aucun qui lui convînt, mon unique vue était de lui donner quelque sujet d'alarme. Madame Osgood est une femme trop vertueuse, et qui serait bientôt son amie plus que la mienne; mais je voulais lui faire prendre une haute idée de sa propre pénétration. Mon plaisir, lorsque je creuse une fosse, est d'y voir tomber ma proie d'un pied sûr et les yeux ouverts. Un homme qui regarde d'en haut est en droit de dire alors : Oh! oh! charmante, par quel hasard êtes vous là?

Lundi, 17 avril.

Il m'arrive à l'instant de nouveaux avis de mon honnête Joseph. Tu sais l'aventure de la pauvre miss Betterton de Nottingham. James Harlove travaille à rallumer contre moi le ressentiment de cette famille. Tous les Harlove du monde n'ont rien épargné, depuis quelque temps, pour approfondir la vérité de cette histoire : mais les insensés sont enfin résolus d'en tirer parti. Ma tête s'occupe à faire de James un esprit rusé et un joli garçon, dans la vue de faire tourner plus glorieusement tous ses refus à mon avantage; car je suppose que ma belle tend à m'éloigner d'elle, aussitôt que nous serons à Londres. Je te communiquerai, lorsqu'il en sera temps, la lettre de Joseph et celle que je vais lui écrire. Etre informé à propos du mal qu'on médite, c'est assez, avec ton ami, pour le faire avorter, et retomber sur la tête de son auteur.

Joseph fait encore le scrupuleux : mais je sais qu'il ne cherche, par ses délicatesses, qu'à relever le mérite de ses services. Ah! Belford, Belford! quel vil amas de corruption que la nature humaine, dans le pauvre comme dans le riche!

LETTRE CXXII.

MISS HOWE, A MISS CLARISSE HARLOVE.

Mardi, 18 avril.

Vous avez une famille implacable. Une nouvelle visite de votre oncle Antonin a non seulement confirmé ma mère dans son opposition à notre correspondance, mais l'a fait presque entrer dans tous leurs principes.

Passons à d'autres sujets. Vous plaidez avec beaucoup de générosité pour M. Hickman. Peut-être ai-je fait à son égard ce qui m'arrive quelquefois en chantant, de prendre trop haut de quelques tons, et de continuer néanmoins plutôt que de recommencer, quoique ma voix soit obligée de se contraindre; mais il est certain qu'il en est plus respectueux; et vous m'avez appris que les caractères qu'un mauvais traitement est capable d'humilier, deviennent insolens lorsqu'ils sont mieux traités. Ainsi, bon et grave monsieur Hickman, un peu plus de distance, je vous en supplie. Vous m'avez élevé un autel, et j'espère que vous ne refuserez pas d'y fléchir le genou.

Mais vous me demandez si je traiterais M. Lovelace comme je traite M. Hickman. Réellement, ma chère, je m'imagine que non. J'ai considéré très attentivement ce point de conduite en galanterie, de la part des deux sexes; et je vous avouerai franchement le résultat de mes réflexions. J'ai conclu que de la part des hommes la politesse est nécessaire, même à l'excès, pour nous faire agréer leurs premiers soins, dans la vue de nous engager à plier le cou sous un joug dont l'inégalité n'est que trop sensible. Mais, en conscience, je doute s'ils n'ont pas besoin d'un petit mélange d'insolence pour se soutenir dans notre estime lorsqu'ils y sont parvenus. Ils ne doivent pas nous laisser voir que nous puissions les traiter comme des sots. D'ailleurs, je m'imagine qu'un amour trop uni, c'est-à-dire une passion sans épines, en d'autres termes une *passion sans passion*, ressemble à ces ruisseaux dormans où l'on n'apercevrait pas le mouvement d'une paille ; de sorte qu'un peu de crainte, et même de haine, qu'on nous inspire quelquefois, produit des sentimens tout opposés.

S'il y a de la vérité dans ce que je dis, Lovelace, qui s'est montré d'abord l'homme du monde le plus poli et le plus respectueux, a saisi la vraie méthode. La pétulance qu'il a marquée depuis, sa facilité à faire une offense, son égale facilité à s'humilier, me paraissent capables, surtout dans un homme à qui l'on connaît du sens et du courage, de soutenir vivement la passion d'une femme et de la conduire, en la fatiguant par degrés, à une sorte de *non résistance* qui différera peu de la soumission qu'un mari tyran peut désirer dans la sienne.

Il me semble, en vérité, que la différente conduite de nos deux héros à l'égard de leurs héroïnes porte la vérité de cette doctrine jusqu'à la démonstration. Pour moi, je suis si accoutumée aux langueurs, aux soins rampans et à la soumission du mien, que je n'attends de lui que des soupirs et des révérences ; et je suis si peu touchée de ses sots discours que souvent pour le faire taire ou pour me réveiller, je suis forcée d'avoir recours à mon clavecin. Au contraire, Lovelace fait tenir la balle en l'air, et son adroite vivacité dans la conversation est un jeu continuel de raquettes.

Vos disputes et vos réconciliations fréquentes vérifient cette observation. Je crois réellement que si M. Hickman avait eu l'art de soutenir mon attention à la manière de votre Lovelace, je serais déjà sa femme ; mais il devait commencer sur ce ton, car il est trop tard à présent pour y revenir. Jamais, jamais il ne se rétablira, c'est sur quoi il peut compter. Son fort est de faire le nigaud jusqu'au jour de notre mariage ; ce qu'il y a de pire pour lui c'est d'être condamné à la soumission jusqu'à son dernier soupir.

Pauvre Hickman ! direz-vous peut-être. On m'a quelquefois nommée votre écho : Pauvre Hickman ! dis-je comme vous.

Vous vous étonnez, ma chère, que M. Lovelace ne vous ait pas fait lire, en arrivant de Windsor, les lettres de sa tante et de sa cousine. Je n'approuve pas non plus qu'il ait différé un seul moment à vous communiquer des pièces si intéressantes, et qui ont un rapport si nécessaire aux conjectures. Cette affectation de ne vous les montrer que le lendemain, lorsque vous étiez irritée contre lui, semble marquer qu'il les tenait en réserve pour faire sa paix dans l'occasion ; et concluez de là que le sujet de colère était donc prévu. De toutes les circonstances qui sont arrivées depuis que vous êtes avec lui, c'est celle-ci qui me plaît le moins. Elle peut sembler petite à des yeux indifférens, mais elle suffit aux miens pour justifier toutes vos précautions. Cependant je crois aussi que la lettre de madame Greme à sa sœur, la demande répétée pour Hannah, pour une des filles de votre veuve Sorlings, et surtout pour madame Norton, sont d'agréables contre-poids. Ces quatre circonstances m'empêchent de dire tout ce que je pense de l'autre. L'étourdi ! de vous avoir déclaré ce soir qu'il avait les lettres sans offrir de vous les montrer. Je ne sais quel jugement porter de lui.

J'ai lu avec plaisir ce que les dames lui écrivent, d'autant plus que les ayant fait sonder encore, je trouve que toute la famille désire votre alliance avec autant d'ardeur que jamais.

Il me semble qu'il n'y a point d'objection raisonnable contre votre voyage de Londres. Là, comme au centre, vous serez en état d'apprendre des nouvelles de tout le monde et de donner des vôtres. Vous y mettrez la bonne foi de votre amant à l'épreuve, ou par l'absence à laquelle il s'est engagé, ou par d'autres essais de cette nature; mais au fond, ma chère, je pense toujours qu'il n'y a rien de plus pressant que votre mariage. Vous pouvez tenter (car il faut pouvoir dire que vous l'avez tenté) ce que vous avez à vous promettre de votre famille; mais au moment qu'elle aura refusé vos propositions, soumettez-vous au joug et tirez-en le meilleur parti que vous pourrez. M. Lovelace serait un tigre s'il vous mettait dans la nécessité de vous expliquer. Cependant c'est mon opinion que vous devez fléchir un peu. Souvenez-vous qu'il ne peut souffrir l'ombre du mépris.

Voici une de ses maximes qui avait rapport à moi. « Une femme, m'a-t-il dit un jour, qui se propose tôt ou tard de faire tomber son choix sur un homme, doit faire connaître, pour son propre intérêt, qu'elle distingue son adorateur de la troupe commune. »

Vous rapporterai-je de lui une autre belle sentence, prononcée dans son style libertin avec un geste convenable au discours ? « Il se donnait au diable, malgré le peu de délicatesse qu'on lui supposait, s'il prenait pour sa femme la première princesse de l'univers qui balancerait une minute entre un empereur et lui. »

En un mot, tout le monde s'attend à vous voir à lui. On est persuadé que vous n'avez quitté la maison de votre père que dans cette vue. Plus la cérémonie est différée, moins les apparences vous sont favorables aux yeux du public. Ce ne sera point la faute de vos proches si votre réputation demeure sans tache pendant que vous ne serez point mariée. Votre oncle Antonin tient un langage fort grossier, fondé sur les anciennes mœurs de Lovelace; mais jusqu'à présent votre admirable caractère a servi d'antidote au poison. Le harangueur est méprisé, et n'excite que de l'indignation.

J'écris avec quantité d'interruptions. Vous vous apercevrez même que ma lettre est pliée et chiffonnée, parce que l'arrivée subite de ma mère m'oblige souvent de la cacher dans mon sein. Nous avons eu un fort joli débat, je vous assure. Ce n'est pas la peine de vous fatiguer par ce récit... Mais, en vérité... Nous verrons, nous verrons.

Votre Hannah ne peut se rendre auprès de vous. La pauvre fille est retenue depuis quinze jours par un rhumatisme qui ne lui permet pas de se remuer sans douleur. Elle a fondu en larmes lorsque je lui ai fait déclarer le désir que vous avez de la reprendre. Elle se croit doublement malheureuse de ne pouvoir rejoindre une maîtresse si chère. Si ma mère avait répondu à mes désirs, M. Lovelace n'aurait pas été le premier qui vous eût proposé ma Kitty, en attendant Hannah. Je sens combien il est désagréable de se voir parmi des étrangers, et de n'avoir que des étrangers pour nous servir ; mais votre bonté vous fera des domestiques fidèles dans quelque lieu que vous alliez.

Il faut vous laisser suivre vos idées. Cependant, du côté de l'argent comme des habits, si vous vous exposiez à quelque incommodité que j'eusse pu prévenir, je ne vous le pardonnerais de ma vie. Ma mère (si c'est votre objection) n'a pas besoin d'en être informée.

Votre première lettre me viendra sans doute de Londres. Adressez-la, je vous prie, et celles qui la suivront jusqu'à nouvel avis : *à M. Hickman, dans sa propre maison.* Il vous est entièrement dévoué. Ne vous chagrinez pas tant de la partialité et des préventions de ma mère. Il me semble que je ne suis plus dans l'âge des poupées.

Que le ciel veille sur vous et qu'il vous rende aussi heureuse que je vous crois digne de l'être ! c'est le vœu continuel de votre fidèle amie,

ANNE HOWE.

LETTRE CXXIII.

MISS CLARISSE HARLOVE, A MISS HOWE.

Mercredi au soir, 19 avril.

J'ai beaucoup de joie, ma chère amie, de vous voir approuver mon départ pour Londres.

Vos différends domestiques me causent un chagrin inexprimable. Je me flatte que mon imagination les grossit ; mais je vous conjure de m'apprendre les circonstances de celui que vous nommez un joli débat. Je suis accoutumée à votre langage. Lorsque vous m'aurez tout appris, quelque rigueur que votre mère ait eue pour moi, j'en serai plus tranquille. Les coupables doivent plutôt gémir de leurs fautes que de s'offenser du reproche qu'elles leur attirent.

Si je dois avoir des obligations pécuniaires à quelqu'un dans le royaume, ce ne sera qu'à vous. Il n'est pas besoin, dites-vous, que votre mère sache les bontés que vous avez pour moi ! Dites, au contraire, qu'elle doit les savoir si je les accepte, et si la curiosité vous presse là-dessus. Voudriez-vous mentir ou la tromper ? Je souhaiterais bien qu'elle fût sans inquiétude sur ce point. Pardon, ma chère, mais je sais... Cependant elle avait autrefois meilleure opinion de moi. O téméraire démarche ! que tu me coûtes déjà de regrets ! Pardon encore une fois. La fierté, quand elle est naturelle, se montre quelquefois au milieu de l'humiliation ; mais, hélas ! la mienne est entièrement abattue.

Il est malheureux pour moi que ma digne Hannah ne puisse venir : je suis aussi fâchée de sa maladie que de me voir trompée dans mon attente. Eh bien ! ma chère miss Howe, puisque vous me pressez de vous avoir obligation, et que vous m'accuseriez de fierté si je refusais absolument vos offres, ayez la bonté d'envoyer à cette pauvre fille deux guinées de ma part.

Si je n'ai pas, comme vous le dites, d'autre ressource que le mariage, c'est une consolation que les parens de M. Lovelace n'aient pas de mépris pour une fugitive, comme je pouvais le craindre de l'orgueil de leur naissance et de leur rang.

Mais, que mon oncle est cruel ! Ah, ma chère ! quelle cruauté de supposer... Le tremblement de mon cœur se communique à ma plume, et ne me permettra pas de faire cette lettre bien longue. S'ils sont tous dans les mêmes idées, je ne serai pas surprise de les trouver irréconciliables. Voilà, voilà l'ouvrage de mon insensible frère, je reconnais ses barbares soupçons. Que le ciel lui pardonne ; c'est la prière d'une sœur outragée.

Clarisse Harlove.

LETTRE CXXIV.
MISS CLARISSE HARLOVE, A MISS HOWE.

Jeudi, 20 avril.

Le courrier de M. Lovelace est déjà de retour avec la réponse de son ami, M. Doleman, qui paraît s'être donné beaucoup de peine dans ses recherches, et qui lui en rend un compte fort exact. M. Lovelace m'a donné sa lettre après l'avoir lue, et, comme il n'ignore pas que je vous informe de tout ce qui m'arrive, je l'ai prié de trouver bon que je vous la communique. Vous me la renverrez, s'il vous plaît, par la première occasion. Elle vous apprendra que ses amis de Londres nous croient déjà mariés.

A M. LOVELACE.

Mardi au soir, 18 avril.

« Monsieur et cher ami,

« J'apprends avec une joie extrême que nous vous reverrons bientôt à la ville, après une si longue absence. Votre retour sera plus agréable encore à vos amis, s'il est vrai, comme on le publie, que vous soyez actuellement marié avec la belle dame dont nous vous avons entendu parler avec tant d'éloges. Madame Doleman et ma sœur prennent beaucoup de part à votre satisfaction, si vous l'êtes, ou à vos espérances, si vous ne l'êtes pas encore. Je suis depuis quelque temps à la ville pour trouver un peu de soulagement à mes anciennes infirmités, et je suis actuellement dans les remèdes ; ce qui ne m'a point empêché de faire les recherches que vous désirez. Voici le résultat de mes soins.

» Vous pouvez avoir un premier étage fort bien meublé, chez un mercier, rue de Bedford, avec les commodités qu'il vous plaira pour des domestiques ; soit par mois, soit par quartier.

» Madame Doleman a vu plusieurs logemens dans la rue de Norfolk, et d'autres dans celle de Cecil ; mais, quoique la vue de la Tamise et des collines de Surrey rende ces deux rues très agréables, je suppose qu'elles sont trop rapprochées de la Cité.

» Les propriétaires de la rue de Norfolk ne voudraient pas louer moins que la moitié de leurs maisons. Ce serait beaucoup plus que vous ne demandez, et je m'imagine que vous ne pensez point à conserver un appartement garni, après la déclaration de votre mariage.

» Celui de la rue de Cecil est propre et commode. La propriétaire est une veuve de fort bonne réputation ; mais elle demande qu'on s'engage pour une année.

» Vous pourriez être fort bien dans la rue de Douvres, chez la veuve d'un officier des gardes, qui, étant mort peu de temps après avoir acheté sa commission, à laquelle il avait employé la meilleure partie de son bien, a laissé sa femme dans la nécessité de louer des appartemens pour vivre. Cette raison peut faire une difficulté ; mais on m'assure qu'elle ne reçoit point de locataires qui ne soient d'un nom est d'un caractère connus. Elle a pris en rente deux bonnes maisons, séparées l'une de l'autre par un passage qui leur sert de cour commune. La maison intérieure est la plus jolie et la mieux meublée ; mais vous pourrez obtenir l'usage d'une fort belle chambre sur le devant, si vous voulez avoir une vue sur la rue. Derière la maison intérieure est un petit jardin où la vieille dame a déployé son imagination dans un grand nombre de figures et de vases, dont elle a pris plaisir à l'orner.

» Comme j'ai jugé que ce logement pourrait vous plaire, mes informations ont été fort exactes. L'appartement qui se trouve à louer est dans la maison intérieure. Il est composé d'une salle à manger, deux salles de compagnie, deux ou trois chambres de lit, avec garderobes, et d'un fort joli cabinet, dont la vue donne sur le petit jardin ; tout est fort bien meublé. Un ecclésiastique en dignité, avec sa femme et une jeune fille à marier, est le dernier qui l'a occupé. Il en est sorti depuis peu pour aller prendre possession d'un bénéfice considérable en Irlande. La veuve m'a dit qu'il ne l'avait loué d'abord que pour trois mois ; mais qu'il y avait pris tant de goût, qu'il y était demeuré deux ans, et qu'il ne l'avait quitté qu'à regret. Elle se vante qu'il en est de même de tous les locataires ; ils s'arrêtent chez elle quatre fois plus long-temps qu'ils ne se l'étaient proposé.

» J'ai eu quelque connaissance du mari, qui avait la réputation d'un homme d'honneur ; mais c'est la première fois que j'aie vu sa veuve. Je lui trouve l'air un peu mâle, et quelque chose de rude dans le regard ; mais en observant ses manières et ses attentions pour deux jeunes personnes fort agréables qui sont les nièces du mari et qui se louent beaucoup d'elle, je n'ai pu attribuer son embonpoint qu'à sa bonne humeur ; car il est rare que les personnes hargneuses soient fort grasses. Elle est respectée dans le quartier, et j'ai appris qu'elle voit fort bonne compagnie.

» Si cette description, ou celle des autres logemens que j'ai nommés, ne convient pas à madame Lovelace, elle sera libre de n'y pas demeurer long-temps, et de ne s'en rapporter qu'à son propre choix. La veuve consent à louer par mois, et à ne louer que ce qui pourra vous convenir. Elle ne s'embarrasse pas des termes, dit-elle ; et, ce qu'elle voudrait savoir uniquement, c'est ce qu'il faudra fournir à madame votre épouse, et quelle sera la conduite de ses gens et des vôtres, parce que l'expérience lui apprend que les domestiques sont ordinairement plus difficiles que les maîtres.

» Madame Lovelace aura la liberté de manger à table d'hôte, ou de se faire servir chez elle.

» Comme nous vous supposons mariés, et peut-être obligés, par des querelles de familles, à ne pas divulguer encore votre mariage, j'ai jugé qu'il ne serait pas mal à propos d'en faire entendre quelque chose à la veuve, quoique sans l'assurer de rien ; et je lui ai demandé si, dans cette supposition, elle pouvait vous loger aussi, vous et vos domestiques. Elle m'a répondu qu'elle le pouvait facilement, et qu'elle le souhaitait beaucoup, parce que la circonstance d'une femme seule, lorsque les témoignages n'étaient pas aussi certains qu'ils le sont ici, était ordinairement pour elle un sujet d'exception.

» Si vous n'approuvez aucun de ces logemens, il ne faut pas douter qu'on en puisse trouver de beaucoup plus beaux dans d'autres quartiers : surtout dans les nouvelles places. Madame Doleman, sa sœur et moi, nous vous offrons, vers notre maison d'Uxbridge, toutes les commodités qui dépendront de nous, et pour votre chère moitié, et pour vous-même, si vous jouissez du bonheur que nous vous désirons ; en attendant que vous soyez parfaitement établis.

» Je ne dois pas oublier que l'appartement du mercier, dans la rue de Cecil, et celui de la veuve, dans la rue de Douvres, peuvent être prêts en avertissant la veille. Ne doutez pas, monsieur et cher ami, du zèle et de l'affection avec lequel je suis, etc.

» TH. DOLEMAN. »

Vous jugerez aisément, ma chère, après avoir lu cette lettre, pour lequel de ces deux logemens je me suis déterminée. Mais, voulant mettre M. Lovelace à l'épreuve sur un point qui me paraît demander beaucoup de circonspection, j'ai d'abord affecté de préférer celui de la rue de Norfolck, par la raison même qui fait craindre à l'écrivain qu'il ne soit pas de mon goût ; c'est-à-dire, parce qu'il est proche de la Cité. Je ne vois rien à redouter, lui ai-je dit, dans le voisinage d'une ville aussi bien gouvernée qu'on représente Londres ; et je ne sais même s'il ne serait pas plus à propos de me loger au centre que dans les faubourgs, dont on ne parle pas si avantageusement. J'ai paru pencher ensuite pour l'appartement de la rue Cecil ; ensuite pour celui du mercier. Mais il ne s'est déclaré pour aucun ; et lorsque je lui ai demandé son sentiment sur celui de la rue de Douvres, il m'a dit qu'il le jugeait le plus commode et le plus convenable à mon goût ; mais qu'osant se flatter que je n'y ferais pas un long séjour, il ne savait pas auquel il devait donner sa voix.

Je me suis fixée alors à celui de la veuve ; et sur-le-champ il a marqué ma résolution à M. Doleman, avec des remerciemens de ma part pour ses offres obligeantes.

J'ai fait retenir la salle à manger, une chambre de lit, le cabinet (dont je me propose de faire beaucoup d'usage, si je passe quelque temps chez la veuve) et une chambre de domestiques. Notre dessein est de partir samedi. La maladie de la pauvre Hannah me dérange beaucoup : mais, comme dit M. Lovelace, je puis m'accommoder avec la veuve pour une femme de chambre, jusqu'à ce qu'Hannah soit mieux, ou que j'en trouve une à mon gré ; et vous savez que je n'ai pas besoin d'une grosse suite.

M. Lovelace m'a donné, de son propre mouvement, cinq guinées pour la pauvre Hannah. Je vous les envoie sous enveloppe : prenez la peine de les lui faire porter, et de lui apprendre de quelle main lui vient ce présent. Il m'a beaucoup obligée par cette petite marque d'attention. En vérité, j'ai meilleure opinion de lui depuis qu'il m'a proposé de rappeler cette fille.

Je viens de recevoir une autre marque de son attention. Il est venu me dire qu'après avoir pensé mieux, il ne jugeait pas que je dusse partir sans une femme à ma suite, ne fût-ce que pour l'apparence aux yeux de la veuve et de ses deux nièces, qui, suivant le récit de M. Doleman, sont dans une situation fort aisée ; surtout lorsque exigeant qu'il me quitte sitôt après notre arrivée, je dois me trouver seule entre des étrangers. Il m'a conseillé de prendre, pour quelque temps, une des deux servantes de madame Sorlings, ou de lui demander une de ses filles. Si je choisissais le second de ces deux partis, il ne doutait pas, m'a-t-il dit, que l'une ou l'autre des deux jeunes Sorlings n'embrassât volontiers l'occasion de voir un peu les curiosités de la ville, sans compter qu'elle serait plus propre qu'une servante commune à me tenir compagnie, lorsque je voudrais les voir moi-même.

Je lui ai répondu, comme auparavant, que les servantes de madame Sorlings et ses deux filles étaient également nécessaires dans leurs offices, et que l'absence d'un domestique ne pouvait causer que de l'embarras dans une ferme; qu'à l'égard des curiosités de Londres, je ne penserais pas si tôt à me procurer ces amusemens, et que je n'avais pas besoin, par conséquent, de compagnie pour le dehors.

A présent, ma chère, ne peur que, dans une situation aussi véritable que la mienne, il ne survienne quelque chose de nuisible à mes espérances, qui n'ont point encore été si flatteuses depuis que j'ai quitté le château d'Harlowe, je vais observer plus que jamais la conduite et le sentimens de mon guide.

Clarisse Harlove.

LETTRE CXXV.

M. LOVELACE, A M. BELFORD.

Jeudi, 20 avril.

Il commence par communiquer à son ami la lettre qu'il a écrite à M. Doleman, avec l'approbation de miss Clarisse, et la réponse qu'il a reçue, etc. Ensuite il s'applaudit de son projet.

Tu connais la veuve, tu connais ses nièces, tu connais le logement, as-tu jamais rien vu de plus adroit que cette lettre de notre ami Doleman? Il prévient toutes les objections; il pourvoit à tous les accidens. Chaque mot est une ruse à l'épreuve.

Qui pourrait s'empêcher de sourire, en voyant ma charmante, qui apporte tant de précautions dans le choix qu'on a déjà fait pour elle, et qui pèse les différentes propositions comme si son dessein était de me faire croire qu'elle peut avoir d'autres vues? Que dis-tu de cette chère fripponne, qui me regarde avec la dernière attention, pour découvrir dans mes yeux quelque apparence dont elle puisse s'aider à lire dans mon cœur? Le puits est trop profond pour être pénétré par ses regards; c'est de quoi je puis l'assurer, quand ils seraient aussi perçans qu'un rayon du soleil.

Nulle confiance en moi, ma belle! Il est donc clair que vous n'en avez aucune. Si j'étais porté à changer de dispositions, vous ne l'êtes donc point à m'encourager par une généreuse confiance à mon honneur? Eh bien! il ne sera pas dit, je vous jure, qu'un maître dans l'art d'aimer soit la dupe d'une novice.

Mais admire donc cette charmante, qui, dans la satisfaction qu'elle ressent de mon artifice, emprunte de moi la lettre de Doleman, pour la communiquer à sa chère miss Howe! Sottes petites coquines! pourquoi se fier, dans tous leurs détours, à la force de leur propre jugement, lorsque l'expérience est seule capable de leur apprendre à parer nos attaques, et de leur donner la prudence de leurs grand'mères? Alors, sans doute, elles peuvent monter en chaire, comme d'autres Cassandres, et prêcher la défiance à celles qui ont la patience de les écouter, mais qui ne profiteront pas de leurs leçons mieux qu'elles, aussitôt qu'un jeune et hardi libertin, tel que moi, viendra croiser leur chemin

N'es-tu pas étonné, Belford, que ce rusé coquin de Doleman ait nommé la rue de Douvres pour celle de notre bonne veuve? Quel crois-tu qu'ait été son dessein? Tu ne le devineras jamais. Ainsi, pour t'en épargner l'embarras, suppose que quelque officieuse personne (miss Howe est fine et active comme le diable) prenne la peine d'aller aux informations, pour s'assurer des caractères. Lorsque, dans cette rue, on ne trouvera ni les mêmes noms, ni un tel appartement, ni même une maison qui ressemble à ce qu'on cherche, le plus habile chasseur d'Angleterre ne tombera-t-il pas en défaut?

Comment empêcher, me demandes-tu, que la belle ne s'aperçoive de la tromperie, et que la défiance n'augmente encore lorsqu'elle se verra dans une autre rue?

Ne t'embarrasse point. Ou je trouverai quelque nouvelle ruse, ou nous serons déjà si bien ensemble qu'elle prendra tout de bonne grâce; ou, si je ne suis pas plus avancé qu'aujourd'hui, elle commencera peut-être à me connaître assez pour n'être pas étonnée de cette peccadille.

Mais comment empêcherai-je que la belle n'apprenne à son amie le vrai nom de la rue?

Il faut d'abord qu'elle le sache elle-même. Dis, butor, ne faut-il pas qu'elle le sache?

Oui; mais quel moyen d'empêcher qu'elle ne sache le nom de la rue, ou que son amie ne lui écrive dans cette rue, ce qui reviendra au même?

Repose-toi de ce soin sur moi.

Si tu m'objectes encore que Doleman a l'esprit trop épais pour avoir fait cette réponse à ma lettre... Est-il si difficile de s'imaginer que pour en épargner la peine à l'honnête Doleman, moi qui connais si bien la ville, je lui ai envoyé son modèle, et je ne lui ai laissé que le soin de transcrire?

Que dis-tu de moi, Belford?

Et si j'ajoute que je t'avais destiné cette commission, et que la belle s'y est opposée par la seule raison qu'elle connaît mon estime pour toi, que dirais-tu d'elle?

C'est à présent que je vois bien loin devant moi, et que j'ai du loisir de reste. Conviens que ton ami est un homme incomparable. Que je te trouve petit du sommet de ma gloire et de mon excellence! Ne t'étonne pas que je te méprise sincèrement; on ne peut avoir si bonne opinion de soi-même sans mépriser à proportion tout le reste du genre humain.

Je compte de tirer bon parti du mariage prétendu dont on me félicite. Mais je ne veux pas te communiquer à la fois toutes mes vues. D'ailleurs, cette partie de mon projet n'est pas encore tout à fait digérée. Un général qui est obligé de régler ses démarches par celles d'un adversaire vigilant ne peut répondre de ce qu'il fera d'un jour à l'autre.

La veuve Sinclair, entends-tu Belford? Oui, Sinclair, je le répète, et garde-toi de l'oublier; elle ne portera point d'autre nom. Comme elle a de grands traits et l'air hommasse, je la supposerai descendue de quelque montagnard d'Écosse. Son mari, le colonel (grave cela aussi dans ta mémoire), était un Ecossais honnête homme, et brave comme César.

Dans toutes mes inventions, je n'oublie jamais les bagatelles. Elles servent quelquefois plus qu'un millier de sermens et de protestations, qui n'ont été inventés que pour y suppléer, surtout lorsqu'il faut prévenir les soupçons d'un esprit défiant.

Tu tomberais d'admiration, si tu savais la moitié seulement de mes prévoyances. Je veux que tu en juges par un exemple. J'ai déjà eu la bonté d'envoyer un catalogue de livres que je fais acheter pour le cabinet de ma charmante, la plupart de la seconde main, afin qu'ils ne passent pas pour un meuble inutile ; et tu sais que les dames de cette maison ne sont pas mal versées dans la lecture. Mais je me garde bien de trop promettre à ma belle ; il faut laisser quelque chose aux soins de la veuve, mon ancienne amie, qui m'a secondé à merveille dans une infinité d'autres entreprises, et qui se croirait offensée si je paraissais me défier de son habileté.

LETTRE CXXVI.

MISS HOWE, A MISS CLARISSE HARLOVE.

Mercredi, 19 avril.

Il m'est venu des lumières, qu'il est important de vous communiquer. Votre frère, ayant appris que vous n'êtes pas mariée, a pris la résolution de découvrir votre retraite, et de vous faire enlever. Un de ses amis, capitaine de vaisseau, entreprend de vous prendre à bord, et de faire voile avec vous vers Hull ou vers Leith, pour vous conduire dans une des maisons de M. James Harlove.

Ils ont l'esprit bien méchant ; car, en dépit de toutes vos vertus, ils jugent que vous avez passé les bornes de l'honneur ; mais s'ils peuvent s'assurer, après l'enlèvement, que vous soyez encore fille, ils vous tiendront sous une bonne garde, jusqu'à l'arrivée de M. Solmes. En même temps, pour donner de l'occupation à M. Lovelace, ils parlent de le poursuivre en justice, et de faire revivre quelques vieux crimes, qu'ils croient capable de le conduire au supplice, ou du moins de lui faire abandonner le pays.

Ces nouvelles sont très récentes. Miss Arabelle les a dites en confidence, et d'un air de triomphe, à miss Lloyd, qui est à présent sa favorite, quoique aussi remplie que jamais d'admiration pour vous. Miss Lloyd, dans la crainte des malheurs qui peuvent suivre une entreprise de cette nature, m'a fait ce récit et m'a permis de vous en informer secrètement. Cependant, ni elle ni moi, nous ne serions peut-être pas fâchées que M. Lovelace fût pendu par les bonnes voies : c'est-à-dire, ma chère, si vous n'y mettiez pas d'oppositions. Mais nous ne pouvons supporter que le chef-d'œuvre de la nature soit ballotté par deux esprits violens ; et beaucoup moins que vous soyez saisie et bientôt exposée au brutal traitement d'une troupe de misérables, qui n'ont point d'entrailles.

Si vous pouvez engager M. Lovelace à se modérer, je suis d'avis que vous lui découvriez tout ; mais sans nommer miss Lloyd. Peut-être son vil agent est-il dans le secret, et ne tardera-t-il point à l'en instruire. Je laisse à votre discrétion le ménagement d'une affaire si délicate. Ma plus grande inquiétude est que ce furieux projet, si l'on a la témérité de l'entreprendre, ne serve à lui donner sur vous plus d'empire que jamais. Comme il doit vous convaincre qu'il n'y a point d'espérance de réconciliation, je souhaiterais que vous fussiez mariée, pour quelque crime que votre Lovelace doive être poursuivi, à l'exception de l'assassinat et du viol.

Hannah est pénétrée de reconnaissance pour votre présent. Elle vous a comblée de bénédictions. On lui a remis aussi le présent de M. Lovelace.

Je suis extrêmement contente de M. Hickman, qui s'est servi de la même occasion pour lui envoyer deux guinées, comme d'une main inconnue. La manière m'a fait plus de plaisir que la valeur même du bienfait. Ces bonnes œuvres lui sont familières, et le silence les accompagne si parfaitement, qu'elles ne se découvrent que par la reconnaissance de ceux qui en sont l'objet. Il est quelquefois mon aumônier, et je crois qu'il joint toujours quelque chose à mes petites libéralités; mais le temps de le louer n'est pas encore venu. D'ailleurs, il ne me paraît pas qu'il ait besoin de cet encouragement.

Je ne puis désavouer que ce ne soit une fort bonne âme; et l'on ne doit pas s'attendre à trouver dans un homme toutes les bonnes qualités réunies. Mais réellement, ma chère, je le trouve bien sot de se donner tant de peine pour moi, lorsqu'il doit s'apercevoir du mépris que j'ai pour son sexe; et plus sot encore de ne pas comprendre que dans ses vues il fera, tôt ou tard, une pitoyable figure avec moi. Nos goûts et nos antipathies, comme je l'ai souvent pensé, sont rarement gouvernés par la prudence, ou par le rapport qu'ils devraient avoir à notre bonheur. L'œil, ma chère, est allié si étroitement avec le cœur! et tous deux sont ennemis si déclarés du jugement! Quelle union mal assortie que celle de l'esprit et du corps! Tous les sens, comme la famille des Harlove sont ligués contre ce qui devrait les animer et faire leur honneur, si l'ordre était mieux gardé.

Trouvez bon, je vous en supplie, qu'avant votre départ pour Londres je vous envoie quarante-huit guinées. Je fixe la somme, pour vous obliger; parce qu'en y joignant les deux que j'ai fait donner à votre Hannah, je reconnais que vous m'en devez cinquante. C'est aller au devant de vos objections. Vous savez que je ne puis manquer d'argent. Je vous ai dit que je possède le double de cette somme, et que ma mère ne m'en connaît que la moitié. Que ferez-vous dans une ville telle que Londres, avec le peu qui vous reste? Vous ne sauriez prévoir les besoins qui naîtront, pour des messages, pour des informations et d'autres occurrences. Si vous faites difficulté de vous rendre, je ne croirai pas votre fierté aussi abattue que vous le dites, et qu'il me semble qu'elle doit l'être en particulier sur ce point.

A l'égard des termes où j'en suis avec ma mère, il n'est pas besoin de vous dire, à vous qui la connaissez si parfaitement, qu'elle n'épouse jamais rien avec modération. Ne devait-elle pas se souvenir du moins que je suis sa fille? Mais non, je ne suis jamais pour elle que la fille de mon père. Il faut qu'elle ait été bien sensible au violent naturel de ce pauvre cher père, pour en conserver si long-temps la mémoire, tandis que toutes les marques de tendresse et d'affection paraissent oubliées. D'autres filles seraient tentées de croire que l'esprit de domination doit être bien puissant dans une mère, qui veut exercer sans cesse toute l'autorité qu'elle a sur ses enfans, et qui, tant d'années après la mort d'un mari, regrette de n'avoir pas eu sur lui le même empire. Si ce langage n'est pas tout à fait décent dans la bouche d'une fille, il doit vous paraître un peu excusé par la tendre affection que je portais à mon père, et par le respect que j'aurai éternellement pour sa mémoire. C'était le meilleur de tous les pères; et peut-être n'aurait-il été un mari moins tendre, si l'humeur de ma mère et la sienne n'avaient pas eu trop de ressemblance pour être capables de s'accorder.

Le malheur, en un mot, c'est que l'un ne pouvait être fâché, sans que l'autre ne voulût l'être aussi : tous deux d'ailleurs avec un fort bon naturel. Cependant, à l'âge même où j'étais, je ne trouvais pas le joug aussi pesant pour ma mère qu'elle paraît vouloir me le persuader, lorsqu'il lui plaît de désavouer sa part à mon existence.

J'ai souvent pensé que pour empêcher les partages d'affections dans leurs enfans, les pères et les mères devraient éviter sur toutes choses ces querelles, longues ou fréquentes, qui mettent un pauvre enfant dans l'embarras pour prendre son parti entre deux personnes si chères, lorsqu'il serait porté à les respecter toutes deux comme il le doit.

Si vous voulez être informée du détail de notre différend, après vous avoir confessé en général que votre malheureuse affaire en était l'occasion, il faut vous satisfaire.

Mais comment dois-je m'expliquer ? Je sens la rougeur qui me monte au visage. Apprenez donc, ma chère que j'ai été... pour ainsi dire... oui, que j'ai été battue. Rien n'est plus vrai. Ma mère a jugé à propos de me donner un grand coup sur les mains pour m'arracher une lettre que j'étais après vous écrire, et que j'ai déchirée en pièces et jetée au feu, devant elle, pour l'empêcher de la lire.

M. Hickman arriva quelques momens après. Je ne voulus pas le voir. Je suis, ou trop grande pour être battue, ou trop enfant pour avoir un très humble serviteur. C'est ce que je déclarai à ma mère. Quelles autres armes que du chagrin et de la mauvaise humeur, lorsqu'il ne serait pas pardonnable de penser même à lever le petit doigt ?

Elle me dit, en style d'Harlove, qu'elle voulait être obéie, et que la maison serait fermée à M. Hickman même, s'il contribuait à l'entretien d'une correspondance qu'elle m'avait défendue.

Pauvre Hickman ! son rôle est assez bizarre entre la mère et la fille. Mais il sait qu'il est sûr de ma mère et qu'il ne l'est pas de moi. Ainsi son embarras n'est pas grand à choisir, quand il ne serait pas porté d'inclination à vous rendre service.

Je m'enfermai pendant tout le jour, et le peu de nourriture que je pris, je la pris seule. Le soir, je reçus un ordre solennel de descendre pour le souper. Je descendis ; mais environnée du nuage le plus épais. Oui et non furent les seules réponses que je fis assez long-temps. Cette conduite, me dit ma mère, n'avancerait pas mes affaires auprès d'elle. Elle ne gagnerait rien à me battre, lui dis-je à mon tour. C'était, répliqua-t-elle la hardiesse de ma résistance qui l'avait provoquée à me donner un coup sur la main. Elle était fâchée que je l'eusse irritée jusqu'à ce point; mais elle n'en exigeait pas moins de deux choses : l'une ou que ma correspondance fût absolument interrompue, ou que toutes nos lettres lui fussent communiquées.

Je lui dis qu'elle demandait deux choses également impossibles ; et qu'il convenait aussi peu à mon honneur qu'à mon inclination, d'abandonner une amie dans l'infortune... surtout pour satisfaire des âmes basses et cruelles.

Elle ne manqua point de rappeler tous les lieux communs du devoir et de l'obéissance.

Je lui répondis qu'un devoir exigé avec un excès déraisonnable de rigueur avait causé toutes vos disgrâces : que si elle me croyait propre au mariage, elle devait me juger capable de former, ou du moins d'entretenir des amitiés, particulièrement avec une personne dont elle m'avait félicité mille fois, dans d'autres temps, d'avoir obtenu l'estime et la confiance ; qu'il y avait d'autres devoirs que ceux de la nature, et qu'ils pouvaient tous s'accorder ; qu'un commandement injuste, j'osais le dire, dût-elle me battre encore, était un degré de tyrannie ; et que je n'aurais pas dû m'attendre, à mon âge, qu'on ne me laissât aucun exercice de ma volonté, aucune démarche à faire de mon choix, lorsqu'il n'était question que d'une femme, et que le sexe maudit n'y avait aucune part.

Ce qu'il y avait de plus favorable à son argument, c'est qu'elle se réduisait à demander la communication de nos lettres. Elle insista beaucoup sur ce point. Vous étiez, me dit-elle, entre les mains du plus intrigant de tous les hommes, qui, suivant quelques avis qu'elle avait reçus, tournait son Hickman en ridicule. Quoiqu'elle fût portée à bien juger de vous et de moi, qui pouvait lui répondre des suites de notre correspondance ?

Ainsi, ma chère, vous voyez que l'intérêt de M. Hickman a beaucoup de part ici. Je n'aurais pas d'éloignement pour faire voir nos lettres à ma mère, si je n'étais persuadée que votre plume et la mienne en seraient moins libres ; et si je ne la voyais si attachée au parti contraire, que ses raisonnemens, ses censures, ses inductions et ses interprétations deviendraient un sujet perpétuel de difficultés et de nouveaux débats. D'ailleurs, je ne serais pas bien aise qu'elle sût comment votre rusé monstre a joué une personne d'un mérite si supérieur au sien. Je connais cette grandeur d'âme qui vous élève au dessus de vos intérêts propres, mais n'entreprenez point de me faire renoncer à *notre correspondance*.

M. Hickman, immédiatement après la querelle dont je vous ait fait l'histoire, m'a offert ses services ; et ma dernière lettre vous a fait voir que je les ai acceptés. Quoiqu'il soit si bien avec ma mère, il juge qu'elle a trop de rigueur pour vous et pour moi. Il a eu la bonté de me dire (et j'ai cru voir dans son discours un air de protection) que non seulement il approuvait notre correspondance, mais qu'il admirait la fermeté de mon amitié ; et que n'ayant pas la meilleure opinion du monde de votre homme, il est persuadé que mes informations et mes avis peuvent quelquefois vous être utiles.

Le fond de ce discours m'a plu, et c'est un grand bonheur pour lui ; sans quoi je serais entrée en compte sur le terme d'*approuver*, et je lui aurais demandé depuis quand il me croyait disposée à le souffrir. Vous voyez, ma chère, ce que c'est que cette race d'hommes : vous ne leur avez pas plus tôt accordé l'occasion de vous obliger, qu'ils prennent le droit d'approuver vos actions ; dans lequel est renfermé apparemment celui de les désapprouver, lorsqu'ils le jugeront à propos.

J'ai dit à ma mère combien vous souhaitez de vous réconcilier avec votre famille, et combien vous êtes indépendante de M. Lovelace. La suite, m'a-elle répondu, nous fera juger du second point. A l'égard du premier, elle sait, dit-elle, et son opinion est aussi, que vous ne devez espérer de réconciliation qu'en retournant au château d'Harlove, sans prétendre au moindre droit d'imposer des conditions. C'est le plus sûr moyen, ajoute-t-elle, de prouver votre indépendance. Voilà votre devoir, ma chère, dans l'opinion de ma mère.

Je suppose que votre première lettre, adressée à M. Hickman, me viendra de Londres.

Votre honneur et votre sûreté sont l'unique objet de mes prières.

Je ne puis m'imaginer comment vous faites pour changer d'habits.

Ma surprise augmente sans cesse de voir l'obstination de vos proches à vous laisser dans l'embarras. Je ne comprends pas quelles peuvent être leurs vues. Ils vous jetteront entre ses bras, soit que vous le vouliez ou non.

J'envoie ma lettre par Robert, pour ne pas perdre de temps, et je ne puis que vous répéter l'offre de mes plus ardens services. Adieu, ma très chère, mon unique amie.

ANNE HOWE.

LETTRE CXXVII.

MISS CLARISSE HARLOVE, A MISS HOWE.

Jeudi, 20 avril.

Je me croirais absolument indigne de votre amitié, si mes plus pressans intérêts ne me laissaient pas trouver assez de loisir pour déclarer en peu de mots à ma chère amie combien je suis éloignée d'approuver sa conduite dans des circonstances où sa générosité l'empêche apparemment de connaître sa faute, mais où j'ai plus de raison qu'un autre d'en gémir, parce que j'ai le malheur d'en être l'occasion.

Vous savez, dites-vous, que vos démêlés avec votre mère m'affligeront beaucoup, et vous voulez que, par conséquent, je m'épargne la peine de vous le dire.

Ce n'est pas là, ma chère, ce que vous désiriez autrefois. Vous me répétiez souvent que vous n'en aviez que plus d'amitié pour moi, lorsque je vous faisais des plaintes de cette excessive vivacité, dont votre bon sens vous apprenait à vous défier. Quoique malheureusement tombée, quoique dans l'infortune, si jamais j'ai valu quelque chose par le jugement, c'est aujourd'hui que je mérite d'être écoutée, parce que je puis parler de moi-même aussi librement que d'aucune autre ; et lorsque ma faute devient contagieuse, lorsqu'elle vous entraîne dans une correspondance qui vous est défendue, n'élèverai-je point ma voix contre une désobéissance dont les suites, quelles qu'elles puissent être, aggraveront mon erreur, et la feront regarder comme la racine d'une si mauvaise branche ?

L'âme qui peut mettre sa gloire dans la constance et la fermeté d'une aussi noble amitié que la vôtre, d'une amitié qui est à l'épreuve de la fortune, et qui croît avec les disgrâces de la personne aimée, cette âme doit être incapable de prendre mal les avertissemens ou les conseils de l'ami pour lequel elle a des sentimens si distingués.

Ainsi, la liberté que je prends n'a pas besoin d'excuse. Elle en demande d'autant moins que, dans les conjonctures présentes, elle est l'effet d'un désintéressement si absolu, qu'il tend à me priver de la seule consolation qui me reste.

Votre humeur chagrine, l'action de déchirer entre les mains de votre mère une lettre qu'elle avait droit de lire, et de la brûler, comme vous en faites l'aveu, devant ses propres yeux ; le refus de voir un homme qui est si disposé à vous obéir pour le service de votre malheureuse amie, et ce refus, dans la seule vue de mortifier votre mère ; pouvez-vous penser, ma chère amie, que toutes ces fautes, qui ne sont pas la moitié de celles que vous connaissez, soient excusables dans une personne qui est si bien instruite de ses devoirs ?

Votre mère était autrefois prévenue en ma faveur. N'est-ce pas une raison de la ménager davantage, aujourd'hui que, suivant ses idées, j'ai perdu justement son estime ? Les préventions favorables, comme celles qui ne le sont pas, ne s'effacent pas entièrement. Comment une erreur, à laquelle on ne peut pas dire qu'elle ait d'intérêt particulier, la frapperait-elle assez pour l'éloigner tout à fait de moi ?

Il y a, dites-vous, d'autres devoirs que celui de la nature. D'accord ; mais c'est le premier de tous les devoirs, un devoir qui a précédé en quelque sorte votre existence même ; et quel autre devoir ne doit pas lui céder, lorsque vous les supposerez en concurrence ?

Vous êtes persuadée qu'ils peuvent s'accorder. Votre mère pense autrement. Quelle est la conclusion qu'il faut tirer de ces prémisses ?

Quand votre mère voit combien je souffre dans ma réputation de la malheureuse démarche où je me suis engagée, moi de qui tout le monde avait de meilleures espérances, quelle raison n'a-t-elle pas de trembler pour vous ? Un mal en attire un autre après soi ; et comment saura-t-elle où le fatal progrès peut s'arrêter ?

Une personne qui entreprend de justifier les fautes d'autrui, ou qui cherche à les diminuer, ne donne-t-elle pas lieu de la soupçonner ou de corruption ou de faiblesse ? et les censeurs ne penseront-ils pas qu'avec les mêmes motifs et dans les mêmes circonstances elle serait capable des mêmes erreurs ?

Mettons à part les persécutions extraordinaires que j'ai essuyées : la vie humaine peut-elle fournir un exemple plus terrible que celui que j'ai donné dans un espace fort court de la nécessité qui oblige des parens à veiller sans cesse sur une fille, quelque opinion qu'elle ait donnée de sa prudence ?

N'est-ce pas depuis seize ans jusqu'à vingt et un que cette vigilance est plus nécessaire que dans un autre temps de la vie d'une femme ? C'est dans cet espace que nous attirons ordinairement les yeux des hommes, et que nous devenons l'objet de leurs soins ou de leurs attaques, et n'est-ce pas dans le même temps que nous nous faisons une réputation de bonne ou de mauvaise conduite, qui nous accompagne presque inséparablement jusqu'à la fin de nos jours ?

Ne sommes-nous pas alors en danger de la part de nous-mêmes, à cause de la distinction avec laquelle nous commençons à regarder l'autre sexe ?

Et lorsque nos dangers se multiplient au dedans comme au dehors, nos parens ont-ils tort de croire que leur vigilance doit redoubler ? Notre taille, qui commence à se former, sera-t-elle une raison de nous en plaindre ?

Si c'en est une, dites-moi donc quelle sera précisément la taille, quel sera l'âge qui exemptera une honnête fille de la soumission qu'elle doit à ses parens, et qui pourra les autoriser, à l'exemple des animaux, à se dépouiller de la tendresse et des soins qu'ils doivent à leurs enfans ?

Il vous paraît dur, ma chère, d'être traitée comme une petite fille ! Eh ! pouvez-vous penser qu'il ne soit pas aussi dur à d'honnêtes parens de se croire dans la nécessité de tenir cette conduite ? Vous figurez-vous qu'à la place de votre mère, si votre fille vous avait refusé ce que votre mère demandait de vous, et vous avait disputé le droit de vous faire obéir, vous ne lui eussiez pas donné un coup sur la main pour lui faire quitter un papier défendu ? C'est une grande vérité, comme votre mère vous l'a dit, que vous l'aviez provoquée à cette rigueur, et c'est de sa part une extrême condescendance, à laquelle vous n'avez pas fait l'attention qu'elle méritait, d'avoir reconnu qu'elle en était fâchée.

Avant le mariage (où nous entrons sous une autre espèce de protection, qui n'abroge pas néanmoins les devoirs de la nature), il n'y a point d'âge auquel notre sauvegarde la plus nécessaire et la plus puissante ne soit les ailes de nos parens, pour nous garantir des vautours, des milans, des éperviers et d'autres vilains animaux de proie qui voltigent sans cesse au dessus de nos têtes, avec le dessein de nous surprendre et de nous dévorer aussitôt qu'ils nous voient écartées de la vue, c'est-à-dire du soin de nos gardiens et de nos protecteurs naturels.

Quelque dureté que vous puissiez trouver dans l'ordre qui nous interdit une correspondance autrefois approuvée, si votre mère juge néanmoins qu'après ma faute elle soit capable de jeter une tache sur votre réputation, c'est une dureté à laquelle il faut se soumettre. Ne doit-elle pas même se confirmer dans son opinion, lorsqu'elle voit que le premier fruit de votre attachement à la vôtre est de vous inspirer de l'humeur et de la répugnance à lui obéir ?

Je sais, ma chère, qu'en parlant d'*humeur* et du *nuage épais* que vous m'avez représenté, vous ne pensez qu'à mettre dans vos termes ce sel délicieux qui fait le charme de votre conversation et de vos lettres. Mais, en vérité, ma chère amie, je le crois déplacé dans cette occasion.

Me permettez-vous d'ajouter à ces ennuyeux reproches, que je n'approuve pas non plus, dans votre lettre, quelques uns des traits qui ont rapport à la manière dont votre père et votre mère vivaient ensemble. J'ose dire que ces petits démêlés n'étaient pas continuels, quoiqu'il fussent peut-être trop fréquens ; mais votre mère est moins comptable à sa fille qu'à tout autre de ce qui s'est passé entre elle et M. Howe, dont je dirai seulement que vous devez révérer la mémoire. Ne feriez-vous pas bien d'examiner un peu si le petit ressentiment qui vous restait contre votre mère, lorsque vous aviez la plume à la main, n'a pas servi à réveiller vos sentimens de respect pour votre père ?

Chacun a ses défauts. Quand votre mère aurait tort de rappeler des mécontentemens dont le sujet n'existe plus, vous ne devez pas avoir besoin qu'on vous fasse considérer à l'occasion de qui et de quoi ces idées renaissent dans son esprit. Ce n'est pas non plus à vous qu'il appartient de juger de ce qui doit s'être passé entre un père et une mère, pour faire vivre et pour aigrir même d'anciens souvenirs dans la mémoire du survivant.

LETTRE CXXVIII.

MISS CLARISSE HARLOVE, A MISS HOWE.

Le sujet que j'ai traité dans ma lettre précédente ne demande point à être continué. Je passe avec plus de plaisir, quoique avec aussi peu d'*approbation*, à une autre de vos excessives vivacités : c'est aux grands airs que vous vous donnez à l'occasion du mot d'*approuver*.

Je m'étonne qu'étant aussi généreuse que vous l'êtes, votre générosité ne soit pas plus uniforme ; qu'elle vous manque dans un point où la politique, la prudence et la gratitude vous en font une loi presque égale. M. Hickman, comme vous le reconnaissez, est une bonne âme. Si je n'en étais pas convaincue depuis long-temps, il n'aurait pas trouvé en moi une avocate en sa faveur auprès de ma chère miss Howe. Combien de fois ai-je vu avec chagrin, pendant le temps que j'ai passé chez vous, qu'après une conversation, où il avait fort bien fait son rôle dans votre absence, il devenait muet au moment où vous paraissiez ?

Je vous l'ai reproché plusieurs fois ; et je crois vous avoir fait remarquer aussi que l'air imposant dont vous ne vous armiez que pour lui, pouvait recevoir une interprétation qui n'aurait pas flatté votre orgueil ! il pouvait être expliqué à son avantage et nullement au vôtre.

M. Hickman, ma chère, est un homme modeste. Je ne vois jamais un homme de ce caractère, sans être persuadée que c'est uniquement l'occasion qui lui manque, et qu'il renferme des trésors qui n'ont besoin que d'une clé pour s'ouvrir, c'est-à-dire d'un juste encouragement pour paraître avec éclat.

Le présomptueux, au contraire, qui ne peut être tel sans penser aussi mal d'autrui qu'il pense avantageusement de lui-même, prend un ton de maître sur toutes sortes de sujets ; et, se reposant sur son assurance pour sortir d'embarras, il fait le faux étalage d'un trésor qu'il ne possède point.

Mais un homme modeste ! Ah ! ma chère, une femme modeste ne distinguera-t-elle pas un homme modeste, et ne souhaitera-t-elle pas d'en faire le compagnon de sa vie ? Un homme devant lequel et à qui elle peut ouvrir ses lèvres avec la certitude qu'il aura bonne opinion de ce qu'elle dit, qu'il recevra son jugement avec tous les égards de la politesse, et qui doit, par conséquent, lui inspirer une double confiance.

Quel rôle je fais ici ! Tout le monde est porté à s'ériger en prédicateur ; mais assurément je dois être plus capable que je ne l'ai jamais été, de penser juste sur cette matière. Cependant je veux abandonner un sujet que j'étais résolue, en commençant ma lettre, de réduire à l'unique point qui vous touche. Ma chère, ma très chère amie, que vous avez de penchant à nous apprendre ce que les autres doivent faire, et ce que votre mère même devrait avoir fait ! A la vérité, je me souviens de vous avoir entendu dire, comme les différens exercices demandent différens talens, il peut arriver, en matière d'esprit, qu'une personne soit capable de faire une bonne critique des ouvrages d'autrui, quoiqu'elle ne le soit pas de faire elle-même d'excellens ouvrages ; mais je crois expliquer fort bien ce penchant et cette facilité à découvrir les fautes, en l'attribuant à la nature humaine, qui, sentant ses propres défauts, aime généralement l'emploi de corriger. Le mal est que, pour exercer ce talent naturel, on tourne moins les yeux dedans que dehors; ou, si vous l'aimez mieux en d'autres termes, qu'on fait tomber la critique sur autrui plus souvent que sur soi-même.

LETTRE CXXIX.

MISS CLARISSE HARLOVE, A MISS HOWE.

Je reviens en peu de mots, ma chère amie, à la défense que vous avez reçue de votre mère. C'est un sujet que j'ai touché fort souvent, mais comme à la hâte; parce que, sentant fort bien que mon jugement serait condamné par ma pratique, je n'ai pas eu aujourd'hui le courage de me fier à moi-même.

Vous ne voulez pas que j'entreprenne de vous faire renoncer à cette correspondance. Vous m'apprenez avec quelle bonté M. Hickman l'approuve, et combien il est obligeant de permettre qu'elle passe par ses mains; mais ce n'est point assez pour me satisfaire.

Je suis un fort mauvais casuiste; et le plaisir que je prends à vous écrire peut me donner beaucoup de partialité pour mes propres désirs. Sans cette crainte, et si je n'appréhendais pas aussi que la franchise et la bonne foi ne fussent blessées par des évasions, je serais tentée de vous proposer une voie que j'abandonne à votre jugement. Ne pourrais-je pas vous écrire pour me conserver une satisfaction si douce, et ne recevoir de vous, suivant les occasions, qu'une réponse passagère, non seulement sous le couvert, mais par la plume de M. Hickman, pour me ramener au vrai lorsque je m'écarte, pour me confirmer lorsque je pense bien, et pour me guider dans mes doutes? Ce secours me ferait marcher avec plus d'assurance dans le chemin obscur qui s'ouvre devant moi; car, malgré l'injustice de mes censeurs, malgré toutes les nouvelles disgrâces dont je suis menacée, je ne me croirai pas tout à fait malheureuse si je puis conserver votre estime.

Véritablement, ma chère, je ne sais comment je ne pourrais prendre sur moi de ne plus vous écrire. Je n'ai point d'autre occupation ni d'autre amusement. Il faudrait que je fisse usage de ma plume quand je n'aurais personne à qui je pusse envoyer mes lettres. Vous m'avez entendue relever les avantages que j'ai toujours trouvés à jeter sur le papier tout ce qui m'arrive : actions, pensées; je m'imagine que c'est le moyen de faire tourner le présent à mon utilité future. Outre que cet exercice forme le style, et qu'il sert à développer les idées, il n'y a personne à qui il n'arrive de perdre une bonne pensée, qui s'évapore après la réflexion, ou d'oublier une bonne résolution, parce qu'elle est chassée de la mémoire par de secondes vues, qui ne valent pas toujours les premières; mais lorsque j'ai pris la peine d'écrire ce que je veux faire, ou ce que j'ai fait, l'action ou la résolution demeure comme devant moi, pour m'y attacher de plus en plus, ou pour y renoncer, ou pour la corriger. C'est une sorte de traité que j'ai fait avec moi-même, et qui, étant scellé de ma propre main, devient une règle de conduite et comme un engagement pour l'avenir.

Je voudrais donc vous écrire, si je le puis sans offense; d'autant plus que, outre le plaisir de satisfaire mon inclination, ma plume s'anime lorsqu'en écrivant j'ai quelque objet en vue, quelque amie à qui je désire de plaire.

Mais quoi! si votre mère permet notre correspondance, à condition que nos lettres lui soient communiquées; et si c'est le seul moyen de la satisfaire, est-il impossible de se soumettre à cette loi? Croyez-vous, ma chère, qu'elle fît difficulté de recevoir cette communication en confidence? Si je voyais quelque apparence de réconciliation avec ma famille, je n'écouterais point assez mon orgueil pour appréhender qu'on ne sache de quelle manière j'ai été jouée. Au contraire, dans cette heureuse supposition je n'aurais pas plus tôt quitté M. Lovelace, que j'apprendrais toute mon histoire à votre mère et à tous mes amis. Mon propre honneur et leur satisfaction m'y porteraient également.

Mais si je n'ai pas cette espérance, à quoi servirait de faire connaître la répugnance que j'ai eue à suivre M. Lovelace, et les artifices par lesquels il a su m'effrayer? Votre mère vous a fait entendre que mes amis insisteraient sur un retour pur et simple, sans aucune condition, pour disposer arbitrairement de moi. Si je paraissais balancer là-dessus, mon frère s'en ferait un sujet de triomphe, plutôt que de garder mon secret. M. Lovelace, dont la fierté s'offense déjà du regret que j'ai de l'avoir suivi, lorsqu'il pense qu'autrement je n'aurais pu éviter d'être à M. Solmes, me traiterait peut-être avec indignité. Réduite ainsi à manquer d'asile et de protection, je deviendrais l'objet des railleries publiques; je jetterais plus de honte que jamais sur mon sexe, puisque l'amour, suivi du mariage, sera toujours excusé plus facilement que des fautes préméditées.

En supposant que votre mère consente à recevoir nos communications en confidence, ne balancez point à lui faire lire toutes mes lettres. Si ma conduite passée ne mérite pas absolument sa haine et son mépris, j'y gagnerai peut-être le secours de ses conseils, avec celui des vôtres; et si dans la suite je me rends volontairement coupable, je reconnaîtrai que je suis pour jamais indigne et des vôtres et des siens.

Quand vous craignez de l'appesantissement pour mon esprit et pour ma plume, s'il faut que toutes mes lettres passent sous les yeux de votre mère, vous oubliez, ma chère, que l'un et l'autre sont déjà fort appesantis : et vous jugez trop mal de votre mère, si vous la croyez capable de partialité dans ses interprétations. Nous ne saurions douter, ni vous, ni moi, que, livrée à elle-même, son inclination ne se fût déclarée en ma faveur. J'ai la même opinion de mon oncle Antonin. Ma charité s'étend encore plus loin; car je suis quelquefois portée à croire, que, si mon frère et ma sœur étaient absolument certains de m'avoir assez ruiné dans l'esprit de mes oncles pour n'avoir plus rien à redouter sur l'article de l'intérêt, ils pourraient, sinon désirer ma réconciliation, du moins ne pas s'opposer à ma grâce, surtout si je voulais leur faire quelques petits sacrifices, pour lesquels je vous assure que je n'aurais pas d'éloignement, si j'étais tout à fait libre, et dans l'indépendance que je désire. Vous savez que je n'ai jamais attaché de prix aux acquisitions mondaines et au legs de mon grand-père, qu'autant que ces avantages me mettraient en état de suivre une partie de mes inclinations. Si l'on m'en ôtait le pouvoir, il faudrait vaincre mon penchant, comme je le fais aujourd'hui.

Mais, pour revenir à mon premier sujet, essayez ma chère amie, si votre mère veut permettre notre correspondance en voyant toutes nos lettres. Si vous ne l'y trouvez pas disposée, à cette condition même, quelle sordide amitié serait la mienne, de vouloir acheter ma satisfaction aux dépens de votre devoir?

Il me reste un mot à dire sur les reproches libres dont cette lettre est remplie. Je me flatte que vous me les pardonnerez, parce qu'il y a peu d'amitiés qui portent sur les mêmes fondemens que la nôtre ; c'est-à-dire, sur le droit mutuel de nous avertir de nos fautes, et sur la certitude que ces avis seront reçus avec une tendre reconnaissance ; en partant de ce principe, qu'il est plus doux et plus honorable d'être corrigée par une véritable amie que de s'exposer, par une aveugle persévérance dans l'erreur, à la censure et aux criailleries du public.

Mais je suis persuadée qu'il est aussi inutile de vous rappeler les lois de notre amitié, que de vous exhorter à les observer rigoureusement à votre tour, en n'épargnant ni mes folies ni mes fautes.

Clarisse Harlove.

P. S. Je m'étais proposé, dans mes trois lettres précédentes, de ne pas toucher, s'il était possible, à mes propres affaires. Mon dessein est de vous écrire encore une fois pour vous informer de ma situation ; mais trouvez bon, ma chère, que cette lettre que je vous promets, et votre réponse, qui contiendra s'il vous plaît vos avis, et la copie de celle que j'ai écrite à ma tante, soient les dernières que nous recevions l'une de l'autre, tant que la défense continuera.

Je crains, hélas! je crains beaucoup qu'un des malheureux effets de mon mauvais sort ne soit de me faire revenir à des évasions, de me faire tomber dans de petites affectations, et de m'écarter en un mot du chemin droit de la vérité, que j'ai toujours fait gloire de suivre ; mais qu'il me soit permis de vous assurer, pour l'amour de vous-même, et pour diminuer les alarmes que votre mère a conçues de notre correspondance, que s'il m'arrivait de commettre quelque faute de cette nature, loin de persévérer dans mon égarement, je ne serais pas long-temps sans me repentir, et je m'efforcerais de regagner le terrain que j'aurais perdus dans la crainte de voir tourner l'erreur en habitude.

Les instances de madame Sorlings m'ont fait différer mon départ de quelques jours. Il est fixé à lundi prochain, comme je vous l'expliquerai dans ma première lettre, qui est déjà commencée ; mais trouvant une occasion imprévue pour celle-ci, je me détermine à la faire partir seule.

LETTRE CXXX.

MISS HOWE, A MISS CLARISSE HARLOVE.

Vendredi matin, 21 avril.

Ma mère refuse d'accepter votre condition, chère amie ; je la lui ai proposée comme de moi : mais les Harlove (pardonnez-moi l'expression) possèdent absolument son esprit. C'est un trait de mon invention, m'a-t-elle dit, pour l'engager dans vos intérêts contre votre famille ; elle me défie de la surprendre.

Ayez moins d'inquiétude sur ce qui nous regarde, elle et moi ; je vous le recommande encore. Nous nous arrangeons fort bien ensemble. Tantôt une querelle, tantôt un raccommodement : c'est une ancienne habitude, qui a commencé avant qu'il fût question de vous.

Cependant je vous fais des remerciemens sincères pour chaque ligne de vos trois dernières lettres, que je me propose de relire attentivement, lorsque ma bile sera prête à s'échauffer. Je ne vous dissimule point que j'ai regimbé à la première lecture ; mais chaque fois que je la recommence, je sens croître pour vous, s'il est possible, ma tendresse et ma vénération.

J'ai néanmoins un avantage sur vous, que je conserverai dans cette lettre et dans toutes celles que je vous écrirai à l'avenir : c'est qu'en vous traitant avec la même liberté, je ne croirai jamais que ma franchise ait besoin d'excuse. J'attribue cet effet à la douceur de votre naturel et à quelques petites réflexions que je ne laisse pas de faire, en passant, sur la vivacité du mien. Il faut que je vous dise une fois mon sentiment sur l'un et l'autre. Vous êtes persuadée, ma chère, que la douceur n'est pas un défaut dans une femme ; et moi, je tiens qu'un peu de chaleur, juste et bien placée, n'en est pas un non plus. Au fond, c'est louer, des deux côtés, ce que nous ne pouvons et ce que nous ne désirons peut-être pas de pouvoir empêcher. Il ne vous est pas plus libre de sortir de votre caractère qu'à moi de renoncer au mien. Il faudrait que l'une et l'autre se fît violence. Ainsi nous approuver, chacune de notre côté, dans l'état qui nous est propre, c'est transformer la nécessité en vertu ; mais j'observerai que si votre caractère et le mien étaient peints exactement, le mien paraîtrait le plus naturel. Une belle peinture demande également des lumières et des ombres. La vôtre serait environnée de tant d'éclat et de gloire, qu'elle éblouirait à la vérité les yeux ; mais elle ferait perdre courage à ceux qui voudraient l'imiter. Puisse, ma chère, puisse votre douceur ne vous exposer à rien de fâcheux, de la part d'un monde qui n'est pas capable d'en sentir le prix ! Pour moi, dont la pétulance fait écarter ceux qui chercheraient à me nuire, je m'en trouve si bien, qu'en reconnaissant que ce caractère est moins aimable, je ne voudrais pas le changer pour le vôtre.

Je me croirais inexcusable d'ouvrir la bouche pour contredire ma mère, si j'avais à faire à un esprit tel que le vôtre. La vérité, ma chère, est ennemie des déguisemens. C'est pour les caractères nobles et ouverts que je réserve mes louanges. Si chacun avait le même courage, c'est-à-dire, celui de blâmer ce qui mérite du blâme, et de ne louer que ce qui est digne de l'être, vous verriez qu'au défaut de principes et de conviction la honte corrigerait le monde ; et que dans une ou deux générations, peut-être, la honte introduirait des principes. Ne me demandez pas à qui j'applique cette réflexion ; car je vous redoute, ma chère, presque autant que je vous aime.

Rien ne m'empêchera néanmoins de vous prouver, par un nouvel exemple, qu'il n'y a que les belles âmes qui méritent une obéissance implicite. La vérité, comme j'ai dit, est ennemie de toutes sortes de fard.

M. Hickman est à votre avis un homme modeste : mais la modestie a quelquefois ses inconvéniens. (Nous examinerons bientôt, ma chère, tout ce que vous me dites de cet honnête personnage.) Il n'a pas manqué de me remettre votre dernier paquet en mains propres, avec une belle révérence et l'air d'un homme fort content de lui-même. Malheureusement cet air de satisfaction n'était pas encore passé, lorsque ma mère, entrant tout d'un coup, s'est également aperçue et de la joie qui paraissait sur son visage, et du mouvement que j'ai fait pour cacher le paquet dans mon sein. Elle ne s'est pas trompée dans ses conjectures : lorsque la colère a réussi à certaines personnes, vous les voyez toujours en colère, ou cherchant l'occasion d'en marquer.—Eh bien ! monsieur Hickman, eh bien! Nancy, c'est encore une lettre qu'on a la hardiesse d'apporter et de recevoir. Là, votre homme modeste s'est trahi plus que jamais, par son embarras et par ses discours interrompus. Il ne savait s'il devait sortir, et me laisser vider la querelle avec ma mère, ou s'il devait tenir bon, pour être témoin du combat. J'ai dédaigné d'avoir recours au mensonge : ma mère s'est retirée brusquement, et je ne m'en suis pas moins approchée d'une fenêtre, pour ouvrir le paquet, laissant à M. Hickman la liberté d'exercer ses dents blanches sur l'ongle de son pouce.

Après avoir lu vos lettres, je suis allée chercher hardiment ma mère. Je lui ai rendu compte de vos généreux sentimens, et du désir que vous aviez de vous conformer à ses volontés. Je lui ai proposé votre condition, comme de moi-même. Elle l'a rejetée. Elle ne doutait pas, m'a-t-elle dit, qu'il ne se fît d'admirables portraits d'elle, entre deux jeunes créatures qui ont plus d'esprit que de prudence. Au lieu d'être touchée de votre générosité, elle n'a fait usage de votre opinion que pour se confirmer dans la sienne. Elle m'a renouvelé sa défense, en y joignant l'ordre de ne vous écrire que pour vous en informer. Cette résolution, a-t-elle ajouté, ne changera point jusqu'à ce que vous soyez réconciliée avec vos proches. Elle m'a fait entendre qu'elle s'y était engagée, et qu'elle comptait sur ma soumission.

Je me suis souvenue heureusement de vos reproches, et j'ai pris un air humble, quoique chagrin, mais je vous déclare, ma chère, qu'aussi long-temps que je pourrai me rendre témoignage de l'innocence de mes intentions, et que je serai convaincue qu'il n'y a que de bons effets à se promettre de notre correspondance; aussi long-temps qu'il me restera dans la mémoire que cette défense vient de la même source que toutes vos disgrâces; aussi long-temps que je saurai, comme je le sais, que ce n'est pas votre faute si vos amis ne se réconcilient point avec vous, et que vous leur faites des offres que l'honneur et la raison ne leur permettent pas de refuser; toute la déférence que j'ai pour votre jugement, et pour vos excellentes leçons, qui conviendraient presqu'à tous les cas différens du vôtre, n'empêchera pas que je n'insiste sur la continuation de notre commerce, et que je n'exige dans vos lettres le même détail que si cette défense n'avait jamais été portée.

Il n'entre aucune humeur, aucune perversité, dans ce que j'écris. Je ne puis vous exprimer combien mon cœur est intéressé à votre situation. En un mot, vous devez me permettre de penser que si je suis assez heureuse pour vous être utile par mes lettres, la défense de ma mère ne sera jamais si bien justifiée que ma constance à vous écrire.

Cependant, pour vous satisfaire autant qu'il m'est possible, je me priverai en partie d'une satisfaction si chère, et je bornerai mes réponses, pendant l'*interdit*, aux occasions où mes principes d'amitié me les feront juger indispensables.

L'expédient d'employer la main d'Hickman (voici le tour de votre homme *modeste*, ma chère, et comme vous aimez la modestie dans son sexe, je m'efforcerai de le tenir dans un juste éloignement, pour lui conserver votre estime); cet expédient, dis-je, est un petit piége dans lequel je ne donne pas aisément. L'intention de ma tendre amie est de rendre cet homme-là de quelque importance à mes yeux. La correspondance ira son train, quels que soient vos scrupules; c'est de quoi je puis vous assurer. Ainsi votre proposition en faveur d'Hickman devient inutile. Vous le dirai-je? Je crois que c'est assez d'honneur pour lui d'être nommé si souvent dans vos lettres. La confiance que nous continuerons de lui accorder suffira pour le faire marcher la tête plus haute, en étendant sa main blanche et faisant briller son beau diamant. Il ne manquera pas de faire valoir ses services, et la gloire qu'il y attache, et sa diligence, et sa fidélité, et ses inventions pour garder notre secret, et ses excuses et ses évasions avec ma mère, lorsqu'elle le presse de parler, avec cinquante *etc.*, qu'il aura l'art de coudre ensemble. Ne sera-ce pas d'ailleurs un prétexte pour faire sa cour plus assidument que jamais *à la charmante* fille *de la bonne* madame Howe?

Mais l'admettre dans mon cabinet, tête-à-tête avec moi, aussi souvent que je souhaiterai de vous écrire ; moi seulement pour dicter à sa plume ; ma mère supposant dans l'intervalle que je commence à prendre sérieusement de l'amour pour lui ; le rendre maître de mes sentimens, et comme de mon cœur, lorsque je vous écrirais ; en vérité, ma chère, il n'en sera rien. Quand je serais mariée au premier homme d'Angleterre, je ne lui ferais pas l'honneur de lui accorder la communication de mes correspondances. Non, non, c'est assez pour un Hickman de pouvoir se glorifier de la qualité de notre agent, et de voir son nom sur l'adresse de nos lettres. N'ayez point d'embarras, tout modeste que vous le croyez, il saura tirer parti de cette faveur.

Vous me blâmez sans cesse de manquer de générosité pour lui, et d'abuser du pouvoir. Mais je vous proteste, ma chère, que je ne puis faire autrement. De grâce, permettez que j'étende un peu mes ailes, et que je me fasse quelquefois redouter. C'est mon temps, voyez-vous ; car il ne serait pas plus honorable pour moi que pour lui, de prendre ces airs-là quand je serai sa femme. Il ressent une joie, lorsqu'il me voit contente de lui, qu'il n'aurait pas, si mon mécontentement ne lui causait du chagrin.

Savez-vous à quoi je serais exposée, si je ne le faisais pas quelquefois trembler? il s'efforcerait lui-même de se faire craindre. Tous les animaux de la création sont plus ou moins, entre eux, dans l'état d'hostilité. Le loup, qui prend la fuite devant un lion, dévorera un mouton le moment d'après. Je me souviens d'avoir été un jour si piquée contre un poulet, qui en becquetait continuellement un autre (un pauvre petit agneau, comme je me l'imaginais.) que, dans un mouvement d'humanité, je fis prendre l'offenseur et je lui fis tordre le cou. Qu'arriva-t-il après cette exécution? L'autre devint insolent, aussitôt qu'il se vit délivré de son persécuteur, et je le vis becqueter à son tour un ou deux autres poulets plus faibles que lui. Ils mériteraient tous d'être étranglés, m'écriai-je ; ou plutôt, j'aurais aussi bien fait de pardonner au premier, car je vois que c'est la nature de l'espèce.

Pardonnez mes extravagances. Si j'étais avec vous, je vous arracherais quelquefois un sourire, comme il m'est arrivé cent fois au milieu de vos airs les plus graves. Ah! que n'avez-vous accepté l'offre que je vous faisais de vous accompagner! Mais vous êtes révoltée contre tout ce que je puis vous offrir. Prenez-y garde. Vous me fâcherez contre vous : et lorsque je suis fâchée, vous savez que je ne ménage personne. Il m'est aussi impossible de n'être pas un peu impertinente, que de cesser d'être votre tendre et fidèle amie :

ANNE HOWE.

LETTRE CXXXI.

MISS CLARISSE HARLOVE, A MISS HOWE.

Vendredi, 21 avril.

M. Lovelace m'a communiqué, ce matin, la nouvelle du projet de mon frère, qu'il a reçue de son agent. Je lui sais bon gré de ne me l'avoir pas trop fait valoir, et de la traiter au contaire avec mépris. Au fond, si vous ne m'en aviez pas déjà touché quelque chose, j'aurais pu la regarder comme une nouvelle invention pour me faire hâter mon départ; d'autant plus que lui-même il souhaite depuis long-temps d'être à Londres. Il m'a lu cet article de la lettre, qui s'accorde assez avec ce que vous m'avez écrit sur le témoignage de miss Lloyd. Il ajoute seulement que celui qui se charge d'une si violente entreprise est un capitaine de vaisseau nommé Singleton.

J'ai vu cet homme-là. Il est venu deux fois au château d'Harlove, en qualité d'ami de mon frère. Il a l'air intrépide : et je m'imagine que le projet vient de lui ; car mon frère parle sans doute à tout le monde de ma téméraire démarche. Après m'avoir si peu épargnée dans d'autres temps, il n'est pas capable de négliger aujourd'hui l'occasion.

Ce Singleton demeure à Leith. Ainsi leur dessein, apparemment, est de me conduire à la terre de mon frère, qui n'est pas éloignée de ce port.

En rapprochant toutes ces circonstances, je commence à craindre sérieusement que leur système, tout méprisable qu'il paraît à M. Lovelace, ne puisse être tenté, et je tremble des suites.

Je lui ai demandé, le voyant si ouvert et si froid, ce qu'il avait à me conseiller là-dessus.

— Vous demanderai-je, mademoiselle, quelles sont vos propres idées? Ce qui me porte, m'a-t-il dit, à vous faire la même question, c'est que vous avez paru désirer si ardemment que je vous quitte en arrivant à Londres, que, dans la crainte de vous déplaire, je ne sais que vous proposer.

— Mon sentiment, lui ai-je répondu, est que je dois me dérober à la connaissance de tout le monde, à l'exception de miss Howe; et que vous devez vous éloigner de moi, parce qu'on conclura infailliblement que l'un n'est pas loin de l'autre, et qu'il est plus aisé de suivre vos traces que les miennes.

— Vous ne souhaitez pas assurément, m'a-t-il dit, de tomber entre les mains de votre frère, par des voies aussi violentes que celles dont vous êtes menacée. Je ne me propose pas de me jeter officieusement dans leur chemin; mais s'ils avaient raison de se figurer que je les évite, leurs recherches n'en deviendraient-elles pas plus ardentes? et leur courage s'animant pour vous enlever, ne serais-je pas exposé à des insultes dont un homme d'honneur n'est pas capable de supporter l'idée?

— Grand Dieu ! me suis-je écriée, quelles suites fatales du malheur que j'ai eu de me laisser tromper !

— Très chère Clarisse ! a-t-il repris affectueusement, ne me désespérez point par un langage si dur, lorsque ce nouveau projet vous fait voir combien ils étaient déterminés à l'exécution du premier. Ai-je bravé es lois de la société, comme ce frère y paraît résolu ; du moins s'il y a quelque chose de plus qu'une vaine ostentation dans son système? Je me flatte que vous aurez la bonté d'observer qu'il y a des complots plus noirs et plus violens que les miens; mais celui-ci est d'une si horrible nature, qu'il m'en paraît moins propre à vous alarmer. Je connais parfaitement votre frère. Il a toujours eu dans l'esprit un tour romanesque, mais la tête si faible, qu'elle n'a servi qu'à l'embarrasser et à le confondre; une demi-invention, une présomption complète : sans aucun talent pour se faire du bien à lui-même, et pour faire d'autre mal aux autres que celui dont ils lui fournissent le pouvoir et l'occasion par leur propre folie.

— Voilà, monsieur, une volubilité merveilleuse ! Mais tous les esprits violens ne se ressemblent que trop, du moins dans leur manière de se ressentir. Vous croyez-vous plus innocent, vous qui étiez déterminé à braver toute ma famille, si ma folie ne vous avait point épargné cette témérité, et n'eût pas sauvé mes parens de l'insulte?

— Eh quoi! chère Clarisse, vous parlerez toujours de *folie*, toujours de *témérité!* Vous est-il donc aussi impossible de penser un peu avantageusement de tout ce qui n'est pas votre famille, qu'il est à tous vos proches de mériter votre estime et votre affection? Mille pardons, très chère Clarisse ! Si je n'avais pas pour vous plus d'amour qu'on n'en eut jamais pour une femme, je pourrais être plus indifférent pour des préférences qui blessent si clairement la justice. Mais qu'il me soit permis de vous demander ce que vous avez souffert de moi ? quel sujet vous ai-je donné de me traiter avec tant de rigueur et si peu de confiance? Au contraire, que n'avez-vous pas eu à souffrir d'eux? L'opinion publique peut m'avoir été peu favorable ; mais qu'avez-vous à me reprocher de votre propre connaissance ?

Cette question m'a causé de l'embarras; mais j'étais résolue de ne me pas manquer à moi-même.

— Est-ce le temps, monsieur Lovelace, est-ce l'occasion de prendre de si grands airs avec une jeune personne privée de toute protection? C'est une question bien surprenante que la vôtre : si j'ai quelque chose à vous reprocher de ma connaissance ! Je puis vous répondre, monsieur... Et me sentant interrompue par mes larmes, j'ai voulu me lever brusquement pour sortir.

Il s'est saisi de ma main. Il m'a conjuré de ne pas le quitter mécontente. Il a fait valoir sa passion, l'excès de ma rigueur, ma partialité pour les auteurs de mes peines, pour ceux, m'a-t-il dit, dont les déclarations de haine et de violens projets faisaient la matière de notre entretien.

Je me suis vue comme forcée de l'entendre.

— Vous daignez, chère Clarisse, a-t-il repris, me demander ici mon opinion. Il est fort aisé, permettez que je le dise, de vous représenter ce que vous avez à faire. Malgré vos premiers ordres, j'espère que dans cette nouvelle occasion vous ne prendrez point mon avis pour une offense. Vous voyez qu'il n'y a point d'espérance de réconciliation avec vos proches. Sentez-vous, mademoiselle, que vous puissiez consentir à honorer de votre main un misérable qui n'a point encore obtenu de vous une faveur volontaire ?

Quelle idée ! ma chère ! Quelle sorte de récrimination ou de reproche? Je ne m'attendais, dans ce moment, ni à de telles questions ni à la manière dont celle-ci m'était proposée. La rougeur me monte encore au visage, lorsque je me rappelle ma confusion. Tous vos avis me sont revenus à la mémoire. Cependant ses termes si décisifs et le ton si impérieux. J'ai cru voir qu'il jouissait de mon embarras (en vérité, ma chère, il ne connaît pas ce que c'est que l'amour respectueux). Il me regardait comme s'il eût voulu pénétrer jusqu'au fond de mon âme.

Ses déclarations ont encore été plus nettes quelques momens après, mais, comme vous le verrez bientôt, elles étaient à demi arrachées.

Mon cœur était violemment partagé entre la colère et la honte de me voir poussée jusqu'à ce point par un homme qui semblait commander à toutes ses passions, tandis que j'avais si peu d'empire sur les miennes. A la fin, mes larmes ont forcé le passage ; et je me retirai avec les marques d'un amer chagrin, lorsque, jetant ses bras autour de moi, de l'air néanmoins le plus tendre et le plus respectueux, il a donné un tour assez stupide au sujet : « Son cœur, m'a-t-il dit, était bien éloigné de prendre avantage des embarras où l'insensé projet de mon frère m'avait jetée, pour renouveler, sans mon aveu, une proposition que j'avais déjà mal reçue, et qui, par cette raison.... » Le reste de son discours ne m'a paru qu'un tissu mal ordonné de phrases vagues et de sentences, par lesquelles il prétendait se justifier d'une hardiesse qui ne s'était expliquée, disait-il, qu'à demi.

Je ne puis m'imaginer qu'il ait eu l'insolence de vouloir me mettre à l'épreuve, pour essayer s'il pourrait tirer de ma bouche des explications qui ne conviennent point à mon sexe ; mais quel qu'ait été son dessein, il m'a si vivement irritée, que mon cœur se révoltant contre ses discours, j'ai recommencé à pleurer, en m'écriant que j'étais extrêmement malheureuse ; et, faisant réflexion à l'air apprivoisé que j'avais entre ses bras, je m'en suis arrachée avec indignation. Mais il m'a retenue par la main, lorsque j'allais sortir de la chambre ; il s'est jeté à genoux pour me supplier de demeurer un moment ; et, dans les termes les plus clairs, il s'est offert à moi comme le souverain moyen de prévenir les desseins de mon frère et de finir toutes mes peines.

Que pouvais-je répondre ? Ses offres m'ont paru arrachées, comme je l'ai déjà dit, et plutôt l'effet de sa pitié que de son amour. Quel parti prendre ? Je suis demeurée la bouche ouverte, et l'air décontenancé. Je devais faire une très ridicule figure. Il a joui du spectacle, attendant sans doute que je lui fisse quelque réponse. Enfin, confuse de mon propre embarras et cherchant à l'excuser par un détour, je lui ai dit qu'il devait éviter toutes les mesures... qui étaient capables d'augmenter les alarmes dont il voyait que je ne pouvais me défendre, en réfléchissant sur le caractère irréconciliable de mes amis, et sur les malheureuses suites qu'on pouvait craindre de l'horrible projet de mon frère.

Il m'a promis de se gouverner uniquement par mes volontés, et le misérable m'a demandé encore une fois si je lui pardonnais son humble proposition ? Que me restait-il à faire, si ce n'était de chercher de nouvelles excuses pour ma confusion, puisqu'elle était si mal entendue ? Je lui ai dit que le retour de M. Morden ne pouvait tarder long-temps ; que sans doute il serait plus facile de l'engager en ma faveur, quand il trouverait que je n'avais fait usage de l'assistance de M. Lovelace que pour me délivrer de M. Solmes ; et que, par conséquent, il était à souhaiter pour moi que les choses demeurassent dans la situation où elles étaient, jusqu'à l'arrivée de mon cousin.

Tout irritée que je pouvais être, il me semble, ma chère, que cette réponse n'a pas l'air d'un refus. N'est-il pas vrai qu'à sa place un autre homme aurait tenté ici de persuader par la douceur plutôt que d'effrayer par des emportemens? Mais il a plu à M. Lovelace de prendre un ton que toute femme un peu délicate ne supportera jamais; et son injurieuse chaleur m'a obligée de me tenir dans la même réserve.

— Eh quoi! s'est-il écrié, vous êtes donc résolue, mademoiselle, de me faire connaître jusqu'à la fin que je ne dois rien attendre de votre affection, tant qu'il vous restera le moindre espoir de renouer avec mes plus cruels ennemis, au prix de mon bonheur, qui sera sans doute votre premier sacrifice?

Ce ton, chère miss Howe, m'a échauffé le sang à mon tour. Cependant j'ai gardé quelques mesures.

— Vous avez vu, lui ai-je dit, combien j'ai été choquée de la violence de mon frère; vous vous trompez beaucoup, monsieur Lovelace, si vous croyez m'effrayer par la vôtre, pour me faire embrasser un parti opposé à vos propres conventions.

Il a paru rentrer en lui-même. Il s'est réduit à me prier de souffrir que ses actions parlassent désormais pour lui; et, si je le trouvais digne de quelque bonté, il espérait, m'a-t-il dit, qu'il ne serait pas le seul au monde à qui je refusasse un peu de justice.

— Vous en appelez au futur, lui ai-je répondu; j'y appelle aussi, pour la preuve d'un mérite sur lequel vous semblez passer condamnation jusqu'à présent, et qui vous manque en effet.

J'étais prête encore à me retirer; il m'a conjurée de l'entendre. Sa résolution, m'a-t-il dit, était d'éviter soigneusement toutes sortes d'accidens fâcheux, et de renoncer à toutes les mesures qui pouvaient l'y conduire, quels que fussent les procédés de mon frère, dont il n'exceptait que les violences qui regardaient ma personne. Mais s'il en arrivait quelqu'une de cette nature, pouvais-je exiger qu'il demeurât spectateur tranquille; c'est-à-dire qu'il me vit enlever, conduire à bord par ce Singleton, et, dans une si funeste extrémité, ne lui serait-il pas permis de prendre ma défense?

— *Prendre ma défense*, monsieur Lovelace! Je serais donc au comble de l'infortune. Mais ne croyez-vous pas que je puisse être en sûreté à Londres? Il me semble, sur la description qu'on vous fait de cette maison de la veuve, que j'y serais libre et en sûreté?

Il est convenu que cette maison de la veuve, telle que M. Doleman la représente, c'est-à-dire un édifice intérieur derrière l'édifice de front, avec un jardin qui en fait l'unique vue, semblait promettre beaucoup de secret; et que, d'ailleurs, si je ne l'approuvais pas quand je l'aurais vue, il ne serait pas difficile d'en trouver une qui me convînt mieux. Mais puisque je lui avais demandé son conseil, il croyait que le meilleur parti était d'écrire à mon oncle Harlove, en qualité d'un de mes curateurs, et d'attendre le succès de ma lettre chez madame Sorlings, où il fallait hardiment le prier d'adresser sa réponse.

— Avec les petits esprits, a-t-il ajouté, c'est encourager l'insulte que de la craindre. La substance de la lettre devait être de demander, à titre de droit, ce qui ne manquerait pas de m'être refusé comme une grâce; de reconnaître que je m'étais jetée sous la protection des dames de sa famille, par l'ordre desquelles et de milord M..., il paraîtrait s'employer lui-même à mon service, mais d'ajouter que c'était à des conditions que j'avais réglées, et qui ne m'assujétissaient à rien, pour une faveur qu'ils auraient accordée, dans les mêmes circonstances, à toute autre personne de mon sexe. Si je ne goûtais pas ce moyen, il se croirait fort honoré que je voulusse lui permettre de faire la même demande en son nom ; mais (avec ses restrictions ordinaires) c'était un point auquel il n'osait toucher si tôt, quoiqu'il espérât que les violences de ma famille pourraient m'amener à cette heureuse résolution.

Piquée au fond du cœur, je lui ai dit qu'il m'avait proposé lui-même de me quitter en arrivant à Londres, et que je m'attendais à l'exécution de cette promesse ; que lorsqu'on ne pourrait ignorer que je serais absolument indépendante, il serait temps d'examiner ce que je devais écrire ou ce que j'aurais à faire ; mais que, tandis qu'il était autour de moi, je n'avais ni la volonté ni le pouvoir de me déterminer.

— Il voulait être sincère, m'a-t-il dit d'un air pensif. Ce projet de mon frère avait changé les circonstances. Avant de s'éloigner de moi, il ne pouvait se dispenser de voir si la veuve de Londres et sa maison me conviendraient, en supposant que mon choix fût pour cette retraite. Qui pouvait lui répondre que ces gens-là ne fussent pas capables de se laisser corrompre par mon frère ? S'il voyait qu'il y eût quelque fond à faire sur leur honneur, il pourrait s'absenter pendant quelques jours. Mais il devait m'avouer qu'il lui serait impossible de s'éloigner plus long-temps.

— Quoi donc, monsieur ! ai-je interrompu, votre dessein est-il de prendre un logement dans la même maison ?

— Non, m'a-t-il répondu, parce qu'il connaissait mes délicatesses et l'usage d'ailleurs que je voulais faire de son absence. Cependant on faisait actuellement quelques réparations au logement qu'il avait à Londres. Mais il pourrait se loger dans l'appartement de son ami Belford, ou se rendre peut-être à Edgware, qui est la maison de campagne du même ami, et revenir chaque jour au matin, jusqu'à ce qu'il eût un motif de croire que mon frère eût abandonné son misérable système.

Le résultat d'une si longue conférence est de partir pour Londres lundi prochain. Puisse l'heure de mon départ être heureuse !

Je ne puis vous répéter trop souvent, ma chère amie, combien je suis pénénétré de vos bienfaits et de cette merveilleuse générosité qui en est la source.

Clarisse Harlove.

LETTRE CXXXII.

M. LOVELACE, A M. BELFORD.

Vendredi, 21 avril.

L'éditeur anglais supprime encore dans cette lettre tout ce qui ne paraîtrait qu'une répétition de la précédente. Mais il a cru devoir conserver quelque détails de la confusion de Clarisse, *dans lesquels il n'est pas surprenant qu'elle ne soit pas entrée elle-même, à l'occasion des offres de* M. Lovelace.

Ici, Belford, que diras-tu si ton ami, comme un papillon qui cherche sa ruine autour d'un flambeau, avait failli brûler les ailes de sa liberté ? Jamais un homme ne fut en plus grand danger d'être pris dans ses propres piéges, de voir toutes ses vues renversées, tous ses projets inutiles, sans avoir conduit l'admirable Clarisse à Londres, et sans avoir fait un effort pour découvrir si c'est réellement un ange ou une femme.

Je me suis offert à elle avec si peu de préparation, à la vérité, qu'elle n'a pas eu le temps de s'envelopper dans les réserves de son sexe. Mes expressions, moins tendres qu'animées, tendaient à lui reprocher son indifférence passée et lui rappelaient malicieusement ses propres lois ; car ce n'est pas l'amour, c'est le noir complot de son frère qui avait paru lui donner quelque inclination à m'en dispenser. De toute ma vie je n'ai vu de confusion si charmante. Quelle gloire pour le pinceau, s'il pouvait représenter ce spectacle et le mélange d'impatience qui animait visiblement chaque trait du plus expressif et du plus beau visage du monde! Elle a toussé deux ou trois fois. Un embarras charmant s'est fait lire d'abord dans ses regards ; ensuite une sorte d'attendrissement qui semblait venir de l'incertitude de ses désirs, jusqu'à ce que l'aimable boudeuse, irritée de l'air d'hésitation avec lequel j'attendais sa réponse, ne pouvant plus articuler une parole, s'est mise à verser des larmes et m'a tourné le dos pour sortir avec précipitation. Mais je me suis hâté aussitôt de la suivre ; je l'ai retenue entre mes heureux bras : « Unique objet de mes affections ! ah ! ne pensez pas, lui ai-je dit, que cette ouverture qui peut vous paraître contraire à vos premières lois vienne d'aucun dessein de me prévaloir de la cruauté de vos proches. Si, malgré la tendresse respectueuse qui accompagnait ma proposition, elle avait été capable de vous désobliger, mes soins les plus ardens seraient à l'avenir... » J'ai cessé ici de parler, comme si la force du serment avait étouffé ma voix. Elle a fait entendre la sienne, mais d'un ton chagrin : « Je suis... je suis malheureuse ! » Ses larmes coulaient en abondance ; et, tandis que mes bras environnaient encore la plus belle taille du monde, son visage se cachait contre mon épaule, sans qu'elle s'aperçût de la liberté qu'elle semblait m'accorder.

« Pourquoi, pourquoi malheureuse, ma très chère vie ? Toute la reconnaissance que vous pouvez attendre du cœur le plus sensible et le plus obligé... » Ici la justice m'a fermé la bouche, car je ne lui dois point de reconnaissance pour des obligations si peu volontaires.

Mais revenant à elle-même, et s'apercevant qu'elle était entre mes bras : « Comment donc, monsieur ! » m'a-t-elle dit d'un air d'indignation, le visage enflammé et les yeux brillans de l'éclat plus fier.

J'ai cédé à ses efforts ; mais absolument vaincu par les charmes de cette innocente confusion, j'ai saisi sa main lorsqu'elle me quittait, et me jetant à genoux devant elle : « O chère Clarisse ! lui ai-je dit, sans la moindre réserve, et sentant à peine la force de mes termes (ma foi, s'il s'était trouvé là un prêtre, j'étais un homme perdu) : recevez les sermens de votre fidèle Lovelace ! Faites qu'il soit à vous, à vous seule et pour toujours. C'est le moyen de parer à tout. Qui osera former des complots et des entreprises contre ma femme ? Leurs folles et insolentes espérances se fondent sur l'opinion que vous ne l'êtes pas. Ah ! daignez l'être ; je vous en conjure à vos pieds. Nous aurons alors tout le monde pour nous, et l'on s'empressera d'applaudir à un événement qui est attendu de tout le monde. »

Avais-je le diable au corps ? Je ne pensais non plus à cette impertinente extase qu'à voler au même moment dans l'air. Cette merveilleuse fille est toute-puissante ! Ce n'est pas elle, à ce compte, c'est moi qui dois succomber dans la grande épreuve.

Avais-tu jamais entendu dire qu'on eût prononcé des sermens solennels par une impulsion involontaire, en dépit d'une résolution préméditée et des plus orgueilleux systèmes ? Mais cette charmante créature est capable de faire renoncer un barbare à toute intention de lui nuire ou de lui déplaire ; et je crois véritablement que je serais disposé à lui épargner toute nouvelle épreuve (on ne peut pas dire même qu'il y en ait eu jusqu'à présent), s'il n'était question d'une sorte de contention que sa vigilance a fait naître entre nous, et qui consiste à savoir lequel des deux vaincra l'autre. Tu sais quelle est ma générosité, quand on ne me dispute rien.

Fort bien ; mais à quoi m'a conduit mon aveugle impulsion ? Ne t'imaginerais-tu pas que j'ai été pris au mot ? Une offre prononcée si solennellement, et même à genoux, Belford !

Rien moins. La petite badine m'a laissé échapper avec toute la facilité que j'aurais pu désirer. Le projet de son frère, le désespoir d'une réconciliation, la crainte des malheureux accidens qui peuvent arriver ont été les causes auxquelles il lui a plu d'attribuer sa confusion, sans que mon offre ni l'amour y aient eu la moindre part. Qu'en dis-tu ? regarder notre mariage comme la seconde ressource, et me dire, du moins en équivalent, que sa confusion est venue de la crainte que mes ennemis n'acceptent pas l'offre qu'elle veut leur faire de renoncer à un homme qui a risqué sa vie pour elle, et qui est prêt encore à s'exposer au même danger !

J'ai recommencé à la presser de me rendre heureux ; mais elle m'a remis après l'arrivée de son cousin Morden. C'est en lui qu'elle met à présent toutes ses espérances.

J'ai paru furieux ; mais inutilement. On devait écrire, ou l'on avait écrit, une seconde lettre à la tante Hervey ; et l'on se promettait une réponse.

Cependant, cher ami, je crois que les délais auraient pu diminuer par degrés, si j'avais été homme de courage. Mais que faire avec tant de peur d'offenser ?... Le diable n'est pas pire. Un galant si timide ! Une princesse qui exige des soins si réguliers ! Comment s'accorder jamais ensemble ; surtout sans le secours d'une obligeante médiation ? Il est rare néanmoins, diable ! Belford, il est rare qu'un amour si ardent se trouve dans le même cœur avec tant de résignation. Le véritable amour, j'en suis convaincu à présent, se borne aux désirs. Il n'a point d'autre volonté que celle de l'adorable objet.

La charmante ! Revenir encore d'elle-même à me parler de Londres ! Si par hasard le complot de Singleton avait été de mon invention, je n'aurais pu souhaiter de plus heureux expédient pour hâter son départ. Elle l'avait différé ; je ne saurais deviner pourquoi.

Tu trouveras sous cette enveloppe la lettre de Joseph Leman, dont je t'ai parlé dans la mienne de lundi dernier, et ma profonde réponse à cette lettre. Je ne puis résister à la vanité qui m'excite à ces communications. Sans une raison si forte, il serait peut-être mieux de te laisser penser que l'étoile de la belle combat contre elle, et dispose des occasions à mon avantage, quoiqu'elles soient l'unique effet de mon invention supérieure.

LETTRE CXXXIII.

JOSEPH LEMAN A M. ROBERT LOVELACE.

16 avril.

Il informe M. Lovelace de la persécution à laquelle ses maîtres se préparent contre lui, pour le rapt de miss Betterton, qu'il avait enlevée à sa famille, et qui étant morte en couches avait laissé un enfant de lui, encore vivant, dont on l'accusait de ne prendre aucun soin. Joseph lui apprend, avec sa simplicité ordinaire, que ses maîtres donnent le nom d'infâme à cette aventure ; mais il espère, dit-il, que Dieu ne permettra pas qu'elle le soit, quoiqu'on publie que M. Lovelace a été obligé de quitter le royaume pour se mettre à couvert, et que le désir de voyager n'a été qu'un prétexte. Il ajoute que c'est une des histoires que M. Solmes aurait souhaité de pouvoir raconter à mademoiselle Clarisse si elle avait été disposée à l'écouter.

Il prie M. Lovelace de lui avouer si cette affaire peut mettre sa vie en danger ; et, par l'affection qu'il lui porte, il souhaite qu'il ne soit pas pendu, comme un homme du commun, mais qu'il n'ait que la tête coupée ; et qu'il ait la bonté de se souvenir de lui avant la sentence, parce qu'il a entendu dire que tous les biens des criminels appartiennent au roi ou à la justice.

Il lui marque que le capitaine Singleton est souvent en conférence secrète avec son jeune maître et sa jeune maîtresse, et que son jeune maître a dit, en sa présence, au capitaine, *que son sang bouillait pour la vengeance* ; qu'en même temps, son jeune maître a fait l'éloge de lui, Joseph, en vantant au capitaine sa fidélité et son entendement. Ensuite il offre ses services à M. Lovelace, pour prévenir les accidens fâcheux, et pour mériter sa protection, dans la vue qu'il a de prendre l'hôtellerie de l'*Ours bleu*, dont on lui a dit beaucoup de bien. Ce n'est pas tout, ajoute-t-il. La jolie ourse, c'est-à-dire Betty Barnes, lui roule aussi dans la tête. Il espère qu'il pourra l'aimer plus que M. Lovelace ne voudrait, parce qu'elle commence à lui paraître de bonne humeur, et à l'écouter avec plaisir lorsqu'il parle de l'Ours bleu, comme si elle était déjà dit-il, pour continuer la figure, *au milieu de l'orge et des fèves*. Il demande pardon là-dessus, pour ce bon mot qui lui échappe ; parce que tout pauvre qu'il est, il a toujours aimé l'agréable plaisanterie.

Il dit que sa conscience lui reproche quelquefois ce qu'il a fait ; et qu'il croit que, sans les histoires que M. Lovelace lui a fait raconter dans la famille, il aurait été impossible que le père et la mère eussent eu le cœur si dur ; quoique M. James et mademoiselle Arabelle aient beaucoup de malice. Ce qui lui paraît le pire, c'est que M. et madame Harlove ne pourront jamais bien éclaircir les affaires avec mademoiselle Clarisse, parce qu'ils croient que toutes ces histoires sont venues de la bouche du valet de chambre de M. Lovelace. Il se gardera bien de les détromper, de peur, dit-il, que M. Lovelace ne tue son valet de chambre et lui aussi, pour rejeter leur mort sur ceux qui ont commencé à vouloir les corrompre. Cependant, il craint bien dans le fond de n'être qu'un misérable. Mais il n'en a jamais eu l'intention.

Il espère aussi que si sa très chère et très honorée jeune maîtresse, mademoiselle Clarisse, se laissait aller à mal, M. Lovelace voudra bien se souvenir de l'abreuvoir de l'Ours bleu (1). Mais il prie le ciel de le préserver de toute mauvaise vue, comme de toute mauvaise action. N'étant pas encore fort vieux, il espère qu'il aura le temps de se repentir, s'il pèche par ignorance, et puis M. Lovelace est un homme de grande qualité et de grand esprit, qui est capable de répondre de tout, pour un pauvre domestique tel que son très humble et très fidèle serviteur.

JOSEPH LEMAN.

LETTRE CXXXIV.
M. LOVELACE, A JOSEPH LEMAN.

17 avril.

M. LOVELACE donne carrière, dans cette lettre, à sa folle imagination. Il commence par expliquer à Joseph l'affaire de Miss Betterton, qui n'est, dit-il, qu'une folie de jeunesse. Il n'y a point de rapt dans ce cas. Ses voyages n'y ont point eu de rapport. Il était aimé de cette jeune personne, qu'il aimait aussi. Elle n'était que la fille d'un bourgeois enrichi, qui avait des vues d'agrandissement et d'intrigue. Pour lui, il n'avait jamais parlé de mariage au père ni à la fille. Tous les parens, à la vérité, auraient voulu qu'elle se fût jointe à eux pour l'attaquer en justice, et c'était à leur barbarie qu'elle avait dû sa mort, après avoir refusé d'entrer dans leurs ressentimens. Le petit garçon était fort joli, et ne faisait pas déshonneur à son père. Il l'avait vu deux fois, à l'insu d'une tante qui en prenait soin, et son intention était de pourvoir à son établissement. Toute cette famille était folle de l'enfant, quoiqu'elle eût la méchanceté de maudire le père.

Il apprend à Joseph quelles sont ses règles en amour : « d'éviter les femmes publiques ; de marier une maîtresse qu'il quitte, avant que d'en prendre une autre ; de mettre la mère à couvert du besoin, lorsqu'elle a des parens cruels ; de prendre grand soin d'elle dans ses couches ; de pourvoir à la fortune du petit, suivant la condition de la mère ; et de prendre le deuil pour elle, si elle meurt en travail. Il défie Joseph de trouver quelqu'un qui s'acquitte de ces devoirs avec plus d'honneur. Est-il surprenant, dit-il, que les femmes aient tant d'inclination pour lui ?

Il n'a rien à craindre de cette aventure, ni pour sa tête, ni pour son cou. « Une femme morte en couches, il y a dix-huit mois ; point de procès commencé pendant sa vie ; un refus avéré d'entrer dans les poursuites, voilà de jolies raisons, Joseph, pour fonder une accusation de rapt ! Je répète que je l'aimais. Elle me fut enlevée par la brutalité de ses parens, dans l'ardeur de ma passion... Mais c'est parler assez de la chère miss Betterton. Chère, en vérité, car la mort rend une femme encore plus chère. Que le ciel fasse paix à ses cendres ! Ici, Joseph, je donne un profond soupir à la mémoire de miss Betterton. »

Il loue le goût de Joseph pour les bons mots. « La plaisanterie, dit-il, convient plus aux pauvres que les gémissemens. Tout ce qui arrive dans le monde n'est-il pas un sujet de plaisanterie ? Quiconque ne le prend pas sur ce ton est un imbécile, qui ne sait pas regarder les choses du bon côté. Celui qui condamne la joie dans un pauvre mérite de n'en ressentir jamais.

(1) Dans la plupart des bourgs d'Angleterre, il y a une sorte de vivier, qui sert d'abreuvoir, où l'ancien usage est de plonger les femmes scandaleuses.

Il applaudit à l'affection de Joseph pour sa jeune et incomparable maîtresse. Il vante ses propres sentimens pour elle et ses honorables intentions. Sa parole est un gage sacré ; et là-dessous, il en appelle à lui. « Vous savez, Joseph, lui dit-il, qu'avec moi les effets surpassent les promesses. Pourquoi? Parce que c'est la meilleure façon de montrer que je n'ai pas l'âme chiche et étroite. Un homme juste tient sa promesse. Un homme généreux passe au delà. Telle est ma règle. »

Il rejette sur miss Clarisse le délai de leur mariage, en gémissant de l'éloignement où elle le tient, et l'attribuant à miss Howe, qui lui inspire, dit-il, des défiances continuelles; il ajoute que c'est la raison qui l'oblige à se servir de lui pour faire agir les Harlove sur l'esprit de madame Howe.

Il prend ensuite avantage des ouvertures de Joseph à l'occasion des conférences secrètes du capitaine Singleton avec M. James Harlowe : « Puisque le capitaine, lui dit-il, qui se fie au témoignage de James, a pris une si bonne opinion de vous, ne pourriez-vous, en feignant beaucoup de haine pour moi, proposer à Singleton d'offrir à M. James, qui a tant de passion pour la vengeance, le secours de toutes ses forces, c'est-à-dire son vaisseau et son équipage, pour enlever sa sœur et la transporter à Leith, où ils ont tous deux leurs établissemens?

» Vous pouvez leur dire que si ce projet réussit, c'est le moyen de me réduire au désespoir, et de faire entrer mademoiselle Clarisse dans toutes leurs mesures. Vous pouvez les informer, comme sur le témoignage de mon valet de chambre, de la distance où elle me tient d'elle, dans l'espoir d'obtenir grâce de son père en renonçant à moi, si l'on insiste sur ce sacrifice; leur dire que le seul point dont mon valet de chambre vous ait fait un mystère étant le lieu de notre retraite, vous ne doutez pas qu'avec quelques guinées vous ne puissiez tirer de lui cet éclaircissement et des lumières certaines sur le temps où je pourrai m'éloigner d'elle, afin qu'ils trouvent plus de facilité dans leur entreprise ; leur dire encore, et toujours comme venant de mon valet, que nous sommes à la veille de changer de logement (ce qui est vrai, mon cher Joseph), et que mes affaires m'obligent souvent de m'absenter. »

S'ils ouvrent l'oreille à votre proposition, vous vous ferez un mérite auprès de Betty en la lui communiquant sous le secret. Betty fera la même confidence à miss Arabelle, qui, embrassant avec joie toutes les occasions de vengeance, ne manquera point d'en instruire son oncle Antonin, si elle n'a pas été prévenue par son frère. M. Antonin Harlowe se hâtera probablement de porter cette découverte à madame Howe, qui ne la cachera point à sa fille, quoiqu'elles soient toujours assez mal ensemble. Sa fille l'écrira aussitôt à ma chère miss Clarisse ; et si le complot ne vient point à mes oreilles par quelqu'une de ces voies, vous me l'écrirez en secret, sous prétexte de prévenir toutes sortes de désastres, ce qui fait, comme vous savez, l'objet de tous vos soins et des miens. Alors je ferai voir votre lettre à ma chère miss. Alors sa confiance augmentera pour moi, et me convaincra de son amour, dont je suis quelquefois tenté de douter. Elle se hâtera de choisir un logement plus sûr. J'aurai un prétexte pour demeurer près d'elle, qui sera de lui servir de garde. Elle verra clairement qu'il ne lui reste aucune espérance de réconciliation. Vous donnerez continuellement à James et à Singleton de faux avis que j'aurai soin de vous fournir ; de sorte qu'il n'y aura rien de fâcheux à redouter.

Et quelle sera l'heureuse conséquence? Notre chère miss deviendra ma femme, par des voies honorables. La bonne intelligence sera bientôt rétablie entre ses parens et les miens. Dix guinées, sur lesquelles vous pouvez compter régulièrement, tripleront vos gages dans cette avare famille. Votre réputation de prudence et de courage se répandra dans la bouche de tout le monde... L'Ours bleu ne vous manquera pas non plus ; et si vous jugez à propos quelque jour de l'acquérir en propre, vos amis ne vous laisseront pas dans l'embarras pour la somme. Je parie que ce détail est déjà clair à vos propres yeux ; car Betty croira sa fortune faite en devenant votre femme ; tous deux, j'en suis sûr, vous avez eu la prudence d'épargner quelque chose ; la famille des Harlove, que vous avez servie si fidèlement (car c'est l'avoir bien servie, sans doute, que d'avoir détourné les malheurs que la violence du fils aurait attirés sur elle), ne peut manquer avec honneur de fournir quelque chose pour votre établissement ; j'ajouterai plus que vous ne pensez à votre petit trésor. Ainsi vous ne devez voir devant vous que du repos, de l'honneur et de l'abondance.

Chantez de joie, Joseph, chantez. Un fumier dont vous serez le maître ; des domestiques qui vous serviront à votre tour ; une femme qu'il dépendra de vous d'aimer ou de quereller, comme l'envie vous en prendra ; monsieur l'hôte à chaque mot ; être payé pour faire bonne chère, au lieu de donner du vôtre : heureux ainsi, non seulement dans vous-même, mais encore dans autrui, par la réconciliation et la tranquillité de deux bonnes familles, sans nuire à une seule âme chrétienne. O Joseph ! honnête Joseph ! que vous aurez de jaloux ! Qui ferait le dégoûté, avec une si belle perspective devant les yeux ?

Ce que je vous propose aujourd'hui couronne votre ouvrage. Si vous pouvez leur faire seulement former le dessein, soit qu'ils l'entreprennent ou non, vous répondrez également aux bonnes intentions de votre ami très affectionné,

LOVELACE.

LETTRE CXXXV.

MISS CLARISSE HARLOVE, A MADAME HERVEY.

Jeudi, 20 avril.

Madame ma très honorée tante,

N'ayant pas reçu de réponse à une lettre que j'ai pris la liberté de vous écrire le 14, je me flatte, pour ma consolation, qu'elle n'aura point été jusqu'à vous ; car il me serait trop mortifiant de penser que ma tante Hervey me juge indigne de son attention.

Dans cette espérance, ayant conservé une copie de ma lettre, et ne pouvant m'exprimer dans des termes qui conviennent mieux aux malheureuses circonstances, je la transcris, je la mets avec celle-ci sous une enveloppe commune, et je vous supplie très humblement d'appuyer de votre crédit ce qu'elle contient.

Il est toujours en mon pouvoir d'exécuter les mêmes offres, et rien ne serait plus affligeant pour moi que de me voir précipitée dans d'autres mesures, qui rendraient ma réconciliation plus difficile.

« S'il m'était permis, madame, de vous écrire avec l'espérance d'une réponse, je suis en état de justifier mes intentions dans la démarche où je me suis engagée; quoiqu'aux yeux de mes plus rigoureux juges je ne me flatte pas de pouvoir éviter quelque reproche d'imprudence. Pour vous, j'en suis sûr, vous auriez pitié de moi, si vous saviez tout ce que j'aurais à dire pour ma défense, et combien je me crois misérable d'avoir perdu l'estime de tous mes amis.

Il n'est pas encore impossible de m'y rétablir. Mais, quelle que soit ma sentence au château d'Harlove, ne me refusez pas, ma chère tante, quelques lignes de réponse, pour m'apprendre s'il n'y a point d'espérance de réconciliation, à des conditions moins choquantes que celles qu'on a voulu m'imposer; ou, m'en préserve le ciel! si je suis abandonnée sans retour.

Du moins, ma chère tante, procurez-moi la justice que j'ai demandée dans une lettre à ma sœur, pour mes habits et pour la petite somme d'argent, afin que je ne me trouve pas destituée des commodités les plus simples, et dans la nécessité d'avoir obligation à ceux auxquels je souhaiterais le moins d'accorder cet avantage sur moi. Permettez-moi d'observer que si ma démarche était venue d'un dessein formé, j'aurais pu du moins, avec l'argent et les pierreries, m'épargner les mortifications que j'ai souffertes, et qui ne peuvent qu'augmenter si ma demande est rejetée.

Si vous obtenez la permission de recevoir les éclaircissemens que je vous offre, je vous ouvrirai le fond de mon cœur, et je vous informerai de tout ce que vous ignorez.

Si l'on se propose de me mortifier, ah! faites bien connaître que je le suis excessivement, et que c'est néanmoins par mes propres réflexions que je le suis, n'ayant point de plaintes à faire de la personne dont on appréhendait toutes sortes de maux.

Le porteur de ma lettre a quelques affaires dans votre quartier, qui lui donneront le temps d'attendre votre réponse, si vous m'accordez cette faveur, et de me l'apporter samedi au matin. C'est une occasion que je n'avais pas prévue. Je suis, etc.

Clarisse Harlove.

P. S. Personne ne saura jamais que vous ayez eu la bonté de m'écrire, si vous souhaitez que votre réponse demeure secrète.

LETTRE CXXXVI.

MISS HOWE, A MISS CLARISSE HARLOVE.

Samedi, 22 avril.

Je ne sais quelle explication donner à la conduite de votre personnage; mais il doute certainement que votre cœur soit à lui; et là-dessus, du moins, je le trouve fort modeste, car c'est confesser tacitement qu'il n'en est pas digne.

Il ne peut soutenir de vous entendre regretter vos souffrances passées, et de se voir reprocher continuellement l'entrevue, votre fuite, et ce que vous nommez ses artifices. J'ai passé en revue toute sa conduite; je l'ai comparée avec son caractère général, et je trouve qu'il y a plus de constance et d'uniformité dans son orgueil et dans son humeur vindicative, c'est-à-dire dans sa petitesse, que nous ne nous l'étions imaginé l'une et l'autre. Dès le berceau, sa qualité de fils unique l'a rendu un enfant malin, capricieux, méchant, le gouverneur de ses gouverneurs. Elle en a fait un libertin dans un âge plus avancé, un fieffé petit-maître, qui respecte peu les bienséances, et qui méprise notre sexe en général, pour les fautes de quelques femmes particulières qui lui ont fait trop bon marché de leurs faveurs. Comment s'est-il conduit dans votre famille, avec les vues qu'il avait pour vous? Depuis le temps que votre insensé de frère s'est mis dans le cas de lui devoir la vie, il a rendu bravades pour bravades, il vous a fait tomber dans ses filets, par un mélange de terreur et d'artifice. Quelle politesse attendra-t-on jamais d'un homme de cette trempe?

Oui ; mais que faire, dans la situation où vous êtes? Il me semble que vous devez le mépriser, le haïr... si vous le pouvez... et vous dérober à lui : mais pour aller où? surtout à présent que votre frère médite de ridicules complots, et veut rendre votre sort encore plus misérable.

Si vous ne pouvez le mépriser et le haïr, si vous ne vous souciez pas de rompre avec lui, il faut vous relâcher un peu de vos délicatesses. Si ce changement n'amène pas la célébration, je me jetterais sous la protection des dames de sa famille. Le respect dont elles paraissent remplies pour vous est de lui-même une sûreté pour votre honneur, quand on pourrait supposer quelque autre sujet de doute. Vous devriez lui rappeler du moins l'offre qu'il vous a faite, d'engager une de ses cousines Montaigu à vous accompagner dans votre nouveau logement de Londres, jusqu'à l'heureuse conclusion de tous vos scrupules.

Mais ce serait déclarer que vous êtes à lui. D'accord. Quelle autre vue pouvez-vous former à présent? Le projet de votre frère n'achève-t-il pas de vous convaincre qu'il ne vous reste pas d'autre ressource ?

Croyez-moi donc, ma très chère amie ; il est temps de renoncer à toutes ces espérances de réconciliation, qui vous ont tenue en suspens jusqu'aujourd'hui. Vous m'avouez qu'il s'est offert à vous dans les termes les plus clairs, quoique vous ne me marquiez point ses expressions ; et je vois qu'il vous a même expliqué les raisons qui doivent vous faire accepter ses offres. C'est une générosité peu commune aux gens de son espèce, qui n'attaquent ordinairement que notre amour-propre, en nous disant que nous devons les aimer, tout indignes qu'ils en sont, par la seule raison qu'ils nous aiment.

A votre place, avec votre charmante délicatesse que j'admire, peut-être ne ferais-je pas autrement que vous. Je voudrais, sans doute, me voir pressée avec une respectueuse ardeur ; suppliée avec constance ; et que tous les discours, comme toutes les actions d'un amant, tendissent à cet unique point. Cependant, si je soupçonnais de l'art dans sa conduite, ou quelque délai fondé sur le doute de mes sentimens, je prendrais le parti d'éclaircir ses doutes, ou de renoncer à lui pour jamais. Si le dernier de ces deux cas était le vôtre, moi, votre fidèle amie, je rassemblerais toutes mes forces, soit pour vous trouver un asile ignoré, soit pour me résoudre à partager votre fortune.

Quel misérable, de s'être rendu si facilement à votre réponse, lorsque vous l'aviez remis au retour de votre cousin Morden! Mais je crains aussi que vous n'ayez été trop scrupuleuse; car vous convenez qu'il s'est ressenti de cette évasion. Si j'étais informée par ses propres mémoires, je m'imagine, ma chère, que je trouverais de l'excès dans vos délicatesses et vos scrupules. En le prenant au mot, vous auriez acquis sur lui le pouvoir que je lui vois à présent sur vous. Il n'est pas besoin de vous dire qu'une femme qui a donné dans le piége où vous êtes, doit se soumettre à quantité de mortifications.

Mais, à votre place, avec la vivacité que vous me connaissez, je vous assure que dans un quart d'heure, qui serait tout le temps que je voudrais accorder aux délicatesses, je verrais clair jusqu'au fond. Ses intentions doivent être bonnes ou mauvaises : sont-elles mauvaises ? vous ne sauriez en être assurée trop tôt : si c'est heureusement le contraire, n'est-ce pas la modestie de la femme qu'il se plaît à tourmenter ?

Il me semble que j'éviterais aussi toutes les récriminations qui ne sont capables que d'aigrir, et tous les reproches qui ont rapport à l'ancienne querelle des mœurs ; surtout lorsque vous êtes assez heureuse pour n'avoir pas l'occasion d'en parler par expérience. J'avoue qu'il y a quelque satisfaction pour une belle âme à se déclarer contre le vice ; mais si cette attaque est hors de saison, et si le vicieux paraît disposé à se corriger, elle servira moins à faciliter sa réformation qu'à l'en durcir ou à le jeter dans l'hypocrisie.

Le peu de cas qu'il a fait du sage projet de votre frère me plaît comme à vous. Pauvre James Harlove ! Cette tête manquée s'avise donc de former des complots et de prétendre à la méchanceté, tandis qu'elle en fait un de ses chefs d'accusation contre Lovelace ? Un méchant qui est homme d'esprit mérite, à mon gré, d'être pendu tout de suite, et s'il vous plaît, sans cérémonie ; mais un imbécile qui se mêle de méchanceté, doit avoir d'abord les os cassés sur la roue, sauf à être pendu après, si vous le jugez à propos. Je trouve que Lovelace a peint M. James en peu de traits.

Fâchez-vous si vous le voulez ; mais je suis sûre que cette pauvre espèce, que quelques uns nomment votre frère, s'applaudissant d'être parvenu à vous faire quitter la maison de votre père et de n'avoir plus à craindre que de vous voir indépendante de lui dans la vôtre, se croit égal à tout ce qu'il y a de rare au monde, et prétend combattre Lovelace avec ses propres armes. Ne vous souvenez-vous pas de son triomphe, tel que vous me l'avez dépeint vous même sur le récit de votre tante, lorsqu'il s'enflait encore des applaudissemens de l'insolente Betty Barnes ?

Je n'attends rien de votre lettre à madame Hervey, et j'espère que Lovelace ne saura jamais ce qu'elle contient. Chacune des vôtres me fait juger qu'il se ressent, autant qu'il l'ose, du peu de confiance que vous avez pour lui. Je ne m'en ressentirais pas moins, si j'étais à sa place ; du moins si mon cœur me rendait témoignage que je méritasse d'être mieux traitée.

N'ayez pas d'inquiétude pour vos habits, si vous pensez à vous mettre sous la protection des dames de sa famille. Elles savent dans quels termes vous êtes avec vos proches, et la cruauté d'autrui ne refroidit pas l'affection qu'elles ont pour vous. A l'égard de l'argent, pourquoi vous obstinez-vous à rendre mes offres inutiles ?

Je sais que vous ne demandez pas la possession de votre terre ; mais donnez-lui le droit de faire cette demande pour vous. Je ne vois pas de meilleur parti.

Adieu, ma très chère amie. Recevez mes tendres embrassemens, dont l'ardeur n'a rien d'égal que celle des vœux que je fais continuellement pour votre honneur et votre repos.

ANNE HOWE.

LETTRE CXXXVII.

M. BELFORD, A M. LOVELACE.

Vendredi, 21 avril.

Depuis long-temps, Lovelace, tu fais le rôle d'écrivain, et je me réduis à celui de ton humble lecteur. Je ne me suis pas embarrassé de te communiquer mes remarques sur les progrès et le but de tes belles inventions. Avec tous tes airs, j'ai cru que le mérite incomparable de la belle Clarisse ferait toujours sa défense et sa sûreté; mais aujourd'hui que je te vois assez heureux dans tes artifices pour l'avoir engagée à faire le voyage de Londres, et pour avoir fait tomber son choix sur une maison dont les habitans ne réussiront que trop à te faire étouffer tous les mouvemens honorables qui peuvent te naître en sa faveur, je me crois obligé de prendre la plume; et je te déclare que je me fais ouvertement l'avocat de Clarisse Harlove.

Mes motifs ne sont pas tirés de la vertu. Quand ils viendraient de là, quelle impression feraient-ils sur ton cœur, à ce titre?

Un homme tel que toi ne serait pas plus touché, quand je lui représenterais à quelle vengeance il s'expose, en outrageant une fille du caractère, de la naissance et de la fortune de Clarisse.

La générosité et l'honneur n'ont pas plus de force, en faveur d'une femme, sur des gens de notre espèce, qui regardent tous les individus de ce sexe comme un butin de bonne prise. L'*honneur*, dans nos idées, et l'*honneur*, suivant l'acception générale, sont deux choses qui ne se ressemblent pas.

Quel est donc mon motif? En vérité, Lovelace, c'est la véritable amitié que j'ai pour toi. Elle me porte à plaider pour toi-même, à plaider pour ta famille; dans l'opinion que j'ai de la justice que tu dois à cette incomparable créature, qui mérite d'ailleurs que son intérêt tienne le premier rang parmi ces considérations.

Dans la dernière visite que j'ai rendue à ton oncle; ce bon seigneur me pressa instamment d'employer tout le crédit que j'ai auprès de toi, pour t'engager à courber les épaules sous le joug du mariage, et m'apporta des raisons de famille auxquelles je trouvai tant de force, que je ne pus me défendre de les approuver. Je savais que tes intentions pour cette fille extraordinaire étaient alors dignes d'elle. J'en assurai milord M., qui s'en défiait beaucoup, parce que la famille en usait mal avec toi; mais aujourd'hui que ton intrigue a pris une autre face, je veux te presser par d'autres considérations.

Si je juge des perfections de ta Clarisse par le témoignage public, comme par le tien, où trouveras-tu jamais une femme qui lui ressemble? Pourquoi tenterais-tu sa vertu? Quel besoin d'épreuve, lorsque tu n'as aucune raison de doute? Je me suppose à ta place, avec le dessein de me marier : si j'avais pour une femme les sentimens de préférence que tu as pour celle-ci, connaissant ce sexe comme nous le connaissons tous deux, je tremblerais de pousser plus loin l'épreuve, dans la crainte du succès; surtout si j'étais persuadé que personne n'a plus de vertu qu'elle au fond du cœur.

Et remarque, Lovelace, que, dans sa situation, l'épreuve est injuste, parce qu'elle n'est pas égale. Considère la profondeur de ta malice et de tes ruses: considère les occasions, qui se renouvelleront sans cesse en dépit d'elle-même, aussi long-temps que les folies de sa famille agiront de concert avec ta tête féconde en méchancetés; considère qu'elle est sans protection; que la maison où tu la conduis sera remplie de tes suppôts, de jeunes créatures bien élevées, jolies, adroites, d'apparence trompeuse, et difficiles à pénétrer lorsqu'elles se masquent, surtout pour une jeune personne sans expérience et qui ne connaît pas la ville: attache-toi, dis-je, à toutes ces considérations, et dis-moi quelle gloire, quel sujet de triomphe tu te promets à la faire succomber? toi, un homme né pour l'intrigue, plein d'inventions, intrépide, sans remords, capable de veiller patiemment l'occasion; un homme qui compte pour rien les sermens qu'il fait aux femmes; l'innocente victime attachée scrupuleusement aux siens, incapable de ruse, disposée par conséquent à bien juger d'autrui: je regarderais comme un miracle, qu'elle pût tenir ferme contre le tentateur et contre la tentation, au milieu de tant de piéges dont tu veux l'environner. Après tout, lorsque, sans aucune sollicitation, notre sexe est si fragile, je ne sais pas pourquoi l'on exige tant des femmes, qui sont nées des mêmes pères et des mêmes mères, et composées des mêmes élémens, avec la seule différence de l'éducation; ni quelle si grande gloire on trouve à les vaincre.

Ne peut-il pas exister, me demandes-tu, quelque autre Lovelace, qui, séduit par les charmes de sa beauté entreprenne de triompher d'elle?

Non, c'est ma réponse. A tout prendre, figure, esprit, fortune, caractère, il est impossible qu'il y ait jamais d'homme tel que toi. Si tu croyais que la nature te pût donner un rival, je connais ton infernal orgueil: tu t'en estimerais moins.

Mais je veux parler de ta passion dominante, la vengeance; car l'amour (quel peut être l'amour d'un libertin?) ne tient que le second rang dans ton cœur, comme je te l'ai soutenu assez souvent, malgré la fureur où je t'ai mis contre moi. Quels misérables prétextes pour te venger d'une maîtresse, que les peines qu'il t'en a coûté pour l'enlever! J'accorde, si tu veux, qu'en demeurant elle aurait couru grand risque d'être la femme de Solmes; je te passe ses conditions, que tu as su faire tourner cruellement contre elle-même et la préférence qu'elle a toujours donnée au célibat. Si c'est autre chose que des prétextes, pourquoi ne rends-tu pas grâce à ceux qui l'ont comme jetée entre tes mains? D'ailleurs, tout ce que tu allègues pour autoriser ton épreuve n'est-il pas fondé, avec autant de contradiction que d'ingratitude, sur la supposition d'une faute dont elle ne deviendrait coupable qu'en ta faveur?

Mais pour confondre entièrement toutes tes pauvres raisons de cette nature, je te demande ce que tu penserais d'elle, si c'était volontairement qu'elle eût pris la fuite avec toi? Tu l'en aimerais mieux peut-être en qualité de maîtresse; mais, pour en faire ta femme, disconviendras-tu qu'elle te plairait de moitié moins?

Qu'elle t'aime pervers comme tu es et cruel comme un tigre, je ne vois aucune raison d'en douter ; cependant quel empire ne faut-il pas qu'elle ait sur elle-même pour réduire quelquefois au doute un amour-propre aussi pénétrant que le tien ? persécutée d'un côté comme elle l'était par sa propre famille, attirée de l'autre par la splendeur de la tienne, où chacun la désire et se croirait honoré de la voir entrer?

Tu vas croire, peut-être, que je m'écarte de ma proposition et que je plaide ici la cause de ta belle plus que la tienne. Point du tout. Je n'ai rien dit qui ne soit plus pour ton intérêt que pour le sien, puisqu'elle peut faire ton bonheur et que, si elle conserve sa délicatesse, il me paraît presque impossible qu'elle soit heureuse avec toi. Il est inutile d'expliquer mes raisons. Je te connais assez d'ingénuité pour souscrire à mon sentiment dans l'occasion.

Au reste, quand je plaide en faveur du mariage, tu sais bien que mon goût n'en est pas plus vif pour cet état. Je n'ai pas encore eu la pensée d'y entrer ; mais comme tu es le dernier de ton nom, que ta famille tient un rang distingué dans le royaume et que tu te crois toi-même destiné quelque jour à l'esclavage conjugal, je veux que tu me dises si tu peux jamais espérer une occasion comparable à celle qui est entre tes mains; une fille qui par sa naissance et sa fortune n'est pas indigne de la tienne (quoique l'orgueil de ton sang et celui de ton propre cœur te fassent quelquefois parler legèrement des familles qui ne te plaisent point); une beauté qui fait l'admiration de tout le monde; une personne en même temps qui jouit d'une égale réputation d'esprit, de jugement et de vertu !

Si tu n'es pas une de ces âmes étroites qui préfèrent leur simple et unique satisfaction à la postérité, toi qui dois souhaiter des enfans pour perpétuer ta race, tu ne remettras pas ton mariage au terme des libertins ; c'est-à-dire, à ce temps où les années et les maladies viendront fondre sur toi. Songe que tu exposerais ta mémoire aux reproches de tes légitimes descendans pour leur avoir donné une misérable existence, qu'ils ne pourraient donner meilleure à ceux qui descendraient d'eux, et qui autoriserait toute ta race, en supposant qu'elle pût résister long-temps, à te maudire jusqu'aux dernières générations.

Si perverti que le monde réformé nous suppose, il n'est pas certain que nous le soyons sans retour. Quoique nous trouvions sa religion contre nous, nous n'avons pas encore entrepris d'en composer une qui s'accorde avec notre pratique. Ceux qui le font nous paraissent méprisables, et nous ne sommes pas même assez ignorant pour nous dégrader jusqu'au doute. En un mot, nous croyons à un état futur de récompense et de punition ; mais, avec beaucoup de jeunesse et de santé, nous espérons que le temps ne nous manquera pas pour le repentir; ce qui signifie en bon anglais (ne m'accuse pas d'être trop grave, Lovelace, tu l'es quelquefois aussi) que nous espérons de vivre pour les sens aussi long-temps qu'ils seront capables de nous rendre service, et que pour quitter le péché nous attendrons que le plaisir nous quitte. Quoi! ton admirable maîtresse sera-t-elle punie des généreux efforts qu'elle fait pour hâter ta réformation et du désir qu'elle a d'en obtenir des preuves avant que de se donner à toi ?

Concluons. Je t'exhorte à bien considérer ce que tu vas entreprendre avant de faire un pas de plus. Jusqu'à présent les apparences de ta marche sont si droites, que si ta belle se défiait de ton honneur elle n'a pas contre toi la moindre preuve. Garde les lois de l'*honnêteté* dans le sens qu'elle attache à ce mot. Aucun de tes compagnons, tu le sais, ne rira de de ton mariage, et si quelqu'un le trouvait plaisant, après t'avoir entendu tourner cet état en ridicule, tu as cet avantage qu'il n'aura rien dont tu doives rougir.

Samedi, 22.

Ayant différé à fermer ma lettre jusqu'au jour de poste, j'en reçois une des mains d'Osgood, qui lui est venue depuis deux heures pour votre chère dame, et qui est cachetée des armes d'Harlove. Comme elle peut être d'importance, je me hâte de la faire partir avec la mienne, par un courrier que je vous dépêche exprès.

Je suppose qu'on vous verra bientôt à Londres, sans la dame, comme je l'espère. Adieu. Soyez *honnête* et soyez heureux.

BELFORD.

LETTE CXXXVIII.

MADAME HERVEY, A MISS CLARISSE HARLOVE.

Vendredi, 23 avril.

Chère nièce,

Il serait bien dur de refuser quelques lignes aux instances d'une nièce que j'ai toujours aimée. J'ai reçu votre première lettre, mais je n'ai pas eu la liberté d'y répondre, et je viole ma promesse pour vous écrire actuellement.

Quelles étranges nouvelles on reçoit de vous tous les jours! Le misérable avec qui vous êtes, triomphe, dit-on, et nous brave à chaque instant. Vous connaissez son indomptable caractère. Quoiqu'on ne puisse vous refuser des qualités admirables, son humeur lui est plus chère que vous. Combien de fois vous ai-je avertie! Jamais une jeune personne ne l'a été plus que vous. Miss Clarisse Harlove s'oublier jusqu'à ce point!

Vous deviez attendre le jour marqué pour l'assemblée de vos amis. Si votre aversion s'était soutenue, ils auraient eu la complaisance de céder. Aussitôt que j'ai su moi-même quelle était leur intention, je me suis hâtée de vous le faire entendre, en termes obscurs peut-être; mais qui se serait imaginé... O miss! Une fuite si artificieuse! Tant de ruse dans les préparatifs!

Vous m'offrez des éclaircissemens. Eh! que pouvez-vous éclaircir? N'êtes-vous pas partie, et partie avec Lovelace? Que voulez-vous donc éclaircir?

Votre dessein, dites-vous, n'était pas de partir. Pourquoi vous êtes-vous trouvée avec lui? Le carrosse à six chevaux, les gens à cheval, tout n'était-il pas préparé? O ma chère! comme l'artifice produit l'artifice! Est-il croyable que ce n'ait pas été votre dessein? Si vous voulez qu'on le croie, quel pouvoir faut-il lui supposer sur vous? Lui! qui? Lovelace; le plus infâme des libertins; sur qui? sur Clarisse Harlove. Votre amour pour un homme de ce caractère était-il plus fort que votre raison, plus fort que votre courage? Quelle opinion cette idée donnerait-elle de vous? Quel remède apporterait-elle au mal? Ah! que n'avez-vous attendu le jour de l'assemblée?

Je veux vous apprendre ce qui devait s'y passer. On s'imaginait, à la vérité, que vous ne résisteriez pas aux prières et aux ordres de votre père, lorsqu'il vous aurait proposé de signer les articles. Il était résolu de vous traiter avec une condescendance paternelle, si vous ne lui aviez pas donné de nouveaux sujets de colère. « J'aime ma Clarisse, disait-il une heure avant l'affreuse nouvelle; je l'aime comme ma vie. Je me mettrai à genoux devant elle, s'il ne me reste que cette voie pour la faire consentir à m'obliger. » Ainsi, par un renversement d'ordre assez étrange, votre père et votre mère se seraient humiliés devant vous; et si vous aviez pu les refuser, ils auraient cédé, quoiqu'à regret.

Mais on présumait que du caractère doux et désintéressé dont on vous avait toujours crue, tous les dégoûts possibles pour l'un des deux hommes ne vous rendraient pas capable de cette résistance, à moins que votre entêtement pour l'autre ne fût beaucoup plus fort que vous n'aviez donné raison de le croire.

Si vous aviez refusé de signer, l'assemblée du mercredi n'aurait été qu'une simple formalité. On vous aurait présentée à tous vos amis avec une courte harangue : « La voilà cette jeune fille, autrefois si soumise, si obligeante, qui se fait gloire aujourd'hui de son triomphe sur un père, sur une mère, sur des oncles, sur l'intérêt et les vues de toute une famille, et qui préfère sa propre volonté à celle de tout le monde; pourquoi? parce qu'entre deux hommes qui demandent sa main, elle donne la préférence à celui qui est décrié pour ses mœurs. »

Après avoir accordé ainsi la victoire et peut-être après avoir prié le ciel de détourner les suites de votre désobéissance, on en aurait appelé à votre générosité, puisque le motif du devoir se serait trouvé trop faible, et vous auriez reçu ordre de sortir pour faire encore une demi-heure de réflexion. Alors les articles vous auraient été présentés une seconde fois par quelque personne de votre goût, par votre bonne Norton, peut-être. Votre père aurait pu la seconder par quelques nouveaux efforts. Enfin, si vous aviez persisté dans votre refus, on vous aurait fait rentrer pour le déclarer à l'assemblée. On aurait insisté sur quelques unes des restrictions que vous aviez proposées vous-même. On vous aurait permis d'aller passer quelque temps chez votre oncle Antonin, ou chez moi, pour attendre le retour de M. Morden; ou jusqu'à ce que votre père eût pu supporter votre vue; ou, peut-être, jusqu'à ce que Lovelace eût abandonné tout à fait ses prétentions.

Le projet ayant été tel que je vous le représente, et votre père ayant tant compté sur votre soumission, tant espéré que vous vous laisseriez toucher par des voies si tendres et si douces, il n'est pas surprenant qu'il ait paru comme hors de lui-même à la nouvelle de votre fuite, d'une fuite si préméditée, avec vos promenades au jardin, vos soins affectés pour des oiseaux, et combien d'autres ruses pour nous aveugler tous ! Malicieuse, malicieuse jeune créature !

Pour moi, je n'en voulais rien croire, lorsqu'on vint me l'annoncer. Votre oncle Hervey ne pouvait se le persuader non plus. Nous nous attendions, en tremblant, à quelque aventure encore plus désespérée. Il n'y en avait qu'une, qui pût nous le paraître plus; et j'étais d'avis qu'on cherchât du côté de la cascade, plutôt que vers la porte du jardin. Votre mère tomba évanouie, pendant que son cœur était déchiré entre ces deux craintes. Votre père, pauvre homme! votre père fut près d'une heure sans pouvoir revenir à lui-même; jusque aujourd'hui, à peine peut-il entendre prononcer votre nom. Cependant il n'a que vous dans l'esprit. Votre mérite, ma chère, ne sert qu'à rendre votre faute plus noire. Chaque jour, chaque heure du jour, nous apporte quelque nouvelle aggravation. Comment pourriez-vous vous promettre quelque faveur?

J'en suis affligée; mais je crains que tout ce que vous demandez ne vous soit refusé.

Pourquoi parlez-vous, ma chère, *de vous épargner des mortifications*; vous qui avez pris la fuite avec un homme? Quel pitoyable orgueil d'avoir quelque délicatesse de reste!

Je n'ai pas la hardiesse d'ouvrir la bouche en votre faveur. Personne ne l'ose plus que moi. Votre lettre se présentera seule. Je l'ai envoyée au château d'Harlove. Attendez-vous à de grandes rigueurs. Puissiez-vous soutenir heureusement le parti que vous avez embrassé! O ma chère! que vous avez fait de malheureux! Quel bonheur pouvez-vous espérer vous-même? Votre père souhaiterait que vous ne fussiez jamais née. Votre pauvre mère... mais pourquoi vous donnerais-je des sujets d'affliction? Il n'y a plus de remède. Vous devez être effectivement bien changée, si *vos propres réflexions ne font pas votre malheur*.

Tirez le meilleur parti que vous pourrez de votre situation. Mais quoi? pas encore mariée si je ne me trompe!

Vous êtes libre, dites-vous d'exécuter tout ce que vous voudrez entreprendre. Il se peut que vous vous trompiez vous-même. Vous espérez que votre réputation et votre faveur auprès de vos amis pourront se rétablir. Jamais, jamais l'une et l'autre, si je juge bien des apparences; et peut-être nulle des deux. Tous vos amis, ajoutez-vous, *doivent se joindre à vous* pour obtenir votre réconciliation : tous vos amis, c'est-à-dire tous ceux que vous avez offensés; et comment voulez-vous qu'ils s'accordent dans une si mauvaise cause?

Vous dites qu'il serait bien affligeant pour vous *d'être précipitée* dans des mesures qui pourraient rendre votre réconciliation plus difficile. Est-il temps, ma chère, de craindre les *précipitations* ou les *précipices*? Ce n'est point à présent qu'il faut penser à la réconciliation, quand vous pourriez jamais vous en flatter. Il est question de voir d'abord la hauteur du *précipice* où vous êtes tombée. Il peut encore arriver, si je suis bien instruite, qu'il y ait du sang répandu. L'homme qui est avec vous est-il disposé à vous quitter volontairement? S'il ne l'est pas, qui peut répondre des suites? S'il l'est effectivement, bon Dieu! que faudra-t-il penser des raisons qui l'y feront consentir. J'écarte cette idée. Je connais votre vertu. Mais n'est-il pas vrai, ma chère, que vous êtes sans protection, et que vous n'êtes pas mariée? N'est-il pas vrai qu'au mépris de votre prière de chaque jour, vous *vous êtes jetée* vous-même *dans la tentation*? Et votre ravisseur n'est-il pas le plus méchant de tous les séducteurs?

Jusqu'à présent, dites-vous (et vous le dites, ma chère, d'un air qui me paraît convenir assez mal à vos sentimens de pénitence) vous n'avez point à vous plaindre d'un homme, dont on appréhendait toutes sortes de maux. Mais le péril est-il passé? Je prie le ciel que vous puissiez vous louer de sa conduite jusqu'au dernier moment de votre liaison. Puisse-t-il vous traiter mieux qu'il n'a fait toutes les femmes sur lesquelles il a eu quelque pouvoir !

Point de réponse, je vous en supplie. Je me flatte que votre messager ne publiera point que je vous écris. Pour M. Lovelace, je suis bien sûre que vous ne lui communiquerez pas ma lettre. Je ne me suis pas trop observée, parce que je compte sur votre prudence.

Vous avez mes prières.

Ma fille ignore que je vous écris. Personne ne le sait, sans excepter M. Hervey.

Ma fille aurait souhaité plusieurs fois de vous écrire ; mais ayant défendu votre cause avec tant de chaleur et de partialité que nous en avons conçu des alarmes (c'est l'effet, ma chère, qu'une chute telle que la vôtre doit produire sur des parens), on lui a interdit tout commerce avec vous, sous peine d'être privée pour jamais de nos bonnes grâces. Je puis vous dire néanmoins, quoique sans sa participation, que vous faites le sujet continuel de ses prières, comme de celles de votre tante très-affligée,

Dolly Hervey.

LETTRE CXXXIX.

MISS CLARISSE HARLOVE, A MISS HOWE.

Samedi matin, 23 avril.

Je reçois à l'instant cette réponse de ma tante. Gardez le secret, ma chère, sur la bonté qu'elle a eue d'écrire à sa malheureuse nièce.

Vous croyez que je puis aller à Londres, ou dans tout autre lieu. On s'embarrasse peu de ce que je puis devenir. J'avais été portée à suspendre mon voyage, par l'espérance de recevoir des nouvelles du château d'Harlove. Il me semblait que si l'on n'avait pas marqué d'éloignement pour une réconciliation, j'aurais pu faire connaître à M. Lovelace que, pour être quelque jour à lui, je voulais être maîtresse des conditions. Mais je m'aperçois que je suis entraînée par un sort inévitable, et qui m'exposera peut-être à des mortifications encore plus cuisantes. Faut-il que je me voie l'esclave d'un homme dont je suis si peu satisfaite !

Ma lettre, comme vous voyez par celle de ma tante, est actuellement au château d'Harlove. Je tremble pour l'accueil qu'elle y aura reçu. Si quelque chose adoucit un peu mon inquiétude, c'est qu'elle aura servi à purger une tante si chère du soupçon d'avoir entretenu quelque intelligence avec une malheureuse dont la perte est résolue. Je ne regarde pas comme une petite partie de mon infortune cette diminution de confiance que j'ai causée entre mes amis, et cette froideur avec laquelle il paraît que l'un regarde l'autre. Vous voyez que ma pauvre cousine Hervey a sujet de s'en plaindre comme sa mère. Miss Howe ne se ressent que trop des effets de ma faute, puisqu'à mon occasion elle a plus de querelles avec sa mère qu'elle n'en avait jamais eu. Cependant c'est à l'homme qui m'a jetée dans cette confusion de maux que je suis forcée de me donner ! J'ai fait beaucoup de réflexions, je me suis formé bien de sujets de crainte avant ma faute ; mais je ne l'ai pas considérée sous toutes les faces choquantes que j'y découvre aujourd'hui.

N'apprends-je pas qu'une heure avant la nouvelle de ma suite supposée, mon père déclarait hautement que je lui étais aussi chère que la vie ?

qu'il voulait me traiter avec une bonté paternelle? qu'il voulait... Ah! ma chère; quelle mortifiante tendresse! Ma tante ne devait pas craindre qu'on sût dans quels termes elle m'écrit. Un père à genoux devant sa fille! Voilà ce qu'il est bien certain que je n'aurais jamais soutenu. J'ignore ce que j'aurais fait dans une occasion si triste. La mort m'aurait paru moins terrible que ce spectacle, en faveur d'un homme pour lequel mon aversion est invincible : mais j'aurais mérité d'être anéantie, si j'avais pu voir mon père inutilement à mes pieds.

Cependant, s'il n'avait été question que du sacrifice de mon penchant et d'une préférence personnelle, il l'aurait obtenu à bien moindre prix; mon respect seul aurait triomphé de mon inclination; mais une aversion si sincère! Le triomphe d'un frère ambitieux et cruel, joint aux insultes d'une sœur jalouse, me dérobant tous deux, par leurs intrigues, une faveur, une pitié, dont j'aurais été sûre autrement! Les devoirs du mariage si sacrés, si solennels! Moi-même d'un caractère naturel, qui ne m'a jamais permis de regarder le plus simple devoir avec indifférence, à plus forte raison, un devoir volontairement juré au pied des autels! Quelles lois d'honnêteté pouvaient m'autoriser à mettre ma main dans une main odieuse, à prononcer mon consentement pour une union détestée? ajoutez, pour une union qui devait durer autant que ma vie? N'ai-je pas fait là-dessus des réflexions plus longues et plus profondes que le commun des filles n'en fait à mon âge? N'ai-je pas tout pesé, tout considéré? Peut-être aurais-je pu marquer moins d'humeur et d'obstination. La délicatesse, si je puis m'attribuer cette qualité, la maturité d'esprit, la réflexion, ne sont pas toujours d'heureux présens du ciel. Combien de cas, dans lesquels je souhaiterais d'avoir connu ce que c'était que l'indifférence, si je l'avais pu sans une ignorance criminelle? Ah! ma chère, les plus délicates sensibilités ne servent guère au bonheur.

Quelle méthode mes amis s'étaient-ils proposé d'employer dans leur assemblée! J'ose dire qu'elle porte le sceau de mon frère. C'était lui, je le suppose, qui devait me présenter au conseil comme une fille capable de préférer ses volontés à celles de toute sa famille. L'épreuve aurait été vive : il n'en faut pas douter. Plût au ciel néanmoins que je l'eusse soutenue! Oui; plût au ciel! quel qu'en pût être le succès.

On peut craindre encore, dit ma tante, qu'il n'y ait du sang répandu. Il faut qu'elle soit informée du téméraire projet de Singleton. Elle parle de précipice : daigne le ciel m'en préserver!

Elle écarte une idée à laquelle il m'est bien plus impossible de m'arrêter. Idée cruelle! Mais elle doit avoir une pauvre opinion de la vertu qu'elle veut bien m'attribuer, si elle se figure que je ne suis pas au dessus d'une honteuse faiblesse. Quoique je n'ai jamais vu l'homme d'une figure plus agréable que M. Lovelace, les défauts de son caractère m'ont toujours préservée d'une sorte d'impression; et depuis que je le vois de près, je puis dire que j'ai pour lui moins de goût que jamais. En vérité, je n'en ai jamais eu si peu qu'à présent. Je crois de bonne foi que je pourrais le haïr (si je ne le hais pas déjà), plutôt du moins qu'aucun autre homme pour lequel j'aie jamais eu quelque estime. La raison en est sensible : c'est qu'il a moins répondu que d'autres à l'opinion que j'avais de lui; quoiqu'elle n'ait jamais été assez haute pour me l'avoir fait préférer au célibat, qui aurait été mon unique choix, si j'avais eu la liberté de suivre mes inclinations. Aujourd'hui même, si je croyais ma réconciliation certaine en renonçant à lui, et si mes amis me le faisaient entendre, ils verraient bientôt que je ne lui serais jamais rien ; car j'ai la vanité de croire mon âme supérieure à la sienne.

« Vous direz que ma raison s'égare. Mais après avoir reçu de ma tante la défense de lui écrire, après avoir appris à désespérer de ma réconciliation, quel moyen de conserver ma liberté d'esprit ? Et vous-même, ma chère, vous devez vous ressentir de mes agitations passionnées. Misérable que je suis, d'avoir cherché volontairement cette fatale entrevue et de m'être ôté le pouvoir d'attendre l'assemblée générale de mes amis ! Je serais libre aujourd'hui de mes anciennes craintes ; et qui sait quand mes inquiétudes présentes doivent finir ? Délivrée de l'un et de l'autre homme, je me verrais peut-être à présent chez ma tante Hervey ou chez mon oncle Antonin, attendant le retour de M. Morden, qui aurait apporté du remède à toutes les divisions.

Mon intention était assurément d'attendre. Cependant, sais-je quel nom je porterais aujourd'hui ? Aurais-je été capable de résister aux condescendances, aux supplications d'un père à genoux ; du moins s'il l'avait été lui-même de garder un peu de modération avec moi?

Ma tante assure néanmoins qu'il se serait relâché si j'étais demeurée ferme. Peut-être aurait-il été touché de mon humilité, avant que de s'abaisser jusqu'à se mettre à genoux devant moi. La bonté avec laquelle il se proposait de me recevoir aurait pu croître en ma faveur; mais que la resolution où il était de céder à la fin justifie mes amis, du moins à leurs propres yeux ! que cette résolution me condamne ! Ah! pourquoi les avis de ma tante (je me les rappelle à présent) étaient-ils si réservés et si obscurs ! Aussi, mon dessein était de la revoir après l'entrevue, et peut-être alors se serait-elle expliquée. O l'artificieux, le dangereux Lovelace ! Cependant, je suis obligée de le dire encore, c'est moi qui dois porter tout le blâme de la funeste entrevue.

Mais loin, loin de moi toute vaine récrimination ! Loin, dis-je, parce qu'elle est vaine ! Il ne me reste que de *m'envelopper dans le manteau de ma propre intégrité*, et de me consoler par l'innocence de mes intentions. Puisqu'il est trop tard pour jeter les yeux en arrière, ma seule ressource est de recueillir toutes mes forces pour soutenir les coups de la Providence irritée et pour faire tourner du moins à ma correction des épreuves qu'il ne m'est plus possible d'éviter.

Joignez-vous à moi dans cette prière, ma tendre et fidèle miss Howe, pour votre propre honneur et pour celui de notre liaison, de peur qu'une chute plus profonde de la part de votre malheureuse amie ne jette de l'ombre sur une amitié qui n'a jamais rien eu de frivole, et dont la base est notre mutuelle utilité dans les plus importantes occasions, comme dans les plus légères.

Clarisse Harlove.

LETTRE CXL.

MISS CLARISSE HARLOVE, A MISS HOWE.

Samedi après midi, 23 avril.

O ma meilleure, ma seule amie ! c'est à présent que je ne puis plus vivre ! j'ai reçu le coup au cœur, je n'en guérirai jamais ! Ne pensez plus à la moindre correspondance avec une misérable qui semble désormais absolument dévouée. Quelle autre espérance si les malédictions des parens ont le poids que je leur ai toujours attribué, et que tant d'exemples m'apprennent qu'elles ont eu dans tous les temps? Oui, ma chère miss Howe, pour mettre le comble à toutes mes afflictions, j'ai à lutter désormais contre les malheureux effets de la malédiction d'un père! Comment aurai-je la force de soutenir cette réflexion? Mes terreurs ne sont-elles pas trop justifiées par les circonstances de ma situation.

J'ai reçu enfin une réponse de mon impitoyable sœur. Ah! pourquoi me la suis-je attirée par ma seconde lettre à ma tante? Il semble qu'on l'ait tenue prête pour ce signal. La foudre dormait jusqu'au moment où je l'ai réveillée. Je vous envoie la lettre même. Il m'est impossible de la transcrire. L'idée m'en est insupportable. Terrible idée! la malédiction s'étend jusqu'à l'autre vie.

Je suis dans le trouble et l'abattement des plus noires vapeurs. Je n'ai que la force de répéter : Évitez, fuyez, rompez toute correspondance avec le malheureux objet des imprécations d'un père!

LETTRE CXLI.

MISS ARABELLE HARLOVE, A MISS CLARISSE HARLOVE.

Vendredi, 22 avril.

Nous avions prévu qu'il nous reviendrait quelqu'un de votre part ; nous, c'est-à-dire ma tante et moi, et la lettre que je joins à celle-ci attendait l'arrivée de votre messager. Vous n'aurez aucune réponse de personne, quelles que soient vos importunités, à qui qu'elles puissent s'adresser et quelque demande que vous puissiez faire.

On avait pensé d'abord à vous ramener par une autorité convenable ou à vous faire transporter dans des lieux où l'on pouvait espérer que la honte dont vous nous avez tous couverts serait ensevelie quelque jour avec vous; mais je crois qu'on abandonne ce dessein. Ainsi vous pouvez marcher en sûreté. Personne ne vous croit digne de lui causer le moindre embarras. Cependant, ma mère a obtenu la permission de vous envoyer vos habits seulement. C'est une faveur, comme vous verrez dans la lettre que vous allez lire, qu'on n'était pas disposé d'abord à vous accorder et sur laquelle on ne se relâche point par considération pour vous, mais uniquement parce que ma triste mère ne peut avoir sous ses yeux rien qui vous ait appartenu. Lisez et tremblez.

ARABELLE HARLOVE.

A LA PLUS INGRATE ET LA PLUS REBELLE DE TOUTES LES FILLES.

Au château d'Harlove, samedi, 15 avril.

« Vous qui avez été ma sœur (car je ne sais plus quel nom il est permis de vous donner, ni quel nom vous osez prendre), apprenez donc, puisque vous désirez d'être éclaircie, que vous avez rempli toute votre famille d'horreur. Mon père, dans les premières agitations, en recevant la nouvelle de votre fuite, a prononcé à deux genoux une malédiction terrible. Votre sang doit se glacer à cette lecture! Il a demandé au ciel « que, dans cette vie et dans l'autre, vous puissiez trouver votre punition, par le misérable même en qui vous avez jugé à propos de mettre votre criminelle confiance. »

Vos habits ne vous seront pas envoyés. Il paraît qu'en négligeant de les prendre vous vous êtes crue sûre de les obtenir lorsqu'il vous plairait de les demander; mais peut être n'aviez-vous dans l'esprit que la pensée de joindre votre amant ; car tout semble avoir été oublié, à l'exception de ce qui pouvait servir à votre fuite. Cependant vous avez peut-être jugé, avec raison, qu'en tâchant d'emporter vos habits vous pouviez être découverte. Rusée créature ! ce n'avoir pas fait une démarche qui ait pu faire deviner votre dessein. Rusée, c'est-à-dire pour votre ruine et pour l'opprobre de votre famille.

Mais votre misérable vous a-t-il conseillé d'écrire pour vos habits, dans la crainte que vous ne lui fassiez trop de dépense ? Je suppose que c'est le motif.

A-t-on jamais entendu parler d'une créature plus étourdie ! C'est néanmoins la célèbre, la brillante Clarisse.... Comment la nommerai-je ? Harlove, sans doute. Oui, Harlove, pour notre honte commune.

Vos dessins et tous vos ouvrages de peinture ont été enlevés, de même que votre grand portrait, dans le goût de Van Dick, qui était dans le *parloir* autrefois *vôtre*. On les a renfermés dans votre cabinet, dont la porte sera condamnée, comme s'ils ne faisaient plus partie de la maison, pour y périr tous de pourriture, ou, peut-être, par le feu du ciel. Qui pourrait en soutenir la vue ? Souvenez-vous avec quel empressement on prenait plaisir à les montrer : les uns pour faire admirer l'ouvrage de vos belles mains, d'autres pour exalter la prétendue dignité de votre figure, qui est maintenant dans la boue. Et qui se faisait un honneur de cette complaisance ? Ces mêmes parens, dont l'aveugle tendresse ne vous a point empêchée d'escalader les murs de leur jardin, pour fuir avec un homme.

Mon frère a juré vengeance contre votre libertin, j'entends pour l'honneur de la famille, sans aucun égard pour vous ; car il déclare que s'il vous rencontre jamais, il vous prendra pour une fille publique ; et il ne doute pas que tôt ou tard ce ne soit votre sort.

Mon oncle Harlove vous renonce pour jamais,

Ainsi que mon oncle Antonin,

Ainsi que ma tante Hervey,

Ainsi une moi, vile et indigne créature ! disgrâce de votre famille ! proie d'un infâme libertin, que vous serez infailliblement, si vous ne l'êtes pas déjà !

Vos livres, puisqu'ils ne vous ont point appris ce que vous deviez à vos proches, à votre sexe et à votre éducation, ne vous seront point envoyés, non plus que votre argent, ni les pierreries que vous méritiez si peu. On souhaiterait de vous voir mendier votre pain dans les rues de Londres,

Si cette rigueur vous pèse, mettez la main sur votre cœur, et demandez-vous à vous-même pourquoi vous l'avez méritée.

Tous les honnêtes gens que votre orgueil vous a fait rejeter avec mépris (excepté M. Solmes, qui devrait se réjouir néanmoins de vous avoir manquée) se font un triomphe de votre honteuse fuite, et reconnaissent à présent d'où venaient vos refus.

Votre digne Norton rougit de vous. Elle mêle ses larmes avec celles de votre mère, et toutes deux se reprochent la part qu'elles ont eue à votre naissance et à votre éducation.

En un mot, vous êtes l'opprobre de tous ceux à qui vous avez appartenu ; et plus que de tout autre, celui de
ARABELLE HARLOVE.

LETTRE CXLII.

MISS HOWE, A MISS CLARISSE HARLOVE.

Mardi, 25 avril.

Rappelez votre courage, ne vous livrez point à l'abattement, éloignez toutes les idées de désespoir, ma chère amie. L'Être tout-puissant est juste et miséricordieux ; il ne ratifie point de téméraires et inhumaines malédictions. S'il abandonnait sa vengeance à la malignité, à l'envie, à la fureur des hommes, ces noires passions triompheraient dans les plus mauvais cœurs ; et les bons, proscrits par l'injustice des méchans, seraient misérables dans ce monde et dans l'autre.

Cette malédiction montre seulement de quel esprit vos parens sont animés, et combien leurs sordides vues l'emportent sur les sentimens de la nature. C'est uniquement l'effet de leur rage et de l'impétueuse confusion qu'ils ont eue de voir avorter leurs desseins, des desseins qui méritaient d'être étouffés dans leur source ; et ce que vous avez à déplorer n'est que leur propre témérité, qui ne manquera point de retomber sur leurs têtes. Dieu, tout bon et tout-puissant, ne peut confirmer une présomptueuse imprécation qui s'étend jusqu'à la vie future.

Fi ! fi ! diront tous ceux qui seront informés de ce débordement de poison ; et bien plus, lorsqu'ils sauront que ce qui porte votre famille à ces odieux excès de ressentiment est son propre ouvrage.

Ma mère blâme extrêmement cette horrible lettre. Elle a pitié de vous, et, de son propre mouvement, elle souhaite que je vous écrive, cette fois seulement, pour vous donner un peu de consolation. Il serait affreux, dit-elle, qu'un cœur si noble, qui paraît sentir si vivement sa faute, succombât tout à fait sous le poids de ses infortunes.

J'admire votre tante. Quel langage ! Prétend-elle établir deux droits et deux torts. Soyez persuadée, ma chère, qu'elle sent le mal qu'elle a fait, et qu'ils se rendent tous la même justice, de quelque manière qu'ils cherchent à s'excuser. Ils n'entreprendront point, comme vous voyez, de justifier leur conduite et leurs vues par des explications, ils prétendent seulement qu'ils étaient résolus de se rendre ; mais, dans tout le cours de vos ennuyeuses conversations, votre cruelle tante vous a-t-elle donné le moindre espoir qu'ils fussent disposés à se relâcher ? Je me rappelle à présent, comme vous, ses obscurs avis. Pourquoi, s'il vous plaît, cette obscurité, dans une occasion qui pouvait être d'un si grand avantage pour vous ? Était-il bien difficile à une tante, qui prétend vous avoir toujours aimée, et qui vous écrit aujourd'hui si librement ce qui n'est propre qu'à vous affliger, de vous apprendre en confidence, par une ligne, par un mot, le prétendu changement de leurs mesures ?

Ne me parlez pas, ma chère, des prétextes auxquels ils ont recours aujourd'hui. Je les regarde comme un aveu tacite de l'infâme traitement qu'ils vous ont fait essuyer. Je garderai le secret de votre tante, ne craignez rien là-dessus. Je ne voudrais pas pour tout au monde que ma mère en fût informée.

Vous reconnaîtrez à présent que votre unique ressource est de surmonter vos scrupules, et de vous marier à la première occasion. Ne balançons plus, ma chère ; il faut vous déterminer sur ce point.

Je veux vous donner un motif qui me regarde moi-même. J'ai résolu, j'ai fait vœu (tendre amie ! n'en soyez pas fâchée contre moi) de ne pas penser au mariage aussi long-temps que votre bonheur sera suspendu. Ce vœu est une justice que je rends au mari qui m'est destiné par le ciel ; car, ma chère, n'est-il pas certain que je serai malheureuse si vous l'êtes ? et quelle indigne femme ne serais-je pas nécessairement, pour un homme dont les complaisances n'auraient pas le pouvoir de contrebalancer dans mon cœur une affliction qu'il n'aurait pas causée ?

A votre place, je communiquerais à Lovelace la lettre de votre abominable sœur. Je vous la renvoie. Elle ne passera pas la nuit sous le même toit que moi. Ce sera pour vous une occasion de ramener Lovelace au sujet qui doit faire à présent votre principale vue. Qu'il apprenne ce que vous souffrez pour lui. Il est impossible qu'il n'en soit pas touché. Je perdrais le sens et la raison si cet homme avait la lâcheté de vous trahir. Avec un mérite si distingué, vous ne serez que trop punie de votre faute involontaire, par la nécessité d'être sa femme.

Je ne voudrais pas que vous vous crussiez trop assurée qu'on ait renoncé au dessein de vous faire enlever. L'expression de cette détestable Arabelle me paraît ménagée, pour vous inspirer une fausse sécurité. *Elle croit*, dit-elle, *que ce dessein est abandonné*. Cependant je n'apprends pas de miss Lloyd qu'on ait commencé à le désavouer. Le meilleur parti, lorsque vous serez à Londres, est de vous tenir à couvert, et de faire passer par deux ou trois mains tout ce qui peut vous être adressé. Je ne voudrais pas, pour ma vie, vous voir tomber par quelque surprise entre les mains de ces odieux tyrans. Moi-même, je me contenterai de vous donner de mes nouvelles par quelque main tierce, et j'en tirerai un avantage qui sera de pouvoir assurer ma mère, ou tout autre dans l'occasion, que j'ignore où vous êtes. Ajoutez que ces mesures vous laisseront moins de craintes pour les suites de leur violence, s'ils tentaient de vous enlever en dépit de Lovelace.

Mais je vous prie d'adresser directement toutes vos lettres à M. Hickman, et même votre réponse à celle-ci. J'ai quelques raisons pour le souhaiter, sans compter que, malgré l'indulgence d'aujourd'hui, ma mère est toujours obstinée dans sa défense.

Le conseil que je vous donne est d'éloigner de vos idées ce nouveau sujet d'affliction. Je connais quelle impression il peut faire sur vous, mais ne le permettez pas. Essayez de le réduire à sa vraie valeur ; l'oublier est au dessus de vos forces ; cependant votre esprit peut s'occuper de mille sujets différens de ceux qui sont devant vous. Apprenez-moi, sans vous y arrêter trop, ce que Lovelace aura pensé de l'abominable lettre et de cette diabolique imprécation. Je compte qu'elle amènera naturellement le grand sujet, et que vous n'aurez pas besoin de médiateur.

Allons, ma chère, que votre courage se réveille ; c'est à l'extrémité du mal que le bien recommence. Le bonheur vient souvent d'où l'on attend l'infortune. Cette malédiction même, heureusement ménagée, peut devenir une source de bénédictions pour vous, mais l'espoir du remède s'évanouit avec le courage. N'accordez pas à vos cruels ennemis l'avantage de vous faire mourir de chagrin; car il est clair pour moi que c'est ce qu'ils se proposent à présent.

Quelle petitesse de vous refuser vos livres, vos pierreries et votre argent! Je ne vois que l'argent dont vous ayez besoin absolu, puisqu'ils daignent vous accorder vos habits. Je vous envoie, par le porteur, les Mélanges de Norris, où vous trouverez cinquante guinées dans autant de petits papiers. Si vous m'aimez, ne me les renvoyez pas; il m'en reste à votre service. Ainsi, lorsque vous arriverez à Londres, si votre logement ou la conduite de votre homme vous déplaisent, quittez sur-le-champ l'un et l'autre.

Je vous conseillerai aussi d'écrire sans délai à M. Morden. S'il se dispose à revenir, votre lettre hâtera son départ, et vous en serez plus tranquille jusqu'à son arrivée. Mais Lovelace est un imbécile, s'il n'obtient pas son bonheur de votre consentement, avant que le retour de votre cousin rende le sien nécessaire.

Courage, encore une fois. Tout s'arrange pour votre bonheur : ces violences même en sont le présage. Supposez que vous soyez moi et que je sois vous (c'est une supposition que vous pouvez faire, car vos malheurs sont les miens), et donnez-vous à vous-même les consolations que vous me donneriez. J'ai les mêmes idées que vous de la malédiction des parens; mais distinguons ceux qui ont plus à répondre que leurs enfans pour les fautes mêmes dont leur emportement s'autorise. Pour donner quelque vertu à ces horribles imprécations, les parens doivent être sans reproche, et la désobéissance ou l'ingratitude d'un enfant doit être sans excuse.

Voilà, dans mes humbles idées, le jour sous lequel votre disgrâce doit frapper mes yeux et ceux du public. Si vous ne laissez pas prendre sur vous trop d'empire à la douleur et à la défiance de votre sort, vous fortifierez ce rayon de lumière, et vous l'augmenterez par vos propres réflexions.

Anne Howe.

LETTRE CXLIII.

MISS CLARISSE HARLOVE, A MISS HOWE.

Mercredi matin, 26 avril.

Votre lettre, chère et fidèle miss Howe, m'apporte beaucoup de consolation. Avec quelle douceur j'éprouve la vérité de cette maxime du sage : *qu'un ami fidèle est la médecine de la vie!*

Votre messager arrive au moment que je pars pour Londres, la chaise est à la porte. J'ai déjà fait mes adieux à la bonne veuve, qui m'accorde, à la prière de M. Lovelace, l'aînée de ses filles pour m'accompagner dans le voyage. Cette jeune personne doit retourner dans deux ou trois jours, avec la chaise, qui sera envoyée au château de milord M... dans Hertfordshire.

J'avais reçu cette lettre terrible le dimanche, pendant que M. Lovelace était absent. Il s'aperçut, à son retour, de l'excès de ma douleur et de mon abattement, et ses gens lui apprirent que j'avais été beaucoup plus mal : en effet, je m'étais évanouie deux fois. Je crois que ma tête s'en ressent comme mon cœur.

Il aurait souhaité de voir la lettre. Mais je m'y opposais, à cause des menaces dont elle est remplie contre lui-même. L'effet qu'elle a produit sur moi ne laissa point de le jeter dans un furieux emportement. J'étais si faible, qu'il me conseilla de remettre mon départ à lundi, comme je me l'étais déjà proposé.

Il est extrêmement tendre et respectueux. Tout ce que vous avez prévu de sa part est venu à la suite de ce fatal incident. Il s'est offert à moi avec si peu de réserve, que je me fais un reproche de ma défiance, et de vous l'avoir marquée trop librement. Je vous demande en grâce, ma très chère amie, de ne faire voir à personne tout ce qui pourrait nuire de mon côté à sa réputation.

Je dois vous avouer que sa conduite obligeante et l'abattement de mon esprit, joint à vos avis précédens et aux circonstances de ma situation, me déterminèrent dimanche à recevoir ouvertement ses offres. Ainsi, je dépends à présent de lui plus que jamais. Il me demande à tous momens de nouvelles marques de mon estime et de ma confiance. Il confesse qu'il a douté de l'une, et qu'il était prêt à désespérer de l'autre. Comme je n'ai pu me dispenser de quelques aveux favorables pour lui, il est certain que s'il s'en rend indigne, j'aurai bien sujet de blâmer cette violente lettre de ma sœur; car je ne me sens point de résolution. Abandonnée de tous mes amis naturels, avec votre seule pitié pour consolation (pitié restrainte, si je puis ainsi la nommer), je me suis vue forcée de tourner mon cœur affligé vers l'unique protection qui s'est présentée. Cependant votre avis me soutient. Non seulement il a servi à me déterminer; mais, répété dans la tendre lettre que j'ai devant les yeux, il a la force de me faire partir pour Londres avec une sorte de joie. Auparavant, je me sentais comme un poids sur le cœur; et quoique mon départ me parût le meilleur et le plus sûr parti, la force me manquait, je ne sais pourquoi à chaque pas que je faisais pour les préparatifs. J'espère qu'il n'arrivera rien de fâcheux sur la route. J'espère que ces esprits violens n'auront pas le malheur de se rencontrer.

La voiture n'attend plus que moi. Pardon, ma très bonne, ma très obligeante amie, si je vous renvoie votre Norris. Dans la perspective un peu plus flatteuse qui commence à s'ouvrir, je ne vois pas que votre argent puisse m'être nécessaire. D'ailleurs, j'ai quelque espérance qu'avec mes habits on m'enverra ce que j'ai demandé, quoiqu'on me le refuse dans la lettre. Si je me trompe, et s'il m'arrive d'être pressée par le besoin, il me sera aisé d'en instruire une amie si ardente à m'obliger. Mais j'aimerai bien mieux que vous puissiez dire, dans l'occasion, qu'on ne vous fait aucune demande, et que vous n'avez fait aucune faveur de cette nature. Ma vue, dans ce que je dis ici, se rapporte à l'espérance que j'ai de me rétablir dans l'estime de votre mère, qui, après celle de mon père et de ma mère, est ce que je désire le plus au monde.

Je dois ajouter, malgré la précipitation avec laquelle j'écris, que M. Lovelace m'offrit hier de se rendre avec moi chez milord M..., ou de faire venir ici l'aumônier du château. Il me pressa d'y consentir, en me témoignant même que la célébration lui serait plus agréable ici qu'à Londres. Je lui avais dit qu'il serait temps d'y penser à la ville. Mais, depuis que j'ai reçu votre tendre et consolante réponse, je crois sentir quelque regret de n'avoir pu me rendre à ses ardentes sollicitations. Cette affreuse lettre de ma sœur a comme décomposé mon être. Et puis, il y a quelques petites délicatesses sur lesquelles il me serait difficile de passer. Point de préparation, point d'articles dressés, point de permission ecclésiastique, un fond de douleur continuelle, nul plaisir en perspective, pas même dans mes plus vagues désirs ; ô ma chère! qui pourrait, dans cette situation, penser à des engagemens aussi solennels? Qui pourrait paroître prête et l'être si peu?

Si j'osais me flatter que mon indifférence pour toutes les joies de la vie vînt d'un juste motif, et qu'elle n'ait pas plutôt la source dans l'amertume de mon cœur et dans les mortifications que mon orgueil se lasse d'essuyer, que la mort aurait d'attraits pour moi! et que j'épouserais un cercueil bien plus volontiers qu'aucun homme!

En vérité, je ne connais plus de plaisir que dans votre amitié. Assurez-moi qu'il ne me manquera jamais. Si mon cœur devient capable d'en désirer d'autres, ce ne peut être que sur ce fondement.

L'abattement de mes esprits recommence au moment de mon départ. Pardonnez ce profond accès de vapeurs noires qui me dérobent jusqu'à l'espérance, seule ressource des malheureux, dont je n'ai jamais été privée que depuis ces deux jours.

Mais il est temps de vous laisser respirer. Adieu, très chère et très tendre amie. Priez pour votre

CLARISSE HARLOVE.

LETTRE CXLIV.

MISS HOWE, A MISS CLARISSE HARLOVE.

Jeudi, 27 avril.

Je ne suis pas contente que vous m'ayez renvoyé mon Norris. Mais il faut se rendre à toutes vos volontés. Vous en pourriez dire autant des miennes. Aucune des deux, peut-être, ne doit espérer de l'autre qu'elle fasse ce qu'il y a de mieux ; et peu de jeunes filles néanmoins savent mieux ce qu'elles devraient faire. Je ne puis me séparer de vous, ma chère; quoique je donne une double preuve de ma vanité dans ce compliment que je me fais à moi-même.

C'est de tout mon cœur que je me réjouis de voir un changement si avantageux dans votre situation. Le bien, comme j'ai osé vous le promettre, est venu du mal. Quelle idée aurais-je conçue de votre homme, et quelles auraient dû être ses vues, s'il n'avait pas pris ce parti sur une lettre si infâme et sur un traitement si barbare ; principalement lorsqu'il en est l'occasion.

Vous savez mieux que personne quels ont été vos motifs; mais je souhaiterais que vous vous fussiez rendue à des instances si sérieuses. Pourquoi n'auriez-vous pas dû permettre qu'il fît venir le chapelain de milord M...? Si vous êtes arrêtée par des bagatelles, telles qu'une permission, des préparatifs, et d'autres scrupules de cette nature, votre servante, ma chère. Vous ne sentez donc pas que la grande cérémonie est un équivalent pour toutes les autres. Gardez-vous de retomber dans vos mélancoliques délicatesses, jusqu'à préférer un drap mortuaire à ce qui doit faire l'objet de vos désirs, lorsque vous l'avez actuellement entre les mains, et lorsqu'il est vrai, comme vous l'avez dit dans une occasion plus juste, qu'on n'a pas liberté de mourir quand on veut. Mais je ne sais quelle étrange perversité de la nature humaine fait désirer dans l'éloignement ce qu'on méprise aussitôt qu'on croit y toucher.

Vous n'avez à vous proposer qu'un seul point. C'est le mariage. Qu'il ne tarde plus, je vous en supplie. Abandonnez le reste à la Providence, et fiez-vous à sa conduite. Vous aurez un très bel homme, un homme agréable, qui ne manquerait pas de sagesse, s'il n'était pas si vain de ses talens, et possédé de l'esprit de libertinage et d'intrigue. Mais tandis que les yeux d'une infinité de femmes, séduits par une si belle figure et par des qualités si brillantes, entretiendront sa vanité, vous prendrez patience, en attendant que les cheveux gris et la prudence entrent ensemble sur la scène. Pouvez-vous espérer que tout se réunisse pour vous dans le même homme?

Je suis persuadée que M. Hickman ne connaît point de voies détournées ; mais il marche de mauvaise grâce dans la voie droite. Cependant Hickman, quoiqu'il ne plaise point à mes yeux, et qu'il amuse peu mes oreilles, n'aura rien de choquant, je m'imagine, pour ces deux organes. Votre homme, comme je vous le disais dernièrement, soutiendra sans cesse votre attention ; vous serez toujours occupée avec lui, quoiqu'un peu plus, peut-être, de vos craintes que de vos espérances : tandis que Hickman ne sera plus capable de tenir une femme éveillée par ses discours, que de troubler son sommeil par de fâcheuses aventures.

Je crois savoir à présent sur lequel des deux une personne aussi prudente que vous aurait d'abord fait tomber son choix ; et je ne doute pas non plus que vous ne puissiez deviner lequel j'aurais choisi, si j'avais eu cette liberté. Mais, fières comme nous sommes, celle qui l'est le plus ne peut que refuser ; et la plupart se déterminent à recevoir un homme à demi digne d'elles, dans la crainte qu'on ne leur offre quelque chose de pis.

Si nos deux hommes étaient tombés à des esprits de la trempe du leur, quoiqu'à la longue M. Lovelace pût avoir été trop fort pour moi, je me figure que pendant les six premiers mois, du moins, je lui aurais rendu peine de cœur pour peine de cœur : pendant que vous, avec mon doucereux berger, vous auriez coulé des jours aussi sereins, aussi calmes, aussi compassés que l'ordre des saisons, et ne variant, comme elles, que pour apporter autour de vous une abondance continuelle d'utilités et d'agrémens.

J'aurais continué dans le même style. Mais j'ai été interrompue par ma mère, qui est entrée subitement et d'un air qui portait la défense, en me faisant souvenir qu'elle ne m'avait accordé la permission que pour une fois. Elle a vu votre odieux oncle, et leur conférence secrète a duré longtemps. Ces allures me chagrinent beaucoup.

Il faudra que je garde ma lettre, en attendant de vos nouvelles ; car je ne sais plus où vous l'envoyer. N'oubliez pas de me donner pour adresse un lieu tiers, comme je vous en ai prié.

Ma mère m'ayant pressée, je lui ai dit qu'à la vérité c'était à vous que j'écrivais, mais que c'était pour mon seul amusement, et que je ne savais pas où vous adresser ma lettre.

J'espère que la première des vôtres m'apprendra votre mariage, quand vous devriez m'apprendre par la seconde que vous avez à faire au plus ingrat de tous les monstres, comme il serait nécessairement s'il n'était pas le plus tendre de tous les maris.

J'ai dit que ma mère me chagrine beaucoup ; mais j'aurais pu dire, dans vos termes, qu'elle m'a comme *décomposée*. Croiriez-vous qu'elle prétend catéchiser Hickman pour la part qu'elle lui suppose à notre correspondance, et qu'elle le catéchise très sévèrement, je vous en assure. Je commence à croire que je ne suis pas sans quelque sentiment de *pitié* pour le *pitoyable* personnage ; car je ne puis souffrir qu'il soit traité comme un sot par toute autre que moi. Entre nous, je crois que la bonne dame s'est un peu oubliée. Je l'ai entendue crier très haut. Elle s'est peut-être imaginée que mon père était revenu au monde. Cependant la docilité de l'homme devait la détromper ; car je m'imagine, en rappelant le passé, que mon père aurait parlé aussi haut qu'elle.

Je sais que vous me blâmerez de toutes mes impertinences ; mais ne vous ai-je pas dit qu'on me chagrine ? Si je ne m'en ressentais pas un peu, on pourrait douter de qui je suis fille des deux côtés.

Cependant vous ne devez pas me gronder trop sévèrement, parce que j'ai appris de vous de ne pas défendre mes erreurs. Je reconnais que j'ai eu tort, et vous conviendrez que c'est assez, ou vous ne seriez pas aussi généreuse ici que vous l'êtes toujours.

Adieu, ma chère. Je dois, je veux vous aimer, et vous aimer toute ma vie. Je le signe de mon nom. Je le signerais de mon sang, comme le plus cher et le plus saint de tous les devoirs.

Anne Howe.

LETTRE CXLV.

MISS HOWE, A MISS CLARISSE HARLOVE.

Jeudi, 27 avril.

Un juste intérêt m'a fait approfondir si vos parens étaient sérieusement résolus, avant votre départ, de renoncer à leurs mesures comme votre tante ne fait pas difficulté de vous en assurer dans sa lettre. En rapprochant différentes informations, les unes tirées de ma mère par les confidences de votre oncle Antonin, les autres de votre sœur par miss Lloyd, et quelques unes par une troisième voie que je ne vous nommerai point à présent, j'ai raison de croire que je puis vous donner le récit suivant pour une vérité certaine.

On n'avait aucune disposition à changer de mesures jusqu'aux deux ou trois derniers jours qui ont précédé votre départ. Au contraire, votre frère et votre sœur, quoique sans espérance de l'emporter en faveur de Solmes, étaient résolus de ne se relâcher de leurs persécutions qu'après vous avoir poussée à quelque démarche qui, avec le secours de leurs bons offices, vous aurait fait juger indigne d'excuse par les êtres à demi raisonnables qu'ils avaient à faire mouvoir.

Mais enfin, votre mère, lasse et peut-être honteuse du rôle passif qu'elle avait joué jusque alors, prit le parti de déclarer à miss Arabelle qu'elle était déterminée à mettre tout en usage pour finir les divisions domestiques, et pour engager votre oncle Harlove à seconder ses efforts.

Cette déclaration alarma votre frère et votre sœur. Ce fut alors qu'on résolut de changer quelque chose au premier plan. Les offres de Solmes étaient néanmoins trop avantageuses pour être abandonnées ; mais on prit un nouveau tour qui fut d'engager votre père à des excès de bonté et de condescendance. On s'en promit même plus de succès que de la rigueur; et telle, comme ils le publient, devait être votre dernière épreuve.

Au fond, ma chère, je crois que le succès de cette voie aurait répondu à leurs espérances. Je ne doute pas un moment que si votre père eût consenti à fléchir le genou, c'est-à-dire à faire pour vous ce qu'il n'a jamais fait que pour Dieu, il n'eût tout obtenu d'une fille telle que vous. Mais ensuite, que serait-il arrivé? Peut-être auriez-vous consenti à voir Lovelace, dans la vue de l'apaiser et de prévenir les désastres; du moins, si votre famille vous en avait laissé le temps, et si le mariage n'avait pas été brusqué. Croyez-vous que vous fussiez revenue librement de cette entrevue? Si vous la lui aviez refusée, vous voyez qu'il était résolu de leur rendre une visite, et bien escorté; et quelles en auraient été les suites?

Ainsi, nous ne savons pas trop si les choses n'ont pas tourné au mieux quoique ce mieux ne fût pas à désirer.

J'espère que votre esprit sensé et capable de réflexion fera l'usage qu'il convient de cette découverte. Qui n'aurait pas la patience de soutenir un grand mal, s'il pouvait se persuader que la Providence l'a permis, dans sa bonté, pour le garantir d'un plus grand; surtout s'il avait droit comme vous de se reposer tranquillement sur le témoignage de son propre cœur?

Permettez que j'ajoute une observation. Ne voyons-nous pas, par le récit que je vous ai fait, les services que votre mère aurait pu vous rendre si l'autorité maternelle s'était fortement déclarée en faveur d'une fille qui avait de son côté le double droit du mérite et de l'oppression?

Adieu, ma chère. Je suis pour jamais à vous.

ANNE HOWE.

Miss Harlove, dans sa réponse à la première de ces deux dernières lettres, gronde son amie de donner si peu de poids à ses avis, par rapport à sa mère. On croit devoir en insérer ici quelques extraits, quoiqu'un peu avant le temps.

Je ne répéterai pas, dit-elle, ce que je vous ai déjà écrit en faveur de M. Hickman. Je vous rappellerai seulement une observation que vous m'avez entendue faire plus d'une fois : « C'est que ayant survécu à votre première passion, vous n'auriez que de l'indifférence pour ce second amant, quand il aurait les perfections d'un ange. »

Les motifs qui m'ont fait suspendre la célébration, continue-t-elle, n'ont pas été de simples scrupules de formalité. J'étais réellement fort mal. Je ne pouvais soutenir ma tête. La fatale lettre m'avait percé le cœur. D'ailleurs, ma chère, devais-je être aussi ardente à profiter de ses offres, que si j'eusse appréhendé qu'il ne me les répétât jamais?

Dans la seconde lettre, elle fait les réflexions suivantes, entre plusieurs autres.

« Ainsi, ma chère, vous paraissez persuadée qu'il y a du destin dans mon erreur. Je reconnais ici l'amie tendre et remplie d'égards. Cependant, puisque mon sort est déclaré, comme il a fait, plût au ciel que le caractère de mon père fût à couvert de reproche aux yeux du public; ou du moins celui de ma mère, qui a fait l'admiration de tout le monde avant la naissance de nos malheureux troubles domestiques? Que personne ne sache de vous qu'en faisant valoir à propos ses rares talens, elle aurait pû sauver une fille infortunée. Vous observerez, ma chère, qu'avant qu'il fût trop tard, lorsqu'elle a vu qu'il n'y avait pas de fin aux persécutions de mon frère, elle avait pris la résolution d'agir avec force ; mais sa téméraire fille a tout précipité par la funeste entrevue et lui a fait perdre le fruit de ses indulgens desseins. Ah! ma chère, je suis convaincue à présent, par une triste expérience, qu'aussi long-temps que des enfans sont assez heureux pour avoir des parens ou des gardiens qu'ils pussent consulter, ils ne doivent pas présumer (non, non, jamais, même avec les plus pures intentions) de suivre leurs propres idées dans les affaires d'importance.

» Je croyais entrevoir, ajoute miss Clarisse, un rayon d'espérance pour ma réconciliation future, dans l'intention que ma mère avait de s'employer en ma faveur, si je n'avais pas ruiné son projet par ma coupable démarche. Cette favorable idée se fortifie d'autant plus que le crédit de mon oncle Harlove serait sans doute d'un grand poids, comme le pense ma mère, s'il avait la bonté d'entrer dans mes intérêts. Peut-être me convient-il d'écrire à ce cher oncle, si je puis en trouver l'occasion, ou la faire naître. »

LETTRE CXLVI.

M. LOVELACE, A M. BELFORD.

Lundi, 24 avril.

Le destin, mon cher Belford, trame une toile bien bizarre pour ton ami ; et je commence à craindre de m'y voir enveloppé, sans pouvoir l'éviter.

Je travaille depuis long-temps, tantôt à la sappe, comme un rusé mineur, tantôt, comme un oiseleur habile, étendant mes filets, et m'applaudissant de mes inventions, pour faire tomber absolument cette inimitable fille entre mes bras. Tout paraissait agir pour moi. Son frère et ses oncles n'étaient que mes pionniers. Son père faisait tonner l'artillerie par ma direction. Madame Howe était remuée par les ressorts que je conduisais. Sa fille donnait le mouvement pour moi, et se figurait néanmoins combattre mes vues. La chère personne elle-même avait déjà la tête passée dans mon piége, sans s'apercevoir qu'elle y était prise, parce que mes machines n'étaient pas sensibles autour d'elle. En un mot, lorsqu'il ne manquait rien à la perfection de mes mesures, te serait-il tombé dans l'imagination que je fusse devenu mon ennemi, et que j'eusse pris parti pour elle contre moi-même? Aurais-tu jugé que j'abandonnerais mon entreprise favorite, jusqu'à lui offrir de l'épouser avant son départ pour Londres, c'est-à-dire, jusqu'à rendre toutes mes opérations inutiles?

Lorsque tu seras informé de ce changement ; ne penseras-tu pas que c'est mon ange noir qui me joue, et qui s'est mis dans la tête de me précipiter dans le lien indissoluble, pour être plus sûr de moi, par les *transgressions complexes* auxquelles il m'excitera infailliblement après mon mariage, que par les péchés simples que je me permets depuis si long-temps, et pour lesquels il craint que l'habitude ne devienne une excuse?

Tu seras encore plus surpris, si j'ajoute que, suivant toute apparence, il y a quelque traité de réconciliation commencé entre les anges noirs et les blancs : car ceux de ma charmante ont changé dans un instant toutes ses idées, et l'ont portée, contre mon attente, à reconnaître qu'elle m'honore d'une préférence dont elle ne m'avait point encore fait l'aveu. Elle m'a même déclaré qu'elle se propose d'être à moi, sans les anciennes conditions. Elle me permet de lui parler d'amour, et de l'irrévocable cérémonie. Cependant, autre sujet d'admiration ! Elle veut que cette cérémonie soit différée. Elle est déterminée à partir pour Londres, et même à se loger chez la veuve.

Mais tu me demandes, sans doute, comment ce changement est arrivé ? Toi, Lovelace, me diras-tu, nous savons que tu te plais aux opérations surprenantes ; mais nous ne te connaissons pas le don de miracles. Comment t'y es-tu pris pour arriver à ce point ?

Je vais te l'apprendre. J'étais en danger de perdre pour jamais la charmante Clarisse. Elle était prête à prendre son essor vers les cieux, c'est-à-dire, vers son élément naturel. Il fallait quelque moyen puissant, un moyen extraordinaire, pour la retenir parmi les êtres de notre espèce. Quel moyen plus efficace que les tendres sons de l'amour et l'offre du mariage, de la part d'un homme qui n'est pas haï, pour fixer l'attention d'un jeune cœur qui souffre de ses incertitudes, et qui a désiré impatiemment d'entendre une proposition si douce ?

Voici l'aventure en peu de mots. Tandis qu'elle refusait de m'avoir la moindre obligation, et que sa fierté me tenait éloigné, dans l'espérance que le retour de son cousin la rendrait absolument indépendante de moi ; mécontente au fond de me voir tenir mes passions en bride, au lieu de les abandonner à la censure, elle écrit une lettre, pour presser la réponse de sa sœur à une autre lettre, par laquelle sa crainte même de m'être obligée et sa passion pour l'indépendance lui avaient fait demander ses habits, et d'autres commodités qu'elle avait laissées au château d'Harlove. Que reçoit-elle ? une réponse outrageante, et plus horrible encore par la nouvelle qu'elle contenait d'une malédiction dans les formes, prononcée de la bouche d'un père, contre une fille qui mérite toutes les bénédictions du ciel et de la terre. Mille fois maudit, le sacrilège vieillard qui n'a pas craint la foudre en maudissant le modèle de toutes les grâces et de toutes les vertus ! et malédiction au double, sur l'organe de cette nouvelle détestable, sur l'envieuse, l'indigne Arabelle !

J'étais absent à l'arrivée de cette lettre. A mon retour, je trouvai la digne Clarisse qui n'était revenue de plusieurs évanouissemens que pour y retomber sans cesse et qui tenait tous les assistans dans le doute de sa vie. On avait dépêché de tous côtés pour me trouver. Il n'est pas surprenant qu'elle eût été si touchée ; elle, dont le respect excessif pour son cruel tyran de père lui faisait attacher la plus affreuse idée à sa malédiction, surtout, comme je l'appris par ses gémissemens aussitôt qu'elle fut en état de parler, à une malédiction qui s'étendait à ce monde et à l'autre. Que n'est-elle tombée au même instant sur la tête de celui qui l'a prononcée, par un accès de quelque mal violent qui devait le prendre à la gorge et l'étouffer sur-le-champ, pour servir d'exemple à tous les pères dénaturés !

N'aurais-je pas été le dernier des hommes, si, dans une occasion de cette nature, je ne m'étais pas efforcé de la rappeler à la vie, par toutes sortes de consolations, de vœux, de caresses, et par toutes les offres je crus capables de lui plaire ? Mon empressement eut d'heure

Je lui rendis plus qu'un office de père ; car elle m'eut obligation d'une vie que son père barbare lui avait presque ôtée. Comment ne chérirais-je pas mon propre ouvrage ? Je parlais de bonne foi, lorsque je lui offrais de l'épouser, et mon ardeur à demander que la célébration ne fût pas différée était une ardeur réelle. Mais son extrême abattement, mêlé d'une délicatesse qu'elle conservera, je n'en doute point, jusqu'au dernier soupir, lui ont fait refuser le temps, quoiqu'elle consente à la solennité ; car elle m'a dit : « qu'étant abandonnée de tout le monde, il ne lui restait plus d'autre protection que la mienne. » Tu vois, par ce discours même, que je lui ai moins d'obligation de cette faveur qu'à la cruauté de ses amis.

Elle n'a pas manqué d'écrire à miss Howe, pour l'informer de leur barbarie ; mais elle ne lui a point marqué le misérable état de sa santé. Dans la faiblesse où elle est, ses alarmes du côté de son stupide frère lui font désirer d'être à Londres. Sans cet accident, et, ce que tu auras peine à croire, sans mes persuasions, qui viennent de l'état où je la vois, elle serait partie dès aujourd'hui, mais s'il ne lui arrive rien de plus fâcheux, le jour est fixé à mercredi.

Deux mots je t'en prie, sur ta grave prédication. « Tu commences à trembler sérieusement pour la belle ; et c'est un miracle, dis-tu, si elle me résiste. Avec la connaissance que nous avons de ce sexe, tu craindrais, à ma place, de pousser plus loin l'épreuve, dans la crainte du succès. » Et dans un autre endroit : « Si tu plaides, me dis-tu, pour le mariage, ce n'est point par un goût que tu aies à te reprocher pour cet état. »

Plaisant avocat ! Tu n'as jamais été heureux dans tes raisonnemens. Toutes les pauvretés rebattues dont ta lettre est remplie en faveur de l'état conjugal, ont-elles autant de force que cet aveu doit en avoir contre ta propre thèse ? Tu prends beaucoup de peine à me convaincre que dans la disgrâce et les chagrins où cette belle personne est comme ensevelie (tu m'avoueras, j'espère, que c'est la faute de ses implacables parens et non la mienne), l'épreuve que je me propose est injuste. Moi, je te demande si l'infortune n'est pas le creuset de la vertu ? pourquoi veux-tu que mon estime ne porte pas sur un mérite éprouvé ? Mon intention n'est-elle pas de la récompenser par le mariage, si elle résiste à l'épreuve ? Il est inutile de me jeter dans des répétitions. Relis, beau raisonneur, relis ma longue lettre du 13. Tu trouveras que je détruis d'avance toutes tes objections, jusqu'à la dernière syllabe.

Cependant ne me crois pas fâché contre toi. J'aime l'opposition. Comme le feu est l'épreuve de l'or, et la tentation celle de la vertu, l'opposition est celle de l'homme d'esprit. Avant que tu te fusses érigé en avocat de la belle, n'ai-je pas mis dans ta bouche quantité d'objections contre mon entreprise ; uniquement pour me relever moi-même, en te prouvant que tu n'y entends rien ? à peu près comme Homère forme des champions et leur donne des noms terribles pour leur faire casser la tête par ses héros.

Prends néanmoins une bonne fois cet avis pour règle : « Il faut être bien sûr d'avoir raison, lorsqu'on entreprend de corriger son maître. »

Mais, pour revenir à mon sujet, observe avec moi que de quelque manière que mes vues puissent tourner, cette lettre violente, que ma charmante a reçue de sa sœur, avance mes progrès au moins d'un mois. Je puis à présent, comme je te l'ai fait entendre, parler d'amour et de mariage, sans craindre aucune censure, sans être borné par des restrictions ; et de rigoureuses lois ne font plus ma terreur.

C'est dans cette douce familiarité que nous partirons pour Londres. La fille aînée de madame Sorlings accompagnera ma belle dans la chaise, et je les escorterai à cheval. On craint extrêmement le complot de Singleton. On m'a fait promettre une patience d'ange, s'il arrive quelque chose sur la route. Mais je suis certain qu'il n'arrivera rien. Une lettre que j'ai reçue aujourd'hui de Joseph, m'assure que James Harlove a déjà quitté son stupide projet, à la prière de tous ses amis, qui en redoutent les suites. Cependant c'est une affaire à laquelle je ne renonce pas de même, quoique l'usage que j'en puis faire ne soit pas encore décidé dans ma tête.

Ma charmante m'apprend qu'on lui promet ses habits. Elle espère qu'on y joindra ses pierreries, et quelque argent qu'elle a laissé derrière. Mais Joseph m'écrit que ses habits seuls lui seront envoyés. Je me garde bien de l'en avertir. Au contraire, je lui répète souvent qu'elle ne doit pas douter qu'on ne lui envoie tout ce qu'elle a demandé de personnel. Plus son attente sera trompée de ce côté-là, plus il faut qu'elle tombe dans ma dépendance.

Mais, après tout, j'espère trouver la force d'être honnête, pour une fille d'un mérite si distingué. Que le diable t'emporte, avec l'idée que tu es venu m'inspirer mal à propos qu'elle pourrait bien succomber!...

Je t'entends. Si mon dessein, diras-tu, est d'être honnête, pourquoi ne pas renoncer à l'affaire de Singleton, comme son frère?

S'il faut te répondre, c'est qu'un homme modeste, qui se défie toujours de ses forces, doit se réserver une porte pour fuir. Ajoute, si tu veux, que, lorsqu'on s'est rempli d'un dessein, qu'on se trouve forcé d'abandonner par quelque bonne raison, il est bien difficile de n'y pas revenir aussitôt que l'obstacle cesse.

LETTRE CXLVII.

M. LOVELACE, A M. BELFORD.

Mardi, 25 avril.

Tout est en mouvement pour notre départ. D'où viennent les battemens de cœur que j'éprouve? Quel pressentiment m'agite? Je suis résolu d'être honnête, et cette idée augmente l'étonnement que me causent des agitations si peu volontaires. Mon cœur est un traître ; il a toujours été tel, je crains qu'il ne le soit toujours. C'est une joie si vive, lorsqu'il touche au succès de quelque malice! J'ai si peu d'empire sur lui! Ma tête, d'ailleurs, est si naturellement tournée à favoriser ses inclinations. N'importe ; je veux soutenir un assaut contre toi, vieil ami : et si tu es le plus fort dans cette occasion, je ne te disputerai jamais rien.

La chère personne ne cesse point d'être extrêmement faible et abattue. Tendre fleur! Qu'elle est peu propre à résister aux vents impétueux des passions, et aux emportemens de l'orgueil et de l'insolence! A couvert jusqu'à présent sous les ailes d'une famille dont elle n'avait reçu que des témoignages de tendresse et d'indulgence, ou plutôt des adorations ; accoutumée à reposer sa tête sur le sein de sa mère!

Telle fut ma première réflexion, avec un mélange de pitié et d'amour redoublé, lorsqu'à mon retour je trouvai cette charmante fille à peine revenue de plusieurs longs évanouissemens, où l'avait jetée la lettre de son exécrable sœur ; la tête appuyée sur le sein de la fermière, elle était noyée dans ses pleurs. Que la douleur avait de charmes sur son visage ! Ses yeux, qui se tournèrent vers moi lorsqu'elle me vit entrer, semblaient demander ma protection. Serais-je capable de lui manquer ? J'espère que non. Mais, toi, misérable Belford, pourquoi m'avoir mis dans la tête qu'elle peut être vaincue ? et n'est-elle pas coupable aussi d'avoir pensé si tard, et avec tant de répugnance, à mettre sa confiance dans mon honneur ?

Mais, après tout, si sa faiblesse et ses langueurs continuent dans cet excès, ne suis-je pas menacé, en l'épousant, de ne voir tomber entre mes bras qu'une femme vaporeuse ? Je serais doublement perdu. Non qu'après les deux ou trois premières semaines je me propose d'être fort assidu auprès d'elle ; mais lorsqu'un homme a passé l'espace de quinze jours, dans ses premiers transports, à voltiger de fleur en fleur, comme une laborieuse abeille, et qu'il pourrait prendre du goût pour sa maison et pour sa femme, crois-tu qu'il ne soit pas insupportable d'être reçu par une Niobé, dont il commence à sentir la froideur ?

Que le ciel rende la santé et la vigueur à ma charmante ! C'est la prière que je lui fais à toute heure. Il faut bien qu'un homme qui se destine à elle, puisse reconnaître si elle est capable d'aimer autre chose que son père et sa mère. Ma crainte est qu'il ne dépende toujours d'eux de diminuer le bonheur de son mari ; les haïssant d'aussi bonne foi que je fais, je suis extrêmement choqué de cette réflexion. Dans plusieurs points je vois en elle plus qu'une femme. Dans d'autres, qui lui sont propres, je vois un ange ; mais, dans d'autres aussi, je ne vois qu'une poupée. Tant de regrets pour son père ! Tant de passion pour sa famille ! Quel sera le rôle d'un mari, avec une femme de cette trempe ? A moins, peut-être, que ses parens ne daignent se réconcilier avec elle, et que cette réconciliation soit durable.

Ma foi, il vaut infiniment mieux, et pour elle et pour moi, que nous renoncions au mariage. Quelle délicieuse vie que celle d'un amour libre, avec une fille comme elle ! Ah ! si je pouvais lui en inspirer le goût ! Des craintes, des inquiétudes, des jours orageux, des nuits interrompues, tantôt par le doute d'avoir désobligé, tantôt par une absence qu'on craint de voir durer toujours ! Ensuite quels transports au retour, ou dans une réconciliation ! quels dédommagemens ! quelle douce récompense ! une passion de cette nature entretient l'amour dans une ardeur continuelle. Elle lui donne un air de vie qui ne s'affaiblit jamais. L'heureux couple, au lieu d'être assis, de rêver, de s'endormir chacun au coin d'une cheminée, dans une soirée d'hiver, paraît toujours neuf l'un à l'autre, et n'est jamais sans avoir quelque chose à se dire.

Tu as vu, dans mes derniers vers, ce que je pense de cet état. Lorsque nous serons à Londres, je veux les laisser, comme sans dessein, dans quelque endroit où elle puisse les lire ; c'est-à-dire, néanmoins si je n'obtiens pas bientôt son consentement pour aller à l'église. Elle y apprendra quelles sont mes idées sur le mariage. Si je vois qu'elle ne s'en offense point, ce sera un fondement sur lequel je me réserve le soin de bâtir.

Combien de filles se sont laissé entraîner, qui auraient été même à couvert de l'attaque, si elles avait marqué le ressentiment convenable lorsqu'on a mis le siége devant leurs yeux ou leurs oreilles ? Il m'est arrivé d'en assiéger plus d'une par un mauvais livre, par une citation hasardée, ou par une peinture indécente : et celles qui n'en paraissaient point offensées, ou qui se contentaient de rougir, surtout si je les voyais sourire et lorgner, nous avons toujours compté, le vieux Satan et moi, qu'elles étaient à nous. Que d'avis salutaires je serais en état de donner à ces friponnes, si je le jugeais à propos ! Peut-être leur offrirai-je quelque jour des leçons, moins par vertu que par envie, lorsque la vieillesse m'aura fait perdre le goût de la volupté.

Mardi au soir.

Si vous êtes à Londres le jour que nous y arriverons, vous ne serez pas long-temps sans me voir. Ma charmante se trouve un peu mieux. Ses yeux me l'apprennent ; et sa voix harmonieuse, que j'entendais à peine la dernière fois que je l'avais vue, recommence à faire le charme de mes oreilles. Mais point d'amour, point de sensibilité. Il ne faut pas penser, avec elle, à ces libertés innocentes (du moins dans leurs commencemens, car tu sais qu'elles conduisent toujours à quelque chose) qui adoucissent, ou si tu veux, qui amollissent le cœur de ce sexe. Je trouve cette rigueur d'autant plus étrange, qu'elle ne désavoue plus la préférence dont elle m'honore, et qu'elle a le cœur capable d'une profonde tristesse. La tristesse attendrit, énerve. Une âme affligée tourne la vue autour d'elle, implore en silence la consolation qui lui manque, et ne se défend guère d'aimer son consolateur.

LETTRE CXLVIII.

M. LOVELACE, A M. BELFORD.

Mercredi 26 avril.

Enfin, mon heureuse étoile nous a conduits au port désiré, et nous avons pris terre sans obstacle. Le poète a fort bien dit : « L'homme actif et résolu surmonte les difficultés par la même hardiesse qui les lui fait tenter. L'homme lent et sans courage se refroidit, tremble à la vue de la peine et du danger, et forme l'impossibilité qu'il redoute. »

Mais, au milieu de mon triomphe, je ne sais quoi, que je ne puis nommer, rabaisse ma joie et jette un nuage sur les plus brillantes parties de ma perspective. Si ce n'est pas la conscience, c'est quelque chose qui ressemble prodigieusement à ce que je me souviens d'avoir pris autrefois pour elle.

Sûrement, Lovelace (t'entends-je dire avec ton air épais), tes honnêtes notions ne sont pas déjà évanouies ! Sûrement, tu ne finiras pas en misérable avec une fille que tu reconnais si digne de ton amour.

Je ne sais que répondre là-dessus. Pourquoi cette chère fille n'a-t-elle pas voulu m'accepter, lorsque je m'offrais de si bonne foi ? Depuis que je l'ai ici, les choses se présentent à mes yeux sous une face toute différente. Notre bonne mère et ses filles sont déjà autour de moi. La charmante personne ! Quel teint ! quels yeux ! quelle majesté dans toute sa figure ! Que vous êtes heureux, monsieur Lovelace ! Vous nous la devez, vous nous devez une si aimable compagne. Ensuite, ces diablesses me rappellent ces idées de vengeance et de haine contre toute sa famille,

Sally, frappée d'admiration à la première vue, s'est approchée de moi pour me réciter ces vers de Dryden :

« Plus charmante que le plus beau lis sur son trône de verdure ; plus fraîche que mai lui-même, avec ses fleurs nouvellement écloses. »

J'ai envoyé chez toi, une demi-heure après notre arrivée, pour recevoir tes félicitations ; mais j'apprends que tu n'as pas quitté ta maison d'Egware.

Ma belle, qui se porte à charmer, s'est retirée pour son office continuel, c'est-à-dire pour exercer sa plume. Il faut que je me réduise au même amusement, jusqu'à ce qu'il lui plaise de m'accorder l'honneur de sa présence. Tous les rôles sont ici distribués, et chacun étudie le sien.

Mais je vois venir la veuve qui mène Dorcas Wykes par la main. Dorcas Wykes, ami Belford, doit être femme de chambre de ma belle, et je vais l'introduire auprès d'elle. J'aurai désormais tant de moyens pour emporter la place, que je ne puis être embarrassé que par le choix.

Bon. L'honnête personne est acceptée. Nous l'avons fait passer pour une fille de bonne famille, mais dont l'éducation a été négligée par des malheurs de fortune, jusqu'au point de ne savoir ni lire, ni écrire ; parente de madame Sinclair. Ainsi, recommandée par elle-même et proposée seulement jusqu'à l'arrivée d'Hannah, elle ne pouvait être refusée. Tu sens les avantages que j'ai à tirer de cette fable, et qu'il y aura bien du malheur si je ne pénètre pas le fond des correspondances. On n'a pas l'œil si attentif sur ses papiers, ni le même soin de ne pas les laisser sur la table, lorsqu'on croit avoir un domestique qui ne sait pas lire.

Dorcas est une fille bien mise et de fort bonne mine. Je ne suis pas sans espérance que, dans une maison étrangère, ma charmante la fera coucher avec elle, du moins pendant quelques nuits. Cependant j'ai cru m'apercevoir qu'elle ne la goûtait point à la première vue, quoique cette fille ait pris un air fort modeste, et même un peu trop surchargé. La doctrine des sympathies et des antipathies est une surprenante doctrine. Mais Dorcas sera si douce et si prévenante qu'elle dissipera bientôt cette première impression. Je suis sûr de son incorruptibilité ; grand point, comme tu sais, car une femme et sa servante du même parti embarrasseraient une douzaine de diables.

La chère personne n'a pas marqué plus de goût pour notre veuve, lorsqu'elle l'a vue paraître à son arrivée. Je m'étais flatté néanmoins que la lettre de l'honnête Doleman l'avait préparée à l'air mâle de son hôtesse.

Mais, à propos de cette lettre, tu me dois un compliment, Belford, et tu devrais deviner sur quoi ? Un compliment sur mon mariage. Apprends que dire et faire, c'est la même chose pour moi, quand je me le suis une fois proposé, et que nous sommes actuellement mari et femme. Il y manque seulement la consommation. Je me suis engagé au délai par un serment solennel, jusqu'à ce que ma chère moitié soit réconciliée avec sa famille. Voilà ce que j'ai dit à toutes les femmes de la maison. Elles le savent avant ma charmante : incident assez bizarre, comme tu vois.

Il me reste à l'en instruire elle-même. Comment dois-je m'y prendre pour lui faire ce récit sans l'offenser ? Mais n'est-elle pas à présent dans ma dépendance ? n'est-elle pas chez la Sinclair ? Et puis, si elle veut entendre raison, je la convaincrai qu'elle doit m'approuver.

Je suppose qu'elle insistera sur mon éloignement, et qu'elle ne consentira pas volontiers que je me loge sous le même toit. Mais les circonstances sont changées, depuis mes promesses. J'ai loué toutes les chambres vacantes, et c'est un point qu'il faut que j'emporte aussi.

Je n'espère pas moins de l'engager bientôt à paraître avec moi aux amusemens publics. Elle ne connaît pas Londres, et jamais une fille de son mérite et de sa fortune n'a moins vu ce qu'on nomme les plaisirs de la ville. La nature et ses propres réflexions l'ont enrichie, à la vérité, d'un fonds admirable de goût et de politesse qui surpasse tout ce qui s'acquiert ordinairement par l'expérience. Je ne connais personne qui soit plus capable de juger, par un seul trait de lumière, de tout ce qui a quelque rapport à l'idée qu'elle reçoit. Les amusemens qu'elle s'était faits par choix, avant la persécution de sa famille, l'occupaient si agréablement qu'elle n'a jamais eu d'inclination ni de loisir de reste pour les plaisirs de la capitale.

Cependant je suis sûr qu'elle y prendra goût. Ils l'amuseront, et pendant ce temps-là je manquerai de bonheur ou d'adresse, à présent qu'elle m'écoute, surtout ayant obtenu d'être souffert sous le même toit, si je ne lui découvre pas quelque endroit sensible.

Je crois t'avoir dit que mes soins se sont étendus jusqu'aux amusemens intérieurs de la belle dans la solitude du cabinet. Sally et Polly feront ses lectures. On lui a fait croire que son cabinet était leur bibliothèque, et l'on n'a pas manqué de placer entre les livres divers ouvrages de dévotion, tous achetés de la seconde main, pour lui persuader mieux qu'ils sont souvent feuilletés. Les livres du beau sexe m'ont toujours servi à former des jugemens presque sûrs. C'est une observation dont j'ai tiré de grands avantages dans les pays étrangers comme dans le nôtre. Une personne si judicieuse sera peut-être aussi capable de cette réflexion que son adorateur.

Finissons pour cette fois. Tu comprends que je ne suis pas oisif. Cependant je te promets bientôt une autre lettre.

Ton ami,
LOVELACE.

FIN DU TOME PREMIER.

www.ingramcontent.com/pod-product-compliance
Lightning Source LLC
Chambersburg PA
CBHW071411230426
43669CB00010B/1513